Baedekers

Allianz  Reiseführer

Mittelmeer

Offizieller Reiseführer
Touristik Union International

BAEDEKER STUTTGART · FREIBURG

Titelbild: Mazzarò bei Taormina
an der Ostküste von Sizilien

Ausstattung:
367 Abbildungen
124 Karten, Pläne und Grundrisse
1 große Reisekarte

Textbeiträge:
Monika I. Baumgarten (Reiseziele in Italien und
Griechenland, anteilig; Länderartikel Ägypten,
Albanien, Libanon und Zypern sowie Reiseziele
in diesen Ländern)
Dr. Gerhard Eckert (Reiseziele in Frankreich, antei-
lig)
Armin Ganser (Reiseziele in Jugoslawien, anteilig)
Dr. Otto Gärtner (Reiseziele in Griechenland, antei-
lig; Landesartikel Israel; Reiseziele in Israel, an-
teilig)
Dr. Udo Moll (Länderartikel Algerien, Libyen, Malta,
Marokko und Tunesien sowie Reiseziele in die-
sen Ländern)
Dr. Hans K. Weiler (Reiseziele in Spanien, anteilig)

Bearbeitung und Ergänzung:
Baedeker-Redaktion

Kartographie:
Ingenieurbüro für Kartographie
Huber & Oberländer, München
Georg Schiffner, Lahr

Umbruchlayout:
HF Ottmann,
Atelier für Buchgestaltung
und Grafik-Design, Leonberg

Konzeption und Gesamtleitung:
Dr. Peter Baumgarten,
Baedeker Stuttgart

Bildnachweis am Ende des Buches

1. Auflage

Urheberschaft:
Baedekers Autoführer-Verlag GmbH
Ostfildern-Kemnat bei Stuttgart

Nutzungsrecht:
Mairs Geographischer Verlag GmbH & Co.
Ostfildern-Kemnat bei Stuttgart

Satz:
Mairs Fotosatz GmbH
Ostfildern-Kemnat bei Stuttgart

Reproduktionen:
Gölz Repro-Service GmbH
Ludwigsburg

Druck:
Mairs Graphische Betriebe GmbH & Co.
Ostfildern-Kemnat bei Stuttgart

Buchbinderarbeiten:
Franz Spiegel Buch GmbH
Ulm an der Donau

Der Name *Baedeker*
ist als Warenzeichen geschützt

ISBN 3-87504-081-3

*   **Sternchen** *(Asterisken)* als typographi-
**   sches Mittel zur Hervorhebung bedeuten-
der Bau- und Kunstwerke, Naturschönheiten, Aussichten, aber auch guter Unter-
kunfts- und Gaststätten hat Karl Baedeker
im Jahre 1844 eingeführt; sie werden auch
in diesem Reiseführer verwendet:
Besonders Beachtenswertes ist durch
e i n e n vorangestellten 'Baedeker-Stern',
einzigartige Sehenswürdigkeiten sind
durch z w e i Sternchen gekennzeichnet.

(i) Diese rote **Signatur** steht in Baedekers
Allianz-Reiseführern symbolisch für
Information und weist den Benutzer
auf kompetente **Auskunftsquellen** hin.

Wenn aus der Fülle von Unterkunfts- und Gaststätten nur eine wohlüberlegte Auswahl getroffen ist,
so sei damit gegen andere Häuser kein Vorurteil er-
weckt.

Da die Angaben eines solchen Reiseführers in der
heute so schnellebigen Zeit fast ständig Veränderungen unterworfen sind, kann für die Richtigkeit
keine absolute Gewähr übernommen werden. Auch
lehrt die Erfahrung, daß sich Irrtümer nie gänzlich
vermeiden lassen. Für Berichtigungen und Verbes-
serungsvorschläge ist die Redaktion stets dankbar.

Dieser Reiseführer gehört zu einer neuen Baedeker-Generation.

In Zusammenarbeit mit der Allianz Versicherungs-AG, die durch ihren Beitrag diese neue Konzeption ermöglichte, wurde in langer Vorbereitung ein Reiseführer erarbeitet, der in allen Einzelheiten auf die Wünsche und Erwartungen des Urlaubers abgestimmt ist.

Baedeker besitzt eine über 150jährige Tradition und gilt heute als Inbegriff des Reiseführers. Als Karl Baedeker um die Mitte des vergangenen Jahrhunderts seine ersten Reisehandbücher herausbrachte, schuf er etwas völlig Neues: einen Reiseratgeber mit allen notwendigen Angaben über Land und Leute, präzisen Hinweisen über Reisewege, Reiseziele und Sehenswürdigkeiten. Was er beschrieb, hatte er auf seinen Reisen und Fußmärschen durch die Länder Europas selbst erkundet.

Dieser Tradition, einen Reiseführer nicht vom grünen Tisch her, sondern aufgrund eigener Erkundungen und Erfahrungen zu schreiben, ist Baedeker bis heute treu geblieben.

Baedekers Allianz-Reiseführer zeichnen sich darüber hinaus durch Konzentration auf das Wesentliche und Handlichkeit aus. Sie enthalten eine Vielzahl neu entwickelter Karten und Pläne sowie zahlreiche farbige Abbildungen.

Zuverlässige Angaben führen zu den kulturellen Sehenswürdigkeiten und landschaftlichen Schönheiten. Der Baedeker-Tradition folgend wurden besonders wichtige Dinge durch einen oder zwei Sterne hervorgehoben.

Selbstverständlich findet der Benutzer alle praktischen Informationen für eine gute und sichere Reise. Dazu gehört auch eine übersichtliche Reisekarte am Ende des Bandes.

Wir wünschen Ihnen mit dem neuen Baedekers Allianz-Reiseführer viel Freude und gute Fahrt!

Karl Baedeker	Dr. W. Schieren	Dr. V. Mair
Verleger	Vorsitzender des Vorstands der Allianz Versicherungs-AG	Verleger

Mittelmeer

Reiseländer

Ägypten
Albanien
Algerien
Frankreich
Griechenland
Israel
Italien
Jugoslawien
Libanon
Libyen
Malta
Marokko
Monaco
San Marino
Spanien
Syrien
Tunesien
Türkei
Zypern

Französische Riviera – Côte à Calanques

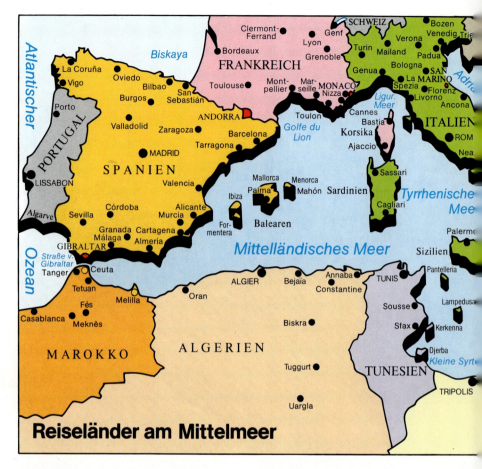

Reiseländer am Mittelmeer

Von jeher ist die verschwenderisch ausgestattete südliche Welt des Mittelmeerraumes ein Ziel der Sehnsucht gewesen, und es gibt kaum eine reizvollere Art der Erfüllung, als auf einer Seereise den bunten unendlichen Wechsel des Meeres, der Küsten, Buchten, Inseln, Meerengen, Häfen, Gassen, Basare, Ruinen und Denkmäler kennenzulernen, in einem Gebiet, wo die Reiche und Kulturen Europas, Asiens und Afrikas von den Urzeiten bis zur Gegenwart aufeinanderstießen und unvergängliche Spuren hinterlassen haben.

Wo man auch an den Küsten des Mittelmeeres landet, überall gesellen sich zu den mannigfaltigen Reizen der Landschaft, des Klimas und der Pflanzenwelt die Anregungen, die ein uralter Kulturraum bietet. Das Mittelmeergebiet ist einer der wenigen Schauplätze, auf denen die geschichtliche Kenntnis so weit zurückreicht, vor allem aber jener Kulturherd, der unmittelbar während dreier Jahrtausende der Frühzeit und mittelbar auch später auf die Entwicklung der Menschheit entscheidenden Einfluß ausübte. Die verhältnismäßig nahen Gegengestade, die zahlreichen Inseln,

monatelang gleichmäßige Luftströmungen nahmen hier zuerst dem Meere einen Teil seiner Schrecken und begünstigten das Wagnis der Schiffahrt, welche die Völker aus der festländischen Gebundenheit befreit hat.

In den Mittelmeerländern, vor allem in Griechenland und Italien, wurden die Waffen des Geistes geschmiedet, die – später in Mittel- und Westeuropa geschärft und vervollkommnet – die ganze Erde unterworfen haben. Das Mittelmeer war die Schule der Geographen und Seefahrer, von Herodot und Eratosthenes, von Strabo und Ptolemäus, von Hanno und Pytheas, von Toscanelli, Kolumbus, Vespucci und Gabotto, die letztere der Alten eine Neue Welt angliederten und die reichen Kulturherde am Süd- und Ostrand Asiens in dauernde Beziehung zu Europa brachten. Italiener erzogen die Spanier und Portugiesen zu Seeleuten und lenkten auch die Blicke der Franzosen, zum Teil sogar der Engländer, über den Atlantischen Ozean, der dann die Kulturentwicklung der Menschheit bestimmte.

Rechtzeitig erkannten die Römer, daß sie ihre auf dem Festland errungene

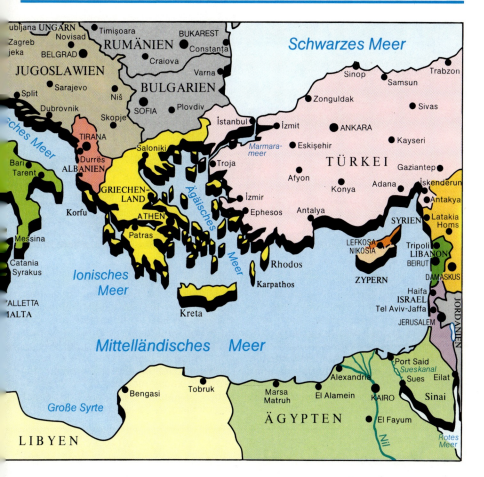

Stellung nur zur See behaupten könnten. Begünstigt durch die zentrale Lage Italiens unterwarfen sie das ganze Mittelmeergebiet und prägten ihm damit den Charakter einer politisch-geographischen Lebensgemeinschaft auf, der in dem aus spätrömischer Zeit stammenden Namen des Meeres (Mare Mediterraneum = Mittelländisches Meer) jetzt noch zum Ausdruck kommt.

Das Vordringen festländischer Völker an die Mittelmeerküsten, der Germanen und Slawen im Norden, der Araber und Türken im Süden und Osten, unterbrach diese Einheitlichkeit, bis schließlich die Entdeckung der großen Seewege über den Atlantik das Mittelmeer von seiner führenden Stellung verdrängte. Erst die Eröffnung des Sueskanals (1869) erneuerte seine Bedeutung für den Welthandel.

Das Mittelländische Meer, das eine Fläche von rund 3 Mio. qkm bedeckt, hat eine mittlere Tiefe von 1450 m. Zum Mittelmeer, auch Europäisches Mittelmeer genannt, gehören als Randmeere das *Adriatische Meer,* das *Ägäische Meer,* das *Marmarameer* und das *Schwarze Meer.* Im Adriatischen Meer, in der nörd-

lichen Ägäis, in der Kleinen Syrte und in der Nähe der Straße von Gibraltar werden Springtidenhübe von mehr als 0,5 m erreicht; im übrigen sind die Gezeiten im Mittelmeer unbedeutend.

Wenngleich man das Mittelmeergebiet in länderkundlicher Betrachtung gemeinhin drei verschiedenen Erdteilen zuweist, ist es dennoch als ein in sich geschlossener Großraum von ganz einheitlichen Eigenschaften zu bezeichnen, der gegen Norden durch einen Gebirgswall, gegen Süden noch stärker durch einen Wüstengürtel abgeschlossen ist. Diese Einheit bewirken in wechselseitiger Beeinflussung Klima, Pflanzenwelt und Meer, abgewandelt durch die Mannigfaltigkeit der Oberflächenformen des Festlandes.

Geologie und Oberflächengestalt der Mittelmeerländer

Dem geologischen Aufbau nach ist das Mittelmeergebiet ein Teil der die ganze Erde umziehenden, die nördlichen von

Blick auf den Vesuv aus dem Hafen von Neapel (Italien)

den südlichen Erdteilen scheidenden Bruchzone. An den Stellen, wo Brüche und Faltungen aufgetreten sind, also besonders an den Rändern der Kontinente, ist die Erde im Innern auch heute noch nicht zur Ruhe gekommen, wie die häufigen Erdbeben und die immmer wieder auftretende Vulkantätigkeit bezeugen (Golf von Neapel, Ätna auf Sizilien, Dalmatinische Küste).

Im Mittelalter der Erdgeschichte dehnte sich an Stelle des heutigen Mittelmeeres ein viel größeres Binnenmeer aus, das bis nach Innerasien reichte. In seinen Tiefen lagerten sich vorwiegend kalkige und tonige Schichten ab, die – durch seitlichen Schub älterer Schollen der Erdrinde zusammengepreßt und gehoben – zu Festland wurden; so besteht beispielsweise Italien zu zwei Dritteln,

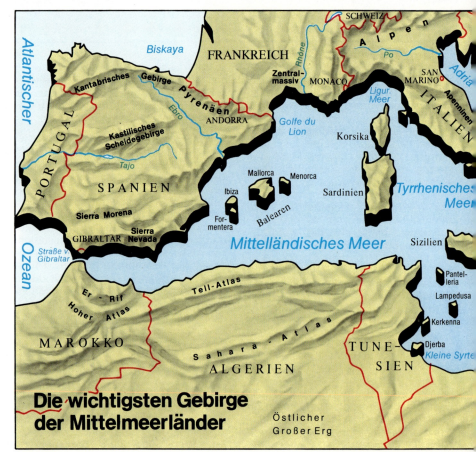

Die wichtigsten Gebirge der Mittelmeerländer

Sizilien zu vier Fünfteln aus Gesteinen, die sich erst im Laufe des Tertiär, zum Teil noch später auf dem Meeresboden gebildet haben.

In diesem rund 1500 km breiten, jungen Faltengebirgstrog liegt der Hauptteil des Mittelmeeres, nördlich von dem Schollenland des übrigen Europa, südlich von der großen Wüstentafel Afrikas begrenzt. Er gliedert sich in das große nordwestliche Becken, das Adriatisch-Ionische Meer und das griechische Inselmeer (Ägäis). Seine Küsten sind stark gegliedert; Halbinseln und Inseln, Meerengen und Buchten geben dem Mittelmeer seine charakteristische Prägung. Der einförmigere kleinere Teil südlich einer Linie, die von der Kleinen Syrte im Süden an Kreta und Zypern vorüber nach Nordsyrien verläuft, ist dagegen durch einen Einbruch des küstennahen nordafrikanischen Tafellandes entstanden.

Aufgrund seiner Entstehung hat das Mittelmeergebiet eine Oberflächengestalt angenommen, die es in wesentlichen Zügen, nicht zuletzt in der innigen Durchdringung des Festlandes durch ein hier am tiefsten in die Kontinentalmassen der bewohnten Erde eingreifendes Nebenmeer, von seiner Umwelt scheidet. Die scharf ausgeprägte Eigenart der Oberflächengestaltung und der anderen davon abhängigen Naturbedingungen dieses Erdraums zeigen sich ebenfalls deutlich, wenn man ihn als Lebensraum des Menschen betrachtet. Im Bauplan des Mittelmeergebiets kommt drei älteren Schollen der Erdrinde besondere Bedeutung zu: im Westen ist es die *Iberische Scholle* (Meseta), die wahrscheinlich mit dem ganz ähnlich aufgebauten Atlasland von Marokko in Verbindung gestanden hat; in der Mitte die *Tyrrhenische Scholle,* im Osten die *Südosteuropäisch-Kleinasiatische Schollenregion.* Alle drei sind aus Gesteinen der archaischen und der paläozoischen Periode aufgebaut. Ihre Schichten sind zu Gebirgen aufgefaltet, aber dann bis auf den Sockel abgetragen worden, der seinerseits zum Teil von aus den Trümmermassen neugebildeten Schichten bedeckt ist. Doch haben später Krustenbewegungen diese ihrer Entstehung nach einförmig flachen 'Rumpfschollen' zerteilt; in der Iberischen Meseta und im Atlasvorland ist ihre ursprüngliche Form erhalten geblieben, während das Tyrrhenische Massiv und die südosteuropäischen

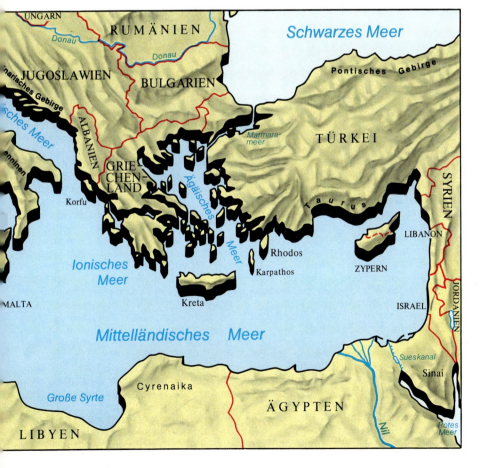

Oase Zarzis

und kleinasiatischen Massen in die jüngeren Faltengebirge eingebaut und umgeformt worden sind.

An diesen alten, tief in der Erdrinde verankerten Schollen stauten sich die jungen Faltengebirge tertiärer Zeit. So sind von Norden her an die Iberische Scholle die steil aus den Tiefen des biskayischen Einbruchskessels aufsteigenden **Pyrenäen** oder *Pyrenäisch-Kantabrisches Faltengebirge* angelagert (im Pico de Aneto 3464 m ü.d.M.), das aber im Ostteil durch das Einbruchsbecken des Ebro von der Meseta getrennt wird; von Süden her angepreßt ist das **Andalusische Faltengebirge,** das im Mulhacén der Sierra Nevada, nur 35 km vom Mittelmeer entfernt, mit 3481 m ü.d.M. außerhalb der Alpen die höchste Erhebung Europas erreicht. Auch das Andalusische Faltengebirge liegt nur im Nordosten der Meséta an, während sich entsprechend dem Ebrobecken von Südosten her das Bruchgebiet des Guadalquivirbeckens oder Niederandalusien zwischen das junge Gebirgsland und die alte Rumpfscholle schiebt.

Wie die Pyrenäen, die im Osten, auf der Grenze Frankreichs und Spaniens (bei Port Vendres), mit reich gegliederter Küste endigen, ist auch das andalusische Faltensystem von Querbrüchen durchsetzt. Die östlichen Querbrüche haben die **Balearen** abgetrennt. – Wesentlich größere Bedeutung hat die

Bruchzone der Straße von Gibraltar, die Europa von Afrika scheidet. Eine unterseeische Bodenschwelle, die in nur 200 m mittlerer Tiefe (größte Tiefe 320 m) vom Kap Trafalgar nach dem 44 km entfernten Kap Spartel streicht, scheidet hier den Einbruchskessel des (inneren) Alboranbeckens von dem des (äußeren) andalusischen Beckens, das Mittelmeer vom Atlantischen Ozean.

So ist die Iberische Scholle im Norden wie im Süden von hohen Randgebirgen überragt, die beide für den Verkehr wenig günstige Längsküsten aufweisen. Durch die Pyrenäen wird sie gegen Europa, durch die andalusischen Gebirge gegen Afrika abgeschlossen. Nur nach Osten, zwischen den Pyrenäen und dem Cabo Nao, neigt sie sich zu einer Schollenküste und zum Mittelmeer. Ihre Hauptabdachung senkt sich jedoch nach Westen, zum Atlantik, der hier in die unteren Flußtäler der Schollenküste Galiciens und Portugals eingedrungen ist und u.a. die Mündung des Tejo (Tajo) zu dem herrlichen Hafen von Lissabon ausgestaltet hat; auch weiter im Norden sind auf diese Weise wichtige Häfen entstanden (Porto, Vigo, La Coruña, Ferrol). – Zum Ozean öffnet sich auch die Ebene von Niederandalusien, das sogenannte Guadalquivirbecken, das die Bruchzone zwischen dem iberischen Rumpfland und dem andalusischen Faltenland einnimmt; hier liegen die Haupthäfen Spaniens für den Ver-

an der tunesischen Küste

kehr mit Afrika, Mittel- und Südamerika: der Inselhafen Cádiz, der Flußmündungshafen Huelva und der Hafen von Sevilla, 87 km vor der Mündung des Guadalquivir in den Atlantik, der bei Flut für Seeschiffe zugänglich ist.

Im nordwestlichen Afrika entsprechen dem andalusischen Faltensystem das **Rif-Gebirge** Marokkos und der **Tell-Atlas,** die erst nach Süden, dann nach Osten umbiegen, mit steil zum Mittelmeer abfallenden, spitzwinklig gegen die Küste ausstreichenden, durch Senken getrennten Ketten. Die ganze Nordküste von Marokko, Algerien und Tunesien ist trotz zahlreicher Brandungsbuchten und Kesselbrüche eine wahre Absperrungsküste, an welcher selbst Kunsthäfen, wie der von Algier, schwer zu erhalten sind. Um so wichtiger ist an ihrem Ostende der in die Längsmulde zwischen dem Tell-Atlas und dem Sahara-Atlas eingreifende *Golf von Tunis,* welchem die Flüsse, besonders die von Westen kommende Medjerda, und die Straßen aus dem Innern strahlenförmig zustreben. Daher ist das Land hier ähnlich wie in Niederandalusien aufgeschlossen, und so war dieses Gebiet seit der Gründung Uticas (11. Jh. v. Chr.) und der 'Neustadt' Karthago, der Vorgänger des heutigen Tunis, ein Brennpunkt des Verkehrs, dem die Lage an der Straße von Pantelleria zu allen Zeiten auch eine große politische Bedeutung gegeben hat. Von hier aus haben

die Karthager, Wandalen und Mauren Sizilien und Sardinien beherrscht; hier wurde der Hafen von Biserta (Bizerte, Binzert) zu einem der wichtigsten Häfen Tunesiens ausgebaut.

Die Straße von Pantelleria, welche, an der Grenze zwischen dem westlichen und östlichen Mittelmeerbecken, den Atlas von den Apenninen scheidet, ist ebenso wie die Straße von Messina an einen Querbruch gebunden. Das Meer hat die Bruchzone zu einer Breite von ungefähr 150 km ausgearbeitet. – Die **Maltesischen Inseln** sind Teile einer von Bruchspalten zerstückten Scholle; dieses ehemalige Tafelland ist in rascher Abtragung durch die Brandungs-

Felsentor auf der Maltesischen Insel Gozo

wellen begriffen. Dagegen ist die in der 1000 m tiefen mittleren Rinne zu 836 m Höhe aufgetürmte Insel *Pantelleria,* die der Meerenge den Namen gegeben hat, vulkanischen Ursprungs. Vulkanische Tätigkeit kennzeichnet überhaupt solche Querbrüche, die an Stellen liegen, wo junge Faltengebirge scharf umbiegen.

Die Landbrücke vom Südrand des mediterranen Bruchgürtels, in Höhe des tunesischen Kap Bon, bis zu seinem Nordrand bildet Italien. Wie ein über 6000 m hoher Damm der Erdrinde scheidet Italiens halbinsulare Südspitze, das im Aspromonte fast zu 2000 m ansteigende Kalabrien, das sehr junge, über 3700 m tiefe **Tyrrhenische Meer** vom **Ionischen Meer,** dem tiefsten Einbruchskessel (4400 m) des Mittelmeers. Die **Apenninen** sind in ihrer umschwingenden Richtung wohl durch die ehemalige Tyrrhenis beeinflußt. Diese alte Festlandscholle ist infolge von Krustenbewegungen, die im Mesozoikum begannen, am stärksten im jüngeren Tertiär hervortraten und sich bis in die Gegenwart fortsetzen, zerstückt worden; ihre Reste (Ostkorsika, Elba, Toskana, Kalabrien, Sizilien) sind in das *Apenninische Faltengebirge* eingebaut worden; das westliche **Korsika** und der größere Teil von **Sardinien** werden dagegen als

Felsküste auf Korsika bei Bonifacio

Fortsetzungen der Alpen angesehen. Entlang den Bruchlinien, besonders zwischen Cosenza und Palermo, entstanden auch hier Vulkane, die eine starke Tätigkeit entwickelten. Im Bogen, dem Steilabbruch Kalabriens und Siziliens parallel, reihen sich hier die Vulkane der *Liparischen Inseln* (Stromboli) und der Insel Ustica aneinander. Ihnen schließen sich nördlich, ebenfalls an der inneren Abbruchseite der Apenninen, bei Neapel der Vesuv, der Epomeo und die Ponza-Inseln, bei Rom das Albanergebirge, südlich, auf der Außenseite der

Sizilien – Küste bei Scopello westlich von Palermo

Apenninen, auf **Sizilien** der Ätna an. Das neue Apenninenland erfuhr dann seit dem Ende der Tertiärzeit eine Hebung, in deren Folge das Gebirge sich zu seiner heutigen Einheitlichkeit entwickelte.

Von den Meerengen, welche über Süditalien hinweg den tyrrhenischen mit dem ionischen Einbruchskessel verbanden, blieb dabei nur die Straße von Messina offen, wenn auch auf 3200 m verengt und am nördlichen Eingang auf 102 m verflacht. Die Intensität der Hebung bekunden die Meeresablagerungen, die bis zu 1200 m über dem heutigen Meeresspiegel die Terrassen am kalabrischen Aspromonte bedecken. Daß die Krustenbewegungen auch in der Gegenwart fortdauern, wird besonders deutlich, wenn man die in geschichtlicher Zeit nachweisbaren Niveauschwankungen am *Golf von Neapel* und an anderen Stellen ins Auge faßt. In diesem Zusammenhang sind auch Angaben über die Insel **Capri** aufschlußreich: In vorgeschichtlicher Zeit, als das Meer durch Erosion die Blaue Grotte schuf, soll sie etwa 18 m und zur Zeit des Kaisers Tiberius, der in der Grotte die jetzt in ihren unteren Stufen überspülte Treppe anlegen ließ, noch 6 m über den heutigen Wasserspiegel emporgeragt haben.

Italien öffnet sich nach Westen. Dort liegen seine malerischen Golfe und seine Inseln, wie auch die meisten Zentren seiner Kultur: Rom, Florenz und die anderen toskanischen Städte, Genua, Neapel, Palermo. Doch über den Hafen von Venedig, der im Mittelalter für Deutschland dieselbe Bedeutung hatte wie heute Genua, sowie mit den Häfen von Brindisi, Tarent, Messina und Syrakus steht es auch zum Südostbecken des Mittelmeers in enger Beziehung.

Fast das ganze NORDWESTBECKEN des Mittelmeers wird von Längsküsten junger Faltengebirge in malerischen Steilabbrüchen umrandet. Nur im Nordwesten, zu beiden Seiten der Pyrenäen, wird dies Becken durch Schollenküsten begrenzt. Dort ist es vom iberischen Hochgebirge her durch die Flußtäler des Ebro und Jucar, vor allem aber über die aquitanische Schwelle und durch das Rhônetal am leichtesten zugänglich. Von Narbonne und Marseille aus gelangte die mediterrane Kultur daher schon im frühen Altertum über Südfrankreich nach West- und Mitteleuropa. An der südfranzösischen Küste sind aber auch – neben der Straße von Gibraltar, der Karstpforte bei Triest und dem Bosporus – die großen Zuglöcher, durch welche kalte schwere Luftmassen in das sonst bergumwallte warme Mittelmeergebiet einströmen und die Polargrenze der Mittelmeerflora südwärts drängen.

Der Nordrand vom SÜDOSTBECKEN des Mittelmeers (Kap Tänaron der Peloponnes, Südküste Kleinasiens) liegt unter dem 36. Breitengrad, wie auch der Südrand des Nordwestbeckens. In zwei Armen greift das sonst weniger begünstigte Südostbecken des Mittelmeers nach Nordwesten gegen Mitteleuropa aus, im **Adriatischen Meer** und im **Ägäischen Meer.** Beide sind nach Südosten gerichtet, auf den Sueskanal

Ferienfreuden an der dalmatinischen Adriaküste bei Brela

und das Rote Meer. Das Ägäische Meer erstreckt sich im Bereich der **Balkanhalbinsel,** die im Osten bis zum Schwarzen Meer reicht. Im Westen der Halbinsel liegen die Staaten Jugoslawien, Albanien und Griechenland, im östlichen Teil Bulgarien und der europäische Teil der Türkei. Die Balkanhalbinsel ist ein zu jüngeren Gebirgen umgewandeltes Rumpfschollengebiet; zwischen den Gebirgen sind geräumige Becken eingesenkt. Am stärksten aufgelöst ist diese Region in der Inselflur der Ägäis, der Kykladen, Sporaden, der großen kleinasiatischen Inseln und der Meerengenlandschaft. An die derart zersplitterte und umgebaute alte Festlandscholle lagert sich auch hier ein junges Faltensystem an, das *Dinarisch-Hellenische Gebirge,* das in breitem Gürtel der Halbinsel ihre meridionale Erstreckung verleiht, sie aber gegen das Adriatische Meer abriegelt. Wegen dem besonders hohen Anteil, den der Kalk am Aufbau dieses Gebirges hat, ist es gleich Syrien eines der am stärksten verkarsteten Gebiete der Mittelmeerländer.

Wie die Balearen zum andalusischen Faltensystem gehören, wie Sizilien und einige benachbarte Inseln Teile der Apenninen sind, löst sich auch der westliche, intensiv gefaltete Gürtel der südosteuropäischen Halbinsel schließlich in Halbinseln und Inseln auf. Es entstand ein Land, das kulturgeschichtlich große Bedeutung hat: Griechenland, ein maritimes Gebirgsland. Nach Osten umbiegend, wie sich besonders auf **Kreta** zeigt, treten die Faltenzüge des griechischen Gebirges mit dem *Taurus* Kleinasiens in Beziehung. So bildet die südosteuropäische Halbinsel mit Kleinasien die Pfeiler einer Brücke, welche den Verkehr aus den alten Kulturzentren Mesopotamiens und Syriens nach Europa vermittelt hat und auch heute die Leitlinien für die großen transkontinentalen europäisch-vorderasiatischen Wege bezeichnet.

Das Südostbecken des Mittelmeeres südlich von Malta, Kreta und **Zypern** liegt im Gebiet der großen *Saharisch-Arabischen Tafel,* welche Nordafrika außer den Atlasländern sowie die Levante umfaßt; es ist durch einen Einbruch am Rande dieser Tafelscholle entstanden. Im Gegensatz zu der reichen Küstenentwicklung im Hauptteil des Mittelmeeres verlaufen die Küsten hier ziemlich einförmig; es fehlt an Häfen und küstennahen Inseln, wie auch an großen, das Land aufschließenden Flüssen, abgesehen vom Nil, der jedoch sein Wasser aus dem abessinischen Hochland jenseits der Wüstentafel und den regenreichen Tropen erhält. Alex-

Idyllische Hafenbucht auf der griechischen Insel Kreta

Petra tu Romiu an der Südwestküste von Zypern

andria ist fast der einzige Naturhafen an dieser Tafelschollenküste; die Eigenart dieser Küste ist nicht allein durch Religion und Sprache der Bewohner, sondern durch das Gesicht der Landschaft selbst begründet.

Geologisch jung ist auch dieser Teil des Mittelmeers, zumindest das sogenannte **Levantische Becken** jenseits der Verengung zwischen Kreta und Barka (Afrika). Das Hochland von Barka, die alte *Cyrenaika,* das zu einer mittleren Höhe von 500 m aufsteigt, besteht aus jungtertiären Meeresablagerungen. Das *Nildelta,* eine frühere Meeresbucht, die zeitweise mit dem Roten Meer in Verbindung gestanden hat, ist möglicherweise erst im Diluvium entstanden.

Jenseits des Roten Meeres setzen sich die Wüstengebiete Nordafrikas in den Wüsten der Arabischen Halbinsel fort; nach Norden hin folgt dann die syrische Wüste. Am westlichen Rand dieser Wüstentafel verläuft die meridionale Bruchlinie des großen Syrischen Grabens, der im Golf von Akaba in den annähernd gleichzeitig entstandenen Erythräischen Graben, das Rote Meer, ausläuft. Zu beiden Seiten der langen, schmalen Gräben, die hier zum Teil bis beinahe 800 m unter den Spiegel des Mittelmeers in die Tiefe sanken, wurden wenig breitere Streifen der Erdrinde hoch emporgepreßt. Sie erreichen, trotz starker Abtragungen, in dem Zwillingshorst von **Libanon** und **Antilibanon** noch heute eine Höhe von über 3000 m. An dem mauerartigen Gebirgswall des Libanon regnen sich die feuchtigkeitsbeladenen Seewinde ab, so daß die dort 15 bis 20 km breite Küste eine üppige subtropische Vegetation hat.

Das **Schwarze Meer** greift im Nordosten des griechischen Archipels weiter

in die Festlandmasse der Alten Welt ein. Es ist, wie das Kaspische Meer, ein Rest des tertiären Sarmatischen Meeres. Mit dem übrigen Mittelmeer trat es erst durch die Einbrüche der Diluvialzeit, die das **Marmarameer** und die *Dardanellen* schufen, und durch Senkungen, die das Bosporustal ertrinken ließen, in Verbindung. Der *Bosporus* ist landschaftlich dem Durchbruchstal des Rheins zwischen Bingen und Koblenz vergleichbar und an seiner engsten Stelle schmaler als der Rhein bei Mainz.

Klima im Mittelmeerraum

Das Klima des Mittelmeerraumes ist gekennzeichnet durch **warme, trockene Sommer** sowie **milde, regenreiche Winter.** Im späten F r ü h j a h r herrscht über Nordeuropa in der Regel ein starker Luftdruckanstieg; der Hochdruckgürtel verlagert sich nach Süden und erreicht schließlich das Mittelmeergebiet. Im Juni hören die Niederschläge daher in dieser Zone plötzlich auf. Die Pyrenäen und die Alpen wirken wie Schranken, die das Eindringen arktischer Kaltluftströme in den Mittelmeerraum verhindern. Im Süden riegelt das Atlas-Gebirge das westliche Mittelmeer gegen die heißen Winde aus Innerafrika ab. – Unter der Einwirkung der *Sonnenstrahlung* erwärmt sich das Meerwasser an der Oberfläche im Sommer auf 20-30°C. Im Juli liegen die Mittelwerte der Lufttemperatur zwischen 22°C im westlichen Mittelmeer (Barcelona 22,6°C; Genua 24,1°C) und 27°C im östlichen Mittelmeer (Alexandria 26°C; Athen 27°C). – Kühle *Winde,* die vom Meer zur Küste hin wehen, machen den Aufenthalt am Meer jedoch trotz der Hitze angenehm. Je weiter man von der südeuropäischen zur nordafrikanischen Küste vordringt, desto länger dauert die s o m m e r l i c h e T r o c k e n p e r i o d e; im libyschen Tripolis läßt sie sieben, in Alexandria sogar acht bis neun Monate an, während sie in Mittelitalien auf zwei, an der Riviera auf einen Monat zusammenschrumpft.

Vom H e r b s t an wird das Klima im Mittelmeerraum von Tiefdruckgebieten über dem Atlantik beein-

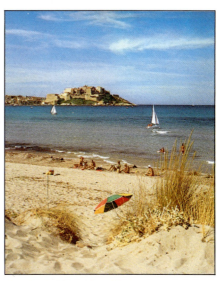

Strand bei Calvi auf Korsika

flußt; *Niederschläge* sind die Folge. Die Niederschlagsmenge ist im westlichen Mittelmeer höher als im östlichen. Die mittlere Lufttemperatur beträgt im Winter zwischen 8°C im Ägäischen Meer und 16°C vor der ägyptischen Küste. – Während der Wintermonate können in den Mittelmeerländern schwere *Stürme* auftreten, ferner Kaltlufteinbrüche aus dem Norden ('Mistral' im unteren Rhônetal; 'Bora' an der dalmatinischen Küste) und Warmlufteinbrüche vom Süden her ('Schirokko'). Die Oberflächentemperatur des Meerwassers ist auch im Winter relativ hoch; während des kältesten Monats (Februar) liegt sie zwischen 7°C und 17°C. Die Winde, die zu dieser Zeit vom Meer zum Land hin wehen, erwärmen daher die Luft über dem Festland. Im allgemeinen ist es im Winter im Mittelmeergebiet, an Orten in windgeschützter Lage wie auch in steigendem Maße von Südosten nach Nordwesten, bis zu 8°C wärmer als in anderen Ländern entsprechender Breitengrade.

Neben der Sonneneinstrahlung und den Niederschlägen beeinflußt das Mittelmeer durch seinen eigenen Wärmehaushalt das Klima der Küstengebiete. Die untermeerische Schwelle der Straße von Gibraltar verhindert, daß kalte Tiefengewässer aus dem Atlantischen Ozean ins Mittelmeer eindringen; nur die wärmere Oberströmung gelangt vom Atlantik ins Mittelmeer. Sie läßt sich an der ganzen Nordküste Afrikas bis hin nach Syrien als West-Ost-Strömung verfolgen. Nach Norden zweigen im levantinisch-ägäischen, adriatischen und nordwestlichen Becken weitere *Strömungen* ab, die dort im entgegengesetzten Sinne des Uhrzeigers kreisen. Ferner gelangt vom Schwarzen Meer her durch den Bosporus, das Marmarameer und die Dardanellen Wasser in das Mittelmeer. Abgesehen von dem Wasser, das die Flüsse, im Süden vor allem der Nil, herbeiführen, erhält das Mittelmeer wenig Süßwasserzufuhr. Da die Verdunstung während der Trockenzeit sehr hoch ist (im Jahresmittel 1,3 m), hat das Wasser des Mittelmeeres einen überdurchschnittlich *hohen Salzgehalt*, in den wärmsten Teilen bis zu 3,9% (Weltmeere ca. 2,7%).

Das ganzjährig milde Wetter am Mittelmeer hat den Baustil der Küstenländer beeinflußt und bestimmt die Lebensweise der Bewohner. Da sich Sonne und Wärme auf die meisten Menschen günstig auswirken, gibt es an den Küsten des Mittelmeeres zahllose Erholungsorte; auch die Mittelmeerinseln üben auf die Urlauber eine starke Anziehungskraft aus.

Sommerwetter im Mittelmeerraum s. Praktische Informationen.

Agaven auf Korsika

über hinaus Vorrichtungen, um Wasser zu speichern, zum Beispiel fleischig verdickte Wurzeln; diese Pflanzen werden als Sukkulenten bezeichnet. Über längere Zeit hinaus Wasser speichern können *Kakteen* sowie Zwiebel- und Knollengewächse. Die *Agaven* und *Opuntien,* die uns als Charakterpflanzen des Mittelmeergebiets erscheinen, sind aus Amerika eingeführt und verwildert. In den Gärten, namentlich Italiens, der Französischen Riviera und Algeriens, ist die Flora fast der ganzen Erde vertreten.

Pflanzen der Mittelmeerländer

In den Mittelmeerländern gibt es keine dichten Wälder wie in den gemäßigten Breiten; in vielen Gebieten ist die Pflanzendecke spärlich. Wegen der geringen Niederschlagsmengen in den Sommermonaten (Neapel 69 mm; Athen 36 mm; Algier 24 mm; Malta 6 mm) haben viele Pflanzen des Mittelmeerraumes ledrige Blätter und andere Einrichtungen entwickelt, die bewirken, daß das in ihnen enthaltene Wasser unter dem Einfluß der starken Sonneneinstrahlung nicht zu schnell verdunstet. Manchmal sind die Blätter dieser Pflanzen auch mit einer feinen Wachsschicht überzogen. Die Pflanzen dieser Gruppe nennt man Xerophyten, Trockenpflanzen. Einige Pflanzen haben dar-

Ölbäume im spanischen Andalusien

Besonders charakteristisch für den Mittelmeerraum ist der **Ölbaum** *(Olea europaea)*. Die Grenzen seines Verbreitungsgebietes umreißen etwa das Gebiet mit Mittelmeervegetation. Da man aus den Früchten des Ölbaumes das wirtschaftlich wichtige Olivenöl gewinnt, wird die Ölbaumkultur in vielen Ländern intensiv betrieben, besonders in Spanien und den Atlasländern. Die Früchte des Ölbaumes, deren Farbe mit zunehmender Reife von Grün nach Schwarzblau wechselt, benötigen eine längere sommerliche Trockenzeit, um zu reifen. Die Ernte beginnt im November und dauert bis März. Neben modernen Ölfabriken kommen in einigen Mittelmeerländern noch altertümliche Ölgewinnungsmethoden zur Anwendung.

Aus Ostasien gelangte der **Maulbeerbaum** *(Morus alba* bzw. *Morus nigra)* in das Mittelmeerbecken. Man baut die schwarzfruchtige Art wegen der Maulbeeren an, früher vor allem, um mit den Blättern Seidenraupen zu füttern. – In den Tieflandregionen des Mittelmeerraumes wachsen immergrüne Pflanzen, Sträucher und Bäume. In den Waldungen herrscht die *Steineiche* vor; auch der *Lorbeer,* die *Korkeiche* und verschiedene Kiefernarten kommen vor. Unter den Kiefern nimmt die **Pinie** *(Pinus pinea),* die Küstenstriche vorzieht, eine besondere Stellung ein. Die schirmförmigen Kronen dieser Bäume sind charakteristisch für die italienische Landschaft. Die Zapfen der Pinie wurden von den Römern als dekoratives Motiv, besonders im Rahmen der Architektur, verwendet. Im östlichen Mittelmeer tritt die Pinie zugunsten der **Aleppokiefer** *(Pinus halepensis)* zurück. Für den Baumbestand der östlichen Mittelmeerländer sind ferner *Zedern* (besonders im Libanon) und *Zypressen* kennzeichnend.

Häufiger als Bäume treten im Mittelmeerraum jedoch Büsche und Sträucher auf, die ein fast undurchdringliches Gestrüpp bilden, die **Macchie** *(Macchia, Maquis)* oder die lockere **Garrigue** (griech. *Phrygana).* In diesen Buschwäldern findet man Mastixsträucher, Myrten, Erdbeersträucher, Ginster, baumartige Heide, lianenartige Klettersträucher, ferner die harzigen, würzig riechenden Cistussträucher, die sich im Frühjahr mit großen heckenrosenähnlichen Blüten schmücken. Neben den Unterholzgewächsen kommt auch die *Zwergpalme,* die einzige im Mittelmeerraum heimische Palmenart, in den Buschwäldern vor.

Einen deutlichen Gegensatz zu den Landstrichen mit kärglichem Pflanzenwuchs bildet die meist künstlich bewässerte Kulturlandschaft der küstennahen Becken und der Küstengebiete wie die Huerta von Valencia oder die Terra di Lavoro bei Neapel. In diesen Gärten und Fruchthainen gedeihen **Agrumen** (Orangen, Zitronen, Mandarinen u.a.), *Granatäpfel, Feigen, Datteln* und *Mandeln;* ferner werden *Oliven* und

Huerta bei der spanischen Hafenstadt Valencia

Wein angebaut. Die Weintrauben läßt man zum Teil trocknen, um Rosinen und Korinthen zu gewinnen. – Die Kulturgewächse gedeihen in verschiedenen Höhenlagen; in den unteren Lagen wird Gemüse und Getreide angebaut. Beim Getreidebau herrschen *Weizen* und *Mais* vor, der Reisbau ist weniger ausgeprägt. Von den Gemüsearten sind besonders Tomaten, Artischocken und Paprika bekannt. – Auch an der nordafrikanischen Küste des westlichen Mittelmeeres wird der Anbau mittelmeerischer Pflanzen betrieben; die Früchte der Dattelpalmen reifen jedoch in den Oasen Nordafrikas am besten.

Im östlichen Mittelmeer, besonders an der nordafrikanischen Küste, ist die Vegetation wegen der noch stärkeren Trockenheit sehr dürftig. Im Nildelta findet man ausgedehnte Baumwollpflanzungen. Für den Baumwollanbau bestehen hier gute Voraussetzungen; denn diese Faserpflanze braucht viel Feuchtigkeit und mindestens 200 frostfreie Tage, um zu reifen.

Neben wildwachsenden Pflanzen und solchen, die der Ernährung des Menschen dienen, gibt es im Mittelmeerraum eine große Zahl von **Zierpflanzen,** die vielfach in Parks und Gärten sorgsam gezogen werden: Kamelien, Kletterrosen, Trompetenblütler, Hyazinthen, Nelken, Orchideen, Magnolien sowie die aus Südamerika eingeführte Bougainvillea mit kardinalroten Scheinblüten im Frühjahr.

Meerestiere

Wer mit einem Schiff durch das Mittelmeer fährt, kann gelegentlich **Delphine** beobachten, die das Schiff begleiten. In einigen Sagen der Griechen und Römer wird geschildert, wie Delphine Menschen aus Seenot retteten. Die Delphine

Delphinfresko von Knossos auf Kreta

Nesselzellen zu töten. In diesem Bereich leben auch *Seeaale* und *Muränen.*

Die Tiere der F l a c h k ü s t e n sind auf unterschiedlichste Art an das Leben im Sand angepaßt. Manche verstecken sich im Sand, so daß nur ein geringer Teil ihres Körpers sichtbar ist. Die *Sandgarnelen,* meist massenhaft vorhanden, übersieht man leicht, weil sie selbst sandfarben sind. Von einigen **Muscheln,** so von der Samtmuschel und der Venusmuschel, ragt nur die Atemröhre etwas aus dem Sand heraus; unter der Oberfläche des Sandes sind die Tiere jedoch so zahlreich, daß sie dort stellenweise ein regelrechtes Pflaster bilden.

Für den wirtschaftenden Menschen ist der Bereich der H o c h s e e am wichtigsten, weil dort Fischfang betrieben werden kann. **Sardinen** und **Sardellen** sind in dieser Meeresregion zu Hause, ferner **Makrelen, Thunfische,** *Mondfische* und **Tintenfische** *(Kalmare).* Die Schwärme

sind Wassersäugetiere; sie orientieren sich durch Echolotung. Im Mittelmeer gibt es zwei Arten, den kleineren, bis 2 m langen eigentlichen *Delphin* (Delphinis delphis) und den etwa 3 m langen Kurzschnauzendelphin oder *Großen Tümmler* (Tursiops truncatus). In Gefangenschaft sind die Delphine gelehrig und führen in Delphinarien oft Kunststücke vor.

Die größte Tiergruppe sind im Mittelmeer mit 450 verschiedenen Arten die **Fische.** Ferner findet man Algen, Schnecken, Krebse, Muscheln, Seeigel, Seesterne, Schwämme und Korallentiere, deren Bauten oft wie feinverzweigte Bäumchen wirken. Das Meerwasser ist von zahllosen Schwebewesen, Pflanzen und Tieren, erfüllt; sie bilden das *Plankton.* Diese Lebewesen dienen größeren Tieren, die im Meer leben, als Hauptnahrung.

Im Meer und an seinen Küsten gibt es verschiedene Lebensräume. Die wichtigsten sind im Mittelmeer die Felsküste, die Flachküste, die Hochsee und der Bodenbereich.

Im Bereich der F e l s k ü s t e n hebt sich die über dem Meeresspiegel gelegene, nur zeitweise überflutete Region von der Unterwasserzone ab. An manchen Stellen sind die Felsen von *Bohrmuscheln* unterminiert. In dem Grenzbereich zwischen Meer und Land leben *Strandschnecken,* ansehnliche *Krabben* wie die Rennkrabbe, ferner *Napfschnecken, Seepocken* und *Strandasseln.* In der Unterwasserzone stößt man auf *Miesmuscheln* und *Austern. Schwämme,* oft sehr farbenprächtig, haften wie Moospolster an dem felsigen Untergrund. Manche Tiere dort sehen aus wie Pflanzen, beispielsweise die *Seeanemonen,* die zu den Nesseltieren gezählt werden. Sie haben lange Fangarme (Tentakel), mit denen sie kleine, im Wasser umherschwimmende Tiere wie Garnelen einfangen, um sie dann mit dem Nesselgift aus ihren unzähligen

Tintenfisch in Griechenland

von Sardinen und Sardellen werden von den Fischern mit großen, von den Booten ausgeworfenen Netzwänden umstellt; die Unterkante dieser Netze zieht man allmählich enger, bis die Tiere nach unten hin keinen Ausweg mehr haben. Die Thunfische werden mit Kreisschließnetzen gefangen.

In der Hochsee leben auch **Haie,** die dem Menschen gefährlich werden können. Die meisten Fische sind Fleischfresser, begnügen sich aber mit Kleintieren; der Hai jedoch zählt zu den Raubfischen mit großen Mäulern und spitzen Zähnen zum Zerreißen der Beute. Das Beutefangverhalten wird bei ihnen oft durch auffallende Bewegungen des späteren Opfers ausgelöst. Ein Mensch, der mit raschen Bewegungen im Wasser schwimmt, lenkt deshalb leicht die Aufmerksamkeit eines Hais auf sich. Die Haie sind im Mittelmeer nicht so häufig wie in tropischen Gewässern, doch ziehen immer wieder

Großhaie längs der Hauptschiffahrts-routen bis nahe vor die Küste.

Ob in der Bodenzone des Meeres ein Reichtum an Lebewesen besteht und was für Tiere dort leben, hängt von der Wassertiefe ab. Sofern noch Licht den Boden erreicht, findet man dort eine Vielzahl von besonders an das Leben in der Bodenzone angepaßter Tiere. *Grundhaie, Rochen, Petermännchen, Plattfische, Knurrhähne, Barben* u.v.a. sind in dieser Region heimisch; hinzu kommen *Wirbellose* wie Seewalzen, Manteltiere, Seesterne, Seespinnen und schneckenhaustragende Einsiedlerkrebse, ferner die zu den Kurzschwanz-Panzerkrebsen zählenden Krabben sowie Langusten.

Speisefische im südfranzösischen Martigues

Die Fische unterscheiden sich im Aussehen stark voneinander: neben solchen mit typischer Fischgestalt gibt es *Plattfische* und nadelförmige Fische, wie das bekannte *Seepferdchen* (Hippocampus) aus der Familie der Seenadeln. – Der Formenreichtum der Fische wird jedoch noch übertroffen von der Vielfalt ihrer Farben und Muster. Verursacht wird die Färbung bei den Fischen durch besondere Farbzellen (Chromatophoren) der Haut. Das Relief des Schuppenkleides erhöht oftmals die Farbwirkung.

Geschichtlicher Schauplatz Mittelmeer

Der Mittelmeerraum nimmt in der Menschheitsgeschichte seit alters her eine herausragende Stellung ein. Das ist vor allem darin begründet, daß Länder mit verschiedenartiger Bevölkerung durch eine verhältnismäßig leicht zu überwindende Wasserfläche einander nahegebracht wurden, schon lange bevor moderne Verkehrsmittel die Entfernungen schrumpfen ließen. Über ein Binnenmeer, das für die Entfaltung von Schiffahrt und Seewesen günstig ist, treten Völker schon in der Frühzeit ihrer Entwicklung in Beziehung zueinander, und je enger die Verbindung zwischen bewohnbarem Land und vermittelndem Meer ist, umso entschiedener tritt der Einfluß der Wasserfläche in Erscheinung. Der Mittelmeerraum ist dafür das beste Beispiel.

Die Lage zwischen den drei Erdteilen der Alten Welt mit ihrem unerschöpflichen Völkerreservoir mannigfaltigster ethnischer Abstammung ließ schon in sehr früher Zeit lebhafte Wechselbeziehungen entstehen und zu bewußtem geschichtlichem Leben sich entwickeln. Immer neue Kräfte lösten sich ab und sorgten auf diese Weise für ein Hin und Her, ein Auf und Ab des Geschehens, wie es kein anderes Gebiet der Erde gesehen hat. Die trotz aller Gegensätze existierende Verbundenheit der Mittelmeerländer bis in unsere Tage, das Hinübergreifen des einen Erdteils in den anderen, die Auflösung in Inseln und Halbinseln, die weitgehende Gleichartigkeit von Klima, Pflanzenwelt und Bodenverhältnissen: das alles ließ in den Völkern, die in diesem Raum lebten, immer wieder die Sehnsucht und den Drang nach Ausbreitung über das ganze Gebiet aufkommen.
Andererseits führte die starke Küstengliederung trotz alles Verbindenden und Vermittelnden auch immer wieder zu Absonderung und Isolation. In diesem Drang zur Einzelbildung fanden die Antriebe zu universaler Vereinheitlichung ihre Schranken. Dieses In- und Gegeneinander von Zusammenschluß und Trennung ist das besondere Kennzeichen des Mittelmeerraumes. Der stete Wechsel von Kampf und Versöhnung und das immer neue Sichablösen der Kulturen und ihrer Träger begründen die ungeheure Bedeutung dieses Gebietes für die Geschichte der Alten Welt und somit für die Menschheit schlechthin.

VORGESCHICHTE. — Freilich ist das Mittelmeer für uns heute nicht mehr die unangefochtene Urkeimzelle alles geschichtlichen Lebens, als die es mit den Landstrichen zwischen Nil und Tigris bis vor nicht allzu langer Zeit galt. Geschichtsforscher und Archäologen haben mittlerweile Zusammenhänge aufgedeckt, unter denen der Mittelmeerraum in diesem absoluten Sinne einigermaßen entthront scheint, und dem alten Schlagwort "ex oriente lux" ("aus dem Osten das Licht") ist die Auffassung entgegengetreten, daß sich das geschichtliche Leben der ältesten Zeit vielmehr im ganzen von Westen nach Osten bewegt hat. Aber selbst wenn es richtig ist, daß die Weltgeschichte nicht einfach im alten Orient ihren Ursprung habe und über Kleinasien, Griechenland und Italien nach Westen und Norden vorgeschritten sei, um auf gesamtmediterraner Grundlage die europäischen Völker aus ihrem geschichtlichen Dunkel zu befreien, so bedeutet das keineswegs eine Minderung der unvergleichlichen Bedeutung, die dem Mittelmeer bisher in der weltgeschichtlichen Entwicklung zugewiesen wurde. Denn seine Stellung als S a m m e l b e c k e n d e r K u l t u r s t r ö m e, die in den umschließenden Gebieten Europas, Asiens und Afrikas in ferner Vorzeit sich entwickelt haben, bleibt auch nach neueren Forschungsergebnissen durchaus bestehen. Nur muß eben eine größere Zahl von Keimzellen angenommen werden, und es darf dabei als sicher gelten, daß früher als die östlichen Entwicklungszentren sich gerade die westlichen und südlichen in vorgeschichtlicher Zeit über das Meer hin geltend gemacht haben. Diese Kulturen, welche die Wandmalereien in den Höhlen Südfrankreichs, Nordostspaniens und Nordafrikas, die Wohntürme (Nuragen) auf Sardinien, die Rundbauten (Talayots) auf den Balearen, die Palastbauten auf Malta hervorgebracht und dazu über das ganze Gebiet von der Biskaya bis zum Roten Meer aus großen Steinblöcken die tischförmigen Dolmen aufgerichtet haben, gipfelten ostwärts vorschreitend in dem Kulturkreis der ägäischen Inselwelt, in der sich westliche und orientalische Einflüsse berührten.

FRÜHGESCHICHTE. — Das **Kreta** des sagenhaften Königs Minos mit seiner großartigen Wohnkultur im zweiten vorchristlichen Jahrtausend bezeichnet die Blüte vorindoeuropäischen Kulturlebens im Mittelmeer. Die Kreter sind auch das erste historische Seevolk, das uns bekannt ist, und ihr Handel, wenn auch nicht ihre politisch-militärische Herr-schaft, reichte westlich bis zur Straße von Gibraltar und nördlich bis an die Ostsee. In der gleichen Zeit erhoben sich *Babylon* und *Ägypten* zu großer geschichtlicher Höhe; aber ihr kulturelles Schaffen blieb auf die Stromniederungen beschränkt, und nur in geistiger Hinsicht übten diese Völker auf ihre Umwelt einen nachhaltigen Einfluß aus.

Seit dem zweiten Viertel des zweiten vorchristlichen Jahrtausends erfuhr das Leben am Mittelmeer tiefgreifende Wandlungen. Die Völker Mittel- und Nordeuropas brachen in die südlichen Länder ein und machten sich in einer ungeheueren Verschiebung der Besitzverhältnisse, die sich über eine lange Reihe von Jahrhunderten erstreckte, auf der Balkan-, Apennin- und Pyrenäenhalbinsel, zum Teil auch in Vorderasien seßhaft, während sie in Afrika nicht festen Fuß zu fassen vermochten. Nur in einer ersten Welle gelang es den Griechen der mykenischen Periode, das Erbe der niedergehenden kretischen Kultur eine Zeitlang festzuhalten. Als weitere Scharen von Norden nachdrängten, versiegten die Quellen der Entwicklung, und Südeuropa versank für längere Menschenalter in geschichtliches Dunkel.

Das waren die Jahrhunderte, in denen die **Phöniker** die Herrschaft auf dem Mittelmeer ausübten. Die geschichtliche Wirkung dieses Händlervolkes reichte von den mutterländischen Seestädten Syriens an den Küsten des afrikanischen und europäischen Kontinents und den vorgelagerten Inseln entlang bis an den Atlantischen Ozean, und in zahlreichen Faktoreien entstand eine Art Kolonialreich. Doch wurde durch die extensive Handelsherrschaft der Phöniker der orientalische Einfluß auf den Mittelmeerraum nicht entscheidend gestärkt. Vielmehr übernahmen nach dem phönikischen Zwischenspiel indoeuropäische Völker die allgemeine Führung. Lediglich in **Karthago** erstand im 8. Jahrhundert v. Chr. eine Vorburg orientalischen Macht- und Kulturwillens mitten im Gebiet des nomadischen Berberstämme Nordafrikas, die sich zu weltgeschichtlicher Stellung emporschwingen sollte.

ALTERTUM. — Der Mittelmeerraum wurde der beherrschende Schauplatz der menschlichen Entwicklung. Seinem Geiste entwuchsen die Grundgedanken, auf denen menschliches Dasein und Zusammenleben in unseren Breiten noch heute ruhen. Indem die **Griechen,** im 8. und 7. Jahrhundert v. Chr. aus der archaischen Vorstufe herauswachsend,

Odyssee

Schon in vorgeschichtlicher Zeit waren die Gestade des Mittelmeeres wie auch seine zahllosen Inseln und Eilande recht dicht besiedelt. Hier endeten die Wanderzüge der unterschiedlichsten Völkerschaften, deren Ursprung oft genug im Dunkeln liegt. Sie brachten eine Vielfalt kultureller, sozialer und religiöser Eigenheiten mit sich. Rasch machten sich die neuen Anwohner mit der Seefahrt vertraut, die sie zu fernen unbekannten Ufern führte. Als bedeutendste S e e f a h r e r neben den Phöniziern unternahmen die Griechen schon im 2. Jahrtausend v. Chr. risikoreiche Schiffsreisen bis nach Spanien, gründeten überall entlang der Mittelmeerküste Faktoreien und Kolonien und trieben ausgedehnten Handel mit fremden Völkern.

Auf ihren Reisen trafen die Seefahrer auf unbekannte Kulturen, die ihnen gewiß nicht selten unheimlich oder gefährlich, zumindest aber doch wundersam erschienen. Bei der Heimkehr verspannen sie ihre Eindrücke und Erlebnisse nach Art des Seemannsgarns zu unglaublichen Abenteuergeschichten, die sich dank mündlicher Überlieferung über Generationen hinweg erhielten.

Das wohl berühmteste Werk dieser Art ist das von Homer kunstvoll in Hexameter gegossene Heldenepos der "Odyssee". Sie schildert die Erlebnisse des 'listenreichen' *Odysseus,* des Königs von Ithaka, der nach dem Ende des Trojanischen Krieges (er ersann das Trojanische Pferd) gegen seinen Willen von der Nymphe Kalypso auf der Insel Ogygia festgehalten wird. Als ihn Kalypso auf Beschluß der Götter nach zehn Jahren freiläßt, gerät er mit seinem Floß in einen schrecklichen Sturm. Schwimmend erreicht er das Land der Phäaken auf der Insel Scheria. Dort wird er von dem König Alkinoos und dessen Tochter Nausikaa gastlich aufgenommen und erzählt von seinen gefahrvollen Abenteuern, darunter von seiner Begegnung mit dem einäugigen Kyklopen Polyphem, der Zauberin Kirke (Circe), dem Gang ins Reich der Toten, von den Sirenen, den Meerungeheuern Skylla und Charybdis, dem Verlust all seiner Weggefährten als Strafe für die Tötung der Rinder des Sonnengottes Helios und schließlich von der Aufnahme durch Kalypso. Alkinoos ermöglicht Odysseus die Überfahrt nach Ithaka in einem seiner Zauberschiffe. Nach seiner Rückkehr in die Heimat tötet Odysseus die übermütigen prassenden Freier seiner Gemahlin Penelope und stellt die Ordnung in seinem Reiche wieder her.

Die "Odyssee" des Homer stellt wahrscheinlich eine Sammlung von Seefahrergeschichten verschiedener Autoren aus mykenischer Zeit (1300 v. Chr.) dar, die mit den sozialen Gegebenheiten und den mythologischen Vorstellungen des 7. und 6. Jahrhunderts v. Chr. verflochten, von Homer kunstvoll zusammengefügt und verbunden wurden. Hierfür sprechen auffallende stilistische Unterschiede und Unausgewogenheiten in einzelnen Teilen des Werkes.

Immer wieder wurde in der Vergangenheit der Versuch unternommen, den S e e w e g d e s O d y s s e u s nachzuvollziehen und die Stationen seiner leidvollen Irrfahrt geographisch zu lokalisieren. Hierzu dienten landschaftliche Vergleiche ebenso wie archäologische Ausgrabungen. So gilt etwa die kleine Insel **Gaudos** *(Gávdos)* vor der Südküste Kretas, als die Insel Ogygia der Nymphe Kalypso. **Korfu** *(Kérkyra)* hielt man schon im Altertum für die Insel Scheria, das Land der Phäaken, und das vorgelagerte Eiland *Pontikoníssi* (Mäuseinsel) für das versteinerte Schiff des Phäakenkönigs Alkinoos (Od. XIII, 163). Strabo deutete die Meeresungeheuer **Skylla** und **Charybdis** als tosende Strudel zu beiden Seiten der Straße von Messina, und Wilhelm Dörpfeld vermutete in der Insel **Leukas** *(Lefkás)* Odysseus' Königreich **Ithaka** und ließ dort anhand landschaftlicher Übereinstimmungen mit dem homerischen Epos archäologische Grabungen durchführen, die z. T. beachtenswerte, jedoch keinesfalls schlüssige Beweise zutage brachten.

Ithaka,
die vermeintliche Heimat des Odysseus

sich als Volk der Denker und Künstler entwickelten, erstanden die Grundlagen europäischen Geisteslebens. An den Gestaden des alten Hellas entfaltete sich dieser fruchtbare Geist noch in der Frühzeit menschlicher Geschichte zu höchster Vollkommenheit, und auf der Grundlage planvoller Kolonisierung wurde er die leitende Kraft eines 'Großgriechenlands', das mit den Randländern des Ägäischen Meeres das südliche Italien, Sizilien und die östlichen Gebiete Nordafrikas umfaßte und sogar zur Iberischen Halbinsel hinübergriff.

Die sich zeitweilig stark entfaltende Seemacht der **Etrusker** konnte um 500 v. Chr. allmählich zurückgedrängt werden; doch gelang es nicht, das emporsteigende Karthago aus den europäischen Besitzungen zu verdrängen. – Dagegen konnte der orientalische Einfluß in den Perserkriegen, die das griechische Volk im Abwehrkampf des 5. Jahrhunderts für kurze Zeit zu einer Willenseinheit zusammenschloß, aufgehalten werden, bis der *makedonische Fürstenstaat,* der sich im 4. Jahrhundert über der landschaftlichen und stadtstaatlichen Zersplitterung von Alt-Hellas erhob, seinerseits die griechische Kultur unter Alexander dem Großen nach Asien trug, die sich dort freilich bald mit orientalischem Geiste mischte.

Als die Stoßkraft des Hellenismus im Osten erlahmte, erstand ihm im Westen ein Erbe, der sein Werk in abendländischem Geiste vollendete: **Rom.** Im Gegensatz zu den griechischen Städten gab dieses frühzeitig seinen selbständigen Charakter als Stadt auf, wuchs in die italienischen Landschaften hinein und über diese hinaus, wurde ein großer Staat und schließlich ein Weltreich. Ein unvergleichlicher Staatssinn und Machtwille trug das disziplinierte Volk der Tiberniederung empor und machte es zum Herrn über die anderen Völker. Die römische Republik warf in drei Kriegen Karthago nieder und setzte den Fuß in die griechisch-orientalische Welt, bis dann seit dem 1. Jahrhundert v. Chr. im Römischen Reich das ganze Mittelmeergebiet zu einer Staatseinheit vereinigt wurde. Zugleich aber lieferte sich das urwüchsige Bauernvolk der überlegenen hellenistischen Kultur aus, und mit seinen Siegen in West, Süd und Ost wurde es deren Retter. Die lateinische Zivilisation, die den besiegten Völkern aufgenötigt wurde, spielte fortan die Rolle als Mittlerin hellenistischen Geistes.

Zu der kulturellen und staatlichen Einheit trat schließlich noch die religiöse, um die Mittelmeerwelt zu einer vollen Lebensgemeinschaft zusammenzufassen und die antike Entwicklung zum Abschluß zu bringen. Das römische Imperium mit griechischer Kultur wurde zum christlichen Weltreich, wobei der europäische Kulturraum mit jüdisch-arabischen mit der Idee vom **Christentum** befruchtet wurde. Staat, Kultur und Religion wurden entnationalisiert und zu universaler Geltung erhoben. Damit war die Schaffenskraft Roms erschöpft, und der Staatsverband der antiken Völkerwelt, in dem das nationale Leben schließlich ganz ausgeschaltet war, brach auseinander. Auf den Schultern des kaiserlichen Roms wuchs das kirchliche empor und nahm die neue weltgeschichtliche Aufgabe in Angriff, die Völker des europäischen Festlandes mit friedlichen Mitteln für die Mittelmeerkultur zu gewinnen.

Freilich waren es nur noch Trümmer, die an die jungen Völker des Nordens weitergegeben werden konnten; denn in einem ungeheueren Zersetzungsprozeß staatlicher, wirtschaftlicher, sozialer und geistiger Art versanken die Grundlagen des antiken Kulturbaus. Mit dem Untergang der Alten Welt aber trat an die Stelle des Zusammenschlusses die Sonderung. Schon die administrative Zweiteilung des Reiches (seit 395 n. Chr.) wies in diese Richtung. Der europäische Westen, aufgebaut auf lateinisch-romanischer Grundlage, trennte sich vom europäischen Osten und von Vorderasien, wo die hellenistisch-orientalische Eigenart bestimmend blieb, während sich Nordafrika zunächst mit einer westlichen und östlichen Hälfte diesen beiden Kulturräumen zuteilte. Große Gebiete lösten sich aus diesen räumlichen Einheiten und begannen, eigene Wege zu gehen. Der Einbruch der Germanen in die Mittelmeerwelt setzte nur das Siegel unter die sich schon anbahnende Entwicklung.

VÖLKERWANDERUNG (4.-8. Jh.). – In den Stürmen der Völkerwanderung nahm der geschichtliche Raum der Alten Welt ein völlig anderes Gesicht an. In den Strudel des untergehenden Römischen Reiches wurden vordrängende Völkermassen hineingerissen, und in immer neuen Wellen ergossen sie sich über die entvölkerten, weit geöffneten Länder am Mittelmeer. Vor allem strebten Stämme der **Germanen** voll verlangender Sehnsucht den blauen Fluten zu: *Westgoten* und *Ostgoten, Wandalen* und *Sweben,* schließlich *Langobarden.* Aber sie alle fanden statt der neuen Heimat hier im Süden ein frühes Grab, und doch hinterließ ihr Erscheinen tiefe Spuren. Ihre lockeren Staatsgründungen auf italienischem und iberischem Boden leiteten überall den Prozeß einer fruchtbaren Völkerverschmelzung ein und schufen in dem Chaos, über das sich nur zeitweilig, noch einmal nahezu den ganzen Meeresraum zu einer staatlichen Einheit zusammenschließend, das neurömische Reich von **Byzanz** erhob, die Kristallisationspunkte für die Entwicklung einer neuen nationalen Staatenwelt.

Aus den Völkerkämpfen dieser Jahrhunderte erwuchsen in allmählichem Reifen die italienische und die spanische Nation, während sich im Herrschaftsbereich der *Franken,* der in den Küstenländern zwischen Pyrenäen und Alpen auch in das Mittelmeergebiet hinübergriff und zeitweilig sich sogar über Italien erstreckte, die französische Nation bildete. – Im Osten aber gelang es den **Slawen,** sich von der Donau vorstoßend auf der Balkanhalbinsel festzusetzen. Zu dem zusammenschmelzenden Volk der *Albaner* und zu den *Griechen* traten dort die *Kroaten, Serben* und *Bulgaren* und schufen ein eigenartiges Völkergemisch. Es führte in mannigfachem Wechsel ein staatliches Eigenleben, unterlag aber kulturell ganz dem Einfluß von Byzanz, das sich seinerseits kirchlich von Rom löste und einen selbständigen Kulturkreis bildete.

So schien es, als ob das geschichtliche Leben am Mittelmeer seinen Einheitscharakter endgültig einbüßen sollte. Da warf eine neue universale Bewegung, die ihren Ursprung in Asien hatte, die Entwicklung in diese Richtung zurück. Der **Islam,** die andere monotheistische Religion, entstammte dem gleichen orientalischen Kulturboden wie das ganz in abendländische Bahnen übergelenkte Christentum und erstrebte nun als der Ausdruck des wiedererwachten orientalischen Geistes geschichtliche Geltung. Mit den gleichen universalen Ansprüchen wie die Lehre Christi drang der Islam im 7. Jahrhundert erobernd nach Osten, Norden und Westen vor. Vorderasien bis an den Taurus und Indus wurde in raschen Zügen erobert und arabisiert. Damals ging auch die alte christlich-römiche Kultur Nordafrikas zugrunde. Die **Araber** mischten sich in mehrmaligem Nachschub mit den hamitischen *Berbern* und nahmen das Gebiet von der Syrte bis zum Atlantischen Ozean in Besitz. Und bis weit in das Herz Europas hinein suchten die Mohammedaner mit Feuer und Schwert die abendländischen Völker niederzuwerfen. Im Westen zerschellte aber der arabische Ansturm an der kriegerischen Macht des neuen Frankenreichs (732 Schlacht bei Poitiers); Spanien und Sizilien blieben jedoch in der Hand der arabischen Eroberer. Zumal kulturell rissen die Araber für mehrere Jahrhunderte die Herrschaft an sich, und von den gesegneten Gefilden ihrer wirtschaftlichen und geistigen Tätigkeit wurden sie die Lehrer des christlichen Europa.

MITTELALTER. — Drei Kultur- und Machtbereiche teilten sich seitdem in den Mittelmeerraum: zum *germanisch-romanischen Westen,* in dem nach dem Niedergang des fränkischen Universalreichs das römische Kaisertum deutscher Nation (seit 962), zuerst über, dann neben dem Papst die Führung besaß, und dem *griechisch-slawischen Osten,* der zeitweilig in Byzanz auch wieder seine staatliche Einheit hatte, trat das *orientalische Morgenland,* und schon schien es, als ob sich auf dieser Grundlage ein friedliches Nebeneinander entwickeln würde.

Da setzte die Bewegung der **Kreuzzüge** als eine Art abendländischer Gegenschlag gegen den islamischen Vorstoß ein, und damit stieg wieder das Barometer der vereinheitlichenden Tendenzen. Wetteifernd ergriff die germanisch-romanische Ritterschaft die 'heilige' Aufgabe, das Grab des Erlösers aus den Händen der Ungläubigen zu befreien. In gleichem Geist christlicher Leidenschaft aber begann seit dem Ende des 11. Jahrhunderts Spanien, das Land des Cid, seinen vierhundertjährigen Befreiungskampf, während um dieselbe Zeit der *Normannenstaat* Süditaliens alles daransetzte, die besonders gefährdete Meeresstraße zwischen Sizilien und Tunis den Arabern zu entreißen.

Nur im Westen und in der Mitte des europäischen Mittelmeerraums wurde das Ziel erreicht. Die weitgreifenden Versuche, auch den Orient wieder europäischem Einfluß zu unterwerfen und eine neue ethnische und kulturelle Einheit des Gesamtgebiets herzustellen, scheiterten an den immer deutlicher zu Tage tretenden Differenzen der einzelnen Teile. Insbesondere die selbstsüchtige Interessenpolitik der aufblühenden italienischen Seestädte – voran **Venedig,** das sich damals zur Königin der Adria aufschwang – ließ den Niedergang der christlich-mittelalterlichen Gemeinschaftsidee deutlich erkennen. Venedig wußte im Jahre 1204 die Eroberung Konstantinopels durch die Kreuzfahrer durchzusetzen; aber wie die Kreuzfahrerstaaten des Heiligen Landes, so brach auch das lateinische Kaiserreich in Byzanz bald wieder (1261) zusammen, und das griechische Kaisertum konnte für zwei Jahrhunderte nochmals von seinem freilich stark verkleinerten Gebiet Besitz ergreifen. Ebensowenig hatten die mehrmals wiederholten Bemühungen um eine friedliche Wiedervereinigung der griechischen und römischen Kirche wirklich Erfolg.

RENAISSANCE. — Nach Abebben der Kreuzzugsstimmung kehrte das Mittelmeergebiet in seinen früheren Zustand zurück. Freilich, es blieb das Ergebnis dieser ungeheueren Auseinandersetzungen, daß Europa und die christlich-abendländische Kultur nicht nur über das versinkende Griechentum, sondern auch über den niedergehenden Islam militärisch, wirtschaftlich und geistig das Übergewicht gewannen und nun unter Abstreifung der mittelalterlich-kirchlichen Ideale auf rein weltlicher Grundlage und in Anlehnung an die wiederentdeckte Antike einen neuen gewaltigen Aufstieg nahmen. Die Renaissance, welche die Menschheit in die neuzeitliche Entwicklung hinüberführte, machte gerade das Mittelmeer wieder zum Schauplatz unvergänglicher und höchster Kulturleistungen. Aber zugleich bedeutete das den erneuten Sieg einzelstaatlicher Entwicklung.

Die beiden universalen Gewalten der mittelalterlichen Christenheit, Kaisertum und Papsttum, die sich im Kampf um die Obergewalt schließlich selbst zerstörten, mußten den kleinen Gewalten weichen, die sich auf städtischer Grundlage organisierten und die Führung an sich rissen, ja wenn der Papst selbst als Herr im *Kirchenstaat* damals zu einem reinen Renaissancefürsten wurde. Altgriechenland erlebte auf italienischem Boden eine Wiederauferstehung. *Venedig* und *Genua* spielten jetzt eine ähnliche Rolle, wie sie einst Athen, Korinth und Syrakus gespielt hatten. Sie besaßen ein mächtiges Kolonialreich in der Levante und übten als die seebeherrschenden Handelsmächte eine Art von wirtschaftlicher Vormundschaft über die niedergehende islamische Welt aus. In weiterem Abstand folgten im Westen die Städte der *Provence* und *Kataloniens* sowie im Osten die dalmatinische Handelsrepublik *Ragusa* (heute Dubrovnik). Über sie alle hinweggehend kam nun aber auch die selbständige Eigenart der neuentstandenen Nationen zum Durchbruch, und in der Bildung nationaler Großstaaten gelangte die Entwicklung zu sichtbarem Ausdruck. Noch vor dem Ausgang des Mittelalters fand dieser Prozeß am Mittelmeer in Spanien und Frankreich seinen Abschluß, während Italien, der Sitz der kirchlichen Universalgewalt, in Kleinstaaterei befangen blieb und schließlich für mehrere Jahrhunderte in Fremdherrschaft verfiel.

Noch einmal schweißte die Bedrohung aus dem Orient die Europäer zusammen, als sich die **Türken,** die ihr Nomadenleben in Zentralasien aufgegeben und sich in Kleinasien seßhaft gemacht hatten, seit dem Ende des 14. Jahrhunderts über den gesamten östlichen Mittelmeerraum ausbreiteten. Die slawischen Völker der Balkanhalbinsel wurden von den Türken unterworfen, Byzanz (Konstantinopel) zerstört (1453). Vorderasien und Nordafrika gingen in dem Osmanenreich auf, und nur in mühsamer Abwehr gelang es den mitteleuropäischen Völkern, den türkischen Vorstoß unmittelbar an den Pforten des Abendlandes zum Stehen zu bringen (1529 erste Belagerung Wiens). Das neue christliche Universalreich der *Habsburger,* das die Macht Deutschlands und Spaniens vereinigte, erhebliche Teile Italiens in sich aufnahm und zeitweilig auch weite Gebiete Nordafrikas sich angliederte, wurde im Bunde mit dem erstarkten Papsttum der Gegenreformation von den Ländern Südeuropas wie von der Donauniederung her der Retter der europäisch-christlichen Kultur. Daß Frankreich dabei unter interessenpolitischen Gesichtspunkten

mit dem türkischen Sultan im Bunde war und die Zurückdrängung der Türken vielfach hinderte, gehörte zu den neuen Erscheinungen des europäischen Völkerlebens, wie es im Geiste der Renaissance geworden war.

Das alles geschah in derselben Zeit, da sich die europäischen Völker des Westens und Nordens, durch die seemännischen Erfahrungen des Mittelmeergebietes vorbereitet, auf die Ozeane begaben und in tropischen und subtropischen Ländern neue Möglichkeiten des Handels und der Einflußnahme entdeckten (1492 Entdeckung Amerikas). Damit wurde das Mittelmeer zum Binnenmeer, und die Unterbrechung der alten Handelsstraßen in der Levante wirkte in der gleichen Richtung. Seitdem trat der mittelländische Meeresraum aus seiner weltgeschichtlichen Stellung für einige Zeit zurück. Die germanischen und romanischen Völker des Nordens übernahmen nun die kulturelle und politische Führung. In allem ordnete sich das politische und wirtschaftliche Dasein der Mittelmeeranwohner dem gesamteuropäischen ein und unter. Auch die alten Stadt-Seemächte bildeten keine Ausnahme.

16.–18. JAHRHUNDERT. – Zwei Momente gingen bei dieser Entwicklung Hand in Hand und bereiteten eine Wende vor. Auf der einen Seite fiel das türkische Großreich in sich zusammen. Bald handelte es sich für die europäischen Völker nicht mehr um die Abwehr des gefürchteten Feindes der Christenheit, sondern um die Frage der Aufteilung des Osmanenreiches. Auf der anderen Seite machte die Konsolidierung der *nordeuropäischen Großmächte* auf nationaler Grundlage ständige Fortschritte, und mit ihrem Hinübergreifen über die Meere wurde auch das Mittelmeer Gegenstand ihrer politischen und wirtschaftlichen Herrschaftsbestrebungen sowie Schauplatz ihrer kriegerischen Auseinandersetzungen. Und immer wieder wuchsen dabei aus der Vormachtstellung eines Staates universale Herrschaftstendenzen heraus. Auf die Weltreiche Kaiser Karls V. und König Philipps II. von Spanien folgte so das Universalreich Ludwigs XIV. von Frankreich.

Seit der Wende vom 16. zum 17. Jahrhundert faßten die *Niederländer* und *Engländer* als die führenden Seemächte der Zeit festen Fuß im Mittelmeer. Frankreich konnte sich nur auf Grund seiner traditionellen Freundschaft mit den Türken in seiner Stellung behaupten, und wie auf den Weltmeeren gelang es England auch, von der Straße von Gibraltar bis Alexandria und Konstantinopel das Übergewicht an sich zu reißen. – In weitem Abstand entfaltete sich der Donaustaat *Österreich,* der seit seinem Sieg über die Türken als der Großmachterbe des überalterten Venedig von Triest her in den levantinischen Gewässern an der Handelskonkurrenz Anteil suchte. Schon erhob sogar das kleine Savoyen, das später die nationale Einigung Italiens durchführen sollte, sein Haupt. Von Nordosten her aber schob sich *Rußland,* das neue slawische Großreich Peters des Großen, breit in den Mittelmeerraum hinein, während des 18. und der ersten Hälfte des 19. Jahrhunderts geradezu die Entwicklung des östlichen Gebiets beherrschend und von dem Verlangen erfüllt, sich selbst an die Stelle der Türkei zu setzen.

Europa und seine Interessen waren somit allein für die Geschichte des Mittelmeerraums bestimmend geworden. Vorderasien spielte bei der Ohnmacht des Osmanischen Reiches nur noch eine passive Rolle. **Nordafrika** griff zwar aktiv in die Entwicklung ein, aber nicht fördernd, sondern eher hemmend und zerstörend. Dort hatte sich, zumal in den türkischen Tributärstaaten *Algier, Tunis* und *Tripolis,* im 16. Jahrhundert ein üppig blühendes Seeräuberwesen ausgebildet, und die Zwietracht in der europäischen Staatenwelt erlaubte den Piraten fast ungehinderte Aktivitäten. Selbst die seegewaltigen Großmächte sahen sich genötigt, durch einen jährlichen Tribut sich die freie Schiffahrt von den *Korsaren* zu erkaufen. Die Machthaber dieser locker organisierten Seeräuberstaaten benutzten den Niedergang des Osmanischen Reiches schließlich, um sich ganz frei zu machen. Auch auf der mohammedanischen Seite setzten Absonderung und Zersplitterung ein.

19. JAHRHUNDERT. – Für **Napoleon I.,** den Korsen und 'Sohn des Mittelmeeres', war der Gedanke an einen einheitlichen Mittelmeerraum unter der Führung Frankreichs naheliegend. In den Weltreichplänen Napoleons war das Mittelmeer ein entscheidender Faktor, doch konnte der Kaiser seine Ambitionen nicht verwirklichen. Das nationale Prinzip wurde in den Befreiungskriegen von 1808 bis 1815 Sieger über Bonaparte und den Machtwillen des revolutionären Frankreichs. In steter Steigerung blieb es die entscheidende Kraft der weiteren Entwicklung bis in die jüngste Geschichte.

In den zwei großen und brennenden Fragen Südeuropas kam der Freiheitsdrang geknechteter Nationen zum Durchbruch: in der orientalischen und der italienischen. Nach der Wiederherstellung der alten Verhältnisse durch den Wiener Kongreß (1815) wurden die Apennin- und die Balkanhalbinsel Schauplätze leidenschaftlicher *Befreiungsbewegungen.* Im Osten, wo die Kraft des Osmanischen Reiches immer mehr erlahmte und wo an dessen Stelle zeitweilig ein neu erstarktes *Ägypten* sich zur mohammedanischen Vormacht aufzuwerten suchte, erhoben sich die niedergehaltenen christlichen Stämme gegen die Fremdherrschaft und errangen unter dem fördernden und regelnden Anteil der europäischen Großmächte die Freiheit. Von dem griechischen Aufstand bis zu den russisch-türkischen Kriegen der zwanziger bis fünfziger Jahre, welche die orientalische Frage zu einer akuten Gefahr für Europa machten, bröckelte Stück für Stück von dem europäischen Besitzstand des Osmanischen Reiches ab. Aber trotz aller Erfolge blieben Rußland die begehrten Meerengen von Konstantinopel infolge des Einschreitens der übrigen Mächte immer wieder vorenthalten. Der Berliner Kongreß von 1878 brachte diese Entwicklung zu einem ersten Abschluß: seitdem gab es die selbständigen Balkanstaaten *Griechenland, Rumänien, Serbien, Bulgarien* und *Montenegro.* Damals, nach dem neuen Siege Rußlands, wäre nach dessen Wunsch der Rest europäischen Bodens der Türkei verlorengegangen, wenn nicht die Großmächte, die sich gegenseitig den Besitz von Konstantinopel nicht gönnten, die schützende Hand über den Sultan gebreitet hätten.

In denselben Jahrzehnten schloß sich **Italien** zu einem Nationalstaat zusammen. Nach mehrhundertjähriger Unterbrechung erhielt auch jene große Halbinsel, die mitten in den Meeresraum hineinragend zugleich dem West- und dem Ostbecken angehört und von der nicht ohne Grund einst das römische Mittelmeerreich seinen Ausgang genommen hatte, ihre nationale Selbständigkeit. Sie mußte nicht nur gegen die habsburgische Monarchie, sondern auch gegen das Papsttum durchgesetzt werden, das seinen staatlichen Besitz nicht aufgeben wollte. Österreich aber richtete, von Italien abgedrängt, nunmehr seine Blicke nach dem Südosten und wurde durch die Besetzung Bosniens und der Herzegowina Balkanmacht.

In dieser Periode ging alle Aktivität am Mittelmeer an Europa über. Die islamische Welt spielte in den Auseinandersetzungen des politischen, wirtschaftlichen und kulturellen Lebens nur noch eine passive Rolle. Der weitere entscheidende Schritt auf diesem Wege war die Einbeziehung Nordafrikas in die allgemeine geschichtliche Entwicklung. Die Umtriebe der Barbareskenstaaten ließen Frankreich ein Einschreiten erforderlich erscheinen, und als ein letztes Geschenk der Bourbonenherrschaft wurde 1830 ein Teil Nordafrikas französischer Kolonialbesitz. Damit setzte nach langer Pause wieder eine europäische Expansion ein. Den Franzosen folgten die Italiener des neuen Königreiches. Von Sizilien aus suchten sie über die Straße von Pantelleria, der weltgeschichtlichen Brücke zwischen den beiden Kontinenten, den afrikanischen Boden auf und besiedelten das heutige Tunesien und Libyen. Zwischen den beiden romanischen Nationen setzte ein heftiger Wettstreit um den Besitz Nordafrikas ein.

Von größter Bedeutung war dabei die Fertigstellung des *Sueskanals* (1869); denn sie gab dem Mittelmeer einen durchaus neuen Charakter. Hatte dieses bisher nur durch die Straße von Gibraltar Verbindung mit dem Weltmeer gehabt, so wurde es jetzt mit der Durchstechung der Landenge von Sues ein wesentlicher Bestandteil, ja einer der wichtigsten Meeresräume. Der direkte Weg von Europa nach dem Süden und Osten Asiens, dessen Wichtigkeit dauernd stieg, wurde um ein gewaltiges Stück gekürzt. Ganz neue Handelsstraßen taten sich auf, und mit ihnen öffneten sich auch die Wege wieder, die einst der kretische, phönikische, griechische, arabische und italienische Kaufmann gezogen war. Der Mittelmeerraum wurde damit, über die räumlich beschränkte Entwicklung hinweg, wieder zu aktiver Anteilnahme in die Weltgeschichte hineingezogen. Das war eine Konjunktur, in der die anwohnenden Völker eine schnelle Entfaltung nehmen konnten, aber auch verführt wurden, gesteigerte Ansprüche geltend zu machen. Die koloniale Bewegung, die damals die europäischen Nationen erfaßte, war dazu angetan, das Tempo dieser Entwicklung noch zu beschleunigen.

Zumal für **Großbritannien** gewann das Mittelmeer in diesen Jahrzehnten eine ganz neue Bedeutung. Seit der Niederwerfung Napoleons I. unbestrittene Herrin der Meere und neben *Gibraltar* (1704) auch in den Besitz von *Malta* (1800) gelangt, entschloß es sich, die große Umgestaltung der staatlichen und wirtschaftlichen Verhältnisse am Mittelmeer zur Stärkung seiner Macht- und Handelsstellung auszunützen. Planvoll

stattete es die große neue Handelsstraße durch den Sueskanal mit wichtigen Stützpunkten aus, und nachdem es in der Zeit des Berliner Kongresses die Hand auf die Insel *Zypern* gelegt hatte, setzte es bald darauf auch den Fuß nach *Ägypten,* dessen Besitz ihm die Gewalt über den Sueskanal gab.

IMPERIALISMUS. – Das Zeitalter des Weltherrschaftsstrebens unserer Tage, läßt man nicht ohne Grund mit dieser Besitzergreifung Ägyptens durch England beginnen. Einen parallelen Schritt tat in der gleichen Zeit **Frankreich,** indem es neben *Algier* nun auch auf *Tunis* (1881) seine Hand legte, das Gebiet, das die Italiener als ihre Zukunftskolonie anzusehen sich gewöhnt hatten. Was nun folgte und was im Ersten Weltkrieg seinen Gipfel erreichte, war ein Wettkampf zwischen den europäischen Großmächten um den Besitz der noch selbständigen mohammedanischen Länder als begehrte Ausbeutungsobjekte. Die beiden großen Bündnissysteme der Zeit vor dem Ersten Weltkrieg, deren unversöhnliche Gegensätze schließlich zur kriegerischen Entladung führten, zogen das Mittelmeer im Geiste des Imperialismus rücksichtslos in ihren Bann; ja sie wurden beinahe mehr durch mittelmeerische als durch kontinentale Fragen in Atem gehalten, und die orientalischen und nordafrikanischen Verhältnisse standen dabei im Vordergrund. Marokko, Tripolitanien, Arabien, Syrien und Mesopotamien waren die Namen, welche die europäische Diplomatie beschäftigten. – Auf dem Balkan aber wirkte, von den dortigen selbständig gewordenen Völkern verkörpert, komplizierend noch das nationale Prinzip ein, das bestrebt war, die unfertige Entwicklung auf Kosten der Türkei und auch des österreichisch-ungarischen Vielvölkerstaates zum Abschluß zu bringen.

Nachdem sich die Auseinandersetzungen jahrzehntelang in diplomatischem Rahmen gehalten hatten, weil die Gefahr eines Weltbrandes allen Mächten Reserve auferlegte, brachte die Besitzergreifung *Marokkos* seitens Frankreichs, dem Spanien unter britischer Patronage zur Seite trat, den Stein ins Rollen. Ein Schlag reihte sich nun an den andern. Italien, das nach der Wegnahme Tunesiens der deutsch-österreichischen Bündnisgruppe angeschlossen, danach aber wieder Frankreich genähert hatte, besetzte daraufhin *Tripolitanien* (1911), auf das ihm die Ententemächte eine Anwartschaft erteilt hatten, und der gegen die Türkei vom Zaune gebrochenen Krieg riß im

Orient den Pflock aus dem Getriebe. Die Balkanvölker setzten, von Rußland angetrieben, mit Waffengewalt ihre nationalen Forderungen gegen den Sultan durch, und wenn sie dann auch untereinander über die Verteilung der Beute in Streit gerieten und sich die Ausscheidung von *Albanien* als Pufferstaat gefallen lassen mußten (1912), so schien doch die Türkei, der auf europäischem Boden nur İstanbul mit der nächsten Umgebung verblieben war, nun zur Aufteilung in europäische Interessenzonen reif. Dies umso mehr, als eine nationale Bewegung in den arabischen Ländern vom Taurus bis zum Indischen Ozean, die von den Ententemächten gefördert wurde, auch in Asien seinen Bestand in Frage stellte.

20. JAHRHUNDERT. – Der **Erste Weltkrieg** ist im Grunde aus mittelmeerischen Gegensätzen hervorgewachsen und war deshalb zu einem großen Teil ein Kampf um die Mittelmeerherrschaft. Die imperialistischen Geheimverträge, welche die Ententemächte untereinander und mit dem hinzutretenden Italien abschlossen, waren sämtlich gegen die Türkei und die Donaumonarchie gerichtet, und mit der Niederwerfung Deutschlands und seiner Verbündeten schien ihre Verwirklichung gesichert. Jedoch der Zusammenbruch Rußlands vor dem gemeinsamen Siege gab dem Abschluß des Ringens ein anderes Aussehen. Zwar verschwand Österreich-Ungarn von der Landkarte, und Balkan und Orient wurden ganz der Gnade der Sieger ausgeliefert, aber die Aufrichtung *Jugoslawiens* und die Festigung der *Türkei* zu einem modernen Nationalstaat zusammen mit der Entstehung mehr oder weniger selbständiger *arabischer Nationalstaaten* übten doch Wirkungen aus, die scharfe Gegensätze zwischen den Siegermächten hervortreten ließen und der Entwicklung am Mittelmeer neue Wege wiesen.

Während im Westen zunächst keine tiefgehenden Änderungen erfolgten, da Spanien dem Kriege ferngeblieben war und sich danach begnügte, sein nordmarokkanisches Einflußgebiet fest in die Hand zu bekommen, machte in der Mitte das faschistisch gewordene *Italien,* das sich für seine Opfer nicht genügend belohnt erachtete, Ansprüche geltend, die sich ideell geradezu zum Programm eines an das antike Rom angelehnten Mittelmeerreiches steigerten. Auf Kosten Jugoslawiens übernahm es ein 'Protektorat' über Albanien. Durch ein System von Freundschaftsverträgen mit dem übrigen Balkanstaaten und der Türkei und schließlich auch mit Sowjet-

rußland schuf es sich eine feste Position im Osten, die auch in dem neuen Kolonialbesitz an der kleinasiatischen Küste eine Stütze hatte. Es erzwang 1928 eine nachträgliche Beteiligung an der Verwaltung der internationalisierten Stadt *Tanger* an der Straße von Gibraltar. Es verständigte sich mit dem Papsttum und gewann damit eine wertvolle Hilfe für die Auseinandersetzungen mit Frankreich. Auch Großbritanniens Machtstellung wurde dadurch unmittelbar berührt. Italiens eigene hegemoniale Stellung politischen, wirtschaftlichen und kulturellen Charakters im östlichen Mittelmeer hatte jedoch in der Sorge der kleinen Völker um ihre Selbständigkeit eine Grenze. Großbritannien mußte nach heftigen Unruhen gegen die Kolonialherrschaft 1922 **Ägypten** in die Unabhängigkeit entlassen, doch blieb es in dieser Region weiterhin einflußreich.

Im Zeichen des Imperialismus verfolgten die europäischen Großmächte mancherlei gemeinsame, obschon in sich vielfach kontrastierende koloniale Ziele. Aber immer deutlicher hob sich überall die nationale Abwehrfront der mohammedanischen Welt gegen fremde Beherrschung ab, und wenn auch Türken, Araber, Ägypter und Berber getrennte Wege gingen, so lebte doch bereits die Idee des *Panislamismus.*

Das italienische Engagement im Spanischen Bürgerkrieg machte schließlich unmißverständlich deutlich, wie sehr Mussolini an einer Erweiterung des italienischen Einflusses im gesamten Mittelmeerraum gelegen war. Dank massiver Unterstützung durch das faschistische Italien und das mittlerweile nationalsozialistische Deutschland, wo seit 1933 Adolf Hitler an der Macht war, beseitigte General Francos Falange 1939 nach einem fast dreijährigen blutigen Bürgerkrieg endgültig die noch junge spanische Republik. – Mit Italiens Eintritt in den **Zweiten Weltkrieg** im Jahre 1940 wurde auch der Mittelmeerraum zum Schauplatz erbitterter Kampfhandlungen.

Italiens Expansionsdrang auf dem europäischen Kontinent führte im Oktober 1940 zum Einmarsch in Griechenland, nachdem sich Italien bereits 1939 Albanien einverleibt hatte. Doch wurde Italiens griechisches Abenteuer ein Fiasko, und das Deutsche Reich mußte seinem Verbündeten zu Hilfe eilen. Im April 1941 begann Hitler einen Feldzug gegen Griechenland und Jugoslawien, wo nach einem Militärputsch die Lage für die Achsenmächte bedrohliche Formen annahm. Innerhalb kurzer Zeit waren beide Staaten besetzt, auch Kreta wurde von deutschen Truppen eingenommen.

Von der Cyrenaika her unternahm Italien im September 1940 einen Vorstoß nach Ägypten, der aber ein Mißerfolg wurde. Die Cyrenaika ging an die Briten verloren, was zum Eingreifen des deutschen *Afrikacorps* unter Feldmarschall Rommel führte, der die Briten im Februar 1941 wieder zurückwerfen konnte. Bei Tobruk gelang es Rommel im Juni 1942, die Briten in arge Bedrängnis zu bringen; doch verhinderten u.a. Nachschubschwierigkeiten einen entscheidenden Sieg. Eine britische Gegenoffensive brachte vielmehr den erneuten Verlust der Cyrenaika; zudem geriet das Afrikacorps durch die Landung alliierter Streitkräfte in Marokko und Algerien in einen Zweifrontenkrieg. Bei El-Alamein erlitt Rommel eine schwere Niederlage, die klarmachte, daß der Krieg in Nordafrika verloren war. Tripolitanien mußte 1943 von den Achsenmächten aufgegeben werden. Erst 1947 verzichtete Italien auch formell auf dieses nordafrikanische Gebiet, und 1952 wurde das Land endgültig unabhängig (zunächst als Monarchie unter König Idris). Seit dem Putsch des Leutnants Muammar el-Gaddafi im Jahre 1969 ist **Libyen** eine islamische sozialistische Republik.

Zwei weitere unabhängige arabische Staaten entstanden im Zusammenhang mit der Entwicklung des Zweiten Weltkrieges: **Syrien** und der **Libanon**, die zu Kriegsbeginn noch unter französischer Hoheit standen, erklärten im Jahre 1941 ihre Unabhängigkeit, die 1946 von den Alliierten anerkannt wurde.

ENTWICKLUNG NACH DEM ZWEITEN WELTKRIEG. – Mit der Niederlage Italiens und Deutschlands wurde Italiens Einfluß im Mittelmeerraum nachhaltig geschwächt, die Führungsposition des Landes endgültig gebrochen. Die Jahre unmittelbar nach dem Zweiten Weltkrieg sahen einen neuformierten Mittelmeerraum mit jungen Staaten an der Levanteküste und Nordafrika. Außer Syrien, dem Libanon und Libyen, kam mit **Israel** ein Staat hinzu, durch dessen Entstehen sich neue Konstellationen am östlichen Mittelmeer ergaben. Israel erklärte 1948 nach Ablauf des britischen Mandats für Palästina seine Unabhängigkeit, und noch bevor durch internationale Vereinbarungen der Status des Landes geregelt werden konnte, hatte sich die jüdische Bevölkerung des ehemaligen Mandatsgebietes durch militärische Aktionen gegen Truppen der Arabischen Liga und die palästinensische Bevölkerung durchsetzen können.

Neue Machtverschiebungen zugunsten der Supermächte USA und UdSSR deuteten sich an; die Positionen Frankreichs und Großbritanniens im Mittelmeer wurden weiter geschwächt. Im Jahre 1956 wurde **Marokko** von Frankreich in die Unabhängigkeit entlassen, **Tunesien** folgte kurz darauf. Längst nicht so reibungslos verlief dieser Prozeß in **Algerien,** das voll in Frankreich integriert worden war und als französisches Département galt. Es kam zu gewalttätigen Aktionen gegen die Franzosen, die von der französischen Armee mit Gewalt zu unterdrücken versucht wurden. Nach jahrelangen Unruhen, diplomatischem Tauziehen und einem Putsch der Armee gegen die Vierte Republik gewährte General de Gaulle 1962 Algerien die Unabhängigkeit.

Auf dem europäischen Festland bemühten sich unterdessen die am Zweiten Weltkrieg beteiligten Mittelmeerländer um eine rasche Überwindung der Kriegsfolgen und um ein Arrangement mit den daraus resultierenden Machtverschiebungen. Nicht zuletzt innenpolitische und wirtschaftliche Probleme ließen Frankreich und Italien erkennen, daß zur Lösung der anstehenden Probleme nur über die Grenzen greifende Bündnissysteme von Wirkung sein könnten. Beide Staaten traten 1949 der NATO bei (Frankreich hat allerdings 1966 die direkte militärische Mitwirkung in der NATO aufgegeben), 1951 der Montanunion und 1957 der Europäischen Gemeinschaft.

Spanien, das unter dem Franco-Regime lange Zeit isoliert war, fand erst Ende der fünfziger Jahre Zugang zu internationalen Organisationen wie den Vereinten Nationen oder der OECD und öffnete sich nur allmählich. Das Ende der Franco-Ära Anfang der siebziger Jahre war gekennzeichnet durch separatistische Bestrebungen, besonders im Baskenland, und durch wachsende innenpolitische Unruhe, aber auch durch erste Reformansätze, die allerdings erst nach dem Tode des Diktators unter der frei gewählten Regierung Suarez und dem wiedereingesetzten König (Juan Carlos I.) zum Tragen kamen.

Jugoslawien formierte sich Ende 1945 als blockfreie föderative Volksrepublik, in der es dem Kommunisten- und Partisanenführer Tito gelang, die unterschiedlichen Volksgruppen unter dem Dach eines nationalslawischen Sozialismus zu einen. – **Griechenland** wurde nach einer Zeit innenpolitischer Wirren wieder Königreich und 1953 Mitglied der NATO. Ein Staatsstreich im Jahre 1967 führte vorübergehend zur Militär-

Gibraltar – Britischer Stützpunkt an Spaniens Südspitze

diktatur. Nach Abschaffung der Monarchie im Jahre 1973 und dem innenpolitischen sowie außenpolitischen Scheitern der Diktatur wurde das Land 1974 schließlich eine demokratische Republik.

Die **Türkei,** die den Zweiten Weltkrieg weitgehend unbehelligt überstand, suchte in der Nachkriegszeit verstärkt die Zusammenarbeit mit den USA und trat der NATO bei. Wirtschaftliche Not, innenpolitische Kontroversen, Terror von rechts und links sowie Konflikte mit dem NATO-Partner Griechenland wegen der Ägäis und Zypern führten das Land allerdings während der siebziger Jahre in eine schwere Krise, von der es sich bis heute nicht erholt hat und aus der ihm jetzt mit internationaler Hilfe herausgeholfen werden soll.

Zypern, seit 1878 britisch, ab 1950 von Erzbischof Makarios als 'Ethnarch' geführt und seit 1960 unabhängige Republik, wurde 1974 Schauplatz eines Aufstandes griechischer Offiziere, die den Anschluß der Insel an Griechenland befürworteten. Dies galt der Türkei als Vorwand für eine Besetzung der nördlichen Inselhälfte, die 1975 von Ankara einseitig zu einem türkisch-zyprischen Föderativstaat erklärt wurde.

Trotz wiederholter Querelen mit Spanien beharrt Großbritannien auf seinem 'Schlüssel des Mittelmeeres' **Gibraltar** (seit 1704 in britischem Besitz, seit 1969 als autonome Stadt), entließ jedoch **Malta** im Jahre 1964 in die Unabhängigkeit (seit 1974 Republik).

Als Hauptschauplatz der großen Politik schälte sich aber seit Kriegsende zu-

nehmend der **Nahe Osten** heraus. Bedingt durch die strategisch wichtigste Lage am Zugang zum Roten Meer und zu den Ölquellen des Mittleren Ostens, die religiösen und ethnischen Kontroversen zwischen Juden und Arabern, das Palästinenserproblem und die damit zusammenhängenden Gewaltakte palästinensischer Freischärler, kam die Region in den letzten Jahrzehnten kaum zur Ruhe, stürzte von einer Krise in die andere. Hatte schon die Gründung Israels zu bewaffneten Auseinandersetzungen zwischen Juden und Arabern geführt, so kam es 1956 erneut zu kriegerischen Aktionen in diesem Krisengebiet. Im Anschluß an eine britisch-französische Militäraktion am Sueskanal drangen israelische Truppen auf dem Sinai und im Gaza-Streifen vor, mußten sich aber nach einer von den Großmächten veranlaßten Aktion der Vereinten Nationen wieder zurückziehen.

Immer stärker geriet der östliche Mittelmeerraum in die Abhängigkeit der Großmächte, die ihren Einfluß durch Förderung der verfeindeten Parteien zu verstärken suchten. Die UdSSR unterstützte Ägypten und Syrien, die USA gewährten **Israel** massive Hilfe. 1967 führte der sogenannte *Sechstagekrieg* erneut zu einer Besetzung des Sinai durch israelische Truppen, doch gaben sich die Ägypter nicht so schnell geschlagen: Drei Jahre lang hielten die militärischen Auseinandersetzungen an. Palästinensische Untergrundkämpfer verstärkten ihrerseits den Kampf gegen Israel. Im Jahre 1973 waren es schließlich Ägypter und Syrer, die Israel im sogenannten *Yom-Kippur-Krieg* angriffen; doch konnten sie keinen entscheiden Durchbruch erzielen. Eine Phase verstärkter diplomatischer Aktivitäten ermöglichte 1974 ein Truppenentflechtungsabkommen zwischen Israel und Ägypten. Nachdem sich Ägypten unter Präsident Sadat wieder stärker westlichem Einfluß geöffnet hatte und nach einem historischen Besuch Sadats in Jerusalem kam es auf Vermittlung des US-amerikanischen Präsidenten Carter im Jahre 1978 zu den Vereinbarungen von Camp David, die einen schrittweisen Rückzug Israels aus den besetzten Gebieten, die Aufnahme diplomatischer Beziehungen zwischen beiden Ländern und einen Friedensvertrag nach Regelung der noch strittigen Fragen, insbesondere des Palästinenserproblems, vorsehen.

Ägypten hat sich allerdings durch seine behutsame Nahostpolitik im arabischen Lager weitgehend isoliert, und letztlich ist der Erfolg der Politik Kairos von Zugeständnissen der gemäßigteren arabischen Führer und einem Nachgeben Israels in der Palästinenserfrage abhängig. Einer der Hauptanführer der arabischen Front gegen Israel und radikaler Gegner der Vereinbarungen von Camp David, der Libyer Gaddafi, verfolgt mit Verbissenheit den Gedanken der panarabischen Einheit; doch scheiterte er mit seinen Vorstößen in Ägypten und Tunesien. Auch Syrien verhält sich bisher gegenüber Kairo und Jerusalem unnachgiebig.

Zur Unruhe im östlichen Mittelmeerraum trägt auch die Krise im **Libanon** bei. Am Schnittpunkt christlicher und mohammedanischer Welt gelegen, kam es in diesem Land wiederholt zu bürgerkriegsähnlichen Unruhen, die sich nach 1970, nachdem sich die libanesische Führung verstärkt gegen Israel wandte, zu einem blutigen Bürgerkrieg zwischen den eher rechtsgerichteten Falangisten und linksgerichteten Muslims sowie Palästinensern entwickelten, bis 1975 die Einheit des Landes zerbrach. 1976 sah sich Syrien zum Eingreifen im Libanon veranlaßt; auch Israel überschritt die gemeinsame Grenze wiederholt zu Kampfhandlungen.

Die Entwicklung im Krisengebiet Naher Osten ist in vollem Gange. Es ist nicht abzusehen, ob letztlich die Tauben oder die Falken die Oberhand gewinnen werden. Trotz einiger positiver Ansätze scheint angesichts der Verschlechterung des internationalen Klimas eher Skepsis angebracht zu sein, zumal die weltweite Energieverknappung den Ländern dieser Region eine Sonderstellung in den strategischen Planspielen der Großmächte zukommen läßt.

In den europäischen Mittelmeerländern ist zu Beginn der achtziger Jahre die Lage gekennzeichnet von dem Bemühen um internationales Gleichgewicht zwischen den großen Blöcken in Ost und West einerseits und um einen Ausgleich mit den Ländern der Dritten Welt andererseits, außerdem von der Suche nach einem eigenen Profil und größerem Einfluß Europas in der Weltpolitik, ferner vom Ringen um die europäische Einigung, das aber vor Rückschlägen nicht sicher ist und von der Suche nach Wegen, die derzeitige weltweite Energiekrise mit allen damit verbundenen Problemen zu meistern. Angesichts der Komplexität der Lage sind die Europäer zusammengerückt. Griechenland wird der Europäischen Gemeinschaft beitreten, Spanien bemüht sich um eine Aufnahme in die EG und erwägt einen NATO-Beitritt.

Die kleiner gewordene Welt bringt es mit sich, daß Krisensituationen in fernen Ländern, auch außerhalb des Mittelmeergebietes, bis nach Europa und in den Mittelmeerraum hereingreifen, wo wichtige Verkehrswege zusammenlaufen, wo US-amerikanische und sowjetische Flottenverbände ständig präsent und wichtigste Partner der NATO angesiedelt sind. Heute wie vor Jahrtausenden ist das Mittelmeer ein Brennpunkt des Weltgeschehens, ein politischer wie kultureller Hauptschauplatz, der für die Zukunft der Völker, nicht nur der Anrainerstaaten, eine zentrale Rolle spielt.

Kulturlandschaften am Mittelmeer

Infolge der Gliederung des Mittelmeergebiets in Einzelländer, Halbinseln, Inseln, Steg- und Saumländer sowie seiner weiteren Aufsplitterung in eine Unzahl Landschaften von ausgeprägter Eigenart tritt der mediterrane Mensch in Anpassung an diese Lebensräume dem Reisenden in einer großen Mannigfaltigkeit entgegen.

Mit Ausbreitung des Römischen Reiches und seiner vereinheitlichenden Kultur haben sich die Tochtersprachen des Lateinischen im Nordwestraum erobert und in ihm auf die Dauer zu halten vermocht. Überraschend ist die Anpassung der Sprachbereiche der Portugiesen, Spanier, Katalanen, Provenzalen, Franzosen und Italiener an die landschaftliche Gliederung des Gebietes. Im Osten gehört dieser romanischen Sprachengruppe nur das Rumä-

Abendstimmung bei Caesarea in Israel

nische an. – Gleich den Romanen bilden auch die Südslawen (Slowenen, Kroaten, Serben, Makedonier, Bulgaren), Albaner und Griechen, die übrigen Balkanvölker, Glieder der indogermanischen Sprachenfamilie. Griechen und Albaner stellen frühe Wellen, die Südslawen eine spätere dar, welche die Balkanhalbinsel, wie die Italiker Italien, die Kelten die Iberische Halbinsel, überflutet haben.

Die zweite große Völkerfamilie des Mittelmeergebietes sind die Hamito-Semiten in Vorderasien und Nordafrika. Die ältere einst geschlossene hamitische Schicht lebt in den Kopten Ägyptens, vor allem aber in den Berbern. Im ganzen Raum der Tafelländer Vorderasiens, in Ägypten und über weite Gebiete Nordafrikas, sich hier mit den Berbern mischend, haben sich die Araber zur Zeit der Expansion des Kalifenreichs verbreitet. Die arabische Sprache gliedert sich in das Südarabische und das Nordarabische. Als der Islam sich im 7. nachchristlichen Jahrhundert von der Arabischen Halbinsel nach Asien und Afrika ausbreitete, wurde das Nordarabische vorherrschend. Die gesprochene Sprache unterscheidet sich in den einzelnen Ländern beträchtlich; fünf Hauptgruppen haben sich im Laufe der Zeit herausgebildet: Halbinsel-Arabisch, Irakisch, Syrisch-Palästinen-

sisch, Ägyptisch und Maghrebinisch. Diese Dialekte weichen stark voneinander ab, so daß sich Bewohner verschiedener Regionen oft nur schwer miteinander verständigen können; daher kommt der Schriftsprache eine besondere Bedeutung zu.

Das in der Türkei gesprochene Türkische ist der westliche Ausläufer der türkisch-tatarischen Sprachfamilie. Jahrhundertelang galt die arabische Schrift; 1928 wurde dann das lateinische Alphabet, versehen mit einigen diakritischen Zeichen, eingeführt. – In dem jungen Staate Israel ist seit 1948 das Neuhebräische (Iwrith) Amtssprache.

Bezeichnend für die Gliederung des Mittelmeergebietes in Kulturlandschaften sind die Areale der Religionen, die einen guten Teil der Kultur ausmachen. Das Christentum ist in geschlossener Verbreitung auf Südeuropa beschränkt. Das Dinarische Gebirge bildet innerhalb dieser Region die Scheide zwischen dem westlichen Gebiet der römisch-katholischen und dem östlichen der griechisch-orthodoxen Lehre. Nur inselhaft stößt es in Syrien, dem Libanon, Ägypten und in den Atlasländern in die Zone des Islams vor, der den ganzen mediterranen Länderkranz Vorderasiens und Nordafrikas einnimmt, jedoch auch seinerseits noch Außenstellen innerhalb Südosteuropas in Thrakien, Bulgarien, Makedonien, Albanien, Bosnien und der Herzegowina hält.

Auch dem Kulturlandschaftsbild hat diese Verbreitung der Religionen bestimmte Züge aufgeprägt. Das Gebiet des Islam deckt sich mit dem der orientalischen winkligen Stadtgrundrisse, des vergitterten mohammedanischen Hauses, das in später christlich gewordenen Gebieten entgittert wurde, aber seine Erker behalten hat, dem der Basare und Moscheen. In den Steppen Afrikas und Vorderasiens erstreckt sich die Verbreitungszone des Islam über die Hauptgebiete des Nomadismus. – Das römisch-katholische Mittelmeergebiet unterscheidet sich durch seine imposanten Kirchen- und Klosterbauten von dem griechisch-orthodoxen, in dem die Kirchen im Siedlungsbild stark zurücktreten, dafür aber Klöster und Einsiedeleien eine besondere Stellung, meist in auffälliger Schutz- und Rückzugslage (Mönchsrepublik Athos, Meteoraklöster, Megaspiläon), einnehmen.

Der Wunsch, kulturell interessante Stätten kennenzulernen, und die Aussicht auf warmes, sonniges Wetter locken jährlich unzählige Urlauber in die Mittelmeerländer. Der Tourismus spielt daher für die Wirtschaft dieser Staaten als Einnahmequelle eine bedeutende Rolle. Sowohl auf die Bewohner der Mittelmeeranrainerstaaten selbst als auch auf die Feriengäste üben die Küstenregionen eine besondere Anziehungskraft aus. Zwangsläufig gelangen so allenthalben beträchtliche Mengen von Abwässern in das Meer, ganz zu schweigen von der Umweltbelastung durch die expansive Industrieansiedlung im Bereich der Häfen und Städte. Die Wirkung der Schadstoffe wird durch den Umstand erhöht, daß der Wasseraustausch zwischen dem Mittelmeer und dem Atlantischen Ozean gering ist. Nicht zu verkennen sind die Anstrengungen etlicher Mittelmeerstaaten, die der Wasserverschmutzung entgegenwirken sollen.

Nicht minder bedenklich sind mancherorts die Beeinträchtigungen der Uferlandschaften durch übereilte und übertriebene Baumaßnahmen im Hinblick auf eine rasche Ausweitung touristischer Kapazitäten.

Reiseziele
von A bis Z

Reiseziele von A bis Z

Insel Capri – Blick auf Marina Grande

Adana

Türkei.
Provinz: Adana.
Höhe: 24 m ü.d.M. – Einwohnerzahl: 480 000.
Telefonvorwahl: 07 11.
(i) **Fremdenverkehrsamt,**
Atatürk Caddesi 13;
Telefon: 1 13 23.

UNTERKUNFT. – *Büyük Sürmeli Oteli*, I, 160 B.;
Koza Oteli, III, 120 B.; *İpek Palas Oteli*, III, 102 B.;
Erciyes Palas Oteli, IV, 55 B.; *Ağba Oteli*, IV, 72 B.;
Raşit Ener Turistik Tesisleri, M I, 30 B.

STRÄNDE und WASSERSPORT. – Seyhan-Stausee
(Schwimmen, Rudern); Strand bei Karatas (49 km
südlich).

**Die Provinzhauptstadt Adana, die
viertgrößte Stadt der Türkei (nächst
İstanbul, Ankara und İzmir) und eines
ihrer reichsten Wirtschaftszentren,
liegt im Südosten des Landes am Südfuß des Taurus in der Mitte der Kilikischen Ebene, die jetzt Çukurova
('Lochebene') genannt wird und im Altertum Aleion Pedion hieß, am rechten
Ufer des Seyhan, des alten Saros, über
den eine z.T. noch antike Brücke und
eine Eisenbahnbrücke führen.**

Die sich zu dem etwa 50 km entfernten
Mittelmeer deltaförmig öffnende Çukurova mit ihren reichen Zitrusfrucht-
gärten und fruchtbarem Ackerland bildet die natürliche Lebensgrundlage der
Stadt, die außerdem durch ihre günstige
Verkehrslage unweit vom Südausgang
des seit alters wichtigsten Tauruspasses
der 'Kilikischen Tore' und an der 'Bagdadbahn' eine gute Voraussetzung für
ihre wirtschaftliche Entwicklung hat. So
erlebte Adana in neuerer Zeit einen kräftigen Aufschwung und eine starke Zunahme seiner Bevölkerung, die in Konservenfabriken, Spinnereien und Webereien, Maschinenfabriken, Zementwer-
ken sowie in den Bau- und Betriebs-
werkstätten der Bagdadbahn Beschäftigung findet. Bedeutend ist auch
der Getreide- und Baumwollhandel
(Baumwollbörse). Das Klima ist sehr
heiß, jedoch trocken und gesund.

GESCHICHTE. – Die Besiedlung von Adana reicht
weit in die vorchristliche Zeit zurück. Das hethitische *Ataniya* ist möglicherweise im Hügel Velican
Tepe (ca. 12 km außerhalb) zu suchen; die heutige
Stadt liegt auf einem recht jungen Siedlungshügel.
– Unter den Seleukiden hieß die Stadt **Antiocheia
am Saros.** – Zur Zeit der Römer stand **Adana**, das
schon damals so genannt wurde, im Schatten der
regionalen Hauptstadt Tarsus und spielte deshalb
eine ziemlich bescheidene Rolle, bis es sich unter
der Herrschaft der Osmanen und besonders durch
die Initiative der Türkischen Republik stärker entwickelte.

SEHENSWERTES. – Vom antiken Adana
sind kaum noch Baureste erhalten. Lediglich an der 310 m langen *Seyhan-
Brücke,* die im Laufe der Zeit mehrfach
zerstört und wiederhergestellt wurde,

sind von ihren einst 21 Bogen noch 14
erhalten, von denen einer (an der Westseite) noch aus der Zeit des römischen
Kaisers Hadrian (117–138) stammen
soll. Das kleine *Archäologische Museum* enthält eine schöne Sammlung
prähistorischer Töpfereien aus Kilikien,
einige hethitische Fundstücke sowie
Schaustücke zur türkischen Volkskunde.

In der Stadtmitte erhebt sich als interes-
santestes mittelalterliches Bauwerk die
Ulu Cami *(Große Moschee),* aus dem
16. Jahrhundert, eine von einer hohen
Mauer umschlossene Moschee nebst
einer Medrese (Gelehrtenschule), einer
Türbe (Mausoleum) und einer Dersane
(Koranleseschule). Der Hauptzugang
liegt an der Ostseite, an der ein 1507/08
erbautes Minarett aufragt, dessen poly-
gonaler Schaft, Blendnischen und
überdachte Galerie an türkische Vorbilder erinnern. An der Nordseite stehen
dreifach gegliederte Spitzbogenarka-
den, an die sich die Räume der *Medrese*
anschließen. Die im syrischen Dekora-
tionsstil gehaltene *Türbe* trägt osmanische Fayencen aus İznik. Die Westseite
der Anlage, mit der *Dersane,* ist durch
einen Tortrakt mit kegelförmiger Kuppel
aufgebrochen. – Beachtenswert ist weiterhin u.a. die 1409 erbaute *Akça Mesçit*
(mesçit = kleine Moschee), ferner die
Ramazanoğlu Camii (15. Jh.), beide im
syrischen Stil. – Am Stadtrand neue
Siedlungen.

UMGEBUNG von Adana. – 8 km nördlich der Stadt
befindet sich die *Seyhan Barajı,* durch die der Seyhan zu einem zweiarmigen, bis 25 km langen See
aufgestaut wird (Wassersport). – Südlich führt eine
1 km östlich von Adana von der Strecke nach İsken-
derun (s. dort) rechts abzweigende Straße zu dem
50 km entfernten Hafenstädtchen **Karataş** (3500
Einw.), in der Nähe des antiken *Magarsus*, unweit
vom *Karataş Burnu*, der Südspitze des Schwemm-
landes der Kilikischen Ebene.

Östlich über *Misis* erreicht man bei *Ceyhan* (in der
Nähe ein hethitisches Felsrelief und die 'Schlan-
genburg' *Yılanlıkale*) die Abzweigung nach der
61 km nordöstlich im Tal des *Ceyhan Nehri* gelegenen berühmten Hethiterburg ***Karatepe*** (Rasthaus)
in der Nähe der Stadt *Kadirli* (100 m ü.d.M.;
17 000 Einw.). An die 1949 begonnenen Ausgrabungen haben sich umfangreiche Restaurierungsarbeiten angeschlossen. Es handelt sich um eine
Bergfestung des *Azitawadda*, deren Mauer ein Gelände von etwa 390 m in ost-westlicher und 200 m in
nord-südlicher Ausdehnung umschließt. Die beiden Haupttore sind mit reliefierten Sockelplatten
(Orthostaten) und mächtigen Sphingen ausgestattet; die Reliefdarstellungen zeigen Götter- und
Kampfszenen, Jagdbilder, ein Schiff mit Ruderern
u.a. Zwei monumentale Inschriften, eine 'hierogly-
phenhethitische' und eine phönizische, sind inhalt-
lich gleich und bieten der Forschung eine hervorragende Ausgangsbasis zur Entzifferung der 'hethiti-
schen Hieroglyphen'. Von den Bauwerken im Innern der Stadt ist wenig erhalten. – Gleichzeitig
mit dem Karatepe war wohl auch der gegenüber
auf dem anderen Flußufer gelegene *Domuztepe*
bewohnt (Skulpturenreste), jedoch hat spätere
Besiedlung bis in römische Zeit vieles Ältere
zerstört.

Ägadische Inseln
s. bei Sizilien

Ägina / Aigina *(Ä̃jina)*

Griechenland.
Nomos: Attika.
Inselfläche: 83 qkm. – Bewohnerzahl: 9550.
Telefonvorwahl: 0297.

ⓘ **Touristenpolizei Stadt Ägina,**
Vassilú Georgíu 11;
Telefon: 22391.

HOTELS. – S t a d t Ä g i n a : *Aegina Maris*, II, 310 B.;
Danae, II, 100 B.; *Moondy Bay*, II, 144 B.; *Nausikaa
Bungalows*, II, 66 B.; *Areti*, III, 39 B.; *Avra*, III, 57 B.;
Brown, III, 48 B.; *Pharos*, III, 72 B.; *Klonos*, III, 84 B.

A g í a M a r í n a : *Apollo*, II, 203 B.; *Argo*, II, 116 B.;
Aegli, III, 14 B.; *Akti*, III, 44 B.; *Ammudia*, III, 26 B.;
Aphaea, III, 32 B.; *Blue Horizon*, III, 28 B.; *Galinie*, III,
67 B.; *Kalliopi*, III, 25 B.; *Karyatides*, III, 56 B.; *Kyria-
kakis*, III, 57 B.; *Magda*, III, 40 B.; *Marina*, III, 56 B.;
Nuremberg, III, 24 B.; *Pantelaros*, III, 106 B.

M é s s a g r o s (bei Agía Marína; 80 m ü.d.M.): *Posi-
don*, III, 48 B. – S u v á l a u n d V á t a : *Ephi*, III, 59 B.;
Saronikos, IV, 33 B.; *Xeni*, III, 14 B.

I n s e l A n g í s t r i : *Keryphalia*, III, 16 B.

VERKEHR. – Häufige *Schiffsverbindung* zwischen
Piräus und Stadt Ägina bzw. Agía Marína. – *Inselbus*
(Abfahrt am Kai von Ägina) zum Aphaiatempel und
nach Agía Marína an der Ostküste, nach Pérdika im
Süden und Vagía an der Nordküste. – *Bootsaus-
flüge* zur Insel Angístri und nach Epídavros.

**Ägina ist eine von Athenern wie von
Fremden gern besuchte Insel unweit
Athens im Saronischen Golf. Sie ver-
bindet den Reiz einer angenehmen
Landschaft mit Feldern, Macchia und
Wäldern mit der Sehenswürdigkeit des
prachtvoll gelegenen Aphaiatempels*

und ausgedehnten Bade- und Wassersportmöglichkeiten.

GESCHICHTE. – Die Insel, deren Besiedlung bis ins
4. Jahrtausend zurückreicht, hatte bereits um 2500
v. Chr. an der Westküste einen befestigten Umschlagplatz für den Handel zwischen dem Festland,
den Kykladeninseln und Kreta. Dorische Einwanderer um 1000 v. Chr. setzten diese Tradition fort, und
im 7. Jahrhundert reichten die Handelsbeziehungen der Insel bis nach Ägypten und Spanien. Um
650 v. Chr. prägte Ägina die ersten europäischen
Münzen. Im 5. Jahrhundert kam es zu wachsenden
Spannungen mit dem nahen Athen, das die Insel
459 v. Chr. zur Kapitulation zwang und seine wirtschaftliche Macht brach. In neuerer Zeit spielte die
Insel eine Rolle, als sie 1826 Sitz der ersten griechischen Regierung unter Kapodistrias wurde.

Die Inselhauptstadt **Aigina** (6100 Einw.)
erinnert mit klassizistischen Häusern an
diese Jahre. Sehenswert sind auf der
Nordmole des Hafens die Nikólaoskapelle, nördlich der Stadt die Reste eines
Apollontempels im Gebiet der antiken
Stadt, die der Gegenstand neuer deutscher Ausgrabungsarbeiten ist. Außerdem neben der Mitrópoliskirche das
Museum (Keramik vom 3. Jahrtausend
an, Funde von Apollon- und Aphaiatempel, Marmorsphinx u.a.m.).

Die Fahrt zum Aphaiatempel führt an
dem mittelalterlichen, um 1800 aufgegebenen Hauptort *Paläochóra* (8 km) vorbei. Zwischen den Ruinen verstreut liegen über 20
weißgekalkte Kirchen und Kapellen, meist
aus dem 13. und 14. Jahrhundert, manche
mit Fresken.

Der beherrschend über der Ostküste gelegene ***Aphaiatempel** (12 km) ist bekannt, seit
Ludwig I. von Bayern die marmorrnen Giebelfiguren erwarb und in der Münchner Glypto-
thek aufstellen ließ. 1901 kam bei der deutschen Ausgrabung eine Weihinschrift an die

Griechische Insel Ägina im Saronischen Golf – Ruine des Aphaiatempels

Fruchtbarkeitsgöttin zutage. Sie bezieht sich auf den um 580 v. Chr. errichteten Tempel, dem um 510 v. Chr. der heute vorhandene Tempel folgte. Dabei trat vermutlich Athena als Tempelherrin neben die alte Göttin Aphaia.

Wir betreten den **Heiligen Bezirk** von Süden her und gelangen am *Propylon* vorbei, neben dem rechts *Priesterwohnungen* liegen, zum Hauptkomplex, der aus dem Tempel, dem östlich von ihm angeordneten Altar und der beide verbindenden Rampe besteht. Der **dorische Tempel** – ''der ausgefeilteste Bau der Spätarchaik'' (Gruben) – besteht

Nordterrasse
Wasserleitung
Peribolos
Archa- ische Reste
Tempel
Rampe
Südterrasse

Tempel der Aphaia auf der Insel

Ägina

30 m

1 Außenterrasse	6 Altar (5. Jh.)
2 Stoa	7 Altar (6. Jh.)
3 Priesterhäuser (5. Jh.)	8 Altar (7. Jh.)
4 Propylon (5. Jh.)	9 Propylon (6. Jh.)
5 Priesterhäuser (7. Jh.)	10 Peribolos (7. Jh.)

aus Kalkstein, der ursprünglich mit feinem Stuck überzogen war. Die *Giebelfiguren*, die den Kampf um Troja behandeln, und das Dach sind aus Marmor. Ohnehin gut erhalten, gibt der Bau durch umfangreiche Wiederherstellungsarbeiten (Anastylosis) einen sehr lebendigen Eindruck. Ein Umgang von 6:12 Säulen umgibt die *Cella,* deren drei Schiffe durch zweistöckige Säulenreihen getrennt werden. Das Kultbild stand zwischen dem vorletzten Säulenpaar. An der Westseite des Tempels, wo gegenwärtig weitere Untersuchungen im Gange sind, kann man bis zu den Tempelfundamenten hinuntersehen.

Bei klarem Wetter reicht die Sicht von der Höhe des Tempels bis zur Akropolis von Athen.

Man kann vom Aphaiatempel zur Bucht **Agía Marína** hinunterfahren oder -gehen (zu Fuß 25 Min.). Dort hat sich in den letzten zwei Jahrzehnten ein gut besuchter Badeort entwickelt. Manche Schiffe legen nicht in Ägina selbst an, sondern ankern vor Agía Marína, so daß der Tempel auch auf diesem kürzerem Wege besucht werden kann.

Einen Besuch wert sind außerdem der Gipfel des *Óros* oder *Prophítis Ilías* (524 m), auf dem ein Heiligtum des Zeus Hellanios stand (Bus bis Marathón an der Westküste), das Nonnenkloster *Panagía Chryssoleóndissa* und die freskengeschmückte *Ómorphi Ekklisía* (= schöne Kirche) von 1289 zwischen Ägina und Paläochóra.

Weitere Inseln im Saronischen Golf und im Argolischen Golf s. Argolische und Saronische Inseln. – *Hydra s. dort.

Agrigent / Agrigento

Italien.

Region: Sicilia (Sizilien). – Provinz: Agrigento. Höhe: 326 m ü.d.M. – Einwohnerzahl: 50 000. Postleitzahl: I-92100. – Telefonvorwahl: 09 22.

(i) **AA,** Piazzale Roma;
Telefon: 2 04 54.
EPT, Viale della Vittoria 255;
Telefon: 2 69 26.
ACI, Via San Vita 25;
Telefon: 2 65 01.
TCI, Piazza Vittorio Emanuele;
Telefon: 2 03 91.

HOTELS. – *Jolly dei Templi,* 5 km südöstlich, an der S.S. 115, Villaggio Mosè, I, 292 B., Sb.; *Villa Athena,* im Tempelbezirk, I, 56 B., Sb.; *Akrabello,* 6 km südöstlich, beim Parco Angeli, II, 220 B., Sb.; *Della Valle,* Via dei Templi 94, II, 164 B.; *Belvedere,* Via San Vito 20, III, 63 B.

Die wegen ihrer großartigen **Tempelruinen überaus besuchenswerte Stadt an der mittleren Südküste Siziliens gehört zu den schönstgelegenen Plätzen der Insel. Besonders im Süden der Altstadt entstandene moderne Wohnviertel haben mit ihren Hochhäusern die Stadtsilhouette von Grund auf verändert.

GESCHICHTE. – Agrigent wurde im Jahre 582 v. Chr. als *Akragas* von der griechischen Kolonie Gela (80 km südöstl.) aus gegründet. Prächtig über einem Bergrücken zwischen den Flüssen *Akragas (San Biagio)* und *Hypsas (Sant' Anna)* gelegen, galt sie nach Pindar als 'die schönste Stadt der Sterblichen'. Im Norden des Berges, an der Stelle der heutigen Stadt, lag einst die Akropolis; südlich davon, über dem zum Meer hin flach abfallenden Hang, dehnte sich die antike Stadt aus, von deren Ummauerung und Tempeln reichlich Trümmerreste erhalten sind. Herrscher der Stadt waren meist Tyrannen. Zunächst im Kampfe, später durch den Handel mit Karthago zu Einfluß und Reichtum gekommen, trieben einzelne Bürger der Stadt fürstlichen Aufwand. Unter der Führung des *Empedokles* († um 424 v. Chr.) erlebte Akragas als freier Staat seine größte Machtentfaltung, unterlag aber schon 406 v. Chr. den Karthagern. Die Stadt wurde geplündert, die Kunstschätze nach Karthago verschleppt und die Tempel angezündet. – Das römische *Agrigentum* (seit 210 v. Chr.) blieb bedeutungslos. Seit 828 n. Chr. im Besitz der Sarazenen, wurde die Stadt zur Rivalin von Palermo. Im Jahre 1086 gründete der Normanne *Roger I.* hier ein Bistum, das im Mittelalter zum reichsten auf Sizilien wurde. Bis 1927 trug die Stadt ihren sarazenischen Namen *Girgenti.*

SEHENSWERTES. – Am Nordwestrand der winkligen mittelalterlichen Altstadt steht über den Fundamenten eines Jupitertempels des 6. Jahrhunderts v. Chr. der **Dom** *(Duomo);* er wurde im 11. Jahrhundert begonnen, im 13./14. Jahrhundert erweitert und im 16./17. Jahrhundert größtenteils erneuert. Ein Erdrutsch verursachte 1966 erhebliche Schäden, die jedoch inzwischen weitgehend behoben sind. Im Inneren, am Ende des linken Seitenschiffes, die *Kapelle De Marinis* mit dem Grabmal des Gaspare de Marinis (1492). Hinter dem Spitzbogenportal, rechts vor dem Chor, ein Silberschrein (1639) mit den Gebeinen des hl. Gerlando, des ersten Bischofs von Agrigent. Vom unvollendeten Campanile (14. Jh.) *Aussicht. An der Freitreppe, westlich vom Dom, das *Museo Diocesano.*

Im Süden der Altstadt, an der Piazza Pirandello, das *Museo Civico,* das mittelalterliche und neuere Kunst sowie Gemälde sizilianischer Meister zeigt.

Hauptstraße der Stadt ist die belebte Via Atenea. Sie führt von der Piazza del Municipio in östlicher Richtung zum Piazzale Roma im Osten der Altstadt. 1,5 km östlich von hier, in einem Privatgarten, der **Athenefelsen** *(Rupe Atenea;* 351 m), der eine umfassende Aussicht bietet.

Zu den Tempelbezirken gelangt man vom Piazzale Roma und der südlich anschließenden Piazza Marconi mit dem *Hauptbahnhof.* Der als 'Passeggiata archeologica' ausgewiesene Rundgang folgt von hier aus der Via Crispi in südöstlicher Richtung. – Nach 1 km links die Abzweigung zum *Friedhof,* an dessen Südostecke Teile der griechischen Befestigungsanlagen erhalten sind. Von hier auf der steinigen altgriechischen Straße 0,5 km östlich zu dem hochgelegenen sogenannten *Ceres- und Proserpinatempel* (oder *Tempio di Demetra),* der ursprünglich um 470 v. Chr. errichtet, in normannischer Zeit zum *Kirchlein San Biagio* umgebaut wurde. Östlich unterhalb der Terrasse ein *Grottenheiligtum* der Demeter (um 650 v. Chr.).

An der Via Crispi folgt alsbald die Abzweigung einer Seitenstraße nach links zum Tempel der Iuno Lacinia und weiter zur S.S. 115 nach Gela. Weiterhin 0,5 km links der Straße ein in jüngerer Zeit freigelegter Teil der *griechisch-römischen Stadt* (4. Jh. v. Chr. bis 5. Jh. n. Chr.; beachtliche Wandmalereien und Fußbodenmosaiken). Nach weiteren 300 m rechts das **Museo Archeologico Nazionale,** das vorgeschichtliche Funde, antike Sarkophage, Vasen, Münzen und Architekturfragmente beherbergt; besonders kostbar die Marmorstatue eines *Epheben (um 490 v. Chr.). Südlich gegenüber dem Museum die kleine gotische *Kirche San Nicola* (13. Jh.; Portal); im Inneren ein antiker *Marmorsarkophag mit Reliefdarstellungen aus der Sage um Phädra und Hippolytos. Gleich westlich der Kirche das sogenannte *Oratorium des Phalaris* und eine fast quadratische *Grab-Cella* für eine römische Matrone (1. Jh. v. Chr.).

Die Straße erreicht 1 km hinter San Nicola die Eingänge zu den umzäunten Tempelbezirken (jederzeit frei zugänglich): Rechts der Zeustempel; gleich links der Straße, bei der Südmauer der antiken Stadt, der sogenannte **Heraklestempel** *(Tempio di Ércole;* 6. Jh. v. Chr.), von dessen ursprünglich 38 Säulen acht der Südseite im Jahre 1923 wiederaufgerichtet wurden.

Vom Heraklestempel führt eine neue Straße östlich an der *Villa Aurea* (Direktion der Tempelbezirke; wechselnde Ausstellungen) vorbei zu dem dorischen **Tempel der Concordia** (5. Jh. v. Chr.; im Mittelalter zur Kirche

1 Museo Civico
2 Tempio di Demetra (San Biagio)
3 Museo Archeologico
4 Tempio di Vulcano
5 Tempio di Castore e Polluce
6 Tempio di Giove Olimpico
7 Tempio di Ercole
8 Tempio di Concordia
9 Tempio di Giunone
10 Porta Aurea
11 Tomba di Terone
12 Tempio di Esculapio

umgebaut), der mit seinen 34 vollzählig erhaltenen Säulen neben dem Theseion in Athen der besterhaltene Tempelbau des Altertums ist.

Etwa 700 m weiter östlich erhebt sich an der Südostecke der antiken Stadt, unweit der Straße von Agrigent nach Gela, in prächtiger Aussichtslage über steilem Abhang der irrtümlich so genannte **Tempel der Iuno Lacinia** (2. Hälfte 5. Jh. v. Chr.) aus der klassischen Zeit des dorischen Stils. Von dem tatsächlich der Hera geweihten Tempel stehen 25 ganze Säulen, 9 weitere wurden zur Hälfte wiederaufgerichtet.

Zwischen dem Heraklestempel und dem Zeustempel öffnet sich das Hafentor, die sogenannte *Porta Aurea,* durch welche die Straße nach *Porto Empedocle* (10 km westl.; 20000 Einw.) und zu dem genau südlich, bei der Mündung des Fiume San Biagio gelegenen antiken Hafen führt. Außerhalb der Porta Aurea das sogenannte **Grab des**

Dioskurentempel in Agrigent auf Sizilien

Theron *(Tomba di Terone),* der Rest eines turmartigen Grabmals aus römischer Zeit.

Nordwestlich von der Porta Aurea die Trümmer des unvollendet gebliebenen **Zeustempels** *(Tempio di Giove Olimpico;* 5. Jh. v. Chr.). Er bildete mit 113 m Länge die größte Halle des griechischen Altertums (Tempel G in Selinunt 111 m; Artemision in Ephesus 109 m; Parthenon in Athen 70 m). Riesige männliche und weibliche Telamonen oder Atlanten, von denen einer restauriert wurde ('il Gigante'; 7³/₄ m lang, auf dem Boden liegend), dienten wohl als Gebälkträger.

Westlich vom Zeustempel der sogenannte **Tempel des Castor und Pollux** oder *Dioskurentempel* (5. Jh. v. Chr.), von dem vier Säulen wiederaufgerichtet wurden. Unweit nördlich der Altarbezirk *Santuario delle Divinità Ctonie* (6. Jh. v. Chr.), eine einzigartige Kultstätte der unterirdischen (chthonischen) Göttinnen, wohl der Demeter und der Kora. Freigelegt sind die Reste von zwölf Altären und acht kleinen Tempeln in Schatzhausform.

Weiter nordwestlich, jenseits der Eisenbahn, die Überreste vom sogenannten *Vulkantempel* (um 470 v. Chr.); von hier Blick auf die Tempelreihe.

Ägypten / Misr

Arabische Republik Ägypten
El-Dschumhurija Misr El-Arabija

Nationalitätskennzeichen: ET.
Staatsfläche: 1 001 449 qkm (einschl. der z. Z. noch israelisch besetzten Gebiete).
Hauptstadt: Kairo.
Bevölkerungszahl: 42 000 000.
Verwaltungsgliederung: 21 Gouvernorate und 4 Grenzbezirke.
Religion: sunnitisch islamisch (93 %); christlich koptisch (6 %); griechisch-orthodoxe und römisch-katholische Minderheiten; 500 Juden.
Sprache: Arabisch; Berberisch in der Oase Siwa; Französisch und Englisch wird vielfach verstanden.
Währung: 1 £ E (Ägyptisches Pfund) = 100 PT (Piaster).
Zeit : Osteuropäische Zeit (OEZ = MEZ + 1 St.).
Wöchentlicher Ruhetag: Freitag bzw. Sonntag.
Reisedokumente: Reisepaß (bei der Einreise noch mindestens 3 Monate gültig!) und Visum.

(i) **Ägyptisches Fremdenverkehrsamt,**
Kaiserstraße 64 a,
D-6000 **Frankfurt** am Main;
Telefon: (06 11) 25 21 53.
Office du tourisme d'Egypte,
Rue Chantepoulet 11,
CH-1200 **Genève** *(Genf);*
Telefon: (0 22) 32 91 32.
Botschaft der Arabischen Republik Ägypten,
Kronprinzenstraße 2,
D-5300 **Bonn − Bad Godesberg;**
Telefon: (02 28) 36 40 08.
Gallmeyergasse 5.

A-1190 **Wien;**
Telefon: (02 22) 36 11 34/35.
Elfenauweg 61,
CH-3006 **Bern;**
Telefon: (0 31) 44 80 12/13.

Von jeher übt Ägypten, das alte Kulturland am Nil, auf den Europäer eine besondere Anziehungskraft aus. Hier findet der Reisende nicht nur die natürlichen Reize, die der Orient mit seinem milden Klima und stets klaren Himmel bietet. Er begegnet hier ebenso den Ursprüngen abendländischer Kultur wie auch den faszinierenden Gegensätzen von orientalischem Traditionsbewußtsein und modernem technischem Fortschritt. Zudem kann Ägypten mit einer ansehnlichen Zahl an landschaftlichen Glanzpunkten und schönen Badestränden aufwarten.

Staatsgebiet und Siedlungsraum der Arabischen Republik Ägypten weichen erheblich voneinander ab. Nur etwa 3,5 % der gesamten Landesfläche sind kultivierbar und daher von 98 % der Bevölkerung bewohnt. Lebens- und Kulturraum Ägyptens ist das fruchtbare Tal des Nils zwischen dessen weitem Mündungsdelta und dem ersten Katarakt (Stromschnellen), den der Fluß bei Assuan bildet. Dieser gut 1500 km lange und oberhalb von Kairo nur 10-20 km breite, sich stellenweise bis auf 1 km verengende Landstreifen wird auf drei Seiten von natürlichen Grenzen eingefaßt: Im Norden vom Mittelmeer, im Osten von der Arabischen Wüste, die sich weiter östlich bis zum Roten Meer hinzieht, sowie im Westen von der weiten Tafel der Libyschen Wüste. Allein die Südgrenze entbehrt der natürlichen Merkmale und hat in der Geschichte wiederholt Anlaß zu Auseinandersetzungen gegeben.

GEOLOGIE. − Ägypten erstreckt sich auf einer nord-südlichen Länge von 1030 km zwischen 31°5″ und 22° nördlicher Breite sowie auf einer Breite von 960 km zwischen 25°2″ und 34°56″ östlicher Länge vom Mittelmeer nilaufwärts bis 44 km nördlich vom sudanesischen Wadi Halfa. Während die Hauptmasse des Landes auf dem afrikanischen Kontinent liegt, gehört die Sinaihalbinsel jenseits des Golfes und Kanals von Sues bereits zu Asien.

Das von jüngeren alluvialen Sedimenten erfüllte **Tal des Nils** zerschneidet das Land in zwei geologisch und morphologisch recht unterschiedliche Blöcke. Östlich erstreckt sich die **Arabische Wüste,** deren Kern ein mächtiger, von Nordwest nach Südost gerichteter und im Dschebel Schejib bis 2187 m aufsteigender Gebirgsriegel aus kristallinem Gestein (Gneis, Granit, Diorit, Hornblende) altvulkanischen Ursprungs bildet. Diese westliche und östliche Abdachung trägt Sedimentablagerungen ('nubischer Sandstein', Mergel, 'Nummulitenkalk') der oberen Kreidezeit, die zum Roten Meer hin stellenweise in hohen Felsabbrüchen abfallen und hier unter Wasser vielfach von noch lebenden Korallenriffen eingefaßt sind. Zahlreiche tief eingeschnittene Täler geben der Arabischen Wüste ein charakteristisches Gepräge. Pflanzenwuchs fehlt in den offenen Ebenen fast ganz, findet sich lebhafter in den Tälern, besonders nach Regen, und entwickelt sich üppig in den durch die Höhen geschützten Schluchten, wo auch Quellen sprudeln.

Gänzlich verschieden davon ist die **Libysche Wüste,** westlich des Nils, eine in ihrem nördlichen Teil ebenfalls aus einer Nummulitenkalktafel der jüngeren Kreidezeit bestehende Hochebene (etwa 300 m ü.d.M.), die sich nach Westen hin senkt und die niedrigen Flächen des nubischen Sandsteins im Süden überlagert. In tiefen Einbuchtungen dieses Südabhanges liegen die Oasen El-Charga, Ed-Dachla und El-Farafra, während El-Bahrija eine von dem höheren Plateau umschlossene Senkung einnimmt. Diese Oasen werden teils von natürlichen, teils von erbohrten Quellen reichlich mit Wasser versorgt. Die Hochebene ist sonst wasserlos und ohne Pflanzenwuchs; isolierte kleine Hügel zeigen, wie schnell die Winderosion der Wüstenoberfläche fortschreitet. In manchen Teilen ziehen sich 30-60 m hohe Sanddünenwälle zuweilen einige hundert Kilometer von Nord-Nordwest nach Süd-Südost.

Ebenfalls Wüstengebiet ist die bis voraussichtlich 1982 noch zu Teilen von Israel besetzte **Sinai-Halbinsel.** Ihren südlichen Teil nimmt der aus kristallinem Gestein aufgebaute Gebirgsstock des Sinai (2641 m) ein, den Norden ein weites Kalk-Sandstein-Plateau.

KLIMA. – Das Nildelta wie auch der schmale Küstenstreifen im Norden Ägyptens gehören der subtropisch-mediterranen Klimazone an. Die Sommermonate (Mai–September) sind trocken und heiß, doch durch regelmäßige Nordwinde gemildert. Die Wintermonate (November–Februar) bringen unter dem Einfluß oft heftiger Mittelmeerwinde kühles Wetter mit einigen nach Süden hin abnehmenden Niederschlägen (Alexandria 188 mm; Kairo 30 mm), die ausnahmsweise sogar gelegentlichen Frösten auch als Schnee fallen können. Die Luftfeuchtigkeit ist zu allen Jahreszeiten sehr gering, Nebel praktisch unbekannt.

Im übrigen herrscht Wüstenklima, das durch starke tages- und jahreszeitliche Schwankungen (Nachtfröste) und extrem geringe, stets in kurzen und heftigen Schauern niedergehende Regen gekennzeichnet ist. Von März bis Mai tritt gelegentlich für mehrere Tage ein heißer Südwind (Khamsin) auf, der oft mit großer Gewalt Sand- und Staubmassen aus den erhitzten südlichen Wüstengebieten mit sich führt und plötzliche Temperaturanstiege (bis 40°C) bewirken kann.

GESCHICHTE. – Während mehrerer Jahrtausende war die fruchtbare Oase am unteren Nil bestimmend für Wirtschaft und Kunst der Alten Welt. Die Einfassung in schwer zu überwindende natürliche Grenzen nach Norden, Osten und Westen hat hier zu allen Zeiten die ungestörte Entfaltung eines sehr eigenständigen und besonders im Altertum überaus glanzvollen Kulturlebens begünstigt.

Schon aus vorgeschichtlicher Zeit kann als gesichert angenommen werden, daß das Gebiet des heutigen ägyptischen Kernlandes in zwei Reiche zerfiel: Das Unterägyptische Reich mit der Hauptstadt Behdet (Damanhur) umfaßte das Deltagebiet, das Oberägyptische Reich, wohl mit der Hauptstadt Hierakonpolis (Al-Kab) erstreckte sich von Memphis (Kairo) bis zum ersten Nilkatarakt bei Assuan. Jeder dieser Staaten zerfiel in mehrere Provinzen, die aus ursprünglich selbständigen Fürstentümern hervorgegangen sein dürften. Diese Zweiteilung des Landes blieb grundsätzlich bis in die Neuzeit erhalten: Noch die letzten Könige nannten sich 'König von Ober- und Unterägypten'.

Seit etwa 3000 v.Chr. sind durch zeitgenössische Priesterbücher sowie später durch Verzeichniswerke griechischer Geschichtsschreiber die Reihenfolge der Königshäuser wie auch Beschreibungen aus dem Staatsleben überliefert. Als Zeitmaßstab diente die Folge der Dynastien und Herrscher, deren Regierungsdauer aufgezeichnet wurde. Die Zeitangaben vor 2000 v.Chr. sind durch lücken-

Die altägyptischen **Hieroglyphen** entstanden um das 3. Jahrtausend v.Chr. und erlangten schon früh höchste Vollkommenheit. Neben der in Stein gehauenen ausführlichen Bildschrift bestand eine verkürzte 'hieratische' Schreibschrift, die durch weitere Abschleifungen und Vereinfachungen in griechisch-römischer Zeit zur 'demotischen' Schreibschrift verformt in Ägypten allgemein Anwendung fand. Aus der Ergänzung des griechischen Alphabetes mit 'demotischen' Zeichen entstand etwa im 2. Jahrhundert n.Chr. die 'koptische' Schrift der christlichen Ägypter.

Nach mehreren vergeblichen Versuchen, die alten ägyptischen Hieroglyphen zu enträtseln, gelang dem Franzosen Jean-François Champollion im Jahr 1822 ihre Deutung anhand des 1799 aufgefundenen und von Napoleon I. anläßlich seiner Ägyptischen Expedition nach Frankreich mitgebrachten dreisprachigen *Steines von Rosette* (heute im Britischen Museum zu London), einer Basalttafel des 2. Jahrhunderts v.Chr., die ein Dekret in ägyptischer und demotischer Schrift sowie die Übersetzung ins Griechische zeigt.

hafte Überlieferung unzuverlässig; die Daten insbesondere des 2. Jahrtausends v.Chr. können je nach Quelle und Berechnungsgrundlage um mehrere Jahre variieren.

Die **Frühzeit** (um 2900 bis um 2610 v.Chr.; I. und II. Dynastie) bringt die Einigung und Festigung des Reiches. – Das **Alte Reich** (um 2610 bis 2150 v.Chr.; III.-VI. Dynastie) ist die Zeit des Pyramidenbaus als Ausdruck höchster gottköniglicher Machtentfaltung (drei Pyramiden von Giseh, um 2575 bis um 2465 v.Chr.) wie auch einer Blüte der Kunst. Residenzstadt ist seit Djoser (Zoser; III. Dynastie) Memphis (Kairo). Eine mit tributfreiem erblichem Bodenlehen entlohnte Beamtenschaft schwingt sich im Laufe von Generationen zur entscheidenden Feudalmacht auf, an deren Eigeninteressen das Reich gegen Ende der VI. Dynastie zerbricht. – Die folgende Zwischenzeit (um 2150-2040 v.Chr.; VII.-X. Dynastie) bringt Unsicherheit und dynastische Wirren.

Mit der XI. Dynastie aufstrebender thebanischer Fürsten beginnt das **Mittlere Reich** (2040 bis 1786 v.Chr.; XI. Dynastie), das dem Lande wiederum kulturelle Blüte und die Ausdehnung etwa auf das heutige Staatsgebiet bringt, doch schließlich durch innere Machtkämpfe und Zerrissenheit (1786-1650 v.Chr.; XIII.-XIV. Dynastie) den Weg für die Fremdherrschaft der aus Vorderasien eindringenden Hyksos (1650-1552 v.Chr.; XV. und XVI. Dynastie) bereitet.

Das **Neue Reich** (1552-1070 v.Chr.; XVIII.-XX. Dynastie), mit der Hauptstadt Theben, ist die Epoche der ägyptischen Großmacht. Unter der Herrschaft gottgleicher Könige entstehen großartige Kunstschätze und Bauwerke an Stelle der älteren verfallenen Bauten. *Thutmosis I.* (1506-1494 v.Chr.) erobert Obernubien, *Thutmosis III.* (1490 bis 1436 v.Chr.) Syrien und Palästina. *Amenophis IV.* (1364-1347 v.Chr.), der später den Namen *Echnaton* führt, Gemahl der schönen *Nofretete,* deren 1912 aufgefundene Kalksteinbüste (Ägyptisches Museum Westberlin) weltberühmt ist, versucht vergeblich einen monotheistischen Sonnenkult um Aton durchzusetzen. Seiner Regentschaft folgt die seines jugendlichen Schwiegersohnes *Tutanchamun* (Tut-ench-Amun; 1347-1339 v.Chr.), dessen unberührtes Grab seit 1923 freigelegt wurde und großartige Schätze preisgab. *Ramses II.* (1290 bis 1224 v.Chr.) führt lange Schlachten gegen die von Kleinasien und Nordsyrien vordrängenden Hethiter, in deren Folge Palästina dem ägyptischen Reich eingegliedert werden kann. Während seiner Regie-

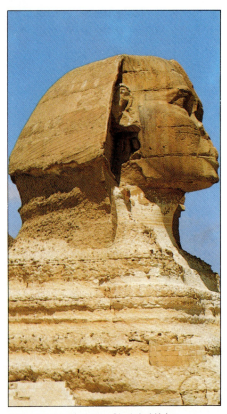

Altägyptische Sphinx in Giseh bei Kairo

rungszeit entsteht die Mehrzahl der heute bekannten Tempelbauten (Abu Simbel, Karnak, Luxor, Ramesseum, Memphis, Abydos u.a.).

Die Herrschaftszeit der XXI.-XXIV. Dynastie (1070 bis 712 v. Chr.) sieht den Niedergang des Reiches. Glanzlose Könige und thebanische Hohepriester des Amun ringen um die Macht im Lande, das indessen in zahlreiche, oft von Syrien abhängige Fürstentümer zerfällt.

Die **Spätzeit** (XXV.-XXXI. Dynastie; 712-332 v. Chr.) bringt trotz fortwährender kriegerischer Auseinandersetzungen und der zeitweiligen Unterwerfung unter das Perserreich einen neuen kulturellen und wirtschaftlichen Aufschwung. Dennoch ist von nun an für viele Jahrhunderte Ägyptens Unabhängigkeit beendet.

Im Jahre 332 v. Chr. besetzt *Alexander der Große* (336-323 v. Chr.) das Land und gründet Alexandria, das bald zum Mittelpunkt des Welthandels und der griechischen Weltbildung wird. Er steht damit am Beginn einer neuen, drei Jahrhunderte währenden Glanzzeit unter den **Ptolemäern**, die das Königreich am unteren Nil abermals einen und die Regentschaft festigen.

Im Jahre 30 v. Chr. wird Ägypten **römische Provinz** (Kronland des Prinzipats), nachdem es durch die Bindungen seiner Königin *Kleopatra VII.* (51 bis 30 v. Chr.) an *Caesar* und später an *Antonius* (mit beiden hatte sie Söhne) bereits unter den Einfluß Roms gelangt war. Die römischen Kaiser treten, ebenso wie es die Ptolemäer taten, der ägyptischen Bevölkerung gegenüber als Nachfolger der Pharaonen auf und halten damit die Scheinvorstellung eines nationalen ägyptischen Staates aufrecht. Das Christentum findet in Ägypten, insbesondere bei der fellachischen Bevölkerung, schon früh Eingang und Verbreitung und erfährt hier in der koptischen Kirche (koptisch = ägyptisch) eine Ausprägung eigener Art. Nach teils bitteren Verfolgungen durch die römischen Kaiser erlangen die Christen erst un-

ter *Konstantin d. Gr.* (324-337) die volle Anerkennung: Ägypten wird Diözese mit sechs Provinzen. Unter *Theodosius I. d. Gr.* (270-295) wird das Christentum zur Staatsreligion erhoben.

Mit der Teilung des Römischen Reiches fällt Ägypten im Jahre 395 an **Byzanz.** Im Jahre 640 machen die **Araber** das Land zur Provinz des Kalifenreiches, nachdem sie die Byzantiner bei Heliopolis entscheidend geschlagen hatten. Die Kopten indes genießen unter dem Islam weitgehende Religionsfreiheit. Von 969 bis 1171 gewinnt Ägypten die Unabhängigkeit unter selbständigen Herrschern zurück. Es folgen Jahrhunderte der Unruhe und der blutigen Abwehr der Kreuzzüge. Gleichwohl erlebt das Land einen Aufstieg zum Vermittler des Handels zwischen Mittelmeer und Rotem Meer wie auch zum geistigen und religiösen Zentrum der islamischen Welt. Im Jahre 1517 erstürmt der Osmanensultan *Selim I.* Kairo und verleibt Ägypten als Paschalik seinem Reiche ein (bis 1773). Die Macht der **Osmanen** beschränkt sich indes auf die Erhebung eines Tributes. Die Entdeckung des Seeweges um das Kap der Guten Hoffnung nach Ostindien wie auch die Entdeckung der Neuen Welt bringen eine Verlagerung der Handelsinteressen Europas und damit den wirtschaftlichen Niedergang Ägyptens, das zu gänzlicher Bedeutungslosigkeit verkommt.

Im Kampf um die Vormacht im Mittelmeerraum fällt **Napoleon** *Bonaparte* 1798 in Ägypten ein (Ägyptische Expedition) und nimmt Alexandria. Unter dem Druck der britischen Armee jedoch räumt er das Land 1801. In der Auseinandersetzung europäischer Großmächte erweist sich der von den Türken zum Pascha über Ägypten ernannte Albaner *Muhammad Alí* (1806-48) als einer der bedeutendsten Köpfe der jüngeren ägyptischen Geschichte. Er zeigt hervorragendes Geschick, die nach Vormacht strebenden Staaten zu Gunsten Ägyptens auszuspielen. In der Durchsetzung seiner Ziele zeigt er sich wenig zimperlich: Zur Festigung seiner Macht läßt er die Führer der Mamelucken ermorden; er vertreibt die Engländer, schlägt die Türken und weitet sein Herrschaftsgebiet auch über das südwestliche Arabien aus. Zwar bleibt Ägypten auch weiterhin der Hohen Pforte tributpflichtig, doch erhält es in inneren Angelegenheiten volle Autonomie. Muhammad Alí gilt als Begründer des modernen ägyptischen Staates. Unter seiner Herrschaft wie auch der seines Sohnes *Saïd Pascha* (1854-63) und später seines Neffen *Ismaïl* (1863-79) setzt die wirtschaftliche und verkehrstechnische Erschließung wie auch eine behutsame Industrialisierung des Landes ein. Während ihrer Regierungszeiten entsteht mit europäischer Hilfe der seit dem Altertum geplante Sueskanal, der 1869 eröffnet werden kann.

Ein blutiger antieuropäischer und nationalistischer Aufstand veranlaßt 1882 die Engländer zum militärischen Eingreifen und zur Besetzung des Landes. 1914 hebt Großbritannien formal die noch bestehende Oberhoheit der Türkei auf und erklärt Ägypten zum **britischen Protektorat.** Nach neuerlichen schweren Unruhen gestehen die Briten dem Lande 1922 die volle Unabhängigkeit zu, sichern sich jedoch ihren Mitanspruch am Sueskanal durch die Präsenz ihrer Truppen in der Kanalzone. Ägypten wird zur konstitutionellen **Monarchie** unter *Fuad I.* (1917-36), die allerdings von nur kurzer Dauer ist. Bereits sein Sohn und Nachfolger *Faruk* (1936-52) wird durch einen Militärputsch gestürzt und geht ins Exil.

Unter dem ersten Präsidenten der neuen **Republik,** Gamal Abd an-Nasir (1956-70), kurz *Nasser* genannt, schließt sich das Land der Bewegung der blockfreien Staaten an, wobei sich eine Neigung zu Gunsten der Sowjetunion und Rotchinas abzeichnet. Die sich mehrenden wirtschaftlichen Schwierigkeiten und muslimisch-nationalistischen Strömungen sucht Nasser in einer antiisraelischen Bewegung aufzufangen, die 1967 zum Sechstagekrieg mit dem Nachbarland und zum Verlust der Sinai-Halbinsel führt. Im sogenannten Jom-Kippur-Krieg von 1973 gelingt es seinem Nachfolger *Anwar as-Sadat* (seit 1970 Präsident), Teile der Sueskanalzone zurückzugewinnen. Durch Vermittlung des US-amerikanischen Präsidenten Carter kommt schließlich ein im arabischen Lager scharf umstrittener ägyptisch-israelischer Friedensvertrag (Unterzeichnung am 26. 3. 1979) zustande, der die Rückgabe der von Israel besetzten ägyptischen Gebiete stufenweise bis 1982 vorsieht.

BEVÖLKERUNG. – Mit rund 42 Millionen Einwohnern besitzt Ägypten heute dreimal soviel Menschen wie zur Jahrhundertwende und um 10 Millionen mehr als 1966. Die Bevölkerungsexplosion gehört zu den brennendsten Problemen des Landes. Alle bisher durch moderne Technologien erzielten Produktionssteigerungen wurden durch den Bevölkerungszuwachs sogleich wieder aufgezehrt. Frühehe und religiöse Widerstände lassen bisher alle Bemühungen um eine nachhaltige Senkung der Geburtenrate scheitern.

Mit einer durchschnittlichen Bevölkerungsdichte von 1089 Einwohnern pro Quadratkilometer im Bereich des Kulturlandes gehört Ägypten zu den am dichtesten besiedelten Ländern der Erde. Extreme Ballungen ergeben sich um Kairo (nahezu 24000 Einw./qkm) und um Alexandria (annähernd 8000 Einw./qkm).

Etwa 90% der Bevölkerung leiten sich von den alten **Ägyptern** ab. Es sind dies zum einen die *Fellachen,* das einst arabisierte Bauernvolk, das rund 4/5 der Gesamtbevölkerung ausmacht und in großer Einfachheit und Armut lebt. Zum anderen sind es die kaum überfremdeten christlichen *Kopten,* die gut 6% der Bevölkerung ausmachen und als gebildete

Mittelschicht die städtischen Zentren besonders Oberägyptens bewohnen. Von Süden her sind hamitisch-negride *Nubier* zugewandert, die insbesondere im Dienstleistungssektor beschäftigt sind. Kleine hamitische Minderheiten bilden ferner die *Berber* in der Siwa-Oase und die nomadisierenden *Bischarin* im Südosten des Landes. Als reine **Araber** gelten die *Beduinen* (ca. 100000), die heute zu einem großen Teil ihre nomadisierende Lebensweise aufgegeben haben. Die schon seit dem Altertum in Ägypten ansässigen *Juden* haben das Land in der Folge der kriegerischen und politischen Auseinandersetzungen der jüngsten Zeit bis auf wenige Hundert Personen verlassen. – Der Ägypter ist in Haut- und Haarfarbe durchweg von brünettem, mediterranem Typ.

Der ganz überwiegende Teil der Bevölkerung bekennt sich zum sunnitischen Islam (etwa 93%), der Rest zum Christentum, besonders zur koptischen Kirche, die sich 451 n. Chr. unter dem Patriarchen von Alexandria von der römischen Mutterkirche losgesagt hat. – Die Polygamie ist heute praktisch verschwunden, wenngleich gesetzlich nicht verboten.

Amts- und Umgangssprache ist das *Arabische.* Darüber hinaus sind gute Französisch- und Englischkenntnisse in Kreisen des Mittelstandes die Regel, so daß sich der Fremde im allgemeinen gut mit diesen beiden Sprachen verständlich machen kann. Das aus dem Altägyptischen hervorgegangene Koptische hat sich nur als liturgische Sprache erhalten. Nubisch und einige Berberdialekte sind von lokaler Bedeutung.

Beliebte ägyptische Essensspezialitäten

Die ägyptische Küche hat auch dem verwöhnten europäischen Gaumen eine Vielzahl anregender und wohlschmeckender Gerichte zu bieten. Bevorzugt werden gegrilltes, seltener auch im Kräutersud gegartes Fleisch vom Hammel, Rind und Geflügel. Als Beilagen dienen Reis, schwarze Bohnen oder dunkles Fladenbrot sowie allerlei reichlich mit Kräutern und Gewürzen abgeschmeckte Salate, Gemüse und Saucen. Die Süßspeisen und Backwaren entsprechen ganz dem arabischen Geschmack. Unter überreichlicher Verwendung von Zucker, Honig oder Sirup, Mandeln und Nüssen sowie Öl entstehen aparte, doch höchst gehaltvolle Leckereien.

Fleischgerichte

Mulukija	in Kräuterbrühe gegartes Fleisch auf Reis
Kebab	Hammel am Spieß
Kofta	Hammelbouletten gegrillt
Fatta	gekochtes Hammelfleisch auf Reis bzw. Brot
Taimija	Bouletten aus Hackfleisch und Bohnenmehl
Kalauwi	gegrillte Innereien mit Kräutern
Hamam maschwi	gegrillte Taube
Hamam fil tagen	gebratene Taube mit Sahne auf Reis
Gambari	Garnelen
Dolma	Cossagemüse und Aubergine mit Hackfleisch und Reis gefüllt
Mosaka	Aubergine mit Hackfleischfüllung
Warek enab	Hackfleisch und Reis in Weinblättern

Beilagen

Ful medames	schwarze Bohnen in Öl, Zitrone und Salz

Cossa	gurkenähnliches Gemüse
Homos	dicke Sauce aus Kichererbsen
Tihina	Sauce aus gehackten Sesamkernen, Erdnüssen und Gewürzen
Dima	gewürzte Tomatensauce
Salata beladi	einheimischer grüner Salat
Aisch beladi	dunkles Fladenbrot

Süßspeisen

Mahalabija	süßer Milchreis mit Rosenöl und Nüssen
Konafa	Kuchen aus süßen Nudeln
Ataijef	süßes Quarkölgebäck
Baklawa	Gebäck aus Nüssen, Honig, Sirup und Öl nach türkischer Art

Getränke

Kawa	Kaffee nach Art des türkischen Mokkas
Schaij	Tee
Karkadé	eisgekühlter Malvenblütentee
Bira	Bier (einheimische Marke 'Stella')
Nebit	Wein (einheimische Sorten 'Omar Kaijam' und 'Kasr Gianaclis' rot; 'Nefertiti', 'Cleopatra' und 'Village' weiß; div. Roséweine).
Araki	Dattelschnaps
Eresus	beliebtes, für Europäer sehr ungewohntes braunes Erfrischungsgetränk mit Lakritzegeschmack
Asir faka	Fruchtsaft
Lamun	von Limonen
Tienschoke	von Kaktusfeigen
Gauafe	von einer sehr aromatischen birnenförmigen Frucht
Ruman	Granatapfel
Kasab	Zuckerrohr
Madanija	Mineralwasser

In Ägypten besteht seit 1923 die sechsjährige Schulpflicht; doch stehen besonders auf dem Lande nicht genügend Schulen bereit, um die steigende Zahl der Schüler aufzunehmen. Während an den acht Universitäten des Landes mehr Akademiker ausgebildet werden als der Arbeitsmarkt aufnehmen kann, fehlen Fachschulen im technischen Bereich.

WIRTSCHAFT. – Grundpfeiler der ägyptischen Wirtschaft ist seit dem Altertum die **Landwirtschaft.** Annähernd die Hälfte aller Erwerbstätigen sind hier beschäftigt und erarbeiten knapp ein Drittel des Nationaleinkommens. Die Hauptanbauflächen erstrecken sich zu beiden Seiten des Nils wie auch im weiten Bereich der Deltamündung, wo der Fluß durch alljährliche Überschwemmungen nicht nur hinreichend Wasser auf die Felder führte, sondern auch fruchtbaren Schlamm als natürlichen Dünger ablagerte. Zwar haben moderne Stau- und Irrigationsmaßnahmen, darunter besonders der umstrittene Sadd-el-Ali-Staudamm, die Ausweitung der Anbaufläche und die ganzjährige Bewässerung der Felder ermöglicht, so daß jetzt zwei bis drei Ernten im Jahr eingebracht werden können, doch werden nun die vom Fluß mitgeführten fruchtbaren Schlammassen ungenutzt in den Staubecken zurückgehalten, was heute die Verwendung von Kunstdünger erforderlich macht. Die zweifellos beachtlichen Produktionssteigerungen der Landwirtschaft werden durch das rasche Anwachsen der Bevölkerung vollkommen aufgezehrt. – Im Verlauf einer Bodenreform wurde 1952 aller Großgrundbesitz enteignet und das Land an Kleinbauern verteilt. Diese sind heute in Genossenschaften organisiert, arbeiten jedoch vielfach unrentabel und sind personell überbesetzt.

Wichtigstes landwirtschaftliches Erzeugnis ist die 1821 eingeführte *Baumwolle*, die hier in hervorragender langfaseriger Qualität gedeiht und z. T. im Lande selbst verarbeitet wird. Mit annähernd 40% am Gesamtwert der ägyptischen Ausfuhren stellt sie das wichtigste Exportgut des Landes dar. Angebaut werden ferner Reis, Mais, Weizen (auch im Trockenfeldbau), Gerste, Hirse, Zuckerrohr, Futterklee, Erdnüsse, Hülsenfrüchte, Gemüse (u.a. Zwiebeln und Knoblauch), Oliven, Obst (Agrumen, Wein, Datteln in den Oasen) u.a. Die seit dem Altertum als Grundmaterial für Schreibpapier wie auch als vielseitiges Baumaterial geschätzte und weit verbreitete Papyrusstaude (Cyperus papyrus) ist heute kaum mehr zu finden. Im Ganzen gesehen ist die Landwirtschaft jedoch nicht in der Lage, den Eigenbedarf des Landes zu decken. – Waldwirtschaft ist unbekannt. Auf Grund der klimatischen Gegebenheiten sind Aufforstungen praktisch unmöglich. Baumpflanzungen (bes. Palmen) dienen im allgemeinen nur als Windschutz.

Die Viehhaltung ist bescheiden und kann nur einen kleinen Teil des Fleischbedarfes liefern. Rind, Büffel und Federvieh werden bevorzugt von den seßhaften Fellachen, Schaf und Ziege von nomadisierenden Beduinen gehalten, die durch weite Wanderungen in unwirtlichen Steppen- und Wüstengebieten jahreszeitlich gegebene Weidemöglichkeiten zu nutzen vermögen. Esel, Maultier und Kamel sind auch heute noch als Lastentier in Gebrauch.

Unbedeutend sind die Fischereierträge. Fisch genießt als Volksnahrungsmittel schon wegen der raschen Verderblichkeit und der unzureichenden Konservierungsmöglichkeiten nur zweitrangige Bedeutung. Die Fanggründe liegen hauptsächlich im Binnenland: es sind die Seen und Gewässer des Nil-Deltas sowie in neuester Zeit besonders der Nasser-Stausee, dessen Fischbestände künstlich aufgestockt werden. – Entlang der Mittelmeerküste wird die Schwammfischerei bereits seit dem Altertum betrieben.

Ägypten besitzt vielerlei *Bodenschätze*, die den industriellen Aufschwung begünstigen. Abgebaut werden in nennenswertem Umfang Erdöl und Erdgas (zu beiden Seiten des Golfes von Sues), Eisenerz (bei Assuan und Baharija), Mangan, Phosphate und Gips. Darüber hinaus liegen nennenswerte Vorkommen an Asbest, Buntmetallen, Titan, Schwefel und Steinkohle (Sinai) noch unerschlossen unter Tage. – Trotz erheblicher Erdöl- und Erdgasreserven ist die Energieversorgung des Landes noch unzureichend. Die Nutzung der Wasserkraft des Nils, aber auch ein geschlossener Elektrizitätsverbund wären wünschenswert.

Die **Industrie** konzentriert sich in den städtischen Ballungszentren. Am weitaus bedeutendsten sind die Baumwollspinnereien und -webereien. Daneben bestehen als stark expansive Zweige die Nahrungs- und Genußmittelindustrie, die chemischpharmazeutische (Düngemittel) sowie die Eisen- und Stahlindustrie (Stahlwerk bei Heluan). Das Baugewerbe profitiert von den massiven staatlichen Förderungsmaßnahmen (Staudamm-, Industrie- und Wohnungsbau).

Ägypten ist für den **Verkehr** recht gut erschlossen. Straßen und Eisenbahnlinien ziehen entlang dem Nil und verzweigen sich im Deltabereich. Die Binnenschiffahrt ist von großer Wichtigkeit, bewältigt sie doch immerhin gut die Hälfte des nationalen Gütertransportes. Wichtigste internationale Seehäfen sind Alexandria, Port Said und Sues; weitere Großhäfen sind geplant. Von größter Bedeutung für die Deviseneinnahmen des Landes ist der Sueskanal. – Ägypten wird von mehr als 30 Fluggesellschaften regelmäßig angeflogen. Den nationalen Flugverkehr versieht ausschließlich die staatliche Fluggesellschaft 'Egyptair', die allerdings auch internationale Linien mit Europa und den Ländern des Mittleren Ostens unterhält. – Neben dem internationalen Flughafen Heliopolis (etwa 35 km nordöstl. von Kairo) besitzt das Land größere Flugplätze in Abu Simbel, Assuan, Luxor, Marsa Matruh und Port Said sowie zahlreiche andere kleine Landepisten.

Als Deviseneinnahmequelle genießt der **Tourismus** die besondere Förderung des Staates. Durch Ausweitung und Modernisierung der Bettenkapazitäten soll Ägypten ungeachtet aller politischen und wirtschaftlichen Probleme einer immer größer werdenden Zahl an badefreudigen und kulturbeflissenen Touristen als Reiseland erschlossen werden.

Eine KURZREISE nach Ägypten schließt im allgemeinen den Besuch der alten Mittelmeermetropole und Hafenstadt *Alexandria (s. dort) wie auch der Hauptstadt **Kairo (s. dort) ein, deren eigentümliche lebhafte Atmosphäre, hervorragende Baudenkmäler des Mittelalters und weltberühmte Museen sie zu einer der anziehendsten Städte der Welt machen. – Von Kairo aus bequem zu erreichen sind die **Pyramiden und Totenstätten von Giseh (s. bei Kairo) sowie weiter südlich, ebenfalls am Rande der Libyschen Wüstentafel, die Stufenpyramide von Sakkara, die unter Djoser (3. Dyn.) angelegte älteste ihrer Art, und die Pyramiden von Dahschur, ebenfalls zur Zeit des Alten Reiches erbaut, von denen die sogenannte 'Knickpyramide', das Grabmal der Königin Snofru (4. Dyn.), noch ihre ursprünglich glatte Außenverkleidung besitzt.

Unterhalb der Pyramidenanlagen von Sakkara liegen im Niltal westlich des Flusses die Überreste der alten Hauptstadt *Memphis (3. Jt. v. Chr.). Sehenswert ist hier die ursprünglich wohl über 13 m hohe Kolossalstatue Ramses' II. (1290-1224 v. Chr.) sowie eine Alabastersphinx (16. Jh. v. Chr.?). – Heliopolis, die vielleicht älteste Hauptstadt Ägyptens, lag im Norden der heutigen Stadt Kairo, westlich der modernen Vorstadt gleichen Namens. Von Alt-Heliopolis ist als einziger bemerkenswerter Überrest ein allseits mit Hieroglyphen bedeckter Obelisk Sesostris' I. (12. Dyn.) aus Granit von Assuan erhalten. Es ist der einzige noch aufrechte von zahlreichen anderen Obelisken der antiken 'Sonnenstadt'.

Rund 25 km südlich von Kairo befindet sich das Thermalbad (Schwefel-Eisenquellen) und aufstrebende Industriezentrum (Stahlwerk; Kfz-Montage) **Heluan,** mit hübschen Parks und bedeutendem Observatorium.

Etwa 90 km südwestlich von Kairo dehnt sich westlich vom Nil in einer weiten Senke der Libyschen Wüstentafel die schon im Altertum dicht besiedelte und 'Land der Rosen und des Weines' genannte **Oase El-Faijum** (45 m unter dem Meeresspiegel; 1792 qkm; 1,2 Mio. Bew.) aus, ein wichtiges Anbaugebiet

Göpelwerk in der ägyptischen Oase Faijum

von Baumwolle, Getreide, Zuckerrohr, vorzüglichem Obst und Oliven. Ihr Wasser erhält die Oase durch den rund 300 km langen Bahr Jusef (Josefsfluß), einen Seitenzweig des Ibrahimija-Kanals. – Im Norden der Senke, am Rand der Wüste, erstreckt sich der Birket Karun (Karun-See), der noch im frühen Altertum die ganze Oase erfüllt haben soll. Daher erklärt sich, daß die Mehrzahl der erhaltenen Reste antiker Siedlungen und Kultstätten am Rande der Wüste, also am Ufer des damaligen Sees, liegen.

Rund 100 km nordwestlich von Kairo liegen abseits der Wüstenroute (Straße Nr. 11) nach Alexandria im **Wadi el-Natrun** die vier besuchenswerten Koptischen Klöster des hl. Makarios (Der Abu Makar; 4. Jh.), der Syrer (Der as-Surijan; 8. Jh.), des hl. Bschoi (Der Amba Bischoi; 4. Jh.) und des Borrhomaios (Der el-Baramus; 4. Jh.). – **Oase Siwa** s. bei Marsa Matruh. – **El-Alamein** und **Rosette** s. bei Alexandria. – **Damiette** s. bei Port Said. – **Sues** und **Ismailija** s. bei Sueskanal. – **Sinai-Halbinsel** (mit**Katharinenkloster**) s. dort.

BEI LÄNGEREM AUFENTHALT in Ägypten sollte man eine Fahrt (Fahrstraße, Eisenbahn; ab Luxor auch Schiffsverkehr) von Kairo am Nil aufwärts unbedingt einplanen, da sich zu beiden Seiten des Flusses als eindrucksvolle Zeugen der gro-

ßen Geschichte des Landes Tempel, Nekropolen und Siedlungsreste aufreihen. Unter der unglaublichen Vielzahl antiker Stätten seien hier besonders erwähnt die südlich der Gouvernoratshauptstadt *El-Minija* gelegenen fürstlichen Felsengräber von *Beni Hasan* und der Felsentempel *Speos Aremidos,* beide aus der Zeit des Mittleren Reiches sowie weiter südlich die Reste der von Amenophis IV. (Echnaton) am rechten Ufer des Nils gegründeten neuen Reichshauptstadt **Tell el-Amarna** (beschwerliche Zufahrt), von der selbst nur geringe Reste erhalten sind. In ihrer unmittelbaren Nähe befinden sich 25 teils unvollendet gebliebene Felsengräber, deren Wände Darstellungen aus dem täglichen Leben der königlichen Familie tragen.

Einen Besuch verdienen ferner die anschaulichen Überreste der alten Stadt **Abydos,** einer der ältesten Ägyptens (1. und 2. Dyn.). Sie liegen etwa 12 km südwestlich der Ortschaft *El-Balijana,* links des Nils. Sehr bedeutend ist die Nekropole am Rande der Wüste, mit dem *Tempel Sethos'* I. (1307 bis 1290 v. Chr.) und dem Tempel Ramses' II. (1290 bis 1224 v. Chr.).

In der großen, nach Osten hin weit ausholenden Nilschleife liegt jenseits des Ortes *Kena* (Bahnstation; Übersetzen mit Schiff) am westlichen Ufer des Flusses der gut erhaltene *Hathor-Tempel* (1. Jh. v. Chr.) der alten Stadt **Dendera** (in frühester Zeit *Enet*).

Selbst bei sehr beschränkter Zeit sollte man einen kurzen Aufenthalt in der Stadt **Luxor** (Hotels Winter Palace, Etap, Savoy – Bungalows) vorsehen. Die wegen ihres angenehmen milden Klimas auch als Winterkurort geschätzte Stadt liegt ebenso wie die nahegelegene Ortschaft **Karnak** und die Nekropole am westlichen Nilufer auf dem Gebiet der einst glanzvollen alten Reichshauptstadt **Theben.** Schon während des Mittleren Reiches konnte sie sich zu höchster Macht aufschwingen und zur Zeit des Neuen Reiches Memphis als Zentrum religiöser und weltlicher Vorherrschaft verdrängen. Als Metropole des damals in seiner größten Ausdehnung und Machtfülle befindlichen ägyptischen Weltreiches erstrahlte ihr Glanz weit über die Grenzen des Landes hinaus. Homer beschreibt sie in seiner Ilias (IX. Gesang, 381-384) als 'hunderttorig' und preist ihren unermeßlichen Reichtum.

Der von Amenophis III. errichtete *Tempel von Luxor* liegt unmittelbar an den Gestaden des Nils und wurde später in seiner Südwestecke von der 'Weißen Moschee', einem vom Islam hochverehrten Heiligtum, überbaut. – Nördlich von Luxor erstreckt sich die ausgedehnte **Tempelstadt von Karnak,** im Altertum als eines der Weltwunder angesehen und noch heute überaus beeindruckendes Zeugnis einer Kultur, die weltliche und geistliche Machtfülle vereinte und durch monumentale Bauwerke nach ewiger trachtete. – Am westlichen Ufer des Nils erstreckt sich etwa auf der Höhe von Luxor und Karnak inmitten großartiger Felsenszenerie der Wüste die während dreieinhalb Jahrtausenden ununterbrochen belegte und stetig ausgeweitete *Nekropolis von Theben* (Theben-West) mit dem anschließenden Begräbnisfeld der Pharaonen im *Tal der Könige.* Hier entdeckte man im Jahre 1922 das verschüttete und daher vor Beraubung geschützte Grab des für die Geschichte unbedeutenden Pharaos Tutenchamun (Tut-ench-Amun), das den kostbarsten und umfangreichsten bisher in Ägypten aufgefundenen **Grabschatz** enthielt. Die Fundstücke sind heute im Ägyptischen Museum in Kairo aufgestellt (auch Auslandsausstellungen).

Unbedingt lohnend ist auch der Besuch des hervorragend erhaltenen ptolemäischen *Horus-Tempels* bei **Edfu,** rund 100 km südlich von Luxor.

Im äußersten Süden von Ägypten liegt auf der Höhe des Ersten Nil-Kataraktes die als Winterkurort sehr geschätzte Stadt **Assuan** (150 000 Einw.; Hotels New Cataract, Cataract, Kalabscha, Amon, Oberoi, Abu-Simbel), die in jüngster Zeit zu einem der bedeutendsten Industriezentren des Landes ausgebaut wird. Als der lange umstrittene Plan zum Bau des Sadd-el-Ali-Staudammes (s. bei Nil) zu Beginn

Assuan in Oberägypten

der sechziger Jahre Wirklichkeit wurde, begann in einer der spektakulärsten Aktionen internationaler Denkmalpflege unter dem Patronat der UNESCO die Verlegung der sogenannten 'Nubischen Tempel', die infolge der steigenden Fluten im Wasser zu versinken drohten. Der *Tempel von **Philae** erhebt sich jetzt auf einer kleinen Insel inmitten des Nasser-Sees, die majestätischen Tempelanlagen von **Abu Simbel** 180 m westlich oberhalb ihres ursprünglichen Standortes.

Erst in den letzten Jahren begann man mit der touristischen Erschließung der schönen Sandstrände am Roten Meer. Neue Hotelkolonien mit allen modernen Wassersporteinrichtungen entstanden bei **Hurgada** (Hotel Sheraton; Bungalowdorf Magawisch) und *Ain Suchna*. Besonders lohnend ist der Aufenthalt dort für geübte Tauchsportler, die im Schutze gewaltiger Korallenriffe einer der buntesten und vielfältigsten Unterwasserszenerien der Welt begegnen. – Von der Küstenstraße gelangt man auf Nebenstrecken landeinwärts zu den frühchristlichen *Festungsklöstern* des hl. Antonius (Der Mar Antonios; etwa 50 km landeinwärts am Fuße des Galala el-Kiblija), das als ältestes Kloster in Ägypten gilt, und St. Paulus (Der Man Bolos; etwa 15 km landeinwärts), in dessen Kirche Paulus beigesetzt wurde. Beide stammen aus dem 4. Jahrhundert und können nach vorheriger Vereinbarung besichtigt werden.

*Alexandria, **Kairo, Marsa Matruh, *Nil, Port Said, Sinai-Halbinsel** und **Sueskanal** s. Reiseziele von A bis Z.

Ajaccio
s. bei Korsika

Alanya

Türkei.
Provinz: Antalya.
Höhe: 5–117 m ü.d.M. – Einwohnerzahl: 15 000.
Telefonvorwahl: Handvermittlung.
ⓘ **Fremdenverkehrsamt,**
İskele Caddesi 56;
Telefon: 240.

UNTERKUNFT. – *Alaaddin Oteli*, II, 216 B., Sb.; *Alanya Büyük Oteli*, III, 120 B.; *Kaptan Oteli*, III, 60 B.; *Park Otel*, IV, 60 B.; *Mesut Otel*, IV, 86 B.; *Alantur Moteli*, M I, 200 B., Sb.; *Banana Motel*, M I, 232 B., Sb.; *Selam Motel*, M I, 60 B.; *Turtaş Motel*, M I, 118 B., Sb.; *Motel Merhaba*, M II, 124 B., Sb.; *Atilla Pansiyon*, P II, 36 B.; *Pınar Pansiyon*, P II, 57 B. – In İncekum: *Motel Aspendos*, M I, 171 B.; *Motel İncekum*, M I, 112 B.; *Yalırhan Motel*, M I, 99 B. – In Manavgat: *Tusan Akdeniz Moteli*, M I, 80 B., Sb.

Zwei CAMPINGPLÄTZE.

WASSERSPORT. – Schwimmen, Tauchen, Motorboote, Wasserski.

Die früher Alaja genannte türkische Stadt liegt im Osten des Golfs von Antalya (Antalya Körfezi), am Fuß einer ins Mittelmeer vorspringenden, aus Marmor bestehenden und von einer Seldschukenburg gekrönten Felshöhe, von deren Flanken zwei sandige Strandbögen zum Festland zurückschwingen. Von der Küste steigt das Land fast unmittelbar zur verkarsteten Kette des zum Taurus gehörenden Ak Dağı (2647 m) an.

Die Umgebung von Alanya gehört zum Bereich des subtropischen Winterregenklimas, mit sehr milden Wintern und trockenen heißen Sommern. So enden die üppigen Fruchtgärten auch da, wo sie den Grundwasserhorizont der Küstenebene überschreiten und nicht künstlich bewässert werden. An ihre Stelle tritt schüttere Macchia mit Oleandersträuchern, verwilderten Ölbäumen und Euphorbien, die das ganze Küstengebirge überzieht. Nur im Frühjahr belebt das satte Grün der Gräser und die vielfarbige Blütenpracht der Macchia; im Sommer und Herbst aber überwiegt das matte Grau der völlig ausgedörrten

Berghänge und gibt der an sich reizvollen Küstengebirgslandschaft herbe Züge. – Alanya wird wegen seiner malerischen * Lage und seines subtropischen Klimas als Winterkurort sowie wegen des guten Strandes als Seebad besucht, lohnt aber wegen seiner seldschukischen Bauwerke auch eine Besichtigung.

GESCHICHTE. – Alanya hieß im Altertum **Korakesion** *(Coracesium)* und war kilikische Grenzfestung gegen Pamphylien. Bereits im 2. Jahrhundert v. Chr. errichtete der Piratenführer Diodoros Tryphon auf dem Hügel eine Burg, die von Pompeius am Ende seines Feldzugs gegen die Seeräuber zerstört wurde. Damit kam der Ort an die *Römer* und wurde später von Antonius der Kleopatra geschenkt. Aber erst unter der Herrschaft der *Seldschuken* (seit 1221) erlangte er einige Bedeutung. Ala-eddin Kaiqobad bestimmte ihn unter dem Namen **Aláiye** zu einer seiner Winterresidenzen, legte 1226–31 auf der Vorgebirge die Festung an und baute **Alanya** zu einem Marinestützpunkt aus, der für die Seemachtstellung der Seldschuken von großer Bedeutung war. Die ungeschützte Lage zum Meer hin und die Kleinräumigkeit der Küstenebene ließen jedoch keine wirtschaftliche Entfaltung zu.

SEHENSWERTES. – Die aus seldschukischer und osmanischer Zeit stammende enge Altstadt nimmt den Raum zwischen der unteren und der auf antikem Fundament stehenden mittleren (südlichen) Burgmauer am Osthang des Burghügels ein, während sich nordöstlich davon ein neuerer Stadtteil am Strand entlang erstreckt und landeinwärts zwischen den Fruchtgärten verliert. – Eine windungsreiche Fahrstraße führt durch die Altstadt mäßig bergan zum Burghügel (117 m ü.d.M.) und an der südlichen *Burgmauer* nördlich weiter zum oberen *Burghof,* an dessen Nordende die *Kale Camii* (Burgmoschee) steht. Am Südrand des Burghofes erhebt sich ein 1720 erbauter *Leuchtturm.* An der westlichen Burgmauer liegt die eigentliche, ziemlich unbeschädigt erhaltene **Zitadelle,** von wo sich ein prächtiger * Rundblick auf das Mittelmeer, die Küstenebene, mit den weit verstreuten Häusern von Alanya und den Fruchthainen, sowie auf die Kette des Ak Daği bietet. Im inneren Burghof eine byzantinische *Kirche* mit kreuzförmigem Grundriß.

Eine andere Straße führt südlich an der Küste entlang zu dem sich nahe dem Kai erhebenden **Kızıl Kule** *(Roter Turm),* einem unter Ala-eddin Kaiqobad von dem Architekten Ebu Ali aus Aleppo, der auch die Burg von Sinop baute, 1225 errichteten, 1948 restaurierten achteckigen Bau, der mit seiner Höhe von 46 m und einer Seitenlänge von 12,5 m als mächtige Eckbastion der Burgmauer die Landmarke von Alanya bildet und der Verteidigung der unweit südlich liegenden seldschukischen Werft diente. –

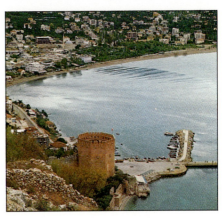

Alanya an der südtürkischen Mittelmeerküste

In der um 1227 in den Marmorfelsen des Vorgebirges eingehauenen **Werft,** einem in neuerer Zeit restaurierten Bau mit fünf 7,7 m breiten und 42,5 m langen Werfthallen, die durch Bogenöffnungen untereinander verbunden waren, baute Ala-eddin Kaiqobad seine Kriegsschiffe, um seine Macht auch über das östliche Mittelmeer auszudehnen. Das Holz für den Schiffsbau lieferten die damals noch reichlich vorhandenen Bergwälder des Taurus. Die Werft wird noch heute zum Bau von Segelbooten benutzt. Am Nordwestfuß des Burghügels liegt unmittelbar am Anfang des westlichen Strandes die erst 1948 von Steinbrucharbeitern entdeckte **Damlataş-Höhle** (damlataş = Tropfstein), deren Stalaktiten eine Höhe von fast 15 m erreichen. Die Höhle hat im Sommer und Winter eine gleichbleibende Temperatur von 22° C. Der hohe Kohlensäureanteil (fünfmal soviel wie im Freien) und die Radioaktivität der Luft werden von der Bevölkerung zur Heilung von Asthma und Bronchitis genutzt.

Albanien / Shqipëri

Sozialistische Volksrepublik Albanien
Republika Popullóre Socialiste e Shqipërisë

Nationalitätskennzeichen: AL.
Staatsfläche: 28 748 qkm.
Hauptstadt: Tiranë (Tirana).
Bevölkerungszahl: 2 620 000.
Verwaltungsgliederung: 26 Bezirke.
Religion: Offiziell abgeschafft (erster atheistischer Staat); nach inoffiziellen Schätzungen 1 000 000 sunnitische Moslems 200 000 Griechisch-Orthodoxe und 100 000 römische Katholiken.

Sprache: Albanisch als gegischer (im Norden) und toskischer (im Süden) Dialekt.
Währung: 1 Lek (Plural: Leke) = 100 Qindarka.
Zeit: Mitteleuropäische Zeit (MEZ).
Wöchentlicher Ruhetag: Sonntag.
Reisedokumente: Reisepaß und Visum (derzeit nur organisierte Gruppenreisen).

(i) **Albturist,**
Skënderbeg-Platz,
Tiranë (Tirana).
Botschaft der
Sozialistischen Volksrepublik Albanien,
Jacquingasse 41,
A-1030 **Wien;**
Telefon: (0222) 735195.
Skanderbeg-Reisen,
Kerskensweg 17,
D-4100 **Duisburg** 18;
Telefon: (0203) 494828.

HOTELS. – In D u r r ë s - S t r a n d : Adriatik, I; Apollonia, Durresi, Kruja, Butrinti, alle II. – In T i r a n ë : Dajti, I. – In K r u j ë : Skënderbeg, I. – In K o r ç ë : Iliria, I. – In G j i r o k a s t r ë : Çajupi, I. – In S h k o d ë r : Rozafa, I. – In B e r a t : Tomorri, I. – In F i e r : Apollonia, I.

Die Sozialistische Volksrepublik Albanien erstreckt sich auf etwa 350 km Länge und maximal 150 km Breite in nord-südlicher Ausrichtung zwischen 39°38′ und 42°39′ nördlicher Breite sowie 19°16′ und 21°4′ östlicher Länge an der Westseite der Balkanhalbinsel. Im Norden und Osten besitzt sie gemeinsame Grenzen mit Jugoslawien (etwa 490 km), im Südosten mit Griechenland (etwa 240 km). Die Westgrenze (etwa 470 km) bilden die Adria und das Ionische Meer, die sich hier in der nur 70 km breiten Straße von Otranto vereinen und das Land von Italien trennen.

Mit einer Gesamtfläche von 28748 qkm ist Albanien kaum so groß wie Belgien. Der größte Teil des Landes ist gebirgig mit Höhen bis zu 2764 m ü.d.M. (Korab). Den Norden des Landes nimmt das wilde, schwer zugängliche Kalkmassiv der Nordalbanischen Alpen ein. Nach Süden und Südosten schließt sich das reichlich von Senken und Beckenlandschaften gegliederte Inneralbanische Bergland an. Ihm westlich vorgelagert erstreckt sich zur Küste hin das Niederalbanische Flach- und Hügelland mit der Landeshauptstadt Tiranë. Im äußersten Süden baut sich der Albanische Epirus nochmals zu Höhen bis annähernd 2500 m (Mali i Tomerit, 2416 m) auf.

Zahlreiche Flüsse, am wichtigsten sind Drin (281 km), Seman (252 km), Vjosë (238 km), Shkumbin (146 km) und Mat (104 km), ergießen sich in schroffen Tälern und Schluchten von den niederschlagsreichen Gebirgshöhen zum Meer hin und bilden hier fruchtbare, oft sumpfige Schwemmlandzonen. Sie sind sowohl für die Landbewässerung als auch für die Elektrizitätsgewinnung von höchster wirtschaftlicher Bedeutung. – Größte Binnengewässer sind Ohridsee, Prespasee und Skutarisee, die Albanien jedoch alle drei mit Jugoslawien, den Prespasee überdies auch noch mit Griechenland teilt. Darüber hinaus besitzt das Land annähernd 150 kleinere und kleinste Gebirgsseen.

KLIMA. – Der starken topographischen Gliederung Albaniens entsprechen recht unterschiedliche Witterungszonen. Ausgeprägt mediterranes Klima mit trockenen, heißen Sommern und milden, feuchten Wintern kennzeichnet das Wetter entlang der Küste und im Flachland. Besonders das inneralbanische Hügelland und die Westabdachung der als Regenbarriere wirkenden Gebirgsketten genießen reichlich Niederschläge (bis 2000 mm/Jahr). Jenseits der Gebirgskämme nehmen die kontinentalen Einflüsse zu: Die Temperaturen im Sommer wie im Winter werden extremer, die Niederschlagsmenge nimmt nach Osten beständig ab (unter 700 mm/Jahr). Die Sonnenscheindauer beträgt im Westen 2500 Stunden, im Osten um 2200 Stunden pro Jahr.

GESCHICHTE. – Das Gebiet des heutigen Albanien ist bereits während der Bronzezeit von thrakisch-illyrischen Völkerschaften besiedelt. Sie schaffen hier ein kulturell und wirtschaftlich hochstehendes Gemeinwesen unter der Führung von Stammesfürsten, das sich dem Zugriff des Mazedoniens Herrscher erfolgreich zu widersetzen vermag. Erst die **Römer** können das Gebiet nach langen, seit 229 v. Chr. immer wieder aufflammenden und erbitterten Kämpfen im Jahre 167 v. Chr. besetzen und als ILLYRICUM ihrem Reich einverleiben.

Nach der Teilung des Römischen Reiches fällt Illyrien 395 n. Chr. an **Byzanz**, wo es während annähernd neun Jahrhunderten verbleibt, jedoch wiederholt von blutigen Übergriffen der Hunnen, Ostgoten und Slawen bedrängt wird. – Im 12. Jahrhundert bestehen bereits zwei selbständige albanische Fürstentümer im Kernland des heutigen Staatsgebietes, während die Küstenregion weiterhin in byzantinischer Hand verbleibt und später an Venedig (1257-1368) fällt.

Dem Vordringen der Türken auf den Balkan begegnen die Albanier unter der Führung ihres Volkshelden Gjergj Kastrioti, genannt **Skanderbeg** (Skënderbeg; 1404-68) in fünfundzwanzigjährigem, aufopferndem Kampf. Erst nach Skanderbegs Tod ge-

Skanderbeg-Denkmal im albanischen Krujë

rät das Gebiet für nahezu fünf Jahrhunderte in die Abhängigkeit der **Osmanen**. Wenngleich sich die Türkenherrschaft weitgehend auf die Beitreibung eines Tributes beschränkt, so kann der Islam doch tiefe Wurzeln fassen.

Der Griechenaufstand von 1770 setzt das Zeichen für Unabhängigkeitsbestrebungen auch der nicht-islamischen Albanier. Er wird, wie auch die folgenden Aufstände der Jahre 1829, 1831, 1843, 1847 und 1854, blutig unterdrückt. Gleichwohl schwelen die Unruhen im Untergrund weiter. Im Gefolge des Ersten Balkankrieges ruft *Ismail Kemal Bei* in Valona (Vlorë) am 28. 11. 1912 (Nationalfeiertag) den e r s t e n u n a b h ä n g i g e n Staat A l b a n i e n aus.

Der Erste Weltkrieg bringt die Besetzung durch Österreich, Italien und Frankreich. – Nach heftigen inneren Unruhen bemächtigt sich 1922 *Ahmed Zogu* (1895-1961) der Regierung und macht sich selbst, nach kurzer bürgerlich-demokratischer Zwischenregierung des Bischofs *Fan S. Noli* (1924), als Zogu I. zum 'König der Albaner'.

Während des Zweiten Weltkrieges wird Albanien abermals von Italien besetzt. Gegen den faschistischen Übergriff formiert sich der Widerstand besonders in kommunistischen Partisanengruppen. Am 8. November 1941 wird in Tiranë (Tirana) die Kommunistische Partei Albaniens gegründet; ihr erster Sekretär heißt *Enver Hoxha* (Hodscha; geb. 1908), Sohn einer wohlhabenden Kaufmannsfamilie aus Gjirokastër, der während seiner Studien in Paris den Weg zur leninistisch-marxistischen Bewegung fand.

Nach dem Ende des Zweiten Weltkrieges übernimmt die Kommunistische Partei die alleinige Führung im Lande. Die zunächst rege wirtschaftliche und kulturelle Zusammenarbeit mit Jugoslawien wird aus Sorge vor einer möglichen Annexion durch den Nachbarn abgebrochen. Ebenso kühlen die Beziehungen zu den einstigen Bruderstaaten Sowjetunion und China rasch ab, als diese erste Abweichungen vom kommunistischen Weg zeigen. So steht Albanien heute alleine als der Versuch eines national unabhängigen und in möglichst vollkommener Übereinstimmung mit den marxistisch-leninistischen Idealen funktionierenden Staatswesens.

BEVÖLKERUNG. – Rund 98% der Bevölkerung Albaniens sind **Skipetaren** *(Shqiptar),* also reine Albaner, die Nachkommen der hier schon während der Bronzezeit siedelnden thrakisch-illyrischen Urbevölkerung, der sich im Laufe der Geschichte griechische, römische, slawische und türkische Elemente beimischten. Daneben leben als kleine Minderheiten Mazedonier, Bulgaren, Serben, Montenegriner, Griechen, Türken, Aromunen und Zigeuner im Lande. Etwa ebensoviele Albaner wie in Albanien selbst leben außerhalb der Landesgrenzen, besonders im südlichen Jugoslawien (autonomes Gebiet Kosovo), in Italien, Griechenland, der Türkei, in Syrien und in den USA. – Albanien besitzt das größte Bevölkerungswachstum (jährlich 2,7%) in Europa und eines der größten der Welt.

Albanischer Herkunft waren und sind u.a. der ägyptische Pascha *Muhammed Alí* (1806-48) sowie die für ihren unermüdlichen Einsatz in den Slums von Kalkutta 1979 mit dem Friedensnobelpreis geehrte *Mutter Teresa* (geb. 27. 8. 1910 im makedonischen Skopje, Jugoslawien).

Die albanische S p r a c h e stellt einen eigenständigen indogermanischen Sprachzweig dar, der als *Gegisch* (nördl. des Shkumbin) und *Toskisch* (im Süden des Landes) zwei jeweils vom griechisch-romanisch-slawischen bzw. vom türkischen Sprachraum beeinflußte Dialekte ausgebildet hat. Staatssprache ist heute das Toskische, das wie auch das Gegische in lateinischer Schrift niedergeschrieben wird.

Vor der großen S ä k u l a r i s i e r u n g des Jahres 1967, die die Schließung aller Kirchen, Moscheen und anderer religiöser Einrichtungen brachte, bekannte sich etwa die Hälfte der Bevölkerung zum sunnitischen Islam; rund 200 000 Einwohner waren griechisch-orthodoxen und rund 100 000 römisch-katholischen Glaubens. Heute ist zwar die Glaubensfreiheit verfassungsmäßig garantiert, gleichwohl ist die Ausübung jeder geistlichen Tätigkeit verboten. Albanien sieht sich damit als "erster atheistischer Staat der Welt".

WIRTSCHAFT. – Trotz rascher industrieller Entwicklung ist Albanien noch immer überwiegend ein **Agrarland.** Die planmäßige Verbesserung von Bodennutzung, Bewässerung und Düngung bringt zwar eine stetige Steigerung der landwirtschaftlichen Erträge, sie können jedoch mit dem raschen Bevölkerungswachstum nicht schritthalten. Nach wie vor müssen die meisten Nahrungsmittel importiert werden. Die landwirtschaftlichen Anbauflächen liegen im Küstengebiet, im mittelalbanischen Flach- und Hügelland sowie in den Tälern und Bekkenlandschaften der Gebirge. Angebaut werden Getreide, Gemüse (auch für den Export), Sonnenblumen, Tabak, Baumwolle, Oliven, Reis und zunehmend auch Obst. – Im Gebirge überwiegt die Viehwirtschaft. Um der im Mittelmeerraum verbreiteten Überweidung mit ihren verheerenden Folgen zu begegnen, wird die Umstellung der Schaf- und Ziegenhaltung auf Rinderhaltung erwogen. Geflügelzucht ist allenthalben verbreitet.

Gut 40% der Landesfläche sind bewaldet, was im Mittelmeerraum die Ausnahme darstellt. Etwa zwei Drittel des Holzeinschlages entfallen auf Brennholz, der Rest findet Verwendung als Bauholz, für die Möbeltischlerei sowie neuerdings auch zur Papiererzeugung. Der Aufforstung gilt die besondere Aufmerksamkeit.

Das Fischereiwesen beschränkt sich auf die lokale Bedarfsdeckung; die Fischereiflotte ist veraltet. Zur Erhöhung der Fangerträge hat Albanien seine Hoheitsgewässer und Fischereizone auf 15 sm erweitert.

Albanien besitzt bemerkenswert vielfältige **Bodenschätze** in abbaubarer Menge. Noch sind bei weitem nicht alle Lagerstätten erschlossen. Besonders umfangreich sind die Vorkommen an Chrom (Alarupi, Bulqizë und Tropojë) sowie Nickel und Eisenerz (Pishkashi und Prenjas); ferner Kupfer (Kurbneski), Bauxit, Salz, Gips, Braunkohle, Erdöl und Erdgas (Qyteti Stalin) und Bitumen (Selenicë). Diese Rohstoffe werden zum großen Teil exportiert.

Erdöl, Erdgas (Pipeline von Qyteti Stalin nach Vlorë) und Braunkohlevorkommen (Wärmekraftwerk bei Fier und Tiranë) sowie reichlich Wasserkraft (Kraftwerke Ulzës am Mat sowie Vau i Dejëst und Fierza am Drin) machen Albanien auf dem Gebiet der Energiewirtschaft vorerst vom Ausland unabhängig und erlauben zudem den Export von Elektrizität in bescheidenem Umfang.

Die *Industrialisierung* ist noch im Aufbau begriffen. Inzwischen hat die Industrieproduktion den Wert der landwirtschaftlichen Produktion erreicht. Das besondere Gewicht der Wirtschaftsförderung liegt im Ausbau der Schwerindustrie sowie der Petrochemie. Von jeher rasch gut entwickelt waren Nahrungs- und Genußmittelindustrie (Müllereiprodukte, Olivenöl, Tabak) und Textilerzeugung (Wolle, Baumwolle, Lederwaren) als Folgegewerbe der Landwirtschaft. – Wichtigste Außenhandelspartner sind die Staaten der Europäischen Gemeinschaft (27%), voran Italien, ferner die Tschechoslowakei, Jugoslawien, Polen und Ungarn.

Albaniens Wirtschaft folgt in ungewöhnlich dogmatischer Strenge marxistisch-leninistischen Grundsätzen. Die Furcht vor ideologischer Aufweichung hat das Land in die politische Isolation gedrängt, die in demselben Maße wuchs, wie sich die ehemaligen Verbündeten aus dem sozialistischen Lager vom reinsten kommunistischen Ideal abwendeten.

Produktion, Handel und Verbrauch unterliegen der vollkommenen staatlichen Kontrolle. Privateigentum an Produktionsmitteln sowie Grundbesitz sind abgeschafft. Zwar ist privates Eigentum an Dingen des täglichen Bedarfes durchaus möglich, doch genießt es einen geringeren verfassungsmäßigen Schutz als das sogenannte sozialistische Eigentum. Kleinbäuerliche und handwerkliche Betriebe wurden zu Kollektiven zusammengeschlossen. Seit 1971 ist ein weiterer Zusammenschluß solcher Kollektive zu 'Genossenschaften höheren Typs' im Gange. Besonders verdienstvolle Landarbeiter erhalten Land in beschränktem Umfang zur privaten Nutzung. Private Handwerksbetriebe sind ausnahmsweise bei Vorliegen eines allgemeinen Interesses zugelassen. Verbrauchsgüter werden zugeteilt; der kleine freie Markt bietet Waren zu erheblich höheren Preisen als die staatlichen Verkaufsstellen.

Die schwierige topographische Lage Albaniens bringt erhebliche Erschwernisse in der verkehrstechnischen Erschließung des Landes. Das Straßennetz reicht zwar auch in entlegene Gebiete, ist jedoch meist unbefestigt und nur für geländegängige Fahrzeuge brauchbar. Das Eisenbahnnetz (bisher rund 300 km) soll erweitert werden. – Wichtigster Hafen ist Durrës (Durazzo); über ihn werden gut 80% des Seefrachtaufkommens abgewickelt. Von geringerer Bedeutung sind ferner die Häfen von Vlorë, Sarandë und Shëngjin. – Eine eigene Fluggesellschaft besitzt Albanien nicht. Der Flugplatz von Tiranë wird jedoch von ausländischen Gesellschaften in Abständen von mehreren Hauptstädten des Ostblocks, von China sowie von Rom, Bari und Athen aus angeflogen.

Tourismus gibt es lediglich in Ansätzen. Das Land kann nur im Rahmen organisierter Gruppenreisen in Begleitung staatlicher albanischer Führer besucht werden.

SEHENSWERTES. – Vorteilhaftester Standort für einen längeren Aufenthalt wie auch Ausgangspunkt für die vorerst nur in organisierten Gruppen mögliche Erkundung des Landes ist **Durrës** *(Durazzo; 58 000 Einw.)*, der wichtigste Hafenort des Landes, mit dem Ferienzentrum *Durrës-Strand* (4 km südöstl.; langer, breiter *Sandstrand). Die Stadt Durrës geht auf eine alte illyrische Siedlung zu-

Durrës-Strand an der albanischen Küste

rück, die im 7. Jahrhundert v. Chr. zur griechischen Kolonie *Epidamnos* wurde. Die Römer nannten die Stadt mit ihrem illyrischen Namen *Dyrrhachion* und machten sie zu einem blühenden Hafenplatz und Handelszentrum am Ausgangspunkt der Via Egnatia. Aus der Frühzeit der Stadt sind u.a. ein großes Amphitheater (2. Jh. v. Chr.), mit

später eingefügter byzantinischer Kirche (10. Jh.), ein Portikus und Thermen erhalten. Weitere Fundstücke befinden sich im Archäologischen Museum. Aus byzantinischer Zeit stammen Teile der Stadtmauer. Da bisher kaum Grabungen vorgenommen wurden, dürften noch zahlreiche Schätze unter der Stadt schlummern.

Von Durrës aus veranstaltet das staatliche Reiseunternehmen 'Albturist' Ausflüge zu den wichtigsten Sehenswürdigkeiten des Landes. – Eine ganztägige Tour führt zunächst etwa 35 km landeinwärts nach **Ti-ranë** (Tirana; 150 m; 185 000 Einw.), der im zentralen Flachland gelegenen Hauptstadt Albaniens. Es ist eine junge Stadt, die dank ihrer zentralen Lage bereits nach dem Ersten Weltkrieg zur Hauptstadt des Staates erwählt worden war und damit zum wichtigsten Wirtschafts- und Kulturzentrum des Landes wurde.

Tiranë besitzt Textil-, Nahrungsmittel-, Glas- und Keramik- sowie Holzverarbeitende Industrie; ferner ist die Stadt seit 1957 Sitz einer Universität. Besuchenswert v.a. das *Ethnographische Museum, mit illyrischen, griechischen, römischen und mittelalterlichen Grabungsfunden sowie Exponaten zur Folklore des Landes, ferner das Kunstmuseum, das Lenin-Stalin-Museum sowie das Museum der Nationalen Befreiung. Am Skënderbegplatz, mit dem Denkmal des Nationalhelden (von 1968), die hübsche Etehem-Beg-Moschee (18. Jh.). In der Altstadt

Straßenszene in der albanischen Hauptstadt Tiranë

findet sich teilweise noch typisch balkanisches Leben und Treiben. Östlich außerhalb der Stadt der 'Heldenfriedhof' (u.a. Gräber deutscher und italienischer Gefallener), mit prächtigem Ausblick.

Von Tiranë 40 km weiter nördlich nach **Krujë** *(Kruja; 610 m; 6000 Einw.)*, einem malerisch am Fuße des felsigen Krujë-Gebirges über der Küstenebene gelegenen Städtchen. Über dem Ort die Reste einer mittelalterlichen Burg, die als Stützpunkt des albanischen Widerstandes unter Skanderbeg gegen die Türken große Bedeutung erlangte; im unteren

Teil heute das ethnographische Museum. Stimmungsvoller alter Basar aus dem 18./19. Jahrhundert.

Ein zweitägiger Ausflug führt von Durrës zunächst 88 km südöstlich nach **Elbasan** (46 000 Einw.), einer Industriestadt (Stahlwerk, Zementfabrik, Holzverarbeitung), mit den eindrucksvollen Resten einer byzantinisch-osmanischen Burg an der Stelle einer älteren Befestigung aus römischer Zeit. Von den ursprünglich 26 Türmen sind acht erhalten. – Von Elbasan weitere 85 km östlich zu der Sommerfrische *Pogradec* (700 m) am Westufer des Ohridsees, unweit der jugoslawischen Grenze. Der Rückweg nach Durrës führt über die am Fuße des Morava-Gebirges gelegene Industriestadt **Korçë** *(Korça* bzw. *Koritza;* 50 000 Einw.; Textil- und Nahrungsmittelindustrie, Feinmechanik), gut 40 km südlich von Pogradec, mit einer schönen Moschee des 15. Jahrhunderts. Die Webteppiche aus Korçë werden auch exportiert.

Besonders zu empfehlen ist ein dreitägiger Ausflug in den Süden des Landes. – Die Fahrt führt zunächst etwa 240 km südlich geradewegs über die junge Industriestadt *Fier (Fieri;* 26 000 Einw.) nach **Gjirokastrë (Gjirokastra,* 350 m; 20 000 Einw.), dem überaus malerischen, in Stufen an steilen Hügeln erbauten und von einer Burg aus dem 14. Jahrhundert (Waffenmuseum) überragten Hauptort Südalbaniens. Gjirokastrë ist wohl eine Gründung des Mittelalters unweit südöstlich der antiken Stadt *Antigonea,* von der Reste freigelegt wurden. Ihr heutiges Gesicht verdankt die Stadt der Blütezeit im beginnenden 19. Jahrhundert. Gjirokastrë ist Geburtsort des Parteisekretärs Enver Hoxha (Hodscha); sein Geburtshaus ist zum Museum ausgestaltet. – Die Reise führt von Gjirokastrë 50 km weiter südwestlich zu dem reizvoll gelegenen Hafenstädchen **Sarandë** *(Saranda),* im Altertum *Onchesmos,* das wegen seines angenehmen Klimas und des schönen Strandes zum Sommeraufenthalt geschätzt wird. Im nahen Dorf *Finiq* befinden sich die Reste der einst bedeutenden antiken Stadt. – Von Sarandë führt ein Ausflug 18 km südlich zu den Ruinen der über dem Ufer des Pelodsees gelegenen antiken Stadt *Butrint (Buthronton),* die um 700 v. Chr. gegründet und mit einem starken Mauerring umgeben wurde. Freigelegt sind bisher Teile der mächtigen Ummauerung, ein Theater, Bäder, ein Gymnasion, ein Aquädukt sowie schöne Mosaiken. – Die Rückkehr nach Durrës erfolgt über Sarandë und Fier.

Lohnend ist ferner eine zweitägige Tour in den Norden Albaniens. – Sie führt zunächst 65 km nordöstlich zu dem alten Städtchen **Lezhë** (5000 Einw.), dem *Lissus* der Antike. Hier organisierte Skanderbeg im 15. Jahrhundert den Widerstand gegen die Türken, und hier auch fand er im Jahre 1468 den Tod. Von der antiken Stadt sind nur geringe Spuren zu finden. – Von Lezhë 40 km weiter nordwestlich nach **Shkodër** *(Skutari;* 60 000 Einw.), im Altertum *Scodra,* der uralten Stadt am Südostende vom *Skutarisee.* Über dem Ort, auf einer isolierten, von den Flüssen Drin, Buna und Kiv umspülten Bergkuppe, die 2000jährige Burg Rozafat. Schon im Mittelalter war Shkodër ein Zentrum nationaler albanischer Unabhängigkeitsbestrebungen. Als Besonderheit besitzt die Stadt ein Museum des Atheismus, mit Dokumenten gegen die großen Religionen.

Ein hübscher Tagesausflug führt von Durrës 95 km südwärts über *Kavajë* und *Lushnjë* nach **Berat** (30 000 Einw.), dem antiken *Antipatrea,* mit malerischer **Altstadt (18./19. Jh.)

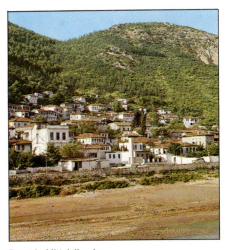

Berat in Mittelalbanien

Gjirokastrë in Südalbanien

und beherrschender Burganlage. Die Stadt besitzt noch Reste ihrer illyrischen Festung (4. Jh. v. Chr.) sowie mehrere freskengeschmückte Kirchen des 13.-15. Jahrhunderts und die vielleicht älteste Moschee Albaniens. – Von Berat 45 km weiter westlich über *Fier* nach **Apollonia,** der 588 v. Chr. von griechischen Kolonisten aus Korinth und Kerkyra angelegten Stadt, von der ein großer Teil der Ummauerung, das Nymphäum sowie mehrere bedeutende Skulpturen erhalten sind.

Nahebei das gleichnamige Kloster, mit Fresken des 12.-14. Jahrhunderts. – Etwa 30 km südlich von Apollonia liegt in einer weiten geschützten Bucht des Ionischen Meeres der Hafenort **Vlorë** *(Vlora* bzw. *Valona;* 55000 Einw.), im Altertum als *Aulon* eine blühende Stadt. In Vlorë wurde am 28. November 1912 der erste unabhängige Staat Albanien proklamiert.

Alexandria / El-Iskandarija

Ägypten.
Gouvernorat: Alexandria.
Höhe: Meereshöhe. – Einwohnerzahl: 2500000.
(i) **Fremdenverkehrsamt,**
Midan Saad Saglul;
Informationsbüros auch am
Hauptbahnhof und am Hafen.
Touristenpolizei,
am Hafen und beim Montasah-Palast.

KONSULATE. – *Bundesrepublik Deutschland:* Scharia el-Faraena. – *Republik Österreich,* 8 Rue Eglise Debbané.

HOTELS. – *Palestine,* im Montasah-Palast, L, 198 B.; *El-Salamlek,* beim Montasah-Palast, I, 52 B.; *El-Mamura Palace,* unweit östlich vom Montasah-Palast, I, 150 B.; *San Stefano,* Tarek el-Gaisch, I, 210 B.; *Cecil,* Midan Saad Saglul 16, I, 165 B.; *Windsor,* Scharia esch-Schohada·117, I, 120 B.; *Beau Rivage,* Tarek el-Gaisch 434, I, 94 B.; *Metropole,* Scharia Saad Saglul 52, II, 120 B. – In S i d i A b d u l R a h m a n, etwa 25 km nordwestlich von El-Alamein: Hotel *El-Alamein,* I, 172 B. – JUGENDHERBERGE, Scharia Port Said 13. – CAMPINGPLÄTZE in *Abukir,* 29 km nordöstlich, und in *Sidi Krer,* 34 km westlich.

BADESTRÄNDE: *Chatby, Ibrahimija, Sporting, Cleopatra, Sidi Gabir, Stanley, San Stefano, Sidi Bischr, Miami, Mandara, Montasah, Mamura, Abukir.*

Die altberühmte ägyptische Stadt *Alexandria (Alexandrien; arabisch El-Iskandarija),* zweitgrößte Stadt und bedeutendster Hafenplatz des Landes, liegt im äußersten Westen des Nildeltas auf einer sandigen Nehrung, die den Mareotis-See (Mariut-See) vom Mittelmeer trennt. Alexandria ist die westlichste der ägyptischen Städte und bietet insgesamt ein durchaus europäisches Bild. Nur in der verhältnismäßig kleinen Altstadt ist noch orientalisches Leben und Treiben zu beobachten.

In und um Alexandria, dem Zentrum des ägyptischen Baumwollhandels (Börse), haben sich v.a. Spinnereien, Webereien, Wirkereien und andere textilverarbeitende Betriebe angesiedelt. Ferner besitzt die Stadt eine lebhafte Nahrungsmittelindustrie und Zigarettenfabriken, Gerbereien sowie eine Erdölraffinerie.

Aufgrund der wirtschaftlichen Bedeutung als Drehscheibe des Handels im östlichen Mittelmeerraum besaß Alexandria von jeher eine große Ausländer-

kolonie. Der größte Teil der heute hier ansässigen Europäer (etwa 4% der Bevölkerung) sind Griechen und Italiener. – Alexandria ist Sitz des Oberhauptes der ägyptischen koptischen Kirche sowie eines orthodoxen und eines uniert-koptischen Patriarchen.

GESCHICHTE. – Von *Alexander dem Großen* im Jahre 331 v. Chr. gegründet, war Alexandria unter den Ptolemäern seit Ptolemäus I. Soter (323 bis 286 v. Chr.) Haupt- und Residenzstadt Ägyptens und geistiger Mittelpunkt der griechischen Welt. Seine Bedeutung verdankte es der überaus günstigen Lage zwischen dem Mittelmeer und dem Mareotis-See, den schiffbare Wasserarme mit dem Nil verbanden. Auf der nördlich vorgelagerten Insel Pharos erhob sich an der Stelle des heutigen Forts Kait Bey um 279 v. Chr. vollendete, ursprünglich 400 Ellen (180 m) hohe Leuchtturm ('Pharus'), eines der sieben Wunder der Alten Welt. Ein sieben Stadien (1300 m) langer Hafendamm, das Heptastadion, der im Laufe der Jahrhunderte mehr und mehr verbreitert wurde, führte von der Insel zum Festland hinüber. Hier lag im Osten der Stadtteil Brucheion, wo die Königspaläste, das Museum mit der berühmten alexandrinischen Bibliothek (angeblich 700000 Rollen), das große Theater und der Tempel des Poseidon standen. Nordöstlich davon dehnte sich der Stadtteil Kaisareion (Caesareum) aus. Im ältesten Stadtteil Rhakotis, im Westen und Südwesten, befand sich das Serapeion und die Nekropolis.

Zur Zeit der *Römer* war Alexandria ein Weltverkehrsplatz und soll bereits damals eine halbe Million Einwohner gezählt haben. Caesar hielt hier im Jahre 48 v. Chr. nach der Ermordung des Pompejus einen pomphaften Einzug; ihn wie auch den Antonius fesselte Kleopatra an sich. Augustus gründete die östliche Vorstadt Nikopolis. Der Evangelist Markus war nach der Überlieferung der erste Verkünder des Christentums in Alexandria, das seit dem 2. Jahrhundert neben Karthago ein Hauptsitz christlicher Gelehrsamkeit wurde. Unter Trajan (96-117) gaben die Juden, damals ein Drittel der Bevölkerung, Veranlassung zu blutigen Unruhen. Später, in den Jahren 250, 257 und 362, fanden schwere Christenverfolgungen statt. Seit Theodosius I. (379-395) wurde das Heidentum unterdrückt. Nach der Eroberung durch die *Araber* im Jahre 642 sank die Bedeutung der Stadt im gleichen Maße, wie sich der neue Herrschersitz Kairo entwickelte; um 1800 zählte sie nur noch 5000 Einwohner.

Die neue Blütezeit Alexandrias begann mit Mohammed Ali, der die Häfen verbessern und Kanäle anlegen ließ. Sein Hauptwerk ist der 1819 in Angriff genommene Mahmudijekanal, durch den die Stadt wiederum mit dem inneren Ägypten verbunden wurde.

SEHENSWERTES. – Verkehrsmittelpunkt der Stadt ist der M i d a n T a h r i r, mit einer *Reiterstatue* des Mohammed Ali, dem *Justizpalast,* der englischen *Sankt-Markus-Kirche* und der alten *Börse.* – An den Platz schließt nördlich der ebenfalls mit Anlagen geschmückte breite M i d a n A h m e d O r a b i. Er führt zu der prächtigen Uferpromenade *Corniche, die den alten Osthafen, den Haupthafen (Portus Magnus) der Antike, südlich in weitem Bogen umzieht. Im Wasser des Osthafens entdeckte man jüngst in etwa 8 m Tiefe die Reste des von Strabo ausführlich beschriebenen Palastes der Kleopatra sowie anderer antiker Bauten und Kaianlagen.

Alexandria – Mohammed-Korim-Moschee

Ägyptischer Mittelmeerhafen Alexandria – Fort Kaitbai

Im Südwesten des alten Hafens erstreckt sich der moderne **Westhafen,** im Altertum *Eunostos* ('Hafen der guten Einkehr') genannt. Er besteht aus dem kleinen, von der Kohlenmole abgeschlossenen *Binnenhafen* sowie dem auch großen Schiffen zugänglichen, von einem $3\frac{1}{4}$ km langen Wellenbrecher geschützten *Außenhafen.*

Die Landzunge zwischen Osthafen und Westhafen entstand aus der antiken Dammverbindung des 'Heptastadion' mit der vorgelagerten Insel **Pharos,** einst Standort des berühmten, als Weltwunder gefeierten Leuchtturmes. Hier erstrecken sich heute die malerischen VIERTEL der ARABER und der TÜRKEN. Sehenswert sind hier die **Abu-el-Abbas-el-Mursi-Moschee,** 1796 über dem Grab des im 13. Jahrhundert verstorbenen und in Alexandria hochverehrten Abu el-Abbas errichtet, sowie die Mo-

schee des *Ibrahim Terbana,* die im Jahre 1648 unter Verwendung griechisch-römischer Säulen entstand. – Auf der Nordspitze von Pharos steht an der Stelle des bei zwei Erdbeben im 14. Jahrhundert gänzlich zerstörten antiken Leuchtturmes das arabische **Fort Kaitbai** (15. Jh.; u. a. ein kleines Marinemuseum). Unweit südwestlich das *Meereskundliche Museum* (Aquarium). – Im südwestlichen Teil der heutigen Halbinsel Pharos liegt der prunkvolle **Palast Ras et-Tin** ('Feigenkap'), der unter Mohammed Ali als königliche Sommerresidenz diente (jetzt Museum). – Unweit östlich vom Palast die griechische *Nekropole von Anfuschi* aus der Ptolemäerzeit (2. Jh. v. Chr.).

Von der Ostseite des Freiheitsplatzes führt die breite *Scharia Saad Saglul* ostwärts zum *Ramleh-Bahnhof,* von wo die Züge zu den Seebädern östlich von

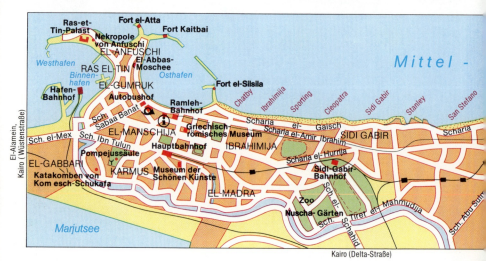

Alexandria abgehen. – Unweit östlich vom Ramleh-Bahnhof, in einer Seitenstraße der breiten, palmenbestandenen Scharia el-Hurrija, liegt das bedeutende ***Museum griechisch-römischer Altertümer,** mit einer Sammlung von Kunstobjekten und Gegenständen meist alexandrinischen Ursprungs, die vorwiegend aus den Grabanlagen der Umgebung stammen und in der Zeit zwischen 300 v.Chr. und 300 n.Chr. entstanden.

Vom *Vorsaal* (prähistor. Gerät; zwei Sphingen des Aprïes) gelangt man rechts in den *Saal 1:* Christliche Altertümer, v.a. Grabsteine und -stelen sowie eine größere Zahl an sog. Menasflaschen, in denen die Pilger das heilige Öl vom Grabe des Märtyrers Menas († 296 n.Chr.) aufbewahrten. – *Säle 2 bis 5:* frühchristliche koptische Kunst sowie Teile der bedeutenden Sammlung (insgesamt 50 000 Stück) alexandrinischer Münzen (300 v.Chr. – 500 n.Chr.). – *Saal 6:* griechische und lateinische Papyri und Inschriften. – *Säle 7 bis 9:* Ägyptische Altertümer, darunter besonders zu beachten die Kolossalstatue Ramses' II. aus rötlichem Granit (in Saal 7) und die Krokodilsmumie aus Faijum, die bedeutende Papyri enthielt (in Saal 9).

Saal 10: Antoniades-Sammlung ägyptischer Kleinkunst, darunter insbesondere Skarabäen, Amulette, Kleinplastiken, Eingeweidegefäße u.a. – *Saal 11:* Griechisch-ägyptische bzw. römisch-ägyptische Plastiken, Architekturteile und Mosaiken. – *Saal 12:* Portraitbüsten und Kleinplastiken. – *Säle 13 bis 15:* Skulpturfragmente und Architekturteile der hellenistischen Zeit; Medusenmosaikfußboden aus Gabbari (Saal 14); römisches Fresko mit der Darstellung eines Göpelwerkes (sakije; in Saal 15). – *Saal 16:* Griechische Plastiken und Skulpturenfragmente, darunter ein großer Adler aus weißem Marmor. – *Saal 16 A:* Kleinplastiken. – *Saal 17:* Plastiken; Mosaikfußboden (von Musikanten begleitetes Festmahl); Sarkophage. – *Saal 18:* Kleinkunst, Mosaiken, Gefäße. – *Saal 18 A:* Terrakotten und Tanagra-Figuren aus dem Anfang der Ptolemäerzeit. – *Saal 19:* Glas- und Terrakottagefäße; Mosaiken. – *Saal 20:* Grabbeigaben und Grabkränze aus den alexandrinischen Nekropolen. – *Saal 21:* Tonfiguren, Urnen und Vasen aus Gräbern von Schatbi und Ibrahimija. – *Saal 22:* Architekturfragmente aus Kanopus und Abukir. – *Saal 22 A:* Ptolemäische und byzantinische Münzen.

Nordgarten: ägyptische Plastiken. – *Südgarten:* Zwei rekonstruierte Gräber (3. Jh. v. Chr. bzw. 1. Jh. n.Chr.); Sarkophage.

Unweit westlich vom Museum griechisch-römischer Altertümer erstreckt sich die Grabungsstätte **Kom ed-Dik** an der Stelle eines aufgelassenen Forts. Freigelegt wurden bisher u.a. die Reste römischer Badeanlagen (3. Jh.) und eines Odeions. – Südöstlich vom Museum griechisch-römischer Altertümer, jenseits der zum *Hauptbahnhof* führenden Gleisanlagen, liegt das **Museum der Schönen Künste** (ägyptische und europäische Malerei des 16.-19. Jh.).

Im Südwesten der Stadt, unweit des großen arabischen Friedhofs, erhebt sich auf einer von antiken Mauerresten, Architekturfragmenten und Schutt bedeckten Anhöhe, über den Trümmern des alten, weithin berühmten Serapeions (Serapis-Tempel) die sogenannte ***Pompejussäule,** das größte antike Baudenkmal der Stadt. Die mit ihren korinthischen Kapitell annähernd 27 m hohe, auf stark beschädigtem Unterbau stehende Säule aus rotem Assuangranit soll nach der Überlieferung von Kaiser Theodosius zur Erinnerung an den Sieg des Christentums über die Heiden und die Zerstörung des Serapeions im Jahre 391 errichtet worden sein, ist aber wahrscheinlicher die Dankesgabe des Jahres 292 für Kaiser Diokletian, der nach der Belagerung der Stadt die hungernde Bevölkerung speiste.

Südwestlich vom Trümmerfeld des Serapeions liegt bei der kleinen Moschee *Gami el-Miri* der Eingang zu den ***Katakomben von Kom esch-Schukafa** ('Scherbenhügel'), einer am Südabhang eines Hügels in den Felsen gehauenen Grabanlage, die wohl aus dem 2. Jahrhundert n.Chr. stammt und sehr anschaulich die typische alexandrinische Mischung ägyptischen und griechisch-römischen Stils zeigt.

Die **Grabanlage,** vielleicht die Begräbnisstätte eines Kultvereins, wurde 1900 entdeckt und liegt in

mehreren Stockwerken übereinander; das Innere ist durch Holzbrücken und elektrische Beleuchtung bequem zugänglich. Man steigt neben der Sarkophagkammer aus späterer Zeit auf einer Wendeltreppe mit großem rundem Lichtschacht zu zwei Stockwerken hinab, deren unteres meist von Grundwasser erfüllt ist. Vom Eingang des oberen Stockwerkes gelangt man zu einer *Rotunde,* mit Kuppelüberbau; rechts liegen zwei kleinere Räume mit Nischen, Sarkophagen und Schiebegräbern (loculi), links ein großer Saal, das *Triclinium funebre,* für Leichenschmäuse. Weiter unten teilt sich die Treppe, und man überblickt die Haupträume der Anlage. Hier um den Eingang zum Untergeschoß herum betritt man die eigentliche *Grabkapelle, die drei Nischen mit Sarkophagen enthält; in der mittleren Nische ruht auf einer Bahre die Mumie, von den drei Unterweltsgöttern Horus, Thot und Anubis umgeben. Die um die Grabkapelle laufende, aus der Vorhalle zugängliche Galerie hat 91 Schiebegräber, jedes für mindestens 3-4 Tote. – In der Nähe der Grabanlage befinden sich noch weitere kleine und weniger bedeutende Katakomben aus griechisch-römischer Zeit.

Im südöstlichen Teil der Stadt erstrecken sich der schöne *Nusha-Garten, mit dem kleinen Zoo, sowie südlich anschließend der ebenfalls prächtige *Antoniadis-Garten,* einst Landsitz eines wohlhabenden Griechen.

Vom Osthafen führt die Uferpromenade *Corniche (Scharia el-Gaisch) am Meere entlang an malerischen Buchten und schönen Sandstränden vorüber zu dem 17 km östlich gelegenen *Park der ehemaligen königlichen Sommerresidenz **El-Montasah,** heute teils Museum mit Erinnerungen an die vergangene Monarchie und teils Luxushotel 'Palestine'.

AUSFLÜGE von Alexandria. – Etwa 12 km nordöstlich vom Montasah-Palast liegt auf einer von Festungsanlagen allseits umwehrten Landzunge das Fischerdorf **Abukir.** In der Bucht von Abukir schlug am 1. August 1798 die britische Flotte unter Admiral Nelson die französische Flotte vernichtend. Schon ein Jahr später gelang es hier Napoleon, die zahlenmäßig weitaus überlegenen türkischen Truppen zu besiegen. Südwestlich vom Dorf lag die bedeutende antike Hafenstadt Kanopus, von der nur geringe Reste erhalten sind (jetzt im militärischen Sperrgebiet).

Weitere 50 km nordöstlich liegt unweit der Mündung des westlichen Nilarmes ins Mittelmeer das anmutige Städtchen **Rosette** (arab. *Er-Reschid),* das viel Orientalisches bewahrt hat. Zahlreich sind die schönen Bürgerhäuser aus der Mameluckenzeit, mit Kachelschmuck und geschnitzten Holzerkern. Die Saglul-Moschee (um 1600) besitzt im Sanktuarium 300 teilweise antike Säulen. – Rund 7 km nordwestlich, stromabwärts liegen die Ruinen vom *Fort Julien.* Hier entdeckten napoleonische Soldaten im Jahre 1799 die heute als 'Stein von Rosette' bekannte schwarze Basaltplatte mit einem dreisprachigen Text, der schließlich die Entzifferung der ägyptischen Hieroglyphen ermöglichte. – 2 km weiter nördlich ein allmählich zur Wanderdüne überdeckter Palmenwald.

Südwestlich von Alexandria erstreckt sich der ebenfalls beliebte Badestrand von *El-Meks.* – Die Küstenstraße Nr. 55 führt weiter südwestlich nahe dem Ufer hin (landeinwärts auch Eisenbahn). – Etwa 20 km hinter Meks zweigt nach links eine Piste über Bahig zum neuen *Kloster St. Mena* ab. Hier liegen die Reste der einst bedeutenden altchristlichen Pilgerstadt *Abu Mena,* die um die Grabstätte des 296 n.Chr. umgekommenen Märtyrers St. Mena

entstand. Die gewaltige Basilika (6. Jh.) von 67 m Länge und 32 m Breite war in ihrer Anlage späterhin bestimmend für zahlreiche europäische Wallfahrtskirchen. Die Stadt besaß ausgedehnte Mönchswohnungen, Pilgerherbergen und umfangreiche, heute teils verschüttete Badeeinrichtungen. – An der Straße Nr. 55 folgen nach weiteren 28 km unweit der Straße auf einem Kalkrücken die Tempelruinen von **Abusir,** der ehemaligen Hafenstadt von Abu Mena. Unweit nördlich vom Tempel Reste eines römischen Leuchtturmes.

Etwa 58 km weiter westlich erhebt sich rechts oberhalb von Straßenkilometer 115 auf der Höhe 26 das Monte 1959 errichtete Ehrenmal bei **El-Alamein** für die rund 4200 Gefallenen des deutschen Afrika-Korps unter Generalfeldmarschall Rommel, die in der Schlacht von El-Alamein vom 23. Oktober bis 4. November 1942 bei der Höhe 33 (Tell el-Eijssa) gemeinsam mit ihren italienischen Verbündeten durch die Briten unter den Feldmarschällen Alexander und Montgomery geschlagen wurden. – Etwa 9 km östlich das Ehrenmal für die britischen, 4 km westlich das für die italienischen Gefallenen (Rommel-Gedenkstätte; Rasthaus).

Alexandrupolis
(Alexandhrúpolis)

Griechenland.
Nomos: Evros.
Höhe: 10 m ü.d.M. – Einwohnerzahl: 24 000.
Telefonvorwahl: 0551.
(i) **Touristenpolizei,**
Karaiskáki,
Telefon: 26211.

HOTELS. – *Motel Astir,* I, 54 B.; *Egnatia,* II, 180 B.; *Alex,* III, 52 B.; *Aphroditi,* III, 36 B.; *Dionyssos,* III, 66 B.; *Galaxias,* III, 51 B.; *Olympion,* III, 22 B.; *Park,* III, 42 B.

CAMPING. – BADESTRAND.

VERKEHR. – Flugverbindung mit Athen und Saloniki, Station der Bahnlinie Saloniki – İstanbul, Schiffsverbindung mit Samothráki und Piräus.

Alexandrúpolis ist die östlichste Stadt an der Küste Thrakiens, unweit der griechisch-türkischen Grenze am Evros. Es wurde von den Türken unter dem Namen Dede Agatsch (Großvaters Baum) gegründet und ist seit 1912 griechisch.

Das Stadtbild bietet nichts Besonderes, die Bedeutung der Stadt liegt im Tabakhandel der Region.

UMGEBUNG von Alexandrúpolis. – Die Stadt ist für den Reisenden interessant als Ausgangspunkt eines Besuchs der Insel **Samothráki** (s. dort; 5-7 Fährschiffahrten wöchentlich).

Rund 50 km westlich befindet sich die Stätte der Stadt **Abdera** (ngr. *Avdhíra).* Diese Hafenstadt wurde 656 v.Chr. von Klazomenai (bei Smyrna) gegründet und verdankte ihren Wohlstand im 6. und 5. Jahrhundert v.Chr. ihrem fruchtbaren Boden und dem Handel mit dem Hinterland. Es war die Heimat von Protagoras, dem Begründer der Sophistik (um 485 bis um 415), und von Demokrit, dem Begründer der Atomistik (um 460 bis um 380 v.Chr.). In den Jahren nach 1950 hat Lazarides auf einer Landzunge an einer guten Hafenbucht inmitten von Feldern einen Teil der Stadt freigelegt, u.a. Hausgrundrisse, ein Stück Stadtmauer und Spuren eines Theaters.

Algeciras

Spanien.
Region: Andalucía (Andalusien). – Provinz: Cádiz.
Höhe: 0-10 m ü.d.M. – Einwohnerzahl: 100000.
Telefonvorwahl: 9 56.

ⓘ **Oficina de Información de Turismo,**
Puerto (Hafen); Telefon: 67 17 61.
Delegación Especial de Información,
Edificio Parque de Bomberos;
Telefon: 66 03 50.

HOTELS. – *Reina Cristina* (garni), Paseo de la Conferencia, außerhalb der Stadt über dem Meer, I, 133 Z., Sb.; *Octavio* (garni), San Bernardo 1, I, 80 Z.; *Alarde* (garni), Alfonso XI 4, II, 68 Z.; *Las Yucas* (garni), Agustín Balsamo 2, II, 33 Z.; *Marina Victoria,* Avda. Cañonero Dato 7, III, 92 Z. – Bungalow-Hotel *Colonia Solymar,* 4,5 km nördlich außerhalb, III, 10 Z. – CAMPINGPLATZ.

VERANSTALTUNGEN. – *Feria* und *Fiestas,* mit Stierkampf (Juni); *Fiestas patronales,* mit Unterwasser-Wettfischen, Stierkampf (August); *Festivales de España,* mit Regatten (August).

WASSERSPORT. – Algeciras besitzt einen Club Náutico und vorzügliche Strände in unmittelbarer Nähe der Stadt; El Rinconcillo im Norden, Getares (3 km lang) im Süden, La Atunera in La Línea. –

SPORT und FREIZEIT an Land: Stierkampf, Golf, Tennis, Fischen und Jagd (Auskunft für Fischer und Jäger: Sociedad de Caza y Pesca 'La Oropéndola', Santísimo 1, Tel. 67 27 82).

SCHIFFSVERKEHR. – Fähre nach Tanger mit der Compañía Trasmediterránea und den Líneas del Estrecho (Mafer). – Luftkissenboot der Transtour Hydrofoil nach Tanger. – Schiff nach Ceuta.

Im südspanischen Hafen Algeciras

Die spanische Hafenstadt Algeciras liegt nahe der Südspitze der Iberischen Halbinsel an der Westseite der gleichnamigen Bucht gegenüber Gibraltar. Sie dient als Ausgangsort für den Besuch von Gibraltar (Wiedereröffnung des Landzugangs vorgesehen), Ceuta, Tanger sowie für das übrige Marokko und wird zudem als Winterkurort besucht.

Bedeutend ist die Ausfuhr von Korkrinde, die in den Wäldern der *Sierra de los Gazules* im Westen der Stadt gewonnen wird. Algeciras wurde nach 1704 von spanischen Auswanderern aus Gibraltar besiedelt und von Karl III. vergrößert.

SEHENSWERTES. – In der 1897 erbauten **Casa Consistorial** *(Rathaus)* fand im Jahre 1906 eine internationale Konferenz statt, durch die Frankreich und Spanien ihre Vormachtstellung in Marokko erlangten. – Im Südwesten der Stadt, jenseits des Miel, die Ruinen von **Alt-Algeciras,** dem von den Mauren 713 gegründeten 'Al-Gezîra al-Khadrâ' (= grünes Eiland), das 1344 von Alfons XI. erobert und 1368 von Mohammed V. zerstört wurde.

UMGEBUNG von Algeciras. – **Um die Bahia de Algeciras:** Am Hafen entlang zur Einmündung in die N-340 und auf dieser zum 15 km entfernten **San Roque** (109 m; 18 000 Einw.), dem seit 1704 von spanischen Einwohnern Gibraltars erbauten Städtchen, auf einer aussichtsreichen Anhöhe gelegen, mit Ruinen der römischen Kolonie Carteya. – Weiter 7 km in südlicher Richtung zu dem spanischen Grenzort La Línea de la Concepción (60 000 Einw.); am südlichen Stadtrand das spanische Zollhaus, dahinter die spanisch-britische Grenze von **Gibraltar** (s. dort).

Algerien Algérie / Al-Djaza'ir
Demokratische Volksrepublik Algerien
Al-Dschumhurija al-Dschazairija ad-Dimukratija asch-Schabija

Nationalitätskennzeichen: DZ.
Staatsfläche: 2 381 741 qkm.
Hauptstadt: Alger (Algier) / Al-Djaza'ir.
Bevölkerungszahl: 18 200 000.
Verwaltungseinteilung: 15 Départements.
Religion: Überwiegend sunnitische Moslems (Islam Staatsreligion); katholische und jüdische Minderheiten.
Sprache: Arabisch; Berberisch; Französisch als Verkehrssprache.
Währung: 1 Algerischer Dinar (DA) = 100 Centimes.
Zeit: Westeuropäische Zeit (WEZ = MEZ – 1 St.).
Wöchentlicher Ruhetag: Freitag.
Reisedokumente: Reisepaß und Visum.

ⓘ **Office National Algérien du Tourisme,**
Rue Khélifa Boukhalfa 25/27,
Alger *(Algier);*
Telefon: 64 68 64.

Botschaft der Demokratischen Volksrepublik Algerien,
Rheinallee 32,
D-5300 **Bonn – Bad Godesberg;**
Telefon: (02 28) 35 60 54.

Willadingweg 74,
CH-3000 **Bern;**
Telefon: (0 31) 44 69 61.

Algerien ist seiner Fläche nach das zweitgrößte Land Afrikas. Sein Staatsgebiet erstreckt sich von der rund 1300 km langen Mittelmeerküste zwischen Marokko und Mauretanien im Westen sowie Tunesien und Libyen im Osten etwa 2050 km tief in die Zentralsahara, wo es jenseits des nördlichen Wendekreises an die Republiken Mali und Niger grenzt.

Von der Küste des Mittelmeeres über die Kammlinie des Sahara-Atlas bis zum zentralsaharischen Hochgebirgsmassiv des Ahaggar sind in Algerien sämtliche Übergangsformen von der typisch mediterranen Küstenlandschaft und ihren im Gebirge nach Höhenstufen gegliederten Varianten über saharisch-kontinentale Steppen bis zur extremen Vollwüste mit allen möglichen Ausprägungen vertreten. Die Ursache dieser deutlichen zonalen Gliederung des Landes sind die teilweise mehr als 2300 m hohen Gebirgsketten des Atlassystems, die sich im Hinterland der Mittelmeerküste von Südwesten nach Nordosten erstrecken. Sie fungieren als wirkungsvolle Klimascheide zwischen Küste und Sahara; denn sie schirmen den Süden Algeriens gegen durchziehende Tiefdruckgebiete ab, die im Winter mit ihren Regenfronten auf den mediterranen Norden Afrikas übergreifen und hier zu ergiebigen Niederschlägen führen, die oberhalb 1000 m häufig auch in Schnee übergehen. Umgekehrt schützen die Gebirgsketten die Küstenregion im Sommer jedoch nur sehr unzulänglich vor den extrem heißen Luftmassen, die aus der Wüste nach Norden vorstoßen. Sie werden statt dessen durch Föhneffekte sogar noch in ihrer Wirkung verstärkt.

LANDSCHAFTSGLIEDERUNG und KLIMA. – Die landschaftliche Großgliederung Algeriens lehnt sich eng an die von den klimatischen und orographischen Rahmenbedingungen vorgegebenen Grenzen. Nennenswerte Regenmengen erhält hauptsächlich der **Tell-Atlas** mit seinen vorgelagerten, 50-100 km breiten Küstenebenen, die kleinere abgeschlossene Landschaftseinheiten bilden. Im Osten des Landes kommt noch der zum **Sahara-Atlas** gehörende *Djebel Aurès* mit der nördlich vorgelagerten Hochebene um Constantine hinzu. Die fast ausschließlich im Winter fallenden Niederschläge erreichen im Gebirge ihr Maximum von über 1000 mm/Jahr, eine Menge, die ausreicht, um die nach Norden ausgerichteten Teile des Flußnetzes ganzjährig mit genügend Wasser zu speisen. Südlich des Gebirgskamms versiegen die Gewässer in der trockenen Jahreszeit. In den Tal- und Küstenniederungen nördlich des Tell-Atlas begegnet man den für das gesamte Mittelmeergebiet typischen landwirtschaftlichen Nutzungsformen: Zitruskulturen, Weinbau, Feigen- und Olivenbaumhainen, daneben aber auch Ackerfluren mit Weizen- und Frühgemüseanbau. An den stärker beregneten Tellketten ist der Bewässerungsfeldbau relativ selten, während er im Gebirgsvorland überwiegt.

Die Küstenketten des Tell-Atlas bilden aufgrund der hohen jährlichen Regenmengen ein natürliches Waldreservat, das im Osten des Landes auch auf den Djebel Aurès übergreift. Die Bestände wurden jedoch durch kontinuierlichen Raubbau stark dezimiert, und teilweise haben die Wälder schon die immer weiter vordringenden Macchie Platz gemacht. Zu den wichtigsten Baumarten gehören Aleppokiefern, Stein- und Korkeichen sowie verschiedene Thujaarten. Im *Djurdjura*, einem Kalkhochgebirge in der Großen Kabylei östlich von Algier, kommen oberhalb von 1600 m auch Zedern vor.

Zwischen dem Tell-Atlas und den weiter südlich parallel dazu verlaufenden Ketten des Sahara-Atlas nehmen die Niederschläge rapide ab; sie erreichen hier nur noch Werte zwischen 350 und 200 mm, wenn man von dem ausreichend beregneten Gebiet um Constantine einmal absieht. In diesem Bereich erstreckt sich das karge Hochland der **Schotts**, ein von 1200 m im Westen allmählich auf 400 m abfallendes Steppenplateau, das von zahlreichen abflußlosen Senken eingenommen wird. Diese als Schotts bezeichneten Gebiete, nach denen das Hochland benannt ist, sind im Sommer von Salzkrusten überzogen. Die Vegetation der Hochsteppe besteht im wesentlichen aus Wermutsträuchern und Halfagras, das als Grundlage der hier betriebenen extensiven Viehwirtschaft eine große Rolle spielt. Neben den Schaf- und Ziegenherden halbnomadischer Bevölkerungsgruppen weiden hier während der Sommermonate auch die Kamelherden von Nomaden aus der nördlichen Sahara.

Jenseits der Kammlinie des Sahara-Atlas, dessen Nordflanke trotz ihrer teilweise beträchtlichen Höhe von über 2300 m keine geschlossenen Waldbestände besitzt, beginnt die **Wüste.** Sie bedeckt 85 % der algerischen Staatsfläche. Ein schmaler Streifen Wüstensteppe mit etwa 100 mm Jahresniederschlägen geht schon nach wenigen Kilometern in die fast vegetationslose Vollwüste über. Hier lassen sich nach dem Relief vier verschiedenartige Landschaftstypen unterscheiden: die ausgedehnten Dünengebiete des *Großen Westlichen und Östlichen Erg*, die weiten Plateaus der *Hamada* genannten Felswüste, die mit feinem Kies bedeckten Senken der *Serire* und ganz im Süden die saharischen Bergländer des *Tassili*, überragt vom Massiv des **Ahaggar**. Aufgrund seiner Höhe von über 3000 m ragt das Gebirge wie eine Oase aus der ihn umgebenden Vollwüste empor, denn seine Gipfelregion wird im Winter noch von atlantischen Tiefausläufern erreicht, die mitunter so weit nach Süden vorstoßen. Die damit verbundenen Regenfälle ermöglichen das Wachstum einer spärlichen Grasvegetation.

GESCHICHTE. – Seit dem 12. Jahrhundert v. Chr. gründeten die *Phönizier* erste Handelsniederlassungen an der Küste des heutigen Algerien, die im 7. und 6. Jahrhundert v. Chr. nach und nach in karthagischen Besitz übergingen. Im 5. Jahrhundert beherrschte *Karthago* den gesamten nordafrikanischen Küstensaum vom Westgrenze der Cyrenaika und der Meerenge von Gibraltar. Das Landesinnere bis zum Djebel Aurès gehörte zum Reich der Numidier. Nach dem 2. Punischen Krieg 201 v. Chr. wurde Karthago auf den Raum des heutigen Nordosttunesien eingeengt. Es kam jedoch wegen der verlorenen algerischen Küstenregionen zu ständigen Auseinandersetzungen mit dem Numiderkönig Massinissa (201-148 v. Chr.), einem Vasallen Roms, die schließlich den 3. Punischen Krieg auslösten.

Mit der Zerstörung Karthagos durch die **Römer** gehörte ganz Nordalgerien zum Numiderreich, das 46. v. Chr. von Cäsar unterworfen wurde. Unter Septimius Severus wurde Numidia römische Provinz, während der Westteil Algeriens weiterhin zu Mauretania Caesariensis gehörte. Beide Provinzen erlangten große Bedeutung als Kornkammern Roms, und zahlreiche blühende Städte, darunter Cirta (Constantine), die Hauptstadt Numidias, wurden in dieser Zeit gegründet.

Der Einfall der *Wandalen* (431 n. Chr.) beendete die Römerherrschaft. Zwar wurde Nordafrika 533 von

Byzanz zurückerobert, aber die *Berberstämme* lehnten sich gegen die Fremdherrschaft auf. 682 war der gesamte Norden Algeriens von den vorrükkenden **Arabern** kontrolliert. Von 1050-1147 beherrschte die marokkanische Berberdynastie der Almoraviden den Norden Afrikas. Ihnen folgten bis 1269 die ebenfalls marokkanischen Almohaden. Nach dem Untergang ihrer Dynastie wurden die Küstenstädte Oran, Algier, Bejaïa, Oujda, Ténès und Tlemcen unabhängig.

Hier ließen sich hunderttausende aus Spanien vertriebene Mauren nieder, die den gesamten maghrebinischen Mittelmeerraum zu einer berüchtigten Piratenküste machten. Die *Spanier* besetzten deshalb die Städte Oran (1509) und Algier (1510). Aber schon 1519 drangen die *Türken* nach Nordafrika vor und gliederten Algerien dem Osmanenreich ein. Oran konnte jedoch bis 1792 von Spanien gehalten werden.

Die S e e r ä u b e r e i an der Barbareskenküste hatte zwischen dem 17. und 19. Jahrhundert Ausmaße erreicht, die von den europäischen Großmächten nicht länger hingenommen wurden. Spanier, Briten, Holländer und Franzosen griffen die Piratennester wiederholt an, bis Frankreich 1830 Algier eroberte. Es dauerte aber bis 1870, ehe der Widerstand der Berber unter Abd el-Kaders und dessen Nachfolgern auch im Landesinnern gebrochen war und Algerien unter französischer Kontrolle stand. Die saharischen Südterritorien wurden erst 1899-1902 von den **Franzosen** erobert. Sie blieben unter militärischer Verwaltung, während Nordalgerien dem französischen Mutterland angegliedert wurde. Die Erschließung des Landes durch französische Siedler verlief parallel zu den militärisch-politischen Aktionen. 1925 schlugen sich erste nationalistische algerische Strömungen in der Gründung einer organisierten Unabhängigkeitsbewegung durch Messali Hadj nieder. 1937 folgte die Gründung der 1939 verbotenen Algerischen Volkspartei. Der bewaffnete Widerstand der Nationalen Befreiungsfront (FLN) gegen Frankreich begann 1954 unter A. Ben Bella, nachdem 1945 ein Aufstand im Gebiet von Sétif niedergeschlagen worden war und die Bemühungen von Ferhat Abbas um die Autonomie seines Landes gescheitert waren. 1958 mußte die französische Regierung den Aufständischen mehrere weitreichende Zugeständnisse machen. Zur Erhaltung eines französischen Algerien trat danach die berüchtigte OAS (Organisation de l'Armée Secrète) auf den Plan, deren Terrorakte bis 1962 für Schlagzeilen in der Weltpresse sorgten. Es kam zu einer Auswanderungswelle französischer Staatsbürger, die 1962 ihren Höhepunkt erreichte.

Gegen die Interessen der OAS und hoher französischer Militärs entließ Staatspräsident Charles de Gaulle im Abkommen von Évian-les-Bains Algerien am 18. 3. 1962 in die Unabhängigkeit. Am 3. 7. 1962 erkannte Frankreich die **Republik Algerien** diplomatisch an. Ben Bella, der erste Staatspräsident, wurde 1965 durch Oberst Boumedienne gestürzt, der die Verstaatlichung der Wirtschaft im Sinne eines islamischen Sozialismus durchsetzte. 1977 erhielt Algerien eine neue Verfassung.

Die **BEVÖLKERUNG** Algeriens besteht größtenteils aus Arabern, die sich mit den berberischen Einwohnern des Landes weitgehend vermischt haben. Den Anteil des berberischen Elements kann man nur noch aufgrund der Sprache abschätzen. Er beträgt etwa 18-25%. Ausgesprochene Berbergebiete sind noch der Djebel Aurès, das Mzab-Gebiet, die Kabylei und das Ahaggarmassiv im äußersten Süden Algeriens. Eine dritte Bevölkerungsgruppe bilden die etwa 60 000 Europäer, hauptsächlich Franzosen und Spanier, die vornehmlich in den Städten am Mittelmeer leben.

Die Bevölkerungsdichte des Landes beträgt zur Zeit 7,8 Einwohner je qkm. Dieser Mittelwert ist jedoch wenig aussagekräftig, denn die Norddepartements erreichen einen Wert von 54 Einwohnern je qkm. In den Saharagebieten, die bei weitem den größten Flächenanteil Algeriens ausmachen, sinkt die Bevölkerungsdichte auf einen Wert von nur 0,5 Einwohnern je qkm. Eine absolute Spitzenstellung behauptet das Département Algier mit 829 Einwohnern je qkm, gefolgt von Tizi-Ouzou (155 Einw./qkm), Constantine (103 Einw./qkm), Mostaganem (99 Einw./qkm), Oran (91 Einw./qkm), Sétif (82 Einw./qkm) und El-Asnam (78 Einw./qkm). Ein großes Problem Algeriens ist die gegenwärtige jährliche Zuwachsrate der Bevölkerung von etwa 3,2%, die sich trotz einer sehr hohen Sterbeziffer ergibt. Die Geburtenkontrolle wird jedoch durch keinerlei politische Hilfsmaßnahmen unterstützt.

WIRTSCHAFT. – Algerien ist trotz verstärkter Industrialisierungsbemühungen der Regierung noch immer ein Agrarland; denn etwa 50% aller Erwerbspersonen sind noch immer in der Landwirtschaft tätig, und sogar 70% der Gesamtbevölkerung sind von ihr abhängig. Die Produktivität ist jedoch verhältnismäßig gering, denn der landwirtschaftliche Anteil am Bruttoinlandsprodukt beträgt lediglich 7%. Dies ist bisher jedoch keineswegs nur der Industrie des Landes zuzuschreiben, sondern mehr noch der Erdöl- und Erdgasproduktion und -verarbeitung. Trotz ständiger Erweiterung des industriellen Arbeitsplatzangebots besitzt Algerien nur 2,5 Millionen Erwerbstätige, aber rund 1,5 Millionen Arbeitslose. Hinzu kommt der ständige Mangel an Fachpersonal, der seit der Auswanderung der Europäer besteht.

Die algerische **Landwirtschaft** basierte bis zur Unabhängigkeit des Landes auf der Produktivkraft von Großbetrieben, die sich in den Händen vorwiegend französischer Siedler befanden. Sie erwirtschafteten rund 50% des gesamten Volkseinkommens. Seit 1962 wurden jedoch alle Betriebe sozialisiert, und es stellte sich ein rapides Absinken der Produktivität aufgrund veränderter Produktionsmethoden ein. Die wichtigsten Erzeugnisse sind Getreide, Wein, Gemüse und Südfrüchte sowie Kork und Häute. Ein großer Teil dieser Produkte wird zusammen mit industriell verarbeiteten Nahrungsmitteln exportiert. Größter Handelspartner ist nach wie vor Frankreich, gefolgt von der Bundesrepublik Deutschland und anderen EG-Ländern. Die landwirtschaftlich nutzbare Fläche Algeriens beträgt nur zwischen 15 und 20% der Gesamtfläche des Landes. Sie erstreckt sich mit Ausnahme der Saharaoasen lediglich zwischen der Mittelmeerküste und dem Sahara-Atlas. Die riesigen Flächen des Südens sind Vollwüsten. Um deren weiteres Vordringen nach Norden zu verhindern, plant die Regierung die Anlage eines 1500 km langen 'Grüngürtels', dessen Verlauf in etwa dem der 300 mm-Jahresniederschlagsgrenze folgen soll.

Das produzierende **Gewerbe** untersteht ebenso wie die Landwirtschaft der zentral gelenkten staatlichen Kontrolle. Zur Zeit werden noch in der Hauptsache inländische Rohstoffe verarbeitet, und zwar vornehmlich in kleinen und mittleren Handwerksbetrieben an den traditionellen Standorten Algier, Oran, Constantine, Skikda und Annaba. Bei Arzew und Skikda, die in der Planung als Entwicklungspole ausgewiesen sind, wurden in den letzten Jahren jedoch größere Produktionsstätten gegründet. Eine Ausweitung auf andere Gebiete ist vorgesehen. Wichtige Branchen sind die Nahrungsmittel-, Verbrauchsgüter-, Metall-, Zement- und (petro-)chemische Industrie sowie die im Aufbau begriffene Eisen- und Stahlindustrie. Die Handwerksbetriebe sind auf Teppichweberei, Messing- und Lederverarbeitung spezialisiert.

Algerien besitzt wertvolle **Bodenschätze**, die unter staatlicher Regie vorwiegend exportiert werden. Die Verarbeitung im eigenen Land wird jedoch forciert ausgebaut, um auf diese Weise höhere Erlöse zu erzielen und die Arbeitslosigkeit in den Griff zu bekommen. An erster Stelle sind die saharischen Erdöl- und Erdgasvorkommen zu nennen. Mit einem Vorrat von 1100 Mrd. cbm sind die Erdgaslagerstätten die größten derzeit bekannten der Welt. Die wichtigsten Erdölfördergebiete befinden sich bei Hassi Messaoud im Östlichen Großen Erg und bei Edjeleh-Zarzaitine an der libyschen Grenze. Die Erdgasfelder erstrecken sich bei Hassi-R'Mel südlich der Oasenstadt Laghouat. Die Erdölförderung beläuft sich auf etwa 50 Mio. t jährlich, während die Erdgasproduktion 5600 Mio. cbm beträgt. Pipelines verbinden die Fördergebiete mit den Raffinerien, Gasverflüssigungsanlagen und Exporthäfen am Mittelmeer. Das Erdöl wird hauptsächlich nach Bejaïa, Sekhira (Tunesien), Algier und Skikda geleitet, während das Erdgas nach Arzew, östlich von Oran, gelangt. Hier entsteht unter Mithilfe der Bundesrepublik Deutschland eine riesige Gasverflüssigungsanlage mit einer Jahreskapazität von 40 Mrd. cbm. Als weiteres Bergbauprodukt spielen die hochwertigen Eisenerze Ostalgeriens eine große Rolle. Die Vorkommen befinden sich im Djebel Ouenza und in der Chélifsenke. Der größte Teil wird exportiert, kleinere Mengen verarbeitet das neue Stahlkombinat in El-Hadjar bei Annaba. Wirtschaftliche Bedeutung besitzen auch die Phosphatvorkommen am Djebel Ouk, deren Vorräte auf 500 Mio. t geschätzt werden. Nennenswerte Zink-, Blei- und Kupfererzvorkommen an der marokkanischen Grenze sind ebenfalls gut erschlossen. Größere Uranvorkommen am Ahaggarmassiv sollen in naher Zukunft ausgebeutet werden.

Das **Verkehrsnetz** des Landes ist gut ausgebaut. Die Wirtschaftszentren im Norden sind sowohl untereinander als auch mit den Nachbarländern Marokko und Tunesien durch Straßen und Eisenbahnlinien verbunden. Der größte Teil des Massengutverkehrs wird auf den 4074 km langen S c h i e - n e n w e g e n abgewickelt. Hauptlinie ist die küstenparallele Eisenbahnstrecke von Marokko nach Tunesien, an die alle wichtigen Häfen und größeren Städte angeschlossen sind. Kleinere Stichbahnen zweigen von ihr nach Süden ab. Im letzten Entwicklungsplan ist eine Neubaustrecke als zusätzliche Ergänzung des Ost-West-Verkehrs vorgesehen. Außerdem soll eine Saharabahn von Touggourt nach Hassi Messaoud und Ghardaia gebaut werden.

Das rund 78 500 km lange S t r a ß e n n e t z ist ebenso wie das Schienennetz hauptsächlich auf den Norden des Landes konzentriert, wo alle Siedlungen auf asphaltierten Verkehrswegen erreichbar sind. Ausnahmen gibt es nur in den Gebirgsregionen. Südlich des Tell-Atlas und noch mehr jenseits des Sahara-Atlas nimmt die Dichte des Straßennetzes jedoch sehr stark ab, und der Anteil asphaltierter Strecken ist auf ein Minimum reduziert. Nur drei voll ausgebaute Nord-Süd-Verbindungen führen in die Sahara.

Die H a f e n s t ä d t e , vor allem Algier und Oran, besitzen wichtige Hochseeverbindungen nach Frankreich (Marseille), Italien und Spanien. Der internationale Flughafen von Algier, Dar El-Beida, wird von mehreren ausländischen Gesellschaften angeflogen. Zu den kleineren Flugplätzen und Pisten im Inland besteht lediglich Bedarfsverkehr. Regelmäßiger nationaler Linienverkehr wird jedoch zwischen Algier, Oran, Annaba und Constantine angeboten.

Der **Tourismus** spielt in Algerien bislang nur eine untergeordnete Rolle. Ferienorte gibt es lediglich in der Nähe von Algier und Oran, die Größenordnung der jährlichen Übernachtungszahlen (rund 200 000) ist, verglichen mit europäischen Maßstäben, ausgesprochen bescheiden. Im gesamten Land gibt es lediglich etwa 120 Hotels (Luxushotels und Hotels 1.-4. Klasse), die pro Jahr von rund 400 000 ausländischen Gästen, vornehmlich Franzosen, frequentiert werden.

*Algier, Annaba *(Bône)*, Constantine, Oran und Tlemcen s. Reiseziele von A bis Z.

Algier / Alger / Al-Djaza'ir

Algerien.
Höhe: 0-120 m ü.d.M.
Einwohnerzahl: 1 504 000.
(i) **Office National Algérien du Tourisme,** Rue Khélifa Boukhalfa 25/27; Telefon: 64 68 64.
Agence Touristique Algérienne, Rue Didouche Mourad 52; Telefon: 64 59 13.

BOTSCHAFTEN. – *Bundesrepublik Deutschland,* Chemin Sfindja 165; *Deutsche Demokratische Republik,* Rue Payen 16; *Republik Österreich,* Rue Shakespeare 7; *Schweizerische Eidgenossenschaft,* Boulevard Zirout Youcef 27.

HOTELS. – **Aletti,* Rue Hocine Asselah, L; **Saint George,* Av. Souidani Boudjemaa 24, L; *Albert 1er,* Av. Pasteur 5, I; *Angleterre,* Av. Ben Boulaïd 11, I; *Djanilas Palace,* Rue Louise de Bettignies 1, I; *Genève,* Rue Abane Ramdane 30, II; *Régina,* Blvd. Mustapha Ben Boulaïd, II.

JUGENDHERBERGE. – Rue Hassiba Ben Bouali 123, Hussein Dey, 100 Betten.

RESTAURANTS. – In den genannten Hotels; ferner *El Bacour,* Rue Patrice Lumumba 1; *La Pagode,* Blvd. Victor Hugo 27; *Taverna Romana,* Rue Didouche Mourad 124; *Cyrnos,* Rue Didouche Mourad; *Bardo,* Rue Didouche Mourad 118; *Sindbad,* Rampe de la Pêcherie.

*Algier, die arabisch Al-Djaza'ir, französisch Alger genannte Hauptstadt Algeriens und der gleichnamigen Verwaltungseinheit, erstreckt sich über rund 20 km entlang einer nach ihr benannten sichelförmigen Bucht an der zentralen Küste des Landes, die im Westen von den Hängen des Tell-Atlas umrahmt ist. Algier gliedert sich in die arabische, ehemals türkische Altstadt (Kasbah), das Hafenviertel und die hauptsächlich nach Süden und auf die Atlashänge übergreifenden modernen Europäerviertel.

Als Kulturzentrum Algeriens ist Algier Sitz einer 1879 gegründeten Universität und der Nationalbibliothek. Außerdem besitzt die Stadt mehrere Hoch- und Fachschulen sowie Forschungsinstitute. Verschiedene Museen (Musée des Antiquités, Musée Le Bardo, Musée National des Beaux-Arts) sind durch ihre einmaligen Exponate weit über den nordafrikanischen Raum hinaus bekannt.

Algier ist auch mit Abstand das bedeutendste Wirtschafts- und Handelszentrum des Landes. Der 200 ha große Hafen mit einem Jahresumschlag von mehr als 6 Mio. t und zahlreiche Industriebetriebe, u.a. Textil-, Düngemittel- und Schuhfabriken sowie größere Handwerksbetriebe, bilden das umfangreichste und differenzierteste Arbeitsplatzangebot Algeriens. Ungünstig wirkt sich jedoch die räumliche Enge der Stadt aus, denn das Hafenviertel bietet nicht genügend Platz für weitere Industrieansiedlungen. Die meisten neueren Betriebe befinden sich deshalb in den Außenbezirken, vornehmlich in El-Harrach, Rouïba und Rivet.

Aus der wirtschaftlich exponierten Stellung der Hauptstadt ergeben sich jedoch keineswegs nur vorteilhafte Impulse für die Entwicklung Algiers. Große Probleme bringt nämlich das ungewöhnlich starke Bevölkerungswachstum der Stadt. Das große Arbeitsplatzangebot übt eine starke Anziehungskraft auf die Bewohner nicht nur des näheren Umlandes aus. Durch Zuwanderung aus wirtschaftlich erheblich schwächer entwickelten Gebieten hat sich die Einwohnerzahl der Stadtregion Algier innerhalb der letzten 20 Jahre mehr als verdreifacht. Das wirtschaftliche Wachstum konnte mit diesem Trend nicht Schritt halten, so daß trotz hoher Arbeitsplatzdichte große Bevölkerungsschichten arbeitslos sind. Sichtbare Folge dieser Entwicklung sind die Elendsviertel in den Außenbezirken der Stadt.

GESCHICHTE. – Algier geht auf eine der nordafrikanischen Küstensiedlungen zurück, die seit dem 12. Jahrhundert v.Chr. als Handelsniederlassungen von den Phöniziern gegründet wurden. Der antike Ort *Ikosim* lag strategisch günstig auf einer Insel vor dem heutigen Hafen. Im 1. Jahrhundert v.Chr. gründeten die Römer auf dem gegenüberliegenden Festland die Stadt *Icosium*, deren Bedeutung jedoch relativ gering blieb. Sie wurde im 5. Jahrhundert von den Wandalen zerstört. Eine Neugründung an gleicher Stelle erfolgte erst im Jahr 935, und zwar unter dem Namen *El Djaza'ir Beni Mezrana*. Die arabische Stadt gehörte vom 11. bis 13. Jahrhundert nacheinander zum Reich der berberischen Almoraviden und Almohaden, bevor sie nach deren Untergang selbständig wurde. 1492 setzten sich aus Spanien vertriebene Mauren und Juden an der algerischen Küste fest, und besonders Algier entwickelte sich zu einer blühenden Handelsstadt. Gleichzeitig nahm jedoch auch die Piraterie überhand, so daß die Spanier Algier 1510 besetzten. Aber bereits 1519 errangen die Türken die Oberhoheit über Nordafrika, und unter ihrer Herrschaft wurde Algier zum Mittelpunkt aller Piratennester an der Barbareskenküste. Mehrere Versuche europäischer Mächte, der Seeräuberei ein Ende zu bereiten, schlugen fehl. 1541 belagerte z.B. Karl V. die Stadt vergeblich, und auch bei einer britisch-niederländischen Aktion im Jahr 1816 hielt Algier den Angreifern stand. Erst 1830 gelang den Franzosen die Eroberung der Stadt. 1942 avancierte Algier zur Hauptstadt des Freien Frankreich und zum Zentrum der französischen Résistance, 1962 wurde es Hauptstadt des in die Unabhängigkeit entlassenen Algerien.

SEHENSWERTES. – Algier ist heute eine moderne Großstadt, deren Gepräge eher an Europa als an den Orient erinnert. Hierzu haben nicht nur die französischen Kolonialherren beigetragen, die der ehemaligen türkischen Korsarenstadt ihr heutiges Aussehen verliehen. Auch die Algerier selbst haben viele der alten Kostbarkeiten zerschla-

gen, um den Status Algiers als der Metropole im Norden Afrikas weiter auszubauen. Dennoch konnte sich die **Kasbah** genannte Altstadt einen Großteil ihrer orientalischen Atmosphäre bewahren. Sie ist gegliedert in die frühere *Festung,* in das islamische Wohn- und Handelsviertel der *Medina* und in die *Mellah,* das einstige Judenviertel. Besonders reizvoll wirkt ihre *Lage;* denn die weiß gestrichenen Häuser mit dem dazwischenliegenden Gewirr enger Gassen erstrecken sich wie die Zuschauerränge eines Amphitheaters an den die Bucht überragenden Ausläufern des Tell-Atlas.

Mit der Besichtigung der *KASBAH beginnt man am besten an der Place des Martyrs, die die Altstadt vom nördlichen Teil des Hafenviertels trennt. Östlich des Platzes erhebt sich die **Djama el-Djedid** *(Neue Moschee).* Sie ist über Treppen mit dem alten und dem neuen Fischmarkt am Hafen verbunden und wird deshalb auch als *Mosquée des Pêcheurs* bezeichnet. Das Gebäude wurde 1660 für hanafitische (türkische) Moslems errichtet, und viele architektonische Details, u.a. die 24 m hohe Zentralkuppel, erinnern an byzantinische Kirchen des alten Konstantinopel. Im Innern befindet sich ein wertvolles Foliomanuskript des Koran (18. Jh.), das der Sultan von Konstantinopel dem Pascha von Algier widmete. Sehenswert sind außerdem die prachtvoll ausgestattete Mihrabnische und der marmorne Minbar (Kanzel).

Nordöstlich, in der Rue de la Marine, folgt die malekitische *Djama el-Kebir (Große Moschee),* deren Bau zu Beginn des 11. Jahrhunderts über den Resten einer frühchristlichen Basilika begonnen wurde. Das Minarett stammt aus dem Jahr 1323. Der Reinigungsbrunnen befindet sich in einem kleinen Innenhof, über den man den Eingang der Moschee erreicht. Der Innenraum ist durch 72 Säulen in elf Schiffe unterteilt. Der Minbar (Kanzel), das älteste Ausstattungsstück (1017) aller algerischen Gotteshäuser, ist ein kunstvoll verziertes Meisterwerk im abbasidischen Stil.

Westlich der Place des Martyrs gelangt man nach wenigen Metern zur Place Ben Badis. Hier steht das ehemalige *Erzbischöfliche Palais,* ein Rest des 1844 durch einen Großbrand vernichteten Palastes der osmanischen Regenten. – Gegenüber, neben dem *Palais d'Hiver* (Winterpalast) von 1790, erhebt sich die **Ketchaoua-Moschee.** Das Gebäude wurde von 1839 bis 1860 anstelle der abgerissenen Djama Ketchaoua von 1209 im neumaurischen Stil errichtet,

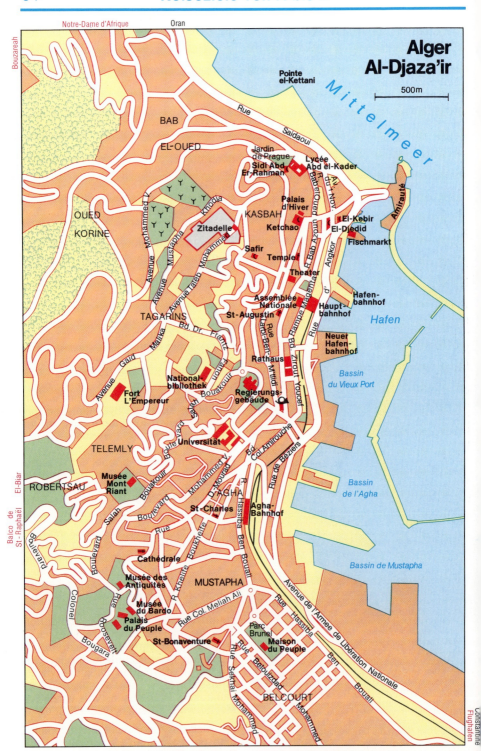

Alger Al-Djaza'ir

500m

Mittelmeer

Notre-Dame d'Afrique   Oran

Bouzareah

Pointe
el-Kettani

Rue Saidaoui

BAB
EL-OUED

Jardin
de Prague
Sidi Abd
Er-Rahman

Lycée
Abd el-Kader

Palais
d'Hiver

KASBAH

El-Kebir
El-Djedid
Fischmarkt

OUED
KORINE

Zitadelle

Ketchao

Safir

Temple

Theater

Assemblée
Nationale
St-Augustin

Haupt-
bahnhof

Hafen-
bahnhof

TAGARINS

Bd. Dr. Frantz

Hafen

Neuer
Hafen-
bahnhof

Rathaus

National
bibliothek

Regierungs-
gebäude

Bassin
du Vieux Port

Fort
L'Empereur

Universität

TELEMLY

Bassin
de l'Agha

ROBERTSAU

Musée
Mont
Riant

D'AGHA

St-Charles

Agha-
Bahnhof

Cathédrale

Bassin de Mustapha

Musée des
Antiquités

MUSTAPHA

Musée
du Bardo
Palais
du Peuple

St-Bonaventure

Parc
Brunel

Maison
du Peuple

BELCOURT

Amirauté

Constantine
Flughafen

---

und zwar als Saint-Philippe-Kathedrale.
Heute befindet sich im Inneren die bedeutendste Gebetsmoschee der Altstadt. Sehenswert sind die herrlichen
Mosaikbilder der Eingangshalle und der
marmorne Minbar.

Über die Rue Hadj Omar und die Rue
Charlemagne erreicht man die 250 m
weiter nördlich gelegene *Moschee des

Ali Béchine (1622). Sie wurde von dem
italienischen Seeräuber Piccinini gestiftet, der zum Islam konvertierte und sich
Ali Béchine nannte. Der Innenraum des
hohen Zentralkuppelbaus ist einer der
schönsten ganz Algiers.

Am nahegelegenen Marengopark
steht die berühmte *Grabmoschee des
1470 gestorbenen Gelehrten und isla-

mischen Heiligen **Sidi Abd Er Rahman,** dessen sterblichen Überreste in einem großartig ausgestatteten Mausoleum im Innern der Moschee beigesetzt sind. Neben dem Grab des Schutzpatrons der Stadt ist auch das der Lalla Aicha erwähnenswert. Der Sage nach wühlte sie das Meer so stark auf, daß die Belagerungsflotte Karls V. unverrichteter Dinge abrücken mußte.

Am höchsten Punkt der Altstadt befinden sich die ehemalige **Zitadelle,** d.h. die Kasbah im engeren Sinn. Hier stand ursprünglich eine Berberfestung, an deren Stelle die Türken im 16. Jahrhundert eine Zitadelle errichteten, die später von den Franzosen stark verändert wurde. Von hier hat man einen herrlichen *Blick über die engen Gassen der Altstadt; ebenso vom Minarett der etwas unterhalb der Zitadelle gelegenen *Safir-Moschee,* an deren Stelle sich schon um 941 ein Betsaal befand.

Von der Altstadt fährt man am besten mit dem Taxi durch die südlich an die Kasbah anschließenden Park- und Villenviertel bis nach MUSTAPHA SUPÉRIEUR, einem Stadtteil, in dessen *Parc de la Liberté* das ****Musée des Antiquités** *(Museum für klassische Altertümer und islamische Kunst)* liegt.

Die von dem französischen Forscher Stéphan Gsell begonnene Sammlung enthält auf engstem Raum eine ungewöhnliche Fülle interessantester und kostbarster Exponate. Prunkstücke der **Antikenabteilung** sind die in Cherchell gefundenen Skulpturen, u.a. von Venus, Demeter, Neptun, Bacchus; außerdem mehrere Apollostatuen, Satyrn sowie ein herrlicher Hermaphrodit und große Mosaiken aus Constantine, Tebessa, Djemila, Cherchell und Tipasa. Die Qualität der Sammlung wird allenfalls noch von derjenigen des Bardomuseums von Tunis erreicht. Aus frühchristlicher Zeit stammen zahlreiche Architekturfragmente byzantinischer Basiliken, einzigartige Sarkophage sowie Kopien von Exponaten, die im Louvre oder in den Museen des Vatikans stehen. In zwei weiteren Sälen sind ausschließlich antike Bronzen sowie Münzen und Manuskripte ausgestellt, darunter das "Compendium doctrinae" des Nonius Marcellus aus Khemissa (2. Jh. n. Chr.).

Einen Querschnitt der gesamten **Kunst des Islam** bieten vier weitere Ausstellungssäle zusammen mit dem Kuppelsaal. Sie enthalten auch wertvolle Stücke aus den beiden anderen Maghrebländern Marokko und Tunesien. Im Vordergrund steht die riesige Teppichsammlung, ergänzt durch Kupfer-, Waffen- und Schmucksammlungen, alte Stücke aus den Ruinen von Sedrata, Haremsgitter, mehrere Gebetspulte und kostbare Textilien.

Weitaus großzügiger wirkt das Raumangebot im benachbarten ethnographischen und prähistorischen *Musée Le Bardo,* das in einer später erweiterten maurischen Villa aus dem 18. Jahrhundert untergebracht ist. Man gewinnt hier einen umfassenden Überblick über die traditionellen und frühesten Lebensverhältnisse im gesamten Maghreb und in der Sahara.

Die **prähistorische Abteilung** umfaßt sechs Säle, deren Exponate hauptsächlich aus den saharischen Tuareggebieten des Ahaggar und der Tassili-Bergländer stammen. Höhepunkte bilden die Kopien der berühmten Felszeichnungen des Oued Djared, die 1934 von den beiden Franzosen Reygasse und Perret entdeckt worden waren. In zwei weiteren Abteilungen werden Geräte, Gebrauchsgegenstände, Kleidungsstücke von Arabern und Berbern, kunsthandwerkliche Stücke und viele andere volkskundlich interessante Gegenstände gezeigt. Hinzu kommen sensationelle Grabfunde aus dem Ahaggar.

Ein anderes sehenswertes Museum befindet sich einige Kilometer weiter südöstlich im Stadtteil HAMMA, in unmittelbarer Nähe des Botanischen Gartens. Das *Musée National des Beaux-Arts* *(Nationalmuseum der schönen Künste)* enthält in 40 Räumen hauptsächlich Gemälde französischer Meister des 17. bis 20. Jahrhunderts. In der großartigen Skulpturensammlung befinden sich Werke von Rodin, Maillol und Despiau, um nur die bekanntesten Namen zu nennen. – Lohnend ist ein Spaziergang durch den benachbarten *Jardin Botanique* (Botanischer Garten), der 1832 angelegt und seitdem ständig erweitert wurde. Er enthält riesige Bestände exotischer subtropischer Pflanzen.

Vom Botanischen Garten fährt man am besten zur Place des Martyrs zurück, um von hier aus per Bus oder Taxi dem Vorort BOLOGHINE mit seiner neobyzantinischen **Basilika Notre Dame d'Afrique** einen Besuch abzustatten. Die 1872 fertiggestellte Wallfahrtskirche wurde von Kardinal Lavigerie für die Missionsgesellschaft 'Weiße Väter' geweiht. Sie liegt 124 m hoch über der Stadt, so daß man von hier einen unvergleichlichen *Blick auf die Bucht von Algier und das Häusermeer der Stadt hat. – Empfehlenswert ist ein Spaziergang vorbei am *Observatorium* zum 4-5 km entfernten, 380 m hoch gelegenen Vorort BOUZAREA, dem wohl mit Abstand besten *Aussichtspunkt Algiers. Von hier Rückfahrt zum Stadtzentrum über El-Biar.

UMGEBUNG von Algier

Die nähere und weitere Umgebung der Stadt bietet sowohl für den kulturgeschichtlich interessierten Besucher als auch für den Freund ungewöhnlicher Landschaften zahlreiche Sehenswürdigkeiten.

Über Tipasa nach Cherchell. – Man folgt der nach Nordwesten strebenden N 11 in Richtung Oran. Sie führt an der sogenannten *Côte Turquoise (Türkisküste)* entlang, die sich zwischen Algier und Cherchell erstreckt. Hier liegen die meisten der algerischen Badeorte, die in den letzten 20 Jahren angelegt wurden. – Als erstes Touristenzentrum erreicht man die 25 km entfernte, etwas abseits der Hauptstraße gelegene *Moretti* (Hotel El Minzah) mit seinem feinsandigen Badestrand. Auf einer westlich anschließenden Halbinsel liegt das **Ferienzentrum Sidi-Ferruch** (Hotels El Riad und Le Port), das als schönster Badeort des Landes gilt, mit Jachthafen und gut in die Landschaft eingefügten Hotelbauten. Sie wurden von dem französischen Architekten Fernand Pouillon in einem der maurischen Bauweise nachempfundenen Stil entworfen, ähnlich wie in den meisten anderen Seebädern. – Nach weiteren 4 km erreicht man den Ferienort *Zéralda* (Hotel Les Sables d'Or) mit sämtlichen touristischen Einrichtungen. – Hinter *Bon Ismaïl*, einem weiteren Touristenzentrum, folgt links ein Abzweig zum Baudenkmal **Kbor Er-Roumia,** einem mauretanischen Königsgrab aus dem 1. Jahrhundert n. Chr.

Anschließend erreicht man etwa 70 km westlich von Algier den westlichsten Badeort der Türkisküste, **Tipasa** (ca. 7000 Einw.; Hotels Tipasa Bungalows und Tipasa Club). Die Kleinstadt geht auf eine phönizische Handelsniederlassung zurück, die im 1. Jahrhundert v. Chr. römisch wurde. Nach dem Einfall der Araber war Tipasa vollkommen unbewohnt und wurde erst 1854 wieder besiedelt. Mitten im Ortszentrum entstand ein Park, in dem sich die gut erhaltenen römischen *Ruinen befinden, u.a. das Amphitheater, mehrere Tempel, die Thermen, das Forum, und eine byzantinische Basilika. Interessante Funde birgt das zugehörige Museum.

Nach weiteren 28 km folgt der Fischereihafen **Cherchell** (17000 Einw.; Hotel Césarée), der ebenfalls auf einen phönizischen Handelsplatz zurückgeht. Unter der Römerherrschaft erhielt der Ort den Namen Caesarea Mauretania, und zeitweise war er Hauptstadt der römischen Provinz Mauretania Caesariensis. Die heutige Stadt liegt noch weitgehend innerhalb der antiken Mauerringes. Berühmter als die gut erhaltenen Ruinen der einstigen Römerstadt sind die wertvollen Exponate im *Museum. Es handelt sich meist um antike Nachbildungen von berühmten Kunstwerken aus fast allen mittelmeerischen Kulturräumen, deren Originale nicht mehr existieren: u.a. eine Kolossalstatue des Apollo (5. Jh. v. Chr.), ein Standbild des ägyptischen Ptahpriesters Petubast (1. Jh. v. Chr.) und die Statue des römischen Kaisers Augustus.

Durch die *Große Kabylei nach Bejaïa. – Die Große Kabylei, aufgrund relativ hoher Jahresniederschläge von mehr als 800 mm eine der am wenigsten nordafrikanisch anmutenden Landschaften Algeriens, erstreckt sich zwischen Algier im Westen und dem Hafenort Bejaïa im Osten sowie zwischen der Mittelmeerküste und dem Djurdjuramassiv, der bis zu 2308 m hohen Zentralkette des Tell-Atlas. Das beinahe ausschließlich von reinen Berbern bewohnte Bergland besitzt im Norden Mittelgebirgscharakter, mit Höhen zwischen 800 und 1200 m. Südlich der Sébaou-Senke steigt das Gebiet zum Djurdjuramassiv allmählich an. Für Höhen bis etwa 1000 m sind intensiv genutzte Oliven- und Feigenbaumhaine, in Küstennähe auch Weinkulturen charakteristisch. Sie werden von der seßhaften Berberbevölkerung bewirtschaftet, deren Dörfer, Thaddert genannt, wie die Horste von Greifvögeln geschützt auf steilen, unzugänglichen Bergkuppen liegen. Oberhalb von 1000 m Höhe finden Kork- und Steineichenwälder weite Verbreitung. Ab 1600 m werden sie von Zedern- und Aleppokiefernbeständen abgelöst.

Von Algier aus folgt man am besten der sehr reizvollen Küstenstraße, die in östlicher Richtung durch eine menschenleere, an europäische Mittelmeergestade erinnernde Landschaft führt. Wenige Kilometer außerhalb Algiers kommt man zunächst an mehreren Badeorten vorbei, die jedoch weniger gut ausgebaut sind wie diejenigen an der Westseite der Hauptstadt. Sehr beliebt sind *Bordj el-Kiffan, Alger-Plage* und *Aïn Taya,* um die wichtigsten Namen zu nennen. – Wirklich sehenswert ist jedoch erst der 120 km entfernte kleine Hafenort **Tigzirt,** das römische *Iomnium.* Über der Bucht am Hafen sind die Ruinen der Thermen, eines Tempels und einer frühchristlichen Basilika erhalten. – Auf einer schmalen, nach Süden abzweigenden Gebirgsstraße erreicht man nach 39 km **Tizi-Ouzou** (24000 Einw.; Hotel Lalla Khedidja), die Hauptstadt der Kabylei, mit größeren Industriebetrieben.

Jenseits des landschaftlich sehr reizvollen *Djurdjuramassivs* etwa 100 km in nordöstlicher Richtung

nach **Bejaïa** (1-160 m ü.d.M.; 104000 Einw.; Hotels Corniche, Route de la Corniche, und Orient, 1 Rue Si-Lahouès), dem bis 1963 *Bougie* genannten Endpunkt der 730 km langen Erdölleitung von Hassi Messaoud. Bejaïa ist eine moderne Stadt, die 1966 erst 50000 Einwohner zählte und im Zuge der rapide angestiegenen Erdölausfuhr innerhalb weniger Jahre zum größten Handelshafen Algeriens entwickelte. Wichtige Umschlaggüter sind neben Erdöl vor allem Phosphate, Olivenöl, Agrumen und Wolle. In Hafennähe siedelten sich neben den bereits seit längerem vorhandenen Betrieben der Metall- und Lederverarbeitung vor allem (petro-) chemische Industriewerke an. Die malerisch an den Hängen des Djebel Guraya ausgebreitete Stadt war schon in römischer Zeit ein bedeutender Hafen (Saldae), und ihre Blüte erlebte sie unter den Almohaden. Nach dem Niedergang der Dynastie ging der Handel mit Italien spürbar zurück, und Bejaïa wurde ein bedeutungsloser Hafenort, der vom 15. Jahrhundert bis zur Eroberung durch die Franzosen (1833) allein von der Seeräuberei lebte. Baudenkmäler aus der bewegten Geschichte der Stadt sind leider nicht erhalten. Sehenswert ist jedoch das Städtische Museum mit interessanten Gemälden. Außerdem lohnt sich ein kurzer Ausflug zum 220 m hoch über das Mittelmeer aufragenden *Cap Carbon.*

Al-Hoceïma

Marokko.
Höhe: 40-60 m ü.d.M. – Einwohnerzahl: 18000.
ⓘ **Agence**
de Voyage.

HOTELS. – *Mohammed V.,* I, 44 Z.; *Mohammed V.* (Anbau), II, 61 Z.; *Quemado,* Plage de Quemado, II, 102 Z.; *Karim,* 27 Av. Hassan II., III, 24 Z.; *National,* III, 16 Z. – Feriendorf mit 800 B.

CAMPINGPLATZ. – *Camping de Cala Bonita.*

RESTAURANTS in den Hotels *Mohammed V., Quemado* und *Karim.*

SPORT. – Schwimmen, Fischen, Tauchen, Segeln, Wasserski.

Die spanisch Alhucemas, während des spanischen Protektorats Villa Sanjurjo genannte nordmarokkanische Provinzhauptstadt Al-Hoceïma liegt auf einem steilen Felsplateau hoch über der gleichnamigen Bucht am Mittelmeer. Sie wurde erst 1926 von den Spaniern gegründet, die an dieser Stelle ein Jahr zuvor unter General Sanjurjo an Land gingen und hier ihre Kommandantur für das zentrale Rifgebiet zur Bekämpfung der Rifkabylen einrichteten. Aus diesem Grund besitzt Al-Hoceïma noch heute den Charakter einer spanischen Kleinstadt; maurische Elemente fehlen.

Der Stadt sind drei kleine, bis zu 27 m hohe Inseln mit einer Gesamtfläche von 12 qkm und etwa 150 Einwohnern vorgelagert, die sich seit 1673 in spanischem Besitz befanden. Sie waren früher ein berüchtigter Piratenschlupfwinkel.

Al-Hoceïma hat sich seit den sechziger Jahren aufgrund seiner herrlichen *Sandstrände und der schönen Lage zum wichtigsten marokkanischen Seebad und Fremdenverkehrsort an der Mittelmeerküste entwickelt, ausgestattet mit erstklassigen Hotels, Bungalows und einem 1962 errichteten Feriendorf. Der Fischereihafen der Stadt besitzt nur regionale Bedeutung.

UMGEBUNG von Al-Hoceima. – Bootsfahrt (1½ Std.) zu den drei **Alhucemas-Inseln** (arab. *Al-Houzama* oder *Hajrat en-Nokour). Nur die größte von ihnen, *Peñón de Alhucemas,* ist bewohnt. Ihre Befestigungsanlagen wurden 1673 von den Spaniern errichtet und können heute besichtigt werden.

Alicante

Spanien.
Region: Valencia.
Provinz: Alicante.
Höhe: Meereshöhe. – Einwohnerzahl: 190 000.
Telefonvorwahl: 9 65.

ⓘ **Oficina de Información de Turismo,**
Explanada de España 2;
Telefon: 21 22 85.
Delegación Provincial de Información,
Artilleros 4/I;
Telefon: 20 85 21 und 20 84 22.

HOTELS. – *Sidi San Juan Palace,* Pda. Cabo La Huerta, L, 176 Z., Sb.; *Melia Alicante,* Playa del Postiguet, I, 547 Z., Sb.; *Gran Sol* (garni), Avda. Méndez Nuñez 3, I, 150 Z.; *Carltón* (garni), Rambla Méndez Nuñez 1, I, 119 Z.; *Adoc* (garni), Playa de la Albufereta, I, 93 Z.; *Palas* (garni), Plaza del 18 de Julio, I, 53 Z.; *Maya* (garni), Manuel Penalva y D. Violante 5, II, 200 Z., Sb.; *Europa* (garni), Carretera Valencia, II, 141 Z., Sb.; *Reycar* (garni), Pintor Lorenzo Casanova 31, II, 116 Z.; *Leuka* (garni), Segura 23, II, 108 Z.; *La Balseta* (garni), Manero Molla 9, III, 84 Z.; *La Reforma* (garni), Reyes Católicos 7, III, 52 Z.; Hostal *Cervantes* (garni), Pascual Pérez 19, P I, 34 Z.

Mehrere CAMPINGPLÄTZE.

VERANSTALTUNGEN. – *Hogueras de San Juan* (Juni), Fest zu Ehren des hl. Johannes, mit den typischen 'hogueras' (Figuren aus Holz und Pappe, die am Schluß des Festes verbrannt werden), ferner mit Umzügen, Reiterspielen, Feuerwerk und typischen Buden. – *Cátedra Mediterránea* (Sommer), Kurse für Ausländer; Auskunft Cátedra, Ramón y Cajal 4.

Spielcasino: *Casino Costa Blanca,* in Villajoyosa.

WASSERSPORT. – Mehrere Badestrände; nördlich unweit der Straße nach Valencia die *Playa de la Albufereta* (4 km) und die *Playa de San Juan* (9 km), südlich bei *Arenal del Sol* (10 km), an der Küstenstraße nach Cartagena; alle Arten des Wassersports, auch Unterwasserjagd. Alicante besitzt einen Königlichen Regatta-Club.

FREIZEIT und SPORT an Land. – Jagd und Fischen, Schießen, Reiten, Tennis, Luftsport; ferner Flamenco in Tablao Flamenco und El Zorongo.

SCHIFFSVERKEHR. – Autofähren zu den Balearen (Palma de Mallorca ca. 13 St.; Ibiza ca. 11 St.), nach Marseille (ca. 18 St.), Genua (ca. 36 St.) und Oran (ca. 7 St.); ferner entlang der spanischen Küste und zu den Kanarischen Inseln. – Auskünfte und Buchungen: *Aucona* (Cía. Trasmediterránea), Explanada de España 2, Tel.: 20 60 11; *DFDS-Seaways,* Explanada de España 29, Tel.: 21 83 00.

Die Provinzhauptstadt Alicante liegt in einer malerischen Bucht der spanischen Südostküste am Fuß des vom Castillo de Santa Bárbara gekrönten Schloßberges. Alicante, schon von den Römern 'Lucentum' und den Mauren 'Lecant' oder 'Al-Lucant' genannt, macht mit seinen zahlreichen Hochhäusern einen modernen Eindruck.

Alicante ist als Seebad und Winterkurort zugleich der Mittelpunkt der Costa Blanca (s. dort) und wichtiger Hafenplatz für die Ausfuhr von Wein, Rosinen, Südfrüchten, Mandeln, Frühgemüse, Öl, Süßholz und Espartogras.

SEHENSWERTES. – Mittelpunkt der Stadt ist die Plaza de Calvo Sotelo; von hier führt die palmenbestandene

Alicante – Hafenstadt an der südostspanischen Mittelmeerküste

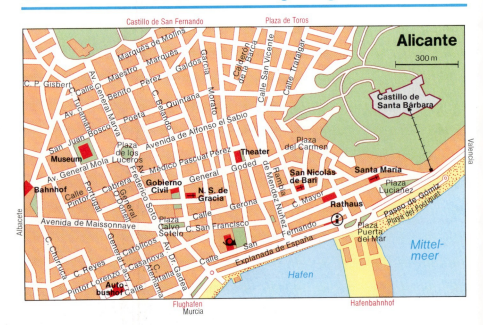

Avenida del Dr. Gadea hinab zu dem durch große Molen geschützten geräumigen **Hafen,** mit schönem Rundblick. Man folgt der fast 600 m langen palmenbestandenen *Explanada de España* (bunte Mosaikmuster), mit Hotels und Cafés; von der westlichen Mole und der Vormole, besonders aber vom Leuchtturm am Ende der östlichen Mole herrliche Aussicht. – Die bei der Plaza Puerta del Mar beginnende nordöstliche Fortsetzung der Explanada de España ist der Paseo de Gomis, der entlang dem Badestrand *Playa del Postiguet* nach der Vorstadt Roig und weiter zur *Playa de San Juan* führt.

Von der Plaza Puerta del Mar folgt man nach links über die parkartige Plaza del Teniente Luciañez in den alten Teil von Alicante und zur **Kirche Santa María,** von den Katholischen Königen errichtet, im 18. Jahrhundert umgestaltet, mit Rokokoportal und reicher Barockausstattung. Unweit südwestlich hiervon das beachtenswerte **Ayuntamiento** *(Rathaus),* zwischen 1696 und 1760 erbaut, mit 35 m hohen viereckigen Türmen und churrigueresker Fassade. Interessant ist, daß an der Treppenstufe des Rathauses der 'Nullpunkt' über Meereshöhe gemessen wird, auf den sich alle Höhenangaben in Spanien beziehen. – Nordwestlich des Rathauses die **Kirche San Nicolás de Bari,** auch 'Catedral' genannt, im 17. Jahrhundert erbaut und dem Schutzheiligen der Stadt geweiht; mit wirkungsvollem Inneren, einigen bemerkenswerten Retablos und einem eindrucksvollen Kreuzgang. Im nahen Stadtviertel Santa Cruz, am Westhang des Schloßberges, ein *Keramikmuseum.*

Von der Calle de la Concepción Aufstieg (¹/₂ Std.) zum Schloßberg mit dem ehem. **Castillo de Santa Bárbara** (209 m), mit prächtiger *Aussicht auf die Stadt, die Küste und die Huerta sowie auf das Gebirge im Norden. Der Schloßberg ist vom Ostende des Paseo de Gomis auch per Fahrstuhl zu erreichen.

Nordwestlich der Plaza de Calvo Sotelo und über die Plaza de los Luceros zu erreichen, das mächtige Gebäude der *Diputación Provincial* mit dem **Museo Arqueológico;** in diesem interessante archäologische Sammlung mit der 'Göttin Tanit' sowie eine Bildergalerie und eine Münzenkollektion. In der Nähe die *Kirche Nuestra Señora de Gracia* (1949).

UMGEBUNG von Alicante. – Nur etwa 5 km nordöstlich von der Explanada de España liegt an der zu dem Vorort San Juan führenden N-332 das Kloster **Santa Clara** *(Santa Faz),* dessen Nonnen in ihrer aus dem 18. Jahrhundert stammenden Kirche das 'Schweißtuch der hl. Veronika' besitzen.

Rund 23 km südwestlich von Alicante liegt im Landesinneren zu beiden Seiten des *Río Vinalapó* die Stadt **Elche** (88 m; 130 000 Einw.), bekannt durch ihren in Europa einzigartigen *Palmenwald. Beachtenswert ist die Kirche Santa María (17. Jh.), der 'Virgen de la Asunción' geweiht; mit reichem

Palmen im Stadtpark von Elche

Hauptportal und Barockfassade, Werk von Nicolás de Bussi; Schauplatz des Mysterienspiels über die Himmelfahrt Mariens ('Misterio de Elche'); von dem 37 m hohen Kirchturm guter Blick über Stadt und Palmengarten. – Nördlich der Kirche der Palacio de Altamira (15. Jh.), diente den Königen als Aufenthaltsort, u.a. Ferdinand dem Katholischen; das Haus ist heute Nationaldenkmal. – Weiter nördlich hiervon der Parque Municipal mit dem sich anschließenden Museo Arqueológico, Sammlung vorgeschichtlicher und griechisch-römischer Altertümer mit einer Kopie der 1897 bei Elche aufgefundenen "Dame von Elche", einer iberischen Frauenbüste aus dem 4. oder 3. vorchristlichen Jahrhundert (Original im Museo Arqueológico zu Madrid). – Ein besonders schönes Stadtbild genießt man von der unweit südwestlich der Plaza del Generalísimo den Rio Vinalapó überschreitenden Puente de Santa Teresa (1705).

Dama de Elche (4./3. Jh.v.Chr.)

Unmittelbar östlich vor der Stadt Elche liegt *El Palmeral de Europa, ein Palmenwald mit dem größten Palmenbestand in Europa, dessen Besuch etwa 2 St. erfordert (im Sommer am besten frühmorgens; Führer empfehlenswert). Die von den Mauren angelegten Pflanzungen sind von Mauern oder Hecken umgeben. Das Wasser für die künstliche Bewässerung kommt 5 km weit aus einem Pantano (Stausee) des Vinalapó-Tales. – Die zahlreichen Palmen, meist 20-25 m und vereinzelt auch bis 33 m hoch, stehen 'den Fuß im Wasser, den Kopf im Feuer des Himmels', wie ein arabisches Wort sagt. Unter ihnen wachsen Granatbäume und in deren Schatten Futterkräuter, Gemüse u.a. Besonders hervorzuheben sind in der Huerta del Cura ('Pfarrgarten') die Palmera Imperial, eine angeblich 200 Jahre alte männliche Palme, aus deren Hauptstamm sieben Seitenstämme herauswachsen, ferner die Palmeras Romeo y Julieta. Bei der Villa Carmen ein Belvedere (Aussicht). – Die Dattelpalme (phoenix dactylifera; span. palmera) erfordert eine sorgfältige Pflege. Die Früchte, die an Güte hinter den Datteln der Sahara zurückstehen, werden von November bis Frühjahr geerntet, wobei der einzelne Baum nur alle zwei Jahre trägt (etwa 35 kg). Von April an wird ein Teil der männlichen Palmen zum Bleichen eingebunden. Die gebleichten Zweige (ramilletes) werden zum Palmsonntag in ganz Spanien verkauft und an den Balkonen befestigt.

Almería

Spanien.
Region: Andalucía (Andalusien).
Provinz: Almería.
Höhe: 0-2 m ü.d.M. – Einwohnerzahl: 130 000.
Telefonvorwahl: 9 51.
(i) **Oficina de Información de Turismo,**
Calle Hermanos Machado;
Telefon: 23 47 05.
Delegación Provincial de Información,
Avenida del Generalísimo 61;
Telefon: 23 67 44 und 23 69 45.

HOTELS. – Gran Hotel Almería (garni), Avda. Reina Regente 4, I, 124 Z., Sb.; Alboran, Urbanisación Retamar, II, 103 Z., Sb.; Torreluz II (garni), Plaza Flores 1, II, 64 Z.; Costasol (garni), Avda. dei Generalísimo 58, II, 55 Z.; Indalico (garni), Dolores Sopeña 4, II, 52 Z.; Hairan (garni), Vivar Tellez 80, II, 40 Z.; Embajador, Calzada de Castro 4, III, 67 Z.; La Perla (garni), Plaza del Carmen 7, III, 44 Z. – An der Straße Nr. 340: La Parra, I, 157 Z., Sb.

Mehrere CAMPINGPLÄTZE.

VERANSTALTUNGEN. – **Fiestas de la Ciudad de Almería,** eines der glanzvollsten Feste Andalusiens, dauert zumeist zehn Tage (August); Fiestas de Invierno, mit kulturellen Veranstaltungen, Krippen-Wettbewerb, Stierkampf und Einzug der Heiligen Drei Könige (Dezember/Januar); Semana Santa, mit eindrucksvoller Prozession (Karwoche); Rallye Costa del Sol, Automobilrennen in den Provinzen Almería, Granada und Málaga (Dezember).

WASSERSPORT. – Unterwasserfischerei, zwei Tauchschulen; Sportfischerei (mietbares Schiff für Sportfischen auf hoher See); Segelsport und Wasserskilauf.

FREIZEIT und SPORT an Land. – Stierkampf, Golf (zwei Plätze), Tennis, Reitsport, Drachenfliegen (Flugschule).

Almería, die Hauptstadt der gleichnamigen südspanischen Provinz, war schon zur Römerzeit als 'Portus Magnus' ein bedeutender Hafenplatz am Mittelmeer. Die von subtropischer Landschaft eingesäumte Stadt wurde von den Arabern 'Al Mariyya' genannt, was soviel wie Spiegel des Meeres bedeutet; eine Bezeichnung, die sich in abgewandelter Form erhalten hat.

Almería liegt an dem im Westen von der Sierra de Gádor (1443 m), im Nordosten von der Sierra Alhamilla (1359 m) und im Südosten von der nach dem weit vorspringenden Kap benannten Sierra de Gata (513 m) umschlossenen weiten Golf von Almería, überragt von zwei malerischen Burgen. Die bedeutende Ausfuhr umfaßt frische Trauben, Südfrüchte und Espartogras, ferner das Eisenerz und andere Mineralien aus den Gruben des Hinterlandes. Die saubere Stadt mit ihren kalkgeweißten Häusern gehört zu jenem vom Fremdenverkehr so geschätzten Küstenstrich, den man wegen seiner günstigen klimatischen Gegebenheiten (322 Sonnentage) die *Costa del Sol (s. dort), die Sonnenküste, nennt.

SEHENSWERTES. – Den Mittelpunkt der ALTSTADT, deren Häuser noch maurische Züge tragen und an eine orientalische Stadt erinnern, bilden die *Puerta de Purchena.* Man gelangt südwestlich durch die Calle de las Tiendas zu der aus dem 16. Jahrhundert stammenden **Kirche Santiago el Viejo,** mit einem 55 m hohen, schlanken romanischen Turm. Durch die Calle Lope de Vega zur Plaza Vieja mit dem *Ayuntamiento* (Rathaus). Südlich hiervon auf der Plaza de la Catedral der *Palacio Episcopal* (Bischöflicher Palast) und das *Seminario.*

An der Südseite des Platzes erhebt sich die **Kathedrale,** ein festungsartiger Bau mit vier mächtigen Ecktürmen, turmartiger Apsis und Zinnenkranz; nach einem Erdbeben 1524-43 von Diego de Siloe neu erbaut. Im Innern sehenswertes, aus Nußbaumholz geschnitztes Chorgestühl von Juan de Orea (1558) und eine Statue des San Indalecio, des Schutzheiligen der Stadt, von Salcillo.

Auf der Höhe westlich über der Stadt die arabische **Festung La Alcazaba,** unter dem Kalifen von Córdoba, Abderramán III., erbaut, von Almanzor vergrößert und von Hairán beendet, schließlich unter Karl V. abermals erweitert; gewaltiger *Torreón del Homenaje* (Huldigungsturm; 15. Jh.) mit gotischem Tor und Wappenschild der Katholischen Könige. Die Burg ist Schauplatz von Konzerten und Festspielen anläßlich der im August stattfindenden Fiestas. – Auf dem nördlich angrenzenden Hügel die Ruinen des **Castillo de San Cristóbal.**

Zwischen der Kathedrale und der Avenida (auch Paseo) del Generalísimo die 1494 auf den Grundmauern einer Moschee gegründeten *Kirche San Pedro,* heutiger Bau von 1795 mit Kuppelfresken von Fray Juan García, und das **Santuario Santo Domingo,** ein aus dem 17. Jahrhundert stammendes, kürzlich renoviertes Gotteshaus, mit wertvollem barocken Altar und dem Bildnis der ''Virgen del Mar'', der zweiten Schutzheiligen der Stadt, das 1502 am Strand von Torre García gefunden wurde.

Alonnesos
s. bei Sporaden

Amalfi

Italien.
Region: Campania (Kampanien). – Provinz: Salerno.
Höhe: 0-11 m ü.d.M. – Einwohnerzahl: 6400.
Postleitzahl: I-84011. – Telefonvorwahl: 089.
ⓘ **AA,** Corso Roma 19;
Telefon: 871107.

HOTELS (z.T. im Winter geschlossen). – *Excelsior Grand Hôtel,* 4 km südwestlich, an der Straße nach Agerola, I, 163 B., Sb.; *Cappuccini Convento,* I, 83 B.; *Santa Caterina* (mit Dep.), I, 111 B., Sb.; *Luna e Torre Saracena,* prächtig gelegen, in einem alten Kloster, I, 74 B., Sb.; *La Bussola,* II, 100 B.; *Dei Cavalieri* (garni), II, 95 B.; *Caleidoscopio,* 2 km südwestlich, in Lone, II, 65 B., Sb.; *Aurora,* II, 61 B.; *Miramalfi,* II, 83 B., Sb. – In Ravello: *Palumbo,* I, 60 B.

VERANSTALTUNGEN. – Alle zwei Jahre *Schiffsmodellschau.*

Das prächtig an der Südküste der Halbinsel von Sorrent am Golf von Salerno gelegene, vor dem Ausgang einer tiefen Schlucht an den Uferfelsen aufsteigende Seebad *Amalfi ist einer der schöngelegensten und beliebtesten Fremdenorte Italiens und wird besonders von Neapel aus viel besucht.

GESCHICHTE. – Der Sage nach von Konstantin d. Gr. gegründet, im 6. Jahrhundert erwähnt und seit 987 unmittelbares Erzbistum, stand Amalfi im Mittelalter als Freistaat mit rund 50000 Einwohnern unter selbstgewählten, später erblichen Herzögen. Im Jahre 1077 wurde es von Robert Guiscard dem Normannenreich einverleibt und gewann durch seine regen Handelsbeziehungen mit dem Orient großes Ansehen und Reichtum. Als Seemacht stand es in Konkurrenz zu Pisa und Genua. Das Seerecht von Amalfi (''Tabulae Amalfitanae'') galt vom 13. bis zum 16. Jahrhundert im ganzen italienischen Mittelmeergebiet; dem Amalfitaner *Flavio Gioia* wird die Erfindung des Schiffskompasses zugeschrieben (1302).

SEHENSWERTES. – Vom **Hafen** (im Sommer Schiffe von/nach Salerno, Positano, Capri) gelangt man über die

Küste bei Amalfi am Golf von Sorrent

Piazza Flavio Gioia zum *Rathaus* (mit modernem Fassadenmosaik) am Corso Roma. Südlich der Strand; nördlich die kleine Piazza del Duomo, von der rechts eine 62stufige Freitreppe zum Dom hinanführt. – Der **Dom** *Sant' Andrea* wurde 1203 im lombardisch-romanischen Stil erbaut (Campanile 1180-1276). Die prachtvolle *Spitzbogenvorhalle* wurde 1865 völlig erneuert. An der Fassade (1890 renoviert; moderner Mosaikgiebel) eine 1066 in Konstantinopel gegossene Bronzetür. Innen am Chor antike Säulen aus Paestum. In der Krypta ruhen seit dem 13. Jahrhundert die Gebeine des Apostels Andreas. Von der Vorhalle gelangt man links in den 1266-68 erbauten Kreuzgang *Chiostro del Paradiso,* in dem ein kleines archäologisches Museum untergebracht ist.

Etwa 500 m westlich vom Dom liegt am steilen Felshang hoch über Amalfi (auch Aufzug von der Küstenstraße) das ehemalige **Kapuzinerkloster** (heute Hotel) mit hübschem Kreuzgang und *Aussicht auf den östlich vom Castello Pontone überragten Ort.

UMGEBUNG von Amalfi. – Sehr lohnend ist eine Motorbootfahrt (15 Min.) zu der 4 km westlich beim Capo Conca gelegenen Tropfsteinhöhle ***Grotta di Amalfi,** auch *Grotta di Smeraldo* oder *Grotta Verde* genannt.

1 km östlich von Amalfi liegt an der Küstenstraße, hinter dem **Kap von Amalfi** (Wachturm), malerisch am Ausgang der Schlucht des Dragone das Städtchen **Atrani** (12 m); an der tiefergelegenen Piazza die Kirche San Salvatore (10. Jh.) mit byzantinischen, 1087 in Konstantinopel gegossenen Bronzetüren.

Amorgos
s. bei Kykladen

Anamur

Türkei.
Provinz: İçel.
Höhe: 50 m ü.d.M. – Einwohnerzahl: 11000.
Telefonvorwahl: Handvermittlung.
(i) **Informationsamt,**
Saray Mah., Atatürk Bulvarı;
Telefon: 1677.

UNTERKUNFT. – Motel *Karan,* M II, 32 B.

Anamur ist ein hübsch am Fuß der Ausläufer der Taurusberge in einer Ebene zwischen dem Sultansuyu und dem Tatlısu Nehir 4 km oberhalb der Mündung des erstgenannten ins Meer (kleiner Hafen) gelegenes Städtchen im Osten des Kaps von Anamur, das im Altertum Anamurion hieß und der südlichste Punkt von Kleinasien ist.

UMGEBUNG von Anamur. – 7 km östlich, jenseits der Abzweigung nach Ermenek, rechts der Straße E 24 das *****Schloß Anamur** *(Anamur Kalesi, Mamure Kalesi),* das imposant auf einer Landzunge am Meer liegt.

Der aus dem frühen Mittelalter stammende Bau, damals einer der berüchtigtsten und gefürchteten

Korsarenstützpunkte, später von den Kreuzfahrern ausgebaut, ist von einer mächtigen Mauer mit 36 meist wohlerhaltenen Türmen (teils rund, teils eckig) umschlossen, die ebenso wie die Wehrgänge von innen durch Treppen zugänglich sind. Der Haupteingang in das Innere, mit drei Höfen, führt durch einen Turm an der Westseite. Beim Eingang eine arabische Inschrift, die nach der Übersetzung des englischen Admirals Beaufort lauten soll: "Aladin, Sohn des tapferen Mehmet, unterwarf durch eigene Tapferkeit und starkes Heer dies Kastell für den edlen Serif Tunisi, den treuen Diener seines Fürsten, und übergab das zweite Kommando dem Pilger Mustafa Esmer". Ferner berichtet Beaufort, daß 1812 hier ein Agha residiert habe. Graf A. Pourtalès berichtet von seinem Besuch 1843, und daß im Innern der Burg zwei Moscheen seien und daß sich hier ein zypriotischer Kaufmann mit seinem Kramladen etabliert habe, um die Bewohner aus seinem Magazin mit Zucker, Kaffee u.a. zu versehen. Heute ist die Burg verlassen, und in den Höfen stehen Ölbäume sowie Oleanderbüsche.

Ancona

Italien.
Region: Marche.
Provinz: Ancona.
Höhe: 0-16 m ü.d.M. – Einwohnerzahl: 110000.
Postleitzahl: I-60100. – Telefonvorwahl: 071.
(i) **AA,** Via Thaon di Revel;
Telefon: 201348.
Auskunftsbüro am Hafen;
Telefon: 201183.
EPT, Via M. Marini 14;
Telefon: 23639.
Auskunftsbüro am Hauptbahnhof;
Telefon: 28885.
ACI, Corso Stamira 78;
Telefon: 55335.

HOTELS. – *Grand Hotel Palace,* Lungomare Vanvitelli 24, I, 69 B.; *Grand Hotel Passetto,* Via Thaon di Revel 1, 75 B.; *Jolly Miramare,* Rupi di Via XXIX Settembre 14, I, 180 B.; *Grand Hotel Roma e Pace,* Via G. Leopardi 1, 138 B.; *Fortuna,* Piazza Stazione 15, 99 B.; *Moderno,* Via G. Bruno 1, 68 B. – Motel *Agip,* 6 km westlich in Palombina Nuova, III, 102 B. – CAMPINGPLATZ.

VERANSTALTUNGEN. – Internationale *Fischerei- und Wassersportmesse* (Juni-Juli).

Ancona ist der bedeutendste Ort der Region Marken (Marche) und Provinzhauptstadt in malerischer Lage zwischen den Vorgebirgen Colle Astagno und Colle Guasco an der mittelitalienischen Adriaküste.

Die Stadt hat als wichtiger Verkehrsknotenpunkt (Eisenbahn; Flughafen 13 km westl. bei Falconara) und traditionsreicher, im weiteren Ausbau befindlicher Kriegs- und Handelshafen (Fährschiffe nach Jugoslawien und Griechenland) in jüngerer Zeit einen beachtlichen wirtschaftlichen Aufschwung genommen. Im Zweiten Weltkrieg erlitt Ancona schwere Schäden; der am Hafen gelegene Teil der Altstadt wurde völlig vernichtet. Neue Viertel entstanden seither besonders im östlichen Teil der Stadt.

GESCHICHTE. – Ancona wurde um 390 v. Chr. als *Dorica Ancon* (von griech. 'ankón' = Bogen) auf einem bogenartig ins Meer vorspringenden Sporn von Flüchtlingen aus Syrakus gegründet. Die seit dem 3. Jahrhundert v. Chr. römische Kolonie wurde unter Caesar und Traian befestigt und zum Flottenstützpunkt ausgebaut. Obgleich als Schenkung Karls d. Gr. 774 dem Papst überlassen und seit dem 16. Jahrhundert endgültig Teil des Kirchenstaates, konnte sich die Stadt während des Mittelalters de facto ihre Unabhängigkeit bewahren. – Ancona ist seit 462 ununterbrochen Sitz eines Bischofs.

SEHENSWERTES. – Verkehrsmittelpunkt ist die Piazza della Repubblica; sie öffnet sich westlich zum **Hafen**, dessen ovales Becken von 800 bzw. 900 m Durchmesser im nördlichen Abschnitt römischen Ursprungs ist. Am Ostende des Damms der marmorne römische Ehrenbogen **Arco di Traiano**, laut Inschrift im Jahre 115 n. Chr. dem Kaiser Traian, seiner Gattin und seiner

Trajansbogen in der Adriahafenstadt Ancona

Schwester errichtet; unweit westlich der *Arco Clementino* (18. Jh.). In der Südecke des Hafens das 1773 in eine fünfseitige Bastion eingebaute ehemalige Lazarett; nahebei die *Porta Pia* (1789). Nordwestlich die modernen Hafenanlagen.

Von der Piazza della Repubblica gelangt man rechts am *Theater* (1827) vorbei zu der langgestreckten Piazza del Plebiscito; an ihrem Ostende, über eine Freitreppe erreichbar, die barocke *Kirche Santo Domenico* (18. Jh.). Unweit westlich die *Loggia dei Mercanti* (Börse), ein spätgotischer Bau mit Fassade von Giorgio da Sebenico (1454-59). Daneben der hübsche *Palazzo Benincasa* (15. Jh.). Von hier rechts zur *Kirche Santa Maria della Piazza* (10. Jh.) mit überreicher Fassade von 1210. – Weiter nördlich an der Piazza San Francesco die *Kirche San Francesco delle Scale* mit reichem gotischem Portal von Giorgio da Sebenico (1455-59).

Von der Piazza San Francesco führt nördlich die Via Pizzecolli zur *Kirche*

del Gesù (18. Jh.; Aussicht) und zu dem steil über dem Meer gelegenen **Palazzo Comunale** (oder *Palazzo degli Anziani*; 13. Jh.), in dem u. a. die kleine *Städtische Gemäldesammlung* (Bilder von Tizian, Lotto, Crivelli u. a.) untergebracht ist. Unweit nördlich der *Palazzo Ferretti* (16. Jh.) mit dem **Museo Nazionale delle Marche** (vorgeschichtliche und antike Funde). – Von hier entweder auf einer Treppe oder auf einer nach der Zerstörung des Hafenviertels angelegten Panoramastraße in mehreren Kehren hinan zu dem auf der aussichtsreichen Höhe des Monte Guasco an der Stelle eines antiken Venustempels gelegenen *Dom, einem dem hl. Cyriakus geweihten Kuppelbau byzantinisch-romanischen Stils in Form eines griechischen Kreuzes (12. Jh.; Fassade 13. Jh.); in der Krypta das kleine *Museo del Duomo,* in dem der reliefgezierte altchristliche Sarkophag des Prätorianerpräfekten Flavius Gorgonius (4. Jh.) besondere Beachtung verdient.

AUSFLUG von Ancona. – Sehr lohnend ist die Fahrt in südlicher Richtung auf der prächtigen Küstenstraße zur *Kirche Santa Maria di Portonova* (11. Jh.) und weiter über den **Monte Conero** (572 m; *Ausblick) und das malerische Dorf *Sirolo* zu dem kleinen Seebad *Numana.*

Andros *(Ándhros)*

Griechenland.
Nomos: Kykladen.
Inselfläche: 380 qkm. – Bewohnerzahl: 10 450.

HOTELS. – Hauptort Andros: *Paradissos*, II, 76 B.; *Xenia*, II, 44 B.; *Aegli*, III, 27 B. – Apikia: *Helena*, III, 13 B. – Batsi: *Lykion, Pension*, II, 28 B.; *Chryssi Akti*, III, 118 B. – Gavrion: *Aphrodite*, II, 43 B. – Korthion: *Korthion*, III, 27 B.

Auf Tenos: *Tinos Beach*, I, 339 B.; *Theoxenia*, II, 59 B.; *Tinion*, II, 49 B.; *Asteria*, III, 92 B.; *Delfinia*, III, 73 B.; *Meltemi*, III, 77 B.

BADESTRÄNDE: – *Batsí, Gávrion* u. a.

VERKEHR. – Schiffsverbindung mit Rafína (Ostküste Attikas, 24 km von Athen) und mit Tenos; Inselbusse Andros – Gávrion, Andros – Apikia.

Ándros ist die nördlichste Kykladeninsel. Nur 11 km trennen sie von Euböa, nur 1200 m von Tenos. Charakteristisch sind hier – wie auf Tenos – die zahlreichen großen *Taubentürme.

Der Inselhauptort **Ándros** (2450 Einw.) liegt in der Mitte der Ostküste. Im neueren Stadtteil liegt die *Kirche Zoodóchos Pigí* mit geschnitzter Ikonostasis von 1717. Vom ältesten Stadtteil führt eine Brücke zur Ruine der mittelalterlichen *Burg*.

Von Andros, das volkstümlich auch *Chóra* heißt, geht ein Weg in südlicher Richtung zum zweiten Hafen der Ostküste, **Órmos,** und zu dem kleinen Dorf *Korthion,* inmitten von

Zitronenpflanzungen. Nordwestlich von Andros liegt *Apikía* mit einer Mineralquelle, etwas weiter das 1560 gegründete *Nikólaos-Kloster*.

Eine Straße verbindet Chóra mit der Westküste: über *Messariá* (5 km; Kirche von 1158) und *Paläópolis* (11 km), das an der Stelle der antiken Inselhauptstadt liegt, erreicht man die Häfen **Batsí** (8 km) und **Gávrion** (8 km).

Südöstlich von Andros liegt die Insel **T e n o s** (**Tínos;** 194 qkm; 8200 Bew.). Der Hauptort **Tínos** (2900 Einw.) liegt an der Südküste. Vom Hafen führt eine breite Prozessionsstraße durch die Stadt hinauf zum strahlend weißen Komplex des nach 1822 großzügig angelegten, mit viel Material vom Poseidonheiligtum erbauten Klosters mit der *Wallfahrtskirche Panagia Evangelístria oder Tiniótissa. In dieser reich mit Votiven ausgestatteten Kirche links unter steinernem Baldachin das mit Perlen und Edelsteinen übersäte Gnadenbild. Ein Raum im Untergeschoß des Gebäudes erinnert an die Opfer des italienischen Überfalls auf die "Elli" 1940, links daneben befindet sich eine eindrucksvolle kleine Kapelle.

Im kleinen *Archäologischen Museum etwas unterhalb der Kirche sieht man Funde aus dem Poseidon- und Amphitrite-Heiligtum, so im Innenhof Architekturteile und im Obergeschoß große Gefäße, darunter einen *Reliefpithos*, dessen Hauptbild als Geburt der Athena aus dem Haupt des (hier geflügelten) Zeus gedeutet wird (7. Jh. v. Chr.).

In **Kiónia** (4 km nordwestlich von Tínos) sind die Fundamente des hellenistischen Poseidonheiligtums freigelegt: Propyläen, eine dorische Halle, Hof mit Altar und dorischer Tempel.

Durchquert man die Insel in nordwestlicher Richtung, so kommt man über **Istérnia** (22 km, mit Fayencen verkleidete Kirchenkuppel) zum malerischen Dorf **Pýrgos**, Sitz einer Kunstschule, und seinem Hafen **Pánormos** (insgesamt 29 km). In Xinara zweigt rechts eine Straße nach *Lutrá*, einem der reizvollsten Inseldörfer, ab.

Nördlich von Tínos (13 km, Bus nach Phalatádos) liegt das im 12. Jahrhundert gegründete *Kloster Kechrovúni*, in dessen weitläufigen Anlagen zur Zeit 70 Nonnen leben. Neben einigen interessanten Ikonen wird auch die Wohnung der Nonne Pelagía, die 1822 die Marienikone fand, gezeigt. Vom Kloster hat man eine schöne *Aussicht auf den Hafen Tínos und auf den 533 m hohen Berg *Exóburgo,* an dem der mittelalterliche Hauptort lag (Ruine einer venezianischen Burg).

Charakteristisch für Tenos sind die ansehnlichen venezianischen *Taubentürme, denen man überall bei Fahrten über die Insel begegnet.

Annaba (Bône)

Algerien.
Höhe: 0-117 m ü.d.M.
Einwohnerzahl: 313000.

HOTELS. – *Ksar (Seraïdi),* I; *Orient,* Cours de la Révolution 3, III.

Annaba, die ehemals Bône genannte viertgrößte Stadt Algeriens, liegt geschützt an der nach ihr benannten Mittelmeerbucht im Nordosten des Landes, in deren Hintergrund sich das bewaldete Edough-Massiv erhebt.

Annaba besitzt einen der bedeutendsten algerischen Exporthäfen. Wichtigste Umschlaggüter sind Phosphate, Eisen- und Kupfererze, Roheisen und Rohstahl sowie Agrumen, Gemüse, Wein, Tabak und Kork. Die bei Ouenza geförderten Eisenerze werden teilweise südlich der Stadt, im neu errichteten Hüttenkombinat von El-Hadjar, verarbeitet. Daneben hat Annaba noch weitere große Industriebetriebe, die sich nicht zuletzt aufgrund der verkehrsgünstigen Lage der Stadt (Hafen und Eisenbahnlinie) hier angesiedelt haben. Besonders zu erwähnen sind eine Waggonfabrik, ein petrochemisches Werk und eine Düngemittelfabrik.

GESCHICHTE. – Annaba geht auf eine im 12. Jahrhundert v. Chr. gegründete phönizische Handelsniederlassung zurück, die von 201 v. Chr. bis zum Ende der Punischen Kriege unter dem Namen **Hippo Regius** Residenz der numidischen Könige war. Die Römer gliederten die Stadt anschließend ihrer Provinz Africa Nova an, die wenig später Teilgebiet von Africa Proconsularis wurde. Hippo Regius muß damals bereits 300000-400000 Einwohner besessen haben. Es war das Zentrum der numidischen Getreideanbaugebiete. Diese Kornkammer Roms lieferte rund zwei Drittel des Getreidebedarfs der Stadt Rom; der gesamte Warenumschlag wurde über den Hafen von Hippo abgewickelt.

Weltbekannt wurde Hippo Regius, Sitz der Diözese Numidia von 396 bis 430, als der heilige Augustinus hier Bischof war. Er starb während der Eroberung der Stadt durch die Wandalen, die die gesamte Bausubstanz restlos zerstörten. 533 erfolgte die Rückeroberung durch die Byzantiner. 697 fiel Hippo Regius an die vordringenden Araber, die es abermals zerstörten und in geringer Entfernung eine neue Stadt namens *Bouna Al-Hadida* gründeten, aus der das heutige **Annaba** hervorging. Bouna Al-Hadida wurde bald zu einem berüchtigten Seeräubernest, das 1535 von den Spaniern erobert wurde, aber nur fünf Jahre später an die

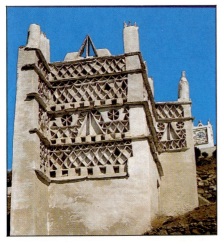

Taubentürme auf der griechischen Insel Tenos

Türken fiel, unter deren Herrschaft die Barbareskenpiraten ihr Unwesen trieben. Am 26. Juni 1832 übernahmen die Franzosen die Macht.

SEHENSWERTES. – Die eigentliche Stadt Annaba ist eine moderne Anlage, die keine nennenswerten Sehenswürdigkeiten besitzt. Aber nur 2 km südwestlich, an der nach Souk-Ahras führenden N 16, liegt *Hippone,* das R u i n e n f e l d des römischen **Hippo Regius.**

Den besten Überblick über den AUSGRABUNGSBEZIRK hat man von der Terrasse der 1881-90 auf einem Hügel westlich des Ruinenplatzes errichteten *Basilika Saint-Augustin.* Im Vordergrund befinden sich das **Theater** und das 76 x 34 m große F o r u m, beide aus dem 1. nachchristlichen Jahrhundert. Östlich von ihnen die ungewöhnlich großzügig dimensionierten **Thermen,** bei deren Bau die Kaiserthermen in Rom Pate gestanden haben, das C h r i s t e n v i e r t e l und das V i l l e n v i e r t e l. Die Mauern sind noch kniehoch erhalten und vermitteln deutlich die Grundrisse der Häuser. Im Mittelpunkt des christlichen Viertels befinden sich die Ruinen der *Basilika,* in der Augustinus die heilige Messe zelebrierte.

Südlich vom Christenviertel steht auf einem Hügel das **Archäologische Museum** mit einzigartigen *Mosaiken, die aus den prunkvollen Villen von Hippo stammen. Am berühmtesten ist das der "Löwenjagd" (6,5 x 3,5 m). Ebenso schön der "Triumph der Amphitrite" und das herrlich gelegte "Fischmosaik".

UMGEBUNG von Annaba. – Rund 100 km westlich der Stadt liegt die früher Philippeville genannte moderne Hafenstadt **Skikda** (128 000 Einw.; Hotels: Orient, Place du 1er Novembre; Paradir Plage, Route de la Corniche), die 1838 von den Franzosen an der Stelle des antiken Rusicada gegründet wurde und sich seitdem zu einem wichtigen Industriezentrum (Nahrungsmittel-, Metall- und Textilindustrie) entwickelt hat. Der Hafen ist Endpunkt einer Pipeline von den Erdgasfeldern bei Rhourdes. Das Erdgas wird vor dem Export in einer großen Verflüssigungsanlage für den Transport vorbereitet. Sehenswert ist die Ruine des römischen Theaters.

Ein wesentlich lohnenderer Ausflug ist Reisenden zu empfehlen, die sich für die große römische Vergangenheit Nordafrikas besonders interessieren und sich nicht scheuen, eine etwas mehr als 500 km lange Rundreise auf sich zu nehmen.

Ü b e r G u e l m a, K h é m i s s a und M a d a u r e nach T é b e s s a. – Man verläßt Annaba in südlicher Richtung auf der N 16 in Richtung Souk-Ahras. Nach 13 km biegt man rechts ab nach **Guelma** (etwa 40 000 Einw.), einem landwirtschaftlichen Handelszentrum an der Bahnlinie Annaba-Constantine. Die Stadt ist das antike Calama, über dem noch die Ruinen des Theaters und der Thermen erhalten sind. Neben dem Theater befindet sich das Museum mit einzigartigen Funden aus den ehemaligen Römerstädten Madaura und Tubursicum Numidarum (Khémissa), an deren Ruinen man auf der Weiterfahrt vorbeikommt.

Khémissa (79 km) erreicht man von Guelma auf der W 1 in südwestlicher Richtung. Bei Sedrata zweigt eine Stichstraße links ab. Hier lebte im 2. Jahrhundert n. Chr. Nonius Marcellus, der Verfasser des 'compendium doctrinae', das zu den frühesten bekannt gewordenen Reallexika gehört. Trajan erhob Tubursicum Numidarum zum municipium. Erhalten sind noch die Grundmauern eines zweiten Forums

(3. Jahrhundert n. Chr.), außerdem Reste des Kapitols sowie mehrere Torbögen, die zu den Thermen eines Neptuntempels gehörten. Weitere Ruinen gehören zu einer später angelegten byzantinischen Festung.

45 km weiter östlich liegt **Madaura,** zu dessen Ruinenfeld ein 6 km langer Fahrweg von der N 16 bei M'Daourouch führt. Vom Geburtsort des römischen Philosophen und Schriftstellers Apuleius (125 n. Chr.), in dem sich der hl. Augustinus zeitweise aufgehalten hat, sind noch die Reste des Theaters, des Forums und eines Mausoleums erhalten geblieben. Wesentlich eindrucksvoller sind jedoch die Ruinen einer byzantinischen Festung und einer frühchristlichen Basilika. Sie wurden zur Zeit Justinians (535 n. Chr.), der das Weströmische Reich wieder ins Leben rufen wollte, aus den Überresten der alten Stadt errichtet.

94 km weiter südlich folgt schließlich **Tébessa,** das römische *Theveste* (960 m; etwa 50 000 Einw.; Hotel Theveste, Rue Abane Ramdame). Die am Nordwesthang der Monts de Tébessa, dem östlichen Ausläufer des Sahara-Atlas, nahe der tunesischen Grenze gelegene Stadt ist das Handels- und Versorgungszentrum der Bergbaugebiete von El-Kouif, Djebel Onk und Djebel Ouenza. Die Hochflächen in der Umgebung Tébessas sind wichtige Getreideanbaugebiete. Bedeutenster Wirtschaftszweig der Stadt ist die Teppichherstellung.

Das antike **Theveste** wurde im 7. Jahrhundert v. Chr. von Karthago gegründet, und bereits im 3. Jahrhundert v. Chr. hatte sich der Ort zu einer blühenden numidischen Stadt entwickelt. 75 n. Chr. wurde eine römische Legion von Ammadaere hierher verlegt. Die heutigen *Ruinen stammen aus dieser römischen Epoche der Stadt, als sich Theveste zum wichtigsten Festungsplatz an der Straße von Karthago nach Timgad entwickelte. Seit dem 2. Jahrhundert n. Chr. deckten die Olivenhaine der wohlhabenden Stadt einen großen Teil des stark gestiegenen römischen Bedarfs. Nach der Eroberung durch die Berber wurde Theveste im 6. Jahrhundert von Byzanz zurückgewonnen, jedoch wenig später von den Arabern zerstört. Den Stadtkern umgibt heute noch die 10 m hohe und 2 m dicke byzantinische W e h r m a u e r aus dem 6. Jahrhundert mit ihren 13 Türmen. Die Straßenführung innerhalb der Mauern gibt noch exakt den schachbrettartigen Stadtgrundriß wieder, der von den Römern in dieser Form angelegt worden war. Von den vier Stadttoren ist das sehr gut erhaltene Nordtor besonders sehenswert, denn es wurde zu Beginn des 3. Jahrhunderts n. Chr. als *Triumphbogen des Caracalla* in die Befestigungsmauer einbezogen. Dem mit Zierwerk und Medaillons für Septimius Severus und Iulia Domna dekorierten, 11 m hohen Bauwerk sind schöne korinthische Säulen vorgeblendet. Schräg gegenüber des Nordtores, innerhalb der Ummauerung, steht der römische *Minervatempel* (um 200 n. Chr.). Das Dach der Vorhalle ruht auf acht korinthischen Säulen, und die Außenmauern werden durch Pilaster mit korinthischen Kapitellen gegliedert. Besonders gut erhalten sind die römischen Legionsadler im Architrav über den Säulen der Vorhalle. In der vollkommen erhaltenen Cella des Tempels ist ein *Museum* mit wertvollen römischen Funden aus Tébessa untergebracht. Sehenswert vor allem mehrere Mosaiken aus den Thermen, u.a. die "Geburt der Venus" und die "Metamorphose der Daphne".

Etwa 500 m nordöstlich des Caracallabogens, außerhalb der Altstadt, liegt das Ruinenfeld der christlichen *Basilika. Die Anlage wurde im 4. Jahrhundert über christlichen Katakomben errichtet und später von den Byzantinern mit einer doppelten Wehrmauer umgeben. Die heutige Gartenanlage südwestlich der Basilika bedeckt etwa das Areal eines früheren Hofs (40 x 60 m) mit Kreuzgang und Pilgerheim. Von hier führt eine Freitreppe zur Basilika, in deren Vorhalle ein noch erhaltenes Becken für rituelle Waschungen stand. Dahinter liegen die Grundmauern und die 14 Säulenpaare, die das Mittelschiff des dreischiffigen Bauwerks trugen. Die Rundung der Apsis ist noch sehr gut erhalten. Vom rechten Seitenschiff führt eine Treppe in eine kleeblattförmige Kapelle, das sogenannte Triforium. Hier stand vermutlich die erste christliche Kirche Tébessas. Sie enthielt früher einen Sarkophag mit den Reliquien eines Heiligen, der heute in der Ortskirche Tébessas als Altartisch dient.

Antakya

Türkei.
Provinz: Hatay.
Höhe: 92 m ü.d.M. – Einwohnerzahl: 80 000.
Telefonvorwahl: 0 89 11.
(i) **Fremdenverkehrsamt,**
Vali Ürgen Meydanı, Atatürk Caddesi 41;
Telefon: 26 36.

HOTELS. – *Atahan,* II, 47 B.; *Divan,* 40 B.

STRAND und WASSERSPORT. – Gute Einrichtungen in Samandağ (s. Umgebung).

Die ehemals Hatay und im Altertum Antiochia genannte Stadt, die Hauptstadt der südöstlichen türkischen Grenzprovinz, liegt etwa 30 km vom Mittelmeer entfernt in der Schwemmlandebene des Asi (des antiken Orontes) am Fuß des Berges Habib Neccar (des alten Mons Silpius) und ist von ausgedehnten Ölbaumhainen umgeben, die sich in den Schutthalden des Habib Neccar verlieren. In der Vegetationsarmut des über Antakya steil aufragenden Bergmassivs kündigt sich bereits die Nähe der großen Syrischen Wüste an.

Von der einstigen Bedeutung Antiochias als einem Handels- und Kulturzentrum der hellenistischen Welt ist nicht mehr viel übrig geblieben. Ihre Verwaltungsfunktion, eine Garnison und der Straßen-Durchgangsverkehr zu den Levanteländern (Antakya hat keine Eisenbahn und auch keinen Hafen mehr) sichern der Stadt eine nur bescheidene Lebensgrundlage.

GESCHICHTE. – *Antigonos,* einer der Feldherren Alexanders d.Gr., gründete 307 v. Chr. die Stadt **Antigoneia,** die etwas oberhalb des heutigen Stadtgebietes am Orontes lag. Die Stadt gedieh jedoch nicht recht, wohl wegen ihrer ungünstigen Verkehrslage, so daß *Seleukos Nikator* (305–280 v. Chr.), der Gründer der mazedonischen Dynastie in Syrien, 301 v. Chr. eine neue Gründung an der Stelle des heutigen Antakya vornahm und der Stadt zu Ehren seines Vaters den Namen **Antiocheia** gab. Die neue Stadt blühte außerordentlich auf, dank ihrer Lage im Schnittpunkt der Küstenstraße entlang dem Mittelmeer und des Karawanenwegs von ihrem Vorhafen Selaukeia nach Mesopotamien. Im 2. Jahrhundert v. Chr. soll sie etwa 500 000 Einwohner gehabt haben und wurde an Größe nur noch von Rom übertroffen; sie besaß Wasserleitungen, eine Straßenbeleuchtung sowie eine 6,5 km lange Säulenstraße und zeigte ein von Zeitgenossen gelegentlich kritisiertes üppiges Großstadtleben. Auch als Austragungsort von Wettspielen zu Ehren Apollos genoß sie im ganzen Orient großen Ruhm. Selbst nach ihrer Eroberung durch die *Römer* (64 v. Chr.) konnte sie sich eine weitgehende Autonomie sichern.

In der Geschichte des frühen Christentums spielte Antiochia eine bedeutende Rolle. Der Apostel *Paulus* unternahm hierher mehrere Missionsreisen (Apostelgesch. 11, 26; 14, 26; 15, 30, 35; 18, 22), und hier wurde auch zuerst der Name 'Christen' (Christianoi) gebraucht (Apostelgesch. 11, 26). Zwar wurden sie unter Diokletian heftig verfolgt und ihre Kirchen zerstört, doch erklärte bereits Konstantin das Christentum zur Staatsreligion und ließ die Kirchen wieder aufbauen. Die Stadt wurde Sitz eines Patriarchen, der im Rang den Patriarchen von Rom, Konstantinopel und Alexandria folgte, und war zwischen den Jahren 252 und 380 die Stätte von zehn Konzilen.

Im Jahr 525 wurde Antiochia durch ein Erdbeben völlig zerstört, und 538 eroberten die *Perser* unter ihrem König Nusrev I. die Stadt, deren Bewohner zum großen Teil nach Mesopotamien deportiert wurden. Kaiser *Justinian* baute sie nach ihrer Rückeroberung in kleinerem Umfang wieder auf und gab ihr den Namen **Theúpolis** ('Gottesstadt'). – 638 fiel Antiochia in die Hand der *Araber,* und erst 969 gelang es den Byzantinern, die Stadt zurückzugewinnen. 1084 fiel sie den *Seldschuken* zu, und am 3. Juni 1098 zogen nach einer blutigen Schlacht die *Kreuzritter* in Antiochia ein, wo sie für 170 Jahre ein Prinzipat errichteten. – Der Abstieg der Stadt begann mit ihrer Zerstörung bei ihrer Eroberung durch die *Mamelucken* im Jahre 1268. Die bis dahin blühende Ausfuhr der in der Stadt hergestellten Seiden, Glaswaren, Seife und Kupfergeräte ging in der Folgezeit zurück, wodurch die Stadt einen wesentlichen Teil ihres Einkommens verlor; der Vorhafen Seleukeia versandete, und so fiel Antakya allmählich zur Bedeutungslosigkeit einer Landstadt ab.

1516 gliederte Sultan Selim I. Antakya dem Reich der *Osmanen* ein. 1872 wurde die Stadt durch ein Erdbeben stark zerstört. 1918 wurde sie Bestandteil des *französischen Protektorats Syrien,* und 1939 kam sie nach einer Volksabstimmung mit dem 'Sandschak Alexandrette' (Iskenderun) zur *Türkischen Republik,* was von Syrien bis heute noch nicht anerkannt ist.

SEHENSWERTES. – Die mehrfache Zerstörung Antakyas während seiner wechselvollen Geschichte ließen von bedeutenden Bauten der alten Stadt, die mehr als den zehnfachen Raum des heutigen Stadtgebietes einnahm, kaum etwas übrig. Erwähnenswert ist die vierbogige *Brücke des Kaisers Diokletian* (284–305) über den Asi, die trotz wiederholter Restaurierungen im wesentlichen noch ihre ursprüngliche Form besitzt (an einem Brückenpfeiler das Relief eines römischen Adlers). – Zwischen dem Krankenhaus und der Habib Neccar Camii die Ruinen eines *Aquädukts* ('Memikli-Brücke'), der unter Kaiser Trajan im 2. Jahrhundert n. Chr. gebaut wurde. – In der Kurtuluş Caddesi erhebt sich die **Habib Neccar Camii,** eine umgebaute byzantinische Kirche (Minarett aus dem 17. Jh.), die noch Gräber von Heiligen enthält.

Besondere Beachtung verdient das nahe an der Brücke über den Asi gelegene **Archäologische Museum.** Es enthält im wesentlichen sehr schöne *Mosaiken aus römischen Häusern der Umgebung, die in außergewöhnlicher Lebendigkeit mythologische Szenen zeigen und mit ihrer stattlichen Zahl von 50 Exemplaren die größte Sammlung römischer Mosaiken überhaupt darstellen. Weiterhin enthält das Museum verschiedenartige Funde aus der Amik-Ebene (besonders vom Teil Açana) und Sarkophage aus römischer Zeit.

Am Südrand der Stadt auf einem Felsplateau (gute Auffahrt) die Ruinen der alten **Zitadelle,** die im 11. Jahrhundert errichtet und später weiter ausgebaut wurde. Von den Befestigungen sind heute nur noch geringe Reste zu sehen, da während der Besetzung der Stadt durch die Truppen des Ägypters Mehmet Ali, der 1830 bis 1840 einen Aufstand gegen den Sultan in İstanbul unternahm, große Teile der Mauern geschleift und die Steine zum Bau der Kasernen verwendet wurden. Schöne Aussicht.

Die *Stadtmauer,* aus dem schönen Kalkstein des Mons Silpius, ist in der Ebene fast ganz verschwunden; sie führte vom Orontes zu den Höhen hinauf und über diese hin, mit angeblich 360 auf den Bergen bis zu 25 m hohen Türmen, und war so breit, daß nach der Überlieferung Viergespanne auf ihr fahren konnten.

UMGEBUNG von Antakya. – **Z u r G r o t t e n k i r c h e St. P e t e r** folgt man zunächst der von der Orontesbrücke östlich nach Aleppo führenden Straße. – Nach etwa 3 km biegt man rechts auf einen schmalen Weg ab (Hinweisschild) und gelangt durch Vorstadtgärten aufwärts zu einem Hügel mit einem Parkplatz. Nahebei an einer aussichtsreichen Terrasse die **Grottenkirche St. Peter,** eine Grotte, in der der hl. Petrus gepredigt haben soll und die im 13. Jahrhundert zu einer Kirche mit einer gotischen Fassade ausgebaut wurde; innen im Hintergrund ein Altar, hinter dem rechts Wasser herabtropft, das bei Christen und Mohammedanern als heilbringend gilt. – Von der Grotte gelangt man auf einem schmalen Felssteig nach 200 m zu einem in den Fels gehauenen *Reliefporträt,* über dessen Ursprung und Bedeutung bisher nichts bekannt ist. Das Relief wurde bereits im 11. Jahrhundert von dem Historiker Malalas beschrieben.

Z u m T e l l A ç a n a (Alalach) gelangt man östlich ebenfalls auf der Straße nach Aleppo. – Nach 21 km, jenseits der Orontes-Brücke, rechts abseits (keine Zufahrt) der *Tell Açana,* die Ausgrabungsstätte von **Alalach,** der einstigen Hauptstadt des Mukisch-Reiches (3./2. Jh. v. Chr.). Die ältesten der 17 Schichten gehen bis in das 4. Jahrhundert v. Chr. zurück. Bedeutendste Bauten (Paläste, Tempel) aus dem 2. Jahrhundert v. Chr. Im 12. Jahrhundert wurde die Stadt aufgegeben. Ausgrabungen 1936–49 durch Sir L. Woolley; Fundstücke im Museum von Antakya.

Z u m H a i n v o n D a p h n e fährt man von der alten Brücke auf der Hauptstraße südlich in Richtung Yayladağı zu den 8 km entfernten Villenvorort *Harbiye.* – 1 km dahinter erreicht man einen Parkplatz, bei dem rechts unterhalb der herrliche **Hain von Daphne** liegt. In dem mit Lorbeerbäumen, Eichen und Zypressen bestandenen schattigen Tals fällt eine schöne Kaskade in vielfältig sich verästelnden Wasserfäden über den Felsen herab. Nach der griechischen Sage wurde die spröde Nymphe Daphne von Apollo hierher verfolgt und von Zeus auf ihre Bitte hin in einen Lorbeerbaum verwandelt. Für diesen Verlust habe Apollo einen Tempel zugesprochen erhalten. Der Hain wurde deshalb von der Bevölkerung als Heiligtum verehrt, und Seleukos Nikator, der Gründer von Antiochia, baute darin dem

Apollo und der Artemis einen stattlichen Tempel, der in der römischen Kaiserzeit verfiel, aber von Julian Apostata 361–363 wiederaufgebaut wurde. Als wenig später ein Blitz den Tempel schwer beschädigte, wurden die Christen dafür verantwortlich gemacht und verfolgt. Daphne gewährte Asylrecht, war Schauplatz glänzender Wettspiele und beliebter Aufenthaltsort vornehmer Griechen und Römer. Allerdings galten die 'Daphnici mores' als Beispiel für schlechte Sitten.

Nach Samandağ (Seleukeia; 26 km) gelangt man von Antakya auf einer kurvigen Straße, die durch hügelliges Gelände führt. – Nach 26 km erreicht man die nahe der Küste gelegene Stadt **Samandağ** (14 000 Einw.), unweit der Stätte der antiken Hafenstadt *Seleukeia.* – Am Ende von Samandağ bei einer Straßenteilung geradeaus weiter (rechts nach Seleukeia) und noch 3 km zum Meer, mit einem von hohen Bergen umgebenen schönen *Strandbad,* das wegen seines feinen Sandes, des klaren Wassers und der guten Badeeinrichtungen von Antakya aus viel besucht wird (Restaurants). Weiter südlich der *Cebeliakra* (1739 m), der antike Mons Cassius.

Von der Straßenteilung am Ende von Samandağ führt rechts ein befestigter Weg in nordwestlicher Richtung, an einer Schwemmlandebene entlang und an einem hübschen Strandbad vorüber, zu dem etwa 7 km entfernten Dorf *Mağaracık* mit den Resten der ehemals bedeutenden Hafenstadt **Seleukeia** *(Seleucia Pieria),* dem ebenfalls um 300 v. Chr. von Seleukos Nikator gegründeten Hafen von Antiochia, der in seiner höchsten Blüte 30 000 Einwohner zählte. Rechts die Ruinen eines Aquäduktes (in der Felswand darüber Nekropolen) und der alte versandete Hafen selbst. Um eine befestigte Felsspitze herum gelangt man direkt zur Küste. In der Nähe die Reste der einst 12,5 km langen Stadtmauer, die drei Tore hatte. Beachtenswert der zum ehemaligen Hafen führende Felsenkanal (1100 m lang), vermutlich eine natürliche Erdspalte, die erweitert und mit Schleusentoren versehen wurde.

Antalya

Türkei.
Provinz: Antalya.
Höhe: 0–40 m ü.d.M. – Einwohnerzahl: 130 000.
Telefonvorwahl: 03 11 11.
ⓘ **Fremdenverkehrsamt,**
Hastane Caddesi 91;
Telefon: 17 47 / 52 71.

UNTERKUNFT. – *Antalya Oteli,* I, 300 B., Sb.; *Lara Oteli,* III, 120 B., Sb.; *Perge Oteli,* III, 33 B.; *Büyük Otel,* IV, 74 B.; *Yalçın Otel,* IV, 41 B.; *Olimpos Motel,* M I, 152 B.; *Motel Antalya,* M II, 24 B., Sb.; *Motel Alpay,* M II, 27 B.; *Villa Park Pansiyon,* P I, 21 B.; *Emek Pansiyon,* P II, 22 B.; *Ekim Pansiyon,* P III, 36 B. – JUGENDHERBERGE. – CAMPINGPLÄTZE am Strand Konya altı und beim Strandbad Lara Plaj.

In S i d e : *Motel Cennet (Athena),* M I, 114 B.; *Motel Turtel,* M I, 136 B. – In M a n a v g a t : *Tusan Akdeniz Moteli,* M I, 80 B., Sb.

SCHIFFSVERKEHR. – Antalya ist Endpunkt der Expreßlinie von İstanbul (während der Saison wöchentlich); dreimal monatlich auch Verbindung weiter nach İskenderun.

WASSERSPORT. – Schwimmen, Tauchen, Motorboote, Wasserski.

Die Provinzhauptstadt Antalya liegt überaus malerisch an der türkischen Südküste im innersten Winkel des Golfs von Antalya (Antalya Körfezi). Westlich der Stadt bricht das bis 3086 m hohe kahle Kalksteinmassiv

des Lykischen Taurus steil zum Mittelmeer ab, während im Osten der niedrigere Kilikische Taurus erst in einiger Entfernung wieder ans Meer herantritt. Zwischen die einen spitzen Winkel bildenden beiden Gebirgszüge schiebt sich ein ebener Küstenvorhof mit der Stadt Antalya ein.

Antalya selbst baut sich auf einer Kalksinterterrasse auf, die mit 23 m hohem Kliff zu einer kleinen Bucht mit dem Hafen abbricht. Zwischen der Stadt und dem hohen Bergkamm im Westen zieht sich in weitem Bogen der breite Strand von *Konya altı* hin, ein besonderer Anziehungspunkt für Fremde. Die gewaltige Bergkulisse des Taurus, die mediterrane Vegetation der Küstenebene (Zitrusfrüchte, Pfirsiche, Aprikosen, Feigen, Oliven, Bananen) und die anmutig über dem Kliff sich erhebende Stadt bilden einen prächtigen Rahmen für den schönen Badestrand. – Antalya hat dank seiner geschützten Lage ein subtropisches Klima, mit sehr mildem und feuchtem Winter (Januarmittel + 9,9° C, Juli + 28,1° C) und nahezu regenlosem Sommer. Während im zeitigen Frühjahr die Gipfelflur der Berge noch mit Schnee überzogen ist, beginnt an der Küste bereits die Badesaison, die von Anfang April bis Ende Oktober dauert. – Der Hafen ist der einzige bedeutendere an der türkischen Südküste zwischen İzmir und Mersin.

GESCHICHTE. – Im 12. Jahrhundert v. Chr. wanderten *Achäer* aus dem Peloponnes in P a m p h y l i e n , der Landschaft um Antalya, ein und überlagerten die dort ansässige Bevölkerung. Ein zweiter griechischer Wanderschub erfolgte im 7. Jahrhundert mit den *Ioniern*, welche die damals bestehenden Orte besetzten und neue Städte gründeten. Nach der Herrschaft der *Lyder* und *Perser* annektierte *Alexander d. Gr.* 334 v. Chr. Pamphylien. – Nach den Machtkämpfen zwischen den Römern und Antiochos d. Gr. kam das Gebiet zum *Pergamenischen Reich*, dessen König Attalos II. Philadelphos (159–138) um die Mitte des 2. Jahrhunderts die Stadt **Attaleia**, das heutige Antalya, anlegte und zur Hauptstadt Pamphyliens erhob. 133 fiel Attaleia mit dem Pergamenischen Reich durch Erbschaft an die *Römer* und gehörte nun zur Provinz Asia. – In Attaleia ging der Apostel *Paulus* mit seinen Begleitern *Barnabas* und *Marcus* an Land, als er auf seiner ersten Missionsreise (45–49 n. Chr.) nach Kleinasien kam. Unter Kaiser Hadrian wurde Attaleia mit einer starken Mauer umgeben. Die *Byzantiner* bauten die Stadt weiter aus und umgaben sie zur Abwehr der Angriffe der *Araber* im 8. und 9. Jahrhundert mit einer doppelten Mauer. Während des 2. Kreuzzuges (1147–49) war Attaleia die letzte byzantinische Festung im südlichen Kleinasien, die noch nicht von den Türken besetzt war und in die sich das Heer der *Kreuzfahrer* nach verlustreichen Kämpfen retten konnte. Hier schiffte sich König Ludwig VII. von Frankreich mit seinen Rittern nach Antiochia ein. – 1207 eroberten die *Seldschuken* unter ihrem Sultan Giyas-eddin Kaichosrev I. die Stadt und machten sie zur Winterresidenz. In der Seldschukenzeit wurden mehrere schöne Moscheen errichtet; ferner wurde die Festung ausgebaut. Nach der Auflösung des Seldschukenreiches wurde Antalya unter einem Fürsten aus der Familie der *Hamidoğulları* selbständig und schließlich unter Sultan Murat I.

(1359–89) dem Reich der *Osmanen* eingegliedert. 1472 trotzte Antalya der letzten Kreuzfahrerflotte. Zwar wurde die Hafenkette gesprengt (die erbeutete Kette kam als Siegeszeichen in die Sakristei von St. Peter in Rom) und der Hafen besetzt; doch konnte die mit doppelten Mauern und Gräben umgebene Festung nicht bezwungen werden. – Die in osmanischer Zeit auch **Adalia** oder *Satalia* genannte Stadt war durch Mauern in drei Teile für Christen, Mohammedaner und Andersgläubige geschieden. Die eisernen Tore zwischen den Stadtteilen waren an jedem Freitag zwischen 12 und 13 Uhr geschlossen, da eine Prophezeiung einen Überfall der Christen in dieser Stunde voraussagte.

SEHENSWERTES. – Auf der Hastahane Caddesi gelangt man am *Postamt* und am *Regierungsgebäude* vorüber zum *Yivli-Minarett ('Kanneliertes' Minarett), dem von allen Seiten sichtbaren Wahrzeichen von Antalya, im ausdrucksvollen seldschukischen Stil, mit quadratischem, oben sich zu einem Achteck verjüngenden Sockel, über dem sich der kannelierte Rundschaft mit auskragendem Rundgang erhebt. Das mit blauen Steinen verzierte Minarett gehört zu einer von Ala-eddin Kaiqobad (1219–36) aus einer byzantinischen Kirche umgebauten Moschee. In der Nähe die *Bibliothek* der Tekelioğlu, mit wertvollen griechischen Handschriften. – Weiterhin am Cumhuriyet Meydanı, dem Zentrum der Stadt, links das *Festungstor*, ein Rest der alten Stadtfestung, mit Uhrturm.

Weiter östlich auf der Çetinkaya Caddesi zu einer Straßenteilung, von der geradeaus die Alanya Caddesi in Richtung Alanya weiterführt. – Rechts biegt die breite Atatürk Caddesi ab, die durch einen Wassergraben in zwei Fahrbahnen getrennt und von zwei Reihen von Dattelpalmen umrahmt ist (zahlreiche Cafés, Lokantas und Geschäfte). Hier rechts die **Ala-eddin Camii,** ursprünglich eine vermutlich im 7. Jahrhundert aus Resten antiker Bauwerke errichtete byzantinische Basilika, die in seldschukischer Zeit zur Moschee umgestaltet wurde. An eine Vorhalle schließt sich das einschiffige, in einer halbkreisförmigen Apsis endende Langhaus an. An den Seiten des Schiffes ziehen sich Triforien hin. – Unmittelbar hinter der Moschee das **Hadrianstor,** das 130 n. Chr. bei einem Besuch des Kaisers Hadrian zu seinen Ehren errichtet wurde und ein Bestandteil der römischen Stadtmauer war. Das von zwei Türmen flankierte marmorne Tor mit drei Bogenöffnungen trägt reichen Ornamentschmuck.

Vom Hadrianstor folgt man rechts weiter dem breiten Boulevard, der im Bogen, am *Gymnasium* und am *Rathaus* (links) vorüber, zu dem über dem Kliff gelegenen *Stadtpark führt. Der Park bietet eine üppige subtropische Flora sowie einen prächtigen *Blick auf das Mittelmeer und die gewaltige Bergkulisse des Lykischen Taurus (rechts). – Rechts hinter dem Park erhebt sich an der Südwestecke der alten Zitadelle der 13 m hohe *Turm von Hıdırlık*, der in römischer Zeit wohl als Leuchtturm diente. – Unweit nordöstlich das *Kesik Minare* ('abgestumpftes Minarett'), das zu einer abgebrannten Moschee gehörte. – Weiterhin in der Altstadt die *Karatay Camii*, 1250 von dem seldschukischen Wesir Karatay erbaut, sowie andere seldschukische und osmanische Bauwerke, wie Moscheen und Medresen.

Im Südwesten der Altstadt (Zugang vom Yivli-Minarett) der kleine **Hafen,** der reizvoll in einer Kliffnische liegt und von zwei Molen geschützt wird. In der Nähe der *Basar*. Am westlichen Stadtrand das **Archäologische Museum,** mit Funden aus der Umgebung (insbesondere aus den antiken Städten Side, Perge und Aspendos; siehe jeweils dort). – Im Westen der Stadt (ca. 3 km) der Strand *Konya altı* (feine Kiesel; Sand 12 km südöstlich von Antalya bei Serik und noch 3 km weiter am Lara-Strand), der mit einer Breite von mehreren hundert Metern im Bogen nach Südwesten zieht.

UMGEBUNG von Antalya. – Zwischen Antalya und Alanya an der Straße Nr. 6 liegen die Ruinenstätten der bedeutenden pamphylischen Städte **Perge, Aspendos** und **Side** (s. jeweils dort). 3 km hinter der Abzweigung nach Side folgt **Manavgat** (30 m), ein 3,5 km von der Küste entfernt gelegenes, früher auch *Bazarcık* ('Kleiner Markt') genanntes Städtchen, an dem gleichnamigen breiten und wasserreichen Fluß (im Altertum *Melas* genannt), der 5 km oberhalb von Manavgat (Zufahrt) schöne *Wasserfälle (Manavgat Selâlesi)* bildet und in den Seytan-Bergen des Taurus entspringt.

Äolische Inseln
s. Liparische Inseln

Apulien / Puglia

Italien.
Region: Puglia (Apulien).
Provinzen: Bari, Brindisi, Foggia, Lecce u. Taranto.
(i) **EPT Bari,** Piazza Roma 33 a,
I-70100 Bari;
Telefon: (080) 258676.
EPT Brindisi, Piazza Dionisi,
I-72100 Brindisi;
Telefon: (0831) 219 44.
EPT Foggia, Via Senatore Emilio Perrone 17,
I-71100 Foggia;
Telefon: (0881) 23141.
EPT Lecce, Via Monte San Michele 20,
I-73180 Lecce;
Telefon: (0832) 54117.
EPT Taranto, Corso Umberto 115,
I-74100 Taranto;
Telefon: (099) 21233.

HOTELS. – In O t r a n t o : *Valtur Almini*, II, 610 B.; *Miramare*, II, 99 B. – In B r i n d i s i s. dort. – In A l b e r o b e l l o : *Dei Trulli*, I, 54 B.; *Astoria*, II, 89 B. – In L o c o r o t o n d o : *Valle d'Itria*, III, 28 B. – In M a r t i n a F r a n c a : *Park Hotel San Michele*, II, 53 B., Sb. – In F a s a n o : *Motel Rosa*, II, 32 B. – In B a r i s. dort. – In T r a n i : *Trani*, II, 75 B.; *Holiday*, II, 72 B.; *Miramar*, II, 50 B.; *Riviera*, III, 52 B. – In B a r l e t t a : *Helios Residence*, II, 144 B., Sb.; *Vittoria*, II, 53 B.; *Artù*, II, 50 B.

Die südostitalienische Region Apulien, italienisch Puglia oder Puglie, mit den Provinzen Bari, Brindisi, Foggia, Lecce und Tarent, umfaßt ein Gebiet von 19347 qkm östlich des Apennin zwischen dem 'Sporn' (Gargano-Gebirge) und dem 'Stiefelabsatz' (Salentinische Halbinsel) der Apenninenhalbinsel.

Den Norden nimmt die Ebene *Tavoliere di Puglia* um Foggia ein, die im Osten in den Kalkrücken des *Gargano-Gebirges* (s. Monte Gargano) übergeht. Im mittleren Abschnitt die karstige, reichlich von Grotten und Dolinen durchsetzte Kreidekalktafel der *Murge* (bis 680 m), die sich im Süden als teils flaches, teils hügeliges Land in der *Salentinischen Halbinsel* (bis 200 m) fortsetzt.

GESCHICHTE. – Im Altertum war der Name *Apulia* auf das Gargano-Gebirge beschränkt. 317 v.Chr. von den Römern erobert, wurde das Gebiet gemeinsam mit Kalabrien zur 2. Region, die ein wichtiges Glied im Handelsverkehr mit dem Orient war. Nach dem Untergang des Römischen Weltreiches fiel Apulien unter die Herrschaft der Ostgoten, dann der Byzantiner und ab 568 teilweise auch der Langobarden. Robert Guiscard eroberte es seit 1141 für das Normannenreich und ließ es sich durch Papst Nikolaus II. zu Lehen geben. Unter Roger II. mit dem Königreich Neapel und Sizilien vereinigt, gelangte es unter den Staufern zu höchster Blüte. Friedrich II., 'das Kind von Pulle', residierte mit Vorliebe in Foggia und hinterließ als beredte Zeugen jener Zeit hervorragende Bauten und Kunstwerke, von denen hier das Castel del Monte (s. bei Bari) beispielhaft erwähnt sei.

Weit im Süden Apuliens liegt der für den Schiffsverkehr nach Griechenland und in das östliche Mittelmeer bedeutende Hafen **Ótranto** (15 m; 4000 Einw.), ein hübsch an einer Bucht gelegenes Fischerstädtchen, im Altertum 'Hydrus' bzw. 'Hydruntum' genannt. Vom Kastell schöner Ausblick über die 75 km breite *Straße von Otranto* bis zu den Bergen Albaniens. In der Kathedrale (1080 begonnen) antike Säulen mit mittelalterlichen Kapitellen und ein hervorragend erhaltener *Mosaikfußboden (1163-66)* sowie eine fünfschiffige Krypta. In einer hochgelegenen Seitenstraße das Kirchlein San Pietro (9. Jh.) mit byzantinischer Kuppel und Fresken.

Lecce und **Brindisi** s. dort.

Zwischen Brindisi und Bari liegt im Landesinneren die **Zona dei Trulli,** ein etwa 1000 qkm großes Gebiet der Murge, übersät und beherrscht von Tausenden der fremdartig wirkenden sog. Trulli, kleiner runder, oft miteinander verbundener Steinhäuser mit kegelförmigem, durch Überkragen der

Apulische Trulli in Fasano

Schichten (vgl. Nuragen auf Sardinien) hergestelltem Dach.

Das Gebiet erstreckt sich über die Gemeinden **Alberobello** (416 m; 10 000 Einw.) mit bemerkenswertem Stadtbild und über 1000 Trulli in der *Zona Monumentale, darunter die in Trulloform erbaute Kirche Sant' Antonio sowie, im Norden der Stadt, der doppelstöckige Trullo Sovrano, der größte von Alberobello, ferner das Städtchen **Locorotondo** (410 m; 11 000 Einw.), auf kreisförmigem Grundriß, **Martina Franca** (431 m; 40 000 Einw.), mit sehr reizvollem barockem Stadtbild und Palazzo Ducale (12. Jh.) sowie Kollegiatskirche San Martino (18. Jh.), ferner **Cisternino** (393 m; 11 000 Einw.) und **Fasano** (111 m; 30 000 Einw.). – Zwischen Locorotondo und Martina Franca das *Valle d'Itria, ebenfalls von Trulli übersät.

Im Norden der Zona dei Trulli und 15 km südwestlich der Hafenstadt **Monópoli** (9 m; 37 000 Einw.), mit Kathedrale (18. Jh.), die ****Grotten von Castellana** (Führung), die neben der Adelsberger Grotte bei Postojna in Jugoslawien bedeutendste Tropfsteinhöhle Europas. Die Grotten sind etwa 1,2 km lang, mit Verzweigungen weitaus länger (Fahrstuhl). Am schönsten ist die in ihrer Unberührtheit und ihrem Stalagmiten- und Stalaktitenreichtum in Europa unübertroffene *Grotta Bianca* (Sonderführungen). Über der Grotte ein Aussichtsturm (28 m hoch, 170 Stufen); dabei ein Museum für Höhlenkunde.

Bari (und **Castel del Monte) s. dort.

Von Bari gelangt man auf der Küstenstraße über *Molfetta* nach **Trani** (7 m; 40 000 Einw.), im Altertum 'Turenum' genannt. Im Nordwesten der Hafeneinfahrt, in schöner Lage am Meer, die *Kathedrale (1150-1250); an ihrer Westseite ein romanisches Portal, mit Reliefs (13. Jh.) und prächtiger Bronzetür (um 1160) von dem hier geborenen Erzgießer Barisanus. Über dem offenen Durchgang ein schlanker Turm (rekonstruiert). Das eindrucksvolle Innere der Kathedrale, die als einzige apulische Kirche Doppelsäulen besitzt, wurde 1952-55 in seiner ursprünglichen romanischen Form wiederhergestellt. Die Unterkirche, mit schönen Säulen, besteht aus der unter dem Querschiff gelegenen, um 1100 begonnenen Krypta des hl. Nicolaus Peregrinus († 1094) und der unter dem Langhaus befindlichen Krypta des hl. Leucius (um 670).

An der Westseite des Hafens erhebt sich der gotische Palast des Simone Cacetta (15. Jh.); unweit südlich die Kirche Ognissanti, ehemals Templerhospiz, mit tiefer Vorhalle; über dem Portal romanische Reliefs (Verkündigung und Lebensbaum). – Westlich vom Dom das 1233-49 erbaute Kastell Friedrichs II., jetzt Gefängnis. – Östlich vom Hafen, bei der Barockkirche San Domenico, der Stadtgarten mit drei Meilensteinen der Via Traiana, die von Benevent über Canosa, Ruvo, Bari und Egnatia nach Brindisi führte. Vom Westende des Gartens *Blick auf den Hafen und die Kathedrale.

13 km weiter nordwestlich liegt **Barletta** (15 m; 80 000 Einw.), eine betriebsame Hafenstadt. In der Stadtmitte erhebt sich die Kirche San Sepolcro (12. Jh.), ein frühgotischer Bau nach burgundi-

Kathedrale im apulischen Trani

schem Vorbild (reicher Kirchenschatz). Vor der Kirche die über 5 m hohe *Bronzestatue eines byzantinischen Kaisers (vielleicht Valentinian I.; † 375), die bedeutendste erhaltene Kolossalbronze der Antike. – Nordöstlich der Kirche das Stadtmuseum mit der Gemäldegalerie.

Unweit nordöstlich vom Museum steht am Ende der engen Via del Duomo, der Fortsetzung des Corso Garibaldi, der *Dom Santa Maria Maggiore, dessen vorderer Teil mit dem Campanile 1147-92 in romanischem Stil entstand, während der Rest mit dem Chor im 14. Jahrhundert gotisch angefügt wurde. Im Inneren das Grabmal des Grafen Karl von Barby und Mühlingen († 1566), mit deutscher Inschrift; beachtenswert ferner die Kanzel und das Altartabernakel (beide 13. Jh.). – Hinter dem Dom das im 13. Jahrhundert errichtete mächtige Kastell, mit vier 1537 angefügten Bastionen. – Nordwestlich vom Dom die Kirche Sant' Andrea, mit romanischem Portal (13. Jh.). – Im Norden der Stadt an der Landspitze die Porta Marina (1751); östlich von hier der Hafen, westlich der Badestrand.

Argolische und Saronische Inseln / Nesoi Argosaroniku

(Níssi Argossaronikú)

Griechenland.
Nomos: Attika.

HOTELS. – Auf M e t h a n a : *Pigae*, II, 47 B.; *Saronis*, II, 44 B.; *American*, III, 49 B.; *Dima*, III, 38 B.; *Ghionis*, III, 93 B.; *Methanien*, III, 57 B. – Auf P o r o s : *Latsi*, II, 54 B.; *Neon Aegli*, II, 132 B.; *Poros*, II, 146 B.; *Saron*, II, 46 B.; *Sirene*, II, 228 B.; *Chryssi Avgi*, II, 145 B. – Auf S a l a m i s : *Gabriel*, III, 40 B.; *Selinia*, III, 92 B.

Unter dem Namen Argolische und Saronische Inseln faßt man neuerdings die Inseln in der Nähe Athens zusammen, von Sálamis über Ägina bis zu Póros, Hýdra und Spétsä.

Sálamis ist von Athen mit der Fähre bei Pérama zu erreichen. Die Verbindung zwischen dem Piräus und den anderen Inseln stellt der 'Argossaronikos Service' mit normalen und Tragflächenbooten her. Er schließt auch die Halbinsel Méthana und Ermióni an der Peloponnes-Ostküste mit ein.

Méthana, das nur durch eine schmale Landzunge mit der Peloponnes verbunden ist, dient mit seinen Schwefelquellen als Heilbad bei Rheuma, Arthritis, Frauen- und Hautkrankheiten.

Póros, das antike *Kalaureia*, ist von der Nordostküste der Peloponnes durch einen nur 250 m breiten Sund getrennt. Die ruhige Bucht westlich der Stadt wirkt wie ein Binnensee, und in der Tat sind die Durchfahrten im Westen und Osten nur für kleinere Schiffe passierbar. – Der Ort **Póros** ist ausgezeichnet durch seine schöne Lage. Beim Arsenal, das Kapodistrias angelegt hat, ist eine Seekadettenschule, vor der das Kriegsschiff 'Averow' seinen Platz gefunden hat. An der Kadettenschule vorbei führt eine Straße zum *Panagía-Kloster mit reichvergoldeter Bilderwand

Poros auf der gleichnamigen griechischen Insel

(4 km). Von dort steigt man auf einem Fußweg zum Poseidonheiligtum auf der Höhe Paláti hinan (1 Stunde). Vom Tempel des 6. Jahrhunderts v. Chr. gibt es nur geringe Reste, doch lohnt die Aussicht. – Vom Poseidonion gelangt man in 45 Minuten durch Kiefernwald hinab zur Nordküste mit ihren Buchten.

Dicht vor der Festlandküste schließt **Salamís** die Bucht von Eleusis ab, die nur durch zwei schmale Durchfahrten zugänglich ist. In der östlichen dieser Passagen fand im Jahre 480 v. Chr. die berühmte Seeschlacht statt.

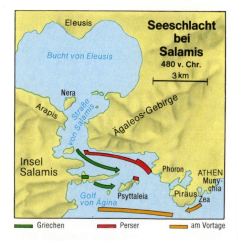

Die bis 404 m ansteigende, von Westen tief eingebuchtete Kalksteininsel hat nur wenig Ackerboden. Heute ist sie in das rapide Wachstum des Großraums Athen mit einbezogen. – Kommt man mit der Fähre von Pérama, so fährt man durch die Gewässer, in denen die Schlacht stattfand, während Xerxes sie von seinem Thron auf dem Festland aus beobachtete. 3 km westlich des Landeplatzes Palukiá liegt an der Westbucht der Hauptort **Salamís** (12000 Einw.) mit der Kirche Panagía tu Katharú; 6 km westlich der Stadt findet sich das 1661 gegründete *Phaneroméni-Kloster*, bei dessen Bau Material eines antiken Heiligtums verwendet wurde. Die Kirche weist Fresken aus dem Jahre 1735 auf. Die Straße führt weiter zur Nordwestspitze der Insel, wo die Fähre nach Néa Péramos anlegt.

*Ägina s. dort. – *Hydra und *Spétsä s. Hydra.

Ashdod

Israel.
Höhe: 0-10 m ü.d.M.
Einwohnerzahl: 56500.
Telefonvorwahl: 055.

HOTELS. – *Miami*, Nordaustr., III; *Orly*, Nordaustr., IV.

Der israelische Mittelmeerhafen Ashdod liegt rund 40 km südlich von Tel Aviv und wird immer häufiger von Kreuzfahrtschiffen angelaufen.

GESCHICHTE. – Das alte **Asdod**, das sich südlich der modernen Siedlung befand, wird zusammen mit Gaza und Gath für das 12.-11. Jahrhundert v.Chr. als Stadt der Enakiter genannt (Josua 11, 22) und erscheint neben Gaza, Askalon, Gath und Ekron als einer der fünf Fürstensitze der Philister (Josua 13, 3). Als die Philister von den Israeliten die Bundeslade erbeutet hatten, brachten sie sie zunächst nach Askalon und dann in den Dagon-Tempel von Asdod (1. Sam. 5, 1-5). Von den Assyrern 710 v.Chr. erobert, wurde Asdod ein selbständiger Stadtstaat, unter den Persern gewann es im 6.-5. Jahrhundert v.Chr. Bedeutung als Hafenstadt. Unter hellenistischer Herrschaft nahm Asdod im 3. Jahrhundert v.Chr. den Namen *Azolus* an. Diesen Namen übernahmen im 12. Jahrhundert die Kreuzfahrer, während die Araber die Stadt *Minat el Qala* (Burghafen) nannten. In den letzten Jahrhunderten war Asdod ein bescheidenes Dorf.

Eine neue Entwicklung setzte ein, als der Staat Israel 1957 beschloß, 3 km nördlich der Ruinen der alten Stadt die Industriesiedlung **Ashdod** mit einem Hochseehafen anzulegen. Innerhalb kurzer Zeit hat die Neugründung sich zu einer Stadt mit zahlreichen Industrie- und Transportunternehmen und zum größten israelischen Hafen neben Haifa entwickelt. Die Stadt besitzt einen schönen Strand.

Neuerdings ist Ashdod für den Tourismus interessant geworden; denn Kreuzfahrtschiffe legen zunehmend nicht mehr in Haifa, sondern in Ashdod an, wenn Tel Aviv (40 km; s. dort), Jerusalem (72 km; s. dort) oder Beersheva (90 km) aufgesucht werden sollen.

Aspendos

Türkei.
Provinz: Antalya.
Höhe: 30 m ü.d.M.
ⓘ**Fremdenverkehrsamt Antalya,**
Hastane Caddesi 91,
Antalya;
Telefon: (031111) 1747 / 5271.

UNTERKUNFT s. bei Antalya.

Die besonders wegen ihres bedeutenden Theaters besuchenswerte Ruinenstätte von Aspendos, der in antiker Zeit wohl wichtigsten Stadt in Pamphylien, liegt etwa 50 km östlich von Antalya und etwa 15 km von der Küste ent-fernt bei dem Ort Belkis in der Flußebene des schuttreichen Köprüırmağı, des antiken Eurymedon.

Wie die meisten antiken Städte Kleinasiens besaß auch Aspendos eine auf einem steilen Hügel gebaute Akropolis, der sich in hellenistischer Zeit eine Unterstadt angliederte. Die die fruchtbare Schwemmlandebene um etwa 50 m überragende Burghöhe ist 800 m lang sowie 500 m breit. An ihrem Südostfuß lag die erst mehrere Jahrhunderte später entstandene Unterstadt.

GESCHICHTE. – Aspendos wurde von den *Griechen* und zwar nach der Überlieferung um 1000 v.Chr. von dem legendären *Mopsos* gegründet. Auch hier waren, wie bei anderen Stadtgründungen an der Küste Kleinasiens, das fruchtbare Ackerland und ein guter Hafen für die Entstehung und das Gedeihen der griechischen Kolonie maßgebend. Insbesondere hatte der schiffbare Unterlauf des nahe am Burgberg vorbeifließenden Eurymedon als geschützter Flußhafen für die sonst so hafenarme kleinasiatische Südküste große Bedeutung. – Um 465 war das Mündungsgebiet des Eurymedon der Schauplatz des Doppelsieges des athenischen Feldherrn *Kimon* über die gewaltige persische Land- und Seestreitmacht. Auch während der Auseinandersetzungen zwischen Sparta und Athen im Peloponnesischen Krieg spielte Aspendos eine Rolle. – Wie die Nachbarstädte Perge (s. dort) und Side (s. dort) erlebte Aspendos unter der Herrschaft der *Römer* seine größte Blüte, und ebenso wie bei diesen Orten führte die Verlandung des Hafens, aber auch der byzantinische Zentralismus schließlich zum Verfall der Stadt.

BESICHTIGUNG DER RUINENSTÄTTE. – In der Unterstadt liegt als die Hauptsehenswürdigkeit von Aspendos das römische *Theater,* das besterhaltene und auch eines der größten Bauwerke dieser Art in Kleinasien. Der im 2. Jahrhundert n.Chr. von Crespinus Arruntianus und Auspicatus Titianus errichtete, in neuester Zeit restaurierte Bau hat 15000–20000 Plätze und wird jetzt für Musik- und Theaterfestspiele benutzt. Das durch einen breiten Umgang zweigeteilte Halbrund der Zuschauerränge umfaßt in seinem unteren Teil 20 Ränge mit 10 Treppenaufgängen, im oberen Teil 19 Ränge mit 21 Treppenwe-

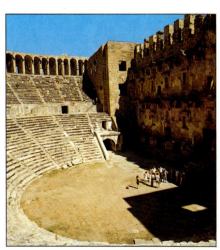

Römisches Theater im kleinasiatischen Aspendos

gen. Den oberen Abschluß bildet eine Pfeiler-Arkade mit einem Tonnengewölbe. Zwei Bogengänge führen zu beiden Seiten der Bühne in die Orchestra. Die zweigeschossige Bühnenrückwand war durch schlanke Doppelsäulen gegliedert. Die untere Säulenreihe trug ionische, die obere Reihe korinthische Kapitele. Die den zentralen Bühnenzugang flankierenden beiden Doppelsäulen hatten einen gemeinsamen gesprengten Giebel. Der Bühnenraum war mit einem an Seilen aufgehängten Holzdach gedeckt. Vermutlich konnte auch der Zuschauerraum mit einer Zeltplane überspannt werden.

Unmittelbar über der Unterstadt erhebt sich der Burgberg mit der **Akropolis.** Die Höhe ist so steil, daß sie nur an wenigen Stellen durch eine *Mauer* verstärkt werden mußte. Die Akropolis trug einst eine Reihe bedeutender Bauwerke, von denen jedoch heute nur noch spärliche Ruinen erhalten sind. Man betritt die Akropolis durch das von Steilhängen flankierte *Südtor,* den Hauptzugang zur Stadt. Die an den drei übrigen Seiten liegenden Tore hatten eine untergeordnete Bedeutung. An den Resten eines kleinen *Tempels* und der *Agorá* vorbei gelangt man zu dem einst monumentalen, durch Doppelsäulen gegliederten *Nymphäum* (Brunnenheiligtum), von dem noch eine 32 m lange, durch 10 Statuennischen gegliederte Mauer steht. Nördlich anschließend die Fundamente eines weiteren Gebäudes, das wohl als *Bouleuterion* (Rathaus) diente.

Nördlich des Burgberges Reste eines *Aquäduktes* und zweier *Wassertürme,* die je an einem Talende als kommunizierende Röhren für das auf verschiedene Ebenen zu verteilende Wasser dienten.

Astypalaia
s. bei Kykladen

Athen / Athenai
(Athínä)

Griechenland.
Nomos: Attika.
Höhe: 40-150 m ü.d.M.
Einwohnerzahl: ca. 900000;
Stadtregion mit Piräus 2,5 Mio.
Telefonvorwahl: 01.

(i) **Griechische Zentrale für Fremdenverkehr,**
Odós Amerikís 2 (zwischen Stadíu und Panepistimíu, Nähe Sýntagma);
Telefon: 3223111.
Auskunftsbüro am Sýntagmaplatz,
Karageórgi Servías 2;
Telefon: 3222545.
Auskunftsbüro am Ostflughafen,
Telefon: 9799500.
Touristenpolizei,
Leophóros Sýngru 7;
Telefon: 171.

BOTSCHAFTEN. – *Bundesrepublik Deutschland,* Lukianú 3; *Deutsche Demokratische Republik,* Pá-läo Psychikó, Vassiléos Pávlu; *Republik Österreich,* Leophóros Alexándras 26; *Schweizerische Eidgenossenschaft,* Iasú 2.

HOTELS. – Beim Syntagmaplatz: **Amalia,* Leoforos Amalias 10, L, 188 B.; **Athenee Palace,* Stadíu/Kolokotróni, L, 176 B.; **Athens Hilton,* Vassilissis Sofías 46, L, 960 B., Sb.; **Caravel,* Vassileos Alexándru 2, L, 841 B., Sb.; **Grande Bretagne,* Platia Syntagmatos, L, 662 B.; **King George,* Platia Syntagmatos, L, 223 B.; **Kings Palace,* Venizelu 4, L, 396 B., **Saint George Lycabettus,* Platia Dexaménis, L, 378 B., Sb.; *Astor,* Karageórgios Sérvias 16, I, 234 B.; *Attica Palace,* Karageórgios Sérvias 6, I, 147 B.; *Esperia Palace,* Stadíu/E. Low, I, 338 B.; *Olympic Palace,* Philhellinon 16, I, 168 B.; *Adrian,* Adrianú 74, II, 44 B.; *Akadimos,* Akademias 58, II, 220 B.; *Diomia,* Diomias 5, II, 129 B.; *Eretria,* Chalkokondyli 12, II, 180 B., *Galaxy,* Akademias 22, II, 192 B.; *Pan,* Metrópoles 11, II, 92 B.; *Plaka,* Kapnikaréas 7, II, 123 B.; *Hermes,* Apóllonos 19, III, 85 B. – Beim Omoniaplatz: *Ambassadeurs,* Sokratus 67, I, 370 B.; *King Minos,* Pireos 1, I, 287 B.; *Achillion,* Agiu Konstantinu 32, II, 98 B.; *Alfa,* Chalkokondyli 17, II, 167 B.; *Arethusa,* Metropoleos 6-8, II, 158 B.; *Delphi,* Platia Agiu Konstantinu 1, II, 93 B.; *El Greco,* Athinas 65, II, 167 B.; *Ilion,* Agiu Konstantinu 7, II, 166 B.; *Metropole,* Stadíu 59, II, 100 B.; *Minerva,* Stadíu 3, II, 86 B.; *Palladion,* Panepistimiu 54, II, 115 B.; *Stadion,* Vassileos Konstantinu 38, II, 126 B.; *Stanley,* Odysseos 1, II, 635 B.; *Alkistis,* Platia Theatru 18, III, 224 B.; *Asty,* Pireos 2, III, 224 B.; *Attalos,* Athinas 29, III, 155 B.; *Euripides,* Evripidu 79, III, 119 B.; *Kosmos,* Psaron 16, III, 146 B.; *Kronos,* Agiu Demitriu 18, III, 146 B.; *Marina,* Vulgari 13, III, 144 B.; *Odeon,* Pireos 42, III, 98 B.; *Pythagorion,* Agiu Konstantinu, III, 106 B.; *Tegea,* Chalkokondyli 44, III, 152 B. – Beim Archäologischen Nationalmuseum: **Acropole Palace,* 28. Oktovriu 51, L, 173 B.; *Arkadia,* Marni 46, II, 154 B.; *Atlantic,* Solomu 60, II, 275 B.; *Cairo City,* Marni 42, II, 140 B.; *Marmara,* Chalkokondyli 14, II, 252 B. – Mehrere PENSIONEN und APARTMENTHÄUSER. – YMCA: Omiru 28 (Männer), Amerikis 11 (Frauen). – STUDENTENHEIM: Ippokratus 15. – JUGENDHERBERGEN: Kypselis 57, Agiu Meletiu.

CAMPING. – *Athen,* in Peristeri (westl. außerhalb). – *Dafni,* an der Straße nach Korinth (10 km westl. des Zentrums). – *'A',* bei Vula (20 km südöstl.). – *Nea Kifissia,* in Nea Kifissia (16 km nördl.) – *Cococamp,* in Rafina (27 km östl.).

In Páleon Pháleron: *Coral,* II, 160 B., Sb.; *Edem,* II, 20 B.; *Possidon,* II, 162 B., Sb.; *Avra,* III, 70 B.; *Ephi,* III, 35 B.; *Phryne,* III, 23 B. – In Kalamáki: *Saronis,* I, 74 B.; *Albatross,* II, 152 B.; *Rex,* II, 63 B.; *Venus,* II, 54 B.; *Alkyon,* III, 26 B.; *Attika,* III, 62 B.; *Blue Sea,* III, 138 B.; *Galaxy,* III, 83 B.; *Hellinikon,* III, 96 B.; *Tropical,* III, 88 B. – Mehrere PENSIONEN und APARTMENTHÄUSER.

RESTAURANTS gibt es in den größeren Hotels, aber auch überall in der Stadt, z. B. rings um Sýntagma- und Omóniaplatz, wo man neben den landesüblichen Tavernen und Estiatória auch das typische griechische Kafenion, das den Männern vorbehalten ist, findet. Unserem Café entspricht das Sacharoplastion, das Vertreter u.a. am Sýntagmaplatz und in der Universitätsstraße (Panepistimiu), gegenüber dem Schliemannhaus hat. Eine Fülle von Lokalen gibt es in der Altstadt Pláka, die sich ganz zu einem Tummelplatz des Tourismus entwickelt hat und auch über Diskotheken, Nightclubs usw. verfügt. Ein *Spielcasino* existiert im Hotel auf dem Berg Párnis, zu dem eine Drahtseilbahn hinaufführt.

EISENBAHNEN: Der Hauptbahnhof von Athen (Stathmós Larissis) ist Ausgangspunkt der Staatsbahn nach *Saloniki* und *Alexandrúpolis.* Vom benachbarten Peloponnes-Bahnhof fahren die Züge über *Korinth* in die *Peloponnes* bis nach *Kalamáta.*

LUFTVERKEHR: Athen verfügt über 2 Flughäfen beim Ort *Ellinikón:* den internationalen Flughafen für die ausländischen Fluggesellschaften und den nationalen Flughafen für alle In- und Auslandsflüge der Olympic Airways.

Akropolis Athen – Detail im Parthenon

AUTOBUSVERKEHR: Der Nahverkehr wird von zahlreichen Linien versehen. In Athen und den Vororten verkehren gelbe Trolleybusse und grüne Busse. Eine große Rolle spielen in dem eisenbahnarmen Land die *Überlandbusse* von Athen in alle Richtungen Griechenlands. Zahlreiche Linien beginnen am Sýntagmaplatz, in der Akademiestraße (Akadimías) und am Káningosplatz (nahe Omónia). Daneben gibt es die *Buslinien der Staatsbahnen* (Auskünfte und Fahrkarten Karólu 1-3 und in der Agentur am Peloponnes-Bahnhof).

VERANSTALTUNGEN. – Athen bietet seinen Besuchern eine Fülle von Veranstaltungen unterschiedlichster Art. Das Odeon des Herodes Atticus ist Schauplatz des *Athener Festivals* mit griechischen und ausländischen Ensembles und Orchestern (Juli-August). *Volkstänze* werden auf dem Musenhügel (Philopáppos) gezeigt (Mai-September) und im Theater Aliky, Amerikis 2 (donnerstags von Nov.-März). Das Theaterleben findet im *Staatlichen Theater*, Konstantinu, und im *Lyrischen Theater*, Akadimías, statt. Das Staatliche Orchester konzertiert im Winter sonntags im Rex-Theater, im Sommer beim Athener Festival. Von Anfang April bis Ende Oktober werden auf dem Pnyxhügel die *Licht-und Ton-Spiele* veranstaltet (Auskunft: Festspielbüro der EOT, Spiru Miliu 2, Tel. 3 22 1 4 59).

**Athen, die in den letzten 150 Jahren stark gewachsene Hauptstadt Griechenlands (1834 erst 6000 Einw.), liegt unweit nördlich vom Golf von Ägina (Saronischer Golf) und erfüllt die Hauptebene von Attika, die vom Kiphissos und Ilissos durchflossen sowie im Norden und Westen von den Bergzügen Parnis und Ägaleos, im Nordosten vom marmorreichen Pentelikon ('pentelischer' Marmor) und im Osten und Südosten vom Hymettos (Imittos) umgrenzt wird. Aus dem Häusermeer erheben sich der Felsen der Akropolis (155 m) und der Lykabettos (Likavittós, 277 m).

Wie im Altertum ist Athen auch heute in jeder Hinsicht die bestimmende Metropole des Landes. Während die antike Stadt sich ringförmig um die Akropolis und westlich davon erstreckte, dehnt sich die moderne Großstadt mit meist geradlinigen Straßen weit nach allen Richtungen aus und bildet mit der Hafenstadt Piräus sowie mit Alt- und Neu-Phaliron ein zusammenhängendes Bebauungsgebiet ('Groß-Athen', 2,5 Mio. Einw.). Athen ist Sitz einer Universität, einer Technischen Hochschule sowie des orthodoxen Erzbischofs von Athen und ganz Griechenland und eines römisch-katholischen Erzbischofs. Mit ihren Denkmälern aus der Antike und ihren Museen hat die Stadt unvergleichliche Schätze aufzuweisen. – In jüngster Zeit hat der innerstädtische Straßenverkehr chaotische Ausmaße angenommen, und die permanent bedrohliche Luftverschmutzung im Bereich der Stadtagglomeration macht auch vor den unersetzlichen Zeugen der Vergangenheit nicht Halt.

Mythos und Geschichte

Athen wurde im 2. Jahrtausend v. Chr. von Norden her durch **Ionier** besetzt. Man schrieb den sagenhaften *Pelasgern* die Festungsmauern zu, die den tatsächlich wohl bereits griechischen Herrschersitz der zweiten Hälfte des 2. Jahrtausends auf der Burg umgaben. Den attischen Staat sollte der Sage nach der Halbgott und König *Theseus* durch Zusammenfassung der attischen Landgemeinden unter die Oberhoheit Athens gebildet haben (Synoikismós). Angeblich schon 1068, nach dem Opfertod des Königs *Kodros* beim Vordringen der Dorer, die das ionische Athen vergeblich zu überrennen suchten, wurde das Königtum durch eine Adelsherrschaft der Grundbesitzer (Eupatriden) abgelöst. An der Spitze des Staates standen nunmehr erwählte *Archonten*, seit 682 jährlich neue, die nach ihrem Amtsjahr in den Rat auf dem Areopag übergingen. Gegen Ende des 7. Jahrhunderts führten Parteikämpfe zur Niederschrift des Rechtes unter *Drakon,* 594 folgte die demokratische Verfassungsreform des *Solon* († um 560). Den Archonten trat die *Bulé* zur Seite, ein Rat von 400, seit 508 von 500 Mitgliedern, die Richter wurden aus den höchsten Steuerklassen ausgelost.

Im Jahre 561 machte sich der Großgrundbesitzer *Peisistratos* († 528) zum unumschränkten Gebieter (Tyrannenherrschaft bis 510). Unter ihm und seinen

Athen – Illumination des Parthenontempels auf der Akropolis

Söhnen *Hippias* und *Hipparchos* erlebte Athen einen glänzenden wirtschaftlichen Aufschwung, besonders durch die kunstvollen Erzeugnisse seines Töpferviertels (Kerameikós), die sich seitdem als wichtiger Ausfuhrartikel über das ganze Mittelmeergebiet verbreiteten. Dazu erhielt das Land gute Straßen und die Stadt vom Hymettós her eine unterirdische Wasserleitung. Auch begann man dort große Bauten, u.a. das Olympieion. Rasch gelangte die attische Kunst zu hoher Blüte, und der Pflege der Dichtkunst am Hofe der Peisistratiden verdankt man die Erhaltung der homerischen Gesänge. Im Jahre 514 aber wurde der beliebte Hipparchos von *Harmodios* und *Aristogeiton* ermordet, 510 der zum grausamen Tyrannen entartete Hippias mit Hilfe der Spartaner vertrieben. In Kämpfen mit den Nachbarn, in denen sich die attische Flotte entwickelte, dehnte die durch *Kleisthenes* begründete Demokratie ihre Macht aus.

In den Perserkriegen (490-449) übernahm der athenische Staat die Führung der Nation. Schon 490 schlugen bei Marathon die nur durch die Plataäer unterstützten Athener unter *Miltiades* das mächtige Heer des persischen Großkönigs *Dareios I.* (521-485). Entscheidend für die Vormachtstellung Athens wurde jedoch der Ausgang des Feldzuges, den *Xerxes* (485-465), der Sohn des Dareios, 480 gegen Griechenland unternahm. Zwar vernichtete die *Perser* die heldenmütige spartanische Grenzwache unter *Leonidas* bei den Thermopylen und plünderten das geräumte Athen. Aber der Seesieg bei Salamis, den *Themistokles* 480 über Xerxes errang, und die Niederlage des Perserheeres bei Platää im Jahre 479, wozu wohl auch Unruhen in Persien kamen, zwangen die Perser zum Rückzug. Athen erhielt die Führerschaft im Vergeltungskrieg, und viele Staaten des Festlandes sowie die Inseln des Archipels traten um 474 dem *Attisch-Delischen Seebund* bei. In diese glücklichste Periode fiel der Wiederaufbau Athens. Die rasch erneuerte Stadtbefestigung wurde um 460-445 durch die Langen Mauern mit dem Piräus verbunden, den Themistokles zum Haupthafen gemacht hatte. Während der **Perikleischen Zeit** (Perikles lenkte ab 443 den Staat) entstanden auf der Akropolis jene herrlichen Werke, die das Staunen aller Jahrhunderte erregt haben. Der gewaltige Parthenon wurde bis 438 im wesentlichen fertiggestellt, 437-432 folgten die Propyläen, zuletzt das etwa 407 vollendete Erechtheion. Athen hatte seine höchste Macht erreicht, als die ständige Rivalität mit Sparta 431 zum Peloponnesischen Krieg (431-404) führte. Im zweiten Kriegsjahr wütete eine Pest in Attika, und 429 starb Perikles, der allein die Massen zu leiten verstanden hatte. So mußte Athen nach dem Feldzug auf Sizilien (415-413) und anderen Mißerfolgen (Ägospotamoí) 404 einen demütigen Frieden schließen. Sparta erzwang Schleifung der Befestigungen sowie Aufgabe der Kriegsflotte und setzte die oligarchische Verfassung der Dreißig Tyrannen durch. Aber schon 403 stellte *Thrasybulos* die Demokratie wieder her, und 393 baute *Konon* nach seinem Seesieg bei Knidos über die Spartaner die Langen Mauern wieder auf, auch wurde 378 ein neuer Attischer Seebund gegründet. Nach der Schlacht bei Chaironeia (338) jedoch erlag Athen wie die anderen griechischen Staaten der neuen Großmacht der **Makedonier.**

Der wirtschaftliche Wohlstand der Stadt wurde hierdurch zunächst wenig berührt. Während der ausgezeichneten Finanzverwaltung des Redners *Lykurgos* (338-327) baute man das Stadion, setzte den Piräus instand und erneuerte die Kriegsflotte. Dann folgte der vergebliche Aufstand von 322 (Lamischer Krieg); Athen erhielt eine makedonische Besatzung und zehrte nun als Stadt der größten Dichter und Sitz der von Platon, Aristoteles und Zenon gegründeten Philosophenschulen von seinem alten Ruhm. Seine Denkmäler zogen zahllose Fremde an; fürstliche Gönner stifteten prächtige Gebäude.

Im Jahre 197 lösten die **Römer** die Herrschaft der Makedonier ab. Der Achäische Bund, dem sich Athen angeschlossen hatte, wurde niedergeworfen,

Korinth zerstört und ganz Griechenland der römischen Provinz Mazedonien angegliedert. Als König *Mithridates* von Pontos mit den Römern um die Herrschaft über Asien kämpfte, nahm *Sulla* 86 v.Chr. Athen ein und plünderte es. Die Befestigungen des Piräus wurden für immer zerstört. *Cäsar* und die römischen Kaiser errichteten in Athen manche Neubauten; und auch sonst regte sich die öffentliche Bautätigkeit. Unter *Hadrian* (117-138 n.Chr.), dem als Olympier, Gründer und Befreier gefeierten Freund der Griechen, wurde ein neuer Stadtteil südöstlich der Burg als Hadrianstadt angelegt. Hier vollendete der Kaiser das Olympieion und gründete in der alten Stadt die Bibliothek, ein Gymnasium u.a.; die unter Hadrian gebaute Wasserleitung ist noch heute in Betrieb. Um dieselbe Zeit stiftete ein reicher Athener, *Herodes Atticus* (101-177), das nach ihm benannte Odeion. Die Philosophenschulen von Athen blühten noch unter *Marcus Aurelius* (161-180), aus dessen Zeit die Stadtbeschreibung des Pausanias stammt; sie wurden erst 529 durch Kaiser *Justinian* geschlossen. Athen sank zu einer Provinzstadt herab, und doch feierte *Basilios II.* in dem längst dem christlichen Kultus übergebenen Parthenon noch 1019 ein Siegesfest.

Die Eroberung des Oströmischen Reiches durch die **Kreuzfahrer** brachte Athen in den Besitz fränkischer Edelleute, die seit 1258 als Herzöge regierten. Die **Türken** nahmen 1456 auch das Herzogtum Athen ein und schlugen es zum Paschalik von Negroponte (Euböa). Im Jahre 1687 eroberten die **Venezianer** unter *Francesco Morosini* für kurze Zeit die schon 1466 vorübergehend in ihre Hände geratene Stadt. Bei der vorausgehenden Beschießung zerstörte eine Pulverexplosion den bisher fast unversehrten Parthenon.

Evzonen vor dem Athener Präsidentenpalais

Im Jahre 1821 begann der Griechische Freiheitskampf; die Türken wurden 1822 aus Athen vertrieben, zogen aber 1826 wieder ein und erzwangen 1827 die Kapitulation der Burg, bis sich 1830 die Großmächte einmischten und die Akropolis befreiten. Nach der Wahl des bayerischen Prinzen *Otto* zum König wurde die verarmte und entvölkerte Stadt 1834 Residenz, 1835 Regierungssitz. Seitdem entwickelt sich Athen zur modernen Großstadt, wobei die neueren Stadtteile nördlich und östlich der Altstadt z.T. nach Plänen des Münchner Architekten Klenze ausgebaut wurden. Nach der Niederlage der Griechen im Griechisch-türkischen Krieg (1922) siedelten sich die aus Kleinasien vertriebenen Griechen besonders zahlreich in Athen und Piräus an.

Stadtbeschreibung

Das antike Athen

**Akropolis. – Diese 'Oberstadt' war das religiöse Zentrum des alten Athen und die monumentale Selbstdarstellung

Akropolis in Athen

der griechischen Humanität, deren hoher Rang bis heute verpflichtend ist. Trotz der Zerstörungen im Lauf der Jahrtausende, nicht zuletzt durch die Pulverexplosion im Parthenon 1687, geht von diesen Bauten noch immer der Glanz der Perikleischen Zeit aus. Unserem Jahrhundert blieb es vorbehalten, durch Abgase und auch durch die 3 Millionen Besucher jährlich das Zerstörungswerk in beängstigendem Tempo fortzusetzen. Die UNESCO hat deshalb ein Programm zur Rettung der Akropolis ins Leben gerufen.

Ein sehr schöner *Blick auf die Akropolis bietet sich vom gegenüberliegenden *Musenhügel* mit dem Grabmonument des Prinzen Philopappos von Kommagene (um 115 n. Chr.). Der Besuch beginnt heute beim sogenannten Beuléschen Tor, das nach 267 n. Chr. aus Trümmern zerstörter Bauten errichtet wurde.

Vor dem Besucher liegen nun die hochragenden *Propyläen, von Mnesikles 437-432 als große Dreiflügelanlage konzipiert und mit Rücksicht auf das alte Heiligtum der Athena Nike auf dem rechts vorspringenden Pyrgos modifiziert. Diesem gegenüber, im nördlichen Seitenflügel, war in der Pinakothek eine Sammlung von Wandbildern untergebracht. In ihrer Nähe erhebt sich der hohe Sockel des *Agrippamonumentes* aus Augusteischer Zeit. Zentrum der Anlage ist die Torwand mit fünf nach Höhe und Breite gestaffelten Durchgängen; der mittlere ist breiter, so daß Mnesikles das Säulenjoch um eine Metope erweiterte – eine hier erstmals verwendete Lösung. Vor die Torwand ist die tiefe Westhalle gelegt; sie hat an der Front sechs dorische Säulen, während der mittlere Durchgang von sechs schlanken ionischen Säulen gesäumt ist. Auf der anderen Seite steht vor der Torwand die kürzere und niedrigere Osthalle, wiederum mit sechs dorischen Säulen. Der südliche Flügel der Westhalle führt zum ionischen *Tempel der Athena Nike (432 bis 421), an der Stelle einer alten Bastion neben dem Akropoliszugang. Vor dem Tempel ist die Basis des Altars. Die Plattform des zierlichen Baus war von der Nike-Balustrade umrahmt (Funde im Akropolismuseum). Im Osten wird sie vom Pelargikon begrenzt, dem einzigen immer sichtbar gewesenen Teil der mykenischen *Burgmauer.*

Von den Propyläen geht man auf dem durch zahllose Besucher glattpolierten Kalk des Burgfelsens, in dem man Abarbeitungen für Altäre und Weihgeschenke sieht, aufwärts in Richtung auf den Parthenon. Rechts wird die Fläche begrenzt durch das *Heiligtum der Artemis Brauronia* und die *Chalkothek,* in der

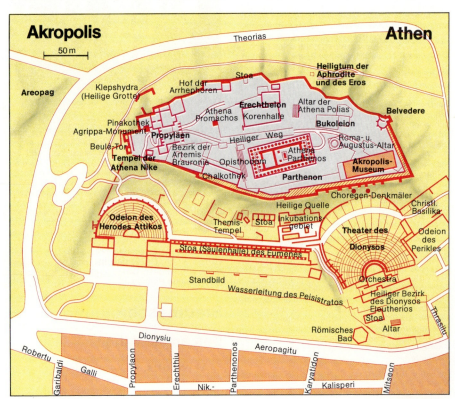

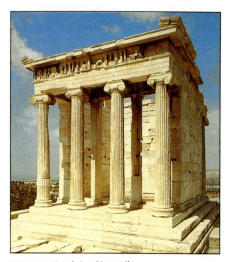
Niketempel auf der Akropolis

zweigeteilt. Der westliche Raum, dessen Dach vier ionische Säulen trugen, diente zur Aufbewahrung des Staatschatzes. Im östlichen stand das Goldelfenbeinbild der Athena Parthenos, ein Werk des Phidias, das an drei Seiten von zweistöckigen Säulenstellungen umgeben war.

Vor der Ostseite des Parthenon errichtete die frühe römische Kaiserzeit einen *Rundtempel der Roma und des Augustus* mit Zierformen, die das **Erechtheion** kopieren. Dieses, im Norden der Akropolis gelegen, umschließt

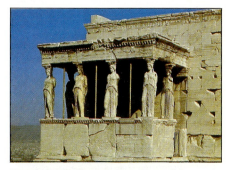
Korenhalle des Erechtheions (Akropolis)

Bronzewerke aufbewahrt wurden. Von ihr führt eine breite Felstreppe zur Westseite des Parthenon. Der antike Prozessionsweg ging an dessen Nordseite entlang, wo sich in Höhe der siebenten Säule im Boden ein Kultmal der Erdmutter Ge befindet, zur östlichen Eingangsseite.

Der **Parthenon,** Tempel der jungfräulichen Athena (Athena Parthenos), ist das Meisterwerk des Iktinos und des Phidias, dem Perikles die Gesamtleitung des Akropolis-Ausbaus (447-438) übertragen hatte. Vorher war über bis 10,75 m hohen Substruktionen bereits ein Vorparthenon begonnen worden. Auf das dafür bereitgestellte Material (Säulentrommeln, Metopen) griff man zurück, als man sich zu einer Planänderung entschloß. Wie die an der Südseite sichtbaren Fundamente des Vorparthenon deutlich zeigen, war dieser ältere Bau schmäler und sprang weiter nach Osten vor. Der Parthenon ging von einem breiteren Grundriß aus: 8 statt 6 Säulen in der Front, 17 statt 16 an den Langseiten. Seine dorischen Säulen sind 10,43 m hoch, ihr Durchmesser beträgt unten 1,905 m, oben 1,481 m. An ihren Schäften ist die Entasis (Schwellung) zu beobachten wie am Unterbau die Kurvatur (leichtes Ansteigen nach der Mitte hin, um dem Bau die Starre zu nehmen). Gebälk und Giebel sind durch ihren *Skulpturenschmuck* berühmt (Teile im Akropolismuseum, das meiste in London, einiges im Louvre). Die Themen der 92 *Metopen* sind Gigantenkampf (Osten), Kentaurenkampf (Süden), Amazonenkampf (Westen) und Trojanischer Krieg (Norden). Die 432 fertiggestellten Giebelkompositionen zeigten im Osten die Geburt der Athena aus dem Haupte des Zeus, im Westen den Streit von Athena und Poseidon um das attische Land. Das dritte Skulpturenwerk des Tempels ist der *Fries,* der die Cella als oberer Wandabschluß außen umzog. Sein Thema war nicht mythisch oder historisch, sondern eine Beschwörung attischer Gegenwart: des Festzuges, der am Panathenäenfest zur Akropolis hinaufzog. Dieser 1 m hohe, 160 m lange Fries (stark verwittert!) ist an der Westseite noch am Bau. – Das Innere des Tempels (jetzt für Besucher gesperrt) ist

mehrere alte Heiligtümer, auf die der Neubau (421-406) mit seinem komplizierten Grundriß Rücksicht nimmt: u.a. den Tempel für das alte Holzbild der Athena Polias (Ostteil), das Dreizackmal des Poseidon (Nordhalle) und das Grab des Kekrops (Korenhalle). Ost- und Nordhalle weisen je sechs ionische Säulen auf, während die *Korenhalle* von den Koren oder Karyatiden getragen wird, jenen sechs Mädchengestalten, die nach neuen Plänen zu ihrem Schutz ins Museum verbracht werden sollen. Die Cellawand trägt über feinem Palmettenornament einen Fries aus grauem eleusinischem Stein, auf dem weiße Marmorfiguren angebracht waren (Teile im Akropolismuseum). – Unmittelbar südlich vom Erechtheion, von der Korenhalle überbaut, stand der Anfang des 6. Jh. errichtete, 480 zerstörte Alte Athenatempel (Fundamente erhalten) an der Stelle des mykenischen Königspalastes, von dem zwei Säulenbasen noch vorhanden sind.

Agorá. – Große Platzanlagen beherrschen die Gegend nördlich der Akropolis, in erster Linie die Agora, die man am besten von der Höhe der Akropolis oder vom Nordeingang aus überblicken kann. Nicht nur Markt, sondern seit dem 6. Jh. v.Chr. Mittelpunkt des öffentlichen Lebens, wurde der Platz im Laufe der Jahrhunderte mit immer neuen Säulenhallen, Tempeln und sonstigen Anlagen bebaut. Schräg über die Agora zieht die gepflasterte Straße für den Panathenäen-Festzug vom Kerameikos zur Akropolis. Die amerikanische Ausgrabung hat all dies freigelegt.

Auffallendstes Gebäude in dem heute gärtnerisch angelegten Gelände ist die wiederaufgebaute **Attalos-Stoá** (um 150 v.Chr.), die als *Agoramuseum* dient. In der zweischiffi-

Korinthisches Kapitell auf der Athener Agorá

gen Halle ist u.a. der Apollon Patreios des Euphranor (4. Jh.) aufgestellt (an der rechten Schmalseite), im Inneren gibt es Keramik, Gebrauchsgegenstände, Ostraka vom attischen Scherbengericht usw.

Die Mitte der Agora nimmt das *Odeon* des *Agrippa* (um 20 v. Chr.) ein, das um 150 n. Chr. zu einer Rhetorenschule umgebaut wurde (zu ihr gehören die noch aufrechtstehenden Kolossalstatuen der Nordseite). Wichtige Gebäude begrenzen die Agora im Westen: der Rundbau, in dem der heilige Herd stand, das *Buleuterion* für den Rat der 500, der *Tempel des Apollon Patroios* und die große *Zeushalle,* deren Nordende von der Piräusbahn abgeschnitten wurde. Bei jüngsten Ausgrabungen nördlich dieser Bahn stieß man auf die *Stoa des Archon Basileus* (Königshalle), in der 399 Sokrates zum Tod durch den Schierlingsbecher verurteilt wurde.

Oberhalb dieser Gebäude erhebt sich der *Markthügel* (Kolonos agoraios), beherrscht vom ****Theseion** (eigentlich *Hephaisteion).* Dieser Tempel wurde nach 449 begonnen, war später christliche Georgskirche und blieb daher fast ganz erhalten. Er ist ein dorischer Peripteros von 6:13 Säulen, ungefähr gleichzeitig mit dem Parthenon, doch trockener in den Formen. Auffallend ist die Erweiterung von Vorhallen und Pronaos bzw. Ophisthodom auf je $1\frac{1}{2}$ Joche im Westen, je 2 Joche im Osten. Die Ostseite wird außerdem durch skulpierte Metopen an der Außenseite und einen durchlaufenden Pronaosfries betont. Die Cella war für die 420 v. Chr. aufgestellten Kultbilder des Hephaistos und der Athena von Alkamenes bestimmt; unter dem Eindruck des Parthenon änderte man in einer zweiten Bauphase den Plan: wie dort wurden innere Säulen an Seitenwände und Rückwand gestellt, was aber hier zu engen Verhältnissen führte. Die Wände waren aufgerauht, stukkiert und trugen Wandgemälde. – Bei der Umwandlung in eine Kirche erhielt der Bau eine neue Tür in der Cellarückwand und ein Tonnendach.

Eine von der Attalos-Stoa ostwärts führende, neuerdings teilweise freigelegte Straße führte zur rechteckigen *Römischen Agora.* Das dorische Propylon im Westen entstand zwischen 12 v. Chr. und 2 n. Chr., das ionische Ostpropylon ist etwas jünger. Nahe bei ihm steht der achteckige **Turm der Winde** (1. Jh. v. Chr.), der mit *Reliefs der acht Windgötter geschmückt ist und ursprünglich

eine Wasseruhr enthielt. Daneben sind Reste einer öffentlichen Latrine (beim Eingang). – Ein weiterer Markt liegt unmittelbar nördlich. Von Kaiser Hadrian im 2. Jh. gestiftet und im Ostteil mit einer Bibliothekshalle versehen, heißt er **Hadriansbibliothek.** Die Westseite weist ein schönes korinthisches Propylon auf. Im Inneren gab es Gartenanlagen mit einem Wasserbecken, über dem im 5. Jh. die Kirche Megale Panaghia erbaut wurde.

Kerameikos. – An der westlichen Ausfallstraße der Stadt, wo das Töpferviertel (Kerameikos) lag, befand sich zu beiden Seiten des Eridanosbaches ein großer Friedhof, der vom 12. Jh. v. Chr. bis ins 4. Jh. n. Chr. benutzt wurde. Das Gelände wird seit 1907 vom Deutschen Archäologischen Institut erforscht.

Vom Eingang an der Hermesstraße, am Museum vorbei, kommt man zu einem Punkt, von dem aus große Teile zu überschauen sind: links und geradeaus das *Gräberfeld*, rechts die nach den Perserkriegen eilig aufgeführte *Themistokleische Stadtmauer* (479) mit zwei Einschnitten: dem Heiligen Tor und dem Dipylon. Das **Dipylon** (Doppeltor) bestand aus einer von Mauern und vier Türmen flankierten Gasse, deren Stadtseite durch das doppelte Tor abgeschlossen war – ein festungstechnisch sinnvoller Torbau, der größte in Griechenland. Ein Brunnenhaus hinter dem Tor diente der Erfrischung.

An der vom Dipylon ausgehenden 39 m breiten Landstraße lagen die Staatsgräber, darunter das Lakedaimoniergrab für 14 spartanische Offiziere, die 403 v. Chr. halfen, Athen von den 30 Tyrannen zu befreien. An den (nicht gefundenen) Gräbern hat Perikles 431 die von Thukydides überlieferte Rede auf die Gefallenen gehalten. – Zwischen Dipylon und Heiligem Tor entstand im 5. Jh. das Gymnasion am Eridanos: Säulenhallen mit dahinterliegenden Räumen um einen Hof von 17,50 x 43 m. Es heißt auch *Pompeion,* weil hier die heiligen Geräte für den Festzug (Pompé) der Panathenäen aufbewahrt wurden. Das Marmorpropylon hat zwei schmale Durchgänge zu Seiten der Wageneinfahrt. Über dem 86 v. Chr. durch Sulla zerstörten Bau errichtete man im 2. Jh. n. Chr. eine dreischiffige Anlage, die beim Herulereinfall 267 zugrundeging.

Am südlich davon gelegenen Heiligen Tor begann die Heilige Straße nach Eleusis, von der halblinks die Straße zum Piräus abzweigt. Beide führen durch das Gräberfeld. An der Abzweigung lag links ein Heiligtum unbekannter Bestimmung, im Zwickel zwischen beiden Straßen dasjenige der Tritopatreis (Ahnengötter). Beide Straßen waren mit **Grabdenkmälern** hauptsächlich des 5. und 4. Jh. gesäumt, von denen einige im Original, andere als Kopie an Ort und Stelle stehen. Links der Heiligen Straße: Familiengräber mit Stele der Antidosis und Lekythos der Andromache. An der Piräusstraße: rechts ein Heroon und der Bezirk des Koroibos mit Hegeso-Relief (Kopie), links Reiterrelief des 394 gefallenen Dexileos (Kopie), Grabmäler des Schatzmeisters Dionysios (mit Stier) und des Archonten Lysimachides (mit Molosser-

Kerameikos: Grab des Dionysios Kollytos

hund). – Am Südweg (zum Museum): Grabmal der Schwestern Demetria und Pamphile. – Unmittelbar nördlich des Museums sind schlichte Grabsäulchen zusammengetragen aus der Zeit nach 310 v. Chr., als ein Gesetz die monumentale Grabkunst beendete.

Im Eingangsraum vom *Museum stehen rechts das Grabmal der Ampharete mit ihrem Enkelkind (um 405), gegenüber das Reiterrelief des Dexileos (Anfang 4. Jh.), ferner archaische Statuenbasen, Sphingen usw. Die übrigen Räume enthalten eine entgegen dem Uhrzeigersinn chronologisch geordnete Kollektion der im Kerameikos gefundenen Keramik von der spätmykenischen Zeit an.

Olympieion. – Westlich der Akropolis steht der *Tempel des Olympischen Zeus.* Dieser größte Athener Sakralbau geht auf Peisistratos zurück; Säulentrommeln des 6. Jh. liegen am Nordrand der Grabung. Der Seleukide Antios IV. (175-164) nahm den Bau wieder auf, doch erst Hadrian (118-137) stellte ihn fertig. Der Tempel mißt 107,75 x 41,10 m, das umgebende Temenos 205 x 129 m. An den Langseiten standen zwei, an den Schmalseiten drei Reihen von 17,25 m hohen Säulen mit reichen korinthischen Kapitellen. 15 der insgesamt 120 Säulen stehen noch aufrecht, eine ist umgestürzt. Das Propylon an der Temenos-Nordseite ist wiederhergestellt. Nahebei Reste eines Stadttores des 14. Jh. v. Chr., einige Häuser und eine römische Thermenanlage (124-131). Südlich des Temenos wurden Reste früherer Zeit freigelegt, darunter Tempel der klassischen und römischen Zeit und das *Delphinion,* ein römisches Peristyl.

Zum Olympieion-Bezirk gehört auch der zweistöckige **Hadriansbogen** am Leofóros Amalías, Grenze zwischen der "Stadt des Theseus" und der "Stadt des Hadrian". Überquert man den Leofóros Amalías, so sieht man am Ende der Lysikratesstraße das *Lysikrates-Monument,* 334 v. Chr. als kunstvoller Unterbau für einen jener ehernen Dreifußkessel gestiftet, die als Preis in Theaterwettbewerben vergeben wurden.

Unter den antiken Zeugnissen dieser Stadtregion ist schließlich das *Stadion zu nennen. Der Marmorbau, der 1896 für die ersten Olympischen Spiele der Neu-

Athener Stadion aus der Vogelschau

zeit von der Familie Averoff gestiftet wurde, wiederholt den antiken Bau, dessen Marmorausstattung Herodes Atticus 140 n. Chr. finanziert hatte.

Das mittelalterliche Athen

In christlicher Zeit spielte Athen keine zentrale Rolle; dennoch weist es eine Anzahl von frühchristlichen und byzantinischen Bauten auf, die unser Interesse verdienen.

Im 5./6. Jahrhundert wurde der Parthenon zur Kirche der Panagia Athiniotissa (Malereireste an der westlichen Opisthodom-Außenwand), der Hephaistostempel zur Georgskirche umgewandelt. In der Hadriansbibliothek entstand die Große Kirche (Megáli Ekklisía), von der Reste noch erhalten sind. Einige Funde von anderen Bauten dieser Zeit sieht man im Byzantinischen Museum. Die heute noch erhaltenen Bauten stammen meist aus mittelbyzantinischer Zeit (10.-12. Jh.) und folgen dem Typus der Kreuzkuppelkirche, d.h. sie haben den Grundriß eines griechischen Kreuzes und über dem Schnittpunkt der Kreuzarme eine Zentralkuppel, welche oft kleineren Kuppeln zugeordnet sind.

Ins 11. Jahrhundert gehören die 1045 erbaute **Nikodemoskirche** (Philhellenenstraße), die seit 1852 russische Kirche ist, der Dreikonchenbau der **Apostelkirche** *(Agii Apóstoli),* die bei der Verle-

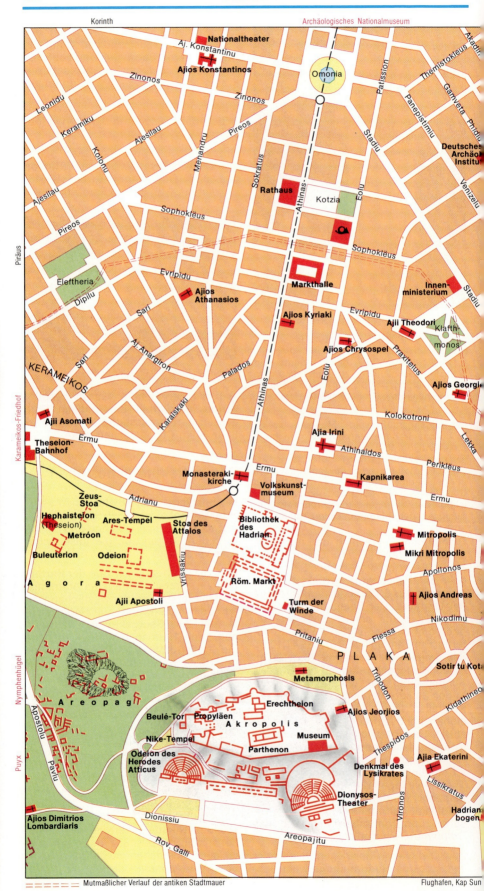

Korinth

Archäologisches Nationalmuseum

Nationaltheater

Aj. Konstantinu

Ajios Konstantinos

Omonia

Zinonos

Zinonos

Leonidu

Keramiku

Pireos

Menandru

Sokratus

Athinas

Stadiu

Patission

Panepistimiu

Themistokleus

Garveta Phidiu

Akadi

Alesilau

Kolonu

Deutsches Archäol Institut

Venizelu

Alesilau

Rathaus

Kotzia

Eolu

Piräus

Pireos

Sophokleus

Sophokleus

Stadiu

Eleftheria

Dipilu

Evrípidu

Markthalle

Innen-ministerium

Sari

Ajios Athanasios

Ajios Kyriaki

Evrípidu

Ajii Theodori

Praxitelus

Klafthmonos

Aj. Anargiron

Ajios Chrysospel

Eolu

Ajios Georgi

KERAMEIKOS

Sari

Paladoš

Karaiskaki

Palados

Athinas

Kolokotroni

Lekka

Karameikos-Friedhof

Ajii Asomati

Ermu

Ajia Irini

Perikleus

Theseion-Bahnhof

Adrianu

Monasteraki-kirche

Ermu

Athinaidos

Kapnikarea

Ermu

Zeus-Stoa

Volkskunst-museum

Hephaisteion (Theseion)

Ares-Tempel

Stoa des Attalos

Bibliothek des Hadrian

Metróon

Vrissakiu

Mitropolis

Buleuterion

Odeion

Mikri Mitropolis

Apollonos

Agora

Röm. Markt

Ajii Apostoli

Turm der Winde

Ajios Andreas

Nikodimu

Nymphenhügel

A r e o p a g

Pritaniu

Flessa

P L A K A

Tripodon

Metamorphosis

Sotir tu Kota

Erechtheion

Kidathineo

Apostolu

Beulé-Tor

Propyläen

A k r o p o l i s

Ajios Jeorjios

Nike-Tempel

Parthenon

Museum

Thespidos

Ajia Ekaterini

Puyx

Pavlu

Odeion des Herodes Atticus

Denkmal des Lysikrates

Vironos

Lissikratus

Dionysos-Theater

Hadrian-bogen

Ajios Dimitrios Lombardiaris

Dionissiu

Rov. Galli

Areopajitu

═══════ Mutmaßlicher Verlauf der antiken Stadtmauer

Flughafen, Kap Sun

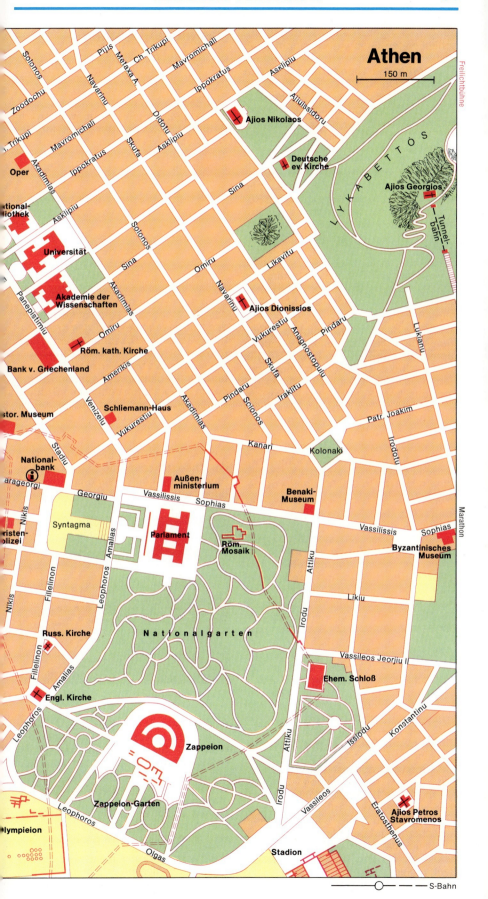

gung des Agoraviertels und der anschließenden Grabung verschont blieb und eine gründliche Restaurierung erfuhr, ferner die **Theodorenkirche** *(Agii Theodori)* am Klafthomonos-Platz, ein charaktervoller Ziegel- und Quaderbau. In dieser Zeit entstand auch die Klosterkirche von Daphni. – Im 12. Jh. folgten die jetzt restaurierte **Erzengelkirche** *(Asomáton)* zwischen Kerameikos und Agora und die durch Vorhalle und Seitenkapelle später erweiterte **Kapnikaréa-Kirche** inmitten der Hermesstraße (Ermu), bei deren Anlage sie durch König Ludwig I. von Bayern vor der Zerstörung bewahrt wurde. Für die sogenannte *Kleine Mitropolis *(Agios Elefthérios),** neben der Schaubert im 19. Jh. die Große Mitropoliskirche errichtete, verwendete der Baumeister zahlreiche antike und mittelalterliche Spolien, so einen antiken Kalenderfries über dem Eingang.

Als Stätte der Volksfrömmigkeit sei die *Kapelle Joánnis Pródromos stin kolóna* (Johannes der Täufer mit der Säule) in der Sophoklesstraße (Sofokléus) genannt, aus deren Dach eine Säule mit korinthischem Kapitell herausragt; der Täufer wird als Helfer gegen alle Leiden des Kopfes verehrt. Als Neomartyr verehrt wird der 1821 von den Osmanen im Patriarchat von Konstantinopel (İstanbul) gehenkte Patriarch Gregorios V., dessen Leichnam in der Krypta der später genannten Großen Mitrópolis beigesetzt ist.

Außerhalb der Stadt verbirgt sich in einem Tal am wiederaufgeforsteten Hymettoshang das **Kloster Kaisarianí,** dessen Name auf eine von Kaiser Hadrian bei einem Aphrodite-Heiligtum gefaßte und im Vorhof noch immer strömende 'kaiserliche Quelle' (kaisariané pegé) zurückgeht. Die Kirche wurde um 1000 an der Stelle eines älteren Baus aufgeführt. Die Ausmalung des 16. Jh. (Naos) und von 1682 (Narthex) ist vorzüglich erhalten und gibt einen guten Eindruck von der kanonischen, hierarchischen Anordnung der Bilder in byzantinischen Kirchen. In ansehnlichen Resten sind die Klostergebäude erhalten: zweistöckiger Zellentrakt, Küche und Speisesaal, dazu (links vom Eingang) ein Gebäude, das ursprünglich eine Badeanlage enthielt und später mit Ölpressen ausgestattet worden ist. Auf einem südwestlichen Bergvorsprung (etwa 15 Minuten Fußweg) sieht man weitere, bis ins 6. Jh. zurückgehende Kirchenreste beim einstigen Mönchsfriedhof und blickt hinunter auf Athen und das Meer, während Kaisariani selbst im Frieden seiner Abgeschlossenheit liegt.

Das moderne Athen

Während der Regierungszeit König Ottos I. entwarfen acht Deutsche, zwei Dänen und ein Grieche den Stadtplan und schufen eine Anzahl repräsentativer Bauten, die noch heute, inmitten von Betonhochhäusern, der Stadt ihr Gesicht geben. Die meisten von ihnen sieht man, wenn man vom Sýntagma-Platz durch die Universitätsstraße (Panepistimíu, Venizelu) geht.

Der **Sýntagmaplatz** wird beherrscht vom ehemals *Königlichen Schloß* (heute Parlament) des Münchners Friedrich von Gärtner, der auch zahlreiche Gebäude seiner Heimatstadt schuf. Das *Schliemann-Haus* (heute Oberstes Gericht) an der Universitätsstraße (Venizelu) verdanken wir wie Schliemanns Grab auf dem Ersten Athener Friedhof, das Deutsche Archäologische Institut, das *Nationaltheater* und das *Kronprinzenpalais* dem Dresdner Ernst Ziller. Dann folgt die katholische *Dionysios-Kathedrale* Leo von Klenzes. Die bedeutendste Gebäudegruppe stammt von den in Kopenhagen geborenen Brüdern Hansen. Christian, der mit Ludwig Ross den Niketempel aus einer türkischen Bastion freilegte, ist der Architekt der *Universität,* deren Vorhalle Carl Rahl ausmalte. Sein 10 Jahre jüngerer Bruder Theophil schuf die beiden flankierenden Bauten: *Nationalbibliothek* (links) und *Akademie* (rechts); auch die

Akademie in Athen

benachbarte Augenklinik, das Ausstellungsgebäude *(Záppeion)* im Zappeionpark, die Sternwarte und das Hotel Grande Bretagne (Sýntagma) gehen auf ihn zurück. Die *Große Mitrópolis* ist ein Bau des Breslauers Schaubert, der mit seinem griechischen Freunde Kleanthes auch den Stadtplan entwarf. Das *Archäologische Nationalmuseum* schließlich baute Ludwig Lange.

Nicht zu vergessen ist der erholsame *Volksgarten,* dessen Errichtung Königin

Amalia im damals wasserlosen Gelände durchsetzte. Der Botaniker Karl Fraas entwarf diese Anlage, die Oberhofgärtner Schmidt jahrzehntelang gepflegt und ausgebaut hat.

Museen

Das **Archäologische Nationalmuseum** (Patissión-Straße) ist die größte Sammlung griechischer Kunst überhaupt, und seine reichen Bestände können nur bei häufig wiederholten Besuchen richtig gewürdigt werden. Wir müssen uns hier auf einige andeutende Hinweise beschränken.

Von der Eingangshalle geradeaus kommt man in den *Mykenischen Saal* mit den Funden Schliemanns und anderer aus den mykenischen Burgen. Aus den Schachtgräbern von Mykene stammen Goldmasken, Goldbecher, Vasen, Dolche, Eberzahnhelme, Elfenbeinarbeiten, Grabstelen u.a.; daneben nennen wir die beiden Goldbecher aus Vaphio bei Sparta, die Halbsäulen vom 'Schatzhaus des Atreus' und die ebenfalls in Mykene gefundene Kriegervase. – Der links anschließende Saal enthält *prähistorische Funde* vom Festland, der rechts anschließende Saal die *kykladischen Altertümer* von den Inseln: Kykladenidole, Kykladenpfannen, Harfenspieler, Fresken aus Phylakopi auf Melos.

Geht man in die Eingangshalle zurück, so beginnt nun im Uhrzeigersinn der Rundgang durch die chronologisch geordnete Sammlung, die mit der geometrischen Epoche beginnt und durch Archaik und Klassik bis in die hellenistische und römische Zeit führt.

Saal 7: Dipylon-Vase vom Kerameikos (um 750), Weihung der Nikandre, aus Delos (650). *Saal 8:* der 305 cm hohe Kuros von Súnion (625/600). Im rechts angrenzenden *Saal 9-10:* Kuros von Melos (550), Ephebe mit Diskos, vom Dípylon (560), Kore und Kuros von Merénda (um 540, 1972 gefunden). – Von Saal 8 geradeaus in *Saal 11:* Aristíon-Stele (510), dann links in *Saal 12:* 'Waffenläuferstele' (510), Skulpturen vom Aphaia-Tempel in Ägina (500). – Nun in den langgestreckten *Saal 13:* Weitere Kuroi, u.a. der Kuros von Anávyssos mit Weihinschrift auf der neugefundenen Basis (520), Kuros von Ptoion (510). – *Saal 14:* Diskusrelief der Aphrodite, von Melos (460), Ephebe mit Kranz (470). – *Saal 15:* Eleusinisches Weihrelief (440), Bronzestatue des Zeus oder Poseidon, von Kalamis (?), die Kap Artemísion im Meer gefunden (460). – *Saal 16:* Grabmäler, u.a. Marmorlekythos der Myrrhine (420). – *Saal 17:* Votivrelief Dionysos und Schauspieler (400), im rechts angrenzenden *Saal 20:* Kopie der Amazone von Phidias und kleine Kopie der Athena Parthenos ('Varvakion-Statuette'). – *Saal 18:* Grabmal der Hegeso (400). – *Saal 21:* Diadumenos, römische Kopie nach Bronzestatue des Polyklet (440/1. Jh. n. Chr.), Hermes von Andros, nach Original aus der Schule des Praxiteles (4. Jh.), reitender Knabe. – *Saal 22:* Funde aus Epidauros. – *Saal 23 und 24:* Grabstelen des 4. Jh., u.a. Stele vom Ilissos, um 350, von Skopas (?). – Im rechts anschließenden *Saal 25:* 'Bärinnen' von Brauron, Asklepiosvotive. – *Saal 28:* Bronzestatue des Epheben von Antikythera (340), Hygieia (um 350, von Skopas). – *Saal 30:* Poseidon von Melos (140), Bronzeköpfe eines Faustkämpfers aus Olympia (340), eines Philosophen (Antikythera, 3. Jh.) und eines Mannes aus Delos (um 100). – *Saal 32:* Sammlung Stathatos. – Von Saal 21 gehen wir zwischen zwei Säulen in *Saal 34:* Weihreliefs für Pan und die Nymphen. Links in *Saal 36-37:* Sammlung Karapanos mit Kleinbronzen archaischer und klassischer Zeit aus Dodona, Olympia usw.; von Saal 34 rechts in *Saal 45:* Bronzestatuen des Apollon (um 510) und der Athena (um 375), 1959 im Piräus gefunden.

Athen

Archäologisches Nationalmuseum

ERDGESCHOSS

1 Eingang	23, 24	Grabstelen (4 Jh.)
2 Verkaufsausstellung	25–27	Votivreliefs (4. Jh.)
3 Vorhalle	28	Ephebe von Antikythira
4 Mykenische Kunst	29	Themis (3. Jh.)
5 Neolithische Kunst	30	Hellenistische Kunst
6 Kykladische Kunst	32	Sammlung Stathatos
7–13 Archaische Kunst	34	Votivreliefs
14, 15 Erste Hälfte 5. Jh.	35	Aufgang zum Obergeschoß
16–20 Klassische Zeit (5. Jh.)	36	Sammlung Karapanos
21 Diadumenos u. a. Statuen	37	Kleinbronzen
22 Skulpturen aus Epidauros	45	Bronzestatuen

Nicht aufgeführte Räume sind unzugänglich

Von Saal 34 gelangen wir ins Obergeschoß, das drei Kollektionen bietet: die umfassende Vasensammlung, die Wandmalereien aus Santorin (um 1500) und die Sammlung des Zyprischen Nationalmuseums in Nikosia.

Das **Byzantinische Museum** (Vassilíssis Sofías), das im ehemaligen Palais der Herzogin von Piacenza eingerichtet ist, besitzt eine kostbare Sammlung byzantinischer Kunst. Der Vorhof enthält Architekturbruchstücke, im linken Seitenflügel eine große *Ikonensammlung*, wobei die Stücke in einem der Räume chronologisch, im anderen ikonographisch angeordnet sind. Nach Herkunftsorten geordnet sind die Stücke im rechten Seitenflügel. Das Hauptgebäude bietet im Parterre die Typen der frühchristlichen Basilika, der mittelbyzantinischen Kreuzkuppelkirche und der nachbyzantinischen Kapelle, außerdem einige Skulpturen; im Obergeschoß wiederum Ikonen, dazu Urkunden von byzantinischen Kaisern, liturgische Gewänder und Geräte aller Art, darunter der berühmte, für die Karfreitagsprozession gebrauchte Epitaphios aus Saloniki (14. Jh.). Einige der wertvollsten Ikonen sind Werke des Kreters Michael Damaskinos (16. Jh.), von dem auch das **Benaki-Museum** (ebenfalls Vassilíssis Sofías) einige Stücke besitzt. In diesem Haus befindet sich eine umfängliche Privatsammlung mit Zeugnissen griechischer Kultur und Geschichte aus allen Epochen: von attischer Keramik über Byzantinisches bis hin zu den Freiheitskämpfen mit ihren Helden und zu den ersten Königen. Dazu kommen schließlich noch Ostasiatica. – Im *Alten Parlament* (Vulí), vor dem das Reiterdenkmal des Freiheitskämpfers Kolokotrónis steht, ist das *Historische Museum* untergebracht (Stadíu). – Eine Fundgrube für Freunde der Volkskunst ist das *Volkskunde-Museum* in einer ehemaligen Moschee am Monastiráki-Platz.

Am Monastiraki-Platz in Athen

UMGEBUNG von Athen

Besonders im Sommer werden der geringen Hitze wegen die höher gelegenen Vororte gern besucht. *Amarússi* (230 m. – Hotels: Anagennissis, III, 18 B.; Neon, IV, 34 B.) ist bekannt durch Henry Millers Reiseerzählung "Der Koloß von Maroussi".

Kifissiá (268 m; 14 000 Einw. – Hotels: *Pentelikon, L, 112 B.; Apergi, I, 183 B.; Nafsika, II, 30 B.) ist durch die Staatsbahn und Autobuslinien mit Athen verbunden.

10 km westlich des Stadtzentrums an der Straße nach Eleusis liegt **Daphní** mit einer Klosterkirche, die durch ihre *Mosaiken aus dem 11. Jahrhundert berühmt ist. Der Ortsname erinnert an ein Heiligtum des Gottes Apollon, dem der Lorbeer (= daphne) heilig war. Es wurde von einem frühchristlichen Kloster abgelöst, das 1080 durch die jetzt vorhandene Anlage ersetzt wurde. Das Kloster war dem Marienschlaf (Koimesis; ngr. Kímisis) geweiht. 1205, nach der fränkischen Einnahme Athens, wurde es den katholischen Zisterziensern übergeben und diente als Grablege der Herren, später Herzöge von Athen. Aus dieser Zeit stammen die zinnenbekrönten Festungsmauern und einige Sarkophage. Mit dem Beginn der Türkenzeit zogen wieder orthodoxe Mönche ein. Im griechischen Freiheitskrieg wurde Daphni beschädigt und aufgegeben. Eine gründliche Restaurierung 1955-1957 hat das Kloster vor weiterem Verfall bewahrt und seine Bausubstanz sowie die noch erhaltenen Mosaiken gesichert. Den stimmungsvollen *Klosterhof begrenzen ein Flügel des Kreuzganges (W), die Südwand der Kirche (N) und weitere Klostergebäude (O). Man geht zum Westeingang der Kirche und gelangt durch die gotische Vorhalle aus der Zeit der Zisterzienser und den Narthex in den Kirchenraum, der mit Ósios Lukás bei Delphi (s. dort) und Néa Moní auf Chíos (s. dort) das Dreigestirn der bedeutendsten Sakralbauten des 11. Jahrhunderts bildet. Der Naos hat den Grundriß des griechischen Kreuzes. Beherrscht wird er – wie bei den beiden anderen genannten Kirchen – durch eine große Zentralkuppel, die Mittelschiff und Seitenschiffe überspannt. Aus ihr blickt ernst und majestätisch Christus als Pantokrator (Allherrscher) herab. In den Zwickeln unter der Kuppel sind Hauptthemen ost-

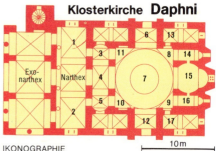

Klosterkirche Daphni

10 m

IKONOGRAPHIE

1 Abendmahl; Fußwaschung; Verrat des Judas
2 Opferung Mariä; Mariä Einsegnung; Joachim und Anna
3 Elpidiphoros; Pegasios; Bakchos; Aphthonios
4 Mariä Schlaf
5 Orestes; Mardarios; Sergius; Auxenios
6 Andronikos, Tarachos, Probos; Kreuzigung; Lazarus; Palmsonntag
7 Pantokrator und Propheten
8 Verkündigung
9 Geburt Christi
10 Jordantaufe

11 Verklärung
12 Samonas, Guriel, Albibos; Vorhimmel; Ungläubiger Thomas; Jesus im Tempel
13 Mariä Geburt
14 Johannes Prodromos; Silvester; Aaron, Stephan; Zacharias; Anthimos
15 Maria; Michael; Etimasia; Auferstehung; Gabriel
16 Nikolaos; Eleutheros; Gregor Thaumaturgos; Laurentius; Aberkios; Gregor von Agrigent
17 Die drei Weisen

kirchlicher Ikonographie behandelt: Verkündigung (NO), Geburt Christi (SO), Taufe (SW) und Verklärung (NW). Außerdem sind zahlreiche andere Mosaiken erhalten.

Im nördlichen Kreuzarm die Auferweckung des Lazarus, Einzug in Jerusalem (NW); Geburt Mariens, Kreuzigung (NO); im südlichen Kreuzarm die drei Könige, der Auferstandene (SO), die Darstellung im Tempel, der ungläubige Thomas (SW). Im Altarraum sieht man die Auferstehung und Maria zwischen den Erzengeln Michael und Gabriel, in der links anschließenden Prothesis Johannes den Täufer und im Diakonikon (rechts vom Altarraum) den hl. Nikolaos; über der Naostür den Marientod und in der Vorhalle das Gebet von Joachim und Anna, Fußwaschung und Abendmahl. Alle diese Bilder zeigen die klassische Höhe der Mosaikkunst des 11. Jahrhunderts, in der noch einmal griechischer Schönheitssinn und christliche Vergeistigung eine faszinierende Verbindung eingegangen sind.

Der Touristenpavillon von Daphni ist von Juli bis September Schauplatz eines Weinfestes mit kostenloser Weinprobe, griechischen Spezialitäten, Musik und Tanz.

22 km westlich vom Zentrum Athens unweit des Meeres liegt die bedeutende, seit mykenischer Zeit bestehende antike *Mysterienstätte **Eleusis**, heute umgeben von der gleichnamigen Industriestadt (8 m ü.d.M. – 16000 Einw. – Hotels: Melissa, C, 31 B.; Steghi, D, 27 B.; Jugendherberge).

Der eleusische Kult schließt an den Mythos von der Göttin Demeter an, die hier, am Kallichorosbrunnen, um die von Hades geraubte Tochter Persephone klagte; kein Getreide wuchs, bis Zeus die Rückkehr der Persephone alljährlich im Frühjahr verfügte. Demeter selbst begründete darauf die Mysterien, in denen sie als Stifterin der Fruchtbarkeit und Persephone (auch Kore, das Mädchen, genannt) als jahreszeitlich wiederkehrende Vegetationsgöttin gefeiert wurden. Es scheint, daß die Geheimlehre von Eleusis den Mysten, die in zwei Stufen bei den Kleinen und Großen Eleusinien aufgenommen wurden, nicht nur die jährliche Erneuerung der Natur, sondern auch eine Auferstehung verhieß.

Vom Eingang kommt man zunächst an Resten römischer Zeit vorbei (Artemistempel, Triumphbogen) zu den großen Propyläen (2. Jh. n. Chr.). Links daneben die runde Mündung des Kallichorosbrunnens. Dahinter liegen die älteren kleinen Propyläen (54 v. Chr.), von denen man rechts am Hang des Hü-

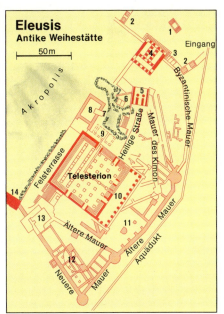

Eleusis
Antike Weihestätte

├─ 50 m ─┤

A k r o p o l i s

Felsterrasse

Telesterion

Mauer des Kimon

Heilige Straße

Byzantinische Mauer

14

13

12

10

11

Ältere Mauer

Ältere Aquädukt

Neuere Mauer

1 Artemistempel	8 Megaron
2 Triumphbogen	9 Schatzhaus
3 Kallichorosbrunnen	10 Portikus des Philon
4 Große Propyläen	11 Basen für Weihgeschenke
5 Kleine Propyläen	12 Buleuterion
6 Plutonion	13 Haus der Ephoros
7 Kapelle der Panajia	14 Museum

gels, auf dem die antike Stadt lag, die Plutongrotte
sieht.

Kern der Anlage ist das Telesterion, eine Halle für
die Mysterienfeiern. An der Stelle eines kleinen mykenischen Tempels (14. Jh. v. Chr.) wurde um
600 v. Chr. das Solonische Telesterion errichtet, mit
einem Allerheiligsten (Anaktoron), das bis in die
römische Zeit das Zentrum des Baues blieb. Erwei-
ternde Erneuerungen wurden im 6. und 5. Jahrhundert v. Chr. durchgeführt, zuletzt maß das Telesterion 54-52 m und hatte sieben Reihen zu sechs Säulen. 330-310 v. Chr. fügte man noch die Vorhalle des
Philon hinzu. Die Halle wies ringsum Sitzstufen auf,
von denen die in den Fels des Berghanges geschla-
genen Reihen erhalten sind. Sorgfältige neue griechische Grabungen haben den Ort des Anaktorons,
Mittelpunkt der vom Hierophanten geleiteten kultischen Feiern, festgestellt.

Über Felsstufen steigt man hinauf zum *Museum.
Den Vorhof zieren Statuen und ein Sarkophag mit
der Darstellung der kalydonischen Eberjagd.

Der Eingangsraum enthält u.a. eine Demeter des
Agorakritos (um 420 v. Chr.) und einen Abguß des
Eleusinischen Weihreliefs mit Demeter, Persephone und dem Triptolemos-Knaben (440 v. Chr.;
Original im Nationalmuseum Athen). – Raum I: Gie-
belskulpturen vom archaischen Telesterion, Statu-
ette der Persephone (um 480 v. Chr.), zwei archaische Kuroi (540 bzw. 530 v. Chr.), protoattische
Amphora mit dem geblendeten Polyphem, Perseus
und Medusa (7. Jh. v. Chr.). – Raum II: Archaische
Kore, Ephebe (4. Jh. v. Chr., von Lysipp (?), Asklepios (3. Jh. v. Chr.). – Raum III: Statuen der Römerzeit. – Raum IV: Karyatide von den kleinen Propylä-
en, korinthische Vase mit Chimaira (7. Jh. v. Chr.),
Terrakottasarkophag mit Kinderskelett. – Raum VI:
Keramikfunde aus Eleusis, Bronzevasen.

*Attische Rivera (mit *Kap Sunion) und **Piräus**
s. Reiseziele von A bis Z.

Athos s. bei Chalkidike

Atlas s. Rif-Atlas

Ätna s. bei Catania

Attische Riviera

Griechenland.
Nomos: Attika.
ⓘ **E.O.T. Athen,**
  Odhós Amerikis 2 (zwischen Stadíu und Pane-
  pistimíu, Nähe Sýntagma),
  Athenai (Athen);
  Telefon: 3 22 31 11.

HOTELS. – In G l y f a d a : *Astir, L, 256 B. (in Bungalows), Sb.; Atrium, I, 104 B.; Congo Palace, I, 160 B.,
Sb.; Filissia, I, 15 Ap.; Fivi, I, 10 Ap.; Hecave, I,
13 Ap.; Oasis, I, 70 Ap., Sb.; Olivia House, I, 18 Ap.;
Palmyra Beach, I, 95 B.; Villa Krini, I, 9 Ap.; Antono-
pulos, II, 84 B.; Delfini, II, 73 B.; Fenix, II, 265 B., Sb.;
Florida, II, 159 B.; Four Seasons, II, 146 B.; Grips-
holm, II, 107 B.; Ideal, II, 74 B.; Kreoli, II, 92 B.; London, II, 142 B.; Miranda, II, 64 B.; Niki, II, 113 B.; Regina Maris, II, 135 B., Sb.; Riviera, II, 151 B.; Sea
View, II, 141 B., Sb.; Sivylla, II, 71 B.; Triton, II, 71 B.;
Villa Helena, II, 12 Ap.; Zina, II, 18 Ap.; Adonis, III,
85 B.; Arion, III, 56 B.; Avra, III, 71 B., Sb.; Beau Rivage, III, 156 B.; Blue Sky, III, 36 B.; Glyfada, III,
100 B., Sb.; Ilion, III, 56 B.; Oceanis, III, 135 B., Sb.;
Perla, III, 112 B.; Rial, III, 67 B.; Themis, III, 84 B.; Ev-
riali, IV, 36 B.

In V ú l a : Voula Beach, I, 106 B.; Aktaeon, II, 31 B.;
Atlantis, II, 27 B.; Castello Beach, II, 64 B.; Galini, II,
38 B.; Plaza, II, 31 B.; Kabera, III, 17 B.; Noufara, III,
42 B.; Orion, III, 49 B.; Palma, III, 70 B.; Rondo, III,
84 B.; Miramare, IV, 38 B. – CAMPING. – In K a v ú -
r i : *Apollon Palace, L, 530 B., Sb.; Cavouri, I,
198 B., Sb.; Pelikina, I, 20 Ap.; Pine Hill, II, 158 B.,
Sb.; Maro, III, 15 B.

In V u l i a g m e n i : *Astir Palace, L, 462 B.; Electra,
I, 10 Ap.; Greek Coast, I, 103 B.; Lilly, I, 10 Ap.;
Margi House, I, 147 B., Sb.; Blue Spell, II, 71 B., Sb.;
Strand, II, 134 B. – Mehrere PENSIONEN.

In V á r k i t s a : Glaros, I, 81 B.; Haris House, I,
12 Ap.; Varkiza, II, 55 B.; Holidays, III, 65 B. – In L a -
g o n i s s i : *Xenia Lagonissi, L, 711 B., Sb.; Var, II,
38 B. (in Bungalows), Sb. – In S a r o n i s : Delfinia, II,
12 Ap. – In A n á v y s s o s : Apollon Beach, II, 168 B.;
Calypso, II, 85 B.; Eden Beach, II, 568 B., Sb. – In
L e g r e n a : Amphitrite, II, 62 B.; Monos, II, 72 B.

Die *Attische Riviera, ein großes Ur-
laubs- und Erholungsgebiet, erstreckt
sich südöstlich von Athen bis zum Kap
Sunion und wird auch Apollonküste
genannt.

Die ehemals beschaulichen Fischerhä-
fen haben sich zu bekannten Ferienzentren mit guter touristischer Infrastruktur entwickelt. Überall sind Badestrände, die großen Hotels haben meist
Swimming Pools; Segelmöglichkeiten
und Jachtversorgungsstationen bestehen in Glyfáda und Vuliagméni. – Alle
Orte haben Linienbusverbindungen untereinander, mit Athen und Kap Sunion.

An dieser südöstlichsten Spitze von Attika
steht über steilem Felsabsturz der berühmte

Kap Sunion – Südspitze der griechischen Landschaft Attika

Poseidontempel auf dem Kap Sunion

***Poseidontempel** auf dem ***Kap Sunion,** mit herrlichem Meeresblick.

Schon Homer hatte von 'Sunions heiliger Spitze' gesprochen (Odyssee III, 278). Im 7. Jahrhundert v. Chr. gab es vermutlich einen einfachen Altar, bei dem um 600 v. Chr. großplastische Jünglingsgestalten (Kuroi) ausgestellt wurden (heute im National-museum Athen). Um 500 v. Chr. errichtete man einen Porostempel, der unvollendet war, als er im Jahre 480 v. Chr. von den Persern zerstört wurde.

Auf seinen Unterbau führte der Baumeister des Athener Hephaistostempels 449 v. Chr. den klassischen ***Marmortempel** mit 6 x 13 extrem schlanken dorischen Säulen auf. Er steht auf einer künstlich erweiterten, durch ein *Propylon* zugänglichen Terrasse. An der Bucht unterhalb befanden sich *Schiffshäuser* (Docks), von denen Reste zu erkennen sind.

Auf einem flachen Hügel nordöstlich des Tempels (jenseits der modernen Straße) liegt ein **Athenaheiligtum** des 6. Jahrhunderts v. Chr. Neben einem nur 5 x 6,80 m messenden kleinen Bau, von dem die unteren Mauerteile und die *Kultbildbasis* erhalten sind, liegen die Fundamente eines Tempels gleicher Form, aber von größeren Abmessungen (11,60 x 16,40 m) mit der *Kultbildbasis*. Das Dach wurde, analog zu einem mykenischen Megaron, von vier Säulen getragen. Nach Beschädigungen in den Perserkriegen erhielt der Tempel bei der Wiederherstellung zwei Säulenhallen, und zwar gegen die Regel nicht einander gegenüber im Osten und Westen, sondern aneinanderstoßend im Osten und Süden. Über die Gründe dieser Lösung gibt es nur Vermutungen.

Vom Kap Sunion aus erreicht man **Lávrion** (9 km), im Altertum durch seine Silberminen bekannt, und 2 km weiter **Thorikós** mit seinem altertümlich geformten Theater.

Baalbek

Libanon.
Höhe: 1130 m ü.d.M.
Einwohnerzahl: 18 000.
ⓘ **Conseil National du Tourisme au Liban,**
Rue de la Banque du Liban,
Boîte postale 5344,
Beyrouth *(Beirut)*;
Telefon: 34 09 40 und 34 31 75.

Die 86 km nordöstlich der libanesischen Hauptstadt Beirut in dem weiten, vom Litani durchflossenen Hochtal der Bekaa zwischen den Gebirgszügen des Libanon und des Antilibanon gelegene, als Sommerfrische geschätzte Distrikthauptstadt Baalbek ist weltberühmt durch ihre gewaltigen **Tempelbauten, die einst ein Hauptkultort des Sonnengottes Baal waren.

GESCHICHTE. – Die Vorgeschichte des Ortes liegt bis heute im Dunkeln. Der Name ist wohl als 'Baal der Bekkaa' zu verstehen, wird aber gelegentlich auch als 'Baal baki' (baki = ägypt. 'Stadt', also 'Stadt des Baal') gedeutet. – Die *Griechen,* die dem Baal ihren Sonnengott Helios gleichsetzen, nennen die Stadt deshalb **Heliopolis.** – Unter den *Römern,* die den Baalkult mit ihrem Gott Jupiter verbinden, erfährt die Tempelstadt eine so umfangreiche Erweiterung, daß sie alle Kultstätten des Orients an Größe und Bedeutung übertrifft. Antoninus Pius (138-161 n.Chr.) beginnt mit dem Bau eines den Göttern Jupiter, Merkur und Venus geweihten großartigen Heiligtums, das von seinen Nachfolgern bis hin zu Caracalla (211-217) vollendet und durch einen Bacchus-Tempel erweitert wird. – In der Zeit der *Byzantiner* läßt Konstantin d. Chr. (306-337) die Tempel schließen, Theodosius d. Gr. (379-395) die Altäre und Götterbilder zerstören; 634 wird Baalbek von den *Arabern* eingenommen, und die Akropolis, deren Erbauung sie auf Salomon zurückführen, zu einer Zitadelle umgestaltet. Diese

wird 1206 von den *Mongolen* unter Hulagu zerstört und später von Timur erobert. Weitere Verwüstungen richten zwei schwere Erdbeben 1158 und 1759 an. – 1898 besucht der deutsche Kaiser Wilhelm II. die Ruinenstätte und regt archäologische Forschungen an, worauf in den Jahren 1900-1904 die Ruinen durch deutsche Ausgrabungen freigelegt werden.

BESICHTIGUNG DER RUINEN. – Der umfriedete Bezirk der alten ***Akropolis,** deren Tempelbauten zu den schönsten und größten des Orients gehören (etwa viermal größer als die Akropolis in Athen), liegt am Nordwestrand der heutigen Stadt Baalbek inmitten von Gärten und Baumkulturen auf gewaltigen Unterbauten. Die mittlere Schicht der südlichen *Umfassungsmauer* besteht aus drei ***Riesenquadern** von je 19,21-19,52 m Länge bei 4,35 m Höhe und 3,65 m Dicke, die dazu noch mit ihrem Gewicht von jeweils rund 16000 Zentnern auf eine 7 m hohe Unterlage hinaufgehoben sind, eine für die damalige Zeit kaum faßbare Leistung. – Die bis 13,6 m hoch über der Ebene gelegene *Tempelterrasse* ist 300 m lang und 180 m breit.

Die Tempelbauten selbst stammen aus dem 2. und 3. Jahrhundert und sind nach Art der römischen Kaiserfora streng axial angelegt. – Eine 43 m breite Freitreppe führte hinauf zu den auf großen Gewölben ruhenden *Propyläen,* einer 60 m breiten und 12 m tiefen Säulenvorhalle, die beiderseits von turmartigen Aufbauten überragt war. – An die Vorhalle schließt sich in dieser Form aus der Antike sonst unbekannter sechseckiger, von doppelschiffigen Säulenhallen umschlossener V o r h o f an, dessen Mosaikfußboden z.T. noch erhalten ist. – Vom Vorhof führten drei Portale in den fast quadratischen (135 m x 113 m) A l t a r h o f, der an drei Seiten von prunkvollen, ebenfalls doppelschiffigen korinthischen Säulenhallen umgeben ist, de-

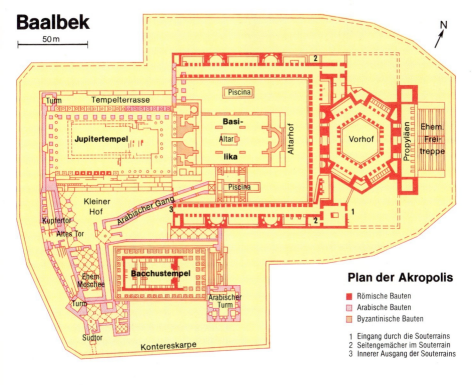

Baalbek

50 m

Turm
Tempelterrasse
Piscina
Basi-
Altar
lika
Jupitertempel
Piscina
Kleiner
Hof
Arabischer Gang
Kupfertor
Altes Tor
Altarhof
Vorhof
Propyläen
Ehem.
Freitreppe
N
Ehem.
Moschee
Bacchustempel
Turm
Arabischer
Turm
Südtor
Konterescarpe

Plan der Akropolis

■ Römische Bauten
▨ Arabische Bauten
▨ Byzantinische Bauten

1 Eingang durch die Souterrains
2 Seitengemächer im Souterrain
3 Innerer Ausgang der Souterrains

ren Rückwände einst mit Götterstatuen geschmückt waren. In der Mitte des Hofes standen zwei mächtige Altäre, seitlich zwei lange Reinigungsbecken. Die 84 monolithischen, 8 m hohen Säulen aus Rosengranit fanden anderweitig beim Bau von Kirchen und Moscheen Verwendung. Theodosius I. ließ auf dem Hof eine Kirche errichten, deren Reste erst in jüngerer Zeit entfernt wurden. – An der Westseite des Altarhofes ragte der wahrscheinlich dem Jupiter Heliopolitanus (Baal bzw. Helios) geweihte **Große Tempel** auf, dessen sechs noch stehende, weithin sichtbare mächtige *Säulen einen Begriff von der gewaltigen Größe des ganzen Bauwerkes geben. Der ursprünglich 106 m x 69 m große Tempel, ein korinthischer Peripteros, stand auf einer 7 m hohen Terrasse, in die an der Tempelfront eine 50 m breite Treppe eingelassen ist. Die an der südlichen Längsseite erhaltenen aus je drei Trommeln bestehenden sechs Säulen des Peristyls erreichen eine Höhe von etwa 19 m und haben einen maximalen Durchmesser von 2,2 m. Die aus dem prächtigen Architrav, dem Fries und dem Gesims bestehenden Säulenüberbauten (5,3 m hoch) zeigen großartig gearbeitete Details.

Südlich vom Großen Tempel ein Platz, mit den Resten *arabischer Festungsbauten.* Hier erhebt sich auch der kleinere, aber besser erhaltene *Bacchustempel,** ebenfalls auf hohem Sockelgeschoß mit breiter Freitrep-

Bacchustempel in Baalbek

pe. Von den einst 44 etwa 18 m hohen korinthischen Säulen des Peristyls stehen noch über die Hälfte. Fast vollständig erhalten und reich ausgestattet ist die zweiräumige Cella. – Der an der Südostecke des Bacchustempels stehende *Arabische Turm* (*Blick) ist ein Rest der von den Arabern hier angelegten Festungsbauten.

Südöstlich der Akropolis steht im nordwestlichen Teil der Stadt der **Tempel der Venus** (oder der Fortuna?), ein wohlerhaltener kleiner Rundbau mit schönen korinthischen Monolithsäulen, der als Musterbeispiel antiken Barockstils gilt. An der Wand der Cella Reste frühchristlicher Kreuze aus der Zeit, da

der Tempel als Kirche der hl. Barbara diente. – Unweit östlich von hier die Ruine der *Großen Moschee,* deren dreifache Säulenreihe aus antikem Material besteht.

UMGEBUNG von Baalbek. – Etwa 0,5 km südwestlich vor der Stadt, am Fuße des Hügels Schech Abdalla (1241 m; Aussicht), die **antiken Steinbrüche.** Hier ein unvollendet gebliebener, im Volksmund Hadgar el-Hubla ('Stein der Schwangeren') genannter, ursprünglich wohl auch für die Umfassungsmauer der Tempelanlage bestimmter Monolith von 21,5 m Länge, 4,8 m Breite und 4,2 m Höhe sowie einem Gewicht von schätzungsweise 21 700 Zentnern. – Nordöstlich am Abhang *Felsengräber;* 20 Minuten weiter die starke *Quelle Ras el-Ain,* mit den Ruinen zweier Moscheen (13./14. Jh.).

Balearen / Islas Baleares

Spanien.
Region und Provinz: Baleares (Balearen).
Gesamtinselfläche: 5684 qkm.
Gesamtbewohnerzahl: 640 000.
Hauptstadt: Palma de Mallorca.

ENTFERNUNGEN vom Festland: zwischen **Palma de Mallorca** und *Barcelona* 132 sm (245 km), *Valencia* 140 sm (259 km), *Algier* (Al-Djaza'ir) 172 sm (319 km), Marseille 287 sm (532 km) sowie Genua 439 sm (813 km).

SCHIFFSVERKEHR. – *Autofähren* zwischen den Inseln sowie dem spanischen Festland (Barcelona, Valencia, Alicante) und den Inseln; ferner regelmäßiger Verkehr mit Italien (Genua), unregelmäßiger mit Frankreich (Toulon bzw. Marseille). – Linienschiff von Palma de Mallorca nach Cabrera.

SPRACHE. – Wie im übrigen Spanien gilt auch auf den Balearen das Kastilische (Castellano) als Amts- und Geschäftssprache; Umgangssprachen der Inselbewohner sind jedoch das *Mallorquinische* (Mallorquí), das *Menorquinische* (Menorquí) und das *Ibizenkische* (Ibizenco), alle drei auch untereinander engverwandte Dialekte des **Katalanischen** *(Català),* einer eigenständigen romanischen Sprache, die im nordostspanischen Raum (Katalonien) beheimatet ist, jedoch wesentliche linguistische Unterschiede zum Kastilischen aufweist und hinsichtlich des Wortschatzes vielfach provenzalische Einflüsse zeigt.

Die spanische Inselgruppe der Balearen, der Südostküste Spaniens im westlichen Mittelmeer zwischen 1° und 4° östlicher Länge sowie 38° und 40° nördlicher Breite vorgelagert, besteht aus den eigentlichen **Balearen (span. Islas Baleares), mit den beiden Hauptinseln Mallorca (3640 qkm) und Menorca (700 qkm) sowie den kleineren Pityusen (span. Islas Pityusas) mit Ibiza (ibiz. Eivissa; 572 qkm) und Formentera (100 qkm), ferner rund 150 kleinen Inseln, darunter Cabrera (17 qkm; südl. vor Mallorca), und Felseilanden, die teils militärischen, teils nautischen Zwecken dienen oder aber gänzlich ungenutzt sind. Die Gesamtheit aller dieser Inseln bildet die spani-

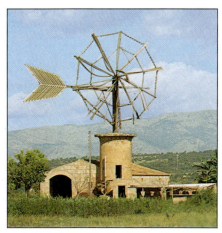

Typisches Windrad auf Mallorca

sche Provincia de Baleares, deren Hauptstadt Palma de Mallorca ist.

GESCHICHTE. – Die Ureinwohner der Balearen, im Altertum wegen ihrer Treffsicherheit mit der Schleuder berühmt, waren *Iberer,* die im 3. Jahrhundert v. Chr. von den *Karthagern* unterjocht wurden und seit 123 v. Chr. unter der Herrschaft der *Römer* standen. Der römische Konsul Q. Caecilius Metellus, der wegen der Eroberung der Inseln den Beinamen 'Balearicus' erhielt, gründete *Palma* (die Siegespalme) und *Pollentia* (die Mächtige). Später kamen die Inseln in den Besitz der Vandalen, Westgoten, Oströmer, Franken und Mauren (798). Im Jahr 1229 eroberte der aragonesische König Jakob I. ('el Conquistador') Mallorca und überließ es einem jüngeren Sohn als selbständiges Königreich, das aber schon im 14. Jahrhundert wieder mit Aragón vereinigt wurde. Menorca war 1708-82 und 1798-1802 in britischem, nach der Seeschlacht von 1756 kurze Zeit in französischem Besitz. – Archäologisch beachtenswert sind die aus der Bronzezeit (um 1200 v. Chr.) stammenden sog. *Talayots,* turmähnliche Rundbauten, die als feste Häuptlingshäuser gelten und später als Wachttürme dienten, die *Taulas* (tischförmige Steinsetzungen) und die langgestreckten *Navetas.*

Mallorca (und *Cabrera), ****Menorca, *Ibiza und **Formentera** siehe Reiseziele von A bis Z.

Cala d'Or auf Mallorca

Banyas (Banias)

Syrien.
Höhe: Meereshöhe.
Einwohnerzahl: 5000.
HOTEL. – *Homs.*

Das syrische Hafenstädtchen Banyas (Banias) liegt 50 km südlich von Latakia. Es ist Endpunkt einer z. Z. nicht in Betrieb befindlichen Pipeline von Kirkuk im Irak.

Der Ort ist eine phönizische Gründung und hieß ursprünglich *Balanea;* von dem Geographen Strabo wurde er *Balanaia,* von den Mohammedanern *Bulunjas* und bei den Franken *Valania* genannt. Der gleichnamige Fluß bildete die Grenze zwischen dem Königreich Jerusalem und dem Fürstentum Antiochien.

Im Osten der Stadt sieht man Reste der Grundmauern einer alten Kirche; am Meer Granitsäulen und die Ruine einer Burg.

UMGEBUNG von Banyas. – 7 km östlich des Ortes liegt in den Bergen auf einem 300 m hohen Kegel die **Burg Markab** *(Merkab,* 'die Warte'), von den Kreuzrittern *Margat (Castrum Merghatum)* genannt, 1062 von den Arabern erbaut und Anfang des 12. Jahrhunderts von den Kreuzrittern erobert, dann zeitweilig Sitz des Bischofs von Banyas, 1285 (nach der Übergabe des Krak des Chevaliers) von Sultan Kilawun besetzt. Die umfangreiche Burg, die 2000 Familien und 1000 Pferde beherbergen konnte, bietet aus der Ferne einen großartigen Anblick, der dem des Krak des Chevaliers ähnelt, doch ist ein Aufstieg und eine Besichtigung kaum lohnend. Der äußere Mauerring ist schlecht erhalten; die Gebäude im Innern der Burg sind ebenfalls stark zerstört, mit Ausnahme der Kapelle (Moschee); im oberen Burghof Reste einer späteren türkischen Besiedlung.

Barcelona

Spanien.
Region: Cataluña (Katalonien). – Provinz: Barcelona.
Höhe: Meereshöhe. – Einwohnerzahl: 1800000.
Telefonvorwahl: 93.
🅘 **Oficina de Información de Turismo,**
Avenida de José Antonio 658;
Telefon: 3107443.
Oficina Municipal de Turismo,
Avenida Puerta del Ángel 8;
Telefon: 3181990.
Bajos Plaza Cataluña; Telefon: 3173790.
Pueblo Español; Telefon: 2244650.
Plaza San Jaime; Telefon: 3024200.
Estación de Francia; Telefon: 3192791.
Estación Marítima; Telefon: 2189392.

HOTELS. – In der Nähe der Plaza Cataluña: *Diplomatic,* Vía Layetana 122, L, 213 Z., Sb.; *Avenida Palace,* Avda. José Antonio 605/607, L, 211 Z.; *Ritz,* Avda. José Antonio 668, L, 197 Z.; *Gran Hotel Calderón* (garni), Rambla de Cataluña 26, I, 244 Z., Sb.; *Manila* (garni), Ramblas 111, I, 211 Z.; *Colón,* Avda. Catedral 7, I, 161 Z.; *Cristal,* Diputación 257, I, 150 Z.; *Royal,* Ramblas 117, I, 108 Z.; *Regente,* Rambla de Cataluña 76, I, 78 Z., Sb.; *Barcelona* (garni), Caspe 1A, I, 63 Z.; *Montecarlo* (garni),

Rambla de Los Estudios 124, II, 73 Z.; *Gran Vía, Avda. José Antonio 642, II, 48 Z.

Z w i s c h e n   K a t h e d r a l e   u n d   P u e r t a   d e   l a P a z : *Princesa Sofia, Pio XII, L, 505 Z., Sb.; *Oriente, Ramblas 45/47, II, 140 Z.; Gotico (garni), Jaime I 14, II, 73 Z.; Gaudí, Conde del Asalto 12, II, 71 Z.; Naciones Unidas, Pasaje Bacardi 2, III, 48 Z.; Suizo, Plaza del Angel 12, III, 44 Z.

I n   d e n   ü b r i g e n   S t a d t t e i l e n : *Sarria Gran Hotel, Avda. Sarria 48, L, 314 Z.; *Presidente, Avda. del Generalísimo 570, L, 161 Z., Sb.; Majestic, Paseo de Gracia 70/72, I, 350 Z., Sb.; Gran Hotel Cristina (garni), Avda. del Generalísimo 458, I, 123 Z.; Nuñez-Urgel (garni), Urgel 232, I, 121 Z.; Derby (garni), Loreto 21, I, 116 Z.; Balmoral (garni), Vía Augusta 5, I, 94 Z.; Dante (garni), Mallorca 181, I, 81 Z.; Condor (garni), Vía Augusta 127, I, 78 Z.; Europark (garni), Aragón 325, I, 66 Z.; Arenas (garni), Capitán Arenas 29, I, 59 Z.; Expo Hotel (garni), Mallorca 1-35, II, 423 Z., Sb.; Numancia (garni), Numancia 72, II, 140 Z.; Astoria (garni), Paris 203, II, 108 Z.; Regina (garni), Vergara 2, II, 102 Z.; Condado, Aribau 201, II, 89 Z.; Terminal (garni), Provenza 1, II, 75 Z.; Roma (garni), Mallorca 163, II, 74 Z.; Rallye (garni), Travesera de Las Corts 150, II, 73 Z., Sb.; Habana (garni), Avda. José Antonio 647, II, 65 Z.; Zenit (garni), Santalo 8, II, 61 Z.; Tres Torres (garni), Calatrava 32/34, II, 56 Z.; Auto Hogar (garni), Marqués del Duero 64, III, 156 Z.; Antibes (garni), Diputación 394, III, 65 Z.; Mesón Castilla (garni), Valdoncella 5, III, 53 Z.

A u f   d e m   T i b i d a b o : Florida (garni), Cumbre del Tibidabo, II, 47 Z., Sb.

SHOPPING. – Barcelona ist eine ausgesprochene Einkaufsstadt, in der man die Erzeugnisse des gewerblichen Kataloniens und weiter entfernter Regionen in großer Auswahl und meist guter Qualität erwerben kann.

Kaufhäuser: Arias, Tamarit Ecke Villaroel; Capitol, Pelayo 20; Cortefiel, Avda. de la Puerta del Ángel 38; El Corte Inglés, Plaza de Cataluña 14; El Corte Inglés (Diagonal), Avda. del Generalísimo 470; Sears (Meridiana), Avda. de la Meridiana 352; Sepu, Rambla de Estudios 120; Simago, Rambla de Estudios 113. Günstig ist der Einkauf von Lederbekleidung und Schuhen.

Mode (viele Boutiquen): Paseo de Gracia, Paseo de la Diagonal, Calle Tuset.

Antiquitäten: Calle de la Paja, Pino, Baños Nuevos, Aviño und insbesondere im Barrio Gótico, wo auch die meisten Antiquariate zu finden sind.

Kunsthandwerk, Souvenirs: Die schönsten und echtesten Stücke findet man im Pueblo Español, wo man in vielen Fällen der Herstellung dieser Artikel beiwohnen kann.

Blumen und Vögel: Rambla de les Flors (Blumenmarkt) und Rambla dels Ocells (Vögel und andere Kleintiere); auch spanische und ausländische Bücher und Zeitschriften an den Kiosken.

VERANSTALTUNGEN. – Fiesta de San Antonio (Januar), mit Segnung der Tiere, Festzug der Reiter und geschmückter Wagen. – Palmenmarkt (Woche vor Palmsonntag) auf der Rambla de Cataluña; am Palmsonntag Aufhängen der gesegneten Palmzweige an den Balkonen der Häuser. – Semana Santa (Karwoche), mit Karfreitagsprozession auf den Ramblas; Karsamstag Lämmermarkt auf dem Paseo de San Juan. – Corpus Cristi (Fronleichnam) mit großer Prozession von der Kathedrale aus. – Fiesta Mayor (September), Patronatsfest zu Ehren der Virgen de la Merced. – Ferner Freudenfeuer auf dem Paseo de San Juan und in anderen Straßen anläßlich des Johannesfestes und am Tag von Peter und Paul.

Spielcasino: Gran Casino de Barcelona, in San Pedro de Ribas.

SCHIFFSVERKEHR. – Haupthafen für die Autofähren zu den Balearen, den Kanarischen Inseln und nach Nordafrika; ferner reguläre Schiffsverbindungen nach Genua, Marseille, Cannes, London, Neapel, zu allen wichtigen Mittelmeerhäfen sowie nach New York, Mittelamerika und Australien.
Buchungen für Autofähren: Compañía Trasmediterránea, Via Layetana 2; Ybarra, García Morato 6/8.

WASSERSPORT. – Barcelona besitzt in seiner Nachbarschaft gute Badestrände, ferner ein großzügig angelegtes Schwimmstadion auf dem Montjuich. Weitere Wassersportmöglichkeiten, wie Segeln, Motorbootfahren etc., durch den Club Náutico und den Club Marítimo.

FREIZEIT und SPORT an Land. – Alle Sportarten durch die zahlreichen Sportclubs; wie Golf, Reiten, Tennis, Rennsport, Fußball, Polo, Hockey usw. Stierkampf in der Plaza Monumental (22 000 Plätze) und in der Arena Plaza España (15 000 Plätze).

*Barcelona ist die alte und neue Hauptstadt Kataloniens, Sitz einer Universität sowie eines Bischofs und neben Madrid die bedeutendste Stadt Spaniens, der erste Industrie- und Handelsplatz des Landes, einer der größten Häfen am Mittelmeer und ein wichtiger internationaler Luftverkehrsplatz.

Die Stadt liegt landschaftlich überaus reizvoll in einer weiten Küstenebene, die vom Meer allmählich zu dem Bergzug des Tibidabo ansteigt und im Nordosten von der Montaña Pelada, im Südwesten vom Montjuich begrenzt wird. Jenseits der Montaña Pelada öffnet sich das Durchbruchstal des Río Besós; südlich vom Montjuich mündet der Río Llobregat in einer breiten fruchtbaren Talebene, der Gemüse- und Fruchtkammer Barcelonas.

GESCHICHTE. – Barcelona erscheint zuerst unter dem iberischen Namen Barcino und wurde unter Augustus römische Kolonie, mit dem Beinamen Iulia Faventia. Die Westgoten eroberten Barcinona in den Jahren 414 und 531 und machten sie zu ihrer Hauptstadt. Die Mauren nahmen Bardschaluna 716 ein, Ludwig der Fromme 801. Seit 874 waren die Grafen von Barcelona unabhängig. Während dieser Zeit der Vereinigung Kataloniens mit Aragonien war Barcelona neben Genua und Venedig die führende Handelsstadt am Mittelmeer. Die Vereinigung mit Kastilien im 15. Jahrhundert, mehr noch der Ausschluß Kataloniens vom Handel mit der Neuen Welt, erschütterten die Macht der Stadt. Im Spanischen Erbfolgekrieg stellte sie sich auf die Seite des Erzherzogs Karl, von dem sie größere Freiheiten erhoffte. Bei der Erstürmung durch die Franzosen im Herbst 1714 wurde ein großer Teil der Stadt zerstört. Mit der Regierung Karls III., der 1778 den Handel mit Amerika freigab, begann der glänzende Wiederaufstieg der Stadt, die im Laufe des 19. Jahrhunderts ihre alte Bedeutung im Mittelmeerraum wiedererlangte. Während des Spanischen Bürgerkrieges (1936-39) war Barcelona in der Hand der Republikaner.

SEHENSWERTES. – Die Weltstadt Barcelona hat so viel an Sehenswertem zu bieten, daß man sie nicht in einem einzigen Rundgang besichtigen kann. Im Nachfolgenden sind die interessantesten Plätze in Abschnitten zusammengefaßt.

Templo de la Sagrada Familia in Barcelona

Hafengebiet. – Der **Hafen** (Puerto), mit dem Außenhafen (Antepuerto) etwa 300 ha groß, ist neben denen von Gijón und Bilbao der bedeutendste und modernste Spaniens (Warenumschlag jährlich etwa 17 Mio. t); Haupteinfuhrprodukte sind Steinkohle, Getreide und Baumwolle, Ausfuhrprodukte sind Wein, Olivenöl und Korkprodukte. Hafenrundfahrt von der Plaza de la Paz; empfehlenswert ist auch ein Gang auf die innere oder noch besser von Barceloneta auf die äußere Mole.

Katalonischer Mittelmeerhafen Barcelona

Unmittelbar am Hafen erhebt sich an der Plaza Puerta de la Paz das 1888 errichtete 60 m hohe **Kolumbus-Denkmal,** dessen eiserne Säule (Aufzug; begrenzte Aussicht) eine 8 m hohe Bronzestatue des Kolumbus trägt. – An der zum Hafen geöffneten Ostseite des Platzes eine Nachbildung (1951) der Karavelle Santa María, mit der Kolumbus im Jahre 1492 seine Entdeckungsfahrt nach Amerika unternahm. An der Südseite des Platzes die stattlichen Gebäude der Aduana (Zollamt) sowie der ehemaligen Schiffswerft **Reales de Atarazanas** (13./14. Jh.), mit dem sehenswerten Museo Marítimo (Marine-Museum), das u.a. zahlreiche Schiffsmodelle zeigt.

Von der Plaza de la Paz zieht der Paseo de Colón am Hafen entlang südwestlich zum Fuß des Montjuich, nordöstlich als eine 42 m breite Palmenallee zur Hauptpost. Unweit nördlich des Paseo de Colón liegt an der Calle de la Merced die um die Mitte des 18. Jahrhunderts erbaute stattliche **Kuppelkirche La Merced;** auf dem Hauptaltar das vielverehrte Standbild der "Virgen de la Merced" (13. Jh.), der Schutzpatronin Barcelonas. Am Nordostende des Paseo, der sich hier zur Plaza de Antonio López erweitert, steht die **Hauptpost** (Correos), 1928 erbaut. – Von hier führt als Fortsetzung des Paseo de Colón der kurze Paseo de Isabel II auf die Plaza de Palacio, den Mittelpunkt des Seehandels von Barcelona, mit dem

Gobierno Civil sowie zahlreichen Büro- und Handelshäusern. An der Westseite des Platzes die 1382 gegründete **Lonja** (Börse), mit sehenswertem gotischen Börsensaal (Sala de Contrataciones).

Unweit nördlich von der Börse die gotische *Kirche Santa María del Mar (1329-83), nächst der Kathedrale die bedeutendste mittelalterliche Kirche Barcelonas, mit gotischer Fensterrose und reichen Portalen; in dem weiträumigen Innern Glasgemälde (15./17. Jh.). Hinter der Kirche die Plaza del Borne, einst Festplatz, in deren Umgebung mehrere altertümliche Gassen erhalten sind, so die einst vornehme Calle Moncada mit der Hausnummer 20, der Casa Dalmases (schöner Hof und Renaissancetreppe) und der Nummer 15, dem Palacio Berenguer de Aguilar; im Innern das *Picasso-Museum, eine der bedeutendsten Sammlungen von Bildern des von 1895 bis 1903 vorwiegend in Barcelona ansässig gewesenen Malers, mit Werken der Blauen und Rosa Periode und den 1957 gemalten Paraphrasen zu Velázquez' ''Meninas''.

Südöstlich von der Plaza de Palacio gelangt man in die auf einer Landzunge gelegene, regelmäßig angelegte Fischervorstadt **Barceloneta** (volkstümliches Leben), mit der 1755 erbauten, 1863 erweiterten Kirche San Miguel del Puerto. – Von der auf der 'Neuen Mole' stehenden Torre de San Sebastián (96 m hoch; Restaurant) *Schwebebahn über den Hafen zur Zwischenstation Torre de Jaime I (158 m hoch; Bar) und weiter zum Miramar (Montjuich).

Gebiet der Ramblas. – Die am Kolumbus-Denkmal beginnenden *Ramblas, der mit Platanen bepflanzte breite Hauptstraßenzug der Stadt, führen in einer Länge von 1180 m zur Plaza de Cataluña. Gleich am Anfang steht links an der Rambla de Santa Mónica die **Marine-Kommandantur.** – An die Rambla de Santa Mónica schließt sich die besonders verkehrsreiche Rambla de los Capuchinos (früher Rambla del Centro) an. Unweit links bei der Calle del Conde de Asalto der **Palacio Güell** (1885-89) von Antonio Gaudí, heute Theatermuseum. Rechts abseits (durch die kurze Calle de Colón) liegt die Plaza Real, ein mit Palmen bepflanzter und von Arkaden umgebener stets belebter Platz. Die nächste rechte Querstraße der Rambla ist die vor allem abends sehr besuchte Calle de Fernando, die zur Plaza de San Jaime führt. – Beim **Gran Teatro del Liceo** (1848), mit 5000 Plätzen für Oper und Konzert, führt von der Rambla links die Calle de San Pablo zu der romanischen **Kirche San Pablo**

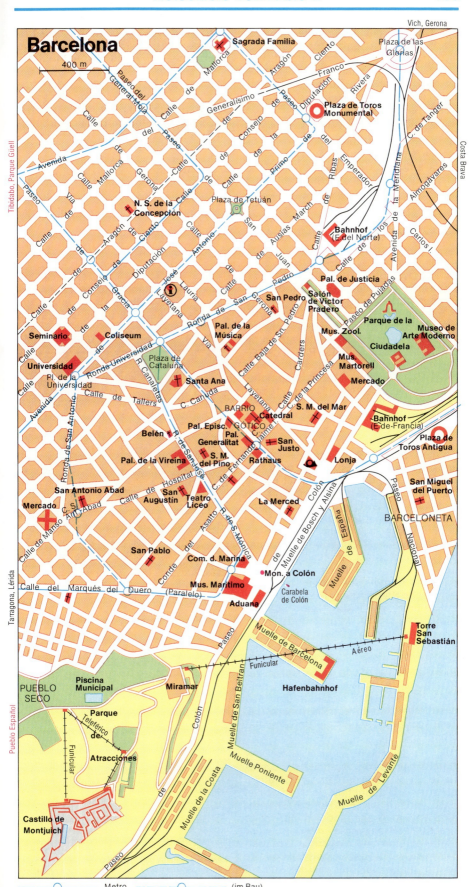

Vich, Gerona

Barcelona

400 m

Tibidabo, Parque Güell

Costa Brava

C. de Tánger

Sagrada Familia

Plaza de las Glorias

Mallorca

Ciento

Aragón

Franco

Rivera

Paseo del General Mola

Generalísimo

Diputación

Plaza de Toros Monumental

Calle

del

Paseo

de

Consejo

de la

Prino

Paseo

del

de

Emperador

C. de Tánger

Avenida

Aragón

de

Ribas

Carlos I.

Calle

Mallorca

Gerona

Calle

N. S. de la Concepción

Plaza de Tetuán

March

Bahnhof (E. del Norte)

Avenida de los

Almogávares

Avenida de la Meridiana

Calle

de

Calle

de

Ciento

San

Antonio

Ausias

Juan

Calle

Diputación

Jose

Laurla

Pedro

Pal. de Justicia

Calle

de

Consejo

de

la

Gracia

Layetana

San Geroña

San Pedro

Salón de Victor Pradero

Paseo de Pujadas

Ronda de

Pal. de la Música

Mus. Zool.

Parque de la

Museo de Arte Moderno

Seminario

Coliseum

Via

Bala de Sn. Pedro

Carders

Ciudadela

Universidad

R. Canaletas

Plaza de Cataluña

Ronda Universidad

Mus. Martorell

Pl. de la Universidad

Santa Ana

C. Cañuda

Layetana

C. de la Princesa

Mercado

Avenida

Calle de

Tallers

BARRIO

Catedral

S. M. del Mar

Bahnhof (E. de-Francia)

Ronda de San Antonio

Belén

Pal. Epísc.

GÓTICO

Pal. Generalitat

San Justo

Plaza de Toros Antigua

Pal. de la Vireina

R. de Sansesta

S. M. del Pino

C. de Fernando

Jaime

Rathaus

Lonja

San Miguel del Puerto

San Antonio Abad

Calle de

Hospital

San Augustín

Teatro Líceo

La Merced

Colón

Paseo

España

Nacional

Mercado

C. SI.

Ant. Abad

Muelle de Bosch y Alsina

BARCELONETA

Calle de Manso

San Pablo

Conde del

Com. d. Marina

Muelle de España

Calle del Marqués del Duero

(Paralelo)

Mus. Marítimo

Mon. a Colón

Carabela de Colón

Aduana

Torre San Sebastián

Muelle de Barcelona

Aéreo

PUEBLO SECO

Piscina Municipal

Miramar

Funicular

Hafenbahnhof

Parque

Teleférico

de

Colón

Muelle de San Beltran

Pueblo Español

Funicular

Atracciones

Muelle de la Costa

Muelle Poniente

Muelle de Levante

Castillo de Montjuich

Tarragona, Lérida

Paseo

Metro   (im Bau)

del Campo, die 1117 außerhalb der Stadt (daher 'del Campo') erbaut wurde; mit achteckiger Vierungskuppel und schönem Hauptportal, ferner mit beachtenswertem Innern. Südöstlich anstoßend ein reizvoller kleiner Kreuzgang des 13. Jahrhunderts.

Die Rambla de los Capuchinos endet an dem Verkehrsknotenpunkt L l a n o d e l a B o q u e r í a. Von hier führt die Calle del Cardenal Casañas nördlich zur P l a z a d e l P i n o, mit der **Kirche Santa María del Pino** (15. Jh.); an der Westseite der Kirche eine große Fensterrose, im Innern schöne moderne Glasgemälde. In der Umgebung viele Antiquitätengeschäfte.

An den Llano de la Boquería schließt sich nordwestlich die R a m b l a d e S a n J o s é an, wegen des hier stattfindenden Blumenmarkts auch R a m b l a d e l a s F l o r e s genannt. Links die große Markthalle **Mercado de la Boquería;** nördlich anstoßend der 1778 erbaute **Palacio de la Virreina,** der ehemalige Palast der Vizekönigin von Perú, mit dem *Museo de Artes Decorativas* (Möbel, Teppiche, Porzellan, auch Gemälde ital. und span. Meister, u.a. von Tizian, El Greco und Goya). – Weiterhin die R a m b l a d e l o s E s t u d i o s, wo vormittags Vogelmarkt ist. Gleich links an der Ecke der Calle del Carmen die 1681-1729 erbaute ehemalige **Jesuitenkirche Nuestra Señora de Belén.** Die Ramblas enden an der P l a z a d e C a t a l u ñ a, dem größten und belebtesten Platz Barcelonas, zugleich Hauptkreuzungspunkt der U-Bahnlinien, mit Parkanlagen und Kaskaden. An der Ostseite das mächtige *Telephongebäude* (Telefónica); an der Südostseite des Platzes in der Nähe der Einmündung der Rambla der Zugang zu der alten **Kirche Santa Ana** (1146 gegründet), mit einem zierlichen zweistöckigen Kreuzgang des 14. Jahrhunderts.

Von der Plaza de Cataluña führen westlich die ladenreiche Calle de Pelayo sowie die Ronda de la Universidad zur P l a z a d e l a U n i v e r s i d a d, mit dem 1863-73 errichteten Gebäude der 1450 gestifteten **Universität;** im Innern u.a. zwei schöne Höfe und die Universitätsbibliothek.

Die nordwestliche Fortsetzung der Ramblas bildet die R a m b l a d e C a t a l u ñ a, die sich von der Plaza de Cataluña bis zur Vía Diagonal hinzieht. – Parallel dazu verläuft der P a s e o d e G r a c i a, eine 61,5 m breite und 1200 m lange prächtige Promenade mit vierfacher Platanenreihe und eleganten Geschäften. In der rechts abzweigenden Calle de Aragón links die 1869 aus der Altstadt

hierher übertragene **Kirche Nuestra Señora de la Concepción,** mit einem Kreuzgang aus dem 14. Jahrhundert (1936 schwer beschädigt). Weiter am Paseo de Gracia rechts (Nr. 92) die **Casa Milá** von Gaudí (1910). – Am Nordende des Paseo liegt die P l a z a d e l a V i c t o r i a, mit einem an den Einzug der Franco-Truppen (1939) erinnernden Obelisken. Hier kreuzt man die über 10 km lange V í a D i a g o n a l, die Hauptverkehrsader der Neustadt. Nahe an ihrem Westende das *Stadion* des F. C. Barcelona (125000 Plätze) und die Anlagen der *Universitätsstadt* (Zona Universitaria).

Kathedrale und Barrio Gótico. – Etwa 500 m südöstlich der Plaza de Cataluña erhebt sich auf dem höchsten Punkt der Altstadt ('Monte Tabor' genannt) die ***Kathedrale** *(Santa Cruz oder Santa Eulalia),* im Jahre 1298 an

Kathedrale in Barcelona

der Stelle eines alten romanischen Baus, von dem am nordöstlichen Seitenportal noch einige Steinreliefs erhalten sind, begonnen und 1448 bis auf die Hauptfassade (1898) und den Kuppelturm (1913) beendet.

In dem großartigen ***INNEREN** (83,3 m lang, 37,2 m breit und 25,5 m hoch) farbenprächtige *Glasgemälde,* z.T. aus dem 15. Jh., ferner beachtenswertes *Chorgestühl* (15. Jh.) und eine schöne *Kanzel* von 1403. In der **Capilla Mayor** ein spätgotischer *Retablo* des 16. Jahrhunderts. Von den zahlreichen Seitenkapellen ist die stattlichste die **Capilla del Santísimo Sacramento** (auch *Capilla del Santo Cristo de Lepanto),* rechts neben dem Hauptaltar, ehemals Kapitelsaal; mit dem aus dem 15./16. Jh. stammenden *Alabaster-Grabmal* des hl. Bischofs Olegarius († 1136) sowie dem 'Christus von Lepanto', der angeblichen *Galionsfigur* vom Flaggschiff des Don Juan de Austria in der gegen die Türken gewonnenen Seeschlacht von 1571. Die übrigen 26 Kapellen, mit einigen bedeutenden Grabmälern, stammen meist aus dem 16./17. Jahrhundert. – Von der Capilla Mayor führt eine Treppe hinab zur **Krypta,** mit dem *Alabaster-Sarkophag* (ital. Arbeit, um 1330) der hl. Eulalia (3. Jh.?). In der **Sakristei** der sehenswerte Kirchenschatz (Tesoro). – Vom südwestlichen *Turm* (210 Stufen; Eingang im Innern der Kirche) sehr lohnende *Aussicht.

Südwestlich anstoßend an die Kathedrale der prächtige *Kreuzgang (Claustro)* von 1380-1451; im inneren Hof Palmen und Magnolien; in der Südwestecke des Kreuzganges die 1270 gestiftete *Capilla de Santa Lucía,* daneben die *Sala Capitular* (jetzt Museo de la Catedral), mit Gemälden spanischer Meister des 14./15. Jahrhunderts.

In nächster Umgebung der Kathedrale befindet sich das *Barrio Gótico* (Gotisches Viertel), der bedeutendste Rest der mittelalterlichen Altstadt, mit vielen Antiquitätengeschäften. Die Calle de Santa Lucía führt von der Plaza de la Catedral südwärts, vorbei an der **Casa del Arcediano** des 15. Jahrhunderts, mit prächtigem Patio und dem *Stadtarchiv,* zu dem schon 926 erwähnten, mehrfach umgebauten **Bischöflichen Palast.** – Am Nordende der Plaza de la Catedral steht die **Casa Canónica,** das Domherrenhaus des 15. Jahrhunderts, mit dem sehenswerten *Diözesanmuseum* (Altartafeln, Skulpturen, kirchliche Gewänder). Anschließend, an der Calle Condes de Barcelona, das **Museo Marés,** mit einer reichen Skulpturensammlung, und das *Archiv der Krone aus Aragonien* (Archivo General de la Corona de Aragón). Von hier erreicht man die nördlich abseits gelegene Plaza del Rey, einst Mittelpunkt des Palastes der Grafen von Barcelona und Könige von Aragonien, von dem in der Nordwestecke der mächtige fünfstöckige **Mirador** (Aussichtsturm, 16. Jh.) sowie im Erdgeschoß der ehemalige Empfangssaal der Grafen, der *Salón del Tinell* von 1370 (bogengestützte Decke) erhalten geblieben sind; in diesem Saal wurde Kolumbus nach der Rückkehr von seiner ersten Amerikafahrt von den Reyes Católicos empfangen. Zu dem Palast gehörte auch die gotische *Capilla de Santa Águeda* des 13. Jahrhunderts, vor der eine Säule vom römischen Tempel steht. An der Ostseite des Platzes die **Casa Padellas** mit dem *Historischen Stadtmuseum* (Museo de Historia de la Ciudad).

Die an der Südwestseite der Kathedrale vorüberführende Calle del Obispo Irurita mündet südlich auf die Plaza de San Jaime. An ihrer Nordwestseite die **Casa de la Diputación** (15. Jh.), ehemals Sitz der Stände des Landes, jetzt der Provinzialverwaltung; prächtiger gotischer *Patio* und im 1. Stock die gotische *Georgskapelle,* im rückwärtigen Gebäudeteil der reizvolle *Orangenhof.* Nördlich an die Casa de la Diputación anstoßend die ehemalige **Audiencia** *(Gerichtshof),* mit schöner gotischer Fassade an der Calle del Obispo Irurita.

– An der Südostseite der Plaza de San Jaime die **Casa Consistorial** (oder *Ayuntamiento),* das 1369-78 errichtete Rathaus, mit Hauptfassade von 1847; im Innern großer Ratssaal (Salon de Ciento) des 14. Jahrhunderts und der von José Maria Sert ausgemalte 'Salón de las Crónicas'. – Unweit östlich die gotische *Kirche Santos Justo y Pastor,* um 1345 begonnen.

Paseo de Carlos I in Barcelona

Die von der Ostecke der Plaza de San Jaime ausgehende Calle de Jaime I führt zu der Plaza del Ángel, dem Kreuzungspunkt mit der Vía Layetana, der Straße der Bank- und Versicherungspaläste. Sie endet im Südosten beim Hafen und führt nordwestlich bis zur Calle de Córcega. In diesem nördlichen Abschnitt steht rechts abseits in der Calle Alta de San Pedro der **Palau** *(Palacio)* **de la Música,** ein 1908 von Domènech i Montaner in neukatalanischem Stil erbautes Konzerthaus. Die Alta de San Pedro führt nordöstlich weiter zu dem 1888 als Eingang zur Weltausstellung errichteten *Arco del Triunfo* und zum **Justizpalast** *(Palacio de Justicia)* von 1903; im Innern Wandmalereien von J. M. Sert. Von hier nördlich in die Calle de los Almogávares, östlich zum Stadtpark.

Stadtpark. – Nordöstlich von der Plaza de Palacio führt die breite Avenida del Marqués de Argentera vorbei an der *Estación de Francia* (Französischer Bahnhof) zum **Stadtpark (Parque y Jardines de la Ciudadela),** einem 30 ha großen Gelände mit Baumgärten, Blumenterrassen, Wasserbekken und Denkmälern an der Stelle der geschleiften Zitadelle. In der Westecke des Parks, in einem Bau von Domènech i Montaner, das **Zoologische Museum** *(Museo de Zoología);* südöstlich jenseits des Palmenhauses das **Geologische Museum,** nach seinem Stifter auch *Museo Martorell* genannt; an der Nordostseite des Parks der **Zoologische Garten** *(Jardín Zoológico).* An der Nordecke des Parks ein phantastisches Grottenwerk, die *Cascada del Parque;* gegenüber ein Café-Restaurant. – Weiter südöstlich folgen mehrere Gebäude der ehemaligen Zitadelle. Im **Palacio Real** (18. Jh.) und seinen modernen Anbauten das *Museum für moderne Kunst* (Museo de Arte Moderno), das einen guten Überblick über die spanische Malerei und Plastik des 19./20. Jahrhunderts bietet; u.a. Werke von Dalí, Miró und Tàpies. – An der Calle de los Almogávares im Haus Nr. 99 eine *Sammlung historischer Leichenwagen* (Carros fúnebres) des 17./19. Jahrhunderts.

Montjuich und Pueblo Español. – An der Südseite der Stadt erhebt sich der zum Meer steil abfallende *Montjuich (sprich 'Mondschúik'), mit 213 m Höhe, Schwebe-, Gondel- und Standseilbahn sowie Auffahrt vom Paralelo. An seinem Nordabhang zieht sich die Calle del Marqués del Duero ('Paralelo') hin, mit zahlreichen Vergnügungsstätten. Auf der Höhe des Berges das **Castillo de Montjuich,** mit *Militärmuseum* und schönem *Ausblick von den Bastionen. Am Nordwesthang ein ausgedehnter **Park** mit den Palästen der Weltausstellung von 1929, jetzt Museen; *Centro de Estudios de Arte Contemporáneo,* eine Stiftung von Joán Miró.

Am Westende der Calle del Marqués del Duero die Plaza de España, mit dem großen Brunnen 'España ofrecida a Dios' (im Sommer *Illumination). Von hier führt die Avenida de la Reina María Cristina über zahlreiche Treppen und Terrassen zwischen den Ausstellungshallen hindurch und hinauf zu dem monumentalen **Palacio Nacional,** mit einem 10 000 Personen fassenden Saal und dem *Museum für Katalanische Kunst* (Museo de Arte de Cataluña), das hervorragende Werke der spanischen Malerei des 11.-18. Jahrhunderts enthält, darunter Bilder und Skulpturen der romanischen und gotischen Zeit, u.a. aus katalanischen Kirchen übertragene Wand- und Gewölbemalereien sowie Werke von El Greco, Velázquez, Zurbarán und Ribera. Unweit östlich der **Pabellón de la Rosaleda,** mit dem *Völkerkundemuseum* (Museo Etnológico). Nordöstlich davon das reichhaltige *Archäologische Museum* (Museo Arqueológico). Nahebei östlich das in einem ehemaligen Steinbruch eingebaute *Griechische Theater*

(Teatro Griego), das 2000 Plätze hat; im Sommer Vorstellungen. – Im Westteil des Parks liegt das *Pueblo Español, eine für die Weltausstellung 1929 angelegte Nachbildung von charakteristischen Häusern der spanischen Provinzen, wobei jede Landschaft durch eine Straße vertreten ist (Gelegenheit zu Einkäufen). An der Plaza Mayor im Hause Nr. 6 das *Museo Etnológico* mit seiner spanischen Abteilung, mit kunstgewerblichen Gegenständen sowie Erzeugnissen von Industrie und Handwerk.

Vom Pueblo Español führt die aussichtsreiche Avenida del Estadio am *Stadion* (60 000 Plätze) vorbei und die sie fortsetzende Avenida de Miramar (zusammen 3 km) zur Station der Standseilbahn und weiter zu einer *Aussichtsterrasse ('Miramar'; 60 m), mit Restaurant und Schwebebahn; von dort gelangt man in wenigen Minuten über Treppen oder mit dem Auto auf der Carretera de Montjuich zum Ostende des Paseo de Colón und zum Hafen. Am Nordosthang des Montjuich der *Parque de Atracciones* (Vergnügungspark).

Gebiete im Norden. – Im nördlichen Teil der Stadt erhebt sich jenseits der Avenida del Generalísimo Franco der *Templo de la Sagrada Familia, ein 1882 nach Plänen von Antonio Gaudí begonnener monumentaler Kirchenbau in neukatalanischem Stil, dessen Baukosten aus Almosen und Stiftungen zusammengetragen werden. Die Kirche soll eine Gesamtlänge von 110 m und eine Höhe von 45 m erhalten, mit zwölf 100-115 m hohen Türmen und einer

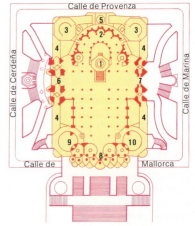

Templo de la Sagrada Familia   **Barcelona**

1 Altar
2 Apsidenkapelle
3 Sakristeien (darüber Türme)
4 Kreuzgang
5 Kapelle der Auferstehung Mariae
6 Portal der Passion Christi
7 Portal der Geburt Christi
8 Portal der Herrlichkeit
9 Baptisterium (Turm)
10 Sakramentskapelle (Turm)

160 m hohen Hauptkuppel. Vollendet sind bisher die viertürmige Osttür ('Weihnachtsfassade'), die Apsis und die dem Gottesdienst dienende Krypta.

Von der nördlichen Endstation der Metro III (Plaza Lesseps) gelangt man durch einige Straßen des Vororts Gracia bergan zum *Parque Güell, einer 1900-14 von Antonio Gaudí angelegten Parkschöpfung, mit phantastischen Bauten im neukatalanischen Stil (Markthalle, Griechisches Theater, Turmbauten, Galerien, Viadukte). Hier wohnte Gaudí von 1906 bis kurz vor seinem Tode.

Eine lohnende Auffahrt (12 km nördlich) führt durch die zwischen der Plaza de Cataluña und der Plaza de la Universidad beginnende Calle de Balmes, später auf prächtiger Aussichtsstraße hinauf zum *Tibidabo (532 m), auf den auch eine 1,2 km lange Standseilbahn führt (Talstation am Endpunkt der Straßenbahn 'Tranvía azul' bei der genannten Metro-Station Tibidabo). Oben Hotels und Restaurants sowie ein Vergnügungspark und die 1961 vollendete *Kirche Sagrado Corazón de Jesús,* mit einer großen Herz-Jesu-Statue von 1935. Auf dem Gipfel ein 45 m hoher Wasserturm (Fahrstuhl) sowie der Sender Barcelona. Die Aussicht umfaßt die Umgebung der Stadt mit 80 Ortschaften (auch bei Dunkelheit sehr eindrucksvoll), das weite Meer (bei klarem Wetter Sicht bis zu den Balearen!), landeinwärts den Montserrat, den Montseny und nördlich am Horizont die Pyrenäen. – Lohnend ist der Rückweg über den etwa 2 km westlich gelegenen Villenort VALLVIDRERA (375 m), mit hübsch gelegener alter Pfarrkirche. Von hier entweder die Straßenbahn nach Barcelona (12 km) bzw. Standseilbahn zur Vorstadt SARRIÁ oder von der Kirche in Sarriá (Straßenbahn; Metro III von der Station Roma) westlich auf dem Paseo de la Reina Elisenda nach PEDRALBES, mit der 1326 erbauten gotischen *Klosterkirche Santa María,* in der das Alabaster-Grabmal der Königin Elisenda de Montcada († 1364), Gemahlin Jaimes II., bemerkenswert ist; am dreigeschossigen Kreuzgang die Capilla de San Miguel, mit bedeutenden gotischen *Wandmalereien von Ferrer Bassa (1346).

****Costa Brava** s. dort.

Bari

Italien.
Region: Puglia (Apulien). – Provinz: Bari. Höhe: 0-4 m ü.d.M. – Einwohnerzahl: 360 000. Postleitzahl: I-70100. – Telefonvorwahl: 0 80.
ⓘ **EPT**, Piazza Roma 33 a; Telefon: 25 86 76.
ACI, Via Ottavio Serena 26; Telefon: 33 13 54.
TCI, Via Melo 259; Telefon: 36 51 40.
CIT, Via Principe Amedeo 92; Telefon: 21 35 52.

HOTELS. – *Palace,* Via Lombardi 13, I, 336 B.; *Jolly,* Via G. Petroni, I, 322 B.; *Casa dello Studente,* Largo Fraccacreta 2, II, 363 B.; *Ambasciatori,* Via Omodeo 51, II, 333 B., Sb.; *Grand Hotel e d'Oriente,* Corso Cavour 32, II, 282 B.; *Windsor Residence,* Via Mauro Amoruso 62/7, II, 250 B., Sb.; *Astoria,* Via Bozzi 59, II, 204 B.; *Leon d'Oro,* Piazza Roma 4, II, 198 B.; *Victor,* Via Nicolai 71, II, 146 B.; *7 Mari,* Via Verdi 60, II, 144 B.; *Boston,* Via Piccinni 155, II, 111 B.; *Europa,* Via Oberdan 64, III, 91 B.; *Roma,* Piazza Roma 45, III, 81 B.; *Corona,* Via Sparano 15 A, III, 67 B. JUGENDHERBERGE in Palese, Via Nicola Massaro 33, 194 B. – CAMPINGPLATZ.

VERANSTALTUNGEN. – *Fiera del Levante* (Levantemesse), alljährlich im September.

Die als 'Pforte des Orients' besonders für den Warenverkehr mit dem östlichen Mittelmeer bedeutsame Hafenstadt Bari, Hauptort sowohl der Region Apulien wie auch der Provinz Bari, ist die größte Stadt Apuliens und nach Neapel die zweitgrößte in Süditalien. Als wichtigstes Industrie- und Handelszentrum (Petrochemie, Schiffbau; Standort des ersten ital. Atomkraftwerkes) ist Bari auch Sitz eines Erzbischofs, einer Universität sowie einer Marineschule.

SEHENSWERTES. – Die Altstadt mit ihren engen Gassen liegt auf einer Landspitze zwischen dem Alten und dem Neuen Hafen; südlich die weiträumige, moderne Neustadt. – Mittelpunkt der NEUSTADT ist die palmenbestandene Piazza Umberto I. An ihrer Westseite das mächtige Gebäude der **Universität,** mit reichhaltiger *Bibliothek* (160 000 Bände) und dem sehenswerten *Museo Archeologico Nazionale* (Verlegung an die Piazza San Pietro in der Altstadt geplant), die bedeutendste Sammlung apulischer Altertümer. – Von der Nordseite des Platzes führt die vom Bahnhof kommende Via Sparano, die Hauptverkehrsachse der Neustadt, in nördlicher Richtung an der modernen Kirche San Ferdinando vorbei zum belebten Corso Vittorio Emanuele II, der die Neustadt von der Altstadt trennt. An diesem nach 100 m links die Piazza della Libertà, Verkehrsmittelpunkt der Stadt. Hier rechts die *Präfektur,* links das **Rathaus,** das auch das *Teatro Piccinni* beherbergt. – Vom Ostende des Corso Vit-

Alter Hafen von Bari in Süditalien

torio Emanuele II führt der von stattlichen Gebäuden gesäumte Corso Cavour am *Teatro Petruzzelli,* einem der größten Theater Italiens, vorüber zurück in die Bahnhofsgegend. – Beim Ostende des Corso Vittorio Emanuele II beginnt ebenfalls die am **Alten Hafen** entlangziehende prächtige Uferstraße *Lungomare Nazario Sauro. An ihr nach 1 km rechts der *Palast der Provinzverwaltung* mit der *Gemäldegalerie* (meist ältere Bilder aus Bari und Umgebung; ferner Gemälde von Bellini, Vivarini, Veronese, Tintoretto u.a.).

Im Zentrum der ALTSTADT erhebt sich die *Kathedrale *San Sabino* (urspr. 1170-78), mit bedeutenden Resten des normannischen Ornamentschmucks; in der Krypta ein überreich dekoriertes byzantinisches Madonnenbild; im Archiv u.a. zwei Teile einer großen *Exsultet-Rolle (d.h. der Osterlobpreis der kathol. Liturgie; 11. Jh.). – Unweit nördlich der Kathedrale liegt *San Nicola,* eine 1087 begonnene, aber erst im 13. Jahrhundert vollendete große Wallfahrtskirche, die zu den schönsten Schöpfungen romanischen Stils in Apulien zählt.

Im INNEREN der Kirche San Nicola über dem Hochaltar ein *Tabernakel* (12. Jh.), rechts davon eine Madonna mit Heiligen (von Vivarini; 1476). In der Apsis das 1593 errichtete Grabmal der Bona Sforza, der Gemahlin des Königs Sigismund II. von Polen und letzten Herzogin von Bari († 1558); in der von 26 verschiedenen Säulen getragenen *Krypta* unter einem silbernen Altar (1684) eine Grotte mit den aus Myra in Lyzien (Kleinasien) hierher gebrachten Gebeinen des großen und volkstümlichen *hl. Nikolaus von Bari* (um 350), des Schutzheiligen der Seeleute, Gefangenen, Schüler und Kinder (Hauptfesttag am 8. Mai). In der Krypta ferner der *Bischofsstuhl des Elias* (von 1098) mit großartigem Figurenschmuck. Beachtenswert ist auch der *Kirchenschatz.*

Neben San Nicola steht die kleine *Kirche San Gregorio* (11. Jh.), mit reich verzierten Fenstern.

Im Westen der Altstadt erhebt sich das

Kastell, 1233 von Kaiser Friedrich II. begonnen, im 16. Jahrhundert von Bona Sforza als Palast eingerichtet, später Gefängnis und Signalstation, heute sehenswertes *Museum* mit Kopien apulisch-normannischer Plastik (wechselnde Kunstausstellungen). – Vom Kastell führt der breite Corso Vittorio Veneto, nahe am **Großen Hafen** (auch **Neuer Hafen**) entlang, zu dem 2,5 km westlich am offenen Meer gelegenen Gelände der *Levantemesse.*

UMGEBUNG von Bari. – Rund 40 km westlich der Stadt steht das **Castel del Monte (540 m ü.d.M.), das großartigste Stauferschloß Italiens, das um 1240 als Jagdschloß für Kaiser Friedrich II. wohl nach dessen eigenen Plänen erbaut wurde. Der

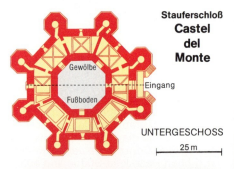

Stauferschloß
**Castel
del
Monte**

Gewölbe

Eingang

Fußboden

UNTERGESCHOSS

25 m

Stauferschloß Castel del Monte in Apulien

mächtige, in frühgotischem Stil errichtete Kalksteinbau, ein gleichseitiges Achteck, mit schönem Innenhof und acht Türmen, enthält in jedem Stockwerk acht gleich große Säle, einst mit reicher Marmorverkleidung. Im Obergeschoß, dessen Fenster besonders schöne Umrahmungen haben, soll der Kaiser gewohnt haben. Hier wurden später jahrzehntelang seine Enkel, die Söhne Manfreds, gefangengehalten. Vom Dach *Rundsicht bis zum Monte Gargano (s. dort).

Bastia s. bei Korsika

Beirut / Beyrouth

Libanon.
Höhe: Meereshöhe.
Einwohnerzahl: 650 000 (Großraum 1 200 000).
ⓘ **Conseil National
du Tourisme au Liban,**
Rue de la Banque du Liban,
Boîte postale 5344;
Telefon: 34 09 40 und 34 31 75.
Touristenpolizei,
Telefon: 34 35 03/4 (in der Stadt);
27 10 09 und 27 11 82 (am Flughafen).
Automobil- und Touringclub des Libanon,
Telefon: 93 24 66/67 und 93 20 20/21.

UNTERKUNFT. – *Bristol,* Rue Mme Curie, L, 162 Z.;
Beirut Carlton, Ave. Gén. de Gaulle, L, 144 Z.;
Cadmos, Rue Minet el-Hosn, L, 113 Z.; *Beirut International,* Ave. Gén. de Gaulle, L, 99 Z.; *Beau Rivage,* Ramlet Baida, 94 Z.; *Beirut Commodore,* Rue de Lyon, I, 148 Z.; *Excelsior,* Rue Minet el-Hosn, I, 105 Z.; *Melkart,* Ramlet Baida, I, 105 Z.; *Riviera,* Ave. de Paris, I, 135 Z.; *Méditerranée,* Chouran, I, 100 Z.; *Continental,* Ave. Gén. de Gaulle, I, 88 Z.; *Napoléon,* Rue Makdissi, I, 84 Z.; *Coral Beach,* Inah, I, 81 Z.; *Atlantic,* Ramlet Baida, I, 79 Z.; *Rodin,* Rue Roustom Pacha, I, 75 Z.; *King's,* Chouran, I, 73 Z.; *Royal Garden,* Rue de Lyon, I, 69 Z.; *Du Roy,* Rue Chatila, I, 66 Z.; *Cavalier,* Rue Hamra, I, 64 Z.; *Pavillon,* Rue Hamra, I, 62 Z.; *Alexandre,* Rue Adib Is-hac, II, 127 Z.; *Palm Beach,* Rue Minet el-Hosn, II, 90 Z.; *May Flower,* Rue Sidani, II, 85 Z.; *Pacific,* Rue Roustom Pacha, II, 77 Z.; *Cedarland,* Rue Abdel Aziz, II, 77 Z.; *Atlas,* Rue Mme Curie, II, 70 Z.; *Bedford,* Rue Jeanne d'Arc, II, 68 Z.; *Plaza,* Rue Hamra, II, 65 Z.; *Federal,* Rue Australie, II, 64 Z.; *Dolphin,* Ave. Gén. de Gaulle, II, 60 Z.; *Astra,* Rue Hamra, II, 58 Z.; *Wiener Haus,* Rue de Lyon, II, 57 Z.; *Le Marly,* Rue Hamra, II, 50 Z.; *Marble Tower,* Rue Makdissi, II, 47 Z.; *Marhaba,* Rue Ayoub Tabet, II, 40 Z.; *Triumph,* Rue Mme Curie, III, 60 Z.; *Biarritz,* Rue Karawan, III, 48 Z.; *Lord's,* Rue Ardati, III, 47 Z.; *Vestales,* Rue Tannoukhine, III, 45 Z. – JUGENDHERBERGE, im Haus des Nationalen Tourismusrates; Y.M.C.A. und Y.W.C.A.

BOTSCHAFTEN. – *Bundesrepublik Deutschland,* Rue Mansour Jourdak, Immeuble Daouk; *Deutsche Demokratische Republik,* Rue de Paris, Corniche Manara; *Republik Österreich,* Rue Sadat, Sadat Tower; *Schweizerische Eidgenossenschaft,* Rue Kennedy, Immeuble Achou.

SHOPPING. – Schmuck, Kupferschmiedearbeiten, Kunstgewerbe, bes. Töpfer- und Glaswaren, Modeartikel.

Spielcasino: Casino du Liban, Jouniyé.

FREIZEIT. – Schwimmen, Segeln, Wasserski, Windsurfing; Wintersport im Gebirge; Golfplatz (9 Löcher).

AUTOVERMIETUNG. – *Incar,* Telefon: 36 64 68; *Lenacar,* Telefon: 36 36 36; *Ricardo,* Telefon: 31 33 50; *Tour Car,* Telefon: 31 19 38; u.a.

Die libanesische Hauptstadt *Beirut, französisch Beyrouth, Sitz einer libanesischen, einer amerikanischen und einer französischen Universität sowie eines päpstlichen Delegaten und eines griechisch-orthodoxen Erzbischofs, liegt prächtig am Fuße des Libanongebirges in der nördlich von der St.-Georg-Bai begrenzten schmalen Küstenebene zwischen dem Ras Beyrouth und dem St.-Dimitri-Hügel.

Als Eingangspforte für Syrien und Mesopotamien mit Damaskus und Aleppo (İstanbul) durch Eisenbahnen, mit Mossul und Bagdad durch Autostraßen verbunden, ist Beirut neben Haifa der wichtigste Mittelmeerhafen zwischen İzmir und Port Said. Auch im Luftverkehr zwischen Europa und dem Orient hat es er-

Strand bei der libanesischen Hauptstadt Beirut

hebliche Bedeutung. Die Stadt, die kaum nennenswerte kulturhistorische Sehenswürdigkeiten besitzt, war vor dem Bürgerkrieg wegen ihrer reizvollen, touristisch günstigen Lage sowie wegen des angenehm milden Klimas eines der beliebtesten Reiseziele in den Ländern der Levante.

GESCHICHTE. – **Berytos** geht wohl auf phönizisch 'B'eroth' (= die Brunnen) zurück; in der Amarna-Korrespondenz des 14. Jahrhunderts v. Chr. erscheint *Beruta* als Sitz eines Stadtfürsten. Im Jahre 140 v. Chr. wird die Stadt während der Nachfolgekämpfe der Seleukiden zerstört. – Die Römer bauen sie mit axialem Straßensystem neu auf und nennen sie *Colonia Iulia Augusta Felix* **Berytus**, deren Rechtsschule seit dem 3. Jahrhundert zu hoher Blüte gelangt. Berühmt war auch die Seidenweberei von Berytus, die sich später von hier aus nach Griechenland und Sizilien ausbreitet. – Das Erdbeben von 529 vernichtet den Wohlstand der Stadt. 635 wird sie von den Arabern erobert und gelangt im 12. Jahrhundert mehrfach in den Besitz der Kreuzfahrer. – In osmanischer Zeit gründet der geniale Drusenfürst Fakhr-eddin (1595-1635) hier im Bunde mit den Venezianern ein selbständiges Reich und macht die Stadt zur Residenz. Dann setzt erst im 19. Jahrhundert ein neuer Aufschwung ein, nachdem sich infolge der Christenverfolgungen (1860) zahlreiche Christen aus dem Innern Syriens in Beirut niederlassen. Am 18. Oktober 1918 wird die Stadt von den Engländern besetzt; 1920 überträgt der Völkerbund das syrische Mandat an Frankreich. Mit der Gründung der Republik Libanon wird Beirut ihre Hauptstadt. – Im Jahre 1958 und erneut seit 1975 kommt es zu blutigen Kämpfen zwischen Christen und Mohammedanern, zu beträchtlichen Verwüstungen durch Artilleriebeschuß und Brandschatzung sowie zur militärischen Abriegelung einzelner Stadtgebiete. Hierdurch hat Beirut an Anziehungskraft für den internationalen Tourismus vorerst verloren.

SEHENSWERTES. – Zentrum des städtischen Verkehrs ist der langgestreckte **Märtyrerplatz (Place des Martyrs bzw. El Bordj),** unweit südlich des modernen Hafens, mit hübschen Palmenalleen, Springbrunnen und großem Kriegerdenkmal. – Westlich anschließend das *Basarviertel* der Altstadt, nördlich überragt von dem schlanken Minarett der *Serail-Moschee* (Djami es-Seraya; 16. Jh.). – Auf der nördlichen Seite der sehr belebten Geschäftsstraße Rue Weygand das *Wirtschaftsministerium,* links daneben das moderne *Rathaus.* – Unweit westlich der Serail-Moschee die ***Große Moschee** *(Djami el Kebir),* das wohl interessanteste Bauwerk der Stadt; 1113 bis 1150 von den Kreuzfahrern als dreischiffige Basilika errichtet und Johannes dem Täufer geweiht, wurde sie 1291 zur Moschee umgebaut. Besonders schön die Säulenkapitelle. – Unweit westlich die sternförmig angelegte verkehrsreiche Place de l'Etoile, mit dem *Parlamentsgebäude.* – Weiter südwestlich, auf einem 40 m hohen Hügel (Aussicht), der **Große Serail,** eine ehemalige türkische Kaserne, in der heute der Ministerpräsident und hohe Verwaltungsbehörden ihren Sitz haben.

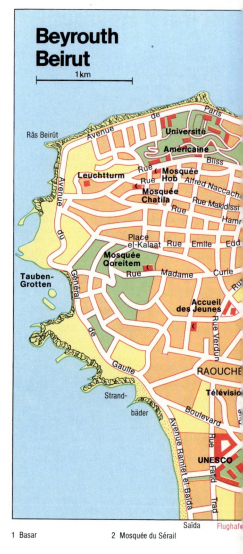

**Beyrouth
Beirut**
1 km

1 Basar   2 Mosquée du Sérail

Die Rue Weygand und ihre westlichen Fortsetzungen, die R u e O m a r D a o u k, Rue John F. Kennedy und Rue de B l i s s, führen zum Gelände der **Amerikanischen Universität** (1866 gegr.) inmitten schöner Parks. – Nördlich vom Universitätsgelände zieht die breite Uferstraße Avenue de Paris um das Felskap *Ras Beyrouth* (prächtige *Aussicht) herum und setzt sich dahinter als Corniche de Chouran in südöstlicher Richtung entlang der zerklüfteten Felsküste fort. In einer Bucht an der Westseite des Kaps ragen die malerischen Felsen der ***Grottes aux Pigeons** *(Taubengrotten)* aus dem Wasser auf; links der Corniche der Villenvorort RAOUCHÉ. – Bei den Strandbädern wendet sich die Uferstraße wieder landeinwärts und zieht als Boulevard de Mazraa ostwärts, dann als Avenue du 22 Novembre am *Stadtpark* mit dem Hippodrom vorbei zum

Mittelmeer

rande Mosquée	4 Place de l'Etoile	5 Parlement	6 St-Elie (griech.-kath. u. orth.)

Archäologischen Nationalmuseum, vor dem man einen Teil einer in Beirut aufgefundenen römischen Kolonnade rekonstruiert hat. Das Museum, in dem man früher u.a. Funde aus Byblos bewundern konnte, ist z.Z. geschlossen, die Bestände sind z.T. ausgelagert.

Einen schönen *Blick über die Stadt hat man vom Hang des *St.-Dimitri-Hügels* beim Kloster Dames de Nazareth, im Südosten der Stadt.

UMGEBUNG von Beirut. – Rund 25 km nordöstlich, an der Bucht von *Joûniyé*, das **Casino du Liban** (Spielbank). Von der Terrasse prächtiger *Blick über die von Terrassenkulturen umgebene schöne Bucht von Joûniyé.

Baalbek und **Byblos** s. dort; Küstenstraße s. bei Libanon.

Bengasi / Banghazi

Libyen.
Höhe: 0-25 m ü.d.M.
Einwohnerzahl: 308 000.

HOTEL. – *Omar Al Khayyam.*

Die arabisch Banghazi, Benghasi oder Benghazi genannte libysche Hafenstadt in der Cyrenaika liegt an der Ost-

Taubengrotten bei Beirut

küste der Großen Syrte, umgeben von mehreren Salzseen, die zum Teil trockengelegt worden sind. Sie sind die Überreste eines weitgehend verlandeten ehemaligen Haffs, das durch eine aus mächtigen Dünen bestehende Nehrung bis auf eine schmale Öffnung vom Meer getrennt wurde. Die orientalische Altstadt nimmt die Spitze der Nehrung ein. Die europäische Neustadt umringt die Medina halbkreisförmig im Westen, Süden und Südosten. Die jüngsten Stadtviertel reichen weiter ins Landesinnere. Sie sind seit dem Beginn der sechziger Jahre aus dem Boden gestampft worden, denn die Bevölkerung Bengasis hat sich seit 1964 (137000) mehr als verdoppelt.

Bengasi, das sich bis 1977 mit Tripolis die Hauptstadtfunktion des Landes in zweijährigem Wechsel teilte, ist der zweitgrößte Bevölkerungsschwerpunkt Libyens. Als Kommissariatshauptstadt besitzt Bengasi weitreichende zentralörtliche Funktionen. Besonders erwähnenswert sind neben zahlreichen regionalen Verwaltungsinstanzen der geisteswissenschaftliche Zweig der Libyschen Universität, ein Lehrerseminar und eine Kunstgewerbeschule. Mehrere Krankenhäuser, eine Rundfunkstation, sowie ein zoologischer und botanischer Garten stehen neben einem großen Basar den Bewohnern eines weiten Umlandes zur Verfügung.

Die Wasserversorgung der Stadt wird über eine Pipeline sichergestellt. Sie erschließt große Quellen, die in der Nähe von Benina, 27 km östlich Bengasis, austreten. Das Wasser stammt aus dem Djebel el-Akhdar, wo es im verkarsteten Untergrund versickert. Die Grundwasservorräte in Küstennähe sind größtenteils brackig und deshalb unbrauchbar.

Wirtschaftsgrundlage Bengasis ist der Ende der sechziger Jahre ausgebaute Hafen, in dessen Umfeld sich mehrere Industriebetriebe angesiedelt haben. Lebens- und Genußmittelherstellung, eine auf der Rohstoffbasis importierter Wollfasern arbeitende Weberei, eine Gerberei sowie Teppichknüpfereien sind die wichtigsten Branchen. Eine große Rolle spielt auch das traditionelle Handwerk. Die durch den Hafen bedingte Verkehrsgunst der Stadt wird durch den internationalen Flughafen bei Benina vorteilhaft ergänzt. Außerdem besteht regelmäßiger Busverkehr zur 1053 km entfernten Hauptstadt Tripolis und nach Tobruk.

GESCHICHTE. – Bengasi ist das antike *Euhesperides*. Es wurde im 5. Jahrhundert v. Chr. von Grie-

chen als Hafenstadt für den Transsaharahandel gegründet. Der ägyptische König Ptolemäus III. gliederte die Stadt 322 v. Chr. seinem Reich ein und nannte sie nach seiner Gattin *Berenike*. 96 v. Chr. bemächtigten sich die Römer der Cyrenaika, und im 2. Jahrhundert n. Chr. wurde Bengasi die Hauptstadt dieses Gebietes. Nach der Teilung des römischen Reiches (395) ging die Cyrenaika in oströmischen Besitz über, aber um 455 fielen die Wandalen nach Nordafrika ein und schleiften die Stadtmauer Bengasis. 534 eroberten die Byzantiner die Cyrenaika jedoch zurück und bauten die zerstörten Befestigungsanlagen Bengasis wieder auf. Der Friede war nur von kurzer Dauer, denn 643 überrannten die Araber den Norden Afrikas. Bengasi verödete unter ihrer Herrschaft fast vollständig und erlebte erst unter den Türken (1551-1911) eine zweite Blüte. In dieser Zeit wurde die heute noch teilweise erhaltene Altstadt erbaut. 1911 besetzten die Italiener ganz Libyen. Im Zweiten Weltkrieg wurde Bengasi bei Kampfhandlungen stark zerstört, und von 1940 bis 1942 wechselte die Stadt fünfmal ihren Besitzer. 1950 wurde sie neben Tripolis die zweite Hauptstadt des neu gegründeten Königreichs Libyen. Diese Funktion verlor Bengasi 1977.

SEHENSWERTES. – Von den Bauwerken aus der Antike hat leider keines die Jahrtausende überdauert, und auch die von den Türken erbaute Altstadt ist nur noch in geringen Teilen erhalten geblieben. Dennoch ist ein kurzer Rundgang durch die wenigen engen Gassen empfehlenswert, um zumindest einen bescheidenen Eindruck vom bunten Treiben in einer orientalischen Stadt zu gewinnen. – Lohnender ist jedoch ein Ausflug in die nordöstliche Umgebung Bengasis, denn hier kann man noch die Spuren der Griechen, Ptolemäer, Römer und Byzantiner verfolgen.

UMGEBUNG von Bengasi. – Etwa 10 km östlich, etwas abseits der Küstenstraße, befindet sich der Ort **Leithe.** Durch eine tiefe Öffnung im Fels gelangt man zu einem unterirdischen Wasserlauf, der nach der griechischen Sage der Totenfluß Acherón sein soll, den die Toten überqueren mußten, um in den Hades zu gelangen. Dabei war der Fährmann Charon gegen ein entsprechendes Entgelt behilflich.

Nach einer Fahrt von 58 km entlang der Küstenstraße folgt der beliebte Badeort **Tokra,** das antike *Tauchira.* Der Ort wurde im 5. Jahrhundert v. Chr. von Griechen aus Sparta gegründet. Unter den Ptolemäern erhielt die Stadt den Namen *Arsinoë,* und 34 v. Chr. wurde sie von den Römern in *Cleopatris* umbenannt. Im 1. Jahrhundert n. Chr. versank die Stadt jedoch in eine länger anhaltende Bedeutungslosigkeit. Ein Neubeginn setzte erst unter der byzantinischen Herrschaft ein. Tokra wurde wiederaufgebaut und mit mächtigen Befestigungsanlagen umgeben. Im Palmenhain der Stadt befinden sich die Überreste von zwei frühchristlichen Basilken, die von den Byzantinern errichtet worden waren.

Gut 40 km nordöstlich von Tokra liegt der Ort **Tolmeitha,** in dessen Nachbarschaft sich die berühmte *Ruinenstätte von Ptolemaïs befindet. Die antike Stadt wurde als Hafen des 29 km weiter landeinwärts liegenden Barka im 5. Jahrhundert von den Griechen gegründet. Unter den Ptolemäern erhielt sie ihren heute noch gebräuchlichen Namen. Ptolemaïs entwickelte sich in spätrömischer Zeit und später unter den oströmischen Kaisern Justinian und Anastasius zu voller Blüte. Die heute noch erhaltenen Ruinen, Zeugen einer großen Vergangenheit, stammen aus ptolemäischer, römischer und oströmischer Zeit. Sie wurden unter den italienischen Kolonialherrschaft freigelegt (1935). Sehenswert sind vor allem ein griechischer Tempel und das Forum aus derselben Epoche, ein römischer Triumphbogen sowie eine byzantinische Kaiservilla mit Innenhof und eine frühchristliche Basilika.

Rund 30 km südlich, auf der Hochfläche des Djebel al-Akhdar, folgt die Stadt **El-Merj**, die bekannter ist unter dem alten Namen *Barka* oder *Barce*. Barka wurde zusammen mit seinem Hafen Ptolemaïs ebenfalls von den Griechen gegründet und gehörte in der Antike zur berühmten Pentapolis (Fünf-Städte-Gemeinschaft) der Cyrenaika. Die Stadt entwickelte sich zu einem der bedeutendsten libyschen Handelsplätze. Im 2. Jahrhundert n. Chr. überflügelte sie sogar das weiter östlich gelegene Cyrene. Leider benutzten die Araber sämtliche antiken Ruinen als Steinbrüche, um auf einfache Weise Baumaterial zu gewinnen. Deshalb ist fast keine einzige der ehemaligen Ruinen erhalten geblieben.

Von El-Merj fährt man am besten in Richtung Tokra, denn diese Straße überwindet den Steilabfall des Djebel el-Akhdar zum Mittelmeer an einer landschaftlich besonders reizvollen Stelle. Von Tokra über die Küstenstraße zurück nach Bengasi.

Benidorm

Spanien.
Region: Valencia.   –   Provinz: Alicante.
Höhe: 0-4 m ü.d.M. – Einwohnerzahl: 22000.
Telefonvorwahl: 9 65.
ⓘ **Oficina Municipal de Información Turistica,**
Avenida de Martínez Alejos 16;
Telefon: 85 32 24 und 85 13 11.

HOTELS. – *Gran Hotel Delfín*, L, 87 Z., Sb.; *Los Dalmatas*, I, 270 Z.; *Don Pancho*, I, 251 Z., Sb.; *Costa Blanca* (garni), I, 190 Z., Sb.; *Cimbel*, I, 144 Z.; *Belroy Palace*, I, 102 Z.; *Corregidor Real* (garni), I, 32 Z., Sb.; *Los Pelicanos*, II, 476 Z., Sb.; *Rosamar*, II, 364 Z.; *Bali*, II, 349 Z.; *Las Ocas*, II, 329 Z., Sb.; *Las Garzas*, II, 306 Z., Sb.; *Fenicia*, II, 279 Z.; *Don Juan*, II, 252 Z.; *Tropicana Gardens*, II, 251 Z., Sb.; *Luna*, II, 247 Z.; *Poseidón*, II, 246 Z.; *Haway*, II, 230 Z., Sb.; *Presidente*, II, 228 Z.; *Benilux Park*, II, 216 Z., Sb.; *Titanic*, III, 327 Z.; *Helios I*, III, 300 Z., Sb.; *Copacabana* (garni), III, 252 Z.; *Villa El Caballo de Oro*, III, 242 Z., Sb.; *Riviera*, III, 200 Z., Sb. – Mehrere CAMPINGPLÄTZE.

Aus dem einst kleinen Fischerort Benidorm ist inzwischen ein international bekannter *Badeort geworden, der zu den meistbesuchten Urlaubszentren der Costa Blanca, der 'Weißen Küste' zählt.

Zwischen den über 150 Hotels, Apartments und Villen rechts und links der Uferstraße erhebt sich auf einem Kastellfelsen über dem Meer das alte Fischerdorf, mit der Kirche und einer aussichtsreichen Terrasse; idyllische Gassen im alten Teil des Ortes.

UMGEBUNG von Benidorm. – Interessante Ausflüge entlang der Mittelmeerküste, aber auch in die Bergwelt der *Sierra de Aitana*, so z.B. über *Callosa de Ensarriá* nach dem 18 km von Benidorm entfernten **Guadalest,** einem hochgelegenen Bergdorf, mit Felsenfestung aus der Maurenzeit (Castillo und Glockenturm); in der Nähe der Stausee des *Río Guadalest*.

Bergama s. Pergamon

Béziers

Frankreich.
Région: Languedoc-Roussillon.
Département: Hérault.
Höhe: 70 m   ü.d.M.   –   Einwohnerzahl: 90000.
Postleitzahl: F-34500.   –   Telefonvorwahl: 67.
ⓘ **Office de Tourisme,**
Rue du Quatre Septembre 27;
Telefon: 28 44 57.

Am Strand von Benidorm an der spanischen Costa Blanca

HOTELS. – *Lou Tamarou,* II, 69 Z.; *Du Nord,* II, 46 Z.; *Du Midi,* II, 32 Z.; *Europe,* II, 30 Z.; *Imperator* (garni), II, 45 Z.; *Grand Hôtel,* III, 75 Z.; *Myrthes,* III, 25 Z.; *Des Poètes* (garni), IV, 14 Z.

Béziers, eines der Zentren des südfranzösischen Weinhandels, entstand aus der römischen Militärkolonie Biterrae Septimanorum. In den Albigenserkriegen wurde die Stadt fast gänzlich zerstört. Nahe der Stadt kreuzen sich der Fluß Orb, der wenig später in den Golfe du Lion mündet, und der Canal du Midi.

SEHENSWERTES. – In der Mitte von Béziers erstreckt sich zwischen Altstadt und Neustadt die belebte Promenade Allées Paul-Riquet, mit der Place Jean-Jaurès. Am Nordende der Allee das *Theater.* – Westlich erreicht man durch die Rue de la République und die Rue Trencavel die ursprünglich romanische, dann gotisch und barock veränderte *Eglise de la Madeleine.* – Weiter nördlich die gänzlich verbaute *Kirche St-Aphrodise* (11.-15. Jh.), die einen Sarkophag aus dem 3. Jahrhundert enthält.

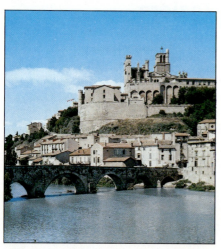

Teilansicht der südfranzösischen Stadt Béziers

Mittelpunkt der Altstadt ist die Place G. Péri, mit dem *Hôtel de Ville* (Rathaus; 18. Jh.). – Von hier führen die Rue Viennet oder die Rue Bonsi zur ehemaligen **Kathedrale St-Nazaire,* einem befestigten Bau aus dem 12.-14. Jahrhundert, mit wuchtigen Türmen; an der Fassade ein großes Rosenfenster. In dem gotischen Kreuzgang ein *Musée Lapidaire.* Von der Terrasse vor der Kirche schöne Aussicht. Dicht dabei, Place de la Révolution Nr. 6, das *Musée des Beaux Arts* (Gemälde, griechische Vasen); in der Rue Massol Nr. 7 das *Musée du Vieux Biterroix* (Volkskunde- und Weinmuseum). – Am Südende der Alt-

stadt die *Kirche St-Jacques,* z.T. aus dem 12. Jahrhundert, mit reich geschmücktem Chor. Vom Platz daneben malerischer Blick auf die hochgelegene Kathedrale St-Nazaire.

UMGEBUNG von Béziers. – 14 km südwestlich liegt das *Oppidum d'***Ensérune,** eine seit 1915 ausgegrabene ibero-griechische Siedlung aus dem 4./3. Jahrhundert v. Chr. (Museum).

Ferienzentrum Cap d'Agde am Golfe du Lion

22 km östlich von Béziers erreicht man das uralte Hafenstädtchen **Agde** (9000 Einw.), mit einer festungsähnlichen ehemaligen Kathedrale (12. Jh.) und einem Heimatmuseum. – Am Golfe du Lion die Feriensiedlung *Cap d'Agde* mit Sport- und Freizeiteinrichtungen.

Beyrouth s. Beirut

Biserta / Bizerte / Binzert / Bansert

Tunesien.
Höhe: 0-5 m ü.d.M.
Einwohnerzahl: 63000.
ⓘ **Office National du Tourisme Tunisien,** Rue de Constantinople 1; Telefon: 3 28 97.

HOTELS. – *Corniche Palace,* II; *Jalta,* III; *Nadhour,* III; *Petit Mousse,* III; *El Kébir,* IV; *Rimel,* IV; *Sidi Salem,* IV. – JUGENDHAUS, Route de la Corniche.

Die französisch Bizerte und arabisch Binzert oder Bansert genannte nordtunesische Stadt Biserta liegt am Ausgang des gleichnamigen Binnensees, der durch einen Stichkanal mit dem Mittelmeer in Verbindung steht und bis 1963 als französischer Kriegshafen diente. Die malerisch arabische Altstadt mit ihrem Fischereihafen erstreckt sich entlang des Kanals, an

dessen Einmündung in den See sich die modernen Europäerviertel anschließen.

Biserta, Verwaltungssitz eines Gouvernements, besitzt einen der bedeutendsten Handelshäfen des Landes. Von hier werden Erdöl, Eisenerz, Getreide, Kork, Zement und andere Massengüter exportiert. Wichtigste Einfuhrgüter sind Holz, Baumaterial und Kohle, die hauptsächlich im Eisenhüttenkombinat von Menzel-Bourguiba am Südufer des Sees von Biserta benötigt wird. Im Gefolge des Hafens hat sich außerdem eine große Erdölraffinerie in Biserta angesiedelt. Wirtschaftlich bedeutend sind auch die Zementindustrie, ein Reifenwerk sowie eine Porzellanfabrik. Erwähnenswert ist schließlich der Fremdenverkehr, denn Biserta hat sich einen Namen als Seebad gemacht. An der Corniche, der Küstenstraße nördlich der Stadt, erstrekken sich ausgedehnte Dünengebiete mit herrlichen, nicht überlaufenen Sandstränden, an denen der Besucher erholsame Ferien in gepflegter Umgebung verbringen kann.

GESCHICHTE. – Biserta geht auf die phönizische Handelsniederlassung *Hippo Diarrytus* zurück, die im 9. vorchristlichen Jahrhundert wenig später als Karthago gegründet wurde. Damals entstand bereits ein erster Kanal zum See von Biserta. In römischer Zeit lag hier eine Garnison, und über den Hafen wurde Getreide nach Rom exportiert. 661 wurde der Ort von den Arabern erobert und erhielt den Namen *Bensert*. Eine erste Blüte erlebte die Stadt im 13. Jahrhundert als Residenz des Hafsiden El Mostansir Bihillah. Im 15. und 16. Jahrhundert entstand das Andalusierviertel, das von aus Spanien vertriebenen Mauren errichtet wurde. 1535 bemächtigten sich die Spanier unter Karl V. der Stadt. Ihnen folgten jedoch schon 1572 die Türken, unter deren Herrschaft sich Biserta zu einem Piratennest entwickelte. Unter dem französischen Protektorat wurde die Stadt zum Flottenstützpunkt und Kriegshafen ausgebaut (1881), und die Franzosen räumten den Hafen erst 1963.

SEHENSWERTES. – Besonders malerisch ist die *Medina um den Alten Hafen mit ihren verwinkelten, einem Labyrinth gleichenden, von Arkaden begleiteten Soukgassen, deren orientalische Atmosphäre man auf sich einwir-

ken lassen sollte. An der Place Slahedeline-Bouchoucha steht noch einer der schönen alten *Brunnen* aus türkischer Zeit (1642) mit einem aus grünen Ziegeln bestehenden Schutzdach, das von schönen Säulen getragen wird. Sehenswert sind auch das **Viertel der Andalusier** und nördlich davon das von den Türken erneuerte *Fort Sidi Salem*. Westlich der Medina steht noch das alte *Spanische Fort* mit seinen mächtigen Rundtürmen und Kasematten. Lohnend ist ein Spaziergang zur Gefallenengedenkstätte *Place des Martyres* (gute Aussicht) und zur *Kirche Notre Dame de France* mit modernen Stahlbetonwölbungen.

UMGEBUNG von Biserta. – Die Umgebung ist landschaftlich ungewöhnlich reizvoll, und man sollte auf keinen Fall einen Ausflug zu dem nördlich der Stadt gelegenen *Cap Bizerte* und *Cap Blanc,* dem nördlichsten Punkt Afrikas, versäumen. – Sehr schön auch die Fahrt durch den Küstenteil zu dem etwa 150 km westlich gelegenen kleinen Fischerort **Tabarka** (5000 Einw.; Hotels: Mimosas, Morjane, De France und Village Tabarka), mit Abstechern zu den abgelegenen Ferienorten *Cap Serrat Plage* und *Plage de Sidi-Mechrig* an der kaum erschlossenen tunesischen *Korallenküste (La Galita)*, die als Paradies für Unterwassersportler gilt. Besonders reizvoll ist der Kontrast zwischen mehrere Kilometer langen Sandstränden und den von dichten Korkeichenwäldern bedeckten Hängen des Gebirges im Hintergrund. In Tabarka findet alljährlich das Nordafrikanische Festival statt, bei dem sich Jugendliche aus aller Welt ein Stelldichein geben.

Lohnend ist auch ein Besuch der **Halbinsel Nadour,** 35 km östlich von Biserta. Vom 325 m hohen *Djebel Nadour* hat man einen herrlichen Blick auf das Mittelmeer. Besonders bekannt ist der Ort *Raf-Raf,* und zwar wegen des Weinbaus (Muskatellertrauben). Der Hafen von *Ghar El-Melh*, dem ehemaligen Porto Farina, ist heute vollkommen versandet und verfallen. Wenige Kilometer entfernt erstreckt sich jedoch der einzigartige feine Sandstrand von *Sidi Ali El-Mekki,* der sich großer Beliebtheit erfreut.

Rund 33 km südöstlich von Biserta, 2,5 km links der Straße nach Tunis, stehen die berühmten Ruinen von *Utica (Utique),* der Schwesterstadt Karthagos, die vermutlich im 8. Jahrhundert v. Chr. als phönizischer Hafen gegründet wurde. Nach der Zerstörung Karthagos im 3. Punischen Krieg wurde Utica bis 14 n. Chr. Hauptstadt der römischen Provinz Africa. Bereits im 3. nachchristlichen Jahrhundert setzte die Versandung des Hafens ein, und im frühen Mittelalter wurde er unter den Sedimenten des Oued Medjerda begraben. Der Fluß baute seine Mündung durch die Ablagerung großer Sandmassen immer weiter ins Meer hinaus, und heute liegen die Überreste von Utica bereits mehr als 10 km weit im Landesinnern. Den Eingang zum Ruinenfeld bilden die Grundmauern des ehemaligen Tors der Thermen. Besonders sehenswert sind eine sehr gut restaurierte römische Villa (1.-3. Jahrhundert n. Chr.) mit mehreren kostbaren Mosaiken, die alle dem Thema Fischfang gewidmet sind. Zusammen mit dem im Bardomuseum von Tunis ausgestellten ''Triumph des Neptun'' gelten die Mosaike Uticas als die ältesten der römischen Afrika. Mehrere der römischen Wohnhäuser wurden über den Grabkammern einer punischen Nekropole errichtet; die Grabblöcke aus 10 cm mächtigen Sandsteinplatten stammen vermutlich aus dem 6. vorchristlichen Jahrhundert. Ein Skelett hat man so in seinem Sarg belassen, wie man es gefunden hat. In einem kleinen Museum werden viele der kostbaren Funde aufbewahrt, getrennt nach punischen, karthagischen und römischen Stücken.

Alter Hafen von Biserta (Tunesien)

Bodrum s. Halikarnassos

Bône s. Annaba

Bonifacio s. bei Korsika

Bordighera

Italien.
Region: Liguria (Ligurien).
Provinz: Imperia.
Höhe: 5 m ü.d.M. – Einwohnerzahl: 12000.
Postleitzahl: I-18012. – Telefonvorwahl: 0184.
(i) AA, Via Roberto 1;
Telefon: 215 80.

HOTELS. – *Grand Hôtel del Mare,* I, 231 B., Sb.;
Grand Hôtel Cap Ampelio, I, 160 B., Sb.; *Jolanda,* I,
86 B.; *Florida,* II, 139 B.; *Continentale,* II, 132 B.;
Belvedere Lombardi, II, 126 B.; *Miramare,* II, 81 B.;
Excelsior, II, 71 B.; *Martinelli,* II, 66 B.; *Colibri,* II,
64 B.; *Residence Mimosa,* II, 60 B.; *Britannique &
Julie,* III, 90 B.; *Parigi,* III, 59 B. – CAMPINGPLATZ.

**Das an der Riviera di Ponente nahe der
italienisch-französischen Grenze reizvoll gelegene Städtchen Bordighera
wird seit langem als heilklimatischer
Kurort und in neuerer Zeit auch als
Seebad besucht.**

Der Ort besteht aus der hoch über dem
Kap San Ampeglio gelegenen malerischen Altstadt (Città Vecchia) und den
neuen Stadtteilen im Westen des Kaps.
Bordighera ist berühmt wegen der hier
wohl gedeihenden Dattelpalmen (Phoenix dactylifera), deren Früchte hier jedoch nur zur Keimfähigkeit reifen und
deren Blätter im Frühjahr für die Palm-
sonntagsfeiern der katholischen Kirche
sowie im Herbst zum jüdischen Laub-
hüttenfest geliefert werden. Bedeutend
ist ferner die Blumenzucht.

Bordighera an der Italienischen Riviera

SEHENSWERTES. – Hauptverkehrsstraße von Bordighera ist die Via Vittorio Emanuele, mit dem *Theater* und
der *Chiesa di Terrasanta.* Von ihr führen
mehrere Seitenstraßen hinauf zur Via
Romana, deren Name an die altrömische Via Aurelia erinnert und die in ihrem Verlauf Einblicke in palmenreiche
Gärten gewährt. Sie endet im Westen
am *Rio Borghetto,* im Osten bei der
Spianata del Capo auf der Höhe des
Vorgebirges, mit prachtvoller *Aussicht: im Nordosten auf die Bucht von
Ospedaletti, im Westen auf Ventimiglia,
die Côte d'Azur (s. dort) und einige meist
schneebedeckte Gipfel der Seealpen.
Am klippenreichen Fuß des Vorgebirges
die Strandpromenade Lungomare Argentina.

Unweit nördlich der Spianata del Capo
die winklige und eng bebaute ALT-
STADT, mit den alten Stadttoren. Von
hier zieht die Via dei Colli westwärts
oberhalb des Städtchens hin und bietet
herrliche Ausblicke.

In dem östlichen Vorort ARZIGLIA, an
der Mündung des Sasso-Tals und unweit vom *Kursaal,* liegt der von dem
deutschen Kunst- und Handelsgärtner
Ludwig Winter († 1912) angelegte
Vallone-Garten (Privatbesitz). – Etwa
1,5 km weiter östlich, an der Straße nach
Ospedaletti, der früher ebenfalls Win-
tersche *Madonnagarten* (Privatbesitz).

Bosporus s. bei Istanbul

Bougie (Bejaïa)
s. bei Algier

Brač

Jugoslawien.
Teilrepublik: Kroatien (Hrvatska).
Inselfläche: 394 qkm. – Bewohnerzahl: 12500.
Telefonvorwahl: 058.
(i) **Turističko biro Bol,**
YU-58420 Bol;
Telefon: 80604.
Turističko društvo Sumartin,
YU-58426 Sumartin;
Telefon: 80511.
Turističko biro Supetar,
YU-58400 Supetar;
Telefon: 80917.

HOTELS. – In Bol: *Elaphusa,* I, 368 B., mit Dep. *Pa-
villons,* II, 426 B.; *Borak,* II, 290 B.; *Kaštil,* II, 72 B.;
Bjela Kuća, II, 52 B. – In Supetar: *Complex Palma,*
II, 592 B.; *Kaktus,* II, 245 B.; *Tamaris,* II, 54 B. – In
Postira: *Vrilo,* II, 42 B.; *Park,* III, 42 B., mit Dep.
Tamaris und *Agava,* II, 80 B.

Jugoslawische Insel Brač – Badestrand 'Zlatni rat' bei Bol

CAMPINGPLÄTZE: *Supetar* in Supetar; ein weiterer Platz in Bol.

VERANSTALTUNGEN. – In Supetar finden im Juli und August 'Maskeraden' mit Eselläufen statt. In Bol gibt es im Sommer Wettbewerbe für Sängernachwuchs.

BADESTRÄNDE. – Der Strand von *Supetar* beginnt in der Nähe des Hafenbeckens und zieht sich an der gesamten Hotel- und Bungalowanlage hin mit viel Schatten. Er wird gründlich gepflegt und gesäubert, ist allerdings auch sehr stark besucht. Die übrigen Küstenorte besitzen keine guten Strände.

AUTOFÄHREN. – Ab Split nach Supetar, Postira, Pučišća, Povlja und Luka, außerdem Schnellverbindungen mit Tragflügelbooten.

Die mitteldalmatische Insel Brač, mit einer Länge von 40 km und einer Breite von 5-12 km nächst Krk die größte Insel der jugoslawischen Adria, ist durch den Kanal von Brač (Brački kanal) vom Festland sowie durch den Kanal von Hvar (Hvarski kanal) von der Insel Hvar getrennt. Brač eignet sich mit seinen meist an hübschen Buchten gelegenen Badeorten zu einem längeren, verhältnismäßig preisgünstigen Ferienaufenthalt.

GESCHICHTE. – Die Insel ist seit der jüngeren Steinzeit besiedelt. Die ersten geschichtlich bekannten Bewohner waren Illyrer, die zwar später in der Zeit, als ringsum griechische Kolonien entstanden, mit deren Bewohnern Handel trieben, sich aber der griechischen Besiedlung erfolgreich widersetzten. Während der Römerzeit begann Kaiser Diokletian damit, die Kalksteinbrüche bei Škrip auszubeuten. Dann geriet Brač unter die Herrschaft von Byzanz und wurde im 9. Jahrhundert vom slawischen Stamm der Neretljani erobert. Später wurde die Insel Teil des kroatischen Königreiches. Als sich die Überfälle der Seeräuber häuften, verließen viele Bewohner die Küstenorte und siedelten sich im Inneren an. Anfang des 13. Jahrhunderts geriet Brač in den Besitz der Festlandstadt Omiš; von 1240 an gehörte die Insel zu Split. Dann folgte wieder eine Periode ungarisch-kroatischer Königs-

herrschaft, bis 1420 die Venezianer der Insel ihrem Machtbereich angliederten. 1797 fiel Brač an Österreich, das von 1807 bis 1815 von Frankreich abgelöst wurde. Von da an blieb Brač bis 1918 bei der Donaumonarchie.

Im Zweiten Weltkrieg kämpften die Partisanen auf Brač gegen die zuerst italienische, dann deutsche Besatzung. Bereits 1944 behielt Tito die Oberhand; es entstand ein Stützpunkt für Partisanenschiffe.

Das halbkreisförmige Hafenbecken von **Supetar,** des Verwaltungszentrums der Insel, umrunden farbenfroh verputzte Gebäude aus der österreichischen Zeit. Der touristisch wichtige Teil von Supetar liegt östlich des Hafenbeckens in einer Park- und Wiesenlandschaft. Hier überrascht am Ende des langen Badestrandes der Friedhof mit einem Mausoleum. Das von Toma Rosandić (1879 bis 1958) geschaffene Werk mit orientalisch-byzantinischen Stilmerkmalen ist das Grabmal der Familie Petrinović, die als Auswanderer von Brač viel Geld in Chile beim Salpeterabbau verdient hat. Den originellen Friedhof schmücken weitere Grabmäler und Skulpturen reicher Einwohner von Brač.

INSELBESCHREIBUNG. – Über die schmale und kurvenreiche Küstenstraße Richtung Süden erreicht man die von schönem Kiefernwald und von den Häuschen des kleinen Ortes umgebene **Bucht von Spliska.** Hier wurden einst die in den nahen Steinbrüchen von Škrip gewonnenen Steinblöcke auf Schiffe verladen. Im römischen *Steinbruch Rasoha,* 800 m von Spliska entfernt, ist im Felsen ein Herakles eingemeißelt, das bedeutendste Bildwerk aus römischer Zeit auf der Insel. Die Pfarrkirche an der Hafenbucht aus dem 16. Jahrhundert zeichnet sich durch einen hübschen, schlanken Turm aus. Über einen Abzweig nach Osten erreicht man die Steinbrüche.

Bei der Weiterfahrt auf der Küstenstraße folgt als nächster Ort **Postira.** Hier wurde der größte kroatische Dichter, Vladimir Nazor (1876-1949), geboren. Eine steile Straße führt vom weitläufigen Hafenbecken hinauf zum Zentrum der alten Ortschaft. Unterhalb der Kirche ein malerischer Platz, umgeben von schönen Fassaden und Portalen. In der Pfarrkirche am Platz sind Schießscharten eingelassen, im Inneren ein Kreuzweg aus dem 18. Jahrhundert. Noch weiter oben, auf dem Hügel *Glavica,* trifft man wieder auf die primitiven alten Bauern- und Hirtenbehausungen. Die Wirtschaftsgebäude (davor Backöfen, Weinpresse und alte Mahlsteine) sind oft nur aus unbehauenen Steinen aufgeschichtet. – Zurück zum Hafen: Bei dem am weitesten ins Landesinnere eindringenden Teil der Bucht steht das *Kastell der Familie Lazanić,* daneben ein *Palais* mit Renaissancegiebel, an der Südseite eingraviert viele religiöse Inschriften.

Pučišća, am Ende einer weit ins Land hineinreichenden Bucht, war einst stark befestigt. In der Pfarrkirche ein sehenswerter Holzaltar des hl. Antonius, einer der schönsten Altäre der Insel, mit dem Altarbild des hl. Rochus, gemalt von dem Tizianschüler Palma d.J.; ferner ein Holzrelief, das u.a. den Schutzpatron des Ortes, den hl. Hieronymus, darstellt.

Ähnlich der südlichste Inselort **Selca,** dessen Häuser die Steinmetzkunst der Insel zeigen. Nationale kroatische und panslawische Ideen fanden in Selca ihren Niederschlag in einem kroatischen Verein, der die Heimatkultur pflegt. Auf ihn geht die Errichtung eines Tolstoj-Denkmals zurück.

Sumartin, die jüngste und östlichste Siedlung auf Brač, besaß bis vor nicht langer Zeit keine befahrbaren Landverbindungen mit den anderen Inselorten. Im Kloster befinden sich mehrere wertvolle Bilder venezianischer Schule.

Bol ist heute der nach Supetar bedeutendste Touristenort der Insel. Eng schmiegt sich das Dorf auf dem schmalen Uferstreifen an das darüber aufragende Gebirge. Sehenswert am Kai ein Palais aus dem 17. Jahrhundert, teils Renaissance, teils Barock; dann die Kirche der Muttergottes vom Berge Karmel (crkva Gospe od Karmela), schließlich der weitläufige Komplex eines Dominikanerklosters und eine Galerie zeitgenössischer Kunst. Das Klostermuseum zeigt Höhlenfunde aus vorgeschichtlicher Zeit, eine numismatische Sammlung, Funde der Unterwasserarchäologie und eine Sammlung von Wiegendrucken und Pergamenten.

Ziel von AUSFLÜGEN ab Bol ist die von der Sandbucht Blaca nur zu Fuß in steilem Anstieg erreichbare **Einsiedelei,** die im 16. Jahrhundert Zuflucht verfolgter glagolitischer Priester war (Näheres zum Glagolitentum s. bei Krk). Bis 1973 lebten hier Einsiedler, der letzte war ein bekannter Astronom; er besaß das größte Teleskop im Land und eine umfangreiche Bibliothek. Mit Führer können die alten Mönchszellen, die Sternwarte, eine Sammlung alter Uhren, Waffen u. a. besichtigt werden. – Eine weitere Fußwanderung führt ab Bol zur höchsten Erhebung der Insel, der 778 m hohen **Vidova gora** *(Veitsberg)* mit prächtiger Aussicht.

Von Bol aus fährt man über den genau im Mittelpunkt der Insel liegenden Ort *Nerežišća*

zur ältesten Siedlung: **Škrip.** Hier arbeiteten einst Hunderte römischer Sklaven in den Steinbrüchen. In den verschiedenen Erdschichten fand man zahlreiche Gegenstände aus der langen Ortsgeschichte, die in einem Museum zusammengefaßt werden sollen (im Wehrturm Radojković). – Drei bekannte Bauwerke sind mit den schönen, weißen Kalksteinen aus den Steinbrüchen von Škrip erbaut oder damit ausgeschmückt worden: der Diokletianspalast in Split, das Reichstagsgebäude in Berlin und das Wiener Parlament.

Westlich von Brač liegt die 52 qkm große Insel **Šolta,** mit rund 3000 Bewohnern (Autofähre von Split, s. dort). Durch den *Splitski Kanal* ist sie vom Festland getrennt. Die Insel ist noch nicht vom Massentourismus erfaßt und besitzt bislang nur eine einzige asphaltierte Straße (zwischen dem Fährhafen Rogač und dem größten Inselort, Grohote). – In **Grohote,** dem ein wenig landeinwärts liegenden größten Dorf der Insel, sind Reste römischer Gebäude mit Mosaikböden erhalten. Neben der Pfarrkirche die Grundsteine einer altchristlichen Basilika aus dem 6. Jahrhundert. Das Altarbild in der Pfarrkirche stammt von dem flämischen Maler Pieter de Coster. Im Dorf steht auch ein Verteidigungsturm aus dem 17. Jahrhundert. Etwas außerhalb, von Feldern umgeben, das gotische Kirchlein des hl. Michael (Sv. Mihovil) aus dem 14. Jahrhundert mit schönen Wandmalereien.

In **Maslinica** an der Nordspitze der Insel, in der mittleren von drei Buchten gelegen, wurde ein altes, befestigtes Barockschloß zum Hotel umgestaltet. – Auf dem Hügel Gradina beim Hafenort **Rogač** erinnert die Ruine einer Burg an die illyrische Königin Teuta, die hier auf ihrer Flucht vor den Römern Unterschlupf gefunden haben soll.

Brindisi

Italien.
Region: Puglia (Apulien). – Provinz: Brindisi. Höhe: 11 m ü.d.M. – Einwohnerzahl: 85000. Postleitzahl: I-72100. – Telefonvorwahl: 0831.
ⓘ **EPT,** Piazza Dionisi;
Telefon: 21944.
ACI, Viale Liguria;
Telefon: 82949.

HOTELS. – *Internazionale,* Lungomare Regina Margherita 26, I, 138 B.; *Jolly,* Corso Umberto I, I, 113 B.; *Mediterraneo,* Viale Liguria 70, II, 113 B.; *Barsotti,* Via Cavour 1, II, 84 B.; *Corso,* Corso Roma 83, II, 68 B.; *Regina,* Via Cavour 5, II, 63 B.; *La Rosetta,* Via San Dionisio 2, III, 57 B. – JUGENDHERBERGE in Casole, Via Nicola Brandi 2, 68 B.

Die im Innern einer tiefen Bucht der Ostküste Apuliens gelegene Hafenstadt Bríndisi, das römische Brundisium, ist seit dem Altertum ein wichtiger Stützpunkt im Seeverkehr mit dem östlichen Mittelmeer und diente den Kreuzfahrern im Mittelalter als Flottenstation. Im Jahre 19 v.Chr. starb hier der aus Griechenland heimkehrende Dichter Vergil.

Der geschützte *Innenhafen* teilt sich in zwei Arme: westlich der *Seno di Ponente* (600 m lang), mit großen Werften und dem Badestrand, östlich der *Seno di Levante* (450 m lang), wo selbst größte Schiffe am Kai anlegen können. Ein Zufahrtskanal von 525 m Länge verbindet beide Arme mit dem *Außenhafen,* dem die von einem Fort (15. Jh.) gesicherte Insel Sant' Andrea schützend vorgelagert ist. – Brindisi ist Sitz eines Erzbischofs und besitzt lebhafte Industrie. – Flughafen 6 km nordöstlich.

SEHENSWERTES. – Verkehrsmittelpunkt der Stadt ist die Piazza del Popolo sowie die anschließende Piazza della Vittoria, mit der *Hauptpost.* Unweit südlich der Piazza del Popolo die *Kirche Santa Lucia,* mit byzantinischer Krypta und Katakomben. – Von der Piazza del Popolo gelangt man nordöstlich durch die Via Garibaldi zu der sich zum Seno di Levante öffnenden Piazza Vittorio Emanuele, an der gleich rechts der *Hafenbahnhof* (Fährschiffe nach Griechenland) liegt. Links führt der Viale Regina Margherita zu einer 19 m hohen *Marmorsäule,* die das Ende der von Rom über Tarent nach Brindisi führenden Via Appia bezeichnet.

Unweit südwestlich der Säule der **Dom** (18. Jh.), links daneben das *Museo Archeologico Provinciale,* mit mittelalterlichen Skulpturen, römischen Porträtstatuen u.a.; westlich gegenüber die *Casa Balsamo* (13. Jh.), mit reich verziertem Balkon. Weiter südwestlich das ehemalige *Baptisterium San Giovanni al Sepolcro* (11. Jh.); noch weiter südwestlich die normannische *Kirche San Benedetto* (um 1100; byzantin. Seitenportal), am anschließenden Kreuzgang ein schönes Relief.

Etwa 0,5 km westlich vom Dom erhebt sich über dem westlichen Hafenarm das 1233 durch Kaiser Friedrich II. angelegte **Kastell** *(Castello Svevo;* unzugänglich) mit gewaltigen Rundtürmen.

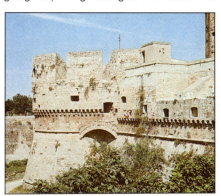
Castello Svevo im süditalienischen Brindisi

UMGEBUNG von Brindisi. – Vom Viale Regina Margherita lohnende Motorbootfahrt in einigen Minuten über den Seno di Ponente zu dem 1933 für die Gefallenen der italienischen Marine errichteten *Monumento al Marinaio d'Italia,* einem 40 m hohen Backsteinturm in Form eines Schiffsruders (Fahrstuhl; von oben schöner *Blick). – 1,5 km nordwestlich von hier (3 km von Brindisi) die ehemalige *Klosterkirche Santa Maria del Casale* (1322), mit schönem Portal und bemerkenswerten Fresken.

Bulla Regia s. bei Tunis

Byblos

Libanon.
Höhe: Meereshöhe.
ⓘ **Conseil National
du Tourisme au Liban,**
Rue de la Banque du Liban,
Boîte postale 5344,
Beyrouth *(Beirut);*
Telefon: 340940 und 343175.

Die Überreste der ältesten ununterbrochen bewohnten, einstmals überaus wohlhabenden Handelsstadt Byblos (phönizisch Gebal) liegen unweit südlich des heutigen Städtchens Jebaïl in unmittelbarer Nähe des Mittelmeeres und bieten dem interessierten Besucher einen guten Überblick über den historischen Ablauf der in mehreren Schichten übereinander angelegten Stadt.

Libanesische Fischer bei Byblos

Teilweise sind die Bauwerke dort, wo noch tiefere Schichten freigelegt werden mußten, von ihrem ursprünglichen Ort entfernt und an anderer Stelle wiederaufgebaut worden.

GESCHICHTE. – Bereits im 6. Jahrtausend v. Chr. siedelten an der Stelle Fischer in bescheidenen, einräumigen Hütten. Bereits um 2800 v. Chr. war die Stadt mit einem festen Mauerring umschlossen. – Aus der Zeit der VI. Dynastie sind Berichte über 'Byblos-Schiffer' erhalten, als Zeichen der bis Ägypten reichenden Handelsbeziehungen. Älteste Urkunden zeigen, daß auch in Byblos zunächst die Keilschrift Verwendung fand, doch bereits zu Beginn des 2. Jahrtausends v. Chr. tritt an ihre Stelle die sogenannte gublitische Schrift, eine kanaanäische Silbenschrift, neben der dann in der zweiten Jahrtausendhälfte die phönizische Buchstabenschrift auftaucht, die als Grundlage unserer modernen Alphabetenschrift anzusehen ist. Ältestes Dokument dieses phönizischen Alphabets ist eine Inschrift auf dem Sarg des Königs Ahiram von Byblos (um 1200-1000 v.Chr.; heute im Nationalmuseum von Beirut). – Die Blütezeit der Stadt fällt in das 2. Jahrtausend v.Chr.; zugleich ist der Einfluß ägyptischer Kultur unverkennbar. – Um 1200 v.Chr. wird Byblos dem assyrischen Reich tributpflichtig. – Noch unter der später folgenden persischen und hellenistischen Herrschaft ist die Stadt ein wohlhabendes Handelszentrum, das seine Bedeutung nicht zuletzt vom Umschlag für das Schreibmaterial Papyrus (griech. 'byblos') verdankt. – Erst in römischer Zeit beginnt der Niedergang der Stadt. – 1103 erobern sie die Kreuzfahrer, die sie *Giblet* nennen und die Steinquader der alten Tempel zum Bau ihrer Burg verwenden. – Im Jahre 1266 nehmen die Truppen des Sultans Baibars die Stadt ein, die danach in Vergessenheit gerät und vollends verfällt.

BESICHTIGUNG DES RUINENFELDES. – Die nicht sehr weitläufige *Ausgrabungsstätte (französische Grabungen 1860 und seit 1919; Funde im Archäologischen Nationalmuseum von Beirut) und die *Kreuzritterburg* liegen südlich der heutigen Stadt zwischen der Straße und dem Meer. – Die ältesten Besiedlungsspuren (6. Jt. v. Chr.) fand man an der Westseite, nahe dem Meer. – Aus der Mitte des 3. Jahrtausends, der ersten Blüte als Handelsplatz, stammen die beiden großen **Tempel** der **Baalat** und des **Reschef** in der Ortsmitte; zwischen beiden lag ein heiliger See. – Teile der Stadtmauer in ihren verschiedenen Stadien finden sich noch am nördlichen Stadtrand zwischen Kreuzritterburg und Meer. Am östlichen Stadtrand fand man einräumige Häuser aus dem 3. Jahrtausend. – Aus der 1. Hälfte des 2. Jahrtausends wurde ein großes Wohnviertel ausgegraben; der gleichen Zeit entstammt die als 'phönizische Mauer' bezeichnete Partie der *Stadtmauer* und ein Neubau des Reschef-Tempels (zahlreiche rohe Obelisken). – Die Fürsten von Byblos ließen sich im 2. Jahrtausend in Felsenkammern bestatten (Zugang durch einen senkrechten Schacht). – Aus der Zeit der Assyrer ist kaum etwas erhalten. Unter persischer Herrschaft hat man sich um die Wiederherstellung des Baalat-Tempels bemüht; möglicherweise stammt auch das westlich des Reschef-Tempels gelegene 'Bâtiment I' aus dieser Zeit. – Wenig ist aus hellenistischer Zeit geblieben. Größere Bauten entstanden erst wieder, als Phönizien 64 v. Chr. römische Provinz geworden war. Ein neues Heiligtum erstand an der Stelle des Reschef-Tempels; nördlich davon ein **Theater** (nach der Ausgrabung zum Meer hin versetzt) sowie nördlich von diesem ein *Nymphäum*. – Wohl in islamischer Zeit wurde eine **Burg** errichtet, die später die Kreuzritter ausbauten.

Unmittelbar nördlich der antiken liegt die mittelalterliche Stadt, die im Osten noch von den alten *Wällen* umgeben ist. Hier die *Kirche Johannes' des Täufers* (urspr. 1115); außerhalb eine Taufkapelle (um 1200). Der kleine *Hafen* wird von Molen eingefaßt; seine Einfahrt wurde einst von zwei Türmen beherrscht, von denen allein auf der nördlichen Mole der Rest eines Mauerzuges verblieben ist.

Cabrera s. bei Mallorca

Cagliari s. bei Sardinien

Calvi s. bei Korsika

Camargue

Frankreich.
Région: Provence – Alpes – Côte d'Azur.
Département: Bouches-du-Rhône.
ⓘ **Comité Régional au Tourisme,**
Rue du Paradis 372,
F-13006 **Marseille;**
Telefon: (91) 53 46 16.

HOTELS. – In A i g u e s - M o r t e s : *St-Louis,* II, 20 Z.; *Hostellerie des Remparts,* II, 29 Z.; *Victoria et Bourse,* III, 22 Z. – CAMPINGPLATZ.

In L e G r a u - d u - R o i : *Splendide,* III, 33 Z.; *Nouvel Hôtel,* III, 21 Z.; *Les Acacias,* III, 10 Z. – CAMPINGPLATZ.

In L e s S a i n t e s - M a r i e s - d e - l a - M e r : *Pont des Bannes,* I, 20 Z.; *Cabane du Boumian,* II, 23 Z.; *Grand Tourisme,* II, 30 Z.; *Galoubet* (garni), II, 20 Z.; *Mas Ste-Hélène,* III, 17 Z. – CAMPINGPLATZ.

Die *Camargue (provençalisch Camargo) ist eine Landschaft von besonderem Reiz. Sie besteht aus einer vom Rhônedelta gebildeten 560 qkm großen Insel, deren jüngerer meernaher Teil an der großen Lagune Etang de Vaccarès größtenteils aus flachen Strandseen und schilfdurchwachsenen Sümpfen oder dürren Salzflächen und Dünen besteht, auf denen hier und da Schirmpinien, Wacholderbäume und Tamarisken wachsen. Wasservögel (u.a. auch Flamingos) sind zahlreich; auch Wasserschildkröten und Biber kommen vor. Berittene Hirten hüten auf den Weiden besonders im Winter halbwilde Herden ('manades') von Schafen, kleinen schwarzen Rindern und kleinen hellgrauen Pferden, die auch an den Fremden für Ausflüge vermietet werden. – Der südliche Teil der Camargue (etwa 150 qkm) um den

Blick auf Aigues-Mortes in der Camargue

Idylle in der südfranzösischen Camargue

Etang de Vaccarès ist Naturschutzgebiet ('Réserve zoologique et botanique de Carmargue'); der ältere nördliche Teil der Camargue ist angebaut; durch Trockenlegung wird hier immer mehr Ackerland gewonnen, das mit Reis (z. Z. über 20 000 ha), z.T. auch mit Reben bepflanzt ist.

Der in den letzten Jahren immer mehr angewachsene Tourismus hat es erforderlich gemacht, einschneidende Naturschutzmaßnahmen zu ergreifen. So ist es untersagt, die Straßen zu verlassen, und die Camargue ist der einzige Küstenstrich Frankreichs, für den das noch aus der Zeit Ludwigs XIV. stammende Gesetz eingeschränkt worden ist, das jedermann den Zugang zum Meer gestattet.

Aigues-Mortes (4000 Einw.), ein bis ins Mittelalter bedeutender, heute aber durch Versandung 6 km vom Meer entfernter ehemaliger Hafen, ist der Ort, von dem aus König Ludwig der Heilige (Saint Louis) 1248 mit einer Flotte von 38 Schiffen zum Ersten Kreuzzug aufbrach. Der Ort wurde von ihm begründet und mit **Mauern und Türmen versehen, die sein Sohn Philipp der Kühne ausbaute. Heute zeigt sich der Ort mit hohen Mauern wie im Mittelalter. Mächtigster Wehrturm ist die *Tour de Constance, die mehrere Jahrhunderte als Gefängnis diente. Der Rundgang über die Mauern ist von großem Reiz. – In der Nähe der alte Fischerhafen **Le Grau-du-Roi,** heute ein beliebtes Feriengebiet, sowie die moderne Feriensiedlung **Port-Camargue** mit stattlichen Jachthäfen.

Les Saintes-Maries-de-la-Mer (provençalisch *Li Sànti Marìo,* abgekürzt *Li Santo),* ein einfaches, jedoch in der Eigenart seiner Atmosphäre und seiner Lage auf einer Nehrung zwischen dem Meer (guter Sandstrand) und den Etangs der Camargue sehr reizvolles Städtchen von 2000 Einwohnern. Es verdankt seinen Namen den drei Marien Maria Jacobäa (Schwester der Mutter Gottes), Maria Salome (Mutter der Apostel Jakobus und Johannes) und Maria Magdalena (die Büßerin), die nach der Legende im Jahre 45 hier landeten und die Provence zum Christentum bekehrten. In der festungsartigen Kirche (10., 12. und 15. Jh.) ein Brunnen für den Fall einer Belagerung; in einer Kapelle über der Apsis die Reliquien der beiden ersten Marien, in der Krypta die ihrer schwarzen Dienerin Sara, zu denen besonders Zigeuner kommen (Wallfahrten am 24. und 25. Mai sowie am Sa. und So. nach dem 22. Okt.); vom Kirchendach Aussicht. Im ehemaligen Rathaus ein interessantes Camargue-Museum. – 6 km nördlich (an der N 570) ein *Zoologischer Garten* (Informationszentrum), mit Flamingos und allen in der Camargue vorkommenden Vögeln.

Zigeunerwallfahrt in Saintes-Maries-de-la-Mer

Cannes

Frankreich.
Région: Provence – Alpes – Côte d'Azur.
Département: Alpes-Maritimes.
Höhe: Meereshöhe. – Einwohnerzahl: 71000.
Postleitzahl: F-06400. – Telefonvorwahl: 93.

(i) **Office de Tourisme,**
im Bahnhof (Gare SCF; Tel. 991977) und im
Palais des Festivals et des Congrès
(La Croisette; Tel. 392453).

HOTELS. – *Carlton, L, 350 Z.; *Grand Hôtel, L,
83 Z.; *Majestic, L, 271 Z.; *Martinez, L, 379 Z.;
*Montfleury, L, 235 Z.; *Réserve Miramar, L, 62 Z.;
*Sofitel, L, 125 Z.; Cannes Palace, I, 100 Z.; Savoy, I,
56 Z.; Connet et de la Reine, I, 57 Z.; Suisse, I, 64 Z.;
Beauséjour, I, 46 Z.; Acapulco, II, 59 Z.; Paris, II,
47 Z.; Orangers, II, 40 Z.; Solhotel, II, 100 Z.; Villa-
Palma, III, 52 Z.; Des Etrangers, II, 45 Z.

Drei **Spielcasinos.**

VERANSTALTUNGEN. – **Internationale Filmfest-
spiele** (April/Mai); Internationales Festival der
Feuerwerkskunst (August); Blumenschlachten;
Gastronomische Wochen.

**Die am Mittelmeer in der Bucht von
Napoule gelegene Stadt *Cannes verdankt ihre Beliebtheit der Lage im Vorfeld eines Hügelrahmens, dem milden
Klima und der Eleganz ihrer Einrichtungen und Veranstaltungen. Das
Klima mit einem Wintermittel von fast
10°C ermöglicht auch die durch Palmen gekennzeichnete subtropische
Vegetation. Der langgestreckte feinsandige Badestrand wird allen Ansprüchen gerecht.**

GESCHICHTE. – Die Anfänge von Cannes, ursprünglich Canois, gehen ins 10. Jahrhundert zurück. Napoleon ging bei seiner Rückkehr von Elba
am 1. März 1815 in Golfe-Juan an Land und wandte
sich nach Cannes, um von hier aus die Alpen auf der
noch heute 'Route Napoléon' genannten, auch im
Winter passierbaren Strecke zu überqueren. Seine
Blüte verdankt Cannes einem englischen Lord, der

La Croisette im südfranzösischen Cannes

1834 in dem winzigen Fischerhafen ein Haus baute
und dann hier zu überwintern pflegte, was bei der
englischen Aristokratie bald Nachahmung fand.
1835 wurde die Mimose von San Domingo eingeführt, mit der heute 700 Hektar bepflanzt sind und
die ein bedeutender Handelsartikel neben dem
Fremdenverkehr wurde.

SEHENSWERTES. – Mittelpunkt von
Cannes ist der an der Reede entlangfüh-
rende ***Boulevard de la Croisette**
('La Croisette'), der mit Palmen und
Blumen, luxuriösen Hotels und Ge-
schäften sowie schönem Blick über die
Bucht zum Flanieren einlädt. An seinem
westlichen Ende das **Casino** und der
Alte Hafen.

Westlich der Stadt der **Mont Chevalier**
(67 m ü.d.M.) mit einem 22 m hohen
Turm aus dem 12. Jahrhundert, von dem
nach Sarazenen Ausschau gehalten
wurde und der zugleich Schutz bot
(prächtige *Aussicht). Neben dem Turm
ein Museum mit archäologischen Funden aus zahlreichen Ländern.

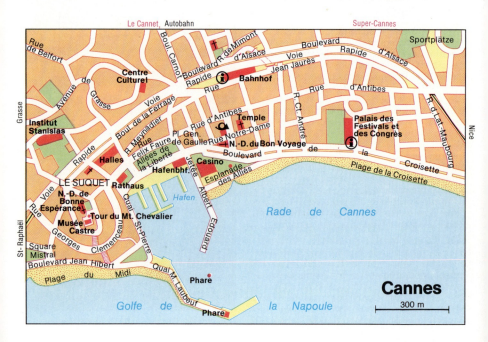

UMGEBUNG von Cannes. – Schiffsfahrt zu den *Lerinischen Inseln (Îles de Lérin) vor der Küste.

Oberhalb von Cannes (325 m ü.d.M.), 8 km nördlich, das Observatorium Super-Cannes (zuletzt Fahrstuhl) mit unübertroffener **Aussicht, gelegentlich bis Korsika.

Ausflüge zu den umliegenden Ortschaften an der Côte d'Azur, insbesondere nach Nice/Nizza (s. dort), Monaco (s. dort), Juan-les-Pins oder zum Cap d'Antibes; ferner nach Vallauris, dem bedeutenden Keramikzentrum, wo auch Picasso wirkte.

Capri / Isola di Capri

Italien.
Region: Campania (Kampanien).
Provinz: Napoli.
Inselfläche: 10,5 qkm. – Bewohnerzahl: 12000.
Postleitzahl: I-80073. – Telefonvorwahl: 081.
ⓘ AA, Piazza Umberto I;
   Telefon: 8370686.
   CIT, Via Vittorio Emanuele 25;
   Telefon: 8370466.

HOTELS. – *Quisisana e Grande, L, 229 B., Sb.; Tiberio Palace, I, 172 B.; La Palma, I, 143 B.; Regina Cristina, I, 107 B., Sb.; Luna, I, 94 B., Sb.; Residence Punta Tragara, I, 77 B., Sb.; La Scalinatella, I, 53 B.; Calypso, I, 14 B.; La Residenza, II, 146 B., Sb.; La Pineta, II, 83 B., Sb.; La Floridiana, II, 62 B.; Semiramis, II, 61 B.; Gatto Bianco, II, 54 B.; Pagano Vittoria e Germania, III, 107 B.; Villa Pina, III, 88 B., Sb.

In Marina Grande: Excelsior Parco, II, 53 B.; Metropole, III, 35 B.

SCHIFFSVERBINDUNG. – Linienverkehr mehrmals täglich in 1 St. 20 Min. (Autotransport kaum lohnend; im Sommer Verkehrsverbot), auch mit Tragflügelboot in 30 Minuten von Neapel. – Schiffsverbindung auch mit Sorrent, Positano, Amalfi und Ischia.

Die am Südeingang des Golfs von Neapel in der Verlängerung der Halbinsel Sorrent gelegene Insel **Capri ist eine der schönsten und meistbesuchten Inseln des Tyrrhenischen Meeres und war schon im Altertum mit dem Namen 'Caprae' ein beliebter Aufenthaltsort der Kaiser Augustus und Tiberius.

Die 6 km lange und 1-2,5 km breite Insel steigt mit ihren schroffen Kalksteinwänden bis zu einer Höhe von 589 m aus dem Meer und trägt als einzige größere Orte die malerischen Städtchen Capri und Anacapri. Überaus reich ist die Flora (etwa 800 Arten), darunter der Akanthus, dessen Blattform typisch für das Ornament korinthischer Kapitele ist.

INSELBESCHREIBUNG. – Die Linienschiffe legen am malerischen Hafenplatz Marina Grande an der Nordküste der Insel an. Von hier mit Standseilbahn (5 Min.) oder auf einem Treppenweg (30 Min.; auch 3 km Straße) hinauf zur Stadt Capri (138 m; 8000 Einw.), dem Hauptort der Insel auf einem Sattel zwischen den Anhöhen il Capo (östl.), Monte Solaro (westl.), San Michele (nordöstl.) und Castiglione (südwestl.), mit einer Burgruine. Mittelpunkt des Ortes ist die kleine Piazza Umberto I (kurz 'La Piazza') am Endpunkt der von Marina Grande heraufkommenden Standseilbahn. Von hier in 5 Minuten an der Freitreppe zur Stadtkirche Santo Stefano (1638) vorüber und durch die Hauptladenstraße zum ehemaligen Kartäuserkloster Certosa (urspr. 1371; 1933 restaur.), mit der Kirche San Giacomo (got. Portal; Fresken des 12. Jh.) und zwei Kreuzgängen (Zugang zum *Belvedere). – Vom Hotel Quisisana, auf halbem Wege zur Certosa, erreicht man ferner in 15 Minuten die Terrasse der *Punta Tragara des südöstlichen Vorgebirges, die einen malerischen Blick über die Südküste sowie über die drei Klippen *Faraglioni gewährt.

Italienische Insel Capri – I Faraglioni

Von der Stadt Capri sehr lohnender Fußweg ('Via Tiberio'; ¾ St.) nordöstlich zum Vorgebirge *il Capo*. Gleich jenseits des Tores der *Salto di Tiberio* (297 m), von wo der tyrannische Kaiser Tiberius seine Opfer angeblich in die Tiefe stoßen ließ (*Blick); rechts der Unterbau eines antiken *Leuchtturms*. – Weiterhin die Ruine der *Villa di Tiberio* oder *Villa Jovis,* eines weitläufig in Terrassen zur Höhe des Felsens ansteigenden Gebäudes, in dem Tiberius von 27 n. Chr. bis zu seinem Tode (37 n. Chr.) gelebt haben soll. Auf dem Gipfel des nahen Vorgebirges die *Kapelle Santa Maria di Soccorso* und eine weithin sichtbare Marienstatue; von oben herrliche *Aussicht. – Bei der Villa di Tiberio zweigt rechts ein Fußweg ab und führt in 15 Minuten zum Felsentor *Arco Naturale* (*Blick). Von hier auf einer Treppe hinab zur *Grotte di Matromania,* vielleicht ein Nymphenheiligtum. Von der Höhle führt ein *Fußweg 45 Min.) in halber Höhe über dem Meer mit der Felseninsel *Monacone* sowie den *Faraglioni* hin zurück zur *Punta Tragara.*

Von der Stadt Capri führt der von dem Essener Industriellen Fr. A. Krupp angelegte breite Fußweg *Via Krupp* hinab zur Marina Piccola. Der Weg beginnt im Westen der Certosa und zieht unterhalb des schönen *Parco Augusto* (*Aussichtsterrasse) in Windungen hinab und am Steilhang des Castiglione herum in 15 Minuten zu der von der Stadt Capri kommenden Straße, auf der man in weiteren 10 Minuten die Nebenlandestelle **Marina Piccola** an der Südküste der Insel erreicht.

Nach Anacapri im Westen der Insel führt eine aussichtsreiche *Fahrstraße von der Stadt Capri (3,5 km; Autobus) in Kehren am felsigen Hang aufwärts oder eine von Marina Grande heraufkommende antike Treppe (960 Stufen) bis zum Aussichtspunkt *Capodimonte 10 Minuten östlich vom Ort. Oberhalb des Aussichtspunktes das *Castello di Barbarossa,* der Rest einer 1544 von dem Korsarenführer Cheireddin Barbarossa zerstörten Burg. Am Felshang des Capodimonte liegt weithin sichtbar die *Villa San Michele* des schwedischen Arztes und Schriftstellers Axel Munthe (1857-1949). – Das fast orientalisch anmutende Städtchen *Anacapri* (286 m) liegt verstreut inmitten von Weingärten auf einer Hochfläche. Beachtenswert ist die Kirche San Michele (Majolikafußboden von 1761). Auf der Piazza die Hauptkirche Santa Sofia. – 30 Minuten südwestlich vom Ort der Aussichtspunkt *Migliara,* etwa 300 m über dem Meer.

Von Anacapri führt ein Sessellift in 12 Minuten (Fußweg in 1 St.) südöstlich zum **Monte Solaro** (589 m; Restaur.), dem höchstgelegenen Berg der

Insel, der an klaren Tagen eine großartige **Aussicht bis hin zu den Abruzzen bietet.

Überaus lohnend ist von Marina Grande eine Bootsfahrt (auch 3 km 'Via Pagliaro' von Anacapri) zu der 3 km westlich in den steilen Felsen der Nordküste gewachsenen **Blauen Grotte** *(Grotta Azzurra),* der berühmtesten unter den Höhlen auf Capri. Die in vorgeschichtlicher Zeit von der anhaltenden Wucht der Brandung geschaffene Höhle ist durch Senkung des Landes zur Hälfte mit Wasser gefüllt. Die über dem Wasserspiegel nur 1,75 m hohe Öffnung gestattet die Einfahrt nur kleiner Boote bei ruhiger See. Das Innere ist 54 m lang, 30 m breit und 15 m hoch bei 16 m Wassertiefe. Wenn außen die Sonne scheint, ist die Grotte von wunderbarem blauen Licht erfüllt (günstigste Beleuchtung 11-13 Uhr).

Empfehlenswert ist ferner die *Rundfahrt um die Insel (Motorboot in 1½-2 St.; Ruderboot 3-4 St.), bei der man auch die übrigen Küstenhöhlen besuchen kann. Am schönsten die *Grotta Bianca* und darüber die *Grotta Meravigliosa* (an der Ostküste unweit des Arco Naturale), die *Grotta Verde* am Fuß des Monte Solaro, die *Grotta Rossa* und die grüne *Grotta del Brillante.*

Cartagena

Spanien.
Region und Provinz: Murcia.
Höhe: 0-2 m ü.d.M. – Einwohnerzahl: 150 000.
Telefonvorwahl: 9 68.
ⓘ **Oficina de Información del C.I.T.,**
     Plaza de Castellini 5;
     Telefon: 50 75 49.

HOTELS. – *Cartagonova* (garni), Marcos Redondo 3, II, 127 Z.; *Mediterráneo* (garni), Puertas de Murcia 11, II, 46 Z.; *Alfonso XIII,* Paseo Alfonso XIII 30, III, 239 Z.

VERANSTALTUNGEN. – *Semana Santa* (Karwoche), berühmte Prozession. – *Virgen del Monte Carmel* (Juli), Fest zu Ehren der Schutzpatronin.

WASSERSPORT. – Vielfältige Wassersportmöglichkeiten in Cartagena und dem nordöstlich gelegenen Mar Menor. Cartagena besitzt einen Club Náutico und einen Real Club de Regatas.

SPORT und FREIZEIT an Land. – Tennis, Reiten, Fußball; ferner gibt es den Campo de Golf von La Manga in Los Belones.

Spielcasino: *Casino Azarmenor,* in San Javier, nördlich vom Mar Menor.

Das von dem Punier Hasdrubal 221 v.Chr. gegründete Cartagena ist der bedeutendste Handelshafen und Hauptkriegshafen Spaniens, im Innern einer tief einspringenden Bucht, die von zwei auf schroffen Felshöhen gelegenen Forts geschützt wird. Als römisches Neu-Karthago war die Stadt lange die bedeutendste Niederlassung auf der iberischen Halbinsel.

Alter Wachtturm bei Cartagena

SEHENSWERTES. – Hauptstraße der Stadt ist die belebte Calle de Isaac Peral (für Autos gesperrt), an deren Südende das *Ayuntamiento* (Rathaus) steht. Von hier aus ziehen sich am Hafen entlang, doch durch Bahnanlagen von ihm getrennt, schöne Promenaden hin, besonders aussichtsreich die auf der ehem. Stadtmauer angelegte Avenida, mit einem Kolumbus-Denkmal. An den Ruinen der **Kirche Santa Maria la Vieja** (13. Jh.) vorbei gelangt man z.T. auf Treppen zum **Castillo de la Concepción** (70 m), dessen Ruinen von hübschen Anlagen umgeben sind; von hier Aussicht auf die Stadt und den Hafen mit den Ölraffinerien an der Südküste bei *Escombreras.* – Im Norden der Stadt das **Museo Arqueológico,** mit bemerkenswerten römischen Funden.

Catania

Italien.
Region: Sicilia (Sizilien). – Provinz: Catania.
Höhe: 0-38 m ü.d.M. – Einwohnerzahl: 400 000.
Postleitzahl: I-95100. – Telefonvorwahl: 095.

ⓘ EPT, Largo Paisiello 5;
Telefon: 31 21 24;
Auskunftsbüros am Hauptbahnhof
bzw. am Flughafen 'Fontana Rossa',
4 km südlich.
ACI, Via Etnea 28;
Telefon: 31 78 90.

HOTELS. – *Excelsior,* Piazza G. Verga, I, 240 B.; *Jolly Trinacria,* Piazza Trento 13, I, 199 B.; *Central Palace,* Via Etnea 218, I, 178 B.; *Costa,* Via Etnea 551, II, 304 B.; *Bristol,* Via Santa Maria del Rosario 9, II, 107 B. – Motel *Agip,* 4 km südlich an der S.S. 114, III, 87 B. – Zwei CAMPINGPLÄTZE.

VERANSTALTUNGEN. – *Fest der hl. Agatha* (3. bis 5. Februar), mit Prozessionen; *Landwirtschaftsmesse* im Februar.

Die in der Mitte der hier flachen Ostküste Siziliens am Südostfuß des Ätna gelegene Stadt Catania, Hauptstadt einer Provinz und Sitz einer Universität sowie eines Erzbischofs, ist nach Palermo die größte Stadt der Insel und einer der bedeutendsten Häfen Italiens, von dem die Erzeugnisse der weiten fruchtbaren 'Piana di Catania', der wichtigsten Getreidekammer der Insel, verschifft werden.

Das Gesamtbild der Stadt, die nach einem verheerenden Erdbeben im Jahre 1693 fast vollständig mit langen und schnurgeraden Straßen neu aufgebaut wurde, ist großzügig modern. Von der Wohlhabenheit Catanias zeugen die stattlichen barocken Kirchen und die großen, trotz vieler Erdbeben immer wieder aufgerichteten Adelspaläste.

GESCHICHTE. – *Katana* wurde um 729 v. Chr. von Naxos aus gegründet und war einer der ersten Plätze auf Sizilien, an denen sich die Römer

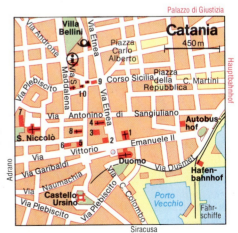

1 Sant' Agata
2 Rathaus
3 Universität
4 Kollegiatkirche
5 Bellini-Museum

6 Antike Theater
7 Observatorium
8 San Benedetto
9 Amphitheater
10 San Carcere

(263 v.Chr.) festsetzten. Unter ihrer Herrschaft wuchs der Ort zu einer der größten Städte der Insel heran. Im frühen Mittelalter verlor die Stadt vorübergehend ihre Bedeutung und gelangte erst im 14. Jahrhundert unter den aragonischen Königen zu neuerlicher Blüte. Das Erdbeben von 1693, das ganz Sizilien erschütterte, suchte Catania am schwersten heim.

SEHENSWERTES. — Mittelpunkt von Catania ist die schöne Piazza del Duomo; in ihrer Mitte ein Brunnen mit einem antiken *Elefanten* aus Lava, der einen ägyptischen Granitobelisken trägt. An der Ostseite des Platzes der **Dom** (18. Jh.; Chorapsiden und Ostwand des Querschiffs 13. Jh.); im Innern, am 2. Pfeiler rechts, das Grabmal des in Catania geborenen Komponisten Vincenzo Bellini (1801-35); rechts vor dem Chor (schönes Gestühl) die Kapelle der hl. Agathe, mit dem Grabmal des Vizekönigs Acuña († 1494). — Dem Dom nördlich gegenüber die *Abtei Sant' Agata,* mit Barockkirche. — Unweit südöstlich vom Domplatz liegt jenseits des Eisenbahnviaduktes der **Hafen.**

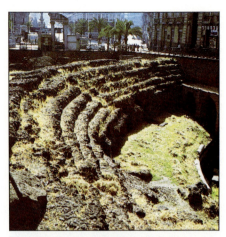
Römisches Theater in Catania auf Sizilien

Etwa 0,5 km südwestlich vom Domplatz erhebt sich an der Piazza Federico di Svevia das **Kastell Ursino,** um 1240 für Friedrich II. dicht am Meer erbaut, im 14. Jahrhundert Residenz der aragonischen Könige, später Gefängnis und Kaserne, seit 1934 Sitz des *Museo Civico,* mit der bemerkenswerten städtischen Sammlung. — 1,5 km weiter südwestlich liegt am Stadtrand der *Stadtfriedhof,* wo auch 1504 deutsche Gefallene des Zweiten Weltkrieges ruhen.

Von der Südwestecke des Domplatzes führt die belebte Via Garibaldi über die von 32 antiken Säulen umgebene Piazza Mazzini zur *Porta Garibaldi* (von 1768). Unweit nördlich öffnet sich an der 3 km langen Via Vittorio Emanuele die Piazza San Francesco, mit dem *Geburtshaus Bellinis* (Bellini-Museum). Westlich anschließend (Zugang von der Via Teatro Greco) das jetzt größtenteils unter der Erde liegende **Antike Theater** *(Teatro Romano),* dessen Fundamente aus griechischer Zeit stammen. Westlich daneben das *Odeon,* ein kleines gut erhaltenes römisches Theater für Proben und musikalische Wettbewerbe.

An der von der Piazza San Francesco ausgehenden Via Crociferi links die *Kirchen San Benedetto* und *i Gesuiti* (Barockfassaden). — Etwa 0,5 km westlich an der langgestreckten Piazza Dante das ehemalige **Benediktinerkloster San Nicolò** (urspr. von 1518; 1735 neu erbaut), das seit 1866 als Kaserne und Schule diente. Die Klosterkirche (Fassade unvollendet), ein mächtiger Barockbau, ist die größte Siziliens; von der Laterne der Kuppel (62 m Innenhöhe)

umfassende *Aussicht. Prächtiger Blick auch vom nordwestlich anschließenden *Observatorium.*

An der Nordseite des Domplatzes beginnt die **Via Etnea,** die 3 km lange, von weiten Plätzen unterbrochene Hauptstraße der Stadt, in deren Hintergrund der Ätna aufragt. Gleich links das *Rathaus.* An der nördlich anschließenden Piazza dell' Università links die im Jahre 1444 gestiftete **Universität,** ein stattlicher Bau von 1818. Weiterhin links die *Kollegiatkirche,* mit schöner Barockfassade (1768). Als nächster Platz folgt die palmenbestandene Piazza Stesícoro mit einem *Bellini-Denkmal;* auf der linken Hälfte des Platzes die Reste eines römischen **Amphitheaters,** das unter Theoderich zum Bau der Stadtmauer teilweise abgetragen wurde und heute an der nördlichen Schmalseite freigelegt ist. Seine längere Achse ist 126 m, die kürzere 106 m lang; die ungewöhnlich große Arena (70×50 m) steht nur der des Kolosseums in Rom (86×54 m) nach. Nahebei westlich die *Kirche San Carcere* (Portal des 13. Jh.). — Weiterhin an der Via Etnea bald hinter der Piazza Stesícoro links den Haupteingang des öffentlichen Gartens **Villa Bellini** (Aussichtsterrasse).

An der Nordseite der Villa Bellini der baumbestandene Viale Regina Margherita, der mit dem ihn östlich fortsetzenden Viale XX Settembre und dem bei der schönen Piazza Verga (mit dem modernen Justizpalast) beginnenden breiten Corso Italia den 6 km langen Hauptstraßenzug der nördlichen Stadtteile bildet; er endet östlich bei der über dem Meer gelegenen Piazza Europa, von der eine prachtvolle *Küstenstraße (mehrere Aussichtsterrassen) zu dem Vorort OGNINA, mit der kleinen Hafenbucht *Porto d'Ulisse,* führt.

Auf den Ätna. – Nördlich von Catania erhebt sich der **Ätna (ital. *Etna;* 3326 m), im sizilianischen Dialekt 'Mongibello' genannt. Er ist der größte noch tätige Vulkan Europas und nächst den Alpengipfeln der höchste Berg Italiens. Die nahezu kreisförmige Basis mißt 40 km im Durchmesser und 145 km im Umfang. Die Höhen des Berges sind karg; das poröse Gestein läßt das Wasser rasch in die Tiefe absinken, wo es, durch wasserundurchlässige Schichten aufgehalten, in den fruchtbaren niederen Hanglagen an vielen Stellen aus Quellen zutage tritt. Hier werden bis in etwa 500 m ü.d.M. Orangen und Zitronen, bis in 1300 m Ölbäume und Weinstöcke angebaut. Darüber stehen bis in 2100 m Höhe Wald und Macchia, gelegentlich von neueren Lavaströmen durchschnitten. Die Gipfelregion reicht bis zur Schneegrenze und ist eine schwarze, matt glänzende Wüste. Die über 260 Ausbruchstellen liegen in Gruppen und Reihen meist an den Flanken des Berges. Größere Aktivitäten werden in Abständen von 4 bis 12 Jahren (zuletzt 1978) festgestellt.

Bei dem kleinen Ort **Nicolosi** (698 m; 3500 Einw.), im Süden des Ätna, 15 km nordwestlich von Catania, beginnt der Aufstieg zu den Nebenkratern *Monti Rossi* (948 m; $^3/_4$-1 St.; Aussicht), deren Kraterwände deutliche Vulkanschichtungen zeigen; nordwestlich am Fuße der Monti Rossi die *Grotta delle Palombe* (Lavahöhle). – Von Nicolosi fährt man zunächst in nordwestlicher, später in nördlicher Richtung zwischen Lavaströmen hin und erreicht nach 17 km die Abzweigung (1 km links abseits) zu dem *Grande Albergo Etna* (III, 50 B.) und noch 1 km weiter die *Casa Cantoniera* ('Straßenwärterhaus' von 1881), mit vulkanologisch-meteorologischer Station der Universität Catania; nahebei das Restaurant und *Rifugio-Albergo G. Sapienza* (IV, 110 B.). Gegenüber vom Rifugio die Talstation der 5 km langen Seilschwebebahn, die in 15 Minuten zu dem 1971 zerstörten Observatorium (2943 m) hinaufführt. Von hier zu Fuß in 45 Minuten (Mitte Juni bis Mitte Oktober unbedenklich) zum **Krater des Ätna,** der seine Gestalt fortwährend wechselt und in seinem sehr tiefen Schlund fast immer von Gasen erfüllt ist. Die **Aussicht reicht an klaren Tagen bisweilen bis zur 210 km entfernten Insel Malta; außerordentlich eindrucksvoll ist der Sonnenaufgang. – Südöstlich vom ehemaligen Observatorium beginnt das **Valle del Bove** (Ochsental), ein schwarzer wüster Kessel (5 km breit), an drei Seiten von 600-1200 m hohen Felswänden umgeben. Geologisch ist es ein infolge explosionsartiger Eruption zur riesigen Schlucht erweitertes Einbruchstal; gut sichtbar die Schichtungen aus Lava, Tuffen und Konglomeraten. Geübte Bergsteiger können in 5 Stunden (mit Führer!) durch das Valle del Bove nach *Zafferana Etnea* (600 m; Albergo Primavera dell' Etna, II, 100 B.; Albergo del Bosco, III, 130 B.) hinabsteigen.

Sehr lohnend ist auch die UMFAHRUNG DES ÄTNA von Catania aus (144 km; auch Ätna-Rundbahn) zunächst über *Misterbianco* (213 m; 15 000 Einw.; deutscher Soldatenfriedhof bei Motta Sant' Anastasia, 7 km westl.), **Paternò** (280 m; 43 000 Einw.), überragt von dem 1073 von Roger I. erbauten Kastell (im 14. Jh. erneuert; gut erhaltenes Inneres)

nach **Adrano** (564 m; 32 000 Einw.), einem Städtchen in hübscher Lage auf einem Lava-Plateau (Normannenburg des 11. Jh. und Kloster Santa Lucia, urspr. von 1157). – 9 km südwestlich von Adrano liegt malerisch auf steiler Höhe über dem Simeto-Tal, mit prächtiger Sicht auf den Ätna, das Städtchen **Centuripe** (726 m; 10 000 Einw.), früher *Centorbi,* mit sogenanntem Castello di Corradino (1. Jh. v. Chr.). Im Archäologischen Museum Funde von der 1233 durch Friedrich II. zerstörten, in späthellenistisch-römischer Zeit bedeutenden Sikulerstadt *Centuripae* (sehenswertes hellenist.-röm. Haus 'Contrada Panneria', mit Malereien des 2./1. Jh. v. Chr.). – Von Adrano weiter über **Bronte** (793 m; 22 000 Einw.), **Maletto** (940 m; mit altem Kastell), **Randazzo** und *Linguaglossa* (525 m; 8000 Einw.) nach *Fiumefreddo* (62 m). Von hier zurück auf der Autobahn A 18 oder S.S. 114 nach Catania.

Cattolica s. bei Rimini

Cerveteri s. bei Rom

Ceuta

Spanien.
Provinz: Cádiz. – Plaza de Soberanía. Höhe: Meereshöhe. – Einwohnerzahl: 67 000. Telefonvorwahl: 9 56.

ⓘ **Oficina de Información de Turismo,**
Avenida Canonero Dato 1;
Telefon: 51 13 79.

HOTELS. – *La Muralla,* Plaza de África 15, I, 162 B., Sb.; *Ulises,* Camoens 5, I, 201 B.; *África,* Muelle Canonero Dato s/n, II, 76 B., garni; Hostal *Skol,* Avda. Reyes Católicos 6, P II, 16 B., garni; *Atlante,* General Franco I, P II, 57 B.; *Miramar,* Avda. Reyes Católicos 23, P II, 13 B., garni.

SCHIFFSVERKEHR. – Autofähre täglich mehrmals von Algeciras (etwa $1^1/_2$ St. Fahrzeit).

Ceuta, die arabisch Sebta genannte, Europa am nächsten gelegene afrikanische Hafenstadt an der östlichen Einfahrt der Straße von Gibraltar ist eine 19 qkm große spanische Enklave (Plaza de Soberanía) im marokkanischen Küstenbereich des Mittelmeers. Ebenfalls unter spanischer Hoheit steht die 8 km nach Nordosten in das Mittelmeer vorstoßende Halbinsel El Hacho mit ihren langen Badestränden und dem Leuchtturm von Kap Punta Almina, auf deren nur 350 m breiten Isthmus sich die Altstadt von Ceuta erstreckt. Stadt und Halbinsel besitzen eine Zoll- und Paßgrenze zu Marokko und werden von der spanischen Provinz Cádiz verwaltet. Etwa 85 % der Bewohner besitzen die spanische Staatsbürgerschaft.

Ceuta besitzt den Charakter einer andalusischen Stadt mit nur sehr geringem nordafrikanischem Einfluß. Maurische Gebäude gibt es hier so gut wie gar nicht; denn die Araber sind bereits vor mehr als fünf Jahrhunderten vertrieben worden. Ceuta ist gegliedert in ein ummauertes Altstadtviertel mit Zitadelle (17./18. Jahrhundert) und in eine Neustadt mit schachbrettartig verlaufenden Straßen und höheren Gebäuden, deren Entwicklung erst 1912 begann. Damals wurde der Norden Marokkos spanisches Protektorat, so daß Ceuta ein bis dahin nicht vorhanden gewesenes Hinterland erhielt und einen enormen wirtschaftlichen Aufschwung erlebte. Nach der Entlassung Marokkos in die Unabhängigkeit (1956) setzte jedoch ein deutlicher Niedergang ein.

Der Hafen der Stadt kann von Schiffen bis 10,5 m Tiefgang angelaufen werden. Er besitzt nach wie vor Bedeutung als Fischereizentrum mit fischverarbeitenden Industrien, kleineren Werften und Schiffsreparaturbetrieben sowie als Passagierhafen. Von hier aus kann man nach Melilla, einem weiteren spanischen Territorium in Marokko, sowie nach Cádiz und Algeciras übersetzen.

Hafen von Ceuta (spanische Enklave in Nordafrika)

Es bestehen auch regelmäßige Verbindungen zu den Kanarischen Inseln und nach Barcelona. Der Güterumschlag des Hafens spielt seit dem Verlust des Hinterlandes keine Rolle mehr.

GESCHICHTE. – Ceuta war vermutlich schon eine wichtige Phöniziersiedlung, doch nachweisbar sind erst die Spuren der Römer, die der Stadt den Namen *Septem Fratres* verliehen. Hieraus leitet sich der arabische Name Sebta ab. Im Jahr 429 n. Chr. wurde die strategisch sehr günstig am Zugang zum Mittelmeer gelegene Stadt von den Wandalen eingenommen, und erst 534 gelang dem oströmischen Kaiser Justinian I. die Rückeroberung. 618 fielen jedoch die Westgoten ein, und die Araber bemächtigten sich Ceutas bereits im Jahr 711 und verteidigten die Stadt, die besonders zur Zeit der arabischen Invasion der Iberischen Halbinsel große militärische Bedeutung erlangte, wiederholt gegen die Spanier. Im Mittelalter besaß Ceuta lebhafte Handelsbeziehungen nach Italien und erlebte seine Blütezeit als Zollstätte, größter Stapelplatz und bedeutendste Stadt Marokkos. 1415 gelang Johann I. von Portugal die Eroberung der Stadt, und unter Philipp II. fiel Ceuta 1580 an Spanien, in dessen Besitz es bis heute ohne Unterbrechung verblieb. Der Kampf der Spanier gegen die Rifkabylen (1923-25) wurde hauptsächlich von Ceuta aus gesteuert, und Franco bereitete hier seine Machtübernahme in Spanien vor.

SEHENSWERTES. – Das palmenbestandene Zentrum Ceutas ist die weite Plaza de África. Sie wird von den wichtigsten und gleichzeitig sehenswertesten Gebäuden der Stadt beherrscht. Neben dem *Rathaus* (1929), der *Generalkommandantur* und der der Stadtpatronin geweihten *Kirche Nuestra Señora de Africa* (1704-26) ist die 1729 erbaute **Kathedrale** mit ihrer neoklassischen Fassade von besonderem Interesse. Sie erhebt sich über den Resten der ehemaligen Großen Moschee, die seit 1432 als christliches Gotteshaus diente. Im Innern schöne Malereien und Ornamente sowie Bischofsgräber. Unweit östlich des Plaza de los Reyes mit der *Kirche San Francisco*.

Sehr lohnend ist eine Fahrt zum 194 m hohen **Monte Hacho**, dessen von der *Ermita de San Antonio* (1593) gekrönter Gipfel eine weite Aussicht auf die Stadt mit dem Hafen, die marokkanische Küste und bei klarem Wetter den Felsen von Gibraltar bietet. Der Monte Hacho ist wahrscheinlich der sagenhafte Berg Abila, der in der Antike als eine der Säulen des Herkules galt, die die damals bekannte Welt im Westen begrenzten. Auf europäischem Gebiet war dies der *Felsen von **Gibraltar* (s. dort).

Chalkidike
(Chalkidhikí)

Griechenland.
Nomos: Chalkidike.
Fläche: 3000 qkm.
ⓘ **Touristenpolizei,**
28. Oktovríu 31,
Néa Mudhánia;
Telefon: (0373) 2 13 70.

HOTELS. – **Halbinsel Kassándra.** – Néa Mudhánia: *Kuvraki,* C, 37 B. – Sáni: *Kassandra Sani,* I, 436 B.; *Robinson Club Phocea,* 400 B; Camping. – Kalándra: *Mendi,* I, 311 B. – Agía Paraskeví: *Aphrodite,* II, 44 B. – Paliúri: *Xenia,* II, 144 B. – Chaniótis: *Hermes,* III, 52 B.; *Chaniotis,* III, 58 B.; *Plaza,* III, 36 B.; *Strand,* III, 85 B. – Kallithéa: *Athos Palace,* mit Bungalows, I, 1130 B.; *Kassandra Palace,* I, 357 B.; *Pallini Beach,* I, 938 B.; *Ammon Zeus,* II, 208 B.; *Alexander Beach,* II, 171 B.

Zwischen Kassándra und Sithonía. – *Gerakini Beach,* II, 560 B.

Halbinsel Sithonía. – Orkyliá: *Sermili,* II, 231 B. – Néos Marmáras: **Akti Meliton,* L, 853 B.; **Akti Sithonia,* L, 902 B.; *Village Inn,* II, 161 B.

Halbinsel Athos. – Ierissós: *Mount Athos,* II, 75 B. – Uranópolis: *Eagles Palace,* I, 302 B.; *Xenia,* II, 84 B.

An der Ostküste. – Aspróvalta: Camping. – Stavrós: *Athos,* III, 48 B.

VERKEHR. – Die Chalkidike wird durch die westöstlich verlaufenden Straßen Saloníki – Rendína – Kaválla und Saloníki – Polýgyros – Ierissós erschlossen, von denen südwärts führende Straßen abzweigen. Busverbindungen mit Saloníki, Bootsverbindungen von Uranópolis zum Athoshafen Daphní.

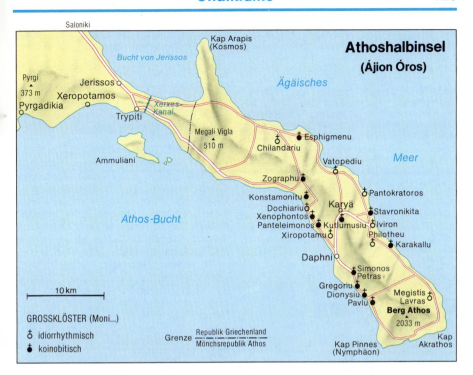

Athoshalbinsel (Ájion Óros)

Saloniki · *Bucht von Jerissos* · Kap Arapis (Kosmos) · *Ägäisches* · Pyrgi 373 m · Jerissos · Xeropotamos · Pyrgadikia · Trypiti · *Xerxes-Kanal* · Megali Vigla 510 m · Chilandáriu · Esphigmenu · Vatopediu · *Meer* · Ammuliani · Zographu · Konstamonitu · Pantokratoros · Dochiáriu · Karyä · Stavronikita · Xenophontos · *Athos-Bucht* · Panteleimonos · Kutlumusiu · Ivíron · Xiropotamu · Philotheu · Karakallu · Daphni · Simonos Petras · Gregóriu · Dionysiu · Pavlu · Megistis Lávras · Berg Athos 2033 m · 10 km · Kap Pinnes (Nymphäon) · Kap Akrathos

GROSSKLÖSTER (Moni...)
ɔ idiorrhythmisch
♦ koinobitisch

Grenze ═══ Republik Griechenland
────── Mönchsrepublik Athos

Die Halbinsel Chalkidike liegt südöstlich von Saloníki. Im hügeligen Gelände gibt es relativ viel Wald. Nach Südwesten springen drei fingerförmige Halbinseln ins Meer vor: Im Westen Kassándra, in der Mitte Sithonía (oder Lóngos), im Osten *Athos. Der Name der Halbinsel erinnert daran, daß die euböische Stadt Chalkis hier 32 Städte gegründet hat, u.a. Olynthos.

In den letzten Jahrzehnten ist die Chalkidike touristisch rapide erschlossen worden, wozu die langen Sandstrände förmlich aufforderten. Urlaubs- und Badegelegenheiten gibt es an zahlreichen Orten.

*Athos, der östlichste 'Finger' der Halbinsel Chalkidike, 45 km lang, bis 5 km breit, steigt im Athosgipfel auf 2033 m an. In christlicher Zeit wurde er zum Agion Oros, dem Heiligen Berg, auf dem sich zunächst Einsiedler niederließen und dann Klöster entstanden, als erstes die 963 durch Athanasios von Trapezunt gegründete Megísti Lávra.

Heute gibt es auf dem Athos 20 Großklöster, mehrere Mönchsdörfer und, besonders an der steilen Südküste, Einsiedeleien. Verwaltet wird die autonome **Mönchsrepublik** durch die Epistasía, deren Mitglieder in jährlichem Wechsel von den Klöstern gestellt werden. Die außenpolitischen Interessen werden durch Griechenland vertreten. Es gilt noch der Julianische Kalender, der gegenüber dem Gregorianischen (seit 1582) um dreizehn Tage im Rückstand ist. Die Tagesstunden (Uhrzeit) zählen im allgemeinen von Sonnenaufgang, im Kloster Ivíron von Sonnenuntergang und nur im Kloster Vatopedíu von Mitternacht an. Mit Sonnenuntergang wird die Klosterpforte geschlossen und keinerlei Einlaß mehr gewährt.

Man unterscheidet zwischen koinobitischen Klöstern (insgesamt 11), mit gemeinsamen Mahlzeiten und einem Abt (Hegúmenos), und idiorrhythmi-schen Klöstern ('nach eigener Weise'; insgesamt 9; etwa seit 1400), wo jeder Mönch vom Kloster Lebensmittel erhält, sonst aber eigenen Besitz hat und einen selbständigen Haushalt führt. Alle Mönche vereinigt immer der mehrstündige Nachtgottesdienst und der Nachmittagsgottesdienst. Die strengen Fastengebote machen während der zahlreichen Fastenzeiten eine ausreichende Verpflegung der Gäste ziemlich schwierig (Mundvorrat empfehlenswert). In den koinobitischen Klöstern wird überhaupt kein Fleisch gegessen.

Die Klosteranlage bildet gewöhnlich ein Viereck um einen großen Hof, in dessen Mitte die Kirche (Katholikón) steht. Bei dieser der Glockenturm und das Simanthron, ein hölzernes Läutegerät; ferner der geweihte Brunnen (Fiáli). Gegenüber der Kirche das Refektorium (Trápeza), verstreut Kapellen und schattige Bäume, in der Ecke ein festungsartiger Turm. Ringsum liegen die vielstöckigen Wohn- und Wirtschaftsgebäude. Umgeben ist die Anlage von hohen, früher der Verteidigung dienenden Mauern, deren Zinnen und Wehrgänge jetzt oft durch Balkone und Lauben ersetzt sind.

Der ZUTRITT zur Mönchsrepublik ist ausschließlich für Männer und nur bei nachgewiesenem religiösem oder wissenschaftlichem Interesse, also für Theologen, Kunsthistoriker, Byzantinisten u.ä. und mit einer Sondergenehmigung möglich. Der Besucher meldet sich mit dieser im Hauptort Kariä, zu dem vom Hafen Daphni ein Autobus fährt. Mit der in Kariä erteilten Aufenthaltsgenehmigung ('Diamonitírion') wird er in den Klöstern gastfreundlich aufgenommen. Der Aufenthalt ist kostenlos, eine Spende ist jedoch angebracht. Da der Aufenthalt auf 3 Tage begrenzt ist, empfiehlt es sich, zuvor anhand der Karte diejenigen Klöster auszusuchen, die man besuchen möchte. Die im Landesinneren gelegenen Klöster sind nur zu Fuß oder mit dem Esel erreichbar, jene am Meer haben auch Bootsverbindung.

BESONDERS SEHENSWERTES. – In **Kariä** verdient die Kapelle Johannes des Täufers Beachtung, in der sich aus dem Jahr 1526 stammenden *Fresken, wohl die schönsten des Athos, befinden. – Nördlich von Kariä besonders bemerkenswert die *Klöster **Esphigménu** (Wandmalereien), **Chilandaríu** (Wandmalereien, Ikonen), **Vatopedíu** (Wandmalereien, Ikonen, Mosaiken), **Pantokrátoros** (Wandmalereien, 14. Jh.) und **Stavronikíta** (Wandmalereien von 1546). – Südlich von Kariä erwähnenswert die **Große Lavra** *(Megístis Lávras)* mit dem Grab des Athanasios, Fresken und Ikonen; **Pávlu** (Fresken, 15. Jh.) sowie das prachtvoll hoch über der Westküste gelegene Kloster **Símonos Pétras**. Von der Großen Lavra aus kann man in etwa 5 Stunden den **Berg Athos** ersteigen. Auf dem Gipfel (2033 m) die Kapelle der Verklärung Christi (Metamórphosis); *Aussicht.

Chefchaouen

Marokko.
Höhe: 650–700 m ü.d.M.
Einwohnerzahl: 15500.

HOTELS. – *Asma,* I, 94 Z.; *Hotel de Chaouen,* Place Outa-Hamam, II, 37 Z.; *Magou,* Rue Monlay Idris 23, III, 27 Z.; *Rif,* Rue Tarik Ibn Ziad 29, III, 10 Z.

RESTAURANTS. – In allen genannten Hotels.

VERANSTALTUNGEN. – *Moussem Outa Hammou* (Volksfest; Juli); *Markt* (jeden Donnerstag).

Das früher Chaouen oder Chauen, spanisch Xauen und französisch Chéchaouen genannte marokkanische Marktzentrum Chefchaouen ist eine malerische, 45 km südlich von Tetuan gelegene Kleinstadt, deren rotbraune Dächer sich an den mehr als 2000 m hohen Djebel el-Chaou, einen Gebirgszug des westlichen Er-Rif (Rifatlas) schmiegen. Der überwiegende Teil der Bevölkerung gehört zu den Nachkommen andalusischer Mauren, eine Tatsache, die sich deutlich im Stadtbild niedergeschlagen hat.

Wirtschaftliche Grundlage dieser heiligen Stadt der Moslems, die bis 1920 von keinem Nichtmohammedaner betreten werden durfte, ist der Vertrieb landwirtschaftlicher Erzeugnisse, die in den umliegenden Tälern des Rifgebirges angebaut werden. Eine nicht unbedeutende Rolle spielt auch die Teppichknüpferei, denn am Ort befindet sich außer einer Teppichfabrik auch eine Fachschule für Teppichknüpferei.

GESCHICHTE. – Chefchaouen wurde 1471 von Scherif Mulay Ali Ben Rached gegründet und mit andalusischen Mauren besiedelt, die aus Granada vertrieben worden waren. Aufgrund seiner Lage im verkehrsfeindlichen Gebirge eignete sich der Ort besonders gut als Widerstandsnest gegen die Portugiesen, deren Eroberungszüge damals eine große Gefahr für den Maghreb bildeten. Zum erstenmal in der Geschichte wurde die Stadt 1920 von Europä-

ern erobert, als spanische Truppen einmarschierten. Chefchaouen wurde dem spanischen Protektorat eingegliedert, zu dem es bis zu dessen Auflösung 1956 gehörte. Während der Aufstände der Rifkabylen machte ihr Anführer Abd el-Krim die Stadt zum Mittelpunkt des proislamischen Widerstandskampfes (1925), und die Spanier konnten sich hier erst 1926 wieder festsetzen. Abd el-Krim wurde für einige Zeit in einem mittelalterlichen Turm der Stadt gefangengesetzt.

SEHENSWERTES. – Neben der MEDINA mit der **Kasbah** und ihren schönen *Gärten gehört die **Große Moschee** *(Djama el-Kebir)* zu den Sehenswürdigkeiten der Stadt. Von ihr genießt man eine herrliche Aussicht. Der **Sultanspalast** *(Dar el-Makhzen)* in der Kasbah entstand 1672–1727 unter Mulay Ismail. Im Stadtzentrum befindet sich der Uta el-Hammam, ein Platz, der von schönen maurisch-andalusischen Bauten mit Patios umgeben ist. Ein malerisches Bild bietet auch die *Place el-Makhzen.* Besichtigen sollte man auf jeden Fall die örtliche *Teppichfabrik.* Außerdem lohnt sich ein Spaziergang zur *Quelle Ras el-Ma.* Sie liegt im Osten der Stadt und speist die Bewässerungskanäle ausgedehnter Gartenanlagen.

Rif-Atlas s. dort.

Chioggia

s. bei Venedig

Chios *(Chíos)*

Griechenland.
Nomos: Chíos.
Inselfläche: 858 qkm.   –   Höhe: 0–1297 m.
Bewohnerzahl: 75000.
Telefonvorwahl: 0271 (Chios), 0272 (Kardámyla).
ⓘ **Touristenpolizei Chios,**
    Neorion 35;
    Telefon: 26555.
    Olympic Airways, Chios,
    Odhós Rhodo Kanáki 17.

HOTELS. – In Chios-Stadt: *Chandris Chios,* II, 294 B., Sb.; *Xenia,* II, 50 B.; *Kyma,* III, 82 B. – In Kardámyla: *Cardamyla,* II, 60 B. – Ferienwohnungen in renovierten Patrizierhäusern des Städtchens *Mesta.*

FLUGVERKEHR. – *Flughafen Chios* 5 km südwestlich der Stadt. – Linienflüge *Athen-Chios* 1–2mal täglich in 55 Min.

SCHIFFAHRT. – Linienverkehr von und nach *Athen* (Piräus) 5mal wöchentlich in 10 St. (auch Kfz.-Transport); von und nach *Saloniki* wöchentlich in 17 St. – Lokaler Verkehr nach *Samos, Mitilini* und *Psara.*

STRASSENVERKEHR auf der Insel. – Fahrstraßen zu den wichtigsten Inselorten. – AUTOVERMIETUNG in Chios. – Mehrere AUTOBUSLINIEN zu den größeren Ortschaften.

BADESTRÄNDE. – *Bellavista,* bei der Stadt Chios, *Vrontades,* nördlich der Stadt, beide Kies; *Kontari* und *Karphas* südlich von Chios; südlich von *Emporion; Pasa Limani* und *Limnia,* an der Westküste; *Kardámyla* im Norden.

Die griechische Insel Chíos liegt unmittelbar vor der türkischen Halbinsel Çeşme, die den Golf von İzmir im Süden begrenzt, und ist an der engsten Stelle nur 8 km vom Festland entfernt. Der Hauptort liegt im Osten, der anatolischen Küste zugewandt. Die Insel wird in Nord-Süd-Richtung von einem bis 1297 m ansteigenden Kalksteingebirge durchzogen.

Das mächtige, zerklüftete Kalkmassiv erhebt sich im nördlichen Inselteil und bildet besonders im Osten eine eindrucksvoll ins Meer abstürzende Steilküste. Die Inselbevölkerung konzentriert sich im fruchtbaren Süden, wo besonders die Mastixstaude (Pistacia lenticus L.) angebaut wird, deren aromatisches Harz als Mastix von hervorragender Qualität schon im Altertum exportiert wurde und den Reichtum der Insel mitbegründete. Auf Chios bereitet man mit Mastix den herbsüßen Likör 'Masticha' sowie übersüßes Konfekt. Neben der Landwirtschaft leben die Chioten von Handel und Seefahrt; rund ein Drittel der griechischen Handelsflotte ist in Chios beheimatet.

GESCHICHTE. – Älteste Grabungsfunde weisen in das 4. Jahrtausend v. Chr. – Im 8. Jahrhundert v. Chr. ließen sich ionische Griechen nieder und machten die Insel zu einem der reichsten und bedeutendsten Mitglieder des um 700 v. Chr. gegründeten ionischen Städtebundes. Im 6. Jahrhundert v. Chr. besaß sie eine wichtige Bildhauerschule. – Kyros d. Gr. eroberte die Insel um 545 v. Chr. Beim ionischen Aufstand stellte sie zur Schlacht bei Lade (494 v. Chr.) die größte Zahl an Schiffen (100). 477 v. Chr. wurde Chios autonomes Mitglied des Attischen Seebundes. 412 v. Chr. fiel es von Athen und 394 v. Chr. von Sparta ab, unter dessen Herrschaft es stark gelitten hatte. 377 v. Chr. trat Chios als erstes Mitglied für kurze Zeit dem Zweiten Attischen Seebund bei. Seine Unabhängigkeit erlangte es 85 v. Chr. – 1204 kam die Insel an die Venezianer, 1346 an die Giustiniani von Genua und 1566 an die Türken. – Während ihrer wechselvollen Geschichte wurden die Bewohner der Insel als Seefahrer und Kaufleute berühmt. Bekannt ist ihre Teilnahme am griechischen Freiheitskampf und das folgende Massaker von 1822. Als am 24. November 1912, im Verlaufe des Balkankrieges, ein griechisches Geschwader vor der Insel erschien, wurde sie ihm nach kurzem Widerstand überlassen. – Chios gilt als die Heimat des altgriechischen Dichters Homer.

Der Inselhauptort und Haupthafen **Chíos** (25000 Einw.) liegt etwa an der Stelle der antiken Stadt in der Mitte der Ostküste. Seine Häuser ziehen sich im Halbkreis um die im Norden von der verfallenen mittelalterlichen Festung Kastro (13.-16. Jh.) beherrschte Hafenbucht. Von der alten Stadt ist nichts erhalten. Archäologisches Museum in der alten Moschee; Heimatmuseum.

INSELBESCHREIBUNG. – 5 km nördlich von Chios, bei dem Fischerort Vrontados, der **Daskalopetra**, fälschlich 'Schule Homers' genannt, ein massiger, behauener Felsstumpf mit Spuren eines Altars, wahrschein-

lich ein Kybele-Heiligtum. – 9 km weiter nördlich über der Bucht von Langada Spuren der Befestigung 'Delphinion' aus dem Peloponnesischen Krieg. – Weiterhin 9 km nördlich das Städtchen Kardámyla mit dem geschützten Hafen Marmaro.

40 km nordwestlich von Chios das Festungsstädtchen **Vólyssos,** angeblich der Geburtsort Homers; unweit westlich der Hafenplatz Limnia (Schiffe nach Psara).

12 km westlich von Chios, inmitten einsamer Bergwelt, das **Kloster Néa Moní** (1042-54), dessen bedeutende byzantinische *Mosaiken mit Darstellungen aus dem Leben Jesu beim Erdbeben von 1881 stark in Mitleidenschaft gezogen wurden.

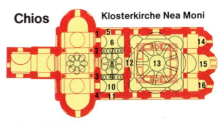

Chios   Klosterkirche Nea Moni

IKONOGRAPHIE

1 Symeon Stylites
2 Stylit, Jesaias, Jeremias
3 Daniel, Ezechiel, Symeon Stylites
4 Daniel Stylites
5 Fußwaschung
6 Vor der Fußwaschung, Einzug in Jerusalem
7 Stephanos d. J., Ephraim, Arsenios, Nikitas, Antonios, Maximus, Johannes Kalybites
8 Joachim, Anna, Stephanos, Panteleimon, Theodoros Stratelates, Bakchos, Orestes, Mardarios, Eugenios, Auxentios, Eustratios, Sergios, Maria
9 Johannes Studites, Theodosios, Euthymios,

Menas, Pachomios, Sabbas, Johannes Klimakos
10 Pfingsten
11 Garten Gethsemane, Verrat
12 Pantokrator
13 Geburt Christi, Darstellung im Tempel, Taufe, Verklärung, Kreuzigung, Kreuzabnahme, Höllenfahrt, Verkündigung, Cherubim, Johannes der Theologe, Andreas, Lukas, Bartholomäus, Seraphim, Philippus, Markus, Matthäus, Engel, Pantokrator
14 Erzengel Michael
15 Betende Gottesmutter
16 Erzengel Gabriel

8 km südwestlich von Chios die byzantinische Kirche Panagia Krinis (Muttergottes am Brunnen; Fresken). – 25 km südwestlich von Chios, im Zentrum des Mastixanbaugebietes (heute vielfach in Obstkulturen verwandelt), das malerische Städtchen **Pyrgí,** dessen Häuserfassaden mit eigentümlichen geometrischen Sgraffitomustern bedeckt sind. Am Hauptplatz die Kirche Agii Apostoli (13. Jh.), mit Fresken des 18. Jahrhunderts. – 3 km weiter südlich bei dem antiken Hafen **Phanai,** Reste eines Apollotempels (6. Jh. v. Chr.), mit Basilikaüberbau (6. Jh. n. Chr.). – 3 km südöstlich von Pyrgi, bei Emporion, die Spuren einer vierfach (neolithisch bis hellenistisch) besiedelten Akropolis sowie eines Athenatempels (6. Jh. v. Chr.). Von Pyrgi westlich über das mittelalterliche Städtchen Olympos (7 km) nach Mesta (4 km), mit historischem Stadtbild und byzantinischer Kirche.

11 km südlich von Chios das **Kloster Ágios Minás,** heute Gedenkstätte für die Opfer des Massakers von 1822.

Nördlich vor der Insel Chios, am nördlichen Eingang der Chios-Straße die **Ónussä-Inseln** (früher Spalmatori-Inseln), ein sich in nordwestlicher Richtung erstreckender Archipel mit der Hauptinsel

Önussä (Marineschule) sowie östlich davon den Eilanden Pasas, Gavathion, Vaton und zahlreichen Klippen. – Im Südwesten von Chios, vor der Bucht von Elata die Inselchen Pelagonisos, Agios Georgios und Agios Stephanos, mit Resten hellenistischer Wachtürme.

Cinqueterre
s. bei Italienische Riviera

Civitavecchia
s. bei Rom

Constantine / Ksantina

Algerien.
Höhe: 580-634 m ü.d.M.
Einwohnerzahl: 350000.
(i) **Syndicat d'Initiative,**
Avenue Zaabane 4;
Telefon: 3424.

HOTELS. – *Panoramic,* Ave. Aouati Mustapha 59, I; *Cirta,* Ave. Rahmani Chérif 1, I; *Transatlantique,* Ave. Aouati Mustapha (1,5 km in Richtung Sétif), II; *Princes,* Rue Abane Ramdane, III.

RESTAURANTS. – *Bendjelloul,* Rue Hackett 1; *Victoire,* Rue Hackett 4; *Dounyazad,* Rue Hamlaoui 29.

Die arabisch Ksantina genannte drittgrößte Stadt Algeriens in den östlichen Ausläufern des Tell-Atlas ist auf einer steil ansteigenden, etwa 1000 mal 700 m großen Felsplatte, die an drei Seiten von der tief eingeschnittenen Schlucht des Wadi Rhumel begrenzt wird, in natürlicher Festungslage erbaut. Die modernen Stadtviertel liegen jenseits des Flusses und sind durch Brücken mit der Altstadt verbunden.

Constantine besitzt als Départementshauptstadt wichtige Verwaltungsfunktionen. Außerdem ist die Stadt kultureller Mittelpunkt eines weiten Umlandes. Sie ist Sitz eines katholischen Bischofs, eines Appellationsgerichtshofes, einer modernen Universität sowie einer 1895 gegründeten islamischen Hochschule. Erwähnenswert sind auch die Bibliothek und das archäologische Museum.

Als größter Bahnknotenpunkt Algeriens besitzt Constantine wichtige Verbindungen nach Algier, Tunis, Annaba (Bône), Tebessa, Biskra-Touggourt und Oued-Athménia. Seiner verkehrsgünstigen Lage verdankt es die Ansiedlung größerer Industriebetriebe. Hierzu gehören u.a. eine Werkzeugmaschinenfabrik, Motoren- und Traktorenwerke, Schuh- und Zementfabriken sowie ein Werk zur Herstellung wichtiger Eisenbahnteile. Lederwaren und Wollstoffe werden vom traditionellen Gewerbe produziert.

GESCHICHTE. – Constantine geht auf eine phönizische Gründung namens *Kirtha* zurück, die später als *Cirta* zeitweise Residenz der numidischen Könige war. Aufgrund ihrer natürlichen Festungslage war die Stadt geradezu für diese Funktion prädestiniert. Unter Augustus wurde Cirta römische Provinz und erlebte als Hauptort der in der Nähe gelegenen Römersiedlungen Tiddis, Mila, Collo, Rusicada und Cuiculum (Djemila) eine zweite Blütezeit. Nach einem versuchten Aufstand wurde die Stadt jedoch 311 n.Chr. von Kaiser Maxentius zerstört. Kaiser Konstantin der Große ließ sie wenig später wieder aufbauen. Die neue Stadt wurde nach ihm benannt. 431 wurde *Constantina* vermutlich von den Wandalen überrannt, aber bereits 533 eroberten es die Byzantiner zurück. Unter ihrer Herrschaft blühte die Stadt nochmals auf, bis sie 646 von den Arabern eingenommen wurde. In der nachfolgenden Zeit wechselte Constantine mehrfach die Besitzer, bis sich im 16. Jahrhundert die Türken in der Stadt festsetzten und zum Sitz eines Beys erhoben. 1826 erhielt Constantine die Funktion einer Hauptstadt der Kabylei, bis es 1837 gegen den Widerstand des Ahmed Bey, der sich von Algier gelöst hatte, von französischen Truppen eingenommen wurde. 1958 hielt Charles de Gaulle in Constantine seine berühmt gewordene Rede, mit der er dem algerischen Unabhängigkeitsstreben in der Form nachgab, wie sie später (1962) im Vertrag von Evian garantiert wurde.

SEHENSWERTES. – Die Altstadt von Constantine liegt auf demselben Felssporn, auf dem bereits das phönizische Kirtha gestanden hat. Erhalten geblieben sind jedoch lediglich einige sehenswerte Bauwerke aus der arabischen Epoche. Überall in den engen Gassen herrscht das für eine islamische Kasbah charakteristische bunte Treiben.

Einen Stadtrundgang beginnt man am besten an der Place du 1er Novembre, die am Nordende des schmalen Felsriegels liegt, der den natürlichen Zugang zum Stadtzentrum bildet. Von hier folgt man zunächst der Rue Didouche Mourad bis zur 200 m entfernten, linkerhand gelegenen **Djama Souk el-Ghezel.** Sie wurde 1730 von den Türken errichtet, 1838 zu einer katholischen Kirche umfunktioniert und nach der algerischen Unabhängigkeit wieder zur Moschee; der schöne Kachelschmuck stammt zum großen Teil aus Tunesien, und die in den Bau einbezogenen Säulen gehörten zu römischen Ruinen. Wenige Meter hinter der Moschee, in der hier abzweigenden Rue du 19 Mai 1956, steht der 1830-1835 vom letzten Bey von Constantine erbaute *Palais de Hadj Ahmed* mit schönen Innenhöfen. Am Ende der Rue du 19 Mai 1956 folgt die 1776 vollendete ***Djama Sidi el-Kettani** (auch *Moschee Salah Bey),* ein sehr schönes Beispiel türkischer Baukunst. Besonders sehenswert sind der Minbar (Kanzel) und der Mihrab (Gebetsnische) im Innern. In unmittelbarer Nachbarschaft befindet sich die ehemalige *Medersa,* eine Rechts- und Theologieschule des Islam. Im Inneren die Familiengruft des Salah Bey mit herrlichen Marmorsärgen, die mit Schmuckdekor und Koransprüchen verziert sind.

Von der Medersa geht man am besten in südöstlicher Richtung zur Rue Didouche Mourad zurück. Auf halber Länge dieser Straße zweigt eine Seitenstraße nach Südosten ab, in der sich die **Sidi-Lakhdar-Moschee** erhebt. Sie ähnelt der Djama Sidi el-Kettani beinahe bis ins Detail. Ebenso die 300 m weiter südlich am Boulevard Larbi Ben M'Hidi gelegene **Djama el-Kebir** *3(Große Moschee).* Sie wurde 1221 an der Stelle eines römischen Tempels erbaut, von dem mehrere korinthische Säulen in den Minbar einbezogen wurden. – Der Boulevard Larbi Ben M'Hidi führt zurück zur Place du 1er Novembre. Auf der anderen Seite des Platzes beginnt die Avenue Ben Boulaid, über die man zur verkehrsreichen Place des Martyrs gelangt. Etwa 150 m jenseits des Platzes liegt das 1930 erbaute **Musée de Cirta** mit einer umfangreichen archäologischen Sammlung. Sehenswerte phönizische, numidische und römische Funde, u.a. aus Medracen, Es-Souna und Tiddis.

Zum Abschluß des Stadtbesuchs lohnt sich ein Spaziergang zur 1912 erbauten *Brücke Sidi M'Cid,* die das Wadi Rhumel in 175 m Höhe überspannt. Von hier bietet sich der beste Blick in die tiefe Schlucht des Flusses. Die Brücke befindet sich am Nordende der Altstadt nahe der *Kasbah,* auf deren höchstem Punkt einst das römische Kapitol gestanden hatte. Von der weiter südöstlich gelegenen *El-Kantara-Brücke,* an der der Boulevard Larbi Ben M'Hidi endet, kann man mit dem Taxi oder per Bus zum *Chemin de la Corniche* gelangen. Diese Straße wurde in den Fels gesprengt und führt unter der Pont Sidi M'Cid hindurch in den nordöstlichen Teil der Rhumelschlucht.

UMGEBUNG von Constantine. – Die Stadt eignet sich als Standquartier für mehrere Rundfahrten in die nähere und weitere Umgebung, die zahlreiche Sehenswürdigkeiten, insbesondere aus der römischen Vergangenheit Nordafrikas, bietet.

Zur Römerstadt Tiddis. – Die Ruinen von **Tiddis** liegen rund 30 km nördlich von Constantine. Man erreicht sie auf der N 27, von der nach 23 km eine kleine Stichstraße nach links abzweigt. Tiddis, das römische *Castellum Tidditanorum,* wurde an der Stelle einer phönizischen Siedlung erbaut. Die Stadt erstreckt sich ähnlich wie Constantine hoch über einer Schlucht (Wadi Khenag), an einem stark geneigten Hang, an dessen topographische Gegebenheiten ihr Grundriß angepaßt ist. Die Hauptstraße verläuft in mehreren Windungen an dem terrassenförmig gegliederten Hang empor.

Den Eingang zur Stadt bildet der Triumphbogen des Ädilen Q. Memmius. Von hier führt die mit Steinquadern gepflasterte Hauptstraße an einem in den Fels gehauenen Heiligtum für den Mithraskult mit mehreren Steinreliefs an den Grottenwänden vorbei. Das Mithräum wurde später in eine christliche Kapelle umgebaut. Weiter oberhalb folgt ein römisches Wasserbassin, neben dem sich das nur 30 x 10 m große Forum mit den Sockeln von zerstörten Statuen befindet. Inschriften geben Auskunft über die Persönlichkeiten, deren Standbilder hier einst errichtet worden waren. Neben mehreren römischen Kaisern u.a. auch Quintus Lollius Urbicus, der Präfekt von Rom. Das Forum wird von einem weiter hangaufwärts gelegenen, riesigen Fundament überragt, das wahrscheinlich zu einem Altar gehörte. Noch weiter oberhalb folgt eine Grotte, die vermutlich zu einem Heiligtum gehört hat. Auf der obersten Terrasse der Stadt befanden sich einst die Thermen, die mit einem in der Nähe gelegenen Wasserreservoir verbunden waren.

Über Es-Souna und Medracen nach Lambaesis und Timgad. – Etwa 18 km südöstlich von Constantine liegt die Ortschaft *El-Khroub.* In ihrer Nähe befindet sich das Mausoleum von **Es-Souna,** eines der wenigen erhaltenen numidischen Bauwerke Algeriens, das jedoch ohne Führer nur schwer zu finden ist. Man vermutet, daß es sich um das Grabmal König Massinissas handelt. Das Mausoleum, das demjenigen von Dougga (Tunesien) ähnelt, bestand ursprünglich aus einem heute noch erhaltenen quadratischen Unterbau, einem mittleren Stockwerk, dessen Reste noch sichtbar sind, und einem Obergeschoß. Die Funde aus der Grabkammer im Untergeschoß sind im Museum von Constantine ausgestellt.

Von *El-Khroub* fährt man weiter in südlicher Richtung. Nach 8 km zweigt rechts die N 3 nach Batna (93 km) ab. Sie überquert hinter Aïn-M'Lila das Hochland der Schotts, das sich zwischen dem Tell-Atlas und dem Sahara-Atlas ausbreitet. Seinen Namen erhielt dieses niederschlagsarme Gebiet aufgrund zahlreicher Salztonebenen, abflußloser Senken, die sich im Winter mit Wasser füllen, das im Sommer jedoch restlos verdunstet und ausgedehnte Salzkrusten zurückläßt. Kurz hinter dem Ort *Aïn Yagout* zweigt eine Straße nach links ab, über die man nach wenigen Kilometern **Medracen,** ein weiteres numidisches Mausoleum erreicht. Hier lag Micipsa, der Sohn König Massinissas, begraben. Die Anlage mißt 60 m im Durchmesser, ihre Höhe betrug ursprünglich etwa 20 m.

In **Batna** (1038 m; ca. 25 000 Einw.) biegt man links ab zum 12 km entfernten Dorf *Lambèse.* Der Ort liegt inmitten der Ruinen des antiken **Lambaesis,** das 81 n.Chr. zunächst 2 km weiter westlich als kleines Legionslager gegründet wurde. Mit dem Bau der heutigen Ruinenstadt wurde erst 146 n.Chr. begonnen. Diese 500 x 420 m große Anlage entwickelte sich zu Beginn des 3. Jahrhunderts zur Hauptstadt Numidiens. Leider sind die Ausgrabungsarbeiten noch nicht sehr weit fortgeschritten, so daß nicht allzuviel zu sehen ist. Neben der quadratischen Anlage des Prätoriums, dessen Rundbogen sehr stark an den späteren romanischen Baustil in Europa erinnern, sind vor allem die verstreut angeordneten Überreste der Thermen, des Amphitheaters, eines Triumphbogens für Septimius Severus, des Kapitols und eines Tempels erwähnenswert. In einem zugehörigen Museum sind die kostbarsten Fundstücke ausgestellt, insbesondere mehrere schöne Mosaiken und einige Statuen.

22 km weiter östlich folgt das ausgedehnte ****Ruinenfeld von Timgad,** dem römischen *Tamugadi.* Die 100 n.Chr. durch Kaiser Trajan für Veteranen aus dem benachbarten Lambaesis gegründete Stadt besitzt einen geplanten, schachbrettartigen Grundriß, wie er für viele militärische Siedlungsanlagen Roms typisch ist. Durch ein Quadrat mit einer Seitenlänge von 355 m verlaufen kreuzförmig zwei Hauptstraßen, und zwar von Osten nach Westen der sogenannte 'decumanus maximus' sowie senkrecht dazu der 'cardo maximus'. Die vier Quadranten werden durch weitere rechtwinklig zueinander verlaufende Nebenstraßen in noch einmal je 36 'insu-

lae' genannte, kleinere Quadrate unterteilt, deren Seitenlänge 20 m beträgt. In Tamugadi besitzt jedoch eines der Quadrate nur 30 'insulae'. Das Forum liegt zentral neben der Kreuzung beider Hauptstraßen, ebenso die öffentlichen Gebäude, mit Ausnahme des Kapitols. Es gab keinen geeigneten erhöhten Platz im Stadtzentrum, und man errichtete dieses Gebäude deshalb außerhalb des Schachbretts. Andere außerhalb gelegene Bauten kamen erst später hinzu, als die Stadt durch ständiges Wachstum ''aus den Nähten platzte''. Trotz seiner beachtlichen Größe gehörte Tamugadi in der Antike lediglich zu den unbedeutenderen Städten des Römischen Reiches. Nach der byzantinischen Ära im 6. Jahrhundert ging es völlig unter. Die Ruinen wurden erst 1765 zufällig wiederentdeckt und durch langwierige, 1880 begonnene Ausgrabungsarbeiten freigelegt. Timgad besitzt eine derartige Fülle an Sehenswürdigkeiten, daß es einem Vergleich mit Pompeji standhält.

Im nördlich der Ruinenstadt gelegenen Dorf Timgad befindet sich das archäologische Museum mit fast sämtlichen bedeutenden Funden. Besonders sehenswert die Mosaiken. Von hier aus betritt man die Stadt durch das Nordtor, an dem der auf das Forum zu führende Cardo maximus beginnt. Gleich im ersten Baublock links die Reste der Kleinen Nordthermen. Weiter südlich, im fünften Block links, die Reste der Bibliothek. Im sechsten Block rechts, entlang der zweiten Hauptstraße (decumanus maximus), mehrere Läden mit Verkaufstischen aus 10 cm dicken Steinplatten. Links vom Eingang des Forums öffentliche Latrinen mit 25 steinernen Sitzen, durch Armlehnen voneinander getrennt, in die jeweils ein kreisrundes Loch eingelassen ist. Jenseits des Forums liegt das bestens erhaltene Halbrund des Theaters, das 3500-4000 Zuschauern Platz bot. Von hier geht man am besten nach Westen, biegt nach dem zweiten Baublock links ab und verläßt das ''Schachbrett'' in Richtung zum byzantinischen Fort, vorbei an den Häusern des Sertorius und des Hermaphroditen. Unmittelbar außerhalb des Stadtzentrums folgen links die Großen Südthermen. Rechterhand das Industrieviertel. Der Rückweg vom Fort führt zwischen den Ruinen des Capitols und der Südwestecke des Stadtzentrums hindurch, vorbei am Markt des Sertorius zum Trajansbogen, dem westlichen Stadttor. Hier weiter an den Außenrand der Stadt entlang, vorbei am Tempel der Stadtgenien. An der Nordwestecke des Ruinenfeldes, im christlichen Viertel, stehen die Reste der Donatistenbasilika mit schönen Mosaiken. Von hier zum Ausgangspunkt hinter den benachbarten Neuen Thermen zurück.

Über Mila oder El-Eulma nach Djemila (140 km). – Wer genügend Zeit hat, sollte Constantine auf der nach Mila führenden W 2 verlassen, denn die kurvenreiche Strecke durch die Monts de Constantine ist landschaftlich sehr reizvoll. 11 km hinter Mila biegt man links ab auf die W 25 nach Fedj-M'Zala. Hier nochmals nach links in Richtung El Eulma (W 154). Nach 26 km zweigt die W 117 nach rechts ab. Nach weiteren 12 km folgt rechter Hand Djemila. Der schnellere Weg führt von Constantine über die N 25 nach El-Eulma, hier rechts ab auf die W 154, und nach 24 km links in die W 117 einbiegen.

*Djemila (950 m ü.d.M.) ist das antike Cuiculum, das um 97 n. Chr. von den Römern an der Stelle einer numidischen Siedlung gegründet wurde. Der für eine 'colonia' übliche geplante Schachbrettgrundriß konnte aufgrund der topographischen Verhältnisse nicht so strikt ausgelegt werden wie in Timgad. Der 'cardo maximus' führt nicht durch das Stadtzentrum, sondern am Rand der Anlage vorbei. Von ihm zweigen rechtwinklig der 'decumanus' und dessen Parallelstraßen ab. Die römische Stadt verfiel vermutlich noch während der byzantinischen Ära im 6. Jahrhundert n. Chr. Ihre Ruinen wurden erst 1838 von Franzosen entdeckt, und mit den Ausgrabungen begann man 1909.

Der älteste Teil der Ruinenstadt liegt im Norden der Anlage. Man betritt ihn durch das Südtor, das den

alten 'cardo maximus' vom Neuen Forum trennt. Die Straße führt vorbei am Haus des Castorius, an einem Tempel und am Haus des Esels mit einem schönen Mosaik. Danach folgt der Venustempel, von dem mehrere korinthische Säulen erhalten sind. An dieser Stelle zweigt der 'decumanus' nach rechts ab, am alten Forum entlang. Ein Triumphbogen überspannt hier die Straße. Um das Forum sind die öffentlichen Gebäude gruppiert: die Basilika, die Kurie, das Kapitol. Daneben der 21 x 27 m große Marktplatz des Cosinus mit 17 Verkaufsläden. Hinter dem Kapitol liegen die Thermen.

Das Neue Forum, mehr als doppelt so groß wie das alte, gehört zu den jüngeren Bezirken, die zwischen dem 2. und 4. Jahrhundert angelegt wurden. Es wird umgeben vom Caracalla-Bogen, den öffentlichen Latrinen, der Neuen Basilika und dem Tempel der Gens Septimia. Von hier führt eine Straße zum Theater, das etwa 3000 Zuschauer faßte. Südlich des Neuen Forums auf dem neuen 'cardo' eine kleine Fontäne. In der Mitte des Beckens steht noch die konische Säule, an der das Wasser einst herunterrieselte. Wenige Meter entfernt folgen die imposanten Ruinen der Großen Thermen. Auf der anderen Seite der Hauptstraße, etwa 50 m weit entfernt, liegt das alte Christenviertel mit den Resten zweier Basiliken aus dem 4. Jahrhundert. Besonders sehenswert der Kuppelbau des Baptisteriums. Im Museum von Djemila sind vor allem die Mosaiken aus mehreren der freigelegten Villen interessant.

Costa Blanca

Spanien.
Regionen: Valencia, Murcia und Andalucía.
Provinzen: Alicante, Murcia und Almería.
ⓘ **Delegación Provincial de Información,**
Artilleros 4,
Alicante;
Telefon: (965) 20 85 21 und 20 84 22.
Delegación Provincial de Información,
Isidoro de la Cierva 10,
Murcia;
Telefon: (968) 21 27 76 und 21 71 57.

HOTELS. – In D e n i a : Denia, II, 280 Z.; Los Angeles, III, 60 Z.; Costa Blanca, IV, 53 Z.; Hostal Las Arenas (garni), P II, 40 Z.; Villa Amor (garni), P II, 20 Z.; Germany (garni), P II, 13 Z. – In Jávea: Parador Costa Blanca, I, 60 Z.; Villa Naranjos, III, 147 Z.; Parata, III, 34 Z.; Miramar, III, 26 Z.; Hostal Costa Mar, P II, 18 Z.; La Favorita (garni), P III, 18 Z. – In C a l p e : Porto Calpe, III, 60 Z.; Paradero Ifach, III, 29 Z.; Rocinante, III, 28 Z.; Hostal Peñon de Ifach, P III, 30 Z.; Jacinto, P III, 18 Z.; Mauri II (garni), P III, 18 Z. – In Altea: Cap Negret, II, 250 Z.; Altaya, III, 23 Z.; Hostal El Trovador, P II, 14 Z.; Sol (garni), P III, 25 Z. – In B e n i d o r m s. dort. – In V i l l a j o y o s a : El Montiboli, I, 33 Z.; Paraiso (garni), IV, 13 Z.; Hostal Les Ribetes, P II, 24 Z.; El Pino, P II, 18 Z. – In A l i c a n t e s. dort. – In T o r r e v i e j a : Berlin, III, 32 Z.; Mar Bella, III, 30 Z.; Eden Roc, IV, 36 Z.; Hostal Mazu (garni), P II, 39 Z.; Valero, P II, 39 Z.; Madrid, P II, 28 Z.; La Cibeles, P II, 24 Z.; La Paz, P III, 25 Z. – In C a r t a g e n a s. dort. – In A g u i l a s : Madrid (garni), III, 33 Z.; Hostal Carlos III (garni), P I, 32 Z.; La Huerta (garni), P II, 18 Z.; Avila, P III, 100 Z. – In A l m e r í a s. dort.

An die bei Setla auf der Landzunge La Almadraba endende Costa del Azahar schließt sich nach Süden die *Costa Blanca ('Weiße Küste') an. Sie führt von Denia bis zum Cabo de Gata und umschließt somit die Küstenzonen der Provinzen Alicante und Murcia sowie einen Teil der Küste Almerías. Die Costa Blanca ist vorwiegend flach und sandig und besitzt zahlreiche Bade-

Spanische Costa Blanca – La Manga am Mar Menor

strände. Wegen des ausgezeichneten Klimas wird die Küste sowohl im Sommer als auch im Winter als Feriengebiet geschätzt.

KÜSTENFAHRT. – **Denia** war schon in griechisch-römischer Zeit bekannt (von den Griechen im 8. Jahrhundert v. Chr. *Hemeroskopeion,* von den Römern *Dianium* genannt) und besonders in der Maurenzeit zwischen 715 und 1253 eine blühende Hafenstadt, die zeitweilig sogar Mallorca beherrschte und jetzt durch ihre Rosinenausfuhr von Bedeutung ist. – Im Süden von dem mächtigen Kalkberg *Mongó* (735 m) beherrscht, liegt es am Fuß eines von einem Castillo gekrönten Hügels; von oben umfassende Aussicht (Freilichttheater). Denia besitzt einen Wassersportclub und hat zwei Sandstrände. – Kirche Santa Maria (1734), ein barockes Gotteshaus, mit Kachelschmuck. – Lohnend ist eine Wanderung zum Gipfel des *Mongó,* mit den Ruinen der Casa de Biot; großartige *Aussicht auf Küste und Meer (Hinweg etwa 4 St.). – Weiter südöstlich das Seebad

Jávea, ein an der Mündung des *Rio Jalón* gelegenes Hafenstädtchen, mit Mauern und Türmen, dem Castillo de San Juan und einer befestigten gotischen Kirche (14. Jh.). – Von Jávea Auffahrt 2 km östlich zum Leuchtturm auf dem *Cabo de San Antonio* (174 m), mit großartiger Aussicht. – 4 km südöstlich von Jávea das *Cabo de la Nao,* östlichster Punkt des Küstengebirges. – In der Nähe von Jávea die Tropfsteinhöhlen *Cueva del Órgano* und *Cueva del Oro.*

Auf der Straße Nr. 332 gelangt man zu dem reizvollen Fischerstädtchen **Calpe** (20 m; 3000 Einw.), mit alten Festungsmauern und einer kleinen Kirche im Mudéjarstil. – Auf der Landzunge die ***Punta de Ifach,** einer der schönsten Punkte der spanischen Mittelmeerküste, mit dem wie Gibraltar großartig aus dem Meer aufragenden Felsklotz *Peñón de Ifach* (383 m); lohnende Besteigung auf gutem Pfad (ca. 1½ St.). Am Fuß des Peñón links der Strand *Playa de la Fosa.*

Die Straße führt über *Altea,* in hübscher Lage am Berghang, nach **Benidorm** (s. dort).

Die Küstenstraße zieht dann über **Villajoyosa** (16 000 Einw.; Spielcasino) mit seinen stattlichen Mauerresten und Türmen sowie einer gotischen Kirche nach **Alicante** (s. dort).

Die Küstenstraße führt nun durch flaches, teils von Salinen bedecktes Gelände und an den kleinen Badeorten *Torrevieja* und *Campoamor* zum

Mar Menor, einem durch einen 22 km langen schmalen Landstreifen ('La Manga') vom Meer abgetrennten, 180 qkm großen Binnensee (jod- und salzhaltig, 7 m tief; Wassersport). Zu beiden Seiten der Manga zahlreiche Strandbäder, Touristenzentren und Campingplätze. Am Südende der Manga das steil abfallende *Cabo de Palos* (Leuchtturm). – Weiter abseits der Küste nach **Cartagena** (s. dort).

Die Fortsetzung der Straße Nr. 332 entfernt sich hinter Cartagena vom Meer und berührt nur gelegentlich die Küste. – In dem Hafenstädtchen *Águilas* (18 000 Einw.) am *Golfo de Mazarrón* die Ruinen einer römischen Thermenanlage. – Nun durch die *Sierra Cabrera* nach **Almería** (s. dort).

Costa Brava

Spanien.
Region: Cataluña (Katalonien).
Provinz: Gerona.
(i) **Patronat de Turismo de Gerona,**
Avenida de San Francisco 7,
Gerona.
Delegación Provincial de Información,
Juan Margall 35, 5. Stock,
Gerona;
Telefon: (9 72) 20 17 24.

Weitere lokale *Auskunftsstellen* (Centros de Iniciativas y Turismo) in zahlreichen Orten an der Costa Brava.

HOTELS. – In Port-Bou: *Miramar* (garni), IV, 27 Z.; *Comodoro,* IV, 16 Z.; Hostal *Bahia* (garni), P II,

Spanische Costa Brava bei Tossa de Mar

24 Z.; *Costa Blava*, P II, 27 Z.; *Francia*, P II, 12 Z.; *Port-Bou*, P III, 24 Z. – In Llansá: *Berna*, III, 38 Z.; *Grimar*, III, 38 Z.; *Grifeu*, III, 33 Z.; Hostal *Maria Teresa*, P II, 97 Z.; *La Goleta*, P II, 40 Z.; *Ampurdán*, P III, 32 Z.; *Casa Beri*, P III, 32 Z. – In Puerto de la Selva: *Porto Cristo* (garni), III, 54 Z.; Hostal *Comercio* (garni), P II, 25 Z.; *Amberes*, P II, 18 Z.

In Cadaqués: *Rocamar* (garni), II, 80 Z.; *Playa Sol* (garni), II, 49 Z.; *Llane Petit* (garni), II, 35 Z.; Hostal *S'Aguarda*, P I, 27 Z.; *La Taronjeta* (garni), P II, 63 Z.; *Cristina*, P II, 20 Z.; *Casa Europa* (garni), P II, 20 Z.; *Ubaldo*, P III, 28 Z. – In Rosas: *Almandraba Park Hotel*, I, 66 Z.; *Goya Park* (garni), II, 224 Z.; *Monterrey*, II, 138 Z.; *Coral Playa*, II, 128 Z.; *Montecarlo*, II, 126 Z.; *Canyelles Platja*, II, 110 Z.; *Mariam Platja*, II, 101 Z.; *Victoria*, III, 221 Z.; *Univers*, III, 208 Z.; *Maritim*, III, 105 Z.; Hostal *Cal Catala*, P II, 63 Z.; *Sant Jordi*, P II, 63 Z.; *Risech*, P II, 62 Z.; *Gallet*, P III, 47 Z.

In Castelló de Ampurias: *Emporium*, IV, 40 Z.; Hostal *Valmar*, P II, 39 Z. – In San Pedro Pescador: Hostal *Coll Vert*, P III, 39 Z. – In La Escala: *Nieves Mar*, II, 80 Z.; *Voramar*, II, 40 Z.; *Dels Pins*, IV, 42 Z.; Hostal *La Barca*, P II, 26 Z.; *El Roser*, P II, 26 Z.; *C'An Catala*, P II, 22 Z. – In Torroella de Montgrí: *Vila Vella* (garni), IV, 26 Z.; Hostal *Tres Delfines* (garni), P II, 30 Z.; *Xicarts*, P III, 26 Z. – In Bagur: *Aiguablava*, I, 95 Z.; *Dos Calas* (garni), II, 59 Z.; *Bonaigua* (garni), II, 47 Z.; *Sa Riera*, III, 37 Z.; *Bagur*, III, 35 Z.; Hostal *Casa Gran* (garni), P II, 14 Z. – In Aiguablava: Parador *Costa Brava*, I, 80 Z.

In Palafrugell: *Costa Brava*, IV, 32 Z.; Hostal *Plaja*, P III, 28 Z.; *Anfora*, P III, 24 Z. – In Calella: *Alga*, I, 54 Z.; *Port Bo*, II, 46 Z.; *Duing*, II, 37 Z.; *Garbi* (garni), II, 30 Z.; *San Roc*, III, 42 Z.; *Mediterraneo*, III, 38 Z.; *Gelpi*, III, 35 Z.; *La Torre*, III, 28 Z. – In Llafranch: *Terramar*, I, 56 Z.; *Paraiso*, II, 55 Z.; *Casamar*, III, 24 Z.; *Llafranch*, IV, 28 Z.; Hostal *Celimar* (garni), P II, 19 Z.; *Coral*, P III, 32 Z. – In Tamariu: *Hostalillo*, II, 72 Z.; *Jano*, III, 51 Z.; *Tamariu*, IV, 24 Z.; Hostal *Sol d'Or*, P II, 20 Z.

In Palamós: *Trias*, II, 81 Z.; *San Luis* (garni), II, 24 Z.; *Marina*, III, 62 Z.; *El Sosiego* (garni), IV, 40 Z.; Hostal *Xamary*, P II, 36 Z.; *Vostra Llar*, P II, 30 Z.; *Rosa Blanca* (garni), P III, 28 Z.; *Costa Brava* (garni), P III, 28 Z. – In Playa de Aro: *Columbus*, II, 111 Z.; *Aromar*, II, 105 Z.; *Cosmopolita*, II, 95 Z.; *S'Agoita*, II, 70 Z.; *Rosamar*, II, 62 Z.; *Planamar*, III, 86 Z.; *Els*

Pins, III, 57 Z.; *Japet*, III, 48 Z.; *Costa Brava* (garni), III, 46 Z.; *Miramar* (garni), III, 45 Z.; *Acapulco*, III, 45 Z.; Hostal *Oasis Jardín*, P I, 30 Z.; *Cabo Buena Esperanza*, P II, 50 Z.; *Oasis* (garni), P II, 30 Z.

In San Feliú de Guixols: *Reina Elisenda* (garni), I, 70 Z.; *Caleta Park*, II, 105 Z.; *Curhotel Hipocrates*, II, 103 Z.; *Port Salvi*, II, 92 Z.; *Murla Park Hotel*, II, 88 Z.; *Panorama Park*, II, 69 Z.; *Roca*, II, 69 Z.; *Jecsalis*, III, 64 Z.; *Montecarlo*, III, 62 Z.; *Regina*, III, 53 Z.; *Les Noies*, III, 45 Z.; *Mediterraneo*, IV, 40 Z.; *Regente* (garni), IV, 36 Z.; Hostal *Del Sol* (garni), P I, 41 Z.; *Allegreto* (garni), P II, 24 Z.

In Tossa de Mar: *Gran Hotel Reymar*, I, 131 Z.; *Costa Brava*, II, 102 Z.; *Vora Mar* (garni), II, 63 Z.; *Delfin*, II, 63 Z.; *Alexandra*, II, 57 Z.; *Florida*, II, 45 Z.; *Montvilu*, III, 73 Z.; *Ramos*, III, 72 Z.; *Park-Hotel*, III, 70 Z.; *Ancora*, III, 56 Z.; *Avenida*, III, 53 Z.; *Mare Nostrum*, III, 59 Z.; *Alaska* (garni), III, 52 Z.; *Soms Park* (garni), IV, 88 Z.; *La Palmera*, IV, 70 Z.; *Windsor* (garni), IV, 66 Z.; Hostal *Giverola* (garni), P II, 35 Z.; *Horta Rosell* (garni), P II, 30 Z.; *Gales* (garni), P II, 27 Z.

In Lloret de Mar: *Monterrey*, I, 229 Z.; *Rigat Park*, I, 99 Z.; *Roger de Flor*, I, 94 Z.; *Santa Marta*, I, 78 Z.; *Tropic*, I, 40 Z.; *Don Juan*, II 870 Z.; *Montecristo*, II, 476 Z.; *Don Quijote*, II, 374 Z.; *Olimpic-Lloret*, II, 352 Z.; *Flamingo*, II, 288 Z.; *Anabel*, II, 230 Z.; *Frigola*, II, 217 Z.; *Xaine Park*, II, 186 Z.; *Copacabana*, II, 162 Z.; *De la Gloria*, II, 161 Z.; *Rosa Mar*, II, 160 Z.; *Capri*, II, 155 Z.; *Santa Rosa*, II, 134 Z.; *Eugenia*, II, 118 Z.; *La Palmera*, II, 115 Z.; *Samba*, III, 477 Z.; *Oasis Park*, III, 428 Z.; *Clipper*, III, 376 Z.; *Rosamar Park*, III, 306 Z.; *Bahamas*, III, 239 Z.; *Helios Lloret*, III, 234 Z.; *Dex*, III, 216 Z.; *María del Mar* (garni), III, 207 Z.; *Garbi Park*, III, 155 Z.; *Imperial*, III, 150 Z.; *Niza*, III, 150 Z.; *Felipe III*, IV, 438 Z.; *Sant Marti*, IV, 254 Z.; *Garbi*, IV, 221 Z.; *Montevista*, IV, 219 Z.; *Hawai*, IV, 186 Z.; *Acapulco*, IV, 181 Z.; *Caribe*, IV, 174 Z.; Hostal *Clua* (garni), P I, 49 Z.; *Atlantida*, P II, 104 Z.; *Monturiol*, P II, 85 Z.; *Loreto*, P II, 85 Z.; *Goya*, P II, 68 Z.; *Elisa*, P III, 74 Z.; *Sanco*, P III, 95 Z.

In Blanes: *Horitzo*, II, 121 Z.; *Park Blanes*, II, 106 Z.; *Pop Coronat* (garni), II, 34 Z.; *Consul Park*, III, 225 Z.; *Lyons Majestic*, III, 121 Z.; *Boix Mar*, IV, 170 Z.; *San Antonio*, IV, 156 Z.; *Costa Brava*, IV, 79 Z.; *Rosa*, IV, 70 Z.; Hostal *S'Arjau*, P II, 49 Z.; *Esperanza* (garni) P II, 46 Z.; *Lisboa* (garni), P II, 45 Z.; *Pimar*, P III, 94 Z.; *Mar Sol*, P III, 57 Z.; *Burbi* (garni), P III, 54 Z.; *Castro*, P III, 52 Z.

Der nördlichste spanische Küsten-streifen am Mittelmeer nennt sich **Costa Brava ('Wilde Küste') und ge-hört zu den besonders von Mitteleu-ropa aus wegen der verhältnismäßig geringen Entfernung und der großar-tigen Landschaft am meisten besuchten Gebieten in Spanien.

Die außerordentlich stark zerklüftete Küste ist größtenteils felsig und an den steilen Vorgebirgen meist nicht mit dem Kraftfahrzeug, zum Teil sogar nur mit dem Boot zugänglich. Dazwischen lie-gen jedoch die malerischen Fischer-dörfchen und Städtchen mit ihren san-digen Buchten.

Wer die lange und wegen der vielen Kur-ven etwas mühsame Fahrt an der Küste entlang scheut, kann die schönsten Orte der Costa Brava auch auf den meist gu-ten Abzweigungen von der N-II errei-chen.

KÜSTENFAHRT. – Wer von Frankreich an-reist, wählt ab *Perpignan* (s. dort) die nach Südosten führende N-114 über *Argelès-sur-Mer* zum französischen Grenzort *Cer-bère* (49 km ab Perpignan). Von hier in Kur-ven aufwärts zum **Col de Balitres** (173 m), über den die französisch-spanische Grenze verläuft; mit schöner *Aussicht und den bei-den Grenz- und Zollabfertigungen. Jenseits der Grenze in Windungen bergab nach **Port-Bou** (15 m; 2500 Einw.), dem spani-schen Grenzort und Fischereihafen, mit hochgelegener Kirche und bedeutendem Bahnhof; wegen der größeren Spurweite der spanischen Eisenbahnen ist hier zumeist Zugwechsel.

Weiterfahrt hoch über der klippen- und insel-reichen Küste hin, mit prachtvollen *Ausblik-ken nach *San Miguel de Colera,* in maleri-scher Lage links unterhalb der Straße am Strand, und weiter nach **Llansá** (2500 Einw.), einem rechts etwas ab-seits gelegenen ummauerten Ort mit fe-stungsartigem Kirchturm; in der Nähe 400 m flacher Badestrand.

Von Llansá folgt man weiter der Küstenstraße auf der aussichtsreichen Steilküste nach **Puerto de la Selva** (900 Einw.), einem reizvoll gelegenen Fischerdorf am Fuß der *Sierra de Roda,* auf der das alte Benediktinerkloster San Pedro de Roda (460 m) liegt, mit Kirche (ursprüngl. aus dem 8. Jh. und somit frühe-stes Beispiel eines romanischen Tonnenge-wölbes); darüber das Castillo de San Salva-dor, mit prächtiger *Aussicht; beim Ort ein Strandbad.

Bei der nun folgenden Straßengabelung hält man sich zunächst links und erreicht *Cadaqués (20 m; 1500 Einw.), ein hübsches Fischerstädtchen, um dessen Pflege und Er-haltung sich eine ansässige Künstlergruppe bemüht; es liegt überaus malerisch an einer muschelförmigen Bucht der hier außeror-dentlich zerrissenen Steilküste (beschränkte Bademöglichkeit). 1 km nordöstlich das kleine Vorgebirge *Port-Lligat,* mit dem Haus

des Malers Salvador Dalí. – Etwas weiter nördlich (Zufahrt nur mit dem Boot) das *Cabo Creus (80 m), das Kap Aphrodisium der Griechen, das den östlichsten Punkt der Pyrenäenhalbinsel bildet (Leuchtturm).

Von Cadaqués zurück zu der zuvor genann-ten Straßengabelung und hier nach links Weiterfahrt bis zum Zubringer des links ab-seits liegenden **Rosas** (5 m; 7000 Einw.), einem von den Griechen unter dem Namen 'Rhode' gegrün-deten Fischereihafenstädtchen, wegen sei-ner hübschen Lage in einer Bucht am Nord-rand des *Golfo de Rosas* auch als Seebad be-sucht, mit breitem Sandstrand (für Kinder gut geeignet), Strandpromenade, Parkanlagen und Sporthafen.

Von Rosas führt die hier beginnende C-260 um die Bahía de Rosas; links abseits die im Stil einer Lagunenstadt angelegte Ferien-siedlung **Ampuriabrava** (Jachthafen). – An der C-260 folgt **Castelló de Ampurias** (18 m; 2000 Einw.), ein alter Marktflecken mit der aus dem 14. Jahr-hundert stammenden Kirche Santa María, im Innern gotisches Altarbild und beachtens-werte Kunstschätze.

In südlicher Richtung setzt man die Fahrt auf einer Nebenstraße fort. Über *San Pedro Pes-cador* (5 m) und das jenseits des *Río Fluviá* liegende *Armentera* erreicht man *Vilademat,* wo die Nebenstraße in die von Figueras kommende C-252 einmündet. Abzweigung einer zur Küste führenden Straße (4 km) nach ***Ampurias,** dem im 6. Jahrhundert v. Chr. gegründeten griechischen 'Emporion' (= Markt), das auf einer inzwischen landfest

Ampurias

200 m

Vilademat

Alte
7
Stadt

San Martín
de Ampurias

Mittelmeer

Uferverlauf in der Antike

6

8

5

Haus
I

4

Neue
3
Stadt

Haus
II

2

Forum

8

1

9

La Escala

1 Hotel Ampurias	4 Museum	7 Palaiapolis
2 Parkplatz	5 Hellenistische Mole	8 Stadtmauern
3 Neapolis	6 Antiker Hafen (versandet)	9 Amphitheater

gewordenen Insel lag und heute den Namen
San Martín de Ampurias trägt. Die Ruinenstätte birgt noch die südliche Stadtmauer
sowie umfangreiche Häuser- und Tempelreste (großer Mosaikboden), ferner den aus
gewaltigen Quadern gefügten Hafendamm.
Museum mit zahlreichen Fundstücken. Vom
Parkplatz auf der Steilküste prächtige *Aussicht über den Golfo de Rosas und rechts auf
La Escala. In der an Klippen und Grotten reichen malerischen Bucht am Fuß der Steilküste schöner Sandstrand. – Südlich von Ampurias

La Escala (3500 Einw.), ein hübsch über dem
Meer auf einem kleinen Vorgebirge im Golfo
de Rosas gelegenes ehemaliges Fischereihafenstädtchen, heute ein Zentrum des Fami-
lientourismus, mit Sand- und Geröllstrand.

Von La Escala folgt man weiter der nach Süden strebenden Straße, die schließlich eine
von Gerona kommende Nebenstraße einmündet. Auf dieser nach links und via *Ullá*
nach

Torroella de Montgrí (30 m; 4500 Einw.) am
wasserreichen *Río Ter* in einer wildromanti-
schen Küstenlandschaft. Sehenswerte gotische Kirche des 14./16. Jahrhunderts und
der im Renaissancestil erbaute Palacio Marqués de Robert, mit stattlichem Innenhof.
Nordöstlich über der Stadt auf dem Montgrí
das *Castillo de Torroella* (14. Jh.); weiterhin
auf dem Berg *Santa Catalina* (310 m) die
gleichnamige Eremitei. – 5 km nordöstlich
der zur Gemeinde gehörende Hafen- und
Badeort *Estartit;* von hier Bootsfahrt zu den
Islas Medias (Leuchtturm; Grotten) möglich.

Von Torroella geht es durch ein ebenes Gebiet mit Reisfeldern über *Pals*, einen altertümlichen Ort in malerischer Lage an einem
Hügel, und *Regencós* nach

Bagur (220 m; 2000 Einw.), einem reizvoll auf
der mit zahlreichen Wachtürmen ('atalayas')
bewehrten Steilküste über dem Cabo Bagur
(Leuchtturm) gelegenen Städtchen. – 3 km
nordöstlich der Strand von *Sa Tuna*. – 3 km
südlich **Aiguablava.**

Südwestlich von Bagur erreicht man direkt
oder über Regencós das Städtchen

Palafrugell (65 m; 12 000 Einw.), das mit den
umliegenden Seebädern Llafranch, Tamariu
und Calella de Palafrugell ein bedeutendes
Fremdenverkehrszentrum der Costa Brava
bildet, mit schönen Stränden in den benachbarten Badeorten. Beachtenswerte gotische
Kirche San Martín, mit Retablo des 17. Jahrhunderts, und Reste der alten Stadtmauer. –
Südöstlich führen je zwei Straßen einerseits
(3 km) zum Strand von *Calella,* mit Botani-
schem Garten am Cabo Roig, und zum
Strand von *Llafranch* (auch kurze Autobahn);
zwischen beiden Orten die *Avenida del Mar;
andererseits (4 bzw. 5 km) zu dem malerischen *Cabo de San Sebastián,* mit Leuchtturm und Eremitei, sowie zum Strand von
Tamariu, mit mehreren Grotten (Bootsfahrten). – Hinter Palafrugell mündet die Küstenroute in die von Gerona kommende C-255,
auf der man in südlicher Richtung die Fahrt
fortsetzt, bis man

Palamós (10 m; 10 000 Einw.) erreicht, ein
hübsch an einem Vorgebirge der *Sierra de
las Gabarras* gelegenes, als Seebad besuchtes altes Fischereihafenstädtchen (Fischauk-

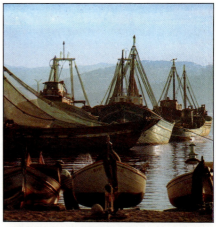

Fischerboote im spanischen Palamós

tionen), mit stattlicher Kirche Santa María
des 14. Jahrhunderts (flämisches Altarbild)
und einem kleinen Städtischen Museum.

In geringer Entfernung von der Küste geht es
über *San Antonio de Calonge* (rechts abseits
der hübsch gelegene Erholungsort *Calonge)*
nach

Playa de Aro (1300 Einw.), einem gepflegten
und stark besuchten Seebad, mit Hochhaus-
bauten und Einkaufsstätten; guter Strand.
Nur wenige Kilometer südlich liegt

San Feliú de Guixols (4 m; 12 000 Einw.),
eine hübsch an einer Badebucht gelegene
Hafenstadt, die als Hauptausfuhrplatz der in
dieser Gegend ansässigen spanischen Korkindustrie von Schiffen aller Nationen angelaufen wird, zugleich eines der viel besuchten Seebäder an der Costa Brava, mit schöner Strandpromenade und Strandbädern.
Südwestlich der Stadt die *Baños de San Telmo,* mit Restaurant und Gartenanlagen, die
sich an der von der gleichnamigen Einsiedelei gekrönten *Punta de Garbi* hinaufzieht.
1 km südlich der Stadt der Strand von
S'Agaró mit Gartenanlagen. – In der Stadt
Reste der alten Klosterkirche (13. Jh.), an ihrer Westfassade die 1931 freigelegte *Porta
Ferrada des 11. Jahrhunderts. In der Casa
Barraguer ein kleines Museum. Romanisch-gotische Pfarrkirche San Feliú
(14. Jh.). – Von San Feliú de Guixols führt die
Küstenstraße hoch am Hang des *Puig de Ca-
diretas* (519 m) und weiter auf aussichtsreicher *Strecke in unzähligen Windungen
nach

***Tossa de Mar** (2500 Einw.), einem viel be-
suchten Seebad (Umgehungsstraße), in reizvoller Lage an einer Bucht, mit gutem Strand
und aussichtsreicher Uferpromenade. Im Ort
Reste römischer Bauten sowie stattliche mittelalterliche Türme und Mauern, welche die
sehenswerte hochgelegene Altstadt (Vila
Vella; mit Museum) umschließen; darüber
auf einem Vorgebirge der Leuchtturm.

Weiterfahrt auf der kurvenreichen Straße,
später bergab mit schönem Vorblick.

Lloret de Mar (5 m; 5000 Einw.), ein als Seebad stark besuchtes betriebsames Fischerstädtchen, mit langem Strand, Palmenpro-
menade, zahlreichen Villen, Gast- und Un-
terhaltungsstätten sowie Einkaufsläden. –

Blanes an der spanischen Costa Brava

Die Küstenstraße führt schließlich nach **Blanes** (15000 Einw.), einem kleinen, als Seebad vielbesuchten Fischerort, der auch wegen seiner Spitzenmanufaktur bekannt ist. Auf einem kleinen Vorgebirge die Ruine des Klosters Santa Ana; etwas landeinwärts auf der Höhe die Burg San Juan sowie der von dem Deutschen Karl Faust († 1952) angelegte *Botanische Garten Marimurtra mit über 3000 mediterranen Pflanzenarten. – Jenseits des *Rio Tordera,* der hier die Grenze zur Provinz Barcelona bildet, setzt sich die Küstenlandschaft in der *Costa Dorada* (s. dort) fort.

Costa del Azahar

Spanien.
Region: Valencia.
Provinzen: Castellón de la Plana und Valencia.
ⓘ **Delegación Provincial de Información,**
Plaza del Caudillo 4,
Castellón de la Plana;
Telefon: (964) 212070.
Delegación Provincial de Información,
Avenida de Navarro Reverter 2,
Valencia;
Telefon: (96) 3228693/94.

HOTELS. – In V i n a r o z: *Europa II* (garni), II, 60 Z.; *Roca,* III, 36 Z.; *Duc de Vendome,* III, 12 Z.; Hostal *Miramar,* P I, 16 Z.; *Barralarga* (garni), P II, 7 Z.; *Los Tres Reyes* (garni), P III, 24 Z. – In B e n i c a r l ó: *Parador Nacional,* II, 108 Z.; *Printania* (garni), IV, 33 Z.; Hostal *Mateu* (garni), P II, 21 Z.; *Avenida,* P III, 27 Z.; *Belmonte II* (garni), P III, 24 Z.

In P e ñ í s c o l a: *Hosteria del Mar,* I, 73 Z.; *Papa Luna,* II, 230 Z.; *Cartago,* II, 26 Z.; *Playa,* III, 39 Z.; *Felipe II,* III, 37 Z.; *Ciudad de Gaya* (garni), IV, 32 Z.; Hostal *La Cabaña* (garni), P II, 36 Z.; *Marcelino* (garni), P II, 17 Z.; *Estrella de Mar* (garni), P III, 24 Z.; *Cabo de Mar* (garni), P III, 23 Z.; *Del Duc* (garni), P III, 20 Z. – In T o r r e b l a n c a: Hostal *Los Prados* (garni), P II, 15 Z.; *Miramar* (garni), P III, 33 Z.; *Cortes* (garni), P III, 31 Z.

In O r o p e s a d e l M a r: *Koral,* II, 147 Z.; *El Cid,* II, 52 Z.; Motel *Neptuno Stop,* II, 20 Z.; *Oropesa Sol* (garni), III, 50 Z.; *Zapata* (garni), IV, 42 Z.; *Playa* (garni), IV, 40 Z.; Hostal *Jardin* (garni), P II, 27 Z.; *One Mil* (garni), P II, 24 Z.; *Caribe* (garni), P II, 21 Z.; *Torrematilde* (garni), P III, 33 Z.; *Albina* (garni), P III, 26 Z.; *Torre del Rey* (garni), P III, 24 Z.

In B e n i c a s í m: *Orange,* II, 415 Z.; *Trinimar,* II, 170 Z.; *Azors,* II, 88 Z.; *Voramar,* II, 55 Z.; *Bonaire* (garni), III, 79 Z.; *Vista Alegre,* III, 68 Z.; *Tramontana* (garni), III, 65 Z.; *Miami,* III, 44 Z.; *Benicasím,* IV, 87 Z.; *Felipe II* (garni), IV, 41 Z.; Hostal *Tres Carabelas,* P I, 39 Z.; *Bersoca,* P I, 22 Z.; *Avenida,* P II, 33 Z.; *Eco Avenida* (garni), P II, 32 Z.; *La Torre* (garni), P III, 44 Z.; *Garamar,* P III, 32 Z.

In C a s t e l l ó n d e l a P l a n a: *Mindoro* (garni), I, 14 Z.; *Del Golf,* II, 127 Z.; *Turcosa,* II, 70 Z.; *Myrian* (garni), II, 24 Z.; *Gabiska* (garni), III, 35 Z.; *Amat* (garni), III, 25 Z.; *Doña Lola* (garni), III, 24 Z.; Hostal *Marti* (garni), P II, 27 Z.; *Venecia* (garni), P II, 26 Z.; *Mediterraneo* (garni), P III, 43 Z.

In V i l l a r r e a l d e l o s I n f a n t e s: Motel *Ticasa,* III, 26 Z.; Hostal *Cortes,* P III, 21 Z. – In N u l e s: Hostal *Mayja,* P II, 18 Z.; *Versalles* (garni), P III, 16 Z. – In S a g u n t o: Hostal *La Pinada* (garni), P III, 13 Z.; *Carlos,* P III, 11 Z. – In V a l e n c i a s. dort.

In C u l l e r a: *Sicania,* I, 117 Z.; *Bolendam* (garni), III, 39 Z.; *Mongrell* (garni), III, 35 Z.; *Safi,* III, 31 Z.; Hostal *Carabela,* P II, 14 Z.; *El Chalet,* P II, 13 Z.; *El Siglo,* P III, 37 Z.; *El Cid* (garni), P III, 27 Z.; *Colón,* P III, 24 Z.

In G a n d í a: *Bayren, I,* 164 Z.; *Tres Anclas,* II, 333 Z.; *Los Robles,* II, 240 Z.; *Tres Delfines,* II, 136 Z.; *Bayren II* (garni), II, 125 Z.; *Safari,* II, 113 Z.; *Riviera* (garni), II, 72 Z.; *Gandía Playa,* III, 90 Z.; *Ernesto,* IV, 86 Z.; Hostal *Mavi,* P II, 30 Z.; *Duque Carlos* (garni), P II, 28 Z.; *Estrella de Mar* (garni), P II, 27 Z.

Die südliche Fortsetzung der Costa Dorada bildet das großartige Küstengebiet der beiden Provinzen Castellón de la Plana und Valencia, das einen weiten offenen Golf bildet, den man die *Costa del Azahar ('Apfelsinenblütenküste') nennt. Es ist dies die ausgedehnteste und flachste Küste der Iberischen Halbinsel; sie erhielt ihren Namen wegen der unzähligen Zitronen- und Orangenbäume, die den Reisenden auf seiner Fahrt die Küste entlang begleiten. Die zarten Apfelsinenblüten erfüllen das ganze Land mit ihrem Duft, und das bevorzugte milde Klima läßt aus diesem Küstenstrich gleichermaßen einen idealen Platz für Sommer- und Winterurlaub werden.

KÜSTENFAHRT. – Der erste bedeutendere Ort im Norden des Küstenstrichs ist der lebhafte Fischerhafen **Vinaroz** (6 m; 14000 Einw.). – Dahinter durch das Trockental des *Río Seco de Benicarló.*

Benicarló (11 m; 14000 Einw.), ein Städtchen mit altem Schloß und hübscher Kirche von 1743, die einen achteckigen Glockenturm, eine Azulejoskuppel und ein prächtiges Hauptportal hat. – Südwestlich folgt abseits der Küstenstraße die mit dem Festland durch eine von Badestränden gesäumte Landzunge verbundene Felsenhalbinsel *Peñíscola, mit dem gleichnamigen malerischen Städtchen (3000 Einw.), überragt von einem alten Castillo, das 1233 von König Jaime I. den Mauren entrissen wurde und 1415-24 dem abgesetzten Gegenpapst Benedikt XIII. bis zu seinem Tod als Aufenthalt diente; vom Kastell prächtige Aussicht.

Die Hauptstraße führt an dem Ort *Santa Magdalena de Pulpis* (119 m), von einer stattlichen Burgruine überragt, vorbei; später links

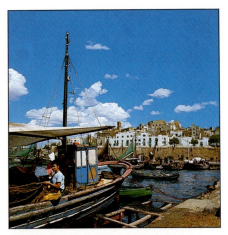
Auf der spanischen Halbinsel Peñíscola

auf der *Sierra de Irta* eine weitere Burgruine. Es folgt
Torreblanca (4000 Einw.); in der Ortsmitte die mit einer Azulejoskuppel geschmückte Kirche aus dem 18. Jahrhundert. – An der Küste (3 km) der Badeort *Torrenostra.*

Oropesa del Mar (33 m), in malerischer Lage auf einem von einer Burgruine gekrönten Felshügel; rechts abseits am Meer (1 km) ein alter Wachtturm ('Torre del Rey') und eine Signalstation (Faro de Oropesa) sowie das Badeviertel. – Weiter auf der Küstenstraße nach
Benicasím (15 m; 3000 Einw.), einem hübsch zwischen Palmenpflanzungen unweit vom Meer (Strand) gelegenen Ort am Fuß des gebirgigen *Desierto de las Palmas.* – Jenseits des zerklüfteten Kalksteinfelsens *Peña golosa* (1831 m) erreicht man die Provinzhauptstadt
Castellón de la Plana (28 m; 100000 Einw.), inmitten einer fruchtbaren Ebene und Mittelpunkt des Handels mit Orangen, die in großer Menge von dem 5 km östlich gelegenen Hafen El Grao de Castellón ausgeführt werden. Beachtenswert ist die ursprünglich gotische Kirche Santa Maria Mayor, mit einem freistehenden 46 m hohen Glockenturm von 1604 (nach der Zerstörung von 1936 wiederaufgebaut). Rathaus (Ayuntamiento), um 1700 erbaut. Diputación Provincial, mit einem beachtenswerten Museum, das u.a. Bilder des hier geborenen Malers Ribalta enthält; sein Denkmal auf dem Paseo de Ribalta, mit Parque de Ribalta.

Südlich von Castellón überquert die N-340 auf dem 1794 erbauten steinernen Puente de Ribelles den *Rio Mijares* und erreicht kurz darauf
Villarreal de los Infantes (42 m; 30000 Einw.), eine 1272 gegründete Stadt, deren große Hauptkirche (18. Jh.) eine Azulejoskuppel hat.

Es geht weiter durch die mit den Wassern des Mijares bewässerte fruchtbare Ebene von Villarreal und auf der von Blumen und Orangengärten umsäumten Straße nach
Nules (11 m; 9700 Einw.), einem Städtchen mit Resten der alten Stadtmauer. – 3,5 km westlich abseits am Fuß des Gebirges das Thermalbad *Villavieja;* ferner 7 km südwest-

lich das Dorf *Vall de Uxó* mit der prächtigen *Tropfsteinhöhle San José (Führung mit Kahnfahrt; u.a. Konzerte). Die Küstenstraße erreicht hinter Nules den Ort
Almenara (23 m), überragt von einem felsigen Burgberg mit der Ruine eines Castillo. König Jaime I. von Aragón schlug hier 1238 die Mauren und eroberte damit Valencia. In der Umgebung zahlreiche Reste römischer Bauten, u.a. links die eines Lagers aus dem Jahre 217 v. Chr. ('Monte del Cid').

Sagunto (46 m; 46000 Einw.), überragt von einem nach allen Seiten steil abfallenden Bergrücken (170 m) mit den mächtigen Ruinen der berühmten antiken, von den Iberern gegründeten Festung 'Saguntum'. Die Erstürmung durch den 28jährigen punischen Feldherrn Hannibal im Jahre 219 v. Chr. nach einer acht Monate langen heldenmütigen Verteidigung leitete den Zweiten Punischen Krieg ein. – An der Plaza Mayor, dem Mittelpunkt der Stadt, erhebt sich die gotische Pfarrkirche Santa María (1334 begonnen); im Innern Alabasterfenster und ein vergoldeter Hochaltar des 18. Jahrhunderts mit Perlmutterkreuz.
Von der bogengeschmückten Plaza Mayor führt die Calle del Teatro Romano südöstlich bergan zu dem gut erhaltenen *Teatro Romano, auf halber Höhe des Burgfelsens; der Zuschauerraum (50 m Durchmesser) umfaßt 8000 Plätze. – Vom Römischen Theater gelangt man auf einer aussichtsreichen Fahrstraße in Windungen hinauf zum *Castillo de Sagunto, das sich in einer Länge von 800 m auf dem Burgberg hinzieht und noch beträchtliche Reste iberischer, karthagischer und römischer Bauten birgt. Die ausgedehnten Mauern, die hübsche Blicke auf die Stadt und die Küste bieten, stammen im wesentlichen aus arabischer und späterer Zeit. Nahe beim Eingang ein kleines Museo Arqueológico, mit Fundstücken aus dem römischen und phönizischen Sagunto. – Lohnender Abstecher zum 6 km östlich gelegenen **Grao de Sagunto,** dem Hafen der Stadt, mit Orangenhainen und Badestrand, zudem wichtiges Industriezentrum.

Von Sagunto über *Puzol* (beachtenswerte Kirche) und vorbei an dem Ort **Puig,** mit hochgelegener Burgruine und einem ehemaligen Karthäuserkloster (in der Kirche gotische Grabmäler und Fresken), nach
Valencia (s. dort).

Die *Küstenstraße N-332 von Valencia nach Alicante gehört zu den landschaftlich reizvollsten Strecken Südspaniens. Ausfahrt entweder auf der autobahnähnlichen Straße über *El Saler* oder direkt auf der N-332 über *Sueca* nach
Cullera (15000 Einw.), einem alten Städtchen am Hang des *Monte del Oro,* zu Füßen von Castillo und Kirche, in der das Bildnis der 'Virgen del Castillo', der Schutzpatronin des Ortes, verehrt wird.

Weiterfahrt durch die Huerta de Gandía und vorbei an dem zur Rechten thronenden *Castillo de San Juan* nach
Gandía (22 m; 34000 Einw.), inmitten der reichsten und meistbevölkerten Huerta des ehemaligen Königreichs Valencia, einst Hauptstadt eines Herzogtums und Sitz des Geschlechts der Borgia. Mit seinen Stränden

hat es sich zu einem lebhaften Touristenzentrum entwickelt. Beachtenswerte gotische Kollegiatskirche (um 1400), mit bildgeschmückten Portalen, darunter das Südportal des 15. Jahrhunderts und das Portal der Apostel. – Palacio de los Duques (Palast der Herzöge), seit dem 16. Jahrhundert erbaut; Stammsitz der Borgia, mit reizvollem wappengeschmücktem Patio de Armas, Prunkräumen und kleinem Museum.

Costa del Sol

Spanien.
Region: Andalucía (Andalusien).
Provinzen: Almería, Granada, Malaga und Cádiz.
(i) **Costa del Sol Tourist Promotion Board,**
Palacio del Congreso, Apartado 298,
Torremolinos;
Telefon: (952) 38 64 00.
Delegación Provincial de Información,
Trinidad Grand 2,
Málaga;
Telefon: (952) 21 04 76.

HOTELS. – In Almería s. dort. – In Aguadulce: *Aguadulce* (garni), I, 80 Z.; *Playa Paraíso*, II, 140 Z.; Hostal *Juan de Austria* (garni), P III, 10 Z. – In Roquetas de Mar: *Zoraida Park*, II, 495 Z.; *Sabinal*, II, 416 Z.; *Roquetas Park Hotel*, II, 291 Z.; *Playasol*, II, 270 Z.; *Alis*, II, 254 Z.; Hostal *Los Ángeles* (garni), P II, 24 Z. – In Adra: Hostal *Abdera*, P II, 38 Z.; *Delfin*, P III, 21 Z. – In Calahonda: *Almirante*, II, 156 Z. – In Torrenueva: *Sacratif*, IV, 68 Z.; Hostal *Neptuno*, P III, 32 Z.

In Motril: *Costa Nevada*, II, 52 Z.; Hostal *Tropical* (garni), P II, 21 Z.; *Alborán* (garni), P II, 16 Z. – In Almuñecar: *Carmen* (garni), IV, 18 Z.; Hostal *Mediterráneo*, P II, 28 Z.; *Victoria II* (garni), P II, 26 Z.; *Gamez Córdoba* (garni), P III, 26 Z. – In Nerja: *Parador Nacional*, I, 40 Z.; *Balcón de Europa*, II, 105 Z.; Hostal *Fontainebleau* (garni), P II, 28 Z.; *Victoria* (garni), P II, 24 Z.; *La Luna*, P II, 24 Z.; *Villa Flamenca*, P III, 88 Z. – In Torre de Mar: *Myrian*, III, 38 Z.; Hostal *Villa Reina* (garni), P III, 42 Z. – In Rincón de la Victoria: *Elimar*, II, 60 Z. – In Málaga und Torremolinos s. dort.

In Fuengirola: *Las Palmeras*, I, 537 Z.; *Las Piramides*, I, 320 Z.; *Mare Nostrum*, I, 242 Z.; *El Puerto*, II, 352 Z.; *Angela*, II, 261 Z.; *Torreblanca*, II, 198 Z.; *Florida*, II, 116 Z.; *Stella Maris*, III, 196 Z.; *Mas Playa* (garni), III, 108 Z.; Hostal *Belmonte*, P II, 43 Z.; *Cristina*, P II, 39 Z.; *Agur* (garni), P II, 33 Z.

In Marbella: **Don Carlos*, L, 244 Z.; **Melia Don Pepe*, L, 226 Z.; **Los Monteros*, L, 171 Z.; **Golf Hotel Nueva Andalucia* (garni), L, 22 Z.; *Andalucía Plaza*, I, 424 Z.; *Las Chapas*, I, 117 Z.; *Holiday Inn*, I, 117 Z.; *El Fuerte*, I, 110 B.; *Marbella Club*, I, 76 Z.; *Don Miguel*, II, 501 Z.; *El Cortijo Blanco*, II, 119 Z.; *Guadalpín*, II, 103 B.; *San Cristobal* (garni), II, 102 Z.; *El Rodeo* (garni), II, 100 B.; *Estrella de Mar*, II, 98 Z.; *Club Pinomar*, III, 431 Z.; Hostal *Pinomar II* (garni), P I, 101 Z.; *Finlandia* (garni), P I, 11 Z.; *El Castillo* (garni), P II, 25 Z.; *Paco* (garni), P II, 25 Z.

In San Pedro de Alcántara: *Golf Hotel Guadalmina*, I, 80 Z.; *El Pueblo Andaluz*, III, 179 Z.; Hostal *El Cid* (garni), P II, 13 Z. – In Estepona: *Golf El Paraíso*, I, 201 Z.; *Santa Marta*, II, 29 Z.; *Dobar* (garni), III, 39 Z.; Hostal *Buenavista*, P II, 45 Z.; *Las Delicias* (garni), P II, 26 Z.; *Robinson Clubhotel Atalaya Park*, 450 Z. – In Algeciras s. dort. – In Tarifa: *Balcón de España*, II, 32 Z.; *Mesón de Sancho*, III, 45 Z.; *Hosteria Tarifa*, P II, 14 Z.

Die *Costa del Sol ('Sonnenküste') umfaßt praktisch die gesamte andalusische Mittelmeerküste und reicht vom Cabo de Gata, wo die Costa Blanca endet, bis zur Südspitze Spaniens bei Tarifa, wo sie in die Costa de la Luz übergeht.

Wegen des hier herrschenden überaus milden Klimas hat sich auf einer Länge von fast 300 km ein dicht besiedeltes Erholungs- und Touristengebiet mit internationalem Publikum entwickelt. Starke Farbkontraste der Landschaft, eine unglaubliche Vielfalt an Bäumen und Wäldern und eine üppige Flora geben der Costa del Sol ihr charakteristisches Gepräge. Mit ihren getünchten

Balcón de Europa an der südspanischen Costa del Sol

Häusern, ihren Agaven und Kakteen, ihren Bauerngütern und heiteren Dörfern ist sie ein echtes Spiegelbild Andalusiens.

KÜSTENFAHRT. – Von **Almería** (s. dort) westlich gelangt man zu dem Touristenzentrum **Aguadulce,** mit ausgedehntem Badestrand, Schwimmbädern, Park und Sportanlagen. – Von hier führt eine Nebenstraße nach *Roquetas de Mar,* einem Fischerhafen und Seebad mit Sporthafen und den Touristenzentren 'Los Remos' und 'El Timón'.

Die Hauptstraße zieht nun abseits des Strandes nach **Adra,** einem langgestreckten, einst befestigten Hafenstädtchen mit Badebuchten. – Die Straße führt wieder in Ufernähe weiter, an mehreren Fischerorten vorbei. **Castell de Ferro** liegt am Fuß eines Felskegels, den ein alter Burgturm krönt. Es folgen die auch als Seebäder besuchten Ortschaften *Calahonda,* am Fuß der *Sierra Carchuna, Torrenueva* und die Hafenstadt **Motril** (33 000 Einw.), mit zwei stattlichen Kirchen. – Über *Salobreña,* mit einer maurischen Burgruine, erreicht man **Almuñecar** (13 000 Einw.), ein auch als Badeort besuchtes malerisches Städtchen mit maurischer Burgruine und Resten eines römischen Aquäduktes.

Nerja (21 m; 11 000 Einw.) ist ein vielbesuchter Fischerort an der Mündung des *Río Chillar.* Nahe der Ortsmitte der **Balcón de Europa,* eine hoch über dem Meer gelegene Aussichtsterrasse mit herrlichem Blick auf die

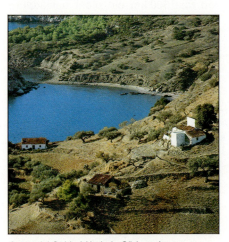

Costa del Sol bei Nerja in Südspanien

abwechslungsreiche Küste. Nordöstlich außerhalb des Ortes (7 km) die Tropfsteinhöhle **Cuevas de Nerja* mit vorgeschichtlichen Felsmalereien, im Sommer Schauplatz der Spanien-Festspiele (beim Eingang ein kleines archäologisches Museum; Restaurant).

Torre de Mar (3500 Einw.), ein kleiner Hafen- und Badeort, liegt in der Nähe des antiken 'Mainake'. – Es folgt *Rincón de la Victoria;* in dem über dem Ort gelegenen Park eine große Höhle mit jungsteinzeitlichen Felsbildern, einst Zufluchtsort für Christen und Mauren. **Málaga** und **Torremolinos** s. dort.

Etwa 15 km westlich von Torremolinos gelangt man nach **Fuengirola** (14 000 Einw.), mit langer Seepromenade und Burgruine; 9 km landeinwärts das malerische Dorf **Mijas.* – Auf der Hauptstraße passiert man die Erholungs- und Badeorte *Las Chapas, Marbesa, Elviria, Pinomar* und *Los Monteros,* alle mit guten Stränden und Freizeiteinrichtungen.

Marbella (14 m; 30 000 Einw.), eine betriebsame Hafenstadt und ein international bekanntes **Seebad,* zwischen Málaga und Algeciras; ein Wohn- und Touristenzentrum mit

Am Strand des südspanischen Ferienortes Marbella

Hotel- und Bungalowkolonien in der weiteren Umgebung, das sich zu einem Mittelpunkt der spanischen Mittelmeertouristik entwickelt hat, mit weiten guten Badestränden und ausgedehnten Geschäfts- und Vergnügungsvierteln. Im Norden durch die Sierra Blanca geschützt, hat Marbella während des ganzen Jahres eine milde Temperatur. Der alte Ortskern mit seinen weißen Häusern besitzt noch Überreste der mittelalterlichen Wehrmauer mit zwei zinnenbewehrten Türmen; oberhalb des Ortes findet man noch guterhaltene Reste eines maurischen Kastells (Mauern, Patio, Bergfried). – Zum Gemeindebereich von Marbella gehört auch der malerische Ort **San Pedro de Alcántara** (20 m; 4000 Einw.) an den landschaftlich reizvollen Ausläufern der *Sierra Bermeja* und der *Sierra de Tolox.* Er besitzt interessante Überreste aus der Römerzeit und einer frühchristlichen Basilika mit eigenartigem Taufbecken. Touristenzentrum *Nueva Andalucía* zwischen Marbella und San Pedro de Alcántara, mit Villen, Bungalows, Golf und Schwimmbädern. – Unweit westlich der Fischerhafen **Estepona** (21 m; 24 000 Einw.). Die Siedlung am Fuß der Sierra Bermeja ist römischen Ursprungs. In der Nähe Ruinen des tausendjährigen Aquädukts von Salduba; im Ort Reste der arabischen Festung und mittelalterliche Wachttürme. Estepona ist heute ein beliebtes **Touristen-* und Erholungszentrum mit internationalem Publikum.

Die Hauptstraße überquert den *Río Guadiaro* und berührt das am Strand gelegene Ferienzentrum *Sotogrande* (Golfplatz). – Dahinter links lohnender Abstecher nach ****Gibraltar** (s. dort; Öffnung der seit 1969 geschlossenen Grenze vorgesehen). – Über der *Bucht von Algeciras* hin und zu der Hafenstadt **Algeciras** (s. dort).

Westlich von Algeciras steigt die Straße in Windungen zum *Puerto del Bujeo* (340 m; *Aussicht auf die Bucht von Algeciras und Gibraltar) und weiter zum *Puerto del Cabrito* (340 m; *Blick über die Straße von Gibraltar nach Afrika). – Nun abwärts nach **Tarifa** (8 m; 20000 Einw.), einer maurisch wirkenden malerischen Stadt, dem 'Iulia Traducta' der Römer, in der Maurenzeit befestigt, mit gut erhaltener Ummauerung und dem Castillo de Guzmán (Aussicht) sowie der Kirche Santa Maria y San Mateo. Der Stadt vorgelagert ist die ***Punta Marroquí** (auch *Punta de Tarifa),* die südlichste Spitze des europäischen Festlandes, an der schmalsten Stelle der *Meerenge von Gibraltar (14 km bis zur Punta Cires), gegenüber dem marokkanischen Küstengebirge.

Costa Dorada

Spanien.
Region: Cataluña (Katalonien).
Provinzen: Barcelona und Tarragona.
(i) **Delegación de Información,**
Avenida del Generalísimo 431 bis,
Barcelona;
Telefon: (93) 2 18 49 00.
Delegación Provincial de Información,
Rambla del Generalísimo 25,
Tarragona;
Telefon: (977) 20 16 62 und 20 16 65.

HOTELS. – In M a l g r a t : *Monte Playa,* III, 183 Z.; *Sorra Daurada,* IV, 253 Z.; *Cartago Nova,* IV, 214 Z.; *Sorra d'Or,* IV, 195 Z.; *Guillem,* IV, 173 Z.; *Hostal Malgrat,* P I, 24 Z.; *Planamar* (garni), P III, 132 Z. – In C a l e l l a : *Amaika,* II, 234 Z.; *Mont Rosa,* II, 120 Z.; *Las Vegas,* II, 94 Z.; *La Maresma* (garni), II, 50 Z.; *Oasis Park,* III, 237 Z.; *Santa Monica,* III, 216 Z.; *Terramar,* III, 210 Z.; *Santa Fe,* III, 196 Z.; *Volga,* III, 181 Z.; *Esplai,* IV, 198 Z.; *Codina,* IV, 156 Z.; *Bon Repós,* IV, 147 Z.; *Hostal Gallostra* (garni), P II, 43 Z.; *Ideal,* P II, 64 Z.; *Relax,* P II, 52 Z.; *Guri* (garni), P II, 31 Z.; *Rosita* (garni), P III, 40 Z.; *Helios* (garni), P III, 40 Z.

In S a n P o l d e M a r : *Gran Sol,* II, 45 Z.; *Torre Martina,* II, 35 Z.; *L'Hostalet III,* III, 20 Z.; *La Costa,* III, 17 Z.; *Hostal Re,* P II, 28 Z.; *Miliets,* P III, 52 Z.; *San Pablo* (garni), P III, 40 Z.; *San Pau,* P III, 24 Z. – In C a n e t d e M a r : *Ancora y Corona,* III, 28 Z.; *Carlos,* IV, 83 Z.; *Rocatel,* IV, 40 Z.; *Hostal Mar Blau,* P III, 39 Z.; *Sant Roc* (garni), P III, 38 Z.; *Carques* (garni), P III, 35 Z. – In A r e n y s d e M a r : *Raymond,* II, 33 Z.; *Carlos I,* III, 100 Z.; *Impala* (garni), III, 52 Z.; *Titus,* III, 44 Z.; *Carlos V,* IV, 59 Z.; *Soraya,* P II, 39 Z.; *Mayola* (garni), P III, 23 Z. – In C a l d a s d a E s t r a c h : *Colón,* I, 82 Z.; *Jet,* II, 35 Z.; *Hostal Fragata,* P II, 22 Z.; *Del Mar,* P II, 28 Z.; *Montecarlo,* P II, 13 Z.

In S a n A n d r é s d e L l a v a n e r a s : *Hostal La Masia,* P II, 33 Z.; *Las Palmeras* (garni), P II, 19 Z. – In M a t a r ó : *Stop,* IV, 39 Z.; *Hostal Colón* (garni), P I, 55 Z.; *Cerdanyola* (garni), P II, 14 Z. – In V i l a s a r d e M a r : *Hostal Mar de Plata* (garni), P II, 12 Z. – In P r e m i á d e M a r : *Hostal Bellamar* (garni), P II, 23 Z.; *Posada del Mar* (garni), P III, 23 Z. – In B a d a l o n a : *Miramar* (garni), III, 42 Z.; *Hostal Betulo* (garni), P II, 24 Z.; *Solimar* (garni), P III, 43 Z. – In B a r c e l o n a s. dort.

In S i t g e s : *Terramar* (garni), I, 209 Z.; *Calipolis* (garni), I, 163 Z.; *Antemare,* II, 72 Z.; *Galeón,* II, 47 Z.; *Los Pinos,* II, 42 Z.; *Subur* (garni), III, 95 Z.;

Sitges Park Hotel, III, 79 Z.; *Platjador,* III, 44 Z.; *Don Pancho* (garni), IV, 85 Z.; *El Cid,* IV, 85 Z.; *Bertran* (garni), IV, 67 Z.; *Hostal La Reserva,* P I, 24 Z.; *La Sonrisa,* P II, 49 Z.; *Mediterránea* (garni), P II, 32 Z.; *Constantino,* P II, 33 Z.

In Villanueva y Geltrú: *César,* II, 21 Z.; *Universo Park,* IV, 43 Z.; *Hostal del Mar Cal Ceferino* (garni), P II, 33 Z.; *Solvi,* P II, 31 Z.; *Mare Nostrum,* P II, 20 Z.; *Can Gatell* (garni), P III, 38 Z.; *Rosaleda,* P III, 35 Z. – In C a l a f e l l : *Kursaal,* I, 39 Z.; *Miramar,* II, 201 Z.; *Canada,* III, 106 Z.; *Alondra* (garni), IV, 105 Z. – In V e n d r e l l : Motel *Ondina,* IV, 24 Z.; *Victoria* (garni), IV, 20 Z.; *Hostal Paris* (garni), P II, 14 Z.; *Vendrell* (garni), P II, 18 Z. – In T o r r e d e m b a r r a : *Morros* (garni), III, 52 Z.; *Costafina,* III, 48 Z.; *Lider,* IV, 66 Z.; *Hostal Villa Aragón* (garni), P II, 76 Z.; *Augustus* (garni), P II, 52 Z.; *Coca,* P III, 41 Z. – In T a r r a g o n a s. dort.

In S a l o u : *Salou Park,* I, 102 Z.; *Jaime I,* II, 450 Z.; *Europa Park,* II, 325 Z.; *Cala Font,* II, 318 Z.; *Negresco,* II, 299 Z.; *Las Vegas,* II, 275 Z.; *Venecia Park,* II, 260 Z.; *Oasis Park,* III, 384 Z.; *Cap Salou,* III, 325 Z.; *Delfin Park,* III, 244 Z.; *Promar II,* IV, 618 Z.; *Donaire Park,* IV, 337 Z.; *Ancora,* IV, 252 Z.; *Hostal Monaco,* P II, 45 Z.; *La Colina* (garni), II, 37 Z.; *Tahiti* (garni), P III, 32 Z.

In C a m b r i l s : *Augustus I,* II, 243 Z.; *Centurión Playa,* II, 233 Z.; Motel *La Dorada,* II, 37 Z.; *Cesar Augustus,* III, 120 Z.; *Monica,* III, 56 Z.; Hostal *Rovira* (garni), P I, 25 Z.; *C'Am Sole,* P II, 26 Z.; *Astorgas,* P II, 25 Z. – In H o s p i t a l e t d e l I n f a n t e : Motel *Vandellos,* III, 11 Z.; *Del Infante,* IV, 42 Z.; Hostal *Sant Jordi,* P II, 12 Z. – In T o r t o s a : *Parador Castillo de la Zuda,* I, 82 Z.; *Berenguer IV,* III, 24 Z. – In A m p o s t a : Hostal *Bajo Ebro,* P III, 26 Z.

Der sich südlich an die Costa Brava anschließende Küstenstreifen am Mittelmeer nennt sich die *Costa Dorada ('Goldene Küste') und umfaßt praktisch die gesamte Küstenlandschaft der beiden Provinzen Barcelona und Tarragona. Dieses Gebiet, das sich rund 260 km an der Mittelmeerküste entlangzieht, ist durch seine sanften Strände und den feinen, goldenen Sand bekannt und durch sein besonders mildes Klima gekennzeichnet.

KÜSTENFAHRT. – Der nördlichste Ort an der Costa Dorada ist das Industriestädtchen *Malgrat* (9000 Einw.). Unweit südwestlich die Einmündung der von Gerona durch das Landesinnere kommenden Straße II N (Europastraße 4), der man nun folgt.

Calella (9000 Einw.) wird als Seebad viel besucht. – Man erreicht nun den unterhalb der Straße am Meer gelegenen reizvollen Ort **San Pol** *de Mar,* der von einem Kirchturm und einem zinnengekrönten Schloßturm überragt wird. – Weiter auf windungsreicher Strecke und über *Canet de Mar* sowie auf der hier von den Vorgebirgen *Las Rosas* und *La Serp* gebildeten Steilküste hin.

Arenys *de Mar* (13 m; 9000 Einw.), ein malerisch gelegenes Hafenstädtchen, ist auch als Seebad und Ferienort (Jachthafen) geschätzt. – Über *Caldas da Estrach* (33 m; Thermalquelle, 41°C) und *San Andrés de Llavaneras* (rechts abseits in erhöhter Lage) erreicht man **Mataró** (23 m; 68000 Einw.), eine industriereiche Stadt mit Hafen und Badestrand. 1848 fuhr von hier nach Barcelona die erste spanische Eisenbahn. – An der Küstenstraße folgen *Vilasar de Mar,* mit einigen mittelalterlichen Wachttürmen, und *Premiá de Mar.* Nun schnurgerade am Meer entlang, von dem die Straße durch die Eisenbahnlinie getrennt ist, und über die Industriestadt *Badalona* (160 000 Einw.) nach **Barcelona** (s. dort).

Die von Barcelona nach Südwesten führende Autobahn, die später in die C-245 übergeht, ist die aussichtsreiche Küstenroute nach Tarragona. Durch den industriereichen Vorort *Hospitalet* (230 000 Einw.) verläßt man die Stadt und erreicht schließlich das in der Nähe des Zusammenschlusses von Autobahn und C-245 liegende **Castelldefels** (11 000 Einw.), wegen seines schönen Strandes und Pinienwaldes sehr viel besucht; mit kleiner romanischer Kirche, altem Castillo (Sommerfestspiele) und Wachttürmen.

Am Dorf *Garraf* vorbei zieht die Straße nun auf großartiger Strecke in Windungen auf der felsigen Steilküste der *C o s t a d e G a r r a f, dem schönsten Teil der Costa Dorada, hin nach Sitges, einem eleganten Seebad und internationalen Ferienort.

Sitges (11 000 Einw.), ein freundliches Hafenstädtchen, ist durch seinen Wein (Malvasier) berühmt. An der Playa in dem ehemaligen Wohnhaus des Malers Santiago Rusiñol das Museo Cau Ferrat, mit spanischen Metallarbeiten, Keramik, Gemälden von El Greco, Zeichnungen von Picasso u. a. – Bei der hochgelegenen Barockkirche (18. Jh.) schöne Aussicht und in einem alten Patrizierhaus das Museo Romántico Provincial, mit Kunstgewerbe, Möbeln, Puppen u. a. – Unweit südwestlich von Sitges erreicht man die als Seebad vielbesuchte gewerbereiche Stadt **Villanueva y Geltrú** (35 000 Einw.), mit Hafen, 3 km langem Sandstrand und Sportanlagen. Neben dem malerischen Fischerviertel am

Villanueva y Geltrú an der spanischen Ostküste

Meer besitzt der Ort ein Castillo aus dem 13 Jahrhundert, mit quadratischem Innenhof. – Nahe beim Bahnhof das von dem katalanischen Dichter und Minister Victor Balaguer († 1909) gegründete Museo Balaguer, mit Altertümern, Gemälden von El Greco u. a. sowie ethnographischer Sammlung und Bibliothek. – Nun weiter (15 km) nach **Calafell** (45 m), mit einer Burg aus dem

12. Jahrhundert. – Die Straße wendet sich etwas landeinwärts nach **Vendrell** (50 m; 9000 Einw.), einem hübsch auf einer Anhöhe in einer berühmten Weingegend gelegenen Städtchen, überragt von einem Glockenturm; Geburtsort des spanischen Cellisten Pablo Casals (1876-1973). – Dann vorbei am ***Arco de Bará,** einem 12 m hohen Triumphtor aus dem 2. Jahrhundert n. Chr., das dem reichen Lucius Licinius Sura, einem Freund des römischen Kaisers Trajan, gewidmet war. Nahebei *Roda de Bará,* mit einem *Pueblo Español* am Strand. – Abzweigung rechts zu den vielbesuchten Badestränden von *Comarruga.* – Die Küstenstraße führt weiter durch fruchtbares Land (Schöpfräder) nach **Torredembarra** (16 m), einem unweit vom *Cabo Gros* gelegenen Fischer- und Badeort mit hohem Kirchturm. – Unweit südwestlich, abseits der Hauptstraße, das altertümliche **Tamarit,** mit teilweise erhaltener Stadtmauer (14. Jh.), romanischer Kirche und dem Castillo Tamarit (12./13. Jh.; Museum). – An Zitronengärten entlang zur Abzweigung einer Nebenstraße, auf der man den *römischen Steinbruch* (Cantera Romana) von *El Medol* erreicht. – Etwas abseits der Küstenstraße folgt rechts das sogenannte **Grabmal der Scipionen** *(Torre de los Escipiones),* ein 8 m hoher viereckiger Bau des 1. Jahrhunderts n. Chr., dessen Beziehung auf die bei Amtorgis gefallenen römischen Feldherren und Brüder Gnaeus und P. Cornelius Scipio unbegründet ist.

Tarragona s. dort.

Für die Küstenfahrt zum südlichen Teil der Costa Dorada stehen ab Tarragona zunächst zwei Ausfallstraßen zur Verfügung. Man folgt entweder direkt der N-340 in westlicher Richtung oder der kurzen Autobahn, die die Stadt südwestwärts verläßt und jenseits des Río Francolí weiterführt zum 7 km entfernten **Salóu** (9000 Einw.), einem Hafenort und vielbesuchten Seebad an der vom *Cabo Salóu* geschützten Bucht, mit Bungalows, Hotel- und Apartment-Hochhäusern sowie Sporthafen. Von Salóu aus segelte 1229 König Jaime I. zur Eroberung Mallorcas.

Strand von Salou an der spanischen Costa Dorada

Ein autobahnähnlicher Zubringer führt von Salóu zu der Straßenkreuzung *Cuatro Carreteras,* wo er in die von Tarragona kommende N-340 einmündet. – Man folgt der N-340 nach **Cambrils** (7000 Einw.; festungsartiger Kirchturm; Badestrand *Cambrils Playa).*

Nun in geringer Entfernung vom Meer und an mehreren Campingplätzen vorbei, später durch *Miami Playa* und vorüber an weiteren Stränden nach **Hospitalet del Infante,** mit einem ehemaligen Pilgerhospital, das dicht am Meer liegt.

Bald auf der Höhe das *Castillo de Balaguer;* vorbei an den Fischerdörfern *La Ametlla de Mar* und *Ampolla* folgt die Straße nun dem Westrand des Ebro-Deltas. Bei *Amposta-Aldea* rechts Abzweigung der C-235 zum 14 km westlich liegenden Tortosa.

Tortosa (10 m; 46000 Einw.) ist eine alte Bischofsstadt am Río Ebro, zwischen hohen Bergen gelegen. Sehenswert ist die gotische Kathedrale (1347), mit maurischem Turm, Chorgestühl von 1588 und Kreuzgang aus dem 14. Jahrhundert. – Weitere beachtenswerte Kirchen, der Bischofspalast (14. Jh.) und stattliche *Paläste* aus dem 15./16. Jahrhundert, ansehnliche Reste der alten Mauern, ferner hochgelegene Ruine einer Burg. Das aus dem 16. Jahrhundert stammende Kloster San Luis besitzt einen schönen Innenhof. – Wenig später erreicht die N-340 jenseits des *Río Ebro* den Ort **Amposta** (8 m; 12000 Einw.), ein Städtchen (Umgehungsstraße), das durch seinen Reis bekannt ist; der Ort liegt an dem zum Reisanbau genutzten sumpfigen *Ebro-Delta* mit seinen unzähligen Kanälen und Teichen, an dessen Spitze der Ebro in zwei Mündungen, der 'Gola del Norte' und der 'Gola del Sur', zwischen denen die Insel Buda liegt, das Meer erreicht (Vogelparadies).

An der Südspitze des Ebro-Deltas erreicht die N-340 den Hafenort San Carlos de la Rápita an dem weiten *Puerto de los Alfaques* ('Sandbank-Hafen') und schließlich die Provinzgrenze bei *Alcanar.*

Costa Smeralda
s. bei Sardinien

Côte d'Azur

Frankreich.
Région: Provence – Alpes – Côte d'Azur.
Départements: Var und Alpes-Maritimes.
(i) **Comité Régional au Tourisme,**
   Promenade des Anglais 55,
   F-06000 Nice *(Nizza);*
   Telefon: (93) 821055.
Comité Régional au Tourisme,
Rue Paradis 372,
F-13006 **Marseille;**
Telefon: (91) 534616.

HOTELS. – In La Ciotat: *Ciotel,* II, 43 Z.; *King,* II, 11 Z.; *Croix de Malte,* III, 47 Z. – CAMPINGPLATZ. – In Bandol: *Ile Rousse,* L, 55 Z.; *Athéna,* I, 44 Z.; *Beaurivage,* II, 23 Z.; *Les Galets,* III, 27 Z. – CAMPINGPLATZ. – In Sanary-sur-Mer: *Pieds dans l'Eau,* II, 47 Z.; *Des Bains,* III, 34 Z. – CAMPINGPLATZ. – In La Seyne-sur-Mer: *Méditerranée,* III, 42 Z.; *Provence-Plage,* III, 18 Z.; *Rives d'Or,* III, 18 Z. – Mehrere CAMPINGPLÄTZE. – In Toulon s. dort. – In Hyères: *Bona,* II, 28 Z.; *Pins d'Argent,*

II, 10 Z.; *La Potinière,* III, 14 Z.; *Suisse,* III, 25 Z. – CAMPINGPLATZ. – In St-Tropez s. dort.

In Ste-Maxime: *La Belle Aurore,* I, 18 Z.; *Résidence Brutus,* I, 49 Z.; *La Reine Jeanne,* I, 16 Z.; *Calidianus,* II, 23 Z.; *Muzelle-Montfleuri,* II, 31 Z.; *Royal Bon Repos,* III, 25 Z. – CAMPINGPLATZ. – In Fréjus: *Colombier,* I, 60 Z.; *Les Palmiers,* III, 54 Z.; *Oasis,* III, 27 Z.; *Estérel Terminus,* III, 30 Z. – Mehrere CAMPINGPLÄTZE. – In St-Raphaël: *Mapotel du Golf de Valescure,* I, 97 Z.; *Beau Séjour,* II, 39 Z.; *Plage et Méditerranée,* II, 50 Z.; *Continental,* II, 48 Z.; *Excelsior,* III, 40 Z.; *Europe et Gare,* III, 32 Z. – Mehrere CAMPINGPLÄTZE. – In Théoule-sur-Mer: *Saint-Christophe,* I, 43 Z.; *Guerguy,* II, 12 Z.; *Grand Hôtel,* III, 21 Z. – In Mandelieu – La Napoule: *Ermitage Riou,* I, 42 Z.; *Beau Rivage,* II, 39 Z.; *Résidence du Golf,* II, 23 Z.; *La Calanque,* III, 18 Z. – Zahlreiche CAMPINGPLÄTZE. – In Cannes s. dort.

In Juan-les-Pins: **Belles Rives,* L, 42 Z.; **Hélios,* L, 70 Z.; *Juana,* I, 50 Z.; *Beauséjour,* I, 30 Z.; *Parc,* I, 21 Z.; *Astoria,* II, 45 Z.; *Cyrano,* II, 40 Z.; *Passy,* II, 40 Z.; *Régence,* III, 20 Z.; *Alexandra,* III, 25 Z.; *La Marjolaine,* III, 16 Z. – In Antibes: **Résidence du Cap,* L, 40 Z.; *Tananarive,* I, 50 Z.; *Royal,* II, 43 Z.; *Euromotel Côte d'Azur,* II, 51 Z.; *Relais du Postillon,* III, 10 Z.; *Château de la Brague,* III, 14 Z. – Mehrere CAMPINGPLÄTZE. – In Cagnes-sur-Mer: *Hamotel,* II, 32 Z.; *Motel Ascot,* II, 22 Z.; *Motel L'Horizon,* II, 42 Z.; *Savournin,* III, 30 Z.; *Chantilly,* III, 18 Z. – Zahlreiche CAMPINGPLÄTZE. – In Nizza s. dort.

In Èze: **Cap Estel,* L, 44 Z.; *Chèvre-d'Or,* I, 9 Z.; *La Bananeraie,* III, 32 Z.; *Cap Roux,* III, 30 Z. – CAMPINGPLATZ. – In Monaco s. dort. – In Roquebrune – Cap-Martin: **Old Beach Hotel,* L, 46 Z.; **Vistaëro,* L, 30 Z.; *Alexandra,* II, 40 Z.; *Victoria et Plage,* II, 31 Z.; *Princesias,* III, 13 Z.; *Regency,* III, 12 Z. – CAMPINGPLATZ. – In Menton: *Napoléon,* I, 38 Z.; *Du Parc,* II, 78 Z.; *Chambord,* II, 40 Z.; *Viking,* II, 34 Z.; *Europ Hotel,* II, 33 Z.; *Ambassadeurs,* III, 50 Z.; *Princess et Richmond,* III, 43 Z.; *Prince de Galles,* III, 150 Z. – CAMPINGPLATZ.

Die auch 'Französische Riviera' genannte ****Côte d'Azur** ('Azurblaue Küste') zieht sich am Mittelmeer zwischen Marseille und der französisch-italienischen Grenze bei Menton hin. Sie hat in den letzten Jahrzehnten eine Entwicklung genommen, die manchen ihrer Reize unter dem Übermaß (besonders zur Ferienzeit im Hochsommer) des Verkehrs und gegenüber den Fronten mächtiger Neubauten in den Hintergrund treten ließ. Wer sie wirklich kennenlernen will, sollte sich dafür weniger belebte Zeiten wie Frühjahr und Herbst, aber auch den milden Winter aussuchen.

Das wechselnde Gesicht dieser Küstenlandschaft wird sowohl durch die Meeresbuchten und die vorgelagerten Inseln als auch durch die landeinwärts anschließenden Gebirge, die kalte Nordwinde abhalten, bestimmt. Östlich von Toulon bis zum Fluß Argens erstrecken sich die bis knapp 800 m hohen Monts des Maures, während die Hyerischen Inseln der Küste vorgelagert sind. Von St-Raphaël an, das als Anfangspunkt der Französischen Riviera im engeren Sinne gilt, dehnt sich bis vor Cannes das 20 km lange und 12 km breite Esterel-

Gebirge aus, das bis etwas über 600 m ansteigt. Weiter nordöstlich treten die Seealpen immer näher an die Küste und steigen unmittelbar hinter dem Fürstentum Monaco abrupt an.

Die Zahl der Urlaubsorte ist groß. Sowohl an der Küste als auch im Hinterland und den Gebirgsgegenden hat der Tourist eine Auswahl, die jedem Geschmack gerecht wird: rund 50 im Verlauf der Küste und nicht ganz das Doppelte im näheren oder ferneren Hinterland von Fréjus (8 m ü.d.M.) bis zu dem alpinen Skiort Isola 2000 nahe der französisch-italienischen Grenze. Bei den Küstenorten macht sich im Laufe der Zeit ein der Mode unterworfener Wechsel der Beliebtheit bemerkbar. Das im vorigen Jahrhundert bevorzugte Nizza (Nice) hat seinen Vorrang an Cannes abtreten müssen. St-Tropez ist aus einem kleinen Fischerdorf nach dem Zweiten Weltkrieg zu einem beliebten Treffpunkt für Künstler und Bohemiens geworden.

KLIMA. – Die geschützte Lage macht das Klima ausgeglichen und von allzu starken Schwankungen unabhängig. Es ist im Sommer (Julimittel 24°C) nicht zu heiß, im Winter bei Tagestemperaturen von 6-15°C nicht zu kalt. Allerdings kann es nachts recht kühl werden. Zwar bleiben die Regenmengen begrenzt und fallen in erster Linie im Frühjahr und Herbst, so daß Sommer und Winter überwiegend sonnig sind. Dennoch erwärmt sich das Meerwasser im Winter nicht genug, um das Baden zu ermöglichen. Das beginnt erst im Lauf des Mai und reicht bis weit in den Herbst hinein. Nachteilig macht sich im Raum südwestlich von Cannes zeitweise der kühle Wind *Mistral* bemerkbar. Vom Süden kann im Sommer gelegentlich der *Schirokko* mit heißer Luft wehen. Das milde Klima begünstigt naturgemäß auch die Flora. An der Côte d'Azur wachsen Palmen, Oliven, Orangen- und Zitronenbäume, Pinien, Zypressen, Eukalyptus und andere Vertreter warmer Zonen wie Kaktus, Agave und natürlich Blumen in allen Arten.

GESCHICHTE. – Schon hundert Jahre vor unserer Zeit wohnten hier *Ligurer*. Marseille wurde um das Jahr 600 v.Chr. durch die *Griechen* als 'Massalia' begründet und diente dem Handel, in den auch 'Nikäa' (Nizza) einbezogen war, bis im 4. Jahrhundert die *Kelten* in die Provence eindrangen, die 122 v.Chr. durch die *Römer* besiegt wurden. In der Nähe von Aix besiegte im Jahre 102 v.Chr. Marius die vorrückenden Teutonen. Nachdem Cäsar Gallien erobert hatte, gründete er im Jahre 49 v.Chr. Fréjus als 'Forum Iulii'. Als weitere römische Gründungen folgten in den ersten nachchristlichen Jahrhunderten Nizza und Antibes; längs der Küste breitete sich im 4. und 5. Jahrhundert das Christentum aus.
In der ersten Hälfte des 8. Jahrhunderts dringen die *Sarazenen* bis zur Mittelmeerküste vor. Sie setzen sich im Massif des Maures fest und beunruhigen im 9. und beginnenden 10. Jahrhundert das ganze Küstengebiet. Der Name des Gebirges kommt jedoch nicht etwa von 'Mauren', sondern vom provenzalischen 'Maouro' (= düsterer Wald). Mit der Provence wechselt in den folgenden Jahrhunderten das Küstengebiet vielfach seine staatliche Zugehörigkeit. Seit 1486 gehört die Provence endgültig zu Frankreich, wobei Nizza sich 1388 an die Grafen von Savoyen anschloß.

Neben den wechselnden Geschehnissen der französischen Geschichte wird die Küste besonders durch zwei Ereignisse berührt: Am 1. März 1815

landet Napoleon bei der Rückkehr von der Insel Elba in Golfe-Juan und tritt von hier den Marsch auf Paris an. Im August 1944 landen die alliierten Truppen nach geglückter Invasion der Normandie auch am Mittelmeer und befreien von hier aus innerhalb von zwei Wochen die gesamte Provence, wobei lediglich die Einnahme von Nizza bis zum 30. August dauert. – Nach einer Übergangsperiode von 1815 bis 1860, als der Raum um Nizza zum Königreich Sardinien gehörte, erfolgte 1860 die endgültige Rückkehr der Côte d'Azur nach Frankreich.

KÜSTENFAHRT. – Da die zweckmäßige Fahrt entlang der Côte d'Azur von **Marseille** (s. dort) aus in östlicher bzw. nordöstlicher Richtung erfolgt, sind die Sehenswürdigkeiten in dieser geographischen Reihenfolge aufgeführt.

An *Cassis* (s. bei Marseille) vorbei erreicht man die am Fuß des 155 m hohen Konglomeratfelsens *Bec de l'Aigle* gelegene Stadt **La Ciotat** (24000 Einw.), mit einer bedeutenden Schiffswerft. Vorgelagert die kleine *Ile Verte*. Als Seebad besucht ist der Vorort *La Ciotat-Plage*. – An *Les Lecques* vorbei gelangt man nach **Bandol** (5000 Einw.), einem als Seebad und im Winter besuchten Hafenort in malerischer Lage an einer Bucht, mit reizvollen Uferpromenaden. – Gegenüber dem Ort (Schiffsverbindung, 7 Min.) liegt die *Ile de Bendor* mit einem wiederhergestellten provenzalischen Hafen, der Fondation Paul Ricard (Kunstausstellungen), einer Wein- und Spirituosenausstellung sowie einem Tauchsportzentrum.

Sanary-sur-Mer (10000 Einw.), ein hübsches ehemaliges Fischerdorf, liegt zwischen bewaldeten Hügeln. Von der erhöht stehenden Kapelle Notre-Dame-de-Pitié schöner Blick. – 1,5 km weiter zweigt von der Straße Nr. 559 rechts eine lohnende Nebenstrecke nach *Le Brusc;* vor der Küste die Gruppe der **Iles des Embiez**. Auf der Hauptinsel *Ile de la Tour-Fondue* ein Wassersportzentrum sowie das Observatoire de la Mer (Beobachtungsstation und Museum). – Südöstlich von Le Brusc erreicht man das **Cap Sicié**, einen imposanten Steilabfall; vorgelagert im Meer die beiden Felsklippen *Les Deux Frères*.

Die Straße Nr. 559 führt durch das Landesinnere nach **La Seyne-sur-Mer** (50000 Einw.), einer Industriestadt mit bedeutender Werft und Muschelkulturen. Sehenswert die Kirche Notre-Dame-du-Bon-Voyage (17. Jh.) und das im ehemaligen Fort untergebrachte Musée de la Seyne.

Toulon s. dort.

Hyères (38000 Einw.), etwas abseits vom Meer gelegen und ältester Winterkurort der Côte d'Azur, hat in seiner Altstadt um die Place St-Paul malerische Gassen bewahrt, in der Rue Paradis ein gut restauriertes Haus des 13. Jahrhunderts. Städtisches Museum mit Funden aus griechischer und römischer Zeit. Von hier (oder von Toulon, La Tour Fondue, Le Lavandou, Cavalaire, La Londe) zu den *Iles d'Hyères (s. Hyérische Inseln), die in der Renaissance auch 'goldene' Inseln genannt wurden.

Das **Massif des Maures,** ein bewaldeter Gebirgszug, zieht sich zwischen Hyères und St-Raphaël hin. Ursprünglich gehörten auch

Port Grimaud an der südfranzösischen Küste

die Iles d'Hyères zu dem Gebirgszug, der seine größte Höhe in der 779 m hohen *Sauvette* erreicht. Das früher einsame Gebirge hat sich durch den zunehmenden Fremdenverkehr erheblich belebt. – Die *C o r n i c h e   d e s   M a u r e s führt in Küstennähe von Hyères über *Le Lavandou, Cavalière, Cavalaire-sur-Mer* nach *Croix-Valmer*, von wo man die Fahrt nach St-Tropez und St-Raphaël fortsetzt. – Eine schöne, etwas über 100 km lange R u n d f a h r t führt von Le Lavandou in das Massif des Maures, wobei der aussichtsreiche *Col de Babaou* (415 m), die Ruinen der *Chartreuse de la Verne*, **Grimaud,** der 267 m hohe *Col du Canadel* und die Felsengruppe des *Pierre d'Avenon* passiert werden.

St-Tropez s. dort.

Die Straße Nr. 98 zieht am *Golf von St-Tropez* entlang zu dem als Seebad und Winterkurort vielbesuchten
Ste-Maxime (6800 Einw.). In der Kirche an der Westseite des Hafens ein schöner *Marmoraltar (18. Jh.). Interessant ist ferner das *Musée de la Photographie et de la Musique.* – Über *Les Issambres,* eine ausgedehnte Villensiedlung mit von Klippen unterbrochenen Badestränden, gelangt man nach Fréjus.

Fréjus (31000 Einw.) liegt in einer Ebene zwischen dem Massif des Maures und dem Esterel-Gebirge auf einem Felsplateau. Die Ruinen aus römischer Zeit umfassen die älteste Arena Galliens mit einer Länge von 113 und Breite von 85 m, also etwas kleiner als Nîmes und Arles, ein altes römisches Stadttor, Reste eines Theaters und eines Aquädukts. Der Hafen nahm zu römischer Zeit 22 Hektar mit 2 km Kaianlagen ein und war mit dem Meer durch einen 500 m langen, 30 m breiten Kanal verbunden. Die einst befestigte Bischofsstadt besitzt eine Kathedrale, einen Kreuzgang sowie ein bischöfliches Palais. Bei weitem ältestes Gebäude ist das *Baptisterium aus dem 4./5. Jahrhundert, ein quadratischer Bau von 11 m Seitenlänge im Vorfeld der Kathedrale. Fréjus erlangte traurige Berühmtheit, als 1959 bei einem Staudammbruch Hunderte von Menschen ums Leben kamen, an die ein Ehrenmal vor dem Amphitheater erinnert. Den Mittelpunkt des Strandlebens bildet der moderne Stadtteil *Fréjus-Plage.*

Die Hafenstadt **St-Raphaël** (21500 Einw.) ist beliebt zum Winteraufenthalt und geht auf römische Zeiten zurück. An Napoleons Rückkehr aus Ägypten (1799) in diesen Hafen erinnert eine Pyramide in der Avenue du Commandant-Guilbaud. Die Tempelritterkirche des 12. Jahrhunderts war als Wehrkirche errichtet. Ein Museum zeigt archäologische Funde aus dem Meer (u.a. zahlreiche griechische Amphoren aus dem 5. Jh. v.Chr.).

Hafen von St-Raphaël an der Côte d'Azur

Das bei St-Raphaël beginnende **Massif de l'Esterel** wurde 1903 durch die Straße **C o r n i c h e   d' O r** zugänglich gemacht. Sein höchster Gipfel, der *Mont Vinaigre,* erreicht 618 m. Das ursprünglich mit Wald bedeckte Gebirge wurde 1964 durch einen Waldbrand heimgesucht, der fast alles vernichtete, und die Neubepflanzung ist mühsam. – Die Fahrt über die **C o r n i c h e   d e l' E s t e r e l** führt von St-Raphaël nach **Cannes** (s. dort) und berührt alle Küstenorte. Wer von Cannes den Rückweg über die N 7 antritt, umfährt das Massiv auf einer Strecke von rund 80 km, wobei er auch in der Nähe des Mont Vinaigre vorüberkommt, der freilich zu Fuß (großartige Aussicht) erklommen werden muß. Andere Fahrstrecken umrunden den *Pic du Cap Roux* (um 40 km) und den *Pic de l'Ours* (über 50 km). Der *Pic de l'Ours* (496 m) und der *Pic du Cap Roux* (452 m) gewähren unvergleichliche **Ausblicke über die Küste und das Gebirge.

An der Corniche de l'Esterel liegt in einer schönen halbkreisförmigen Bucht das reizvolle Seebad **Agay.** An der Pointe de la Baumette eine St-Exupéry-Erinnerungsstätte. – Weiter auf der kurvenreichen Küstenstraße.

Am *Golfe de la Napoule* liegt **Théoule-sur-Mer** mit einer zum Herrschaftssitz umgebauten Seifensiederei (18. Jh.) am Meer und einem belebten Hafen (17. Jh.). – In der Nähe die Jachthäfen **Port de la Rague** (nördl.) und *Port de la Galère (am Hang ansteigende vornehme Apartmentsiedlung im alten sardischen Stil) südlich der *Pointe de l'Aiguille*, darüber die als Urlauberdomizil geschätzte Siedlung **Théoule-Supérieur.**

Mandelieu – La Napoule (mit 12000 Einw.), durch die neue Autobahn zerschnittener Doppelort zwischen Siagne- und Argentière-Mündung, zu Füßen des *Massif du Tanneron,* Kur- und Erholungsort (Thermalbad). – Am Meer der malerisch gelegene, als Seebad besuchte Ortsteil **La Napoule-Plage;** darüber auf einem Porphyrfelsen das wiederaufgebaute *Schloß* (14. Jh.; Rechtecktürme; Kunstausstellungen). – Schöne Aussicht vom nahen Hügel *San Peire* (131 m; Kapellenruine; zu Fuß $3/4$ St.).

*Cannes** s. dort.

Das *Cap d'Antibes bildet die Spitze einer Halbinsel, die vor Juan-les-Pins und Antibes ins Mittelmeer ragt. Hier steht ein besonders starker Leuchtturm. Der *Jardin Thuret, benannt nach dem Wissenschaftler, der 1856 begann, hier exotische Bäume anzusiedeln, gibt einen Überblick über die hier wachsenden subtropischen Bäume und Pflanzen. Fahrt oder Wanderung um das Kap bieten großartige Ausblicke. – Antibes, Nizza gegenüber gelegen, ist ein Zentrum der französischen Blumenzucht, insbesondere für Rosen, Nelken und Anemonen. Neben der Kathedrale mit romanischem Chor und den alten Gassen enthält das Château Grimaldi des 16. Jahrhunderts mit romanischem Viereckssturm des ursprünglichen Baus ein Picasso-Museum mit Gemälden, Lithographien, Skizzen und keramischen Werken des Künstlers.

Cagnes-sur-Mer (30 000 Einw.) verbindet in einer blühenden Hügellandschaft das vom mittelalterlichen Schloß beherrschte Haut-de-Cagnes und das Fischerdorf Cros-de-Cagnes an der Küste. Das Schloß wurde ab 1309 von Raynier Grimaldi, Herrscher über Monaco, errichtet und 1620 durch den Nachfahren Henri Grimaldi großzügig ausgebaut. Es erfuhr in den letzten 100 Jahren erhebliche Restaurierungen. Heute dient es als Museum für verschiedene Themen, wobei das im Festsaal untergebrachte Museum moderner Mittelmeerkunst besonders reichhaltig ist. Außerdem befindet sich in Cagnes-sur-Mer das Musée Renoir. Der Maler verbrachte hier die letzten 12 Jahre seines Lebens; man kann Atelier und Wohnräume besichtigen.

*Nizza/Nice s. dort. ·

Drei Küstenstraßen (Corniches) verbinden Nizza und Menton: Die *Petite Corniche paßt sich dem Verlauf der Küste an, die **Moyenne Corniche verläuft am halben Hang, und die **Grande Corniche bietet als höchste eine Vielzahl von Panoramen

Èze-Village über der Côte d'Azur

über die Küste und das anschließende Gebirge; alle drei sind je rund 30 km lang. Es ist empfehlenswert, die Landschaft aus der Perspektive aller drei Corniches zu erleben, da die Eindrücke sich erheblich unterscheiden. Die Grande Corniche geht auf Napoleon zurück, der damit die alte Via Aurelia ersetzte.

Èze (0-427 m; 2000 Einw.), aus zwei Teilen bestehende Siedlung südlich der Moyenne Corniche in äußerst malerischer **Lage. Die engen Gassen beherbergen zahlreiche Betriebe zur Herstellung von Kunstgewerbe (Keramik, Zinn, Olivenholzschnitzereien) und Parfüm. Der Ortsteil Èze-Village liegt auf einem von einer Burgruine (prächtiger Aus-

Panorama von Menton (Mentone) an der Französischen Riviera

blick) gekrönten Felsen und ist von Mauern aus dem 17. Jahrhundert umgeben. Im Musée d'Histoire Locale et d'Art Religieux Exponate zur Ortsgeschichte sowie religiöse Kunst; in der Chapelle de Pénitents Blancs moderne Fresken von J. M. Poulin. Sehenswert ist auch der aussichtsreiche *Jardin Exotique (Botanischer Garten). – An der Küste das Fischerdorf *Èze-Bord-de-Mer,* heute ein besuchter Fremdenplatz.

*Monaco s. dort.

Roquebrune – Cap-Martin (11 000 Einw.) erhält seinen eigenen Reiz durch das alte Dorf mit seinen überwölbten Gäßchen und dem Bergfried des Schlosses. Insgesamt zeigt *Roquebrune* einmalig in Frankreich ein Beispiel karolingischer Burgen, Vorläufer der zwei Jahrhunderte später folgenden Feudalbauten. Das Schloß entstand Ende des 10. Jahrhunderts zur Abwehr der Sarazenen. Der Bergfried überragt in 26 m Höhe mit 2-4 m dicken Mauern die umliegenden Gassen.

Menton (ital. *Mentone;* 25 000 Einw.) ist Frankreichs letzte Stadt vor der italienischen Grenze und zugleich ein wichtiger Kurort der Côte d'Azur. Bis 1848 gehörte die Stadt zum Fürstentum Monaco, stand zeitweise unter dem Schutz des Königs von Sardinien und fiel 1861 durch Kauf an Frankreich. Menton gilt als Ort mit dem mildesten *Klima der Küste und ist daher für Winteraufenthalt besonders beliebt. Hier gedeihen Zitronenbäume und andere tropische Gewächse. Alljährlich im August findet ein internationales Festival für Kammermusik statt. Die alte Stadt und die Promenade George V sind beide reizvoll. Nahe dem Hafen das Cocteau-Museum. Etwas landeinwärts ein interessanter Botanischer Garten.

Côte Turquoise
s. bei Algier

Côte Vermeille

Frankreich.
Région: Languedoc – Roussillon.
Département: Pyrénées-Orientales.
ⓘ **Comité Régional au Tourisme,**
Rue Foch 12,
F-3400 **Montpellier;**
Telefon: (67) 72 15 62

HOTELS. – In P e r p i g n a n s. dort. – In E l n e : *Le Carrefour,* III, 20 Z. – In A r g e l è s - s u r - M e r : *Le Lido,* II, 72 Z.; *Commerce,* III, 47 Z.; *Golfe,* III, 30 Z.; *Marbella,* III, 38 Z.; *Les Mouettes,* III, 24 Z.; *Plage des Pins,* III, 37 Z.; *Parc,* III, 30 Z. – In C o l l i o u r e : *La Frégate,* II, 29 Z.; *Méditerranée,* II, 23 Z.; *Madeloc,* II, 23 Z.; *Résidence d'Ambeille,* II, 20 Z.; *Villa Basque,* III, 21 Z.; *Caranques,* III, 16 Z.; *Boramar,* III, 14 Z. – In P o r t - V e n - d r e s : *Compagnie du Midi,* II, 59 Z.; *St-Elme,* III, 30 Z.; *Les Tamarins,* III, 24 Z. – CAMPINGPLATZ. – In B a n y u l s - s u r - M e r : *Catalan,* II, 36 Z.; *Les Elmes,* III, 18 Z.; *Cap Doune,* III, 12 Z. – CAMPINGPLATZ. – In C e r b è r e : *La Dorade,* III, 20 Z.

Côte Vermeille ('Rote Küste') heißt der annähernd 50 km lange Küstenabschnitt am Mittelmeer zwischen Perpignan und der französisch-spanischen Grenze. Schroffe Felspartien und Weinhänge bestimmen das Landschaftsbild. Der Name dieser Gegend leitet sich von der rötlichen Farbe des Erdreichs her.

KÜSTENFAHRT. – Die Fahrt entlang der Côte Vermeille ist eine Alternative zu der weiter landeinwärts verlaufenden Strecke über den französisch-spanischen Grenzübergang am Col de Perthus nach Katalonien und zur Costa Brava (s. dort). An der Küste liegen etliche malerische Badeorte, die freilich unter dem Durchgangsverkehr zu leiden haben.

Perpignan s. dort.

Elne war einst Bischofsstadt und lange Zeit die Hauptstadt des Roussillon. Seit der Bischof 1602 nach Perpignan übersiedelte, ging die Bedeutung des Ortes zurück. Historische Denkmäler sind die Kathedrale Ste-Eulalie, deren rechter Turm noch aus dem 11. Jahrhundert stammt, während der linke neueren Datums ist und der dabei befindliche *Kreuzgang aus dem 12. und 14. Jahrhundert.

Argelès-sur-Mer hat etwa 6 km Sandstrand und einen stattlichen Pinienwald. Die Kirche im Ort wurde im 14. Jahrhundert erbaut; im Innern Tafelbilder aus der Spätrenaissance.

*Collioure ist ein malerischer Badeort, der mit seinen kleinen Häfen und einer Festungsanlage Künstler wie Matisse, Derain, Bracque, Picasso und Dufy anzog. Schon die Phönizier kannten diesen Hafen. Das Château des Templiers war die ehemalige Sommerresidenz der Könige von Mallorca und der Königin von Aragón. Die Wehrkirche geht auf das 17. Jahrhundert zurück; ihr Glockenturm diente früher als Leuchtturm. Alte Mauern und Wälle sind erhalten.

Port-Vendres, Handelshafen mit dem Fort du Fanal als Rest der von Vauban errichteten Befestigungen. – **Banyuls-sur-Mer** ist gleichermaßen durch seinen Wein wie als See-

Banyuls-sur-Mer an der Côte Vermeille

bad bekannt. Auf der mit dem Festland durch einen Damm verbundenen *Ile Grosse* ein Gefallenendenkmal von Aristide Maillol. – **Cerbère,** Grenzort vor dem Übergang nach Spanien; von der *Tour de Ker'Roig* (von 55 v.Chr.) weiter Rundblick.

Cres

Jugoslawien.
Teilrepublik: Kroatien (Hrvatska).
Inselfläche: 404 qkm. – Bewohnerzahl: 4000.
Telefonvorwahl: 051.

(i) **Turistički ured Cres,**
　YU-51557 Cres;
　Telefon: 820833.
　Turistički ured Osor,
　in Nerezine auf der Insel Mali Lošinj,
　YU-51554 Nerezine;
　Telefon: (051) 861186.
　Punta Križa: beim gleichen Büro in Nerezine.

HOTELS. – S t a d t C r e s: *Kimen I, II,* II, 385 B. –
O s o r und P u n t a K r i ž a: Nur Privatunterkünfte.

CAMPINGPLÄTZE. – C r e s: *Kovačine,* 500 m vom
Hotel Kimen; O s o r: *Adria* und *Bijar;* P u n t a K r i
ž a: FKK-Campingplatz *Baldarin.*

VERANSTALTUNGEN. – In Osor Sommerkonzerte
auf dem Platz vor der Kathedrale.

BADESTRÄNDE. – Der Badestrand von Cres befriedigt weniger. Urlauber setzen deswegen meist zur
anderen Seite der Bucht über, wo es auch einen
ausgedehnten FKK-Strand gibt. Das größte *FKK-
Zentrum* der Insel, der Campingplatz 'Baldarin' mit
vielen Schattenplätzen, liegt ganz im Süden.

AUTOFÄHREN von bzw. nach Cres. – Kürzeste Verbindung zum Festland in dichter Folge: Brestova
(Küstenstraße Opatija-Pula) – Porozine/Cres. Eine
andere Möglichkeit (größere Abstände): Rijeka –
Porozine bzw. Rab (nur in der Saison). Brücke zwischen den Inseln Cres und Mali Lošinj.

Cres auf der gleichnamigen jugoslawischen Insel

**Cres (spr. Zress), die nach Krk zweitgrößte jugoslawische Adria-Insel, mißt
vom Nord- zum Südkap 68 km, erreicht
aber nur 13 km Breite. Kahle Gipfel und
Hochflächen mit unzähligen Mäuerchen, welche die Anpflanzungen vor
den Winden schützen sollen, überziehen Cres. An einigen Stellen bedecken
kleine Wälder das Eiland, meist versperrt undurchdringliche Macchia das
Weiterkommen. Den höheren nördlichen Teil von Cres krönt der Berg Sis
(650 m) als höchste Erhebung, dann
fallen die Berge langsam ab bis zum
großen Talkessel, wo in einer Bucht die
Stadt Cres liegt.**

In der alten Hafenstadt **Cres** erinnern
Türme und enge Gassen, Tore, Treppen
und verschwiegene Innenhöfe an die
venezianische Zeit. Von der starken
Stadtbefestigung, einer das Hafenbekken im Fünfeck umschließenden Mauer
mit Wehrtürmen (heute markiert durch
die Ringstraße), blieben die *Bragadina-
tor* (1581) und das *Marcellator* (1588) erhalten; Dogenwappen und Markuslöwen erinnern an die venezianischen
Stadtfürsten, nach denen die Tore benannt wurden. Am Marktplatz steht die
Stadtloggia aus dem 15./16. Jh., früher
Versammlungsraum des Volkes. Daneben in der Zeile der Hafenhäuser der
Uhrturm, durch den man zur *Pfarrkirche
Maria Schnee* gelangt. Ihrem Rang als
Kathedrale entspricht das kunstvoll ver

zierte Renaissanceportal; auf den Kapitellen Darstellungen von Delphinen und
Früchten, Symbole für Meer und Land,
die beiden Lebensquellen der Bewohner.

An der Längsseite des Domes erreicht
man die *Isidorkirche,* ältestes Gotteshaus der Stadt, mit der im 14. Jahrhundert gegossenen ältesten Glocke der Insel. Beachtenswert die romanische Apsis mit kunstvollem Rundbogenfries.

Weitere bemerkenswerte Bauten sind
das einstige *Rathaus* mit Stadtwappen
unter dem Balkon, der ehemalige *Bischofspalast* sowie renovierte, aber
auch verfallene *Patrizierhäuser.* Beim
Franziskanerkloster sollte man die zugehörige Kirche besichtigen: besonders
schön das holzgeschnitzte Chorgestühl
aus dem 15. Jahrhundert. Die drei eingeschnitzten Delphine stellen das Wappen eines Stadtfürsten dar. Ein Stück
weiter außerhalb das *Benediktinerklo-
ster,* in dem die wenigen verbliebenen
Nonnen Urlaubern Fremdenzimmer zur
Verfügung stellen. Das *Stadtmuseum* im
Patrizierhaus Petris bietet eine Übersicht zur Geschichte der beiden Inseln;
hier sind auch Gegenstände zu sehen,
die aus einem gesunkenen Kauffahrteischiff am Kap Pernat geborgen wurden.

INSELBESCHREIBUNG. – Wer sich auf der
Fahrt nach Lošinj (s. dort) am Südende der
Insel dem Städtchen **Osor** nähert, hält den
heute nur noch 100 Einwohner zählenden
Ort für unbedeutend. Erst ein Rundgang
kann davon eine Vorstellung verschaffen,
welches Leben die einmal 30000 Bewohner
zählende Stadt erfüllt hat. Mittelpunkt ist der
Dom (15. Jh.) mit dem von Bischofspalast
und Bürgerhäusern eingerahmten Vorplatz,
wo der guten Akustik wegen heute im Sommer Serenaden und Konzerte stattfinden. Im
Inneren des Mariendoms, 1464-98 im Frührenaissancestil erbaut, das Reliquiengrab
des hl. Gaudentius, der in Osor Bischof war

und dessen Fürbitte es gelungen sein soll, alle Giftschlangen von den Inseln Cres und Lošinj zu vertreiben. Der mächtige, vom Dom abgesetzte Glockenturm ist erst im 17. Jahrhundert errichtet worden. Die heute sichtbaren Stadtmauern und Tore entstanden erst im 15. Jahrhundert, also zu einer Zeit, da Osor bereits nicht mehr seine frühere Ausdehnung besaß.

Der nach der Stadt Cres heute zweitgrößte Ort der Insel ist **Martinšćica** in einer Bucht an der Westküste. Im Hieronymus-Kirchlein des noch bewohnten Klosters ein beachtenswertes Altargemälde.

Das Ziel täglicher Bootsausflüge von der Stadt Cres ist das kleine Dorf **Valun** im Golf von Cres. Schon von weitem erkennt man die steil aufragenden Felsenhänge, unter denen sich die Häuschen der Ortschaft ducken. Helle Kieselstrände auf beiden Seiten laden zum Baden ein. Die einfache Marien-Pfarrkirche birgt in ihrer Sakristei die Valuner Tafel (Valunska ploča). Zusammen mit einer ähnlichen Tafel von der Insel Krk ist sie das älteste kroatische Schriftdenkmal Jugoslawiens. Besonders bemerkenswert ist daran, daß der obere Teil in glagolitischer, d.h. altslawischer Schrift gehalten ist.

Von Valun aus führt ein Eselspfad zum **Vrana-Süßwassersee** (nicht zu verwechseln mit dem Vrana-See bei Biograd na moru, s. bei Dalmatien), dessen grüner Wasserspiegel 68 m über dem Meeresniveau liegt, während der Grund des bis 84 m tiefen Sees 16 m unter dem Meeresspiegel liegt. Man vermutet, daß der See, der die Süßwasserversorgung der Inseln Cres und Lošinj dient, sein Wasser durch ein Höhlensystem vom Festland erhält.

Lohnend ist ein Besuch des einzigen bedeutenderen Ortes an der Ostküste: **Beli.** Am höchsten Punkt der Straße, die von der Anlegestelle der Fähren bei Porozine zum Gebirge hinaufführt (schöner Blick nach Plavnik und Krk), zweigt eine schmale Straße zum Nordende der Insel ab. Am Rand von Macchia und Laubwald erreicht man nach 6 km Beli, das auf einem Hügel hoch über dem Meer liegt. Hier war schon in prähistorischer Zeit ein befestigter Stützpunkt. Oben auf dem Hügel beherrschen Pfarrkirche und Marktplatz den Aussichtspunkt. Glagolitische Inschriften entdeckt man auf einer Steintafel in der linken Wand eines Seitenkapelle sowie auf einer Grabplatte im Fußboden der Kirche (Glagolitentum s. bei Krk). – Ein steiler Weg führt hinab zur Bootsanlegestelle.

Nördlichster Inselort ist das altertümliche, 300 m hoch über dem Meer vor der Steilküste gelegene Dorf **Dragozetići,** mit geduckten Häuschen, Weinlauben, Gewölben und Zisternen.

Cypern s. Zypern

Cyrenaika s. bei Libyen

Dalmatien

Jugoslawien.
Teilrepublik: Kroatien (Hrvatska).
(i) **Dalmacijaturist,**
Titova Obala 5,
YU-5800 **Split;**
Telefon: (058) 4 46 66.

HOTELS. – In Z a d a r s. dort. – In B i o g r a d n a m o r u : *Ilirija*, II, 339 B.; *Adriatic*, II, 205 B.; *Crvena Luka* mit Dependancen, II, 487 B. – In Š i b e n i k s. dort. – In P r i m o š t e n : *Slava*, I, 339 B.; *Zora*, II, 332 B.; *Raduča*, II, 184 B. – In T r o g i r s. dort. – In S p l i t s. dort. – In O m i š : *Brzet*, III, 174 B.; *Plaža*, IV, 60 B. – In M a k a r s k a : Hotel-Pavillion-Komplex *Riviera*, II, 504 B.; *Park*, III, 132 B.; *Beograd*, III, 77 B.; *Osejava*, IV, 90 B. – In T u č e p i : *Alga*, I, 670 B.; *Jadran*, II, 301 B.; *Neptun*, II, 202 B. mit Dependance *Maslinik*, III, 382 B. – In P o d g o r a : *Minerva*, I, 330 B.; *Aurora*, II, 280 B.; *Mediteran*, II, 248 B.; *Primordia*, II, 72 B., mit Dependance *Borak*, III, 28 B.; *Podgorka*, II, 31 B., mit Dependance; *Lovor*, II, 64 B. – In I g r a n e : *Igrane*, III, 64 B. – In S l a n o : *Admiral*, II, 400 B.; *Osmine*, II, 304 B. (nur für FKK-Gäste). – In D u b r o v n i k und C a v t a t s. bei Dubrovnik.

Das Küstenland *Dalmatien (Dalmacija) erstreckt sich, zusammen mit den davor liegenden und ihm zugehörigen Inseln, etwa vom Südende der Insel Pag und dem Fjord von Starigrad-Paklenica, den die Maslenica-Brücke überspannt, bis Cavtat südlich Dubrovnik. Dalmatien ist ein landschaftlicher Teilbereich der jugoslawischen Teilrepublik Kroatien, der nur von einem schmalen Küstenzug der Teilrepublik Bosnien-Herzegowina an der Neretva-Mündung bei Ploče unterbrochen wird.

GESCHICHTE. – Prähistorische Funde in Höhlen beweisen, daß das Gebiet vielerorts bereits in der Steinzeit bewohnt war. Später siedelten hier keltische, dann illyrische Stämme. Zuerst auf den vorgelagerten Inseln, dann auch an Plätzen der Küste entstanden Ansiedlungen von Griechen und Phöniziern. – Den Römern gelang es nicht überall, sich sogleich festzusetzen, als sie ab 200 v.Chr. versuchten, an der Küste Dalmatiens Fuß zu fassen. Metellus, der 118 v.Chr. die Besitzergreifung systematisch vorantrieb, hatte schließlich Erfolg mit seinem Bemühen, ganz Dalmatien Rom zu unterwerfen. Er erhielt den Beinamen 'Dalmaticus'.

Unter *römischer Herrschaft* blühten viele Ansiedlungen auf und wurden zu ertragreichen Kolonien. Gleichzeitig erblühte die Kunst, herrschten Wohlstand und sattes Besitzbürgertum. Erste Krisen- und Verfallserscheinungen zeigten sich, als sich die Ostgoten und die Hunnen der Küste näherten. 395 n. Chr. wurde unter Theodosius das Römische Reich geteilt; Dalmatien kam zum Herrschaftsbereich von *Byzanz*. Die Slawen, die seit dem Ende des 5. Jahrhunderts über die Karpaten nach Süden vordrangen und 567 unter die Herrschaft der blutrünstigen Awaren gerieten, begannen in der Folgezeit, auch Dalmatien durch ihre Raubzüge zu verunsichern. 614 zerstörten sie das nördlich Split gelegene blühende Großstadt Salona, später wurden sie in den eroberten Gebieten ansässig. Damit leiteten sie die *Slawisierung* des Küstengebietes ein.

799 besiegte Karl der Große die Awaren, worauf Dalmatien unter fränkische Gewalt geriet. Dann aber gewannen *Kroaten* die Oberherrschaft. 997 gelang es der Republik *Venedig*, viele dalmatinische Küstenorte zu erobern. 1053 befreite der Kroate Pe-

ter Krešimir das Gebiet und nahm den Titel eines Königs von Dalmatien und Kroatien an.

Von nun an verlief die Geschichte der Küstenorte höchst wechselhaft: Einmal hatte Venedig die Oberhand, dann wieder regierten kroatische und kroatisch-ungarische Könige, zeitweise auch lokale Fürsten. Manche reichen Städte behalfen sich in diesem Machtkampf damit, daß sie an alle Seiten Tribute oder Bestechungsgelder bezahlten. 1301 wendete sich das Blatt endgültig zugunsten von Venedig. Mit Ausnahme weniger Orte, darunter die autonome Republik Ragusa, unterstanden die Küstenorte seinem Machtbereich, während die vorrückenden Türken überall das Hinterland besetzten.

Mit dem Ende der Republik Venedig 1797 fiel Dalmatien an *Österreich*. Im Frieden von Preßburg 1805 mußte Österreich das Land an Napoleon I. abtreten, der es seinen Illyrischen Provinzen einverleibte. Dieses Zwischenspiel dauerte indessen nur bis 1815, als die Österreicher wieder die Oberhoheit übernahmen. Nach dem Ersten Weltkrieg kam Dalmatien mit Ausnahme von Zadar, das *Italien* zugesprochen wurde, an das Königreich *Jugoslawien*. Im Zweiten Weltkrieg waren einige Küstenstädte, die 1941-43 zunächst von italienischen Verbänden, nach der Kapitulation Italiens dann von deutschen Truppen besetzt waren, heftig umkämpft. Mit dem Aus- und Weiterbau der Adria-Magistrale wurde Dalmatien während der Nachkriegszeit schließlich zum bei ausländischen Urlaubern an der jugoslawischen Adria beliebtesten Feriengebiet.

KÜSTENFAHRT. – Der mittlere Abschnitt der ****Adriatischen Küstenstraße (Jadranska magistrala)**, dem die Strecke von Zadar nach Cavtat folgt, ist wohl der großartigste Teil dieser touristisch bedeutenden Route. Eindrucksvoll sind die nach Süden zu immer üppiger werdende subtropische Pflanzenwelt und die malerischen Ausblicke auf die aus dem tiefblauen Meer aufragenden Inseln.

Zadar s. dort.

Biograd *na moru* (3000 Einw.), auf einer kleinen Halbinsel am *Kanal von Pašman* gelegen, wird als Seebad besucht und ist Ausgangspunkt einer Fähre zur Insel *Pašman* (s. bei Zadar). – 6 km weiter die Abzweigung einer Straße zu dem Hafenort *Pakoštane* am

Vrana-See, dem mit 28 qkm Fläche größten Binnensee Dalmatiens.

Šibenik s. dort.

Primošten (2 m; 1400 Einw.), etwa auf halber Strecke zwischen Šibenik und Split (s. dort), liegt malerisch auf einem ehemaligen Inselchen, das heute durch einen Damm mit dem Festland verbunden ist. Die hochgelegene Pfarrkirche des hl. Georg entstand im 16. Jahrhundert und wurde 1760 erneuert. – In der Umgebung vorwiegend Kiesstrände.

*Trogir s. dort.

Weiterhin führt die Küstenstraße an der fruchtbaren **Riviera der Sieben Kastelle** *(Kaštelansko polje* oder *Sedam Kaštela)* entlang, die sich unterhalb des bewaldeten und teils felsigen Kamms des *Kozjak-Gebirges* hinzieht. Seinen Namen verdankt der Küstenstrich den Ruinen von sieben (urspr. dreizehn) Kastellen, die im 15. und 16. Jahrhundert zum Schutz gegen Seeräuber und Türken errichtet wurden.

Split s. dort.

Omiš (5 m; 2500 Einw.), ein Hafenstädtchen auf einer Schwemmlandzunge der *Cetina,* wird überragt von den schroffen Felswänden des *Mosor-Gebirges*. – Von den mittelalterlichen Befestigungsanlagen sind das südliche Stadttor mit einem Mauerrest, ein viereckiger Befestigungsturm sowie die Ruinen der Festung Stari grad, 311 m oberhalb Omiš, erhalten geblieben. Am Stadtplatz die barocke Pfarrkirche aus dem 17. Jahrhundert mit schönem Portal und Glockenturm. Am Ende der Hauptstraße stößt man auf die kleine Heiliggeistkirche aus dem 16. Jahrhundert mit einem Gemälde von Palma d.J. Neben dieser Kirche ein Uhrturm, von dem aus Treppen zum oberen Teil des Städtchens führen. Im Ortsteil Priko, auf dem rechten Ufer des Cetina-Flusses, das vorromanische Kirchlein des hl. Petrus aus dem 10. Jahrhundert. 1 km langer Sandstrand; Kiesstrand bei der Hotelanlage Ruskamen. – Ein besonders reizvoller Ausflug führt im Tal des Flusses Cetina durch

Panorama von Primošten an der jugoslawischen Adriaküste

Makarska an der dalmatinischen Adriaküste – Badestrand vor der Kulisse des Biokovo-Gebirges

eine Klamm am linken Ufer aufwärts zur *Radmanone-Mühle.* Unterwegs bieten sich grandiose Ausblicke über den Fluß und das Städtchen hinaus zum Meer. Weiter aufwärts lohnen auch die *Wasserfälle der Cetina,* die bis zu 48 m tief abstürzen, einen Besuch.

Makarska (5 m; 8000 Einw.), Hauptort der *Makarska Riviera,* dehnt sich an einer weiten Bucht zu Füßen des *Biokovo-Gebirges.* Von den einst zahlreichen Barockgebäuden unmittelbar am Hafen blieb lediglich nördlich vom Landungsplatz an der Uferstraße ein Bau mit schönem Balkon erhalten. Am Stadtplatz mit seinem kleinen venezianischen Brunnen verdient die barocke Pfarrkirche des hl. Markus Beachtung: In der Sakristei u.a. Ikonen aus dem 16. Jahrhundert. Am Platz Jurjevićeva poljana das schönste erhaltene Barockgebäude der Stadt, das Palais Ivanišević (im Inneren u.a. das Volksbefreiungsmuseum). Südlich von Makarska, hinter dem Sportzentrum, liegt das Franziskanerkloster von 1400 (seitdem zweimal restauriert) mit schönem Kreuzgang, hübschem Glockenturm und einer einzigartigen Muschelsammlung, die man besichtigen kann. – 1 km langer Strand auf der Halbinsel *Sveti Petar.*

Unweit südöstlich von Makarska erreicht man **Tučepi** (5 m; 1600 Einw.), bestehend aus dem erhöht gelegenen alten Ortsteil und der neuen Siedlung *Kraj* am Meer. Der Ort ist von parkartigem Wald umgeben und besitzt eine hübsche Seeuferpromenade. In Strandnähe die aus dem 13. und 14. Jahrhundert stammende St.-Georg-Kirche, in deren Mauern römische Kapitelle eingefügt sind. Daneben mittelalterliche Grabplatten.

Podgora (5 m; 1800 Einw.) ist der südlichste größere Ferienort an der Makarska Riviera. Der von reicher südlicher Vegetation umgebene Ort zieht sich am Hang empor. – Weiter an der steilen Küste hoch über dem Meer hin (eindrucksvolle Ausblicke).

Im Hafen von Podgora an der Makarska Riviera

Slano (2 m; 400 Einw.), am Ende der 3 km langen gleichnamigen Bucht, hat sich von einem Fischerdorf zu einem lebhaften, vielbesuchten Urlaubsort entwickelt. Die Bucht ist landschaftlich sehr reizvoll; das Wasser erwärmt sich früher als draußen im offenen Meer. – Beachtenswert sind der Rektorenpalast (im 19. Jh. erneuert), die Franziskanerkirche (1420) und die Kirche Sv. Vlaho (1758). Auf dem am 2. August stattfindenden Jahrmarkt sind noch schöne Trachten zu sehen.

****Dubrovnik** (und *Cavtat*) s. dort.

Damiette
s. bei Port Said

Daphni s. bei Athen

Dardanellen / Çanakkale Boğazı (Hellespont)

Türkei.
(i) **Fremdenverkehrsamt Çanakkale,** İskele Karşısı 67 (gegenüber der Schiffslände), Çanakkale; Telefon: (0 19 61) 11 87.

SCHIFFSVERKEHR. – Fähre zwischen Çanakkale und Eceabat (Autoverladung) tagsüber alle 1–2 Stunden in 30 Minuten.

Abendstimmung an den Dardanellen (Türkei)

Die nach der Stadt Dardanos benannten Dardanellen sind eine sich zwischen der europäischen Halbinsel Gelibolu (Gallipoli) und dem kleinasiatischen Festland hinziehende Meerenge, die in einer Länge von 61 km bei einer Breite von 1,2 bis 7,5 km und einer Tiefe von 54 bis 103 m die Verbindung zwischen dem Ägäischen Meer (Mittelmeer) und dem Marmarameer sowie damit durch den Bosporus mit dem Schwarzen Meer herstellt.

GESCHICHTE. – Die Meerenge zwischen Europa und Asien hat von jeher eine bedeutende Rolle gespielt. Wie aus den Ausgrabungen in Troja hervorgeht, war das Gebiet des **Hellespontos** ('Meerküste der Helle', der mythischen Tochter des Athamas, die auf der Flucht vor ihrer Stiefmutter hier ins Meer stürzte) bereits um 3000 v. Chr. besiedelt. Im 13. Jahrhundert v. Chr. eroberten die aus Griechenland kommenden *Achäer* das Land. Der durch Homers Ilias berühmt gewordene Kampf um Troja fällt wohl in diese Zeit. – In einer zweiten Wanderungswelle besiedelten *ionische Griechen* die Gegend. – Im Jahre 480 setzten die *Perser* unter Xerxes bei desen großem Feldzug gegen die Griechen auf einer Schiffsbrücke über die Meerenge, die jedoch bereits ein Jahr später nach dem griechischen Seesieg von Mykale an die *Athener* fiel. – Während des Peloponnesischen Krieges versuchten die *Spartaner,* den Hellespont zu erobern; 334 überquerte ihn *Alexander der Große.* – Die *Byzantiner,* für die der freie Zugang zum Ägäischen Meer eine Lebensfrage war, befestigten beide Ufer. Dennoch gelang es Flotten der *Araber* dreimal (668, 672 und 717), durch die Meerenge ins Marmarameer einzudringen. Am Ostertag des Jahres 1190 überquerte Kaiser *Friedrich I. Barbarossa* mit seinem Kreuzfahrerheer die Dardanellen. – Im Mittelalter waren vor allem die *Venezianer* und *Genuesen* an der Durchfahrt interessiert.

1356 fielen die Dardanellen in die Hände der *Osmanen.* Die Türken schnitten damit Konstantinopel vom Mittelmeer ab. Von Sultan Mehmet II. wurden im Jahre 1462 an der engsten Stelle (1244 m) die Festungen Kilidülbahir ('Abschluß des Meeres') auf der europäischen Seite und Kale Sultaniye ('Schloß des Sultans') auf der asiatischen Seite bei Çanakkale angelegt. Im Jahre 1499 besiegten die *Venezianer* am Dardanellen-Eingang die türkische Flotte, ebenso 1657. Den Venezianern ging es bei diesen Auseinandersetzungen vor allem um die freie Durchfahrt zum Schwarzen Meer, in dem die Genuesen bisher ein nahezu uneingeschränktes Handelsmonopol besaßen. Erst nachdem die türkische Flotte 1694 die Venezianer entscheidend schlug, gaben diese ihre Angriffe auf.

Im Jahre 1699 verlangte Peter der Große freie Durchfahrt für die Schiffe der *Russen.* 1770 versuchte die russische Ostseeflotte vergeblich, in die Dardanellen einzudringen, während sie später die türkische Flotte bei Çeşme schlug. Im Frieden von Küçük Kainarce (1774) erwirkte Rußland für seine Handelsschiffe freie Durchfahrt. – 1807 drang ein Geschwader der *Engländer* bis Konstantinopel vor. In einem 1809 mit England abgeschlossenen Vertrag, der 1841 durch den Dardanellen-Vertrag der fünf Großmächte sowie 1856 durch den Pariser Frieden bestätigt wurde, wurde das Durchfahrtsverbot für alle nichttürkischen Kriegsschiffe festgelegt. Im *Krimkrieg* (1853–56) drangen englische und französische Flotteneinheiten in das Schwarze Meer ein. Auf Betreiben Englands wurden 1892 und 1893 die türkischen Befestigungsanlagen bei den Dardanellen großzügig ausgebaut. – Zu Beginn des *Ersten Weltkrieges* bestanden die z.T. veralteten Landbefestigungen aus drei Verteidigungsgürteln. Seit Februar 1915 versuchte die Flotte der Alliierten vergeblich, die Durchfahrt zu erzwingen. Auch ein Ende April 1915 beginnender gemeinsamer Landungsangriff englischer, französischer, australischer, neuseeländischer und indischer Truppen auf der Halbinsel Gallipoli und an der asiatischen Küste konnte nach erbittertem Stellungskrieg schließlich abgewehrt werden, so daß die Alliierten das 'Dardanellenabenteuer' im Dezember 1915 nach schweren Verlusten aufgeben mußten. Bei den Kämpfen zeichnete sich als Kommandeur Mustafa Paşa, der spätere türkische Staatspräsident, aus.

Nach dem Ersten Weltkrieg erlangten die Türken zusammen mit der Anerkennung ihrer Unabhängigkeit auch die Oberhoheit über die vorübergehend von den Alliierten besetzte Meerenge wieder. Zwar durfte sie nach dem Vertrag von Lausanne (1923) nicht befestigt werden; doch war andererseits fremden Kriegsschiffen die Durchfahrt versagt. 1936 kündigte die Türkei den Vertrag. Im 'Meerengen-Abkommen' von Montreux im Juli 1936 wurde der Türkei schließlich das Recht zur Wiederbefestigung ihrer Meerengen eingeräumt, ebenso wie die Türkei im Krieg die Durchfahrt von Schiffen kriegführender Staaten untersagen kann. Heute zieht sich um die Dardanellen eine ausgedehnte Militärzone, die jedoch den Reisenden kaum behindert. Die meisten Passagier- und Handelsschiffe durchfahren jedoch die Dardanellen bei Nacht.

Die Meerenge ist ein ehemaliges Flußtal, das bei einer Landsenkung in der Diluvialzeit unter den Meeresspiegel tauchte, wobei auch das Marmarameer entstand. Deutlich sichtbare Uferterrassen lassen auf einen temporären Anstieg des Meeresspiegels in vergangener Zeit schließen. Während der diluvialen Zwischeneiszeiten (Wärmezeiten) stieg das um das Wasser der abgeschmolzenen Gletscher erhöhte Meer jeweils über seinen gegenwärtigen Spiegel an und hinterließ seine Spuren in Form von Schürfkehlen und Schotterlagen.

Durch die Dardanellen fließt der Wasserüberschuß des Schwarzen Meeres, der zunächst durch den Bosporus in das Marmarameer gelangt, in das Mittelmeer ab. Der aus dem Zufluß großer Süßwasserströme in das Schwarze Meer entstehende Dichte-Unterschied zwischen dem Schwarzmeer- und dem Mittelmeerwasser verursacht genau wie im Bosporus eine kräftige, kleineren Schiffen die Einfahrt namentlich bei dem aus Ostnordost kommenden sogenannten 'Dardanellenwind' erschwerende Oberflächenströmung vom Marmarameer ins Ägäische Meer (bis 8,3 km in der Stunde), während in der Tiefe schwereres salzreiches Mittelmeerwasser mit geringerer Geschwindigkeit ins Marmarameer zurückfließt.

Die hügelige, 250–375 m hohe Uferlandschaft der Dardanellen, die von tertiären Kalkmergeln gebildet wird, trägt stellenweise Baumbestand. Das milde Winterregenklima erlaubt die Kultur des Olivenbaums, dessen Früchte die Haupteinnahmequelle der Landbevölkerung bilden. Der größte Ort an den Dardanellen ist die an der schmalsten Stelle der Meerenge (1244 m) liegende Stadt **Çanakkale** (30 000 Einw. – Hotels: Truva Oteli, III, 132 B.; Bakır Oteli, IV, 55 B. – Motels: İda-Tur, M I, 121 B., Sb.; Tusan-Truva, M I, 88 B.), Verwaltungssitz der gleichnamigen Provinz, die etwa der antiken Landschaft Troas entspricht. Als größte Stadt an der wichtigen Meer-

enge sowie als Ausgangspunkt für die Besichtigung von Troja ist der Ort von besonderer touristischer Bedeutung.

Çanakkale ('Topfschloß'), so nach der besonders früher hier blühenden keramischen Industrie benannt, ist eine neuere Stadt und besitzt keine bemerkenswerten Baudenkmäler, zumal sie 1912 durch ein Erdbeben starke Zerstörungen erlitt. – Am Westrand der ziemlich engen inneren Stadt der **Hafen,** mit der Landungsmole (Lokanta) für die Fährschiffe. Im Norden der Stadt ein neueres Viertel, durch das eine hübsche Promenadenstraße führt. Unweit nördlich die alte Burg **Kale Sultaniye** ('Schloß des Sultans'; 1462 von Mehmet II. erbaut), gegenüber dem auf dem europäischen Ufer gelegenen Schloß Kilidülbahir ('Abschluß des Meeres'), die als die 'Schlösser der Meerenge' (Boğaz Hisarı) diese engste Stelle der Dardanellen sicherten. – Im **Museum** von Çanakkale vor allem Funde aus hellenistischer und römischer Zeit.

8 km nördlich von Çanakkale erreicht man den Ort **Nara,** der wohl an der Stelle des antiken *Nagara* auf der gleichnamigen Landspitze liegt. Zwischen dem Kap Nara und dem gegenüberliegenden Ufer ist die zweitengste Stelle der hier einen Knick nach Süden machenden Dardanellen (1450 m), die man im Altertum, als sie nur 1300 m breit und damals die engste Stelle war, 'Heptastadion' ('7 Stadien') nannte und über welche die 'Heptastadion-Fähre' führte. Hier setzten Xerxes, Alexander d. Gr. und die Türken (1356) über die Meerenge. – Unweit östlich lag auf einem Burghügel die antike Stadt **Abydos,** die nach Homer dem trojanischen Fürsten Asios gehörte, später von Milet (s. dort) kolonisiert und vor allem durch die Heerschau und den großen Brückenbau über den Hellespont unter dem Perserkönig Xerxes im Jahre 480 v. Chr. auf seinem Kriegszug gegen Griechenland bekannt wurde. – Zwischen Abydos und dem gegenüber auf dem europäischen Ufer gelegenen antiken Sestos spielt die Sage von Hero und Leander, die von dem spätgriechischen Dichter Musaios (Ende des 6. Jh.?) in einem kleinen Epos behandelt wurde. In Abydos wohnte der schöne Jüngling Leander; im Heiligtum der Aphrodite in Sestos war Hero Priesterin. Beide sahen sich auf einem Feste der Aphrodite und entbrannten in heißer Liebe. Leander schwamm jede Nacht über die Meerenge zu der Geliebten, die auf einem Turm ein Feuer als Wegweiser entzündete. In einer finsteren Nacht verlöschte der Sturm das Feuer, und Leander versank in den Fluten. Als seine Leiche am nächsten Morgen angeschwemmt wurde, stürzte sich Hero ins Meer, um mit dem Geliebten im Tode vereint zu sein. – Lord Byron schwamm den gleichen Weg von Abydos nach Sestos, wie er in einem seiner Gedichte erzählt.

Marmarameer / Marmaradenizi (Propontis)

Das **Marmarameer** ist ein 280 km langes, bis 80 km breites und bis 1355 m tiefes Becken, das sich zwischen den Meerengen des Bosporus und der Dardanellen über 11352 qkm erstreckt und die europäische Türkei von Kleinasien scheidet. Es stellt in seinem nördlich gelegenen Hauptteil eine sich westöstlich erstreckende Einbruchszone mit bedeutenden Tiefen (weithin unter 1000 m, bis zu 1350 m) dar, die das westlichste Glied einer für Nordanatolien wichtigen

Folge von Einbruchsgräben und Beckenlandschaften von im ganzen 1000 km Länge ('Paphlagonische Naht') bildet. Aus dem nur seicht, auf weniger als 50 m untergetauchten nördlichen Flachseesaum ragen aus widerstandsfähigen Quarziten aufgebaute und darum von der Abtragung verschont gebliebene Inseln auf: die **Prinzeninseln** (s. bei Istanbul). — In der den Südteil des Meeres einnehmenden Flachsee liegt u.a. die Insel **Marmara.** Als Musterbeispiel eines interkontinentalen Meeres liegt das Marmarameer ganz innerhalb des türkischen Staatsraumes.

Delos *(Dhílos)*

Griechenland.
Nomos: Kykladen.
Inselfläche: 3,6 qkm.

HOTEL. – *Xenia,* II, 7 B.

VERKEHR. – Boote von Mýkonos.

Obwohl eine der kleinsten Kykladeninseln, mit Abstand die kleinste der Inselgruppe Mýkonos, Delos und Rheneia, hat ****Delos doch im Altertum so große Bedeutung gehabt, daß man die umliegenden Inseln 'Kykladen' nannte, weil man glaubte, sie umgäben im Kreis (= kyklos) die Geburtsinsel des Gottes Apollon. Das ausgedehnte Ruinengelände ist eine der wichtigsten archäologischen Stätten Griechenlands. Da es unlösbar mit der im Frühjahr über und über blühenden, im Herbst in strengen Linien sich zeigenden Landschaft der Granitinsel verbunden ist, kann sich kein Besucher dem starken Eindruck dieses Eilands entziehen.**

MYTHOS und GESCHICHTE. – Der Mythos sagt: Die von Hera verfolgte Leto fand auf dem schwimmenden Felseneiland, das Poseidon dann mit granitenen Säulen auf dem Meeresgrund verankerte, Zuflucht und gebar hier unter einer Palme dem Zeus die Zwillinge Apollon und Artemis. Zwei Jungfrauen aus dem hyperboreischen Norden, den der Gott alljährlich im Winter aufsuchen sollte, Arge und Opis, standen Leto bei der Zwillingsgeburt bei.

Der Apollonkult wurde um 1000 v. Chr. von ionischen Griechen eingeführt, während der Artemiskult schon auf den Kult der Großen Göttin der vorgriechischen Bevölkerung zurückgeht. Diese hatte im späten 3. Jahrtausend eine Siedlung auf dem Gipfel des 113 m hohen Kýnthos angelegt, der im 2. Jahrtausend v. Chr. eine Siedlung im Bereich des späteren Heiligtums folgte. Die ältesten Kultbauten (Artemisbezirk, Grab der 'hyperboreischen Jungfrauen') gehen auf mykenische, wenn nicht auf vorgriechische Zeit zurück. Seit dem 7. Jahrhundert v. Chr. stand Delos unter dem Einfluß der großen Nachbarinsel Naxos, die den Ausbau des Heiligtums förderte. Später gewann Athen Einfluß. Peisistratos veranlaßte im 6. Jahrhundert v. Chr. eine 'Reinigung', d.h. Verlegung aller Gräber (außer dem der beiden Hyperboreerinnen) auf die Nachbarinsel Rheneia. Im 5. Jahrhundert v. Chr. wurde die Insel zunächst Zentrum des delisch-attischen Seebundes, bis dessen Kasse 454 v. Chr. auf die Athener Akropolis verlegt wurde. Eine zweite Reinigung der Insel erfolgte 426/425 v. Chr. Von nun an sollte niemand mehr auf Delos geboren werden oder sterben. 314 v. Chr. wurde Delos von Athen unabhängig

und erlebte in der Folge eine große Blütezeit. Die Römer erklärten die Insel 166 v. Chr. zum Freihafen, was ihre Entwicklung als Umschlagplatz, u.a. für Sklaven, förderte und zum Entstehen einer größeren Handelsstadt südlich des Heiligtums führte. Das Ende mit 88 (Plünderung durch Mithradates IX. von Pontos) und 69 v. Chr. (erneute Plünderung). Seitdem war die Insel kaum noch bewohnt. Pausanias sah im 2. Jahrhundert n. Chr. nur noch die Wächter des vereinsamten Heiligtums. Eine Wiederbesiedlung in christlicher Zeit war nicht von Dauer.

BESICHTIGUNG DER AUSGRABUNGSSTÄTTE. – Der Rundgang bringt uns zu den Denkmälern aus den verschiedenen Epochen vom 2. Jahrtausend v. Chr. bis in die römische Zeit. Er beginnt an der Westseite der Insel, im Gebiet des antiken heiligen Hafens.

Vom Platz der Kompetaliasten (Freigelassenen) kommt man zu einer breiten Feststraße, die nach Norden (links) zum Eingang vom ***Heiligen Bezirk** führt. Sie wird gesäumt von zwei **Hallen,** dem *Portikus Philipps V.* von Makedonien (um 210 v. Chr.) und dem 30 Jahre jüngeren *Südportikus,* hinter dem die Reste des einstigen *Staatsmarktes* (Südagora) liegen. Über die drei durch unzählige Pilger ausgetretenen Marmorstufen vom **Propylon** betritt man das **Hieron,** das im Norden bis zur *Antigonoshalle,* im Osten bis zur hellenistischen Mauer hinter der *Schiffshalle* reicht. Unmittelbar neben dem Propylon steht rechts die **Naxierhalle** vom Anfang des 6. Jahrhunderts v. Chr. An ihrer Nordseite die 5,11 x 3,50 m große, 70 cm hohe Basis der marmornen Apollonstatue, die um 600 v. Chr. von den Naxiern errichtet wurde. Oberkörper und Lendenpartie dieses ursprünglich ca. 9 m hohen Kolossalbildes sieht man ein Stück weiter nordwestlich im Gelände, das im Süden und Westen wiederum von einem *Portikus* der Naxier begrenzt war. Dort fanden die Ausgräber ein großes, fast quadratisches Gebäude. Es wird als das '*Keraton*' gedeutet, in dem der alte Hörneraltar Apollons stand. Unmittelbar nördlich schließt sich der stark zerstörte Artemisbezirk an. Sein Mittelpunkt war der Artemistempel, der im 2. Jahrhundert v. Chr. einen älteren Bau des 7. Jahrhunderts v. Chr. ersetzte.

Mittelpunkt des heiligen Bezirks sind die drei *Apollontempel,* von denen nur die Unterbauten erhalten sind. Der älteste, kleinste und nördlichste stammt aus der 1. Hälfte des 6. Jahrhunderts v. Chr. Er bestand aus Kalksandstein (Poros) und barg den 8 m hohen Bronze-Apollon, den Tektaios und Angelion aus Ägina gegossen hatten. Der mittlere Tempel ist der südlichste und größte und hatte als einziger eine Ringhalle (6 x 13 Säulen). Im 5. Jahrhundert v. Chr. begonnen, wurde er anscheinend erst im 3. Jahrhundert v. Chr. vollendet. Zwischen diese beiden Tempel schiebt sich der dritte und jüngste, der ''Tempel der Athener'' (nach 426 v. Chr.). – Nördlich der Tempel liegen in einem Halbkreis die *Schatzhäuser,* von denen wir zum sogenannten *Prytaneion* und weiter nach Osten zu einer langgestreckten, 9 x 67 m großen Halle des 3. Jahrhunderts v. Chr. kommen. Sie heißt **Stierhalle** nach ihren Stierkopfkapitellen oder Schiffshalle, weil in ihr

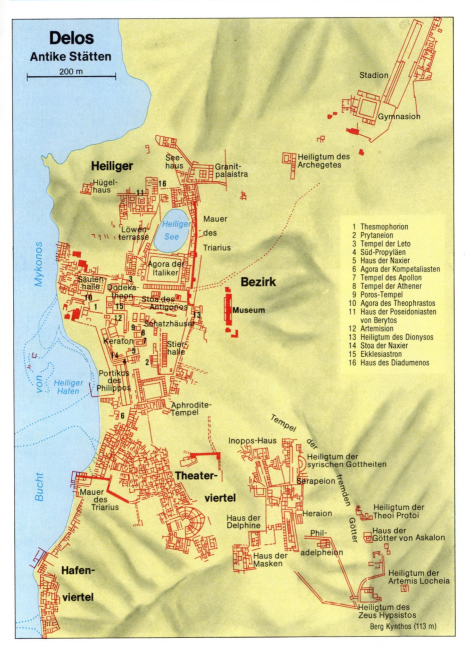

Delos
Antike Stätten
200 m

Stadion

Gymnasion

Heiligtum des
Archegetes

Heiliger

See-
haus

Hügel-
haus

Granit-
palaistra

16

11

Löwen-
terrasse

Heiliger
See

Mauer
des

Triarius

Bezirk

Agora der
Italiker

Säulen-
halle
Dodeka-
theon

3

10

1

15

12

Stoa des
Antigonos

Schatzhäuser

13

Museum

9 8

Keraton 7

14 5

4 2

Stier-
halle

Portikus
des
Philippos

6

Aphrodite-
Tempel

Tempel der

Inopos-Haus

fremden Götter

Heiligtum der
syrischen Gottheiten

Serapeion

Theater-

viertel

Mauer
des
Triarius

Haus der
Delphine

Heraion

Phil-
adelpheion

Heiligtum der
Theoi Protoi

Haus der
Götter von Askalon

Haus der
Masken

Hafen-

viertel

Heiligtum der
Artemis Locheia

Heiligtum des
Zeus Hypsistos

Berg Kynthos (113 m)

Mykonos
von
Heiliger
Hafen
Bucht

1 Thesmophorion
2 Prytaneion
3 Tempel der Leto
4 Süd-Propyläen
5 Haus der Naxier
6 Agora der Kompetaliasten
7 Tempel des Apollon
8 Tempel der Athener
9 Poros-Tempel
10 Agora des Theophrastos
11 Haus der Poseidoniasten
   von Berytos
12 Artemision
13 Heiligtum des Dionysos
14 Stoa der Naxier
15 Ekklesiastron
16 Haus des Diadumenos

ein Schiff aufgestellt war, das man als Dank für einen makedonischen Seesieg dem Heiligtum geweiht hatte.

Wir gehen nun zum **Dionysosheiligtum** am Ostrand des Apollonbezirks mit mehreren *Marmorphalloi*. Eine ihrer Basen zeigt Reliefdarstellungen aus dem Dionysoskult um 300 v. Chr. Nun wieder westwärts, entlang der vom Makedonenkönig Antigonos Gonates um 250 v. Chr. gestiften **Halle,** deren Gebälk *Stierkopfmetopen* aufweist. Vor ihrer Mitte sehen wir eine halbkreisförmige Anlage; es ist das auf mykenische Zeit zurückgehende *Grab der hyperboreischen Jungfrauen,* die Leto bei der Geburt der göttlichen Zwillinge beigestanden hatten.

Am Westende der Antigonos-Halle verlassen wir den engeren Apollonbezirk, lassen *Theo-*

phrastos-Agora (126 v. Chr.) und *Säulensaal* (208 v. Chr.) links liegen und kommen am *Zwölfgötter-Tempel* vorbei zum *Tempel der Leto* (rechts des Weges), der um 550 v. Chr. entstanden ist (Marmorschichten vom Oberbau mit umlaufender Außenbank über einem Gneis- und Granitfundament). Rechts, östlich des Tempels, liegt die *Agora der Italiker,* die Ende des 2. Jahrhunderts v. Chr. erbaute größte von mehreren Anlagen ausländischer Kaufleute. Zwischen Leto-Tempel und langgestrecktem Granithaus folgen wir der Prozessionsstraße, an der auf einer Terrasse mehrere *Löwen des 7. Jahrhunderts v. Chr. aus naxischem Marmor stehen, die ältesten monumentalen Tierdarstellungen griechischer Kunst. Sie blicken auf den 1925-26 wegen Malariagefahr zugeschütteten heiligen See, in dem eine Palme an den Geburtsmy-

Löwenterrasse im Heiligen Bezirk auf der griechischen Kykladeninsel Delos

thos erinnert. Weitere Anlagen im Norden des Ausgrabungsgeländes sind die *Niederlassung der Posidoniasten,* d.h. der Kaufmannschaft aus Berytos (= Beirut), die *Granitpalästra* und die *Seepalästra.* Wir kehren zur Italiker-Agora zurück und kommen am *Minoabrunnen,* zu dem einige Stufen hinunterführen, vorbei zum Museum.

Das *Museum von Delos enthält bedeutende Funde, obwohl einige der wichtigsten Stücke aus Delos jetzt im Nationalmuseum von Athen sind, so die Weihung der Nikandre.

Nordöstlich vom Museum liegen *Gymnasion, Stadion* und *Wohnviertel* in Küstennähe, darin eine Synagoge.

Der nächste Abschnitt unseres Rundgangs führt vom Museum zum Kýnthos. Der Weg führt zur *Terrasse der syrischen und ägyptischen Gottheiten (2. Jh. v. Chr.): Hadad- und Atargatis-Heiligtum mit kleinem 'Theater', dann ein *Heiligtum für Serapis und Isis* mit wiederaufgerichteter Tempelfront. Aus dem 5. Jahrhundert v. Chr. stammt der nach Süden gerichtete Heratempel, von dem ein Treppenweg zum Kýnthos hinaufführt. Auf dem Gipfel hat man Reste eines *Tempels* des 3. Jahrhunderts v. Chr. für Zeus Kynthios und Athena Kynthia, die hier seit dem 7. Jahrhundert v. Chr. verehrt wurden, identifiziert. Von der Kynthoshöhe hat man eine umfassende Aussicht. Beim Abstieg können wir noch die am Westhang gelegene, mit mächtigen Steinplatten abgedeckte *Grotte,* in der eine Statuenbasis erhalten ist, besuchen.

Wir kommen nun in die antike Stadt Delos, die als das 'griechische Pompeji' bezeichnet worden ist. Typisch für die Anlage der delischen Wohnhäuser hellenistischer Zeit ist gleich das *Haus der Delphine.* Hinter dem Eingang liegt das Peristyl, dessen Mosaikbodenmuster dem Haus seinen Namen gegeben hat. Daran stoßen ein Saal und mehrere kleine Räume, darunter (in der Südostecke) die Küche. – Größer ist das gegenüberliegende *Haus der Masken,* dessen Peristyl wieder aufgerichtet ist (Masken- und Diony-

sosmosaiken). Das stark zerstörte *Theater* des 3. Jahrhunderts v. Chr. faßte etwa 5000 Zuschauer. Jenseits der Bühne liegt eine große Zisterne, in der sich das im Theater zusammenströmende Regenwasser sammelte. – Weitere beachtenswerte Gebäude liegen an der 'Theaterstraße', die uns zum Hafen zurückbringt: u.a. rechts der Straße das *Dreizackhaus* und das *Dionysoshaus,* beide nach ihren Mosaiken benannt, sowie links das *Haus der Kleopatra,* benannt nach den Statuen des Ehepaares Kleopatra und Dioskurides.

Unmittelbar westlich von Delos liegt Rheneia (ngr. *Rínia,* 14 qkm, 45 Bew.). Ein schmaler Isthmus (Sandstrand) verbindet den Nordteil der Insel mit dem Südteil, in dem zahlreiche antike Gräber, Sarkophage und Grabaltäre gefunden wurden.

Delphi / Delphoi
(Dhelfí)

Griechenland.

Landschaft und Nomos: Phokis.
Höhe: 520-620 m ü.d.M. – Einwohnerzahl: 1200.
Telefonvorwahl: 0265.

ⓘ **Touristenpolizei,**
　　Fridírikis 27;
　　Telefon: 82220.

HOTELS. – *Amalia,* I, 334 B.; *Vuzas,* I, 112 B.; *Xenia,* I, 82 B.; *Europa,* II, 92 B.; *Kastalia,* II, 37 B.; *King Iniohos,* II, 70 B.; *Zeus,* II, 53 B.; *Acropole,* III, 51 B.; *Greca,* III, 26 B.; *Hermes,* III, 44 B.; *Inichos,* III, 32 B.; *Leto,* III, 40 B.; *Pan,* III, 20 B.; *Parnassos,* III, 38 B.; *Phaethon,* III, 35 B.; *Stadion,* III, 45 B.

JUGENDHERBERGE. – CAMPING. – 4 km in Richtung Itéa und 19 km von Delphi nahe Kirra bei Itéa.

FREIZEIT und SPORT. – Die Region von Delphi ist ein dankbares Gebiet für Bergwanderungen und Wintersport, hauptsächlich am Parnaß (2457 m). – BADESTRÄNDE bei Itéa, Kirra und Galaxidi. Itéa hat eine Jachtversorgungsstation.

**Delphi, am Abhang des Parnaß hoch über dem Golf von Korinth gelegen, ist

eine der berühmtesten Kultstätten Griechenlands; im Altertum war es in der gesamten griechischen Welt und darüber hinaus als Orakelheiligtum des Apollon hoch angesehen. Neben der Akropolis von Athen, Olympia und der Insel Delos ist Delphi die bedeutendste Ausgrabungsstätte für die klassische Zeit. Die reichen antiken Überreste und ihre einzigartige Lage in der Berglandschaft lassen den Besuch zu einem Höhepunkt jeder Griechenlandreise werden.

Der Ort Delphi hat es in den letzten Jahrzehnten zu einer Anzahl von Hotels und Geschäften gebracht, die den heutigen touristischen Ansprüchen gerecht werden. Er ist noch jung, denn er entstand erst mit dem Beginn der französischen Ausgrabungen 1892. Damals wurde das kleine Dorf Kastrí, das über dem Apollontempel entstanden war, 1 km nach Westen verlegt und dort, durch einen Felsvorsprung vom Ausgrabungsgelände getrennt, neu gegründet.

GESCHICHTE. – In ältester Zeit *Pytho* genannt, nach dem hier hausenden Drachen Python, den der Lichtgott Apollon erlegte, und schon in der Ilias erwähnt, war Delphi der Hauptsitz des Apollon-Kultus und Mittelpunkt der ältesten Vereinigung griechischer Staaten, der sog. delphischen Amphiktyonie. Seine Berühmtheit verdankt es seinem *Orakel,* das bereits seit dem 20. Jahrhundert v. Chr. bestand und seit dem 11. Jahrhundert v. Chr. bezeugt ist und dessen Aussprüche, die von der auf einem Dreifuß über einer Erdspalte sitzenden Pythia verkündet wurden, für untrüglich galten. Es wurde bei allen wichtigen Staatsgeschäften befragt, wobei die Auskünfte oft recht zweideutig waren. Bekannt ist der dem König von Lydien Krösus zum Verderben gewordene Spruch von 547 v. Chr.: 'Wenn du den Halys überschreitest, wirst du ein großes Reich zerstören.' Kaiser Theodosius (379–395 n. Chr.) hob das allmählich zu völliger Bedeutungslosigkeit herabgesunkene Orakel auf.

BESICHTIGUNG DER RUINENSTÄTTE. – Den Mittelpunkt der antiken Stadt, die 1892-1903 sowie mit Unterbrechungen 1920-39 von der Französischen Archäologischen Schule ausgegraben wurde, bildet der **Heilige Bezirk,** ein von Süden nach Norden stark ansteigendes mauerumgebenes Viereck von 190 x 135 m. Man betritt ihn von der Südostecke durch das breite *Haupttor,* von dem die sog. *Heilige Straße* in Windungen zum Tempel hinaufführt, an Basen (Sockeln) für Weihgeschenke vorbei. Zunächst rechts die lange schmale Basis des *Weihgeschenks der Arkader,* dann zu beiden Seiten zwei große halbrunde Bauten für *Weihgeschenke von Argos;* weiterhin links die Reste des *Schatzhauses von Sikyon* (5. Jh. v. Chr.) sowie die der Schatzhäuser von *Siphnos* und von *Theben.* Jenseits der Straßenbiegung folgt links das 1904-06 aus den Trümmern wiederaufgebaute **Schatzhaus der Athener** (6. Jh.); daneben das Fundament des *Buleuterions* (Rathaus), das *Schatzhaus von Knidos,* einst das prächtigste von allen (6. Jh.), und der *Fels der Sibylle,* hinter der *Säule der Naxier* mit einer kolossalen Sphinx (s. unten) stand. Dann links, an der östlichen Tempelterrasse, die langgestreckte *Halle der Athener* (5. Jh. v. Chr.), der gegenüber, rechts vom Wege, vermutlich der *Halos* (Tenne) lag, wo alle acht Jahre die Erlegung des Python gefeiert wurde. – Die Heilige Straße mündet beim *Weihaltar von Chios I.* auf den Eingang zum **Tempel des Apollon,** einem zwischen 530 und 514 errichteten, im 4. Jahrhundert nach einem Erdbeben erneuerten dorischen Bau von 58 m Länge und 23 m Breite, von dem

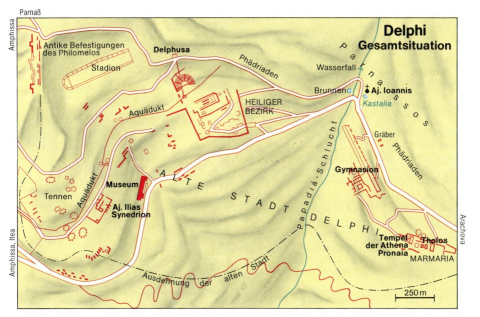

Delphi – Antike griechische Orakelstätte in malerischer Landschaft am Parnaß

nur wenige Säulenstümpfe wiederaufgerichtet wurden. Seine Vorhalle zeigte
die Sprüche der Sieben Weisen ('Er-
kenne dich selbst' usw.). Im Innern befand sich der berühmte *Omphalos* (Na-
bel; antike Nachbildung im Museum),
ein halbeiförmiger Stein, der die Mitte
der Erdfläche bezeichnen sollte; den
Orakelschlund, über dem der goldene
Dreifuß stand, umschloß ein besonderer
Raum, das Adyton. – Nordöstlich oberhalb des Apollon-Tempels die Unterbauten des großen *thessalischen Weihgeschenks* (um 338-334 v. Chr.) und die
geringen Reste der *Les-che der Knidier*
(eine Wandelhalle). – In der Nordwestecke des Bezirks das ziemlich gut erhaltene **Theater** (159 v.Chr. wiederhergestellt; für 5000 Zuschauer). – Unweit
nordwestlich vom Theater liegt außerhalb des Heiligen Bezirks an der höchsten Stelle der antiken Stadt (654 m) das
Stadion (innen 178 m lang, 25-28 m
breit; für 7000 Zuschauer).

Etwa 400 m östlich vom Heiligen Bezirk
entspringt unweit links der nach Ara-
chova führenden Straße aus dem Winkel
der Schlucht die 1959 neu ausgegrabene *Kastalia-Quelle (538 m), in der
die Pilger sich vor der Befragung des
Orakels zu waschen pflegten. – Weiterhin rechts unterhalb der Straße, jenseits
der *Papadiá-Schlucht,* das *Gymnasion*
und im antiken Vorort *Marmariá* die Reste der beiden dorischen *Tempel für
Athena Pronaia* (6. bis 4. Jh. v.Chr.) und
des 1938 z.T. wiederaufgebauten Mar-
morrundbaues des *Tholos.

An der Straße zwischen dem Heiligen
Bezirk und dem Dorf Delphi (Kastri) be-

findet sich in einem modernen Gebäude
(1938) das *Museum, das in zehn Sälen
die reichen Ausgrabungsfunde enthält.
Besonders beachtenswert der *Wagenlenker, eine vorzügliche lebensgroße
Bronzestatue mit eingesetzten Augen,
ein Weihgeschenk (um 475 v.Chr.); ferner drei kurzbekleidete tanzende Mädchen (Karyatiden; 4. Jh. v.Chr.) sowie
eine Statue des Athleten Agias aus dem
zuvor genannten thessalischen Weihgeschenk. Ebenfalls sehr eindrucksvoll

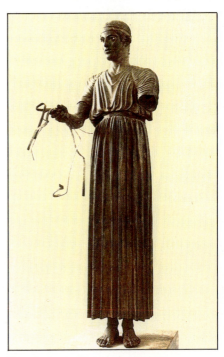

Wagenlenker im Museum von Delphi

ist die Vorderseite des Schatzhauses von Knidos, mit schönen Friesen, sowie eine Rekonstruktion der Giebelwand des Schatzhauses von Siphnos, weiterhin die beflügelte Sphinx der Naxier.

UMGEBUNG von Delphi. – Etwa 35 km südöstlich liegt einsam im Helikongebirge das orthodoxe ***Kloster Ósios Lukás,** neben Daphni (s. bei Athen) und Nea Moni (s. bei Chios) das bedeutendste Denkmal der Mosaikkunst des 11. Jahrhunderts. In der Haupt- und Nebenkirche die z.T. wiederhergestellten ****Mosaiken** von Künstlern aus Byzanz.

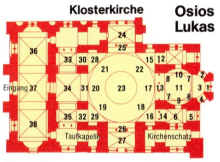

Klosterkirche Osios Lukas

IKONOGRAPHIE

1 Jesus Christus
2 Muttergottes
3 Muttergottes
4 Johannes Prodromos
5 Theodoros Tiron, Kyprianos, Achilios, Spyridon, Silvester
6 Anthimos, Polykarpos, Antipas, Daniel Eleutheros
7 Nationen
8 Sprachen
9 Athanasios
10 Gregorios Theologos
11 Pfingsten
12 Ignatius, Gregorios von Armenien, Klemens (?), Kyrillos von Alexandrien, Theophoros
13 Erzengel, Jesus Christus, Gabriel, Michael
14 Gregorios . Phiotheos, Hierotheos, Dionysios
15 Basileios, Verkündigung
16 Christi Geburt, Johannes
17 Muttergottes
18 Erzengel Gabriel
19 Erzengel Uriel
20 Johannes Prodromos
21 Erzengel Raphael
22 Erzengel Michael
23 Jesus Christus
24 Muttergottes, Jesus Christus, Michael, Jakob Adelphotheos, Lukas von Stiri, Gabriel, Prochoros, Märtyrer Stephanos, Barnabas
25 Nikanor, Timotheos, Silas, Theodoros Stratiotis, Nikolaos d. J., Georg
26 Theodoros Tiron, Nestor, Demetrios, Kleophas, Raphael, Ananias
27 Muttergottes, Jesus Christus, Iason, Uriel, Sosipatrios, Zacharias (?)
28 Gregorios Thaumatourgos, Argelos, Taufe
30 Antonios, Ephraim, Hilarion, Arsenios
31 Merkurios, Christoph, Prokopios
32 Theodosios, Enthymios, Sabbas, Pachomios
33 Sisoes, Ioannikos, Neilos, Dorotheos, Theoktistos, Maximos, Theodoros Studites, Daniel
34 Akakios, Kimon, Basiliakos, Nikitas, Neophylos, Aganthangelos
35 Johannes Klimakos, Johannes Klobos, Makarios Magnes, Abramios, Pimen, Nikon, Martinianos, Johannes Kalbites, Stephanos d. J.
36 Fußwaschung, Matthäus, Kimon, Lukas, Kreuzigung, Kosmas, Xyros, Irene, Maria Euphemia, Katharina, Damianos, Barbara, Julia
37 Jesus Christus, Muttergottes, Gabriel, Pegasios, Anempodistos, Johannes Prodromos, Akindynos, Aphthonios, Elpidophorus
38 Paulus, Jakob, Johannes Theologos, Auferstehung, Panteleimon, Thomas, Thalalaios, Bartholomäus, Ungläubiger Thomas, Philipp, Thekla, Konstantin, Anastasia, Tryphon, Helena, Agathia, Eugenia Fevronie

Didyma / Didim

Türkei.
Provinz: Aydın.
Höhe: 52 m ü.d.M.
ⓘ **Fremdenverkehrsamt Aydın,**
Büyük Menderes Bulvarı, Kardeş Apt. 2/1, Aydın;
Telefon: 4145.

UNTERKUNFT. – In Söke / Didim: *Didim Motel,* M II, 64 B.; *Çamlık Pansiyon,* Yenihisar, P II, 20 B. –

In Kuşadası: *Tusan Oteli,* I, 143 B., Sb.; *Martı Oteli,* IV, 119 B.; *Motel Kısmet,* M I, 129 B.; *Motel Akdeniz,* M I, 314 B.; *İmbat Motel,* M, 200 B.; Feriendorf *Kuştur Tatil Köyü,* 800 B.

STRÄNDE. – 4,5 km südlich der Badeort *Altınkum* (Strandmotel); bei *Kuşadası, İçmel* (an der Straße nach Selçuk), *Kadınlar Denizi, Yavacısu* und *Güzelcamlı.*

FREIZEIT und SPORT. – Schwimmen, Tauchen, Wasserski, Segeln, Reiten, Tennis.

Die Ruinen von Didyma, der einst größten griechischen Orakelstätte in Kleinasien, mit den Trümmern eines mächtigen *Apollotempels, liegen etwa 170 km südlich von İzmir in der alten Landschaft Karien auf der Halbinsel von Milet, 4 km von der Küste des Ägäischen Meeres entfernt.

Mit dem etwa 20 km nördlich gelegenen Milet war Didyma durch eine z.T. heute noch feststellbare Heilige Straße (ca. 5–7 m breit) verbunden, die nach der Inschrift auf dem aufgefundenen letzten Meilenstein 101 n. Chr. unter Kaiser Trajan gebaut wurde und 16,2 km lang war; sie führte an dem alten Pilgerhafen Panormos (jetzt Kovela Burun) vorüber zu dem noch 2 km entfernten Heiligtum und war in ihrem letzten Teil (freigelegt) von archaischen Sitzbildern und liegenden Löwen (Reste in London) sowie von späterer Grabdenkmälern umrahmt.

Im Bereich der Ruinenstätte heute das Dorf *Yeni Hisar* ('Neue Burg'), das jedoch nach dem Wegzug der Griechen im Jahre 1923 teilweise verödete und dann nach *Altınkum* evakuiert wurde, um die Möglichkeit zu eingehenden Ausgrabungen zu schaffen. – Etwa 7 km südwestlich von Didyma das die Südwestspitze der malerischen Halbinsel bildende *Tekağaç Burun,* im Altertum *Poseidonion* genannt.

GESCHICHTE. – Schon vor der Einwanderung der Griechen und der Gründung des nahen Milet gab es hier über einem Erdspalt ein karisches Orakelheiligtum, das den Namen *Didyma* trug. Die im 10. Jahrhundert v.Chr. eingewanderten *Ionier* weihten das Heiligtum dem *Apollo Philesios.* Das Orakel gewann bald große Bedeutung und konkurrierte sogar mit Delphi. Der letzte lydische König *Kroisos* befragte es und beschenkte es mit kostbaren Weihgaben, ebenso der ägyptische Pharao *Necho.* – Das erste Heiligtum wurde 494 von den *Persern* unter Dareios zerstört, nachdem Mitglieder des einheimischen Priestergeschlechts der Branchiden, nach denen der Tempel auch 'Branchida' genannt wurde, das Kultbild und den Tempelschatz an die Perser ausgeliefert hatten. Von dem zerstörten ersten Tempel wurden bisher nur einzelne Werkstücke gefunden. – Nach der Besiegung der Perser durch *Alexander d. Gr.* wurde der Wiederaufbau des Didymeions in wesentlich größerem Maßstab in Angriff genommen. Der gewaltige Neubau wurde um 300 v.Chr. von den Baumeistern *Paionios* von Ephesus und *Daphnes* von Milet begonnen, nachdem der Artemis-Tempel in Ephesus (s. dort) fertig war. Das Bauwerk war jedoch so groß geplant, daß es trotz der Unterstützung auch durch die römischen Kaiser niemals fertig wurde. Spätestens 280 v. Chr. war der Rohbau abgeschlossen. Strabo berichtet, daß der Tempel wegen seiner Größe ohne Dach geblieben sei. *Seleukos I. Nikator* veranlaßte als Dank für einen vorteilbringenden Orakelspruch im Jahre 312 die Rückgabe der geraubten und nach Persien verschleppten Apollo-Statue. Seit 290 v. Chr. wurden auch Wettspiele abgehalten. Ebenso kam dem Tempel altes, immer wieder bestätigtes Asylrecht zu. – In *frühbyzantinischer Zeit* wurde der noch unversehrte Tempel in eine Basilika umgebaut und daneben ein heiliger Brunnen angelegt. Später entstand nach einem gewaltigen Brand aus den Tempelruinen ein Kastell. Ein weiterer Brand sowie ein schweres Erdbeben 1446 zerstörten die Anlage schließlich. Während des 15. Jahrhunderts hausten hier alljährlich Erntearbeiter aus Samos.

1858 unternahmen britische, 1872 und 1895–96 in größerem Umfang französische sowie 1905–14 und seit 1962 deutsche Archäologen Ausgrabungen im Tempelbezirk.

BESICHTIGUNG DER RUINENSTÄTTE (Eintrittsgeld). – Der einst das Heiligtum bildende, von einem heiligen Hain umgebene gewaltige *Apollotempel* *(Didymeion;* gut ausgegraben und z.T. restauriert), war nordost-südwestlich orientiert. – Seine Nordostfront

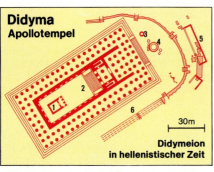

Didyma
Apollotempel

3
4
5

2

1
6

30m

**Didymeion
in hellenistischer Zeit**

1 Heilige Quelle 3 Brunnen 5 Halle
2 Treppe 4 Hauptaltar 6 Sitzstufen

umzog in Bogen eine Terrasse (z.T. aufgebaut), die aus der archaischen Periode stammt und eine *Halle* sowie andere Bauten und Weihgeschenke trug. Vier Treppen von 2,5 m Breite führten zum Tempelbezirk hinab. – Vor der Nordostfront des Tempels der *Hauptaltar,* der dem von Olympia glich: innerhalb einer niedrigen Brüstung ein kegelförmiger, mit dem Blut der Opfertiere gefestigter Aschenaufbau. Nördlich daneben Basen für Weihgeschenke und ein *Brunnen* aus hellenistischer Zeit. – An der südöstlichen Langseite des Tempels erhoben sich 15 m von diesem 7 *Sitzstufen* für die Zuschauer der Spiele von Didyma.

BAUGESCHICHTE. – Der **Tempel** selbst, der nach Anlage und Größe eine besondere Stellung einnimmt, war 108,5 m lang und fast 50 m breit. Er stand auf einem siebenstufigen Sockel, der nach der Portalseite hin um weitere fünf Stufen erweitert war, und bildete einen Dipteros (mit doppeltem Säulenumbau) an seinen Längsseiten je 21, an den Schmalseiten je 10 Säulen mit einer Höhe von 19,4 m hatte, von denen noch drei aufrecht stehen. Von den eigenartigen Basen aus der Zeit des Kaisers Caligula (37–41 n. Chr.) sind immer je zwei gleich; die Ecksäulen der Ostfront trugen Figurenkapitelle des 2. Jahrhunderts n. Chr., die je zwei Stierköpfe, eine Götterbüste und einen Greifen enthielten. Im Fries wechselten Ranken und Medusenmasken ab. – Die Cella setzte sich aus Vorhalle, Mittelraum und Hauptsaal zusammen. Im *Pronaon*

(Vorhalle), dessen Wände noch 11 m hoch aufragen, standen weitere 3x4 ionische Säulen. Zusammen mit der doppelten Säulenreie des Portikus besaß also der Eingangsweg vier Reihen von je 5 hintereinanderliegenden Säulen. – Vom Pronaon, der mit einer prächtigen Kassettendecke ausgestattet war, gelangte man durch zwei kleine Türen zwischen dem 8 m breiten, nicht verschließbaren Haupttor sowie durch gewölbte Gänge direkt in den Hauptsaal oder durch das Haupttor in den einen Meter höher liegenden Mittelraum, das *Chresmographeion,* in dem die Priester die Orakelsprüche verkündeten und deuteten. Als Deckenstützen dienten zwei ionische Säulen (am ganzen Tempel 122). – Vom Mittelraum öffneten sich drei Türen zu dem 5,5 m tiefer liegenden *Hauptsaal,* zu dessen Boden eine 16 m breite Freitreppe hinabführt. Der Saal war ungedeckt; seine durch Pilaster mit Greifenkapitellen gegliederten Mauern reichten so weit hinauf wie die Außensäulen und sind zu 6 m Höhe wieder aufgerichtet. Er enthielt die heilige Quelle an der die Priesterin das Orakel befragte, und einen heiligen Ölbaum. An der Rückwand in einem besonderen Raum, dessen Fundament sich fand, das Kultbild des Apollo.

Um den Tempel gruppierten sich *Gymnasien, Thermen* und *Rasthäuser* für die Pilger, über deren Aussehen erst weitere Ausgrabungen Aufschluß geben können. – Die prächtige *Aussicht umfaßt im Süden den zackigen *Mandalya Körfezi,* an dessen Nordufer über der *Karakuyu-Bucht* der milesische Hafenort *Teichiusa* lag; im Süden des Golfs die langgestreckte Insel Kos, links die Halbinsel von Bodrum; im Osten das Bergland von Karien.

Djerba

Tunesien.
Höhe: 0-56 m ü.d.M.
Einwohnerzahl: 92 000.
(i) **Office du Tourisme Regional,**
Place de la Poste,
Houmt-Souk;
Telefon: 5 00 16, 5 02 84, 5 05 81.

HOTELS. – *Dar Jerba,* I; *El Menzel,* I; *Ulysse Palace,* Plage Sidi Mehrez, I; *El Bousten,* Sidi Mehrez, I; *Les Sirènes,* Houmt-Souk, II; *Tanit,* Midoun, III; *Calypso-Beach,* III; *El Jazira,* Sidi Mehrez, III; *Meninx,* III; *Sidi Slim,* III; *Yati,* Midoun, III; *Medina,* Plage Sidi Mehrez, IV; *Dar Faiza,* Rue de la République, Houmt-Souk, IV; *Strand* (Chott), Plage Sidi Mehrez, IV. – JUGENDHERBERGE in Houmt-Souk, Telefon 5 02 04. – CAMPINGPLATZ: *Camping Sidi Slim.*

RESTAURANTS in den genannten Hotels.

VERANSTALTUNG. – *Festival d'Ulysse* (August).

Die 514 qkm große tunesische Mittelmeerinsel *Djerba ist dem Golf von Gabès im Südosten vorgelagert. Vom Festland ist sie durch den kleinen Golf von Bou Grara getrennt. Ein 6,4 km langer Straßendamm führt nach El-Kantara im Südosten Djerbas, während zwischen Djorf und dem südwestlichen Inselort Adjim eine Fährverbindung besteht. Hauptort der Insel ist die rund 10 000 Einwohner zählende Kleinstadt Houmt-Souk.

Djerba ist noch heute eine Idylle, an der das 20. Jahrhundert spurlos vorübergegangen zu sein scheint, denn noch im-

Auf der tunesischen Insel Djerba

mer sind weitläufige Dattelpalmenoasen, Ölbaumpflanzungen und bewässerte Gartenkulturen neben dem traditionellen Töpfer- und Weberhandwerk sowie der Fischerei und der Schwammtaucherei die hauptsächlichen Erwerbsquellen der Einheimischen. Charakteristisch sind weitläufige Streusiedlungen, Zeichen einer dünnen Bevölkerungsdichte, die vermutlich auf die schwache Ertragslage der Landwirtschaft zurückgeht.

Die jahrhundertealte traditionelle Wirtschaftsstruktur erhielt jedoch nach dem Zweiten Weltkrieg ein räumlich auf die nördliche Küstenregion beschränktes zweites Bein, denn das niederschlagsarme, durch den Einfluß des Mittelmeers sehr ausgeglichene sonnige Klima führte hier in Verbindung mit kilometerlangen Sandstränden zum gezielten Aufbau einer Fremdenverkehrszone, die sich zusammen mit der am Festland gelegenen Oase Zarzis zur größten in Südtunesien entwickelte. Eine Kette von annähernd 40 erstklassig geführten Hotels europäischer Standards mit rund 10000 Betten säumt die Küste bei Sidi Mahrez und La Seguia. Der nur rund 30 km entfernte Flughafen von Mellita verbindet die Insel mit den europäischen Herkunftsländern der Touristen.

Ein großes Problem auf Djerba ist von jeher die Wasserversorgung, denn auf der niederschlagsarmen Insel (ca. 200 mm/Jahr) mit ihren geringen Höhenunterschieden gibt es kein oberirdisches Gewässernetz. Abgesehen von der Fremdenverkehrsregion an der Nordküste, die über eine Pipeline vom Festland mit Wasser versorgt wird, sind die übrigen Teile Djerbas noch heute größtenteils von rund 3700 Brunnen und 2000 Zisternen abhängig, deren

Wasser leicht salzhaltig ist. Die Wasserqualität nimmt allerdings von den küstennahen Gebieten zum Landesinnern hin zu. Dies spiegelt sich deutlich in der Struktur der Landwirtschaft wider, denn an den Außenrändern der Insel werden vorwiegend ertragsarme Dattelpalmen angepflanzt, während landeinwärts eine intensiver genutzte Ölbaumzone folgt, die in der Inselmitte schließlich von ausgedehnten Fruchtbaumgärten abgelöst wird.

Die Inselbewohner, die Djerbi, sprechen noch zu etwa 25% berberische Dialekte. Viele von ihnen haben die Insel in der Vergangenheit verlassen, weil die ertragsarme Landwirtschaft als Lebensgrundlage nicht ausreichte. Sie sind heute in allen größeren Städten des Landes als geschickte Kaufleute bekannt. Neben der berberischen Bevölkerung ist außerdem eine einst größere Gruppe jüdischer Einwanderer zu nennen, die sich in den letzten Jahren durch Auswanderung stark verringert hat. Die Juden gründeten nach ihrer Vertreibung aus Palästina (vermutlich nach der Zerstörung Jerusalems durch Titus 70 n.Chr.) die beiden geschlossenen Dörfer Hara Kebira und Hara Essghira mit der berühmten Synagoge La Ghriba, zu der 33 Tage nach Ostern alljährlich jüdische Pilger aus allen Teilen Nordafrikas reisen.

GESCHICHTE. – Der Sage nach soll Odysseus auf seiner Irrfahrt von Troja auf Djerba gelandet sein. Gesicherte historische Kenntnisse reichen bis ins 9. vorchristliche Jahrhundert zurück, als die Phönizier auf der in der Antike *Meninx* genannten Insel Djerba Handelsniederlassungen gründeten. Unter römischer Herrschaft gab es auf Djerba vier Städte, nämlich Girba, Haribus, Tipasa und Meninx, und der heutige Inselname leitet sich wohl von *Girba* ab. Nach Meninx führte vom Festland aus bereits damals ein Damm, dessen Reste die Fundamente der heutigen Straßenverbindung bilden. Von der einstigen Römerstadt sind in der Nähe El Kantaras noch einige Säulen übriggeblieben. Auf die Römer folgten nacheinander Vandalen, Byzantiner, Araber, Normannen, Spanier, Türken und Franzosen als fremde Eroberer.

INSELBESCHREIBUNG. – Lohnend ist ein Besuch des Hauptortes **Houmt-Souk** mit seinen malerischen engen Soukgassen, in denen montags und donnerstags ein Markt abgehalten wird. Zahllose Händler bieten Kleider, Schuhe, Seide, Messing-, Silber- und Lederwaren an. In der Altstadt gibt es drei hübsche Moscheen, darunter die *Djama et-Turuk* (Türkische Moschee) mit ihren sieben Kuppeln und einem phallusartigen Minarett sowie die *Djama Ghorba* (Fremdenmoschee), deren Minarett man ersteigen kann. Nahebei das *Regionalmuseum* mit Volkstrachten, Schmuck und wertvollem Tongeschirr. – Am Hafen eine kleine *spanische Festung* (13./14. Jahrhundert) und der *Bordj el-Kebir* (Großer Turm) aus dem 15. Jahrhundert, im 16. Jahrhundert durch die Spanier erweitert und durch den Korsaren Dragut umgebaut. Dahinter steht eine Pyramide an der Stelle des 1848 beseitigten *Schädelturms.* Dieser war aus den Schädeln von 5000-6000 europäischen Christen errichtet worden, die Dragut 1560 hier ermordet hatte. Sie gehörten zur päpstlichen Armee, die versucht hatte, das Piratennest auf Djerba zu zerstören.

Als sehenswerte Stationen einer Inselrundfahrt bieten sich die beiden jüdischen Gemeinden **Hara Kebira** und **Hara Essghira** mit der vielbesuchten *Synagoge La Ghriba* an. Von den 1956 hier lebenden 5000 Juden sind inzwischen die meisten ausgewandert. In Hara Kebira sind nur noch 700 und in Hara Essghira 280 übriggeblieben. Weiter südlich das Dorf **El-May,** dessen Moschee als schönste der Insel gilt. An der Südküste liegt der Ort **Guellala** mit mehreren Töpfereien und Verkaufsläden. Unterwegs fallen die zahlreichen geneigten, bis zu 300 qm großen Betonflächen auf. Meist sind sie weiß getüncht. Sie befinden sich häufig auch neben einer Moschee. Diese sogenannte *Fsakia* sind Sammelbecken für das Regenwasser, das zur künstlichen Bewässerung benötigt wird (Impluviummethode).

Recht lohnend ist ein Ausflug nach **Zarzis** (ca. 15 000 Einw.; Hotels Sangho Club, Zarzis, Sidi Saad und Zita), dem Zentrum einer südwestlich von Djerba an der Syrtenküste gelegenen Bewässerungszone (Oase) mit 500 000 Dattelpalmen und 700 000 Olivenbäumen, die sich hinter den herrlichen *Sandstränden der Küstenebene Djeffara inmitten der Wüstensteppe ausbreitet. Die Stadt wurde erst im 19. Jahrhundert unter dem französischen Protektorat gegründet, um die Accarabeduinen in diesem Gebiet seßhaft zu machen.

Dodekanes / Dodekanesa
(Dhodhekaníssa)

Griechenland.

Dodekanes, die Zwölf-Insel-Gruppe, nennt man die Inseln von Pátmos bis

Syme im griechischen Dodekanes

Rhódos, dazu die Gruppe von Kárpathos sowie Megísti (Kastellorízo) südwestlich bzw. östlich von Rhódos.

Zusammen mit Sámos und dessen Nachbarinseln bilden sie die Südlichen Sporaden. Die größte dieser Inseln ist ****Rhódos** (13 989 qkm; s. dort), das auch historisch oft ein Schwerpunkt war. Als Inselgruppe wurden sie erstmals im Mittelalter zusammengefaßt, als die Johanniterritter 1309 von Zypern hierher kamen und sich daher, ehe der Sitz des Ordens 1522 nach Malta verlegt wurde, auch Rhodisier nannten. In neuerer Zeit bezeichnete der Name Dodekanes diejenigen Inseln, die 1912 von der Türkei an Italien abgetreten wurden und mit dem Ende des Zweiten Weltkrieges an Griechenland fielen. – Zeugnisse aus dem Altertum sind u.a. das Asklepieion auf **Kos** (s. dort), auf Rhodos, die Akropolen von Rhodos und Lindos sowie die Stadt Kameiros. Zeugnisse aus der Johanniterzeit finden sich auf Rhodos, Kos, **Kálymnos** (s. bei Sporaden) und **Sýme** (s. bei Sporaden). Eine bedeutende christliche Stätte ist **Pátmos** (s. dort) mit Johanneskloster und Höhlenkirche.

Dodekanes – Fischer auf der griechischen Insel Patmos

Das überaus günstige Klima und auch die von den Italienern geförderte Infrastruktur haben dazu beigetragen, daß einige dieser Inseln, allen voran Rhodos, sich zu touristischen Zentren entwickelt haben.

Dougga s. bei Tunis

Dubrovnik

Jugoslawien.
Teilrepublik: Kroatien (Hrvatska).
Höhe: 5 m ü.d.M. – Einwohnerzahl: 36 000.
Postleitzahl: YU-50 000. – Telefonvorwahl: 0 50.
ⓘ **Turistički informativni centar,**
Placa;
Telefon: 2 63 54.

HOTELS. – In D u b r o v n i k : *Dubrovnik President*, L, 338 B.; *Argosy*, I, 616 B.; *Plakir*, I, 616 B.; *Dubrovnik Palace*, I, 600 B.; *Tirena*, I, 416 B.; *Libertas*, I, 400 B.; *Excelsior*, I, 369 B.; *Argentina*, I, mit Dependancen *Orsula* und *Shahrazada*, 269 B.; *Grand Hotel Imperial*, I, 200 B.; *Villa Dubrovnik*, I, 106 B.; *Dubrovnik Marina*, I, 26 B.; *Adriatic*, II, 539 B.; *Grand Hotel Park*, II, 427 B.; *Neptun*, II, mit Dependance *Elita*, 419 B.; *Lero*, II, 311 B.; *Garni Hotel Petka*, II, 200 B.; *Sumratin*, II, mit Dependance *Aquarium*, 123 B.; *Lapad*, II, 120 B.; *Splendid*, II, 115 B.; *Jadran*, II, 115 B.; *Bellevue*, II, 104 B.; *Stadion*, IV, 170 B. – In M l i n i : *Astarea*, I, 450 B., mit den Dependancen *Studenac*, II, und *Elapfity Villas*, zus. 308 B.; *Mlini*, II, 138 B. – In P l a t : *Plat*, II, 1200 B. – In S r e b r e n o : *Orlando*, II, 560 B., mit Dependance, 208 B., und *Bungalows*, 74 B. – In C a v t a t : *Croatia*, L, 974 B.; *Albatros*, I, 528 B.; *Epidaurus*, II, 384 B.; *Cavtat*, II, 194 B.; *Adriatic*, II, 87 B.; *Supetar*, II, 79 B.

CAMPINGPLATZ. – In Kupari links der Straße Dubrovnik – Herceg Novi, 2 km vom Meer entfernt.

VERANSTALTUNGEN. – *Dubrovniker Sommerfestspiele*, meist vom 10. Juli bis 25. August, mit über 100 Veranstaltungen (Theater, Musik, Ballett, Folklore).

VERKEHRSFLUGHAFEN. – In *Čilipi*, 30 km südlich von Dubrovnik. – Stadtbüro der JAT: Maršala Tita 3, Tel. 2 35 75.

Die süddalmatinische Stadt Dubrovnik, Sitz eines Bischofs, liegt höchst malerisch auf einem vom Adriatischen Meer umspülten Felsvorsprung am Fuß des Sergiusberges, mit ihrem Haupthafen Gruž fast zu einem Ort verwachsen, und ist wegen ihrer *Lage, ihres **Stadtbildes und ihrer zahlreichen prächtigen alten *Bauwerke das empfehlenswerteste Ziel an der dalmatinischen Küste sowie einer der lohnendsten Orte ganz Jugoslawiens, der zu allen Jahreszeiten besucht wird. Das Klima ist überaus mild (Januarmittel 8,7°C; in Nizza 8°C) und begünstigt die an Sizilien und Griechenland erinnernde Flora, die u.a. Agaven, Opuntien (Feigenkakteen), Aleppokiefern, Pinien, Erdbeerbäume, Palmen, Zypressen, Öl-, Feigen-, Orangen-, Zitronen- und Johannisbrotbäume zeigt.

Das bis zum Herbst andauernde kulturelle Unterhaltungsprogramm von Dubrovnik ist international und genügt höchsten künstlerischen Ansprüchen. Doch kommt auch die leichte Muse bei Tanz, Folklore und Musik nicht zu kurz. – Den *Verkehrshafen* der Stadt verlassen Autofähren nach Venedig, Triest, Ancona, Korfu (s. Reiseziele von A bis Z) und Bari (s. bei Apulien). Aber auch Motorjachten, die auf Rundfahrten die kleinen Inseln vor der Küste anlaufen, legen hier ab.

GESCHICHTE. – Nicht erst im 7. Jahrhundert entstand auf der Insel Lausa die erste Ansiedlung an der Stelle der heutigen Altstadt von Dubrovnik, als sich dort Flüchtlinge aus dem nahen Cavtat niederließen. Ein auf dem höchsten Felsen entdecktes altchristliches Kapitell deutet darauf, daß der Platz wahrscheinlich schon früher besiedelt war. Es bestand auf jeden Fall auf dem Festland gegenüber der Insel eine slawische Siedlung, die *Dubrava* (Eichenhain) hieß. Aus Lausa wurde der bis 1918 gebräuchte Name **Ragusa** und aus Dubrava das heutige Dubrovnik. Im 13. Jahrhundert schütteten die Bürger dann auch den Graben zu, der die Insel vom Festland trennte: Er befand sich etwa dort, wo heute die Placa verläuft, der schönste Boulevard Jugoslawiens.

Das *byzantinische Reich* setzte zur Verwaltung der durch Handel und Seefahrt schon früh aufblühenden Stadt einen 'Strategen' ein. Bereits zu dieser Zeit gelang es den Bürgern durch geschicktes politisches Taktieren, durch das Ausspielen wirtschaftlicher Beziehungen und wohl auch ein wenig mit Bestechung, sich unter fremder Herrschaft das Recht zum Regeln der eigenen Angelegenheiten zu sichern. So wurde Venedigs erste Machtperiode (1205-1358) nicht eine Ober-, sondern eine Schirmherrschaft über Ragusa. Die Aufnahme der Stadt in das *kroatisch-ungarische Königreich* 1358 brachte dann die offizielle Bestätigung der Selbstverwaltung, die so aussah: Der aus Besitzbürgern bestehende 'Große Rat' wählte einen Senat und dieser einen 'Kleinen Rat', der aus Ministern für die Fachressorts bestand. Der 'Kleine Rat' wählte jeden Monat ein Mitglied zum vorsitzenden 'Rektor', der während seiner Amtszeit abgeschirmt von der Familie im Amtssitz arbeiten und wohnen mußte (im Rektorenpalast das Zimmer, in dem er unter Hausarrest amtierte).

Die erste *slawische Republik* verstand es auch, mit den das Festland besetzenden Türken ein Arrangement zu treffen: Nominell erkannte Ragusa die Oberhoheit des osmanischen Reiches an und ließ sich dies auch einiges kosten. Aber in den eigenen Unternehmungen, dem ständig steigenden Handelsverkehr, dem Ausbau der Flotte, redeten die Türken den reichen Kaufherren von Ragusa nichts drein.

Rechtzeitig hatten die Bürger allerdings auch damit angefangen, ihre Stadt in eine uneinnehmbare Festung zu verwandeln. 1272 begann, nachdem es schon früher Mauern und Türme zur Abwehr von Feinden gegeben hatte, der planmäßige Ausbau zu einem Befestigungswerk von monumentalem Ausmaß.

Seine höchste Blüte erlebte Dubrovnik zwischen dem 14. und 16. Jahrhundert. Die Stadt sah Philosophen, Künstler und berühmte Baumeister in ihren Mauern, und Humanismus und Renaissance schlugen sich in Literatur und Kunst nieder. Die Stadtverwaltung zeichnete sich durch Pionierleistungen in der Gesundheitspolitik aus: Sie legte eine zentrale Be- und Entwässerung an, sie baute Krankenhäuser, ein Waisenhaus und ein Altersheim und richtete das Getreidemagazin Rupe mit 1500 Tonnen Fassungsvermögen in 15 trockenen, aus dem Fels herausgehauenen Zisternen ein. 1301 wurde eine Art öffent-

Dubrovnik – Blick in die Placa (Stradun)

licher Gesundheitsdienst gegründet, 1319 entstand dafür die erste Apotheke auf dem Balkan. Zur weiteren militärischen Absicherung kauften die klugen Patrizier im weiteren Umkreis strategisch günstig gelegene Stützpunkte: Ston am schmalen Zugang zur Halbinsel Peljesac, die Inseln Mljet und Lastovo zur Sicherung des nach Venedig führenden Schifffahrtswegs und schließlich die Stadt Cavtat als Schutzschild auf der südlichen Flanke.

Im 17. Jahrhundert begann für die Handelsschifffahrt im Mittelmeer eine gewisse Krise, denn das Interesse der Großmächte richtete sich nun nach Übersee. Den schwärzesten Tag seiner Geschichte erlebte Ragusa am 6. April 1667, als ein starkes Erdbeben die Stadt fast völlig zerstörte und 5000 Bewohner den Tod brachte. Von diesem Schlag erholte sich die Stadt nur sehr langsam. 1806 gelang Truppen Napoleons die Besetzung der Festung, 1808 liquidierten die Franzosen durch Dekret den Status der selbständigen Republik. Bei den Illyrischen Provinzen Napoleons freilich blieb Ragusa nur bis zu deren frühem Ende mit dem Wiener Kongreß von 1814/15, der die Stadt nunmehr dem österreichischen Machtbereich zuschlug. Mit dem Ende des Ersten Weltkriegs kam Dubrovnik zum wiedererstandenen *Jugoslawien* des Königs Alexander.

SEHENSWERTES. – Unser Besichtigungsvorschlag beginnt am **Pile-Tor.** Den Wagen – die ganze ****ALTSTADT** ist Fußgängerzone – sollte man außerhalb abstellen, in der Hauptsaison am besten gleich beim Hotel, auf dem Campingplatz oder auf einem Parkplatz am Stadtrand (gute Bus-Verbindung zum Brsalje-Platz vor dem Pile-Tor).

Dubrovniks Festung besaß vier Stadttore, zwei an der Land- und zwei an der Seeseite (zwei weitere Tore kamen erst in der österreichischen Zeit hinzu, als die Festung keine Verteidigungsaufgaben mehr hatte). Die ***Stadtmauern** und die *Wehranlagen* außerhalb sind – wie erwähnt – zwischen dem 12. und 17. Jahrhundert unter einer ganzen

Reihe von Baumeistern entstanden. Hinter der Hauptmauer verläuft ein heute noch begehbarer innerer Gang von insgesamt 1940 m Länge. Die Mauern messen an der Landseite 4-6 m Dicke, an der Seeseite sind sie 1,50-3 m stark und fast überall 25 m hoch. Zu dem Festungsbauwerk gehören fern7r drei runde und zwölf viereckige *Wehrtürme,* fünf *Bastionen,* zwei sogenannte *Eckfestungen* und das **Hauptfestungswerk Sveti Ivan:** ein monumentaler Aufwand an Verteidigungsvorkehrungen.

Durch das Pile-Tor, das einer der vier Zugänge zur Festungsstadt war, erreicht der Besucher die **Placa** *(Stradun),* deren Platten nicht – wie fälschlich angenommen – von Römern verlegt worden sind, sondern erst 1468, nachdem unter der Straße eine Wasserleitung eingerichtet worden war. Die Steinhäuser zu beiden Seiten waren beim Erdbeben von 1667 bis zum Erdgeschoß zerstört worden. Sie wurden anschließend in gleicher typisierter Barockbauform wiederaufgebaut, und in die erhalten gebliebenen Erdgeschosse zogen erneut Läden ein, die heute in bunter Reihung zur Atmosphäre des Bummel-Boulevards beitragen.

Nach dem Passieren des Tores links die *Erlöserkapelle Sveti Spas,* ein einschiffiger Bau im lombardischen Stil, daneben das *Franziskanerkloster* (über dem spätgotischen Portal der Klosterkirche eine Pietà aus dem 15. Jh.). Zwischen dieser Kirche und der Erlöserkapelle der Eingang zu dem stimmungsvollen romanischen **Unteren Kreuzgang,* wo man auch die erwähnte, 1319 gegrün-

Dubrovnik – 'Perle' an der jugoslawischen Adriaküste

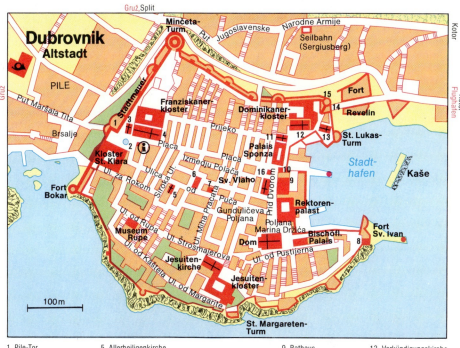

1 Pile-Tor
2 Onofrio-Brunnen
3 Sv. Spas
4 Franziskanerkirche

5 Allerheiligenkirche
6 Serbisch-orthodoxe Kirche
7 Ikonenmuseum
8 Aquarium, Marinemuseum, Ethnolog. Museum

9 Rathaus
10 Uhrturm
11 Sv. Nikola
12 Dominikanerkirche

13 Verkündigungskirche
14 Ploče-Tor
15 Assimov-Turm
16 Rolandsäule

dete und im ursprünglichen Zustand erhaltene **Apotheke** findet. Wer die Festungsmauern abschreiten möchte, zweigt hier links zum *Turm Minčeta* ab.

Rechts nach dem Tor der mit einer Flachkuppel bedeckte *Große Onofrio-Brunnen* (1438) mit 16 Wasserspeiern.

Am Ende der Placa beim **Luža-Platz,** der schon immer der Mittelpunkt des öffentlichen Lebens der alten Stadt war, singen und musizieren am *Kleinen Onofrio-Brunnen* und an der *Rolandssäule* immer Gruppen, die ein internationales Auditorium umringt. Hier steht rechts (in Blickrichtung alter Hafen) die **St.-Blasius-Kirche** *(Sveti Vlaho),* die nach einem Brand zwischen 1706 und 1715 im Barockstil neu erbaut wurde. Die vergoldete Statue des Schutzheiligen aus dem 14. Jahrhundert, zu sehen am Hochaltar, wurde früher am 3. Februar in großer Prozession durch die Stadt getragen. Links am Platz der *Uhrturm Zvonik,* dessen Glocken früher die Räte der Republik zu den Sitzungen riefen und das Nahen von Feinden signalisierten. Die *Glockenloge,* Mitte des 19. Jahrhunderts zum Bau einer Wohnung für den österreichischen Stadtkommandanten niedergerissen, wurde 1952 im ursprünglichen Zustand wiederhergestellt. Dahinter steht der **Sponza-Palast** aus dem 16. Jahrhundert, in dem früher der Rektor wohnte, zahlreiche Staatsämter residierten und im Kellergeschoß

die Gefangenen einsaßen. Heute befindet sich dort im 1. Stock die kulturhistorische Abteilung des *Städtischen Museums.* Besonders schön die Säulenvorhalle von 1516 und der Arkadenhof.

Die Gasse geradeaus führt in einem Durchgang unter der Stadtmauer zum alten *Hafen.* Links ab geht es zum **Dominikanerkloster** mit prächtig verziertem *Kreuzgang* aus dem 14. Jahrhundert und zu der nach dem Erdbeben wiederaufgebauten *Kirche,* darin zahlreiche Gemälde alter Meister. Einen Altar auf der linken Seite der Kirche schmückt das Gemälde ''Magdalena zwischen dem hl. Blasius und dem Erzengel Raphael'' von Tizian (um 1554 gemalt).

Am Dominikanerkloster vorbei erreicht die Gasse das **Ploče-Tor,** das zweite große Tor der Altstadt. Dahinter geht es über eine den früheren Stadtgraben überspannende Brücke zum *Fort Revelin* und danach durch ein zweites äußeres Tor zum Stadtteil Ploče. Von hier aus reicht der Blick zur Uferstraße mit den älteren Hotels der Stadt. Schaut man dagegen nach rechts zurück, so sieht man den gesamten *alten Hafen,* wobei die bogenüberwölbten Einfahrten an einem steinernen Bootshaus auffallen, in denen früher die Staatsbarkassen der leitenden Patrizier von Ragusa bereitlagen.

Zurück zum Luža-Platz: Gegenüber der erwähnten St.-Blasius-Kirche steht der

Rektorenpalast, das bedeutendste Bauwerk der Altstadt (daneben das 1852 erbaute ehemalige *Rathaus,* heute Café, mit einem Theater). Der zwischen 1435 und 1451 von Onofrio Giordano della Cava (dem Erbauer der beiden Brunnen) als Sitz des Großen und des Kleinen Rats sowie als Wohnung für den Rektor errichtete Palast ist nach dem Erdbeben von 1667 originalgetreu wiederaufgebaut worden. Jetzt enthält er ein *kulturhistorisches Museum,* das einen guten Einblick in die damalige Republik vermittelt. Hier kann man auch das Arbeits- und Schlafzimmer des Rektors besichtigen. Im Hof steht die Büste des Reeders und Mäzens Miho Pracat (1637) aus Lopud, das einzige Denkmal, das die Republik jemals zu Ehren eines verdienstvollen Bürgers errichtet hat. Über der Tür, die einst in das Gebäude des Großen Rates führte, befindet sich die Inschrift: OBLITI PRIVATORUM PUBLICA CURATE ("Vergeßt die eigenen Sorgen, wenn Ihr Euch mit öffentlichen Fragen befaßt").

Nun folgt auf der rechten Seite der **Dom** *(Velika Gospa),* nach der Zerstörung durch das Erdbeben 1671-1713 im Barockstil neu erbaut. Im Inneren beachtenswerte Gemälde (u.a. von Pordenone und von anderen Schülern Tizians) sowie eine sehenswerte *Schatzkammer* mit 138 Reliquien vom 9. Jahrhundert an. Kostbarster Besitz ist ein Schädelreliquiar des hl. Blasius mit einer byzantinischen Krone. Hier wird auch ein großes Waschbecken mit einem Krug aus vergoldetem Silber verwahrt, auf dem Flora und Fauna Dubrovniks im 16. Jahrhundert dargestellt sind. Ein flämisches Triptychon in der Kirche nahmen früher die Gesandten Ragusas auf ihren Dienstreisen als 'Reisealtar' mit.

Hinter dem Dom rechts das *Bischöfliche Palais* und – folgt man der parallel zum Hafenbecken verlaufenden Gasse – auf der Landzunge das *Fort Sv. Ivan* mit Aquarium, Marine- und Ethnologischem Museum.

Zurück zum Dom: Die daran vorbeiführende Straße Štrossmayerova ulica führt zur 1699 bis 1725 erbauten **Jesuitenkirche** (links). An der gleichen Straße links der erwähnte Getreidespeicher Rupe, heute Museum. Von dort in Richtung Meer kommt man zum KAŠTEL, dem ältesten Teil der Stadt. Über die Stadtmauer erreicht man schließlich, auf dem Rückweg zum Pile-Tor, dort, wo die Felsküste endet, das *Fort Bokar,* die erste Kasemattenfestung der Welt.

Nach dem Passieren des Pile-Tores und des Brsalje-Platzes erreicht man, immer links bleibend, das *Kastell Lovrijenac,* in dem während der Festspiele Theateraufführungen stattfinden.

Lohnend ist auch ein Besuch des *neuen Hafens* von Dubrovnik, GRUŽ, wo die Kreuzfahrtenschiffe anlegen und die Handelsschiffe ihre Ladung löschen. Hier fahren die zahlreichen Ausflugsboote zu den umliegenden Inseln ab, so zu den **Elaphitischen Inseln** (s. dort) und zur Insel **Lokrum** (üppige subtropische Vegetation, naturwissenschaftliches Museum, biologisches Institut; auf der Insel ist Rauchen verboten).

Ein prachtvoller *Überblick über die Stadt bietet sich nicht nur auf der oberen Umgehungsstraße (Abzweig im Norden am Küsteneinschnitt Rijeka, im Süden bei Dubac): Auch die Auffahrt mit der Kabinenseilbahn zum 412 m hohen **Brdo Srdj,** dem *Sergiusberg,* auf dem ein 1809 von den Franzosen errichtetes Fort thront, bietet eine lohnende *Aussicht.

UMGEBUNG von Dubrovnik. – An der Westseite des Hafens beginnt die reizvolle Halbinsel **Lapad,** mit zahlreichen Hotels und Villen sowie schönem, z.T. parkartigem Baumbestand (Aleppokiefern, Zypressen u.a.). An der Westseite der Halbinsel liegt an einer hübschen Bucht das vielbesuchte *Strandbad Sumartin.* Im südlichen Teil von Lapad die hochgelegene *St.-Blasius-Kapelle* (Sveti Vlaho), die ebenso wie der *Petka-Berg* (197 m; Aufstieg 1 St.) eine prächtige *Aussicht bietet.

Folgt man der Küstenstraße von Dubrovnik weiter nach Südosten, so gelangt man nach etwa 6 km zu dem lebhaften Ferienzentrum **Mlini** (5 m; 500 Einw.) an der Bucht *Župski zaljev.* Nahe dem Badestrand die Pfarrkirche St. Hilarius (Sv. Ilar), ursprünglich aus dem 15. Jahrhundert und nach dem Erdbeben von 1667 erneuert. An der Straße nach Cavtat römische Gebäudereste. – In der Nähe von Mlini liegen die Ferienorte *Kupari, Srebreno* und *Plat.*

8 km weiter südöstlich, abseits der Adria-Magistrale, an einer schönen Bucht das Städtchen **Cavtat** (2 m; 1000 Einw.), im Sommer und Winter viel be-

Blick auf das dalmatinische Städtchen Cavtat

sucht (vorwiegend Deutsche). Durch die Einflugschneise des Flughafens Dubrovnik wird die Ruhe beeinträchtigt. – An der Südseite der Halbinsel das Museum Bogišić mit Bibliothek, Lapidarium und graphischer Sammlung. Beachtenswert sind ferner die barocke Pfarrkirche des hl. Nikolaus (Sv. Nikola) mit Gemälden älterer Meister sowie die Kirche des hl. Blasius (Sv. Vlaho) mit einem wertvollen Renaissance-Altarbild der Malerschule von Dubrovnik. Das nahegelegene Franziskanerkloster überrascht mit einem Renaissance-Kreuzgang von 1483. – Am Ende der Straße beginnt der Aufstieg zum *Mausoleum der Familie Rašić, das der über die Grenzen hinaus anerkannte jugoslawische Bildhauer Ivan Meštrović 1920-22 geschaffen hat.

Dugi Otok

Jugoslawien.
Teilrepublik: Kroatien (Hrvatska).
Inselfläche: 124 qkm. – Bewohnerzahl: 6000.
Telefonvorwahl: 0 57.

Turističko društvo Sali,
YU-57281 Sali;
Telefon: 8 79 33.
Turističko društvo Božava,
YU-57286 Božava,
im Hotel Božava;
Telefon: 5 72 86.

HOTELS. – In S a l i : *Alga, Koralj, Perla & Sirena*, III, 96 B. – In L u k a : *Luka* mit Dependancen, III, 126 B. – In B o ž a v a : *Božava* mit Dependancen, II und III, 458 B.

BADESTRÄNDE. – Fast die gesamte westliche Küste von Dugi Otok ist unzugänglich. Sie besteht aus senkrecht, zuweilen 100 m und höher aus der See aufragenden Felswänden. Der schönste Ferienort ist **Božava,** das sich an einem Föhrenwäldchen

rund um eine natürliche Bucht ausbreitet. Die Badeplätze haben größtenteils Felseinstiege; es gibt aber auch einige kleine Kiesstrände. Mit Beton ausgegossen ist der Felsstrand des Pavillonhotels von **Sali,** das 10 Min. Fußweg vom Ort entfernt liegt. Auch hier gibt es aber Kiesstrand, im Wasser ist der Grund sandig. Das kleine **Luka** besitzt z. Zt. nur ein Hotel.– Einige Gebiete um Dugi Otok sind für Taucher gesperrt. Nähere Informationen darüber in den Hotels von Božava.

FÄHREN. – Einmal am Tag Zadar – Insel Molat – Božava sowie Zadar – Sali – Luka – Insel Iž; kein Autotransport!

44 km lang und nirgends breiter als 5 km, stellenweise sogar nur 1,5 km, ist Dugi Otok, zu deutsch 'lange Insel'. Im norddalmatinischen Archipel stellt das 124 qkm Oberfläche messende Eiland aber immerhin die größte Insel dar. Einen besonderen, von Urlaubern, die die Einsamkeit und Ruhe lieben, geschätzten Vorzug wird Dugi Otok in absehbarer Zeit verlieren: die 'Autofreiheit'.

Das Eiland besitzt weder Quellen noch oberirdische Wasserläufe, doch füllen sich im Winter die Karstfelder Malo jezero, Velo jezero und Dugo polje mit Süßwasser. Im übrigen reichen die Niederschläge und die Bodenfeuchtigkeit aus, um auf Dugi Otok Weinreben, Oliven, Gemüse und Pinien gedeihen zu lassen. Der Tourismus bleibt bisher auf Unterkünfte von Božava, Sali und Luka beschränkt.

Boote im Hafen von Božava auf der jugoslawischen Insel Dugi Otok

GESCHICHTE. – Dugi Otok war schon in frühge-schichtlicher Zeit besiedelt. Die ältesten Funde aus der Jungsteinzeit wurden bei der Ortschaft Žman freigelegt. Auf Anhöhen der Insel erkennt man noch heute Reste illyrischer Befestigungen und Grabhü-gel. Aus der Römerzeit blieben Teile von Wirt-schaftsgebäuden, Siedlungen und Gräbern erhal-ten. Auf der Landenge *Proversa* stand eine römi-sche Landvilla, deren Fundamente an Land und de-ren Kanalisation mit Wasserbecken im Meer sicht-bar sind; der hier gefundene Mosaikfußboden wird im Museum in Zadar (s. dort) aufbewahrt. Die Insel wurde früh von Slawen besiedelt. Aus altkroati-scher Zeit blieben kleine Kirchen, Häuser und Grab-stätten völlig oder teilweise erhalten. Seit dem 10. Jahrhundert befand sich die Insel im Besitz der Klöster bzw. der Stadtverwaltung von Zadar. Der Name des langen Eilands wird erstmals Mitte des 10. Jahrhunderts durch den byzantinischen Kaiser Konstantin Porphyrogenetes erwähnt. Gegen Ende des 10. und im 11. Jahrhundert er-scheint der Name der Insel in Urkunden als *Insula Tilaga.*

INSELBESCHREIBUNG. – Bis auf die er-wähnten Reste von Gebäuden und Gräbern gibt es auf Dugi Otok keine beachtenswerten Relikte der Vergangenheit. In **Sali,** dem größ-ten Ort der Insel und zugleich Fischereizen-trum der Kornati-Inseln mit mehreren fisch-verarbeitenden Betrieben, führt ein beque-mer Spazierpfad vom unteren in den oberen Teil des Dorfes. Er endet am Friedhof, der eine innerhalb der Adria-Inseln nur hier zu beobachtende Beisetzungsart zeigt: Stein-grüfte werden zur Aufnahme der Särge in den Fels gesprengt. Dann verschließt man die Grüfte mit Steinplatten.

Ein Tagesausflug mit dem Boot führt von Sali aus zur eindrucksvollen *Höhle Strašna pećina* mit me-terdicken Stalaktiten. Die Aussicht auf über 100 Inseln verschafft das Besteigen des Berges *Bru-častac.*

Durazzo (Durrës)
s. bei Albanien

Elaphitische Inseln
Koločep, Lopud, Šipan

Jugoslawien.
Teilrepublik: Kroatien (Hrvatska).
Gesamtfläche der Inselgruppe: 24 qkm.
Bewohnerzahl: 1600.
Telefonvorwahl: 050.
(i) **Turističko društvo Koločep,**
YU-50221 Koločep;
Telefon: 87054.
Turističko društvo 'Pracat',
YU-50222 Lopud;
kein Telefon.
Turističko društvo Šipan,
YU-50223 Šipanska Luka;
kein Telefon.

HOTELS. – Auf K o l o č e p : *Koločep* mit Dependan-cen, II, 296 B. – Auf L o p u d : *Lafodia,* II, 382 B.; *Du-brava-Pracat,* II, 220 B.; *Grand Hotel Lopud,* II, 220 B. – Auf Š i p a n : *Dubravka,* III, 49 B.

CAMPINGPLÄTZE. – Auf K o l o č e p : Zeltmöglich-keiten (keine Wohnwagen und Autos) bei den Ort-schaften Gornje Čelo und Donje Čelo. – Auf Š i -p a n : Bei der Ortschaft Sudjurad.

VERKEHR. – Keine Autofähren. Bootsverbindun-gen ab Dubrovnik. Auf Koločep und Lopud kein Au-toverkehr, auf Šipan nur Busse.

Rund 10 km vor der dalmatinischen Adriaküste, nordwestlich Dubrovnik, liegen die Elaphitischen Inseln. Von den insgesamt sieben Inseln werden Koločep, Lopud und Šipan besucht, die als einzige bewohnt sind. Man schätzt sie vor allem wegen der reichen medi-terranen Pflanzenwelt.

GESCHICHTE. – Plinius d.Ä. erwähnt erstmals den Namen *Elaphiten,* das bedeutet 'Hirschinseln'. In der Römerzeit errichteten begüterte Bürger aus Ragusa auf den Inseln Landsitze, von denen einige erhalten blieben. Im 15. Jahrhundert begann dann die Stadtherrschaft von Dubrovnik; 1457 erhielten Lopud und Koločep einen eigenen Rektor. Viele Wehrtürme, die heute noch markante Punkte der Inseln beherrschen, wurden im 16. Jahrhundert er-richtet, nachdem 1571 der berüchtigte Pirat Ulić-Ali Lopud und Koločep überfallen hatte. Als 1808 die Republik Dubrovnik aufgelöst wurde, kamen die In-seln zu den Illyrischen Provinzen Napoleons. Von da an ist ihre Geschichte identisch mit der Entwick-lung im dalmatinischen Küstenland.

BESCHREIBUNG DER INSELGRUPPE. – Mit nur 2,4 qkm ist **Koločep** die kleinste der Inseln. Hier sprießt subtropische Flora, und die Bewohner leben von Landwirtschaft, Fischfang und Fremdenverkehr. In **Donje Čelo** enthalten die Wände der Pfarrkirche Bruchstücke römischer Marmorskulpturen und Teile einer frühmittelalterlichen Flecht-ornamentik. Oberhalb der Kirche einer der zum Schutz vor den Seeräubern errichteten Wehrtürme. Auf dem Weg nach *Gornje Čelo,* der zweiten Ortschaft auf Koločep, kommt man an den Ruinen einer größeren Festung vorbei. Ansonsten gibt es hier wie auch auf den beiden anderen Elaphitischen Eilanden eine große Zahl halb oder ganz verfallener Kirchen und Kapellen.

Die Insel **Lopud** ist mit 4,6 qkm die zweit-größte der Elaphitischen Inseln. Da es hier Süßwasserquellen gibt, ist die Vegetation noch üppiger als auf Šipan. Es wachsen Pal-men, Zypressen, Zitronen- und Orangen-bäume sowie andere subtropische Pflanzen.

Lopud auf der gleichnamigen jugoslawischen Insel

Auch bei der Ortschaft **Lopud,** der einzigen Siedlung auf der Insel, residierte der von Ragusa entsandte Rektor in beherrschender Höhenlage; sein Amtssitz blieb als Ruine erhalten. Beachtenswert ist ein kleines, vorromanisches Kirchlein des hl. Elias (Sv. Ilija) mit Wandmalereien. Als ausgesprochene Besucherattraktion erweist sich das vom Ortspfarrer in neuester Zeit angelegte Museum neben dem Pfarrhaus: Hier hat der Geistliche systematisch alles von historischem Wert gesammelt, was auf Inseln der näheren Umgebung im Zuge der Abwanderung in Häusern zurückblieb bzw. vernichtet werden sollte. Auch Gegenstände aus verfallenden Kirchen fanden hier sichere Aufbewahrung.

Mit 16,5 qkm Fläche ist **Šipan** die größte der Elaphitischen Inseln. Höchste Erhebung ist der *Velji vrh* mit 243 m. Oliven, Feigen, Weinreben, Johannisbrot-, Mandel- und Granatapfelbäume gedeihen. In der Hauptsiedlung **Šipanska luka** der über der Ortschaft liegende einstige Rektorenpalast; oberhalb seines gotischen Hofeingangs eine Inschrift von 1450. In der Pfarrkirche verdient das Gemälde ''Die Muttergottes huldigt dem Jesuskinde'' von dem venezianischem Maler Maestro Pantaleone (15. Jh.) Beachtung. – Der Fußweg zu der 4 km von Šipanska luka entfernten Ortschaft **Sudjurad** führt an der ehem. Sommerresidenz der Bischöfe von Ragusa vorbei (16. Jh.; teilweise restauriert). In Sudjurad selbst ein befestigtes Schloß von 1539 mit einem Turm von 1577.

Elba / Isola d'Elba

Italien.
Region: Toscana. – Provinz: Livorno.
Fläche: 223 qkm. – Bewohnerzahl: 30 000.
Postleitzahl: I-57030. – Telefonvorwahl: 0565.
(i) **Ente per la Valorizzazione
Isola d'Elba,**
Calata Italia 26,
I-57037 **Portoferraio;**
Telefon: (0565) 926 71.

HOTELS. – In P o r t o f e r r a i o : *Fabricia,* I, 119 B., Sb.; *Picchiaie Residence,* in Picchiaie, II, 183 B., Sb.; *Massimo,* II, 132 B.; *Garden,* in Schiopparello, II, 99 B.; *Adriana,* in Padulella, II, 60 B.; *Acquabona Golf,* in Acquabona, II, 45 B., Sb.; *Touring,* II, 41 B. – Mehrere CAMPINGPLÄTZE. – In M a r c i a n a P r o c c h i o : *Del Golfo,* I, 175 B., Sb.; *Désirée,* II, 133 B.; *Di Procchio,* II, 95 B.; *La Perla,* II, 94 B., Sb.; *Mona Lisa,* II, 65 B.; *Valla Verde,* II, 62 B.; *Fontalleccio,* II, 40 B.; *Brigantino,* III, 56 B. – In M a r c i a n a M a r i n a : *La Primula,* I, 112 B., Sb.; *Gabbiano Azzurro,* II, 78 B., Sb.; *Marinella,* III, 112 B.; *La Conchiglia,* III, 82 B., Sb. – In R i a M a r i n a : *Ortano Mare,* II, 319 B., Sb.; *Rio,* II, 63 B.; *Cristallo,* in Cavo, III, 90 B. – In P o r t o A z z u r r o : *Cala di Mola,* II, 138 B., Sb.; *Plaza,* II, 46 B.; *Residence Reale,* III, 88 B. – Mehrere CAMPINGPLÄTZE. – In M a r i n a d i C a m p o : *Iselba,* I, 90 B.; *Select,* II, 162 B.; *Marina Due,* II, 152 B., Sb.; *Dei Coralli,* II, 116 B., Sb.; *Riva,* II, 77 B.; *Santa Caterina,* II, 60 B.; *Acquarius,* II, 58 B.; *La Barcarola,* II, 56 B.; *Meridiana,* II, 54 B.; *Barracuda,* III, 70 B. – Mehrere CAMPINGPLÄTZE. – In C a p o l i v e r i - N a r e n g o : *Elba International,* I, 455 B., Sb.

SCHIFFSVERBINDUNGEN. – Linienverkehr (auch Autofähre) mehrmals täglich von Piombinó nach Cavo oder Portoferraio in $^3/_4$ bzw. 1-1$^1/_2$ St. sowie zweimal täglich nach Rio Marina und Porto Azzurro; ferner täglich von Livorno nach Portoferraio in

$2^1/_2$-$5^1/_2$ St. Im Sommer auch Tragflügelboot mehrmals täglich von Piombino und Livorno bzw. täglich von Viareggio nach Portoferraio.

Die italienische Insel Elba, zwischen der norditalienischen Küste und dem französischen Korsika, ist mit 27 km Länge und bis zu 18,5 km Breite die größte der toskanischen Inseln. Sie baut sich hauptsächlich aus Granit und Porphyr auf und birgt besonders in ihrem östlichen Teil hochwertige Erzvorkommen von 40-80 % Metallgehalt.

Mit dem Besitz der Eisengruben von Elba begründeten einst die Etrusker ihre Vorherrschaft in Italien, und auch die Römer haben später diese Gruben ausgebeutet. Noch heute bildet die Förderung von Eisenerz neben dem Fischfang von Thun und Sardellen sowie Landwirtschaft (Obst, Wein) den wichtigsten Erwerbszweig der Bewohner. Dank eines milden und ausgeglichenen Klimas und besonderer landschaftlicher Reize mit günstigen Unterwassersportbedingungen an den steilfelsigen Küsten verzeichnet Elba in den letzten Jahren ein stetiges Ansteigen der Besucherzahlen.

GESCHICHTE. – Elba gehörte seit 962 den Pisanern, fiel 1290 an Genua, später an Lucca und 1736 an Spanien. 1814 wurde die Insel dem entthronten Napoleon mit vollen Souveränitätsrechten überlassen; er verweilte hier vom 4. Mai 1814 bis zum 26. Februar 1815. Durch den Wiener Kongreß kam die Insel wieder zum Großherzogtum Toskana.

INSELORTE. – Auf einer Landzunge im Westen der Einfahrt zu einer weiten Bucht der Nordküste liegt **Portoferraio** ('Eisenhafen'; 10 m; 2000 Einw.), der Hauptort der Insel. An der Hauptstraße Via Garibaldi das Rathaus; unweit nordöstlich, in der Via Napoleone, die Kirche Misericordia, in der alljährlich am 5. Mai eine Seelenmesse für Napoleon gelesen wird (innen eine Nachbildung seines Sarges sowie ein Bronzeabguß der Totenmaske). Weiter oberhalb, auf dem höchsten Punkt der eigentlichen Stadt, die Piazza Napoleone (Aussicht). Westlich das Forte Falcone (79 m), östlich, oberhalb des Leuchtturms, das Forte Stella (48 m), beide 1548 angelegt und später von Napoleon ausgebaut. An der Seeseite des Platzes die einfache Villa der Molini, ehemals offizielle Residenz Napoleons; im Innern u.a. Napoleons Bibliothek und andere Erinnerungsstücke.

Etwa 6 km südwestlich von Portoferraio liegt inmitten reicher Vegetation am Abhang des bewaldeten *Monte San Martino* (370 m) die **Villa Napoleone,** einst Sommerresidenz des Kaisers (Aussichtsterrasse).

Von Portoferraio gelangt man 18 km westlich über den Badeort *Procchio,* an der gleichnamigen weiten Bucht, zu dem ebenfalls als Seebad beliebten Dorf *Marciana Marina.* – 4 km weiter landeinwärts das *Fort Poggio* (359 m), dann 4 km westlich das inmitten schöner Kastanienwälder gelegene, als Sommerfrische besuchte Dorf *Marciana* (375 m; Burgruine). – Von hier Schwebebahn

·zum **Monte Capanne** (1019 m), dem höchsten Gipfel der Insel (*Aussicht). – Ferner von Poggio sehr lohnend in 1 St. südöstlich auf den *Monte Perone (630 m).

An der Ostküste liegen die Orte *Rio Marina* (2500 Einw.; bedeutender Eisenerztagebau) und das malerisch an einer langen Bucht gelegene, im 17. Jahrhundert von den Spaniern befestigte Fischerstädtchen **Porto Azzurro** (3000 Einw.). – An der einsamen Südküste das schön am Golf di Campo gelegene, beliebte Seebad **Marina di Campo.**

Italienische Insel Elba – Marina di Campo

El-Alamein
s. bei Alexandria

El-Beïda

Libyen.
Höhe: 164 m ü.d.M.
Einwohnerzahl: 36 000.

Die libysche Stadt El-Beïda am Nordfuß des Djebel el-Akhdar ist das Handelszentrum eines ausgedehnten mediterranen Landwirtschaftsgebietes. Sie wurde von 1963 bis zur Absetzung des Königs (1969) in modernem Stil großzügig ausgebaut, weil Idris I. sie zur neuen Hauptstadt des Landes erheben wollte. Diese Funktion teilten sich nach der damaligen Verfassung noch Tripolis und Bengasi in zweijährigem Turnus. Der König richtete eine Sommerresidenz in El-Beïda ein, und auch das Parlament, der Senat und mehrere Ministerien verlegten ihren Sitz in die Stadt. Nach der libyschen Revolution verlor El-Beïda seine politischen Funktionen jedoch an die heutige Hauptstadt Tripolis.

El-Beïda ist das religiöse Zentrum der 1835 von Muhammad Ibn Ali As-Sunusi in Mekka ins Leben gerufenen Senussibruderschaft; denn in der Nähe ihres 1843 gegründeten Klosters befindet sich das Grab Sidi Rafas, des 675 hier gestorbenen ersten moslemischen Herrschers der Cyrenaika. Neben dem Kloster ist die moslemische Universität der Stadt als überregional bedeutende Institution erwähnenswert.

UMGEBUNG von El-Beïda. – Sehr zu empfehlen sind ein Besuch der antiken Städte Cyrene und Apollonia und ein Ausflug über Derna nach Tobruk.

Cyrene *(Kyrene)* liegt 15 km östlich von El-Beïda neben dem Araberdorf *Shahat* in einem kleinen Tal, das vom Plateau des Djebel el-Akhdar zum nahen

Mittelmeer verläuft. Die Ruinen des antiken Cyrene wurden durch umfangreiche Ausgrabungsarbeiten seit 1861 freigelegt. Die 631 v. Chr. von Griechen der Kykladeninsel Thera (Santorin) gegründete Stadt, die der Cyrenaika ihren Namen gab, war die Metropole der einstigen Pentapolis (fünf Städte), zu der neben ihrem Hafen Apollonia (heute Marsa Susa) noch die Städte Barka, Toukira und Euhesperides (heute Bengasi) gehörten. Cyrene entwickelte sich zur wohlhabendsten antiken Stadt Libyens, deren bekanntestes Handelsgut die kyrenäischen Vasen waren. Zeitweise müssen hier rund 100 000 Menschen gelebt haben. Bedeutende Tempelbauten waren Apollon, Artemis, Isis und Jupiter Ammon geweiht. Weltruhm erlangte die damalige Medizin- und Philosophenschule Cyrenes. Nicht weniger bekannt wurden die Namen einiger ihrer Einwohner: der Mathematiker Theodorus, der Philosoph Aristippos, ein Schüler des Sokrates, der Geograph Eratosthenes und Simon von Cyrene, der Christus in Jerusalem half, das Kreuz zu tragen. In unserem Jahrhundert lebte der Name der antiken Stadt unter den Kunstliebhabern u.a. durch den Fund der weltbekannten Venus von Cyrene wieder auf.

Genau 300 Jahre nach ihrer Gründung wurde die Stadt von Alexander dem Großen unterworfen (331 v. Chr.), und bereits 9 Jahre später (322 v. Chr.) gliederten die Ptolemäer Cyrene ihrem Reich ein. 96 v. Chr. übernahmen die Römer die Herrschaft über die Stadt und machten sie 74 v. Chr. zur Hauptstadt der neu gegründeten Provinz Cyrene, die unter Kaiser Augustus mit Kreta zusammengelegt wurde. Der wirtschaftliche Niedergang Cyrenes begann nach einem Judenaufstand in den Jahren 114-117 n. Chr. Zwar wurde die zerstörte Stadt von Kaiser Hadrian wiederaufgebaut, aber sie geriet allmählich in den Schatten der weiter westlich gelegenen Stadt Barka (heute El Marj) mit ihrem Hafen Ptolemaïs (das heutige Tolmeitha). Dennoch blieb Cyrene bis zum Ende des Oströmischen Reiches Hauptstadt der Provinz Libya Pentapolis. Mit der Eroberung durch die einfallenden Araber (643) war der Untergang Cyrenes besiegelt.

Die heutige Ruinenstadt besteht hauptsächlich aus den Überresten des von Hadrian wiederaufgebauten Cyrene. Besonders eindrucksvoll ist der noch gut erhaltene Tempelbezirk des Apollon, in dem sich auch die Ruinen frühchristlicher byzantinischer Basiliken befinden. Sehenswert auch der Zeustempel und die Reste der Akropolis. Nahe der Ruinenstadt befindet sich die größte bekannte Nekropole aus der Antike.

Apollonia, heute *Marsa Susa* genannt, liegt 19 km südöstlich von Cyrene, dessen Hafen es in der Antike war. Die Stadt wurde gleichzeitig mit Cyrene gegründet und verband die griechische Pentapolis mit dem Mutterland. Unter Kaiser Diokletian (284-305 n. Chr.) entwickelte sich Apollonia zu voller Blüte. Der älteste Teil der Ruinenstadt ist das gut erhaltene griechische Theater. Die Akropolis wurde im 4. Jahrhundert v. Chr. von den Ptolemäern errichtet. Die Reste der aus dem 5. Jahrhundert n. Chr. stammenden frühchristlichen Basilika zeigen, daß die Byzantiner ihre Bausteine aus schon damals verfallenen Teilen der Stadt bezogen haben. Auch eine Kaserne aus der Türkenzeit besteht aus antikem Material.

72 km östlich von Marsa Susa folgt die Hafenstadt **Derna** (0-5 m ü.d.M.; 25000 Einwohner), das antike *Darnis*. Der Ort mit seinen weißen Flachdachhäusern und blühenden Gärten liegt malerisch inmitten einer ausgedehnten Oase. Wegen seines besonders günstigen Klimas bezeichnet man Derna mit seinen guten Bade- und Tauchmöglichkeiten gerne als Libysche Riviera. Die Stadt ist eine Gründung spanischer Juden, die unter Isabella von Kastilien und Ferdinand von Aragón im 15. Jahrhundert aus Spanien vertrieben wurden. Der ehemalige Piratenort wurde 1805 vorübergehend von den USA besetzt.

Tobruk (0-5 m ü.d.M.; 25000 Einw.), 170 km östlich von Derna gelegen, erreicht man bequem auf der gut ausgebauten Küstenstraße. Die Stadt trug in der Antike den Namen *Antipyrgos*. Sie erstreckt sich auf dem Ausläufer einer Hügelkette an einer 4 km langen und 1,4 km breiten Bucht, die mit einer Wassertiefe von 10 bis 15 m der einzige Naturhafen Libyens ist. – Während des Zweiten Weltkriegs war Tobruk Schauplatz heftiger Kämpfe; der Hafen wurde mehrfach bombardiert. Einen Besuch verdienen der deutsche, der britische und der französische Soldatenfriedhof in der Nähe der Stadt.

Elche s. bei Alicante

El-Djem s. bei Sousse

Ephesos (Ephesus) / Efes

Türkei.
Provinz: İzmir.
Höhe: 19 m ü.d.M.
Telefonvorwahl: Handvermittlung.
ⓘ **Fremdenverkehrsamt,**
Gazi Osman Paşa Bulvarı 10/A;
Telefon: 142147, 126225 und 138910.

UNTERKUNFT. – In Efes: *Tusan Efes Moteli*, M I, 24 B. – In Selçuk: *Selçuk Belediye Motel*, M II, 40 B. – In Kuşadası: *Tusan Oteli*, I, 143 B., Sb.; *Martı Oteli*, IV, 119 B.; *Motel Kısmet*, M I, 129 B.; *Motel Akdeniz*, M I, 314 B.; *İmbat Motel*, M I, 200 B.; Feriendorf *Kuştur Tatil Köyü*, 800 B. – Fünf CAMPINGPLÄTZE.

STRÄNDE. – *İçmel* (an der Straße nach Selçuk), *Kadınlar Denizi, Yavacısu* und *Güzelcamlı*.

FREIZEIT und SPORT. – Schwimmen, Tauchen, Wasserski, Segeln, Reiten, Tennis.

Die bei dem Städtchen Selçuk etwa 75 km südlich von İzmir in der Küstenebene des Küçük Menderes ('Kleiner Mäander'), des antiken Kaystros, gelegenen **Ruinen der altgriechischen Stadt Ephesos (Ephesus; türkisch Efes) gehören zu den größten Sehenswürdigkeiten der Türkei. Wie Milet lag Ephesus im Altertum unmittelbar am Meer und besaß einen bedeutenden Hafen, dem es im wesentlichen seinen Reichtum verdankte. Dann schob der sedimentbeladene und häufig seinen Lauf wechselnde Kleine Mäander die Küstenlinie immer weiter zurück, während gleichzeitig die Meeresströmung

vor der Bucht einen Nehrungswall aufbaute, der zur Versumpfung des Hinterlandes führte. So konnte schon in römischer Zeit nur noch ein zungenförmiges Hafenbecken freigehalten werden.

Zur Aufrechterhaltung einer Schiffahrtsstraße nach Ephesus hätte es großer Arbeiten bedurft, für die jedoch in den Wirren der nachhellenistischen Zeit, vor allem aber infolge der völlig veränderten politischen und wirtschaftlichen Verhältnisse in der byzantinischen und osmanischen Epoche keine Voraussetzungen bestanden. Ephesus verödete und wurde allmählich von Flußablagerungen zugedeckt. Was von den Ruinen noch über den Boden herausragte, wurde als Baumaterial verwendet oder zu Löschkalk verbrannt. Erst in der zweiten Hälfte des 19. Jahrhunderts begannen Ausgrabungen, die das heute außerordentlich eindrucksvolle Ruinenfeld z.T. freilegten.

GESCHICHTE. – Auf dem unmittelbar nördlich über Selçuk und etwa 2 km nordöstlich der hellenistischen Stadt aufragenden Hügel, an den einst das Meer brandete ('Heiliger Hafen'), haben vermutlich die ältesten Bewohner dieser Gegend, die *Karier* und *Lyder*, eine befestigte Ansiedlung gehabt. In ihrem Schutze lag am Westabhang das uralte Heiligtum der großen Naturgöttin Kleinasiens, die später von den Griechen der Artemis gleichgesetzt und als Spenderin üppiger Fruchtbarkeit dargestellt wurde.

Diese Ansiedlung wurde seit dem 11. Jahrhundert v.Chr. von *ionischen Griechen*, nach der Sage unter Androklos, dem Sohn des Kodros, von Samos her nach langen Kämpfen hellenisiert. Im Dienste der großen Naturgöttin schlossen sich Fremde und Einheimische zusammen und nannten sich *Ephesier*. Infolge der günstigen Lage an einer tief ins Land eingeschnittenen Bucht, dem Endpunkt einer Haupthandelsstraße aus dem Innern, und in der fruchtbaren Asischen Ebene nahm Ephesos, das dem ionischen Zwölfstädtebund angehörte, einen glänzenden Aufschwung und wurde eine blühende Handelsstadt. – Um 550 mußte sich die Stadt den Lydern unter König Kroisos unterwerfen, die die Bewohner zwar freundlich behandelte, sie jedoch um den Artemistempel in der Ebene ansiedelte. – Nach dem Untergang des lydischen Reiches (545) herrschten die *Perser* über die Stadt, die mit der persischen Königsstraße durch einen Zweigarm nach Sardes verbunden und um 540–480 Wirkungsstätte des Philosophen Heraklit war. Als unbefestigter Ort trat sie während des ionischen Aufstandes gegen die Perser nicht hervor und blieb auch länger als die Nachbarstädte persisch (etwa bis 466). – Im Jahre 412 trennte sie sich vom *Attischen Reich*, war dann lange Zeit das Hauptquartier Lysanders (gest. 395), des Feldherrn der *Spartaner*, und später wieder bis 334 persisch. *Alexander d. Gr.* wandte auch ihr seine Fürsorge zu.

Um die verlorengegangene Verbindung mit dem Meere wiederzugewinnen, verlegte König *Lysimachos* um 287 v.Chr. die Stadt in die Niederung zwischen dem Pion und Koressos, dem heutigen Panayır Dağı und Bülbül Dağı, die beide mit in die Befestigung einbezogen wurden, ohne daß der eingeschlossene Raum jemals ganz bewohnt war. Das Artemis024n lag von da ab außerhalb der Stadt. Die Gebäude der älteren Siedlung wurden abgetragen. Lysimachos nannte die neue Stadt nach seiner Gemahlin **Arsinoeia**; nach seinem Tode nahm sie aber wieder den alten Namen Ephesos an. – Nachdem die Stadt später einige Zeit zum *Pergamenischen*

Reich gehört hatte, kam sie 133 v. Chr. an die *Römer.* – In den Jahren 88–84 v. Chr. beherrschte sie vorübergehend Mithradates, der König von *Pontos,* der von hier seinen bekannten Befehl zur Ermordung aller im westlichen Kleinasien lebenden Römer erließ. – In der *römischen Kaiserzeit* (1. und 2. Jh. n. Chr.) gelangte Ephesus als Hauptstadt der Provinz Asia zu neuer Bedeutung und war nach Alexandria die größte Stadt des Ostens (über 200 000 Einw.). Unter Tiberius richtete ein Erdbeben schlimme Verwüstungen an (29 n. Chr.). Hadrian ließ großartige Schutzbauten für den Hafen, vielleicht auch den noch erkennbaren Kanal ausführen.

Für das *Christentum* gewann die Stadt frühzeitig große Bedeutung. Paulus predigte hier auf seiner zweiten Missionsreise und wirkte später drei Jahre (55-58) in Ephesus (Apostelgesch. 18, 19; 19). Die Hauptkirche war später dem hl. Johannes geweiht und eine der Kirchen Kleinasiens, die von Pilgern viel aufgesucht wurde. – Im Jahre 263 zerstörten die *Goten* auf einem ihrer Seezüge die Stadt und das Artemiseion. – Im *Oströmischen Reich* verlor sie, hauptsächlich wohl durch die fortschreitende Versandung des Hafens, immer mehr an Bedeutung und Größe, so daß ein engerer Mauerring, der kaum das Hafenviertel schützte und den hellenistischen Markt ausschloß, mit teilweiser Benutzung des älteren gezogen werden mußte. 431 fand jedoch noch das dritte Ökumenische Konzil statt. Unter Justinian zog man sich ganz auf den ältesten Burghügel am Artemiseion zurück.

Seit dem Ende des 11. Jahrhunderts eroberten und verloren die *Seldschuken* die Stadt, die damals von den Venezianern *Altoluogo* genannt wurde, mehrfach. Doch war sie neben Palatia (am Marmarameer) noch lange Zeit ein bedeutender Handelsplatz mit großem Bazar auf der Burg. In einer Marina, wohl den späteren Neu-Ephesus, wohnten reiche christliche Kaufleute und ein Konsul der Italiener. – Nach einer kurzen Herrschaft der *Osmanen* (1426), welche die Burg ausbauten, wurde Ephesus durch die *Mongolen* unter Tamerlan erobert und geplündert. Die letzten noch erhaltenen Reste der Stadt fielen dann bei den nachfolgenden schweren Auseinandersetzungen zwischen den Seldschuken und den Osmanen in Trümmer.

Die Ausgrabungen begannen 1866, als es dem englischen Ingenieur *J. T. Wood* gelang, das Artemiseion, das wie die meisten anderen antiken Bauwerke völlig verschüttet war, wiederaufzufinden und 1871–74 freizulegen. Zwischen 1896 und 1913 setzte das *Österreichische Archäologische Institut* die Grabungen fort und legte einen großen Teil der lysimachischen Stadt frei. Zwischen 1919 und 1922 forschten *griechische* Archäologen bei der Basilika des hl. Johannes. Weitere Grabungen *österreichischer* Archäologen unter *türkischer* Regie sowie die seit 1954 betriebenen und laufend fortgeführten Grabungen des Österreichischen Archäologischen Instituts führten zu dem gegenwärtigen Bild der untergegangenen Stadt.

BESICHTIGUNG DER RUINEN. – Vom Hauptplatz in **Selçuk,** über den die Straße von İzmir nach Aydın führt (an der Südostseite des Platzes eine seldschukische *Moschee),* zunächst in südwestlicher Richtung an einem byzantinischen *Aquädukt* entlang. – Nach etwa 200 m rechts ab zur Zitadelle. Durch das im 7. Jahrhundert n. Chr. aus älteren Werkstücken errichtete *Byzantinische Tor,* nach einer Reliefdarstellung (Achilles schleift den toten Hektor hinter sich her) auch *Tor der Verfolgung* genannt, gelangt man in den unteren Festungsbezirk. Das von zwei massigen Rechtecktürmen flankierte Festungstor hat ebenfalls zwei hintereinander liegende Bogenöffnungen. Hinter dem Tor links ein hübscher Ausblick auf die Ebene des Küçük Menderes.

Nach wenigen Schritten erreicht man die Reste der **Basilika des hl. Johannes,** die nahezu die ganze Breite des Hügelrückens einnahm und einst neben der Hagia Sophia und der zerstörten Apostelkirche in Konstantinopel zu den größten byzantinischen Kirchen zählte. Nach der Überlieferung soll unter der Basilika das *Grab des hl. Johannes des Theologen* liegen. Über der Stelle des Grabes wurde zunächst ein Mausoleum in Form ei-

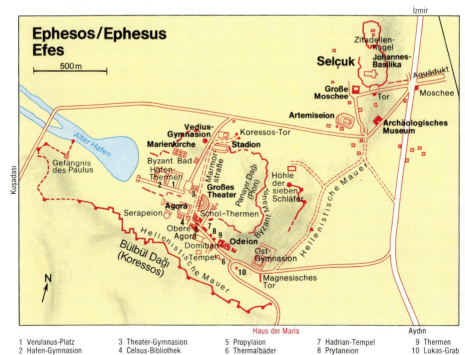

| 1 Verulanus-Platz | 3 Theater-Gymnasion | 5 Propylaion | 7 Hadrian-Tempel | 9 Thermen |
| 2 Hafen-Gymnasion | 4 Celsus-Bibliothek | 6 Thermalbäder | 8 Prytaneion | 10 Lukas-Grab |

nes von 4 Säulen getragenen Kreuzgewölbes errichtet, das später durch ein dreischiffiges Langhaus, ein Querschiff und einen fünfschiffigen Chorbau zu einer mit einem hölzernen Dach gedeckten Basilika umgebaut wurde. – Kaiser Justinian (527–565) ersetzte diese Kirche durch den monumentalen Steinbau einer dreischiffigen Basilika, welche die Form eines lateinischen Kreuzes hatte und von 6 Kuppeln (4 über dem Langhaus und je eine über den Flügeln des Querschiffes) überwölbt wurde. Zusammen mit dem der Westseite vorgelagerten Narthex und dem Säulenarkadenhof hatte diese Kirche eine Länge von 130 m und eine Breite von 40 m. Im Innern lagen über den Seitenschiffen Emporen, die über die Querschiffe hinaus bis zur Chorapsis durchliefen. Die Stätte des Heiligengrabes war durch eine zweistufige Marmorplatte gekennzeichnet, die nach Osten hin durch eine Apsis mit den Presbytersitzen abgeschlossen war. Von hier führte eine Treppe zum Grab hinab. – Die Seldschuken bauten nach der Eroberung von Ephesus die Basilika 1330 zu einer Moschee um. Später diente sie als Basar, bis dann ein Erdbeben das Gebäude zerstörte (z.T. wiederhergestellt).

Nördlich über der Johannes-Basilika, auf der Spitze des Hügels die noch wohlerhaltene **Zitadelle,** über deren Baudatum keine schriftlichen Quellen existieren. Doch kann aus der Art des Mauerwerks geschlossen werden, daß die Festung noch in byzantinischer Zeit errichtet und dann von den Seldschuken weiter ausgebaut wurde. Die mächtige Umfassungsmauer hatte 15 meist rechteckige Wehrtürme. Um Mauer und Türme läuft ein geschlossener Zinnenkranz. Wahrscheinlich bestand nur ein einziger Zugang. Im Innern befinden sich mehrere Zisternen, eine *kleine Moschee* aus seldschukischer Zeit und eine *byzantinische Kirche.*

Am Südwesthang des Zitadellenhügels erhebt sich die aus seldschukischer Zeit stammende ***Große Moschee** (auch Isa-Bey-* oder *Selim-Moschee).* Das 57x51 m messende hohe Mauerrechteck umschließt einen großen Arkadenhof mit dem Brunnen für rituelle Waschungen und dem eigentlichen Betraum. Dieser war in seinem zentralen Teil durch zwei säulengestützte Kuppeln überwölbt, während die beiden Seitenflügel flache Holzdächer trugen. Die großen schwarzen Granitsäulen stammen von den römischen Thermen am Hafen. Die Verbindung zum Arkadenhof wird durch drei Säulenbögen und zwei Nebeneingänge hergestellt. Über der außen mit Marmor verkleideten westlichen Moscheemauer steigt ein rundes Minarett bis zur Höhe des Umganges für den Muezzin auf. Das entsprechende Minarett an der östlichen Mauer ist dagegen völlig zerstört. Die hohen Rechteckfenster haben verschieden gearbeitete Zierrahmen. Über dem mit Inkrustationen reich geschmückten *Portal* ist eine kunstvoll gearbeitete Inschrift zu erkennen: "Im Namen Gottes, des Barmherzigen, des Erbarmenden! Es befahl die Errichtung dieser gesegneten Moschee der glorreiche Sultan, der Machthaber über die Nacken der Völker und der Gläubigen, der Glaubensheld Isa, Sohn des Mohammed, Sohn des Aydın, dessen Herrschaft Gott

lange dauern lassen möge. Erbaut von dem Baumeister Ali, dem Sohne des Muschimisch Ali Damischki, und von ihm geschrieben am 9. des Monats Schaban zu Neumond des Jahres 776'' (30. 1. 1375).

In der Umgebung der Großen Moschee standen in seldschukischer Zeit noch 14 kleine Moscheen. Diese in der Regel quadratischen Kuppelbauten sind in mehr oder weniger gutem Zustand z.T. heute noch erhalten.

Etwa 300 m südlich unterhalb der Großen Moschee, vom Hauptplatz in Selçuk halbrechts in Richtung Ephesus (am *Archäologischen Museum* vorüber; rechts; u.a. drei Artemisstatuen), erreicht man die rechts in einer flachen sumpfigen Mulde gelegenen geringen Reste der **Artemiseion,** des *Tempels der Artemis,* der einst als eines der sieben Weltwunder galt.

BAUGESCHICHTE. – Die Durchforschung des von dem Engländer J.T. Wood und dem Britischen Museum ausgegrabenen Tempels zeigte, daß an seiner Stelle ursprünglich eine steinerne Plattform bestand, unter der vermutlich die Weihgeschenke aufbewahrt wurden, während auf der Plattform selbst das Kultbild stand. Etwas westlich davon war eine zweite Plattform. In einer weiteren Bauphase wurden beide Plattformen miteinander verbunden und später mit einer 16x31 m großen Cella überbaut. Von einem Säulenumbau ist nichts bekannt. Im 6. Jahrhundert v.Chr. entstand schließlich der große Marmortempel. Der 109 m lange und 55 m breite Dipteros hatte in seinen beiden umlaufenden Säulenreihen 8x20 und 6x18 Säulen, weiterhin im Vorraum (Pronaos) 2x4 und in der rückwärtigen Vorhalle (Opistodomos) 2x2 sowie in der dreischiffigen Cella 2x9+1 Säulen. Von diesen trugen 36 Säulen an den unteren Schafttrommeln einen Reliefschmuck. Beim Wiederaufbau des von Herostratos (um seinen Namen zu verewigen) im Jahre 356 v.Chr. angezündeten Tempels wurde zunächst das Fundament um 2,7 m erhöht. Sonst hielt man sich genau an die Abmessungen und die Form des zerstörten Tempels. – Die zweite Zerstörung des riesigen Bauwerks begann mit einem Überfall der Goten auf Ephesus um 260 n.Chr. In byzantinischer Zeit verfiel es völlig und wurde als Steinbruch benutzt. Säulen und Marmorplatten befinden sich u.a. in der Sophienkirche in İstanbul. 1965 fand man das Fundament des Altars (30X40 m).

Vom Artemiseion führt die Straße westlich weiter. – Nach 1,5 km (2 km vom Hauptplatz in Selçuk) biegt man bei einer Tankstelle und einem Motel links ab (geradeaus nach Kuşadası und Söke) und erreicht nach 200 m die bedeutende RUINENSTÄTTE der neuen Stadt **EPHESOS,** die von Lysimachos im 3. Jahrhundert v.Chr. hierher verlegt wurde (Eintrittsgebühr). – Gleich links am Hang das **Vedius-Gymnasion** (2. Jh. n.Chr.), dessen Reste ein in zahlreiche Räume aufgelöstes großes rechteckiges Gebäude mit restlich vorgelagertem Säulenarkadenhof (Palästra) erkennen lassen. Die relativ besser erhaltene östliche Hälfte des Bauwerks, dessen Ziegelmauern mit Marmorplatten verkleidet waren, zeigt interessante Details der Innenausstattung. – 100 m südlich des Vedius-Gymnasions erkennt man das unter Kaiser Nero (54–68 n.Chr.) erbaute **Stadion,** dessen südliche Zuschauerränge in den Hang hineingegraben waren. Die Steinstufen sind nicht mehr vorhanden. In der großen Ostkurve lag eine gegen die Stadiongeraden abschließbare Arena, die in Ermangelung eines Zirkusses bei Gladiatorenkämpfen und Tierkämpfen benützt wurde. Zwischen dem Vedius-Gymnasion und dem Stadion verlief einst die Marmorstraße östlich zu dem heute nur noch in Ruinenresten erhaltenen **Koressos-Tor,** von dem eine Straße südlich zum Berg Koressos (Bülbül Dağı) führt. – An der westlichen Biegung der Marmorstraße (50 m westl. vom Stadion) stand auf dem kleinen Hügel der sogenannten Akropolis innerhalb eines quadratischen Säulenhofes ein *Rundbau* unbekannter Zweckbestimmung. Von der ganzen Anlage sind heute nur noch eine Eckbasis und einige Gesimssteine vorhanden. Die Überlieferung sowie Scherbenfunde auf dem Hügel machen es wahrscheinlich, daß dieser bereits in altionischer Zeit besiedelt war.

Vom Stadion führt die am Koressos-Tor beginnende und nach einem großen Bogen am Magnesischen Tor endende Marmorstraße, eine z.T. mit Bildwerken geschmückte Säulenarkadenstraße, in deren Mitte man noch die Abflußöffnungen für die Kanalisation erkennt, südlich zum Großen Theater.

Wenn man vom Vedius-Gymnasium der durch das Ausgrabungsgelände angelegten Straße nach Süden folgt, erblickt man nach knapp 200 m rechts die Ruine eines *byzantinischen Bades* (beachtenswert der große Konchensaal an der Südseite und die 50 m lange Apsidenhalle an der Westseite). – 100 m westlich abseits das 260 m lange Ruinenfeld der sogenannten **Kirche der Maria** oder *Konzilskirche*. Das als Doppelkirche gedeutete Bauwerk, in dem 431 das Konzil stattfand, war ursprünglich eine dreischiffige Halle des 2. Jahrhunderts n.Chr. (Museion, d.h. Forschungsstätte), in die im 4. Jahrhundert eine Säulenbasilika eingebaut wurde. An der westlichen Seite lag ein langgestreckter Hof. Der östliche Teil der antiken Halle scheint als Bischofssitz gedient zu haben. Im 7. Jahrhundert wurde die Basilika durch eine Kuppelkirche ersetzt, der nach ihrem Einsturz eine Pfeilerbasilika vorgebaut wurde. – Auf der neuen Straße gelangt man 300 m weiter südlich zu dem in der römischen Kaiserzeit errichteten **Theater-Gymnasion,** das aus einem mächtigen rechteckigen Bau und einem nördlich vorgelagerten Säulenarkadenhof (70x30 m) bestand. Südöstlich darüber, an der Marmorstraße, das *Große Theater.*

Westlich schließt sich an das Theater-Gymnasion das ziemlich unübersichtliche Ruinenfeld einer zusammengehörenden Gebäudegruppe an. Zunächst der Verulanus-Platz, ein 200x240 m großer, als Sportanlage dienender Säulenarkadenhof, dem westlich das aus der frühen römischen Kaiserzeit stammende **Hafen-Gymnasion** angegliedert war. Dieses bestand aus mehreren Gebäuden, die sich rings um einen großen zentralen Hof gruppierten. An der Nord- und Südseite des Hofes lagen je ein Marmorsaal von 16x32 m, deren Innenwände mit Säulenstellungen und Statuennischen prächtig ausgestattet waren. Westlich an das Hafen-Gymnasion schlossen sich die *Großen Thermen (Hafenthermen)* an, von denen bisher nur ein Raum ausgegraben ist. Die Thermen wurden im 2. Jahrhundert n. Chr. erbaut und unter Konstantin dem Großen im 4. Jahrhundert prunkvoll erneuert. - An die Thermen grenzte im Westen der *Hafen* von

Ephesus, dessen Stelle heute ein mit Schilf bedeckter Sumpf einnimmt. - Unmittelbar südlich dieser einst den Stadtmittelpunkt bildenden Gebäudegruppe verlief die um 400 n. Chr. von dem ersten oströmischen Kaiser Arkadios erbaute A r k a d i a n é, eine vom Hafen in östlicher Richtung führende vornehme, nachts beleuchtete Arkadenstraße, die zur Steigerung ihrer architektonischen Wirkung an ihren beiden Enden durch reichgegliederte Prunktore abgeschlossen war. - Die Arkadiané mündete im Osten auf einen langgestreckten Platz, der an der schmalen Nordseite von dem Theater-Gymnasion, im Osten von dem an der Panayır Dağı sich anlehnenden Großen Theater und im Süden von der großen Agorá begrenzt wird (Verkaufsstände).

Das unter Kaiser Claudius (41-54) begonnene und unter Trajan (98-117) vollendete *Große Theater beeindruckt vor allem durch seine großen Abmessungen und den im Vergleich zu den übrigen Bauten von Ephesus guten Erhaltungszustand der Orchestra und des Bühnenhauses. Auf 3 x 22 Rängen, die durch 12 Treppenaufgänge im oberen Drittel durch weitere 11 Zwischentreppen unterteilt waren, fanden ca. 25 000 Zuschauer Platz. An der Hangseite führten außerdem abgedeckte Treppenhäuser zu den oberen Rängen. Die Schauwand des ehemals dreistöckigen, 18 m hohen Bühnenhauses (nur das Erdgeschoß erhalten) hatte mit Säulenstellungen, Statuennischen und reich geschmückten Gesimsen eine starke plastische Wirkung. In der westlichen Terrassenmauer ein in der Form eines Antentempels errichtetes hellenistisches *Brunnenhaus,* das trotz seines ruinösen Bauzustandes durch die Schlichtheit und Klarheit seiner Anlage wirkt. Im Großen Theater ereignete sich vielleicht der durch die Hetzrede des um den Absatz der von ihm gefertigten kleinen silbernen Diana-Tempel fürchtenden Goldschmieds Demetrius veranlaßte Auflauf der Epheser während des Aufenthaltes des Apostels Paulus (Apostelgesch. 19, 23-40).

Südwestlich vom Großen Theater das große Mauergeviert der **Agorá,** der sich nach Westen eine Säulenhallenstraße anschließt. Der erst teilweise ausgegrabene Marktplatz wurde im 3. Jahrhundert n.Ch. aus einer an dieser Stelle bereits bestehenden Anlage großzügig umgebaut, wobei durch die Verwendung von Werksteinen älterer Bauten in der Ausführung des Details eine bemerkenswerte Vielgestaltigkeit erreicht wurde. Die den großen quadratischen Platz (116 m Seitenlänge) umgebende zweischiffige Säulenarkadenhalle (für Geschäftsräume) hatte an der Ostseite ein zurückgesetztes Obergeschoß. An der Südostecke der Agorá sind die noch bis 3 m aufragenden Mauern eines repräsentativen *Portals* zu sehen. Das nach einer Inschrift als Tor des Macaeus und Mithridates bezeichnete Bauwerk besaß nach einer Rekonstruktion von W. Wilberg drei tiefe Torbögen. - Die erwähnte Säulenhallenstraße (160 m lang) wurde an beiden Enden ebenfalls von repräsentativen Torbauten abgeschlossen. Besonders eindrucksvoll muß das zur Agorá führende *Portal* ausgesehen haben. Nach dem Rekonstruktionsversuch von H. Hörmann hatte es die Form einer

Hadriantempel in der antiken Stadt Ephesos (Türkei)

breit gelagerten ionischen Säulenhalle. Die zu beiden Seiten vorspringenden Hallenflügel rahmten eine 11 m breite Treppe ein, über die man zur Agorá weiterschritt. - An der Südseite der Säulenhallenstraße führte ein Treppenaufgang zu einem großen kolonnadengesäumten Platz, der an seinem Südende von dem kolossalen **Serapeion** überragt wurde. Die Frontsäulen des nach Art eines Prostylos errichteten Tempels, der dem Kult des ägyptischen Gottes Serapis diente, bestanden aus 15 m hohen Monolithen mit korinthischen Kapitellen. Durch die 29 m lange Front des Tempels führte ein gewaltiges Tor, dessen Türen auf Rädern liefen, in die Cella. In byzantinischer Zeit wurde der Tempel zu einer Basilika umgestaltet.

Von der Agorá gelangt man durch das Mithridates-Tor auf einen kleinen Platz, an dessen Westseite sich die Ruinen der *Celsus-Bibliothek erheben. Die Rekonstruktion von W. Wilberg zeigte eine zweigeschossige Schaufassade mit verkröpften Säulenstellungen und wirkungsvoll hervortretenden Gesimsen. Der ganz mit buntem Mormor getäfelte große Bibliotheksraum war in drei Stockwerke unterteilt. Um die beiden unteren Stockwerke führten Säulengänge. Eine durchgehende Apsis in der rückwärtigen Wand barg die Fächer für die Pergamentbände und Schriftrollen. Unter der Apsis in einer Grabkammer der Sarkophag des Tiberius Iulius Celsus (Stadthalter der Provinz Asia), dem zu Ehren sein Sohn Tiberius Iulius Aquila zu Anfang des 2. Jahrhunderts n.Chr. das Gebäude errichtete (135 n.Chr. vollendet).

Südöstlich der Agorá verengt sich die Ebene zwischen dem Panayır Daği und dem Bülbül Daği zu einem Muldental, durch das einst die von zahlreichen öffentlichen Gebäuden gesäumte Fortsetzung der vom Koressos-Tor kommenden *Marmorstraße ('Kuretin-Straße') verlief. In späthellenistischer Zeit scheint dieser Straßenzug zum Kernbereich der Lysimachischen Stadt herangewachsen zu sein. - Unmittelbar bei dem Straßenknick südöstlich der Agorá sind noch die Postamente des *Propylaion, eines Torbaus aus dem 2. Jahrhundert n.Chr., zu sehen, durch den eine später als Treppenweg sich fortsetzende Straße südlich zum Bülbül Daği hinaufführte. - Östlich dieses Torbaus stand ein vermutlich zweigeschossiges *Nymphaion* (Brunnenhaus), dessen Wände mit Halbsäulen geschmückt waren. - An dieses Bauwerk schloß sich östlich das *Oktogon* an, ein monumentaler Grabbau, dessen Bezeichnung von dem über dem quadratischen Marmorsockel aufragenden achteckigen Überbau stammt, um den eine korinthische Säulenarkade mit einer Sitzbank lief. Ein stufenförmig sich verjüngendes Dach schloß das Bauwerk ab. - An der gegenüberliegenden Straßenseite liegt das Grabungsfeld der im 2. Jahrhundert n.Chr. entstandenen und um 400 von einer Christin namens Scholastika erneuerten **Scholastika-Thermen,** eines ehemals mehrgeschossigen Badehauses. - Unmittelbar darüber erhebt sich am Südwesthang des Panayır Daği auf quadratischem Sockel ein zweigeschossiger *Rundbau,* der in einem Untergeschoß von dorischen Halbsäulen und im oberen Stock von freistehenden ionischen Säulen umrahmt war. Vermutlich handelt es sich hier wie beim Oktogon um ein Heroengrab. – Innerhalb der Scholastika-Thermen der von den österreichischen Archäologen weitgehend rekonstruierte hübsche kleine **Hadriantempel,** der nach einer Inschrift dem Kaiser Hadrian (117-138) geweiht war. – Südöstlich der Scholastika-Thermen ein Bereich, der heute als Standort des lange gesuchten **Prytaneion** (Rathaus) gedeutet wird (die hier gefundenen Artemisstatuen jetzt im Museum). – Südöstlich davon der *Traiansbrunnen* und anschließend das Halbrund im 2. Jahrhundert n.Chr. von P. Vedius Andonius gestifteten **Odeion,** dessen untere Marmorstufen noch gut erhalten sind. Der insgesamt 1400 Besucher fassende Zuschauerraum war durch einen Umgang in einen unteren Block mit 13 Rängen und 6 Treppenaufgängen und einen oberen Block mit 10 Rängen und 7 Treppenwegen gegliedert. Aus dem Fehlen eines Wasserabflusses in der Orchestra kann auf die Existenz eines Daches geschlossen werden, das vermutlich als Holzkonstruktion den Zuschauerraum über eine Weite von 25 m überspannte.

Etwa 250 m westlich des Odeions liegen auf der gegenüberliegenden Hangseite die Ruinen des stattlichen **Domitiantempels,** den die Provinz Asia für den Kaiser (81-96 n.Chr.) errichtet hatte. In den Kellergewölben wurden Marmorstücke einer überlebensgroßen Statue des Kaisers gefunden, die vermutlich nach der Erhebung des Christentums zur Staatsreligion von ihrem Standort entfernt und dabei zerstört wurde. – 150 m weiter westlich die Reste einer einst monumentalen *Fontäne* und eines *Wasserschlosses,* das vom Hang herabfließenden Quellwässer sammelte. – 150 m östlich davon der Sockel eines fälschlich als **Grab des hl. Lukas** bezeichneten römischen Rundbaus, der in byzantinischer Zeit durch Anfügung einer Apsis und einer Vorhalle zu einer Kirche umgestaltet wurde.

Die Marmorstraße führt vom Odeion zu *Thermen* (links) und den Basisbauten eines repräsentativen *Brunnens* (rechts), der mit zahlreichen Statuennischen geschmückt war, und endet nach weiteren 200 m bei dem **Magnesischen Tor,** durch dessen drei Durchgänge die Straße nach Magnesia ausging. Außerhalb des Tores zu beiden Seiten Nekropolen; ferner die von der Hauptstraße Selçuk–Aydın zum Haus der Maria führende Straße.

Unmittelbar nördlich des Magnesischen Tores die stattliche Ruine des aus dem 1./2. Jahrhunder n. Chr. stammenden **Ost-Gymnasion,** das ähnlich wie die drei übrigen Gymnasien von Ephesus ein großes rechteckiges Gebäude mit mehreren prunkvoll eingerichteten Hallen und einer vorgelagerten Palästra umfaße und, da zahlreiche Mädchenstatuen ausgegraben wurden, auch 'Mädchen-Gymnasion' genannt wird. Bemerkenswert ist der 25 x 30 m messende Warmbaderaum (Caldarium). An der West- und Ostseite der stattlich vorgelagerten Palästra lagen je ein großer Saal. Wie aus den Resten einer ansteigenden Sitzreihe im östlichen Saal hervorgeht, diente dieser wohl als Vortragsraum.

Vom Ost-Gymnasion führt ein guter Weg nordöstlich auf den bis 155 m ansteigenden **Panayır Dağı** *(Pion;* 155 m), der einen schönen Überblick über die sich halbkreisförmig um den Hügel ziehende Ruinenfeld bietet. Entlang dem Hügelscheitel verläuft eine teilweise gut erhaltene *byzantinische Mauer* zum Koressos-Tor im Norden. - Am Nordostfuß des Hügels liegt das Gebiet der sog. **Höhle der sieben Schläfer,** die wegen einer Sage Berühmtheit erlangt hat. Während einer Christenverfolgung sollen in der Mitte des 2. Jahrhunderts sieben in eine Höhle eingemauerte Jünglinge in einen tiefen Schlaf versunken sein und erst unter Theodosius II. (414-50) wieder das Tageslicht erblickt haben. Nach ihrem Tode soll sie der Kaiser in der Höhle beigesetzt und darüber eine Wallfahrtskirche gebaut haben. Mit dem Schwinden des Christentums in türkischer Zeit verfiel auch die sakrale Stätte. Der vom Hang herabgeschwemmte Schutt deckte die Ruinen schließlich völlig zu. Bei den 1926 bis 1928 durchgeführten Ausgrabungen wurden zahlreiche ineinander verschachtelte Säle freigelegt, die in Wandnischen und unter dem Boden Hunderte von Gräbern enthielten. In der Mitte des Grabungsbezirks fand man eine Kirche, die in ihrem Unterbau ein katakombenartiges Verlies mit zehn Grabkammern barg. Die Wände dieser Kammern waren mit eingeritzten bzw. aufgemalten Anrufungen der Jünglinge in griechischer, armenischer und lateinischer Sprache bedeckt. Die Verehrung der Stätte bezog sich wohl ursprünglich auf eine bereits in frühbyzantinischer Zeit existierenden Begräbnisplatz, auf den die ursprünglich orientalische Jünglings-Legende bezogen wurde.

Südwestlich über der Ruinenstätte von Ephesus erhebt sich der langgestreckte Höhenrücken des **Bülbül Dağı** ('Nachtigallenberg'; 358 m), der antike *Koressos,* den man sowohl vom sogenannten Lukasgrab über den Ostabfall des Berges als auch auf einem vom ehemaligen Hafen zum westlichen Teil des Kammes führenden Weg erreichen kann. Über die Kammlinie zieht die turmbewehrte und teilweise noch zinnenbekrönte *hellenistische Stadtmauer* aus der Zeit des Lysimachos, neben der ein Saumpfad hinführt. - Auf einem über den Hafenkanal aufragenden Hügel, dem *Pagos Astyagu* der hellenistischen Zeit, die Ruine eines zur hellenistischen Mauer gehörenden Wachtturmes, der aus ungeklärtem Anlaß als Gefängnis des hl. Paulus angesehen wird.

UMGEBUNG von Ephesos. – Südöstlich vom Bülbül Dağı (Zufahrt von der Haupstraße Selçuk–Aydın 7 km) steht auf dem Ala Dağı (420 m), einer in der Antike *Solmissos* genannten Höhe, ein als **Wohn- und Sterbehaus der Maria** *(Panaya Kapulu)* bezeichnetes Gebäude, das in seinen Grundmauern aus dem 1. Jahrhundert n.Chr. stammt, in byzantinischer Zeit restauriert wurde und später verfiel. Die Vermutung, daß die Mutter Jesu in Ephesos gelebt habe, geht auf eine von Clemens Brentano veröffentlichte Vision der stigmatisierten Nonne Katharina Emmerich aus Dülmen in Westfalen (1774 bis 1824) zurück, die das Aussehen und die Lage des Hauses genau beschrieb. 1891 entdeckten Lazaristen aus Smyrna auf Grund dieser Angaben unweit südlich des Bülbül Dağı die Ruine einer kleinen Kirche, die offensichtlich zu einem ehemaligen Kloster gehörte und nun als das Haus der Maria angesehen wird. Die seit der Auffindung der Kirche einsetzen-

den Wallfahrten nahmen nach dem Zweiten Weltkrieg einen größeren Umfang an (große Feier an Mariä Himmelfahrt, 15. Aug.), und seither entwickelte sich der hübsch gelegene und aussichtsreiche Ort auch zu einem allgemeinen Touristenziel. Die Zufahrt von der Hauptstraße Selçuk–Aydın führt nach 4,5 km unweit vom Ost-Gymnasion und außen am Magnesischen Tor vorüber, dann noch 3,5 km um den Osthang des Bülbül Dağı herum zur Wallfahrtsstätte.

Epidauros
(Epídhawros)

Griechenland.
Landschaft: Peloponnes. – Nomos: Argolis.
Höhe: 90 m ü.d.M.

HOTELS. – E p i d a u r o s : *Xenia II Bungalows,* II, 48 B. – N é a E p í d a v r o s (19 km): *Epidaurus,* III, 13 B. – P a l á ä E p í d a v r o s (19 km): *Aegeon,* III, 16 B.; *Aktis,* III, 16 B.; *Apollon,* III, 50 B.; *Koronis,* III, 13 B.; *Maronika,* III, 19 B.; *Paola Beach,* III, 42 B.; *Plaza,* III, 17 B.; *Possidon,* III, 18 B.

VERANSTALTUNGEN. – Alljährlich finden im Juli und August Festspiele im antiken Theater statt.

**Epidauros, die berühmteste Kultstätte des griechischen Heilgottes Asklepios, liegt in einer milden Landschaft der Halbinsel Argolis.

GESCHICHTE. – In vorgriechischer Zeit wurde auf dem Berg Kynortion (oberhalb des Theaters, außerhalb der modernen Einzäunung) der Gott von Maleas (Maleatas) verehrt. Die Griechen setzten ihn mit ihrem Apollon gleich. Neben diesen trat zu einem unbekannten Zeitpunkt dessen Sohn Asklepios, der in Trikka (Thessalien) aufgewachsen war. Alle vier Jahre fanden Wettkämpfe, seit 395 v. Chr. auch musische Agone, zu Ehren des Gottes statt. Der Kult breitete sich vom Ende des 5. Jahrhunderts v. Chr. an über weite Teile der antiken Welt aus. So kam der Gott 420 v. Chr. nach Athen und 293 v. Chr. (als Aesculap) nach Rom. Der starke Zustrom der Heilungsuchenden führte im 4. und 3. Jahrhundert v. Chr. zu einem Ausbau der Anlagen von Epidauros. Nach Ausweis der Weihinschriften arbeiteten die Priesterärzte bereits mit psychotherapeutischen Maßnahmen. Auch eine Thermalquelle wurde genutzt, und man fand chirurgische Geräte. Außerdem gehörten Theateraufführungen, denen man eine durch Erschütterung bewirkte Läuterung (Katharsis) zuschrieb, zum therapeutischen Katalog. – Das Heiligtum blühte bis in spätrömische Zeit. Unter Theodosius I. wurde es gegen 400 n. Chr. geschlossen. In den Trümmern errichtete Justinian im 6. Jahrhundert eine Festung.

BESICHTIGUNG DER RUINENSTÄTTE. – Vor dem Eingang liegt das *Stadion* mit seinen steinernen Sitzreihen (rechts). Das am Kynortionhang gelegene ****Theater** ist durch seine vorzügliche Erhaltung und seine Akustik berühmt. Nach A. v. Gerkans Untersuchungen stammt es nicht, wie man bislang im Anschluß an Pausanias gemeint hatte, aus dem 4. Jahrhundert; vielmehr wurde der bis zum Umgang reichende untere Teil mit seinen 12 durch Treppen getrennten Keilen im frühen 3. Jahrhundert erbaut, und der obere Teil folgte im 2. Jahrhundert, so daß das Theater dann 14 000 Menschen Platz bot. Sein Kern ist die kreisrunde Orchestra (Durchmesser 9,77 m). Vom Bühnenhaus (Skene) blieben nur geringe Reste; von bei-

Antikes Theater von Epidauros auf der griechischen Halbinsel Argolis (Peloponnes)

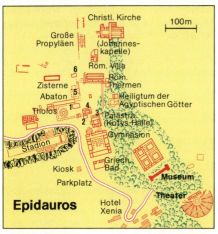

Epidauros

1 Asklepios-Tempel
2 Artemis-Tempel
3 Themis-Tempel
4 Priesterhaus
5 Bad, Bibliothek
6 Aphrodite-Tempel

vermutlich zum Aufbewahren der dem Asklepios heiligen Schlangen dienten. Ein genaueres Bild des Gebäudes gewinnen wir im **Museum,** in dessen letztem Raum ein Teil wieder aufgebaut ist. 26 dorische Säulen umgaben die runde Cella, an deren Innenseite 14 korinthische Säulen standen. In der Mitte des zweifarbigen Fußbodens war eine Öffnung, die zum Unterbau führte. Von der überaus reichen Dekoration der Tholos zeugen noch die Kassettendecken, die hohe Qualität läßt sich an dem von Polyklet selbst gearbeiteten korinthischen *Meisterkapitell* ablesen. – Die anderen Räume des Museums enthalten Inschriften, chirurgische Instrumente, Asklepiosstatuen (z. T. Abgüsse), Baufragmente von Propyläen und Asklepiostempel.

Über *Ligurió* gelangt man zu den kleinen Hafenorten *Néa* und *Paléa Epidavros* (Badestrand; Jachtversorgungsstation).

Euböa / Euboia
(Éwwja)

Griechenland.
Nomos: Euböa.
Inselfläche: 3658 qkm. – Bewohnerzahl: 163 000.
ⓘ **Touristenpolizei Chalkis,**
Kótsu 2;
Telefon (0221) 246 62.
Nur im Sommer: **Ädhipsós,**
Okeanidon 3;
Telefon: (0226) 235 25.

HOTELS. – In C h a l k i s : *Lucy,* I, 156 B.; *Hilda,* II, 223 B.; *John's,* II, 98 B.; *Palirria,* II, 214 B.; *Chara,* III, 73 B.; *Kentrikon,* III, 35 B.; *Manica,* III, 48 B. – N a h e b e i : *Saint Minas Beach,* I, 148 B.
Nördlich von Chalkis. – In N é a A r t á k i (8 km): *Bel-Air,* II, 82 B.; *Angela,* III, 78 B.; *Telemachus,* III, 48 B. – In A g í a A n n a (77 km): *Aegli,* IV, 10 B. – In L i m n i (86 km): *Avra,* III, 11 B.; *Limni,* III, 91 B.; *Pla-*

den Seiten führten Rampen auf das Proskeniondach hinauf, das als erhöhte Spielfläche mitbenutzt wurde. Die Eingangswege für den Chor (Parodoi) zwischen Bühnenhaus und Stützmauern des Zuschauerrundes sind mit festlichen Toren versehen. Vom Theater gehen wir, am Museum vorbei, zu den Resten eines großen *Gästehauses* (Katagogion), das 76,30x76,30 m mißt und in zwei Stockwerken 160 Räume hatte. Knapp 100 m westlich war ein *Bad,* dann folgt das *Gymnasion* (76 x 76 m), das in römischer Zeit in ein Odeion umgebaut wurde. Auf dem zentralen Platz, zu dem von Norden her eine heilige Straße mit *Propyläen* führte, standen, umgeben von Liegehallen für den Tempelschlaf, die wichtigsten Bauten: der dorische *Asklepiostempel* (380-375) und die kreisrunde *Tholos* (360-320), die Polyklet d.J. aufführte. Im Gelände ist nur der Unterbau mit seinen konzentrischen Gängen erhalten, die

za, III, 12 B. – In I s t i a i a (129 km): *Hermes,* IV, 16 B. – In N é o s P ý r g o s (135 km); *Akrojiali, IV, 28 B.; Oassis,* IV, 36 B. – In Ä d h i p s ó s (Lutra, 151 km): *Aegli,* I, 154 B.; *Avra,* I, 133 B.; *Petit Palais,* I, 17 B.; *Adonis,* II, 47 B.; *Galaxias,* II, 64 B.; *Chara,* II, 65 B.; *Hermes,* II, 78 B.; *Herakleon,* II, 69 B.; *Kentrikon,* II, 56 B.; *Thermae Syla,* II, 115 B.; *Anessis Batis,* III, 90 B.; *Artemission,* III, 27 B.; *Atlantis,* III, 38 B.; *Galini,* III, 68 B.; *Ilion,* III, 34 B.; *Irene,* III, 55 B.; *Istiaea,* III, 61 B.; *Knossos,* III, 71 B.; *Leto,* III, 65 B.; *Mikra Epavlis,* III, 33 B.; *Minos,* III, 41 B.; *Mitho,* III, 70 B.; *Nefeli,* III, 71 B.

Südlich von Chalkis. – In L e f k á n t i: *Lefkanti,* III, 79 B. – In M a l a k ó n t a (3 km): *Eretria Beach,* II, 453 B.; *Malakonta Beach,* II, 298 B. – In E r é t r i a (22 km): *Chryssi Akti,* II, 193 B.; *Holidays in Evia,* II, 639 B.; *Perijiali Eretrias,* II, 68 B.; *Elphis,* III, 168 B. – In A m á r y n t h o s (31 km): *Blue Beach,* II, 400 B.; *Stefania,* II, 152 B.; *Amarynthos,* III, 70 B. – In A l m y r o p ó t a m o s (77 km): *Galazio Delphini,* III, 20 B. – In N é a S t ý r a (96 km): *Aegilion,* III, 51 B.; *Aktaeon,* III, 75 B.; *Delphini,* III, 85 B.; *Venus Beach,* III, 154 B. – In M a r m á r i (11 km): *Delphini,* III, 39 B.; *Marmari,* III, 188 B. – In K á r y s t o s (124 km): *Apollon Resort,* II, 150 B.; *Karystos Beach,* II, 163 B.; *Als,* III, 62 B.; *Galaxi,* III, 136 B.; *Karystion,* III, 75 B.; *Luludi,* III, 48 B.; *Plaza,* III, 68 B.

Inneres und Nordostküste. – In K ý m i (93 km): *Betis,* III, 60 B. – In S t e n i (32 km): *Dirphys,* III, 35 B.; *Steni,* III, 70 B.

BADESTRÄNDE. – Bei Paganitsa und Kurénti (im Norden) und bei Vassilikó (im Süden der Stadt).

VERKEHR. – Bahn- und Busverbindung mit Athen (je 1$\frac{1}{2}$ Stunden), Fährschiffe: Raphina – Marmári und Kárystos, Oropós – Erétria, Glýpha – Agiókambos, Arkitsa – Ädhipsós, Kými – Sporaden.

Euböa, dessen Küstenorte zunehmend zu Touristenzentren wurden, ist die größte griechische Insel nach Kreta, vor Lesbos und Korfu. Dennoch ist es für unsere Vorstellung nicht insulär, sondern eher festländisch; denn es verläuft – 175 km lang und zwischen 6 und 50 km breit – parallel zur Ostküste von Böotien und Attika, von der es nur durch einen schmalen Meeresstreifen getrennt ist.

An der engsten Stelle ist dieser *Euripos* nur 60 m breit, so daß die Hauptstadt Chalkis mit dem Festland durch eine Drehbrücke verbunden werden konnte. Im Euripos drängen sich die Wasser derart zusammen, daß der sonst in griechischen Gewässern kaum zu spürende Gezeitenwechsel sich hier in einem Umschlagen der Strömungsrichtung auswirkt – ein Phänomen, das für die Schiffe der Antike wie für kleine Boote der Gegenwart Gefahren mit sich bringt. Die Landschaft von Euböa wird einerseits durch die Gebirgszüge bestimmt, die im *Óchi* (Süden) 1398 m, im *Dírphys* (Mitte) 1743 m erreichen, andererseits durch den Wechsel von reicher Vegetation mit ihren Wäldern im Norden, dem kargen Süden und den strengen Bergformationen.

GESCHICHTE. – Im Altertum teilten sich die miteinander rivalisierenden Städte Chalkis und Erétria in die Herrschaft über die Insel, bis sich der Einfluß Athens durchsetzte. 338 v. Chr. wurde Euböa makedonisch, 194 v. Chr. römisch. Nach dem 4. Kreuz-zug nahm es Bónifaz von Montferrat in Besitz, teilte es in drei Territorien ein und gab diese an italienische 'Terzieri'. Seit 1306 verwaltete Venedig die Insel, die nun Negroponte genannt wurde. 1470 kamen die Türken, 1830 wurde Euböa griechisch. Die heutige Gliederung in die Eparchien Istiáia, Chalkis und Kárystos entspricht der mittelalterlichen Dreiteilung.

Die Inselhauptstadt **Chalkís** (10 m; 36 000 Einw.) am 60 m breiten Euripos war im Altertum siedlungspolitisch überaus expansiv und ist heute das poli-

Chalkis auf der griechischen Insel Euböa

tische wie wirtschaftliche Zentrum der Insel. Sie bewahrt in ihrem Archäologischen Museum (Aristoteles-Straße) bedeutende Stücke vom Fries des Apollontempels in Erétria, darunter die Metope Theseus – Antiope (um 510 v. Chr.). Das Historische Museum mit mittelalterlichen Objekten ist in einer Moschee eingerichtet (Platia pesónton Oplitón). Die Basilika Agía Paraskevi war in der Kreuzfahrerzeit katholische Kathedrale. An der Stelle der antiken Akropolis steht die türkische Festung.

Gegenüber Chalkis liegt am Festland die **Bucht von Aulis,** in der bei Beginn des Trojanischen Krieges Iphigenie geopfert wurde. – Von Chalkis nach *Steni* fahrend (33 km nordöstlich; 770 Einw., Bus), kann man den 1743 m hohen **Dírphys** besteigen (etwa 6 Std.; der weite *Rundblick wird gepriesen.

INSELORTE. – Das stattliche Dorf **Prokópion** (58 km von Chalkis; 760 Einw., früher *Achmet Agha)* im Norden der Insel ist bekannt durch seine kunstgewerblichen Arbeiten und die Kirche Johannes der Russe. – Zwischen zwei bewaldeten Bergen liegt an der Westküste **Límni** (86 km); bei **Artemísion** (117 km; 500 Einw.; Artemisheiligtum ca. 10 Minuten nördlich) am gleichnamigen Kap fand 480 v. Chr. eine Seeschlacht zwischen Griechen und Persern statt. 1926/27 wurde dort die große Bronzestatue des Zeus (heute im Athener Nationalmuseum) gefunden. – **Lutrá Ädipsú** (151 km; 1900 Einw.) ist ein bekannter Badeort mit den Indikationen Rheuma, Arthritis, Ischias, Frauenleiden. Unweit nördlich hat der kleine Hafen **Agiókampos** Fährverbindung mit **Glýpha** an der thessalischen Küste.

In **Erétria** *(Néa Psará,* 22 km von Chalkis; 1900 Einw.) im Süden der Insel haben sich beachtliche antike Reste erhalten, so das um

Küstenpartie der griechischen Insel Euböa

430 v. Chr. angelegte, nach 330 und um 200 v. Chr. umgebaute Theater, östlich davon ein Gymnasium, ferner Akropolismauern. Auch kennt man die Stelle des Apollontempels (um 510 v. Chr., nordöstlich des Gymnasions). Bei der antiken Agora steht das Museum mit lokalen Funden.

Amárynthos (31 km; 2400 Einw.) ist ein anziehender Fischerhafen. – Grüner Marmor wird seit dem Altertum in **Stýra** (42 km; 550 Einw.) und in **Kárystos** (124 km, 20 m; 3350 Einw.) abgebaut. Der heutige Ort Kárystos wurde 1833 an einer Bucht in der Nähe der antiken Stadt gegründet, die heute Paläochóra genannt wird und durch ein venezianisches Kastell kenntlich ist. Südöstlich davon antike Marmorbrüche.

Nicht vergessen sei **Kými** (200 m; 3200 Einw.) oberhalb des Hafens **Paralía Kýmis** (Sandstrand).

Famagusta
s. bei Zypern

Formentera

Spanien.
Region und Provinz: Baleares (Balearen). Inselfläche: 100 qkm. – Bewohnerzahl: 3500.
ⓘ **Oficina de Información de Turismo,**
　Vara del Rey,
　ibiza *(Stadt);*
　Telefon: (971) 30 19 00.

HOTELS. – In S a n F r a n c i s c o J a v i e r : Hostal *Sol y Mar* (garni), P III, 31 Z.; *Pin-Por* (garni), P III, 10 Z. – In Es P u j o l s : Hostal *Sa Volta,* P I, 18 Z.; *Cala Es Pujols* (garni), P III, 30 Z. – An der P l a y a de M i t - j o r n : *La Mola,* I, 328 Z.; *Formentera Playa,* II, 211 Z.

VERANSTALTUNG. – *Fiesta Patronal* (Juli).

SCHIFFSVERKEHR. – Bootsverbindung von La Sabina mit Ibiza (im Sommer mehrmals täglich; Fahrzeit 1 St.).

Südlich von Ibiza, durch den nur 4 km breiten, bis 9 m tiefen, meist stürmischen Meeresarm Els Freus getrennt, liegt zwischen 38°40′ und 38°49′ nördlicher Breite sowie 1°17′ und 1°28′ östlicher Länge als zweitgrößte der Pityusen die recht urwüchsig gebliebene In-

sel Formentera. Bei einer Fläche von 100 qkm, 23 km Länge und 1,7-17 km Breite gleicht ihre Gestalt einer westöstlich ausgerichteten Axt mit breiter Klinge und verstärktem Stielknauf. Zwei Blöcke ungefalteter Miozänkalke bilden die beiden Hauptteile der Insel: die Meseta de la Mola im Osten, mit der Mola (oder Puig Pilar, 192 m) als höchster Erhebung, und der Puig Guillén (107 m) im Westen. Beide Bergstöcke verbindet eine 5 km lange schmale, dünenreiche Nehrung. An ihrer sanften Südflanke dehnt sich geschützter prächtiger Sandstrand, an der klippenreichen Nordseite hingegen überwiegend herber Felsstrand aus. – Von Formenteras Nordspitze leitet eine Kette kleinerer Eilande nach Ibiza hinüber. Die größten sind Espalmador (Privatbesitz; guter Strand, FKK toleriert) und, östlich etwas abseits, Espardell; beide können jedoch nur mit dem Privatboot erreicht werden.

Das an Quellen arme Formentera ist großenteils von dürftiger Garigue überzogen. Allein die Höhen von Mola und Guillén tragen Waldstücke aus Aleppokiefer und Wacholder. Das trockenheiße Klima mit anhaltenden kräftigen Nordwinden begünstigt die Windwüchsigkeit und fördert die Versteppung.

Die 3500 Inselbewohner ('Formenterenses'), die vielleicht infolge des anregenden Klimas die höchste Lebenserwartung aller Spanier haben, siedeln in vier locker bebauten Gemeinden. Sie leben von bescheidenem Acker- und Gartenbau, Schaf- und Schweinezucht sowie Fischfang.

Trockenmauern als Windschutz, mächtige von Holzsparren gestützte Feigenbäume und heute meist motorbetriebene oder verfallene Windmühlen prägen die Kulturlandschaft. Von Bedeutung ist die Salzgewinnung aus den großen Salinen im Norden. In den letzten Jahren hat der Fremdenverkehr beträchtlich zugenommen; eine unterseeische Trinkwasserleitung von Ibiza und stark erweiterte Hotelkapazitäten sollen dem angewachsenen Zustrom an Badeurlaubern in Zukunft Rechnung tragen.

> **Formentera** bietet wenig Abwechslung. Es ist ein idealer Ferienplatz für Urlauber, die ursprüngliche Natur, weniger besuchte Strände und reines Wasser suchen, dafür aber einfachere Unterbringung in Kauf nehmen wollen.

GESCHICHTE. – Grabungsfunde aus der Bronze-zeit belegen die Anwesenheit von Menschen auf Formentera seit dem 2. vorchristlichen Jahrtausend. Später nahmen Phöniker, Punier und Römer die Insel ein. Der altgriechische Name *Ophiusa* (= die Schlangenreiche) sowie der lateinische Name *Frumentaria* (= die Getreidereiche) weisen auf das einstige Vorhandensein von Reptilien und besondere Bodenfruchtbarkeit hin. In der Tat erlaubten im Altertum überreiche, heute versiegte Süßwasserreserven einen ertragreichen Ackerbau (v.a. Weizen). – Den Römern folgten Byzantiner, Araber, Normannen und Katalanen als Herren. Gleichzeitig sah sich die kaum befestigte, nur durch Wachtürme an exponierten Punkten geschützte Insel blutigen Piratenüberfällen aus Nordafrika ausgesetzt, die um 1400 zu gänzlicher Entvölkerung führten. Aus dieser Zeit rühren Legenden, wonach in den zahlreichen, heute von Hippies aufgesuchten Höhlen in den Steilwänden der West- und Ostküste Piratenschätze verborgen seien. – Als gegen Ende des 17. Jahrhunderts die Meere sicherer wurden, setzte eine Neubesiedlung von Ibiza her ein. Als erster fester Ort entstand 1726 San Francisco Javier. Seither teilte Formentera die Geschicke der Schwesterinsel Ibiza.

INSELBESICHTIGUNG. – Das Linienboot von Ibiza legt nach meist bewegter Überfahrt im **Puerto de la Sabina** an, dem einzigen Hafen auf Formentera, von dem auch die Handelsgüter der Insel verschifft werden. Westlich von dem Flecken *La Sabina* der fischreiche Estanque del Peix ('Fischteich'; auch *Laguna* gen.), mit schmaler Verbindung zum Meer, sowie östlich der ausgedehnte Estanque Pudent (= stinkender Teich), in dessen Ufernähe prähistorische Funde gemacht wurden.

Von La Sabina durchzieht die **Vía Mayor,** eine 19 km lange Fahrstraße, die Insel in ihrer gesamten Länge bis zum Leuchtturm am Cabo de la Mola. An ihr liegt 3 km südlich von La Sabina der Haupt- und Verwaltungsort **San Francisco Javier,** mit schlichter Wehrkirche von 1738. Von hier führt eine befestigte, sich allmählich verlaufende Straße 9 km südwärts zuerst durch teils bewaldetes Hügelland, später über die karge Hochfläche Plá del Rey zum neuen **Leuchtturm** (von 1971) über dem steilen **Cabo de Berbería,** der Südspitze der Insel. Etwa nach einem Drittel des Weges zweigt nach Westen die Zufahrt zu einer Feriensiedlung in der sandigen Klippenbucht *Cala Sahona* an der steil abfallenden Westküste ab.

An der Hauptstraße erreicht man 3 km östlich von San Francisco Javier die bäuerliche Ansiedlung *San Fernando*, von wo eine Seitenstraße nördlich zu dem Badeferienort **Es Pujols** (1 km langer und 20 km breiter, von Klippen durchsetzter Feinsandstrand) und von dort am Ufer des Estanque Pudent und dessen Salinen vorüber wieder nach La Sabina führt. – 1 km östlich von San Fernando zweigt von der Hauptstraße die Zufahrt zur *Playa de Mitjorn* ab, dem ca. 10 km langen und 30-40 m breiten, windgeschützten Feinsandstrand an der Südküste der Insel, mit mehreren Ferienanlagen. – Nach 5 km folgt an der Hauptstraße *Es Caló*, ein bescheidenes Fischerdorf. Dahinter in Windungen bergauf nach 5 km zu einem Aussichtspunkt mit umfassendem *Blick* über den westlichen Teil der Insel; südlich ansteigend der aussichtsreiche *Puig de Nuestra Señora del Pilar* (oder *La Mola*,

192 m). – Nach 2 km gelangt man zu der ländlichen Gemeinde *Nuestra Señora del Pilar*, mit hübscher Wehrkirche. – Die Straße endet nach weiteren 2 km beim *Leuchtturm* (von 1861) über dem **Cabo de la Mola,** Formenteras steil ins Meer abfallender Ostspitze.

****Mallorca** (und *Cabrera), ***Menorca** und ***Ibiza** s. Reiseziele von A bis Z.

Französische Riviera
s. Côte d'Azur

Gabès / Kabis

Tunesien.
Höhe: 0-40 m ü.d.M. – Einwohnerzahl: 41000.
ⓘ **Office du Tourisme,**
Avenue Habib Bourguiba;
Telefon: 20254.

HOTELS. – *Chems,* II; / *Oasis,* II; *Atlantic,* IV. – JUGENDHERBERGE. – CAMPINGPLATZ.

Die arabisch Kabis genannte südtunesische Gouvernementshauptstadt am Golf von Gabès liegt im Übergangsbereich zwischen dem semiariden mitteltunesischen Steppengebiet des Sahel und den ariden Gebieten im Randbereich der Sahara. Gabès, bestehend aus den Ortsteilen Djara und Menzel, ist das Zentrum einer neun weitere Siedlungen umfassenden langgestreckten Küstenoase mit über 250000 Dattelpalmen und ausgedehnten, künstlich bewässerten Fruchtbaumkulturen, in denen Aprikosen, Feigen, Oliven und Granatäpfel gedeihen. Das Wasser stammt vom 10 km entfernt entspringenden Wadi Gabès und aus künstlich erschlossenen Quellen.

Als zentraler Ort für ein weites Umland besitzt die Stadt eine höhere Schule und ein Berufsbildungszentrum für Mechaniker. Das Wirtschaftsleben von Gabès wird neben der Landwirtschaft auch von mehreren Industriebetrieben getragen, die sich am neuen Hafen (Phosphatexport) nördlich der Stadt angesiedelt haben. Hauptausfuhrgüter des alten Hafens sind die in der Umgebung erzeugten landwirtschaftlichen Produkte. Ein wichtiger Erwerbszweig ist noch immer die traditionelle Teppich-, Flecht- und Schmuckwarenherstellung. Wegen des selbst im Winter sehr milden Klimas und herrlicher Sandstrände hat sich in den letzten Jahren der Fremdenverkehr sehr schnell weiterentwickelt, und für die Zukunft rechnet man noch mit höheren Wachstumsraten.

Fischerhafen der südtunesischen Stadt Gabès

GESCHICHTE. – Aufgrund seiner ausgezeichneten Lage am Meer, zwischen Wüste und Steppe, war Gabès schon zur Zeit der Phönizier ein wichtiger Handelsplatz, denn hier führte einer der wichtigsten Karawanenwege aus dem Sudan und der südlichen Sahara vorbei. Unter den Römern wurde Gabès eine 'colonia' namens *Tacapae.* Der Ort war Zwischenstation an der Handelsstraße von Leptis Magna nach Hadrumetum. Die Lagegunst Tacapaes kehrte sich jedoch schon sehr bald in das Gegenteil um; denn alle nach Nordafrika einfallenden Erobererheere zogen durch diese Gegend. Eine Beruhigung trat erst im 7. Jahrhundert unter der Herrschaft der Araber ein, nachdem Sidi Boulbaba, der Barbier Mohammeds, sich in der Stadt niedergelassen hatte und die nach ihm benannte Moschee auf dem höchsten Hügel von Gabès errichtete.

SEHENSWERTES. – Empfehlenswert ist eine Droschkenfahrt durch die zauberhaften Gärten und Fruchtbaumhaine der gesamten Oase. Außerdem Rundgang durch die Araberviertel sowie eine Besichtigung der **Sidi-Boulbaba-Moschee.** Nicht versäumen sollte man auch einen Besuch im *Centre d'Artisanat,* wo man beim Teppichknüpfen zuschauen kann.

UMGEBUNG von Gabès. – Eine sehr lohnende Rundreise ist die Fahrt zu den Oasenorten Kebili, Tozeur und Nefta am Schott el-Djerid, die man am besten von *Gafsa* aus erreicht (s. dort). – Abwechslungsreich ist auch die benachbarte Insel *Djerba (s. dort).

Auf jeden Fall sollte man einen Besuch des berühmten Höhlendorfs *Matmata einplanen. Der Ort liegt 43 km südlich von Gabès am Ostabfall des Daharberglandes, in den 650 m hohen Matmatabergen. Zum Schutz vor Überfällen der kriegerischen Nomadenstämme aus den Randgebieten der Sahara haben die hier lebenden Berberstämme bis zu 10 m tiefe trichterförmige Vertiefungen im sehr weichen Gestein der Berghänge ausgehoben, von denen aus mehrere Höhlenwohnungen, Vorratsräume und Stallungen horizontal in die Trichterwände gegraben wurden. Von der Talseite der Hänge führen jeweils Tunnel als Zugänge zu den Böden der Trichter. Jeder Wohntrichter besitzt zwischen fünf und acht Wohnräume, in denen bis zu 30 Menschen leben. Allein in Matmata selbst gibt es rund 500

Wohntrichter. Weitere Höhlenwohnungen befinden sich in der Umgebung dieser Siedlung. Allerdings sind sie nur sehr schwer zugänglich, während nach Matmata eine gut ausgebaute Asphaltstraße führt.

Gafsa

Tunesien.
Höhe: 325 m ü.d.M. – Einwohnerzahl: 42000.
ⓘ **Office du Tourisme,**
Place Habib Bourguiba;
Telefon: 20427.

HOTELS. – *Jugurtha Palace,* Sidi Ahmed bou Zarrouk, II; *Maamoun,* Place Habib Bourguiba, II. – JUGENDHERBERGE.

Gafsa, die südtunesische Gouvernoratshauptstadt an der Phosphatbahn zwischen Metlaoui und Sfax, Zentrum einer ausgedehnten Gebirgsoase mit 100 000 Dattelpalmen, riesigen Ölbaumhainen und künstlich bewässerten Obst- und Weingärten, liegt im semiariden Übergangsbereich zwischen dem mitteltunesischen Gebirgsrücken (Dorsale) und der Wüstensenke des Schott el-Djerid.

Neben der Vermarktung agrarischer Erzeugnisse spielt vor allem die weitbekannte Webkunst eine große Rolle im Wirtschaftsleben Gafsas. Zahlreiche Familien bestreiten ihren Lebensunterhalt durch die Herstellung und den Verkauf von feinen Teppichen und Decken. Nicht wenige sind jedoch auch im Phosphatabbau des 40 km südwestlich gelegenen Metlaoui tätig.

GESCHICHTE. – Die Gegend von Gafsa war bereits im Altpaläolithikum von Menschen besiedelt. Man bezeichnet diese Gattung des Homo sapiens nach dem Namen der einst hier gelegenen blühenden Römerstadt *Capsa* als Capsienmenschen. Das römische Capsa ging ursprünglich wohl auf eine alte numidische Siedlung zurück, die 106 v.Chr. von

Marius erobert wurde und unter Trajan zur 'colonia' ausgebaut wurde. Unter den Byzantinern wurde die Stadt *Justiniana* genannt, und ihre christlichen Bewohner hielten an der lateinischen Sprache noch bis ins 12. Jahrhundert fest, obwohl bereits 668 die Eroberung durch die Araber erfolgte. 1434, unter den Hafsiden, entstand die alte Kasbah, die 1556 von dem türkischen Korsaren Dragut eingenommen wurde. 1943 wurde die Kasbah durch die Explosion eines Munitionslagers fast völlig zerstört, später jedoch wieder aufgebaut.

SEHENSWERTES. – Neben den römischen Bädern, deren zwei 4 m tiefe Bekken von 25°C warmen Thermalquellen gespeist werden, und dem unmittelbar angrenzenden *Bei-Palast* mit seinen antiken Säulen ist vor allem die *Große Moschee beachtenswert. Ihre neunzehn Schiffe mit jeweils fünf Jochen erinnern stark an die Große Moschee von Kairouan. Im Innern antike Säulen, blaues Kacheldekor und eine herrlich geschnitzte Kanzel. Vom Minarett unvergleichliche Aussicht auf die Oase, die Berge im Norden der Stadt und auf die Senke des Schott el-Djerid.

UMGEBUNG von Gafsa. – Man kann bequem die nahegelegenen Oasen Tozeur (93 km) und Nefta (118 km) besuchen. Außerdem ist die etwas abenteuerliche Schottdurchquerung nach Kebili sehr zu empfehlen.

Nach Tozeur und Nefta. – Tozeur und Nefta sind die beiden bedeutendsten **Djeridoasen.** Man erreicht sie auf der nach Südwesten führenden Straße über den 40 km entfernten Bergbau- und Industrieort *Metlaoui*, vorbei an der eindrucksvollen *Seldjaschlucht.* Die Djeridoasen liegen am Nordufer des Schott el-Djerid, einer riesigen Salztonebene, die eine 60 m über NN gelegene abflußlose Senke ausfüllt. Die Senke steht im Westen mit der Depression des Schott el-Rharsa (−23 m unter NN) und Schott Melrhir (−31 m unter NN) in Verbindung, und nach Osten öffnet sie sich über das Schott el-Fedjadj zum Golf von Gabès. Die Djeridoasen, neben Tozeur und Nefta auch noch El Oudiane und El Hamma, erhalten ihr Wasser aus artesischen Quellen mit einer durchschnittlichen Schüttung von etwa 1900 l/sec. Die Quellen werden durch Niederschläge gespeist, die im nördlich gelegenen Dorsalgebirge fallen. Das Regenwasser dringt zwischen die nach Süden einfallenden Gesteinsschichten ein und gelangt am Rand der Schottsenke nach dem Prinzip kommunizierender Röhren wieder an die Erdoberfläche. In den Djeridoasen gedeihen Dattelpalmen, deren Früchte absolute Spitzenqualität besitzen. Verantwortlich ist die extrem niedrige Luftfeuchtigkeit in diesem Gebiet, das von den Gebirgsumrahmungen vor jeglicher Wasserdampfzufuhr und ebenso vor kalten Nordwinden geschützt wird.

Tozeur (15 000 Einw.; Hotels Continental, Oasis und Splendid) geht wie Gafsa und die Nachbaroasen El Hamma und Nefta auf eine römische Grenzbefestigung zurück. Unter den Arabern gelangte der Oasenort zu ansehnlichem Wohlstand, und im 14. Jahrhundert lebten hier rund 100000 Menschen. Heute ist Tozeur Hauptstadt des Bled el-Djerid (Land der Palmen). Zur Förderung des Fremdenverkehrs wurde ein internationaler Flughafen gebaut. In den Bewässerungskulturen der sechs Teilgemeinden gedeihen etwa 200000 Dattelpalmen, von denen sich nur rund ein Drittel im Besitz von Kleinbauern befindet. Das notwendige Wasser stammt aus etwa 200 Quellen. Sehenswert ist insbesondere der Ortsteil *Bled el Hadar* an der Stelle des ehemaligen römischen Kastells. Die Moschee im spanisch-maurischen Stil mit herrlich dekorier-

ter Kuppel und sehenswertem Mihrab stammt aus dem 12. Jahrhundert. Im Innern befindet sich das Grab des Ibn Chabbat († 1282), dessen Bewässerungsvorschriften den Bestand der Oase bis heute sicherten. Die Häuser der Oasenbauern besitzen ungewöhnliche Dekors, deren besondere Effekte durch die abwechselnd vor- und zurückversetzte Anordnung der Lehmziegel erzielt werden.

Die westlich folgende Oasenstadt **Nefta** (16 000 Einw.; Hotels Sahara Palace und Mirage), ebenfalls an der Stelle eines römischen Kastells, ist der religiöse Mittelpunkt der Djeridoasen, denn hier gibt es sage und schreibe 24 Moscheen, von denen die Djama el-Kebir die sehenswerteste ist. Die Oase besitzt etwa 380 000 Dattelpalmen, die mit nur 150 kleinen Quellen bewässert werden. – Westlich von Nefta führt die Straße nach Algerien durch die großartige Sanddünenlandschaft des Westlichen Großen Erg. Ein Abstecher in diese Gegend ist sehr zu empfehlen.

Genua / Genova

Italien.
Region: Liguria (Ligurien). – Provinz: Genova. Höhe: 0-25 m ü.d.M. – Einwohnerzahl: 820000. Postleitzahl: I-16100. – Telefonvorwahl: 010.

(i) **EPT,** Via Roma 11;
Telefon: 581407.
ACI, Viale Br. Partigiane 1;
Telefon: 567001.
CIT, Via XXV Aprile 16;
Telefon: 291951.

HOTELS (Hausnummern mit 'r' = rosso sind nicht identisch mit der schwarzen Nummer!). – *Colombia-Excelsior,* Via Balbi 40, L, 288 B.; *Savoia-Majestic,* Via Arsenale di Terra 5, I, 195 B.; *Bristol-Palace,* Via XX Settembre 35, I, 175 B.; *Plaza,* Via M. Piaggio 11, I, 167 B.; *Aquila & Reale,* Piazza Acquaverde 1, II, 161 B.; *City,* Via San Sebastiano 6, II, 120 B.; *Astoria,* Piazza Brignole 4, II, 118 B.; *Londra & Continentale,* Via Arsenale di Terra 1, II, 91 B.; *Crespi,* Via Andrea Doria 10, II, 91 B.; *Metropoli,* Vico Migliorini 8, II, 86 B.; *Minerva-Italia,* Via XXV Aprile 14, II, 82 B.; *Firenze e Zurigo,* Via Gramsci 199 r, III, 150 B.; *Stella,* Via Andrea Doria 6 r, III, 114 B.; *Torinese,* Via A. Gramsci 291r, III, 94 B.; *Rio,* Via Ponte Calvi 5, III, 84 B. – JUGENDHERBERGE in Genova-Quarto, Via Cinque Maggio 79, 180 B. – CAMPINGPLÄTZE in Pegli und Voltri.

Genua, die Hauptstadt der Region Ligurien, die sich als Groß-Genua von Nervi bis Voltri über 35 km Küstenlänge erstreckt, ist der erste Hafen- und Seehandelsplatz Italiens und neben Marseille der bedeutendste Hafen am Mittelmeer, ferner Sitz einer Universität und eines Erzbischofs.

In unvergleichlicher *Lage, namentlich vom Meer aus gesehen, steigt die Stadt, die ihrer Marmorpaläste wegen den Beinamen 'la Superba' trägt, in einem weiten Halbkreis am Abhang des *Ligurischen Apennin* empor. Fünf Straßentunnel und hohe Brücken verbinden die einzelnen Stadtteile; zwei mächtige Hochhäuser bilden die Wahrzeichen der Innenstadt.

Die Altstadt, mit geräuschvollem südlich buntem Leben, besteht aus einem Gewirr enger und oft steiler Gassen. In der Mündungsebene des *Bisagno* sowie

Genua (Genova) – Italienische Hafenstadt am Ligurischen Meer

nördlich und westlich auf den Höhen liegen die neueren Stadtteile mit Hochhäusern, Gärten und Villen. Auf der Landseite ist Genua seit dem 12. Jahrhundert von einem 15 km langen Außenwall umgeben, der sich von dem großen Leuchtturm im Westen zu dem *Forte dello Sperone* (516 m) hinaufzieht und sich dann über das *Forte Castellaccio* (382 m) südöstlich ins Bisagno-Tal hinabsenkt. – Der Stadtteil Genua-San Pier d'Arena ist neben Genua-Cornigliano (Italsider) Mittelpunkt der italienischen Schwerindustrie; bedeutend sind ferner die chemische Industrie, Nahrungsmittelherstellung, Papier- und Textilerzeugung sowie das Frachtwesen.

GESCHICHTE. – Die alte Hauptstadt der *Ligurer,* die erstmals 218 v. Chr. Erwähnung findet, bildete im 10. Jahrhundert eine selbständige Republik, die nach fast zweihundertjährigen Kriegen 1284 in der Seeschlacht von Melória endgültig die *Pisaner,* ihre gefährlichsten Konkurrenten, überwand. Im 14. Jahrhundert kämpften die Genuesen mit *Venedig* um den Handel im Orient, doch wurden sie 1380 bei Chioggia entscheidend geschlagen. Inzwischen hatte die Stadt im Innern unter unaufhörlichem Parteihader zu leiden und geriet unter die Oberhoheit ausländischer Fürsten. Erst 1528 stellte der Admiral *Andrea Doria* (1466–1560) die Unabhängigkeit der Republik wieder her. Doch die Macht Genuas war im Sinken: 1684 beschoß die Flotte Ludwigs XIV. die Stadt, 1746 war sie durch die Kaiserlichen monatelang besetzt. 1805 wurde die 'Ligurische Republik' dem französischen Reich einverleibt, 1815 dem Königreich Sardinien-Piemont.

SEHENSWERTES. – Verkehrsmittelpunkt der Stadt ist die von öffentlichen Bauten, Bankpalästen und Verwaltungsgebäuden der wichtigsten Genueser Schiffahrtsgesellschaften umgebene **Piazza De Ferrari,** von der die belebtesten Straßen ausgehen. An der Nordostseite des Platzes erhebt sich das klassizistische *Teatro Comunale dell' Opera* (von 1828), eines der größten Opernhäuser Italiens, das im Zweiten Weltkrieg ausbrannte (Wiederherstellung geplant). Rechts daneben die *Accademia Lingustica di Belle Arti* (Gemäldegalerie). – An der Südostseite der Piazza De Ferrari die *Börse,* ein neobarocker Prunkbau (19. Jh.). Hier beginnt die belebte V i a XX S e p t e m b r e, die von modernen Repräsentationsbauten und lädenreichen Bogengängen gesäumte Hauptstraße der Stadt.

Von der rechten Seite der Börse führt die kurze Via Dante zu der von modernen Hochhäusern umgebenen P i a z z a D a n t e; in ihrer Südostecke der 1940 vollendete **Grattacielo** ('Wolkenkratzer', 108 m hoch; Martini-Terrassen), mit 28 bzw. zur tiefer liegenden Via Fieschi hin sogar 31 Stockwerken. – An der Westseite der Piazza Dante die gotische *Porta Soprana* oder *di San Andrea,* das südöstliche Stadttor (von 1155). Davor rechts das kleine sogenannte *Haus des Kolumbus.*

Unweit südwestlich der Piazza De Ferrari liegt die P i a z z a Matteotti, mit der schönen *Jesuitenkirche Sant' Ambrogio* (1589-1639; Bilder von Rubens und

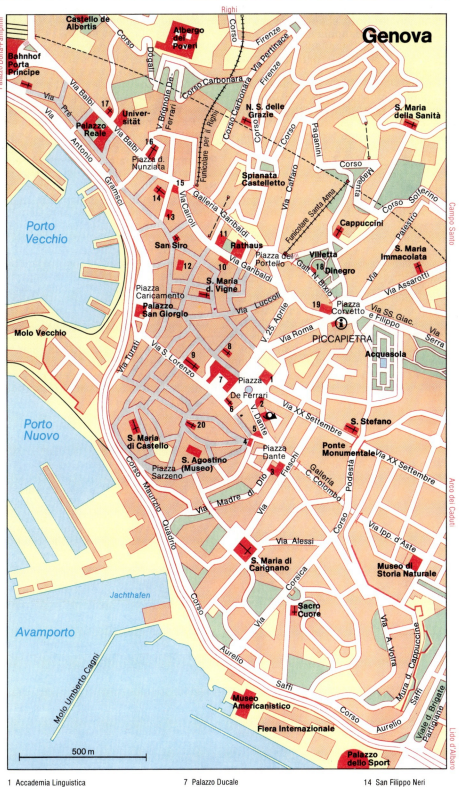

Reni). An der Nordseite des Platzes der ehemalige **Dogenpalast** (Ende des 13. Jh.; im 16. Jh umgebaut und nach Brand 1777 erneuert), mit malerischen Säulenhöfen, jetzt Sitz des obersten Gerichtshofes. Durch die linke neben dem Dogenpalast beginnende Via Tommaso Reggio und die Salita all' Arcivescovado gelangt man zu der kleinen gotischen **Kirche San Matteo** (von 1278), mit vielen Erinnerungsstücken der Adelsfamilie der Doria; an der Fassade Inschriften zu ihren Ehren, in der Krypta das Grab Andrea Dorias. Links der Kirche ein schöner frühgotischer Kreuzgang (1308-10). Am Platz vor der Kirche mehrere z. T. mit schwarzem und gelbem Marmor verkleidete Doria-Paläste; in den engen Straßen dieses einst vornehmsten Stadtteils zahlreiche weitere Adelsburgen.

Von der Piazza Matteotti führt die verkehrsreiche Via San Lorenzo nordwestwärts zum Hafen. Gleich rechts die *Kathedrale San Lorenzo, 1118 als romanische Säulenbasilika geweiht, 1307 bis 1312 gotisch erneuert und 1567 von Galeazzo Alessi mit einer Renaissancekuppel gekrönt; im Innern bedeutende Skulpturen und Gemälde. Im linken Seitenschiff die große Cappella San Giovanni Battista (1448-96), das erste Denkmal der Renaissance in Genua, im rechten Seitenschiff ein 1,40 m hoher Blindgänger, der bei der Flottenbeschießung am 9. Februar 1941 die Kirchenfassade durchschlug, ohne größeren Schaden anzurichten. Unter der Kirche der *Domschatz.

Vom Opernhaus gelangt man östlich durch die verkehrsreiche Via Roma, die durch mehrere Zugänge mit der Ladenpassage Galleria Mazzini verbunden ist, zur Piazza Corvetto, mit dem Palazzo Spinola (Präfektur) und von hier nördlich weiter durch die Via XXV Aprile zur Piazza Fontane Marose; auf einer Anhöhe nordwestlich oberhalb des Platzes der Park Viletta di Negro (*Aussicht), mit dem Museo Chiossone, einer Sammlung moderner japanischer und chinesischer Kunst.

Östlich der Via Roma erstreckt sich zwischen der Piazza De Ferrari, der Piazza Corvetto und dem Park Acquasola der Stadtteil PICCAPIETRA, der nach schweren Bombenschäden im Zweiten Weltkrieg seit 1954 großzügig mit modernen Büro- und Wohnhäusern, darunter zahlreichen Hochhäusern, neu gestaltet wurde.

An der Westseite der Piazza Fontane Marose beginnt der im 16./17. Jahrhundert angelegte, zur Piazza Acquaverde

beim Hauptbahnhof führende Hauptstraßenzug Via Garibaldi - Via Cairoli - Via Balbi, mit einigen Kirchen und den bedeutendsten Palästen von Genua, deren großartige Treppen zu den Hauptsehenswürdigkeiten der Stadt gehören. – In der engen, von Gal. Alessi entworfenen *Via Garibaldi reiht sich Palast an Palast, mit meist unzugänglichen Gemäldesammlungen. Rechts (Nr. 9) der ehemalige Palazzo Doria Tursi, jetzt **Palazzo Municipale** (Rathaus; 1564 begonnen). Links (Nr. 18) der **Palazzo Rosso,** ein Prachtbau der Adelsfamilie der Brignole-Sale, aus dem 17. Jahrhundert; im 1. und 2. Stock eine Gemäldesammlung, die besonders wegen ihrer schönen Familienbildnisse (Werke von van Dyck, Paris Bordone, Bernardo Strozzi u.a.) Beachtung verdient. Schräg gegenüber (Nr. 11) der **Palazzo Bianco** der Familie Brignole (urspr. 1565, nach 1711 verändert), ebenfalls mit bedeutender Gemäldegalerie (Werke ital., niederl. und fläm. Meister).

Über die Piazza della Meridiana gelangt man nordwestlich in die breite Via Cairoli. Unweit links etwas abseits die **alte Kathedrale** San Siro (seit 1576 barock erneuert); südwestlich die Galleria Nazionale di Palazzo Spinola (bes. alte Meister). – Am Ende der Via Cairoli der Largo della Zecca, wo der Straßentunnel 'Galleria Giuseppe Garibaldi' zur Piazza Corvetto beginnt und sich jenseits der Piazza Portello als 'Galleria Nino Bixio' fortsetzt; rechts die Talstation der Standseilbahn zum *Righi (310 m). An der Südseite des Largo della Zecca der Palazzo Balbi, mit eigenartigem Treppenhaus (von 1750). Rechts vom Palast führt die Via Lomellini an der 1674 erbauten Barockkirche San Filippo Neri vorbei zum Geburtshaus von Giuseppe Mazzini ('Museo del Risorgimento' sowie Kriegsmuseum). – An den Largo della Zecca schließt sich nordwestlich die Piazza della Nunziata an, mit der ehemaligen **Kapuzinerkirche Santissima Annunziata** (von 1587; klassizistische Säulenhalle, 1843).

Westlich der Kirche beginnt die *Via Balbi, eine zu Beginn des 17. Jahrhunderts von Bartolommeo Bianco entworfene Straße mit schönen Palästen. Gleich rechts (Nr. 1) der Palazzo Durazzo-Pallavicini (um 1620), mit Rokoko-Eingangshalle und schöner Treppe von 1780. Links (Nr. 4) der Palazzo Balbi-Senárega (nach 1620); vom Hof Durchblick in den Orangengarten. Rechts (Nr. 5) der **Palazzo dell' Università,** 1634-40 als Jesuitenkolleg begonnen, mit der großartigsten Hof- und Gartenanlage in Genua. Links neben der Uni-

Palazzo Reale in Genua

versität die *Kirche San Carlo* (Skulpturen von 1650). Gegenüber der *Palazzo Reale* (1650 begonnen), mit schönen Treppenhäusern, großen Altanbauten und reich ausgestalteten Innenräumen (Gemälde).

Die Via Balbi mündet nordwestlich auf die Piazza Acquaverde, den großen Platz vor dem **Hauptbahnhof;** westlich die Piazza del Principe, mit dem *Palazzo Doria-Pamphily* oder *Palazzo del Principe,* 1522-29 als fürstliches Landhaus für den Dogen Andrea Doria erbaut und 1528-33 im Innern von dem Raffaelschüler Perin del Vaga ausgeschmückt. Südlich von der Piazza Principe liegt jenseits der Via Adua und der Bahngleise die **Stazione Marittima** *(Hafenbahnhof).*

Der **Hafen** (22 km Kaimauern; 128 km Gleisanlagen; rund 50 Mio. t Jahresumschlag) besteht aus dem um 1250 angelegten Binnenhafen **Porto Vecchio** sowie aus dem seit 1877 entstandenen **Porto Nuovo,** ferner aus dem Kriegshafen **Avamporto** (Vorhafen), an den sich die in neuester Zeit entstandenen Hafenbecken *Bacino della Lanterna* und *Bacino di San Pier d'Arena* anschließen. Den östlichsten Teil des Hafens bildet der am Corso M. Quadrio gelegene kleine Jacht- und Segelboothafen *Porticciolo Duca degli Abruzzi.* Der gesamte Hafen wird zum Meer hin von der über 5 km langen Mole *Diga Foranea* und *Molo Duca di Galliera* abgeschlossen. – Am Westende des Hafens liegt der **Flughafen** *Cristoforo Colombo.* – Sehr zu empfehlen ist eine Hafenrundfahrt (etwa 2 St.).

Von der Piazza del Principe führt die Via A. Gramsci längs der den Binnenhafen umziehenden Hochstraße zur Piazza Caricamento, mit dem gotischen

Palazzo di San Giorgio (um 1260), 1408-1797 Sitz der St. Georgsbank, des einflußreichen Verbandes der Staatsgläubiger (schöner Hof). Von hier gelangt man weiter südlich durch die Via F. Turati an den Lagerhäusern des Freihafens vorbei zur Piazza Cavour, wo die Circonvallazione a Mare (rechts daneben die Hochstraße), eine 1893-95 an Stelle des Außenwalles angelegte Uferstraße, die als Corso M. Quadrio und Corso Aurelio Saffi an dem neuerdings dem Meer abgewonnenen *Ausstellungsgelände* (Messe bes. Okt.) vorbei zur Piazza della Vittoria führt.

Unweit südöstlich der Piazza Cavour liegt die romanische *Kirche Santa Maria di Castello;* im anstoßenden Dominikanerkloster das kleine *Museo di Santa Maria di Castello* (gute Gemälde). Weiter östlich die romanische *Kirche San Donato* (im Innern links ein *Triptychon von Joos van Cleve; 1485) sowie die frühgotische ehemalige *Kirche Sant' Agostino,* beide mit schönem Glockenturm. Von hier gelangt man südlich durch die Via Eugenio Ravasco und auf einem 30 m hohen Straßenviadukt zu der weithin sichtbaren zweitürmigen **Kuppelkirche Santa Maria di Carignano,** die 1552 nach Galeazzo Alessis Entwurf begonnen, um 1600 vollendet wurde und in kleineren Verhältnissen eine Ausführung der Gedanken darstellt, die Bramante und Michelangelo der Peterskirche in Rom zugrunde legten; unter der Kuppel vier große Barockstatuen. Von der Kuppel herrliche *Aussicht auf die Stadt und den Hafen.

Von der Piazza della Vittoria gelangt man südlich durch den über dem Talbett des Bisagno angelegten und von modernen Hochhäusern eingefaßten Viale delle Brigate Partigiane zur *Passeggiata Lungomare, die als prächtige Uferstraße unter dem Namen Corso G. Marconi und Corso Italia am Meer entlangzieht. Nach 2 km, nahe am Ostende der Straße, der **Lido d'Albaro,** ein reizvoll gelegener Vergnügungspark (Strand, Restaurant, Varieté).

Von der Piazza Corvetto führt die Via Assarotti nordöstlich aufwärts zur Piazza Manin, wo die schöne Höhen-Ringstraße Circonvallazione a Monte beginnt und westlich am Berghang hinführt, dann jenseits der aussichtsreichen *Spianata Castelletto* (79 m; zwei Aufzüge hinunter zur Stadt) oberhalb der großartigen Anlagen des *Armenhauses* (17. Jh.) zum Corso Ugo Bassi, mit der burgartigen *Villa Castello de Albertis* (Amerika-Museum), zieht.

Italienische Riviera s. dort.

Gibraltar

Britisches Hoheitsgebiet.
Fläche: 5,5 qkm.
Bewohnerzahl: 25 000.
Höhe: 0-425 m ü.d.M.
Telefon: Handvermittlung.
ⓘ **Gibraltar Government Tourist Office,**
Cathedral Square (Zentrale);
Telefon: 46 23.
Auskunftsstellen:
The Piazza, Main Street.
Gibraltar Government Tourist Office,
Arundel Great Court 4,
The Strand,
GB-**London** WC 2;
Telefon: 8 36 07 77.

HOTELS. – *Holiday Inn*, 200 B., Sb.; *Rock Hotel*, 285 B., Sb.; *Caleta Palace*, 356 B., Sb.; *Bristol*, 110 B., Sb.; *Queen's Hotel*, 110 B.; *Ocean Heights*, 214 B., Sb. – An der Sandy Bay: Apartment-Hotel *Both Worlds*, 370 B., Sb.

Die als 'Schlüssel des Mittelmeeres' berühmte Felsenhalbinsel **Gibraltar (5,5 qkm), seit 1704 britisches Hoheitsgebiet (seit 1969 als autonome Stadt), liegt nahe der Südspitze der Iberischen Halbinsel. Gibraltar besteht aus einem aus dem Meer aufsteigenden, die Bucht von Algeciras an der Ostseite abschließenden und mit dem spanischen Festland durch eine Landenge verbundenen Felsklotz (arab. 'Djebel al-Tarik', engl. 'The Rock'), an dessen terrassenförmig ansteigendem Westhang die Stadt Gibraltar liegt.

Gibraltar aus der Vogelschau

Die ***Straße von Gibraltar,** im Altertum 'Fretum Gaditanum' oder 'Fretum Herculeum' genannt, bildet die verkehrsgeographisch wie strategisch außerordentlich wichtige Verbindung zwischen dem Atlantik und dem Mittelmeer. Im Altertum bildete der 'Calpe' genannte Felsen zusammen mit dem auf der afrikanischen Seite liegenden Gebirge 'Abyla' als Tor zum Atlantischen Ozean die *Säulen des Herkules.*

GESCHICHTE. – Im Spanischen Erbfolgekrieg wurde die spanische Festung 1704 durch die Engländer überrumpelt, die seitdem die Felsenhalbinsel als ihr Hoheitsgebiet betrachten. Spaniens Versuche, das Gebiet zurückzuerhalten, blieben bis heute erfolglos.

Seit 1969 ist die Grenze bei La Línea gesperrt, so daß die Einreise nur im Luftverkehr oder per Schiff möglich ist. Erneute Öffnung der Landgrenze ist in Aussicht.

SEHENSWERTES. – Die ALTSTADT (North Town) beginnt jenseits des auf der flachen Landenge gelegenen britischen Flugplatzes mit dem Kasemattenplatz (Casemates Square), östlich überragt von dem *Maurischen Kastell* (Moorish Castle) des 14. Jahrhunderts. Unweit nordwestlich der Markt (Market); weiterhin am **Hafen** die 1309 errichtete *Alte Mole.* – Vom Kasemattenplatz führt die Main Street, an der die meisten Hotels, Geschäfte und öffentlichen Gebäude liegen, an *Post* und *Börse* mit dem rückwärts anschließenden *Rathaus* vorbei zur *Katholischen Kathedrale,* einer ehem. Moschee (1502 gotisch erneuert). Weiterhin am Cathedral Square die 1821 im maurischen Stil errichtete *Protestantische Kathedrale* (Church of England). Am Südende der Main Street rechts der *Gouverneurspalast,* ein 1531 erbautes ehem. Franziskanerkloster. Dahinter durch die *South Port* zu der **Alameda,** einer Anlage mit reichem subtropischem Pflanzenwuchs und einem Freilichttheater; nahebei Schwebebahn zur *Signal Station* (395 m), mit Restaurant.

An der Ostseite der Alameda beginnt die Europa Road, eine 5 km lange aussichtsreiche Höhenstraße, die am Westhang des Felsens zwischen Landhäusern und Gärten der SOUTH TOWN stark ansteigt und sich dann zwischen den zerklüfteten Felsen des *Europa Pass* wieder senkt. – Man erreicht an der Südspitze der Halbinsel den ****Europa Point** *(Punta de Europa),* mit Restaurant, Leuchtturm und alter Kapelle *Nuestra Señora de Europa* (prächtige Ausblicke). – An der Ostseite des Felsens zieht sich von Norden nach Süden ein Weg über *Eastern Beach* und *Catalan Bay Village* (Touristenzentrum) unterhalb der Water Catchments (Regensammelanlagen) bis zur *Sandy Bay* hin.

Von der Main Street erreicht man durch Willis's Road nahe am Maurischen Kastell vorbei die aussichtsreich auf halber Höhe entlangziehende schmale Queen's Road. Gleich am Anfang links die *Upper Galleries,* unterirdische Festungsgalerien. Etwa 1,5 km südlich von den Oberen Galerien folgt an der Queen's Road der **Affenfelsen** *(Apes' Rock),* mit den Affenkäfigen (noch etwa

Gibraltar

500 m

Málaga, Algeciras

La Línea

Neutral
Ground

The British Lines

Airfield

Runway

North Mole

Old
Mole

Market Casemates
Square

Moorish
Castle

UPPER
GALLERIES

City Hall
(Exchange)

Roman
Catholic
Cathedral

Theatre
Royal

Protestant
Cathedral

Government

Southport Gate

Signal
Station

395 m

Water

Catch-
ments

Ape's Rock

Theatre

Alameda
Gardens

425 m
Highest
Point

St. Michael's
Cave

ROSIA

Rosia Bay

Windmill
Hill Flats

Little
Bay

Europa
Flats

Europa Point

Detached Mole

Hafen

South Mole

Bucht

von

Algeciras

Straße von Gibraltar

Devil's

Tower

Road

Eastern Beach

Catalan
Bay

Sandy
Bay

Meer

Mittelländisches

Willis's Road

Queen's

Europa

Road

Europa

Road

Main Street

Wall Road

Road
to
Spain

British Lines

30 Affen). Dahinter links ein Treppenweg zum *Highest Point*. An der Queen's Road weiterhin links der Zugangsweg zur *St. Michael's Cave,* der größten Höhle im Felsen von Gibraltar, mit schönen Stalagmiten und Stalaktiten (im Sommer als Konzertsaal genutzt). Die Queen's Road führt in einer Kehre hinab zur Europa Road.

Gozo s. bei Malta

Haifa

Israel.
Höhe: 0–300 m ü.d.M. – Einwohnerzahl: 225000.
Telefonvorwahl: 04.
(i) **Staatliches Informations-
und Verkehrsbüro,**
Herzlstraße 16;
Telefon: 666521-3.
Hafen Haifa;
Telefon: 663988.
Städtische Informationsstellen:
im Rathaus (Zentrum; Tel. 645359);
Haneviimstraße 23 (Hadar; Tel. 663056);
Hanassi-Boulevard 119 (Karmel; Tel. 83683);
am zentralen Autobushof (Tel. 512208).

HOTELS. – *Dan Karmel,* Hanassi-Boulevard 85, L, 220 Z.; *Nof,* Hanassi-Boulevard 101, I, 100 Z.; *Shulamit,* Kiryat-Sefer-Str. 15, I, 70 Z.; *Zion,* Baerwaldstr. 5, I, 94 Z.; *Ben Yehuda,* Hayamstr. 154, II, 61 Z.; *Carmelia,* Herzliastr. 34, II, 50 Z.; *Dvir,* Yefe-Nof-Str. 124, II, 39 Z.; *Lev Hacarmel,* Heinestr. 23, III, 46 Z.; *Nesher,* Herzlstr. 53, III, 15 Z.

RESTAURANTS. – *Bankers Tavern,* Habankimstr. 2 (kontinental); *La Trattoria,* Hanassi Ave. 119 (italienisch/französisch); *Neptune,* Margolinstr. 19 (Fischgerichte); *Balfour Cellar,* Balfourstr. 3 (koscher, jüdisch-kontinental).

Haifa, der Haupthafen Israels, liegt am Nordhang des hier ins Meer vorspringenden *Karmelgebirges,* an dem es in der geschützten Westecke die Bucht von Akko allmählich ansteigt. Die Stadt ist ein bedeutender Umschlagplatz für die Ausfuhr der Landesprodukte sowie Industriestandort und Sitz einer Technischen Hochschule und einer Universität.

GESCHICHTE. – In der Bibel ist Haifa nicht erwähnt. An seiner Stelle gab es zunächst zwei Siedlungen: *Salmona* lag im Osten beim Kishonfluß am Tell Abu Hauwam, der in neuerer Zeit eingeebnet wurde und Industrieanlagen Platz machte. Im Westen lag *Shiqmona,* dessen Reste südlich des Ozeanographischen Institutes freigelegt worden sind; die Siedlung geht auf die Zeit Salomons (10. Jh. v. Chr.) zurück (Funde im Museum für alte Kunst von Haifa).

Zwischen diesen Orten lag das im Talmud erwähnte Haifa, dessen Name in byzantinischer Zeit auf die gesamte Ansiedlung überging. Obwohl im 7. Jahrhundert zerstört, war Haifa im 11. Jahrhundert bekannt durch seinen Schiffbau und seine Talmudschule. 1099 konnte es ein halbes Jahr den Kreuzfahrern widerstehen, wurde dann aber erobert. 1187 nahm Sultan Saladin es den Kreuzfahrern ab, 1191 konnte Richard Löwenherz es zurückerobern. 1265 vertrieb Sultan Baibars endgültig die Kreuzrit-

ter. Die Klöster des Karmeliterordens, der 1150 hier vom Mönch Berthold gegründet worden war, verfielen nach dem Fall von Akko 1291 der Zerstörung, die Mönche gingen nach Europa.

Unter Mamelucken und (seit 1517) Osmanen war Haifa nur ein unbedeutendes Fischerdorf. 1740 eroberte Dahir el Umar, der Herr von Galiläa, den Platz und erbaute eine neue Siedlung, die "Altstadt" zwischen dem Pariser Platz (Kikar Paris) und dem Postgebäude. Den Hafen baute er für Getreidetransporte nach Ägypten aus. Unter Ahmed Jezzar Pascha, der 1775 Dahir ablöste, konnten die Karmeliter sich wieder bei der Eliasgrotte niederlassen. Ihr Kloster diente 1799 beim Vorstoß Napoleons gegen Akko als Lazarett. Die Invaliden wurden bei Napoleons Abzug von Ahmed Jezzar umgebracht. Bei Ausbruch des griechischen Unabhängigkeitskrieges baute Jezzars Nachfolger Abdallah Pascha 105 m oberhalb des Meeres unmittelbar bei der Eliasgrotte einen Leuchtturm (Stella maris). Er verfolgte die Griechisch-Orthodoxen, gestattete aber den französischen Karmelitern 1828, ihr Eliaskloster beim Leuchtturm wieder aufzubauen.

Die Bedeutung Haifas wuchs, als Dampfschiffe aufkamen, für die der Hafen des benachbarten Akko zu klein war. Zur jüdischen Bevölkerung kamen 1868 deutsche Siedler, die Templer aus Württemberg; ihre Häuser sind zu beiden Seiten der Karmel-Allee (Shderot Hacarmel) erhalten, ihr Friedhof nordwestlich davon an der Jaffastraße. Als die Templer, welche moderne landwirtschaftliche Methoden einführten, sich auf den Karmel ausdehnen wollten, kam es zu Konflikten mit den französischen Karmelitern, die den Berg durch eine Mauer abgrenzten (daher der Name "Französischer Karmel" für den Westteil).

1898 wurde für den Besuch Kaiser Wilhelms II. eine Landebrücke gebaut, und damit begann der Ausbau des Hafens. Der Kaiser regte an, Haifa an die Hedschasbahn anzuschließen, wodurch das Hinterland der Stadt erschlossen wurde. Der Aufschwung führte zu einer Ausdehnung der Altstadt nach Nordwesten, in Richtung auf die Deutsche Kolonie. 1881 schon war die erste jüdische Schule eröffnet worden; auch Christen aus dem Libanon und Araber wanderten zu, und die vom Islam abgespaltenen Sekten der Bahai und der Ahmediya, die eine aus Persien, die andere aus Indien kommend, wählten Haifa als zentralen Sitz.

Mit dem Beginn des 20. Jahrhunderts wirkten sich jüdische Initiativen bestimmend aus. 1902 hatte Theodor Herzl Haifa in seinem Buch "Altneuland" als 'Stadt der Zukunft' bezeichnet; 1903 entstand der Vorort Herzliya, 1906 gründeten drei russische Zionisten die Seifenfabrik Atid (= Zukunft), 1912 wurde das Technion ins Leben gerufen, dessen Gebäude die Türken 1914 als Lazarett verwendeten. Als es endlich 1925 eröffnet werden konnte, führte man Hebräisch als Unterrichtssprache ein (die deutschen zionistischen Gründer hatten sich für Deutsch eingesetzt, was einen erbitterten Sprachenstreit auslöste). Das Technion entwickelte sich in der Folgezeit so stark, daß 1953 das erweiterte Technion-Gelände (Qiryat Hatechnion) erschlossen werden mußte.

Am 23. 9. 1918 nahmen die Engländer die Stadt ein, die sie durch eine Bahnlinie über Gaza mit Ägypten verbanden. 1920 fand in Haifa die Gründung des Arbeiterverbandes Histadrut statt. Neue Vororte wurden angelegt: 1920 Hadar Hakarmel ('Ruhm des Karmel'), 1921 Ahusat Samuel, 1922 Bat Galim ('Meerjungfrau'), Geula ('Errettung') und Neve Sha'an ('Heim der Ruhe'). Neue Industrieanlagen entstanden. Diese Entwicklung ging trotz Auseinandersetzungen zwischen jüdischer und arabischer Bevölkerung weiter. 1933 wurde der moderne Tiefhafen fertiggestellt, 1934 erfolgte der Ausbau zum Ölhafen am Ende der irakischen Pipeline.

Im Jahre 1936 veranlaßten erneute Unruhen die jüdische Bevölkerung, den Osten der Unterstadt aufzugeben und sich auf Hadar Hakarmel zu konzentrieren – Haifa war damit praktisch geteilt. Im Zweiten Weltkrieg wurden die Deutschen Templer evakuiert, nach dem Krieg kam es zu Konflikten zwischen der jüdischen Untergrundorganisation 'Hagannah', dem britischen Marinestützpunkt und den Arabern. Aus ihnen ging die 'Hagannah' siegreich hervor. – Nach der Ausrufung des Staates Israel 1948 gewann Haifa große Bedeutung als Hafen für die Einwanderer aus Europa. Der wirtschaftliche Aufschwung prägte das Gesicht der Stadt, auch der Fremdenverkehr wurde planmäßig auf und ausgebaut.

Das Stadtgebiet gliedert sich in drei übereinandergestaffelte Zonen. Die Altstadt mit Hafen und Küstenstreifen bildet die Unterstadt, das 60-120 m hoch gelegene Viertel Hadar Hakarmel die

mittlere Stadt; die Oberstadt schließlich (Karmel Merqazi und Ahusa) liegt 250-300 m hoch. Verbunden werden diese Zonen seit 1959 durch die 1,8 km lange Untergrundbahn, die mit einer Steigung von 12 % von der Talstation am Pariser Platz (Kikar Paris) über vier Stationen im Stadtteil Hadar zum Gan Haem (280 m) nahe der Panoramastraße Yefe Nof führt.

SEHENSWERTES. – Der **Hafen** von Haifa ist in den Jahren 1929-1933 zum Tiefwasserhafen ausgebaut worden. Er wird durch zwei große Molen geschützt.

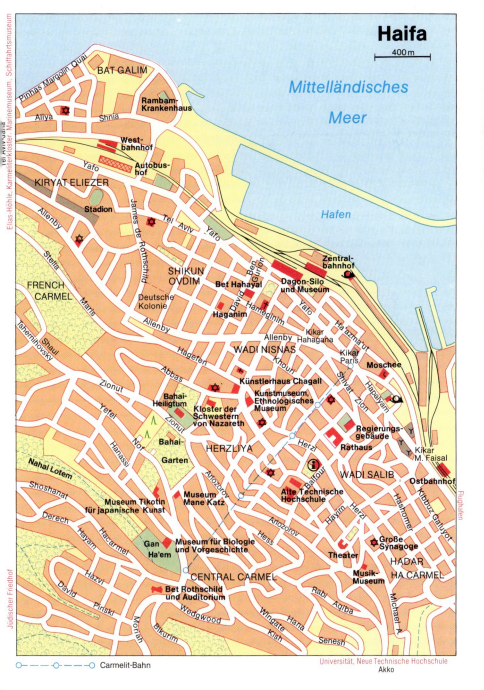

Haifa

400 m

Mittelländisches

Meer

Hafen

Größere Landanschüttungen, die den Küstenverlauf verändert haben, erbrachten das Gelände, das für Verwaltungs-, Abfertigungs- und Lagerräume, Straßen und Bahnlinie erforderlich war. Die bemerkenswertesten Anlagen sind ein 10000-Tonnen-Schwimmdock und der 68 Meter hohe *Dagon-Silo,* der 100000 Tonnen Getreide faßt. – Erlaubnisscheine für den Besuch des Hafengeländes erhält man im Informationsbüro rechts vom Eingang. Auch werden Hafenrundfahrten angeboten (Fotografieren im Hafengelände verboten).

Gegenüber dem Dagon-Silo beginnt die Karmel-Avenue (Shderot Hakarmel), die Hauptstraße der 1868 begründeten *Kolonie der Deutschen Templer,* die bis in den Zweiten Weltkrieg bestand. Die Häuser mit ihren Ziegeldächern sind charakteristisch. Der Friedhof der Templer – neben demjenigen in Jerusalem der einzige, der noch heute besteht – findet sich nordwestlich der Siedlung auf dem Grundstück Jaffastraße 150, neben dem britischen Soldatenfriedhof des Ersten Weltkrieges.

Zurück zum Anfang der Jaffastraße, erreichen wir den Pariser Platz (Kikar Paris), mit der Talstation der Karmelbahn. Am Südrand eine maronitische Kirche. Hier folgen wir der Straße Shivat Zion ('Heimkehr nach Zion'), die in Kurven zum Stadtteil HADAR HAKARMEL hinaufführt. Hinter der ersten scharfen Rechtskurve in der Bialikstraße das **Rathaus,** in dem die *Museen für moderne* und *für alte Kunst* untergebracht sind. In diesem finden wir Funde aus Caesarea, außerdem eine ägyptische, eine römische Abteilung und byzantinische Mosaiken aus Shiqmona.

Gegenüber liegt, 60 Meter über dem Meer, *Gan Haziqaron* (der Gedächtnispark) an der Stelle der Zitadelle, die Dahir el Umar, 1740-1775 Herr von Galiläa, erbaut hat. An diese erinnert eine Kanone. Wir passieren die Herzl-Straße, Hauptstraße des Viertels. An der Ecke zur Balfour-Straße ein Büro der Touristeninformation. Etwas oberhalb in der Balfour-Straße steht das *Alte Technion,* das 1912 erbaut und 1925 eröffnet worden ist (das erweiterte *Neue Technion* liegt im Südosten der Stadt; Qiryat Hatechnion). Gegenüber beginnt die Pevzner-Straße, durch die wir zum *Stadttheater,* zum Rabbinat, zum *Volkskunde-* und zum *Musikmuseum* kommen.

Von hier können wir zum *Zentralkarmel* hinaufgehen: zum *Park Gan Haem* mit seinem kleinen Zoologischen Garten und den hier beginnenden Straßen Ha-

nassi (Nr. 89 enthält das japanische Museum) und Yefe Nof, die einen herrlichen *Panoramablick über Stadt und Hafen bis hin nach Akko bietet.

Unterhalb der Yefe Nof liegen an der Uno-Avenue (Haziyonut) die *Persischen Gärten* mit dem ***Bahai-Schrein,** dessen goldene Kuppel das Stadtgild beherrscht. Im Anschluß an das Grab ihres Begründers hat sich hier das Zentrum der Bahai-Religion entwickelt.

Im Jahre 1844 hatte der Perser Mirsa Ali Mohammed sich zum 'Bab' (Tor, nämlich zu Gott) proklamiert. 1850 wurde er in Täbris erschossen. Sein Nachfolger Mirsa Hussein Ali nannte sich Baha-u-illah, floh ins Osmanische Reich, wo er sich 1868 zum Imam ausrief, war dann 24 Jahre lang als Gefangener in Akko, starb 1892 und wurde beim heutigen Kibbuz Shamerat nördlich von Akko beigesetzt. Seine Anhänger brachten die Gebeine seines Vorgängers Mirsa Ali Mohammed heimlich aus Persien nach Palästina und errichteten 1909 sein Grab in Haifa. Der monumentale Kuppelbau über diesem Grab wurde 1953 vollendet. Daneben stehen in den gepflegten Gartenanlagen die klassizistischen Archivgebäude der Bahai-Religion, die sich bis nach Europa und Amerika ausgedehnt hat.

Eine weitere Sehenswürdigkeit liegt am Kap Karmel: Das **Karmeliterkloster.** Man erreicht es vom Hafen aus über Allenby- und Stella-Maris-Straße oder vom Park Gan Haem aus über Hanassi- und Tchernikovsky-Straße. Das Kloster unmittelbar neben dem Leuchtturm *Stella Maris* (Stern des Meeres) gehört den nach dem Karmel benannten Karmelitern.

Das erste Kloster dieses 1150 hier gegründeten Ordens wurde 1291, nach dem Fall Akkos, zerstört, im späten 18. Jahrhundert unter Ahmed Jezzar erneuert, 1821 wiederum zerstört und 1828 wiederaufgebaut. Vor dem Kloster das Grab der 1799 von Ahmed Jezzar getöteten französischen Invaliden vom Heer Napoleons. Das Kloster ist dem Propheten Elias und seinem Schüler Elisa geweiht. Deren Leben schildern Bilder in der Kirche, die außerdem eine Marienfigur aus Zedernholz mit Porzellankopf (1820) enthält: die Madonna vom Berge Karmel. Stufen führen zu einer *Grotte* hinunter, in der man die Wohnung bzw. das Grab des Elias sieht. – Ein kleines *Museum* ist in einem Raum neben dem Klostereingang eingerichtet.

Gegenüber dem Kloster beginnt ein Weg hinab zur **Schule des Propheten.** Diese Höhle am Fuße des Kaps gilt als diejenige, in der Elias sich vor den Königen von Israel verbarg und ist "die heiligste jüdische Stätte in Haifa" (Zev Vilnay). Als el Khidr, der 'grüne Prophet', wird Elias auch von den Moslems verehrt, die bis 1948 hier eine Moschee hatten. Man gelangt von der Höhle zur Jaffastraße hinab.

Stadtauswärts findet man nach 1 km das *Ozeanographische Institut* und daneben die Ausgrabung der alten Siedlung *Shiqmona;* 500 m weiter befindet sich ein Badestrand, nicht weit davon gibt es jüdische und christliche Friedhöfe. – Stadteinwärts sehen wir rechts das **Schiffahrtsmuseum,** das von seinem alten Platz am Hafen hierher verlegt wurde; seine Schiffsmodelle, Landkarten, Drucke u.a. illustrieren die Geschichte der Seefahrt und der Häfen im Heiligen Land.

UMGEBUNG von Haifa

Nach Süden: Die Jaffastraße führt um das Kap Karmel, verläßt das Stadtgebiet hinter dem Ozeanographischen Institut. – Bei km 18 biegt rechts eine Stichstraße nach **Atlit** ab. Die im 13. Jahrhundert von den Tempelrittern angelegte Burg, die stärkste in Palästina, wurde 1291 nach dem Fall von Akko geräumt und verfiel allmählich, doch sind noch stattliche Reste vorhanden. 1903 gründete Baron Rothschild 2 km südlich eine gleichnamige landwirtschaftliche Siedlung, in der bis heute durch Meerwasserverdunstung Salz gewonnen wird.

Von der Burg landeinwärts zur alten Jaffastraße fahrend, findet man bei km 19 links einen Abzweig nach *En Hod,* einem früheren arabischen Dorf, das heute von Künstlern bewohnt wird.

Fährt man dagegen von Atlit auf der in Ufernähe verlaufenden neuen Straße weiter nach Süden, so stößt man nach 9 km rechts auf die Stichstraße nach Dor. Wir überqueren die Bahnlinie, sehen rechts den *Kibbuz Nahsholim* neben den Resten einer von Baron Rothschild erbauten Glasfabrik, links das von Einwanderern aus Griechenland geschaffene Dorf **Dor.** Den Hügel des antiken *Tantura* findet man jenseits des verlassenen arabischen Dorfes.

2 km südlich von Dor biegen wir links ab zur Stadt **Zikhron Ya'akov** (7 km). Am südlichen Ortsrand rechts ein Weg nach *Ramat Hanadiv* ('Höhe des Wohltäters'), der Grabstätte von Baron Edmonde Rothschild und seiner Frau Ada.

Ehe wir das 5 km südlich gelegene Dorf *Binyamina* erreichen, sehen wir rechts ein arabisches Gebäude, das über einem römischen Theater steht. In Binyamina rechts ab, dann links, nach 2 km wieder rechts, kommen wir in das Gebiet der antiken Stadt **Caesarea,** der Residenz der römischen Statthalter im 1. Jahrhundert, und der in ihr von den Kreuzfahrern errichteten Befestigungsanlage. Von hier aus kann man über *Netanya* (18 km) und *Herzliya* (19 km) nach *Tel Aviv* (10 km; s. dort) weiterfahren.

Zu den Karmeldörfern. – Man verläßt die Stadt vom Französischen Karmel (Hakarmel Merqazi) auf der Moriah-, dann Ho-Rev-Straße in südöstlicher Richtung, passiert die Militärakademie *Biran* (links), den Ort *Hod Karmel* (rechts), das Gebiet der neuen Universität von Haifa (links) und steigt dann zur höchsten Karmelhöhe (546 m) an. Schließlich kommt man zu dem von Drusen und Christen bewohnten Dorf *Isfiya* (14 km) und zum Drusendorf *Daliyat* (4 km; von Haifa auch Buslinie 92). In südöstlicher Richtung führt die Straße zum Berg *Muhraka* (4 km, 482 m) mit dem Karmeliterkloster St. Elias. Hier vermutet man nach der Überlieferung die Stelle, wo Elias im Streit mit den Baalspriestern einen Altar errichtete (1. Könige, 20-39).

Nach Südosten. – Wir verlassen Haifa auf der Bar-Yehuda-Straße in südöstlicher Richtung, kommen hinter dem *Kibbuz Yagur* zu einer Gabelung (13 km), wo wir uns halten und in die Ebene Yezreel fahren. – 32 km von Haifa sehen wir rechts den Tell von **Megiddo,** der dank seiner strategisch günstigen Lage seit dem 3. Jahrtausend v. Chr. befestigt war. Durch das instruktive Museum geht man zu den bedeutenden Ausgrabungen.

Von hier aus können wir in südwestlicher Richtung hach Hadera unweit der Küste (28 km) und Caesarea (8 km) fahren. – Eine andere Route geht über *Afula* (10 km) nordwärts nach Nazareth (11 km) oder in Nordost-Richtung zum Berg *Tabor* (12 km), ferner nach **Bet Alfa** (18 km) mit dem Mosaikboden

einer Synagoge des 6. Jahrhunderts und nach **Bet Shean** (6 km) mit Stätten aus kanaanäischer, römischer, byzantinischer und türkischer Zeit.

Fährt man von Megiddo direkt nach Haifa zurück, so kann man an der zuvor genannten Abzweigung (21 km) scharf rechts auf die Straße nach Nazareth einbiegen und gelangt hinter dem Ort *Qiryat Tiv'ona* (5 km) rechts nach **Bet Shearim,** das im 2. und 3. Jahrhundert als Sitz des Hohen Rates (Sanhedrin) große Bedeutung hatte (Katakomben mit Gräbern von Sanhedrin-Mitgliedern). Von hier aus sind es 10 km bis Haifa.

Nach Osten. – Wieder Haifa auf der Bar-Yehuda-Straße verlassend, an der Abzweigung (13 km) links, können wir hinter Qiryat Tiv'on (5 km) rechts zu den Katakomben von Bet Shearim (s. zuvor) abbiegen. Die Ebene durchquerend, erreichen wir das hochgelegene **Nazareth** (35 km von Haifa), dessen Verkündigungskirche, Marienbrunnen und andere Stätten an Jesus und seine Eltern erinnern.

Von Nazareth nordostwärts das Dorf *Kana,* der Ort der ''Hochzeit von Kana'' (7 km), dann links die Vulkanformation der ''Hörner von Hittim'' (12 km), bei denen 1184 das Kreuzfahrerheer von Sultan Saladin vernichtend geschlagen wurde; weiter hinab nach *Tiberias* (10 km) am Westufer des Sees Genezareth.

Nach Norden. – Wir umfahren die Bucht von Haifa mit ihren Industrieanlagen und besuchen den alten Hafenort **Akko** (22 km) mit seinem malerischen Hafen und seinen Bauten aus der Kreuzfahrer- und der osmanischen Zeit.

Weiter nordwärts liegen an der Küste die Moshav **Shave Zion** (nach 7 km links ab), ein von Auswanderern aus Rexingen in Württemberg 1938 gegründetes Dorf, bei dem der Mosaikfußboden einer frühchristlichen Basilika (vor 422) freigelegt worden ist; ferner der 1936 von deutschen Auswanderern gegründete Badeort **Nahariya** (3 km) und – unmittelbar vor der libanesischen Grenze – das Dorf *Rosh Hanikra* (10 km), zu dessen sehenswerten Höhlen eine Seilbahn hinabführt.

Von Nahariya kann man landeinwärts nach *Mi'ilva* (15 km) in der Nähe der Burg *Montfort* des Deutschen Ritterordens und auf landschaftlich reizvoller Strecke weiter nach *Safed* (31 km) und *Tiberias* (36 km) fahren. Bei dem Dorf *Sasa* (1 km hinter Mi'ilya) zweigt links eine Straße ab, die sich über *Kfar Biram* (2 km; Ruine der größten Synagoge in Galiläa) der libanesischen Grenze nähert, dann dieser folgend über Qedesh-Napheli (17 km) hinunter in das *Hule-Becken.*

Halikarnassos / Bodrum (Budrum)

Türkei.
Provinz: Muğla.
Höhe: Meereshöhe. – Einwohnerzahl: 6000.
(i) **Informationsamt Bodrum,**
 Kale Caddesi 57,
 Bodrum;
 Telefon: (Handvermittlung) 91.
 Fremdenverkehrsamt Muğla,
 Marmaris Caddesi,
 İdris Gürpınar Apt.,
 Muğla;
 Telefon: (061 11) 1261.

UNTERKUNFT. – *Neptün Oteli,* IV, 24 B.; *Kaktüs Motel,* M II, 36 B.; *Pansyon Artemis,* P I, 29 B. – In Turgutreis: *Kortan Oteli,* IV, 57 B., Sb.

WASSERSPORT. – Schwimmen, Tauchen, Segeln, Wasserski.

SCHIFFSVERKEHR. – Bodrum ist während der Saison Zwischenhafen der Expreßlinie İstanbul–Antalya (wöchentlich); dreimal monatlich auch Verbindung nach İskenderun.

Das türkische Städtchen Bodrum (früher Budrum) liegt an der Stelle der bedeutenden antiken Stadt Halikarnassos in der kleinen Mittelmeerbucht Bodrum Liman an der Südwestküste Kleinasiens in der Landschaft Karien, gegenüber der griechischen Insel Kos.

Die terrassenförmig über der Bucht ansteigende, von dem römischen Architekten Vitruv in seinem berühmten Werk 'De architectura' (II, 8) mit der Form eines Amphitheaters verglichene Stadt mit ihren alten Mauern, dem auf der ehemaligen Insel Zephyrion gelegenen Johanniter-Kastell St. Peter und den inmitten von Gärten und Weinbergen liegenden weißen Häusern, im Halbkreis umrahmt von einem Hügelkranz, bietet einen überaus malerischen Anblick. Der Name Bodrum ('Keller' oder 'Kasematten') ist vielleicht aus dem Namen des Kastells St. Peter (Petronium) entstanden oder bezieht sich auf die westlich des Kastells liegenden Arkaden.

GESCHICHTE. – Halikarnassos wurde neben einer alten Siedlung der Karer um die Burg *Salmakis,* die bis in das 5. Jahrhundert v. Chr. selbständig blieb, um 1200 v. Chr. von dorischen *Griechen* aus *Troizén,* dem im Osten der Argolis gelegenen Reich der Sagen um Theseus und seinem Sohn Hippolytos,

angeblich unter Anthes, einem Nachkommen des Gründers Troizén, gegründet. Die dank ihres guten Hafens, ihrer festen Lage und der fruchtbaren Umgebung rasch zu einem wichtigen Handelszentrum heranwachsende Stadt gehörte zunächst zur dorischen Hexapolis (wobei aber schon im 5. Jahrhundert Ionisch die offizielle Sprache war, in der auch Herodot schrieb), geriet dann unter die Herrschaft der *Lyder* unter Kroisos (560–546), 540 ohne Widerstand an die *Perser,* unter deren Oberhoheit karische Fürstengeschlechter in der Stadt herrschten, so zu Anfang des 5. Jahrhunderts die *Lygdamiden.* Eine Tochter des Lygdamis war *Artemisia* (die Ältere), die mit fünf Schiffen innerhalb der Flotte des Xerxes in der Schlacht bei Salamis (480 v. Chr.), kämpfte und sich dabei auszeichnete. Nach der Schlacht an der Mykale (479) kam Halikarnassos an das Attische Reich. In die folgenden Parteikämpfe war auch Herodot (484–425), der berühmte 'Vater der Geschichtsschreibung' und größte Sohn von Halikarnassos, verwickelt. – Im Jahre 413 fiel die Stadt wieder an Persien, bei dem sie, nach einer Periode der Autonomie (etwa 394–377), bis zum Alexanderzug verblieb. Diese letzte persische Zeit war glanzvoll dadurch, daß das Geschlecht des Satrapen *Hekatomnos* von Mylasa (Milas) nach 387 die Stadt gewann und statt des entlegenen Mylasa zum Herrschersitz von Karien erhob. Die Reihenfolge der unter persischer Oberhoheit stehenden Herrscher, unter denen nach altem karischen Recht die Frauen als Gemahlinnen ihrer Brüder stark hervortreten, ist: Hekatomnos (377), Mausolos und Artemisia II. (377–353), Artemisia II. allein (353–351), Idrieus und Ada (die Geschwister der vorigen; 351–344), Ada allein (344–340) und deren Bruder Pixodarus (340–334), der jüngste Sohn des Hekatomnos. Der bedeutendste war *Mausolos,* der sich durch Staatskunst und Kriege eine starke Stellung schuf und die Stadt nach hellenistischen Vorbildern mit Mauern, Häfen, Palästen und Tempeln ausstattete. Nach seinem Tode folgte ihm seine Schwester und Frau Artemisia II., die zu Ehren ihres Mannes das 'Mausoleion', einst eines der sieben Weltwunder, errichten ließ. – Im Jahre 334 v. Chr. mußte

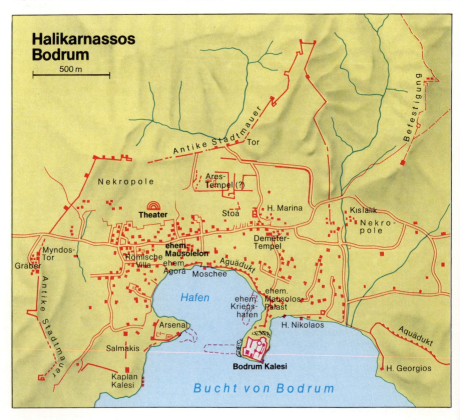

Halikarnassos
Bodrum

500 m

Bucht von Bodrum

Alexander d. Gr. auf seinem Feldzug gegen die Perser die Feste lange durch seinen Feldherrn Ptolemäus belagern lassen, bis sie dann von diesem erobert und zerstört wurde. Nach Alexanders Tod folgten wechselvolle Kämpfe, wobei die Stadt 301 an *Lysimachos,* 281 an *Seleukos* und 129 an die *Römer* fiel. 88 v. Chr. wurde Halikarnassos von *Mithridates* erobert; 62–58 wurde es mehrmals von Seeräubern geplündert, später von *Cicero* wiederhergestellt. In der römischen Kaiserzeit erreichte die Stadt einen neuen Höhepunkt ihrer Entwicklung. – 395 n. Chr. wurde sie byzantinisch, 1402 von den *Johannitern* von Rhodos erobert, die unter dem deutschen Ritter *Heinrich Schlegelholt* 1415–1437 aus den Werksteinen des wahrscheinlich durch Erdbeben zerstörten Mausoleions das Kastell St. Peter errichteten. 1523 kam Halikarnassos unter die Herrschaft der *Osmanen,* denen das Kastell kampflos in die Hände fiel.

BESICHTIGUNG. – Die antike Stadt wurde auf halber Höhe von einer von Osten zum sehenswerten *Myndos*-Tor (Gümüşli Kapı) mit seinen Türmen im Westen führenden Hauptstraße durchzogen. An ihr erhob sich einst im Stadtmittelpunkt das berühmte **Mausoleion,** nach dem seit der Zeit des Augustus derartige Grabmäler Mausoleen genannt werden. Der nach 351 v. Chr. errichtete Bau war noch im 12. Jahrhundert wohl erhalten, wurde dann vielleicht durch Erdbeben beschädigt, seitdem allmählich und 1522 vor dem Angriff der Osmanen völlig abgerissen und im Kastell verbaut. So sind heute nur noch dort sowie in den Mauern der Stadt und in der Tiefe eines Brunnens Quadern zu sehen. Rekonstruktion hier und in London geplant.

BAUGESCHICHTE. – Es ist schon vielfach versucht worden, nach den antiken Nachrichten und den bisherigen Funden das Mausoleion zeichnerisch wiederzugeben. Auf einem rechteckigen Unterbau (33 x 37 m) stand der ebenfalls rechteckige Grabtempel, der von 36 ionischen Säulen umgeben war; darüber erhob sich eine 24stufige Pyramide, gekrönt von einem Viergespann. Der 46 m hohe Bau ist ein Werk des Baumeisters *Pytheos,* der auch den Athenetempel von Priene (s. dort) gebaut hat. Unter der Bauleitung des *Satyros* schmückten die vier größten griechischen Bildhauer je eine Seite des Monuments aus: *Skopas* von Paros, einer der berühmtesten Marmorplastiker des 4. Jahrhunderts v. Chr., schuf den Amazonenfries auf der Ostseite, der attische Bildhauer *Bryaxis* die Skulpturen der Nordseite, der durch seinen 'Ganymedes' berühmt gewordene griechische Bildhauer *Leochares* die Westseite und *Thimotheos* von Athen die Südseite. Erst unter Alexander d. Gr. soll das Bauwerk vollendet worden sein.
Schon 1846 kamen Reliefs des Mausoleums nach London. 1862/63 fand der englische Archäologe *Ch. Th. Newton* die Stätte des Grabmals und schaffte viele Skulpturen von dort und aus dem Kastell ebenfalls nach London. Dänische Grabungen 1966/67.

Nordwestlich über dem Mausoleum liegt das antike *Theater.* Nordöstlich Reste einer dorischen *Stoá* (Säulenhalle), darüber die eines *Ares-Tempels* (?). – Noch höher im Fels sowie östlich und westlich außerhalb der Stadtmauer *Nekropolen* (Gräber). An der Einfahrt in die etwa 620 m langen ovalen **Hafen,** an dessen Ostseite wahrscheinlich einst ein kleiner abzuschließender *Kriegshafen* abgetrennt war (mit einer zweiten Ausfahrt nördlich der ehemaligen Kastell-Insel nach Osten), sind noch Reste der antiken *Molen* vorhanden, deren westliche an dem Vorsprung ansetzt, über den jetzt die Mauer des

Arsenals läuft, während die östliche auf der ehemaligen Insel Zephyrion bei dem malerisch gelegenen weißen Kastell St. Peter beginnt.

Das heute *Bodrum Kalesi genannte *Kastell St. Peter,* mit seinen noch gut erhaltenen hoch aufragenden Türmen, wurde an der Stelle einer alten Burg an der Stätte der ersten griechischen Siedlung auf der ehemaligen, später landfest gewordenen Insel Zephyrion von den Johannitern seit 1415 angelegt, jedoch später von den Türken verbaut und in spätosmanischer Zeit als Verbannungsort benutzt. Wie bei den Stadtbefestigungen von Rhodos waren auch hier die Mauern abschnittsweise den Rittern der verschiedenen Nationalitäten zur Verteidigung anvertraut. Der einst von englischen Rittern verteidigte Turm 'Arslanlı Kule' hat interessante Löwenreliefs. Die Säle sind im gotischen Stil ausgestattet (Ritterwappen). Im Innern der Burg eine schöne Kapelle und ein Museum.
Östlich über dem ehemaligen Kriegshafen stand der zu Beginn des 4. Jahrhunderts v. Chr. unter reichlicher Verwendung von Marmor errichtete *Palast des Mausolos,* dessen Steine zur Auffüllung der Verbindung der früheren Insel mit dem Festland und zur Herstellung des Glacis der Ritterburg verwendet wurden. – Am Nordrand des Hafens erstreckte sich die ehemalige *Agorá* (das römische *Forum),* wo auch eine Kolossalstatue des Kriegsgottes Ares stand. – Im Westen der Stadt erhob sich auf der von einem Turm gekrönten Höhe *Kaplan Kalesi,* der ehemaligen Akropolis, die karische Burg *Salmakis.* Nördlich darunter muß die berühmte gleichnamige Quelle gelegen haben. – Von der Akropolis umzog die sich dem Gelände anschmiegende *Stadtmauer* (z.T. noch erkennbar) meist auf dem Grat der Hügel die Stadt.

Hammamet

Tunesien.
Höhe: 0-50 m ü.d.M. – Einwohnerzahl: 18 000.
ⓘ **Office National du Tourisme Tunisien,** Avenue Taïeb Méhiri, **Nabeul;** Telefon: 8 07 37, 8 03 26 und 8 04 23.

HOTELS. – In Hammamet: *Phenicia,* I; *Sheraton,* I; *Bel Azur,* II; *Les Colombes,* II; *Continental,* II; *Dar Khayam,* II; *Fourati,* II; *Grand Hotel,* II; *Le Hammamet,* II; *Hammamet Beach,* II; *Miramar,* II; *Les Orangers,* II; *Parc Plage,* II; *Le Paradis,* II; *Yasmina,* II; *Aladin,* III; *Emir,* III; *El Bousten,* III; *Du Golfe,* III; *Mediterranée,* III; *Omar Khayam,* III; *Tanfous,* III; *Tanit,* III; *Hamilton House,* IV; *Samaris,* IV. – In Nabeul: *Lido,* II; *Les Narcisses,* II; *Les Pyramides,* II; *Riadh,* II; *Néapolis,* III; *Les Jasmins,* VI.

CAMPINGPLÄTZE. – In Hammamet: *L'Idéal Camping.* – In Nabeul: *L'Auberge des Jasmins.* – JUGENDHERBERGE in Nabeul.

VERANSTALTUNG. – *Internationales Festival* mit Musik, Tanz, Theater und Folklore (Juli-August).

Hammamet, auch El-Hammamet, ist eine tunesische Kleinstadt an der südlichen Wurzel der Halbinsel von Cap Bon. Zusammen mit dem 10 km weiter östlich gelegenen Nabeul hat sich der

Ort zum bedeutendsten *Fremdenverkehrszentrum im Norden des Landes
entwickelt. Zu seinem guten Ruf haben
nicht nur die herrlichen Sandstrände
an der Küste des Golfs von Hammamet
mit den dahinterliegenden Orangen-
und Zitronenhainen beigetragen.
Ebenso bedeutsam ist die geschützte
Lage der Stadt im Windschatten des
mitteltunesischen Gebirgsrückens
(Dorsale), dessen Ausläufer das Rückgrat der Halbinsel Cap Bon bilden.

Touristenhotel im tunesischen Hammamet

Das HOTELVIERTEL von Hammamet
mit rund 6000 Fremdenbetten befindet
sich in einem sehr schön angelegten
Garten- und Parkgelände westlich der
Medina, unmittelbar am Strand. Die im
maurischen Stil errichteten modernen
Gebäude fügen sich harmonisch in das
Landschaftsbild. – Lohnend ist ein
Rundgang durch die am Meer gelegene,
mauerumgebene ALTSTADT mit der
Kasbah aus dem 12. und 15. Jahrhundert, zwei hübschen *Moscheen* (15. und
18. Jahrhundert) und verwinkelten engen Gassen, in denen zahlreiche Händler und örtliche Handwerker ihre Waren
feilbieten. Sie verkaufen hauptsächlich
Stickereien, Spitzen, Stoffe und Teppiche sowie agrarische Produkte aus dem
Umland der Stadt. Auch die im Hafen
angelandeten Fänge einer kleinen Fischereiflotte werden hier angeboten.

UMGEBUNG von Hammamet. – Die weitere Umgebung der Stadt bietet zahlreiche bedeutende Sehenswürdigkeiten. Besonders zu empfehlen sind
größere Fahrten nach Tunis und zu den einzigartigen römischen Ruinenstädten Bulla Regia, Dougga
und Thuburbo Maius (s. bei Tunis), nach Kairouan,
Maktar und Sbeïtla (s. bei Kairouan) sowie nach
Sousse, Monastir, Mahdia und El-Djem (s. bei
Sousse). Daneben lohnt sich auch ein Ausflug zu
den in der Nähe gelegenen Sehenswürdigkeiten der
Halbinsel Cap Bon.

**Über Nabeul nach Kerkouan, Cap Bon
und Korbous.** – An der Südküste der Halbinsel
Cap Bon, 10 km nordöstlich von Hammamet, liegt
Nabeul (30000 Einw.; Veranstaltung: Orangenfest
Anfang Mai), das zweitgrößte Fremdenverkehrszentrum in Nordtunesien. Die Gouvernoratshauptstadt besitzt ein agrarisch intensiv genutztes Umland, hauptsächlich Obst- und Gemüseanbau mit
künstlicher Bewässerung, dessen Produkte freitags
auf dem bedeutenden regionalen Markt verkauft
werden. Berühmt sind die Parfümherstellung und
vor allem das traditionelle Töpferhandwerk der
Stadt. Bekannt ist auch die Handwerkskunst des
Mattenflechtens. Im Centre d'Artisanat sind die
schönsten Produkte des einheimischen Handwerks
ausgestellt. – Lohnend ist ein kurzer Abstecher zum
2 km nördlich gelegenen Kunsthandwerkerdorf *Dar
Chaâbane;* die hier gefertigten Steinmetzerzeug-
nisse finden sich als Türen- und Fensterumrah-
mungen in fast allen Teilen des Landes. Bekannt ist
auch die Teppichknüpferei des an der Küstenstraße
gelegenen Nachbarortes *Beni Khiar.*

Über *Korba* und *Menzel Temime* erreicht man die
58 km entfernte Stadt **Kélibia** (18000 Einw.), das
antike *Clupea,* umgeben von ausgedehnten Olivenhainen und Weingärten. Sehenswert sind die Ruinen der karthagischen Befestigungsanlage und einer von den Hafsiden errichteten Burg. – 14 km weiter nördlich folgt das Ruinenfeld von **Kerkouan,** einem ehemaligen phönizischen Hafen. Grabfunde
aus dem 6. vorchristlichen Jahrhundert beweisen
eine sehr frühe Besiedlung. Zur Römerzeit wurde
der Ort aufgegeben, und die heute noch sichtbaren
Straßenzüge und Häusergrundrisse sind folglich
phönizisch. Mehrere gut erhaltene Badewannen
sind vergleichbar mit ähnlichen Funden aus dem
griechischen Argos oder Epidauros. Kerkouan besaß in der Antike eine Purpurfärberei, wie sie für
viele phönizische Städte typisch war.

Cap Bon, die Nordostspitze von Tunesien, erreicht
man von *El-Haouara.* – Auf der landschaftlich sehr
reizvollen Küstenstraße im Nordwesten der Halbinsel gelangt man 8 km vor Soliman an einen Abzweig
zum Thermalbad **Korbous** (Hotel Aïn Oktor), dessen
Quellen schon in der Antike unter dem Namen
'Aquae Carpitanniae' bekannt waren. Der Ort liegt
sehr hübsch an einer kleinen, von Bergen umrahmten Meeresbucht. Er besitzt mehrere Kur- und Badeeinrichtungen. – Über *Soliman,* das im 17. Jahrhundert von andalusischen Flüchtlingen gegründet
wurde, gelangt man zurück nach Hammamet.

Herkulaneum
s. bei Neapel

Hvar

Jugoslawien.
Teilrepublik: Kroatien (Hrvatska).
Inselfläche: 300 qkm. – Bewohnerzahl: 20000.
Telefonvorwahl: 058.
ⓘ **Turistički savez općine Hvar,**
   YU-58450 Hvar,
   Trg Maršala Tita 1;
   Telefon: 74058.
   Turistička agencija Jelsa,
   Yu-58465 Jelsa,
   na Obali;
   Telefon: 75628.
   Dalmacijeturist Stari Grad,
   YU-58460 Stari Grad;
   Telefon: 75828.

HOTELS. – In H v a r (Stadt): *Amfora,* I, 745 B.; *Sirena,* I, 316 B.; *Bodul,* I, 300 B.; *Palace,* I, 148 B.; *Dalmacija,* I, 136 B.; *Adriatic,* I, 116 B.; *Delfin,* I, 112 B.;
Galeb, III, 68 B. – In J e l s a: *Mina,* I, 394 B.; *Touri-*

stensiedlung Fontana, II, 376 B.; *Jadran*, III, 280 B. – In Jelsa Vrboska: *Adriatic*, I, 350 B.; *Madeira*, I, 44 B. – In Stari Grad: *Arkada*, I, 580 B.; *Helios*, II, 418 B., mit Dependance *Helios Bungalows*, II, 108 B.; *Adriatic*, II, 170 B.; *Jadran*, III, 33 B.

CAMPINGPLÄTZE. – In Stari Grad: *Jurjevac.* – In Jelsa: *Mina* (auch FKK).

VERANSTALTUNGEN. – Im Juni internationales Modefest (Stari Grad). – Im Sommer Freilichtaufführungen in der Ruine des Katharina-Klosters oberhalb der Stadt Hvar, im Arsenal und im Hof von San Marco.

BADESTRÄNDE. – Vor den Hotelkomplexen in der **Stadt Hvar** wurden Felsen ausbetoniert und Stege gebaut; Kies- oder gar Sandstrände sind nur klein. Einen etwas besseren Strand gibt es bei den Hotels von Stari Grad (vom Schwimmen im inneren Buchtbecken ist dagegen abzuraten!). – Vor den Hotels in **Jelsa** gleichfalls nur Felsküste.

AUTOFÄHREN. – Ab Zadar Tragflügelboote und Schnellboote nach Vira, dem hinter der Stadt gelegenen Hafen (Hvar ist Fußgängerzone!); auf diesen Schiffen kein Pkw-Transport. Außerdem Autofähren Split-Vira, Split-Stari Grad; Sućuraj (am anderen Ende der Insel) – Drvenik. Weitere Schiffsverbindungen: Jelsa–Bol; Hvar–Korčula.

Die vor der mitteldalmatinischen Küste zwischen Split und Dubrovnik gelegene Insel *Hvar ist mit ihrer Länge von 68 km die längste Insel Jugoslawiens. Das Südufer mit unbewaldeten Bergen fällt steil ab; das flachere Nordufer ist sehr buchtenreich. Im Innern zahlreiche Weingärten, Ölbäume sowie Rosmarin- und Lavendelpflanzungen.

GESCHICHTE. – Höhlenfunde weisen eine Besiedlung schon in der Jungsteinzeit nach. 385 v. Chr. gründeten Griechen auf der Insel die Siedlung *Pharos* und kurz darauf die zweite Ansiedlung *Dimos* an der Stelle der heutigen Stadt Hvar. 235 v. Chr. gelangte die Insel in den Staatsbereich des illyrischen Königs Agron. 219 v. Chr. landeten die Römer, die bis zum 7. Jahrhundert n. Chr. das Sagen hatten. Nun wurde die Insel von Slawen aus dem Neretva-Gebirge besiedelt. Von 870 bis 886 gehörte Hvar zum byzantinischen Reich, dann hatten wieder die slawischen Neretvaner das Heft in der Hand. Im 11. Jahrhundert regierten die kroatischen Könige Hvar, 1145-64 gehörte die Insel erstmals zum venezianischen Reich, dann 1164-80 zu Byzanz. Von 1180 bis 1278 regierten die ungarisch-kroatischen Könige, die anschließend wieder von den Venezianern abgelöst wurden. Von 1358 bis 1420 war Hvar erneut unter der Oberhoheit der ungarisch-kroatischen Könige, dann gehörte die Insel zu Bosnien und schließlich zur Republik Dubrovnik. Von 1420 bis 1797 war Hvar wieder unter venezianischer Oberhoheit. Von 1797 bis 1806 unterstand Hvar Österreich, 1806-13 Frankreich, 1813 bis 1918 erneut Österreich. Von 1918 bis 1922 dauerte die Besetzung durch Italien; dann fiel die Insel an das Königreich Jugoslawien. Im April 1941 besetzten italienische Truppen die Insel, die nach der Kapitulation Italiens 1943 durch deutsche Verbände abgelöst wurden. Im September 1944 eroberten jugoslawische Partisanenverbände Hvar.

INSELBESCHREIBUNG. – Die Personen- und Fährschiffe, die Schnell- und die Tragflügelboote von Split laufen den an der Nordküste jenseits des Berges Trtdava gelegenen Naturhafen *Vira* an, damit der Auto-, Lkw- und Busverkehr von der 3 km entfernten Stadt Hvar ferngehalten wird. Ein zweiter Zielhafen der Schiffe von Split ist Stari Grad. Schließlich besteht auch noch eine Fährverbindung zwischen Drvenik auf dem Festland und dem ganz im Süden liegenden Inselort Sućuraj.

Der Hauptort **Hvar** liegt in einer geschützten

Jugoslawische Adriainsel Hvar – Panorama des gleichnamigen Hauptortes

Bucht der Südwestküste. Durch das Seetor betritt man den Hauptplatz. Links der Dom aus dem 16. Jahrhundert mit stattlichem Glockenturm (17. Jh.). Im Inneren wertvolle Bilder, so u. a. eine ''Madonna mit Heiligen'' (Domenico Umberti, 1692), ''Madonna mit dem Kinde'' (Pisaner Schule des 13. Jh.), ''Pietà'' (etwa 1520) und ''Muttergottes mit Heiligen'' (J. Palma d. J., 1626/27). Die Schatzkammer der Kathedrale verwahrt als kostbarstes Stück den vergoldeten Stab des Bischofs Pritić von 1509.

Auf dem Hauptplatz vor der Kathedrale steht der große Stadtbrunnen von 1529. Die Südseite des Platzes begrenzt das Arsenal (13.–17. Jh.) mit einem weiten Rundbogen, der früher einer Galeere die Einfahrt erlaubte. Im 1. Stock des Gebäudes wurde 1612 ein kleines Theater eingebaut (heute Museum).

Beim Weitergehen zum Hafen erreicht man rechts das Hotel Palace, einst ein venezianischer Palast, mit prachtvoller Fassade, Loggia und Uhrturm.

Vom rechten Hafenbecken führen Wege durch den hübschen Stadtpark zu den nördlich Hvar gelegenen modernen Hotelkomplexen. Man erreicht die bergwärts gelegene Ruine eines Klosters, in dessen Mauern während des Sommers Konzerte und Theateraufführungen stattfinden.

Zurück zum Hafenbecken: Hier beginnt der Aufstieg zum über der Stadt gelegenen spanischen Fort (Kabinenbahn geplant; Bus-Pendelverkehr zum Hafen bis 1 Uhr früh). Von der Festung *Blick über Hafenbecken und alte Stadt zu den vorgelagerten Pakleni-Inseln (Pech- oder Teufelsinseln).

Weiter nördlich und noch etwas höher eine von den Franzosen erbaute Festung, die gut erhalten, aber nicht zugänglich ist (Radarstation, militärische Anlagen).

Vom Hauptplatz erreicht man auf der südöstlichen Seite an der Kaimauer entlang das 1571 errichtete, nach der Zerstörung durch die Türken (1571) wiederhergestellte Franziskanerkloster mit sehenswerter Kirche (im Inneren Bilder von Bassano, Palma d. J. und Santa Croce) und einem als Museum eingerichteten Refektorium (*''Abendmahl'' von Matteo Rosselli, 1578-1650; Bilder von Tizian und Tiepolo; ferner Meßgewänder, Inkunabeln u. a.). Hinter dem Refektorium ein kleiner Garten mit einer 300jährigen Zypresse.

Stari Grad, das alte Pharos, erreicht man über eine kurvenreiche Bergstraße. Es liegt an einer weit ins Land einschneidenden Bucht; die Hotelanlagen befinden sich weiter außerhalb. Der alte Hafenort besitzt fünf Kirchen, drei davon sind halb verfallen. Viele der alten Häuser sind zu Feriendomizilen ausgebaut worden. Die Stadt birgt Zeugnisse aus allen geschichtlichen Epochen: Zyklopensteine der Illyrer, römische Mosaiken, altchristliche Taufbecken. Am interessantesten ist der Landsitz des kroatischen Renaissance-Dichters Petar Hektorović, im 16. Jahrhundert in einer früheren Türkenfestung eingerichtet. Im Innenhof ein Bassin, das durch eine Rohrleitung mit dem Hafenbecken verbunden ist.

Vrboska liegt sehr hübsch im äußersten Winkel einer engen Bucht zwischen Kiefernwäldern und Weinbergen. Der Ort besitzt zwei Kirchen, die eine davon zugleich frühere Festung. Im Inneren ein Bild, das Tizian zugeschrieben wird.

Jelsa ist im Zentrum ein verträumtes Nest geblieben. Die Hotelanlagen liegen abseits vom Hafen rechts und links auf den bewaldeten Berghängen. Einen Besuch wert ist die *Grotte Grapčeva* (Boote vom Hafen aus), in der man prähistorische Gegenstände gefunden hat.

Hydra
(Ídhra)

Griechenland.
Nomos: Attika.
Inselfläche: 50 qkm. – Bewohnerzahl: 2550.
Telefonvorwahl: 0298.
ⓘ **Touristenpolizei** (nur im Sommer),
Navárchu Vótsi;
Telefon: 52205.

HOTELS. – Auf H y d r a : *Miramare,* I, 50 B.; *Miranda,* I, 30 B.; *Delphini,* II, 20 B.; *Hydrussa,* II, 72 B.; *Xenon Dimitras,* II, 17 B.; *Hydra,* III, 23 B.; *Leto,* III, 74 B.

Auf S p e t s ä : *Kasteli,* I, 139 B.; *Possidonion,* I, 83 B.; *Spetses,* I, 143 B.; *Rumanis,* II, 65 B.; *Faros,* III, 84 B.; *Ilios,* III, 51 B.; *Star,* III, 68 B.

BADEGELEGENHEIT. – Unmittelbar westlich des Hafens (ausbetonierte Felsen) und an der Mandrákibucht (Kies und Fels).

VERKEHR. – Der Argossaronikos Service verbindet Hýdra mit dem Piräus und den Inseln Ägina, Póros und Spétsä.

Die langgestreckte felsige Insel *Hýdra vor der Nordostspitze der Halbinsel Peloponnes ist heute eine beliebte Sommerfrische.

Hafen des griechischen Inselhauptortes Hydra

Der Hauptort **Hýdra** mit seinem geschützten Hafen baut sich wie eine Theatermuschel über dem Hafen auf. Etliche Kapitänshäuser, darunter die Häuser Tsamádon und Kunturiótis, erinnern an die tatkräftige Unterstützung des griechischen Freiheitskampfes durch die reichen Reeder von Hýdra. Sehenswert sind im Ort selbst auch die am Hafen gelegene Marienschlafkirche (Kímissis Theotóku) des 18. Jahrhun-

Boote im Hafen des griechischen Inselortes Spetsä

derts in einem aufgelassenen Kloster, ferner die Klöster Prophítis Ilías (15. Jh., 1 St. Fußweg) und Zurvás (16. Jh.) an der Ostspitze der Insel (3 St. Fußweg, doch auch mit dem Boot erreichbar).

Westlich von Hydra und gegenüber der Südspitze der Argolischen Halbinsel liegt das Eiland *Spétsä (22 qkm; 3500 Bewohner), wegen seiner milden Landschaft und des günstigen Klimas geschätzt. In der Stadt schöne Herrenhäuser sowie drei sehenswerte Kirchen in der Oberstadt (Kastelli); ferner ein Heimatmuseum. – Auf der Insel die Reste von zwei frühchristlichen Basiliken; an der Südküste eine Badebucht sowie die Bekiri-Meeresgrotte.

Hyèrische Inseln / Iles d'Hyères

Frankreich.
Région: Provence – Alpes – Côte d'Azur.
Département: Var.
ⓘ **Office de Tourisme,**
Place Clémenceau,
F-83400 **Hyères;**
Telefon: (94) 65 18 55.

HOTELS. – Auf P o r q u e r o l l e s : *Mas du Langoustier*, II, 49 Z.; *Relais de la Poste*, III, 28 Z.; *L'Arche de Noe*, IV, 15 Z.; *Les Palmiers*, IV, 8 Z. – Auf P o r t - C r o s : *Le Manoir*, II, 30 Z. – Auf L e v a n t : *Brise Marine*, IV, 12 Z.

Die *Iles d'Hyères, auch Iles d'Or ('Goldene Inseln') genannt, sind eine Inselgruppe südöstlich von Toulon, die geologisch dem Massif des Maures angehört und in der landschaftlichen Ausgestaltung der maurischen Küste

ähnelt. Die Inseln sind großenteils bewaldet, weisen zerklüftete Steilabfälle auf, verfügen über schöne Natur- und Schlupfhäfen und sind nicht zuletzt wegen ihrer zum Baden geeigneten Uferpartien bekannt.

Von der auf dem Festland gelegenen Stadt Hyères aus erreicht man alle drei Hauptinseln mit dem Schiff (Abfahrt in Hyères-Plage); nach Porquerolles verkehrt auch von der Halbinsel von Giens aus ein Schiff.

INSELBESCHREIBUNGEN. – Die fast 8 km lange, etwa 2 km breite **Ile de Porquerolles** ist die größte des Archipels. Sie besitzt an der Nordküste flache Strandpartien; der gesamte südliche und östliche Küstenbereich fällt steil ins Meer ab. – Hauptort ist **Porquerolles** (500 Einw.), an der Hauptbucht der Nordküste gelegen. Von hier durch schöne Mittelmeervegetation 45 Minuten südwärts zum *Phare de L'Oustaou* (Südspitze, 96 m; Leuchtturm). – Nordöstlich durch den Wald in $1^{1}/_{4}$ Stunden entlang der *Plage Notre-Dame* zum *Cap des Mèdes*. Etwa auf halber Strecke zweigt rechts ein Weg ab, der am *Fort de la Repentance* vorbei zum Sémaphore (Signalstation, 142 m; Aussicht) führt.

Östlich von der Ile de Porquerolles die **Ile de Port-Cros** (6640 ha), seit 1963 Parc National (Naturschutzgebiet), die nur von wenigen Menschen bewohnt wird. – Sehenswert außer der üppigen Mittelmeerfauna und -flora (Urwälder, Nistplätze seltener Vögel, Fischreviere) das ehemalige *Fort du Moulin* (17. Jh.) am Eingang zum *Port Cros* (westlich davor die kleine, bis 59 m hohe Ile de Bagaud). Ein beeindruckender *Spaziergang ($1^{1}/_{2}$ St.) führt von hier südostwärts ins *Vallon de la Solitude* und zu den imposanten *Falaises du Sud* (fast 200 m hohe Steilabfälle).

Ebenfalls empfehlenswert eine Wanderung (3 St.) ostwärts zur reizvollen *Pointe de Port-Man.*

Noch weiter östlich die geologisch interessante einsame Felsinsel **Ile du Levant** (8 km lang, bis 1,5 km breit; früher Besitztum der Äbte von Lérins), die durch ihre FKK-Kolonie **Héliopolis** (1932 eingerichtet) bekannt wurde. Große Teile der Insel sind Militärgelände.

Ibiza

Spanien.
Region und Provinz: Baleares (Balearen).
Inselfläche: 593 qkm. – Bewohnerzahl: 45000.
ⓘ **Oficina de Información de Turismo,**
Vara de Rey,
Ibiza *(Stadt);*
Telefon: (9 71) 30 19 00.

HOTELS. – In Ibiza-Stadt: *Torre del Mar,* I, 217 Z.; *Los Molinos,* I, 147 Z.; *Algarb,* II, 408 Z.; *Tres Carabelas,* II, 245 Z.; *Goleta,* II, 250 Z.; *Ibiza Playa,* II, 124 Z. – In Talamanca: *Playa Real,* II, 237 Z.; *El Corso,* II, 179 Z.

In San Antonio Abad: *Nautilus,* I, 168 Z.; *Palmyra,* I, 120 Z.; *Tanit,* II, 386 Z.; *Pinet Playa,* II, 291 Z.; *Hawai,* II, 210 Z.; *San Remo,* II, 147 Z.; *Tropical,* II, 142 Z.; *San Diego,* II, 132; *Arenal,* II, 131 Z.; *Helios,* II, 131 Z.; *Piscis Park,* III, 366 Z.; *Pacific,* III, 155 Z.; *Gran Sol,* III, 138 Z.; *Ses Sevines,* III, 133 Z.

In Santa Eulalia del Rio: *Fenicia,* I, 191 Z.; *Miami,* II, 370 Z.; *Los Loros,* II, 262 Z.; *S'Agamasa,* II, 217 Z.; *Augusta,* II, 196 Z.; *Don Carlos,* II, 168 Z.; *Cala Llonga,* II, 163 Z.; *Ses Estaques,* II, 159 Z.; *Panorama,* II, 137 Z.

In Cala Llonga: *Playa Imperial,* II, 268 Z.; *Playa Dorada,* III, 266 Z. – In Es Caná: *Atlantic,* III, 195 Z.; *Anfora Playa,* III, 81 Z. – In San Juan Bautista: *Hacienda Na Xamena,* I, 54 Z.; *Imperio Playa,* II, 210 Z.; *Cala San Vicente,* II, 92 Z. – In Portinatx: *Presidente-Playa,* III, 270 Z.; *El Greco,* III, 270 Z. – In San José: *Don Toni,* II, 328 Z.; *Playa d'En Bossa,* II, 270 Z.; *Milord II,* II, 218 Z.; *Milord,* II, 153 Z.; *S'Estanyol,* II, 135 Z.; *Robinson Club Cala Vadella,* 6 km westlich, 280 B.

VERANSTALTUNGEN. – *Fiesta Patronal* (Januar) in San Antonio Abad. – *Fiesta Patronal* (Februar) in Santa Eulalia. – *Fiesta de San Juan* (Juni), mit folkloristischen Darbietungen und Feuerwerk. – *Meeresprozession* (Juli) in Ibiza, mit Regatten und Wassersportveranstaltungen. – *Fiestas Patronales* (August) in Ibiza. – *Fiesta Popular* (August) in San Antonio Abad. – *Semana Santa* (Karwoche) in fast allen Orten der Insel, mit Prozessionen; in Ibiza-Stadt nächtliche Prozession am Karfreitag. – *Volkstanz* (jeden Donnerstag, 18.00 Uhr) in San Miguel vor der Pfarrkirche.

Spielcasino: *Casino de Ibiza* beim neuen Sporthafen (Ibiza Nueva).

SCHIFFSVERKEHR. – Autofähren nach Palma de Mallorca, ferner zum spanischen Festland (Barcelona, Valencia, Alicante); regelmäßige Fährverbindung der DFDS Seaways mit Italien (Genua).

Rund 85 km südwestlich von Mallorca liegt zwischen 38° 50′ und 39° 6′ nördlicher Breite sowie 1° 13′ und 1° 37′ östlicher Länge *Ibiza (ibizenkisch Eivissa), die mit 572 qkm größte und Hauptinsel der Pityusen. Sie erstreckt sich von Nordosten nach Südwesten annähernd in Gestalt eines Ovals von 48 km

Länge und bis zu 24 km Breite. Zwei Gebirgsrücken mesozoischer Kalke und Tone erfüllen die Insel; ihre Höhen sind sanft gerundet, wenig zerklüftet und von freundlicher Ausgeglichenheit.

Der südliche Bergzug, mit dem *Atalayasa de San José* (476 m) als höchster Erhebung, erreicht größere Höhen als der von etlichen Senken durchfurchte nördliche. Beide Bergpartien trennt eine von der Bucht von San Antonio Abad im Westen quer durch die Insel bis zur Cala San Vicente im Nordosten ziehende Roterdeniederung. Ibizas Südspitze nimmt eine weite Schwemmlandebene ein, wo seit dem Altertum Meersalz gewonnen wird. Die Küste ist stark gegliedert, von zahllosen, vielfach geschützten und sandigen Calas zerschnitten, meist felsig und klippenreich, im Nordwesten stellenweise auch von eindrucksvoller Steilheit. Manche abgelegenen Badebuchten (FKK neuerdings toleriert) sind nur mit dem Boot erreichbar.

> ***Ibiza,** oft als 'Geheimtip' für extravagante Ferien gepriesen, empfiehlt sich eher für Urlauber, die Betriebsamkeit, geselligen Anschluß und sportliche Betätigung suchen. Um sich mit der Insel vertraut zu machen, genügt ein Kurzbesuch (1-3 Tage), etwa als Abstecher von Mallorca (s. dort).

GESCHICHTE. – Funde neolithischer Keramiken und bronzezeitlicher Werkzeuge belegen, daß die Insel Ibiza schon im zweiten vorchristlichen Jahrtausend besiedelt war. Die Herkunft dieser ersten Bewohner liegt im dunkeln. Wahrscheinlich waren es iberische Hirtenstämme, die ihre Insel *Aivis* nannten. Der geschützte Hafen in der Bucht der heutigen Stadt Ibiza diente schon im Altertum Seefahrern und Händlern aus allen Teilen des Mittelmeerraumes als Zwischenstation und Stützpunkt. Schriftliche Erwähnung finden insbesondere handeltreibende Phöniker und Griechen, die der Insel den Namen *Ebysos* bzw. *Pityusa* (= von Nadelbäumen bestanden) gaben.

Im Jahre 654 v. Chr. (vielleicht auch schon um 720 v. Chr.) gründeten die Karthager auf der Isla Plana an der Ostseite der Hafenbucht den Handels- und Militärposten *Ibosim.* Er besaß Münzhoheit und war, wie Diodor berichtet, von Fremden aller Art bevölkert. Purpurerzeugung, Salzgewinnung, Landwirtschaft und die Ausbeutung von Bleiminen bildeten die Grundlage eines stetig wachsenden Wohlstandes. Eindrucksvollstes Zeugnis jener Zeit ist die punische Nekropole von *Ereso* an den Hängen des Mühlenberges der Stadt Ibiza. Aus ihr wie auch aus der Höhle von Es Cuyeram (bei San Vicente), die ein Heiligtum der Göttin Tanit barg, stammen die überreichen Funde aus punischer Zeit, deren wertvollste sich heute im Archäologischen Museum von Barcelona befinden.

Nach der Zerschlagung Karthagos durch die Römer und der Eroberung Mallorcas und Menorcas durch Quintus Caecilius Metellus im Jahre 122 v. Chr. scheint Ibiza mit Rom verbündet gewesen zu sein.

So erklärt sich, daß die Insel auch in römischer Zeit sich ihr punisches Gepräge erhalten konnte; erst 70 v.Chr. wurde Ibiza unter dem Ehrennamen *Flavia Augusta* dem Römischen Reich eingegliedert.

Der durch die Völkerwanderung von Norden ausgehende Druck auf die Iberische Halbinsel ließ die Bevölkerung der Balearen und der Pityusen und damit auch Ibizas durch Zuwanderung rasch anwachsen. Im Jahre 426 n.Chr. fielen die Vandalen auf der Insel ein, verwüsteten sie und machten sie sich untertan. Erst 533/34 gelang es Belisar im Auftrage des Kaisers Justinian, das Vandalenreich zu zerschlagen und die Insel unter die Oberhoheit von Byzanz zu bringen.

Nach blutigem Beutezug gegen Mallorca im Jahre 707 eroberten Araber die von ihnen *Yebisah* genannte Insel erstmals 711, wurden aber 798 durch Karl d.Gr. wieder vertrieben. Im Jahre 813 geriet Ibiza in die Hand der Franken und wurde 817 Teil des Fränkischen Reiches. Die Araber konnten die Insel 832 abermals einnehmen, mußten jedoch 859 den Normannen weichen. Erst 901/2 gelang es den Mauren, sich endgültig auf Ibiza festzusetzen und ihre insgesamt mehr als 500jährige, mehrfach unterbrochene Herrschaft wiederherzustellen, die das Gesicht der Insel nachhaltig geformt hat. Als Überrest aus arabischer Zeit zeigen die 'Feixes' ein raffiniertes, noch heute funktionierendes Bewässerungssystem.

Der Eroberung Ibizas durch den Erzbischof von Tarragona, Guillermo de Montgrí, und der Vertreibung der Mauren folgte die Rechristianisierung. Unter dem Eindruck fortgesetzter arabisch-türkischer Überfälle entstanden im 16. Jahrhundert vielerorts auf der Insel Wehrkirchen und Wachtürme sowie die mächtigen Festungsanlagen der Stadt Ibiza. Im Jahre 1652 suchte die Pest die Insel heim. Die anhaltende Bedrohung durch Freibeuter und Piraten führte zur Bewaffnung der ibizenkischen Schiffe, die sich schließlich im 18. Jahrhundert selbst als Korsaren an der Seeräuberei beteiligten. – In jüngster Zeit teilte Ibiza die Geschicke Mallorcas. Während des Spanischen Bürgerkrieges war die Insel zeitweilig in der Hand der republikanischen Volksfront.

Stadt Ibiza

Die Stadt Ibiza (amtl. Ciudad de Ibiza, ibiz. Eivissa, 0-100 m; 22 000 Einw.), Verwaltungs- und Bischofssitz sowie wirtschaftlicher Schwerpunkt im Süden der gleichnamigen Insel, liegt mit seinen typischen, am Burgberg emporsteigenden hellen Kubushäusern und überragt von der mächtigen, die Oberstadt umschließenden Festung überaus reizvoll am Südrand der geschützten, nach Südosten offenen Hafenbucht.

SEHENSWERTES. – Wenngleich die Mehrzahl der Besucher die Stadt heute vom Flughafen her auf dem wenig interessanten Landwege erreicht, so bleibt doch die Anreise zu Schiff ein eindrucksvolles Erlebnis: Das **Stadtbild mit den sich weithin sichtbar auftürmenden Häusern und gekrönt von den wuchtigen Festungsbastionen wird als eine der malerischsten Ansichten im westlichen Mittelmeer gerühmt. Der *Hafen* wird durch zwei Molen gesichert. Am Fuß der Hauptmole steht ein *Obelisk*

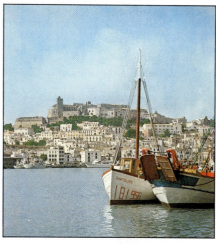
Ibiza auf der gleichnamigen Baleareninsel

(von 1915) für die Ibizenker Korsaren und ihren Kapitän Antonio Riquer, der 1806 die unter der britischen Flagge von Gibraltar segelnde Brigg "Felicity" aufbrachte und ihren Kommandanten, den berüchtigten Piraten Miguel Novelli, gefangennahm. – Entlang dem Hafenkai verläuft die lebhafte, Kfz-verkehrsfreie Promenadenstraße Avenida Andenes. – Im nördlichen Hafenbecken befindet sich der moderne **Jachthafen;** dabei das neue *Spielcasino.*

Südlich vom Hafen die UNTERSTADT, heute das Geschäftsviertel von Ibiza. In ihrem westlichen Teil **La Marina** zahlreiche Läden, Boutiquen, Eßlokale und Bars sowie an der Plaza de la Constitución der alte *Gemüse- und Obstmarkt* (von 1872) und an der Calle de Alfonso XII der *Fleisch- und Fischmarkt* (auf achteckigem Grundriß); in vielen Gassen *Hippiemarkt.* Südlich der Plaza de José Pidal, an der Calle del Obispo Cardona, die **Kirche El Salvador** an der Stelle der im Bürgerkrieg zerstörten Fischerkirche San Telmo (urspr. 15. Jh.). – Der östliche, bis zu den Bastionen aufsteigende Teil der Unterstadt *****Sa Penya** (Fischereiviertel) ist mit seinen engen Gassen und verträumten Winkeln der älteste außerhalb der Festungsmauern. Er hat seinen orientalisch anmutenden Charakter weitgehend bewahrt. Vom Ende der Calle de la Vista Alegre wie auch von der *Ostmole* bieten sich schöne Blicke auf die Stadt und das gegenüberliegende Buchtufer. – Im Westen von La Marina dehnt sich die moderne Unterstadt aus. Sie wird von dem breiten **Paseo Vara de Rey (Rambla)** durchzogen; in der Platzmitte das *Denkmal* (von 1904) zu Ehren des Ibizenker Generals Joaquín Vara de Rey (1840-1898), der im Kampf um das kubanische El Caney fiel. An der Rambla liegen die wichtigsten öffentlichen Gebäude und Banken, das *Ortsmuseum* (Nr. 1) sowie das *Verkehrsamt* (Nr. 13). – Im nördlichen Teil der neueren Unterstadt die Stierkampfarena **Plaza de Toros** (4000 Plätze), mit einem kleinen *Stierkampfmuseum.*

Südlich über der Unterstadt erheben sich die mächtigen Mauern der eindrucksvollen *Festung (seit 1942 Nationaldenkmal), die in Art, Ausmaß und Erhaltungszustand einzigartig ist. Sie entstand in den Jahren 1554-1585 auf Geheiß Kaiser Karls V. nach Plänen des aus Italien stammenden Baumeisters Calvi über den Resten der arabischen Ummauerung, von der nur geringe Teile erhalten sind. Die auf dem Grundriß eines unregelmäßigen Heptagons mit sieben **Dreiecksbastionen** angelegte und durch drei Tore zugängliche Feste umschließt die OBERSTADT oder *D'Alt Vila, mit verwinkelten Treppengassen (Kunstgalerien, Restaurants), dem Kastell, der Kathedrale, dem Bischofspalais, alten Verwaltungsgebäuden und stattlichen Herrenhäusern. – Man erreicht die Oberstadt von der Plaza de la Constitución über die breite Rampe El Rastrillo und durch die **Puerta de las Tablas,** das einst durch eine Zugbrücke gesicherte Haupttor. Zu beiden Seiten des Tores zwei stark angegriffene *römische Statuen,* die beim Bau der Festung entdeckt wurden. Im Torgebäude ein *Museum für zeitgenössische Kunst.* – Über der *Bastion Santa Tecla* (*Aussicht über Sa Penya und Hafen) erhebt sich die **Catedral** de Nuestra Señora de las Nieves (Muttergottes vom Schnee). Von dem ursprünglich gotischen, im 17. Jahrhundert grundlegend umgestalteten Bau sind nur der *Turm* (105 m; *Aussicht) und das *Portal* zur Sakristei erhalten. – In einem kleinen *Museum* der Kathedrale eine schöne Monstranz aus Silberemail (14. Jh.) sowie gotische Malereien.

Am Kathedralenplatz steht nordwestlich das ***Archäologische Museum,** das einzigartige Sammlungen phönikischer, punischer und römischer Funde aus der Umgebung der Stadt sowie aus der Höhle von Es Cuyeram besitzt. – An der Westseite des Platzes das **Bischöfliche Palais,** mit gotischem Portal, schönem Innenhof und Garten; nördlich gegenüber die alte *Kurie* (ehem. Pfarrhaus), mit ebenfalls gotischem Portal (restaur.).

Nordöstlich, weit unterhalb der Kathedrale im Bereich des äußeren Mauerringes, die **Kirche Santo Domingo** (vulgo 'El Convent'), Ende des 16. Jahrhunderts begonnen, mit byzantinischen Kuppeln (Fresken) sowie schönen Kachelwänden und -böden; in der seitlichen Rosenkranzkapelle ein bemerkenswertes barockes Altarbild. – Südlich oberhalb, in einem ehemaligen Konventsgebäude, die **Casa Consistorial** *(Ayuntamiento),* das Rathaus; im Ratssaal Bilder aus der Stadtgeschichte. – Von der nördlich weit vorspringenden *Bastion Santa Lucía* prächtiger *Blick über Stadt und Hafenbucht.

Südwestlich der Kathedrale auf dem höchsten Punkt der Oberstadt, an der Stelle der punischen Akropolis und des späteren maurischen Alkazars (Almudaina), das **Castillo** (unzugänglich), ein in mehreren Stilepochen gewachsener Kastellbau mit mittelalterlichem Turm. Von der dahinterliegenden *Bastion San Bernardo* *Blick über die Stadt, den Süden der Insel und bis nach Formentera. – Im westlichen Teil der Oberstadt etliche ansehnliche Herrenhäuser, so u. a. an der Calle del Obispo Torres die *Casa de los Laudes;* an derselben Gasse in der inneren Festungsmauer die *Portella,* ein der arabischen Mauer zugeschriebener Torbogen, sowie die kleine *Kapelle San Ciriaco,* an der Stelle, wo 1235 den Katalanen das Eindringen in die Stadtfestung gelang. – Als westlichste der Bastionen bietet das **Portal Nou** *(Neues Tor)* einen schönen Blick über den Puig des Molins und die westlichen Vororte.

Vom Portal Nou führt die Vía Romana auf den Fundamenten einer alten Römerstraße westwärts zum **Puig des Molins** (Mühlenberg), auf dessen Anhöhe noch die verfallenen Stümpfe von vier Windmühlen des 13. Jahrhunderts sowie ein astronomisches *Observatorium* stehen. Am Berghang wurde die größte bisher bekannte ****punische Nekropole** freigelegt. Sie diente seit dem 7. Jahrhundert v. Chr. bis in die römische Zeit als Beerdigungsstätte, nach der Zeitenwende insbesondere für vornehme Bürger. Die der beträchtlichen Ausdehnung des Gräberfeldes wie auch dem langen Bestattungszeitraum entsprechenden reichhaltigen Funde an Grabbeigaben, darunter v. a. kultisches und Kriegsgerät, Sarkophage, Totenmasken, Keramik, Hausrat, Schmuck und Münzen, sind im *Museum (Museo Puig des Molins)* an der Vía Romana in unmittelbarer Nähe der Nekropole ausgestellt.

Westlich jenseits des Puig des Molins liegt der Vorort **Figueretas** *(Figueretes),* mit zahlreichen Hotels entlang dem z. T. felsigen Strandstreifen *Playa Figueretes;* 2 km südwestlich der lange Sandstrand **Playa d'en Bossa,** ebenfalls mit

Hotelanlagen. – 1 km westlich vom Strand der kleine Ort *San Jorge* (Wehrkirche des 14. Jh.) und 3 km weiter südwestlich der internationale **Flughafen** von Ibiza; in der Umgebung etliche Windräder.

INSELBESCHREIBUNG. – Im Nordosten der Stadt Ibiza und von ihrer Hafenbucht durch eine schmale Landverbindung zur *Isla Grossa* (vom Leuchtturm von Botafoch *Blick auf Stadt und Hafen) getrennt, öffnet sich die halbkreisförmige Cala Talamanca, mit den Hotelsiedlungen **Talamanca** und *Ses Figueres* sowie langen Strandpartien (Tang!). – 2 km inseleinwärts das kleine Dorf *Jesús;* in der im 14. Jahrhundert als Kapelle einer Dominikanerabtei erbauten, später von Franziskanern umwehrten Kirche Nuestra Señora de Jesús ein spätgotisches *Retabel, vielleicht von Juan Rodrigues de Osona (16. Jh.). – 6 km nördlich von Ibiza-Stadt das Kirchlein *Monte Cristo,* mit schöner Aussicht nach Süden.

San Antonio Abad (ibiz. *Sant Antoni de Portmany*), der zweitgrößte Ort auf der Insel Ibiza und Verwaltungssitz des gleichnamigen Gemeindebezirkes (9000 Einw.), zu dem auch die Pfarrdörfer *San Rafael* (Sant Rafel, 8 km östl.; Kirche des 18. Jh., Freizeitpark 'Fantasylandia'), *Santa Inés* (Santa Agnès, 9 km nördl.) und das einsame Bergdorf *San Mateo* (18 km nordöstl.) gehören, liegt mit seinem alten Kern an der Nordostseite der weiten, zwischen dem *Cabo Negret* (nördl.) und der *Punta de Sa Torre d'en Rovira* (südwestl.; *Aussicht vom Wehrturm) von Nordwesten tief eingreifenden Bahía de San Antonio (Bahía de Portmany), die schon den Römern als 'Portus Magnus' (= großer Hafen) diente.

Aus dem einst bescheidenen Fischerdorf San Antonio Abad ist ein lebhaft-geräuschvoller, aufstrebender Touristenplatz mit weitgehend neuzeitlicher Bebauung und nahen, kindgerechten Stränder. geworden. Sehenswert sind allein die Pfarrkirche San Antonio, im 14. Jahrhundert auf einer kleinen Anhöhe (28 m) über den Resten einer Moschee errichtet, wehrhaft ausgebaut, sowie das Museo Costumbrista, ein ibizenkisches Heimatmuseum. – In den Jahren 1906/07 wurden unweit westlich des Ortes ein *byzantinischer Friedhof* (Funde im Archäologischen Museum der Stadt Ibiza) sowie 2 km nördlich die frühchristliche *Höhlenkirche Santa Inés* (Nationaldenkmal) freigelegt.

Zu beiden Seiten des Ortes reihen sich um die Bahía zahlreiche Badebuchten, die dem Fremdenverkehr erschlossen sind: unmittelbar südöstlich mehrere Strandpartien, im Nordwesten die felsige waldumstandene **Cala Gració** (kleiner Sandstrand), am ferneren Südufer, im Bereich des heute fast versandeten römischen Hafens, der **Port des Torrent** (felsendurchsetzter Kieselstrand) und die **Cala Bassa** (Klippen und Sandstrand), beide mit geschützten Ankerplätzen. – Der Bucht im äußersten Westen vorgelagert ist die 3 km lange und bis 70 m hohe felsige **Isla Conejera** *(Conillera),* mit einem Leuchtturm an der Nordspitze; auf dieser Insel oder auf Es Vedrá soll nach der Legende Hannibal

geboren worden sein. Südlich von Conejera die Eilande *Bosque* (Ziegenzucht) und *Esparto,* westlich die unbewohnten *Islas Bledas* (Leuchtturm auf Bleda Plana).

Rund 10 km nördlich von San Antonio Abad (unbefestigte Straße, zuletzt nur Fußweg) das steile **Cabo Nonó;** südlich unterhalb die *Cueva de las Fontanellas,* eine Höhle mit bronzezeitlichen Felszeichnungen.

Santa Eulalia del Río (ibiz. *Santa Eulària del Riu;* arab. einst *Xarc*), der drittgrößte Ort der Insel, Verwaltungssitz des gleichnamigen Gemeindebezirkes (11 000 Einw.) und Schwerpunkt der touristisch gut erschlossenen Ostküste Ibizas, liegt rund 15 km nordöstlich der Stadt Ibiza am *Río de Santa Eulalia,* dem einzigen stets wasserführenden Fluß der Balearen ('Río Balear'). Die günstige Situation inmitten der fruchtbaren Ebene Plá de Vila, nach Norden durch die Berghöhen der *Sierra de la Mala Costa* und des *Furnás* (410 m) geschützt sowie durch den Fluß ungewöhnlich reich und regelmäßig mit Wasser versorgt, ließ hier schon in römischer Zeit eine Siedlung erblühen. Noch heute ist Santa Eulalia del Río von den bedeutendsten Gartenkulturen der Insel umgeben. – Die einfachen kubischen Häuser des alten Ortes gruppieren sich locker um den Hügel *Puig de Missa,* dessen Anhöhe (66 m) die weithin sichtbare Kirche Santa Eulalia trägt. Sie entstand im 14. Jahrhundert auf den Grundmauern einer arabischen Moschee und wurde 1568 erweitert und umwehrt. Nahebei ein kleines Museum mit Werken des katalanischen Malers Laureano Barau (1863-1957), der hier lange Jahre lebte und wirkte. – An der südwestlichen Stadtausfahrt, unterhalb der Straßenbrücke, ein gut erhaltener römischer Viadukt über den Río de Santa Eulalia; bei der Mündung des Flusses eine *römische Nekropole* (Ca'n Fita).

Nordöstlich unterhalb des Puig de Missa dehnen sich die schlichten Neubauten der modernen Ansiedlung **Sa Vila** aus. In ihrem Zentrum, an der den breiten Paseo nordwestlich fortsetzenden Plaza de España, das Rathaus (Ayuntamiento); davor ein Monolith, die Dankgabe für die geglückte Rettung von Passagieren und Besatzung des 1913 vor Ibiza gesunkenen Dampfschiffes ''Mallorca''.

Im Süden von Santa Eulalia liegen die Ferienkolonien *La Siesta* (1,5 km) und **Cala Llonga** (7 km), mit gutem Strand um eine

Strand an der Cala Llonga auf Ibiza

tiefe Sandbucht; ferner die luxuriöse Urbanisation *Roca Llisa (10 km; Golfplatz), die
sich über den Felsrücken Puig d'en Vich zum
steilen Meeresufer hinabzieht (Felsstrand;
kleiner Bootsanleger), und südwestlich inseleinwärts (11 km) das Urbanisationsareal
Ca'n Furnet. – Entlang der Küste nordöstlich
von Santa Eulalia del Río die Hotelsiedlungen S'Argamassa (4 km) und Es Caná
(7 km), mit 'Hippiemarkt', gutem Sandstrand,
kleinem Hafen (Glasbodenboot) und dem
vorgelagerten Eiland Isla de Caná, sowie
Punta Arabí auf der gleichnamigen Landspitze (Felsstrand; Unterwassersport); südlich vor Punta Arabí die Inselchen Isla de
Santa Eulalia und Isla Redonda.

Etwa 7 km nördlich von Santa Eulalia del Río
gelangt man zu dem malerischen Weiler San
Carlos (Sant Carles de Peralta; kleine Wehrkirche). 2 km südwestlich erst in jüngerer
Zeit aufgelassene Blei- und Silberminen, die
schon in punisch-römischer Zeit ausgebeutet wurden. – Im Osten von San Carlos zahlreiche schöne Sandbuchten sowie von
Sporttauchern geschätzte Felsküstenpartien, so Cala Nova (4 km), Cala Llenya (5 km),
Cala Mastella (5 km) mit der Urbanisation
Ca'n Jordi (4 km) und Cala Boix (6 km) sowie
die langgestreckte Playa Figueral (3 km), mit
etlichen Ferienquartieren. – Von San Carlos
führt ein lohnender *Höhenweg (unbefestigte Straße) zur Cala San Vicente und weiter zur Punta Grossa. – Vor der weit nach
Osten vorspringenden Landzunge mit den
Spitzen Cabo Roig (südl.) und Punta d'en
Valls (nördl.; alter Wachtturm) die Felseninsel Tagomago, mit Leuchtturm und Restaurant (Bootsausflüge von Santa Eulalia del Río
und Cala San Vicente).

San Juan Bautista (ibiz. Sant Joan Baptista),
3500 Einwohner zählender Gemeindebezirk
im herben, bergigen und daher noch wenig
erschlossenen Norden Ibizas. Die Bevölkerung lebt in den typischen, weit verstreuten
Landhäusern oder siedelt locker um die vier
Pfarreien San Juan Bautista, San Vicente
Ferrer, San Miguel und San Lorenzo. Fruchtbare Talschaften und zahlreiche Quellen erlauben rege Landwirtschaft. Sitz der Ge-
meindeverwaltung ist San Juan Bautista,
eine ländliche Ansiedlung rund 22 km nordöstlich der Stadt Ibiza, an der Nordwestflanke
der Sierra de la Mala Costa. Den höchsten Punkt des Ortes (Puig de Missa, 196 m)
nimmt die schlichte Pfarrkirche San Juan
Bautista (18. Jh.; mehrfach umgebaut) ein;
nahebei das Rathaus und der Friedhof. –
Lohnende Besteigung (2-2^1/$_2$ St.) des Furnás
(410 m), mit *Aussicht (bei günstigem Wetter) bis nach Mallorca und zum Festland.

11 km östlich von San Juan Bautista, jenseits
des Dorfes San Vicente Ferrer (Pfarrkirche;
*Aussicht), die reizvolle Ferienkolonie Cala
San Vicente (Cala de Sant Vicent) um die
gleichnamige, nach Norden durch den steilen Felssporn der Punta Grossa (173 m) geschützte und von schattenspendendem Pinienwald umgebene, mäßig weite Bucht, die
zu den schönsten Badeplätzen der Insel Ibiza
zählt. An der zur Punta Grossa hinaufführen-
den Straße gepflegte Villen und Sommerhäuser; nach Südosten Blick auf die Insel
Tagomago. – 2 km nördlich der Cala San Vi-

cente die Höhle von Es Cuyeram, in der 1907
ein karthagisches Heiligtum der Göttin Tanit
(= Astarte) und 1913 zahlreiche neolithische
Keramikreste sowie eine Bronzetafel mit Inschriften des 4. und 2. Jahrhunderts v. Chr.
entdeckt wurden (Funde im Archäologischen
Museum der Stadt Ibiza). – Schöner *Höhenweg von der Punta Grossa über Cala
San Vicente nach San Carlos.

Im äußersten Norden (5-10 km von San Juan
Bautista) schneiden zwei überaus malerische, fjordähnliche Felsbuchten tief in die Insel ein: westlich die Cala Charraca (Xarraca;
kleiner Strand), östlich die schmale, von
schönem Pinienwald gesäumte Cala de Portinatx (kleiner Sandstrand), mit der Ansiedlung Portinatx (Portinaitx), seit der Landung
König Alfonsos XIII. an dieser Stelle im Jahre
1929 auch Portinatx del Rey geheißen; am
Westufer die Ferienanlage Ciudad Mar.

Die südlichste Pfarrei des Bezirkes bildete
sich um die 9 km südwestlich von San Juan
Bautista und rund 18 km nördlich von Ibiza-
Stadt inmitten freundlicher Mandel- und Olivenhaine gelegene, einfache Kirche San Lorenzo (18. Jh.). Unweit nördlich die uralte
Dorffeste Balafi (Balafia), deren markanter,
aus rötlichem Naturstein geschichteter
Wehrturm allein von oben über einziehbare
Leitern zugänglich ist und so den Bewohnern
einst Schutz vor Überfällen bot.

Südwestlich von San Juan Bautista (9 km
unbefestigter Fahrweg oder 25 km Fahrstraße über Santa Gertrudis; mit Kirche des
18. Jahrhunderts und Barbecue-Lokal) und
17 km nördlich von Ibiza-Stadt liegt an einer
seit dem Altertum besiedelten Stelle das
Pfarrdorf San Miguel (Sant Miquel). Auf dem
Hügel Puig de Missa (159 m) die Wehrkirche
San Miguel Arcángel (14./15. Jh.; schöne

Strand bei San Miguel auf Ibiza

Aussicht vom Vorhof). Unweit nördlich die
versteckte kleine Grotte Sa Cova des Bon
Nin. – 4 km nördlich von San Miguel die
windgeschützte Hafenbucht Puerto de San
Miguel (Port de Balanzat; kleiner Sandstrand; kein Hafen!), eine schon im Altertum
benutzte Schiffslände. Über dem Westufer
der Stumpf des Torre del Mula. Das vorgela-

gerte Eiland *Isla Murada* barg mehrere römische Reste. – 4 km westlich von San Miguel, in großartiger *Lage 150 m über der Steilküste, die im Haciendastil gehaltene Bungalowsiedlung *Na Xamena.*

San José, der rund 7000 Einwohner zählende, durch Salzgewinnung wohlhabende Gemeindebezirk im Südwesten Ibizas, zeigt große landschaftliche Vielfalt. Auf seinem Gebiet liegen sowohl die höchste Erhebung, der *Atalayasa de San José* (476 m), als auch der tiefste Punkt (0,70 m u.d.M.) der Insel im Gebiet von *Las Salinas;* malerische, steilfelsige Küstenstriche im Westen und breite, feinsandige Strände im Süden. – Zu diesem Verwaltungsbezirk gehören den bescheidenen Hauptort *San José* (850 Einw.), mit schlichter, innen barock ausgestatteter Kirche des 18. Jahrhunderts, die Pfarreien von *San Jorge* (Sant Jordi) und *San Francisco de Paula* sowie *San Agustín* (Sant Agusti, 3 km nördl.), mit typisch ibizenkischem Kirchlein auf quadratischem Grundriß.

An touristischen Attraktionen sind zu nennen die hübsche Tropfsteinhöhle **Cova Santa** (5 km südöstl. von San José, 300 m südl. abseits der Landstraße nach Ibiza-Stadt) und die sehr lohnende Besteigung des **Atalayasa de San José** (476 m; *Aussicht über die West- und Südküste); am Wege ein *Friedhof* für die Absturzopfer der Flugzeugkatastrophe von 1972. – An der stark gegliederten und zerklüfteten, teils steilen Westküste reihen sich von Norden nach Süden die malerische Badebuchten und Feriensiedlungen *Cala Conta* (Felsen, Sand), *Cala Codolá* (Codolar), *Cala Corral, Cala Tárida* (Felsen, Sand; Wald), **Cala Molí** (Klippen; Wald), **Cala Vadella** (Felsbucht mit Sandstrand im Innern), *Cala Carbó* und *Cala d'Hort* (Sand, Kiesel).

Vom *Mirador de Gaviña* über dem *Cabo Jue* (Jueu; Wachtturm 'Torre del Pirata') eindrucksvoller *Blick auf das schroffe, bis zu 382 m hoch aufragende 'Felsenschiff' der *Isla Es Vedrá* (Grotten der Göttin Tanit; Leuchtfeuer an der Westspitze) sowie das kleinere und flachere, öde, hufeisenförmige Nachbareiland *Isla Vedranell.* Im 13. bis 14. Jahrhundert diente der karge Felsklotz der Falkenzucht, heute bevölkern ihn verwilderte Ziegen.

An der flacheren Südküste folgen von Westen nach Osten die Badebuchten und Strände *Cala Llentrisca* (darüber der gleichnam. 413 m hohe Berg, mit *Aussicht), *Es Cubells* unterhalb der gleichnamigen Einsiedelei (19. Jh.; Priesterseminar), mit ihrer Klosterkirche Nuestra Señora del Carmen, *Vista Alegre, Puerto Roig* (Purroig) und *Cala Jondal* (Yondal; Felsen, Sand).

Die Südspitze der Insel nimmt das **Las Salinas (Ses Salines)** genannte Gebiet ein, dessen *Salzgärten* schon von den Phönikern betrieben wurden. Die Verschiffung des Salzes erfolgt von dem kleinen Hafen *La Canal* ganz im Süden (Cala Jach). Zwischen den Salinen liegt das kleine Kirchdorf *San Francisco de Paula.* An den Küsten mehrere schöne, flache Sandstrände: *Playa Cavallet, Playa de Mitjorn* (Sa Trincha), *Playa Codolá.*

****Mallorca** (und *Cabrera),* ***Menorca** und **Formentera** s. Reiseziele von A bis Z.

Iesolo
s. bei Venedig

Igumenitsa / Hegumenitsa
(Igumenítsa)

Griechenland.
Nomos: Thesprotien.
Höhe: 0-10 m ü.d.M. – Einwohnerzahl: 4000.
Telefonvorwahl: 0665.
ⓘ **Touristenpolizei,**
Dangli 18;
Telefon: 2 23 02.

HOTELS. – In Igumenitsa: *Xenia,* II, 72 B.; *Tourist,* III, 40 B.; *Acropolis,* IV, 57 B.; *Lux,* IV, 55 B. – JUGENDHERBERGE. – CAMPINGPLATZ.

Parga – Sandstrand am Ionischen Meer (Griechenland)

In Parga: *Hellas*, II, 20 B.; *Lichnos Beach*, II,
164 B.; *Parga Beach*, II, 152 B.; *Avra*, III, 35 B.;
Olympic, III, 31 B.; *Agios Nektarios*, IV, 41 B.

**Igumenitsa, eine Hafenstadt in Nord-
westgriechenland, ist Ausgangspunkt
für Fährschiffe nach Korfu sowie nach
Bari, Brindisi und Otranto.**

UMGEBUNG von Igumenitsa. – Etwa 70 km südöstlich liegt das Hafenstädtchen **Parga** (10 m; 5000
Einw.), überragt von einer venezianischen Burg.
Sehr schöne*Badestrände und Tauchreviere in den
nahen Buchten.

Ikaria
s. bei Samos

Iles d'Hyères
s. Hyèrische Inseln

Ionische Inseln / Ionioi Nesoi
(Jóni Níssi)

Griechenland.

**Die Reihe der Ionischen Inseln, auch
Eptánissos (= Sieben Inseln) genannt,
begleitet die griechische Westküste
von der albanisch-griechischen Grenze im Norden bis weit hinunter in den
Süden. Im Westen Griechenlands gelegen und daher regenreicher als die
meisten anderen Landesteile, haben
die Inseln durchweg ein mildes Klima
und eine üppige Vegetation, bis auf
Kythera weitab von den anderen an der
Südspitze der Peloponnes.**

Das Ionische Meer, das von antiken Autoren mit der Adria gleichgesetzt, heute
als deren südliche Fortsetzung verstanden wird, und die Ionischen Inseln tragen ihren Namen nach den Irrfahrten
der Io (Aischylos), späteren Quellen zufolge nach dem illyrischen Heros Ionios
(mit Omikron). Sie hängen also nicht mit
den ionischen Griechen zusammen, die
sich von Ion (mit Omega) ableiteten, im
11.-10. Jahrhundert v.Chr. Griechenland verließen und die anatolische Küste
kolonisierten, so daß dieser ostgriechi-
sche Raum dann – bis hin zu Hölderlin –
Ionien genannt wurde.

GESCHICHTE. – Die antiken Funde reichen bis in
mykenische Zeit zurück. Ins Licht der Geschichte
traten die Inseln, als Korinth 734 v. Chr. Korkyra, das
spätere Kérkyra, gründete. Im 5. Jahrhundert v. Chr.
gewann Athen an Einfluß, im 2. Jahrhundert v. Chr.
wurden die Inseln einschließlich Kythera römisch.

Felsenküste bei Paläokastritsa auf Korfu

Nach der byzantinischen Ära, in die die normannische Eroberung des Jahres 1085 fällt, brachte der
4. Kreuzzug 1203/1204 den entscheidenden Einschnitt. Überall traten nun Herren aus Italien das
Erbe von Byzanz an. Allmählich gelang es Venedig,
die Inseln in die Hand zu bekommen: 1363 Kýthera,
1386 Kérkyra, das nun Corfù genannt wurde, 1479
Zákynthos, 1500 Kephallinía (nach 21jähriger Türkenherrschaft) und schließlich als letzte 1684 Lefkás, das seit 1467 türkisch gewesen war.

Die Herrschaft Venedigs dauerte bis zum Untergang der Republik von San Marco 1797. In dieser
Zeit waren die Inseln eine Zufluchtsstätte für manchen, der vor den Türken floh, u. a. für Künstler aus
Kreta, die hier eine eigene Schule gründeten. Insgesamt können sie auf ein reicheres kulturelles Leben als das übrige Griechenland in diesen Jahrhunderten zurückblicken.

Nach französischem Zwischenspiel wurde die
junge "Republik der Sieben Inseln" 1815 Protektorat Großbritanniens, das sie 1864 an Griechenland
übergab.

***Korfu** (Kerkyra) s. dort. – **Paxi** und **An-
tipaxi** s. Paxi. – **Leukas** s. dort. – **Kephallenia** und **Ithaka** s. Kephallenia. –
Zakynthos s. dort. – **Kythera** und **Antikythera** s. Kythera.

Ios
s. bei Kykladen

Iraklion
s. bei Kreta

Ischia

Italien.
Region: Campania (Kampanien). – Provinz: Napoli.
Fläche: 46 qkm. – Bewohnerzahl: 40 000.
Postleitzahl: I-80070. – Telefonvorwahl: 0 81.
ⓘ **AA,** Piazzale Trieste,
I-80077 **Ischia Porto;**
Telefon: 99 11 46.

HOTELS. – In Ischia Ponte: *Hermitage Park*, II, 114 B., Sb.; *Miramare e Castello*, II, 82 B.; *Aragonese*, III, 41 B., Sb.

In Porto d'Ischia: *Jolly – Grande Albergo delle Terme*, I, 368 B., Sb.; *Punta Molino*, I, 156 B., Sb.; *Majestic*, I, 135 B.; *Excelsior Belvedere*, I, 126 B., Sb.; *Parco Aurora*, I, 100 B., Sb.; *Moresco*, I, 100 B., Sb.; *Aragona Palace*, I, 80 B., Sb.; *Bristol Palace*, I, 61 B.; *Continental Terme*, II, 357 B., Sb.; *Alexander*, II, 171 B., Sb.; *Flora*, II, 124 B.; *Royal Terme*, II, 116 B., Sb.; *Oriente*, II, 115 B.; *Solemar*, II, 104 B.; *Floridiana*, II, 83 B., Sb.; *Regina Palace*, II, 81 B., Sb.; *Felix Terme*, II, 77 B., Sb.; *Parco Verde Terme*, II, 77 B., Sb.; *Ambasciatori*, II, 73 B., Sb.; *Conte*, II, 72 B.; *Imperial*, II, 68 B.; *Nuovo Lido*, II, 68 B.; *Central Park*, II, 66 B., Sb.

In Casamicciola: *Cristallo Palace*, I, 128 B., Sb.; *Manzi*, I, 119 B., Sb.; *La Madonnina*, I, 37 B.; *Elma*, II, 112 B., Sb.; *Gran Paradiso*, II, 85 B.; *L'Approdo*, II, 63 B., Sb.; *Stella Maris*, II, 58 B., Sb.; *Stefania*, II, 55 B.; *Candia*, III, 41 B.

In Lacco Ameno: **L'Albergo della Regina Isabella e Royal Sporting*, L, 220 B., Sb.; *Augusto*, I, 185 B., Sb.; *San Montano*, I, 121 B., Sb.; *La Reginella*, I, 73 B., Sb.; *Grazia*, II, 90 B., Sb.; *Mediolanum*, II, 52 B.; *Antares*, II, 50 B.; *La Pace*, III, 143 B., Sb.; zwei Campingplätze.

In Forio: *Citara*, II, 97 B.; *Tritone*, II, 91 B., Sb.; *Green Flash*, II, 75 B.; *San Vito*, II, 68 B., Sb.; *Splendid*, II, 67 B., Sb.; *Punta del Sole*, II, 61 B., Sb.; *La Scogliera*, II, 60 B.; *Punta Imperatore*, II, 61 B., Sb.; *Santa Lucia*, II, 54 B.

In Sant'Angelo: *Cocumella*, I, 115 B.; *Parco del Sole*, II, 238 B., Sb.; *Majestic Palace*, II, 142 B.; *Caravel*, II, 141 B.; *Mediterraneo*, II, 108 B., Sb.; *Alpha*, II, 86 B.; *Milton*, II, 85 B.; *Cristina*, II, 73 B., Sb.; *Eliseo Parc's*, II. 59 B.

Auf Procida: *Arcate*, III, 72 B.; *Riviera*, III, 42 B.

SCHIFFSVERBINDUNG (auch Autofähre). – Mehrmals täglich von und nach Neapel, Capri, Procida und Pozzuoli. – Luftkissen- und Tragflügelboote. – HUBSCHRAUBERVERKEHR.

Die am Eingang des Golfes von Neapel gelegene vulkanische Insel *Ischia, von den Griechen 'Pithekusa', von den Römern 'Aenaria' und im 9. Jahrhundert 'Iscla' genannt, ist die größte Insel in der Umgebung von Neapel.

Mit üppiger Vegetation (Weinberge, Obstgärten, Pinienwälder) bedeckt, ist Ischia besonders an der Nordseite von großer Schönheit und wird wegen seiner heißen und stark radioaktiven Quellen gegen Rheumatismus und Gicht viel zur Badekur besucht.

INSELORTE. – Hauptort der Insel ist die malerisch am Nordostufer gelegene Stadt **Ischia Ponte** (4000 Einw.), mit mächtigem *Kastell (um 1450) auf hohem Inselfelsen (91 m), zu dem ein Steindamm führt. – 2 km westlich das Thermal- und Seebad **Porto d'Ischia** *(Ischia Porto)* mit dem einzigen Hafen der Insel, einem ehemaligen Kratersee; von hier im Sommer Korblift in 4 Minuten auf den *Montagnone* (255 m). – 4 km westlich von Porto d'Ischia, in der Mitte der Nordküste, der am aussichtsreichen Hang des Epomeo zwischen Gärten und Weinbergen ansteigende Ort **Casamicciola** (3 m), mit heißen Quellen (65°C) und gutem Badestrand. Von hier gelangt man über das Seebad **Lacco Ameno** (7 m; 3000 Einw.; radioaktive Mine-

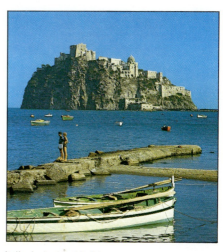

Italienische Insel Ischia

ralquellen, 50°C), zu dem 6 km südwestlich an der Westküste gelegenen Städtchen **Forío** (18 m; 8000 Einw.; Thermalquellen).

Sehr lohnend ist von Forio eine Fahrt auf aussichtsreicher *Straße (20 km) durch den Südteil der Insel, oberhalb der *Gärten des Poseidon (prächtige Badeanlagen mit Thermalquellen) und über *Panza* (155 m), wo eine Straße (3 km) zu dem malerisch auf einer Halbinsel ansteigenden Dorf *Sant'Angelo (heiße Quellen) abzweigt, dann über *Serrara* (366 m), *Fontana* (452 m) und *Barano d'Ischia* (212 m; großer Maronti-Strand mit heißen Quellen) sowie an einem römischen Aquädukt vorbei zurück nach Ischia Ponte. – Von Fontana lohnende Besteigung (in 1 St.) des nach Norden fast senkrecht abfallenden *Monte Epomeo (789 m), eines gewaltigen, seit 1302 erloschenen Vulkans in der Mitte der Insel (*Rundsicht). – Sehr lohnend ferner die Umfahrung der Insel mit dem Schiff.

Unweit östlich von Ischia, auf halber Strecke zwischen diesem und dem Festland, die 3,5 km lange Insel **Prócida**. Das Eiland ist vulkanischen Ursprungs und wird von den Rändern zweier aneinanderstoßender Krater gebildet, deren Südteil vom Meer überspült ist. – Auf der Nordseite der Insel erstreckt sich von der Nordküste über eine Höhe hinweg das Städtchen **Prócida** (32 m), dessen weißschimmernde Häuser orientalisch anmuten. Be-

Procida auf der gleichnamigen Insel

sonders malerisch sind der von zahlreichen bunten Booten belebte *Fischereihafen sowie der Ortsteil *Corricella*. Über dem Ort, auf steil abfallendem Felsen, ein mächtiges Kastell (Zuchthaus), das eine weite Aussicht auf die umliegenden Inseln und Halbinseln bietet. – Von der Stadt führt ein 3 km langes Sträßchen südlich zur *Bucht von Chiaiolella*. Oberhalb östlich die alte *Kirche Santa Margherita;* westlich gegenüber der Bucht die durch eine Brücke mit Procida verbundene kleine, mit Oliven bepflanzte Insel *Vivara* (109 m; Privatbesitz).

*Neapel s. dort.

Iskenderun

Türkei.
Provinz: Hatay.
Höhe: Meereshöhe. – Einwohnerzahl: 75 000.
Telefonvorwahl: 0 88 11.
ⓘ **Fremdenverkehrsamt,**
   Atatürk Bulvarı, Şehir İskelesi Yanı;
   Telefon: 12 60.

UNTERKUNFT. – *Guney Palas,* II, 55 B.; *Hitit Oteli,* IV, 76 B.; *Kawaklı Pansiyon,* P I, 37 B.

SCHIFFSVERKEHR. – Während der Saison dreimal monatlich von İstanbul über Antalya nach İskenderun.

Iskenderun (türkisch İskenderun, ehemals Alexandrette genannt, neben İzmir die bedeutendste türkische Hafenstadt am Mittelmeer, im gleichnamigen Golf im Bogen der bewaldeten Ausläufer des Amanos-Gebirges hübsch gelegen, vielleicht an der Stelle der antiken Stadt Alexandria Scabiosa.

GESCHICHTE. – Die Gründung von **Alexandria** am *Issicus Sinus* fand wahrscheinlich nicht unmittelbar nach dem Sieg Alexanders bei Issos (333) statt, sondern erst später. Die Stadt war dazu bestimmt, der Ausgangspunkt der großen Karawanenwege Mesopotamiens zu werden; aber schon die Seleukiden wählten statt derselben Antiochia (Antakya; s. dort) und Seleucia. Im 3. Jahrhundert n. Chr. wurde Alexandria durch die Perser zerstört. Im 4. Jahrhundert wird die Stadt 'das kleine Alexandria' genannt; ihr Beiname *Scabiosa* deutet darauf hin, daß in dieser Gegend der Aussatz verbreitet war.

Die heutige Stadt bietet dem Fremden wenig und ist im Sommer sehr heiß. An dem zu drei Vierteln von schützenden Bergen umgebenen Hafen, dem besten und geräumigsten in diesem Küstengebiet, der einen bedeutenden Schiffsverkehr hat, moderne Anlagen (Silos u.a.) sowie eine große Landungsbrücke.

UMGEBUNG von İskenderun. – 21 km nördlich am Golf von İskenderun, in hübscher Lage an einer nördlich des Vorgebirges Ras Payas gelegenen Bucht, in die der gleichnamige Fluß mündet, erreicht man **Payas** *(Yakacık).* Der Ort, nach dem arabischen Wort *Bayas* = weiß benannt (wohl in Bezug auf den Schnee der Amanosgipfel) liegt am Golf von Issos an der Stelle des antiken Baiae, das einst ein von den Römern viel besuchter Badeort war (Reste von Bädern am Meeresstrand). Bei Willebrand von Oldenburg (1212) heißt der Ort *Castellum quoddam Canamellam,* bei Wilhelm von Tyrus *Canamella,* auf Seekarten *Caramella,* auf den italienischen Seekarten des 16. Jahrhunderts *Payasso.* Die Stadt war im Mittelalter ein wichtiger Handelsplatz und noch

um die Mitte des 18. Jahrhunderts von Bedeutung, geriet aber am Ende des 18. Jahrhunderts unter die Herrschaft des Turkmenenhäuptlings Küçük Ali, unter dem es verödete. Küçük Ali erhob Zoll von den Karawanen und plünderte die Reisenden aus, wie 1801 den niederländischen Konsul aus Aleppo, den er für 8 Monate ins Gefängnis warf und erst gegen ein Lösegeld von 17 500 Piaster (26 000 Mark) freigab. Küçük Ali starb 1808. Sein Sohn Dada Bey, der ihm nacheiferte, wurde schließlich verraten und 1817 in Adana enthauptet. Der Reisende Niebuhr berichtet von 800 zerstörten Häusern, deren Bewohner wegen Plünderungen und Morden in schlechtem Ruf standen. 1839 hat İbrahim Paşa viel für Payas getan, indem er einen öffentlichen Markt errichtete und Schiffe mit Bauholz aus dem Amanos nach Ägypten senden ließ.

Man erreicht zunächst den 1574 errichteten *Baukomplex einer *Karawanserei,* eines *Basars,* einer *Moschee* und *Medrese* sowie eines *Bades,* die aus der Blütezeit unter Sultan Selim II., dem Sohn Suleymans d. Gr. stammen und von Sokollu Mehmet Paşa, einem der berühmtesten Großwesire der osmanischen Zeit (Erbauer der Sokollu Mehmet- und Azap Kapı-Moschee in İstanbul) gestiftet wurden. Der Han besitzt einen großen Hof, der von Spitzbogen-Arkaden umschlossen ist. Davor der einschiffige Basar, mit Tonnengewölbe und Kuppel. Südlich anschließend die Moschee, ebenfalls mit großem Arkadenhof; nördlich das Bad (Ruine), mit überkuppeltem Camken (Apodyterium), verbindendem Soğukluk (Tepidarium) und Harara (Caldarium) mit Kreuzkuppel. – Westlich von diesem Baukomplex liegt etwa 800 m vom Meer entfernt ein großes mittelalterliches *Kastell* (14. Jh.; venezianisch oder genuesisch), mit polygonalem Grundriß. Vom Inneren kann man die mächtigen Mauern und Türme ersteigen (guter Überblick).

Israel
Staat Israel
Medinat Yisrael

Nationalitätskennzeichen: IL.
Staatsfläche: 20 770 qkm.
Hauptstadt: Jerusalem.
Bevölkerungszahl: 3 800 000.
Verwaltungsgliederung: 6 Distrikte.
Religion: Juden (85 %); Muslims (12 %); christliche Minderheiten.
Sprache: Neuhebräisch (Iwrith); Jiddisch; Arabisch. – Verbreitet Englisch-, Französisch- und Deutschkenntnisse.
Währung: 1 IS (Shekel) = 10 Agorot.
Zeit: Osteuropäische Zeit (OEZ = MEZ + 1 St.).
Wöchentlicher Ruhetag: Samstag (Sabbat).
Reisedokumente: Reisepaß (bei der Einreise noch mindestens 6 Monate gültig) und Visum.

ⓘ **Staatliches Israelisches Verkehrsbüro,**
   Westendstraße 4/III,
   D-6000 **Frankfurt** am Main;
   Telefon: (06 11) 72 01 57.
   Israelisches Verkehrsbüro,
   Lintheschergasse 12,
   CH-8001 **Zürich;**
   Telefon: (01) 2 11 23 44.
   Botschaft des Staates Israel,
   Simrockstraße 2,
   D-5300 **Bonn – Bad Godesberg;**
   Telefon: (02 28) 8 23 1.
   Anton-Frank-Gasse 20,
   A-1180 **Wien;**
   Telefon: (02 21) 31 15 06.
   Marienstraße 27,
   CH-3005 **Bern;**
   Telefon: (031) 43 10 42.

Der vorderasiatische Staat Israel, nahe am Übergang nach Afrika gelegen, grenzt an die vier arabischen Staaten Libanon, Syrien, Jordanien und Ägypten. Entlang der Mittelmeerküste erstreckt sich eine Ebene, an die sich weiter im Landesinneren eine Bergkette anschließt, die östlich zum Jordangraben abfällt. Der Landschaftsstruktur entsprechend sind auch die Wetterverhältnisse differenziert: Im Negev herrscht trockenes Wüstenklima, während die wesentlich regenreicheren küstennahen Gebiete weiter nördlich intensiv landwirtschaftlich genutzt werden.

KULTUR und GESCHICHTE. – Eine entwickelte Stadtkultur wird zuerst in Jericho sichtbar, wo es bereits im 8. Jahrtausend Rundhäuser und einen 8,5 m hohen Rundturm gab, der im Inneren durch eine Treppe besteigbar war und sich an eine 4 m hohe, an der Basis 3 m dicke Mauer (Stadtmauer?) anlehnt. Im 7. Jahrtausend treten hier Rechteckhäuser auf, die Schädel von Toten werden porträtartig übermodelliert. Nach einer längeren Zeit, in der Jericho und andere Siedlungen aufgegeben wurden, setzt im 5. Jahrtausend die Neubesiedlung durch Nomaden ein. Aus dem 4. Jahrtausend sind Kupferbearbeitung und unterirdische Dörfer im Negev bekannt (Beersheva-Kultur), gegen 3000 befestigte Siedlungen (Megiddo, Gezer, Lachish, Arad u. a.).

Als die *Hebräer* sich im Land niederließen, zunächst als Nomaden, nach der Landnahme im 13./12. Jahrhundert v. Chr. zur Seßhaftigkeit übergehend, gab es kaum eigenständige Architektur und Bildende Kunst. 2. Mose 37 beschreibt die Herstellung der Bundeslade mit ornamentalem Schmuck. Bei der Errichtung des ersten Tempels im 10. Jahrhun-

dert v. Chr. bediente sich Salomon der Hilfe phönikischer Fachleute aus Tyros. "Die stark dogmatische Einstellung der Israeliten und der fortwährende Kampf gegen Nachbarvölker oder fremde Herrschaft haben die Entwicklung der Kunst nicht gefördert" (Carel J. Du Ry). Die religiöse und historische Komponente im geistigen Leben des Volkes, die sich in der Formulierung des Alten Testamentes und in späteren theologischen Schriften niederschlug, führte zu einer Fixierung auf die Schrift.

Dieses Bild änderte sich mit dem Eindringen der *Kultur der Antike*, seit dem hellenistischen 3. und verstärkt seit dem römischen 1. Jahrhundert v. Chr. Jetzt kamen Theateranlagen, Hippodrome, Tempel und Aquädukte auf, wie sie aus der gesamten antiken Welt bekannt sind, zum Teil in der Ausprägung, die sie im Vorderen Orient durch die Begegnung mit einheimischen Traditionen erhalten hatten. Herodes überzog das Land mit seinen monumentalen Bauten. Dabei wurde das mosaische Bilderverbot im Hinblick auf Menschen- und Tierdarstellungen strikt befolgt; Ausnahmen wie die Tierabbildungen im Palast des Herodes Antipas in Tiberias wurden als gesetzwidrig verurteilt und bei erster Gelegenheit zerstört. Eine Abkehr von dieser anikonischen Grundhaltung vollzog sich jedoch vom 3. Jahrhundert n. Chr. an. In galiläischen Synagogen wurden Engel, Menschen und Tiere, auch der griechische Gott Helios als Mittelpunkt des Tierkreises, dargestellt, und die Synagoge in Dura Europos am Euphrat (3. Jh.) war vollständig mit biblischen Themen ausgemalt. Auch in der Grabkultur ist griechisch-römischer, aber auch palmyrenischer Einfluß spürbar, Sarkophage mit mythologischen Darstellungen stießen offenbar nicht auf Ablehnung (Beit Shearim).

Im 4. Jahrhundert, also etwas später als diese Entwicklung, mit der sie dann parallel verlief, begann der *christliche Einfluß*. Seit Kaiser Konstantin und in verstärktem Umfang unter Justinian (6. Jh.) entstanden zahlreiche Kirchen und Klöster, auch ausgedehnte Stadtanlagen im Negev, wo sie an die Siedlungs- und Bewässerungstätigkeit des arabischen Volkes der Nabatäer anschlossen. Danach

Steinerne Menora (siebenarmiger Leuchter) in Jerusalem

beherrschte die *arabisch-islamische Kultur* vom 7.-11. Jahrhundert das Land, das von den Omaijadenkalifen mit Heiligtümern, Palästen und Befestigungen ausgestattet wurde. Das Bilderverbot, das der Islam mit dem Judentum gemeinsam hat, wirkte sich in dieser frühislamischen, omaijadischen Zeit bis zur Mitte des 8. Jahrhunderts noch nicht aus. Die *Kreuzzugszeit* (12.-13. Jh.) verband abendländische Tradition mit Elementen, die die Ritter im Orient vorfanden. Ausdruck dieser Synthese ist die charakteristische Architektur der Kirchen und Burgen, die sich von der kompakten Bauweise des 12. zur leichteren gotischen Form des 13. Jahrhunderts entwickelten.

Die nächste Etappe hatte wieder islamischen Charakter. Hauptsächlich aus der *osmanischen Zeit* (1517-1917) sind zahlreiche Denkmäler erhalten. In dieser Zeit erstarkte auch wieder der christliche Einfluß, der sich vom 17. Jahrhundert an in Kirchen- und Klosterbauten kundtat.

Die letzte Epoche begann mit der israelischen Staatsgründung 1948. Jetzt traten in Architektur und Bildender Kunst neben die historischen Denkmäler die Zeugnisse der in Europa und Amerika entwickelten Moderne.

Am 14. Mai 1948, einen Tag vor Beendigung des britischen Mandats über Palästina, proklamierte die Nationalversammlung den **Staat Israel,** dessen erster Präsident Chaim Weitzmann (bis 1952) wurde. Schon im Januar dieses Jahres war die Arabische Befreiungsarmee in Galiläa eingedrungen, im April hatte sie Haifa besetzt. Das war der Anfang eines Krieges, in dessen Verlauf die Israelis trotz mangelhafter Ausrüstung ihr Gebiet über das im Teilungsplan vorgesehene Terrain hinaus ausdehnen konnten, hauptsächlich in Galiläa und entlang dem Mittelmeer, und eine Verbindung nach Westjerusalem eroberten. Die beim Waffenstillstand 1949 bestehenden Linien bildeten die Grenzen des jungen Staates. Ostjerusalem und die arabischen Gebiete im Westjordanland fielen an das Haschemitische Königreich vom Jordan. Die Jahrzehnte seither sind durch mehrere bewaffnete Konflikte zwischen dem bedrohten Israel und seinen arabischen Nachbarn gekennzeichnet. Im israelisch-ägyptischen Krieg Oktober 1956 besetzte Israel den Gazastreifen und die Sinai-Halbinsel, die 1957 wieder geräumt wurde. – Im *Sechstagekrieg* (5.-10. 6. 1967) besetzte Israel erneut den Sinai, dazu das Westjordanland, die Golanhöhen und Ostjerusalem, das es annektierte. – Der *Jom-Kippur-Krieg* im Oktober 1973 endete mit einem Entflechtungsabkommen.

1977 besuchte der ägyptische Präsident Sadat Jerusalem und leitete damit die Verhandlungen ein, die unter Einschaltung der USA 1978 zum israelisch-ägyptischen Friedensvertrag führten. – 1980 erklärte Israel das arabische Ostjerusalem zum Bestandteil einer "ungeteilten israelischen Hauptstadt", was zu verstärkten Spannungen mit den arabischen Staaten und zu weltweiter Kritik an der Politik Israels führte.

Verfassung
Der Staat Israel ist eine parlamentarische Demokratie, deren höchste Autorität beim Parlament (Knesset) liegt. Die Knesset hat 120 nach dem Verhältniswahlrecht für vier Jahre gewählte Abgeordnete. Diese wählen den Staatspräsidenten (Amtszeit 5 Jahre), der ein Knesset-Mitglied mit der Kabinettsbildung betraut. Ein Staatskontrolleur überwacht Legalität und Integrität von Regierung und Verwaltung. Die Gerichtshöfe sind unabhängig.

Israel ist von größter Bedeutung für die drei großen monotheistischen Religionen der Welt. Hier sind Judentum und Christentum entstanden, und hier verehrt der Islam sein nach Mekka und Medina wichtigstes Heiligtum. Daneben ist Israel, das nie eine Großmacht und

lange Zeit ohne eigene Staatlichkeit war, als Schnittpunkt der nahöstlichen Geschichte überreich an historischen Daten, Zeugnissen und Erinnerungen, die bis weit in die Vorgeschichte zurückreichen: bis ins 8. Jahrtausend, wo es in Jericho eine der frühesten städtischen Siedlungen überhaupt gegeben hat, ja bis in jene entlegenen Perioden, in denen der Mensch der Altsteinzeit mühsam seine primitive Kultur zu entwickeln begann. Von den Fundstätten dieser Frühe über die Orte historischer Zeit ist unendlich viel hier auf engstem Raum noch vorhanden, denn alle haben sie ihre Spuren hinterlassen: die Menschen von Jericho, die Kanaanäer, die Israeliten des Alten Testamentes, Griechen, Römer, Byzantiner, Araber, europäische Kreuzfahrer, Mamelucken, Türken und schließlich die europäischen und russischen Christen, die in den letzten Jahrhunderten ihre Kirchen an vielen Orten erbauten.

Doch das Land lebt nicht nur aus seiner Geschichte. Es lebt ebenso aus seiner Gegenwart. Von Feinden umgeben und bedrängt, hat Israel in den wenigen Jahrzehnten seit der Staatsgründung – die Vorstufen seit dem 19. Jahrhundert nicht mitgerechnet – eine Aufbauleistung vollbracht, deren Qualität und Quantität kaum vorstellbar ist: Ausdruck und Wirkung eines elementaren Willens zum Überleben, zur Selbstbehauptung, der aus der Not des 19. und vor allem unseres 20. Jahrhunderts ebenso gespeist wird wie von den uralten religiösen Kräften, die allein dem jüdischen Volk es ermöglicht haben, die langen Zeiten der Zerstreuung und Verfolgung durchzustehen.

Der Charakter des Landes wird wesentlich durch seine geographische Gestalt bestimmt. Nur vom Kap Karmel und dem felsigen Rosh Hanikra an der Nordgrenze Israels unterbrochen, erstreckt sich eine ausgedehnte *Ebene* entlang der gesamten Mittelmeerküste, schmal im Norden (Sebulon-Ebene), breiter werdend nach Süden (Sharon-Ebene und Shefela). Sie wird von einigen Flüssen durchquert, so dem Kishon bei Haifa und dem Yarkon bei Tel Aviv.

Landeinwärts schließt sich die *westliche Bergkette* an: Im Norden das bis 1208 m ansteigende Bergland von Galiläa, dann, südlich der Jezrael-Ebene, die Berge von Samaria, die 1018 m erreichen, das bis 1020 m hohe judäische Bergland und schließlich der Negev mit Erhebungen bis 1035 m.

Diese Region fällt im Osten ab zum Jordangraben, der südlich des Berges

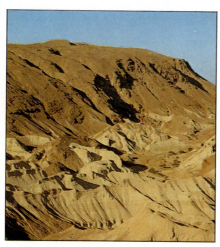

Wüste Negev in Südisrael

Hermon mit dem Hule-Tal am oberen Jordan beginnt, im See Genezareth bereits 212 m unter dem Meeresspiegel liegt, dann dem Jordan weiter bis zum Toten Meer folgt, wo der tiefste Punkt der Erde erreicht ist (-395 m), und schließlich durch die Arava-Senke das Rote Meer bei Eilat erreicht. Der Jordan hat drei Hauptquellen, zwei (Banyas und Dan) in Israel, eine (Hatsbani) im Libanon; er hat bei einer Gesamtlänge von rund 500 km ein Gefälle von 1000 m.

See Genezareth in Nordisrael

Jenseits der Jordansenke steigt das Land zu den Ostjordanischen Bergen in den biblischen Landschaften Gilead und Ammon (Norden), Moab (Mitte) und Edom (Süden) in Jordanien bis auf eine Höhe von 1736 m hinan.

Die Pflanzenwelt ist so vielgestaltig wie die geographische Landesnatur. Die Küstenebene ist auf weite Strecken durch Zitrusfrüchte charakterisiert, doch sind diese Plantagen jungen Datums; die Zitronen sind aus Kalifornien eingeführt, auch Jaffa-Orange und Pampelmuse sind 'Neubürger', und zwar sehr ertragreiche. Die Zitrusplantagen dieser Region bedecken eine Fläche von 500 qkm und sind der wichtigste landwirtschaftliche Artikel des Landes. Seit dem Mittelalter gibt es Bananenhaine, besonders im Jordantal. Hier und in der Arava wird auch die Dattelpalme wieder gepflegt. Im Bergland, wo Aufforstungsmaßnahmen im Gang sind, sieht man Aleppokiefern, Gall- und Taboreichen, Terebinthen, Zypressen, Judas- und Johannesbrotbäume, daneben Macchia mit Salbei, Zistrose usw. Ölbäume wachsen u. a. in Galiläa, desgleichen Wein, Feigen und Granatapfel.

Viele Pflanzen – außer den Zitrusfrüchten auch Zuckerrohr, Erdnuß und Baumwolle – werden planmäßig und in großem Maßstab zur Steigerung der landwirtschaftlichen Produktion angebaut.

Ashdod, Haifa, **Jerusalem und **Tel Aviv – Jaffa** s. Reiseziele von A bis Z.

Istanbul / İstanbul (Konstantinopel)

Türkei.
Provinz: İstanbul.
Höhe: 10–125 m ü.d.M. – Einwohnerzahl: 2 550 000.
Telefonvorwahl: 0 11.

ⓘ **Büros des Ministeriums für Fremdenverkehr und Information**
Bezirksverwaltung Istanbul,
Meşrutiyet Caddesi 57,
Galatasaray;
Telefon: 45 68 75.
F i l i a l e n :
Schiffsanlegestelle Karaköy;
Telefon: 49 57 76.
Hilton Hotel;
Telefon: 40 63 00.
Flughafen Yeşilköy;
Telefon: 73 73 79.

Informationsbüros der Stadt Istanbul:
Sultan-Ahmet-Platz;
Telefon: 27 21 88.
Großer Basar (Kapalı Çarşı);
Telefon: 27 00 04.
Sirkeci-Bahnhof;
Telefon: 27 42 32.
Haydarpaşa-Bahnhof;
Telefon: 36 36 79.
Schiffsanlegestelle Kadıköy.

HOTELS. – *Hilton Oteli, Cumhuriyet Caddesi, Harbiye, L, 792 B., Sb.; *Sheraton Oteli, Mete Caddesi, Taksim, L, 855 B., Sb.; *Intercontinental Oteli, Taksim, L, 704 B., Sb.; *Çınar Oteli, Yeşilköy, L, 402 B.; *Büyük Tarabya Oteli, Tarabya, L, 524 B.; *Divan Oteli, Cumhuriyet Caddesi, Harbiye, L, 191 B.; Etap Oteli, Meşrutiyet Caddesi, Tepebaşı, I, 371 B., Sb.; Pera Palas, Meşrutiyet Caddesi, 98–100 Tepebaşı, I, 187 B.; Maçka Oteli, Eytam Caddesi 35, Maçka, I, 360 B.; Keban Oteli, Sıraselviler Caddesi 51, Taksim, II, 160 B.; Olcay Oteli, Millet Caddesi 187, Topkapı, II, 256 B.; Anka Oteli, Molla Gürani Caddesi 42, Fındıkzade, II, 130 B.; Carlton Oteli, Yeniköy, II,

242 B., Sb.; *Washington Oteli,* Gençtürk Caddesi Ağayokuşu 12, Lâleli, II, 104 B.; *T.M.T. Oteli,* Büyükdere Caddesi 84, Gayrettepe, II, 199 B.; *Bale Oteli,* Refik Saydam Caddesi, Tepebaşı, III, 112 B.; *Cidde Oteli,* Alasaray Caddesi 10, III, 126 B.; *Akgün Oteli,* Ordu Caddesi Haznedar Sok. 6, Beyazıt, III, 184 B.; *Büyük Keban Oteli,* Gençtürk Caddesi 41–47, Aksaray, III, 271 B.; *Kalyon Oteli,* Meşrutiyet Caddesi 201–203, Beyoğlu, III, 70 B.; *Kennedy Oteli,* Sıraselviler Caddesi 79, Taksim, III, 110 B.; *Astor Oteli,* Lâleli Caddesi 12, Aksaray, IV, 66 B.; *Bebek Oteli,* Cevdet Paşa Mah., Bebek, IV, 75 B.; *Çınardibi Oteli,* Bağdad Caddesi 326, Suadiye, IV, 44 B.; *Avrupa Oteli,* Topçular Caddesi 32, Talimhane-Taksim, IV, 345 B.; *Ebru Oteli,* Gazi Mustafa Kemal Bul. 37–39, Aksaray, IV, 65 B.; *Bern Oteli,* Millet Caddesi, Muratpaşa Sok. 16, Aksaray, IV, 101 B.; *Hislon Oteli,* Molla Gürani Caddesi 7, Fındıkzade, IV, 42 B.; *Kilim Oteli,* Millet Caddesi 85, Fındıkzade, IV, 114 B.

PENSIONEN. – *Oriantal Pansiyon,* Cihangir Caddesi 60, Taksim, P I, 40 B.; *Petek Pansiyon,* Alptekin Sok. 4, Fenerbahçe, P I, 96 B.; *Beyrut Pansiyon,* Aksaray Caddesi 7/1, Lâleli, P II, 72 B.

AUSSERHALB. – In A t a k ö y : *Ataköy Moteli,* Bakirköy-İstanbul, M I, 640 B., Sb. – In F l o r y a : *Motel Florya,* Florya Asfaltı 59, M II, 37 B. – In K i l y o s : *Kilyos Motel,* M I, 48 B. – In Ş i l e : *Değirmen Oteli,* Hacıkasım Mah. Plaj Yolu 24, III, 149 B. – In Y e ş i l k ö y : *Yeşilköy Motel,* Havan Sok. 4–6, M I, 60 B.

CAMPINGPLÄTZE. – Alle an der E 5 (europäische Marmaraküste): Yeşilyurt, Ataköy (bei Bakırköy), Mocamp Kervansaray Kartaltepe (bei Çobançeşme, Nähe Flughafen).

JUGENDHERBERGEN. – *IYHF Youth Hostel,* Cerrahpaşa Caddesi 63, Aksaray; *Yücıl Tourist Hotel,* Sultanahmet.

WASSERSPORT. – Schwimmen, Tauchen, Wasserski, Segeln; *Yachthäfen* auf der europäischen Seite des Bosporus: Bebek, Tarabya und Büyükdere; an der asiatischen Marmaraküste: Kalamiş.

KONSULATE. – *Bundesrepublik Deutschland,* İnönü Caddesi 16–18, Tel. 45 07 05/08; *Republik Österreich,* Silahhane Caddesi 59/4, Ralli Apt., Teşvikiye, Tel. 40 54 72; *Schweizerische Eidgenossenschaft,* Hüsrev Gerede Caddesi 75/3, Teşvikiye, Tel. 48 50 70/71.

Die früher Konstantinopel, jetzt *Istanbul (veraltete Kurzform Stambul) genannte, türkisch İstanbul geschriebene Stadt, die größte der Türkei und bis 1923 deren Hauptstadt, Sitz einer Universität, einer Technischen Universität und einer Kunstakademie, eines mohammedanischen Mufti, eines griechischen und eines armenischen Patriarchen sowie eines römisch-katholischen Erzbischofs, liegt malerisch auf Hügeln zu beiden Seiten der Mündung des *Bosporus in das Marmarameer am Schnittpunkt des Landwegs vom Balkan nach Vorderasien mit dem Seeweg vom Mittelmeer zum Schwarzen Meer. Dank dieser günstigen geographischen *Lage, mit dem Goldenen Horn als vorzüglichem Naturhafen, dem größten Hafen der Türkei, war Istanbul von jeher ein bedeutender Welthandelsplatz.

Die Stadt zerfällt in drei Teile: in die türkische Altstadt **Alt-Istanbul,** die sich vom rechten Ufer des Goldenen Horns zum Marmarameer erstreckt und ein ungefähr gleichseitiges Dreieck bildet;

in den mit Alt-Istanbul durch die Galatabrücke und die Atatürkbrücke, verbundenen, großenteils von Fremden bewohnten Stadtteil **Beyoğlu** mit seinen Vororten *Galata* und *Harbiye* an den Abhängen zwischen Goldenem Horn und Bosporus; ferner in den Stadtteil **Üsküdar** mit den Vororten am asiatischen Ufer. Prachtvoll ist das **Gesamtbild der mit ihren Türmen und Palästen sowie den zahlreichen Kuppeln und Minaretten der 35 großen und über hundert kleineren Moscheen aus dem Wasser aufsteigenden Stadt. Von dem bunten orientalischen Treiben der einstigen Residenz ist freilich wenig übriggeblieben, und die Tracht ist europäisch. Straßen- und Ladenschilder zeigen die lateinische Schrift und an Stelle der früheren Reihen meist brauner rotgedeckter Holzhäuser mit vergitterten Erkern (kafes) sind in den Hauptvierteln Stein- und Eisenbetonbauten entstanden. – Das Klima ist stark gegensätzlich; abends ist es selbst im Sommer oft kühl. Unter den zahlreichen Vögeln fallen die schwarzen Milane auf, an den Ufern von Üsküdar auch die ebenfalls schwarzen Kormorane. Im Bosporus und Marmarameer tummeln sich Delphine.

GESCHICHTE. – Um 660 v. Chr. gründeten dorische Griechen auf der heutigen Serailspitze die Stadt **Byzantion** *(Byzanz),* die den Zugang zum Schwarzen Meer an der Einfahrt in den Bosporus beherrschte. Durch Dareios I. kam die Stadt im Jahre 513 v. Chr. an Persien. Im 5. und 6. Jahrhundert v. Chr. schloß sich Byzanz dem ersten und zweiten Attischen Seebund an. Die freie Stadt schloß 146 v. Chr. ein Bündnis mit Rom, dann wurde ihr die Freiheit wiederholt genommen und wieder zurückgegeben. Septimius Severus eroberte Byzanz 196 n. Chr. und behandelte es hart, doch erholte sich die Stadt rasch wieder. 324 n. Chr. zog Konstantin I. (306–337) nach seinem Sieg über Licinius ein und verwirklichte seinen Entschluß, hier eine neue Reichshauptstadt zu gründen.

Im Herbst 326 wurde der Grundstein zu der westlich weitausholenden Stadtmauer gelegt und am 11. Mai 330 die neue Stadt, die zunächst den Namen *Nova Roma* ('Neu-Rom') erhielt, feierlich eingeweiht. Wie Rom wurde die wenig später in **Constantinopolis** umbenannte Stadt in 14 Regionen eingeteilt und wies sogar sieben Hügel auf. Nach der Reichsteilung von 395 wurde Konstantinopel Hauptstadt des Oströmischen Reiches. Unter Justinian (527–565), der die bei dem Nika-Aufstand großenteils eingeäscherte Stadt glänzend wiederherstellte, erreichte sie ihre höchste Blüte. Aus der spätgriechischen und römischen Kultur erwuchs die byzantinische, deren Trägerin die griechische Sprache war. – Bald jedoch erschütterten innere und äußere Kämpfe das Reich. Angriffe der Avaren und Perser (627) sowie der Araber unter den Omaijaden erfolgten, ferner 813 und 924 Belagerungen der Bulgaren. 907 und 1048 erschienen russische Flotten. Im Jahre 1204 führten Thronstreitigkeiten zur Einnahme Konstantinopels durch die Kreuzfahrer und zur Gründung des abendländischen ('lateinischen') Kaisertums. – Seit der Eroberung Kleinasiens durch die Osmanen im 13. Jahrhundert und seit der im Jahre 1361 erfolgten Verlegung der Sultanresidenz von Bursa (Brussa) nach Edirne (Adrianopel) wurde die türkische Umfassung immer bedrohlicher. Im Jahre 1453 eroberte Mehmet II. (mit dem Beinamen Fatih, der Eroberer) die Stadt, die

Hagia Sophia (Ayasofya) in der Altstadt von Istanbul

nun als **Istanbul** Hauptstadt der Osmanen wurde. Alsbald entwickelten Sultane und türkische Vornehme eine rege Bautätigkeit, namentlich Selim I. (1512–20) und Suleiman der Prächtige (1520–1566). Auch im 17. und 18. Jahrhundert entstanden bedeutende Werke türkischer Architektur. Im 19. Jahrhundert machten sich stark westliche Einflüsse im Stadtbild geltend. Der Ausgang des Ersten Weltkrieges, in dem die Türkei mit den Mittelmächten verbunden war, führte zur Besetzung Istanbuls durch die Alliierten. 1922 zogen nach dem Sieg im Unabhängigkeitskrieg wieder türkische Truppen ein. 1923 wurden das Sultanat und Kalifat abgeschafft und die Republik ausgerufen, deren erster Präsident Mustafa Kemal Atatürk die Hauptstadt nach Ankara verlegte. Atatürks einschneidende Reformen führten zum Verbot von Fes, Frauenschleier, Derwischorden und Vielehe sowie zur Übernahme der Lateinschrift, des metrischen Systems und fester Familiennamen. Großzügige Straßendurchbrüche, der Abriß von zahlreichen alten Holzhäusern in der Altstadt, an deren Stelle neue Wohnblocks und Geschäftshäuser errichtet werden, die Anlage eines neuen Geschäftszentrums nördlich des Taksimplatzes und der Bau neuer Stadtteile europäisieren das Stadtbild immer mehr.

Stadtbeschreibung

Beyoğlu

Am Südrand des Stadtteils GALATA und am nördlichen Ende der Galatabrücke liegt der verkehrsreiche K a r a k ö y - P l a t z. An der Südseite des Platzes beginnt der **G a l a t a k a i,** der sich nordöstlich an der Mündung des Goldenen Horns in den Bosporus entlangzieht und Abfahrtsstelle der türkischen und ausländischen Schiffahrtslinien ist (Yolcu Salonu). – Ebenfalls nordöstlich, parallel zum Galatakai, aber in einiger Entfernung vom Meer, führt vom Karaköy-Platz die Große Galatastraße unter verschiedenen türkischen Namen durch das Stadtviertel TOP HANE zum Dolmabahçe-Palast.

Von der Nordseite des Karaköy-Platzes gelangt man durch die Voyvoda Caddesi und ihre Fortsetzungen, oder auf der lädenreichen Y ü k s e k K a l d ı r ı m ('Hoher Pflasterweg'), einer steilen Straße mit 113 Stufen zu beiden Seiten, an dessen Nordende (links etwas abseits) sich der in byzantinischer Zeit erbaute, 1423 (von den Genuesen) und 1875 wiederhergestellte **Galataturm** *(Galata Kulesi)* erhebt (68 m hoch; Café-Restaur.; bester *Überblick über die Stadt) hinauf zum T u n n e l p l a t z (früher Station einer unterirdischen Standseilbahn) in dem hochgelegenen Hauptteil von Beyoğlu ('Herrensohn'; früher *Pera),* der in seinem oberen Teil um den Taksimplatz erst im 19. Jahrhundert in moderner europäischer Bauweise angelegt wurde und zahlreiche Hotels, ausländische Konsulate, Kirchen, Schulen und Krankenhäuser enthält. Hauptverkehrsader

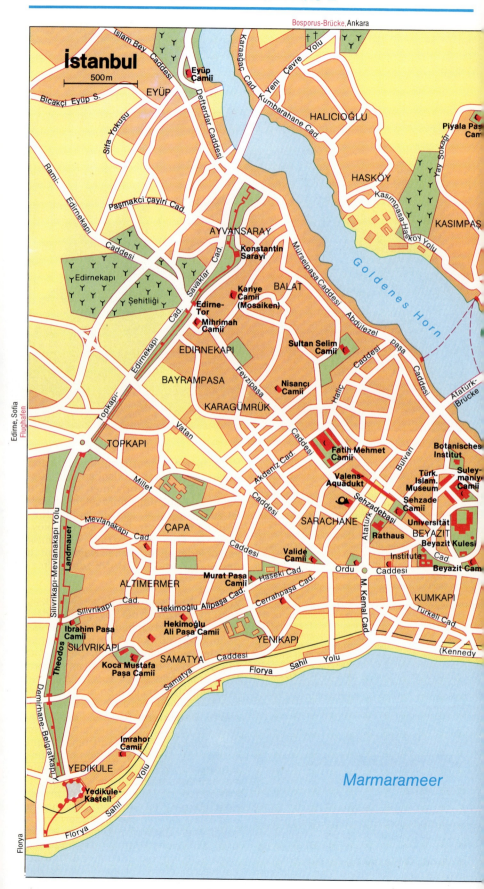

İstanbul

500m

Bosporus-Brücke, Ankara

İslam Bey Caddesi

Eyüp Camii

EYÜP

Bıçakçı Eyüp S.

Şifa Yokuşu

Defterdar Caddesi

Rami-Edirnekapı

HALICIOĞLU

Karaağaç Cad.

Yeni Çevre Yolu

Kumbarahane Cad.

HASKÖY

Piyala Paşa Cami

Yay Sokağı

Paşmakçi çayırı Cad.

Caddesi

Edirnekapı

Şehitliği

AYVANSARAY

Konstantin Sarayı

Savaklar Cad.

Edirne-Tor

Mihrimah Camii

Kariye Camii (Mosaiken)

BALAT

Mürselpaşa Caddesi

Abdülezel paşa Caddesi

KASIMPAŞA

Kasımpaşa-Hasköy Yolu

Goldenes Horn

EDIRNEKAPI

Edirnekapı

Cad.

BAYRAMPAŞA

Fevzipaşa

Sultan Selim Camii

Nisançı Camii

Haliç

Caddesi

Atatürk-Brücke

KARAGÜMRÜK

Topkapı

Vatan

TOPKAPI

Millet

Akdeniz Cad.

Caddesi

Fatih Mehmet Camii

Caddesi

Bulvarı

Botanisches Institut

Türk. Islam. Museum

Süleymaniye Camii

Valens-Aquädukt

Şehzade Camii

Şehzadebaşı

Atatürk

SARACHANE

Universität

BEYAZIT

Beyazit Kulesi

Mevlanakapı Cad.

ÇAPA

Caddesi

Rathaus

Ordu

Caddesi

Institute

Beyazit Cam

Silivrikapı-Mevlanakapı Yolu

Landmauer

Valide Camii

Murat Paşa Camii

Haseki Cad.

M. Kemal Cad.

KUMKAPI

ALTIMERMER

Cad.

Silivrikapı

Hekimoğlu Alipaşa Cad.

Cerrahpaşa Cad.

Türkeli Cad.

İbrahim Paşa Camii

Hekimoğlu Ali Paşa Camii

YENIKAPI

SILIVRIKAPI

Theodos

SAMATYA

Samatya Caddesi

(Kennedy)

Koca Mustafa Paşa Camii

Florya Sahil Yolu

Demirhane-Belgratkapı

Imrahor Camii

YEDIKULE

Yedikule-Kastell

Florya Sahil Yolu

Marmarameer

Edirne, Sofia

Flughafen

Florya

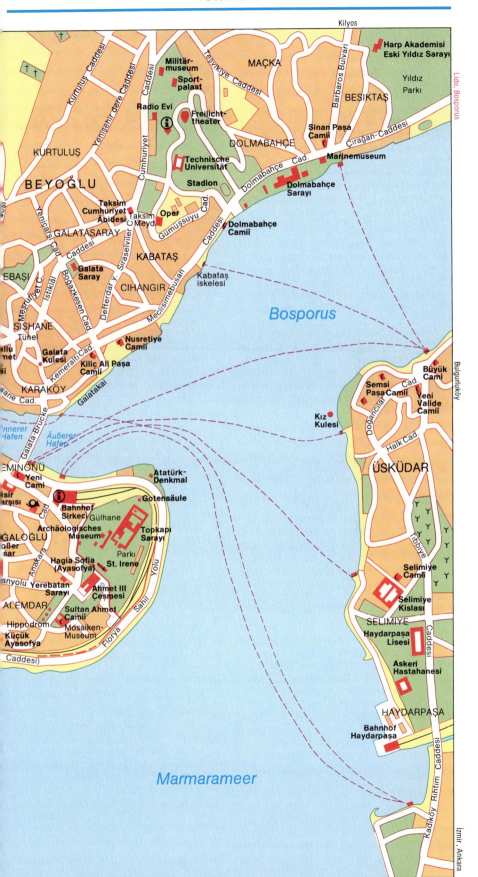

Kilyos

Harp Akademisi
Eski Yıldız Sarayı

MAÇKA

Barbaros Bulvarı

Lido, Bosporus

Yıldız
Parkı

BESIKTAS

Militär-
museum

Sport-
palast

Radio Evi

Freilicht-
theater

Sinan Paşa
Camii

Ciragan-Caddesi

DOLMABAHÇE

Marinemuseum

Technische
Universität

Dolmabahçe Cad.

Dolmabahçe
Sarayı

Stadion

Taksim
Cumhuriyet
Âbidesi

Taksim
Meyd

Oper

Gümüssuyu

Cumhuriyet

Tesvikiye Caddesi

Kurtulus Caddesi

Caddesi

Yenisehir dere Caddesi

KURTULUŞ

BEYOĞLU

GALATASARAY

Caddesi

Dolmabahçe
Camii

KABATAŞ

Caddesi

EBAŞI

Galata
Saray

CIHANGIR

Kabataş
iskelesi

Bosporus

Yenicasi Cad.

İstiklâl

Caddesi

Boğazkesen Cad.

Defterdar y. Siraselviler

Mesrutiyet C.

Mecisimebusan

SISHANE

Tünel

Nusretiye
Camii

Büyük
Cami

Bulgurluköy

llu
met
i

Galata
Kulesi

Kemeraltı Cad.

Kiliç Ali Paşa
Camii

Semsi
Paşa Camii

Cad.

Yeni
Valide
Camii

sane Cad.

KARAKÖY

Galatakai

Galata-Brücke

Doğancılar

Kız
Kulesi

Innerer
Hafen

Äußerer
Hafen

Halk Cad.

ÜSKÜDAR

EMINÖNÜ

Yeni
Cami

Atatürk-
Denkmal

sir
arşısı

Bahnhof
Sirkeci

Gülhane

Gotensäule

GALOĞLU
oßer
sar

Archäologisches
Museum

Topkapı
Sarayı

Tibbiye

Hagia Sofia
(Ayasofya)

St. Irene

Parkı

Anafara

Cad.

Selimiye
Camii

anyolu

Yerebatan
Sarayı

Ahmet III
Çeşmesi

Selimiye
Kislası

ALEMDAR

Sultan Ahmet
Camii

Sahil

SELIMIYE

Caddesi

Hippodrom

Mosaiken-
Museum

Haydarpaşa
Lisesi

Küçük
Ayasofya

Florya

Yolu

Askeri
Hastahanesi

Caddesi)

HAYDARPAŞA

Marmarameer

Bahnhof
Haydarpaşa

Kadıköy Rıhtım Caddesi

Izmir, Ankara

- - - - Fähren

von Beyoğlu ist die beim Tunnelplatz beginnende İstiklâl Caddesi ('Unabhängigkeitsstraße'; früher Große Perastraße), mit vielen großen Geschäftshäusern und dem Gymnasium *Galata Saray.* Weiter westlich verläuft die ebenfalls verkehrsreiche Meşrutiyet Caddesi. – Die İstiklâl Caddesi mündet nördlich auf den **Taksimplatz (Taksim Meydanı),** mit dem *Denkmal der Republik* (1928) und der **Oper.** An der Nordseite des Platzes die Gartenanlage der *Esplanade der Republik* (Cumhuriyet Meydanı). Von der Terrasse des Sheraton-Hotels schöne *Aussicht.

Vom Taksimplatz zieht die von Hotels und großen Geschäftshäusern gesäumte Cumhuriyet Caddesi, die vornehmste Straße von Istanbul, an der Esplanade der Republik vorüber zu den nördlichen Stadtteilen HARBİYE und ŞİŞLİ, mit zahlreichen Villen der wohlhabenden Bevölkerung. Östlich der Cumhuriyet Caddesi erstreckt sich als nördliche Fortsetzung der Esplanade der Republik der *Park von Maçka,* mit der *Technischen Universität,* dem *Hilton-Hotel,* einem *Freilichttheater,* dem *Sport- und Ausstellungspalast* und dem *Militärmuseum.*

Vom Taksimplatz führt die Gümüşsuyu Caddesi östlich im Bogen an Instituten der Technischen Universität (links) und dem *Stadion* (links) vorbei zum Stadtteil DOLMABAHÇE, mit dem von Abdul Mecid 1854 im sogenannten türkischen Renaissancestil erbauten *Dolmabahçe-Palast (Dolmabahçe Sarayı),* bis 1918 Residenz der türkischen Sultane, heute Museum und für hohe Staatsbesuche benutzt, dem *Uhrturm* der ehemaligen *Dolmabahçe-Moschee* (1853) sowie dem *Marine-Museum* (Deniz Müzesi), letzteres unweit nordöstlich vom Dolmabahçe-Palast bei der Anlegestelle für Beşiktaş.

Vom Karaköy-Platz gelangt man auf der stets belebten **Galatabrücke** (468 m lang, 26 m breit; Abfahrtsstelle der Lokaldampfer), die 1909–12 von der Maschinenfabrik Augsburg-Nürnberg erneuert wurde und auf Pontons ruht (die Mittelteile der Galata- und Atatürkbrücke sind zur Durchfahrt für Seeschiffe drehbar), über das Goldene Horn (prächtige Aussicht) nach Alt-Istanbul. Das *Goldene Horn** (türkisch **Haliç;** lohnende Schiffsrundfahrt), die hornförmig gekrümmte, 7 km lange und bis 40 m tiefe Hafenbucht von Istanbul (einer der besten Naturhäfen der Erde), ist ein versunkenes Nebental des Bosporus. Der Hafen besteht aus dem *Äußeren Handelshafen,* mit dem Galatakai und den Kais auf der Seite von Alt-Istanbul,

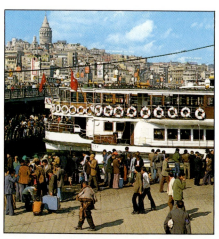
Blick von der Galatabrücke auf den Galataturm

sowie aus dem zwischen der Galatabrücke und der *Atatürkbrücke* (1 km westlich) gelegenen *Inneren Handelshafen,* an den sich nördlich der ehemalige Kriegshafen anschließt. Im Mittelalter konnte das Goldene Horn wie auch der Bosporus durch eine Kette für Schiffe gesperrt werden.

Alt-Istanbul

Die Galatabrücke mündet südlich auf den am Anfang des ältesten Stadtteils Alt-Istanbul gelegenen Eminönü-Platz, von dem der *Florya Sahil Yolu,* eine schöne Uferstraße, um die Serailspitze herum, dann am Marmarameer entlang nach Yeşilköy zieht. – An der Südseite des Eminönü-Platzes erhebt sich die große *Yeni-Moschee,** die 'Neue' Moschee der Sultansmutter, nach dem Vorbild der Moschee Ahmeds I. 1615 für dessen Mutter begonnen, aber erst 1663 vollendet. Im Innern sowie besonders in den anschließenden kaiserlichen *Privatgemächern reicher Fayenceschmuck. – An den Außenhof der Moschee grenzt westlich der sogenannte **Ägyptische Basar** (Mısır Çarşısı), ursprünglich nur für Waren aus Ägypten bestimmt, jetzt neben dem Großen Basar der wichtigste Markt von Alt-Istanbul.

Von der Yeni-Moschee gelangt man südöstlich, nahe am *Hauptbahnhof Sirkeci* vorbei, zur **Hohen Pforte,** einst Sitz des Großwesirs, dann des Außenministeriums, jetzt Amtsgebäude des Stadthalters (valı) der Provinz Istanbul. Östlich gegenüber auf der Ecke der Serailmauer der *Alay Köşk,* von dem aus die Sultane unbemerkt den Zugang zur Hohen Pforte überblicken konnten.

Unweit südöstlich bildet das *Soğuk Çeşme-Tor* den Haupteingang zum Serail, zu dem die Straße halbrechts aufwärts führt. – Die Straße geradeaus zieht in östlicher Richtung durch den **Gülhane-Park** (Eintrittsgebühr) zu einer Aussichtsterrasse (*Blick auf den Bosporus und das Marmarameer). Unweit südlich, unterhalb des Tulpengartens, die sogenannte *Gotensäule* (2. Jh. n.Chr.). Außerhalb des Parks, nahe an der *Serailspitze,* ein Bronzestandbild des türkischen Staatspräsidenten *Mustafa Memal Atatürk.*

Vom Soğuk Çeşme-Tor gelangt man halbrechts hinan zum *Topkapı Sarayı ('Kanonentor-Palast') oder *Eski Saray* ('Alter Serail'), der ehemaligen Palaststadt der Sultane, die auf dem Hügel der Serailspitze, dem ersten der sieben Hügel von Neu-Rom, an der Stätte der Akropolis und der ältesten Straßenzüge von Byzanz erbaut wurde. Die weitläufigen Gebäude, inmitten jetzt öffentlicher Parkanlagen, die von zinnenbekrönten und durch Türme verstärkten Mauern umschlossen sind, gliedern sich in eine Reihe von A u ß e n b a u t e n (Archäolog. Museum, Münze, Irenenkirche u.a.) und in die Gebäude des Inneren Serails. Mehmet II. führte hier 1468 einen Sommerpalast auf, der von Suleiman dem Prächtigen zur Residenz erweitert wurde und seither jahrhundertelang den Sultanen als Wohnung diente, bis Abdul Mecid 1855 in den Dolmabahçe-Palast übersiedelte.

Auf halber Höhe am Westhang des Serailhügels das **Archäologische Museum** *(Arkeoloji Müzeleri),* das bedeutende prähistorische, griechische, römische und byzantinische Altertümer enthält. Die Hauptstücke sind die Sarkophage der Sidonischen Könige aus der Königsnekropole von Saida (Sidon im Libanon), vor allem der prachtvolle sogenannte *Alexandersarkophag sowie der Sarkophag der klagenden Frauen (mit 18 Frauengestalten), beide aus dem 4. Jahrhundert v.Chr., ferner der sogenannte Sarg des Satrapen (5. Jh. v.Chr.), der lykische Sarkophag (um 400 v.Chr.) und der *Sidamara-Sarkophag aus der Gegend von Konya (3. Jh. n.Chr.); außerdem beachtenswerte Grabstelen und Inschriftsteine. Gegenüber dem Südwestflügel des Museums das *Eski Şark Eserleri Müzesi* (altorientalische Kunst). – Weiterhin im Hof des Archäologischen Museums der zierliche *Çinili Köşk, eines der ältesten erhaltenen türkischen Baudenkmäler Istanbuls, 1472 in persischen Stil errichtet, mit türkischer Keramik, Kacheln (bes. aus İznik; meist 16. Jh.) und Fayencen (12. bis 19. Jh.). Oberhalb vom Archäologischen Museum der Ä u ß e r e S e r a i l h o f mit der *Janitscharenplatane.* An der Südwestseite des Hofes die kuppelbekrönte rötliche **Irenenkirche** ('Kirche des göttlichen Friedens'; jetzt Museum, Aya İrini Müzesi), eines der besterhaltenen altbyzantinischen Bauwerke Istanbuls, 381 Schauplatz des Zweiten Ökumenischen Konzils, in türkischer Zeit als Zeughaus, zuletzt als Artilleriemuseum benutzt.

An der Nordseite des Äußeren Serailhofs, wo rechts vor dem *Henkersbrunnen* die in Ungnade gefallenen Würdenträger hingerichtet wurden, bildet das *Orta Kapı* ('Mittleres Tor'; 1524) den Eingang zum **Inneren Serail,** der eigentlichen ehemaligen Palaststadt der Sultane, die aus zahlreichen um drei Höfe gruppierten kleineren und größeren Gebäuden besteht. In dem von einem Säulengang umgebenen e r s t e n I n n e n h o f ('Platz des Divan'), dem größten und eindrucksvollsten (150 m lang), rechts die von 20 kuppelartigen Schornsteinen überragten ehemaligen *Serailküchen* (24 Herde), die zur Speisung der Armen (angeblich bis zu 20000 täglich) dienten. In ihnen ist jetzt die **Porzellansammlung** untergebracht, mit z.T. hervorragenden, vorwiegend chinesischen Porzellanen und Fayencen (meist aus dem 10. bis 18. Jh.). An der linken Hofseite den von einem 41,5 m hohen barocken *Turm* (16. Jh.; oberer Teil von 1819) überragte, von Mehmet II. erbaute *Kubbe altı,* mit dem Divan, dem Beratungssaal der Wesire und dem rechts anschließenden Audienzsaal des Großwesirs für die fremden Gesandten. Rechts neben dem Kubbe altı eine *Sammlung türkischer Fayencen;* weiterhin die interessante *Waffensammlung.* – Durch das *Babisaddet,* die Pforte der Glückseligkeit (links eine Stoffsammlung), gelangt man in den z w e i t e n I n n e n h o f. Gegenüber dem Eingang der *Thronsaal (Arz Odası),* ein Pavillon mit Säulenhalle und baldachinartigem Thron, aus der Zeit Suleimans des Prächtigen. Hinter dem Thronsaal das Gebäude der *Bibliothek.* An der rechten Hofseite das **Schatzhaus** (Hazine), das in drei Sälen kostbare Stücke von historischem Wert aufweist (Throne, Gewänder und Waffen von Sultanen, Edelsteine, Perlen, Vasen, Uhren, Leuchter, Schreibzeuge u.a.). Anstoßend eine Sammlung von *Sultansgewändern.* An der linken Hofseite die ehemalige *Ağalar Camii* (Moschee der Eunuchen), jetzt *Bibliothek* (12000 Manuskripte). Südwestlich der **Harem** (arabisch *Harîm,* das Verbotene; z.T. gegen Gebühr zugänglich), die ehemaligen Frauengemächer, zu denen nur der Sultan, seine Blutsverwandten und die Eunuchen Zutritt hatten. Außer einigen wenigen größeren sowie reicher ausgestatteten Räumen und Bauten bildet der Harem ein Labyrinth enger Korridore mit einer Unzahl planlos angeordneter und meist schmuckloser kleiner und kleinster Zimmer, die nicht viel von 'orientalischer Märchenpracht' zeigen. Der Moslem der kaiserlichen Türkei durfte gleichzeitig vier, der Sultan sieben rechtmäßige Ehefrauen haben, wobei jedoch die Zahl der Nebenfrauen unbeschränkt war. Seit 1926 ist die Einehe Gesetz. – Jenseits des dritten Innenhofs der in Terrassen angelegte *Tulpengarten;* auf der obersten Terrasse (*Aussicht) der 1639 von Murat IV. zur Erinnerung an die Einnahme Bagdads errichtete *Bağdat Köşkü, ein kuppelbekrönter Bau mit herrlichen Fayencen.

An der Südwestseite der Serailmauer steht gegenüber der Sophienkirche prächtig das *Babıhumayun,* das Sultanstor. Außerhalb des Tores der *Brunnen Ahmets III.,* von 1728.

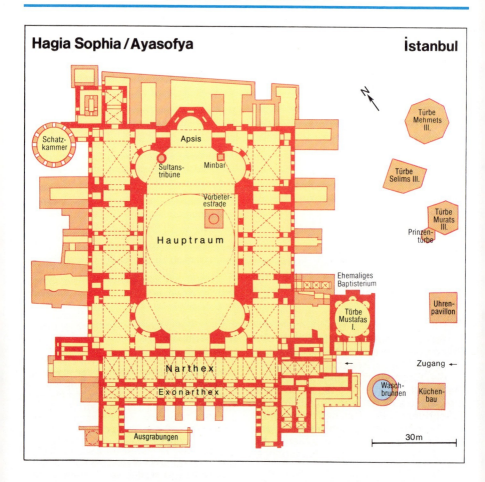

Hagia Sophia / Ayasofya **İstanbul**

Schatz-kammer

Apsis

Sultans-tribüne Minbar

Vorbeter-estrade

H a u p t r a u m

N a r t h e x

E x o n a r t h e x

Ausgrabungen

Ehemaliges Baptisterium

Türbe Mustafas I.

Türbe Mehmets III.

Türbe Selims III.

Türbe Murats III.

Prinzen-türbe

Uhren-pavillon

Zugang

Wasch-brunnen

Küchen-bau

30 m

Die ehemalige Sophienkirche ****Hagia Sophia,** türkisch **Ayasofya,** seit der türkischen Eroberung bis 1935 Hauptmoschee von İstanbul, jetzt Museum, ist die reifste Raumschöpfung byzantinischer Baukunst und das berühmteste Denkmal der Stadt. Eine von Konstantin d. Gr. im Jahre 326 der göttlichen Weisheit (Sophia) geweihte Basilika wurde nach zweimaliger Zerstörung 532–37 unter Justinian durch Anthemios aus Tralles und Isodorus von Milet in ihrer heutigen vergrößerten Form mit der Absicht wiedererrichtet, damit alle Bauten des Altertums an Pracht zu übertreffen. Zahlreiche Säulen aus Tempeln Kleinasiens, des Libanon, Griechenlands und Italiens wurden herbeigeschafft, und die edelsten Marmorsorten und Metalle kamen zur Verwendung, so daß der Kostenaufwand 360 Zentner Gold, die Zahl der Werkleute 10 000 betragen haben soll.

Der etwa 75 m lange und 70 m breite, von einer 58 m hohen Kuppel überragte Bau (Eingang von der Südseite) enthält in der **äußeren Vorhalle** *(Exonarthex)* sowie in der **inneren Vorhalle** *(Narthex)* wertvolle altchristliche Mosaiken, die früher übertüncht waren, aber seit 1931 größtenteils wieder freigelegt wurden (besonders beachtenswert über der Kaisertür der inneren Vorhalle der thronende Christus, aus dem 9. Jh.). Der von der herrlichen Mittelkuppel

(32 m Durchmesser) beherrschte ****Hauptraum** der ehem. Kirche macht in der Lichtfülle unzähliger Fenster einen gewaltigen Eindruck, der allerdings durch die den mohammedanischen Vorschriften entsprechende Innenausstattung mit der nach Mekka gerichteten Gebetsnische (Mihrab; in der Apsis) und den an den Hauptpfeilern angebrachten riesigen runden Holzschildern, auf denen die goldenen Namenszüge der vier ersten Kalifen stehen, etwas beeinträchtigt wird.

Vor der Südseite der Kirche fünf *Grabkapellen* (Türben) von Sultanen. Südwestlich anschließend der belebte Ayasofya Meydanı, das alte *Augusteion* (Agorá), ehemals der vornehmste Platz von Konstantinopel, mit schönem *Blick auf die Blaue Moschee. – Unweit nordwestlich in der Yerebatan-Straße links der Eingang zu der unter Justinian erbauten ***Zisterne Yerebatan Sarayı** ('versunkenes Schloß', 6. Jh.; elektr. beleuchtet), der bedeutendsten der gedeckten Zisternen İstanbuls. Die Anlage ist 140 m lang, 70 m breit und hat in 12 Reihen 336 Säulen.

An den Ayasofya Meydanı schließt südwestlich der Atmeydanı ('Roßplatz') an, ein über 300 m langer Platz, der einen Teil des 203 von Septimius Severus begonnenen, 330 von Konstantin vollendeten *Hippodroms* einnimmt, des ehemaligen Mittelpunktes byzantinischen Hof- und Volkslebens und Schauplatzes glänzender Spiele, aber auch blutiger Parteikämpfe (Nika-Aufstand). Östlich von hier erstrecken sich bis zu der heute größtenteils noch erhaltenen Seemauer am Marmarameer die römischen und byzantinischen Kaiserpaläste mit ihren Anbauteen und Kirchen. – In den Anlagen an der Nordwestseite des Roßplatzes steht der nicht hierher passende *Kaiser-Wilhelm-Brunnen,* den Wilhelm II. 1898 stiftete. Dann folgen südwestlich drei Denkmäler aus dem Altertum: der 30 m hohe *Obelisk,* aus der Zeit des Pharao Thutmosis' III. (1501–1448 v. Chr.; aus Heliopolis), mit römischen Sockelreliefs aus der Zeit Theodosius' I.; der 5 m hohe Überrest der bronzenen *Schlangensäule,* die einst auf drei Schlangenköpfen den von den Griechen nach ihrem Sieg bei Platää als Weihgeschenk in Delphi aufgestellten goldenen Dreifuß trug, und der etwa 30 m hohe sogenannte *Koloß,* ein gemauerter Obelisk unbekannten Alters, mit griechischer Inschrift Konstantins VII. Porphyrgennetos.

Die Südostseite des Atmeydanı beherrscht die **Sultan-Ahmet-Moschee** oder die *Blaue Moschee,* die 1609 bis 1616 von dem Sultan Ahmet I. mit sechs Minaretten erbaut wurde und von der mächtigen Hauptkuppel überragt wird (43 m Höhe, 23,5 m Durchmesser). – Aus dem von kuppelbedeckten Säulenhallen umgebenen Vorhof, mit einem prächtigen Marmorbrunnen, gelangt man in das Innere der Moschee (72×64 m), das in seiner heiteren Raumwirkung und Farbgebung eine der besten Schöpfungen der türkischen Baukunst ist. An der Südostseite der Sultan-Ahmet-Moschee das besuchenswerte *Mosaiken-Museum.* – Südlich des Atmeydanı liegt nahe am Marmarameer die *Küçük Ayasofya,* die 'kleine' Ayasofya-Moschee, eine Art Vorstufe der Sophienkirche, als *Kirche der hl. Sergius und Bacchus* unter Kaiser Justinian gleichzeitig mit San Vitale in Ravenna errichtet.

Am Nordende des Atmeydani zweigt nach Westen der Divanyolu ab, der mit seinen Fortsetzungen der alten Hauptstraße von Byzanz entspricht. Die zweite Seitenstraße links führt zur nahen **Zisterne der 1001 Säulen** (türkisch *Binbirdirek),* die aus dem 6. Jahrhundert stammt (54×56 m groß; 212 Säulen; seit 1966 ohne Wasser). – Im Divanyolu weiterhin rechts auf dem zweiten Hügel von Neu-Rom die sogenannte **Verbrannte Säule** *(Çemberli Taş,* 'Stein mit Reifen'),

der noch etwa 40 m hohe Rest einer von Konstantin in der Mitte seines Forums aufgestellten Porphyrsäule (urspr. 57 m), die bis zum Jahr 1105 sein Bronzestandbild trug. – Nördlich von der Säule steht am Ostrand des Großen Basars die *Nuru-Osmaniye-Moschee,* 1748-55 ganz aus Marmor errichtet.

Der *Große Basar (türkisch **Büyük Çarşı,** 'Großer Markt') liegt in der Einsenkung zwischen Nuru Osmaniye- und Beyazit-Moschee und bildet ein eigenes, von einer Mauer und elf Toren umgebenes Stadtviertel, das mit seinem Gewirr überwölbter halbdunkler Straßen und Gassen auch nach dem großen Brand von 1954 eine Hauptsehenswürdigkeit von Istanbul ist. Die Gewerbe sind meist noch zunftweise in Gassen oder Bezirke geschieden.

Westlich vom Großen Basar erhebt sich auf dem dritten Stadthügel am Beyazıt-Platz, der Stelle des Forums Theodosius' I., die *Beyazıt-Moschee oder *Taubenmoschee,* die unter dem Sultan Beyazıt, dem Sohne Mehmet II., 1498 bis 1505 erbaut wurde und im Innern (seit dem 18. Jh. im türkischen Rokokostil bemalt) eine vereinfachte Nachahmung der Sophienkirche ist. – Von der Südseite des Beyazıt-Platzes führt die *Ordu Caddesi* und ihre Fortsetzung zur Landmauer. – Jenseits des großen Tores an der Nordseite des Beyazıtplatzes erhebt sich auf einem Hügel an der Stelle der ältesten Residenz der Sultane die **Universität** (türkisch *İstanbul Üniversitesi;* früher Kriegsministerium, 'Seras Kerat'). Rechts daneben der etwa 60 m hohe *Seraskerturm* (Beyazıt Kulesi; 1823), jetzt Feuerwachtturm; von oben (180 Stufen) prachtvolle *Aussicht über Istanbul, am schönsten kurz vor Sonnenuntergang oder frühmorgens.

Nördlich unterhalb der Universität steht auf einer von Schulen, Bädern usw. umgebenen Terrasse die 1549-57 erbaute **Moschee Suleimans des Prächtigen *(Suleymaniye),* neben der in Edirne stehenden Selimiye-Moschee das bedeutendste Werk des großen Baumeisters Sinan, der den durch die Sophienkirche entscheidend beeinflußten osmanischen Moscheebau zur höchsten Entfaltung brachte. Das von einer 53 m hohen Kuppel (26,5 m Durchmesser) überwölbte Innere zeichnet sich durch edle Raumverhältnisse und Einheitlichkeit aus (an der *Mihrabwand herrliche Fayencefliesen und Glasmalereien). – Hinter der Moschee der *Friedhof,* mit den schönen Grabkapellen (Türben) u.a. des Sultans Suleiman und seiner Lieblingsgattin Roxolane. – Westlich der Moschee liegt an der Straße längs des äußeren Vorhofs das *Museum für türkisch-islamische Kunst* (Türk ve İslam Eserleri Müzesi), mit islamischen Kunstwerken aus geistlichem und weltlichem Besitz.

Unter dem Beyazıt-Platz führt eine Durchbruchstraße in einem etwa 300 m langen Tunnel zur Vezneciler Caddesi (links Universitätsgebäude), dann nordwestlich weiter als Şehzadebaşı Caddesi. An dieser steht rechts die **Şehzade-Moschee** *(Schah Sade,* 'Prinzenmoschee'), ein Frühwerk des Baumeisters Sinan, 1543-47 unter Suleiman und Roxelane zum Andenken an ihren Lieblingssohn Mohammed errichtet, mit reizvoller Innenausstattung. – Unweit nördlich der Moschee verläuft zwischen der Universität und der Sultan-Mehmet-Moschee der mächtige **Valens-Aquädukt,** eine vielfach wiederhergestellte und noch heute benutzte zweigeschossige oströmische Wasserleitung aus der Zeit des Kaisers Valens (368 n. Chr.), die hier die Niederung zwischen dem dritten und vierten Stadthügel überbrückt und in ihrem mittleren, höchsten Teil den zwischen der Atatürk-Brücke und dem Marmarameer durch Stambul durchgebrochenen, aber auch teilweise durch die alten Brandfelder führenden A t a t ü r k B u l v a r ı überquert. Nahebei das *Stadtmuseum.*

Westlich vom Valens-Aquädukt erhebt sich auf dem vierten Stadthügel die **Fatih-Moschee** (türkisch *Fatih Camii* oder *Sultan Mehmet Camii),* die an der Stätte der von Konstantin gegründeten, durch Justinian erneuerten Apostelkirche, der berühmten Gruftkirche der Kaiser, 1463-71 erbaut, nach dem Erdbeben von 1765 jedoch fast völlig neu aufgeführt wurde. Sie ist nach der Moschee in Eyüp die heiligste Moschee Istanbuls. In der ersten Grabkapelle (Türbe) hinter der Moschee die Gruft des Sultans Mehmet. – Nördlich von der Sultan-Mehmet-Moschee liegt auf dem fünften Stadthügel die *Sultan-Selim-Moschee* (türkisch Selimiye), 1520-26 als die einfachste aller Sultansmoscheen von Suleiman dem Prächtigen zum Andenken an seinen kriegerischen Vater Selim I. errichtet. Von der Terrasse prächtiger Blick über das Goldene Horn.

Am Ende der F e v z i p a ş a C a d d e s i steht an der Landmauer das 1894 durch ein Erdbeben fast ganz zerstörte *Edirne-Tor* (türkisch Edirnekapı). Vor dem Tor links auf dem sechsten und höchsten Stadthügel die 1556 von Sinan für die Tochter des Sultans Suleiman I. erbaute *Mihrimah-Moschee* (viele Fenster). 300 m nordöstlich die schöne ehemalige **Kariye-Moschee* (jetzt Museum), einst die Kirche des wohl schon vor Theodosius II. vorhandenen Klosters Chora ('auf dem Lande'), mit erst 1929 freigelegten herrlichen **Mosaiken (u.a. Darstellungen aus dem Leben Mariä und Christi). – Außerhalb des Edirne-Tores, wo sich der größte *mohammedanische Friedhof* der Altstadt ausdehnt, überblickt man weithin die ***L a n d m a u e r** von Istanbul, die sich, z.T. noch gut erhalten, in einer Länge von 6670 m vom Goldenen Horn bis zum Marmarameer hinzieht und mit ihren zahlreichen größeren und kleineren Türmen einen gewaltigen Eindruck macht. Der Hauptteil ist die *Theodosianische Stadtmauer,* die 413-39 angelegt und nach dem Erdbeben von 447 zu einem dreifachen, im ganzen etwa 60 m breiten und von der Tiefe des Grabens aus 30 m hohen Befestigungsgürtel erweitert wurde (vom Mauergesims großartige *Aussicht). – Unweit nördlich vom Edirne-Tor schließt sich an die Theodosianische Mauer die ursprünglich aus dem 7. bis 12. Jahrhundert stammende *Mauer des Blachernenviertels.* Gegenüber dem kleinen Tor *Kerkoporta* die byzantinische Palastruine des sogenannten *Tekfur Saray* (10. Jh.). – Lohnend ist eine Fahrt vom Edirne-Tor in südlicher Richtung außen an der Landmauer entlang, vorbei am *Topkapı* ('Kanonentor') und am *Silivri-Tor* zu dem nahe am Marmarameer gelegenen **Kastell Yedikule** *(Burg der Sieben Türme),* einem durch Mehmet II. seit 1455 erbauten zinnenbekrönten Fünfeck, das nacheinander als Festung, Schatzkammer und Staatsgefängnis diente. Von dem Turm in der Ostecke prächtiger Blick auf die ganze Landmauer sowie schöne Rundsicht.

Außerhalb der Landmauer liegt im inneren Teil des Goldenen Horns der Vorort EYÜP, mit der 1459 errichteten, mehrfach umgebauten *Eyüp-Moschee,* der heiligsten Moschee von Istanbul, in der früher die Schwertumgürtung des neuen Sultans stattfand. Daneben die Grabkapelle Eyüps, des 678 hier angeblich gefallenen Fahnenträgers des Propheten. – Nordöstlich oberhalb der Moschee am Hang der malerische **Friedhof,* jedes Grab mit zwei Steinen, von denen der Kopfstein bei den Männergräbern bis 1926 einen Fes oder Turban trägt. Weiter oberhalb, jenseits des ehemaligen Klosters der Tanzenden Derwische, herrliche *Aussicht auf beide Ufer des Goldenen Horns. – 2 km östlich von Eyüp münden in das Goldene Horn die sogenannten *Süßen Wasser von Europa,* noch heute ein beliebtes Ausflugsziel.

Üsküdar

Nach Üsküdar fährt man am besten mit der laufend verkehrenden Autofähre von der Landungsbrücke *Kabataş* (2 km nordöstl. von der Galatabrücke) quer über den hier 2 km breiten *Bosporus.* Westlich vor der Landspitze am asiatischen Ufer auf einem Inselchen der 30 m hohe **Leanderturm** *(Kız Kulesi,* 'Mädchenturm'), mit Signalstation und Leuchtfeuer. – Der asiatische Stadtteil Üsküdar (ehem. *Skutari)* ist die größte geschlossene Vorstadt Istanbuls und hat mit seinen schönen alten Moscheen, den winkeligen Gassen und verwitterten braunen Holzhäusern (besonders zwischen dem Landeplatz und dem Großen Friedhof) mehr als Alt-Istanbul seinen orientalischen Charakter bewahrt. Die im Altertum *Chrysopolis* genannte Stadt war eine der ersten griechischen Siedlungen am Bosporus. Weit mehr als das durch seine Halbinsellage und starken Mauern geschützte Konstantinopel war sie den Angriffen asiatischer Eroberer ausgesetzt. Gleichwohl konnte die Stadt aus ihrer exponierten Lage auch großen wirtschaftlichen Nutzen ziehen. Bis 1800 war sie Kopf der Karawanenstraßen, auf denen die Schätze des Orients nach Konstantinopel kamen und von da weiter nach Europa verfrachtet wurden.

Am Landeplatz steht links die **Büyük Cami** *(Große Moschee),* auch *İskele Camii* ('Leiter-Moschee') oder *Mihrimah Camii* genannt, 1547 von Sultan Suleyman für seine Tochter Mihrimah erbaut. Unweit südlich die von Sultan Ahmet III. 1707-10 errichtete *Yeni Valide Camii.* – Zwischen beiden Moscheen zweigt links eine Straße über *Bağlarbaşi* und *Kısıklı* zu dem 5 km entfernten Vorort BULGURLUKÖY ab; 1 km nördlich der *Büyük Çamlıca* (268 m), mit prächtiger *Aussicht auf Istanbul, den Bosporus und das Marmarameer (besonders eindrucksvoll auch bei Nacht).

Der *Große Friedhof** *(Karacaahmet Mezarlığı),* auf der Höhe im Südosten von Üsküdar (vom Landeplatz 1,5 km; Autobus), ist der größte Begräbnisplatz des Orients, mit einem Wald uralter Zypressen und zahlreichen marmornen Grabsteinen; an seinem Nordende ein ehemaliges Kloster der Heulenden Derwische. Westlich vom Friedhof, nahe am Meer, die von Selim III. errichtete *Selimiye Camii;* südwestlich gegenüber die von vier Ecktürmen flankierte *Selimiye-Kaserne.* Von hier östlich zur nahen Tibbiye Caddesi und auf dieser rechts an einem mächtigen *Lyzeum* (1934) vorbei zu dem großen Vorort HAYDARPAŞA, mit modernen Hafenanlagen und dem unmittelbar am Marmarameer gelegenen stattlichen Kopfbahnhof der Anatolischen Eisenbahn. Südlich der Gleisanlagen schließt sich der Vorort KADIKÖY an. Hier lag die um 675 v. Chr. gegründete griechische Stadt Kalchédon, die zur Römerzeit Hauptstadt der Provinz Bithynien und später Sitz eines Erzbischofs war (451 viertes ökumenisches Konzil).

UMGEBUNG von Istanbul

Am lohnendsten ist von İstanbul eine Fahrt zum Bosporus (entweder auf den Küstenstraßen am europäischen bzw. asiatischen Ufer oder mit dem Schiff, Abfahrt südöstlich der Galatabrücke). – Der **Bosporus** ('Rinderfurt'), türkisch *Boğaziçi* ('Meerenge'), ist ein am Ende der Tertiärzeit versunkenes Flußtal, das sich bei einer Länge von 31,7 km, einer Breite bis zu 3,3 km und einer Tiefe von 30-120 m vom Schwarzen zum Marmarameer erstreckt und ebenso wie die Dardanellen (s. dort) Europa von Asien trennt. Mit seinen bis 200 m ansteigenden und durch zahlreiche Paläste, Ruinen, Dörfer und Gärten geschmückten Ufern gehört der Bosporus zu den schönsten Landschaften der Türkei. – Die Straße am europäischen Ufer (Autobahn etwas landeinwärts) verläuft am Dolmabahçe-Palast sowie am *Çırağan Sarayı* (Ruine; 950 m Seefront) vorüber, dann durch den Vorort *Ortaköy;* von hier führt die 1970-73 erbaute *Bosporusbrücke* *(Boğaziçi Köprüsü),* eine 1560 m lange, 32 m breite Hängebrücke (6 Fahrspuren, 64 m über dem Wasser, lichte Weite 1074 m, Pfeilerhöhe 165 m; Gebühr; für Fußgänger Rolltreppe) und die einzige Brücke zwischen zwei Erdteilen, zum asiatischen Ufer; hier links der ehemalige Sultanspalast *Beylerbey Sarayı* (Besichtigung). – Hinter Ortaköy weiter über *Bebek* zu dem malerisch über einem Friedhof aufsteigenden Kastell *Rumeli Hisarı* ('Europäisches Schloß'; 1452; lohnende Besichtigung), an der schmalsten Stelle des Bosporus (660 m), wo die Strömung 'Şeytan Akıntısı' ('Satansstrom') am reißendsten ist. Gegenüber, auf dem anatolischen Ufer, die Burg *Anadolu Hisarı* ('Anatolisches Schloß'; 1393). – Im Orte *Tarabya* (Therapia) der Sommersitz der Botschaft der Bundesrepublik Deutschland. An der 4,5 km breiten Nordausfahrt des Bosporus zum Schwarzen Merr das Kap *Rumeli Feneri;* gegenüber, auf der asiatischen Seite, das Kap und Dorf *Anadolu Feneri,* beide als militärische Sperrgebiete Ausländern unzugänglich.

Mit dem Schiff durch den Bosporus siehe nächste Seite.

Mit dem Schiff durch den Bosporus

Die Schönheit dieser reizvollen Landschaft, die mit dem Durchbruchtal des Rheins zwischen Bingen und Koblenz zu vergleichen ist, erlebt man besonders bei einer Fahrt auf einem der Küstenschiffe, die abwechselnd an beiden Ufern anlegen und so ein wechselndes Panorama vermitteln (Abfahrt südöstl. der Galatabrücke). Die Stationen, die jeweils angelaufen werden, sind aus den Fahrplänen in den Wartehallen zu ersehen. Bis Rumeli Kavağı, der letzten Station am europäischen Ufer ($1^3/_4$–2 St.), fahren nicht alle Schiffe. – An jeder Station ist Gelegenheit zur Überfahrt an das Gegenufer.

Europäisches Ufer

İstanbul (Galatakai), dann oben das massive Viereck der Technischen Hochschule.

*Dolmabahçe ('der ausgefüllte Garten'), mit dem Dolmabahçe-Palast.

Beşiktaş, wo man gegenüber der Landebrücke die Türbe Cheireddin Barbarossas sieht. – Dahinter die mächtige Ruine des Çırağan Sarayı, 1874 unter Abdul Aziz im gleichen Stil wie der Dolmabahçe-Palast mit verschwenderischem Luxus erbaut (950 m Uferfront), 1910 niedergebrannt. Auf der Höhe dahinter der Yıldız Köşkü (Yıldız Sarayı), ehemals Residenz des menschenscheuen Sultans Abdul Hamid II.
Bei dem an schönen Gärten reichen Vorort Ortaköy, mit hübscher Moschee (1870), letzter Rückblick auf Istanbul.
Bosporus-Brücke s. rechts.
An den kleinen Vorgebirge Defterdar Burun und an der Duimibank (Leuchtfeuer) vorüber nach dem Ort Kuruçeşme und dem albanischen Fischerdorf Arnavutköy, an der Landspitze Akıntı, wo stets eine starke Strömung herrscht.

Bebek, an einer schönen Bucht, mit Villen und Landsitzen (yalı).

Über den Zypressen eines alten Friedhofs steigen malerisch die Türme und Mauern von *Rumeli Hisarı ('Europäisches Schloß') auf. Das von Mehmet II. 1452 erbaute Kastell (lohnende Besichtigung; im Sommer Freilichttheater) beherrscht die schmalste Stelle (660 m) des Bosporus (schmaler als der Rhein bei Mainz), wo die Strömung am reißendsten ist (Şeytan Akıntısı, d.h. 'Satansstrom'); schöne Aussicht. Hier ließ der Perserkönig Dareios 514 v. Chr. für sein Heer eine Brücke über den Bosporus schlagen.
Jenseits Boyacıköyü Emirgan folgen auf einer flachen Landspitze die von dem ägyptischen Khediven Ismaîl (gest. 1895) erbauten Paläste.

İstinye, mit einem Dock.

Yeniköy (Endstation der meisten Schiffe), mit schönen Villen und Gärten; in der St. Georgskirche ein altes Bild der Maria Kamariotissa.

Tarabya (Therapia), stadtähnlicher Ort an einer kleinen Bucht, im Altertum Pharmakeios ('Giftmörder', nach dem von Medea auf der Verfolgung des Jason hier ausgestreuten Gifts), wegen seines im Sommer vom Schwarzen Meer her wehenden kühlen Windes Sitz vornehmer Landhäuser und im Sommer mehrerer europäischer diplomatischer Vertretungen, u.a. der Botschaft der Bundesrepublik Deutschland (Mai bis Aug.); in deren Park ein Ehrenfriedhof für die im Ersten Weltkrieg Gefallenen, auf dem u.a. auch Generalfeldmarschall v.d. Goltz (1843-1916) beigesetzt ist, der 1886-95 die Reform des türkischen Heeres leitete und im Ersten Weltkrieg als Armeeführer in Bagdad starb.

Bei dem kleinen Kap Kireç wird rechts in der Ferne das Schwarze Meer sichtbar.

Büyükdere, als Sommerfrische viel besuchter Ort, mit großem Park. Die Bucht von Büyükdere ('Großes Tal') bildet die breiteste Stelle des Bosporus (3,3 km).

10 km nordwestlich Büyükdere im Landesinnern der Belgrader Wald, mit mehreren Staubecken.

Sarıyer, am Ausgang des wald- und quellenreichen Rosentals. Von hier Autobus oder Dolmuş (Gemeinschaftstaxi) 10 km nördlich zu dem viel besuchten kleinen Seebad **Kilyos** am Schwarzen Meer; guter Sandstrand. – Dann an den Dikili-Klippen vorüber.

Asiatisches Ufer

Üsküdar, bei der Anlegestelle die Mihrimah-Moschee.

Kuzguncuk, durch eine sanfte Anhöhe von Üsküdar geschieden.

Beylerbey, mit dem 1865 von Abdul Aziz erbauten *Beylerbey Sarayı, dem zierlichsten der ehemaligen Sultanspaläste am Bosporus (lohnende Besichtigung). – *Hängebrücke über den Bosporus nach Ortaköy (s. links; lichte Weite 1074 m, Pfeilerhöhe 165 m).

Jenseits Çengelköy, Kuleli und Vanıköy, an dem durch seine *Aussicht über den ganzen Bosporus berühmten Top Dağı (130 m; 'Kanonenberg') vorüber nach Kandilli, auf dem Vorgebirge gegenüber der Bucht von Bebek.

Zwischen Kandilli und Anadolu Hisarı öffnet sich das anmutige Tal der Süßen Wasser von Asien, bei der Mündung des Göksu ('Himmelswasser').

Anadolu Hisarı ('Anatolisches Schloß'), auch Güzel Hisarı ('Schönes Schloß') genannt. Die malerische Burg am Meer, die dem Ort den Namen gab, wurde schon 1395 von Beyazıt I. als Vorposten gegen Byzanz errichtet.

Kanlıca, an einem kleinen Vorgebirge. Am Ufer der auf Pfählen erbaute Sommerpalast des Wesirs Körprülü (17. Jh.).

Çubuklu, an der Bucht von Beykoz. In byzantinischer Zeit lag hier ein Kloster des Acemetenordens, in dem sich die Mönche Tag und Nacht im Gebet ablösten.

In der Tiefe der Bucht liegt Paşabahçe, mit einem schönen Garten. In Ufernähe ein von Murat III. erbauter Palast in persischem Stil. – Dann folgt

Beykoz, am nördlichen Rand der gleichnamigen Bucht.

1 St. nördlich von hier der **Yuşa Tepesi** ('Josuaberg') bzw. Riesenberg (195 m; z.Z. Sperrgebiet; Gipfel unzugänglich), eine wichtige Landmarke für die vom Schwarzen Meer kommenden Schiffe. Der Fahrweg führt hinter dem Palast des Mohammed Ali Paşa zunächst durch das wasser- und baumreiche Wiesental von Hünkâr İskelesi, einst einem beliebten Landsitz der byzantinischen Kaiser und der Sultane. Auf dem Gipfel eine Moschee mit dem sogenannten Grab des Riesen Josua sowie Aussicht über den ganzen Bosporus (İstanbul selbst ist verdeckt) und einen Teil des Schwarzen Meeres.

Jenseits des weithin sichtbaren Schlosses des ägyptischen Paşa Mohammed Ali und der Mündung des Tals von Hünkâr İskelesi folgt das Vorgebirge Selvi Burun und die kleine Bucht von Umur Yeri.

Europäisches Ufer

Rumeli Kavağı, letzte Station am europäischen Ufer, bei einer 1628 von Murat IV. erbauten ehemaligen Festung. Die einst bis zum Meer hinabreichenden Mauern der byzantinischen Burgruine *İmroz Kalesi,* auf der Anhöhe im Norden, fanden ebenso wie die Mauern von Yoroz Kalesi auf der asiatischen Seite (s. rechts) ihre Fortsetzung in Molen, die mit einer Kette verbunden werden konnten.

Im Sommer fahren die Schiffe meist noch bis zu dem (5 Min.) Seebad **Altın Kum** ('Goldsand'), mit Restaurant auf dem Plateau (Aussicht) einer alten Befestigung.

Asiatisches Ufer

Anadolu Kavağı, letzte Station am asiatischen Ufer, ein echt türkisches Dorf an der *Macar-Bucht,* zwischen zwei Vorgebirgen mit aufgelassenen Forts gelegen. Auf dem nördlichen Vorgebirge die malerische Ruine der byzantinischen Burg *Yoroz Kalesi,* seit dem 14. Jahrhundert *Genueser Schloß* genannt. Im Altertum hießen Vorgebirge und Meerenge, eine der schmalsten Stellen am Bosporus, *Hierón* ('Heiligtum'), nach dem Altar der zwölf Götter und nach einem Tempel des Zeus Urios, des Spenders günstiger Winde.

Die Touristenschiffe fahren bis zu dem 4,5 km breiten Nordende des Bosporus und wenden erst am Schwarzen Meer zur Rückfahrt. Zu beiden Seiten steigen hier die kahlen basaltischen Uferfelsen fast senkrecht aus dem Meer.

Zwischen Rumeli Kavağı und dem Vorgebirge *Garipçe Kalesi* liegt die kleine Bucht von *Büyük Liman.*

Rumeli Feneri ('Europäischer Leuchtturm'), an der 4,7 km breiten Nordeinfahrt des Bosporus, mit dem gleichnamigen Dorf und einer ehemaligen Festung auf der Klippe im Norden der Bucht. Die dunklen Basaltklippen im Osten sind die *Kyaneischen Inseln* oder *Symplegaden* (die 'Zusammenschlagenden'), die Jason auf dem Argonautenzug durchfahren mußte.

Auf die Macar-Bucht folgt die weite *Keçili-Bucht,* die im Norden vom *Fil Burun* abgeschlossen wird.

Anadolu Feneri ('Anatolischer Leuchtturm'), auf einem niedrigen Kap bei dem gleichnamigen Dorf, an klippenreicher Küste, mit einem ehemaligen Fort.
Dann folgt die *Kabakos-Bucht,* in deren Basaltklippen unzählige Seevögel nisten, und an der Nordeinfahrt des Bosporus das steile *Yum Burun.*

Sehr lohnend ist auch eine Fahrt mit dem Schiff von der Galatabrücke in 1 Stunde zu den **Prinzeninseln** (türkisch **Adalar,** 'die Inseln'), einer Gruppe von neun, dem Golf von İzmit vorgelagerten Inseln, von denen nur die vier größten bewohnt sind. Die größte Insel ist **Büyük Ada** *(Prinkipo);* an ihrer Nordseite die im Sommer viel besuchte Stadt *Büyükada* (früher *Prinkipo);* von hier 1½ Stunden zum ehemaligen Georgskloster auf der höchsten südlichen Bergkuppe der Insel (200 m; *Rundsicht).

Sowohl an der europäischen als auch an der asiatischen Seite des Marmarameers liegen zahlreiche **Seebäder:** am europäischen Ufer *Ataköy, Yeşilköy* und *Florya;* am asiatischen Ufer *Moda, Fenerbahçe, Caddebostan* und *Suadiye.*

Am Nordende des Bosporus, an der Schwarzmeerküste, erstrecken sich die langen und breiten *Sandstrände von Kilyos* (europäische Seite) und *Şile* (asiatische Seite).

Istrien / Istra

Jugoslawien.
Teilrepubliken: Kroatien (Hrvatska) und Slowenien (Slovenija).
ⓘ **Turističko društvo Koper,**
Pistanski trg 7,
YU-66000 Koper;
Telefon: (066) 2 13 58.
Turist biro Izola,
Kridičevo nabrežje 4,
YU-66310 Izola;
Telefon: (066) 7 17 56.
Turistično društvo Portorož,
Avditorij Senčna pot 10,
YU-66320 Portorož;
Telefon: (066) 7 33 42.
Turističko društvo Umag,
INA 1,
YU-52394 Umag;
Telefon: (053) 7 22 88.
Turistički biro Poreč,
Trg slobode 3,
YU-52360 Poreč;
Telefon: (053) 8 61 26.
HTP Anita Vrsar,
YU-52366 Vrsar;
Telefon: (053) 8 97 76.
Turističko društvo Rovinj,
Opala Pino 12,
YU-52210 Rovinj;
Telefon: (052) 8 12 07.
Turistički savez općine Pula,
Trg Republike 1,
YU-52000 Pula;
Telefon: (052) 2 26 62.

Turističko društvo Lovran,
Šetalište Maršala Tita 68,
YU-51415 Lovran;
Telefon: (051) 73 10 41.
Turističko društvo Opatija,
Ulica Maršala Tita 10,
YU-51410 Opatija;
Telefon: (051) 7 13 10.

HOTELS. – In K o p e r : *Žusterna,* II, 317 B. – In I z o - l a : *Haliaetum,* II, 105 B., mit den Dependancen *Corala, Mirta, Palma, Perla* und *Sirena,* zus. 305 B.; *Marina,* II, 100 B.; Touristensiedlung *Belvedere,* III, 230 B.; *Riviera,* IV, 72 B. – In P i r a n : *Punta,* II, 136 B.; *Piran,* II, 116 B.; *Sidro,* IV, 30 B. – In P o r t o - r o ž : *Grand Hotel Metropol,* I, mit Dependancen *Roža, Barbara, Vesna, Villas Lucia, Marita / Suissel Lucija,* zus. 1203 B.; *Grand Hotel Palace,* I, 396 B.; *Palace,* II, 365 B., mit Dependancen *Neptun,* II, 150 B., *Apollo,* II, 178 B., *Mirna,* II, 178 B.; *Riviera,* II, 358 B. mit Dependancen *Slovenija,* I, 272 B., und *Jadranka,* I, 175 B.; *Park Villas,* II, 478 B.; *Bernardin,* II, 465 B.; *Grand Hotel Emona,* II, 420 B. – In U m a g : *Kristal,* II, 186 B. – In U m a g - K a t o r o : *Aurora,* II, 500 B.; *Istra,* II, 228 B., mit Dependance *Istra,* 882 B.; *Koral,* II, 500 B.; *Villas Polynesia,* I, 2672 B. – In P u n t a - U m a g : *Adriatic,* I, 264 B.; *Umag,* I, 302 B.; *Zagreb-Hotel-Komplex,* II, 867 B. – In U m a g - S t e l l a M a r i s : Appartements und Bungalows, 1960 B. – In P o r e č : *Diamant,* II, 509 B., mit *Diamant*-Appartements, II, 560 B., *Neptun,* III, 228 B.; *Riviera,* III, mit Dependancen *Adriatic,* III, 33 B., und *Jadran,* III, 54 B. – In P o r e č - B e l - l e v u e : *Bellevue-Villas-Komplex,* II, 544 B. – In P o - r e č - P l a v a L a g u n a : *Mediteran,* II, 660 B.; *Plava Laguna,* III, 1050 B., Bungalows. – In V r s a r : *Fontana,* III, 476 B.; *Panorama,* III, 343 B.; *Pineta,* II, 176 B.; Touristensiedlung *Anita,* III, 340 B., Pavillons. – In R o v i n j : *Eden,* I, 617 B.; *Lone,* III, 329 B.;

Park, III, 339 B.; *Rovinj,* III, 150 B. – In R o v i n j - P o - l a r i : *Rubin Villas,* Pension, 996 B.; *Rubin Villas,* Bungalows, 1796 B. – In P u l a s. dort. – In L o v - r a n : *Beograd,* III, 191 B., mit Dependance *Villa Frappart,* II, 26 B.; *Splendid,* II, 166 B., mit Dependance *Villa Liana,* III, 21 B.; *Lovran,* II, 110 B.; *Park,* II, 104 B., mit Dependancen *Villa Danica,* 75 B., und *Villa Elektra,* 38 B.; *Primorka,* II, 43 B.; *Magnolia,* III, 90 B.; *Miramare,* III, 60 B., mit Dependancen *Villa Atlanta, Elza, Eugenia,* III, 95 B. – In O p a t i j a : **Ambassador,* L, 427 B.; *Kvarner,* I, 101 B., mit Dependance *Villa Amalia,* I, 59 B.; *Adriatic,* II, 608 B.; *Opatija,* II, 303 B.; *Kristal,* II, 233 B.; *Slavija,* II, 216 B.; *Palme,* II, 200 B.; *Paris* (garni), II, 180 B.; *Jadran,* II, 168 B.; *Istra & Marina,* II, 156B.; *Grand Hotel Belvedere I,* II, 125 B., mit Dependance *Belvedere II,* II, 60 B.; *Continental,* II, 120 B.; *Avala,* II, 116 B.; *Brioni,* II, 104 B., mit Dependance *Miran,* III, 50 B.; *Dubrovnik,* II, 78 B.; *Atlantik,* II, 45 B.; *Bellevue,* III, 146 B.; *Vila Ambasador,* III, 60 B.

Als *Istrien (Istra) bezeichnet man die große Halbinsel in der nördlichen Adria, die eine Dreiecksform besitzt und sich über rund 3160 qkm ausdehnt. Istrien als Landschaft gehört mit dem kleineren Teil zu Slowenien, mit dem größeren zu Kroatien. Die größte Bevölkerungsgruppe bilden mit etwa 200 000 Bewohnern die Kroaten, während zu den Slowenen etwa 100 000 Bewohner zählen, außerdem gibt es wie überall in Jugoslawien in einzelnen Orten ethnische Minderheiten.

Istrien hat sich in der Nachkriegszeit zum beliebten Feriengebiet am Mittelmeer entwickelt. Die Anfänge des Fremdenverkehrs gehen bis in die österreichische Zeit zurück, als Portorož, Opatija und die Insel Lošinj bereits vielbesuchte Kurorte und Seebäder waren. Zu Hauptferienzentren entwickelten sich

die Abschnitte Piran – Portorož, Umag, Poreč bis Rovinj, das Gebiet südlich Pula und die ganze Küste vom Bad Mošćenička Draga bis hinter Lovran.

KÜSTENFAHRT. – **Von Koper über Pula nach Rijeka** (rund 200 km): Die Strecke entlang der istrischen Küste, die nur abschnittsweise der Jadranska magistrala (Adriatische Küstenstraße) folgt, berührt eine Reihe altbekannter Seebäder.

Koper (5 m; 20 000 Einw.) im Nordwesten von Istrien liegt auf einer landfest gewordenen ehemaligen Insel. Den Mittelpunkt der Stadt bildet der Tito-Platz. An seiner Südseite der Prätorenpalast (15. Jh.); an der Nordseite die 1463 errichtete, 1698 umgebaute Loggia. Der Dom, an der Ostseite des Platzes, ist in seinem unteren Teil gotisch; der obere Teil stammt aus der Renaissance. Im Inneren einige Werke bedeutender italienischer Maler; an der Rückseite des Hochaltars der Sarkophag der hll. Nazarius und Alexander, der Schutzheiligen der Stadt. Im Palais Belgramoni-Tacco, nordwestlich vom Dom, das Stadtmuseum.

6 km westlich folgt **Izola** (12 m; 12 000 Einw.) mit seinem Fischer- und Jachthafen. Vom hochgelegenen Dom lohnende Aussicht. – 10 km weiter **Piran** (5 m ü.d.M.; 6000 Einw.), malerisch auf einem Bergvorsprung am Meer gelegen. An der Südseite der Halbinsel der Hafen; nördlich von diesem der Hauptplatz mit dem Bronzestandbild des 1692 in Piran geborenen Violinvirtuosen Giuseppe Tartini. An der Ostseite des Platzes ein hübsches Haus in venezianischer Gotik (um 1450); an der Westseite das Rathaus von 1879. Von hier führt ein Treppenweg zu dem hoch über dem Meer gelegenen Dom (1317 begonnen; 1637 fertiggestellt); vom Glockenturm schöner

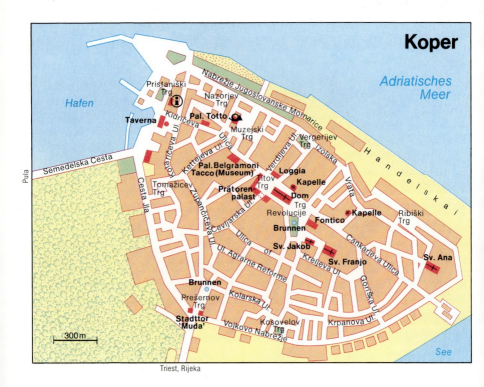

Piran – Malerischer Stadthafen auf der jugoslawischen Adriahalbinsel Istrien

Blick. An der dem Land zugewandten Seite der Stadt die umfangreichen Reste der Stadtmauer. – Südöstlich folgt an der Küstenstraße

Portorož (5 m; 2000 Einw.), ein am Nordufer der Bucht von Piran gelegenes vielbesuchtes See- und Solbad, umgeben von subtropischen Gärten. Auf der Halbinsel *Seča* ein Freilichtmuseum mit modernen Plastiken aus istrischem Marmor. Im Grand Hotel Metropol ist ein Spielcasino untergebracht. – Weiter auf der Straße Nr. 2 und über die *Dragonja* hinweg; dann auf der Küstenstraße (rechts) zu dem Seebad *Savudrija;* unweit nördlich das *Kap Savudrija,* die Nordwestspitze von Istrien. An mehreren hübschen Felsbuchten vorbei gelangt man nach

Umag (5 m; 6000 Einw.), als Seebad und Ferienort vielbesucht. In der Pfarrkirche ein Teil eines hölzernen Polyptychons (15. Jh.). Südlich vom Ort guter Sandstrand. – Die Küstenstraße berührt nach 16 km den Ort *Novigrad* (2500 Einw.) an der *Bucht von Tar* (Tarski Za-

liv) und erreicht nach weiteren 14 km das Städtchen

Poreč (5 m; 4300 Einw.), die *Colonia Iulia Parentium* der Römer. Mit seinen Bauten aus Gotik und Renaissance ist Poreč eine der sehenswertesten Städte der jugoslawischen Adriaküste. Unweit nordwestlich vom Hafen liegt jenseits des alten römischen Forums das Lapidarium, eine Sammlung römischer Tempelbruchstücke, Inschriftsteine und Sarkophage. Nordwestlich von hier an der Nordseite der Halbinsel das Städtische Museum, das u. a. vorgeschichtliche und römische Funde sowie Hausgerät aus Istrien enthält. Östlich vom Museum erhebt sich der *Dom (Basilica Eufrasiana), das besterhaltene Beispiel einer byzantinischen Basilika des 6. Jahrhunderts. Die Kirche wurde auf der Stelle des im 4. Jahrhundert zu einer Basilika erweiterten Hauses des hl. Markus, des ersten Bischofs von Poreč, 543-54 unter Bischof Euphrasius neu erbaut und im Innern mit prachtvollen Mosaiken in der Art der Ra-

Hotels im istrischen Seebad Portorož

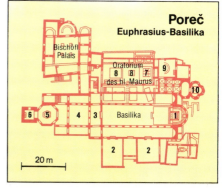

Poreč
Euphrasius-Basilika

Bischöfl.
Palais

Oratorium
des hl. Maurus

Basilika

20 m

1 Ziboriumsaltar
2 Kapellen
3 Vorraum
4 Atrium
5 Baptisterium
6 Glockenturm
7 Mosaike aus dem
  3. Jahrhundert
8 Mosaike aus dem
  4. Jahrhundert
9 Sakristei
10 Gedächtniskapelle

vennater Kirchen geschmückt. In der Hauptapsis ein Ziborienaltar von 1277, mit einem Antependium von 1452. An den Wänden der Apsis unten Inkrustationsarbeiten aus kostbaren Steinen. – An das Atrium des Doms schließt sich nach Westen ein achteckiges Baptisterium, mit kleinem Museum; dahinter der Glockenturm (15. Jh.). Nördlich stößt an das Atrium das Bischöfliche Palais, eine stark veränderte Anlage des 6. Jahrhunderts. – Südöstlich vom Dom steht in der Hauptstraße der Stadtturm (1447), mit dem Markuslöwen.

Interessante Ausflugsziele im istrischen Hinterland sind **Motovun** (26 km nördl. von Poreč), ein mittelalterliches* Bergstädtchen über dem Mirnatal (Glockenturm, 13. Jh.; Kirche von 1614), **Pazin** (33 km nordöstl. von Poreč), ein altertümliches Städtchen am Rande der Fojba-Karstschlucht (Kastell, 13.-16. Jh.; Dom von 1266), sowie das Dorf **Beram** (6 km von Pazin) mit der Kirche des hl. Martin (1431) und der Friedhofskapelle 'Maria in den Felsen' (Sv. Marija na Škriljinah; *Freskenzyklus des Meisters Vinzenz aus Kastav von 1474).

9 km südlich liegt unweit vom *Limski kanal* das auch von Urlaubern geschätzte Fischerdorf
Vrsar (5 m; 1200 Einw.), mit einem geschützten Hafen. Sehenswert ist die Pfarrkirche der hl. Maria (12. Jh.), eine der schönsten romanischen Kirchen Istriens. – Ein beliebtes Ziel für Bootsausflüge ist der *Limski kanal,* der sich fjordartig 10 km ins Land erstreckt. – Die Fortsetzung der Küstenstraße umfährt den Limski kanal in einiger Entfernung und erreicht
Rovinj (5 m; 8800 Einw.), ein malerisch auf einer landfest gewordenen ehemaligen Insel ansteigendes Städtchen, dem die Inseln

Beram

Kapelle Sv. Marija na Škriljinah

IKONOGRAPHIE

1 Glücksrad der Fortuna
2 (quer über der Tür) Totentanz
3 Baum der Erkenntnis
4 (oben quer) Anbetung der Hl. Drei Könige
5 Christi Versuchung; Hl. Apollonia, Hl. Leonhard, Hl. Barbara; Mantel des Hl. Martin
6 Hl. Georg Drachentöter, Einzug in Jerusalem, Christus am Ölberg
7 (über der Tür) Mariä Heimsuchung und Verkündung
8 (Türumrahmung) Hl. Sebastian, lateinische Stiftungsinschrift, Hl. Michael
9 Christi Geburt, Darstellung im Tempel, Bethlehemitischer Kindermord, Flucht nach Ägypten

10 Darstellung Mariä im Tempel und ihre Verlobung, der zwölfjährige Jesus im Tempel, Christi Jordantaufe
11 (in der Fensternische) König David, Prophet, Hl. Ursula, Hl. Katharina
12 (in der Fensternische) Kirchenlehrer der Westkirche: Hl. Papst Gregor, Hl. Hieronymus, Hl. Augustin, Hl. Ambrosius
13 Das Heilige Abendmahl, Judaskuß
14 Mariä Geburt; Hl. Evangelist Johannes, Hl. Florian
15 Zwei Heilige
16 Die Propheten Daniel, Moses und Elias

Boote im istrischen Hafen von Rovinj

Sveta Katarina und *Crveni Otok* ('Rote Insel') vorgelagert sind. Der zur Römerzeit *Revignum* genannte Ort war später die wichtigste Handelsstadt Istriens und gehörte 1283 bis 1797 Venedig. Am Hafen der Hauptplatz (Narodni Trg), mit dem Rathaus. Von hier nordwestlich durch einen 1680 errichteten Torbogen, dann über zwei Plätze und geradeaus

Vrsar auf der jugoslawischen Adriahalbinsel Istrien – Blick über den Fischerhafen auf den alten Ort

Veprinac · Bregi · Učka · Ljubljana

Opatija

Pula · Rijeka

1 Hotel Adriatic	6 Hotel Bellevue	11 Hotel Kvarner	15 Hotel Soča
2 Hotel Istra	7 Hotel Slavija	12 Hotel Avala	16 Hotel Ambassador
3 Hotel Marina	8 Hotel Opatija	13 Hotel Brioni	17 Hotel Belvedere
4 Hotel Kristal	9 Hotel Atlantik	14 Hotel	18 Belvedere
5 Hotel Dubrovnik	10 Hotel Imperial	Continental	Dependance

weiter zu dem die Stadt beherrschenden Dom, der im 18. Jahrhundert an Stelle einer älteren Kirche neu erbaut wurde und im Innern am Ende des rechten Seitenschiffs einen römischen Sarkophag mit den Reliquien der hl. Euphemia enthält. Auf dem Glockenturm ein Standbild der Heiligen. Östlich von der Altstadt liegt nahe dem Bahnhof am Meer eine 1891 von dem Berliner Aquarium gegründete Zoologische Station, mit kleinem Aquarium.

Die Straße verläuft nun abseits der Küste. Bei *Bale,* mit stattlicher Kirche, erreicht man die Straße Nr. 2, der man in südöstlicher Richtung folgt.

Pula s. dort.

Etwa 25 km nordwestlich von Pula, der Küste vorgelagert, die **Brionischen Inseln** (für Touristen unzugänglich), deren größte, **Brijuni** *(Brioni;* 690 ha), einst einer der vornehmsten Kurorte der istrischen Westküste war. Die mit schönen Parkanlagen ausgestattete Insel war der Sommersitz des Marschalls Tito (1892-1980).

Von Pula folgt man der Straße Nr. 2 nun in nördlicher Richtung hinan zur Hochfläche.

Labin (320 m; 7000 Einw.) besitzt einen schönen Dom (16. Jh.), ein Tor von 1646 und einen hochgelegenen Festungsturm (prächtige Aussicht auf die Bucht Kvarner und die Insel Cres). – 6 km östlich (Nebenstraße) der kleine Hafen *Rabac* (Fährverbindung nach Cres, s. dort).

Jenseits der *Bucht von Plomin* zieht die Straße wieder an der Küste entlang nach **Lovran** (5 m; 6000 Einw.), das durch eine schöne 8 km lange *Seeuferpromenade* mit Opatija verbunden und von subtropischen Gärten umgeben ist. In der malerischen Altstadt die Pfarrkirche St. Georg (mittelalterliche Fresken) und ein Stadtturm aus dem 12. Jahrhundert. – Die Straße nach Opatija zieht jetzt zwischen Villen und Gärten hin.

Opatija (ital. *Abbazia,* 5 m; 9000 Einw.) liegt im Inneren des *Golfs von Rijeka* (Kvarner) unter den Ausläufern der *Učka* (1396 m), die den Ort vor kühlen Nordwinden schützt. Das Städtchen ist neben Dubrovnik (s. dort) das meistbesuchte Seebad Jugoslawiens (Spielkasino). Im mittleren Teil der Stadt der prächtige *Kurpark* mit reichem subtropischen Pflanzenwuchs. Die Anlage wird nördlich vom Hafen begrenzt; in ihrem westlichen Teil die Villa Angiolina (1844), einst im Besitz des

Blick zum Hafen von Opatija in Istrien

österreichischen Kaisers. Südlich vom Kurpark das große Strandbad Kvarner-Lido; *Strandpromenade nach Lovran.

Die Straße führt in Küstennähe weiter und über den malerischen kleinen Hafenort *Volosko* nach **Rijeka** (s. dort).

Italienische Riviera

Italien.
Region: Liguria (Ligurien).
Provinzen: Imperia, Savona, Genua/Genova und La Spezia.
ⓘ **EPT Genova,**
Via Roma 11,
I-16100 Genova (Genua);
Telefon: (010) 58 14 07.
EPT Imperia,
Viale Matteotti 54,
I-18100 Imperia;
Telefon: (0183) 2 49 47.
EPT La Spezia,
Viale Mazzini 45,
I-19100 La Spezia;
Telefon: (0187) 3 60 00.
EPT Savona,
Via Paleocapa 7,
I-17100 Savona;
Telefon: (019) 2 05 22.

HOTELS **an der Riviera di Ponente.** – In G e n u a s. dort. – In P e g l i : *Mediterranée,* II, 111 B.; *Puppo,*

III, 29 B. – In A r e n z a n o : *Grand Hotel Arenzano*, I, 112 B., Sb.; *Punta San Martino*, I, 32 B., Sb.; *Miramare*, II, 77 B.; *Roma*, III, 76 B. – In V a r a z z e : *Le Palme*, II, 111 B.; *Eden*, II, 97 B.; *Savoya*, II, 92 B.; *Cristallo*, II, 91 B.; *Terminus*, II, 67 B.; *Palace*, II, 67 B.; *Gran Colombo*, III, 87 B.; *Buccitti*, III, 85 B.; *Europa*, III, 70 B.; *Genovese*, III, 70 B. – In A l b i s o l a M a r i n a : *Astoria*, II, 56 B.; *Corallo*, II, 48 B.; *Villa Verde*, II, 48 B.; *Villa Chiara*, III, 47 B. – In S a v o n a : *Riviera-Suisse*, II, 95 B.; *Astoria*, II, 66 B.; *Pessano*, III, 78 B.; *Italia*, III, 75 B. – Motel Agip, II, 120 B. – In S p o t o r n o : *Royal*, I, 161 B.; *Esperia*, II, 98 B.; *Park*, II, 75 B.; *Ligure*, II, 74 B.; *Tirreno*, II, 74 B.; *Helvetia*, III, 78 B.; *Villa Rina*, III, 64 B. – In N o l i : *Capo Noli*, II, 105 B.; *Monique*, II, 59 B.; *Tripodoro*, II, 27 B. – In F i n a l e L i g u r e : *Moroni*, I, 193 B.; *Residenzia Punta Est*, I, 28 B.; *Astoria*, II, 112 B.; *Boncardo*, II, 94 B.; *Orizzonte*, II, 84 B.; *Miramare*, II, 61 B.; *Europa*, II, 60 B. – In P i e t r a L i g u r e : *Royal*, I, 174 B.; *Paco*, I, 68 B.; *Minerva*, II, 164 B.; *Sartore*, II, 135 B.; *Mediterranée*, II, 135 B.; *Bristol*, II, 102 B.; *Stella Maris*, III, 181 B. – In L o a n o : *Garden Lido*, I, 166 B.; *Moderno*, II, 150 B.; *Continental*, II, 120 B.; *Excelsior*, III, 67 B. – In A l b e n g a : *Italia*, III, 23 B.; *Giardino*, III, 23 B. – In A l a s s i o : *Spiaggia*, I, 145 B.; *Diana*, I, 119 B.; *Europa e Concordia*, I, 102 B.; *Ambassador*, I, 94 B.; *Park*, I, 88 B., Sb.; *La Poerta del Sol*, I, 43 B., Sb.; *Mediterranée*, I, 43 B.; *Majestic*, II, 126 B.; *Toscana*, II, 123 B.; *Ideale*, II, 120 B.; *La Balnearia*, II, 102 B.; *New West-End*, II, 102 B.; *Bristol*, III, 94 B.; *Rio*, III, 87 B. – In L a i g u e g l i a : *Laigueglia*, I, 90 B.; *Splendid*, I, 74 B.; *Windsor*, II, 76 B.; *Le Palme*, II, 75 B.; *Savoia*, III, 66 B.; *Villa Delle Viole*, III, 62 B. – In D i a n o M a r i n a : *Diana Majestic*, I, 160 B.; *Teresa*, II, 173 B.; *Torino*, II, 149 B.; *Bellevue-Mediterranée*, II, 144 B.; *Villa Igea*, II, 124 B.; *Royal-Esplanade*, II, 119 B., Sb.; *Marinella*, III, 99 B.; *Gabriella*, III, 98 B. – In I m p e r i a : *Robinia*, II, 103 B.; *Croce di Malta*, II, 71 B.; *Corallo*, II, 68 B.; *Ariston*, III, 75 B. – In O s p e d a l e t t i : *Le Rocce del Capo*, I, 45 B., Sb.; *Petit Royal*, II, 56 B.; *Firenze*, III, 53 B. – In V e n t i m i g l i a : *Francia*, II, 104 B.; *Bel Soggiorno*, II, 100 B.; *Splendid*, II, 50 B.; *La Riserva*, II, 44 B.; *Calipso*, III, 52 B.

HOTELS **an der Riviera di Levante.** – In N e r v i : *Savoia-Beeler*, I, 74 B.; *Astor Residence*, I, 59 B.; *Nervi*, II, 61 B.; *Villa Bonera*, III, 42 B. – In R e c c o : *Elena*, III, 52 B.; *Villa Trieste*, III, 37 B. – In R a p a l l o : *Bristol*, I, 146 B., Sb.; *Grand Hôtel & Europa*, I, 121 B.; *Eurotel-Rapallo*, I, 99 B., Sb.; *Grand Italia e Lido*, II, 100 B.; *Moderno & Reale*, II, 86 B.; *Savoia Grand*, II, 84 B.; *Marsala*, II, 51 B.; *Vittorio*, III, 67 B.; *Giulio Cesare*, III, 53 B.; Campingplatz. – In P o r t o f i n o s. dort. – In Z o a g l i : *Le Terrazze e Zoagli*, II, 90 B.; *Paradiso*, III, 40 B. – In C h i a v a r i : *Giardini*, II, 59 B.; *Monterosa*, III, 127 B.; *Castagnola*, III, 115 B.; *Stella del Mare*, III, 86 B. – In L a v a g n a : *Sud Est*, III, 110 B.; *Eden*, III, 68 B.; *Tigullio*, III, 66 B. – In S e s t r i L e v a n t e : *Villa Balbi*, I, 190 B.; *Dei Castelli*, I, 82 B.; *Grand Albergo*, II, 152 B.; *Victor*, II, 120 B.; *Metropole*, II, 90 B.; *Elisabetta*, III, 60 B. – In L e v a n t o : *Stella d'Italia*, II, 65 B.; *Crystal*, III, 35 B.; *Primavera*, II, 35 B.; *Palace*, III, 76 B. – In La Spe z i a s. dort.

Die **Italienische Riviera, zwischen Ventimiglia und La Spezia, gehört mit ihren jähen Felsabstürzen, bewaldeten Hügeln, altertümlichen Hafenstädtchen und verfallenen Wachttürmen über dem blauen glänzenden Meer zu den schönsten Landschaften Italiens. Das Gebirge schützt sie vor rauhen Nordwinden, die Südlage führt ihr die volle Wirkung der Sonne und des warmen Meeres zu. Milde Winter und warme Sommer lassen einen reichen südlichen Pflanzenwuchs gedeihen. Zahlreiche Winter- und Frühlingsgäste suchen hier Erholung und Zerstreuung**

in weltberühmten Kurorten, die im Sommer als Seebäder besucht werden.

Die Italienische Riviera wird durch den Golf von Genua in zwei Teile geschieden: Die *Riviera di Levante* im Osten, mit mildem, aber unausgeglichenem Klima und reichlicher Bewaldung, bewahrt im südöstlichen Teil, jenseits Sestri, einen noch ursprünglichen Charakter. Die Orte haben enge Straßen und meist hohe Häuser, die sich in den schmalen Küstenebenen und in den engen Flußtälern zusammendrängen. Abgesehen von den Hauptpunkten fehlt der östlichen Riviera die große Zahl komfortabler Hotels. Im Westen des Golfes erstreckt sich die *Riviera di Ponente*, deren Klima das der Riviera di Levante an gleichmäßiger Milde übertrifft. In der verhältnismäßig breiten Küstenebene liegen zahlreiche ausgedehnte Kurorte mit vielen erstklassigen Hotels und meist guten Badestränden. Der westliche Teil der Riviera di Ponente, zwischen Alassio und der französischen Grenze, wird wegen der bedeutenden Blumenzucht auch *Riviera dei Fiori* genannt.

*KÜSTENFAHRT an der **Riviera di Ponente** von Genua bis Ventimiglia (163 km): Die Strecke verläßt Genua (s. dort) vom Hauptbahnhof aus in westlicher Richtung, am Alten Hafen entlang. – 6 km: *Cornigliano Ligure* (10 m), lebhafter Industrievorort von Genua, mit einem etwa 800 m weit ins Meer aufgeschütteten neuen Industriegelände. Hinter dem Ort links die Zufahrt zum Genueser *Flughafen Cristoforo Colombo*. Hinter dem Ort rechts auf hohem Bergkegel die *Kirche Madonna del Gazzo* (421 m). – 5 km: **Pegli** (6 m), das ganze Jahr über als Ferien- und Erholungsort besuchter Stadtteil von Genua, mit schönen Park- und Villenanlagen. Unweit vom Bahnhof die 1837 erbaute *Villa Pallavicini*, mit archäologischem Museum und am Berghang ansteigenden, fast tropischen Park, der verschiedene Wasserkünste, Grotten, einen unterirdischen See und eine Burg in mittelalterlichem Stil enthält. In der ebenfalls nahe am Bahnhof gelegenen Villa Doria das Genueser Schiffsmuseum, mit Erinnerungen an Kolumbus. – 5 km: **Voltri** (5 m), letzter Fabrikvorort von Genua, mit dem besuchenswerten, auch für Autos zugänglichen großen Park der *Villa Galliera*, an dessen oberem Ende die Wallfahrtskirche Madonna delle Grazie liegt (schöne Aussicht).

Die Strecke verläßt hinter Voltri das weitläufige Stadtgebiet von Genua. – 7 km: **Arenzano** (6 m), reizvoll gelegenes Seebad (guter Strand), mit alter Burg; bei der Villa Sauli-Pallavicini ein schöner Park. Die Fortsetzung der Straße zieht nunmehr etwas landeinwärts hinter dem von Macchia und Wald bedeckten Vorgebirge *Bric Torretta* hin und erreicht dann wieder die Küste. – 12 km: **Varazze** (5 m; 15 000 Einw.), hübsch zwischen

Varazze an der Italienischen Riviera

Orangengärten gelegenes Seebad und Winterkurort, mit 2 km langem Strand. – 4 km: *Celle Ligure* (44 m), hübsches Seebad; oberhalb ein prachtvoller alter Pinienwald. – 4 km: **Albisola** *Marina* (19 m), als Seebad besuchter Ort, mit feinsandigem Strand. 1 km nördlich abseits das Städtchen *Albisola Superiore*, wo in der schönen Villa delle Róvere (jetzt Gavotti) der große Papst Julius II. (1503-13) geboren wurde. Jenseits Albisola Marina entlang dem Hafen von Savona.

Nach weiteren 3 km erreicht die Strecke **Savona** (10 m; 80 000 Einw.), am *Letimbro* gelegene Provinzhauptstadt, mit tief eingeschnittenem bedeutenden Hafen und vielseitiger Industrie (großes Stahl- und Walzwerk). Am Hafenkai ein nach dem Seefahrer Leon Pancaldo benannter alter Turm. In der von hier zum Bahnhof führenden breiten Via Paleocapa die Kirche San Giovanni Battista (16. und 18. Jh.); im Innern am Ende des linken Seitenschiffs ein beachtenswertes Gemälde des Rembrandt nahestehenden Malers Sam. van Hoogstraeten (1627-78). Unweit südlich das Museo Civico, mit Gemälden, Skulpturen und Majoliken. Nahebei der Dom von 1604 (Fassade von 1886). – 6 km: *Vado Ligure* (12 m; 10 000 Einw.), Industrieort am Endpunkt der römischen 'Via Aurelia' und am Beginn der 'Via Iulia Augusta'. Diese führt auf einem z. T. in den Fels gehauenen reizvollen Streckenabschnitt um das *Kap Vado,* mit seinem Leuchtturm (reizvoller Rückblick auf Savona). Dahinter links im Meer die von einem römischen Turm gekrönte Felsinsel *Isola di Bergeggi.* – 7 km: **Spotorno** (10 m), Seebad mit vortrefflichem Strand. Bei der Weiterfahrt im Vorblick das Kap Noli. – 3 km: **Noli** (4 m), reizvoll gelegenes Fischerstädtchen und Seebad mit malerischer Altstadt, Resten der Stadtmauer, alten Türmen, einer Burg und der spätromanischen Kirche San Paragorio (13. Jh.); lohnender Fußweg in 1 Stunde zum *Kap Noli* (276 m), mit Signalstation und der Kirche Santa Margherita (*Aussicht).

Die Strecke führt jenseits von Noli durch den *Kap-Noli-Tunnel* (114 m lang), dann weiter an den hohen, überhängenden Felswänden der *Malpasso* genannten Uferstrecke entlang, und erreicht nach 9 km **Finale Lígure**

(3 m; 14 000 Einw.), hübsch gelegene, als Seebad besonders von deutschen Reisegesellschaften viel besuchte Stadt, mit der hochgelegenen Burg Castelfranco (1365), der prächtigen Barockkirche San Giovanni Battista (von Bernini) und einem kleinen Museum (archäologische Funde aus der Umgebung); beim Bahnhof die kleine Kapuzinerkirche. 2 km nordwestlich abseits das zwischen Orangengärten gelegene, noch ummauerte Dorf *Finalborgo,* mit schöner Pfarrkirche. Noch weiter nordwestlich, bei *Perti,* Kalksteinhöhlen, z. T. mit steinzeitlichen Gräbern. Die Hauptstraße durchschneidet jenseits Finale das klippenreiche Vorgebirge *Caprazoppa.* – 6 km: **Pietra Lígure** (3 m), Badeort (Sandstrand), mit interessanter Kirche und Burgruine auf isoliertem Felsblock; am Berghang die Mailänder Heilstätte *Pietranuova,* mit zahlreichen Gebäuden für Sonnen- und Seeluftkuren. – 4 km: **Loano** (4 m; 13 000 Einw.), ein als Seebad besuchter großer Ort mit 1578 erbautem Doriapalast (jetzt Rathaus); am Hang das ehemalige *Kloster Monte Carmelo.*

Bei der Weiterfahrt bietet sich rechts ein reizvoller Blick auf die Ligurischen Alpen mit dem *Monte Carmo* (1389 m). – 10 km: **Albenga** (5 m; 20 000 Einw.), im Kern altertümliche Stadt, mit Stadtmauer und vielen Türmen alter Adelspaläste. Beachtenswert auch die teils gotische, teils im Barockstil umgebaute Kathedrale (die untere Fassade sowie das Baptisterium aus dem 5. Jh.), ferner die frühromanische Kapelle Santa Maria in Fontibus (10. Jh.) sowie ein Altertümer- und ein römisches Schiffsmuseum; nahe bei der Via Aurelia der Ponte Lungo, eine 147 m lange mittelalterliche Brücke, unter der früher die Centa hindurchfloß. Hinter Albenga links im Meer die Felsinsel *Gallinara* (90 m), mit der Ruine einer Benediktinerabtei (13. Jh.). – 7 km: **Alassio** (5 m; 14 000 Einw.), vielbesuchtes großes Seebad, mit über 3 km langem feinsandigem Strand; an der Strandpromenade ein alter Wachtturm. – 3 km: *Laigueglia* (11 m), engbebauter Ort, mit schöner Pfarrkirche (18. Jh.); guter Strand.

Die Fortsetzung der Straße zieht hoch über dem Meer an steilen Felswänden hin. – 3 km: *Kap Mele* (Leuchtturm), mit schönem Rückblick auf Alassio. Dahinter weiter über *Marina di Andora* und um das *Kap Cervo* herum. – 7 km: *Cervo* (66 m), malerisch am Berghang gelegenes Dorf. Dann durch das Seebad *San Bartolomeo al Mare* (26 m). – 3 km: **Diano Marina** (4 m), besonders von Deutschen viel besuchtes Seebad. 2 km nordwestlich abseits das mauerumgebene Dorf *Diano Castello* (135 m).

Die Straße zieht hinter Diano Marina in zahlreichen Windungen leicht bergan zum *Kap Berta,* mit prächtigem *Rückblick bis zum Kap Mele. – 6 km **Impéria** (10 m; 42 000 Einw.), Provinzhauptstadt mit den beiden Ortsteilen *Oneglia* (östl.) und *Porto Maurizio* (westl.), die durch das breite und steinige Flußbett des *Impero* getrennt sind. Porto Maurizio, mit stattlicher Kuppelkirche (von 1780), steigt malerisch an einem Vorgebirge (47 m) auf. – 18 km: *Arma di Taggia* (10 m), an der Mündung der *Argentina* oder *Fiumare di Taggia* gelegenes Seebad, mit schönem

Strand; 3 km talaufwärts das malerische Städtchen **Taggia** (39 m), mit alten Adelspalästen; in der Kirche des Dominikanerklosters altligurische Gemälde. – 8 km: **San Remo** (s. dort). – 6 km Ospedaletti (30 m), viel besuchtes Seebad, mit hübschem Kurhaus und der schönen Palmenallee Corso Regina Margherita; oberhalb des Ortes die 'Pépinière', mit reichem südlichen Pflanzenwuchs.

Hinter Ospedaletti auf landschaftlich schöner Strecke an Felswänden hin; links am Meer in einem Privatpark (unzugänglich) die Scheffelpalmen; rechts an der Mündung des Val del Sasso der von dem deutschen Kunst- und Handelsgärtner Ludwig Winter († 1912) angelegte Vallone-Garten (Privatbesitz; unzugänglich). – 6 km: **Bordighera** (s. dort). – Bei der Weiterfahrt, kurz vor Ventimiglia links, der Eingang zu den Resten der römischen Stadt Albintimilium, mit einem Theater (2. Jh. n.Chr.; vorm. und So. geschl.). – 5 km: **Ventimiglia** (9 m; 27 000 Einw.), an der Mündung der Roia gelegene Grenzstadt, mit bedeutenden Blumenmarkt. In der Neustadt (östlich der Roia) das Rathaus und der palmenreiche Giardino Pubblico; in der mauerumgebenen malerischen Altstadt auf dem Hügel westlich der Roia die romanische Kathedrale (daneben eine Taufkapelle) und die Kirche San Michele (11. Jh.; Säulen mit römischen Inschriften); vom Piazzale del Capo (unweit südlich der Kathedrale) prächtige *Aussicht, im Westen bis zum Kap Ferrat. – Von Ventimiglia lohnender Abstecher (7 km) durch das malerische Nervia-Tal zu dem reizvoll am Hang gelegenen Städtchen **Dolceacqua** (50 m), mit 10 m hoher alter Spitzbogenbrücke und der verfallenen Stammburg der genuesischen Doria. – 4 km weiter das Dorf Isolabona (Burgruine) und noch 2 km weiter in einem Seitental das sehr malerisch an steilem Hang sich hochziehende Bergdorf Apricale. Von hier noch 8 km hinan nach Baiardo (900 m).

Im Hinterland der während der Hauptsaison von Touristen aus aller Welt überaus stark besuchten Riviera di Ponente liegen abseits vom großen Fremdenstrom zahlreiche kleine Ortschaften, die wegen ihrer malerischen Lage auf Bergkegeln oder an steilen Hängen das typische Bild italienischer Siedlungsweise zeigen und durchaus einen Besuch lohnen. Charakteristische Beispiele solcher Bergstädte findet man auf der Fahrt von San Remo über Ceriana nach Baiardo (25 km), sowie von Ventimiglia über Dolceacqua nach Apricale (13 km), wobei man direkt von San Remo über die genannten Städte nach Ventimiglia fahren kann (29 km Umweg).

*KÜSTENFAHRT entlang der **Riviera di Levante** von Genua nach La Spezia (113 km): Die Strecke verläßt Genua (s. dort) auf dem Corso G. Marconi, dann auf dem Corso Italia in östlicher Richtung. – 5 km: Sturla (18 m), Vorort von Genua, mit Seebädern; Aussicht auf die mit Landhäusern übersäten, olivenbewachsenen Abhänge des Apennin. Links der Eingang zu den am Hang halbkreisförmig angelegten Gebäuden des großen Kinderkrankenhauses Giannina Gaslini, die der italienische 'Ölkönig' Graf Gerolamo Gaslini zum Andenken an seine früh

verstorbene Tochter Giannina errichten ließ. – 3 km: Quinto al Mare (20 m), von Orangengärten und Palmen umgebener Genueser Vorort, mit stattlichen Villen. – 2 km: **Nervi** (27 m), zu Genua gehörender ältester Winterkurort der östlichen Riviera (steiniger Strand), in geschützter Lage zwischen Olivenhainen, Orangen- und Zitronenpflanzungen, mit einer in die Felsen gehauenen, 1,8 km langen *Strandpromenade. Östlich des Viale delle Palme der *Stadtpark, mit vielen exotischen Gewächsen und der Galleria d'Arte Moderna. Östlich, in Sant' Ilario, in einem schönen Park das Museo Luxoro, u.a. mit Kunstgewerbe, Gemälden und Möbeln.

11 km hinter Nervi fogt **Recco** (5 m; 10 000 Einw.); von hier lohnender Abstecher 11 km nördlich bis Uscio (370 m), von wo eine 20 km lange *Panoramastraße westlich nach Genua-Apparizione zurückführt. – 4 km: Ruta (290 m), weit verstreuter Villenvorort am Sattel zwischen dem Küstengebirge und dem sich fast quadratisch 4-5 km weit ins Meer vorschiebenden *Vorgebirge von Portofino, das zu den schönsten Abschnitten der Riviera gehört. – 6 km vor Rapallo der Ort Zoagli (30 m), mit vielen Villen am Berghang; *Panoramastraße nach Sant' Ambrogio (3 km). – 7 km weiter folgt **Rapallo** (2 m; 26 000 Einw.), ein im Sommer wie im Winter viel besuchtes Städtchen am gleichnamigen

Rapallo an der Italienischen Riviera

Golf. – Mittelpunkt des Verkehrs ist die Piazza Cavour, mit der alten Pfarrkirche (Fassade von 1857; schiefer Glockenturm von 1753). Unweit südwestlich, neben der Mündung des Flüßchens Boato, der kleine Giardino Pubblico, der einen reizvollen Blick auf Sestri gewährt. 1 km südlich der Piazza Cavour, an der Straße nach Santa Margherita, der Kursaal. – An der Südostseite des versandeten Fischerhafens, jenseits der Mündung des Torrente San Francesco, erhebt sich im Meer ein mittelalterliches Kastell (jetzt Gefängis). – Von Rapallo führt die prächtige *Küstenstraße (in der Hauptsaison überfüllt) 8 km südlich nach **Portofino** (s. dort). – 6 km: **Chiavari** (3 m; 32 000 Einw.), in fruchtbarer Ebene an der Mündung der Entella gelegene, auch als Seebad besuchte Stadt, mit verfallener Burg (12. Jh.). Beim Bahnhof, am Ende einer schönen Palmenallee, die 1613 erbaute Kathedrale (Säulenvorhalle von 1841). – 2 km: **Lavagna** (5 m; 15 000

Einw.), ebenfalls als Seebad besuchte Stadt mit riesigem Jachthafen (1976).

Hinter Lavagna direkt am Meer entlang. – 6 km: **Sestri Levante** (4 m; 20 000 Einw.), Seebad und Winterkurort in malerischer Lage auf dem flachen Sattel des Vorgebirges Isola (70 m), zwischen zwei kleinen Buchten. Von der hübschen Strandpromenade an der flachen Westbucht weite Aussicht über den Golf von Tigullio. Vom Hafenplatz am Südende der Bucht aussichtsreicher Fahrweg bis zur Spitze des vom *Castello Gualino* gekrönten Vorgebirges. Lohnender Spaziergang 1 Stunde südöstlich zum *Telegrafo,* der Signalstation auf dem südlichen Vorsprung des an Pinien reichen *Monte Castello* (265 m, *Aussicht).

Die Via Aurelia umgeht hinter Sestri Levante landeinwärts den nun folgenden, über 60 km langen Steilküstenabschnitt, dessen Orte z. T. nur von der überwiegend durch Tunnel führenden Eisenbahn erreicht werden, so die malerischen Fischerorte der *'Cinqueterre'.

Der überaus malerische steile Küstenabschnitt der *Cinqueterre *(Cinque Terre* = 5 Flecken) erstreckt sich zwischen La Spezia und Levanto und umfaßt die Ortschaften **Monterosso al Mare, Vernazza, Corniglia, Manarola** und **Riomaggiore.** Die untereinander nur durch Fahrwege verbundenen, jedoch

Cinqueterre – Vernazza (Italienische Riviera)

einzeln auf Stichstraßen, mit der Eisenbahn oder zu Wasser erreichbaren pittoresken Orte haben durch die langewährende Abgeschiedenheit ihr altertümliches Aussehen bewahrt und bilden gemeinsam inmitten reizvoller, klimatisch begünstigter Landschaft einen geschlossenen Landesteil von besonderer Eigenart. Die rund 7000 Einwohner leben von Landwirtschaft (Weinterrassen, Agrumen, Oliven) und Fischerei. Erst in jüngster Zeit soll dieser abgeschiedene Küstenstreifen durch eine im Bau befindliche Panoramastraße dem Autotourismus erschlossen werden.

An der Hauptstraße folgt der **Passo del Bracco** (615 m); mit einem einzelstehenden Felsen an der Straße kleine Antenne des Fernsehsenders Savona (Aussicht). – 2 km: *La Baracca* (589 m); von hier auf aussichtsreichen Straßen 15 km südlich in vielen Windungen meist durch Nadelwald zu dem an einer schönen Bucht gelegenen, als Winterkurort und Seebad besuchten Städtchen **Levanto** (11 m), mit Resten der mittelalterlichen

Stadtmauer und einer Burg; vom Strand morgens zuweilen Aussicht bis zum Monte Viso (210 km westl.). – 35 km: **Passo della Foce** (241 m), mit *Aussicht auf den Golf von La Spezia und die Apuanischen Alpen. – 6 km: **La Spezia** (s. dort).

Ithaka s. bei Kephallinia

Izmir / İzmir

Türkei.
Provinz: İzmir.
Höhe: 0-10 m ü.d.M. – Einwohnerzahl: 640 000.
Telefonvorwahl: 0 51.
ⓘ **Fremdenverkehrsamt,**
Gazi Osman Paşa Bulvarı 10/A;
Telefon: 14 21 47, 12 62 25 und 13 89 10.

UNTERKUNFT. – *Büyük Efes Oteli* (Grand Hôtel), Cumhuriyet Mey., L, 585 B., Sb.; *Etap Oteli,* Cumhuriyet Bulvarı 138, I, 256 B.; *Kısmet Oteli,* 1377 Sokak 9, I, 124 B.; *İzmir Palas,* Atatürk Bulvarı, II, 291 B.; *Anba Oteli,* Cumhuriyet Bulvarı 124, II, 96 B.; *Kilim Oteli,* Atatürk Bulvarı, II, 164 B.; *Karaca Oteli,* Karaca 1379 Sokak 1/12-A, II, 122 B., Sb.; *Çınar Motel,* Atatürk Cad. 2/A, II, 53 B.; *Kaya Oteli,* Gazi Osman Paşa Bulvarı 45 Çankaya, III, 104 B.; *Babadan Oteli,* Gazi Osman Paşa Bulvarı 50, IV, 79 B.

CAMPINGPLATZ in Bergama. – JUGENDHERBERGE: *Otem,* 1479 Sokak, Alsancak.

Die westtürkische Provinzhauptstadt Izmir (türkisch İzmir; griechisch Smyrna), die drittgrößte Stadt der Türkei und nächst Istanbul ihr wichtigster Hafen- und Handelsplatz, liegt etwa in der Mitte der Westküste Kleinasiens in dem prächtigen *Golf von Izmir (İzmir Körfezi; 8-24 km Breite, 54 km Länge), der zu den schönsten Buchten des Ägäischen Meeres zählt. Den inneren Teil dieser Bucht umzieht die rasch wachsende Stadt in einer Länge von mehr als 30 km, amphitheatralisch an den Hängen des Pagos ansteigend sowie im Hintergrund überragt von den Gipfeln des Manisa Dağı (Sipylos; 1517 m) und des Nif Dağı (1510 m).

Wenn auch die Stadt selbst nach vielen Zerstörungen und ihrem modernen Wiederaufbau nach dem großen Brand im Jahre 1922 außer ihrer antiken Agora nur wenig Baudenkmäler besitzt, wird sie auf Kreuzfahrten durch das östliche Mittelmeer, als Ausgangspunkt für Ephesus, Milet und viele andere berühmte kleinasiatische Ruinenstätten sowie als wichtiger Straßen- und Eisenbahnknotenpunkt für die den Norden von Westkleinasiens mit dem Süden und die Küste mit dem Innern des Landes verbindenden Strecken touristisch viel besucht.

Die wirtschaftliche Bedeutung der Stadt beruht vor allem auf ihrem verkehrsgünstigen Hafen, der in erster Linie dem Warenumschlag von Westanatolien dient. Daneben entwickelte sich in den letzten Jahrzehnten eine bedeutende Industrie, die Textilien, Tabak, Lebensmittel, Papier und Chemikalien sowie Gerbereien und berühmte Teppichknüpfereien umfaßt. Hauptausfuhrartikel sind Tabak, Baumwolle, Rosinen, Feigen und Oliven bzw. Olivenöl. – Außerdem ist İzmir Sitz einer Universität und eines NATO-Kommandos.

GESCHICHTE. – Bereits 3000 Jahre v. Chr. bestand etwa 3,5 km nördlich der heutigen Stadt auf dem *Tepe Kule* eine Ansiedlung der Troja-Yortan-Kultur. Der Ort besaß einen Hafen und war befestigt. Die Ausgrabungen des Archäologischen Instituts Ankara ergaben, daß diese Siedlung ein bedeutendes Kulturzentrum war. – Wie die Ausgrabungsergebnisse weiter zeigen, gründeten gegen Ende des 11. Jahrhunderts v. Chr. *äolische Griechen* eine Kolonie, deren Name **Smyrna** von der dort viel wachsenden Myrrhe abgeleitet wird. Die aus dem 11. Jahrhundert stammende Befestigungsanlage gilt als die älteste einer griechischen Stadt. – Im gleichen Jahrhundert erfolgte eine *ionische* Kolonisation; nach Herodot wurde Smyrna durch Ionier aus Kolophon besetzt. Zwischen 750 und 725 v. Chr. soll hier *Homer,* dessen Vaterstadt viele Städte sein wollten, die Ilias geschaffen haben. Das erste belegte historische Datum stammt von dem Schriftsteller Pausanias aus Magnesia am Sipylos (2. Jh. n. Chr.). Die Stadt Smyrna habe damals als 13. Stadt dem Ionischen Bund angehört. – Um 575 v. Chr. zerstörten die *Lyder* unter König Alyattes III. die Stadt. – Darauf folgte im 6. Jahrhundert v. Chr. die Eroberung der Stadt durch die *Meder,* später durch die *Perser.* – In der 2. Hälfte des 4. Jahrhunderts v. Chr. veranlaßte Alexander d. Gr. seinen Feldherrn *Lysimachos,* auf dem Pagos-Hügel, 5 km südlich der bisherigen Stadt, eine Zitadelle anzulegen, vor der sich nordwestlich die neue hellenistische Stadt ausbreitete. Dagegen verfiel allmählich die in der Ebene gelegene alte Siedlung mit dem der Versandung ausgesetzten Hafen. – Im 3. und 2. Jahrhundert v. Chr. erlebte Smyrna eine Zeit hoher Blüte.

Auch unter der Herrschaft der **Römer** (ab 27 v. Chr.) gedieh Smyrna weiter und erlebte im 2. Jahrhundert n. Chr. ihre zweite Glanzzeit, aus der z.B. die noch teilweise erhaltene 'Goldene Straße' stammt. Am Nordhang des Pagos, von dessen Zitadelle noch die Umfassungsmauer erhalten ist, erstreckte sich das Stadion. Weiter im Westen, wohl im heutigen südlichen Stadtteil Karataş, lag der Tempel des Zeus. Die Agora war mit Hallen und Säulen geschmückt, das Straßennetz nach dem System des aus Milet stammenden Architekten Hippodamos (5. Jh. v. Chr.) rechtwinklig angelegt. Am Hafen lag der Handelsmarkt. Umfangreiche Wasserleitungen versorgten die über 100000 Einwohner zählende Stadt mit Wasser. – Auch bei der Ausbreitung des *Christentums* war Smyrna von Bedeutung. – In den Jahren 178 und 180 n. Chr. wurde die Stadt durch schwere Erdbeben zerstört, unter Kaiser Mark Aurel (161-180 n. Chr.) jedoch rasch wieder aufgebaut. – Seit dem 4. Jahrhundert n. Chr. gehörte Smyrna den *Byzantinern* und widerstand auch dank tatkräftiger byzantinischer Unterstützung im 7. Jahrhundert dem Ansturm der *Araber.* – Im 11. Jahrhundert fiel sie den *Seldschuken* zu. Sie betrieben hier große Schiffswerften. – Während des 1. Kreuzzuges zwang eine Flotte der Byzantiner 1097 die unter seldschukischer Herrschaft stehende Stadt zur Übergabe. Als Gegenleistung für die Mithilfe bei der Rückgewinnung Konstantinopels aus den Händen der Franken gewährten die byzantinischen Kaiser den *Genuesen* sehr weitgehende Machtbefugnisse über Smyrna.

1320 wurde die Stadt von dem seldschukischen

Sultan von Aydın erobert. Im Jahre 1344 zogen auf Anraten des Papstes die *Kreuzritter* (Johanniter) eine große Flotte zusammen und eroberten die Stadt und Festung nach erbitterten Kämpfen. – Im Jahre 1403 entrissen die *Mongolen* unter Tamerlan (Timur-Leng) den Kreuzrittern die Stadt. Zwischen 1405 und 1415 wurde Smyrna von Mehmet I. dem Reich der *Osmanen* angegliedert und gegen wiederholte Angriffe der Venezianer behauptet. Wenn die Stadt in den folgenden Jahrhunderten auch von Kriegsereignissen verschont blieb, hatte sie doch unter zwei schweren Erdbeben (1688 und 1778), unter der Pest und unter Großbränden (1840 und 1845) schwer zu leiden. Doch ihr Lebensmut blieb ungebrochen, und sie galt im 19. Jahrhundert als eine der blühendsten Städte des Osmanenreiches. 1886 wurde der Gediz-Fluß weiter westlich ins freie Meer geleitet und somit eine weitere Versandung des Hafens vermieden. – Im *Türkisch-Griechischen Krieg* wurde Smyrna 1919 von griechischen Truppen besetzt; durch den Vertrag von Sèvres (1920) kam die Stadt vorübergehend an Griechenland; nach ihrer Rückeroberung durch Kemal Paşa am 9. September 1922 fiel der reiche nördliche Stadtteil (das Franken-, Griechen- und Armenierviertel) einem Brand zum Opfer. Der Wiederaufbau sowie die Aussiedlung der Griechen ergaben schwierige Aufgaben. Es wurden breite Straßenzüge mit Anlagen angelegt und mit modernen Gebäuden gesäumt. Auf einem Teil der Brandstätte entstand der Kulturpark mit dem Messegelände. Im Norden der Stadt wurden neue Industriesiedlungen gebaut, während im Südwesten entlang der Bucht hübsche Wohnviertel heranwuchsen.

SEHENSWERTES. – Die für den Fremdenverkehr wichtigste Straße ist die Atatürk Caddesi, die von der in die Bucht von İzmir hineinragenden Nordspitze der eigentlichen Stadt im Stadtteil ALSANCAK südlich in einer Länge von fast 3,5 km als breite Kaistraße am **Hafen** entlang zum Konak führt, rechts

Uferpromenade in Izmir

mit schönen Ausblicken auf das Meer, links gesäumt von stattlichen Gebäuden (Hotels, Banken, Konsulaten usw.). – In der Mitte des Straßenzuges der schöne Cumhuriyet Meydanı (Platz der Republik), mit dem İstiklâl Anıtı (Unabhängigkeitsdenkmal), einem monumentalen Reiterbild Atatürks; an der Südostseite des Platzes das neunstöckige Grand Hôtel Efes.

Von der Ostseite des Platzes führt die Şehitler Caddesi zum Montrö Meydanı, an der Westseite des Kulturparks.

Der südliche Teil der Atatürk Caddesi zieht vom İsiklâl Anıtı am *Yolcu Salonu,* der Landestelle der Passagierschiffe, dann am *Ticaret Limanı* (Handelshafen) vorüber; hier die Vertretungen zahlreicher Schiffahrtslinien. Links die Abzweigungen des breiten Gazi Bulvarı, der zu dem 1 km östlich gelegenen kreisförmigen IX. Eylül Meydanı (Platz des 9. September) führt, und des 1,3 km langen großstädtischen Fevzi Paşa Bulvarı, der östlich am *Basmahane Garı,* dem am Rande des gleichnamigen altertümlichen Stadtteils gelegenen Bahnhof für die Linien nach Bandırma, Ankara und Adana (Aleppo), endet. 300 m nordöstlich vom Bahnhof, beim Kulturpark, die Abfahrtstelle der Autobusse in die Umgebung.

Am Südende der Atatürk Caddesi der sich zum Meer öffnende belebte Konak Meydanı, im gleichnamigen Stadtteil, mit dem **Saat Kulesi** (Uhrturm), einem Wahrzeichen der Stadt, und der kleinen *Konak Camii.* – In der Nähe der Basar, ein Gewirr enger Gassen (Altertümergeschäfte u.a.; Teppiche besser am Kai), mit mehreren kleinen Moscheen aus osmanischer Zeit und einigen alten Karawansereien. Östlich vom Konak Meydanı führt die Anafartalar Caddesi im Bogen nordöstlich in ein Stadtviertel mit alten Karawansereien (u.a. der *Çakaloğlu-Han* und der *Kızlarağası-Han;* 18. Jh.) und Moscheen, von denen jedoch nur die *Hisar Camii* (von 1597) beachtenswert ist.

Im Osten der Altstadt führt von der Mitte des Fevzi Paşa Bulvarı die lange Eşrefpaşa Caddesi nach Süden Richtung Ephesus. – Unweit südlich vom Fevzi Paşa Bulvarı liegen im Stadtteil Basmahane etwa 150 m östlich abseits von der Eşrefpaşa Caddesi die z.T. ausgegrabenen Reste der *Agorá* (Markt), ursprünglich aus griechischer Zeit, nach einem Erdbeben im 2. Jahrhundert n.Chr. unter Kaiser Mark Aurel neu angelegt; an der Westseite noch 13 Säulen mit schönen Kapitellen; links dahinter unter einem schützenden Dach die Torsos eines Sitzbildes des *Poseidon* (in der Mitte), eines Standbildes der *Demeter* (rechts) und einer weiteren Statue (links), die wohl zu einem Altar gehörten; an der Nordseite eine 160 m lange dreischiffige *Basilika,* die auf einem pfeilergeschützten Gewölbe ruht.

Folgt man der Eşrefpaşa Caddesi weiter in südlicher Richtung, so erreicht man

İzmir

600 m

Golf von İzmir

ALSANCAK
Alsancak-Bahnhof
Bursa
Atatürk-Bulvarı
Atatürk Museum
Stadion
Ali Çetinkaya Caddesi
Talâtpaşa
Doktor Mustafa Enver Bulvarı
Messehallen
Platz der Republik
Lozan Meydanı
Montrö Meydanı
Hafenbahnhof
Kültürpark
Hafen
IX. Eylül Meydanı
Mürselpaşa Bulvarı
Gazi Bulvarı
Gaziler Cad.
Zoll
Fevzipaşa Bulvarı
5
Hisar Camii
BASMAHANE
Kemeraltı Camii
Agorá
Uhrturm
KONAK
Salepçioğlu Camii
KADIFE
inciraltı
Mithatpaşa Caddesi
Zitadelle
Cumhuriyet
Esrefpaşa
Erkuflu Caddesi
KALE
Parkı
Rakım
Hatay Caddesi
Eşrefpaşa Cad.
EŞREFPAŞA
Selçuk
Salihli
Necatibey Bulvarı
Hürriyet Bulvarı

1 Archäologisches Museum
2 Sporthalle
3 Autobushof
4 Basmahane-Bahnhof
5 Çorakkapı Camii
6 Atatürk-Abide

nach etwa 900 m den *Altın Yol* (Goldene Straße) oder *Roma Yolu* (Römische Straße), einen Rest des Straßennetzes aus römischer Zeit. Unweit südlich links ab und nordöstlich hinauf zu der **Kadifekale** (Samtburg), dem alten **Pagos** (Höhe; 184 m), die die Akropolis der Stadt des Lysimachos trug und noch von den Resten einer mittelalterlichen *Zitadelle* gekrönt ist (*Aussicht auf Stadt, Golf und Gebirge). Die gut erhaltenen mächtigen Umfassungsmauern, die einst durch 40 Türme verstärkt waren, bestehen z.T. noch aus Grundmauern und Werkstücken der lysimachischen Akropolis und stammen im übrigen aus der römischen, byzantinischen, genuesischen und osmanischen Zeit. Am Hügelabhang lagen das *Römische Theater* und das in seiner Form noch deutlich erkennbare *Stadion* (für 20 000 Zuschauer), von denen fast nichts erhalten ist. Oberhalb der nördlichen Langseite des Stadions befand sich angeblich das *Grab des hl. Polykarp* (Bischof von Smyrna), der 156 n.Chr. bei der Christenverfolgung des Kaisers Mark Aurel verbrannt wurde.

Westlich vom Roma Yolu der *Cumhuriyet Parkı* (Park der Republik), am Abhang des **Değirmen Tepe** (Mühlen-Hügel; 75 m), auf dem sich ein *Asklepios-Tempel* und ein *Vesta-Tempel* erhoben (nicht mehr vorhanden) und wo eine 17 km lange römische Wasserleitung endete.

Im nordöstlichen, 1922 abgebrannten Teil der Stadt, unweit nordöstlich vom IX. Eylül Meydanı und östlich von Montrö Meydanı, erstreckt sich der auf der ehemaligen Brandfläche angelegte **Kültür Park** *(Kulturpark),* mit hübschen Anlagen (See), den *Messehallen,* einem *Zoologischen Garten,* einem kleinen Vergnügungspark und im Südwesten dem besuchenswerten *Archäologischen Museum* (Arkeoloji Müzesi), das Funde aus dem antiken Smyrna, aus Ephesus, Milet, Sardes, Pergamon, Tralles (Aydin) u.a. enthält. Im Südteil eine *Sporthalle.*

Südöstlich vom Kulturpark, östlich vom Basmahane-Bahnhof, führt über das Flüßchen *Melez,* den antiken *Meles,* die *Kemerbrücke,* früher nach dem über sie in das Innere des Landes (Manisa, Balıkesir, Sardes) gehenden starken Karawanenverkehr 'Karawanenbrücke' genannt, ein neuerer Bau auf altgriechischen und römischen Resten. – 2 km östlich, außerhalb des Vorortes Tepecik, das *Diana Hamamları* (Dianabad), ein Weiher mit acht Quellen, die der Wasserversorgung von Izmir dienen.

UMGEBUNG von Izmir. – Nördlich nach *Bayraklı (Tepe Kule)* zur Stätte der ältesten Siedlung von Smyrna. – Nordöstlich nach **Manisa** (80 000 Einw.), dem *Magnesia am Sipylos* des Altertums, einer malerischen Stadt (Moscheen), südlich der Hyrkanischen Ebene, wahrscheinlich aus hethitischer Zeit stammend. – Östlich nach **Sardes** (Ruinen der Lyderstadt, Grabhügel) und zum *Boz Dağı (See von Gölcük).* – Südlich nach **Kolophon,** der beim heutigen Değirmendere gelegenen Ruinenstätte. Kolophon, eine der bedeutendsten Städte des ionischen Bundes, wurde im 3. Jahrhundert v.Chr. neu befestigt (Mauer der Akropolis) und hatte seinen Hafen in *Notion* 14 km südlich (Theater, Nekropole); östlich die Reste des Höhlenorakels von *Klaros* (Apollotempel). – ***Ephesos,* * *Priene* und *Milet s. dort.

10 bzw. 12 km südwestlich von Izmir (Ausfahrt vom Konak-Platz durch die Mithat Paşa Caddesi, dann durch die Vororte *Karataş, Karantina, Göztepe* und *Güzelyalı)* eine Straßenkreuzung: links (1 km) zu den gegen Rheuma und Nierenleiden wirksamen *Agamemnon-Thermen* (Ağamemnun-Ilıcaları; 35-40°C), oder rechts (2 km) zu dem vielbesuchten Strandbad *İnciraltı* in schöner Lage.

Auf der an der zuvor genannten Kreuzung geradeaus weiterführenden Straße erreicht man nach 13 km eine Straßenteilung: geradeaus nach Urla und Çeşme, links zu dem 22 km südlich gelegenen Städtchen **Seferihisar** und noch 2 km westlich zu dem Ort *Sığacık,* an der gleichnamigen Meeresbucht; in der Ebene südlich davon die Ruinen der antiken Stadt **Teos,** die zum ionischen Städtebund gehörte, Heimat des Lyrikers Anakreon (um

540 v.Chr.) ist und durch den Kult des Dionysos bekannt war (berühmter Tempel von Hermogenes von Alabanda; nicht mehr vorhanden; Ausgrabungen der Archäologischen Institute Ankara und İzmir).

Auf der an der zuvor genannten Straßenteilung geradeaus weiterführenden Straße erreicht man nach 11 km die Stadt **Urla** mit magnesiumhaltigen Thermen; 4 km nördlich auf einem mit der Küste durch einen Damm verbundenen Inselchen bei *Urla İskelesi* die Stätte der ionischen Stadt **Klazomenai,** der Vaterstadt des Philosophen Anaxágoras (um 500 v.Chr.), wo zahlreiche bemalte archaische Tonsarkophage gefunden wurden (Krankenhausgelände). – 45 km westlich von Urla liegt auf der Spitze der Halbinsel das Fischerstädtchen **Çeşme,** mit Schwefelthermen (35-50°C; gegen Rheuma), denen der amphitheatralisch über dem Meer aufsteigende und von einem mittelalterlichen Kastell überragte Ort seinen Namen verdankt (çeşme = Brunnen, Quelle); 5 km vor Çeşme in einer Bucht ein vorzüglicher Sandstrand (Hotels, Bungalows und Sommerhäuser). – Nördlich von Çeşme an der Bucht von *Lytri (Ildır)* die Stätte der antiken Stadt **Erytrai,** die zum 'Ionischen Bund' gehörte, mit Resten der Stadtmauer, des Theaters u.a. – Gegenüber die griechische *Insel Chios* (s. dort; türk. *Sakız).*

Jerusalem / Jeruschalajim

Israel.
Höhe: 606-826 m ü.d.M. – Einwohnerzahl: 360 000.
Telefonvorwahl: 02.

ⓘ **Staatliches Informations-
und Verkehrsbüro,**
König-Georg-Straße 24;
Telefon: 24 12 81-2.
Städtische Informationsstellen:
Jaffastraße 34;
Telefon: 22 88 44.
Jaffator;
Telefon: 18 11 95-6.

HOTELS. – **Intercontinental,* am Ölberg, L, 200 Z.; **Jerusalem Hilton,* Givat Ram, L, 420 Z.; **Jerusalem Plaza,* König-Georg-Str. 47, L, 414 Z.; **King David,* König-David-Str. 23, L, 260 Z.; **Mount Scopus,* Sheikh-Jarrah-Str., L, 150 Z.; *Ambassador,* Sheikh-Jarrah-Str., I, 118 Z.; *American Colony,* Nablus Road, I, 106 Z.; *Ariel,* Hebron Road 31, I, 140 Z.; *Capitol,* Salah-A'Din-Str., I, 54 Z.; *Central,* Pines Str. 6, I, 77 Z.; *Holyland,* Bayit Vegan, I, 120 Z.; *Jerusalem Tadmor,* Beth Hakerem, I, 51 Z.; *Kings,* König-Georg-Str. 60, I, 214 Z.; *National Palace,* Az-Zahara-Str., I, 108 Z.; *Moriah,* Keren-Hayessod-Str. 39, I, 170 Z.; *Ritz,* Ibn-Khaldoun-Str. 8, I, 104 Z.; *Ramada Shalom,* Bayit Vegan, I, 288 Z.; *Tirat Bat Sheva,* König-Georg-Str. 42, I, 45 Z.; *Eyal,* Shamai-Str. 21, II, 71 Z.; *Holyland East,* Rashid-Str., II, 99 Z.; *Jerusalem Tower,* Hillel-Str., II, 120 Z.; *Palace,* am Ölberg, II, 69 Z.; *Pilgrims Palace,* El-Rashid-Str., II, 95 Z.; *Ram,* Jaffa Road 234, II, 156 Z.; *YMCA,* König-David-Str. 26, II, 68 Z.; *YMCA East,* Nablus Road 29, II, 57 Z.; *YWCA,* Wadi Jose, II, 30 Z.; *Mount of Olives,* am Ölberg, III, 63 Z.

CHRISTLICHE HOSPIZE. – Hospiz des hl. Karl, Rehov Lloyd George (deutsch); Nonnen von Notre Dame de Sion, Rehov Shmuel Hanaggid; *Casa Nova,* Altstadt; *Lutherisches Hospiz,* St.-Markus-Str. (deutsch); *Pilgerhospiz des Ecce-homo-Konvents,* Via Dolorosa.

Die 'hochgebaute Stadt' **Jerusalem, hebräisch Jeruschalajim ('Wohnung des Friedens'), griechisch und lateinisch Hierosólyma, arabisch El-Quds ('die Heilige'), einst die Residenz des jüdischen Reiches, ist Hauptstadt des

Staates Israel sowie Sitz eines orthodoxen, eines armenischen und eines römisch-katholischen Patriarchen sowie eines anglikanischen Bischofs. – Als Tempelstadt Davids und Salomos, als Passionsstätte Christi und Ort der Himmelfahrt Mohammeds wird Jerusalem von Juden, Christen und Moslems gleichermaßen verehrt. Seine Stellung als 'heilige' Stadt zeigt sich in einzigartiger Weise in einer Fülle von Kultstätten der drei monotheistischen Religionen. Der Pilger- und Touristenverkehr hat in den letzten Jahren wieder einen bedeutenden Aufschwung erlebt und nimmt weiter ständig zu.

Jerusalem liegt am Ostabhang des *Hochlands von Judäa* auf einem wasserarmen Kalkplateau, das über dem *Kidrontal* im Osten und dem *Hinnomtal* im Süden halbinselartig aufsteigt und durch Einschnitte in einen schmalen Osthügel (744 m), den alten Tempelberg, und in den Westhügel (777 m) mit der ehemaligen Oberstadt geschieden wird. Noch höher erhebt sich die mit dem Höhenzug zusammenhängende Nordwestseite. – Die Altstadt ist von einer 12 m hohen und etwa 4 km langen turmbewehrten *Ringmauer* umschlossen, die in ihrer jetzigen Form 1542 von Sultan Suleyman dem Prächtigen erbaut wurde. Zwei Hauptstraßen, die vom Jaffator nach Osten führende Davidstraße (im östlichen Teil Kettenstraße) und die vom Damaskustor nach Süden ziehende Suq Khan ez-Zeit, kreuzen sich in der Mitte der Altstadt und teilen sie in vier Quartiere: in das Christenviertel im Nordwesten, das armenische im Südwesten, das Moslemviertel im Nordosten und das jüdische Viertel im Südosten. Die Gassen sind winkelig und vielfach überwölbt. – Die an die Altstadt westlich anschließende Neustadt hat sich betont modern entwickelt und wird ihrer Bedeutung als Verwaltungszentrum durchaus gerecht. Auch nach Norden dehnt sich die Stadt mit neuen Wohnvierteln immer weiter aus.

GESCHICHTE. – **Urusalim** wird schon um 1400 v. Chr. auf den Tafeln von Tell el Amarna als Sitz eines von Ägypten abhängigen Gaufürsten erwähnt. Als die Israeliten unter *David* um 1000 v. Chr. die Stadt eroberten (II. Sam. 5,6-10), war sie die Hauptfeste der kanaanitischen Jebusiter. David machte sie zu seiner Residenz und erbaute die Davidsburg; sein Sohn *Salomo* (um 970-933) ließ auf dem Osthügel eine große Hofburg mit dem Tempel Jahwes (Jehova) errichten. Bei der Teilung des Reiches nach Salomons Tod wurde Jerusalem die Hauptstadt von Juda, bis es sich unter Jojachin 597 dem babylonischen König *Nebukadnezar* (605-562) ergeben mußte und der Aufstand unter Zedekia 586 seine Zerstörung herbeiführte. Nach der Rückkehr der Juden aus dem babylonischen Exil (538) wurden Stadt und Tempel wieder aufgebaut; die neue Stadtmauer kam erst 444 zur Vollendung. Es folgten weitere Kämpfe; das letzte nationale Königshaus

der Makkabäer (seit 167) wurde durch die Römer beseitigt. Als Residenz *Herodes' d. Gr.* (37-4 v. Chr.), in dessen Regierungszeit Christi Geburt fällt (die also bei der jetzigen Zeitrechnung mindestens 5 Jahre zu spät angesetzt wird), sah Jerusalem noch einmal glänzende Tage. Dann führte der Aufstand der jüdischen Nationalpartei (Zeloten) im Jahre 67 nach Chr. zu erbitterten Kämpfen mit den Römern. *Titus* erstürmte die Stadt und zerstörte sie (70); Kaiser *Hadrian* errichtete (130) auf ihren Trümmern die neue heidnische Stadt *Aelia Capitolina*, die nach dem Aufstand unter Bar Kochba (132-135) von den Juden nicht mehr betreten werden durfte. – Unter Kaiser *Konstantin* (306-337) beginnt mit dem Bau der Grabeskirche die Geschichte des christlichen Jerusalem. Schon früh wurden Pilgerfahrten zu den heiligen Stätten unternommen; im Jahre 570 gab es für die Fremden bereits Hospize mit 3000 Betten. Bei der Eroberung durch den Kalifen *Omar* im Jahre 637 wurde die Stadt sehr milde behandelt, und wenige Jahrzehnte später entstand der berühmte Felsendom. 1099 eroberten die *Kreuzfahrer* unter Gottfried von Bouillon († 1100) Jerusalem, das nunmehr bis 1187, dem Jahre der Rückeroberung durch Saladin, die Hauptstadt des christlichen Königreichs Jerusalem war. Seit 1382 ägyptisch, kam die Stadt 1517 an die Türkei. Im Ersten Weltkrieg zogen die *Engländer* unter General Allenby am 9. Dez. 1917 kampflos in Jerusalem ein, und 1920 wurde Großbritannien das Völkerbundsmandat über Palästina übertragen.

Infolge der Verfolgung der Juden in Europa wurde die Notwendigkeit, ihnen in Palästina genug Raum zu geben, dringlicher. Das Tempo der Einwanderung beschleunigte sich in den dreißiger Jahren so sehr, daß die britische Mandatsmacht Einwanderungsbeschränkungen für die Juden erließ, um den Arabern entgegenzukommen. Dies stieß jedoch auf den stärksten Widerstand der Juden in aller Welt und führte im Land selbst zu oft blutigen Auseinandersetzungen zwischen den beiden Bevölkerungsteilen. – 1947 entschieden sich die Vereinten Nationen für die Teilung Palästinas und die Abtrennung Jerusalems als internationale Enklave. Unmittelbar nach Beendigung des britischen Mandats am 15. Mai 1948 kam es zwischen den *Juden* und der *Arabischen Liga* zum offenen Krieg. Nach dem Waffenstillstand im März 1949 wurde die Kampflinie als Landesgrenze des unabhängigen Staates *Israel* festgelegt. Jerusalem selbst wurde durch eine Demarkationslinie mit einem toten Streifen in zwei Sektoren zerschnitten. Fast die ganze Altstadt mit den meisten heiligen Stätten kam an Jordanien, während aus den neueren Stadtteilen im Westen die israelische Hauptstadt gebildet wurde. – Im Januar 1964 besuchte Papst Paul VI. die Stadt. – Seit 1967 'Sechstagekrieg' ist Jerusalem durch die Vereinigung der israelischen mit den ehemaligen jordanischen Stadtteilen zu einer einheitlichen Großstadt zusammengeschmolzen. – 1980 wurde Jerusalem von Israel zur 'ewigen und unteilbaren Hauptstadt' (einschließlich der 1967 besetzten Ostteile) erklärt, wodurch die Beziehungen zu den arabischen Staaten erneut schwer belastet wurden.

Stadtbeschreibung

Altstadt und Ostjerusalem

Man beginnt die Besichtigung der Altstadt von Jerusalem am besten am **Damaskustor** *(Shechemtor)*, das die neueren Stadtviertel im Norden mit der südlich anschließenden Altstadt verbindet. Das 1537 von Sultan Suleyman II. auf den Fundamenten der Stadtmauer des Herodes errichtete Tor ist das eindrucksvollste und malerischste Tor der

Jerusalem:

Stadt. – Von hier führt die belebte B a -
s a r s t r a ß e (Suq Khan ez-Zeit) nach Süden und überquert nach etwa 300 m die
Via Dolorosa. – Weiter auf der Basar-
straße noch 120 m, dann rechts durch
eine schmale Nebenstraße noch 100 m
bis zu dem gegenüber einem großen
griechischen Kloster gelegenen Zugang
zur *Kirche des Heiligen Grabes (arabisch *Keniset el Kijame,* 'Auferste-
hungskirche'), dem größten Heiligtum
der Christen aller Konfessionen, mit
vergoldetem Kreuz über der weithin
sichtbaren Hauptkuppel.

Die *Grabeskirche steht sehr wahrscheinlich auf
dem neutestamentlichen *Golgatha* (golgotha =
Schädel), der Kreuzigungsstätte Christi. Es ist eine
nach vielfacher Zerstörung immer wieder erneuerte

und erweiterte und daher wenig übersichtliche
Gruppe von Kirchen, zahlreichen Kapellen und Altären, in deren Besitz sich Lateiner, Griechen, Armenier, Abessinier, Kopten und syrische Christen
teilen. Über die Entdeckung des Heiligen Grabes
durch Kaiser Konstantin, der hier die ersten Bauten
veranlaßte (eine Rundkirche und eine dem Kreuz
gewidmete fünfschiffige Basilika; 336 n. Chr.), berichtet Eusebius von Caesarea, der Verfasser der ältesten Kirchengeschichte († um 340), während die
Legende von der Pilgerfahrt der hl. Helena († um
330), der Mutter Konstantins, die das hl. Kreuz wie-
derfand, gegen Ende des 4. Jahrhunderts auftritt.
Die Perser äscherten 614 beide Gotteshäuser ein,
und auch das um 616-626 vom Abt Modestus vom
Theodosiuskloster wiederaufgebaute Heiligtum fiel
wiederholt Verwüstungen zum Opfer. Am Anfang
des 12. Jahrhunderts ließen die Kreuzfahrer durch
den Baumeister Jourdain einen großen Neubau romanischen Stils aufführen, der fast sämtliche heiligen Stätten umschloß und von dem noch vieles erhalten ist. Dann folgten die Zerstörungen durch Saladin und die Charesmier (1244); aber schon 1310

Blick über die Altstadt nach Norden

wird eine neue schöne Kirche erwähnt. Einen anderen Neubau von 1719 beschädigte der Brand von 1808, worauf die Griechen und Armenier 1810 die Anlagen großenteils erneuerten und im Mittelschiff der Kreuzfahrerbasilika die griechische Kathedrale schufen, das 'Katholikon', dessen Kuppel nach dem Erdbeben 1927 ausgebessert wurde. 1949 erlitt die Kirche durch eine Feuersbrunst wieder Beschädigungen. 1958-77 wurden unter Beteiligung aller christlichen Konfessionen umfassende Restaurierungsarbeiten vorgenommen.

Im V o r h o f erhebt sich links der **Glockenturm,** der ursprünglich frei stand. Die 1935 durch Eisenbänder geschützte Fassade ist in der Hauptsache ein Rest des Konstantinischen Baus. – Dann durch den Vorraum, wo die Wächter sitzen, in das Innere.

INNERES DER GRABESKIRCHE. – Hier zunächst geradeaus, im Südarm des Querschiffs, der *Salbungsstein,* auf dem Nikodemus den Leichnam Christi salbte (Joh. 19, 38-40). – Links weiter gelangt man in den großen R u n d b a u , unter dessen Kuppel das 1810 ganz erneuerte *Hl.-Grab-Gebäude*

steht, das man durch die 'Engelskapelle' betritt. Die Grundpfeiler des Rundbaus, die starke Außenmauer des westlichen Halbrunds und die drei Apsiden rühren noch vom Kreuzfahrerbau her. Beim Hl. Grab ist die 14. Station der Via Dolorosa. – Gegenüber dem Hl.-Grab-Gebäude öffnet sich der O s t b a u der Kirche, in den das *Katholikon* eingebaut ist. Die spitzbogigen Fenster, die Bündelpfeiler und Kreuzgewölbe tragen noch alle Merkmale der Kreuzfahrerzeit. In der Mitte des vorderen Teiles bezeichnet ein Marmorbecher mit Kugel die 'Mitte der Welt'.

Zurück in den Rundbau und durch einen Vorraum an der Nordostseite des Umgangs in die K i r c h e d e r E r s c h e i n u n g , die im 14. Jahrhundert erbaute Hauptkapelle der Lateiner (röm. Katholiken), an der Stätte, wo Jesus seiner Mutter erschienen sein soll; in einer Wandnische wird ein Stück der *Geißelungssäule* verwahrt.

Der Chorumgang des Ostbaus hat in der Außenmauer drei Apsidenkapellen, von denen die südliche, die K a p e l l e d e r D o r n e n k r ö n u n g , die

Säule der Verspottung enthält. – Links von dieser Kapelle führen 29 Stufen in die den Armeniern gehörige H e l e n e n k a p e l l e hinab, an der Stelle der Basilika Konstantins, mit Unterbauten aus der Zeit des Modestus. 13 weitere Stufen senken sich von hier in die K r e u z f i n d u n g s k a p e l l e. – Auf der Treppe rechts neben der Kapelle der Dornenkrönung steigt man etwa 4$^1/_2$ m hoch zu den beiden reich geschmückten G o l g a t h a k a p e l l e n hinauf, die mit dem Stabat-Mater-Altar und der Kreuzannagelungskapelle (kath.) als 10.-13. Station der Via Dolorosa gelten.

An den freien Platz südlich vor der Grabeskirche schließt sich der MURISTAN, ein 155 m langer und 137 m breiter Stadtteil, auf dem bereits seit dem 9. Jahrhundert die Herbergen und Krankenhäuser für abendländische Pilger, seit 1140 die großartigen Bauten der Johanniter standen. Man folgt links der Gasse Dabbagha, von der rechts die Muristan Road abzweigt. An ihr liegt gleich links die evangelische **Erlöserkirche,** die auf den Grundmauern einer Kreuzfahrerkirche erbaut und 1898 in Gegenwart des deutschen Kaiserpaares geweiht wurde, mit weiter *Rundsicht vom Glockenturm. Daneben das *Deutsche Evangelische Institut für Altertumswissenschaft des Heiligen Landes;* südlich der alte Basar. – Die westlich der Muristan Road gelegene größere Hälfte des Muristan, mit dem *Neuen Basar,* gehört dem griechischen Patriarchat.

Der Muristan wird an seiner Südseite von der D a v i d s t r a ß e und der K e t t e n s t r a ß e, einer Hauptverkehrsader der Stadt, begrenzt, die unter verschiedenen arabischen Namen (Suq el-Bazaar, Bab es-Silsileh) den Tempelberg mit dem Jaffator verbindet. Die südlich abzweigenden Straßen Jewish Quarter Street und Suq el-Hussor (Habad Str.) führen zum *Zionstor* und in die südlich der Stadtmauer liegende ZIONSVOR-STADT. – Beim Johanneskloster zweigt von der Davidstraße nördlich die C h r i s t e n s t r a ß e ab, die von Läden dicht gesäumt ist. An ihr nahebei links der uralte *Patriarchen-* oder *Hezekiahteich,* dessen Anlage fälschlich dem König Hiskia (727-699 v. Chr.) zugeschrieben wird. – Rechts ein Durchgang zum neuen Basar.

Die Davidstraße endet westlich am Platz Omar Ibn el-Khattab mit dem **Jaffator** *(Bâb el-Chalil),* dem Haupttor zur westlichen Neustadt. Am Tor erhebt sich, z. T. an der Stelle des ehemaligen Herodespalastes, die **Zitadelle** (15. und 16. Jh.), deren Nordostturm wohl dem 'Phasaelturm' aus Herodes' Zeit entspricht (Museum der Geschichte Jerusalems).

Auf der Ostseite begrenzt den Muristan der unbedeutende, aber noch echt

orientalische *Alte Basar,* dessen drei Parallelgassen (Suq el-Lahhamin, el-Attarin und el-Khawajat) zu dem Hauptstraßenzug zwischen dem Damaskus- und dem Zionstor gehören. Die mittlere dieser Marktgassen setzt sich nördlich als Khan ez-Zeit fort, aus dem man bei der Via Dolorosa links durch eine Sackgasse zum *Abessinischen Kloster* gelangt. Südlich, beim *Koptischen Kloster,* ist die 9. Station der Via Dolorosa.

Die **Via Dolorosa,** der Schmerzensweg, auf dem Jesus vom Prätorium, der Wohnung des Pilatus, das Kreuz nach Golgatha getragen hat, wird in dieser Gegend erst im 16. Jahrhundert erwähnt. Die Strecke hat 14 Stationen, die Orch Tafeln bezeichnet sind. Die fünf letzten Stationen befinden sich innerhalb der Grabeskirche; die vier ersten liegen zwischen dem *Armenischen Kloster* (4. Station) und der unten genannten *Festung Antonia* (Praetorium; 1. Station), die sich jenseits des sogenannten *Ecce-Homo-Bogens,* südlich des Al-Mujahideen genannten Straßenteils, erhebt. Die östlich anschließende Lions' Gate Road mündet auf das *Löwentor* oder *St.-Stephan-Tor,* durch das israelische Truppen 1967 in die Altstadt eindrangen. Das Tor ist Ausgangspunkt eines Fußweges zum Garten Gethsemane und zum Ölberg.

Innerhalb des Tors führt ein Durchgang nördlich zu der **St. Annakirche** (arab. *Es-Salahije),* einem wohlerhaltenen Denkmal aus der Kreuzfahrerzeit (12. Jh.), nach der Überlieferung ursprünglich auf der Stätte des Wohnhauses von Joachim und Anna, der Eltern Marias, errichtet und zuerst im 7. Jahrhundert erwähnt. Die in den Fels gehauene Krypta ist nach der Überlieferung die *Geburtsstätte der Maria* (kleines Museum).

Auf dem Rückweg durch die Via Dolorosa kann man dann entweder rechts durch die E l - W a d R o a d wieder zum Damaskustor gelangen, oder links in dem jetzt flachen Einschnitt des alten Typropöon ('Misttal'), zum *Tempelberg.* Der alte Tempelplatz Israels (von den Arabern *Haram esch-Scharif,* 'vornehmes Heiligtum', genannt) ist der interessanteste Teil von Jerusalem. Man betritt den Bezirk durch das *Bab en-Nadhir,* das Mohammed en-Nadhir 1318 erbaute, oder durch das Moortor bei der Klagemauer.

Schon in der Vorzeit hatte dieser Platz religiöse Bedeutung. Hier errichtete David um das Jahr 1000 v. Chr. einen Altar (II. Sam. 24,25); hier standen Salomons Palast und Tempel, dann der nach der Rückkehr aus dem babylonischen Exil um 520-516 aufgeführte zweite Tempel sowie der gewaltige dritte Tempel, den Herodes d. Gr. im Jahre 20 v. Chr. begann, der aber nie in der geplanten Pracht vollendet wurde. Kaiser Hadrian erbaute hier einen großen Jupitertempel, das Haupttheiligtum von Aelia Capitolina. Im übrigen ist über die Bauten der ersten christlichen Jahrhunderte wenig bekannt. Den Moslems gilt der Platz noch heute als der heiligste Ort nach Mekka. Strenggläubige Juden meiden ihn, aus Furcht, die Stelle des Allerheiligsten zu betreten.

Der jetzt z. T. baumbepflanzte Platz, dessen gewaltige Unterbauten noch aus Herodes' Zeit stammen, mißt an der Westseite 490, an der Ostseite 474, an der Nordseite 321, an der Südseite 283 m. In seiner Mitte steht der Felsendom, an der Südmauer die El Aqsa-Moschee. Bei der Nordwestecke, hinter der ehemaligen *Festung Antonia,* die vielleicht die Stelle der Makkabäerburg Baris und der römischen Burg Antonia einnimmt, erhebt sich das höchste *Minarett* des Tempelbezirks. Über den ganzen Platz verteilen sich zahlreiche *Mastabas* (erhöhte Plätze mit Gebetsnische; Mihrab), sowie *Sebils* (Trinkbrunnen); ein besonderer Brunnen dient religiösen Waschungen. Tiefe, z. T. uralte *Zisternen* unterhöhlen den Boden besonders im Südwesten des Felsendoms. – Freitreppen führen zu der 3 m hohen Plattform des Felsendoms hinauf. Eingang an der Westseite (geöffnet außer Fr.; vor Betreten der Moschee Schuhe ausziehen).

Der *Felsendom, arabisch *Kubbet es-Sachra,* früher fälschlich als 'Omarmoschee' bezeichnet und von den Kreuzfahrern für den salomonischen Tempel gehalten, erhebt sich über dem heiligen Felsen an der Stätte des jüdischen Tempels. Als Erbauer gilt der Omaijade Abd el Melik (685-705), der das Gebäude im Jahre 72 nach der Flucht Mohammeds (691/692 n. Chr.) aus politischen Gründen errichtete, da um die Omaijaden damals der Zugang zur Kaaba in Mekka verweigert wurde. Es ist ein basilikaler Zentralbau nach spätrömischer und byzantinischer Art, ein Achteck von je 20,5 m Seitenlänge und 53 m Durchmesser, mit zwei Umgängen. Über dem kreisförmigen inneren Umgang steigt die äußerst kühn gewölbte *Kuppel* bis 30 m Höhe auf. Die Außenwände sind unten noch mit den alten Marmorplatten bekleidet, während oberhalb der Fensterbänke die Glasmosaiken seit Suleyman dem Prächtigen durch eindrucksvolle persische Fayencefliesen (kaschani) ersetzt wurden. Im Jahre 1016 ließ die Fatimide Ez-Zahir (1021-36) die Kuppel erneuern. Saladin schuf u. a. die prächtige Stuckdekoration der Kuppel. Aus neuerer Zeit stammt nur die westliche Vorhalle.

Im INNERN des Felsendoms sind beide Umgänge durch eine Stützenstellung geteilt. Der achteckige äußere Umgang hat zwischen den acht Pfeilern sechzehn Säulen mit spätrömischen oder frühbyzantinischen Kapitellen; die rundbogigen Arkaden sind über den byzantinischen Kämpfern durch hölzerne Zuganker verbunden. Die innere Stützenreihe, welche die Kuppel trägt, hat vier große Pfeiler

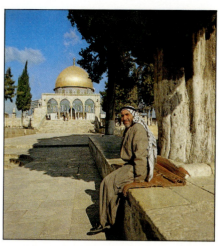

Felsendom in Jerusalem

und zwölf Säulen (antike Monolithe). Auf den Kapitellen stehen die Gewölbebogen unmittelbar auf. Das schmiedeeiserne Gitter ist französische Arbeit aus der Kreuzfahrerzeit.

Die *Glasmosaiken, Schöpfungen byzantinischer Künstler, stammen in den Zwickeln des äußeren Umgangs sämtlich noch vom ältesten Bau, an der Kuppeltrommel z. T. erst aus der Zeit Ez-Zahirs und Saladins. Die Stuckverzierung der Kuppel ist 1218 durch Mohammed en-Nadhir sowie 1830 wiederhergestellt worden. Von wunderbarer Farbenpracht sind die *Fenster aus der Zeit Suleymans.

In der Mitte des inneren Umgangs erhebt sich 1,25-2 m über dem Boden der **Heilige Fels** *(Es-Sachra),* auf dem vielleicht schon der Brandopferaltar der Juden gestanden hat. Er ist fast 18 m lang, 13,25 m breit und am besten von der hohen Bank neben der Nordwesttür des Gitters zu übersehen. Die Höhle darunter (16 Stufen) war wohl eine Zisterne. Daß hier der Platz für die Bundeslade gewesen sein könnte, ist nicht anzunehmen. Nach jüdischem und mosleminischem Glauben bezeichnet der Fels die Stätte, wo Abraham den Isaak opfern wollte und wo Mohammed auf dem Wunderpferd Burak in den Himmel entrückt wurde. Beim Weltgericht soll hier der Thron Gottes aufgestellt sein.

Vor dem Osttor des Felsendoms steht der zierliche sogenannte **Kettendom** oder *Kubbet es-Silsele,* auch 'Gerichtsplatz Davids' (Mahkamet Daud) genannt, eine außen sechseckige, innen elfeckige Säulenhalle, wohl aus derselben Zeit wie der Felsendom. Die große Gebetsnische an der Südseite (gegen Mekka) wurde im 13. Jahrhundert angebracht.

Wenn man gegenüber der Südseite des Felsendoms auf einer der Freitreppen hinabsteigt, gelangt man an einem runden Wasserbecken *(El-Kas)* vorüber zur El-Aqsa-Moschee.

Die *El-Aqsa-Moschee *(Mesdschid el-Aksa),* das von Mekka 'entfernteste' Heiligtum, zu dem Gott den Propheten Mohammed in einer Nacht von Mekka herüberführte, gilt als eine der heiligen Stätten des vormohammedanischen Islam. Über ihre Entstehungszeit sind die Ansichten geteilt. Nach Annahme der

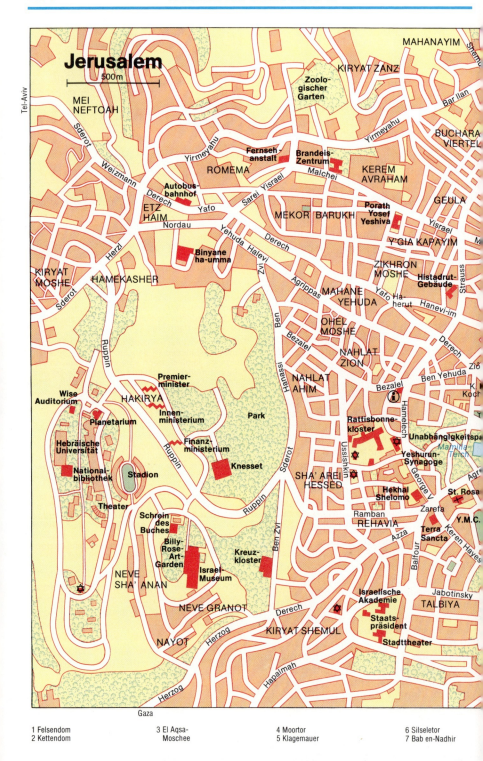

1 Felsendom
2 Kettendom

3 El Aqsa-
  Moschee

4 Moortor
5 Klagemauer

6 Silseletor
7 Bab en-Nadhir

meisten war sie ursprünglich eine von Justinian zu Ehren Marias erbaute Basilika, nach anderen soll sie etwa gleichzeitig mit dem Felsendom entstanden sein. Wiederholt durch Erdbeben zerstört, wurde sie im 8. Jahrhundert unter Abu Dschafar el-Mansur (758-775), dann durch El-Mehdi (775-785), von dem wahrscheinlich auch das breite

Querschiff stammt, wiederhergestellt. Den Kreuzfahrern, von denen die Kirche 'Templum Domini' genannt wurde, diente der Bau einige Jahre als Residenz der Könige, dann als Sitz der Templer. Seine heutige Gestalt erhielt er in den Jahren 1327-1330 durch Mohammed en-Nadhir, so daß von dem ältesten Bau bis auf die Grundform der Basilika und

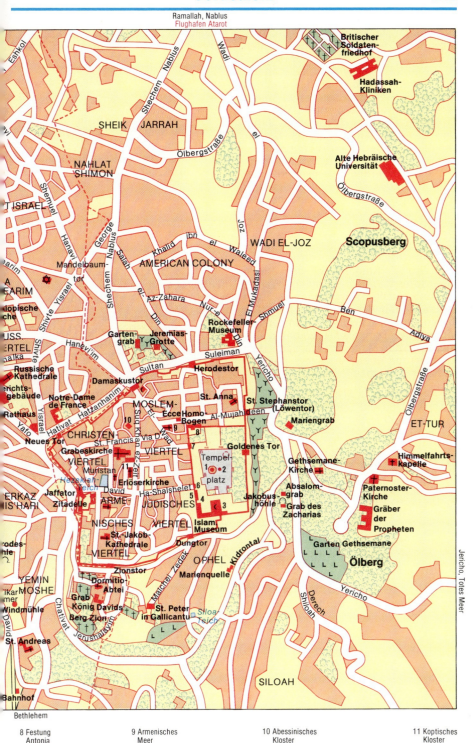

Ramallah, Nablus
Flughafen Atarot

Britischer
Soldaten-
friedhof

Hadassah-
Kliniken

SHEIK JARRAH

NAHLAT
SHIMON

Ölbergstraße

Alte Hebräische
Universität

T ISRAEL

Ölbergstraße

Scopusberg

ÄARIM

Mandelbaum-
tor

WADI EL-JOZ

thiopische
che

AMERICAN COLONY

USS
ERTEL
alka

Az-Zahara

Ben

Adiva

Russische
Kathedrale

Garten-
grab

Jeremias-
Grotte

Rockefeller-
Museum

ET-TUR

richts-
gebäude

Damaskustor

Suleiman

Herodestor

Rathaus

Notre-Dame
de France

Hatzanhanim

MOSLEM-

St. Anna

St. Stephanstor
(Löwentor)

Yato

EcceHomo-
Bogen

Al-Mujahideen

Mariengrab

Neues Tor

CHRISTEN-

Via D'zad

10

9

8

St. Francis

Grabeskirche

VIERTEL

Goldenes Tor

Himmelfahrts-
kapelle

Muristan

7

Gethsemane-
Kirche

Jaffator

Erlöserkirche

Tempel-
1 ⊙ 2
platz

Paternoster-
Kirche

ERKAZ
IS'HARI

Zitadelle

David

Ha-Shalshelet

ARME-

6

5

4

Absalom-
grab

Gräber
der
Propheten

NISCHES

JÜDISCHES

3

Jakobus-
höhle

Grab des
Zacharias

St.-Jakob-
Kathedrale

VIERTEL

Islam
Museum

Dungtor

Garten Gethsemane

VIERTEL

OPHEL

Ölberg

odes-
le

YEMIN
MOSHE
mer

Zionstor

Marienquelle

Kidrontal

Yericho

Windmühle

Dormitio
Abtei

Grab
König Davids

St. Peter
in Gallicantu

Siloa-
Teich

Derech
Shiloah

St. Andreas

Berg Zion

Bahnhof

SILOAH

Bethlehem

Jericho, Totes Meer

| 8 Festung | 9 Armenisches | 10 Abessinisches | 11 Koptisches |
| Antonia | Meer | Kloster | Kloster |

einige Säulen wenig übriggeblieben ist. Die Moschee hat ohne die Nebenbauten eine Länge von 80 m und eine Breite von 55 m. 1951 wurde der jordanische König Abdullah (Großvater von König Hussein) beim Betreten der Moschee erschossen. 1967 wurd die Moschee durch Beschuß, 1969 durch Brandstiftung beschädigt (inzwischen restauriert).

Das INNERE der El-Aqsa-Moschee mit seinen sieben Langschiffen wirkt überraschend. Die holzgeschnitzte *Kanzel* aus dem 12. Jahrhundert, die bei dem Brand von 1969 erheblich beschädigt wurde (wiederhergestellt), ist ein Geschenk Saladins, von dem auch das schöne Mosaik auf Goldgrund in der Trommel der Kuppel herrührt. Aus derselben Zeit stammt die Gebetsnische mit den eleganten Marmorsäulchen. – An das Querschiff schließt sich westlich die für die Frauen bestimmte sogenannte *Weiße Moschee* aus der Zeit der Tempelritter an.

In der Südostecke des Tempelbezirkes führt eine Treppe zu den sogenannten *Ställen Salomos* hinab, die wahrscheinlich in arabischer Zeit an Stelle älterer Unterbauten errichtet wurden und den fränkischen Königen sowie den Templern als Pferdeställe dienten. – Von der Südostecke wie auch zwischen Jaffa- und Löwentor kann man die *Umfassungsmauer* besteigen (herrliche Aussicht ins Kidrontal und auf den Ölberg). – Weiterhin erreicht man das sogenannte *Goldene Tor* oder *Gnadentor*, das einzige Osttor, in seiner heutigen Form wohl aus dem 7. Jahrhundert n. Chr., jetzt vermauert.

Außerhalb des Tempelbezirkes, an seiner Südwestseite, die 48 m lange und 18 m hohe *Klagemauer der Juden oder *Kotel Ma'aravi* ('westliche Wand'; archäologische Ausgrabungen), auf Fundamenten des alten Tempels. Die Juden pflegen in Erinnerung an den Untergang des Tempels hier zu beten. Der Platz vor der Mauer wurde nach dem 'Sechs-Tage-Krieg' erweitert. Südlich liegt das *Dungtor*.

Westlich erstreckt sich das JÜDISCHE VIERTEL, mit dem *Rothschild-Gebäude*, mehreren *Talmud-Schulen* und *Synagogen*.

Auf den Ölberg gelangt man entweder vom *Damaskustor* auf der Nablus- und Ölbergstraße, einer 5 km langen Aussichtsstraße, die in einem weiten Bogen nördlich über den *Skopusberg* führt. – Oder (kürzer) vom Damaskustor durch die Sultan-Suleiman-Straße in östlicher Richtung und an der Nordostseite der Altstadtmauer südlich weiter auf der Jerichostraße ins Kidrontal, dann zum Garten Gethsemane und von hier auf einem der drei Fußwege zur Höhe des Berges. – Oder vom *Löwentor* zu Fuß zum Garten Gethsemane und wie zuvor weiter. – Klarste Sicht in das Jordantal abends, auf die Stadt morgens.

Der zuvor genannte kürzere Weg führt vom *Damaskustor* nördlich der Altstadtmauer in östlicher Richtung zum *Herodestor* (400 m). – Von hier noch 300 m östlich zum *Archäologischen Palästina-Museum (Rockefeller Museum;* links). Der von John D. Rockefeller jr. gestiftete und 1934 eröffnete stattliche Bau enthält im wesentlichen die seit 1920 gemachten wertvollen Ausgrabungsfunde von der Urzeit bis zur Römerzeit. Hervorzuheben die alle Perioden umfassende Keramik, die Schmucksachen aus römischer und späterer Zeit sowie der 1924 westlich vom See Genezareth gefundene Schädel eines altsteinzeitlichen Urmenschen der Neandertalrasse. Besonders beachtenswert ein Teil der 1948 bei Qumran am Toten Meer gefundenen **Schriftrollen, die zwischen dem 3. Jahrhundert v. Chr. und dem 1. Jahrhundert n. Chr. geschrieben wurden und religionsge-

schichtlich sehr bedeutsame Aufzeichnungen des Alten Testaments enthalten.

Weiter in einer scharfen Rechtskurve in das Kidrontal hinab, dem man südlich folgt. – Nach etwa 600 m, bei der Abzweigung des Fußweges zum Garten Gethsemane, links ein tiefgreifender Vorhof mit dem Portal zum **Mariengrab**. Durch das aus der Kreuzfahrerzeit stammende Portal gelangt man über 48 Stufen in die tief in den Felsen gehauene Krypta. Auf dem Grund derselben rechts das Grab der Mutter Jesu, in seiner jetzigen Form aus dem 5. Jahrhundert. – Vom Mariengrab gelangt man links zur *Agoniegrotte* (Verratskapelle), in der Christus nach dem Abendmahl auf dem Berg Zion am Vorabend seiner Kreuzigung die Jünger schlafend vorfand, nachdem er abseits gebetet hatte, und wo er von Judas verraten wurde.

Man folgt dem zuvor genannten Fußweg in südöstlicher Richtung. Nach 60 m teilt sich der Weg in drei Pfade, die am **Garten Gethsemane** ('Ölkelter') vorüber zum Ölberg führen. In dem mauerumschlossenen Garten stehen noch acht sehr alte, wohl bis ins 15. Jahrhundert zurückreichende Ölbäume. Inmitten des Gartens die erst 1927 vollendete *Gethsemane-Kirche* (Todesangst-Christi-Kirche) oder *Kirche aller Nationen*, mit einer im byzantinischen Stil gehaltenen Fassade. Der Name soll an die Stiftung der Kuppeln seitens verschiedener Nationen erinnern. In dem sehenswerten Innern ist der Fels, auf dem Christus gebetet haben soll, ausgespart.

Etwa 100 m südöstlich der zuvor genannten Wegeteilung steht die 1888 von dem russischen Zaren Alexander III. zur Erinnerung an seine Mutter Maria Alexandrowna errichtete *Maria-Magdalenen-Kirche*, mit dem Grab der 1918 ermordeten russischen Großfürstin Elisabeth Feodorowna. – Weitere 200 m südöstlich erhebt sich auf den Fundamenten einer bereits im 5. Jahrhundert errichteten Kirche die 1955 von Grund auf erneuerte Kirche *Dominus Flevit* (Zugang am besten vom Südwch). An dieser Stelle soll Jesus über das künftige Schicksal Jerusalems geweint haben (Lukas 19,41). Noch weiter südlich das *Prophetengrab* (unterirdische Felsengräber), ein ausgedehnter jüdischer Friedhof und das Hotel Intercontinental. – Man schreitet nördlich zur Höhe des Ölbergs hinan und erreicht am Südrand des auf der mittleren Kuppe des Ölbergs gelegenen Dorfes **Et-Tur** oder **A-Tur** die sogenannte *Paternoster-Kirche*, angeblich an der Stelle, wo Christus seine Jünger das Vaterunser gelehrt hat (Lukas 2,11; Tafeln in 50 Sprachen). Auf den Resten einer von der Kaiserinmutter Helena (326-333) gestifteten Kirche errichteten die Kreuzfahrer einen Neubau, der 1868 durch die heutige Kirche ersetzt wurde. Dann rechts die Himmelfahrtskapelle.

Der **Ölberg (Mount of Olives;** 805 m), hebräisch *Har Ha-Mishkha* ('Berg der Salbung'), arabisch *Djebel et-Tur,* ein 1,5 km langer dreikuppiger Höhenzug im Osten des Tempelplatzes, ist mit der Erinnerung an Christi Erdentage stark verknüpft. Hier verkündete er den Jüngern die bevorstehende Zerstörung des Tempels (Mark. 13,1 ff.), und von hier hielt er unter dem Jauchzen des Volkes seinen Einzug in Jerusalem (Matth. 21; Mark. 11; Luk. 19; Joh. 12), bis er bald darauf im Garten Gethsemane durch Judas' Verrat gefangengenommen wurde. Im Anschluß an die Apostelgeschichte 1,12 verlegt die Tradition auch die Himmelfahrt des Herrn auf den Ölberg, woran die 1834-35 erbaute *Himmelfahrtskapelle* in dem Dorf Et-Tur erinnert (in dem heute als Moschee dienenden Zentralbau ein angeblich von Christus stammender Fußabdruck). – 150 m östlich des Dorfes erheben sich die *Russischen Bauten*, ein Pilgerhaus, die russische Himmelfahrtskirche und ein 60 m hoher Glockenturm (214 Stufen; nicht immer zugänglich). Die prächtige *Rundsicht vom Turm umfaßt die Stadt Jerusalem und die umliegenden Höhen, nach Osten die Senke des Toten Meeres, das Jordantal und, inmitten der bläulichen Moabiterberge, den Berg Nebo (806 m), von dem Mose das 'gelobte Land' erblickte (V. Mos. 34).

Vom Ölberg gelangt man auf der aussichtsreichen Ölbergstraße nördlich zu dem auf der Nordkuppe des Ölbergs gelegenen *Auguste-Victoria-Hospital* (1910 von Kaiser Wilhelm II. gestiftet; heute vom Lutherischen Weltbund verwaltet) und der auf dem **Berg Skopus** (813 m) gelegenen alten *Hebräischen Universität* (1925 eröffnet; auch Neubauten), mit dem alten *Haddassah Hospital*. – Dann abwärts, an dem *Britischen Soldatenfriedhof* für Gefallene des Ersten Weltkrieges vorbei, und durch die Nablusstraße in einem großen Bogen zurück in die Stadt zum Damaskustor.

In das **Kidrontal** gelangt man 200 m südlich des Mariengrabes auf einem Fußweg. Das arabisch *Wadi Sitti Marjam* genannte Tal, das seit Anfang des 4. Jahrhunderts n. Chr. nach einer falschen Erklärung einer Stelle im Alten Testament (Joel 3,7) auch als *Tal Josaphat* (hebräisch 'Jehova richtet') bezeichnet wird, galt schon in vorchristlicher Zeit als Stätte des Weltgerichts. Daher begruben Moslems und Juden hier ihre Toten, erstere am Ostabhang des Tempelbergs, letztere am Westhang des Ölbergs. Mit dem hier wachsenden Christusdorn (Paliurus spina Christi), einem zierlichen Dornstrauch, ist wahrscheinlich die Dornenkrone Jesu geflochten worden. – An dem Fußweg liegt links das sogenannte *Absalomsgrab*, ein Felswürfel mit geschweiftem Kegeldach; ferner die sog. *Jakobushöhle*, ein Felsgrab, sowie die *Pyramide des Zacharias*, alle aus griechisch-römischer Zeit. – Südöstlich weiter entspringt unterhalb des Bergdorfes *Siloa* (arab. *Silwan*) die *Marienquelle* (Ain Sitti Marjam, 645 m), eine intermittierende Quelle, die wahrscheinlich dem Gichon des Alten Testaments entspricht und deren Wasser sich durch den unterirdischen Siloa-Kanal in den ehemals von der Stadtmauer eingeschlossenen *Siloa-Teich* (635 m) ergießt.

Südlich vom Siloa-Teich erstreckt sich in westlicher Richtung das **Hinnomtal** *(Wadi er-Rababi)*. Das Tal wird südlich vom *Giv'at Hanania (Djebel Abu*

Tor), dem 'Berg des bösen Rates' begrenzt. – Über den Berg *Ophel* gelangt man vom Siloa-Teich nördlich in die Altstadt zurück. Auf halbem Wege links die 1931 errichtete Kirche *St. Peter in Gallicantu* ('beim Hahnenschrei'), wo der Palast des Kaiphas gestanden haben soll, bei dem Petrus den Herrn 'vor dem zweiten Hahnenschrei' dreimal verleugnete; nordwestlich der Berg Zion. – 400 m nordöstlich von St. Peter erreicht man das *Dungtor* ('Misttor'), durch das man in das jüdische Viertel gelangt.

Die westliche Neustadt

Das verkehrsreiche Zentrum der westlichen Neustadt ist der **Zion-Platz.** – Von hier führt die Jaffa-Straße, die Hauptverkehrsader der Stadt, mit großen Läden, Cafés u. a., nordwestlich in Richtung Tel Aviv (Jaffa; s. bei Tel Aviv) und Haifa (s. dort), südöstlich zur König-Salomo-Straße, während man westlich durch die Ben-Jehuda-Straße zur King-George-Straße (Rehov Melech George) gelangt.

Nördlich vom Zion-Platz liegt zwischen der Strauß-Straße, der Mea-Shearim-Straße und der Shivtei-Israel-Straße das orthodoxe Viertel *MEA SHEARIM ('hundertfältig'), benannt nach der Segnung Isaaks, des Sohnes Abrahams (1. Mose 26,12). Hier sieht man noch Männer und Schüler der Thora (Gesetzes)-Schulen mit Kaftan und rundem Hut. Besuchenswert der *Markt* und die *Synagogen*. – Südlich anschließend der RUSSISCHE BEZIRK; auf seinem höchsten Punkt die *Russische Kathedrale*, ein stattlicher Bau aus weißem Marmor, mit schöner grüner Kuppel. In der Umgebung der Kirche mehrere Regierungsgebäude, darunter der *Oberste Gerichtshof*.

Folgt man vom Zion-Platz der Jaffa-Straße in südöstlicher Richtung, so erreicht man nach etwa 600 m den Zahalplatz an der Westecke der Altstadt; 150 m links abseits das 1887 errichtete stattliche Kloster und Krankenhaus *Notre Dame de France*.

Unweit südwestlich vom Zahalplatz die als Fortsetzung der Jaffa-Straße südlich zum Bahnhof führende breite König-David-Straße (Rehov Melech David). An dieser nach 350 m rechts das 1933 erbaute stattliche Gebäude der YMCA (Young Men's Christian Association; Christl. Verein Junger Männer), dessen hoher Turm eine prächtige Aussicht über die weiter östlich sich erstreckende Altstadt bietet; im Erdgeschoß des Gebäudes eine kleine archäologische Sammlung. – An der gegenüberliegenden Straßenseite das große *King-David-Hotel*. – Etwa 50 m weiter an einer kleinen Nebenstraße der König-David-Straße die *Herodeshöhle*. Daneben die Reste eines aus großen Monolithen errichteten Mausoleums, das als *Herodianergrab* bezeichnet wird. Besonders beachtenswert der große Rollstein am Eingang. Das in Form eines Kreuzes angelegte Grab wird dem König Herodes zugeschrieben, der jedoch in den Bergen bei Bethlehem beigesetzt wurde. Wahrscheinlich diente es als Bestattungsort für die Mitglieder der königlichen Familie, die der König z. T. hinrichten ließ. Die Sarkophage sind seit dem Zweiten Weltkrieg nicht mehr vorhanden. Östlich erstreckt sich das alte Viertel YEMIN MOSHE (Künstlerviertel). – Dann erreicht die König-David-Straße den *Plumer-Platz* und endet 500 m südlich am *Bahnhof.*

Südöstlich vom Bahnhof der **Giv'at Hanania** oder **Djebel Abu-Tor** (777 m), der 'Berg des Bösen Rates' (nach einer im 14. Jahrhundert auftauchenden Sage, daß hier der Hohepriester Kaiphas in seinem Landhaus mit den Juden über die Tötung Jesu ratschlagte). Am Abhang des Berges Felsengräber, mit mehreren Kammern für Familien. Die Gräber sind im Laufe der Zeit wiederholt benutzt worden; im Mittelalter wohnten z.T. fromme Einsiedler darin, später dienten sie als Aufenthaltsort für Arme und Vieh.

Nördlich vom Bahnhof führt eine Straße an der schottischen *St.-Andreas-Kirche* (rechts) und an dem schon zur Zeit König Davids als Wasserreservoir benutzten *Sultansteich* (links; von Sultan Suleyman d. Pr. renoviert) vorüber hinab in das H i n n o m t a l, dann in Kurven aufwärts zum **B e r g Z i o n**, in dem das israelische Volk (die 'Tochter Zions' der Bibel) seit jeher das Ziel seiner Hoffnungen auf Rückkehr sah. Ob auf dem Berg König David begraben wurde, ist zweifelhaft; weit wahrscheinlicher liegt sein Grab bei den Gräbern der andern jüdischen Könige auf dem östlich benachbarten Berg Ophel. Nach der christlichen Überlieferung hielt hier Jesus mit seinen Jüngern am Gründonnerstag das Abendmahl; ebenso sollen hier die Fußwaschung Jesu sowie der Tod der Maria erfolgt sein. Im 4. Jahrhundert wurde auf dem Berg eine Apostelkirche erbaut, in der Kreuzfahrerzeit ein Dom mit einer Augustinerabtei. Im 14. Jahrhundert bauten dann die Franziskaner eine gotische Kirche, die ein Jahrhundert später in eine Moschee umgewandelt wurde und bis nach dem Ersten Weltkrieg von Christen und Juden nicht mehr betreten werden durfte. – Auf dem höchsten Punkt des Berges die 1906 von Beuron aus gegründete Benediktinerabtei *Dormitio Sanctae Mariae,* deren Name sich auf den Sterbeort der Maria bezieht. – Vom Kreuzgang des Klosters erreicht man den heute als Synagoge dienenden Raum der Fußwaschung, dann durch einen Gang einen großen gewölbten Raum mit dem sog. *Grab Davids;* auf einem von den ebenfalls David verehrenden Mohammedanern errichteten Kenotaph ein antiker Steinsarg, über den eine rote Decke gebreitet ist; darauf 22 silberne Thorakronen als Sinnbilder der Stämme Davids. Ferner hier weitere israelische Gedenkstätten, u. a. der 'Raum der Vernichtung', mit erschütternden Erinnerungen an das Schicksal der Juden in Deutschland 1939-45. Vom Raum der Fußwaschung führt links eine Treppe ins Obergeschoß, in den das *Coenaculum* (d. i. Abendmahlsraum) liegt, ein einst zur Kirche der Franziskaner gehörender, dann in eine Moschee umgewandelter, von Säulen und Pfeilern getragener gotischer Raum (16. Jh.), wo Jesus das Abendmahl gehalten haben soll. – Die 1900-10 errichtete neoromanische *Marienkirche,* auf dem Platz, den 1898 Kaiser Wilhelm II. anläßlich eines Besuches in Jerusalem vom Sultan Abdul Hamid zum Geschenk erhielt, erinnert an die Aachener Pfalzkapelle und an S. Vitale in Ravenna. In der Krypta unter einer Mosaikkuppel die Figur der entschlafenen Maria.

Vom Plumer-Platz führt nordwestlich die K e r e n - H a y e s o d - S t r a ß e zum südlichen Anfang der K i n g - G e o r g e - S t r a ß e (Rehov Melech George). Gleich links die **Heichal Shlomo,** das

Oberrabbinat des Landes Israel, ein hoher wuchtiger Bau, der auch eine große Synagoge enthält. – Nördlich anschließend die **Jewish Agency,** das umfangreiche Gebäude der Zionistischen Weltorganisation, die 1897 auf dem ersten Zionistenkongreß in Basel von dem Wiener Schriftsteller Dr. Theodor Herzl ins Leben gerufen wurde; in den Nebenräumen u. a. das *Zionistische Archiv.* – Weiter nördlich die große moderne *Yeshurun-Synagoge* und daneben das ehemalige *Ratisbonne-Kloster* (1874), jetzt Schule. Unweit nordwestlich, Rehov Shmuel Haganid Nr. 12, das *Künstlerhaus,* mit Ausstellungen Jerusalemer Künstler. – Auf der rechten Seite der King-Georg-Straße der große *Unabhängigkeitspark;* an seinem Ostende der bereits in ältester Zeit als Wasserreservoir benutzte *Mamilla-Teich.* – Etwa 400 m südlich von der Heichal Shlomo das nach seinem Stifter M. M. Sherover benannte, an eine Wüstenfestung erinnernde moderne **Theater** (1971 eröffnet).

Die die King-George-Straße jenseits der Jaffa-Straße nördlich fortsetzende S t r a u ß - S t r a ß e kreuzt nach etwa 100 m die Hanevi-Im-Straße (hinter der Kreuzung links die *Medizinische Akademie*) und erreicht dann das große *Histadrut-Gebäude,* den Sitz der Gewerkschaftsorganisation. – Von hier führt eine schmale Straße 200 m östlich zu der *Äthiopischen Kirche,* einem Kuppelbau von 1883.

Weiter im Norden der Stadt, im ROMEMA-VIERTEL, der **Zoologische Garten,** der nur in der Bibel vorkommende Tiere zeigt; an den Gehegen Tafeln mit den betreffenden Bibelstellen. – Weiter nordöstlich der schöne **Sanhedriya-Park,** mit drei in den Felsen gehauenen *Grabkammern aus dem 2. bis 1. Jahrhundert v.Chr., wohl für die Richter dieser Zeit; westlich gegenüber der *Baumgarten.*

Von dem zuvor genannten Ende der King-George-Straße führt die J a f f a - S t r a ß e am *Davidska-Denkmal* (ein Mörser) vorbei nordwestlich zum N o r d a u - P l a t z. Dahinter links abseits die *Binyanei Ha'ooma,* eine Kongreß- und Konzerthalle mit 3000 Plätzen; nördlich die *Central Bus Station.*

Etwa 600 m südwestlich vom Nordau-Platz gelangt man links durch die R u p p i n - S t r a ß e zu der noch weitere 600 m entfernten neuen **Hebräischen Universität,** an deren wirkungsvolles Hauptgebäude sich südlich zahlreiche Institute, ein Planetarium, ein Auditorium, ein Stadion, Studentenwohnheime, die *Nationalbibliothek,* eine Freilichtbühne in Form eines Amphitheaters und eine Synagoge anschließen. – Weiterhin an der Ruppin-Straße links das REGIERUNGSVIERTEL, das von dem in monumentalem Stil errichteten Gebäude für die **Knesset** (Parlament) beherrscht wird (eingeweiht am 30. August 1966; Mosaik und Wandteppich von M. Chagall); gegenüber dem Eingang zur Knesset steht die *Menora,* ein vom britischen Parlament gestifteter, von dem deutschen Bildhauer Benno Elkan ge-

Parlamentsgebäude (Knesset) in Jerusalem

schaffener riesiger siebenarmiger Leuchter aus Stein.

Südlich gegenüber der Knesset in schöner Lage auf dem Hügel 'Naveh Schaanan' ('Ort der Ruhe') das 1965 eröffnete **Israel-Museum,** das aus mehreren architektonisch verschieden gestalteten Bauten besteht, z. B. *Kunstmuseum-Bezalel, Biblisches und Archäologisches Museum* (Sammlung Bronfman), Schrein des Buches. Es enthält alte jüdische Kunst- und Kultgegenstände, Einrichtungen alter Synagogen, einen französischen Renaissance-Salon, bedeutende archäologische Funde aus israelischem Boden sowie Israels Besitz an modernen Gemälden und Skulpturen (darunter viele Geschenke aus Amerika; umfangreiche Picasso-Sammlung). Als Bauwerk besonders eindrucksvoll ist der *Schrein des Buches,* der einen Teil (sieben) der 1948 gefundenen *Schriftrollen von Qumran am Toten Meer (um 100 v.Chr. niedergeschriebene Auszüge aus dem Buch des Propheten Jesaia) und andere Funde aus der Gegend des Toten Meeres birgt; am Eingang eine schwarze Basaltmauer, auf der zwölf Flammen an die Opfer der Nazi-Verfolgung gemahnen; der Hauptraum hat die Form eines antiken Kruges und ist von einer weißen, wasserbesprühten Kuppel überwölbt. Ein 'Kunstgarten', von B. Rose gestiftet, von dem Japaner I. Noguchi entworfen, zeigt Werke moderner Plastik.

Östlich vom Israel-Museum das griechisch-orthodoxe **Kloster zum Hl. Kreuz,** an dessen Stelle nach einer Überlieferung aus dem 4. Jahrhundert der Baum gestanden haben soll, aus dessen Holz das Kreuz Jesu gefertigt wurde. Der angebliche Standort des Baumes ist durch einen silbernen Ring hinter dem Altar gekennzeichnet. Das im 6. Jahrhundert vermutlich von der byzantinischen Kaiserin Helena errichtete Kloster, das im Lauf der Zeit zahlreiche Anbauten erhielt, aber seine einstige Wehrhaftigkeit noch gut erkennen läßt, hat eine wuchtige Umfassungsmauer mit sehr kleinem Eingang, der nur in gebückter Haltung betreten werden kann.

Beachtenswert vor allem die schöne Kuppel sowie die Fresken (schlecht restauriert).

Vom Nordwestende der Jaffa-Straße führt der Herzl-Boulevard nach Südwesten. An ihm liegt nach etwa 1 km rechts der *Soldatenfriedhof* für die Gefallenen Jerusalems. Dann folgt, ebenfalls rechts, der **Herzl-Berg,** mit dem *Grab von Theodor Herzl* (Begründer der Zionistischen Bewegung; 1860-1904), einem einfachen schwarzen Stein; nahebei das *Herzl-Museum,* mit einer Nachbildung von Herzls Wiener Arbeitszimmer, einer Bibliothek und dem Herzl-Archiv. – Unweit nordwestlich, auf einem Hügel, die Gedenkstätte **Yad Vashem** für die unter den Nationalsozialisten umgekommenen sechs Millionen Juden (Ewige Flamme, Ausstellungen, Synagoge u.a.). – Der Herzl-Boulevard führt weiter zu dem Dorf *En Kerem* (St. Johann), das als Geburtsort Johannes des Täufers gilt (zwei Franziskanerkirchen). – Weiter westlich auf einem anderen Hügel das große **Hadassah Medical Center** (Universitätskliniken; in der Synagoge 12 Glasfenster von M. Chagall). – Noch weiter südlich (etwa 9 km vom Zentrum) eine 1966 eingeweihte *Kennedy-Gedenkstätte.*

UMGEBUNG von Jerusalem

Von der Altstadt von Jerusalem **nach Bethlehem** (10 km) gelangt man vom Damaskustor auf der südwestlich in Richtung Hebron führenden Straße. – Nach 6,5 km rechts abseits das im 12. Jahrhundert erbaute und im 17. Jahrhundert erneuerte griechisch-orthodoxe *Elias-Kloster* ('Deir Mar Elias'). – 1,5 km weiter rechts das sogenannte *Grab der Rachel* ('Kubbet Rahil'), ein aus dem 18. Jahrhundert stammender kleiner Kuppelbau, der über dem Grab der Rachel stehen soll, in das sie Jakob gebettet hat, als sie kurz nach der Geburt des Benjamin starb. – Kurz darauf eine Straßenteilung: rechts nach Hebron (33 km), links noch 2 km bis Bethlehem.

Bethlehem ('Brothaus'), die 'Stadt Davids' (Luk. 2,4) und Geburtsort Jesu, heute mit 25 000 Einwohnern, liegt ähnlich wie Jerusalem auf zwei Hügelrücken.

In christlicher Zeit kam Bethlehem durch die zahlreichen Pilgerfahrten zur Geburtsstätte Jesu zu Bedeutung. Im Jahre 330 ließ Kaiser Konstantin hier eine prächtige Basilika bauen. Justinian führte die Stadtmauern wieder auf. Klöster und Kirchen wurden errichtet, und um 600 wird es ein 'glänzender Ort' genannt. Im Jahre 1110 wurde Bethlehem zum Bischofssitz erhoben. Als die Kreuzfahrer heranrückten, zerstörten die Araber die Stadt. Bald aber bauten die Franken den Ort neu auf und gründeten beim Kloster ein Schloß. 1244 wurde Bethlehem von den aus Mittelasien kommenden fanatischen Banden der Charesmier zerstört, 1489 abermals verwüstet. Erst in den letzten Jahrhunderten hat sich der Ort wieder erholt. – Die Einwohner sind geschickt in Perlmutarbeiten. Interessant ist der Besuch einer Werkstätte, wo auch die Echtheit der Artikel als Handwerksarbeit verbürgt ist. In den Suks herrscht an Markttagen ein recht orientalisches Treiben. Bemerkenswert die mit prächtigen Ornamenten gezierten bunten Kleider der Frauen Bethlehems, die sich von den einfachen schwarzen Gewändern der Beduinenfrauen unterscheiden.

Die über der Geburtsstelle Jesu errichtete *Geburtskirche,* im Osten der Stadt, ist gemeinsamer Besitz der Griechen, Lateiner und Armenier. Schon Justinus der Märtyrer, der erste Apologet (Kirchenvater; 165 n. Chr. hingerichtet), verlegt den Stall, in dem Jesus geboren wurde, in eine Höhle. Die darüber erbaute Kirche soll nach einem unglaubwürdigen Bericht von Hadrian zerstört und durch einen Adonistempel ersetzt worden sein. Sicher ist, daß Kaiser Konstantin im Jahre 330 hier eine Basilika errichten ließ, die wahrscheinlich zum großen Teil in dem heutigen Gebäude erhalten ist, wenngleich andere Forscher darin einen Restaurationsbau Justinians (527-565) erblicken. Die übereinstimmenden Berichte aller Pilger zeigen, daß Lage und Bauart der Kirche stets gleich geblieben sind. In der Kreuzfahrerzeit fand eine durchgreifende Ausbesserung und Verschönerung der Kirche statt. Dank der Freigebigkeit des byzantinischen Kaisers Manuel Komnenos (1143-1180) wurden ihre Wände mit vergoldeten Mosaiken geschmückt, und ihr Dach war mit Blei gedeckt. 1482 wurde das stark beschädigte Dach wieder ausgebessert; Eduard IV. von England gab das Blei, Philipp von Burgund das Fichtenholz dazu. Schon damals begannen die Mosaiken zu zerfallen. Gegen Ende des 17. Jahrhunderts nahmen die Türken das Blei des Daches weg, um Kugeln daraus zu gießen. Bei einer Renovierung 1672 setzten sich die Griechen in den Besitz der Kirche. Die Lateiner erlangten erst 1852 durch Intervention Napoleons III. wieder ein Anrecht auf sie.

Durch eine niedere Pforte gelangt man in die Vorhalle an der leider ziemlich verunstalteten Westseite der Kirche; dann durch ein weiteres Tor in das durch vier Reihen korinthischer Säulen gegliederte Langschiff, das einst mit Marmor verkleidet war. An den Säulenschäften erkennt man die Spuren zahlreicher Heiligenfresken, wohl aus dem frühen 12. Jahrhundert. Über dem Architrav stellen Goldmosaiken aus dem Jahre 1168 die Vorfahren Christi und die sieben ersten Ökumenischen Konzile dar. Das Querschiff ist nur durch zwei einander gegenüberliegende Apsiden angedeutet. Der stufenweise sich verjüngende Chor endet ebenfalls in einer Apsis, mit dem Hauptaltar. Auch im Querschiff und Chor Freskendarstellungen aus dem Neuen Testament. – Beiderseits des Hauptaltars führen Treppen zur *Geburtsgrotte* hinab. Die einst mit Marmor verkleidete und mit Mosaiken geschmückte Grotte ist heute vom Rauch der Kerzen dunkel gefärbt. An der vermuteten Geburtsstelle Christi im Osten der Grotte steht ein kleiner Altar, über dem ein nur noch in Resten erhaltenes Mosaik die Geburt Jesu darstellt. Auf die genaue Geburtsstelle weist unter dem Altar ein silberner Stern mit der Aufschrift 'Hic de Virgine Maria Jesus Christus natus est' hin. – Unter der Kirche befinden sich außerdem eine Reihe weiterer Grotten, die nur von der nördlich an die Basilika anschließenden katholischen Katharinenkirche aus betreten werden können. Zwischen den beiden Weltkriegen wurden unter der Kirche schöne Mosaiken und eine sehenswerte Ikonenwand freigelegt.

Vom Vorplatz der Geburtskirche führt ein Weg südöstlich zwischen Häusern und dem griechischen Kloster mit seinen Nebenbauten hindurch. Nach 5 Minuten erreicht man rechts die sog. *Milchgrotte* oder *Frauenhöhle,* eine in eine Kapelle verwandelte Höhle (5 x 3 x 2,6 m), in der sich die Heilige Familie vor der Flucht nach Ägypten verborgen haben soll. Dabei soll ein Tropfen der Muttermilch Marias auf die Erde gefallen sein und dem Kalkstein der Höhle die Kraft verliehen haben, den Frauen und auch dem Vieh die Milch zu vermehren.

Kabylei s. bei Algier

Kairo / Cairo
Misr el-Kahira

Ägypten.
Gouvernorat: Kairo.
Höhe: 20 m ü.d.M.
Einwohnerzahl: 6 500 000, Großraum 8,8 Mio.
ⓘ **Fremdenverkehrsamt und Touristenpolizei,**
Scharia Adly 5.
Weitere Dienststellen am *Hauptbahnhof,*
am *Flughafen* und bei den Pyramiden in *Giseh.*

BOTSCHAFTEN. – *Bundesrepublik Deutschland,* Dokki, Scharia Boulos Hanna 20; *Deutsche Demokratische Republik,* Dokki, Rue Hussein Wassef Pacha 13; *Republik Österreich,* Dokki, Scharia Sadd

El Aaly; *Schweizerische Eidgenossenschaft,* Scharia Abdel Khalek Saroit 10.

HOTELS. – **Nil Hilton,* Corniche en-Nil / Midan Tahrir, L, 800 B.; **Sheraton,* Giseh, Midan el-Gala 2, L, 658 B.; **Shepheard's,* Garden City, Corniche en-Nil, L, 544 B.; **Semiramis,* Corniche en-Nil, L, 288 B.; **Meridian,* Corniche en-Nil, L, 800 B.; *Omar Kayyam,* Samalek, Scharia Sarai el-Gesira, I, 429 B.; *En-Nil,* Corniche en-Nil, I, 464 B.; *Atlas,* Scharia el-Gumhurija 2/Opernplatz, I, 190 B.; *Cleopatra,* Scharia Abdul Salam Aref/Midan Tahrir, I, 156 B.; *El-Borg,* Gesira, Scharia Sarai el-Gesira, I, 140 B.; *Manijal Palace,* im Muhammed-Alí-Palast, Scharia Manijal, z. T. Bungalows; *El-Mokattam,* Mokattam City, I, 87 B.; *Continental,* Opernplatz 10, II, 363 B.; *Shehrazade,* Agusa, Scharia en-Nil 182, II, 160 B.; *Windsor,* Scharia el-Alfi 3, II, 75 B.

Bei den Pyramiden: *Mena House, Mena Garden, Jolie Ville* (Mövenpick), Scharia el-Ahram, I, zus. 850 B. – Am Flughafen:*Cairo Airport,* L, 98 B. – In Heliopolis: **Heliopolis Sheraton,* Uruba St., L, 1360 B.

JUGENDHERBERGEN. – *Garden City,* Scharia el-Ibrahimi; *Kohinoor,* Giseh, Scharia Schukri 8; *El-Manijal,* Roda, Scharia Abdel Asis 135. – CAMPINGPLATZ (auch Bungalows) bei den Pyramiden.

RESTAURANTS mit internationaler Küche in den genannten Hotels. – Ägyptische Küche: *El-Dahan,* Khan el-Khalili 4; *Ali Hasan el-Hati,* Midan Halim 8; *Filfila,* Scharia Hoda Schaarawi 15; *Arabesque,* Kasr en-Nil; u. a.

Die ägyptische Hauptstadt ***Kairo* **(Cairo), arabisch el-Kahira oder Misr el-Kahira genannt, die größte Stadt des afrikanischen Kontinents wie auch der islamischen Welt und als 'Tor zum Orient' Mittler zwischen Christentum und Islam, liegt auf 30°4′ nördlicher Breite sowie 31°17′ östlicher Länge mit ihrem Kern am rechten Ufer des Nils, rund 20 km südlich der Gabelung des Flusses in die Deltaarme Damiette und Rosette.**

Am östlichen Stadtrand erheben sich die nackten rötlichen Felswände des Mokattam-Gebirges, hinter dem sich die östliche Wüste ausbreitet. Nach Süden hin reicht die Stadt über Alt-Kairo hinaus bis zum Vorort Maadi, im Westen wächst sie jenseits des Flusses mit ihren neuentstandenen Vierteln in die Wüste hinaus. Kairo ist Sitz der Regierung, des Parlaments und der obersten Verwaltungsbehörden des Landes sowie der religiösen Oberhäupter und besitzt mehrere Universitäten und angesehene Fachhochschulen.

GESCHICHTE. – Schon im frühen Altertum lag etwa auf der Höhe der Pyramiden, am Ostufer des Nils, die Stadt *Chere-ohe* (= 'Ort des Kampfes', da sich hier Horus und Seth bekämpft haben sollen). Die Griechen nannten die Stadt *Babylon,* ebenso wie auch später die Römer, die sie zum Kastell ausbauten. – Nach der Eroberung durch die Kalifen im Jahre 641 n. Chr. legten diese nördlich der alten Festung in der Ebene die neue Hauptstadt des Landes *Fustat* an, die von den Arabern wie das Land auch 'Misr el-Fustat' oder kurz 'Misr' genannt wurde.

Im Jahre 750 brannte die Stadt beim Sturz der Omaijaden mit Ausnahme der großen Moschee vollständig nieder. In der Folgezeit entstand weiter nördlich die neue Residenz des Ortes *Al-Askar* und Ende des

Kairo – Panorama der ägyptischen Hauptstadt

9. Jahrhunderts der Ortsteil *Al-Katai* mit der Tulun-Moschee. Als Gohar, Feldherr des Fatimiden Muizz, im Jahre 969 Ägypten eroberte, legte er nördlich von al-Katai das Heerlager *Misr al-Kahira* (= 'Stadt des siegreichen Mars') an und begründete damit die Stadt Kairo. Saladin umschloß die beiden Städte Fustat und al-Kahira im 12. Jahrhundert mit einer gemeinsamen Mauer, die jedoch nie vollendet wurde, und begann mit dem Bau der Zitadelle. Unter den prunkliebenden Fatimiden entwickelte sich Kairo auf das glänzendste und erreichte im 14. Jahrhundert die höchste Blüte, wenngleich zu jener Zeit die Pest mehrfach einen Großteil der Bürger dahinraffte und wiederholte Revolten, Aufstände und blutige Christenverfolgungen den Burgfrieden störten. – Nach der Schlacht bei Heliopolis zog 1517 der osmanische Sultan Selim I. in Kairo ein. Obwohl die Stadt unter der Türkenherrschaft mancherlei Plünderungen und Unterdrückungen zu erleiden hatte, blieb sie doch immer noch voll Leben und kultureller Regsamkeit.

Napoleon erkor die Stadt während seiner Ägyptischen Expedition der Jahre 1798/99 zu seinem Hauptquartier. 1805 nahm Muhammed Ali als Pascha von Ägypten die Zitadelle in Besitz und ließ in ihr 480 geladene Mameluckenführer niedermachen. Seither hat Kairo, insbesondere durch die Eröffnung des Sueskanals, einen neuerlichen, raschen Aufschwung genommen und erhebliche städtebauliche Erweiterungen erfahren. Heute bietet die Stadt im Kontrast ihrer übervölkerten und noch immer mittelalterlich anmutenden Araberviertel und Basare und der neueren, nach europäischem Muster angelegten Straßenzügen und Plätzen sowie etlichen Hochhäusern ein überaus eindrucksvolles Stadtbild.

SEHENSWERTES. – Mittelpunkt der NEUEREN STADT ist der **Midan at-Tahrir** (= Platz der Befreiung), mit dem Befreiungsdenkmal (als Faruk-Denkmal begonnen). Hier laufen die wichtigsten Verkehrswege der Stadt zusammen. – Im Südosten des Platzes liegen die Gebäude der Nationalversammlung und des Außenministeriums.

Nordwestlich des Tahrir-Platzes, in einem langgestreckten Bau (1897-1902), das ****Ägyptische Museum,** das mit den Funden ägyptischer und griechisch-römischer Altertümer aus dem Niltal die größte und bedeutendste Sammlung ihrer Art besitzt. Das Museum wurde 1857 von dem französischen Ägyptologen Auguste Mariette (1821-81) gegründet. – Die ausführliche Besichtigung des Museums, dessen Schauräume nur einen Bruchteil der tatsächlichen Museumsbestände zeigen, erfordert mehrere Tage. Bei kurzem Aufenthalt empfiehlt es sich, den Besuch auf den berühmten Grabschatz des Tutanchamun und auf einige Denkmäler des Alten Reiches zu beschränken.

Erdgeschoß (Großdenkmäler von der altägyptischen bis zur griechisch-römischen Zeit). – *Rotunde:* Neuerwerbungen, wechselnde Ausstellungen. – *Große Galerie:* Steinsarkophage des Alten Reiches. – PYRAMIDENZEIT DES ALTEN REICHES (III.-VI. Dyn.). – *Saal 42:* Dioritstatue des Königs Chephren (Nr. 138); Holzstatue des sog. Dorfschulzen (Nr. 140); Sitzbild des Königs Djoser (Nr. 6008). – *Saal 32:* Kalksteinstatue des Prinzen Rahotep und seiner Gemahlin Nofret (Nr. 223); Kalksteinstatuen des Priesters Ranufer (Nr. 224/225); Sechs Gänse (Stuckbild Nr. 136 E); in Kupfer getriebene Statue des Königs Phiops I. (Nr. 230). – MITTLERES REICH UND HYKSOSZEIT (XI.-XVII. Dyn.). – *Saal 26:* Kalk-

Platz der Befreiung in Kairo

steinstatue des Königs Amenemmes III. (Nr. 284). – *Saal 22* (Mitte): Grabkammer des Harhotp, mit Bildern des Hausrats des Toten (Nr. 300); zehn überlebensgroße Kalksteinstatuen Sesostris' I. (Nr. 301 ff.).

NEUES REICH (XVIII.–XXIV. Dyn.). – *Saal 12:* Thutmosis III. als Jüngling mit der oberägyptischen Krone (Nr. 400); Denkinschrift auf die Siege Thutmosis' III. (Nr. 420); Statue der Eset (Isis), der Mutter Thutmosis' III. (Vitrine B, Nr. 424); Thutmosis III. opfernd (Nr. 428); Kapelle und heilige Kuh der Hathorm von Thutmosis III. geweiht (Nr. 445 f.); die Königin von Punt (Relief; Nr. 452); Statuen des Amenophis (Nr. 459, 465, 476); Statue des Gottes Chons (Nr. 462). – *Saal 3* (Amarna-Zeit): Kolossalstatuen Amenophis IV. (Echnaton), aus seinem Tempel in Karnak (Nr. 6015 f., 6182). – *Saal 7:* Sphinx der Königin Hatschepsut (Nr. 6139). – *Nördliche Säulenhalle 13:* Denkstein der Könige Amenophis III. (Memnon) und Merenptah (Nr. 599). – *Mittlerer Lichthof* (Räume 18, 23, 28, 33): Kolossalgruppe Amenophis III. mit Gemahlin und drei Töchtern (Nr. 610); Palastfußboden aus Amarna (Nr. 627); Osirisbahre (Nr. 621). – *Galerie 20:* Granitkopf Ramses' II. (Nr. 675).

SPÄTZEIT. – *Saal 24:* Kopf eines hohen Beamten (Nr. 1184); Kopf des Königs Taharka (Tirhaka der Bibel; Nr. 1185); 'Pithomstele', Gedenkstein des Königs Ptolemaios II. Philadelphus. – *Saal 30:* Alabasterstatue der Fürstin Amenerdaïs (Nr. 930). – GRIECHISCH-RÖMISCHE und KOPTISCHE ZEIT. – *Saal 34:* Dreisprachiges Dekret von Kanopus (238 v. Chr.) in hieroglyphischer, demotischer und griechischer Schrift.

Obergeschoß. – *Säle 4, 7-10, 15, 20, 25, 30, 35, 40 und 45:* **Fundstücke aus dem Grabe des Tutanchamun, des etwa im 18. Lebensjahr verstorbenen Schwiegersohnes und Nachfolgers Amenophis' IV. (Echnaton). Das Grab wurde 1922 durch Howard Carter im Tal der Könige (Theben) entdeckt und ist mit seiner Fülle von Beigaben, die zu den besten Leistungen des ägyptischen Kunsthandwerks gehören, der vollständigste und kostbarste Grabfund, der je in Ägypten gemacht wurde. Besonders erwähnt seien hier der innerste *Sarg des Königs in Mumienform, mit Geier und Schlange an der Stirn, den Abzeichen der Königswürde, ganz aus massivem Gold (Vitrine 29: Nr. 219) sowie die *Goldene Maske, die im Innern des Goldsarges auf der Mumie lag, mit den Zügen des Königs (Vitrine 32: Nr. 220).

Raum 2: Grabschatz der Königin Hetepheres, der Mutter des Cheops. – *Raum 3:* **Schmucksammlung, welche die Entwicklung der ägyptischen Goldschmiedekunst von der ältesten Zeit (um 3200 v. Chr.) bis zur byzantinischen Zeit (395-650 n. Chr.) hervorragend repräsentiert. Von besonderem Interesse sind hier u. a. vier Armbänder aus dem Grabe des Königs Djer (I. Dyn.; Vitrine 2), die hohes handwerkliches Können bereits in frühester Zeit beweisen, ein goldener Falkenkopf (VI. Dyn.; Vitrine 3, Nr. 4010), der *Grabfund von Dahschur, mit hervorragenden Arbeiten aus der Zeit des Mittleren Reiches (XII. Dyn.), der *Schmuck der Königin Ahhotp, der Mutter des Königs Amosis, des Hyksosbesiegers (1580 v. Chr.; Vitrine 10), ein Goldschatz der XIX. Dynastie aus Bubastis (Vitrine 11) und der Goldschmuck der Königinnen Teje (XVIII. Dyn.) und Tewosret (XIX. Dyn.). – *Saal 13:* Sarg und Beigaben aus dem Grabe des Jujy und seiner Frau Tuja, der Schwiegereltern Amenophis' III. – *Saal 12:* Fundstücke aus den Königsgräbern in Theben. – *Saal 17:* Grabfund des Wedelträgers Maj-her-peri (XVIII. Dyn.). – *Säle 22, 27, 32 und 37:* Särge und Grabbeigaben aus dem Mittleren Reich. – *Saal 14:* römische Särge und Mumienporträts. – *Saal 19:* Figuren von Göttern und heiligen Tieren. – *Säle 24 und 29:* Totenpapyri, Zeichnungen auf Kalksteinsplittern und Modelle für Bildhauer.

Saal 52 (seit Herbst 1980 geschlossen): Mumien, besonders von Pharaonen, in chronologischer Abfolge sowie anschließend von Königinnen. Die jeweils beigefügten Röntgenbilder geben Aufschluß über Alter, Gesundheitszustand und Todesursache.

Unweit östlich vom Tahrir-Platz und jenseits des Ägyptischen Museums erreicht man die ***Corniche en-Nil,** die von zahlreichen modernen Großhotels und Repräsentationsbauten gesäumte Flußuferstraße. – Nordöstlich vom Tahrir-Platz erstrecken sich die Hauptgeschäftsviertel der neueren Stadt, die von durchaus europäischem Charakter sind. Die hier in den Läden angebotenen Waren haben feste ausgezeichnete Preise und können, im Gegensatz zu den Basaren, nicht heruntergehandelt werden.

Als weiterer Schwerpunkt des städtischen Lebens und einst pulsierendes Herz der Neustadt Kairos erstreckt sich an der Grenze zur arabischen Altstadt der prächtige, heute von der Straße des 26. Juli durchschnittene *Esbekija-Garten an der Stelle des ehemaligen Esbekija-Sees. Die Anlage entstand 1870 unter Leitung des Pariser Gartenarchitekten Barillet. Der Garten ist von zahlreichen exotischen Sträuchern und Pflanzen bestanden, darunter der aus Indien eingeführte Banjan (Ficus bengalensis), dessen Luftwurzeln immer wieder neue Stämme bilden. – Südlich vor dem Esbekija-Garten erstreckt sich der Opernplatz, mit dem 1971 ausgebrannten Opernhaus (Wiederaufbau im Gange), in dem 1871 Verdis Aida uraufgeführt wurde, sowie einem Reiterstandbild von Ibrahim Pascha (von Cordier). – An der Westseite führt die Scharia al-Gumhurija entlang, nördlich (1 km) zum **Hauptbahnhof** mit dem *Eisenbahnmuseum,* südlich (1 km) zum **Abdin-Palast** (19. Jahrhundert), heute Residenz des Präsidenten. Die ehemali-

Präsidentenpalast in Kairo

gen Privaträume des Königs sind als Museum zu besichtigen (Gemälde, Teppiche).

Vom Esbekija-Garten führt die moderne, von Geschäften gesäumte **Straße des 26. Juli** westwärts bzw. nordwestwärts und auf der Brücke des 26. Juli über den Nil hinweg zu der 5 km langen und kaum 1 km breiten **Insel Gesira** (eigentl. Gesira Bulak), mit dem vornehmen Wohnviertel SAMALEK sowie dem sehenswerten *Aquarium* (Nilfische) im nördlichen Teil sowie ausgedehnten Park- und Sportanlagen (Gesira Sport- und Racing-Club; Golfplatz; Ausstellungsgelände Tahrir-Garten; Andalusischer Garten) im südlichen Teil. Hier erhebt sich als Wahrzeichen des neuen und modernen Kairo der 187 m hohe **Kairo-Turm,** von dessen Aussichtsplattformen und Restaurant man einen herrlichen *Rundblick genießt. Südlich vom Kairo-Turm das **Gesira-Museum,** mit einer Abteilung zur *Geschichte des Wagens* sowie dem *Museum für ägyptische Zivilisation.* – Vor der Südspitze der Insel, im Nil, eine weithin sichtbare Fontäne. – Den südlichen Teil der Insel Gesira erreicht man vom Tahrir-Platz aus direkt über die Tahrir-Brücke.

Weiter stromaufwärts liegt die kleinere **Insel Roda,** ebenfalls mit Wohnvierteln. Im nördlichen Teil der Insel der 1805-18 unter Mohammed Ali entstandene **Manijal-Palast** (jetzt Museum). Auf der Südspitze der Insel der **Nilometer,** ein Wasserstandsanzeiger (um 715 erbaut; später mehrfach restauriert), der heute seine Bedeutung verloren hat, doch von großem historischem Interesse bleibt. – Westlich der Nilinseln Gesira und Roda die neuen Stadtteile DOKKI mit dem **Landwirtschaftsmuseum,** inmitten eines prachtvollen Parkes, sowie GISEH mit den ausgedehnten Anlagen des **Zoologischen Gartens** (Tierwelt Afrikas) und der **Universität von Kairo.**

Als Hauptader der arabischen ALT-STADT von Kairo zieht die in der ersten Hälfte des 19. Jahrhunderts angelegte *Muski und in der Fortsetzung die Scharia Gohar el-Kait vom Esbekija-Garten südostwärts. Äußerlich hat der Straßenzug durch zahlreiche, nach europäischer Art aufgemachte Geschäfte den morgenländischen Charakter weitgehend verloren. Geblieben ist hier jedoch das von früh bis abends wogende lärmig-orientalische Leben und Treiben. – Östlich des ehemaligen Stadtkanals, heute Scharia Port Said, erstreckt sich die alte, von Gohar gegründete FATIMIDENSTADT, von deren seit 1074 errichteter zweiter Stadtmauer noch die Nordtore Bab el-Futuh und Bab en-Nasr sowie das Südtor Bab Suweila erhalten sind. – Bei der Kreuzung zwischen der Scharia Gohar el-Kait und dem vom Bab el-Futuh zum Bab Suweila

verlaufenden Straßenzug die Moschee *Madrasa el-Ashrafija* (von 1424; hübsches Portal). Hier befindet man sich bereits mitten im *BASARVIERTEL, das mit seinen großen Basaren (arab. Suk) und seinem dichten Menschengewühl stets eine Fülle an Neuem und Interessantem bietet.

Beim **Einkauf im Basar** informiere man sich zuvor über die gängigen Preise der gewünschten Ware. Es ist üblich zu feilschen, denn der Händler wird seine erste Preisforderung stets so bemessen, daß er noch um einen erklecklichen Betrag abrunden kann. Bei aller Freude am Handeln bedenke man stets, daß die meisten Güter wegen der minimalen Arbeitslöhne in Ägypten ohnehin billiger sind als bei uns und es dem Reisenden aus einem reichen Lande wohl ansteht, den Preis nicht aufs Äußerste zu drücken.

Biegt man bei der genannten Kreuzung links ab, so gelangt man gleich links zum *Basar der Gold- und Silberschmiede* (Filigranarbeiten). – Weiter östlich anschließend der große Basar *Khan el-Khalili,** der um 1400 an der Stelle eines Fatimidenschlosses begonnen wurde und mit seinen jetzt auf Fremdenverkehr eingestellten Läden (Teppiche, Tuche, Seide) seinen altertümlichen Charakter gut bewahrt hat. – An einem kleinen Platz im Basarviertel die *Saijidna-el-Husein-Moschee* (von 1792) im neugotischen Stil zu Ehren des Prophetenenkels über einem älteren Gotteshaus erbaut. Der Schädel des 680 in der Schlacht von Kerbela (Mesopotamien) gefallenen Husein soll hier ruhen. Die Moschee wird während des Fastenmonats Ramadan besonders geschmückt.

Wendet man sich an der genannten Straßenkreuzung bei der Barsbai-Moschee nach rechts, so erreicht man alsbald die **Scharia al-Ashar,** die vom Opernplatz ausgehend unweit östlich auf dem Platz vor der Ashar-Moschee endet. Hier findet man zahlreiche arabische Buchhandlungen.

Die *El-Ashar-Moschee* ('die Blühendste'), das 972 von Gohar vollendete bedeutendste Baudenkmal aus der Fatimidenzeit, wurde 988 durch den Kalifen el-Asis zur Universität erhoben. Sie wurde nach dem Erdbeben von 1303 erneuert, und in der Folgezeit bemühten sich die Großen des Landes, das ehrwürdige Gebäude zu erhalten und zu erweitern, so im 18. Jahrhundert der reiche Abd er-Rahman Kihja, in neuerer Zeit namentlich Said Pascha, Taufik und Abbas II. Der ursprüngliche Bau ist in dem regelmäßigen Rechteck seines

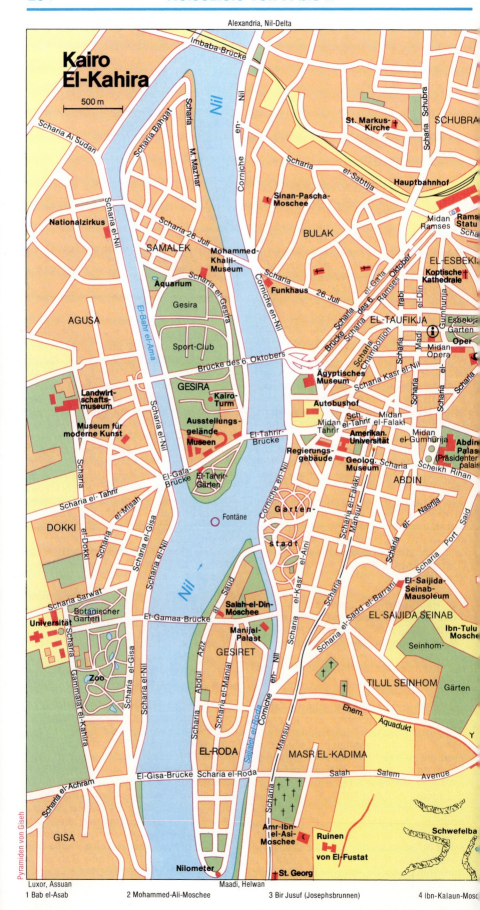

Alexandria, Nil-Delta

**Kairo
El-Kahira**

500 m

Nil

Imbaba-Brücke

Scharia Al Sudan

Scharia Bangat

Scharia Bangat

M. Mazhar

en- Nil

Corniche

SCHUBRA

Scharia Schubra

St. Markus-
Kirche

Scharia
el-Sabtija

Hauptbahnhof

Nationalzirkus

Scharia el-Nil

Scharia 26 Juli

SAMALEK

Mohammed-
Khalil-
Museum

Aquarium

Scharia el-Gesira

Gesira

AGUSA

El-Bahr el-Ama

Sport-Club

Landwirt-
schafts-
museum

Scharia el-Nil

GESIRA

Kairo-
Turm

Museum für
moderne Kunst

Ausstellungs-
gelände
Museen

El-Gala-
Brücke

El-Tahrir-
Gärten

El-Tahrir-
Brücke

Scharia el-Tahrir

DOKKI

el-Misah

el-Dokki

Scharia

Scharia el-Tahrir

Scharia el-Gisa

Fontäne

Sinan-Pascha-
Moschee

BULAK

Scharia

Funkhaus

Corniche en-Nil

26. Juli

Scharia el-Gata

Brücke des 6. Oktobers

Brücke des 6. Oktober

Ägyptisches
Museum

Scharia Kasr el-Nil

Autobushof

Midan
Tahrir

Sch.
el-Tahrir

Midan
el-Falaki

Amerikan.
Universität

Regierungs-
gebäude

Geolog.
Museum

Corniche en-Nil

Gar-ten-

Scharia

stadt

el-Aini

Champollion

EL-ESBEKI.

Koptische
Kathedrale

EL-TAUFIKJA

Esbekija
Gärten

Oper

Midan
Opera

Midan
el-Gumhurija

ABDIN

Scheikh Rihan

Abdin
Palas
(Präsidenten
palais)

ABDIN

Midan
Ramses

Rams
Statu

Sch

Gumhurija

Irabi

el-Din

Ramses

des 6.

Oktober

Nashja

Scharia el-Falaki

Mansur

Scharia el-Falaki

Mansur

Scharia el-

Scharia el-Sadd el-Barrani

Scharia Port Said

AGUSA

El-Saijida-
Seinab-
Mausoleum

Scharia Sarwat

Botanischer
Garten

Universität

Gammalat el-Kahira

Zoo

El-Gamaa-Brücke

Scharia Aziz

Abdul Aziz

Scharia el-Manial

Salah-el-Din-
Moschee

Manijal-
Palast

GESIRET

Scharia el-Gisa

Scharia el-Nil

Scharia el-Gisa

el-Saud

Scharia el-Kasr

Scharia

EL-SAIJIDA SEINAB

Ibn-Tulu
Mosche

Seinhom-

TILUL SEINHOM

Gärten

Ehem.

Äquadukt

Salem

Salah

Salem

Avenue

Scharia el-Achram

Pyramiden von Giseh

GISA

Scharia el-Achram

Saijalet el-Roda

Corniche en- Nil

Mansur

EL-RODA

El-Gisa-Brücke

Scharia el-Roda

MASR EL-KADIMA

Amr-Ibn-
el-Asi-
Moschee

Nilometer

St. Georg

Ruinen
von El-Fustat

Schwefelba

Luxor, Assuan   Maadi, Helwan

1 Bab el-Asab   2 Mohammed-Ali-Moschee   3 Bir Jusuf (Josephsbrunnen)   4 Ibn-Kalaun-Mosc

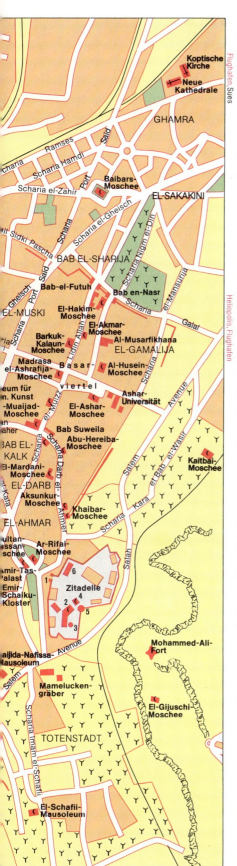

Grundrisses unschwer zu erkennen. Noch heute gilt die *El-Ashar-Universität** als die hervorragendste Bildungsstätte des Islam.

Haupteingang ist das *Bab el-Musaijini* (= 'Tor der Barbiere'), an der Nordwestseite des Gebäudes, neben der von Abbas II. in neuarabischem Stil errichteten Fassade. Man betritt zunächst einen kleinen V o r h o f ; an ihn grenzen rechts die *Madrasa et-Taibarsija* mit prachtvoller Gebetsnische (Mihrab) von 1309, links die *Madrasa el-Akkughawija*, ebenfalls aus dem 14. Jahrhundert, jetzt Bibliothek (60 000 Bände, 15 000 Handschriften). – Durch das schöne Innenportal gelangt man sodann in den von fünf Minaretten überragten H a u p t h o f (Sahn), um den ein unter Taufik erneuerter Arkadengang läuft, dessen Fassade mit persischen Kielbogen sowie mit flachen Nischen und Medaillons geschmückt und von Zinnen bekrönt ist. Die *Seitenliwane* an der Nordost- und an der Südwestseite des Hofes sind als Schlaf- und Arbeitsräume (Riwak) unter die Studenten nach Ländern oder Provinzen verteilt; an den nördlichen Liwan stößt der Hof der W a s c h u n g e n . – Der fast 3000 qm große **Hauptliwan**, das Sanktuarium an der Südostseite des Hofes, mit 140 Marmorsäulen, davon 100 aus der Antike, bildet den Hauptlehrsaal. Die niedrige vordere Hälfte, mit vier stark restaurierten Arkadenreihen, gehört zum ältesten Bau, während die erhöhte hintere Hälfte, mit zwei Gebetsnischen, eine Zufügung Abd er-Rahmans ist.

Im Nordteil der Fatimidenstadt fallen mehrere Bauwerke auf, die als Beispiele der sogenannten Mamelucken-Architektur gelten.

– Nordwestlich des Großen Basar liegt der kleine, mit der Fassade zur Straße hin vorspringende Bau der **Moschee des Sultans Barkuk Kalaun,** Teil des von dem Mameluckensultan el-Mansur Kalaun 1284 begonnenen, heute verfallenen, großen Krankenhauses. In der Gebetsnische ein schönes byzantinisches Mosaik. Rechts des langen Korridors ist das *Mausoleum des Kalaun,** eines der schönsten arabischen Bauwerke in Kairo, 1293 von Kalauns Sohn Mohammed en-Nasir vollendet, mit reich ausgestatteter Gebetsnische und prächtigen Mosaiken in Marmor und Perlmutter. – Nördlich an die Kalaun-Moschee angrenzend die **Moschee des Mohammed en-Nasir,** des Sohnes von Kalaun, eines der Meisterwerke islamischer Baukunst in Ägypten, aus dem Jahre 1304. Als Eingang dient ein gotisches Kirchenportal aus Akka in Syrien. Das schöne Minarett, das Sanktuarium (links) und das Grabmal des Erbauers (rechts) bewahren z. T. noch ihre alten zierlichen Gipsornamente. – Die **Barkukija-Moschee,** die 1386 erbaute Madrasa des Mameluckensultans Barkuk, dient jetzt als Zweigstelle der Ashar-Universität; von wundervoller Wirkung ist die Ostwand des Sanktuariums.

Die Allah-Straße führt weiter nordöstlich. Es folgt rechts die **El-Akmar-Moschee** ('graue' Moschee), 1125 von dem Großwesir des Fatimiden el-Amir erbaut; die schöne Fassade mit hoher

Spitzbogennische in rechteckiger Umrahmung ist die älteste Moscheefassade Kairos. – Unweit in einer Seitenstraße rechts abseits das Patrizierhaus des Bait as-Siheimi (von 1648). – Fast am Ende des Straßenzuges rechts der Eingang der **El-Hakim-Moschee,** die im Jahre 990 von el-Asis außerhalb der ältesten Stadtmauer nach dem Vorbild der Ibn-Tulun-Moschee begonnen und von seinem Sohn el-Hakim 1012 vollendet wurde. Die beiden Minarette, inmitten der hier noch wohlerhaltenen zweiten Stadtmauer, waren ursprünglich rund; ihre jetzige quadratische Ummantelung und der kuppelgekrönte, einem arabischen Räucherfaß ähnelnde Oberbau stammen aus der Zeit des Umbaus der Moschee nach dem Erdbeben von 1303. – Das Bab el-Futuh ('Tor der Eroberungen'), am Ende der Straße, und das mit ihm durch die alte Stadtmauer verbundene Bab en-Nasr ('Tor des Sieges'), erinnern in ihrer Anlage an altrömische Torburgen. Sehr lohnend ist eine *Besteigung der Tortürme und der Stadtmauer, von wo man einen schönen Blick über Stadt und Umgebung genießt. Im Süden der Fatimidenstadt ist als Rest der ersten Stadtmauer das Tor **Bab Suweila** (von 1091) erhalten. Auf seinen zwei mächtigen Türmen erheben sich die Minarette der verfallenden *Muaijad-Moschee,** auch *Al-Ahmar (=* 'die Rote') genannt. Sie wurde im Jahre 1405 unter Schech el-Mahmudi Muaijad begonnen und erst ein Jahr nach seinem Tode (1410) vollendet. Das Bronzetor am Eingang stammt von der Sultan-Hassan-Moschee und gilt als das schönste in Kairo. In dem prächtigen dreischiffigen Sanktuarium eine anmutige bemalte Holzdecke.

Durchschreitet man das Suweila-Tor, so führt links die Scharia Darb al-Ahmar und in der Folge die Scharia Bab al-Wasir südöstlich bzw. südlich zur Zitadelle. – Gleich rechts die *Salih-Talaje-Moschee,* 1160 unter dem letzten Fatimidensultan erbaut, mit feinen Gipsornamenten an den Bogen des Sanktuariums. – Weiterhin rechts die *Al-Mardani-Moschee,** eine der größten Kairos, 1340 von den Mundschenken des Sultans Mohammed en-Nasir errichtet. Die Gebetsnische hinter der auf altägyptischen Granitsäulen ruhenden neuen Zementkuppel ist mit kostbaren Mosaiken ausgestattet. – Weiterhin links der Straße die malerische *Aksunkur-Moschee* (auch Gami Ibrahim Agha), 1346 erbaut und 1653 reich mit blauen Wandfliesen geschmückt, weshalb sie auch 'blaue' Moschee genannt wird.

Vom Esbekija-Garten führt die breite Scharia al-Kala südöstlich geradeaus zum Fuß der Zitadelle. – Nach etwa einem Viertel des Weges erreicht sie den Midan Ahmad Mahir, an dessen Nordseite sich das *Museum für Islamische Kunst befindet. Das einst von dem deutschen Gelehrten und Architekten Franz-Pascha († 1915) gegründete Museum besitzt hervorragende Kunstwerke aus allen Ländern der islamischen Welt und damit die bedeutendste Sammlung ihrer Art.

Vorraum und *Saal 1:* chronologische Übersicht der islamischen Dynastien Ägyptens. Glas- und Keramikarbeiten. – *Saal 2:* Kunsthandwerk der Omaijadenzeit (661-750), darunter eine reich verzierte Bronzekanne (8. Jh.) aus Abusir. – *Saal 3:* Zeit der Abbasiden (750-867) und der Tuluniden (668-905). Lasierte Keramik mit stilisierter Ornamentik und Stuckwerk aus Wohnhäusern. Spätsassanidische Metallarbeiten. Grabplatten mit kufischen (altarabischen) Inschriften. – *Saal 4:* Geräte, Textilien und Schmuck im bewegten Stil der Fatimidenzeit (969-1171). Deckengemälde aus einem Bad der alten Stadt Fustat. Aijubiden-Stil (1171-1250). – *Saal 5:* Mameluckenstil (1250-1517). Architekturteile und kunstvolle Tauschierarbeiten aus der Blütezeit Kairos. – *Saal 6:* Holzarbeiten der Fatimiden- und Aijubidenzeit, darunter eine Holztür aus der al-Ashar-Moschee (1010). – *Säle 7 und 8:* Holzschnitzarbeiten, Intarsien und Inkrustationen der Aijubiden- und Mameluckenzeit. – *Saal 9:* Inkrustierte Möbel und Metallarbeiten der Mameluckenzeit. – *Saal 10:* Inneneinrichtung eines arabischen Wohnraums mit Fontäne und schöner stalaktitengewölbter Holzschnitzdecke (18. Jh.). – *Saal 11:* Metallarbeiten der Mameluckenzeit. – *Saal 12:* Waffen. – *Saal 13:* Ägyptische Fayencen, besonders der Fatimidenzeit. Gobelins des 18. und 19. Jahrhunderts. – *Säle 14 bis 16:* Fremdländische Keramik (Fayencen und Porzellan). – *Saal 17:* Textilien (7.-17. Jh.). – *Saal 18:* Steinschriften in kufischer und Neßchischrift. Steinmetzarbeiten. – *Saal 19:* arabische Buchkunst (Illustrationen). – *Saal 20:* Glas-, Keramik-, Metallarbeiten und Teppiche aus Kleinasien. – *Saal 21:* Glasarbeiten; Sammlung gläserner Moscheeleuchten. – *Saal 22:* Umfangreiche Sammlung persischer Keramik vom 8. Jahrhundert bis zum 16. Jahrhundert. Ferner persische Teppiche (17.-19. Jh.), Metallarbeiten, Buchkunst u. a. – *Saal 23:* Wechselnde Ausstellungen aus den Beständen des Museums.

Im Obergeschoß des Museumsgebäudes befindet sich die **Ägyptische Staatsbibliothek** (Eingang von der Scharia al-Kala), die 1869 durch die Vereinigung mehrerer Bibliotheken gegründet und von deutschen Wissenschaftlern katalogisiert wurde. Sie umfaßt etwa 750 000 Bände, davon etwa die Hälfte in orientalischen, der Rest in europäischen Sprachen, darunter u. a. 2700 Koranhandschriften, Papyri, illuminierte persische Handschriften und andere schriftliche Dokumente vom 7. Jahrhundert bis zur Neuzeit. In den Schauräumen einige historische arabische Münzen aus der weit umfangreicheren numismatischen Sammlung (insges. ca. 5000 Stück).

Die Al-Kala-Straße endet bei dem weiten Midan Mohammed Ali. Seinen östlichen Teil nimmt die *Ar-Rifai-Moschee* ein, die 1912 als Grabmoschee für den Khediven Ismail in Nachahmung der Sultan-Hasan-Moschee erbaut wurde; hier ist der im ägyptischen Exil verstorbene Schah des Iran, Mohammed Resa Pahlewi (1919-80), vorläufig beigesetzt. Auf dem westlichen Teil des Platzes erhebt sich die **Sultan-Hasan-Mo-

sultan Hasan en-Nasir vielleicht von einem syrischen Baumeister errichtet, steigt am Fuße der Zitadelle über einem abschüssigen Felsen auf und ist wohl das bedeutendste Denkmal ägyptisch-arabischer Baukunst. Ihr Äußeres erinnert mit den breiten Flächen an altägyptische Tempel. Die Fassaden sind von einem weit ausladenden Stalaktitengesims bekrönt, dessen Zinnen ergänzt wurden. Blendnischen mit gekuppelten Rundbogenfenstern gliedern die breiten Wandflächen. Über dem aus der Südostfassade frei heraustretenden Mausoleum erhebt sich die im 18. Jahrhundert in arabisch-türkischem Stil erneuerte 55 m hohe Kuppel. Das gewaltige *Hauptportal, bei der Nordecke, ist annähernd 26 m hoch; an der Südecke das 81,5 m hohe Minarett, das höchste in Kairo. Der Grundriß des Gebäudes zeigt ein unregelmäßiges Fünfeck von 7900 qm, in das die Kreuzesform der Madrasa sehr geschickt eingefügt ist.

INNERES der Sultan-Hasan-Moschee. – Durch das *Hauptportal*, dessen Bronzetor jetzt die Muaijad-Moschee ziert, betritt man eine kuppelüberdeckte Vorhalle; von hier gelangt man durch ein kleineres Vestibül und einen Korridor in den offenen H o f (35 x 32 m), mit dem Brunnen für die Waschungen (Hanafija). Die vier mit mächtigen Tonnen überwölbten **Liwane** dienen hier sämtlich als Gebetsräume; die Lehrsäle waren in den vier kleinen Madrasen eingerichtet. – Das S a n k t u a r i u m hat als Hauptschmuck einen in Gips geschnittenen *Schriftfries* in kufischen (altarabischen) Buchstaben auf zierlichem Arabeskengrund, die Rückwand mit der *Gebetsnische* ist reich mit Marmor verziert. Von der einst prächtigen Ausstattung sind nur die *Dikka* (Tribüne für die Vorbeter), die *Kanzel* und die Drahtketten der zahllosen Lampen (jetzt im Museum für Islamische Kunst) erhalten. Rechts der Kanzel eine *Bronzetür* mit Gold- und Silbereinlagen. – Die Gittertür links führt in das **Mausoleum des Sultans,** einen quadratischen Kuppelraum von 21 m Seitenlänge und 28 m Höhe. Von der alten Kuppel sind noch die hölzernen Stalaktitenzwickel erhalten. In der Mitte steht der einfache Sarkophag.

Südlich der Sultan-Hasan-Moschee liegt der große langgestreckte M i d a n S a l a h ed-D i n, der wohl reizvollste Platz der Stadt, einst Sammelplatz der Mekka-Karawanen. An seiner Ostseite erhebt sich die Zitadelle mit dem mächtigen Torturm **Bab el-Asab,** dem früheren Hauptaufgang (jetzt militärische Sperrzone!); in der Gasse dahinter ließ 1811 Mohammed Ali die Mameluckenführer niedermachen.

Die weithin sichtbare **Zitadelle** am Fuße der Mokattam-Berge wurde 1176 von Saladin begonnen und angeblich mit Steinen von den kleinen Pyramiden bei Giseh erbaut. Von der ältesten Anlage sind nur noch die östlichen Außenmauern und einige Türme im Inneren erhalten, während die zwei bereits seit dem Einzug Selims I. halbzerstörten Herrscherpaläste aus der Aijubidenzeit

spurlos verschwunden sind. Durch das heute als Haupteingang dienende Bab el-Gedid (Neues Tor) gelangt man in einen Hof, danach durch das Bab el-Mudarrag auf den Hauptplatz. Hier geradeaus die *Mohammed-Ali-Moschee,** vielfach auch *Alabastermoschee* genannt, mit ihren hohen überschlanken Minaretten ein Wahrzeichen der Stadt. Sie wurde 1824 von Mohammed Ali begonnen, aber erst unter seinem Nachfolger Said 1857 vollendet. Baumeister war der Grieche Jusuf Boschna aus Konstantinopel, der sie nach dem Vorbild der Nuri Ismaniyé-Moschee in Istanbul ausführte, die ihrerseits in Anlehnung an die Agia Sóphia entstand. Der Vorhof mit einem Brunnen für die Waschungen ist von überwölbten Galerien umgeben. An ihn schließt sich östlich der Betsaal an, ein durch seine Ausmaße wie auch durch die Art der Beleuchtung ausgezeichneter byzantinischer Kuppelbau auf vier quadratischen Pfeilern. Rechts vom Eingang das Grab Mohammed Alis († 1849). – Von der Westecke der Moschee hat man eine prächtige *Aussicht über die gelbgraue Stadt mit ihren zahllosen Minaretten, Kuppeln und heute auch Hochhäusern, sowie in der Ferne die Pyramiden von Giseh.

Der Mohammed-Ali-Moschee nordöstlich gegenüber liegt die *Ibn-Kalaun-Moschee,* 1318 bzw. 1335 von Mohammed en-Nasir unter Verwendung antiker Architekturteile (Säulen, Kapitele u. a.) erbaut. Die beiden eigenartigen Minarette tragen zwiebelförmige Kuppeln mit bunten Fayenceornamenten persischen Stils.

Unweit südöstlich der Moschee en-Nasirs liegt der sogenannte *Josephsbrunnen* (Bir Jusuf), ein 88 m tiefer viereckiger Schacht, wohl aus der Zeit Saladins. Eine Treppenspirale windet sich an den Wänden abwärts in die Tiefe. Hier betrieben einst auf Zwischengalerien Zugtiere die Schöpfwerke. Östlich vom Josephsbrunnen das *Bab el-Mokattam* (oder Bab el-Gebel), das südliche Haupttor der Zitadelle, von wo ein Weg östlich zum Mokattam führt.

Von der Sultan-Hasan-Moschee gelangt man südwestlich zur *Ibn-Tulun-Moschee,** der zweitältesten Moschee in Kairo. Sie wurde in den Jahren 876-79 von Ahmed Ibn Tulun nach dem Vorbild der Kaba zu Mekka als die damals größte aller Moscheen auf dem etwa 20 m hohen Felsplateau des *Gebel Yashkur* errichtet. Die fast schmucklosen Außenfassaden sind durch Zinnen belebt.

Durch den Haupteingang betritt man zunächst den östlichen A u ß e n h o f, aus diesem links durch das

Sanktuarium den quadratischen Haupthof, von 90 m Seitenlänge, der von doppelten, im Sanktuarium fünffachen Arkadenhallen umschlossen ist. Seine Fassaden werden über den Pfeilern durch spitzbogige Öffnungen entlastet und von einem Rosettenfries bekrönt. – Der Ornamentschmuck im Innern, in geschnittenem (nicht gegossenem) Gips und Holz, zeigt in seinen ältesten Teilen noch nicht die verschlungenen Formen des byzantinisch-arabischen Stils. Im Sanktuarium eine von feinen Kapitellen und Resten von Goldmosaiken geschmückte Gebetsnische. Oberhalb der Dikka Überreste der ursprünglichen Holzdecke.

Das 40 m hohe **Minarett** im nordwestlichen Außenhof, mit schönem Hufeisenbogen am Aufgang und Spiraltreppe, ist eine Nachahmung der Minarette von Samarra. Von seiner Plattform (173 bequeme Stufen) hat man namentlich am Abend eine herrliche *Aussicht, im Norden über das Häusermeer und das Niltal bis zum Delta, im Westen und Süden auf die Pyramiden und im Osten auf die Höhen des Mokattam.

Unmittelbar neben der Ibn-Tulun-Moschee, in dem 1631 erstellten Patrizierhaus der Mameluckenzeit **Bet el-Kreatlia,** das *Gayer-Anderson-Museum,* das neben der Einrichtung eines arabischen Wohnhauses auch verschiedene Kunstobjekte aus dem islamischen Raum zeigt.

UMGEBUNG von Kairo.

Östlich außerhalb der alten Fatimidenstadt lagen einst die Friedhöfe und Totenstädte, die heute jedoch in die sich ausdehnende Großstadt einbezogen sind und noch immer teilweise belegt, ja sogar bisweilen von den Ärmsten der Armen bewohnt werden. – Von ganz besonderem Interesse sind die sogenannten *Kalifengräber (zu erreichen vom Bab en-Nasr oder von der Zitadelle), die größtenteils in der Zeit der zweiten oder tscherkessischen Mameluckendynastie (1382-1517) angelegt wurden. Unter den verschiedenen Gräbern der nördlichen Mausoleengruppe ist der bedeutendste Bau die *Klostermoschee des Sultans Barkuk, ein quadratischer Bau von 73 m Seitenlänge, mit zwei Minaretten und zwei wundervollen Kuppeln (1400-1405 bzw. 1410). Im Sanktuarium eine schöne steinerne Kanzel von 1483. – Etwa 600 m südwestlich der Barkuk-Moschee, in der südlichen Mausoleengruppe, die *Grabmoschee des Kait Bay (von 1474), die wohl schönste von allen. Bemerkenswert die farbige Streifendekoration der Wandflächen, das feine Netzwerk der Mausoleumskuppel und die elegante Form des 40 m hohen Minaretts. Der Gebetsraum ist mit bunten Fußbodenmosaiken aus Marmor ausgelegt. Neben dem farbenprächtigen Mausoleum, mit reich ornamentiertem Lesepult, eine Halle mit den Gräbern der vier Frauen des Sultans. – Südlich der Zitadelle erstrecken sich die sogenannten **Mameluckengräber,** in weitgehend verfallenem Zustand. Im südlichen Teil dieser Totenstadt die von einer mächtigen Kuppel überwölbte prächtige *Grabmoschee des Imam esch-Schafii (von 1211), des Gründers der schafiitischen Schule.

Besonders lohnend ist von Kairo ein Ausflug (halbtags) östlich zu den **Mokattam-Höhen** (auch *Gebel Gijuschi),* einem etwa 200 m hohen Gebirgszug aus Nummulitenkalk (Versteinerungen, bes. versteinerte Wälder), der eine **Aussicht von großartiger Schönheit, besonders vom Felsvorsprung südlich der weithin sichtbaren *Gijuschi-Moschee (1085), bietet. (Das Gebiet gilt zeitweise als militärische Sperrzone und kann dann nicht betreten werden. Vorsicht beim Fotografieren militärischer Objekte!). – Wenige Minuten nordwestlich der Moschee liegt malerisch am Hang das *Kloster der Bektaschi,* eines türkischen Derwischordens.

Einen Besuch verdient ferner die südliche Vorstadt **Alt-Kairo** *(Masr el-Kadima)* am rechten Nilufer,

gegenüber der Südspitze der Insel Roda. Ihren südlichen Teil nimmt das hauptsächlich von Christen bewohnte Stadtviertel KASR ESCH-SCHAMA ein, das sich innerhalb der z. T. noch erhaltenen Umfassungsmauern des ehemaligen Römerkastells *Babylon* ausdehnt. Das Viertel besitzt die bedeutendste Synagoge in Ägypten, die in einer ehemaligen christlichen Kirche (bis 8. Jh.) eingerichtet ist, die altertümlichen koptischen Kirchen *Abu Serga* (St. Sergius; im 5. Jh. gegr.; 8.-10. Jh. neu erbaut), *El-Muallaka* (im 4. Jh. gegr.; im 10. Jh. wiederaufgebaut, später mehrfach erneuert) und *Sitt Barbara* (im 5. Jh. gegr.; im 10./11. Jh. neu erbaut) sowie das *Kloster St. Georg.* Ebenfalls innerhalb der Stadtmauern des ehemaligen Babylon befindet sich das **Koptische Museum,** das die bedeutendste Sammlung seiner Art besitzt. Das Gebäude selbst wurde zu Beginn unseres Jahrhunderts unter Einbeziehung altkoptischer Architekturteile errichtet und zeigt neben sakraler Kunst auch kunstgewerbliche Gegenstände und Gerätschaften des täglichen Gebrauchs vom 3. bis zum 18. Jahrhundert, besonders aber des frühen Mittelalters.

Nordöstlich vom koptischen Museum steht die **Amr-Moschee** (eigentlich *Amr-Ibn-el-As-Moschee),* die als älteste Moschee von Kairo gilt, in ihrer heutigen verfallenen Gestalt jedoch überwiegend dem 18. Jahrhundert entstammt. An derselben Stelle ließ Amr Ibn el-As im Jahre 642 die erste Moschee von Fustat errichten, die jedoch schon früh umfangreiche Erweiterungen erfuhr und schließlich während der Kreuzzüge vernichtet wurde. – Weiterhin nordwestlich das alte malerische Koptenkloster *Abu Sefen* (St. Stephan).

Im nordöstlichen Teil von Alt-Kairo liegen die Ruinenstätten von **Fustat.** Die zahlreichen Funde sind heute im Museum für Islamische Kunst bzw. im Koptischen Museum ausgestellt. – Zwischen Amr-Moschee und Fustat erstreckt sich das TÖPFERVIERTEL. Hier werden die beliebten bauchigen Wasserkrüge ('Kulla') hergestellt.

Die neben dem Ägyptischen Museum wohl bedeutendste Sehenswürdigkeit in und um Kairo ist das **Pyramidenfeld von Giseh.** Vom Kairoer Vorort Giseh, am linken Ufer des Nils, führt die etwa 8 km lange, in jüngster Zeit zunehmend von Hochhäusern und Wohngebäuden flankierte Pyramidenstraße (auch Eisenbahnverbindung) geradewegs in südwestlicher Richtung zum nordöstlichen Tafelrand der Libyschen Wüste, auf dem sich weithin beherrschend die gewaltigen **Pyramiden von Giseh** erheben. Es ist dies die eindrucksvollste und umfangreichste der insgesamt sechs Pyramidengruppen, die sich am Rande des libyschen Wüstenplateaus über eine Strecke von etwa 40 km hinziehen. Sie sind Schöpfungen der IV. Dynastie (um 2600 bis um 2500 v. Chr.) und zählen zu den ältesten erhaltenen Bauwerken der Menschheit. Schon Griechen und Römer priesen die Pyramiden von Giseh als erstes der sieben Weltwunder, und noch heute fasziniert die technische Leistung jener Zeit wie auch die unermeßliche Machtfülle der Pharaonen, die über Zehntausende an Untertanen und Sklaven verfügen konnten, um solche monumentale Denkmäler zu errichten. Noch weitgehend ungelöst ist die Frage, in welchem Verhältnis die Größe einer Pyramide zu dem jeweils Bestatteten steht. Wahrscheinlich richtet sie sich nach den jeweiligen persönlichen Neigungen, nach der wirtschaftlichen Lage und nach der Machtfülle des Pharaos. Vermutungen, die für eine allmähliche, schichtweise Erweiterung der Bauten bei längerer Regierungszeit sprechen, konnten bisher nicht erhärtet werden. – Gemeinsam ist allen Pyramiden die Lage stets westlich des Niltals, am Rande der Wüste, und der massive Aufbau aus mächtigen Blöcken des in der Umgebung anstehenden Kalkes (bes. Nummulitenkalk), mit einer ursprünglich polierten Verkleidung aus feinerem weißem Kalk oder Granit. Im Inneren bleiben bei jüngeren Pyramiden der relativ begrenzte Raum der Grabkammer, ein Raum für den Totenkult sowie Räume für die Grabbeigaben. Alle diese Räumlichkeiten lagen in der Frühzeit unterirdisch. Gemeinsam ist allen Pyramiden ferner

Alexandria, Kairo

Pyramiden von Giseh

250m

Tickets

Gräber (Mastabas) aus dem Alten Reich (4.–6. Dynastie)

Cheops-Pyramide

Museum

El - Samman

5 2

5 1 Mastabas 1 1

6

Chephren-Pyramide 2

Aufweg

Sphinx

4

Sahara City

Mykerinos-Pyramide

Aufweg

3 Licht und Klang

Kairo

2 1

1 Pyramiden für Königinnen
2 Totentempel

3 Taltempel
4 Sphinxtempel
5 Sonnenbarken

6 Museumsbau für Sonnenbarkenfund

der Zugang von Norden wie auch der Kulttempel an der Ostseite, zu dem ein ursprünglich offener, später vielfach auch überdeckter Aufweg vom Taltempel, am Rande der Nilsenke, heranführt.

Die **Cheops-Pyramide**, die größte der Gruppe und gewaltigste überhaupt, wurde von *Cheops* (oder *Chufu*) erbaut und von den alten Ägyptern *Echet Chufu* ('Horizont des Chufu') genannt. Nach Herodot (II, 124-125) haben an ihr je 100 000 Menschen alljährlich drei Monate lang gearbeitet. Das ungeheure Mauerwerk umfaßt gegenwärtig noch etwa 2,3 Mio. cbm (urspr. 2,5 Mio. cbm) unter Abzug des Felsenkerns, den es umgibt, und der Räume im Inneren. Die Seitenlänge an der Basis mißt 227,5 m (urspr. 230,38 m), die senkrechte Höhe 137,20 m (urspr. mit Spitze 146,5 m), der Neigungswinkel beträgt 51°50'.

Die Besteigung der Pyramide (nur mit Führer!) ist gefährlich und sehr beschwerlich, da jeweils Stufen von mehr als 1 m Höhe zu überwinden sind. Der *Ausblick von der oberen Plattform reicht im Westen, Süden und Nordwesten über die gelbbraune Wüste, mit der Sphinx, den kleineren Pyramiden von Giseh und den fernen Pyramidengruppen bis Dahschur, im Osten über das freundlich grünende Fruchtland des Nils und jenseits des Flusses zur Zitadelle von Kairo und zu den Höhen des Mokattam-Gebirges.

Die Besichtigung des INNEREN der Cheops-Pyramide ist möglich, jedoch anstrengend (Frischluftmangel) und nicht sonderlich lohnend. Der Zugang erfolgt von der Nordseite durch einen nachträglich von Grabräubern getriebenen Schacht etwa 15 m unterhalb des ursprünglichen Zugangs. Man betritt zunächst die *große Halle* (8,5 m hoch, 47 m lang, 1-2,25 m breit), deren Gesamtanlage von hohem architektonischem Können zeugt. Danach gelangt man in die *Grabkammer* (5,75 m hoch, 10,50 m lang, 5,25 m breit), in der nur der leere, offene Granitsarkophag steht. Die Mumie ist bis heute nicht aufgefunden worden.

An der Ostseite der Cheops-Pyramide befinden sich drei weitere kleine *Pyramiden für Königinnen* bzw. eine Tochter des Pharaos sowie ein sehr ausgedehnter *Friedhof* für Verwandte des Cheops, an der Südseite eine Reihe großer Mastabas (Bankgräber) für die hohen Würdenträger des Staates. – An der Süd- und Ostseite der Cheops-Pyramide wurden im Jahre 1954 bei Ausgrabungsarbeiten insgesamt 5 langgestreckte Bootsvertiefungen entdeckt, die ein in über tausend Teile zerlegtes 'Sonnenschiff' als Grabbeigabe bargen (neuer Museumsbau). – Westlich der Pyramide erstreckt sich der ausgedehnte

Königsfriedhof, der während der IV. Dynastie für die Angehörigen des Königshauses und hohe Staatsdiener angelegt und bis zur VI. Dynastie benutzt wurde. Die Mastabas liegen ebenfalls, wie die an der Ostseite, an geradlinigen Straßenzügen.

Etwa 160 m entfernt erhebt sich gegenüber der Südwestecke der Cheops-Pyramide die *Pyramide des Chephren* (oder *Chefre*), von den alten Ägyptern *Wer-Chefre* (= 'groß ist Chefre') genannt. Sie ist höher gelegen und erscheint daher größer als die Cheops-Pyramide. Ihre senkrechte Höhe beträgt 136,5 m (urspr. 143,5 m), die Seitenlänge an der Basis 210,5 m (urspr. 215,25 m), der Neigungswinkel 52°20'. Das Mauerwerk faßt noch 1,65 Mio. cbm (urspr. 1,86 Mio. cbm). An der Spitze ist noch ein beträchtliches Stück der ehemaligen Verkleidung erhalten. – Der Kulttempel an der Ostseite zeigt noch deutlich die einzelnen Räumlichkeiten. – Gleich nordwestlich vom *Taltempel des Chephren*, einem schlichten, vollendet gestalteten Granittempel, liegt als wohl berühmtestes antikes Denkmal Ägyptens nach der Cheops-Pyramide die **Sphinx** (eigentl. *der* Sphinx), die aus einem natürlichen Felsstock herausgehauene Löwengestalt mit dem Haupt eines Pharaos (Chephren?), den ein mit der Königsschlange geschmücktes Kopftuch umrahmt. Das einst vor der Brust befindliche Götterbild wie auch der zusätzliche Hauptschmuck sind verschwunden. Sandsturm und frevelnde Menschenhand haben dem eindrucksvollen Monument im Laufe der Jahrtausende schwer zugesetzt. Dennoch bleibt auch hier ein glänzender Eindruck vom Gestaltungswillen und der künstlerischen Vollendung jener Zeit. Die Gesamtlänge der Löwengestalt beträgt 73,5 m, die Höhe rund 20 m.

Etwa 200 m südwestlich der Chephren-Pyramide liegt die kleinere *Pyramide des Mykerinos* (altägyptisch *Menkewre*). Ihre senkrechte Höhe mißt heute 62 m (urspr. 66,5 m), die Grundfläche 108 qm, der Neigungswinkel 51°. Die Werkstücke sind hier besonders groß. – Die drei kleinen, südlich gelegenen Pyramiden für die königlichen Angehörigen blieben unvollendet.

Kairouan

Tunesien.
Höhe: 60 m ü.d.M. – Einwohnerzahl: 55 000.
ⓘ **Office du Tourisme,**
Place Bejaoud;
Telefon: 2 04 52.

HOTELS. – *Les Aghlabites,* II; *Sabra,* II; *Farhat,* III; *Grand Hotel,* III; *Residence Club;* III.

Die mitteltunesische Gouvernoratshauptstadt *Kairouan, am Westrand des Sahel von Sousse inmitten einer semiariden Steppenlandschaft gelegen, ist neben Mekka, Medina und Jerusalem eine der vier heiligsten Städte des Islam, deren rein arabisch-moslemisches *Erscheinungsbild sich bis heute gegen alle modernen Entwicklungen behaupten konnte. Die mauerumgebene *Medina gehört deshalb zu den größten Sehenswürdigkeiten des gesamten Maghreb.

Als Zentrum des Islam in Nordafrika ist Kairouan Ziel für Millionen von Pilgern und einer der bedeutendsten Fremdenverkehrsorte Tunesiens. Berühmt ist das Kunsthandwerk der Stadt, vor allem die Teppichweberei sowie die Herstellung von Messing-, Kupfer- und Leder-waren. Wirtschaftlich bedeutend sind außerdem der täglich abgehaltene Viehmarkt und die im näheren Umland angelegten größten Aprikosenpflan-zungen des Landes.

GESCHICHTE. – Kairouan wurde 671 n.Chr. von den nach Nordafrika vorstoßenden Arabern als Hauptstadt ihres neuen Machtbereichs gegründet. Deshalb geht Kairouan als einzige Stadt Tunesiens nicht auf einen römischen oder auf ältere Sied-lungsansätze zurück. Im 9. Jahrhundert erlebte Kai-rouan seine größte Blütezeit, denn damals errichte-ten die Aghlabiden hier ihre prachtvolle Residenz. Aber bereits im 10. Jahrhundert mußte Kairouan die Hauptstadtfunktion mit Mahdia teilen, und 1057 wurde es von den Beni Hilal zerstört und geplündert und verlor seine politische Bedeutung völlig. Ge-blieben ist jedoch die religiöse Funktion der Stadt.

SEHENSWERTES. – Geeigneter Aus-gangspunkt für einen Stadtrundgang ist

die Place P. Doumer, von der aus man durch das Stadttor **Bab el'Djella-dine** in die Rue Saussier gelangt, die quer durch die Altstadt führt. Rechts die **Zaouïa de Sidi Abid el Ghariani,** die Grabstätte eines Heiligen, der im 14. Jahrhundert in der Stadt lebte. Der Tourbet besitzt eine schöne, mit Holz verzierte Stuckdecke. Nahebei, in der Avenue Habib Bourguiba, folgt die **Bir Barouta,** eine Brunnenanlage aus dem 17. Jahrhundert, in deren Oberge-schoß ein Kamel das Göpelwerk eines Wasserrades antreibt. Den Brunnen speist nach dem Glauben mancher Mos-lems eine Quelle, die eine unterirdische Verbindung nach Mekka besitzt. Die Rue Saussier führt im Norden der Alt-stadt durch das Tor *Bab et Tounes* (Porte de Tunis) zur Place de Tunis

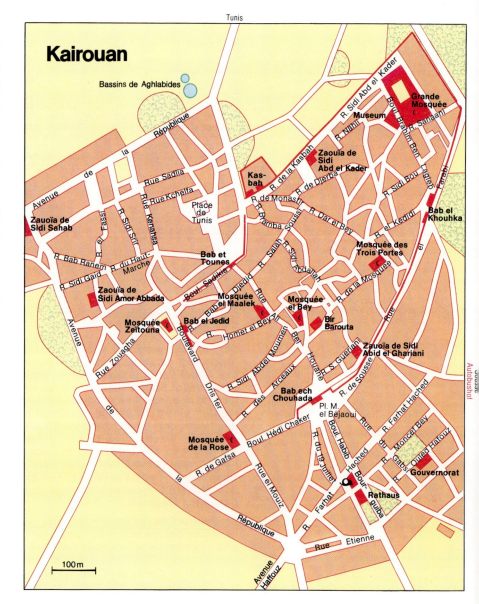

mit einer hübschen Töpferei. Westlich von hier erhebt sich das um 1860 erbaute, **Säbel-Moschee** *(Djama Amaor Abbada)* genannte Grabmal des Sidi Amaor Abbada; in einem Teil des Gebäudes eine Klinik. Sehenswert sind die sieben gerippten Kuppeln.

Noch weiter westlich trifft man auf die breite Avenue de la République, der man nach Norden folgt. In einer Rechtsbiegung der Straße steht links das ***Mausolée de la Mosquée du Barbier** (Zaouïa de Sidi Sahab).* Das auch *Moschee des Barbiers* genannte Bauwerk kann ebenso wie die Große Moschee nur mit einer beim Fremdenverkehrsbüro erhältlichen Eintrittskarte besichtigt werden. Die moslemische Weihestätte ist ein großer Komplex mit mehreren Innenhöfen, Gängen und Zellen für die Schüler der angeschlossenen Medersa (Koranschule). Die Kuppel und das Minarett der Moschee entstanden im 17. Jahrhundert. Das Grabmal des Sidi Sahib, eines Gefährten Mohammeds, dessen eigentlicher Name Abu Djama'el-Balani war, befindet sich in einem mit schönem Kacheldekor und Stuckarbeiten verzierten Säulenhof. Angeblich trug Abu Djama stets drei Haare vom Barte des Propheten bei sich; daher der Name Barbiermoschee.

Die Avenue de la République führt weiter zu den 1969 restaurierten **Bassins des Aghlabides,** zwei runden Wasserbecken (9. Jahrhundert) mit Durchmessern von 128 bzw. 33 m, die den einstigen Prunk der alten arabischen Hauptstadt widerspiegeln. Gegenüber führt eine Straße bergan zur zinnenbewehrten KASBAH und zurück zur Porte de Tunis. An der Kasbah zweigt links eine Straße ab und führt innerhalb der Altstadt an der Mauer entlang zur ****Grande Mosquée** *(Große Moschee).*

Dieses bedeutendste und zugleich älteste islamische Bauwerk in Nordafrika wurde erstmals von dem arabischen Eroberer Okba Ibn Nafi bei der Gründung Kairouans errichtet. 695 wurde es bereits abgerissen und von Grund auf wieder aufgebaut und 743 erweitert. 774 und 836 entstanden abermals Neubauten. Die heutige Moschee stammt aus dieser Epoche der Aghlabidenherrschaft. Sie wurde mehrfach vollkommen renoviert (1025, 1294, 1618 und 1970-72), blieb jedoch ansonsten weitgehend unverändert.

Von der Westmauer, wo sich die Midha, der Raum für Waschungen, befindet, gelangt man in den von einem Bogengang mit antiken Säulen umgebenen Innenhof der insgesamt 135 x 80 m großen Anlage. An der Nordseite des Hofs erhebt sich das Minarett, während der **Gebetssaal** mit seiner herrlichen Fassade die Südseite einnimmt. Er besteht aus 17 Galerien mit ebenso vielen Eingängen. Die breitere Mittelgalerie krönen zwei gerippte Kuppeln. Unter der hinteren Kuppel befindet sich der Mihrab (Gebetsnische).

Leider ist das Betreten des Gebetsraumes nur den Moslem gestattet, so daß man keine Möglichkeit hat, den wahrhaften Wald aus verschiedenartigsten antiken Säulen im Innern zu bewundern. Die Säulen stammen von sämtlichen Ruinenstätten des Landes. Ihre Gesamtzahl beträgt 414, den Hof mitgerechnet. – Zum 35 m hohen *Minarett, dem ältesten Moscheeturm Nordafrikas (836 m), führen Treppen, deren 128 Stufen zum Teil aus frühchristlichen Grabplatten bestehen. Auf diese Weise sollte der Sieg des Islam über das Christentum symbolisch zum Ausdruck gebracht werden.

Gegenüber der Großen Moschee steht ein **Museum** mit interessanten Koranumschlägen aus dem 9. Jahrhundert. Südwestlich, in der Mitte der Altstadt, befinden sich die ***Souks** von Kairouan, deren buntes orientalisches Treiben man als europäischer Besucher zum Abschluß der Stadtbesichtigung auf sich einwirken lassen sollte. Hier steht auch die **Mosquée des Trois Portes** (866) mit reich verzierter *Fassade.

UMGEBUNG von Kairouan. – Die Stadt eignet sich sehr gut als Ausgangspunkt für Fahrten zu den römischen Ruinenfeldern von Maktar (105 km) und Sbeïtla (107 km).

Maktar ist ein Dorf mit etwa 4000 Einwohnern, nordwestlich von Kairouan gelegen. Südlich des heutigen Ortes befinden sich die Ruinen des römischen *Mactaris,* das aus einer numidischen Siedlung hervorgegangen war und seine Blütezeit im 2. und 3. nachchristlichen Jahrhundert erlebte. Am Eingang des Ruinenfeldes befindet sich ein Museum; die sehenswertesten Funde von Mactaris sind jedoch im Bardomuseum von Tunis ausgestellt. Gegenüber das alte Amphitheater. An dem nach Süden führenden Weg folgt links das Forum mit dem Triumphbogen des Trajan. Südlich anschließend die Ruinen der frühchristlichen Hildegund-Basilika (5. Jh.) mit einem von vier Säulen flankierten Taufbecken und die bestens erhaltenen Thermen des Caracalla. Gegenüber dem Triumphbogen mündet eine Straße ein, an der rechts der Tempel des Bacchus steht. Auf der anderen Straßenseite befindet sich das ältere numidische Forum. Nördlich davon die Reste des Kapitols. Sehenswert auch die Reste des Mausoleums der Familie des C. Iulius Maximus rechts (östlich) der Straße zum heutigen Dorf Maktar.

Südwestlich von Kairouan liegt der Ort **Sbeïtla** (3000 Einw.), das römische *Sufetula.* Über die Geschichte der einstigen 'colonia' ist nur sehr wenig bekannt. Ihre Ruinen befinden sich rechts der Straße von Sbeïtla nach Kasserine, auf einem leicht geneigten, vom Oued Sbeïtla begrenzten Plateau. Typisch ist der noch gut erkennbare planmäßig angelegte Schachbrettgrundriß mit den sich rechtwinklig kreuzenden Hauptstraßen Decumanus maximus und Cardo maximus. Am Schnittpunkt beider Straßen liegt das gut erhaltene Forum, ein 60 x 70 m großer Platz, gesäumt von alten Marktständen und mehreren Portiken. Nördlich befinden sich die Reste zweier frühchristlicher Kirchen. Noch weiter nördlich, nahe einem den Fluß überquerenden Aquädukt, erkennt man die Ruinen zweier weiterer Kirchen, eines Tempels und des Amphitheaters. Eine fünfte Kirche stand östlich des Forums gegenüber den Thermen. Dahinter das am Fluß gelegene Theater. Am südöstlichen Ende des Ruinenfeldes steht der Diokletiansbogen. Auf dem Weg dorthin reihen sich vier kleine byzantinische Burganlagen aneinander.

Kalabrien siehe nächste Seite

Kalabrien / Calabria

Italien.
Provinzen: Catanzaro, Cosenza, Reggio di Calabria.

(i) **EPT Catanzaro,**
Via F. Spasari,
I-88100 Catanzaro;
Telefon: (0961) 298 23.
EPT Cosenza,
Via Tagliamento 15,
I-87100 Cosenza;
Telefon: (0984) 278 21.
EPT Reggio di Calabria,
Via C. Colombo 9,
I-89100 Reggio di Calabria;
Telefon: (0965) 984 96.

HOTELS. – In Catanzaro: *Grand Hôtel*, II, 159 B.; Motel *Agip*, II, 152 B.; *Sant' Antonio*, II, 128 B.; *Albergo Moderno*, II, 90 B.; *Guglielmo*, II, 73 B.; *Diana*, II, 69 B.; *Robinson Club Calabria*, 15 km außerhalb, 650 B. – In Catanzaro Lido: *Palace*, II, 165 B.; *Niagara*, II, 90 B.; *Lido*, II, 45 B. – In Cosenza: *Jolly*, I, 108 B.; *Imperiale*, II, 99 B.; *Centrale*, II, 80 B.; *Mondial*, III, 80 B.; *Nuovo Excelsior*, III, 76 B. – In Rossano: *Scigliano*, III, 45 B. – In Crotone: *Casarossa*, II, 364 B., Sb.; *Tiziana*, II, 346 B., Sb.; *Bologna et de la Ville*, II, 128 B.; *Capitol*, II, 114 B.; *Jorno*, III, 55 B. – In Reggio di Calabria s. dort. – In Villa San Giovanni: *Piccolo*, I, 128 B.; *Cotroneo*, III, 58 B. – In Locri: *Rachel*, II, 185 B.; *Teseyon*, II, 95 B.; *Demaco*, II, 47 B.

Die Region Kalabrien, mit drei Provinzen und rund 2 Millionen Einwohnern, nimmt die südwestliche Halbinsel Italiens, die 'Stiefelspitze' zwischen Ionischem und Tyrrhenischem Meer, ein und bedeckt eine Gesamtfläche von 15 080 qkm. Sie wird vom Kalabrischen Apennin durchzogen, drei mächtigen, aus Granit und Gneisen aufgebauten Gebirgsgruppen eines alten Rumpfgebirges: Im Norden La Sila (Botte Donato, 1930 m), im Süden der Aspromonte (Montalto, 1958 m), beide durch die vom Golf von Squilace sowie vom Golf von Santa Eufémia tief ins Land eingreifende, einst sumpfige und malariaverseuchte Senke getrennt. Entlang der Westküste Nordkalabriens und durch das fruchtbare Crati-Tal von der Sila getrennt, zieht sich die Kalabrische Küstenkette (Catena Costiera), die in schroffen Abhängen steil zum Meer hin abfällt.

Die niederen Gebirgsregionen sind von dichten Buchen- und Kiefernmischwäldern bedeckt, die der Landschaft einen fast mitteleuropäischen Charakter verleihen. Die Küsten sind allgemein strandlos und vielfach von Buchten zerschnitten. Von jeher haben heftige Erdbeben, besonders im Gebiet um die Straße von Messina, die Region erschüttert und schwere Verwüstungen angerichtet.

Die Hauptstadt der Region ist **Catanzaro** (343 m; 45 000 Einw.), ein schön auf einem nach Süden, Osten und Westen abfallenden Plateau gelegener Ort und Sitz eines Erzbischofs. In der Stadtmitte die Kathedrale,

nach der Zerstörung im Zweiten Weltkrieg wiederaufgebaut, sowie die Kirche San Domenico, mit wertvollen Gemälden und Skulpturen. Schöne Ausblicke bieten sich von der Via Bellavista, an der Südseite der Stadt sowie vom Stadtgarten im Osten. – 13 km südlich von Catanzaro liegt zwischen den Mündungen der Flüsse Corace und Fiumarella am Ionischen Meer der Hafen- und Badeort *Catanzaro-Lido* (5 m).

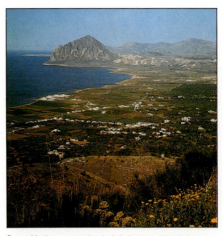

Capo Vaticano an der kalabrischen Westküste

Im nordwestlichen Kalabrien liegt im fruchtbaren Crati-Tal **Cosenza** (240 m; 100 000 Einw.), einst als *Cosentia* Hauptstadt des Bruttierreiches, jetzt Provinzhauptstadt und Sitz eines Erzbischofs. In Cosentia starb im Jahre 410 n. Chr. der Westgotenkönig Alarich, dessen Leichnam und Schätze im Bett des abgeleiteten Busento beigesetzt wurden (vgl. Graf August von Platens Ballade ''Das Grab im Busento''). Im Nordwesten die ansehnliche Neustadt, am Abhang des Kastellhügels, in der Mündungsspitze von Crati und Busento die winkelige Altstadt; am Corso Telesio, der gewundenen Hauptstraße, die frühgotische Kathedrale (1222 geweiht), in der 1242 der unglückliche Stauferkönig Heinrich VII. begraben wurde; im Querschiff links das Grabmal der 1271 in Cosenza verstorbenen Gattin Philipps III. von Frankreich, Isabella.

Von dem am südlichen Rand der Altstadt gelegenen Stadtpark gelangt man nordwestlich hinan zum Kastell (385 m; Aussicht), dessen 3 m dicke Mauern den häufigen Erdbeben (besonders schwer 1783 und 1905) nicht standhielten.

Nordwestlich von Cosenza liegt nahe der Küste in einer Schlucht das Städtchen **Paola** (94 m; 9000 Einw.), mit dem Hafen *Paola Marina*. – 1,5 km nördlich vom Ort das im 15. Jahrhundert quer über einer Schlucht erbaute Kloster des 1416 in Paola geborenen hl. Franziskus von Paola, der den Bettelorden der Minimen oder Paulaner stiftete.

Sehr zu empfehlen ist die Fahrt ins *Sila-Gebirge*, das insgesamt *La Sila*, im Hauptteil *Sila Grande*, im Süden *Sila Piccola* und am Nordrand wegen der hier seit dem 15. Jahrhundert siedelnden Albaner griechisch-orthodoxen Glaubens *Sila Greca* genannt wird. Es ist ein etwa 3300 qkm umfassendes, im

Durchschnitt 1300-1400 m hohes, im Botte Donato bis zu 1930 m ansteigendes plateauartiges Urgebirgsmassiv, das zum Crati-Tal steil abstürzt und sich nach dem Golf von Tarent allmählich senkt. In der Gestaltung seiner Oberfläche und mit seinen reichen Beständen an Kastanien, Buchen, Eichen, Schwarzkiefern und Fichten hat es viel Ähnlichkeit mit den deutschen Mittelgebirgen. In den Wäldern leben noch Wölfe und zahlreiche schwarze Eichhörnchen. Seit 1927 wurden Elektrizitätswerke errichtet, die ihre Energie den durch Aufstauung der Flüsse entstandenen großen Seen entnehmen; besonders besuchenswert der *Lago Arvo (1280 m). Auf den von Viehweiden bedeckten Hochflächen sieht man in auffallendem Gegensatz zu den ärmlichen alten Wohnkaten die neuen Kolonistenhäuser der hier im Zuge einer Bodenreform niedergelassenen Neusiedler. – Im Norden der Sila Greca liegt wenige Kilometer vom Meer malerisch am Hang die Stadt **Rossano** (297 m; 24 000 Einw.), früher Hauptstadt von Kalabrien und noch jetzt Sitz eines Erzbischofs. Am südöstlichen Stadtrand auf einem Felsen die Kirche San Marco, ein byzantinischer Zentralbau aus der Normannenzeit, mit fünf Kuppeln. In der erzbischöflichen Bibliothek eine kostbare Evangelienhandschrift (6. Jh.). Von der Terrasse in der Mitte der Via Garibaldi *Aussicht auf den Monte Pollino und die Apulische Ebene.

Etwa 32 km nordwestlich von Rossano liegen am Unterlauf des Crati, nicht weit von der Küste, die Überreste der antiken Stadt **Sybaris**, die im Jahre 709 v. Chr. von Achäern gegründet und später wegen ihres Luxus sprichwörtlich war, aber schon 510 v. Chr. von den Einwohnern der Stadt Kroton zerstört wurde.

An der Ostküste des nördlichen Kalabrien liegt die Industrie- und Hafenstadt **Crotone** (43 m; 52 000 Einw.), im Altertum die berühmte achäische Kolonie *Kroton,* die im 8. Jahrhundert v. Chr. gegründet und im 6. Jahrhundert v. Chr. vom pythagoräischen Bund beherrscht wurde. Im Kastell das Museo Civico, mit vorgeschichtlichen und antiken Funden; vom höchsten Turm schöne Aussicht.

Von Crotone lohnt die Fahrt (11 km) südöstlich zum **Capo Colonna**, einst Kultstätte der *Hera Lacinia* (Tempelreste). Die Umschiffung des Kaps durch die Römer im Jahre 282 v. Chr. löste den Pyrrhischen Krieg aus. Im Jahre 203 v. Chr. verließ Hannibal, der im Tempel ein Verzeichnis seiner Taten hinterlegte, von hier aus den italienischen Boden.

Das bedeutendste städtische Zentrum im südlichen Kalabrien ist **Reggio di Calabria** (s. dort). – 24 km nördlich – in überaus reizvoller *Lage, das 1908 durch Erdbeben zerstörte, seither jedoch wiederaufgebaute Städtchen **Scilla** (73 m; 7000 Einw.), das alte *Scylla,* überragt von einem malerischen Kastell. – Der Fels der **Scylla** *(Szylla),* die schon in Homers Odyssee als brüllendes, alles verschlingendes Seeungeheuer (oben eine reizende Jungfrau, unten ein Ungetüm mit Wolfsleib und Delphinschwanz) vorkommt, wird zusammen mit der gegenüberliegenden **Charybdis** von den Dichtern wegen ihrer Strudel, die durch wechselnde Gezeitenströmungen entstehen, als drohende Gefahr für alle Schiffe geschildert. – 9 km südwestlich von Scilla liegt das Städtchen **Villa San Giovanni**

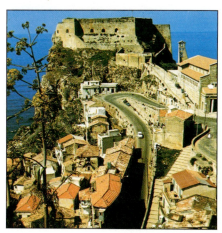

Scilla (Scylla) an der Straße von Messina

(38 m; 11 000 Einw.), von wo die Fähren über die hier 4 km breite *Straße von Messina* nach Sizilien übersetzen (Brücke geplant).

An der Ostküste Südkalabriens liegen etwa 3 km südlich des Seebades **Locri** (5 m; 10 000 Einw.) die Ruinen der altgriechischen Stadt *Lokroi Epizephyrioi* ('Scavi di Locri'), deren um 650 v. Chr. von Zaleukos geschriebene Gesetze berühmt waren. Nahe der Küstenstraße die Fundamente eines im 5. Jahrhundert v. Chr. in ionischem Stil umgebauten Tempels; auf der Höhe *Mannella,* im Norden des Grabungsfeldes, Reste der Stadtmauer. Beachtenswert ferner ein Theater, ein dorischer Tempel sowie eine ausgedehnte vorgriechische und griechische Nekropole.

Kalymnos
s. bei Sporaden

Karpathos
(Kárpathos)

Griechenland.
Nomos: Dodekanes.
Inselfläche: 301 qkm. – Bewohnerzahl: 5400.

HOTEL. – *Porphyris,* III, 41 B.

BADEPLÄTZE. – In der Bucht von Kárpathos, an der Südost- und Südwestküste.

VERKEHR. – Die Insel liegt an der Schiffsroute Rhódos – Ágios Nikólaos (Kreta) und hat Flugverbindung mit Rhódos.

Kárpathos, südwestlich von Rhódos, ist eine landschaftlich sehr reizvolle Dodekanesinsel; sie ist 48 km lang, rund 5 km breit und bis 1215 m hoch.

Am Übergang vom Gebirge in die flachere Zone liegt in einer weitgeschwungenen Bucht der Ostküste der Hauptort **Kárpathos** (oder *Pighádia,* 25 m, 1200 Einw.). Er ist in der italieni-

Kirche auf der griechischen Insel Karpathos

schen Zeit nach 1912 an der Stelle des antiken Poseidion entstanden. Charakteristisch für die Unsicherheit des Mittelalters sind die hochgelegenen Dörfer, die man bei einer Rundfahrt vom Hafen aus besuchen kann.

WEITERE INSELORTE. – Über das Bergdorf **Menetés** (7 km von Kárpathos; 350 m, 700 Einw.) nach **Arkássä** im Westen (6 km; 47 m, 450 Einw.; frühchristliche Basilika), dann nordwärts nach **Pylí** (7 km; 320 m, 300 Einw.) und **Voláda** (5 km; 440 m, 500 Einw.) und schließlich über **Apérion** (2 km; 320 m, 720 Einw.) zurück zum Ausgangspunkt. – Weitere Dörfer liegen im Norden der Insel (Straße von Pylí aus): **Messochorió** (14 km; 130 m), **Spóa** (7 km; 350 m), **Ólympos** (28 km; 114 m) und **Diapháni** (10 km; 30 m).

Die 600 m hohe, bis auf wenig Fruchtland kahle Insel **K á s o s** (65 qkm; 1400 Bew.) schließt sich südwestlich an Kárpathos an. Der Hauptort **Phry** (460 Einw.) liegt an der Nordküste östlich vom zweiten Küstenort **Agía Marína** (120 m, 550 Einw.). Von dort aus ist **Arvanitochorió** ('Albanerdorf'), der mittelalterliche Hauptort im Inneren der bergigen, kargen Insel, zu erreichen.

Karthago s. bei Tunis

Kasos bei Karpathos

Kastellorizo (Megisti) s. bei Rhodos

Kavala (*Kawála*)

Griechenland.
Nomos: Kavala.
Höhe: 5-60 m ü.d.M. – Einwohnerzahl: 60 000.
Telefonvorwahl: 051.
ⓘ **E. O. T.,**
Platía Eleftherías;
Telefon: 2 24 25.
Touristenpolizei,
Eríthru Stavrú 9;
Telefon: 2 29 05.

HOTELS. – In K a v a l a: *Tosca Beach,* I, 199 B.; *Galaxy,* II, 283 B.; *Oceanis,* II, 318 B.; *Philippi,* II, 83 B.; *Acropolis,* III, 28 B.; *Esperia,* III, 200 B.; *Nepheli,* III, 99 B.; *Panorama,* III, 95 B. – In K a l á m i t s a (1,5 km westl.): *Lucy,* II, 291 B. – In L u t r á E l é f t h e r o n (60 km westl.): *Panghaeon,* III, 48 B.

VERKEHR. – Flugverbindung mit Athen, Busverbindung mit Saloniki, Fährschiffe nach Thássos. Nächste Bahnstation: Dráma (32 km).

Kavála, der Haupthafen von Ostmakedonien (Baumwolle, Tabak), steigt reizvoll von der Hafenbucht zu Symvolon- und Akropolishügel an.

GESCHICHTE. – Die Stadt wurde von der Insel Paros (vermutlich im 6. Jh. v. Chr.) unter dem Namen *Neapolis* gegründet und verdankte ihren Wohlstand den Goldvorkommen im nahen Pangaiongebirge. 168 v. Chr. wurde sie römisch und war 42

Kavala in Nordgriechenland – Blick über den Hafen zum Burgberg

v. Chr. Flottenstation von Brutus und Cassius, die bei Philippi geschlagen wurden. 50-51 betrat der Apostel Paulus hier erstmals europäischen Boden. Nach dem Sieg des Christentums erhielt die Stadt, Suffraganbistum von Philippi, den Namen *Christópolis*, doch setzte sich später der Name *Kavála* durch. Von 1371 bis 1912 war die Stadt türkisch. Heute hat sie Bedeutung als Sitz des Baumwollhandels und als Exporthafen für Tabak.

SEHENSWERTES. – Den **Hafen** überragt die byzantinische *Burg an Stelle der antiken Akropolis; darin das Geburtshaus des späteren ägyptischen Khediven Mehmed (Muhammed) Ali (1769-1849). Ein zweistöckiger *Aquädukt* führt zum Burgberg. – Das **Archäologische Museum** zeigt Funde aus Kavála (Neapolis) selbst, Abdera, Amphípolis und Dráma.

UMGEBUNG von Kavala. – 15 km nordwestlich in Richtung Drama erreicht man bei dem Dorf *Krinides* die Stätte des antiken *Philippi. Der Ort war im Altertum unter dem Namen *Krenides* durch seinen im

Ruinen der Basilika B in Philippi (Makedonien)

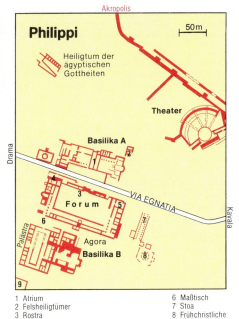

Philippi
50 m

Akropolis

Heiligtum der ägyptischen Gottheiten

Theater

Basilika A

Drama

VIA EGNATIA

3 Forum 5

Kavala

Agora

Basilika B

1 Atrium
2 Felsheiligtümer
3 Rostra
4 Westtempel
5 Osttempel
6 Maßtisch
7 Stoa
8 Frühchristliche Basilika
9 Antike Latrinen

Pangaiongebirge betriebenen Goldbergbau bekannt. Im Jahre 358 v. Chr. wurde Krenides von Philipp II. von Mazedonien zerstört, dann als Grenzfestung seines erweiterten Reiches unter dem Namen Philippi wiederaufgebaut. Hier siegte 42 v. Chr. der römische Triumvir Antonius über Brutus und Cassius, und hier gründete der Apostel Paulus die erste Christengemeinde auf europäischem Boden, an die er aus der Gefangenschaft in Rom seinen Philipper-Brief richtete. Von der alten Stadt erkennt man auf den sich am unteren Berghang nördlich des heutigen Ortes hinziehenden großen Terrassen noch Gebäudereste, mit einem Theater an der Südostseite und einem Forum aus römischer Zeit. Über dem Theater, in den zerklüfteten Felsen geschnitten, Inschriften und Reliefs der griechischen Jagdgöttin Artemis. Von der turmgekrönten Höhe der alten Akropolis (311 m) prächtige Aussicht. In der Ebene byzantinische Stadtmauerreste sowie die Ruine einer aus dem 6. Jahrhundert stammen-

den byzantinischen Kuppelbasilika, mit schönen Pflasterkapitellen, ferner die Reste von vier weiteren Kirchen.

Kea s. bei Kykladen

Kephallenia
(Kefallinía)

Griechenland.
Nomos: Kephallinia.
Inselfläche: 781 qkm. – Bewohnerzahl: 31 800.

HOTELS. – In A r g o s t ó l i : *Xenia,* II, 44 B.; *Aegli,* III, 17 B.; *Aenos,* III, 74 B.; *Agios Gerassimos,* III, 28 B.; *Armonia,* III, 24 B.; *Dido,* III, 17 B.; *Phokas,* III, 18 B.; *Tourist,* III, 38 B.

Südwestliche Umgebung. – In L a s s i (2 km): *Mediterranee,* I, 430 B. – In P l a t ý s G i a l ò s (3 km): *White Rocks,* I, 190 B. – In S v o r o n á t a (10 km): *Irinna Hotel,* II, 321 B.

Ostküste (von Nord nach Süd). – In P h i s k á r d o (53 km von Argostóli): *Panormos,* II, 10 B. – In A g í a E v p h i m i a (9 km von Sámi): *Pylaros,* III, 17 B. – In S á m i (21 km von Argostóli): *Ionion,* III, 29 B. – In P ó r o s (26 km von Sámi): *Iraklis,* II, 12 B.; *Atros Poros,* III, 18 B.

Westen. – In L i x ú r i : *Ionios Avra,* IV, 22 B.

Nordwestküste. – In A s s o s (34 km von Argostóli): *Myrto,* II, 10 B.

Auf I t h a k a : *Mendor,* II, 68 B.; *Odysseus,* II, 17 B.

BADESTRÄNDE. – Platýs Gialós, Myrtós, Sámi.

VERKEHR. – Flugverbindung mit Athen; Schiffsverbindung mit Kérkyra, Pátras und Piräus, Fährschiffe zwischen Argostóli und Lixúri. Inselbusse.

Kephallenía, volkstümlich Kephallóniá, durch einen 2 km breiten Kanal von Ithaka getrennt, ist die größte der

Hafenbucht auf der Ionischen Insel Kephallenia

Ionischen Inseln. **Außer Bergen, die im Änos bis 1628 m ansteigen, hat sie fruchtbare Ebenen und gute Sandstrände neben ausgedehnten Steilküsten. Der von Süden tief einschneidende Golf von Argostóli trennt den Westen vom Hauptteil der Insel, der seinerseits mit dem Kap Daphnúdi weit nach Norden vorstößt.**

GESCHICHTE. – In mykenischer Zeit gehörte Kephallenia zum Reich des Odysseus, doch nennt Homer nicht den Namen der Insel, wohl aber Same und Dulichion, die er für zwei getrennte Inseln hielt. In historischer Zeit teilte Kephallenia die Geschicke der Nachbarinseln. Im Mittelalter war es – nach der Eroberung durch den Normannen Robert Guiscard, der 1185 hier starb (der Ortsname Phiskárdo im Norden erinnert daran) – Zentrum der Herrschaft der italienischen Familien Orsini und Tocchi. Nur 21 Jahre türkisch, stand die Insel von 1500 bis 1797 unter venezianischer Herrschaft.

Der Inselhauptort **Argostóli** liegt an einer Seitenbucht des Golfes von Argostóli. Die 8000 Einwohner zählende Stadt wurde wie andere Inselorte nach dem Erdbeben von 1953 in Betonbauweise wiedererrichtet. Die *Meermühlen an der Nordspitze der Landzunge, auf der die Stadt liegt, wurden bis zu diesem Erdbeben durch Meerwasser betrieben, das in eine Kluft stürzte. Infolge einer Küstenhebung sind sie seit 1953 außer Funktion. – Das *Museum der Stadt enthält minoische, mykenische und jüngere Keramik, mykenische Gold- und Elfenbeinarbeiten sowie griechische, römische und byzantinische Münzen, daneben eine 1959 bei Sámi gefundene Bronzestatue des Kaisers Hadrian. – Südwestlich der Stadt liegen die Sandstrände von Makris Gialós und Platýs Gialós.

Lohnend ist ein Ausflug in die südliche Umgebung von Argostóli: zum früheren Hauptort **Agios Geórgios** mit seiner mächtigen, von Byzantinern gegründeten, von Venezianern erweiterten Bergfestung (9 km). Unterhalb in der Ebene das Nonnenkloster Agios Andréas (*Fußreliquiar des Apostels). Im

Zentrum der fruchtbaren Livathó-Ebene findet man die malerischen Dörfer Metaxáta und Lakíthra. Zwischen Argostóli und Lakíthra links der Straße die Höhle des heiligen Gerássimos, des Schutzpatrons der Insel, dessen Kirchenfeste am 16. August und 20. Oktober gefeiert werden (Hinweisschild).

Das demselben Heiligen geweihte **Gerássimos-Kloster** liegt östlich von Argostóli. Man fährt in Richtung Sámi, biegt nach 7 km rechts ab und erreicht, hinter Phrankáta rechts, das in einem stillen Tal liegende Kloster. Von Phrankáta geradeaus weiter bis Ágios Eleuthérios, dann nach rechts, gelangt man zur 1300 m hoch gelegenen Schutzhütte am 1628 m hohen **Änos** (*Aussicht über Kephallenía und die Nachbarinseln Ithaka und Zákynthos).

Der von den Schiffslinien angelaufene Haupthafen **Sámi** (1000 Einw.) liegt in der einzigen großen Bucht der Ostküste. In der Nähe einige Spuren des antiken Same. Unmittelbar westlich des Ortes eine interessante *Tropfsteinhöhle. Nördlich ein *unterirdischer See von schöner Färbung in einer Höhle, deren Decke eingebrochen ist (Límni Melissáni), am Weg nach dem kleinen Küstenort **Agía Evphimía** (9 km von Sámi).

Im Norden der Insel findet **Ássos** mit seiner auf felsiger Halbinsel erbauten venezianischen Burg Interesse (34 km von Argostóli). Die Straße erreicht nach 17 km das Fischerdorf **Phiskárdo** an der Nordspitze.

Ithaka / Ithake *(Itháki)*

Durch einen 2 km breiten Kanal getrennt, liegt vor der Nordostküste von Kephallenia die 94 qkm große Insel Ithaka (4000 Bewohner), seit dem Altertum als die Heimat des Odysseus bekannt. Sie besteht aus einem nördlichen und einem südlichen Teil, die durch einen 600 m breiten Isthmus verbunden sind. Der Hauptort und -hafen Vathý liegt geschützt in einer sich nach Nordosten öffnenden Bucht.

GESCHICHTE. – Ausgrabungen seit Heinrich Schliemann (1868) bemühen sich um eine Identifizierung der von Homer genannten Stätten aus dem Reich des Odysseus. Die von Schliemann beschriebenen Gebäudereste auf dem 669 m hohen Aetós, der den Isthmus beherrscht (5 km von Vathý), gehören in das nachmykenische Alalkomenai. Mykenische Mauern und Gefäße, die zeitlich zu Odysseus passen, haben neuere Archäologen ab 1932 beim Dorf Stavrós im Norden gefunden, und zwar auf dem Hügel Pelikáta (1 km nördlich, Blick auf mehrere Hafenbuchten) und unterhalb in der Pólisbucht. An diesen Stellen standen vermutlich Palast und Stadt. Die Funde bewahren die Museen in Vathý und in Stavrós. In diesem werden u. a. eine Scherbe mit dem Namen des Odysseus (8. Jh. v. Chr.) und eine attische Lekythos mit Athena, Odysseus und Telemachos (5. Jh. v. Chr.) gezeigt.

Schön ist die Lage des Hauptortes **Vathý**, der nach dem Erdbeben von 1953 wieder aufgebaut wurde. Das Museum hat eine Sammlung mykenischer Vasen. Die Umgebung wird landwirtschaftlich genutzt (Ölbäume, Wein); es gibt auf Homers 'Ziegeninsel' auch heute noch viele Ziegen. – Eine landschaftlich reizvolle Fahrt bringt uns über den Isthmus nach **Stavrós** (18 km, Bus) im Norden. Weiter nördlich *Exogí* (alte Kirche), nordöstlich die anmutige **Bucht von Phríkes,** von wo aus man noch Kióni erreicht. Man kann auch von Stavrós durch die felsige Berglandschaft bis zum 600 m hoch gelegenen **Kloster Katharón** fahren; herrlicher *Blick auf die Bucht von Vathý!

Für Interessierte lohnend sind Wanderungen zur **Nymphengrotte** unweit von Vathý und – am besten mit Führer – zur *Arethusaquelle* im Südteil der Insel.

Kerkenna-Inseln
s. bei Sfax

Kerkyra s. Korfu

Kithnos (Kythnos)
s. bei Kykladen

Knidos

Türkei.
Provinz: Muğla.
Höhe: 5–2840 ü.d.M.
ⓘ **Informationsamt Marmaris,**
İskele Meydanı,
TR-Marmaris;
Telefon: (Handvermittlung) 35.
Fremdenverkehrsamt Muğla,
Marmaris Caddesi, İdris Gürpınar Apt.,
TR-Muğla;
Telefon: (61 11) 12 61.

UNTERKUNFT. – In Datça (34 km östlich): *Dorya Motel,* M I, 80 B., Sb. – In Marmaris (116 km östlich): *Otel Lidya,* III, 453 B.; *Grand Otel,* III, 103 B.; *Marmaris Oteli,* IV, 134 B.; *Motel Poseidon,* M I, 77 B.; *Martı Motel,* M I, 234 B.; *Tümer Pansiyon,* P I, 17 B.; *Feriendorf Marmaris Tatil Köyü,* 478 B.

STRÄNDE und WASSERSPORT. – In Datça und Marmaris; die schönsten Buchten nördlich der Halbinsel Bozburun; Schwimmen, Tauchen, Wasserski, Motorboote.

Die Reste der einst durch Wissenschaft und Kunst berühmten antiken Stadt Knidos liegen im Gebiet der antiken Landschaft Karien auf der Spitze einer westlich weit in das Ägäische Meer zwischen dem Golf von Kos (Kerme Körfezi) und der Insel Rhodos zum Dodekanes vorspringenden schmalen, zweimal stark eingeengten und bis zu 1175 m (Boz Dağı) hohen Halbinsel, die im Altertum Knidischer Chersones oder Dorisches Vorgebirge genannt wurde und jetzt türkisch Reşadiye heißt.

Die steil zum Meer abfallende Westspitze der Halbinsel, das antike Kap Triopion, jetzt *Deveboynu Burun,* war einst eine Insel, die aber schon im Altertum durch eine schmale Landenge mit dem Land verbunden war. Auf dieser ehemaligen Insel und später auch auf dem Abhang des Festlandufers lag die Stadt Knidos, die heute von dem 34 km östlich gelegenen Städtchen Datça, wo die ausgebaute Straße von Muğla endet, nur auf einem unbefestigten Fahrweg zu erreichen ist (außerdem Schiff oder Motorboot von Bodrum).

GESCHICHTE. – Die Stadt *Knidos,* lateinisch *Cnidus* oder *Gnidus,* wurde etwa im 7. Jahrhundert v. Chr. von *Lakoniern (Lakedämoniern),* aus dem Südosten des Peloponnes stammenden Griechen,

Marmaris an der türkischen Ägäisküste

Knidos

300 m

Golf von Kos

Byzantinische Ruinen

Stadtmauer

Tor

Antiker Weg

Akropolis

Großes Theater

Römisches Grab

Ant. Kriegs- hafen

Deveboynu Burun (Triopion)

Odeion

Tor

Antike Straße

Nekropolis

Großer Hafen

Antike Mole

Antike Mole

Dorischer Golf

1 Agorá	4 Dorische Halle	7 Römische Gebäude	10 Dorischer Bau
2 Dorischer Tempel	5 Korinthischer Tempel	8 Römischer Bau	11 Demeterheiligtum
3 Dionysostempel	6 Gymnasion	9 Musentempel	12 Kleines Theater

gegründet und entwickelte sich rasch durch Schifffahrt, Handel und Industrie (z.B. Tonwaren). Schon im 6. Jahrhundert sandte sie Kolonisten nach Lipara und an das Adriatische Meer. Auf dem Triopion stand ein (noch nicht wiedergefundener) Tempel des Apollo, das Bundesheiligtum der *Hexapolis,* eines dorischen Sechsstädtebundes, zu dem noch Kos, Halikarnassos (s. dort), Lindos, Ialysos und Kamiros (die drei letzteren auf Rhodos) gehörten. – 540 v. Chr. unterwarfen sich die Knidier dem *Perser* Harpagos. – Als Mitglied des *Attischen Reiches* blühte die Stadt weiter und besaß wie Kos eine berühmte Ärzteschule. – Später wurde Knidos ein Stützpunkt der *Spartaner,* dann aber durch den Athener Konon, der im Jahre 394 als persischer Flottenführer durch seinen Sieg bei Knidos die Seemacht der Spartaner brach (Siegesdenkmal) wieder frei. Daß Wissenschaft und Kunst im 4. Jahrhundert v. Chr. hier weitere Pflege fanden, zeigen die Namen des Astronomen *Eudoxos* und des Architekten *Sostratos* (Erbauer des berühmten Leuchtturms von Alexandria, eines der sieben Weltwunder), die Knidische Aphrodite, das berühmteste Werk des Bildhauers *Praxiteles* (jetzt im Louvre in Paris), und die Demeter im Britischen Museum in London. – In *hellenistischer Zeit* wechselte die Stadt öfters ihren Herrn und stand lange im Bündnis mit Rhodos. – Unter den *Römern* war sie frei. – Später verlor sie an Bedeutung und verfiel.

Der englische Archäologe *Ch. Th. Newton* machte 1857-58 die ersten Ausgrabungen. Später forschten die Deutschen *K. Sudhoff* (1927) und *A. v. Gerkan* (1930), dann 1952 wieder britische Archäologen, in den siebziger Jahren auch US-Amerikaner.

BESICHTIGUNG DER RUINENSTÄTTE. – Knidos besaß rechts und links der das Festland mit der ehemaligen Insel verbindenden Landenge zwei vorzügliche **Häfen.** Der südöstliche hatte zwischen zwei massigen Hafendämmen eine etwa 145 m breite Einfahrt. In den im Nordwesten gelegenen kleineren, jetzt ganz flachen ehemaligen Kriegshafen führte eine nur 24 m breite Einfahrt, die durch einen prächtigen Rundturm gedeckt wurde.

Auf der früheren I n s e l sind nur noch Terrassen und Reste der *Stadtmauer* zu sehen.

Der Stadtteil auf dem F e s t l a n d, dessen Entstehungszeit sich nicht genau feststellen

läßt, besaß ein ganz regelmäßiges Straßennetz, obwohl wie in Priene (s. dort) das ansteigende Gelände überall Terrassenbauten nötig machte und die nordsüdlichen Nebenstraßen teilweise Stufen haben. – Nordwestlich von der Landenge, am Nordrand des Kriegshafens, lag wohl die *Agorá* (Markt). In der Nähe *Tempel, Hallen* und vielleicht ein *Gymnasion.* – Nördlich vom südöstlichen Hafen ein *kleines Theater* und oberhalb der Hauptstraße auf der Mitte des Hanges das *Große Theater.* – Ganz im Osten ein heiliger Bezirk der Demeter (Göttin der Fruchtbarkeit) und der *Kore* (Tochter der Demeter). – Nördlich über dem Theater und dem immer unbewohnten Steilhang auf dem Bergkamm, den außen eine steile Schlucht begleitet, die vom Kriegshafen zur *Akropolis* (284 m) im Nordosten ansteigende *Stadtmauer,* die noch heute mit ihren fast unversehrten Mauern und Türmen eines der schönsten Beispiele hellenistischer Befestigungen bietet (Aufstieg beschwerlich).

UMGEBUNG von Knidos. – Etwa 6 km südöstlich von Knidos (Zufahrt nur mit Boot) steht auf dem *Aslancı Burun* (Löwenkap) die *Ruine des Löwendenkmals,* zur Erinnerung an den Sieg, den Konon 394 v. Chr. mit 90 athenischen und persischen Schiffen über die 85 Schiffe des Spartaners Peisandros errang. Das Denkmal war ein Kenotaph (leerer Steinbau zum Gedächtnis an einen Toten) und erinnert im Aufbau an das Mausoleion von Halikarnassos (s. dort): ein durch dorische Halbsäulen gegliederter viereckiger Unterbau, der die Stufenpyramide trägt, auf der ein Löwe Wache hielt (von Newton in das Britische Museum gebracht).

Knossos s. bei Kreta

Koločep
s. Elaphitische Inseln

Koper s. bei Istrien

Korčula

Jugoslawien.
Teilrepublik: Kroatien (Hrvatska).
Inselfläche: 279 qkm. – Bewohnerzahl: 23 000.
Telefonvorwahl: 0 50.

(i) **Turist biro 'Marko Polo',**
YU-50260 **Korčula;**
Telefon: 8 10 67.
Turistički biro,
YU-50270 **Vela luka;**
Telefon: 8 20 42.
Turističko društvo,
YU-50263 **Lumbarda;**
Telefon: 8 36 05.

HOTELS. – In Korčula: *Bon Repos*, II, 720 B.;
Park, II, 400 B.; *Marko Polo*, II, 230 B.; *Korčula*, IV,
40 B. – In Račišče: Pension *Mediteran*, II, 20 B. –
In Lumbarda: *Lumbarda*, II, 116 B., mit den Dependancen *Borik* und *Lovor*, II, 149 B. – In Blato:
Alfier, II, 120 B.; *Lipa*, II, 24 B. – In Smokvica: *Fe-
ral*, II, 160 B. – In Vela Luka: *Poseidon*, II, 296 B.,
mit Dependance, 70 B.

CAMPINGPLÄTZE. – In Korčula: Beim Hotel Bon
Repos. – In Sv. Antun: *Solitudo*.

VERANSTALTUNGEN. – Jeden Donnerstag in der
Vor- und Nachsaison, täglich zweimal im Juli und
August Schwerttanz (Moreška) aus dem 16. Jahr-
hundert. Jährlich am 23. April, dem Tag der Befrei-
ung, Aufführung des Kampftanzes 'Kumpanija' in
Blato. Sommerkonzerte in der Stadt Korčula.

BADESTRÄNDE. – Lumbarda besitzt drei große
Kies- und Sandbuchten (besonders für Kinder ge-
eignet); ferner Tauchgelegenheit und Bootsverleih.
– In Vela Luka eine Kuranlage (heilkräftiger
Schlamm); ferner langer Strand und viele Buchten.

AUTOFÄHREN. – Verbindungen Stadt Korču-
la–Orebić, Prigradica–Drvenik, Stadt Korčula–Split.
Personenschiffe nach Split und Dubrovnik.

Windsurfer vor der jugoslawischen Insel Korčula

**Die zwischen Split und Dubrovnik ge-
legene mitteldalmatinische Insel *Korčula, im Altertum Corcyra genannt,
1420-1797 zu Venedig, bis 1918 zu
Österreich gehörend, ist 47 km lang
und 6-8 km breit. Sie gipfelt in der
Klupča (568 m). Wegen seiner malerischen Landschafts- und Ortsbilder wie
auch als Seebad wird Korčula gern besucht.**

GESCHICHTE. – Die ersten Kolonisatoren waren
griechische Stämme: Zum einen *Trojaner* mit dem
Helden Prinz Antenor an der Spitze (1200 v. Chr.),

zum anderen *dorische Auswanderer* aus Knidos im
4. Jahrhundert v. Chr. und schließlich weitere Griechen aus Syrakus. Vom Jahre 35 v. Chr. an hatten
die *Römer* auf dem dalmatinischen Festland wie auf
der Insel die Macht. Nach dem Untergang des Weströmischen Reiches fiel Korčula 493 zunächst an
den Staat der *Ostgoten* unter Theoderich, dann 555
an *Byzanz*.

Im 9. Jahrhundert eroberten die slawischen *Neretvaner* die Insel, etwa im Jahre 1000 kam sie unter die
Herrschaft Venedigs. 1180 gehörte sie zum ungarisch-kroatischen Königreich. 1298 besiegte eine
Flotte Genuas in der Nähe der Insel Korčula eine
Streitmacht der *Venezianer*. Dabei soll Marco Polo
(1254-1324), angeblich ein Sohn der Stadt Korčula
und nicht Venedigs, in die Hände der *Genuesen* gefallen sein. Im Gefängnis hat er seinem Mithäftling
den Bericht ''Wunder der Welt'' über seine Reise
nach China (ab 1271), die 24 Jahre dauerte, diktiert.
1390 geriet Korčula unter die Oberhoheit der *bosnischen Könige;* an die damaligen Kämpfe mit den
Türken erinnert das früher nur am 27. Juli vor der
Kulisse der Altstadt, heute während der Hauptsaison meist schon zweimal täglich aufgeführte tänze-
rische Ritterspiel ''Moreska''.

Der Versuch der Republik Dubrovnik, sich mit Korčula einen weiteren Vorposten einzuverleiben
(1413-17), scheiterte. Mit autonomem Status unterstand die Insel bis 1797 Venedig. Dann lösten sich
Österreich (1797-1805), *Frankreich* (1805-13),
Großbritannien (1813-15) in raschem Wechsel ab.
Von 1815 bis 1918 dauerte Österreichs Regentschaft, von 1918 bis 1921 versuchten die Italiener,
die Insel an sich zu reißen – vergebens; denn nun
wurde sie dem *Königreich Jugoslawien* zugeschlagen. Im Jahre 1943 endete die 1941 begonnene
zweite italienische Besetzung; ein Jahr später landeten die jugoslawischen Partisanen.

Mit seinen Palais und Kirchen spiegelt
der Inselhauptort **Korčula** die ganze
Schönheit der Architektur zwischen
dem 14. und 16. Jahrhundert wider. Das
alte Stadtzentrum umgeben hohe Mauern und Türme.

Die Besichtigung beginnt hinter dem
Hafen, wo zwei mächtige Türme und
links eine kleine elegante Loggia aus
dem 16. Jahrhundert stehen. In der Altstadt führt der Weg durch das Landtor
(an der Innenseite ein prachtvoller
Triumphbogen von 1650). Links die Renaissance-Fassade des ehem. Fürsten-

Korčula auf der gleichnamigen Insel

palastes mit Loggia (16. Jh.). Gegenüber die Michaelskirche, ebenfalls Renaissance (17. Jahrhundert).

Beim Weitergang in Richtung Domplatz links eine kleine Barockkirche, rechts der ehem. Bischofspalast, im 14. Jahrhundert errichtet, mit barocker Fassade aus dem 17. Jahrhundert. In ihm befinden sich u. a. der Domschatz und Werke italienischer Maler. Dann links der Palast Gabrielis, ein schöner Renaissancebau, in dem das städtische Museum untergebracht ist. Der Dom (St. Markus; rechts) zeigt Stilelemente der Romanik, Gotik und Renaissance (im 13. Jh. begonnen, Bauzeit rund 300 Jahre). Im Inneren hinter dem Hochaltar ein Tintoretto zugeschriebenes Gemälde, ferner beachtenswerte Bilder von Künstlern des 13. bis 15. Jahrhunderts. – Hinter der Peterskirche rechts die Gasse zum Marco-Polo-Haus, in dem der Weltreisende angeblich zur Welt gekommen ist.

Außerhalb der Stadtmauern ein *Dominikanerkloster* am westlichen Strandweg sowie die zweischiffige *Nikolai-Kirche* mit der Kopie eines Petrus-Gemäldes von Tizian über dem Barockaltar.

Am südöstlichen Ende der Insel, nur 6 km von der Stadt Korčula entfernt, liegt **Lumbarda.** Hier fand man auf dem Hügel Koludrt, nördlich des Dorfes, neben der mittelalterlichen Kirche des hl. Johannes Bruchstücke einer Steintafel aus der Zeit der griechischen Kolonisation (Kopie der Tafel im Stadtmuseum Korčula, Original im Archäologischen Museum Zagreb), die Aufschluß über die Bodenverteilung gibt, wobei neben griechischen auch illyrische Namen auftauchen. Lumbarda ist schließlich bekannt durch den goldschimmernden 'Griechenwein' Grk und durch die Kunst seiner Steinmetzen.

Die in Korčula beginnende, 48 km lange Straße nach Vela Luka zeigt die Insel in ihrer ganzen Vielfalt: Wälder, Weinreben und Ölbäume, dagegen kaum unwirtlichen Karst. Die Straße passiert nach dem Dorf Pupnat die höchste Erhebung der Insel, den 568 m hohen Berg *Klupča* (gute Aussicht, aber beschwerlicher Anstieg). **Blato,** die größte Stadt auf der Insel (nicht am Meer gelegen), hat ihr eigenes Ritterspiel, das alljährlich am 23. April, dem Tag der Befreiung im Zweiten Weltkrieg (1944), aufgeführt wird. In Blato erhielt sich auch die Tradition der eigentlich mehr in den montenegrinischen Bergen beheimateten 'Guslaren': Volkssängern, die in endlosen, traurigen Liedern, durch eine einsaitige Geige begleitet, von Kämpfen und Helden der Vergangenheit berichten. Das Städtchen mit zahlreichen mittelalterlichen Gebäuden ist sehr sehenswert. Im Kastell befindet sich ein Heimatmuseum, das auch

Funde aus dem nahegelegenen römischen Landgut Junium verwahrt.

Die Straße führt dann weiter nach **Vela Luka,** das durch Hügel vor Nord- und Südwinden geschützt ist. Die Umgebung war schon in der Steinzeit besiedelt. Der Ort versucht heute durch Fischkonservierung und kleine Werften eine Industrie aufzubauen

Ausflüge mit Booten von der Stadt Korčula aus führen zur Insel **Badija** (ehem. Franziskanerkloster von 1420 mit Arkadenkreuzgang von 1477) sowie zur Insel **Vrnik,** wo Kalksteinbrüche liegen.

Nordöstlich von Korčula erstreckt sich die Halbinsel **Pelješac** (s. dort).

Korfu / Kerkyra
(Kérkira)

Griechenland.
Nomos: Kerkyra (Korfu).
Inselfläche: 593 qkm. – Bewohnerzahl: 89 600.
Telefonvorwahl: 0661.

ⓘ **E.O.T. Stadt Kerkyra,**
Odós Arseníu 35;
Telefon: 3 05 20.
Olympic Airways,
Odós Havitsianú 18.

HOTELS. – Stadt Kérkyra: *Corfu Palace, L, 195 B.; Cavalieri, I, 91 B.; Astron, II, 63 B.; King Alkinoos, II, 102 B.; Olympic, II, 90 B.; Arcadion, III, 95 B.; Atlantis, III, 112 B.; Bretagne, III, 38 B.; Calypso, III, 34 B.; Dalia, III, 32 B.; Hermes, III, 62 B.; Ionion, III, 144 B.; Suisse, III, 58 B. – Vororte Anemómylos und Kanóni: *Corfu Hilton, L, 515 B.; Corfu Canoni, I, 306 B.; Artiti, I, 312 B.; Arion, II, 199 B.; Marina, II, 192 B.; Royal, III, 218 B.; Salvos, III, 176 B.

Südlich der Hauptstadt. – In Alykés (3 km): Kerkyra Golf, I, 444 B. – In Pérama (7 km): Steyia, I, 138 B.; Aeolos Beach, II, 451 B.; Akti, II, 117 B.; Aegli, III, 71 B.; Argo, III, 28 B.; Oassis, III, 128 B. – In Gastúri (10 km): Achillion, III, 27 B.; Komianos, III, 34 B. – In Benitses (12,5 km): Potamaki, II, 288 B.; Benitses Inn, III, 44 B. – In Moraitiká (20 km): *Miramare Beach, L, 285 B.; Delfinia, I, 151 B.; Messoghi Beach, II, 1300 B.; Sea Bird, III, 30 B. – In Messóghi (22 km): Rossis, III, 40 B.; Rulis, III, 30 B. – In Kuspádhes (33 km): Bukari, III, 20 B.

Nördlich der Hauptstadt. – In Kontokáli (6 km): Kontokali Palace, I, 467 B. – In Guviá (8 km): *Astir Palace Corfu, L, 590 B.; Corcyra Beach, I, 452 B.; Galaxias, III, 67 B. – In Daphnila (11 km): *Eva Palace, L, 323 B.; Robinson Club, I, 520 B. – In Dassiá (12 km): *Castello, L, 132 B.; Chandris Corfu, I, 366 B.; Chandris Dassia, I, 442 B.; Elaea Beach, I, 366 B.; Dassia, III, 102B. – In Ýpsos (14 km): Ypsos Beach, II, 114 B.; Mega, III, 61 B. – In Nissáki (22 km): Nissaki Beach, I, 444 B.

An der Westküste (von Nord nach Süd). – In Arillas (45 km): Arilla Beach, III, 25 B.; Marina, III, 29 B. – In Paläokastritsa (20-25 km): Akrotiri Beach, I, 230 B.; Oceanis, II, 123 B.; Paleokastritsa, II, 267 B.; Pavillon Xenia, II, 14 B.; Odysseus, III, 64 B. – In Liapádes (22 km): Chryssi Akti, III, 34 B. – In Ermónes (14 km): Ermones Beach, I, 504 B.; Ariti, I, 312 B. – In Glypháda (16 km): Grand Hotel Glyphada Beach, I, 417 B. – In Ágios Górdios (16 km): Agios Gordios, I, 364 B.; Alonakia, III, 30 B.; Chrysses Folies, III, 33 B. – In Anó Pavliána (19 km): Iliovassilevma, IV, 16 B.*

CAMPING. – Kontokáli, Dassiá, Ypsos, Pirghí.

VERKEHR. – Flugverbindung mit Athen und Frankfurt/Main. Schiffsverbindung mit Venedig, Ancona Brindisi und Piräus. Fährschiffe nach Igumenitsa und Patras.

*Korfu (Kerkyra), die nördlichste der Ionischen Inseln und ihr Verwaltungszentrum, ist dank seinem milden Klima, seiner freundlichen Landschaft und seiner zahlreichen guten Strände ein vielseitiges, ergiebiges Reiseziel und bietet den Komfort einer touristisch voll erschlossenen Region.

MYTHOS und GESCHICHTE. – Kerkyra gilt als das homerische *Scheria*, das Land der *Phäaken* und ihres Königs Alkinoos. – Die ältesten Siedlungsspuren lassen auf bäuerliche, vielleicht von Italien herkommende Völkerschaften schließen. Schon 734 v. Chr. von Korinth kolonisiert, entwickelte es sich zu einer der Mutterstadt gefährlichen Macht. Der Seesieg der Korinther über die Korkyräer (432 v. Chr.) bei den Sybota-Inseln (vermutlich im heute verlandeten Mündungsgebiet des Kalamas) trug wesentlich zum Ausbruch des Peloponnesischen Krieges bei. Im Jahre 229 v. Chr. kam die Insel in den Besitz des Römischen Reiches (lat. *Corcyra*) und wurde 395 Byzanz zugeschlagen. 1386-1797 war Korfu venezianisch *(Corfu),* danach vorübergehend französisch und nach 1815 mit den übrigen Ionischen Inseln britisch, bis es 1864 wieder zu Griechenland kam. – Im Laufe ihrer bewegten Geschichte wurde die Insel mehrfach verwüstet, so daß die antiken und mittelalterlichen Zeugnisse größtenteils untergingen.

Die Inselhauptstadt **Kérkyra** (27 900 Einw.) liegt an der Stelle der 734 v. Chr. von Korinth aus gegründeten Stadt Korkyra. Heute wird sie bestimmt durch die Verbindung griechischer, venezianischer und englischer Elemente. Ein Rundgang bringt uns vom *Hafen,* an der 1576-1589 erbauten Neuen Festung vorbei, in die Altstadt, in der das venezianische **Theater* (1663-93) und vor allem die **Spyridonkirche* Aufmerksamkeit verdienen. In der Sakristei rechts neben dem Altarraum der Kirche der **Silbersarkophag* mit den Re-

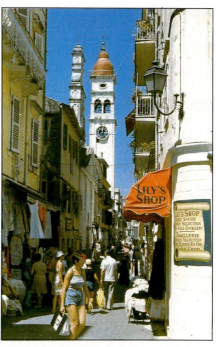

Blick zur Spyridonkirche in Kerkyra auf Korfu

liquien des Heiligen Spyrídon, der im 4. Jahrhundert Erzbischof von Zypern war. Seine Gebeine kamen später nach Konstantinopel und nach dessen Fall nach Kérkyra. Seitdem ist er der Patron der Insel.

Von dieser Kirche weiter zur Esplanade, die mit ihren Grünanlagen zwischen der Altstadt und der 1386 angelegten, 1500 verstärkten *Alten Festung* liegt (**Aussicht bis zum Pan-*

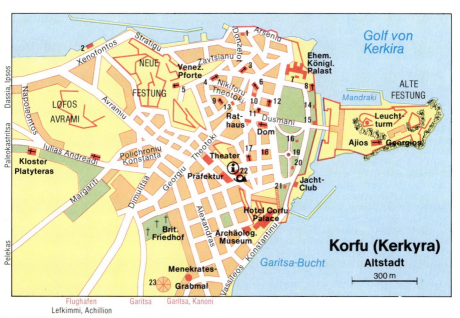

Korfu (Kerkyra) Altstadt

300 m

Golf von Kerkira

1 Touristenpolizei
2 Jachtversorgung
3 Metropolis-Kathedrale
4 Ajios Antonios
5 Panajia Tenedu
6 Ajios Spiridon

7 Adam-Statue
8 Panajia Mandakrina
9 Ajii Peteres
10 Ionische Bank (Volksbank)
11 Ajios Ioannis
12 Panaija Ton Xenon

13 Griechische Nationalbank
14 Guilford-Statue
15 Schulenburg-Statue
16 Enosis-Monument
17 Anglikanische Kirche
18 Deutsches Konsulat

19 Musikpavillon
20 Maitland-Säulengang
21 Douglas-Obelisk
22 EOT, Post, Telegraf
23 Gefängnis

tokrator-Berg und zur Festlandsküste). Links neben dem Festungseingang steht auf der Esplanade das Denkmal für Graf Matthias von der Schulenburg, der die Insel 1716 gegen die Türken verteidigte. Venedig erwies ihm die seltene Ehre, ein Denkmal bereits zu Lebzeiten zu errichten, und setzte ihn – wiederum eine höchste Anerkennung – nach seinem Tode im Arsenal zu Venedig bei.

Die Westseite des Esplanadenplatzes wird von Kolonnadenhäusern der englischen Zeit gesäumt, an die auch ein klassizistisches Rundtempelchen in den Grünanlagen weiter südlich erinnert. Den nördlichen Abschluß der Esplanade bildet der Bau, der 1816 als Residenz des britischen Gouverneurs erbaut, nach 1864 als königliches Schloß verwendet wurde und jetzt Museum ist. In seinen Räumen das *Museum asiatischer Kunst* mit der großen Sammlung des ehemaligen Botschafters Manos aus Japan und China sowie der Sammlung des Botschafters Chadzivassilíu mit 450 Stücken aus Indien, Tibet, Nepal, Thailand, Korea und Japan. – Das *Archäologische Museum* liegt an der König-Konstantin-Straße.

Sein bedeutendes Stück ist der monumentale, 17 m breite *Gorgo-Giebel* von der Westfront des um 600 v. Chr. erbauten Artemistempels. Zentralgestalt ist die mit ihren Kindern Pegasos und Chrysaor als Herrin der Tiere dargestellte Gorgo Medusa. In weiteren Räumen *Gorgo-Stirnziegel, Artemisstatuetten* aus der Umgebung des Tempels, *Porträtköpfe* des Historikers Thukydides und des Komödiendichters Menander sowie eine *archaische Löwin* vom Grab des Menekrates (um 600 v. Chr.). 200 m stadtauswärts vom Museum biegt rechts eine Straße zum Menekratesgrab ein, von dem der runde Unterbau erhalten ist.

Die Uferstraße bringt uns durch den Vorort Garitsa und am Park der ehemaligen königlichen Sommerresidenz Mon Repos vorbei zur Halbinsel Paláopolis. Gegenüber dem Parktor die Paläopoliskirche an der Stelle eines antiken Tempels. Rechts von ihr führt ein Weg zur Stelle des 1911 entdeckten Artemistempels.

Kanóni am Ende der Halbinsel (4,5 km) ist ein von Bäumen umstandener, in den letzten Jahren zunehmend mit Lokalen vollgebauter *Aussichtsplatz über einer Meeresbucht von klassischer Schönheit. Man sieht zwei Inselchen; die vordere mit einem kleinen **Vlachernenkloster** (über einen Damm erreichbar), die hintere mit Bäumen bewachsen und mit Booten zu erreichen: **Pondikonissi**, die Mäuseinsel. Möglicherweise kann man in ihr das von Poseidon versteinerte Schiff der Phäaken, die Odysseus am Ende seiner Irrfahrten von Scheria nach Ithaka heimgebracht hatten, sehen. Die Landschaft von Kanóni und seine Lage nahe der antiken Stadt haben dazu geführt, daß die Begegnung von Odysseus und Nausikaa hier lokalisiert wurde (neben Paläokastritsa).

Der Norden der Insel. – Die Straße verläßt Kérkyra in nordwestlicher Richtung und erreicht am Stadtrand das **Kloster Platytéra**, in dem sich das Grab von Kapodistrias, dem 1831 in Nauplia ermordeten ersten Präsidenten Griechenlands, befindet. Dann folgt sie der Ostküste nordwärts. Nach den Badeorten **Kontokáli** und **Guviá** (8 km) gabelt sich die

Eilande Pondikonissi und Vlacherna (Korfu)

Straße. Die Küstenstrecke führt bis nach **Kassiópi** an der Nordküste (37 km), die andere Strecke quer durch die Insel nach **Paläokastrítsa** im Nordwesten (25 km). Hier vermuten einige Archäologen Stadt und Palast des Phäakenkönigs Alkinoos. Die Buchten bieten schöne Badegelegenheit. Man kann das *Kloster Paläokastrítsa* auf einem Vorgebirge und die 329 m hoch gelegene *Burg Angelókastro* besuchen und findet auf dem Weg zu dieser auf halber Höhe einen Parkplatz mit kleinem Lokal, von dem man die schönste *Aussicht auf die Landschaft von Paläokastrítsa hat. – Auf dem Rückweg zur Stadt lohnt sich die Route südwärts über **Glypháda** und den *Felsen von Pélekas* (*Aussicht).

Im Süden der Insel ist zunächst die 1890 von Kaiserin Elisabeth von Österreich erbau-

Strand von Glyphada auf der Insel Korfu

te, 1907 von Kaiser Wilhelm II. erworbene, heute als Spielkasino verwendete *Villa Achillion (Achilleion, 10 km) ein beliebtes Ausflugsziel. Bis **Messógi** (15 km) berührt die Straße zahlreiche Strände, verläßt dann die Küste und erreicht das Meer wieder an der Südspitze der Insel bei **Kávos** (47 km).

Korinth / Korinthos
(Kórinthos)

Griechenland.
Nomos: Korinth.
Höhe: Meereshöhe. – Einwohnerzahl: 21 000.
Telefonvorwahl: 07 41.
(i) **Touristenpolizei,**
Koliátsu 33;
Telefon: 2 32 83.

HOTELS. – In K o r i n t h : *Kypselos,* II, 36 B.; *Akropolis,* III, 50 B.; *Bellevue,* III, 31 B.; *Ephira,* III, 85 B. – In A l t k o r i n t h : *Xenia,* I, 3 B. – In L e c h a i o n : *Corinthian Beach,* III, 108 B.

VERKEHR. – Der neu ausgebaute Hafen hat Fährschiffverbindung mit Italien (Brindisi; s. dort).

Die moderne Stadt Korinth wurde 1858 nach einem Erdbeben an der Stätte Altkorinths gegründet, nach erneutem Erdbeben 1928 und einem Großbrand 1933 wiederaufgebaut.

Ihr jüngst vergrößerter *Hafen* dient vor allem dem Frachtverkehr. Das seit 1896 von Amerikanern ausgegrabene *Altkorinth liegt 7 km südwestlich.

GESCHICHTE. – Korinth verdankte seine große Bedeutung im Altertum seiner Lage. Den mächtigen Burgberg Akrokorinth im Rücken, bewachte es den 6 km breiten Isthmos und damit den einzigen Landzugang zur Peloponnes und mit Hilfe seiner beiden Häfen Lechaion (am korinthischen) und Kenchreai (am saronischen Golf) konnte es den Warenverkehr zwischen den beiden Golfen kontrollieren. Die Stadt, die ihre Gründung auf Sisyphos zurückführte, nutzte die Lage, auch als sie sich neben einer phönikischen Handelskolonie um 1000 v. Chr. dorische Siedler niederließen. Den Höhepunkt ihrer Entwicklung erreichte die Stadt im 7. Jahrhundert v. Chr. unter den Tyrannen *Kypselos* und *Periandros,* einem der Sieben Weisen. Der wirtschaftlichen Macht und dem daraus resultierenden politischen Einfluß entsprach die kulturelle Leistung. In Korinth fand der dorische Tempel seine klassische Form, man entwickelte das Tempeldach aus tönernen Flachziegeln (korinthisches Dach), Erzguß und Keramik machten die Stadt berühmt, und schließlich erfand, laut Vitruv, *Kallimachos* hier das korinthische Kapitell. – 146 v. Chr. von Mummius geplündert, wurde die Stadt 44 v. Chr. durch Caesar wiederaufgebaut. 51-52 n. Chr. lebte der Apostel Paulus in der Stadt, die im 2. Jahrhundert von Hadrian ausgeschmückt wurde, aber bald ihren Untergang fand: durch die plündernden Heruler (267) und die Erdbeben von 375 und 521.

BESICHTIGUNG DER RUINENSTÄTTE. – Wir empfehlen, den Grabungseingang an der antiken Lechaionstraße zu benutzen. Dort überblickt man den Großteil der Grabung und steigt dann auf dem antiken Pflaster, wie einst der Ankömmling vom Lechaion-Hafen, zwischen der *Basilika* (rechts) sowie *Eury-*

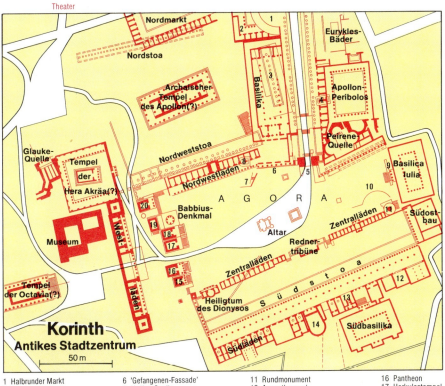

Korinth
Antikes Stadtzentrum
50 m

1 Halbrunder Markt
2 Römischer Markt
3 Griechischer Markt
4 Griechischer Tempel
   des 4. Jh. v. Chr.
5 Propyläen

6 'Gefangenen-Fassade'
7 Heilige Quelle
8 Orakel
9 Startlinie
   im Stadion
10 Stützmauer

11 Rundmonument
12 Agonethensaal
   (Bodenmosaik)
13 Brunnenhaus
14 Buleuterion
15 Venus-Fortuna-Tempel

16 Pantheon
17 Herkulestempel
18 Neptuntempel
19 Tempel des
   Apoll der Clarier
20 Hermestempel

Altkorinth – Ruinen des Apollontempels

kles-Bädern, *Apollonbezirk* und *Peirenequelle* (links), hinter deren Gestaltung aus dem 2. Jahrhundert n. Chr. man die älteren Fassungen der Brunnenkammern sieht, zu dem nördlichen Markttor hinan. Die **Agora** (255 x 127 m), einst Mittelpunkt des politischen und wirtschaftlichen Lebens, läßt im Osten noch griechische Reste erkennen, ist im übrigen aber eine gänzlich römische Schöpfung. Ihre Langseiten werden von der *Südstoa* (mit Südbasilika) und den Nordwestläden neben der 'Fassade der Gefangenen' begrenzt. Parallel dazu verläuft die Reihe der Zentralläden zu beiden Seiten des *Bema* (Rednerpodium) (5. Jh.), wo sich im Jahre 52 der Apostel Paulus vor Gallio, dem Bruder Senecas, verantwortete; einige christliche Relikte auf dem Bema erinnern daran, daß hier die mittelalterliche Hauptkirche stand. Man kann den Markt an der westlichen Schmalseite zwischen mehreren kleinen Tempeln verlassen oder – vorbei an der heiligen Quelle mit ihrer Fassung in Form eines dorischen Triglyphons (5. Jh.) – von den Nordwestläden zum *Apollontempel hinauf-gehen. Von diesem sind 7 Säulen, die Felsbettung und Teile des Fundamentes erhalten. Er hatte 6:15 monolitithische Säulen. Das Innere war zweigeteilt, beide Räume hatten 2 innere Säulenstellungen. Die Reste lassen die strenge Monumentalität des um 540 errichteten und 146 v. Chr. zerstörten frühen dorischen Tempels ahnen. – Das Bild der großen Grabung wird vervollständigt durch weitere (römische) Tempel, u. a. den großen *Tempel des Octavia* (?) beim Museumseingang, ferner durch das *Brunnenhaus der Glauke* (nördlich) und *Theateranlagen* außerhalb des umzäunten Gebietes.

Das **Museum** gibt eine Übersicht über die korinthische Kunst. Saal I enthält neolithische und helladische Funde (4.-2. Jahrtausend), der gegenüberliegende Saal II präsentiert Keramik vom protogeometrischen 11. und 10. Jahrhundert an. Saal III bietet Römisches, Byzantinisches und Fränkisches, u. a.

Statuen des Augustus und seines Enkels Lucius Caesar (gegenüber dem Eingang), ein Mosaik des 2. Jahrhunderts n. Chr. (linke Langseite) und Skulpturen von der 'Fassade der Gefangenen' (nördliche Schmalseite). Zahlreiche Stücke stehen im Innenhof; in einem besonderen Raum sind die Votive aus dem Asklepieion gesammelt.

Der Besuch des 575 m hohen ****Akro-korinth** ist durch eine Fahrstraße bis in die Nähe des untersten Tores an der Westseite erleichtert. An seiner Befestigung hat man in antiker, byzantinischer, fränkischer, türkischer und venezianischer Zeit gearbeitet. Nach einem venezianischen Graben (380 m) folgen das fränkische erste Tor und die erste Mauer (15. Jh.), dann die zweite und dritte Mauer (byzantinisch, rechts vor dem dritten Tor ein hellenistischer Turm). Im Inneren der *Burg* kommen wir auf einem nach Nordost führenden Pfad zu einer Moschee (16. Jh.), gehen dann südwärts, bis wir einen Pfad zum Ostgipfel (525 m) finden, auf dem der Tempel der orientalischen Aphrodite stand (Aussicht!).

UMGEBUNG von Korinth. – Der bis 80 m hohe **Isthmos von Korinth** wird durchschnitten durch den ***Kanal von Korinth,** der 1882-1893 angelegt wurde. Er ist 6,3 km lang, 23 m breit, 8 m tief und für Schiffe bis zu 10 000 t passierbar. Der Kanal folgt im wesentlichen der Linie, auf der bereits Kaiser Nero einen Kanal graben wollte, um damit den Transport leichter Schiffe über den noch sichtbaren Diolkos (eine Schleifbahn) abzulösen. Die beste Beobachtungsmöglichkeit bietet sich von der Straßenbrücke. – Unweit südlich, bei *Kiras Vrisi*, ein derzeit in Ausgrabung befindliches Poseidonheiligtum sowie römische Badeanlagen mit dem größten antiken Mosaikfußboden Europas (ca. 17 x 25 m). – In **Isthmia,** südlich des Kanals, Überreste eines Poseidonheiligtums, wo seit 582 v. Chr. die Isthmischen Spiele begangen wurden.

Kanal von Korinth

Der *Golf von Korinth erstreckt sich wie ein Binnensee in einer mittleren Breite von 20 km und einer Länge von 127 km nach Nordwesten bis zu der Engstelle von Rion (s. bei Patras). Im äußersten Osten des Golfs der Ort **Porto Germeno** (10 m) an der Stelle der um 300 v. Chr. errichteten Festung Aigosthena. Eine doppelte Mauer umgibt die Akropolis; auf der Westseite zieht sich eine Sperrmauer bis zum Meer hinab, innerhalb welcher sich die Reste einer frühchristlichen Basilika befinden.

Porto Germeno am Golf von Korinth

Am nördlichen Ufer in einer Bucht die kleine Hafenstadt **Itea** (5 m; 2500 Einw.; Jachtversorgungsstation), von wo eine Straße nach Delphi (s. dort) hinaufführt. Unweit südöstlich das Dorf *Kirra,* der Hafen des antiken Delphi.

Nahe dem westlichen Ende des Golfs von Korinth an dessen Nordufer der idyllische Hafen **Naupaktos** (ngr. Náfpaktos; 8200 Einw.). Der von den Venezianern *Lepanto* genannte Ort wurde bekannt durch die Seeschlacht von 1571, in der die vereinigte Flotte des Kirchenstaates, Spaniens, Venedigs, Genuas und des Malteserordens den Türken die erste Niederlage zur See bereitete. Befehlshaber der 'Heiligen Liga' war Don Juan d'Austria. – Von dem durch eine venezianische Mauer gesicherten Hafen zieht sich die starke Befestigung bis zum Gipfelkastell hinauf.

Kornati-Inseln / Kornatski otoci

Jugoslawien.
Teilrepublik: Kroatien (Hrvatska).
Höhe: 0-235 m ü.d.M. – Unbewohnt.

ⓘ **Kornatturist Murter,**
YU-59243 Murter;
Telefon: (059) 752 15.

UNTERKUNFT. – Nur im Sommer *Zelte* für Teilnehmer der einwöchigen Motorbootfahrten durch den Archipel. In dieser Zeit sind auch einige Versorgungsstationen bewirtschaftet.

Während ausländische Autoren zur Gruppe der Kornati-Inseln häufig alle Zadar umgebenden Inseln zählen, versteht man darunter nach jugoslawischer Auffassung neben Kornat nur Žut sowie 145 kleine Eilande von charakteristischem Aussehen: Auf der einen, dem offenen Meer zugewandten Seite bis zu 100 m steil aufragende, abweisende Felswände, auf der Rückseite kleine Buchten. Im Blick von oben erscheinen die Inseln fast rund; sie sind von spärlicher Vegetation bedeckt. Der gesamte Kornati-Archipel (etwa 300 qkm) ist heute Nationalpark.

Besondere 'Attraktionen' im touristischen Sinne bergen die Kornati-Inseln nicht. Auf den ersten Blick wirken sie eher öde und abweisend. Der jugoslawische Geograph Rubić schreibt indessen, solche Felsformen, wie sie die Kornati-Inseln bilden, gebe es auf keiner anderen Insel der jugoslawischen Adria. Vom Boot aus weckten sie "ein Gefühl der Angst

Jugoslawische Kornati-Inseln – Vegetationsarme Eilande aus der Vogelperspektive

und der Unheimlichkeit''. Doch dann umkreist der Sportschiffer das unwirtliche Eiland und entdeckt auf der Rückseite eine schöne Bucht. Drei oder vier Boote finden gerade darin Platz und Unterschlupf bei Stürmen. Fast jedes Kornati-Eiland besitzt einen derartigen Schutzhafen. Hier landen auch die Schäfer, die viele Monate des Jahres – solange die Vegetation nicht verdorrt – mit ihren Herden auf den Inseln verbringen. Es gibt auch einige grüne Täler mit Olivenbäumen, aber die Bauern kommen nur selten vorbei, um die Kulturen zu pflegen.

Der unwirtliche Charakter der Eilande zwang auch in früheren Jahrhunderten die Bewohner immer wieder zum Verlassen der Inseln, die angeblich einmal mit Wald bedeckt gewesen sein sollen. Zumindest in der Römerzeit, als reiche Bürger auf den Kornaten Landsitze unterhielten, von denen sich heute noch Fundamente unter der Wasseroberfläche entdecken lassen, waren die Inseln einmal grün. Während des Zweiten Weltkrieges lieferte das durch Besatzungstruppen nicht kontrollierbare Inselrevier den Partisanen Titos eine ideale Operationsbasis.

Auf den Inseln bestehen nur wenige im Sommer besetzte feste Wohnstätten. Beliebtester Treffpunkt der Sportfischer und Taucher ist die Südbucht der Insel **Katina**, zwischen *Dugi Otok* (s. dort) und **Kornat**. Die einzige Süßwasserquelle sprudelt spärlich in der Bucht Luka Žut auf **Žut**. Einzelne Gasthäuser auf den Inseln lassen Süßwasser durch Tankschiffe heranschaffen; ansonsten füllen Fischer und Hirten im Frühjahr die Zisternen in den Schutzbuchten auf, deren Inhalt aber für den wachsenden Besuch durch Touristen jetzt oft nicht mehr bis zum Herbst ausreicht.

Bei Freunden des Tauchsportes gelten die Kornati-Inseln schon seit Jahren als Geheimtip, aber bei den Besitzern von Motorbooten und Jachten sind sie ihrer gefährlichen Untiefen und Riffe wegen berüchtigt. Zahlreiche Wracks, teils schon aus venezianischer Zeit, liegen vor den Küsten. Kein Abschnitt der jugoslawischen Adria ist heute noch so fischreich wie der Kornati-Archipel. Unterwasserjagd ist allerdings verboten. Zum Tauchen benötigen Urlauber eine Genehmigung der Hafenkapitäne von Zadar oder Biograd. Heute durchstreifen im Sommer Urlauber das Inselrevier, die auf Komfort verzichten können. – Karl-May-Filmkulissen auf **Mana**.

Korsika / Corse

Frankreich.
Région: Corse (Korsika).
Départements: Corse du Sud und Haute-Corse.
Inselfläche: 8722 qkm. – Bewohnerzahl: 280000.
ⓘ **Comité Régional au Tourisme,**
Cours Napoléon 38,
F-20178 **Ajaccio;**
Telefon: (95) 21 55 31/32.

HOTELS. – In A j a c c i o : *Castel Vecchio*, II, 100 Z.; *Albion*, II, 64 Z.; *Fesch*, II, 77 Z.; *Impérial*, II, 60 Z.; *Des Étrangers*, II, 46 Z.; *Des Mouettes*, II, 32 Z. – *Eden Roc*, II, 35 Z., *Iles Sanguinaires*, II, 60 Z.; *Cala di Sole*, II, 31 Z., *Dolce Vita*, II, 34 Z., alle an der Route de la Parata. – *Campo dell'Oro*, I, 140 Z., 7 km

südöstlich, beim Flughafen. – **Sofitel*, L, 100 Z., 17 km südöstlich in Porticcio. – CAMPINGPLATZ, 12 km östlich.

In P r o p r i a n o : *Arena Bianca*, II, 105 Z.; *Roc e Mare*, II, 60 Z.; *Miramar*, II, 23 Z.; *Calcino*, II, 57 Z.; *Ollandini*, III, 22 Z.; zwei Campingplätze. – In O l - m e t o : *Marinca*, II, 60 Z.; *Résidence de la Plage*, II, 24 Z.; Campingplatz. – In S a r t è n e : *Les Roches*, III, 50 Z. – In B o n i f a c i o : *Solemare*, II, 47 Z.; *La Caravelle*, II, 21 Z. – In P o r t o - V e c c h i o : *Cala Rossa*, II, 63 Z.; *Cala di Verde*, II, 40 Z.; *Ziglione*, II, 32 Z.; *Robinson FKK-Club La Chiappa*, 15 km östlich, 650 B. – In S o l e n z a r a : *Maquis et Mer*, II, 35 Z.; *Tourisme*, III, 25 Z. – In P o r t o : *Le Porto*, II, 30 Z.; *Vaita*, II, 30 Z.; *Kalliste*, II, 33 Z.; *Corsica*, III, 32 Z. – In C a l v i : *Grand Hôtel*, I, 60 Z.; *Palm Beach*, I, 152 Z.; *St-Erasme*, II, 31 Z 2 Z.; *Kalliste*, II, 24 Z.; *La Revellata*, II, 45 Z. – In L ' I l e R o u s s e : *Napoléon-Bonaparte*, I, 100 Z.; *La Pietra*, II, 40 Z.
In B a s t i a : *Ile de Beauté*, II, 57 Z.; *Ostella*, II, 32 Z.; *Rivoli*, II, 49 Z.; *Posta Vecchia*, III, 25 Z.

*Korsika (französisch Corse, italienisch Corsica), Frankreichs größte Insel und die viertgrößte des Mittelmeers, liegt näher bei Italien als am französischen Mutterland. Sie umfaßt 8722 qkm bei einer Länge von 183 km und einer Breite bis 84 km sowie einer Küstenlänge von ungefähr 1000 km. Die gebirgige Insel erreicht im Monte Cinto die Höhe von 2717 m. Auf ihr leben 280 000 Menschen, so daß auf den Quadratkilometer nur 23 Bewohner kommen. Die Hauptstadt der aus zwei Départements bestehenden Region ist Ajaccio.

Für den Tourismus bietet die Insel, der man die Beinamen 'Insel des Lichts' oder 'Insel der Schönheit' gegeben hat, landschaftliche Eindrücke in großer Mannigfaltigkeit. Sie vereinigt subtropische Vegetation mit den Möglichkeiten zum Klettern und sogar Skilaufen in den Bergen des Inselinneren, während die Küste an sandigen Buchten reich ist. Die üppige Vegetation mit Wald, Macchia, Olivenbäumen, Orangenhainen, Weinbergen und zahllosen Blumen veranlaßte Napoleon, der von dieser Insel stammt, zu dem Ausspruch: ''Mit geschlossenen Augen würde ich Korsika an seinem Duft erkennen.''

KLIMA. – Der Natur der Insel entsprechend weist das Klima eine große Variationsbreite auf, wobei der Besucher in erster Linie an die trockenen und heißen Sommer des Mittelmeers und Regenzeiten im Herbst denkt. Tatsächlich ist die Küstentemperatur von Korsika im Winter mit einem Durchschnitt von 14°C erheblich milder als die der Côte d'Azur, mit der sich das Klima am ehesten vergleichen läßt. Im Hochsommer kann es trotz der Insellage mit einem Durchschnitt von 25°C recht heiß werden, so daß als beste Reisezeit die Monate Mai, Juni und September empfohlen werden. Frühling wird es an der Südküste schon an der Monatswende Februar/März. Demgegenüber ist das Gebirgsklima erheblich rauher, so daß schon ab Oktober und bis in den Mai hinein manche Gebirgsstrecke unbefahrbar sein kann, da Schneefall und Schneeschmelze etwa den Verhältnissen in den Alpen entsprechen. Das kühlere Gebirgsklima kann im heißen Hochsommer im Inneren der Insel angenehm sein.

GESCHICHTE. – Korsikas Ureinwohner waren eine Mischung von Iberern und Ligurern. 564 v. Chr. siedelten sich auf der Ostseite die Phokäer an, gefolgt von Etruskern und Karthagern. 259 v. Chr. landeten die Römer, die nicht wenig Mühe hatten, die Inselbewohner zu unterwerfen. Mit dem Untergang des Weströmischen Reiches folgten Vandalen, Ostgoten, Byzantiner, Franken und Sarazenen, so daß die Insel immer neue Herren hatte. 1070 erlangte Pisa die Herrschaft, 1284 Genua, das eine besonders rigorose Unterjochungs- und Ausbeutungspolitik betrieb. Dennoch blieben Aufstände – der korsische Freiheitsheld Sampiero di Bastelica wurde 1527 von den Genuesen ermordet – bis ins 18. Jahrhundert erfolglos. Erst 1735 gelang es den Korsen, sich von Genua zu lösen, wobei der deutsche Abenteurer Theodor Freiherr von Neuhof zum König erhoben wurde. 1746 erklärte sich Korsika für unabhängig, wobei sich Pasquale Paoli (1725-1807) als erfolgreicher Politiker erwies. Die Genuesen wurden zwar zurückgedrängt, hielten sich aber in Bastia weiterhin. Das veranlaßte sie, 1768 die Insel an Frankreich abzutreten, das sich nach einigen Kämpfen auch durchsetzte. Im Jahre 1769 wurde in Ajaccio Napoleon Buonaparte geboren. Die Auseinandersetzungen zwischen Korsika, den Franzosen (insbesondere während der Französischen Revolution von 1789) und den zu Hilfe gerufenen Briten setzten sich fort, bis der in Frankreich zu Ruhm und Macht gekommene Napoleon 1796 'seine' Insel endgültig für Frankreich gewann, was nach dem Abzug der Briten kampflos geschah. Während des Zweiten Weltkrieges war Korsika nur zeitweise (bis 1943) von italienischen und deutschen Truppen besetzt. – In jüngster Zeit manifestieren sich zunehmend separatistische Tendenzen der Korsen.

Autofähren nach Korsika

Vom französischen Festland

Marseille–Bastia	täglich
Nizza/Nice–Ajaccio	täglich
Nizza/Nice–Bastia	täglich
Nizza/Nice–Calvi	täglich
Nizza/Nice– Ile Rousse	täglich
Nizza/Nice– Propriano	mehrmals wöchentlich
Toulon–Bastia	mehrmals wöchentlich

Die Verbindungen werden von der Gesellschaft **SNCM** unterhalten. Auskünfte und Buchungen in der Bundesrepublik Deutschland bei der Agentur *Karl Geuther u. Co.,* Liebfrauenberg 26, D-6000 Frankfurt am Main (Telefon: 06 11/28 25 18).

Von Italien

Genua/Genova– Bastia	mehrmals wöchentlich
Livorno–Bastia	mehrmals wöchentlich
Piombino–Bastia	mehrmals wöchentlich
San Remo–Bastia	mehrmals wöchentlich
San Remo–Calvi	mehrmals wöchentlich

Die Fährverbindungen werden hauptsächlich von der Gesellschaft **Corsica Line** (Genua) unterhalten.

Ferner besteht eine Verbindung zwischen Bonifacio (Korsika) und Santa Teresa Gallura (Sardinien).

VERKEHRSVERBINDUNGEN. – Korsika ist mit dem Schiff oder dem Flugzeug zu erreichen. F l u g v e r b i n d u n g e n der Air France bestehen von Paris, Marseille und Nizza/Nice nach Ajaccio und Bastia. Außerdem führt Air Inter Flüge von Paris, Marseille, Nizza/Nice nach Ajaccio, Bastia und Calvi durch. Die Verbindung zwischen Marseille bzw. Nizza und Calvi ist ganzjährig. – S c h i f f s v e r b i n d u n g e n bestehen sowohl von Frankreich als auch von Italien aus. Die kürzeste Strecke führt in etwa sieben Stunden vom italienischen Livorno nach Bastia;

etwa gleich lange Fahrt von Genua. Die Überfahrt von den französischen Häfen Marseille, Toulon und Nizza/Nice nach Ajaccio, Bastia oder Calvi dauert zwischen $6\frac{1}{2}$ und $11\frac{1}{2}$ Stunden. – *Autofähren* s. Tabelle.

Ajaccio

Ajaccio (französisch 'Aschaksió', italienisch 'Ajátscho' ausgesprochen), die 50 000 Einwohner zählende Hauptstadt der Insel, liegt inmitten der korsischen Westküste an dem gleichnamigen malerischen Golf, umrahmt von den bis in den Sommer hinein schneebedeckten Gebirgen. Sie wurde 1492 durch Genua gegründet und 1811 von Napoleon zur Hauptstadt erklärt, was vorher Bastia war. Als zweitgrößter Hafen nimmt Ajaccio auch einen erheblichen Teil des zur Insel kommenden Verkehrs auf. Neben der Lage sind die milden Temperaturen (Winterdurchschnitt 11,3°C) Ajaccios größter Vorzug, wozu auch ein guter Sandstrand in der Umgebung gehört.

Napoleon-Denkmal bei Ajaccio auf Korsika

SEHENSWERTES. – Die ***Maison Bonaparte,** Napoleons Geburtshaus an der Rue Saint-Charles, stammt aus dem frühen 17. Jahrhundert. Am 15. August 1769 wurde Napoleon hier geboren; aber die heute gezeigte Einrichtung stammt vom Ende des 18. Jahrhunderts. Außerdem besteht im Hôtel de Ville ein *Musée Napoléonien,* das freilich im wesentlichen Dokumente der Zeitgeschichte zeigt. Daß sich in Ajaccio noch immer viel um Napoleon dreht, beweisen die Kaiserstatue, das Standbild Napoleons mit seinen vier Brüdern, die Statue des Ersten Konsuls und die Sammlungen im *Palais Fesch.* Auch die Hauptstraße der Stadt heißt Cours Napoléon. Die *Kathedrale* in venezianischem Renaissancestil der zweiten Hälfte des 16. Jahrhunderts weist ebenfalls Napoleon-Zeugnisse auf. Die *Zitadelle* der Altstadt entstand etwa gleichzeitig mit der Kirche, ist jedoch nicht zugänglich.

UMGEBUNG von Ajaccio. – 4 km westlich der **Monte Salario** (311 m). – 12 km westlich das ***Cap de la Parata.**

Hafen von Ajaccio auf der französischen Mittelmeerinsel Korsika

RUNDFAHRT AUF KORSIKA. – Von Ajaccio südlich nach **Propriano** (2800 Einw.), als See- und Thermalbad besucht, mit schönem Strand in der Umgebung. – Von hier nach **Olmeto** (1300 Einw.) inmitten von Olivenhainen unterhalb der Ruinen des *Castello della Rocca.* – **Sartène** (5500 Einw.) in der Landschaft Sartenais mit einer malerischen mittelalterlichen *Altstadt, in deren engen Gassen der Weg durch den Torbogen des Hôtel de Ville führt. Das *Sartenais* umfaßt ein noch ursprüngliches Gebiet des südlichen Korsika. – Weiter südlich nach **Bonifacio** (2640 Einw.), einem pittoresken Festungsstädtchen in herrlicher **Lage gegenüber dem nur 11,5 km entfernten Sardinien (Straße von Bonifacio) auf einem 1500 m langen, 64 m hohen ins Meer ragenden Kalkfelsen. Außer dem Rundgang durch die von alten Häusern flankierten mittelalterlichen Gassen kann die Zitadelle mit besonderer Genehmigung besichtigt werden. Von den Kirchen ist besonders Sainte-Marie-Majeure (urspr. 12. Jh.; oft umgebaut) zu erwähnen. Der Glockenturm entstand im 15. Jahrhundert. Gotisch ist die Kirche St-Dominique, eines der bedeutendsten Denkmäler dieses Stils auf der Insel, im 13./14. Jahrhundert erbaut, mit interessanten holzgeschnitzten Figurengruppen im Inneren, die bei Prozessionen mitgeführt werden.

Die Weiterfahrt in nördlicher Richtung führt nach **Porto-Vecchio** (7000 Einw.) am gleichnamigen Golf, das durch seinen Korkhandel Bedeutung hat und noch Teile seiner alten Mauern und die genuesische Zitadelle des 16. Jahrhunderts besitzt. In der Umgebung feinsandige Strände. – Durch den *Forêt de l'Ospedale* (Eichen, Kiefern) nach **Zonza** (784 m; 1030 Einw.) inmitten von Kastanien. – Von hier über den **Col de Bavella** (1243 m) nach **Solenzara** mit Resten einer römischen Straße, was auf Korsika einmalig ist. – **Ghisonaccia** (1020 Einw.) besitzt in der Nähe einen genuesischen Wachtturm, die Torre di Vignale.

Von Zonza in westlicher, später nördlicher Richtung durch das Innere der Insel nach **Zicavo** (1240 Einw.), als Sommerfrische besuchtes Dorf, von dem aus man den *Mont l'Incudine* (2136 m; mit Führer und Maultier) ersteigen kann, der die schönste Aussicht über Korsika bietet. – **Vivario** (620 m) in besonders reizvoller *Lage besitzt eine stattliche Brücke über den Vecchio und die Statue einer jagenden Diana am Brunnen. – Durch den *Wald von Vizzavona (der nahe Ort wird als Sommerfrische besucht) über den Col de Vizzavona (1161 m) nach **Corte** (6000 Einw.), das ziemlich genau im Mittelpunkt der Insel liegt. Über der Stadt steigt ein Felsgrat mit der Zitadelle des 15. Jahrhunderts auf. Corte hat in Korsikas Geschichte eine bedeutende Rolle gespielt; es war von 1755 bis 1769 Inselhauptstadt mit einer Universität, die bis 1790 bestand. Die Zitadelle ist nicht zugänglich (Fremdenlegionäre). Sehenswert ist das Palais National mit den Erinnerungen an den Vorkämpfer eines freien Korsika, Pasquale Paoli, und einem lehrreichen Museum der Inselgeschichte. Neben der Eglise de l'Annonciade (17. Jh.) steht ein barocker Glockenturm. – Von Corte kann man die *Gorges de la Restonica** unterhalb des *Monte Rotondo* (2625 m) besuchen.

Hinter Corte wendet man sich bei *Francardo* westlich und erreicht über *Calacuccia*, unterhalb des mit 2707 m höchsten Inselberges *Monte Cinto,** und den *Wald von Valdo-Niello** mit seinen Lariciokiefern den 1464 m hohen Paß *Col de Vergio* und danach **Porto** (350 Einw.), den beliebten Badeort mit dem Strandgebiet *Marine de Porto* am **Golf von Porto.** – Oberhalb des Golfes zwischen Porto und *Piana* das Felslabyrinth der **Calanche,** Granitnadeln bis zu 300 m Höhe, deren bizarre Formen Fabelgestalten gleichen. Ähnliche Felsgebilde auch an der weiterführenden Straße zum *Col de la Croix* (272 m) und *Col de Palmarella* (374 m) sowie durch die einsame Balagne Déserte mit der Ruine eines Silberbergwerkes nach **Calvi** (3600 Einw.), das den Frankreich am nächsten gelegenen Hafen besitzt. Zur Zeit der Genueser Herrschaft war Calvi der wichtigste Inselort. Aus dieser Zeit stammt die festungsähnlich angelegte Oberstadt. Völlig vernichtet wurde Calvi durch die britische Flotte unter Admiral Nelson im Jahre 1794. Hübsche von Palmen gesäumte Promenade am Hafen; in der Nähe die Kirche Santa Maria, die auf das 4. Jahrhundert zurückgeht, aber im 14. Jahrhundert neu errichtet wurde. In der Oberstadt die Kathedrale St-Jean-Baptiste (urspr. 13. Jh.), die nach der Zerstörung im Jahr 1553 bald darauf wiederaufgebaut wurde; darin ein berühmtes Kruzifix und andere Holzschnitzwerke. Das in der Rue Colombo angezeigte Geburtshaus von Columbus ('Maison Colomb') ist vermutlich nicht authentisch, da es in Italien und Spanien mehrere angebliche Geburtshäuser des Entdeckers gibt. Lage und Ortscharakter von Calvi sind eindrucksvoll; und am Golf von Calvi zieht sich ein 4 km langer flacher Sandstrand hin, der den Ort mit seinen zahlreichen Hotels zum beliebten Urlaubsaufenthalt macht.

Die Weiterfahrt von Calvi führt durch die fruchtbare Balagne, sofern man nicht die kürzere Küstenstrecke über *Algajola* bevorzugt, nach *Belgodere* (530 Einw.), dessen malerische *Lage am Berghang mit einer Festung des 13. Jahrhunderts beeindruckt. – Weiter nach **Ile-Rousse** (2500 Einw.), das keine Insel ist, sondern dessen Name auf die roten Felsen von La Pietra zurückgeht und das etwa ebenso stark wie Calvi (wenn auch in bescheidenerem Rahmen ohne Luxushotel) besucht wird. Die Stadt wurde erst 1758 von Pasquale Paoli an der Stelle einer ehemaligen Römersiedlung als Gegenstück zu Calvi begründet. Das Klima gilt als besonders mild. – Ins Gebirge und über den *Col de Lavezzo* (312 m) nach **St-Florent** (830 Einw.), dessen Lage mit dem alten Kastell am gleichnamigen Golf reizvoll ist. Nahebei die Reste des mittelalterlichen *Nebbio,* mit der Kathedrale Santa Maria dell' Assunta, im romanischen Stil des 12. Jahrhunderts aus Kalkstein erbaut. – Östlich von St-Florent erreicht man Bastia.

Bastia (52 000 Einw.), die größte Stadt und der bedeutendste Hafen der Insel Korsika, entstand aus einem Fischerdorf und hat seinen Namen von einer Bastei ('Bastida'), welche die Genueser 1380 errichteten. Da ihr Gouverneur hier residierte und 1570 die Bischöfe herkamen, wuchs Bastia zur Inselhauptstadt, was jedoch 1811 durch Beschluß Napoleons zugunsten seiner Geburtsstadt Ajaccio geändert wurde.

Die Stadt gliedert sich in verschiedene Bereiche: die Terra Vecchia des alten Fischerdorfes, die Terra Nuova im Bereich der über dem Alten Hafen gelegenen Zitadelle und das ursprüngliche Bastia sowie die moderne Wohnsiedlung Saint-Joseph.

Die Zitadelle, bis 1766 das Palais des genuesischen Gouverneurs, entstand ab 1378 und wurde um 1530 mit dem Glockenturm am Eingang beendet. Der Innenhof ist von zweistöckigen Galerien umgeben. Hier liegen auch die Kirche Ste-Marie (nach Baubeginn um 1495 im frühen 17. Jh. geweiht) und die Kapelle Ste-Croix, die 1547 für ein wundertätiges Kruzifix errichtet wurde, das 1428 von Fischern aus dem Meer geborgen wurde ('Christ des Miracles'). Im Zitadellenbereich befinden sich auch das sehenswerte korsische Ethnographische Museum und ein Militärmuseum.

Die Altstadt mit ihren engen Gassen, an denen die Häuser bis zu neun Stockwerken aufragen, bildet ein sehenswertes Labyrinth. In ihr weitere Kirchen und Kapellen, darunter die aus dem 17. Jahrhundert stammende ehemalige Kathedrale. – Nördlich der die Stadt beherrschenden Place St-Nicolas, mit einem Marmorstandbild Napoleons, der ausgezeichnete Neue Hafen.

Von Bastia oder von St-Florent bietet die Umfahrung der Halbinsel des *Cap Corse,** der nördlichen Inselspitze, in etwa 130 km Länge

Korsika – Küste am Cap Corse

lohnende Eindrücke und rundet das Gesamtbild von Korsika ab, da die hier gelegenen Landschaften besonders inseltypisch sind. Hier zieht sich das Gebirge S e r r a bis zur Höhe von 1305 m in Nord-Süd-Richtung hin, während sich nach Westen fruchtbare Täler zur Küste öffnen, die dem Anbau von Wein, Oliven und Obst günstige Möglichkeiten bieten und auch umfassend ausgenützt werden. Allerdings ist die hier entlangführende Straße teilweise schmal und unübersichtlich, so daß man gut tut, sich dafür reichlich Zeit zu nehmen. Wichtigste Orte sind:

Nonza (200 Einw.), mit einem alten Wehrturm, in großartiger *Lage östlich vom *Monte Stello* (1305 m).

Canari, mit zwei mittelalterlichen Kirchen; bedeutender Asbest-Abbau.

Pino (1000 Einw.) in malerischer *Lage, mit einem ehemaligen Franziskanerkloster von 1486. Der nahebei am Col Sainte-Lucie liegende *Torre di Seneca* soll das Gefängnis des Philosophen in den Jahren 43-49 gewesen sein.

Centuri (600 Einw.) besteht aus mehreren Ortsteilen, die sich zwischen Hafen und Straße hinziehen. Das Gesamtbild ist besonders anziehend. Mehrere Kirchen und die aussichtsreiche Mühle Mattei an der Strecke zum **Col de la Serra* (362 m) sind sehenswert.

Rogliano mit dem Fischerdorf *Macinaggio* (500 Einw.) umfaßt zahlreiche Weiler. Macinaggio besitzt alte genuesische Wachttürme; hier landete Napoleon 1793. Von dem in Ruinen erhaltenen Franziskanerkloster bei Vignale breitete sich (zugleich mit Cagnano) die christliche Kultur über Korsika aus.

Erbalunga weist einige alte Patrizierhäuser auf. Sehenswert sind die hier und in der Umgebung stattfindenden Karfreitagsprozessionen.

Brando (1000 Einw.) besitzt in der Nähe eine Tropfsteinhöhle mit schöner Aussicht. Reizvoll ist die Kirche Notre-Dame-des-Neiges bei Castello, ein romanischer Bau des 13./14. Jahrhunderts.

Kos *(Koss)*

Griechenland.
Nomos: Dodekanes.
Inselfläche: 290 qkm. – Bewohnerzahl: 16650.
Telefonvorwahl: 0242.
ⓘ **E.O.T. Stadt Kos,**
Hafenkai;
Telefon: 250919.
Olympic Airways,
Odós Stephánu Kazúli.

HOTELS. – K o s : *Atlantis,* I, 446 B.; *Continental Palace,* I, 33 B.; *Ramira Beach,* I, 500 B., 3 km; *Alexandra,* II, 150 B.; *Kos,* II, 167 B.; *Theoxenia,* II, 78 B.; *Acropole,* III, 100 B.; *Christina,* III, 39 B.; *Ekaterini,* III, 24 B.; *Elli,* III, 150 B.; *Elisabeth,* III, 32 B.; *Ibiscus,* III, 17 B.; *Kulias,* III, 57 B.; *Milva,* III, 99 B., *Oscar,* III, 208 B.; *Veroniki,* III, 36 B.; *Zephyros,* III, 52 B.– L a m b i (2,5 km nördlich): *Irene,* II, 33 B. – Á g i o s P h o k á s (8 km südöstlich): *Dimitra Beach,* I, 263 B. – M a r m a r i (Nordküste): *Caravia,* I, 576 B., FKK-Strand.

BADESTRÄNDE. – Unmittelbar östlich und nördlich von Kos, südöstlich bei Ágios Phokás, an der Südküste bei Kardámena und Képhalos, an der Nordwestküste bei Tingáki und Mastichári.

VERKEHR. – Kos hat Flugverbindung mit Athen, es liegt an den Schiffsrouten Piräus–Rhódos und Rhódos–Sámos. Linienbusse zu den Inselorten. Ein beliebtes Verkehrsmittel sind gemietete Fahrräder.

*Kos, die nach Rhodos zweitgrößte Dodekanesinsel, ist als Ort eines antiken Asklepiosheiligtums mit ausgedehntem Ausgrabungsgelände, mittelalterlicher Kastelle und einer verlockenden Landschaft mit mildem Klima ein beliebtes Urlaubsziel geworden.

GESCHICHTE. – Auf achäische Griechen folgten dorische Einwanderer, die mit Knidos, Halikarnassós und den drei rhodischen Städten das Hexapolis (Sechsstädtebund) bildeten. 477 v.Chr. trat Kos dem *Attischen Seebund* bei. Im 5. Jahrhundert v.Chr. brachte Hippokrates die medizinische Schule der Insel zu höchstem Ansehen. 412/411 v.Chr. zerstörte ein Erdbeben die alte Stadt (Astypálaia bei Képhalos an der Südküste). 366 v.Chr. erfolgte nach dem Beispiel von Rhódos eine Bevölkerungskonzentration (Synoikismos) in der Stadt Kos.

In hellenistischer Zeit stand die Insel auf der Seite der ägyptischen Ptolemäer (Ptolemaios II. Philadelphos ist 308 v.Chr. hier geboren). Von diesen Herrschern wie später von den römischen Kaisern wurde Kos gefördert. 431 war es Bischofssitz, später teilte es die Geschicke der anderen Dodekanesinseln.

Stadt Kos

Die Inselhauptstadt Kos zählt 9000 Einwohner (z.T. Moslems). Der von einem **Johanniterkastell** geschützte **Hafen** hat moderne Kaianlagen, italienische Verwaltungsgebäude und zahlreiche Tavernen. Von ihm führt die König-Paul-Straße zu dem von Cafés und der Markthalle gesäumten Hauptplatz, an dem auch die *Defterdar-Moschee* (18. Jh.) und das ***Archäologische Museum** stehen.

Vom Museum ostwärts gelangt man am Gelände der *Agora* (2. Jh. v.Chr.) vorbei zu einer Moschee von 1786 am Platz der berühmten, viele Jahrhunderte alten ***Platane,** deren Äste von Stützen, darunter einem antiken Rundaltärchen, gehalten werden. Der Baum wird von der Überlieferung mit dem kosischen Arzt Hippokrates in Verbindung gebracht, doch ist die Stadt Kos erst nach dessen Tod gegründet worden.

Vom Platanenplatz führt eine Brücke zum Eingang des mächtigen *Hafenkastells* (über dem Tor Ritterwappen und ein antikes Maskenrelief). Die Kernburg (14. Jh.) wurde 1457 erweitert und mit Zinnenmauern sowie Geschützbastionen versehen. Gleich hinter dem Eingang ein *Freilichtmuseum* mit antiken Säulenkapitellen, mittelalterlichen Wappensteinen, türkischer Gebetsnische u.a. Eine Rampe führt abwärts zur Kernburg, bei deren Anlage auch antike Spolien verwendet wurden.

Ein größeres Ausgrabungsgelände liegt an der Gregoriosstraße (römische Straße mit angrenzenden Gebäuden; gegenüber eine rekonstruierte römische Villa und ein kleines römisches Odeon). Auf dem nahen orthodoxen Friedhof (hinter dem katholischen) steht eine *Johanneskapelle* (5./6. Jh.). Reste eines *Dionysostempels* sind an der Ecke Grigoríu/Pávlu freigelegt.

Im Asklepieion auf der griechischen Insel Kos

Das *Asklepiosheiligtum liegt nur 6 km südwestlich der Stadt. Der heilige Bezirk, 1902 entdeckt und freigelegt und 1928 erforscht, umfaßt drei Terrassen. Von ihnen ist die mittlere die älteste. Auf ihr entstand um 350 v. Chr. in einem dem Apollon heiligen Zypressenhain ein Altar für Asklepios, den Sohn

Apollons. Ihm gegenüber wurde zwischen 300 und 270 v. Chr. ein ionischer Tempel errichtet, in dem auch der Tempelschatz verwahrt wurde. Das 2. Jahrhundert v. Chr. fügte zu dieser Kernanlage die untere Terrasse, deren große Hallen der wachsenden Frequenz des Heilortes Rechnung trugen, und die obere Terrasse mit einem dorischen Tempel als beherrschendem Blickpunkt.

Man betritt das Asklepieion von Norden her, wo links eine **Thermenanlage** mit *Hypokausten* (Fußbodenheizung) steht. Dann gelangt man zur 93 x 47 m großen **unteren Terrasse**. Sie war an drei Seiten von Säulenhallen umgeben, hinter ihren 67 je 3,70 m hohen Säulen lagen Behandlungs- und Wohnräume. An der Südseite gegen den Hang hin links der Treppe zur Mittelterrasse ein **Brunnenhaus,** rechts der Treppe ein *Naiskos,* den der aus Kos stammende C. Stertinius Xenophon, Leibarzt des Kaisers Claudius, gestiftet hat. In der rechten Ecke eine weitere Brunnen- und eine Toilettenanlage.

Eine Treppe führt von diesem Heil- und Kurzentrum zum Kultzentrum auf der **mittleren Terrasse**. Gegenüber der Treppe der *Altar des 4. Jahrhunderts v. Chr., der im 2. Jahrhundert v. Chr. unter dem Einfluß des Pergamonaltars prunkvoll erneuert wurde. Auf ihn ist der ionische **Antentempel** bezogen, von dem zwei Säulen wieder aufgerichtet sind. Links neben dem Cellaeingang erkennt man den Steinbehälter für den Tempelschatz. Unmittelbar südlich an ihn schließt ein Bau an, der als *Abaton* gedeutet wird. Im Osten der Terrasse liegen die Reste einer nach Norden sich öffnenden Halle. Zwischen dieser, dem Altar und einer halbrunden Exedra errichtete man im 2. Jahrhundert n. Chr. schließlich noch einen korinthischen *Tempel.*

Eine breite **Monumentaltreppe** führt nun zur 11 m höheren **oberen Terrasse**, von der sich ein weiter *Rundblick bietet. Sie war wie die untere an drei Seiten von Hallen umgeben. Beherrscht wurde sie von dem 170-160 v. Chr. erbauten dorischen Ringhallentempel von 6 x 11 Säulen.

Die Straße von Kos nach Westen erreicht (9 km) die Abzweigung zu dem von einer mittelalterlichen Burg überragten Bergdorf **Asphendíu**. Bei 13 km zweigt die Straße wiederum links nach **Pylí** (15 km von Kos, byzantinische Kirchen mit Freskenresten, 15. Jh.) und **Kardámena** (26 km), einem kleinen Hafen der Südküste, ab. Die Hauptstraße führt weiter nach Südwesten. In **Antimáchia** (24 km; 1500 Einw.), das von den Johannitern befestigt wurde, führt rechts eine Straße nach **Mastichári** an der Nordküste (frühchristliche Kirche). Die Route berührt den Flughafen (27 km) und endet in **Képhalos** (40 km; 1800 Einw., Johanniterburg), in dessen Nähe Reste des antiken Astypáläa gefunden wurden.

Kotor

Jugoslawien.
Teilrepublik: Montenegro (Crna Gora).
Höhe: 0-5 m ü.d.M. – Einwohnerzahl: 7700.
Postleitzahl: YU-81330. – Telefonvorwahl: 082.
ⓘ **Inturs,**
Trg oktobarske revolucije 437;
Telefon: 25113.

HOTELS. – In Kotor: *Borik,* II, 70 B. – In Perast: Nur Privatunterkünfte. – In Herceg-Novi: *Motel Dubravka,* I, 70 B., an der Adria-Magistrale; *Topla,* II, 470 B.; *Riviera,* II, 460 B.; *Plaza,* II, mit Dependance *Villa Palma,* 320 B., Dependance 1 km vom Zentrum

Kos

10
11
8
9
2
5
4
3
6
7
1

Asklepieion

30 m

1 Tempel A	4 Gebäude D	8 Abort
2 Tempel B	5 Asklepios-Altar	9 Propyläen
(Asklepios-Tempel)	6 Exedra	10 Rampe
3 Tempel C	7 Lesche	11 Thermen

entfernt. – Im Ortsteil B i j e l a : *Park,* I, 115 B.– Im Ortsteil K a m e n o : *Borići,* I, 15 B. – In I g a l o : *Igalo,* II, 390 B.; *Tamaris,* II, 280 B.; *Villa Zanjic,* II, 10 B.; ferner Appartements. – In T i v a t : *Kamelija,* II, 212 B.; *Mimoza,* II, 126 B.; *Tivat,* II, 60 B.

CAMPINGPLÄTZE. – *Dobrota,* 2,5 km nördlich von Kotor. Außerdem ein kleiner Privatplatz auf dem jenseitigen Ufer der Bucht in Prčanj.

VERANSTALTUNGEN. – In Muo, gegenüber von Kotor an der Straße nach Lepetane, finden regelmäßig *Fischernächte* statt.

Die montenegrinische Stadt Kotor liegt in großartiger Berglandschaft am südöstlichen Ende der ****Bucht von Kotor. Bis zu dem verheerenden Erdbeben im Frühjahr 1979 war der Besuch der von mächtigen Festungsmauern eingerahmten, vollständig erhaltenen mittelalterlichen Altstadt mit ihren Kirchen und Palästen ein einzigartiges Erlebnis. Fahrzeuge waren schon vor Jahren aus den engen Gassen verbannt worden. An der Beseitigung der schweren Erdbebenschäden wird gearbeitet.**

Bucht von Kotor in Montenegro (Jugoslawien)

Die gesamte nach der Stadt benannte ****Bucht von Kotor,** die mit den ringsum hoch aufragenden, karstigen Bergen stark an einen norwegischen Fjord erinnert, vermittelt einen der stärksten landschaftlichen Eindrücke in Jugoslawien. Die engen Durchlässe stellten zu allen Zeiten einen natürlichen Schutz gegen eindringende Eroberer dar; wohl auch aus diesem Grund und nicht nur der starken Mauern wegen blieb die Stadt Kotor von der Unterwerfung durch die Türken verschont.

GESCHICHTE. – Die am südlichen Ende der Bucht von Kotor (Boka kotorska) gelegene griechische Kolonie hieß *Akurion.* In der Römerzeit nannte man die Stadt *Acruvium,* und im Lauf des Mittelalters entstanden die Variationen *Dekadaron, Catarum, Catera* und *Cathara.* Unter den Südslawen setzte sich früh der Name Kotor durch, während der italienisch-venezianische Dialekt daraus *Cáttaro* formte.

Nach dem Untergang des Weströmischen Reiches fiel Kotor an Byzanz, wobei es kommunale Autonomie erhielt. Die erworbenen Rechte behielt die Stadt auch, als sie zwischen 1186 und 1366 zum serbischen Königreich der Familien Balšić und Nemanjić gehörte. Nach kurzen Regierungszeiten des kroatisch-ungarischen Königs Ljudevit und des bosnischen Königs Tvrtko I. wurde Kotor mit seinen benachbarten Ländereien zunächst selbständig. Doch Feudalherren der Umgebung veranlaßten Kotor schließlich 1420, sich der Herrschaft Venedigs zu unterwerfen. Sie dauerte bis 1797. In diesem Jahr besetzten österreichische Truppen die Stadt. 1806 wurden sie von Russen abgelöst und diese 1807 von Franzosen, die bis 1813 blieben. Dann kamen wieder die Österreicher, die vor Kotor ihre Kriegsflotte verankerten (auf der es 1918 zu einer Meuterei ähnlich dem Aufstand von Leningrad kam) und die von der Bucht aus nach Cetinje aufstiegen, das sie eroberten. Im April 1941 landeten italienische Truppen, die später von deutschen Soldaten abgelöst wurden. Im November 1944 eroberten jugoslawische Partisanen die Stadt.

SEHENSWERTES. – Vor der 4000 m langen und bis zu 10 m hohen *Stadtmauer* stehen dem Kai gegenüber (großer Parkplatz) die Marktstände. Nur noch gelegentlich taucht hier einmal ein Bauer in Tracht auf. Durch das westliche Haupttor (= Seetor) erreicht der Besucher den P l a t z d e r O k t o b e r - R e v o - l u t i o n, auch Stadtplatz genannt, mit dem **Rathaus** aus neuerer Zeit. Die gesamte Westseite des Platzes nimmt ein unvollendeter **venezianischer Palast** ein. Neben dem Stadtturm von 1602 führt eine Gasse zur früheren *Michaelskirche.* An den *Palais Bisanti* (17. Jh.) und *Beskuća* vorbei geht es dann weiter durch Gassen zur **Kathedrale** *des hl. Tryphon* (Sv. Tripun). Sie stammt aus dem 12. Jahrhundert, besitzt zwei unterschiedlich hohe Renaissancetürme aus dem 17. Jahrhundert; über dem Hochaltar ein Ziborium von 1362; in der *Sakristei* der Silberschmuck des Hochaltars, in dem angebauten *Reliquiarium* die Reliquien des hl. Tryphon und ein altes Kruzifix.

Weiter nördlich, am *Palast Drago* vorbei, führt ein Gäßchen zum *Marinemuseum* im ehemaligen *Grgurina-Palast* aus dem 18. Jahrhundert.

Fast alle Bauten der Altstadt wurden beim Erdbeben von 1979 beschädigt.

Altstadt von Kotor (vor dem Erdbeben von 1979)

Ob man die zahlreichen baulichen Details, die kunstvoll gestalteten Portale, die verzierten Fenster, die Wappenbilder wiederherstellen kann, ist fraglich.

Nun zu einer Gasse, die parallel zu den fast senkrechten Felswänden im Hintergrund verläuft: Dort erreicht der Besucher einen steilen Treppenaufgang. Hier beginnt der Aufstieg zur **Muttergotteskirche** *(Gospodja zdravlja)* aus dem Jahre 1500. Von dort geht es weiter zur 260 m hoch gelegenen **Festung Sveti Ivan**, deren Mauern bis zu 20 m hoch und bis zu 10 m stark sind. Man weiß weder, wer mit dem Bau dieses gewaltigen Bollwerks begonnen hat, noch wann dies geschah.

Die **Stadtmauer** von Kotor jedenfalls entstand in ihrer heutigen Form bereits in der Zeit der Herrschaft der Familien Nemanjić und Balšić sowie während der Zugehörigkeit zur Republik Venedig. Die starken Befestigungen widerstanden mehrfach in der Geschichte anstürmenden Feinden, vor allem Angriffen der Türken, die 1539 und 1657 ihre stärksten Attacken gegen Kotor führten. Doch konnten die türkischen Invasoren niemals die Stadt einnehmen.

UMGEBUNG von Kotor. – Die ****Bucht von Kotor** *(Boka Kotorska)* dringt mit den *Becken von Herceg-Novi, Tivat, Risan* und *Kotor* fjordartig in das Land ein. In ihrem innersten Teil liegen die beiden malerischen Inselchen Gospa od Škrpjela und Sveti Juraj. – Äußerst lohnend ist eine Fahrt von Kotor an der nördlichen bzw. südlichen Küste entlang.

Von Kotor nach Herceg-Novi (etwa 45 km). – Man verläßt Kotor in nördlicher Richtung und fährt an einer ununterbrochenen Reihe kleiner Ortschaften vorbei.

Perast (3 m; 800 Einw.) steht wegen seines schönen *Ortsbildes unter Denkmalschutz. In venezianischer Zeit war Perast Hauptsitz des Handels und der Seefahrt in der Boka Kotorska, doch sind die meisten der Paläste verfallen. Auch das Erdbeben von 1979 hat erhebliche Schäden hinterlassen. – Das Barock-Palais der Familie Bujović beherbergt das kleine Heimatmuseum. In der ehemaligen Marineschule befindet sich ein Seefahrtsmuseum. Darin zu sehen auch die einstige Kriegsflagge der russischen Flotte, ein Geschenk von Peter dem Großen an den Museumsgründer. In der Pfarrkirche des hl.

Inseln vor Perast in der Bucht von Kotor

Nikolaus eine Schatzkammer mit schönen Gold- und Silberschmiedearbeiten. Sehenswert auch der achteckige Glockenturm.

Vor Perast, ein Stück weit draußen in der Bucht, liegen zwei Inseln. Östlich Sveti Juraj, westlich Gospa od Škrpjela. Auf **Sveti Juraj** steht zwischen dunklen Zypressen ein Benediktinerkloster mit Kirche aus dem 12. Jahrhundert. Die Abtei wurde wiederholt geplündert und bei Erdbeben zerstört. Daß das von weitem düster und geheimnisvoll wirkende Eiland die Vorlage für Arnold Böcklins bekanntes Bild "Die Toteninsel" gewesen sein soll, wie vielfach behauptet wird, kann heute als widerlegt gelten.

Die Insel **Gospa od Škrpjela** bestand ursprünglich nur aus einem Felsenriff. Zwei fischende Brüder sollen dort am 22. Juli 1452 nachts ein leuchtendes Madonnenbild entdeckt haben, das sie nach Perast brachten. Von dort verschwand es dreimal wieder, um auf das Riff zurückzukehren. Da wußten die Brüder, daß sie dort eine Kirche bauen sollten. Sie schütteten Steine rings um das Riff und erbauten eine später mehrfach erweiterte Kirche, in der das wundertätige Muttergottesbild gezeigt wird. Neben Gemälden und Statuen einheimischer und venezianischer Künstler bilden 2500 silberne Votivtafeln, Geschenke von Seefahrern, den interessantesten Schatz in der Kirche. Viele Typen von Schiffen sind auf den Votivtafeln zu sehen, meist Szenen aus Stürmen oder von Kämpfen mit Piraten. – Zur Erinnerung an die wundersame Erscheinung der beiden Brüder findet alljährlich von Kotor und Perast aus am 22. Juli eine Wallfahrt zur Insel mit festlich dekorierten Booten statt.

Die Küstenstraße führt nun am **Becken von Risan** entlang nach **Risan** mit seiner bemerkenswerten orthodoxen Kirche Sv. Petar i Pavle. Auf den umliegenden Höhen einige alte Festungswerke. – Über *Zelenika* (Güterhafen) und vorbei an dem etwas abseits der Straße gelegenen *Kloster Savina* (um 1030 gegründet, ab 1694 neu erbaut; Ikonenwand und Schatzkammer) erreicht man **Herceg-Novi** (10-150 m; 10000 Einw.) in der Topla-Bucht. Der Ferienort besitzt ein überaus mildes Klima, das die reiche subtropische Flora begünstigt. Am Markt ein zierlicher Uhrturm und der Karadja-Brunnen mit türkischer Inschrift. Auf einem Felsen über der Bucht das venezianische Hafenfort;

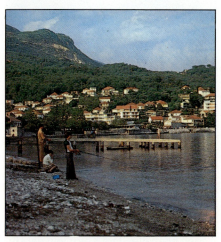
Herceg-Novi am Eingang der Bucht von Kotor

darüber das ebenfalls einst venezianische Forte Mare (heute Freilicht-Kino). Die Ruine Kanli Kula, ebenfalls eine der früheren Bastionen rund um die Stadt, beherbergt heute eine große Freilichtbühne. Den Hügel krönte die Ruine der 1538 von den Spaniern erbauten Festung Španjola, die beim Erdbeben des Jahres 1979 gänzlich zusammenstürzte. Von der Höhe bietet sich ein schöner Rundblick. Im westlichen Teil der Stadt das Archäologische Museum sowie eine früher von dem Schriftsteller und Nobelpreisträger Ivo Andrić bewohnte Ferienvilla.

2 km westlich von Herceg-Novi der auch als Seebad besuchte Kurort **Igalo** (3 m; 600 Einw.), mit leicht radioaktiver Mineralquelle und Sandstrand. Nahebei, auf dem Hügel *Debeli brijeg*, das **Drei-Republiken-Eck** (Bosnien-Herzegowina, Montenegro und Kroatien).

Kurbad Igalo in Montenegro (Jugoslawien)

Von Kotor nach Tivat (etwa 18 km). – Die Strecke führt um die Halbinsel V r m a c , die die Bucht von Tivat vom Becken von Kotor trennt. Man verläßt Kotor in westlicher Richtung und fährt auf der Straße Nr. 2c an der Küste entlang.

Prčanj wird überragt von einer Pfarrkirche, die 1789-1913 im Renaissancestil errichtet wurde; im Inneren eine reiche Schatzkammer.

Tivat (5 m; 7000 Einw.) ist ein Städtchen mit Schiffswerft und Keramikindustrie sowie einem Militärhafen. Die Strände bestehen aus Kies. Die Kirche des hl. Anton stammt vermutlich aus dem 14. Jahrhundert. Lohnend ist außerdem der Besuch im schönen, mit hohen Zypressen bestandenen Stadtpark, in dem fast das ganze Jahr über die Rosen blühen. Auf der bewaldeten Insel S v e t i M a r k o , die in venezianischer Zeit Straditi hieß, hat der 'Club Méditerranée' ein Urlauberdorf eingerichtet. Gegenüber von Sveti Marko die kleine Insel O t o k mit einem Kloster: Hier wurde ein römischer, der Göttin Juno geweihter Altar gefunden.

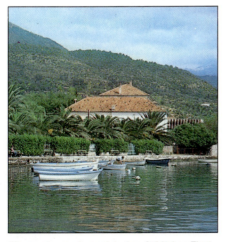

Uferweg im montenegrinischen Städtchen Tivat

Kreta / Krete
(Kríti)

Griechenland.
4 Nomi: Chaniá, Réthymnon, Iráklion und Lasithi. Inselfläche: 259 qkm. – Höhe: 0-2465 m. Bewohnerzahl: 460000 (davon ca. 12000 Türken). Telefonvorwahlen: Iráklion 081, Réthymnon 0831, Chaniá 0821, Agios Nikólaos 0841.

ⓘ **E.O.T. Iráklion,**
Xanthudidú 1,
Iráklion;
Telefon: 282096.
Touristenpolizei Iráklion
(sowie Büro der Olympic Airways),
Odós 25 Avgústu,
Iráklion;
in derselben Straße auch Schiffsagenturen.
E.O.T. Chaniá,
Akti Tombásí 6,
Chaniá;
Telefon: 26426.
Touristenpolizei Chaniá,
Karaiskáki 23,
Chaniá;
Telefon: 24477.
E.O.T. Réthymnon,
Kunturiotu-Straße,
Réthymnon.
Touristenpolizei Réthymnon,
Vas. Georgíu II 7,
Réthymnon;
Telefon: 22589.
E.O.T. Ágios Nikólaos,
Omíru 7,
Ágios Nikólaos;
Telefon: 22321.
Touristenpolizei Ágios Nikólaos,
Omíru,
Ágios Nikólaos.

HOTELS. – In I r á k l i o n : *Arina Sand* (2 km), I, 452 B.; *Astoria*, I, 273 B.; *Atlantis*, I, 296 B.; *Knossos Beach*, Chani Kokkini, I, 207 B., Hotel und Bungalows; *Xenia*, I, 156 B.; *Cosmopolit*, II, 59 B.; *Esperia*, II, 94 B.; *Kastro*, II, 63 B.; *Mediterranean*, II, 105 B.; *Akti*, Chani Kokkini, III, 36 B.; *Daedalos*, III, 115 B.; *Domenico*, III, 73 B.; *El Greco*, III, 165 B.; *Galini*, III, 95 B.; *Heracleion*, III, 72 B.; *Knossos*, III, 46 B.; *Mirabello*, III, 43 B.; *Olympic*, III, 135 B.; *Park*, III, 51 B.; *Pasiphae*, III, 32 B.; *Poseidon*, III, 47 B.; *Prince*, III, 50 B.; *Selena*, III. 52 B.; JUGENDHERBERGE. CAMPINGPLATZ. – In P h ä s t o s : *Pavillon Xenia*, IV, 11 B. – In M a t a l a : *Bambu Sands*, III, 19 B.; *Matala Bay*, III, 104 B. – In K a s t e l l i K i s s a m u : *Castle* (Kastron), III, 21 B.; *Kissamos*, III, 14 B. – In C h a n i á : *Kydon*, I, 195 B.; *Doma*, II, 56 B.; *Lissos*, II, 68 B.; *Xenia*, II, 88 B.; *Porto Veneziano*, II, 120 B.; *Samaria*, II, 110 B.; *Canea*, III, 94 B.; *Diktynna*, III, 66 B.; *Elyros*, III, 14 B.; *Hellinis*, III, 28 B.; *Kriti*, III, 170 B.; *Kypros*, III, 36 B.; *Lucia*, III, 72 B.; *Plaza*, III, 17 B. – In O m a l o s : *Pavillon Xenia*, II, 7 B.

In R é t h y m n o n : *El Greco*, I, 578 B., Hotel mit Bungalows; *Rithymna*, I, 741 B.; *Idaeon* (Ideon), II, 133 B.; *Xenia*, II, 50 B.; *Brascos*, III, 151 B.; *Ionia*, III, 15 B.; *Minos*, III, 89 B.; *Park*, III, 18 B.; *Valari*, III, 55 B.; CAMPINGPATZ. – In M a l i a : *Kernos Beach*, 473 B.; *Sirens Beach*, I, 422 B.; *Grammatikaki*, II, 91 B.; *Malia Beach*, II, 320 B. *Robinson Club Ikaros Village*, 320 B.

In Á g i o s N i k ó l a o s : *Minos Beach*, L, 233 B.; *Mirabello Village*, L, 251 B., Hotel mit Bungalows; *Mirabello*, I, 322 B.; *Hermes*, I, 379 B.; *Ariadni Beach*, II, 142 B.; *Coral*, II, 323 B.; *Acratos*, III, 60 B.; *Alcestis* (Alkistis), III, 45 B.; *Creta*, III, 50 B.; *Cronos*, III, 68 B.; *Du Lac*, III, 74 B.; *Rhea (Rea)*, III, 220 B.; JUGENDHERBERGE. – In I e r a p e t r a : *Petra-Mare*, I, 409 B.; *Creta*, III, 49 B.; *Lygia*, III, 29 B. – In S i t i a : *Sitian Beach*, I, 162 B.; *Alice*, III, 69 B.; *Crystal*, III, 75 B.; *Itanos*, III, 138 B.; *Sitia*, III, 70 B.; außerdem Häuser der IV. Kategorie.

FLUGVERKEHR. – Flughafen *Iráklion,* 5 km östlich der Stadt, und *Chaniá,* 16 km östlich auf der Halbinsel Akrotiri bei Sternes. – Linienflüge Athen–Iráklion in 40 Minuten, Athen–Chaniá in 45 Minuten, Iráklion–Rhodos (nur im Sommer); ferner Direktflüge von Frankfurt am Main.

SCHIFFAHRT. – Linienverkehr zwischen Athen (Piräus) und Iráklion, Chaniá (auch Kfz-Fähre), Kastelli, Agios Nikólaos sowie Sitia mehrmals täglich in 10-14 Stunden; ferner lokale Schiffsverbindungen zu den Inseln Skiathos, Skiros, Mykonos und Santorin. – Bei der Anfahrt auf *Chaniá* wird zuerst rechts das Kap Spatha (Psakon; auf der Nordspitze Reste eines Dikytnäon-Heiligtums) und links die Halbinsel *Akrotiri* (einst Kyamon) sichtbar, zwischen denen sich die weite, oft Nordstürmen ausgesetzte C h a - n i á - B u c h t öffnet; dahinter die Léfka Óri. Die Schiffe ankern in Chaniá auf offener Reede, die großen Fährschiffe jenseits der Halbinsel Akrotiri in der S u d a - B u c h t, dem einzigen guten Hafen der Insel. – Bei der Anfahrt nach *Iráklion* erscheint rechts das Kap Stavros, eine wichtige Landmarke; links erblickt man die kahle Insel D i a (Wildziegenreservat), den Zufluchtshafen bei Nordsturm, vorn die B u c h t v o n I r á k l i o n, die westlich vom Kap Panalja begrenzt wird.

WASSERSPORT. – *Bootsvermietung* bei Agenturen in Iráklion. – *Wasserskischulen:* Bootsklub Chaniá und Hotel Elunda Beach in Elunta.

STRASSENVERKEHR. – *Mietwagen:* Hauptagenturen in Iráklion. – Verschiedene Autobuslinien verbinden die wichtigsten Orte der Insel miteinander.

**Kreta, die größte griechische Insel und viertgrößte im Mittelmeer, liegt etwa 100 km südöstlich der Peloponnes am Südrand des Ägäischen Meeres und bildet den südlichsten Teil Europas sowie ein Hauptglied des Inselbogens, der Südgriechenland mit Kleinasien verbindet.

Die wegen ihrer berühmten minoischen Kulturdenkmäler außerordentlich besuchenswerte Insel ist 12 – 57 km breit und erstreckt sich auf 260 km Länge annähernd von Westen nach Osten. Sie ist von drei verkarsteten Bergmassiven gegliedert: Im Westen die meist schneebedeckten *Léfka Óri* ('Weiße Berge'; 2452 m), im mittleren Teil das ebenfalls schneereiche Psiorítis-Gebirge (Idi Oros, 2456 m; Besteigung lohnend) und im Osten das *Diktäa-Gebirge* (2148 m). Die stark zerrissenen und vegetationsarmen Bergzüge sind die Heimat der Bezoarziege (Capra aegagrus, Stammform der Hausziege). Nur in den Einbruchswannen (Poljen) kann etwas Landwirtschaft betrieben werden. Zwischen den Gebirgen fruchtbare E b e n e n (Messará; Omalós; Lassíthi, von Windrädern bewässert) mit Palmen, Oliven-, Bananen- und Apfelsinenbäumen sowie Weinreben. An der Nordküste liegen die Städte *Chaniá, Iráklion* und *Réthymnon.*

Das Klima ist mediterran, mit verhältnismäßig milden, niederschlagsreichen Wintern und völlig trockenen, subtropisch heißen Sommern (6 bis 7 Sommermonate). Wichtigster Erwerbszweig

Kretische Tracht

ist die Landwirtschaft, daneben zunehmend auch der Fremdenverkehr.

GESCHICHTE. – Spuren frühester, von Nordafrika ausgehender Besiedlung weisen bis ins 7. Jahrtausend v. Chr. zurück. – Seit dem 3. Jahrtausend v. Chr. entfaltete sich eine vorgriechische bronzezeitliche Kultur, die um 2000-1600 v. Chr. zu höchster Blüte gelangte und als *Minoische Kultur* bezeichnet wird. Kulturelle und wirtschaftliche Ausstrahlung des Minoischen Reiches als erster Seemacht im Mittelmeer reichten bis zur Iberischen Halbinsel. Noch ungeklärte Ereignisse führten um 1400 v. Chr. zum plötzlichen Untergang der Minoischen Kultur. Möglicherweise hat eine Erdbebenkatastrophe, vielleicht infolge des Berstens der Vulkaninsel Thera (Santorin), die kretischen Städte vernichtet. – Gegen Ende des 12. Jahrhunderts v. Chr. eroberten *dorische Griechen* den größten Teil der Insel. – Im Jahre 66 v. Chr. wurde Kreta als wichtigster Stützpunkt im Mittelmeer durch die Römer eingenommen und fiel nach der Teilung des Römischen Reiches bis 824 an *Byzanz;* 824-961 von arabischen *Sarazenen* beherrscht, war es bis 1204 abermals Teil des byzantinischen Kaiserreiches. – Es folgte 1204-1669 die lange und von erbitterten Unabhängigkeitsbestrebungen begleitete Herrschaft der *Venezianer,* die der Insel dennoch beachtlichen kulturellen Aufschwung brachte. In dieser Epoche lebte der Maler und Bildhauer Domenikos Theotokopulos, genannt *El Greco* (geb. 1541 in Phodele bei Iráklion, † 1614 in Toledo). Im Jahre 1669 nahmen die *Türken* die Insel ein und verließen sie erst 1898 nach kriegerischen Auseinandersetzungen mit den Griechen. – Nach vorübergehender Autonomie wurde am 5. Oktober 1912 dank der Initiative des auf Kreta geborenen Juristen, liberalen Politikers und späteren griechischen Ministerpräsidenten *Elephtherios Kyriakos Venizélos* (1864 bis 1936) der Anschluß Kretas an das Königreich *Griechenland* verkündet. – Im Frühjahr 1941 besetzten deutsche Luftlandetruppen die Insel, die

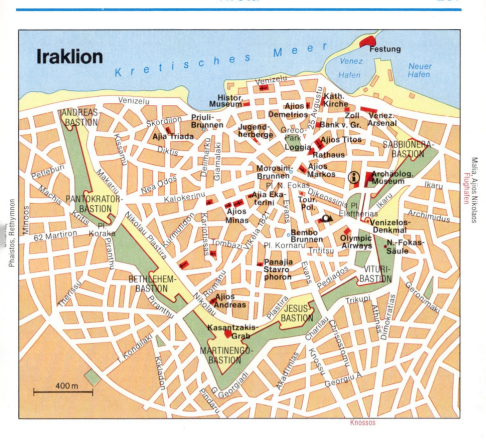

Iraklion

K r e t i s c h e s   M e e r

Venez. Hafen — Festung — *Neuer Hafen*

Venizelu

ANDREAS-BASTION

Venizelu — Histor. Museum — Káth. Kirche — Ajios Demetrios — Zoll — Bank v. Gr. — Venez. Arsenal

Skordilon — Priuli-Brunnen — Jugend-herberge — Greco-Park — Ajios Titos — SABBIONERA-BASTION

Ajia Triada — Loggia — Rathaus

Diktis — Morosini-Brunnen — Ajios Markos — Archäolog. Museum — Ikaru

Petleburi — PANTOKRATOR-BASTION — Nea Odos — Kalokerinu — Ajia Eka-terini — Tour. Pol. — Pl. Eleftherias — Ikaru — Archimidus

62 Martiron — Koraka — Ajios Minas — Bembo Brunnen — Venizelos-Denkmal — N-Fokas-Säule

Pl. Kornaru — Olympic Airways

BETHLEHEM-BASTION — Panajia Stavro phoron — VITURI-BASTION

Ajios Andreas — JESUS BASTION — Trikupi

Kasantzakis-Grab

MARTINENGO-BASTION

400 m

Knossos

Seitlicher Text links: Phaistos, Rethymnon

Seitlicher Text rechts: Malia, Ajios Nikolaos / Flughafen

wegen ihrer Mittlerlage zwischen Südeuropa und Afrika von großer strategischer Bedeutung war; im Mai 1945 wurde die Insel geräumt.

Während die Südküste meist steil ins Meer abfällt, ist die Nordküste flacher. Hier findet man ausgedehnte Badestrände. Im Bereich der Nordküste ist die Insel weitgehend durch gut ausgebaute Straßen erschlossen. Ausgangspunkt wichtiger Routen ist Iráklion, die größte Stadt auf Kreta.

Iráklion

Iráklion (70 000 Einw.), etwa in der Mitte der Nordküste Kretas gelegen, ist wichtigster Handelshafen der Insel sowie Sitz der Inselverwaltung. Iráklion war im Altertum Hafenstadt von Knossos, verfiel in römischer Zeit und wurde nach 824 n. Chr. von den Sarazenen als 'Chandak' wiederbelebt. Die Venezianer ließen die von ihnen Candia genannte Stadt seit 1538 durch den Baumeister Michele Sammicheli mit einer gewaltigen, 5 km langen Wehrmauer umgeben und machten sie zur Inselhauptstadt. Nach dem Anschluß an Griechenland 1913 erhielt sie nach einem nahen antiken Hafen den heutigen Namen Herakleion (ngr. Iráklion).

SEHENSWERTES. – Die bedeutendste Sehenswürdigkeit der Stadt und eine der größ-

ten von Kreta ist das **✶✶Archäologische Museum** *(Kretikon Museion;* Eleftherias-Platz), das die großartigen Funde von Knossos, Phästos, Agia Triáda und anderen Ausgrabungsstätten der Insel enthält. In der folgenden Übersicht wird auf die wichtigsten Exponate hingewiesen.

Stierkopf-Rhyton aus Knossos (Kreta)

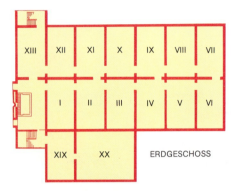

I　Neolithikum, Vorpalastzeit (2500-2000 v. Chr.)
II　Alte Palastzeit; Knossos, Mallia (2000-1700 v. Chr.)
III　Alte Palastzeit; Phästos (2000-1700 v. Chr.)
IV　Jüngere Palastzeit; Knossos, Phästos, Mallia (1700-1450 v. Chr.)
V　Späte Jüngere Palastzeit; Knossos (1450-1400 v. Chr.)
VI　Jüngere Palastzeit, Nachpalastzeit;
　　Knossos, Phästos (1400-1350 v. Chr.)
VII　Jüngere Palastzeit; Mittelkreta
VIII　Jüngere Palastzeit; Kato Zakros (1700-1450 v. Chr.)
IX　Jüngere Palastzeit; Ostkreta
X　Nachpalastzeit (1400-1100 v. Chr.)
XI　Subminoische und frühgeometrische Zeit (1100-800 v. Chr.)
XII　Reifgeometrische und orientalisierende Zeit (800-650 v. Chr.)
XIII　Sarkophage
XIX　Archaische Zeit (7.-6. Jh. v. Chr.)
XX　Klassische und spätantike Zeit (5. Jh. v. Chr.- 4. Jh. n. Chr.)

Iraklion　　Archäologisches Museum

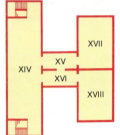

OBERGESCHOSS

XIV, XV. XVI　Jüngere Palastzeit;
　　　　　　　Wandmalereien
XVII　Sammlung Giamalakis
XVIII　Archaische bis römische
　　　Zeit; Kleinkunst
　　　(7. Jh. v. Chr.-4. Jh. n. Chr.)

ERDGESCHOSS. — Abteilung Alpha, Raum I: Jungsteinzeit (5000-2600 v. Chr.) und frühminoische Zeit (2600-2000 v. Chr.); Steingefäße von der Insel *Móchlos* (nordöstl. vor Kreta) und Petschafte. — Abteilung Beta, Räume II und III: Funde der mittelminoischen Epoche (Zeit der alten Paläste; 2000-1700 v. Chr.), besonders Gefäße im Kamáres-Stil (nach dem Dorf Kamares) aus Knossos, Malia und Phästos. — Abteilung Gamma, Räume IV und V, VII und VIII: Funde der mittelminoischen Epoche (Zeit der neuen Paläste; 1700-1450 v. Chr.); Opfergefäße, Schrifttafeln; Statuetten; Satirikon-Spiel aus Elfenbein; Schmuck. — Abteilung Delta, Raum VI: Schmuck und andere kostbare Grabbeigaben der spätminoischen Epoche (Postpalatiale Zeit; 1400-1250 v. Chr.). — Abteilung Eta, Raum X: Spätminoisch-helladische Stilrichtung (1400 bis 1100 v. Chr.). — Abteilung Theta, Räume XI und XII: Spätminoisch-geometrische Epoche (dorisch; 1100-650 v. Chr.) und Weiterentwicklung. — Abteilung Iota, Raum XIII: Minoische Sarkophage u.a. aus Agia Triáda, Tylissos und Gumia. — Abteilung Ny, Raum XIX: Hellenistische Zeit (7./6. Jh. v. Chr.). — Abteilung Xi, Raum XX: Plastik der hellenistisch-römischen Zeit (5. Jh. v. Chr. bis 4. Jh. n. Chr.).

OBERGESCHOSS. — Abteilung Kappa, Räume XIV (Halle) bis XVI: **Fresken** und *Reliefs* aus minoischen Palästen, steinerner Prunksarkophag von Agia Triáda. — Abteilung Lambda, Raum XVII: 'Giamalakis-Sammlung' dorischer Plastik (700-500

v. Chr.). — Abteilung My, Raum XVIII: Gegenstände aus archaischer und römischer Zeit (700 v. Chr. bis 400 n. Chr.).

Nordöstlich vor der Altstadt der reizvolle Venezianische Hafen mit *Festung* auf der nördlichen Hafenmole. — Auf dem Venizelos-Platz der *Morosini-Brunnen (von 1628), mit Löwen aus dem 14. Jahrhundert, und die ehemalige *Markos-Kirche* (1303), heute *Museum für byzantinische Malerei.* An der nördlich zum Hafen führenden Odos 25. Avgustu, unweit der Markos-Kirche, die ehemalige venezianische *Loggia* (1627; heute Rathaus). Nordöstlich anschließend die *Titos-Kirche.* — Am Katharinenplatz die *Minas-Kathedrale* (19. Jh.) und die kleine ehemalige **Katharinenkirche** (18. Jh.), heute *Museum für sakrale Kunst.* — Im *Historischen Museum* (Kalokerinu-Straße) kretische Volkskunst und Erinnerungsstücke an die Türkenherrschaft.

Etwa 5 km südöstlich von Iráklion liegt nahe der Ortschaft *Makritichos* die Ausgrabungsstätte von ****Knossós,** mit dem seit 1899 durch britische Archäologen unter Sir Arthur Evans (1851-1941) freigelegten und z.T. wieder aufgebauten **Königspalast.**

Die ausgedehnte, in vier Ebenen am Hang vom Kephalla-Hügel ansteigende, einst 2-3stöckige Anlage, die mehrfach – vermutlich durch Erdbeben – zerstört und demzufolge in drei Phasen erneuert wurde, bestand von etwa 2000 bis 1400 v. Chr.: Erster Palast um 2000-1800, Zweiter Palast um 1800-1700, Dritter Palast um 1700-1400 v. Chr. Die heute freiliegenden Teile stammen hauptsächlich vom Dritten Palast und entsprechen im wesentlichen dem Zustand im 16. Jahrhundert v. Chr. Der komplizierte Grundriß gab Anlaß zu der Vermutung, daß es sich bei dem Palast von Knossos um das sagenhafte Labyrinth des Königs Minos handle, zumal hier mehrfach das Symbol der Doppelaxt (griech. 'labrys'), ein Wahrzeichen des minoischen Kreta, gefunden wurde.

Man betritt den Palast vom Westhof (links Reste eines Theaters) und gelangt durch den Prozessionskorridor (benannt nach den Fresken) und die Südpropyläen, dann an vielen *Vorratskammern* mit Tongefäßen vorbei, in den geräumigen Mittelhof, auf dem möglicherweise Stierkämpfe abgehalten wurden (vgl. Darstellungen auf Funden im Archäologischen Museum von Iráklion). — An der Westseite des Hofes u.a. die *Haupttreppe* und der *Thronsaal* (mit steinernem Stuhl; um 2000 v. Chr.); an der Ostseite die *Wirtschafts- und Wohnräume* mit Bädern und Toiletten (Wasserspülung). Neben der *Halle der Doppeläxte* u.a. die *Gemächer des Königs* und die *Gemächer der Königin.* Die zahlreichen Fresken sind Kopien der im Museum von Iráklion befindlichen Originale. — Um den Palast

'Thron des Minos' im Palast von Knossos (Kreta)

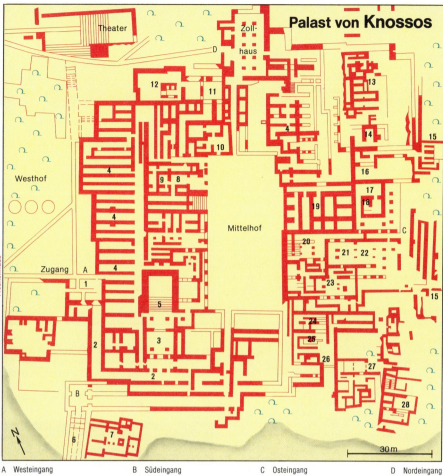

Palast von Knossos

Theater
Zoll-haus
Westhof
Mittelhof
Zugang
30 m

A Westeingang   B Südeingang   C Osteingang   D Nordeingang

1 Westpropyläen
2 Prozessionskorridor
3 Südpropyläen
4 Vorratskammern
5 Propyläentreppe
6 Säulentreppe
7 Südgebäude

8 Thronsaal
9 Innenheiligtum
10 Gefängnis
11 nordwestliche Säulenhalle
12 nördliches Reinigungsbecken
13 Keramik-Lagerräume
14 Lagerräume der Riesenkrüge

15 Bastionen
16 Werkstätten
17 Töpferei
18 Steinmetz-Werkstatt
19 Wasserleitung
20 großes Treppenhaus
21 Halle der Doppeläxte

22 Megaron des Königs
23 Megaron der Königin
24 Sanitäre Anlagen
25 Heiligtum der Doppelaxt
26 Reinigungsbecken
27 Hochaltar
28 Südostgebäude

Ruinen des Palastes von Knossos auf der griechischen Insel Kreta

herum liegen im Gebiet der größtenteils noch nicht ausgegrabenen Stadt Knossos, die vielleicht bis zu 100 000 Einwohner zählte, die Reste einiger Villen und des Kleinen Palastes (200 m nordwestl.).

Etwa 40 km südwestlich von Knossos stößt man auf die Reste der Stadt **Gortys** *(Gortyn),* der ehemaligen Rivalin von Knossos und späteren Hauptstadt der römischen Provinz Creta-Cyrenaica. Links der Straße im Olivenhain u. a. die Fundamente des Tempels des Apollon Pythios, eines römischen Palastes mit Thermen (2. Jh. n. Chr.), eines Theaters und eines Amphitheaters sowie eines 374 m langen Circus. 0,5 km weiter liegen rechts der Straße unter der Akropolis die Ruinen der *Basilika Agios Titos* (6. Jh. n. Chr.), eines antiken Theaters sowie eines in römischer Zeit in ein Odeon (Konzerthaus) verwandelten Gebäudes, an dem der *Rechtskodex von Gortys* eingehauen ist (um 450 v. Chr.).

Im Süden der Insel liegen ferner die Ruinen der von König Minos gegründeten und im 2. Jahrtausend v. Chr. zerstörten Stadt **Phästos**. Am Ostende des Höhenzuges der auf Terrassen angelegte *Palast* in der Art von Knossos,

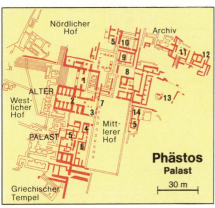

Phästos
Palast
30 m

1 Propylon
2 Magazingang
3 Säulenhalle
4 Alabasterbänke
5 Kultbecken
6 Pfeilerkrypta
7 Altar
8 Kleiner Hof
9 Megaron der Königin
10 Megaron des Königs
11 Pfeilerhalle
12 Töpferwerkstatt
13 Schmelzofen
14 Pfeilerraum

Diskos von Phästos (Museum Iraklion)

anstelle eines um 1800 v. Chr. erbauten und um 1700 v. Chr. durch ein Erdbeben vernichteten ersten Palastes nach 1650 v. Chr. errichtet und um 1450 v. Chr. ebenfalls durch Erdbeben (vgl. Palast von Knossos) zerstört. Von den ursprünglich um einen Mittelhof gruppierten Palasttrakten sind nur die Ruinen des westlichen und nördlichen Flügels erhalten, während der südliche und östliche Flügel bei dem Erdbeben abgestürzt sind. An der West- und Nordseite des noch vorhandenen Teils Reste des ersten Baues. Von der höchsten Terrasse prächtige Aussicht.

2 km westlich der Ausgrabungsstätte von Phästos, mit dem Palast einst durch eine gepflasterte Straße verbunden, liegen die Reste des ebenfalls minoischen Sommerpalastes *Agia Triáda,* der wie Phästos hauptsächlich aus dem 16. Jahrhundert v. Chr. stammt, nach dem Erdbeben um 1450 v. Chr. allerdings erneuert wurde und bis in dorische Zeit bewohnt blieb. Von der Westseite des Palastes herrliche Aussicht. Oberhalb des Palastes die venezianische Kapelle *Agios Georgios* (14. Jh.; Fresken). Nordöstlich unterhalb des Palastes sind Teile einer spätminoischen Siedlung (14.-11. Jh. v. Chr.) freigelegt. Am Fuß des Hügels eine Nekropole (u. a. Kuppelgrab).

10 km südwestlich von Phästos liegt *Matala,* in minoischer Zeit Hafen von Phästos, in römischer Zeit von Gortys; in die Felswände der Hafenbucht sind Grab- und Wohnhöhlen aus frühchristlicher Zeit eingehauen (Sandstrand).

Bucht von Matala an der kretischen Südküste

Neben Iráklion gibt es an der Nordküste Kretas noch weitere Städte, deren Besuch lohnt. An der Nordküste des westlichen Kreta, am Golf von Kíssamos, liegt **Kastelli Kissamu,** an der Stelle des antiken *Kissamos,* von dem Theater- und Tempelreste erhalten sind.

Fährt man von Kastelli Kissamu nach Osten, erreicht man nach etwa 35 km **Chaniá,** die zweitgrößte Stadt der Insel Kreta, Wirtschaftszentrum von Westkreta und Verwaltungssitz des westlichen Inselbezirkes (Nomós Chaníon). Chaniá ist die Nachfolgerin einer schon in minoischer Zeit bestehenden Stadt.

Die Altstadt ist von einer 3 km langen S t a d t -
m a u e r (16. Jh.) umgeben; im Norden der *venezianische Hafen* (Bootshafen; Leuchtturm auf der Molenspitze, mit mehreren *Arsenalen* (um 1500; heute
Bootshallen) und Teilen der alten *Festung.* In der
gotischen Franziskus-Kirche das *Archäologische
Museum* (dorische Funde). Sehenswert ferner die
Kirche Sotéros (San Salvatore, 16. Jh.), die *Janit-
scharenmoschee* (von 1645) sowie schöne venezianische *Patrizierhäuser* und die große *Markthalle.*
Südlich der Altstadt das *Historische Archiv* (Odos I.
Sfakianaki 20), mit bemerkenswerten Handschriften, Dokumenten, Waffen und Ikonen.

4 km südöstlich der Altstadt liegt die B u c h t v o n
S u d a , der größte und am besten geschützte Naturhafen der Insel (Handelshafen von Chaniá; Flottenstützpunkt). – 17 km nordöstlich auf der Halbinsel Akrotiri das *Kloster Agia Triada* (von 1631); 4 km
nördlich davon das *Kloster Guvernéto* (16. Jh.), nahebei an der Küste u. a. die Felshöhle und Höhlenkirche des Eremiten Ioannis (venezian. Fassade).

42 km südlich von Chania liegt das Dorf *Oma-
los* am Rande der gleichnamigen fruchtbaren
Hochebene. Von hier Wanderung durch die
**S a m a r i a - S c h l u c h t (Farangi Samarias),
eine 18 km lange, bis 300 m tiefe und beim

Samaria-Schlucht auf Kreta

'Eisernen Tor' (Sideroportes) nur 2-3 m
breite Klamm, in deren Gebiet noch heute die
kretische Wildziege 'Kri-Kri' lebt.

Von Chaniá aus gelangt man nach 70 km
nach **Réthymnon.** Der Ort, die drittgrößte
Stadt Kretas, an der Nordküste zwischen Iráklion und Chaniá gelegen, ist Verwaltungssitz des gleichnamigen Nómos. Von der venezianischen wie auch von der türkischen
Herrschaft geprägt, weist die Stadt eine besonders reizvolle Kulturmischung auf. – In
der Altstadt zahlreiche venezianische Adels-
palais, türkische Häuser mit Holzgitterbalko-
nen, mehrere kleine Moscheen (18. Jh.) und
die venezianische Akropolis ('Fortezza';
14. Jh., im 16. Jh. erweitert), mit einer von
gewaltiger Kuppel überspannten Moschee.
In der Loggia (17. Jh.) das Städtische Museum.

Etwa 10 km östlich der Stadt, im Gebiet von
Pigi, der größte O l i v e n h a i n im Mittelmeerraum (1,5 Mio. Bäume).

23 km südöstlich von Réthymnon liegt die

Ruine des frühbyzantinischen *Klosters Arka-
di,* 1866 Schauplatz eines blutigen Aufstandes gegen die Türkenherrschaft. Etwa
30-40 km südöstlich, im G e b i e t v o n A m a -
r i , mehrere typische Dörfer, teils mit sehenswerten alten Kirchen, besonders *Apostoli, Meronas, Gerakarion, Vrises, Ano-Me-
ros* und *Furfuras* sowie das *Kloster Asomaton*
(17. Jh.).

Etwa 50 km südöstlich von Réthymnon liegt
an der Südküste der Ort **Agía Galíni** (zahlreiche Hotels; Wassersport).

Agia Galini an der kretischen Südküste

Von Réthymnon aus erreicht man, in östlicher Richtung fahrend, nach 78 km Iráklion.
Von da aus sind es noch 35 km bis **Malia.** –
Nach dem Ort Malia an der Nordküste Kretas
ist der nahegelegene minoische *Palast benannt, der 1921 von Chadzidakis, später von
französischen Archäologen erforscht wurde.

Folgt man der Straße weiter nach Osten, erreicht man nach gut 30 km **Agios Nikólaos,**
eine prächtig über dem *G o l f v o n M i r a -
b e l l o am Hang ansteigende, wegen der guten Strände in ihrer Umgebung und zahlreicher Ausflugsmöglichkeiten von Touristen
geschätzte Stadt, Verwaltungssitz des Bezirkes Lassíthi. Am Hafen der *Vulismeni-See*
(Süßwasser), in dem nach der Sage die Göttin

Agios Nikólaos auf Kreta

Athene gebadet haben soll. Dem Ort vorgelagert die Insel Agia Pantes (Wildziegenreservat).

Hafenstädtchen Sitia auf Kreta

73 km östlich von Ágios Nikólaos liegt **Sitia,** ein von einem venezianischen Kastell überragtes Hafenstädtchen (Strand). – 46 km südöstlich von Sitia die seit 1962 teilweise freigelegten Ruinen des Palastes von *Kato **Zakros** (Sakros),* mit der ihn umgebenden Siedlung. Die Stadt bestand 1600-1450 v. Chr. und war Ausgangspunkt für den Handel mit Ägypten und Nordafrika.

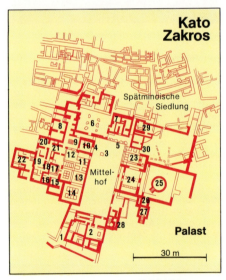

Kato Zakros

Spätminoische Siedlung

Mittelhof

Palast

30 m

1 Südeingang
2 Werkstätten
3 Quadratische Einfassung (Altar?)
4 Zugänge zum Westflügel
5 Säulenportikus
6 Küche und Speisesaal
7 Raum mit Küchengerät
8 Vorratskammern
9 Raum mit Ziegelfußboden
10 Vorhalle
11 Großer Säulensaal
12 Lichthof
13 Quadratischer Raum
14 Bankettsaal
15 Werkstatt
16 Schatzkammer
17 Reinigungsbecken
18 Palastheiligtum
19 Archiv
20/21 Fundstätte der Talente und Elefantenzähne
22 Färberei
23 Megaron der Königin
24 Megaron des Königs
25 Großes rundes Wasserbecken
26 Quadratischer Brunnen
27 Quadratisches Becken
28 Runder Brunnen
29 Reinigungsbecken
30 Eingang

19 km südöstlich von Ágios Nikólaos das Ruinenfeld der nur teilweise freigelegten Siedlung *Gúrnia,* die mit ihren engen gepflasterten Gassen, kleinen Wohnhäusern sowie erhöht gelegenem Palast und Heiligtum ei-

nen typischen Eindruck vom Aussehen einer spätminoischen Ortschaft (1600-1400 v. Chr.) vermittelt.

36 km südlich von Ágios Nikólaos liegt an der Südküste Kretas, inmitten eines reichen Gemüseanbaugebietes, als südlichste Stadt von Europa **Ierápetra,** an der Stelle des antiken Hafens *Hierapydna,* mit venezianischer Festung. Kleines Museum im Rathaus.

Krk

Jugoslawien.
Teilrepublik: Kroatien (Hrvatska).
Inselfläche: 409 qkm. – Bewohnerzahl: 20 000.
Telefonvorwahl: 051.
ⓘ **Turist biro Omišalj,**
Prikrešte 11,
YU-51513 Omišalj;
Telefon: 85 11 53.
Turističko društvo Krk,
im Hotel Dražina,
Ružmarinoa 4,
YU-51500 Krk;
Telefon: 85 10 22.
Turističko društvo Baška,
YU-51523 Baška;
Telefon: 85 68 17.
Turističko društvo Malinska,
YU-51511 Malinska;
Telefon: 88 55 07.
Turističko društvo Vrbnik,
YU-51516 Vrbnik;
Telefon: 85 11 66.

HOTELS. – In Krk: *Dražica,* II, 320 B., mit den Dependancen *Dubrava,* 67 B., *Koralj,* 398 B., *Lovorka,* 218 B., und *Bor,* 50 B. – In Omišalj: *Adriatic I,* II, 653 B., mit den Dependancen *Adriatic II, III,* 364 B. – In Punat: *Park I, II,* II, 421 B., mit den Dependancen *Kostarika,* 30 B., und *Kvarner,* 70 B. – In Baška: *Corinthia,* 244 B., mit den Dependancen *Adria,* 66 B., *Baška,* 55 B., *Mirna,* 14 B., *Zvonimir,* 152 B., *Velebit,* 56 B. – In Malinska: *Palace,* I, 464 B.; *Tamaris,* II, 645 B.; *Malin,* II, 166 B., mit den Dependancen *Adriatic,* 94 B., und *Draga,* 59 B., und Bungalows, 40 B.; *Slavija,* III, 79 B., mit den Dependancen *Kvarner,* 24 B., und *Marina I, II,* 105 B.; *Triglav,* 70 B., mit Dependance *Jadran,* 34 B.

CAMPINGPLÄTZE. – In Krk: *Ježevac.* – In Punat: *Punat.* – In Baška: *Bunculuka; Zablaće.*

BADESTRÄNDE. – Neben dem noch etwas verschlafenen Feriendorf Malinska für 1500 Gäste das Ferienzentrum **Haludovo.**

VERKEHRSFLUGHAFEN von Rijeka auf der Insel Krk. – Brückenverbindung zum Festland.

Die in der nördlichen Adria gegenüber der Stadt Crikvenica gelegene Insel Krk ist die größte Jugoslawiens. Die Besiedlung konzentriert sich vor allem auf den niedrigeren fruchtbaren Nordteil; die Kalkhügel im Süden sind vegetationsarm. Der Hauptort der Insel liegt an der vor der Bora geschützten Westküste. Neben Landwirtschaft und Schafzucht ist der Fremdenverkehr eine wichtige Einnahmequelle.

GESCHICHTE. – Die illyrischen Liburner siedelten schon auf Krk, die Griechen waren zumindest vorübergehend da. Im 2. Jahrhundert v. Chr. besetzten die Römer die Insel, und im Krieg zwischen Caesar und Pompeius entschied letzterer eine Schlacht zur See vor Krk zu seinen Gunsten. 395, bei der Teilung des römischen Imperiums, fiel die Insel an das byzantinische Reich. 480 begannen die frühen Christen in der heutigen Stadt Krk auf römischen Thermen eine Basilika zu errichten, die – immer wieder erweitert – die vergangenen 1500 Jahre fast unversehrt überdauert hat. Zwischen dem 9. und 12. Jahrhundert beherrschten die kroatischen Könige die Insel, dann geriet sie in den Einflußbereich der Venezianer. Diese setzten den kroatischen Grafen Frankopan als Herrscher des Eilands ein, und sein Geschlecht verwaltete die Insel zwischen 1118 und 1480. Angesichts der wachsenden Gefahr einer türkischen Besetzung rissen von nun an wieder die Venezianer die Aufsicht über Krk an sich. Sie dauerte bis 1797. Napoleon schlug die Insel vorübergehend seinen Illyrischen Provinzen zu, dann übernahm Österreich-Ungarn die Verwaltung. Der Vertrag von Rapallo (1920) übergab Krk nicht wie die benachbarten Inseln Lošinj und Cres Italien, sondern dem neuen Königreich Jugoslawien. Italiener landeten erst im Zweiten Weltkrieg als Besatzer auf der Insel, 1943 wurden sie von deutschen Truppen abgelöst. Nachdem 1945 Krk der neuen Volksrepublik Jugoslawien eingegliedert worden war, wanderten viele italienisch-stämmige Bewohner ab.

Stadt Krk

Der Inselhauptort Krk, zugleich wichtigster Hafen dlr Insel, liegt in einer Bucht an der Westseite. Der Ort ist noch von Resten der früheren *Stadtmauer* umgeben, der Wachtturm an der Haupteinfahrt trägt eingemeißelt den venezianischen Löwen. An Souvenirständen vorbei erreicht man den Tito-Platz, dahinter – durch Häuser dem direkten Blick entzogen – die **Frankopanen-Burg** von 1197. Seitlich davon der *Bischofspalast* mit Bildersammlung aus dem 16. und 17. Jahrhundert. Der erwähnte **Dom** in der Nähe des Platzes ist auf römischen Thermen errichtet und immer wieder vergrößert worden. Sehenswert ist im Norden der Stadt schließlich noch die gotische *Franziskanerkirche.*

GLAGOLITENTUM. – Der Philosoph *Konstantin* (Klostername Kyrillos) erfand im 9. Jahrhundert bei der Bekehrung der Südslawen zum Christentum die **glagolitische Schrift,** deren Zeichen eher dem koptischen oder armenischen Alphabet ähneln als irgendeiner europäischen Schrift. Ungeklärt ist bis heute, ob die kyrillische oder die glagolitische Schrift die ältere ist. Die glagolitische Schrift entwickelte sich in zwei Stilrichtungen weiter: in der eckigen kroatischen und in einer runden Form. Immerhin fand die neue Schrift eine so rasche Verbreitung, daß Konzile, die 925 und 927 in Split stattfanden, Geistliche heftig angriffen, die sich ihrer bedienten und zugleich in kroatischer Sprache statt in Latein predigten. Das Glagolitische geriet in kurzer Zeit zum Symbol des Widerstandes heimattreuer Slawen gegen die 'fremde', von Rom gelenkte Geistlichkeit. Die proslawischen Priester wurden als 'glagoljasi' verfolgt. Bei einem weiteren Konzil (1060) triumphierten die Anhänger Roms zwar endgültig über ihre Widersacher, doch hielt sich die Schrift ebenso wie das Altkroatische auf vielen Inseln, am stärksten jedoch auf Krk. Im 13. Jahrhundert wurde das Glagolitentum im Bischofssitz Senj und auf Krk mit päpstlicher Genehmigung wieder zugelassen. Bis zum Ende des 15. Jahrhunderts wurden Bücher, Urkunden, Verzeichnisse und Statuten in glagolitischer Schrift gedruckt. Auch das erste gedruckte Buch der Südslawen, eine Messe aus dem Jahr 1483, ist in glagolitischen Lettern gehalten. Anfang des 16. Jahrhunderts gab es in Rijeka und auf Krk glagolitische Druckereien. Von nun an blieb die Schrift nur noch kirchlicher Verwendung vorbehalten. Der berühmte Codex aus dem Jahre 1395, auf den die französischen Könige den Amtseid schworen, ist glagolitisch geschrieben. Eine der ältesten Mitteilungen in kroatischer Sprache und in glagolitischer Schrift ist die in eine Steintafel geritzte Urkunde über eine Schenkung des kroatischen Königs Zvonimir an die Benediktiner. In Baska befindet sich heute nur eine Kopie der Tafel, das Original ist im Museum in Zagreb. Eine weitere glagolitische Tafel im Original kann man in der Ortschaft Valun auf Cres besichtigen (s. dort).

Jugoslawische Adria-Insel Krk – Idyllische Felsenbucht

INSELRUNDFAHRT. – Von Krk aus umrundet eine hügelige Straße die Bucht und führt hinüber zum Städtchen **Punat,** wo über dem alten Ort viele Jugoslawen ihre Wochenend- und Ferienhäuschen gebaut haben. Gleich rechts vor Punat eine Werft für kleinere Schiffe und die Service-Einrichtungen der Boots-Marina. Die größte Sehenswürdigkeit von Punat, ein Franziskaner-Kloster, liegt nicht im Ort selbst, sondern in der weitläufigen Naturbucht auf dem Inselchen *Kosljun.* Über der Pforte die glagolitische Inschrift ''Mir i dobra'' (Frieden und Güte). Ein Pater zeigt den Grabstein des letzten Sprosses aus dem Geschlecht der Frankopanen, der 1529 verstorbenen Fürstin Katharina. In der Bibliothek steht ein Einbaum, wie man ihn um die Jahrhundertwende noch in Punat benutzte; ferner Trachten, Küchengeräte und glagolitische Meßgewänder. In der Klosterkirche ein Polyptychon von Girolamo da Santa Croce und ein ''Jüngstes Gericht'' von Ughetti.

Von Punat aus führt nur ein Eselspfad zum nächsten Küstenort **Stara Baška.** Bis heute läuft der normale öffentliche Verkehr in Booten über das Meer. Stara Baška, ein Stück oberhalb auf den Abhängen der höchsten Erhebung der Insel, des 569 m hohen Berges Obzova, liegt wirtschaftlich im Abseits. Viele Häuser sind nur Ruinen.

Der nächste Ort, **Baška,** ist mit der Stadt Krk durch eine Buslinie verbunden. Hier wurde in der Kirche vor Jahren die erwähnte älteste glagolitische Schrifttafel entdeckt; die heute hier aufbewahrte Tafel ist eine Kopie. Baška besitzt einen langausgedehnten Kieselstrand und im Hinterland eine für Wanderungen reizvolle, fruchtbare Ebene.

Vrbnik, dem Festlandort Novi gegenüber gelegen, thront auf steilen Felsen, von denen aus man einen zauberhaften *Blick auf die Küsten-Gebirgskette genießt. Von der mittelalterlichen Stadt ist noch viel erhalten, u. a. alte Steinhäuser und Kirchen. Das Altarbild in der Mariä-Himmelfahrt-Kirche ist von einem Maler aus Kotor in Venedig gestaltet worden. Auch hier glagolitische Inschriften: eine auf dem Fenster der Sakristei, eine zweite in der Marien-Kapelle, eine dritte auf der hinteren Mauer der Friedhofskapelle.

Šilo, wo die Trajekte aus Crikvenica anlegen, ist nur eine Ansammlung von Häusern am Meer und an der ansteigenden Bergstraße.

Omišalj, erste Siedlung rechts auf Klippenhöhe nach dem Passieren der neuen Brücke, war in vorgeschichtlicher Zeit eine Befestigung zur Kontrolle der Seestraße nach Rijeka. Sehenswert hier die romanische Basilika aus dem 13. Jahrhundert, vor allem die Schatzkammer.

Njivice ist ein ruhiges Feriendorf, das dann folgende **Malinska** aber beherbergt heute die wichtigste touristische Anlage der Insel: Das futuristisch anmutende Terrain 'Haludovo'.

Kykladen / Kiklades
(Kikládhes)

Griechenland.

HOTELS. – Auf K e a : *Iulis,* II, 21 B.; *I Tzia Mas,* II, 48 B.; *Kea Beach,* II, 150 B.; *Carthea,* III, 67 B.

Auf K y t h n o s : *Xenia-Anagenissis,* III, 93 B.; *Possidonion,* III, 158 B.

Auf S y r o s : *Hermes,* II, 47 B., *Cacladikon,* III, 29 B., *Europe,* III, 51 B., *Nissaki,* III, 78 B., alle in Hermupolis; – *Olympia,* III, 30 B., *Finikas,* III, 26 B., beide in Phini; – *Delagrazia,* II, 19 B., *Poseidonion,* III, 51 B., beide in Possidonia; – *Ahladi,* III, 25 B., *Alexandra,* III, 58 B., *Kamelo,* III, 45 B., *Romantica,* III, 58 B., alle in Vari.

Auf S e r i p h o s : *Perseus,* II, 20 B.; *Maistrali,* III, 40 B.; *Serifos Beach,* III, 38 B.

Auf S i p h n o s : *Apollonia,* II, 18 B.; *Anthussa,* III, 12 B., *Sifnos,* III, 14 B., *Sofia,* III, 22 B., alle in Apollonia; – *Artemon,* III, 54 B., in Artemon; – *Stavros,* III, 34 B., in Kamares; – *Platys Gialos,* II, 38 B., in Platys Gialos.

Auf M i l o s : *Adamas,* II, 22 B.; *Venus Village,* II, 60 B.; *Corali,* III, 31 B.

Auf I o s : *Chryssi Akti,* II, 19 B.; *Armadoros,* III, 50 B.; *Corali,* III, 29 B.; *Flisvos,* III, 25 B.; *Fragakis,* III, 27 B.; *Philippu,* III, 22 B.

Auf A m o r g o s : *Mike,* III, 19 B.

Die *Kykladen sind die zahlreichen Inseln der südlichen Ägäis zwischen Festland und Peloponnes im Westen, Kreta im Süden und den Inseln vor der anatolischen Küste im Osten. Nach antiker Auffassung lagen sie im Kreis ('kyklos') rings um das kleine Delos, Geburtsstätte des Apollon.

Geologisch setzen sie die Gebirge von Attika und Euböa fort, so daß wir deutlich zwei Inselreihen unterscheiden können: im Anschluß an Attika die westlichen Inseln Kéa, Kýthnos, Sériphos, Síphnos, Kímolos, Mílos und Pholégandros; im Osten, an Euböa anschließend, Ándros, Tínos, Mýkonos, Delos und Rheneia. Dazwischen liegt eine umfangreiche mittlere Gruppe mit Sýros, Páros, Náxos, Íos, Amorgós, Santorín, Anáphi und Astypáläa. Mílos und Santorín sind vulkanischen Ursprungs, die anderen Inseln bestehen aus kristallinen Gesteinen, Schiefer und Kalk.

GESCHICHTE. – Große Bedeutung hatten die Kykladen für die frühe Schiffahrt zwischen Griechenland und Kleinasien. Im 3. Jahrtausend brachten sie die nach ihnen benannte 'Kykladenkultur' hervor. Im 2. Jahrtausend v. Chr. machte sich minoischer und mykenischer Einfluß geltend. Nach der dorischen Wanderung wurden die meisten Inseln von Ioniern, die übrigen von Doriern besiedelt. Im 7. Jahrhundert v. Chr. hatte Náxos die Vormacht, vom 6. Jahrhundert v. Chr. an Athen, in hellenistischer Zeit schlossen die Inseln sich zum Nesiotenbund zusammen. In der byzantinischen Ära litten sie unter Piraterie, u. a. der Araber. Nach dem 4. Kreuzzug 1203/04 entstand das italienische Herzogtum Archipelago oder Náxos, das 1566 von den Türken abgelöst wurde. 1830 kamen die Kykladen zum Königreich Griechenland.

Gemeinsam sind diesen Inseln der karge Boden und die auf sehr frühe Bauformen zurückgehende 'Kykladen-Architektur': kubische, weißgekalkte Häuser mit flachen Dächern und Kirchen aus den einfachen Formenelementen Kubus, Zylinder, Tonnen- und Kugelgewölbe. Die Kykladen sind reich an Zeugnissen aus 4500 Jahren: Ins 3. Jahrtausend v. Chr. gehören Kykladenidole auf Náxos, ins 2. die Ausgrabungen von Akrotíri (Santorín), Phylakopí (Milos) und Agía Iríni (Kéa), ins 1. Jahrtausend v. Chr. Stätten wie Delos, Alt-Thera, Mílos, in die byzantinischen Jahrhunderte die Kirche Ekatontapylianí (Páros), ins fränkische Mittelalter eine große Zahl von Burgen (Náxos, Amorgós, Anáphi, Pholégandros u.a.). Nicht zu vergessen die phantastische Naturszenerie des Vulkankraters von Santorín. Heute sind mehrere dieser Inseln beliebte und gut ausgestattete Ferienziele, in erster Linie Mýkonos (s. dort).

Andros und **Tenos** s. Andros.

Kéa (134 qkm; 1650 Bewohner), in nächster Nähe der attischen Küste, ist die Heimat der Lyriker Simonides und Bakchylides (6.-5. Jh. v. Chr.). – Das Schiff legt in *Korrissiá* (volkstümlich auch Livádi) an der Nordwestküste an, wo sich neuerdings Fremdenverkehr entwickelt. – Auf der kleinen Halbinsel **Agía Iríni**, gegenüber dem Fischerdorf *Vurkári* (10 Min.), haben amerikanische Archäologen seit 1960 eine *bronzezeitliche Siedlung ausgegraben, die von etwa 2000-1200 v. Chr. blühte.

Man betritt das Gelände über eine moderne Treppe neben antiken *Brunnenanlagen* und sieht die sorgfältig herauspräparierten, in beachtlicher Mauerhöhe erhaltenen Siedlungsschichten. Bemerkenswert sind neben einem großen, unterkellerten *Gebäude* (Haus A), das kultischen wie administrativen Zwecken gedient haben dürfte, und dem Rest eines *Tumulusgrabes* vor allem die *Mauern des ältesten in Griechenland gefundenen Tempels. Am Altar vorbei kommt man durch das gut erkennbare Tor in die schmale Cella, hinter der sich noch ein zweiteiliges Adyton befindet.

Der Inselhauptort **Kéa**, der an der Stelle des antiken Julis steht, wird überragt von einer venezianischen Burg, in der ein Hotel eingebaut ist (Aussicht bis nach Attika). 2 km nordöstlich sieht man einen *archaischen Löwen, der aus einer Felswand herausgearbeitet ist. – Beim Kloster *Agía Triáda,* 6 km südlich von Kéa, steht ein antiker Turm.

Kýthnos (99 qkm; 1600 Bew.), südlich von Kea, ist eine karge Insel. – Die Schiffe laufen **Lutrá** an, ein kleines Thermalbad an der Ostküste (Indikationen: Rheuma, Arthritis, Frauenleiden). Eine Straße verbindet Lutrá mit dem Hauptort **Kýthnos** (5 km südwärts; 160 m, 880 Einw., Kirche von 1613) und **Dryopís** (weitere 6 km; 190 m, 1100 Einw.), einem Ort mit zahlreichen Windmühlen. – An der Westküste liegt der Fischerhafen **Meríchas** und nahebei der Strand von *Nissí.* Auf einer Erhebung zwischen den beiden Buchten der Westküste stand die antike Stadt Kythnos (Reste bei Evráokastro). Die mittelalterliche *Festung Tis Oräas to Kastro* (Die Burg der Schönen) findet sich westlich des Nordkaps.

Sýros (84 qkm; 18 600 Bew.) ist wegen seiner zentralen Lage das wichtigste Fischerei- und Handelszentrum der Kykladen. – **Ermúpolis,** Hauptstadt der Insel und der Kykladen, bietet zusammen mit dem 4 km landeinwärts

gelegenen **Anó Sýros** ein unverwechselbares Bild: vom Hafen aus ansteigend die klassizistische Stadt, in deren Stadthaus ein Lokalmuseum untergebracht ist, dahinter der 105 m hohe Hügel mit der orthodoxen Hauptkirche und, links von diesem, der 180 m hohe Hügel von Anó Sýros mit seinen Treppenstraßen, bekrönt von der katholischen Kathedrale. Werften und Docks an der Hafenbucht erinnern an die noch nicht erloschene Bedeutung der Insel für die Schifffahrt.

***Mýkonos** und ****Délos** s. Mýkonos.

Sériphos (71 qkm; 1100 Bewohner) war schon in der Antike durch seinen Erzabbau von Bedeutung. Der Hafen **Livádi** liegt an einer Sandbucht unterhalb des Hauptortes **Sériphos** (oder *Chóra,* 3 km; 800 Einw.), der mit seinen dichtbebauten sauberen Gassen, sei-

Auf der griechischen Insel Sériphos

nen Kapellen und seinen kleinen Gärtchen ein unverfälschter Kykladenort ist. 2 Stunden von ihm entfernt der Ort **Panagía** mit einer *Marienkirche von 950, der ältesten der Insel. In der Nähe das im 16. Jahrhundert erbaute *Taxiarchenkloster* (Fresken des 18. Jh., Bibliothek).

Síphnos (73 qkm; 2100 Bew.) hat an der Ost- und Westküste zahlreiche Sandbuchten. Der Hafen **Kamáres** liegt an der Westküste. Von ihm fährt man durch ein grünes Tal zum Hauptort **Apollonía** (5 km; 940 Einw.; volkskundliches Museum an der baumbestandenen Platía) in der fruchtbaren Osthälfte der Insel; in dieser befinden sich die meisten Siedlungen (und viele Taubentürme). Dazu gehört **Artemón** unmittelbar nördlich von Apollonía (in den Namen der Zwil-

Kirche auf der griechischen Insel Síphnos

lingsorte haben sich die Namen der göttlichen Zwillinge Apollon und Artemis bis heute erhalten); dazu gehört auch **Kástro,** 5 km östlich am Fuß einer mittelalterlichen Burg an der Küste.

Bei Ausflügen stößt man auf Wachttürme aus hellenistischer Zeit und auf eine große Zahl von Kapellen, meist des 16. und 17. Jahrhunderts. Auf dem 694 m hohen **Prophítis Ilías** liegt das gleichnamige Kloster, in der Vathý-Bucht die *Taxiarchenkirche* und im landschaftlich schönen Süden der Insel das *Kloster Panagía tu Vunú* (Muttergottes vom Berge) mit schönem Blick auf **Platysgialós,** den längsten Strand der Kykladen (15 km von Apollonía; Tavernen, Töpferei).

Páros s. dort.

Náxos s. dort.

Mélos (**Mílos;** 151 qkm; 4500 Bew.), die südlichste Insel der westlichen Kykladenreihe, bietet archäologische Sehenswürdigkeiten, eine ansprechende Landschaft und gute Strände. Die Gestalt der Insel wird durch eine tief von Nordwesten einschneidende Bucht, in der der Hafenplatz Adámas liegt, bestimmt. Der südliche Teil mit dem 773 m hohen *Prophítis Ilías* ist fast unbewohnt. Im Gegensatz zu den meisten anderen Kykladeninseln ist Melos vulkanischen Ursprungs, was sich schon bei der Einfahrt in die Bucht durch bizarre Felsformen und phantastische Färbungen bemerkbar macht. Schwefel, Quarzit, Baryt und Kaolin werden hier abgebaut. – Der Hafenplatz **Adámas** (10 m; 750 Einw.) an der Nordseite der großen Bucht ist ein charakteristischer Kykladenort. Von hier sind es 4 km nach Nordwesten zum Hauptort **Mílos** (oder *Pláka,* 200 m; 900 Einw.; Busverbindung), der ein interessantes kleines *Museum hat. Auf dem Weg zur venezianischen Gipfelfestung passieren wir die sehenswerte *Kirche Panagia Thalassítra.

1 km unterhalb der Pláka liegt das Dorf **Trypití** (140 m; 700 Einw.), von dem eine Betonstraße zu den frühchristlichen *Katakomben führt. Diese Anlage des 2. Jahrhunderts mit einem Heiligengrab in der Mitte des Hauptraumes und rund 2000 Grabnischen ist für Griechenland einmalig.

Von der Betonstraße zweigt rechts der Weg zu den Resten der dorischen Stadt **Melos** ab. Ein Hinweisschild macht auf die Stelle aufmerksam, an der die Aphrodite von Melos (Venus von Milo), ein hellenistisches Werk aus der Zeit um 150 v.Chr., gefunden wurde. Rechts sehen wir Teile der Stadtmauer und eines Turmes. Dann kommen wir zu dem kleinen römischen Theater, das in schöner Lage oberhalb der Bucht in den Hang gebaut wurde.

Von Trypití ostwärts erreichen wir **Phylakopí** unmittelbar über dem Steilabfall der Nordküste (Hausgrundrisse aus dem 3. und 2. Jahrtausend v.Chr., mykenische Mauer um 1500 v.Chr.) und den hübschen Hafenort **Apollónia** (11 km; 10 m, 140 Einw.; Sandstrand).

Ein anderer Ausflug führt von Adámas in südöstlicher Richtung nach **Zephariá** (6 km; 350 Einw.) und zu den Ruinen des im 8. Jahrhundert gegründeten und 1793 aufgegebenen **Paläochóra.**

Von Adámas kann man mit dem Boot zu dem von Wildziegen bewohnten felsigen **Antímilos** (8 qkm; 643 m) fahren, von Apollónia nach **Kímolos** und **Polýegos.**

Pholégandros (34 qkm; 7000 Bew.) liegt noch abseits vom modernen Tourismus. Im Ostteil der Nordküste der Hafen **Karavostássis.** 3 km entfernt auf einer Hochebene der Inselhauptort **Pholégandros;** nahebei eine mittelalterliche Burg.

Síkinos (41 qkm; 420 Bew.) ist eine kahle Insel zwischen Milos und Ios. Die Schiffe booten an der Südküste in der Aloprónia-Bucht aus (Sandstrand). Der einzige Inselort **Síkinos,** eine typische Kykladensiedlung, liegt 3 km entfernt in 280 m Höhe über der steil abfallenden Nordküste bei einer mittelalterlichen Burg. 1 1/2 Stunden westlich des Ortes steht die *Episkopí-Kapelle,* die ein umgewandeltes spätantikes Mausoleum ist und auch Naós Apóllonos = Apollontempel genannt wird.

Ios (108 qkm; 1300 Bew.) ist nach der Überlieferung der Sterbeort Homers. – Der Hafenort **Órmos Íu** (5 km, 110 Einw.) befindet sich in einer geschützten Bucht der Westküste (Sandstrand). Bei der Einfahrt fällt dem Besucher die makellos weiße Kirche Agía Iríni auf dem Südufer auf (10 Min. vom Hafen).

Griechische Kykladeninsel Ios

2 km entfernt vom Hafen liegt am Hang oberhalb des Haupttales der Insel die **Chóra** (100 m; 1100 Einw.) mit ihrer typischen Windmühlenreihe an der Stelle einer antiken Siedlung. Am oberen Rand des reizvollen Ortes ist eine Kapelle mit einer hübschen Terrasse, von der man zu einer weiteren Kapelle auf dem Berggipfel gelangt (Aussicht).

Ausflüge man kann zum *Strand von Ghialó,* zum *Kloster Kálamos* und zur *Höhle von Plakotó* an der Nordostküste unternehmen. Mit dem Boot gelangt man zu den Strandbuchten im Süden und Südwesten der Insel und auch zu den Nachbarinseln Síkinos im Westen und Iráklion im Norden.

Iráklion (18 qkm; 150 Einw.) gehört mit *Kéros* (15 qkm; 8 Einw.), *Káto* und *Anó Kuphoníssi* (13 qkm; 250 Einw.) sowie *Schinússa* (10 qkm; 188 Einw.) zur Gruppe der **Erimoníssia,** der 'einsamen Inseln' zwischen Íos und Náxos.

Amorgós (121 qkm; 1800 Bew.) wird von einem Gebirgsrücken durchzogen, der nach Süden schroff abfällt. An der von Buchten gesäumten Nordwestküste lagen die drei antiken Orte und liegen die heutigen Siedlungen *Arkesíni* (Süden), der Haupthafen **Katápola** (in der Mitte) und *Ägiáli* (Norden).

Der Hauptort **Amorgós** oder *Chóra* (460 Einw.) mit einer Burg der Herzöge von Naxos ist 4 km von Katápola entfernt (Bus). Von ihm aus erreicht man in 20 Minuten auf zuletzt steilem Weg das 1088 gegründete *Kloster Panagía Chozoviótissa*, dessen weiße Gebäude in phantastischer Lage über der Steilküste am Felsen kleben. In der Kapelle im obersten Geschoß gibt es neben zahlreichen von Gläubigen gestifteten Ampeln aus Silber eine wundertätige Ikone; von der Terrasse vor der Kapelle hat man einen weiten Rundblick.

Als Ausgangspunkt für ein weiteres Ausflugsziel, den 761 m hohen **Kríkelas** (*Rundblick), bietet sich die nördliche Siedlung Ägiáli an.

Astypáläa (96 qkm; 1500 Bew.) ist die südöstlichste, verwaltungsmäßig schon zum Dodekanes gehörende Kykladeninsel. Südwest- und Nordostteil der Insel sind durch einen 7 km langen, stellenweise nur 100 m breiten Isthmus miteinander verbunden. An diesem Isthmus liegt der Hauptort **Astypáläa** (1200 Einw.) mit zahlreichen Kapellen und einer imposant gelegenen venezianischen Burg.
Badestrände finden sich an beiden Seiten des Isthmus.

**Santorin (Thera) s. dort.

Kythera
(*Kíthira*)

Griechenland.
Nomos: Attika.
Inselfläche: 278 qkm. – Bewohnerzahl: 39600.

HOTEL. – In Agía Pelagía: *Cytheria*, II, 15 B.

VERKEHR. – Schiffsverbindung mit Piräus und Gýthion; Inselbus.

Kýthera wird seit alters zu den Ionischen Inseln gerechnet, obwohl es abseits der übrigen Inseln dieser Gruppe 14 km südlich der Peloponnes liegt. Verwaltungsmäßig untersteht es jetzt nicht mehr Kérkyra (Korfu), sondern Athen. Auf der felsigen Insel gab es bei Kástri eine minoische Siedlung. Die auch von den Phöniziern besiedelte Insel nahm neben Zypern für sich in Anspruch, Geburtsstätte der Göttin Aphrodite zu sein.

Der Inselhauptort **Kýthira** (850 Einw.) liegt oberhalb der Hafenbucht von Kapsáli, 3 km vom Hafen entfernt, und ist eine der reizvollsten Inselstädte. Ein kleines Museum enthält lokale Funde. Auf der anschließenden Felskuppe steht ein venezianisches Kastell mit Myrtidiótissa- und Pantrokrátor-Kirche (Aussicht).

Der zweite, offene Anlegeplatz der Insel Kythera ist **Agía Pelagía**, 4 km unterhalb von **Potamós** (780 Einw.) an der Nordküste. Sehenswert sind auch **Milopótamos** an der Westküste (Kastell), der 1536 vom türkischen Admiral Chaireddin Barbarossa zerstörte mittelalterliche Hauptort **Paläochóra** auf einer Höhe zwischen zwei Schluchten nahe der Nordostküste, und schließlich **Paläókastro** an der zur Ostküste sich öffnenden Avlémona-Bucht mit Ruinen des Aphroditetempels und der von Homer erwähnten antiken Inselhauptstadt Skandeia.

Südöstlich von Kythera, etwa auf halber Strecke nach Kreta, liegt die kleine Kalkinsel **Antikythera** (22 qkm; bis 360 m), das antike *Aigila* oder *Aigilla* (Landwirtschaft, Fischfang). In dem Kanal zwischen beiden wurde im Jahre 1900 das Wrack eines römischen Schiffes geborgen, dessen Ladung, bestehend aus Bronze- und Marmorstatuen des 5.-2. Jh. v. Chr. (darunter der 'Ephebe von Antikythera'), Keramiken, Glaswaren und einer astronomischen Uhr, heute im Athener Nationalmuseum steht.

Kythnos (Kithnos)
s. bei Kykladen

Lamia (*Lamía*)

Griechenland.
Nomos: Phthiotis.
Höhe: 100 m ü.d.M. – Einwohnerzahl: 39000.
(i) **Touristenpolizei,**
Tsirimóku 5;
Telefon: 23281.

HOTELS. – In Lamia: *Apollonion*, III, 66 B.; *Emborikon*, III, 29 B.; *Delta*, III, 75 B.; *Helena*, III, 85 B.; *Leonideon*, III, 53 B.; *Samaras*, III, 124 B.; *Sonia*, III, 38 B. – JUGENDHERBERGE.

In Ypati: *Oeta*, I, 63 B.; *Pigae*, I, 52 B.; *Xenia*, I, 143 B.; *Anessis*, II, 41 B.; *Anixis*, II, 28 B.; *Hellas*, II, 84 B.; *Lux*, II, 85 B.; *Pantheon*, II, 44 B.; *Rodon*, II, 32 B.; *Alfa*, III, 49 B.; *Astron*, III, 49 B.; *Lamia*, III, 54 B.; *Orthrys*, III, 57 B.; 57 B.; *Phthiotis*, III, 64 B.; *To Neon*, III, 51 B.; *Ypati*, III, 48 B.

Die Hauptstadt der Landschaft Phthiotis, die im Altertum als die Heimat des Achilleus galt, liegt unweit des Lamischen Golfes am Fuß des Orthrysgebirges. An der Stelle der Akropolis erhebt sich eine mittelalterliche Burg.

UMGEBUNG von Lamia. – 25 km westlich liegt im Sperchióstal das **Bad Ypáti** (Herz- und Kreislaufkrankheiten) mit einer Burg aus dem 14. Jahrhundert.

In der seewärtigen Umgebung der Stadt können etliche Orte beachtlichen touristischen Aufschwung verzeichnen. 4 km nordöstlich von Lamia liegt **Karavómylos**.

Rund 15 km südöstlich von Lamia liegt der Engpaß der *Thermopylen. Sie haben ihren Namen 'Warme Tore' nach den dort entspringenden heißen Schwefelquellen, an denen sich ein kleines Thermalbad entwickelt hat (Indikationen: Rheuma, Arthritis, Frauen- und Hautkrankheiten). Hier tritt das Gebirge dicht an die Küste heran, so daß die Durchfahrt in antiker Zeit an der engsten Stelle nur eine

Wagenbreite hatte. Verlandung hat diesen Charakter gänzlich verändert. Die moderne Autostraße bezeichnet ungefähr den antiken Küstenverlauf, und im kleinen Museum östlich des Hügels sieht man ein Modell des alten Zustandes.

An den Thermopylen opferte sich 480 v. Chr. Leonidas mit 300 Spartiaten, als der Verrat des Ephialtes den Persern eine Umgehung durch den Anopaiapfad ermöglichte, und sicherte dadurch den Rückzug des griechischen Heeres. Außer einem modernen Denkmal an der Straße gibt es auf dem Hügel, auf dem die letzte Phase des Kampfes stattfand, eine schlichte Gedenktafel mit dem Spruch, der in Schillers Übersetzung heißt: ''Wanderer, kommst du nach Sparta, verkündige dorten, du habest uns hier liegen gesehen, wie das Gesetz es befahl''.

Lampedusa
s. bei Pelagische Inseln

La Spezia

Italien.
Region: Liguria (Ligurien). – Provinz: La Spezia.
Höhe: 3 m ü.d.M. – Einwohnerzahl: 130000.
Postleitzahl: I-19100. – Telefonvorwahl: 0187.
ⓘ **EPT,** Viale Mazzini 45;
　Telefon: 36000.
　ACI, Vi Costantini 18;
　Telefon: 511098.
　TCI, Turistar, Piazza Saint Bon 1 (Tel. 34373)
　und Via Veneto 9;
　Golfotur, Via G. Galilei 10 (Tel. 31021);
　Mondadori per Voi, Via Bassa 55 (Tel. 28150).

HOTELS. – In La Spezia: Jolly, Via XX Settembre 2, I, 188 B.; Tirreno, Piazza Paita 4, II, 155 B.; Palazzo di San Giorgio, Via A. Manzoni 60, II, 112 B.; Astoria, Via Roma 139, II, 97 B.; Genova, Via Fratelli Rosselli 84, II, 49 B.; Firenze e Continentale, Via Paleocapa 7, III, 102 B.; Terminus, Via Paleocapa 21, III, 84 B.

In Portovenere: San Pietro, II, 59 B.; Belvedere, III, 36 B.

In Lerici: Shelly e delle Palme, II, 81 B.; Byron, II, 33 B.; Luisa, III, 34 B. – JUGENDHERBERGE.

In Tellaro: Cristallo, II, 62 B.; Il Nido, II, 31 B.

In Sarzana: Laurina, III, 38 B.; Portanova, III, 33 B. – Motel Agip, II, 102 B.

In Viareggio: Grand Hotel & Royal, I, 231 B., Sb.; Principe di Piemonte, I, 221 B.; Astor & Residence, I, 129 B.; Palace, I, 124 B.; De Russie e Plaza, I, 83 B.; Excelsior, II, 154 B.; Marchionni, II, 110 B.; Riviera Golf, II, 88 B.; Belmare, II, 76 B.; Liberty, II, 74 B.; Garden, II, 73 B.; Stella d'Italia, II, 65 B.; Bristol, II, 64 B.; Derna-Mare, II, 64 B.; Kursaal, II, 72 B.; Turismo, III, 58 B.; Flamingo, III, 56 B.; Frank, III, 52 B.; Bonelli, III, 52 B.; Bella Riviera, III, 50 B.

Die gewerbereiche Provinzhauptstadt La Spezia liegt zwischen Genua und Pisa am 9 km tief ins Land einschneidenden und über 7 km breiten *Golfo della Spezia, einem der größten und sichersten Naturhäfen des Mittelmeeres. Die Höhen der Umgebung bieten eine prächtige Aussicht.

SEHENSWERTES. – Hauptstraße der Stadt ist der Corso Cavour; im Haus Nr. 39 die Biblioteca Civica (etwa 80000 Bände), die Musei Civici (Volks-

und Naturkunde) sowie das Museo Archeologico Lunense (römische Altertümer und Funde aus Luni). – Der Corso Cavour mündet südöstlich auf die mit Orangen bepflanzte Via D. Chiodo und den Giardino Pubblico, mit schönen, an Palmen und Yuccas reichen Anlagen. Nahebei nordöstlich die von einem Palmenstreifen getrennten Viale Mazzini und Viale Italia, davor am Meer die Passeggiata Morin, von der man einen malerischen Blick auf den Golf und die Apuanischen Alpen mit den weißschimmernden Schutthalden von Carrara hat.

Der Viale Chiodo führt nordöstlich zur Piazza Verdi, mit modernen Verwaltungsgebäuden, und weiter zur Piazza Italia, an der das neue Rathaus steht. Über dem Platz auf einer Terrasse die neue **Kathedrale** (1976). – Unweit nordwestlich der Piazza Verdi zieht sich die Via 27 Marzo am Hang hin; an dieser das Castello San Giorgio (14. Jh.).

Am südwestlichen Ende des Viale Chiodo die Piazza Chiodo. – Weiter südwestlich liegt jenseits eines Kanals der Haupteingang zum **Arsenal,** dem bedeutendsten Italiens, mit großer Werft. Am Eingang das interessante Schiffsmuseum, das in Modellen die Entwicklung der Schiffahrt von ihren Anfängen bis zur Gegenwart zeigt und auch zahlreiche Seekarten besitzt.

UMGEBUNG von La Spezia. – Sehr lohnend ist die nördliche Umfahrung der Stadt auf der Giro della Foce genannten Straße am Hang des Monte Castellazzo (285 m) entlang zum **Passo della Foce** (241 m), mit *Aussicht auf den Golf von Spezia und die Apuanischen Alpen.

Sehr empfehlenswert ist auch die Fahrt auf der *Küstenstraße entweder 11 km westlich nach Riomaggiore, dem ersten Ort der Cinqueterre (s. Italienische Riviera), oder 10 km südlich, am Westufer des Golfes entlang nach **Portovenere** (10 m; 6000 Einw.), einem altertümlichen Hafenort in malerischer Lage über der 'Bocchetta', der nur 150 m breiten Meerenge zwischen dem Vorgebirge Costa dell'Oliva und der Insel Palmaria. An der Südspitze des Vorgebirges das Kirchlein San Pietro (von 1277), mit reizvoller Sicht nordwestlich auf die Steilküste der Cinqueterre sowie östlich auf die

Blick auf das italienische Hafenstädtchen Lerici

Bucht von Lerici. Oberhalb der Kirche das Genueserkastell und die 1131 geweihte Pfarrkirche San Lorenzo.

Etwa 11 km südöstlich von La Spezia liegt das gewerbereiche Hafenstädtchen **Lerici** (5 m; 14 000 Einw.), im Mittelalter neben Portovenere der Haupthafen am Golf von Spezia. Neben der Kirche San Rocco ein eigenartiger romanischer Glockenturm. Auf einer Landzunge die wohlerhaltene Burg (12. Jh.; jetzt Jugendherberge). – Von Lerici lohnende *Fahrt 4 km weiter südöstlich an hübschen Buchten vorbei über das Fischerdorf *Fiascherino* zu dem malerisch gelegenen Dorf *Tellaro*.

Auf der Küstenstraße nach Viareggio. – Rund 16 km östlich von La Spezia liegt die Stadt **Sarzana** (26 m; 20 000 Einw.), 1202 an Stelle der alten Etruskerstadt *Luni* (geringe Reste 7 km südöstlich) gegründet, mit Resten der Stadtmauer (15. Jh.), Citadella (jetzt Gefängnis) und weißmarmornem Dom, ein Muster italienischer Gotik (1355-1477); im Innern ein 1138 von Guillelmus gemaltes Kruzifix aus Luni, das früheste datierte Tafelbild Italiens. Nördlich vor der Stadt die malerische *Burg Sarzanello* (121 m; Aussicht). – Nun auf der *Via Aurelia* (S.S. 1) in südöstlicher Richtung. – 12 km **Carrara** (100 m; 70 000 Einw.), etwas abseits der Küste in einem Talkessel der Apuanischen Alpen. Die Stadt ist berühmt wegen der rund 400 *Marmorbrüche in der Umgebung (Besichtigung). – Im nördlichen Teil der Stadt steht der Dom Sant' Andrea (13. Jh.), mit prächtiger romanisch-gotischer Marmorfassade und beachtenswertem romanischem Innern. Unweit südlich, an der Hauptstraße Via Roma, die Academia di Belle Arti mit Gemälden sowie alten und neuen Marmorarbeiten. – Etwa 500 m westlich vom Dom die mit Marmor reich ausgeschmückte Kirche Madonna delle Grazie.

Etwa 7 km südöstlich von Carrara liegt **Massa** (65 m; 63 000 Einw.), Verwaltungssitz der Provinz Massa-Carrara, ebenfalls mit bedeutenden Marmorbrüchen. Beachtenswert der ehemalige Palazzo Ducale (Präfektur), ein stattlicher Barockbau von 1701; ferner die Kirche San Francesco sowie die $^1\!/_4$ St. nordöstlich gelegene mächtige Burg (15./16. Jh.; *Aussicht). – 11 km weiter südöstlich die schön zwischen Hügeln gelegene Stadt **Pietrasanta** (20 m; 26 000 Einw.), ein Hauptort der Versilia, mit Dom San Martino (14. Jh.; Kanzel) und stattlicher Burgruine.

Nach weiteren 9 km erreicht man **Viareggio** (55 000 Einw.), das bedeutendste Seebad der italienischen Westküste (vorzüglicher Sandstrand). Berühmt ist der Karnevalsumzug. Im Süden der Stadt der 200 m lange nördliche (Aussicht auf die Küste und die Apulischen Alpen); östlich von hier der vom Lago di Massaciuccoli kommende *Canale Burlamacca* sowie zwei kleine Häfen für Marmorverschiffung.

Karneval im italienischen Seebad Viareggio

Latakia / El-Ladikije

Syrien.
Höhe: Meereshöhe.
Einwohnerzahl: 192 000.

HOTELS. – *Al-Syaha wal Istiaf, Al-Gondoul, Venice, Semiramis, Al-Tabi'at, Al-Sueara, Al-Mukhtar, Al-Khaiam*. – JUGENDHERBERGE.

Latakia, arabisch El-Ladikije, der Haupthafen Syriens, liegt malerisch am Westhang eines Hügels über dem Meer in einer fruchtbaren Küstenebene, in der neben Getreide Baumwolle, Oliven, Feigen und ein berühmt würziger Tabak angebaut werden.

GESCHICHTE. – Die Stadt, das phönikische *Ramitha*, verdankt ihre Neugründung dem makedonischen König Seleukos I. Nikator, der zu Ehren seiner Mutter sechs Städte mit dem Namen **Laodikeia** (*Laodicea*) gründete, von denen diese den Beinamen 'die am Meer gelegene' erhielt. Dank ihrer günstigen Lage gegen Zypern, ihrem guten Hafen und ihren reichen Weinbergen hatte die Stadt eine erhebliche Bedeutung. Antonius schenkte ihr Unabhängigkeit und Abgabenfreiheit; der Gegenkaiser Pescennius Niger verwüstete sie, sein Nachfolger Severus (193-211) verschönerte sie. – In christlicher Zeit blühte Laodicea als Hafenort von Antiochia auf; bei Beginn der Kreuzzüge war die Stadt byzantinisch; 1102 wurde sie von Tankred erobert, 1170 durch ein Erdbeben zerstört, 1188 von Sultan Saladin erobert und zerstört, blühte dann aber unter dem Schutz des Grafen von Tripoli erneut auf, bis 1287 ein Erdbeben wieder schwere Zerstörungen anrichtete. Sultan Kilâwûn machte der christlichen Herrschaft ein Ende und ließ die Burg schleifen. Von diesem Niedergang hat sich die Stadt erst seit dem Ausbau des Hafens wieder erholt.

SEHENSWERTES. – Im Westen die modern angelegte Neustadt, östlich die Altstadt, mit mehreren Moscheen; erwähnenswert die *Moghrabi-Moschee* am Friedhof (vom Minarett schöne Aussicht). An der sogenannten Bacchus-Kolonnade zeugen vier korinthische Säulen (vielleicht vom Portikus eines Tempels aus der Römerzeit) von der Vergangenheit der Stadt. In der Nähe eine Art *Triumphbogen*, vielleicht aus der Zeit des Septimius Severus. – Die niedrigen Hügel im Süden zeigen wohl den Verlauf der alten *Stadtmauer* an, von der im Norden ein doppelter Mauerlauf verfolgt werden kann. Zwischen den Mauern liegen ausgedehnte Felsengräber. – Die **Hafenanlagen,** im Süden der Stadt, wurden nach dem Ersten Weltkrieg stark ausgebaut und bilden heute einen der modernsten Häfen der Levante.

UMGEBUNG von Latakia. – Nach 6 km in nördlicher Richtung auf der Straße nach Antakya die Abzweigung zu dem 5 km westlich am Südufer des *Nahr el-Fidd* in einer Flußschleife etwa 1 km von der Küste entfernt gelegenen Hügel *Ras Schamra* mit der berühmten Ruinenstätte von *Ugarit.

Die Stätte war schon im keramiklosen Neolithikum (ca. 7. Jahrtausend v. Chr.) besiedelt und hatte bereits eine lange Geschichte hinter sich, als Ugarit erstmals namentlich genannt wird (im Palastarchiv zu Mari, 19. Jh. v. Chr.). Im 2. Jahrtausend v. Chr. stand Ugarit zeitweise stark unter ägyptischem Einfluß und hatte nebenbei weitreichende Handelsbeziehungen im östlichen Mittelmeerraum. Die bedeutendste Phase der Stadtgeschichte fällt ins 15. bis 13. Jahrhundert v. Chr. Aus ihr besitzen wir zahlreiche Archive mit Tontafeln, die z.T. mit einem neuartigen keilschriftähnlichen Alphabet in ugaritischer (zu den westsemitischen Sprachen gehörender) Sprache geschrieben sind. Ein Erdbeben um 1365 v. Chr. soll weite Teile der Stadt zerstört haben. Die Stadt wurde jedoch danach wieder aufgebaut und fand erst durch den Ansturm der Seevölker ihr Ende.

Der Hügel Ras S c h a m r a hat einen trapezförmigen Grundriß. Was man heute dort von den seit 1929 unter Claude Schaeffer freigelegten Bauten erkennen kann, stammt zumeist aus der Blüteperiode der Stadt. – Im Westwinkel des Hügels liegt der sehr ausgedehnte Palast. Sein Haupttor befindet sich in der Westecke und führte aus der Stadt heraus oder zu den hier vermutenden tiefer gelegenen Außenbezirken. Der Toreingang war von zwei Säulen flankiert. Zunächst gelangt man in einen kleinen Hof mit Büros und Archiven, dann geradeaus in einen großen Hof. Unter den Räumen an seiner Nordwestseite liegen fünf überwölbte Grüfte, wohl für Mitglieder der königlichen Familie, die leider alle schon im Altertum ausgeraubt worden sind. Der Hof im Südosten des kleinen Eingangshofes zeigt auf seinem Pflaster noch Wagenspuren. In seiner Südostecke ein Brunnen. Die Zweckbestimmung dieser und mehrerer weiterer Höfe ist unklar. – Im Osten des Palastes wurde nahe dem Ausgang zur Innenstadt ein weiteres Archiv gefunden. – In der Nordostecke des Hügels und der hier vorgelagerten Ebene wurden ein Wohnviertel mit zwei Tempeln sowie einer 'Bibliothek' und Schreiberschule ausgegraben, in deren Räumen man zahlreiche Schrifttafeln mit Übungstexten fand. Sorgfältig aus Stein errichtete Familiengrüfte liegen unter den Fußböden der Häuser und wurden durch viele Generationen benutzt.

1,5 km westlich des Hügels Ras Schamra erhebt sich in der Bucht von Minet el Beida ('Weißer Hafen'; griech. 'leukós limén) ein Hügel, in dem die Hafenstadt von Ugarit freigelegt wurde. Hier entdeckte man ebenfalls Grundmauern mit charakteristischen Grabgewölben sowie Lagerhäuser. Die bis heute festgestellten Hafenanlagen gehen zeitlich bis ins 6. Jahrhundert v. Chr. zurück.

Lecce

Italien.
Region: Puglia (Apulien). – Provinz: Lecce.
Höhe: 51 m ü.d.M. – Einwohnerzahl: 85000.
Postleitzahl: I-73180. – Telefonvorwahl: 0832.
ⓘ **AA,** Via F. Filzi 28;
  Telefon: 25034.
  EPT, Via Monte San Michele 20 (Tel. 54117)
  und Via R. Visconto 14a (Tel. 24443).
  ACT, Via G. Candido 2;
  Telefon: 29481.

HOTELS. – President, Via Salandra 6, I, 28 B.; Astor, Via 140° Reggimento Fanteria 69, II, 117 B.; Delle Palme, Via Leuca 90, II, 192 B.; Patria-Touring, Piazza G. Riccardi 13, II, 92 B.; Continental, Via Vittorio Alfieri 11, III, 48 B.

Die in der Mitte der Salentinischen Halbinsel ('Stiefelabsatz') gelegene Provinzhauptstadt Lecce, die Nachfolgerin der alten Messapierstadt Lupiae, ist wegen ihrer eigenartigen, von einheimischen Künstlern geschaffenen reichen Barockarchitektur, für die der

gelbe Lecceser Kalkstein den schönen Werkstoff lieferte, eines der interessantesten Ziele Unteritaliens.

SEHENSWERTES. – Im Stadtzentrum die Piazza Sant' Oronzo, mit antiker, von einer Statue des hl. Oronzo gekrönter Säule; westlich gegenüber der Säule das Sedile, eine 1592 erbaute Loggia, daneben das Portal des 1543 gestifteten Kirchleins San Marco. Auf der südlichen Platzhälfte Reste von einem römischen Amphitheater. – Unweit südlich, an der Piazza Vittorio Emanuele, die Kirche Santa Chiara (18. Jh.), noch weiter südlich die um 1700 erbaute Kirche San Matteo, mit geschwungener Fassade.

Von der Piazza Sant' Oronzo gelangt man westlich auf dem Corso Vittorio Emanuele II, an der Theatinerkirche Sant' Irene (1639) vorbei, zum *Domplatz, mit dem **Dom** Sant' Oronzo (1658-70; 70 m hoher Turm), dem Bischöflichen Palais sowie dem Priesterseminar, mit reichverzierter Fassade und brunnengeschmücktem Hof. – Etwa 500 m südwestlich vom Domplatz die große Dominikanerkirche Santa Maria del Rosario (1691-1728).

Nördlich der Piazza Sant' Oronzo steht an der Piazza della Prefettura die prächtige *****Kirche Santa Croce,** mit phantasievoller Fassade (1549 begonnen, nach 1697 vollendet) und beachtenswertem

Santa Croce im süditalienischen Lecce

Innern. Nördlich anschließend die reichgeschmückte Fassade des zugehörigen Cölestinerklosters (13. Jh.); dahinter der hübsche Stadtgarten. – Östlich der Piazza Sant' Oronzo das 1539-48 unter Karl V. angelegte Kastell auf trapezförmigem Grundriß.

Im Süden der Stadt, an der Piazza Argento, der Palazzo Argento, mit dem Provinzialmuseum.

Von der Piazza della Prefettura gelangt man nördlich durch die Via Umberto I und nach 100 m links durch die Via Principe di Savoia zu der am westlichen Rand der Altstadt gelegenen *Porta di Napoli,* einem Triumphbogen von 1548. Nordwestlich von hier der *Campo Santo* mit der ***Kirche Santi Nicola e Cataldo,** die 1180 von dem Normannengrafen Tankred gegründet wurde; an der Barockfassade von 1716 ein prachtvolles romanisches Portal. In dem harmonischen Innern schöne Kapitelle.

UMGEBUNG von Lecce. – Lohnend ist die Fahrt (38 km südwestl.) durch die Apulische Ebene über das Landstädtchen *Galatone* (59 m; 14 000 Einw.), mit hübschem Dom und Barockkirche del Crocifisso, nach **Gallipoli** (14 m; 17 000 Einw.), einem Hafenstädtchen auf einer Felsinsel im Golf von Tarent und durch eine Brücke mit der modernen Vorstadt auf dem Festland verbunden. Am Brückenende ein Brunnen von 1560, mit antiken Reliefs. Jenseits der Brücke links das Kastell (13.-17. Jh.), von dem aus die Hauptstraße Via Antonietta de Pace westlich durch die Stadt führt. An dieser links die Kathedrale (1629-96; schönes Chorgestühl), weiterhin rechts das Städtische Museum. – Empfohlen sei eine Fahrt von Gallipoli an der 'Riviera Neretina' entlang zu dem 12 km nördlich gelegenen kleinen Seebad *Santa Maria al Bagno* und weiter noch 2 km zu der Häusergruppe *Santa Caterina Riviera.*

Sehr empfehlenswert ist die Fahrt von Lecce zum Kap Santa Maria di Leuca entweder direkt (65 km) über **Maglie** (81 m; 13 000 Einw.) oder landschaftlich lohnender an der Küste entlang (96 km) über das Seebad *San Cataldo,* mit gutem Strand und Leuchtturm nach **Ótranto** (s. bei Apulien).

Von Otranto weiter nach **Santa Cesarea Terme** (94 m), einem reizvoll über dem Meer gelegenen, neuerdings viel besuchten Badeort, mit vier in große, zum Meer hin geöffnete Felsgrotten strömenden Schwefelthermen (36°C) gegen Hautkrankheiten und Rheumatismus (auch Schlammbäder). Von hier interessante Bootsfahrt 4-5 km südlich an der buchtenreichen Felsküste entlang zu den in vorgeschichtlicher Zeit bewohnten Tropfsteinhöhlen *Grotta Romanelli* und *Grotta Zinzulusa.* – Hinter Santa Cesarea Terme weiter an der felsigen Küste entlang über den Fischerhafen *Marina di Castro,* unterhalb des Ortes *Castro* (Festungen), zum **Kap Santa Maria di Leuca** (59 m), der Südostspitze Italiens, benannt nach den weißen Kalkfelsen (griech. 'ákra leuká'). Auf dem Kap die *Kirche Santa Maria de Finibus Terrae* ('Hl. Maria vom Ende der Erde'), mit einem Altar aus Teilen des hier einst befindlichen Minervatempels und einem als wundertätig verehrten Madonnenbild. Vom Leuchtturm herrliche *Aussicht. – Westlich vom Kap das kleine Seebad *Leuca,* unweit südwestlich die *Punta Rístola.*

Lefkas s. Leukas

Lemnos / Limnos
(Límnos)

Griechenland.
Nomos: Lesbos.
Inselfläche: 475 qkm.
Höhe: 0-470 m ü.d.M.
Bewohnerzahl: 23 000.

HOTELS – In Myrina: *Akti Myrina (Myrina

Beach), L, 250 B., Sb., Bungalows; *Sevdalis,* III, 63 B.

FLUGVERKEHR. – Flugplatz bei Varos, 21 km östlich von Myrina. – L i n i e n f l ü g e Athen – Lemnos 1-2 mal täglich in 45 Min.; Saloniki – Lemnos 3mal wöchentlich in 35 Min.

SCHIFFAHRT. – L i n i e n v e r k e h r von und nach Kymi wöchentlich in 6 St. (auch Kfz-Transport); von und nach Saloniki einmal wöchentlich.

BADESTRÄNDE. – *Akti Myrinas* und *Platis* an der Westküste; in der Bucht von *Mudros* sowie um die Purnia-Bucht bei *Kokkinas.*

STRASSENVERKEHR. – Fahrstraßen zu allen größeren Orten. – Inselbus. – Taxi.

VERANSTALTUNGEN. – *St.-Georg-Fest* (Ende April), Pferderennen.

Lémnos (Límnos) ist eine wasserarme Insel jungeruptiven Ursprungs in der Mitte der nördlichen Ägäis. Die griechische Insel besteht aus sanften Hügeln (im Skópia bis 470 m) im Westen und Süden sowie fruchtbaren Niederungen im Nordosten.

Die beiden tiefgreifenden Buchten von *Purniá* (von N) und *Múdros* (von S) bilden eine 4 km breite Landenge mit der Anhöhe *Mosychlos* (52 m), die in prähistorischer Zeit ein Vulkan gewesen sein soll und im Altertum ein Heiligtum des Gottes der Schmiedekunst Hephaistos trug. Die hier abgebaute 'lemnische Heilerde' wurde in alle Teile der alten Welt verschickt. – Starke Militärpräsenz macht Lemnos für den Ferienaufenthalt wenig attraktiv.

GESCHICHTE. – Lemnos war seit der Bronzezeit von Tyrrhenen besiedelt, die die Insel zu einem hochentwickelten Kultur- und Handelszentrum machten (bedeutende Keramik- und Goldschmuckfunde). Im 6. Jahrhundert v. Chr. von Miltiades erobert, blieb es bis zum Ende des 2. Jahrhunderts n. Chr. Athen untertan, das dort attische Kleruchen ansiedelte. Nach Römern, Byzantinern und Venezianern kamen 1456 die Türken als Herren. Der Balkankrieg brachte 1912 den Anschluß an Griechenland.

INSELBESCHREIBUNG. – Der Hauptort **Mýrina** (auch *Kastro;* 3500 Einw.; Museum), den eine mittelalterliche Festung (Ausblick) überragt, liegt im Südwesten an der Stelle der antiken Stadt *Myrina* (geringe Stadtmauerreste; tyrrhenische Nekropole). Von der antiken Stadt *Hephästia,* nördlich von *Kokkinos* (Burgruine) an der Purnia-Bucht, zeugen die Nekropole sowie ein römisches Theater. An der Ostküste, südlich von *Mudros* bei dem Dorf *Kaminia,* die wohlerhaltenen Ruinen des tyrrhenischen **Polyóchni,** dessen Blütezeit zwischen 2800 und 2300 v. Chr. lag. – Warme radioaktive Schwefelquellen im Westen sowie an der Nordostspitze der Insel bei *Plaka* im Meer.

Nordöstlich bzw. östlich von Lemnos die heute türkischen Inseln **Gökçeada** (auch *İmroz Adası;* 597 qkm) und **Bozcaada,** im Altertum *Imbros* und *Ténedos.*

30 km südlich von Lemnos liegt die kleine Insel **Ágios Efstrátios** (43 qkm; 1000 Bewohner). An ihrer Westküste in der größten Bucht befindet sich der gleichnamige Hauptort, über dem sich eine Burg

und mehrere Windmühlen erheben. – In der Antike sicherte die damals *Alonnesos* genannte Insel den Seeweg Athens zu den Inseln Lemnos und Imbros sowie zum Hellespont.

Leptis Magna / Labdah

Libyen.

JUGENDHERBERGE in El-Khums.

Die rund 120 km östlich der libyschen Hauptstadt Tripoli gelegene berühmte Ruinenstätte *Leptis Magna, von den Arabern Labdah genannt, ist eines der eindrucksvollsten Zeugnisse römischer Baukunst in Nordafrika.

Ihren hervorragenden Erhaltungszustand verdanken die Baudenkmäler der Tatsache, daß die gesamte Anlage der einst von den Phöniziern gegründeten Hafenstadt im 11. Jahrhundert vollkommen verödete und innerhalb kurzer Zeit von Sanddünen eingehüllt wurde. Späteren Plünderungen waren deshalb nur kleinere Teile der Ruinen ausgesetzt. Unter Ludwig XIV. brachte man zum Beispiel mehrere Säulen und Statuen von Leptis Magna an den französischen Hof nach Versailles. Mit den noch immer nicht abgeschlossenen Ausgrabungsarbeiten wurde im Jahr 1920 von italienischen Archäologen begonnen, die bis 1940 den größten Teil der Anlage freilegten.

GESCHICHTE. – Leptis Magna wurde um 1000-800 v. Chr. von den *Phöniziern* gegründet und entwickelte sich als Teil der Tripolis genannten Dreistädtegemeinschaft zusammen mit Oea (heutiges Tripolis) und Sabratha zu einem blühenden Handelsplatz mit Beziehungen bis nach Äquatorialafrika. Nach dem Fall Karthagos (146 v. Chr.), das Tripolitanien im 6. Jahrhundert erobert hatte, ging Leptis Magna im 2. vorchristlichen Jahrhundert in den Besitz der *Numidier* unter König Massinissa über. – Im Jahre 105 v. Chr. bemächtigten sich die *Römer* der Stadt und gliederten Leptis Magna 46 v. Chr. ihrem Weltreich ein. Es begann eine neue Blütezeit der Stadt. In dieser Periode entstanden die ersten bemerkenswerten Bauwerke, u.a. das römische Theater und das Forum mit sieben Tempeln. Das Hafenbecken wurde erneuert, und eine befestigte Straße in das Landesinnere verband die Stadt mit dem Hinterland. Der in Leptis Magna geborene römische Kaiser Septimius Severus (193-211 n. Chr.) bedachte seine Heimatstadt mit mehreren Prachtstraßen, Kaiserforen und Brunnenanlagen. Die Wasserversorgung wurde durch den Bau eines 20 km langen unterirdischen Aquädukts zum Staubecken des Wadi Caam sichergestellt. Als jüngstes Baudenkmal errichteten die Römer den Triumphbogen des Septimius Severus. Anfang des 4. Jahrhunderts wurde Leptis Magna Hauptstadt der 290 neu gegründeten römischen Provinz Numidia Tripolitana. – Mit dem Einfall der *Wandalen* um 455 begann der Niedergang. Zwar wurde Leptis Magna nach der Eroberung durch *Byzanz* unter Kaiser Justinian (527-565) noch einmal Provinzhauptstadt, aber seit der Machtübernahme durch die *Araber* (643) setzte der allmähliche Verfall der bei den Kämpfen mit den Berbern teilweise zerstörten Stadt ein. Nach dem Ansturm der arabischen Beni Hillal (11. Jh.) versank Leptis Magna im vom Wind angewehten Wüstensand.

SEHENSWERTES. – Letzte Gemäuerreste der einstigen Phönizierstadt sind noch am Ufer des Wadi Labdah und im Forum zu sehen. Ansonsten stammen alle Ruinen aus der Römerzeit. Zu den großartigsten Sehenswürdigkeiten zählen die *Tempelbauten um das Forum und das *Theater. Sie wurden unter Kaiser Augustus errichtet. Die ostwestlich verlaufende Triumphstraße des

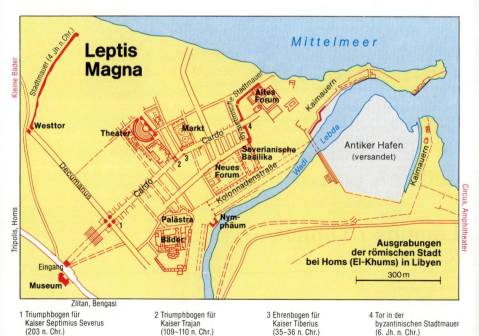

1 Triumphbogen für
Kaiser Septimius Severus
(203 n. Chr.)

2 Triumphbogen für
Kaiser Trajan
(109–110 n. Chr.)

3 Ehrenbogen für
Kaiser Tiberius
(35–36 n. Chr.)

4 Tor in der
byzantinischen Stadtmauer
(6. Jh. n. Chr.)

Decumanus zieren die *Triumphbögen* des Tiberius, Trajan und Septimius Severus. Letzterer ließ auch die prunkvolle *Basilika Severiana, das 124x80 m große *Severianische Forum, den aus rotem Marmor bestehenden **Tempel für den Kaiserkult** und einen noch erhaltenen *Brunnen* errichten. Von Severus stammen auch die **Thermen,** eine gewaltige Anlage mit ursprünglich 250 Marmorsäulen. Von hier führt eine noch gut erhaltene Römerstraße zum Hafen. – Das **Amphitheater** erhebt sich 2 km weiter östlich der Stadt.

UMGEBUNG von Leptis Magna. – Die arabisch *Misrata* genannte Kommissariatshauptstadt **Misurata** (ca. 60000 Einw.), etwa 100 km östlich von Leptis Magna an der westlibyschen Küste gelegen, ist das Zentrum einer 128 qkm großen, durch Wanderdünen gefährdeten Oase mit 200000 Dattelpalmen und 25000 Ölbäumen. Die bereits im 13. Jahrhundert von venezianischen Kaufleuten besuchte arabische Altstadt im Osten ist ein wichtiges regionales Markt- und Handelszentrum, das besonders wegen seines Teppichangebots viel besucht wird. Die in ihrer Ausdehnung weitaus größere Neustadt mit ihren breiten Boulevards entstand während der italienischen Kolonialzeit (1911-47).

Leros s. bei Sporaden

Lesbos *(Léswos)*

Griechenland.
Nomos: Lesbos.
Inselfläche: 1630 qkm. – Bewohnerzahl: 97000.
ⓘ **Touristenpolizei Stadt Mytilíni,**
Platía Teloníu;
Telefon: 22776.
Olympic Airways in Mytilíni,
Hotel Lesvion,
Platía Kunturióti.

HOTELS. – In Mytilíni: *Blue Sea,* II, 100 B.; *Lesvion,* II, 68 B.; *Lesvos Beach* (6 km außerhalb), II, 78 B.; *Xenia* (2 km außerhalb), II, 148 B.; *Rex,* III, 34 B.; *Sappho,* III, 56 B.

In Krátigos: *Katia,* III, 19 B. – In Eressós: *Sappho the Eressea,* III, 25 B. – In Míthymna: *Delphinia,* II, 94 B. – In Pétra: *Petra,* III, 34 B. – In Plomárion: *Oceanis,* III, 78 B. – In Sígrion: *Nisiopi,* II, 16 B. – In Thermí: *Blue Beach,* II, 12 B.; *Votsala,* II, 94 B.

BADEGELEGENHEITEN. – Im Süden: Ágios Issídoros, Vaterá; im Westen: Eressós, Sígri; im Norden: Pétra, Míthymna u.a.

VERKEHR. – *Flugverbindung* mit Athen. – *Schiffslinie* Piräus-Chios-Lesbos (- Lemnos).

*Lésbos, die drittgrößte der griechischen Inseln in der östlichen Ägäis, ist durch den 8-20 km breiten Mytilene-Sund vom anatolischen Festland getrennt und schließt den tief in die Küste Kleinasiens einschneidenden Golf von Edremit nach Südosten hin ab.**

Die Bewohner leben von den reichen Erträgen ihrer Landwirtschaft und vom Kleingewerbe (Töpferei, Spinnerei und Weberei).

GESCHICHTE. – Lesbos war mit Sicherheit bereits im 3. Jahrtausend v.Chr. besiedelt (zahlreiche Reste). Seit dem 12. Jahrhundert v.Chr. ließen sich äolische Einwanderer auf der Insel nieder und brachten sie durch Landwirtschaft und Handel im 7./6. Jahrhundert v.Chr. zu höchster Blüte. Im 6. Jahrhundert v.Chr. galt Lesbos als Zentrum der äolischen Griechen Kleinasiens; von seiner mächtigen Hauptstadt Mytilene aus erfolgte die Kolonisierung der gegenüberliegenden kleinasiatischen Küste. – Erbitterten Bürgerkriegen machte in den ersten Jahrzehnten des 6. Jahrhunderts v.Chr. *Pittakos,* einer der sieben Weisen, durch kluge Regierung und umsichtige Gesetze ein Ende. Seine Zeitgenossen und Gegner waren der Dichter *Alkaios* und die gefeierte Lyrikerin **Sappho,** die in Mytilene eine religiösen und ästhetischen Gedanken getragene Töchterschule unterhielt. Ihre zarten, die Reize ihrer Schülerinnen gefühlvoll preisenden Lieder ließen – wohl zu Unrecht – den Begriff der 'lesbischen Liebe' entstehen. – Später unter persischer Herrschaft, dann befreit, wurde die Insel autonomes Mitglied des Attischen Seebundes, verlor aber nach dem Aufstand von 428/427 v.Chr. ihre Freiheit. Von 378 v.Chr. bis um 350 v.Chr. gehörte sie dem neuen Seebund an. Mithridates hatte die Insel kurze Zeit in seiner Gewalt (88-79 v.Chr.), danach gehörte sie zur römischen Provinz Asia. Unter den Byzantinischen Kaisern wiederholt von Seeräubern heimgesucht und verwüstet, später wechselnd im Besitz von Slawen, Seldschuken und Venezianern, wurde sie 1354 an das genuesische Geschlecht der Gattelusi vergeben, das die Insel 1462 an die Türken verlor. In der Folge des Balkankrieges wurde Lesbos 1912/13 ohne nennenswerten Widerstand den Griechen überlassen.

Die Inselhauptstadt **Mytilíni** *(Kastro;* 25000 Einw.; Heimatmuseum) liegt an der Stelle der antiken Stadt malerisch im Halbrund um den geschützten Hafen. Über dem Ort das mächtige genuesisch-türkische Kastell (antike Architekturreste; *Aussicht), im Mittelalter noch eine durch Brücken mit dem Festland verbundene Insel. Im Westen der Stadt über einem türkischen Friedhof das in den Hang gebaute römische Theater (3. Jh. n.Chr.), darunter das 'Haus des Menander' (3. Jh. n.Chr.; Mosaikböden). Nördlich vom Theater Teile der alten Stadtmauer.

INSELBESCHREIBUNG. – 12 km nordwestlich von Mytilíni, in einer kleinen Senke der Ostküste, die heißen, stark radiumhaltigen Quellen von *Thermi,* im Altertum der Artemis Thermeia geweiht. – Weiterhin 10 km nordwestlich das malerische Dorf *Mantamado* (Töpferei); in der Kirche als wundertätig verehrte Marienikone.

Lohnende Ausflüge in die Umgebung des Golfes von Jera (im Altertum *Hiera).* Westlich über dem Wallfahrtsort *Agiassos* (Töpferei, Keramik) der höchste Inselberg **Olympos** (967 m); von ihm führt eine 26 km lange, streckenweise gut erhaltene römische Wasserleitung nach Mytilíni. – Um den Südwesten tief eingreifende Bucht von Kalloní dehnt sich die größte wohl angebaute Ebene der Insel. Bei dem Städtchen **Kalloní** das Kloster *Límonos* (Bibliothek).

Im Westen der Insel die Ruinen der antiken Stadt *Eressos* (jetzt Paläokastron), des Heimatortes der Sappho. Im Nordwesten bei **Antissa** die Reste der gleichnamigen antiken Stadt. Im Norden der Insel, von festungsgekrönten Felsen überragt, die malerische Stadt **Méthymna** (auch *Molyvos),* angeblich die Heimat des Hirtenpaares Daphnis und Chloe. – Nahe dem im äußersten Westen gelegenen Dorf *Sygrion* (Burgruine) versteinerte Baumstämme.

Leukas / Lefkas
(Lefkás)

Griechenland.
Nomos: Lefkas.
Inselfläche: 299 qkm. – Bewohnerzahl: 22900.

HOTELS. – *Niricos,* III, 75 B.; *Santa Mavra,* III, 38 B.

VERKEHR. – Busverbindung mit dem Flughafen Áktion und mit Athen.

Leukás (Lefkás) ist eine der Ionischen Inseln in unmittelbarer Festlandsnähe, die erst durch einen in der Antike ausgehobenen, 1905 erneuerten Kanal zu einer Insel geworden ist.

GESCHICHTE. – Die Insel war seit etwa 2000 v. Chr. besiedelt. Im 7. Jahrhundert v. Chr. gründete Korinth eine Kolonie. 197 v. Chr. fiel Lefkás an Rom, 1204 an das Despotat von Epiros, 1331 an Venedig und 1362 an die Pfalzgrafschaft Kephalinía. Von 1467 bis 1684 war es türkisch, dann kam es wieder an Venedig und teilte fortan die Geschicke der anderen Ionischen Inseln.

Unweit des Kanals liegt der Inselhauptort **Lefkás** (7000 Einw.), gegenüber in der Lagunenlandschaft auf dem Festland die Burg *Santa Maura,* die der Insel im Mittelalter den Namen gab.

INSELBESCHREIBUNG. – Von Lefkás in südwestlicher Richtung über Lazaráta und Ágios Pétros gelangt man zur Bucht von Vassilikí. Westlich von dieser der 70 m hohe, weit ins Meer vorspringende **Leukadische Fels,** von dem, der antiken Überlieferung zufolge, die Dichterin Sappho aus unglücklicher Liebe in den Tod sprang. – 3 km südlich von Lefkás lag auf einem Hügel die antike Stadt *Leukas* (Reste der Akropolis, der Stadtmauern und des Theaters).

Von Lefkás in südlicher Richtung erreicht man den Ort **Nídri,** der in reizvoller Landschaft am Ausgang der Vlícho-Bucht liegt. Gegenüber die Halbinsel mit der Kapelle *Agía Kyriakí,* dem Haus, in dem der 1853 geborene Archäologe Dörpfeld am 25. 4. 1940 starb, und seinem Grab. Am Kai von Nídri steht sein Denkmal. Dörpfeld grub 1901-1913 in Nídri, doch gelang ihm nicht der angestrebte Nachweis für seine Hypothese, nicht Ithaka, sondern Lefkás sei die Insel des Odysseus – er fand Rundbauten, Gräber und Mauern aus der Frühbronzezeit (um 2000 v.Chr.), aber nichts aus der mykenischen Zeit, der Zeit des Odysseus.

Libanon / Lubnan
Republik Libanon
El-Dschumhurija el-Lubnanija

Nationalitätskennzeichen: RL.
Staatsfläche: 10400 qkm.
Hauptstadt: Beyrouth (Beirut).
Bevölkerungszahl: 3000000.
Verwaltungsgliederung: 5 Provinzen.
Religion: Maroniten (Christen; 660000); Sunniten (420000); Schiiten (400000); Orthodoxe (250000); Armenier (180000); Katholiken (150000); Drusen (120000); Juden (2000).
Sprache: Arabisch; Französisch- und Englischkenntnisse sehr verbreitet.
Währung: 1 L£ (Libanesisches Pfund) = 100 P (Piaster).
Zeit: Osteuropäische Zeit (OEZ = MEZ + 1 St.).
Wöchentlicher Ruhetag: Freitag.
Reisedokumente: Reisepaß und Visum.

(i) **Conseil National du Tourisme au Liban,**
Rue de la Banque du Liban,
Boîte postale 5344,
Beyrouth *(Beirut);*
Telefon: 340940 und 343175.
Libanesisches Fremdenverkehrsamt,
Baseler Straße 46-48,
D-6000 **Frankfurt** *am Main;*
Telefon: (0611) 234644 und 235987.
Botschaft der Libanesischen Republik,
Königstraße 79,
D-5300 **Bonn–Bad Godesberg;**
Telefon: (0228) 217001-02.
Schwedenplatz 2,
A-1010 **Wien;**
Telefon: (0222) 638821/22.
Alpenstraße 24,
CH-3000 **Bern** 6;
Telefon: (031) 444111/12.

Die levantinische Republik Libanon umschließt einen etwa 210 km langen und 40-70 km breiten Gebietsstreifen zwischen 34°42′ und 33°03′ nördlicher Breite sowie 35°05′ und 36°37′ östlicher Länge entlang der östlichen Mittelmeerküste. Im Süden grenzt sie an Israel, im Osten und Norden an Syrien. Als uraltes Kulturland im Schnittpunkt dreier Kontinente und Schmelztiegel unterschiedlichster Volks- und Religionsgruppen hatte sich die Republik Libanon durch Handel und Bankwesen zu einem der wohlhabendsten und fortschrittlichsten Staatswesen im Mittleren Osten entwickelt, das sich nicht zuletzt auch wegen seiner Gebirgslage wohl zu Recht als 'Schweiz des Nahen Ostens' bezeichnen konnte.

Seit das Land im Jahre 1975 in den Strudel der nahöstlichen Konflikte gerissen wurde und sich in einem langanhaltenden, latent bis heute fortdauernden blu-

Blick auf das majestätische Libanongebirge

tigen Bürgerkrieg verzehrte, hat es seinen Glanz und die weithin gerühmte Eleganz fast vollständig verloren. Die Besichtigung der Sehenswürdigkeiten besonders im Landesinneren ist heute meist nur in organisierten Gruppen oder mit Sondergenehmigung möglich.

Vier sehr unterschiedliche Landschaftsstriche gliedern das Gebiet von Westen nach Osten und bedingen auf so kleiner Staatsfläche eine erstaunliche landschaftliche Vielfalt. Ein schmaler, außerordentlich fruchtbarer **Küstenraum** *(Es-Sahil)* zieht sich entlang dem Mittelmeer. Seit dem Altertum schon ist er dicht besiedelt, landwirtschaftlich intensiv genutzt und kultureller Schwerpunkt auch des heutigen Staates mit der Hauptstadt Beirut und mehreren bedeutenden Häfen. – Hinter der Küstenebene erhebt sich die imposante Gebirgswand des **Libanon,** dessen Gipfelgrat während eines großen Teils des Jahres mit Schnee bedeckt ist. Es ist ein Bergriegel aus meist horizontal gelagerten Kalken der mittleren und oberen Kreidezeit ('Libanonkalk'), Rest einer einst ausgedehnteren Kalktafel, dessen Gipfelflur von Süden nach Norden ansteigt und im *Kornet es-Sauda* 3088 m Höhe erreicht. Die westlichen Hänge sind im Winter vom Mittelmeer her reichlich beregnet und tragen an Stelle einst dichter Nadelwälder (bes. Zedern) heute Baumkulturen und Gärten. Die östliche Abdachung des Libanongebirges fällt steil

zum Hochtal der **Bekaa** (= 'Niederung') ab, einem das Land in seiner gesamten Länge durchziehenden, 8-15 km breiten und um 1000 m hoch gelegenen tektonischen Bruchgraben, der die nördliche Fortsetzung der Jordansenke darstellt und in seinem südlichen Teil von dem stattlichen *Nar el-Litani* durchflossen wird. Die fruchtbaren Schwemmlandböden bringen dank moderner Anbau- und Bewässerungsverfahren reichliche Ernteerträge. – Jenseits der Bekaa bauen sich die weitgehend öden und verkarsteten mesozoischen Kalkgebirge des **Antilibanon** *(Dschebel esch-Scharki;* im Talaat Musa 2629 m) und südlich anschließend des **Hermon** *(Dschebel esch-Scheich;* 2814 m) auf, deren Gratlinien die Grenze zu Syrien bilden.

KLIMA. – Entsprechend der landschaftlichen Gliederung wechseln auch die klimatischen Bedingungen in den verschiedenen Landesteilen. An der Küste herrscht gemäßigtes mediterranes Klima mit warmen trockenen Sommern und feuchten milden Wintern. Die Jahresniederschläge sind mit Durchschnittswerten von 900 mm an der Küste und 1300 mm an der Westabdachung des Libanon verhältnismäßig reichlich. Sie gehen vor allem in den Monaten November bis März nieder und sorgen im Gebirge als Schnee für vorzügliche Wintersportbedingungen (Skilifte, Hotels, Chalets). Die durchschnittliche Jahrestemperatur liegt in Beirut bei 24°C; (Wintermittel 12°C; Sommermittel 27°C), die jährliche Sonnenscheindauer bei rund 3500 Stunden. Die durchschnittliche Wassertemperatur im Mittelmeer beträgt vor Beirut 23°C, bei einem Winterminimum von 18°C. Heftige Winde sind unbekannt.

Weichbild der libanesischen Hauptstadt Beirut

Östlich des als Wetterbarriere wirkenden Libanon-gebirges sinken die Niederschläge rasch ab (in der Bekaa 600 mm). Bei stetig extremer werdenden Temperaturunterschieden und zunehmender Trok-kenheit zeigt sich bereits an den Westhängen des Antilibanon beginnendes Wüstenklima, das sich östlich in Syrien fortsetzt.

GESCHICHTE. – Das Gebiet der heutigen Republik Libanon blickt auf eine lange, mit Syrien aufs eng-ste verbundene Geschichte zurück, wenngleich das Staatswesen eine Schöpfung unseres Jahrhunderts ist. Grabungsfunde belegen eine stellenweise in-tensive Besiedelung bereits in der späten Altstein-zeit (6000-5000 v. Chr.). – Die erste Hochkultur in dem Gebiet entstand unter den **Phöniziern** (Kanaa-näer), die hier gegen Ende des 4. Jahrtausends vor unserer Zeitrechnung in Erscheinung treten und als führende Seefahrtsmacht im gesamten Mittelmeer-raum und entlang der afrikanischen Atlantikküste vorzugsweise mit Zedernholz, Purpurfarbe sowie Glas- und Metallwaren Handel treiben und zahlrei-che Kolonien (am berühmtesten Karthago) grün-deten. Schon um 600 v. Chr. gelingt ihnen die voll-ständige Umsegelung des afrikanischen Konti-nents. Die Phönizier gelten als Schöpfer einer er-sten Buchstabenschrift (um 1500 v. Chr.), die als Grundlage unserer modernen Alphabetsysteme an-zusehen ist.

Während die Phönizier, in zahlreiche Stadtstaaten (u.a. Byblos, Berytos, Sidon, Ugari, Tripolis, Arados, Tyros) zersplittert, die zum Mittelmeer hin orientier-ten Küstenstriche bewohnen, siedeln im Hinterland mit der Bekaa ebenso wie in Syrien nomadisierende semitische Aramäer.

Gegen die fortgesetzten, von der Arabischen Halb-insel ausgehenden Übergriffe (Beduinen, Hyksos, Assyrer u.a.) unterstellen sich die phönizischen Städte dem militärischen Schutz der **Pharaonen**, die ihrerseits am Fortbestand intensiver Handels-beziehungen wie auch an der Erhaltung des als Durchgangsweg von Europa nach Asien und Afrika außerordentlich wichtigen Küstenstreifens interes-siert sind.

Das Erstarken der griechischen Inselstaaten **Kreta** und **Zypern** und schließlich die Eroberungszüge Alexanders d.Gr. beenden im 4. Jahrhundert v. Chr. die phönizische Handelsvormacht im Mittelmeer.

Im Jahre 64 v. Chr. bemächtigt sich Pompejus des assyrischen Reiches. Damit gelangen auch die phönizischen Städte als römische Provinz in den 500 Jahre anhaltenden Schutz und Frieden des **Römischen Weltreiches.** Es ist eine Zeit höchster Blüte und größten Wohlstandes, von der noch zahl-reiche beredte Zeugen (Byblos, Beirut, Baalbek, Si-don u.a.) erhalten sind. Das Christentum breitet sich rasch aus und festigt sich auch weiterhin, als das Gebiet an **Byzanz** übergeht.

Seit der Mitte des 7. Jahrhunderts dringen die **Ara-ber** zum Mittelmeer vor; damit setzt rasch die Isla-misierung ein. Während der Kreuzzüge gelangt das Gebiet als Baronie in den Herrschaftsbereich des fränkischen Königreiches **Jerusalem.** Im 13. Jahr-hundert nehmen es die im Dienste der **Türken** ste-henden Mamelucken, 1516 der Türkensultan Se-lim I. in Besitz und machen es der Hohen Pforte tri-butpflichtig. In der Folgezeit kommt es wiederholt zu blutigen Unabhängigkeitsbestrebungen.

Nach dem Ersten Weltkrieg wird das heutige Staatsgebiet unter **Französisches Protektorat** ge-stellt, 1920 folgt die Gründung eines ersten Staates Groß-Libanon bereits innerhalb der aktuellen Grenzen und 1926 die Proklamation der **Libanesi-schen Republik.** Ihre volle Selbständigkeit erhält sie im Jahre 1946 mit dem Abzug der letzten franzö-sischen Schutztruppen.

Die besonderen geographischen und historischen Gegebenheiten haben eine ungewöhnliche Diversi-fikation der Bevölkerung unterstützt. Während an der Küste okzidentale Einflüsse ungehindert zu-dringen konnten, hat die Abgeschiedenheit der Ge-birge ethnische und religiöse Minderheiten als Kul-turinseln bestehen lassen (Drusen, Maroniten, Ar-menier u.a.). Ein fein ausgewogenes, verfassungs-mäßig verankertes Kräftespiel aller politischen und religiösen Gruppierungen garantierte die Grund-rechte aller Bevölkerungsteile und machte den Li-banon alsbald zu einem stabilen und wohlorgani-sierten Staatsgefüge. Doch die Palästinenserfrage und die kriegerischen Auseinandersetzungen im Nahen Osten zogen 1975 den Staat Libanon in ei-nen blutigen Bürgerkrieg, dessen wirtschaftliche und politische Folgen noch nicht voll abzusehen sind.

BEVÖLKERUNG. – Ethnisch stellt das libanesische Volk eine uralte und vollkommene Vermischung semitischen und hamitischen, aus dem arabischen Raum stammender und mediterraner Völkerschaf-ten dar. Als charakterisierendes Merkmal dient heute allgemein die Religionszugehörigkeit. Den Hauptanteil der Bevölkerung bilden die Maroniten (600 000), die nach der Verfassung auch den Staats-präsidenten stellen. Es folgen die Muslims sunniti-scher Richtung (420 000), denen der Regierungs-chef, und die Schiiten (400 000), denen der Parla-mentspräsident angehört. Ferner leben hier ortho-doxe Christen (250 000), Armenier (180 000), Katho-liken (150 000), Drusen (120 000) und Juden (2000). Gemeinsam ist allen die arabische Sprache; dane-ben werden Französisch und Englisch als Handels- und Bildungssprache sehr gepflegt. – Das Verhält-nis der verschiedenen Religionsgemeinschaften zueinander hat sich in den Jahren des Bürgerkrie-ges entscheidend geändert. Aus dem bis dahin friedlichen Nebeneinander von Christen und Mus-lims sind zwei sich erbittert bekämpfende Parteien geworden, die territoriale Ansprüche gegeneinan-der abstecken.

Mit einer durchschnittlichen Bevölkerungsdichte von 125 Einw./qkm ist die Republik Libanon relativ dicht besiedelt. Die Bevölkerung drängt sich ent-lang der Küste und an der Westflanke des Libanon-gebirges sowie im Süden der Bekaa um Zahlé. Weite Teile im Nordosten und Süden sowie das Bergland von Antilibanon und Hermon sind kaum besiedelt. – Die alte Seefahrertradition der Phöni-zier setzt sich bis heute in einer bemerkenswerten Auswanderungsfreudigkeit, besonders nach Über-see fort. Libanesen sind dort überwiegend im Han-del und Bankwesen tätig. Der Abwanderung stand in den vergangenen vierzig Jahren eine lebhafte Zuwanderung von Flüchtlingen aus Palästina ge-genüber.

WIRTSCHAFT. – Etwa die Hälfte der Bevölkerung ist in der *Landwirtschaft* tätig. Sie erzeugt Zitrus-früchte und Olivenöl in großem Überschuß, ferner Gemüse (Zwiebeln) und Gerste. – Bodenschätze sind in abbaubarer Menge nicht vorhanden. – Die *Industrie* war vor dem Bürgerkrieg langsam im Aufbau begriffen. Sie konzentriert sich auf die Textilerzeugung (Seidenweberei; Verarbeitung syrischer Baumwolle) sowie auf die Herstellung von Nahrungs- und Genußmitteln. Verbreitet ist das Goldschmiedehandwerk. – Einen unverhältnismäßig breiten Raum nehmen internationaler *Handel* sowie *Bank-* und *Verkehrswesen* ein. In diesem Bereich sind immerhin fast 40% aller Erwerbstätigen beschäftigt. Über den Hafen von Beirut wird ein Großteil des Güteraustausches zwischen Saudiarabien bzw. Syrien und der westlichen Welt abgewickelt. Ferner ist Beirut das Währungszentrum des Nahen Ostens. – Wichtigste Außenhandelspartner sind Frankreich, Großbritannien, die Bundesrepublik Deutschland, Japan und die USA.

Das ganze Land ist durch ein dichtes Netz von Landstraßen für den Kraftfahrzeugverkehr gut erschlossen. – Annähernd 50 internationale Fluggesellschaften unterhalten Linienverkehr mit allen Teilen der Erde. Nationale Fluggesellschaft ist die private *Middle East Airlines* (MEA). – Wichtigster Güter- und Personenhafen ist Beirut; Bedeutung haben ferner auch die Ölhäfen von Tripoli und Saïda, wo die Pipelines aus dem Irak bzw. aus Saudiarabien enden.

Kalkbildungen in der Jeita-Grotte

SEHENSWERTES. – Drehscheibe von Kultur, Unterhaltung und Wirtschaftsleben wie auch vorteilhaftester Strand- und Ausgangspunkt für die Erkundung des Landes ist zweifellos die Hauptstadt *Beirut (s. dort). Von ihr gehen öffentliche Verkehrsmittel zu allen größeren und bedeutenderen Orten des Landes aus, wobei sie vielfach auch kleinere Flecken berühren. Ferner ist Beirut Ausgangsort für zahllose organisierte Touren und Rundfahrten, die auch dem eiligen Reisenden einen guten Überblick über die Sehenswürdigkeiten wie auch über die landschaftlichen Gegebenheiten des Landes vermitteln. Erschwerend bleibt jedoch bei allen touristischen Unternehmungen innerhalb der Landesgrenzen die politische Lage und insbesondere die Spaltung in christliche und mohammedanische Regionen.

Die Küstenstraße führt von Beirut nördlich zunächst meist in unmittelbarer Nähe des Meeres hin und erreicht nach rund 15 km den **Râs el Kelb,** einen felsigen Ausläufer des hier bis ans Meer vorstoßenden Libanon-Gebirges, der schon in der Antike ein beträchtliches Hindernis für den Verkehr entlang der Küste darstellte.

Etwa 30 m ü.d.M. verlief oberhalb der jetzigen Straße eine einst mit Steinplatten gepflasterte Römerstraße; noch höher bezeichnen ägyptische und assyrische Reliefdarstellungen einen viel älteren Weg. – Die *Inschriften und Reliefs im Gebiet des **Nahr el Kelb** ('Hundfluß') sind numeriert: Nr. 1 Keilschrift des Königs Nebukadnezar II. von Babylon (604-562 v.Chr.); Nr. 2 Arabische Inschrift über den Brückenbau (14. Jh. n.Chr.); Nr. 3 Lateinische Inschrift des Caracalla (211-217 n.Chr.); Nr. 4 Französische Inschrift vom Einmarsch französischer Truppen unter General Gouraud im Juli 1920; Nr. 5 Französische Inschrift Napoleons III. von 1861, an Stelle einer Inschrift Ramses' II. (1290-1223 v.Chr.); Nr. 6 und 7 Assyrische 'Stelen'; Nr. 9 und 10 Englische Inschriften a.d. Jahre 1918; Nr. 11 und 12 Griechische Inschriften (Nr. 11 a.d. 4. Jh. n.Chr.); Nr. 13 bis 17 Assyrische und ägyptische 'Stelen'. Die letzte Inschrift stammt aus dem Jahre 1946 und berichtet vom Abzug der ausländischen Truppen aus dem Libanon. – Etwa 6 km flußaufwärts entspringt der Nahr el Kelb in der *Grotte Jeita (Jitta), einer 1837 entdeckten, im Boot zugänglichen Tropfsteinhöhle (6300 m lang, 1300 m zugänglich).

Weiter nördlich, z.T. auf kurvenreicher Strecke, nach 6 km durch das von Gärten umgebene Hafenstädtchen **Joûniyé** (oberhalb die mächtige Statue der 'Muttergottes vom Libanon'), und nach weiteren 18 km zu dem unmittelbar am Meer gelegenen, von den dunklen Mauern einer Zitadelle der Kreuzfahrerzeit überragte Städtchen **Ibaïl** *(Jebaïl)* an der Stelle des antiken Byblos (s. dort). – Hinter Ibaïl treten die Berge des Libanon allmählich zurück, die Landwirtschaft wird flacher und Oliven- oder Orangengärten prägen das Bild. – Nach 18 km das hauptsächlich von Maroniten bewohnte Städtchen **Batroun,** an der Stelle der von den Phöniziern als Grenzfeste gegründeten Stadt *Botrys,* die dem Königreich Byblos untertan war.

An der Küstenstraße erscheinen später rechts in der Felswand antike Grabhöhlen. – Bei dem bescheidenen Städtchen *Chekka* zweigt 14 km jenseits von Ibaïl rechts eine Straße (Wegw. 'Les Cèdres') ab und führt in Windung hinauf zum *Libanongebirge und zu dem 46 km landeinwärts gelegenen Maronitenstädtchen **Bécharré** *(Bcharré;* 1400 m), einem eleganten Wintersportplatz (zahlreiche Skilifts) und Geburtsort des bedeutenden libanesischen Dichters Dschibran Khalil Dschibran (1883-1931; Museum). Bécharré ist Ausgangspunkt (8 km) zu dem *Zedernwald (1925 m; Skigebiet), mit etwa 400 der berühmten 'Zedern des Libanon' (Cedrus Libani), dem Rest einst ausgedehnter und großenteils schon im Altertum zum Bau von Schiffen abgeholzten Zedernbestände.

Hinter der genannten Abzweigung führt die Küstenstraße teils in unmittelbarer Nähe am Meer hin, begleitet von Salinen, Gärten und Obsthainen, und erreicht nach weiteren 19 km die Stadt **Tripoli** (s. dort).

Die Küstenstraße zieht von Beirut südlich meist unweit vom Mittelmeer hin, alsbald am Flughafen vorbei und an stets neuen, prächtigen Strandabschnitten vorüber. – Nach 21 km zweigt jenseits des langgestreckten Städtchens *Damoûr* links eine Seitenstraße in das sog. C h o û f - G e b i e t des Libanon-Gebirges ab, in dessen malerische Bergwelt die ehemalige Hauptstadt der libanesischen Emire, **Deir el-Qamar** (16. bis 18. Jh.), liegt. Oberhalb des Ortes der von Beschir dem Großen (1788-1840) erbaute prunkvolle *Palast Beit Eddine* in prächtiger *Aussichtslage.

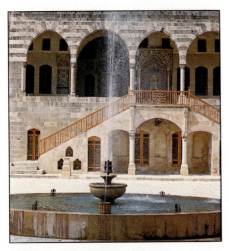

Beit-Eddine-Palast bei Deir el-Qamar

Jenseits der genannten Abzweigung erreicht man nach 21 km die Stadt **Saïda** (35 000 Einw.), das antike **Sidon,** das von den Phöniziern gegründet wurde und insbesondere durch den Handel mit Purpur im Altertum zu großem Reichtum und weltweitem Ansehen gelangte. Von der antiken Stadt ist heute nur noch ein 50 m hoher und 100 m langer Schutthügel aus den Schalen der Purpurschnecke (Murex trunculus) erhalten. Die Altstadt des heutigen Saïda ist eine Gründung der Kreuzritter (13. Jh.); sie legten auch die Seefestung an der Hafeneinfahrt an. Saïda ist bekannt für Glaswaren und vorzügliches süßes Backwerk. 1 km nördlich der Stadt liegen die Reste eines phönizischen Tempels des Echmoun aus der Zeit der Perserherrschaft (6./5. Jh.). – Von Saïda führt eine Seitenstraße östlich aufwärts ins Gebirge nach **Jezzine** (1178 m), einer reizvoll in engem Talkessel gelegenen Bezirkshauptstadt. Etwa 5 km oberhalb die von den Drusen zur Festung ausgebaute und auch später noch u.a. von den Kreuzrittern genutzte Grotte *Chékif Tiroun.*

Auf der Küstenstraße gelangt man etwa 38 km hinter Saïda zu der auf einer Halbinsel gelegenen Hafenstadt **Sour,** unweit nördlich der Stelle des antiken **Tyrus,** das ebenso wie Sidon wegen seiner Purpurgewinnung reich wurde und u.a. die Kolonie Karthago gründete. Aus der frühesten phönizischen Zeit (um 2750 v. Chr.) sind kaum Reste erhalten. Umso zahlreicher sind die Zeugnisse aus der großen römischen Vergangenheit der Stadt, darunter insbesondere ein monumentaler Torweg, ein Aquädukt, Wohnhäuser, Bade-

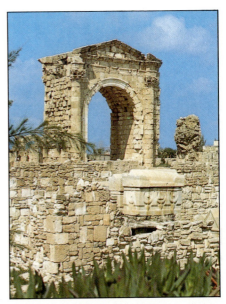

Römische Nekropole in Tyrus (Sour)

einrichtungen, ein Theater, ein Hippodrom (wöchentl. Pferderennen) sowie die ausgedehnte Nekropole. Nördlich und südlich von Sour erstrecken sich schöne geschützte und weitläufige Sandstrände.

Einen Besuch verdient ferner die rund 14 km östlich von Saïda in abenteuerlicher Lage über dem Litani, unweit von dessen unvermittelter Wendung westwärts gelegene **Ruine Beaufort.** Das Fort wurde im 12. Jahrhundert durch die Herren von Sayette anstelle einer Maurenburg angelegt und bietet eine überragende **Aussicht.

Von Beirut führt ein überaus lohnender Ausflug zunächst östlich, später nordöstlich, über den reizvoll gelegenen bedeutenden Luftkurort **Aley** (750 m) zu den Höhen des Libanon aufwärts und jenseits des Gebirgskammes in die Niederung der **Bekaa** hinab. – Bei dem Städtchen **Chtaura** *(Schtôra;* 850 m), etwa 45 km hinter Beirut, teilt sich die Strecke: südöstlich die Straße nach Damaskus, von der nach etwa 10 km ein Seitenweg zu der am Rande des Antilibanon gelegenen Ruinen der arabischen fürstlichen Sommerresidenz und Karawanserei **Aanjar** (im 8. Jh. durch Erdbeben oder Krieg zerstört) führt, nordöstlich die Strecke nach **Zahlé** (6 km), dem wirtschaftlichen Schwerpunkt der Be-

Ruinen von Aanjar

kaa. Von Zahlé noch 37 km durch das Hochtal der Bekaa bis Baalbek (s. dort) und von dort weiter nordöstlich in das Hermel-Gebiet (s. bei Baalbek), einen weitgehend wüsten und kaum besiedelten Landstrich. Etwa 10 km vom Ort *Hermel* erhebt sich in flacher Einsamkeit die sog. **Pyramide des Hermel,** ein 27 m hoher massiger Obelisk mit reichem Reliefschmuck, möglicherweise das Grabmal eines syrischen Prinzen (2./1. Jh. n.Chr.?).

Baalbek, *Beirut, Byblos und **Tripoli s. Reiseziele von A bis Z.

Libyen / Libija

Sozialistische Libysch-Arabische Volksrepublik

Al-Dschamahirija al-Arabija al-Libija asch-Schabija al-Ischtirakija

Nationalitätskennzeichen: LAR.
Staatsfläche: 1759540 qkm.
Hauptstadt: Tripolis (Tarabulus al-Gharb).
Bevölkerungszahl: 2400000.
Verwaltungsgliederung: 10 Provinzen.
Religion: Moslems (Islam Staatsreligion; 98 %); kleine christliche Minderheit.
Sprache: Arabisch; z.T. Berberdialekte; Handelssprache z.T. Englisch.
Währung: 1 DL (Libyscher Dinar) = 1000 Dirham.
Zeit: Osteuropäische Zeit (OEZ = MEZ + 1 St.).
Wöchentlicher Ruhetag: Freitag.
Reisedokumente: Reisepaß und Visum.
Bedingtes Fotografierverbot.

ⓘ **Volksbüro der Sozialistischen Libysch-Arabischen Volksdschamahiria,** Beethovenstraße 12a, D-5300 **Bonn−Bad Godesberg;** Telefon: (0228) 362041.
Volksbüro der Sozialistischen Libysch-Arabischen Volksdschamahiria, Dufourstraße 18, CH-3000 **Bern;** Telefon: (031) 433076.
Volksbüro der Sozialistischen Libysch-Arabischen Volksdschamahiria, Gustav-Tschermak-Gasse 27, A-1190 **Wien;** Telefon: (0222) 34972.

Libyen ist von seiner Fläche her das viertgrößte Land Afrikas. Sein Staatsgebiet erstreckt sich von der rund 2000 km langen Mittelmeerküste mit der Großen Syrte bis zu 1450 km tief in die Zentralsahara, wo es jenseits des nördlichen Wendekreises an die Demokratische Republik Sudan sowie an die Republiken Tschad und Niger grenzt. Westliche Nachbarn Libyens sind die beiden Maghrebländer Tunesien und Algerien, während im Osten in etwa der 25. Längengrad die Grenze zu Ägypten bildet. Die kulturräumliche Großgliederung des Landes ist durch die Grenzen dreier historischer Regionen vorgezeichnet, die bereits seit der Antike bekannt sind: Im Nordwesten erstreckt sich die Landschaft Tripolitanien mit der nach ihr benannten libyschen Hauptstadt, und im Nordosten schließt sich die Cyrenaika an. Den saharischen Südwesten nimmt der Fessan ein.

Geologisch gesehen liegt Libyen im Bereich einer großräumigen, tektonisch angelegten Mulde, die sich bis zu den Gebirgen des Tibestimassivs im Süden ausdehnt. Mehrere flache Aufwölbungen unterteilen das Gebiet in fünf Beckenlandschaften mit weitgespannten Basaltplateaus, flachlagernden Sandsteintafeln und Schichtstufenländern. Am bekanntesten ist das Syrtebecken mit seinen die Wirtschaftsstruktur des gesamten Landes prägenden Erdölvorkommen, das die beiden Landschaften Tripolitanien und Cyrenaika voneinander trennt. Es reicht im Norden bis zum Mittelmeer, das den Muldenkern überflutet hat und hier die weite Bucht der Großen Syrte bildet. Diese ist im Westen vom 968 m hohen Djebel Nefusa und im Osten vom Djebel el-Akhdar (876 m) flankiert. Beide Gebirge wurden im Zuge der tertiären Alpenauffaltung herausgehoben. Zu den vorgelagerten Küstenebenen bilden sie markante Steilabfälle, während sie nach Süden in schwach geneigte Schichtstufenlandschaften übergehen.

Mehr als 90% des libyschen Staatsgebiets sind Wüsten oder Halbwüsten. Lediglich der Küstensaum zu beiden Seiten der Großen Syrte besitzt mediterranes Klima. Während der fast vollkommen regenlosen Sommermonate herrschen hier trockene Nordostwinde (Nordostpassat), im Frühjahr und Herbst zum Teil auch heiße, aus der Sahara vordringende Luftströmungen (Gibli) vor, die jedoch im Winter häufig von westlichen Winden unterbrochen werden. Diese treten beim Durchzug atlantischer Tiefdruckgebiete auf und führen im Küstenbereich und vor allem in den exponierten Gebirgsregionen des Djebel Nefusa und des Djebel el-Akhdar zu relativ ergiebigen Regenfällen. Die jährlichen Niederschlagsmengen nehmen von Westen nach Osten sowie landeinwärts stark ab, steigen in den Küstengebirgen noch einmal an und sinken in nur 50-150 km Entfernung vom Mittelmeer auf Werte unter 100 mm ab. Tripolis erhält im Jahresdurchschnitt 400 mm Niederschlag, Misurata

250 mm, Bengasi 265 mm, Derna 285 mm und Tobruk 160 mm. Die höchsten Niederschläge werden mit 600 mm im Djebel el-Akhdar gemessen.

Die räumliche Verteilung der Vegetationszonen zeichnet die Niederschlagsverhältnisse deutlich nach. Der Küstensaum im Vorfeld der Gebirge besitzt ausgesprochenen Steppencharakter (Kameldorn, Wermut, Beifuß, Halfagras u.a.), der nur an den regenreichsten Stellen durch Palmen- und Olivenkulturen, Ackerbaugebiete (Weizen, Hirse, Gerste) und durch die für den Mittelmeerraum charakteristische Macchie unterbrochen ist. Letztere bedeckt besonders im Gebirge noch größere Flächen. Sie setzt sich im wesentlichen aus Pistazien, Wacholder, wilden Ölbäumen, verschiedenen Cistusarten, aromatischen Kräutern und Sträuchern zusammen. In der südlich anschließenden Halbwüste ist das Vorkommen von Pflanzen (Schirmakazien, Zwergsträucher und Polstervegetation) an trockengefallene Flußbetten, sogenannte Wadis, gebunden, in deren Schottermassen Niederschlagswasser über längere Zeiträume gespeichert wird. In der Vollwüste schließlich gibt es außer in Oasen keinerlei Pflanzenwuchs mehr.

GESCHICHTE. – Der Name Libyen geht auf das altägyptische Lebu zurück. So bezeichneten die Ägypter die afrikanische Mittelmeerküste im Bereich der Landschaften Marmarisa und Cyrenaika sowie die südlich anschließende libysche Wüste. Die Griechen verwendeten diesen Begriff für den gesamten Norden Afrikas zwischen Ägypten und dem Atlantischen Ozean. In römischer Zeit bezeichnete man nur die Cyrenaika als Libya. Erste historisch bedeutsame Städte gab es in Libyen bereits um 1000-800 v. Chr. Zu dieser Zeit gründeten die Phönizier an der tripolitanischen Küste die Stützpunkte Sabratha, Leptis Magna und Oea, das heutige Tripolis. Alle drei Städte waren Umschlagplätze für den Transsaharahandel. Gleichzeitig setzten sich die Griechen in der benachbarten Cyrenaika fest. Die bekanntesten fünf Städte (Pentapolis) ihrer Kolonien waren Apollonia, Barka, Taukira, Euhesperides und als Zentrum Cyrene.

In späteren Jahrhunderten nahmen beide Gebiete unterschiedliche Entwicklungen. Die Cyrenaika wurde im 4. Jahrhundert v. Chr. von Alexander dem Großen unterworfen, kam 322 v. Chr. an das Reich der Ptolemäer (Ägypten) und ging 96 v. Chr. in römischen Besitz über. Im Jahr 74 v. Chr. wurde die Cyrenaika römische Provinz. In Tripolitanien wurde die Herrschaft der Phönizier im 6. Jahrhundert v. Chr. durch die Karthager abgelöst. Nach der Zerstörung Karthagos durch die Römer im Jahr 146 v. Chr. (3. Punischer Krieg) und vorübergehender numidischer Besetzung fiel der Küstenstreifen Tripolitaniens 46 v. Chr. an das Römische Reich. 290 n. Chr. wurde das Gebiet zur römischen Provinz Numidia Tripolitana erhoben und wenig später der Provinz Africa Proconsularis angegliedert. Nach der Reichsteilung 395 n. Chr. kam Tripolitanien zum Weströmischen und die Cyrenaika (Libya) zum Oströmischen Reich. Um 455 fielen die Wandalen in Tripolitana ein, aber 534 eroberte Byzanz unter Kaiser Justinian I. das Gebiet zurück. Nur 109 Jahre später überrannten die Araber das gesamte Land, und die einst blühenden alten Städte der Cyrenaika gingen unter. Im 11. Jahrhundert erlitten Sabratha

und Leptis Magna unter dem Ansturm der arabischen Beni Hillal das gleiche Schicksal. Lediglich Oea, jetzt Tripolis genannt, überlebte.

1146 eroberten die aus Süditalien vorstoßenden Normannen die libyschen Küstenbereiche, und 1510-51 folgten die Spanier und teilweise auch die Malteserorden (Tripolis). Soliman der Prächtige verleibte Libyen 1551 dem Osmanischen Reich ein. Von 1711 bis 1835 gelang es den Beis aus dem Haus Karamanli, sich vom Osmanischen Reich zu lösen. Zu ihrer Zeit entwickelte sich Tripolis zu einem der bedeutendsten Sklavenmärkte und Piratenstützpunkte der Welt. Die europäischen Großmächte und sogar die USA führten deshalb wiederholt militärische Präventiv- und Vergeltungsschläge gegen die libyschen Küstengebiete. Nach dem Sturz der Karamanli-Dynastie gehörte das Gebiet bis 1911 wieder zum Osmanischen Reich. Aber bereits 1902 erklärte Italien die Cyrenaika und Tripolitanien zu seinem Interessengebiet, und nach dem Italienisch-Türkischen Krieg (1911/12) erhielt Italien im Frieden von Ouchy (Lausanne) das gesamte Gebiet des heutigen Libyen zugesprochen. Es kam jedoch zu größeren Spannungen mit der 1835 von Muhammad Ibn Ali As Sunusi in Mekka gegründeten Senussi-Bruderschaft. Der europäerfeindliche Orden beherrschte die Barka, den Fessan und die Kufraoasen und besaß auch unter den Arabern der Cyrenaika großen Einfluß. Mit deutscher und türkischer Unterstützung gelang es den Senussi, die Italiener im 1. Weltkrieg aus Libyen zu vertreiben, aber 1923-31 brach ihr Widerstand gegen die europäische Kolonialmacht zusammen. 1934 vereinigte Italien Tripolitanien, die Cyrenaika und den Fessan zur Kolonie Libia, deren Gebiet aufgrund des italienisch-französichen Abkommens von 1935 bis zum Tibestimassiv nach Süden ausgeweitet wurde. Nach dem 2. Weltkrieg, dessen Kampfhandlungen sich auch auf Libyen erstreckten (Tobruk), verzichtete Italien 1947 im Frieden von Paris auf seine territorialen Besitzansprüche, und am 24. 12. 1951 erlangte Libyen seine Unabhängigkeit. Das Oberhaupt der Senussi wurde unter dem Namen Idris I. zum König des prowestlich orientierten Landes ernannt, dessen Wirtschafts- und Finanzkraft durch die Erschließung riesiger Erdölvorkommen seit 1959 einen kometenhaften Aufstieg erfuhr. Soziale Spannungen führten am 1. September 1969 zum Sturz Idris' I. durch eine Militärjunta unter Oberst Muamar Al Gaddafi, der sich als Staatschef an die Spitze eines Revolutionsrates setzte. Er vollzog eine totale politische Kehrtwendung zum Sozialismus auf streng islamischer Basis. Im März 1977 wurde die vorläufige Verfassung von 1969 durch eine neue ersetzt. Staatsoberhaupt ist danach der Generalsekretär des Generalvolkskongresses. Aufgrund der neuen Verfassung kam Oberst Muamar Al Gaddafi erneut an die Macht, nachdem er im April 1974 von allen politisch-exekutiven Pflichten entbunden worden war. – 1980 Vereinigung mit Syrien.

BEVÖLKERUNG. – Libyen besitzt eine Bevölkerungsdichte von nur 1,36 Einwohnern je qkm. Dieser extrem niedrige Wert vermittelt jedoch ein sehr ungenaues Bild, denn er kommt durch den mehr als 90% der Gesamtfläche betragenden Anteil der fast menschenleeren Sahara zustande. Über 95% der Bevölkerung sind nämlich ausschließlich auf die Küstengebiete westlich und östlich der Großen Syrte konzentriert, wobei das Kommissariat Tripolis in der Djefara mit 260 Einwohnern je qkm mit weitem Abstand an der Spitze liegt. Allein in der Hauptstadt Tripolis lebten 1974 552000 Menschen, und weitere 230000 verteilten sich auf das nähere Umland, so daß in diesem Ballungsraum rund ein Drittel der Gesamtbevölkerung ansässig ist. Zweitgrößter Bevölkerungsschwerpunkt ist Bengasi (Stadt 308000 Einw.; Kommissariat 352000 Einw.), gefolgt von den Mittelstädten Misurata, El-Beida und Derna. Dichtewerte von 1 Einwohner und weniger werden erst südlich der Bergländer des Djebel Nefusa und Djebel el-Akhdar erreicht. Auf diese Gebiete beschränken sich hauptsächlich die halbnomadischen (25%) und vollnomadischen (5%) Bevölkerungsteile. Die Mehrheit der Bevölkerung (etwa 35 %) sind Araber, meist Händler oder Viehzüchter, die vorwiegend in den Küstengebieten leben. Als nächst größere Gruppe folgen arabisierte Berber (30 %), die sich in Sprache und Lebensform den Arabern vollkommen angepaßt haben. Reine Berberstämme (25 %), die vor den Einfällen der Araber dominant waren, gibt es heute hauptsächlich noch im westlichen Djebel Nefusa und in einigen saharischen Oasen. Sie sind größtenteils seßhafte Ackerbauern. Kleinere Bevölkerungsgruppen bilden die Kulughi (6 %), an der Küste siedelnde Mischlinge zwischen Arabern und Türken, außerdem nomadisierende berberische Tuareg und braunhäutige Tibbu im Fessan sowie Mischlinge zwischen Arabern, Tuareg und Sudannegern, die im 18. und 19. Jahrhundert als Sklaven nach Libyen verschleppt worden waren.

Das jährliche Bevölkerungswachstum Libyens zählt zu den höchsten der Welt. 1974 betrug es 3,9 %. Das Ergebnis dieser starken Zunahme ist ein ungewöhnlich hoher Anteil von unter 15 Jahre alten Kindern. Ihr Anteil an der Gesamtbevölkerung beträgt rund 50 %.

Eine besondere Rolle im Wirtschaftsleben des Landes spielen ausländische Arbeitnehmer. Von den 120 000 Italienern, die 1939 in Libyen lebten, waren vor der Revolution zwar nur noch 25 000 Personen im Lande verblieben, und auch sie mußten Libyen 1969/70 zusammen mit dem einst sehr zahlreichen Juden verlassen. Aber aus anderen europäischen Ländern, vorwiegend aus Osteuropa und aus der Bundesrepublik Deutschland, wurden tausende der im Land dringend benötigten Techniker angeworben. Ihr Kontingent ist jedoch gering, verglichen mit demjenigen der Gastarbeitergruppen aus Ägypten, Tunesien, dem Sudan sowie aus Tschad und Niger, deren Gesamtzahl 1975 weit über 220 000 betrug. Sie stellten bereits damals ein Drittel aller Erwerbspersonen des Landes, eine Zahl, die nach amtlichen Schätzungen 1980 weit über 40 % liegen dürfte. Diese ungewöhnliche Struktur des Arbeitsmarktes ist darauf zurückzuführen, daß einerseits die Erwerbspersonen schätzungsweise nur 30 % der Gesamtbevölkerung ausmachen und andererseits rund 50 % aller ausgebildeten männlichen Einwohner Militärdienst leisten. Abhilfe verspricht sich die Regierung durch eine Verbesserung des Bildungsangebots, durch Eingliederung von Frauen in das Erwerbsleben, durch eine Erhöhung der Arbeitsproduktivität sowie durch die Seßhaftmachung der nomadischen Bevölkerungsgruppen.

WIRTSCHAFT. – Obwohl der Beitrag der Land wirtschaft zum Bruttosozialprodukt des Landes nicht einmal 3 % beträgt, sind auf diesem Produktionssektor rund 27 % der libyschen Erwerbspersonen beschäftigt. Aber nur etwa 1,5 % der Staatsfläche wird überhaupt agrarisch genutzt, und die extremen natürlichen Gegebenheiten sowie traditionelle Bewirtschaftungsmethoden wirken sich äußerst negativ auf die Produktivität aus. Der Entwicklung der Landwirtschaft gilt deshalb auch das Hauptaugenmerk der Regierung, um die Abhängigkeit von der Erdölförderung zu verringern und den nur 40 % des Nahrungsmittelbedarfs umfassenden Selbstversorgungsgrad zu steigern. Die Hauptanbaugebiete liegen in der Djefara um Tripolis, um Bengasi und in den großen Oasensiedlungen. Die meisten Ölbaumhaine, Citrus- und Mandelkulturen und Rebflächen, teilweise künstlich bewässert, wurden zwischen 1920 und 1940 von Italienern angelegt. 1970 erfolgte ihre Verstaatlichung, so daß heute nur noch kleine Familienbetriebe in Privatbesitz sind. Getreide (Weizen, Gerste, Hirse, Mais und Reis), Gemüse und Kartoffeln werden hauptsächlich im Regenfeldbau produziert, weil die meist trockenliegenden Flüsse trotz des Baus von Staudämmen nicht genügend Wasser zur Ausweitung des Bewässerungsfeldbaus liefern können. Der ernährungswirtschaftliche Nutzen der äußerst extensiven Viehhaltung, die sich hauptsächlich auf die Cyrenaika konzentriert, soll durch die Züchtung geeigneterer Tierrassen gefördert werden, und

zwar unter Mithilfe der FAO, der Ernährungs- und Landwirtschaftsorganisation der Vereinten Nationen.

Wirtschaftsgrundlage Libyens ist die Erdöl- und Erdgasproduktion. Zur Zeit werden jährlich etwa 100 Millionen t Rohöl, also etwa 5 % der Weltförderung, gewonnen. Die transportgünstig um das Syrtebecken gelegenen Öl- und Gasvorkommen wurden 1958 entdeckt, und die Ausbeutung der Lagerstätten begann bereits drei Jahre später. Heute machen die Einnahmen aus dem Erdölverkauf rund 70 % des Bruttosozialprodukts aus, und die Exporterlöse führten innerhalb weniger Jahre zu einem enormen Wirtschaftswachstum. In den siebziger Jahren wurde fast die gesamte Ölförderung verstaatlicht. Die libysche Wirtschaft steht trotz des Kapitalstroms aus den westlichen Industrienationen vor einer Reihe von Problemen, denn in der Erdölindustrie können nur etwa 6 % der Erwerbspersonen eine Beschäftigung finden, so daß der Aufbau erdölunabhängiger Industrien ebenso dringend erforderlich ist wie die Entwicklung der Landwirtschaft. Bis heute gibt es lediglich Nahrungsmittel verarbeitende Betriebe sowie Tabak-, Holz-, Baustoff- und Möbelindustrie; Branchen, die eng mit dem traditionellen Handwerk verzahnt sind. In Misurata soll auf der Basis importierter Eisenerze ein leistungsstarkes Hüttenwerk entstehen, als dessen Energiegrundlage Erdgas vorgesehen ist. Der Abbau landeseigener Erzlagerstätten im Fessan (Vorräte von 700 Mio. t) ist zur Zeit unrentabel, obwohl der Eisengehalt 40-50 % beträgt.

Libyens wichtigstes Verkehrsmittel ist das Kraftfahrzeug, denn die – wenn auch nur sehr bescheidenen – ehemaligen Eisenbahnlinien an der Küste wurden 1965 stillgelegt. Aber auch das Straßennetz ist mit einer Gesamtlänge von nur 20 000 km für ein so großflächiges Land außergewöhnlich klein, zumal nur 8700 Streckenkilometer asphaltiert sind und von gewöhnlichen Fahrzeugen benutzt werden können. Hauptverkehrsader ist die 1822 km lange Küstenstraße zwischen der ägyptischen und tunesischen Grenze. Von ihr zweigen mehrere Asphaltstraßen nach Süden zu den Erdölgebieten ab. Die Strecke Tripolis-Sabha soll demnächst als Transsaharaverbindung bis N'Djemena in Tschad ausgebaut werden. Ein dichteres Straßennetz gibt es nur im Umland von Tripolis, im Djebel Nefusa sowie in den agrarisch genutzten Gebieten am Djebel el-Akhdar.

Der Erdöltransport von den Förderstellen zur Küste der Großen Syrte erfolgt über ein aus sechs Fernleitungen bestehendes Pipelinenetz von rund 2500 km Länge. Die Verschiffung des Öls wird über die Häfen Marsa al Haridsch, As Suwaitina, Marsa al Buraika, Ras al Anuf und As Sidr abgewickelt. Dem übrigen Seeverkehr stehen neben dem Naturhafen von Tobruk die Häfen von Tripolis, Derna und Bengasi zur Verfügung. Der internationale Flugverkehr Libyens läuft über Tripolis und Bengasi, deren Flughäfen von 20 Gesellschaften angeflogen werden. Der Flughafen von Sabha dient zusammen mit mehreren Landeplätzen in größeren Orten und neben den Ölfeldern ausschließlich dem Inlandverkehr.

Der Tourismus spielt bislang eine sehr bescheidene Rolle, da die für den Massentourismus notwendige Infrastruktur weitgehend noch nicht vorhanden ist. Die Regierung ist jedoch bemüht, diesen Mangel in absehbarer Zeit zu beheben, da der Fremdenverkehr ihr u.a. ein geeignetes Mittel zu sein scheint, die einseitig auf die Erdölindustrie ausgerichtete Wirtschaftsstruktur des Landes ausgewogener zu gestalten.

Bengasi, El-Beida, *Leptis Magna und **Tripolis** s. Reiseziele von A bis Z.

Limassol s. bei Zypern

Limnos s. Lemnos

Lindos s. bei Rhodos

Linosa
s. bei Pelagische Inseln

Liparische Inseln / Isole Lipari
Äolische Inseln / Isole Eolie

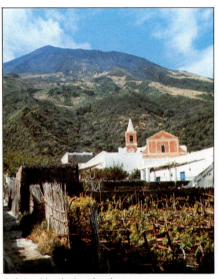

Auf den Liparischen Inseln

Italien.
Region: Sicilia (Sizilien). – Provinz: Messina.
Hauptinsel: Lipari. – Bewohnerzahl: 12000.
Postleitzahl: I-98055. – Telefonvorwahl: 090.

ⓘ **EPT Lipari,**
Corso Vittorio Emanuele 237;
Telefon: 91 15 80.

HOTELS. – Auf L i p a r i : *Carasco*, II, 163 B., Sb.;
Gattopardo Park, II, 78 B.; *Giardino sul Mare*, II,
60 B., Sb.; *Augustus*, III, 36 B. – Auf V u l c a n o : *Eo-
lian*, II, 162 B.; *Arcipelago*, II, 157 B., Sb.; *Garden
Volcano*, II, 60 B.; *Les Sables Noirs*, II, 53 B.; *Mari
del Sul*, III, 49 B. – Auf F i l i c u d i : *Los Caracollos*, II.
– Auf P a n a r e a : *La Piazza*, III, 50 B. – Auf S t r o m -
b o l i : *La Sciara Residence*, II, 122 B., Sb.; *La Sire-
netta*, III, 52 B. – JUGENDHERBERGE in Lipari,
120 B.

SCHIFFSVERBINDUNG. – *Linienverkehr* mehrmals
täglich von Milazzo und Messina sowie mehrmals
wöchentlich von Neapel nach Lipari, Vulcano, Salina, Panarea, mit Anschluß dreimal wöchentlich
nach Filicudi und Alicudi. – Ferner *Tragflügelboot*
im Sommer 1-2 mal täglich von Milazzo, Messina
und Palermo (Cefalù, Capo d'Orlando).

**Die von der Nordküste Siziliens
30-80 km entfernten Liparischen Inseln, nach dem griechischen Gott der
Winde Aiolos auch Äolische Inseln genannt, bilden einen zur Provinz Messina gehörenden Archipel aus sieben
größeren Inseln und zehn unbewohnten Eilanden, den Spitzen aus tiefer
See aufsteigender Berge vulkanischen
Ursprungs.**

Die eine Gesamtfläche von 117 qkm umfassende Inselgruppe mit heute rund
12000 Bewohnern diente in der Vergangenheit lange Zeit als Verbrecherkolonie und Verbannungsort. Wegen ihres
überaus milden Klimas und vor allem
wegen der eigenartigen Landschaft er-
freuen sich die Inseln in jüngster Zeit eines stetig wachsenden Interesses als
Ferienziel mit guten Unterwassersportbedingungen.

INSELBESCHREIBUNGEN. – Die größte und
fruchtbarste der Liparischen Inseln ist

Lípari (38 qkm; 10000 Bew.). An der südlichen Bucht der Ostküste liegt **Lipari** (5 m;
4500 Einw.), der Hauptort der Insel. Im Süden
des Hafens auf vorspringendem Felsen das
Kastell, das die Kathedrale (1654) sowie drei
andere Kirchen umschließt. Bei der Kathedrale im ehemaligen Bischöflichen Palast ein
*Museum (Antiquarium) für die jüngst auf
den Inseln ausgegrabenen reichen Funde
aus vorchristlicher und geschichtlicher Zeit
(u.a. bemalte griech. Vasen, eine Isis-Statuet-
te; Gräberfeld). Westlich der Kathedrale erkennt man in dem Ausgrabungsfeld vor der
Kirche der Immacolata Bauschichten von der
ältesten Bronzezeit (17. Jh. v. Chr.) über die
Eisenzeit (11.-9. Jh. v. Chr.) und die hellenistische Epoche bis zur römischen Zeit
(2. Jh. n. Chr.). Nördlich vom Kastell der
Stadtteil der Fischer, südlich die Magazine
der Kaufleute, wo die Ausfuhrgüter (u.a.
Bimsstein, an Rohrspalieren gezogene Korinthen, Malvasierwein, Kapern, Feigen) ge-
lagert werden.

Etwa 3 km nördlich der Stadt Lipari liegt jenseits des *Monte Rosa* (239 m) das Dorf **Canneto** (10 m), das Zentrum der Gewinnung,
Bearbeitung und Ausfuhr von Bimsstein
(pomice), die besichtigenswerten Bims-
steinbrüche liegen 45 Minuten nordwestlich
im Tal der *Fossa Bianca*. – 1 $^1/_2$ - 2 Stunden
westlich von Canneto erhebt sich jenseits
des mächtigen erstarrten Lavastromes *For-
gia Vecchia* der **Monte Sant' Angelo** (594 m),
der höchste Berg der Insel; von seiner Spitze,
etwa im Zentrum des Archipels, genießt man
die beste *Rundsicht auf die Inselgruppe. – In
einem Tal nahe der Westküste entspringen
bei *Piano Conte* die 62°C heißen *Quellen* von
San Calogero (Dampfbäder). – Von Lipari
lohnender Fußweg (1$^1/_2$ St.) zunächst 3 km
südlich nach *San Salvatore* an der Südspitze
der Insel; dann an der Westseite des *Monte
Guardia* (369 m) zurück nach Lipari.

Südlich der Insel Lipari erhebt sich jenseits
einer 1 km breiten Meerenge (Bocche), in der
die Basaltklippe Pietralunga 60 m aus den
Wellen ragt, die Insel **V u l c a n o** (21 qkm;

400 Bew.), auf der man besonders gut vulkanische Erscheinungen studieren kann. Im Norden der Insel der erst 183 v. Chr. aus dem Meer emporgewachsene *Vulcanello* (123 m), mit drei Kratern. In der Senke südlich des Berges die Häfen *Porto di Ponente* (westl.) und *Porto di Levante* (östl.); vor letzterem im Meer ein merkwürdig geformter und durch den Alaunabbau ausgehöhlter Felsenrest eines alten Vulkans. Das hier stark radioaktive Meerwasser ist warm und zuweilen durch unterseeische Dampfquellen (gegen Rheuma und Gicht) siedend. – Südlich der genannten Senke der *Große Krater* (386 m; Aufstieg von Porto di Levante in 1 St.), mit prächtiger *Aussicht; auf halber Höhe zahlreiche Fumarolen. Der Krater, seit den Ausbrüchen von 1880-90 im Solfatarenzustand, hat einen Durchmesser von 200 auf 140 m und eine Tiefe von etwa 80 m. – Noch weiter südlich der Kegel *Monte Aria* (499 m), der höchste Berg der Insel.

4 km nordwestlich der Insel Lipari liegt die Insel **Salina** (27 qkm; 2000 Bew.), mit zwei erloschenen Vulkanen: im Nordwesten der *Monte de Porri* (860 m), im Südosten der *Monte Fossa delle Felci* (962 m). – Etwa 20 km westlich von Salina die gut angebaute Insel **Filicudi** (bis 775 m ü.d.M.; 9 qkm; 150 Bew.); an ihrer Westküste eine schöne Säulenbasaltgrotte. – Noch 13 km weiter westlich die von 130 Hirten und Fischern bewohnte Insel **Alicudi** (663 m; 5 qkm).

14-21 km nordöstlich der Insel Lipari liegt eine kleine Inselgruppe, die vor den vulkanischen Ausbrüchen des Jahres 126 v. Chr. vielleicht eine einzige Insel bildete. Die größte dieser Inseln ist **Panarea** (421 m ü.d.M., 3,5 qkm; 250 Bew.), mit heißen Quellen. Bei der Südspitze *Punta Milazzese* die

Liparische Insel Panarea

1948 freigelegten Grundmauern von 23 Hütten eines *bronzezeitlichen Dorfes* (14./13. Jh. v. Chr.), das besterhaltene der Bronzezeit in Italien. – 4 km nordöstlich von Panarea die unbewohnte kleine Felsinsel **Basiluzzo** (Kapernanbau).

14 km nordöstlich von Basiluzzo liegt die Insel **Strómboli** (12,5 qkm; im J. 1935 etwa 1800 Bew.; durch Auswanderung bes. nach

Australien heute noch 350 Bew.), die im Altertum als Sitz des Windgottes Aeolus galt. An der Nordostseite der Insel der Hauptort **Stromboli** (20 m), mit den Ortsteilen *San Bartolomeo, San Vincenzo* und *Ficogrande*.

Wie der Krater von Vulcano gehört der *Stromboli** (926 m), dessen rotes Feuer nachts weithin sichtbar ist, zu den wenigen noch nicht erloschenen Vulkanen Europas (lohnende Besteigung in 3 St. von der Nordseite). Nördlich der höchsten Spitze der Krater, in dem in kurzen Zwischenräumen Lavablasen aufsteigen und unter donnerndem Geräusch platzen. Die in die Höhe geschleuderten Schlacken fallen wieder in den Krater zurück oder rollen unschädlich die *Sciara*, eine im Nordwesten in einem Winkel von 35° zum Meeresspiegel und noch tiefer darunter abfallende Halde, hinab. Nur alle paar Jahre fügen stärkere Ausbrüche den Kulturen Schaden zu. Wenn der oft gewaltige Dampf es zuläßt, kann man bis an den Rand des Kraters hinabsteigen und hineinsehen. – 1,5 km nordöstlich vom Ort Stromboli ragt die prächtige Basaltklippe *Strombolicchio* 56 m senkrecht aus dem Meer auf (Felsentreppe).

Livorno

Italien.
Region: Toscana. – Provinz: Livorno.
Höhe: 0-3 m ü.d.M. – Einwohnerzahl: 175000.
Postleitzahl: I-57100. – Telefonvorwahl: 0586.
ⓘ **EPT,** Piazza Cavour 6;
Telefon: 33111.
ACI, Via Giuseppe Verdi 32;
Telefon: 34651.
TCI, *Viaggi Vietu,* Via Ricasoli 17/21 (Tel. 21420) und Via Maggi 2/4 (Tel. 23563).

HOTELS. – *Palazzo,* Viale Italia 195, I, 227 B.; *Astoria,* Via Ricasoli 96, I, 170 B.; *Excelsior,* Via D. Cassuto 1, II, 105 B.; *Giappone,* Via Grande 65, II, 96 B.; *Granduca,* Piazza Micheli 16, II, 75 B.; *Corsica,* Corso G. Mazzini 148, III, 82 B.

Die an der Flachküste des Tyrrhenischen Meeres südlich der Mündungsebene des Arno gelegene italienische Provinzhauptstadt Livorno ist eine lebhafte Hafen- und Handelsstadt, die durch einen 15 km langen Kanal mit dem Arno verbunden ist und den Hauptumschlagsplatz für das toskanische Hinterland bildet.

Livorno verdankt seine Größe den Medici, die im 16./17. Jahrhundert Flüchtlingen aus allen Ländern, Katholiken aus England, Juden und Mauren aus Spanien, Zuflucht gewährten. Die von Kanälen durchzogene Stadt ist durchaus modern und besitzt infolge der schweren Zerstörungen des Zweiten Weltkrieges keine hervorragenden alten Kunstdenkmäler mehr. – Livorno ist Geburtsort des Malers Amedeo Modigliani (1884-1920).

SEHENSWERTES. – Mittelpunkt der im Zweiten Weltkrieg vollständig zerstörten Altstadt bildet die von modernen Gebäuden umgebene langgestreckte Piazza Grande; in ihrem südlichen Teil der nach den ursprünglichen Plänen wiederaufgebaute **Dom.** In der Mitte des Platzes das *Palazzo Grande* (1951), in der Nordostecke das **Rathaus.** – Von der Piazza Grande führt die Via Cairoli südwärts zu der teilweise über dem Kanal *Fosso Reale* angelegten Piazza Cavour, dem neuen Verkehrszentrum der Stadt.

Hauptstraße von Livorno ist die quer über die Piazza Grande führende Via Grande; an ihrem Ostende die Piazza della Repubblica, mit Standbildern Ferdinands III. († 1824) und Leopolds II. († 1870), der letzten toskanischen Großherzöge. Unweit nördlich des Platzes die von einem Kanal umgebene *Fortezza Nuova.*

Im Hafen der italienischen Stadt Livorno

Am Westende der Via Grande erstreckt sich längs der Hafenbecken der *Darsena* die Piazza Micheli; an dieser rechts ein *Standbild* des *Großherzogs Ferdinand I.* (von Giovanni Bandini), mit vier maurischen Sklaven von Pietro Tacca (1624). Am Nordende der Darsena die *Fortezza Vecchia,* westlich der große *Porto Mediceo.*

In der Via del Tempio befindet sich die modernistische *Synagoge* (1962) an Stelle der im Zweiten Weltkrieg zerstörten, einst prächtigsten Synagoge Italiens.

Von der Piazza Micheli gelangt man südlich über die Piazza Mazzini und die Piazza Orlando zu dem prächtigen, am Tyrrhenischen Meer bis zu dem Villenvorort Ardenza hinziehenden Viale Italia, mit Strandbädern, *Aquarium* und *Stadion.*

*Pisa s. dort.

Lopud
s. bei Elaphitische Inseln

Lošinj

Jugoslawien.
Teilrepublik: Kroatien (Hrvatska).
Inselfläche: 75 qkm. – Bewohnerzahl: 8000.
Telefonvorwahl: 051.
(i) **Turist biro Mali Lošinj,**
YU-51550 Mali Lošinj,
Obala Maršala Tita 7;
Telefon: 86 10 11.
Turist biro Veli Lošinj,
YU-51551 Veli Lošinj;
Telefon: 86 12 83.
Turistički ured Nerezine,
YU-51554 Nerezine;
Telefon: 86 11 66.
Turistički ured Ilovik,
YU-51552 Ilovik;
Telefon: 86 12 31.

HOTELS. – In Mali Lošinj: *Aurora & Vespera,* I, 1466 B., mit Appartements, I, 8 B.; *Bellevue,* II, 414 B.; *Helios,* II, 262 B., mit den Dependancen *Villa Karlovac,* II, 32 B., und *Villa Rijeka,* II, 44 B., sowie Bungalows, II, 120 B.; *Alhambra,* II, 120 B., mit den Dependancen *Villa Dubrovnik,* III, 46 B., *Villa Sarajevo,* III, 11 B., *Villa Zadar,* III, 19 B. und Appartements, III, 6 B.; *Cikat,* III, 85 B., mit Dependance *Villa Flora,* III, 16 B.; *Istra,* III, 43 B. – In Veli Lošinj: *Punta,* II, 315 B. – In Nerezine: Privatunterkunft, Vermittlung durch die Touristenbüros. – Auf Unije und Susak: Nur Privatquartiere, Vermittlung über die Informationsstellen.

CAMPINGPLÄTZE. – In Mali Lošinj: *Čikat; Poljana,* mit Jachthafen. – In Veli Lošinj: *Punta.* – In Nerezine: *Rapoca,* mit kleinem Hafen.

VERANSTALTUNGEN. – Ende Dezember Unterwasserjagd: *Wintercup der Nationen* und *Neujahrscup der Städte.*

STRÄNDE. – Bekanntester, aber in der Hauptsaison auch meist überbelegter Badestrand ist die **Čikat-Bucht** in der Nähe des südwestlich von Mali Lošinj im Wald und am Meer gelegenen Hotelkomplexes. In Richtung Süden folgt dann nach mehreren kleinen, zu Hotels gehörenden, aber auch öffentlich zugänglichen Buchten ein schattenloses FKK-Gelände. Die weiteren Buchten bis zum Südkap der Insel, einige mit kleinen Sandstränden, erreicht man zwar auf Saumpfaden, schneller und bequemer aber mit einem Boot. Auf der östlichen Seite der Insel sind die Badegelegenheiten weniger günstig; einige gute Strände lediglich im Norden bei Nerezine.

AUTOFÄHREN. – Verbindung zum Festland über die Insel Cres (Brücke) mit Autofährschiff-Linien Porozine – Brestovo; Porozine – Rijeka; darüber hinaus: Pula – Lošinj – Zadar. Personenschiffe: Pula – Ilovik – Unije – Mali Lošinj – Silba – Olib – Rab, auch Schnellverbindungen mit Tragflügelbooten.

Subtropische Vegetation und ein Klima ohne winterliche Minusgrade haben die 70 km südlich der Festlandhafenstadt Rijeka liegende 75 qkm ausgedehnte Insel Lošinj zu einem ganzjährig besuchten Urlauberziel gemacht. Bereits im vorigen Jahrhundert wurde Lošinj von Asthmakranken zur Kur aufgesucht. Heute spielt der Kurbetrieb nur noch eine Nebenrolle.

Mali Lošinj – Malerisches Städtchen auf der jugoslawischen Insel Lošinj

GESCHICHTE. – Lošinj war ebenso wie die Nachbarinsel Cres in der Jungsteinzeit besiedelt. Dies bezeugen Funde in Höhlen an den steilen Westküsten beider Eilande. Aus der Bronze- und Eisenzeit stammen Überreste der über das ganze Gebiet verstreuten rund 50 Wallsiedlungen aus Steinblöcken. Um 1200 setzten sich auf beiden Inseln die Illyrer fest, die von zeitgenössischen Schriftstellern als ebenso kühne Seefahrer wie gefürchtete Seeräuber geschildert werden. Ende des 3. Jahrhunderts v. Chr. errichteten die Römer mit *Absorus,* dem heutigen Osor am Kanal zwischen Lošinj und Cres, eine befestigte Stadt, die bald 30 000 Einwohner zählte. Nach der slawischen Landnahme von Beginn des 7. Jahrhunderts an blieb Osor weiter unter byzantinischer Oberhoheit, die erst 842 endete, als die Sarazenen die Stadt eroberten und brandschatzten. Anfang des 10. Jahrhunderts kam es zur Gründung des ersten selbständigen kroatischen Staates unter König Tomislav, zu dem Lošinj und Cres nun gehörten. Doch 1018 unterwarf der venezianische Doge Orseolo II. mit seiner Flotte Osor. 50 Jahre später gewann der Kroatenkönig Krešimir IV. die beiden Inseln zurück.

In den folgenden drei Jahrhunderten wechselten sich Kroaten und Venezianer in der Beherrschung von Lošinj und Cres ab. Die Eroberer setzten sich immer wieder in Osor fest, schenkten aber dem kaum noch bewohnten Lošinj keine Beachtung. Die Türken wagten im 16. und 17. Jahrhundert nicht, zu den beiden Inseln überzusetzen, doch erschienen des öfteren die Schiffe der Seeräuber aus Senj, um die Küstenorte auszuplündern. Erst nachdem

Österreich durch den Wiener Kongreß von 1815 seine alten Beziehungen in Dalmatien und an der nördlichen Adria wiedererlangt hatte, begann für Lošinj eine Blütezeit.

Der Vertrag von Rapallo (1920) führte Lošinj und Cres sowie die umliegenden Eilande nicht dem neuen Königreich Jugoslawien zu, sondern brachte sie an Italien. Die neuen Herren verfolgten eine radikale Politik der Italienisierung und unterdrückten kroatische Sprache und Brauchtum. 1945 landeten die Partisanen auf Lošinj und Cres. Im Frieden von Paris 1947 wurden dann beide Inseln zusammen mit Istrien dem neuen Jugoslawien zuerkannt.

INSELBESCHREIBUNG. – In **Mali Lošinj** bietet sich vom 34 m hohen Glockenturm eine großartige *Rundsicht aufs Meer und die umliegenden Inseln. Die 1676 errichtete Marienkirche mit schöner barocker Fassade enthält einen sehenswerten Hauptaltar mit einem Reliquiar des Märtyrers Romulus, dem Kreuzaltar als Werk des venezianischen Bildhauers Ferrari und den Patronsaltar (gegenüber an der linken Längswand) mit den Bildnissen der Inselpatrone Gaudentius (Cres), Quirinus (Krk) und Christophorus (Rab). Von der Marienkirche führt ein Weg hinauf zur Seefestung aus dem 15. Jahrhundert. Grabmäler einstiger Schiffseigner und Kapitäne auf dem Friedhof der St.-Martins-

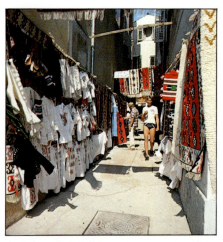

Gasse in Mali Lošinj

Kirche. Zum Kalvarienberg (Kalvarija), einem Hügel südwestlich von Mali Lošinj, führt ein Weg mit 14 barocken Kreuzwegstationen hinauf. In der Čikat-Bucht enthält die kleine Wallfahrtskirche Mariae Verkündigung auf beiden Seitenwänden zahlreiche Votivbilder mit Schiffen in Seenot.

In **Veli Lošinj** kann man die St.-Antonius-Pfarrkirche, das Marien-Wallfahrtskirchlein auf der Landspitze, einen 1455 errichteten Wehrturm hinter der ersten Häuserreihe am Hafen, die 1510 erbaute Kirche zu Unserer Lieben Frau (Gospa od Andjela) und das alte St.-Josephs-Kloster (Sveti Josip), heute Pfarrhof, besichtigen. Oberhalb der Stadt dehnt sich ein Waldpark, das sogenannte Arboretum, aus. Hier erbaute der österreichische Erzherzog Karl Stephan 1885 sein Palais 'Wartsee', das er mit einem 12 ha großen prächtigen Park umgab (heute zu einem Sanatorium gehörend).

Der drittgrößte Ort auf Lošinj ist **Nerezine**, das als Sommerfrische immer mehr Bedeutung gewinnt. Von hier und dem Nachbarort **Sveti Jakob** aus läßt sich die höchste Erhebung der Insel, die 588 m hohe *Televrina*, auf markierten Fußpfaden ersteigen. Vom Gipfel aus genießt der Wanderer einen grandiosen Ausblick über das Meer zu Inseln und zum Festland.

Eine Art Fortsetzung der Insel Lošinj bilden im Süden die drei Eilande Ilovik, Sveti Petar und Kozjak.

Ilovik, knapp 6 qkm groß, ist von wasserundurchlässiger Lehmerde bedeckt und besitzt deswegen im Gegensatz zu Lošinj mehrere ergiebige Quellen. Die einzige Ansiedlung ist das freundliche, ruhige Dorf *Ilovik*. In der 1878 erbauten Pfarrkirche zahlreiche bemalte Holzfiguren, die Amerika-Auswanderer während der österreichischen Zeit gestiftet haben und die ein Südtiroler Holzschnitzer aus dem Grödner Tal angefertigt hat. Orangen, Zitronen und Gemüse gedeihen reichlich auf Ilovik; zu Mali Lošinj und nach Zadar (s. dort) besteht ständig Schiffsverbindung.

Ilovik gegenüber liegt das von reicher mediterraner Flora bedeckte Inselchen **Sveti Petar**. Im Durchfahrtkanal ein einstmals als Schutz vor Piraten errichteter Festungsturm. Das Wohngebäude am Ufer dient Franziskanern aus Zagreb als Erholungsheim.

Die dritte Insel südlich Lošinj, **Kozjak,** ist unbewohnt.

Der Westküste von Lošinj vorgelagert sind zwei weitere Inseln von einiger touristischer Bedeutung: Unije und Susak.

Unije (18 qkm; 280 Bewohner; nur Privatunterkunft) wird von den zwischen Pula und Mali Lošinj verkehrenden Linienschiffen angelaufen. Die hauptsächlich aus Kalkstein bestehende Insel besitzt eine fruchtbare Niederung mit Olivenhainen und Rebpflanzungen. 300 Fremdenbetten warten auf Gäste, es gibt Strom, aber keine Wasserleitung; das lebensnotwendige Naß wird wie auf Susak aus Zisternen geschöpft. Historische Relikte auf Unije sind Reste römischer Landsitze und die Mauerringe vorgeschichtlicher Wallburgen.

Susak (6,3 qkm; 200 Bewohner; nur Privatunterkunft) besteht im Gegensatz zu den anderen Inseln der Adria aus einem großen Schwemmsandhügel. Auf der noch recht abgeschiedenen Insel gibt es keinen Autoverkehr und keinen elektrischen Strom;

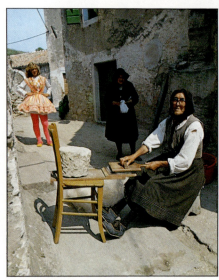

Trachten auf der jugoslawischen Insel Susak

Wasser schöpfen die Bewohner aus Zisternen. Früher lebten die Menschen hier vom Fischfang; heute betreiben die wenigen noch in ihrer Heimat verbliebenen Bewohner Weinbau. Häufig sind noch schöne alte Volkstrachten zu sehen. – Hinter dem Hafendorf führt links ein Fußpfad an Schilfrohrfeldern vorbei zum höheren Teil der Ortschaft. An seinem Ende ein freier Platz vor der 1770 errichteten Nikolauskirche, im Inneren ein bemaltes byzantinisches Holzkruzifix aus dem 12. Jahrhundert, das aus einem gesunkenen Schiff stammt. Vor der Kirche eine Zisterne, welche die Wasserversorgung sicherstellt; Quellen gibt es keine. Der weitere Rundweg über Susak erreicht dann einen *Friedhof,* der mit Inschriften in kroatischer und italienischer Sprache einen Blick in die Geschichte des Eilands vermittelt. Schließlich ein Hügel Garba der Leuchtturm mit wundervollem Ausblick auf zahlreiche Inseln rings herum und auf die offene See.

Auf die Abgeschiedenheit des Eilands ist es wohl zurückzuführen, daß sich hier – und nur hier – sowohl der frühere kroatische Dialekt als auch alte Totenklagen so lange gehalten haben.

Susak ist heute den Sommer über ein an jeden Tag von zahlreichen Ausflugsbooten angelaufenes Ziel, und das Hafenbecken wird gern von Segeljachten aufgesucht, die hier über Nacht bleiben. Die Insel ist von vielen einsamen Sandstränden gesäumt.

Málaga

Spanien.

Region: Andalucía (Andalusien). – Provinz: Málaga.
Höhe: 8 m ü.d.M. – Einwohnerzahl: 500 000.
Telefonvorwahl: 952.

ⓘ **Oficina de Información de Turismo,**
Larios 5;
Telefon: 21 34 45.
Delegación Provincial de Información,
Trinidad Grand 2;
Telefon: 21 04 76.
Oficina de Turismo,
Flughafen;
Telefon: 31 20 44.

HOTELS. – *Málaga Palacio* (garni), Cortina del Muelle 1, I, 228 Z., Sb.; *Parador Nacional del Gibralfaro,* 3 km außerhalb, II, 12 Z.; *Casa Curro* (garni), Sancha de Lara 7, II, 87 Z.; *Las Vegas,* Paseo de Sancha 28, II, 73 Z., Sb.; *Bahía* (garni), Somera 8, II, 44 Z.; *Los Naranjos* (garni), Paseo de Sancha 29, II, 38 Z.; *Olletas* (garni), Cuba 1 und 3, III, 66 Z.; Hostal *Del Sur* (garni), Trinidad Grand 13, P I, 37 Z.; *Carambolo* (garni), Marín Garcia 7, P I, 25 Z.; *Terminal* (garni), Pasaje Noblejas 2 und 4, P I, 20 Z. – In der Urbanisación Guadalmar: *Holiday Inn,* I, 174 Z. – CAMPINGPLATZ.

VERANSTALTUNGEN. – *Semana Santa,* berühmte Feierlichkeiten mit besonders eindrucksvollen und farbenprächtigen nächtlichen Prozessionen (Karwoche), anschließend bedeutender Stierkampf (Ostersonntag); *Corpus Christi* (Fronleichnam), ebenfalls mit feierlicher Prozession. Stierkampf, Feuerwerk, *Fiestas Virgen del Carmen,* mit Meeresprozession zu Ehren der Gottesmutter (Juli); *Feria,* mit volkstümlichen Sommerfesten (August); *Spanien-Festspiele,* mit internationalen Musik- und Theater-Aufführungen (August/September); *Rallye Costa del Sol,* Automobilrennen in den Provinzen Málaga, Granada und Almería (Dezember).

STIERKAMPFARENA *(Plaza de Toros;* 11000 Plätze) am Paseo de Reding, im Stadtteil Malagueta.

WASSERSPORT. – Málaga besitzt einen großen Sporthafen; in unmittelbarer Nachbarschaft die Strände *Baños del Carmen, El Palo, Acacias. Pedregalejo* und *El Chanquete* mit feinem Sand, ferner *San Andrés* (6 km Strand).

FREIZEIT und SPORT an Land. – Stierkampf, Golf (mehrere Plätze), Tennis, Reitsport, Sportanlagen und Schwimmbäder in mehreren Stadtteilen; ferner Jagd in Málagas Nachbarschaft und im Coto Nacional de Sierra Blanca (Ojén), Fluß- und Meeresfischerei; Luftsport beim Aero-Club.

Das an der spanischen Südküste zu Füßen der Montes de Málaga malerisch und inmitten von üppiger subtropischer Vegetation gelegene *Málaga, Hauptstadt der gleichnamigen Provinz und Bischofssitz, ist einer der ältesten Mittelmeerhäfen.

Die weite Bucht der B a h í a de M á l a g a wird östlich von der *Punta de los Cántales* und westlich von der *Torre de Pimentel* geschlossen sowie in der Mitte von dem burggekrönten *Gibralfaro* überragt.

Im Westen Málagas erstreckt sich die üppige *Vega* oder *Hoya de Málaga,* in der Orangen, Feigen, Bananen, Zuckerrohr, Baumwolle u.a. gedeihen. Besonders berühmt ist die Stadt wegen ihrer Rosinen (pasas; latein. uvae passae) und ihrer vortrefflichen und schon von den Mauren gepriesenen Weine, unter denen vor allem der süße 'Pedro Ximenes' sowie die Muskateller 'Dulce' und 'Lágrimas' bekannt sind. Das sprichwörtlich milde Klima der Stadt hat Málaga zum Mittelpunkt der *Costa del Sol (s. dort) gemacht, der auch als Winterkurort viel besucht wird. Industrie und Hafen haben Bedeutung.

GESCHICHTE. – Málaga ist eine Gründung der Phönizier, die hier eine Niederlassung für gesalzene Fische besaßen; vermutlich stammt von diesen ersten Siedlern auch der Name der heutigen Stadt; denn aus *Malaca* (malac = salzen) wurde schließlich Málaga. Die Stadt wurde karthagische Festung und bewahrte noch lange ihren punischen Charakter. Sie wurde römische Kolonie, dann kamen die Westgoten (571-711), danach die Mauren, die sie ein Paradies auf Erden nannten. Im Jahre 1487 wurde Málaga von den Katholischen Königen zurückerobert. In diese Zeit fällt der Bau vieler Gotteshäuser, von denen im Mai 1931 über 40 angezündet und zerstört wurden; auch im Bürgerkrieg hat die Stadt stark gelitten. – Málaga ist Geburtsort des Malers Pablo Picasso; hier lebte und starb der Bildhauer Pedro de Mena.

SEHENSWERTES. – Hauptverkehrsader von Málaga ist die 420 m lange und 42 m breite **Alameda;** sie erstreckt sich von der Plaza Queipo de Llano in der Altstadt bis zum Stadtfluß, dem *Río Guadalmedina,* wo die breite Straße jenseits des *Puente de Tetuán* in die westlichen Vororte hinein ihre moderne Fortsetzung findet. Von der Alameda führen Nebenstraßen nördlich zu der nahen *Markthalle* (Mercado), wo besonders morgens der Fischmarkt sehenswert ist.

Östlich der Plaza Queipo de Llano erstreckt sich am Hafen entlang der von hübschen Palmen- und Platanen-Promenaden gesäumte Paseo del Parque, mit tropischer Vegetation. An seiner Nordseite das *Gobierno Civil,* die *Aduana* (Zollamt), das *Postamt* und das 1911-19 erbaute **Ayuntamiento** *(Rathaus);* gegenüber die *Fuente de Neptuno,* von 1560. – An dem den Paseo del Parque fortsetzenden Paseo de Reding rechts die *Plaza de Toros* (Stierkampfarena), von 1874.

Nördlich des Paseo del Parque, unweit der Plaza Queipo de Llano, und durch die Calle Molina Larios zur ALTSTADT mit der **Kathedrale,** einem an der Stelle einer Moschee 1538 nach den Plänen von Diego de Siloé begonnenen, 1680 durch ein Erdbeben teilweise zerstörten und seit 1719 weitergeführten mächtigen Kalksteinbau, mit zweitürmiger Westfassade (von dem 86 m hohen Nordturm weite Rundsicht).

In dem 115 m langen dreischiffigen INNEREN der Kathedrale, das sich durch großartige Proportionen auszeichnet, im *Chor* (1592-1631) ein schönes Gestühl von 1658, mit holzgeschnitzten *Heiligenstatuen und anderen Figuren von Pedro de Mena und Giuseppe Micaeli. In der *Capilla del Rosario* (dritte Kapelle im rechten Seitenschiff) eine Madonna mit Heiligen von Alonso Cano. An der linken Wand der *Capilla de los Reyes* (erste Chorkapelle rechts) die knienden Statuen der Katholischen Könige, ein Werk von Pedro de Mena, und eine Marienstatuette,

die die Könige angeblich auf ihren Kreuzzügen stets mit sich führten. In der *Capilla Mayor* ein moderner Altar mit Passionsbildern von 1580.

Unweit nördlich der Kathedrale in der Calle San Agustín das *Museo de Bellas Artes* (Provinzialmuseum), mit Altertümern und einer kleinen Gemäldegalerie, u.a. mit Frühwerken von Picasso und Werken des 16.-20. Jahrhunderts; Spezialbibliothek über das Werk Picassos. – Durch die Calle Granada links mit der 1490 erbauten *Kirche Santiago el Mayor* zur großen Plaza de la Merced mit dem schlichten *Geburtshaus von Pablo Picasso* (kleine Gedenktafel; Museum geplant). – Weiter nördlich, auf der Calle de la Victoria zu erreichen, die *Kirche Nuestra Señora de la Victoria,* ein schönes barockes Bauwerk an der Stelle, wo Ferdinand V. sein Feldlager aufschlug; in der Kirche die ''Virgen de la Victoria'' (15. Jh.), die Schutzpatronin der Stadt, und zwei Bildwerke von Pedro de Mena.

Südöstlich von der Plaza de la Merced steigt die Calle del Mundo Nuevo hinauf zur Einsattelung Coracha ('Ledersack') und zu der an der Stelle der ältesten Siedlung erbauten, vielfach restaurierten **Alcazaba** *(Festung),* dem Sitz der maurischen Könige, von die u.a. die *Torre de la Vela* und der *Arco de Cristo* erhalten sind; sehenswert das *Museo Arqueológico* (spanisch-arabische Keramik) und die *Gartenanlagen in den Höfen der Burg. An der Nordseite die Reste eines *Teatro Romano.* – Von der

Römisches Theater in Málaga

Coracha gelangt man nordöstlich, zwischen Mauern hindurch, zum **Gibralfaro** (170 m; 'dschebel' = Berg, 'pharos' = Leuchtturm), dessen Befestigung bis ins 13. Jahrhundert zurückgeht. Von der alten Ringmauer herrliche *Aussicht auf Stadt, Hafen und Umgebung. Am Südhang der Parador del Gibralfaro.

Von der Plaza Queipo de Llano, am Ostende der Alameda führt die Calle Marqués de Larios nach Norden. Sie ist die Hauptgeschäftsstraße der Stadt, an ihr liegt auch das Informationsbüro. Die Straße mündet nördlich in die Plaza de José Antonio, mit Springbrunnen und der schönen *Casa del Consulado,* Portal des 17. Jahrhunderts aus weißem und graugrünem Marmor; das Haus ist Sitz der *Sociedad Económica de Amigos del País.*

Torremolinos s. dort.

Mallorca

Spanien.
Region und Provinz: Baleares (Balearen).
Inselfläche: 3660 qkm. – Bewohnerzahl: 420 000.
Oficina de Información de Turismo,
Avenida Jaime III 56,
Palma de Mallorca;
Telefon: (971) 21 22 16.
Fomento del Turismo,
Avenida José Antonio 1,
gegenüber der Hauptpost,
Palma de Mallorca;
Telefon: (971) 22 45 37 und 21 53 10.

HOTELS. – In Palma de Mallorca: *Melia Mallorca,* Monseñor Palmer, L, 239 Z.; *Son Vida,* Castillo de Son Vida, L, 173 Z.; *Victoria,* Calvo Sotelo 125, L, 159 Z.; *Valparaiso,* Francisco Vidal, L, 138 Z.; *Bellver,* Paseo Maritimo 106, I, 393 Z.; *Palas Atenea,* Paseo Maritimo, I, 370 Z.; *Racquet Club,*

Son Vida, I, 51 Z.; *Cupido,* Marbella, II, 197 Z.; *Majorica,* Garita 9, II, 149 Z.; *Reina Constanza,* Paseo Maritimo, II, 97 Z.; *Saratoga,* Paseo de Mallorca 4, II, 92 Z.; *Alcina,* Paseo Maritimo 26, II, 91 Z.; *Augusta,* Francisco Vidal, II, 88 Z.; *Jaime III,* P. Mallorca, II, 88 Z.; *La Almudaina* (garni), Avda. Jaime III 9, II, 80 Z.; *Jumbo Park,* Can Tapara, III, 414 Z.; *El Paso,* Alvaro de Bazan 13, III, 260 Z.; *Horizonte,* Vista Alegre 1, III, 199 Z.; *Isla de Mallorca,* Almirante Churruca, III, 110 Z.; *Cesar,* Cabo Martorell 53, III, 100 Z.; Hostal *Santa Barbara,* Vicario Joaquín Fuster 527, P I, 46 Z.; *Regina,* San Miguel 189, P I, 10 Z.

An der Cala Mayor: *Nixe Palace,* L, 132 Z.; *Santa Ana,* II, 190 Z.; *Cala Mayor,* II, 93 Z.; Hostal *Acor,* P I, 41 Z.

In Ca'n Pastilla: *Gran Hotel El Cid,* I, 216 Z.; *Alexandra,* I, 156 Z.; *Leo,* II, 285 Z.; *Oleander,* II, 264 Z.; *Caballero,* III, 308 Z.; *Helios,* III, 305 Z.; *Calma,* III, 190 Z.; *Apolo,* III, 151 Z.

In Illetas: *De Mar,* L, 136 Z.; *Bonanza Playa,* I, 294 Z.; *Bonanza,* I, 138 Z.; *Playa Marina,* II, 172 Z.; Hostal *Bella Playa,* P I, 35 Z.; *Belmonte,* P I, 15 Z.

In Magalluf: *Barbados,* I, 428 Z.; *Antillas,* I, 332 Z.; *Forte Cala Vinas,* I, 245 Z.; *Melia Magaluf,* I, 242 Z.; *Coral Playa,* I, 184 Z.; *Guadalupe,* II, 488 Z.; *Samos,* III, 417 Z.; *Magalluf Park,* II, 404 Z.; *Trinidad,* II, 375 Z.; *Jamaica,* II, 308 Z.; *Barracuda,* II, 264 Z.; *Dulcinea,* III, 199 Z.

In Palma Nova: *Son Caliu,* I, 239 Z.; *Cala Blanca,* I, 161 Z.; *Delfin Playa,* I, 147 Z.; *Los Mirlos,* II, 336 Z.; *Santa Lucia,* II, 332 Z.; *Tordos,* II, 311 Z.; *Treinta y Tres,* II, 256 Z.; *Torrenova,* II, 254 Z.; *Don Bigote,* III, 231 Z.; *Olimpic,* III, 185 Z.; Hostal *Pujol,* P I, 30 Z.

In El Arenal: *Playa de Palma,* I, 113 Z.; *Garonda Palace,* I, 110 Z.; *Cristina Palma,* I, 104 Z.; *Bahía de Palma,* II, 433 Z.; *Taurus Park,* II, 341 Z.; *Playa Golf,* II, 322 Z.; *Bali,* II, 264 Z.; *Gran Fiesta,* II, 241 Z.; *Timor,* II, 241 Z.; *Tal,* II, 198 Z.; *Tropical,* II, 165 Z.; *San Francisco,* II, 138 Z.; *Arenal Park,* III, 343 Z.; *Lancaster,* III, 318 Z.; *Luna Park,* III, 318 Z.; *Orient,* III, 273 Z.; *Concordia,* III, 220 Z.; *Cosmopolitan,* III,

Mallorca

★ **Touristische Höhepunkte**
★★ **Höhepunkte**
⚙ **Windräder**

1 : 820 000
10 km

218 Z.; *Obelisco*, III, 192 Z.; Hostal *Golondrina*, P I, 59 Z.

In Santa Ponsa: *Golf Santa Ponsa*, L, 18 Z.; *Rey Don Jaime*, II, 417 Z.; *Columbus*, II, 312 Z.; *Santa Ponsa Park*, II, 269 Z.; *Bahía del Sol*, II, 162 Z.; *Playa de Mallorca*, III, 218 Z.; *Isabela*, III, 156 Z.; Hostal *Oeste*, P I, 15 Z.

In Paguera: *Villamil*, I, 103 Z.; *Sunna*, I, 75 Z.; *Beverly Playa*, II, 413 Z.; *Lido Park*, II, 236 Z.; *Reina Paguera*, II, 184 Z.; *Nilo*, II, 96 Z.; *Paguera*, III, 227 Z.; *San Valentin*, III, 158 Z.; Hostal *Villa Font*, P I, 54 Z.

In Bañalbufar: Hostal *Mary Vent*, P I, 15 Z.

In Deyá: *Es Moli*, I, 77 Z.

In Puerto de Soller: *Eden*, II, 152 Z.; *Esplendido*, II, 104 Z.; *Eden Park* (garni), II, 64 Z.; Hostal *Es Port*, P I, 96 Z.

In Puerto de Pollensa: *Pollensa Park*, II, 316 Z.; *Illa d'Or*, II, 119 Z.; *Uyal*, II, 105 Z.; *Pollentia*, II, 70 Z.; *Miramar*, II, 69 Z.

In Cala San Vicente: *Molins*, I, 90 Z.; *Don Pedro*, II, 136 Z.; *Simar*, II, 107 Z.; *Cala San Vicente*, II, 44 Z.

In Formentor: *Formentor*, L, 131 Z.

In Ca'n Picafort: *Tonga*, III, 322 Z.; *Exagón*, III, 285 Z.; *Clumba Mar*, III, 235 Z.; *Gran Vista*, III, 277 Z.; *Son Baulo*, IV, 251 Z.; *Haiti*, IV, 235 Z.

In Porto Cristo: *Drach*, III, 52 Z.; *Son Moro*, IV, 120 Z.

In Cala Millor: *Sumba*, II, 280 Z.; *Playa Cala Millor*, II, 242 Z.; *Flamenco*, II, 220 Z.; *Borneo*, II, 200 Z.

In Cala Ratjada: *Lux*, II, 219 Z.; *Aguait*, II, 188 Z.; *Bella Playa*, II, 143 Z.; *Son Moll*, II, 118 Z.; *Carolina*, III, 198 Z.; *Clumba*, III, 130 Z.; *Regana*, III, 126 Z.; *Na Taconera*, III, 120 Z.

In Lluchmayor: *Maioris Palm*, I, 240 Z.

In Cala d'Or: *Tucan*, I, 155 Z.; *Cala Esmeralda*, I, 151 Z.; *Corfu*, II, 214 Z.; *Rocamarina*, II, 207 Z.; *Skorpios Playa*, II, 163 Z.; *Centro*, II, 105 Z.; *Costa del Sur*, II, 102 Z.; *Robinson Club Cala Serena*, 400 B.

VERANSTALTUNGEN. – *Los Reyes Magos* (Januar) zu Ehren der Heiligen Drei Könige, mit Bescherung der Kinder. – *Semana Santa* (Karwoche), in vielen Orten der Insel, mit eindrucksvollen Prozessionen. – *Corpus Cristi* (Fronleichnam). – *Fiesta San Pedro y San Pablo* (Peter und Paul). – *Fiesta de Santiago* (Jakobstag), Fest zu Ehren des spanischen Schutzheiligen. – *Festival de Música* (August) in Pollensa. – *Moros y Cristianos* (August), in vielen Orten der Insel Aufführungen der historischen Schlacht zwischen Mauren und Christen in den Straßen. – *Tag der Hispanität* (Oktober). – *Dijous Bó* (November), der Tag des 'Guten Donnerstag' in Inca, mit Landwirtschaftsmesse. – *Inmaculada Concepción* (Dezember), mit lokalen Veranstaltungen.

Spielcasino: *Casino de Mallorca* 'Sporting Club' vorerst im Golf-Club Santa Ponsa.

SCHIFFSVERKEHR. – *Fährverbindungen* von Barcelona, Valencia und Alicante (mehrmals wöchentlich) nach Palma de Mallorca; ferner von Marseille (Frankreich) und Algier (Algerien) nach Palma de Mallorca. – Innerhalb der Inselgruppe der Balearen verkehren Fährschiffe zwischen Puerto de Alcudia und Ciudadela bzw. Mahón (Menorca) sowie Ibiza. – Zahlreiche *Schiffsverbindungen* ohne Kfz-Transport innerhalb der Inselgruppe.

Die größte und meistbesuchte Baleareninsel ist ✶✶**Mallorca, im Nordwesten von dem langgestreckten Gebirgszug der Sierra del Norte, einem Waldgebirge mit den höchsten Erhebungen der Insel bis zu 1445 m, im Osten von der wesentlich niedrigeren Sierra de Levante bis zu 562 m Höhe begrenzt. Zwischen beiden Gebirgen greifen von**

Nordosten die Buchten von Alcudia und Pollensa, von Südwesten die Bucht von Palma tief in die Ebene ein, deren Felder und Obstkulturen von den charakteristischen Windmühlen bewässert werden.

Mallorca (lat. Maiorica = die 'größere' Baleare) ist als eines der beliebtesten Ferienziele des Massenbadetourismus zu Unrecht in Verruf geraten. Wenngleich während der Sommersaison etliche durch Hotelgettos verunzierte Strände und Buchten von Urlaubern überlaufen, hat sich die Insel in ihrem höchst abwechslungsreichen Inneren wie auch an den entlegeneren Küsten jene unvergleichlichen Schönheiten bewahrt, die vor allem Schriftsteller, Künstler und Freischaffende vieler Nationen hier ein ideales Refugium haben finden lassen. Jedem Besucher sei daher angeraten, sich ohne Zögern auf 'Entdeckungsfahrt' durch die sowohl landschaftlich als auch kulturgeschichtlich interessanteste der Balearischen Inseln zu begeben, wozu das gut ausgebaute Straßennetz, verschiedene öffentliche Verkehrsmittel und ein vielfältiges Angebot an Mietfahrzeugen Gelegenheit bieten.

Palma *de Mallorca* (Ciutat)

Die Hauptstadt Mallorcas und der spanischen Provinz Baleares liegt malerisch an der etwa 20 km tief in die Südwestküste der Insel eingreifenden ✶Bahía de Palma. Als wichtiger Mittelmeerhafen ist sie eine lebhafte, weit über ihre alten Grenzen hinausgewachsene Großstadt mit ca. 300 000 Einwohnern (viele Ausländer; ca. $^1/_3$ der Einheimischen 'Chuetas', d.h. urspr. jüd. Abstammung) und bildet sowohl den

Panorama von Palma de Mallorca

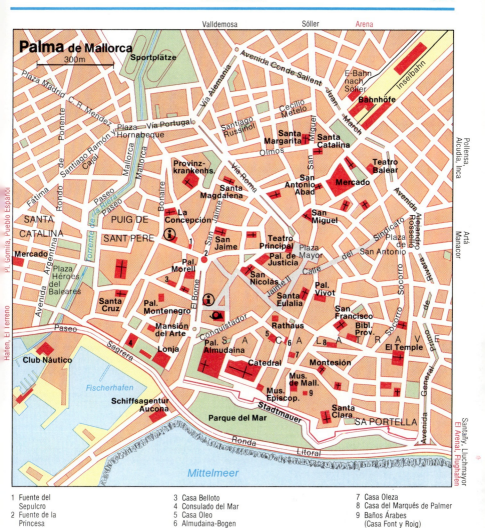

Palma de Mallorca

1 Fuente del Sepulcro
2 Fuente de la Princesa
3 Casa Belloto
4 Consulado del Mar
5 Casa Oleo
6 Almudaina-Bogen
7 Casa Oleza
8 Casa del Marqués de Palmer
9 Baños Árabes (Casa Font y Roig)

regionalen Wirtschaftsschwerpunkt (Handel, Bankwesen, Industrie, Gewerbe, Handwerk) als auch das kulturelle Zentrum (Hoch- und Fachschulen, wissenschaftl. Institute, künstler. Aktivitäten, literar. Zirkel; Bischofssitz) für Balearen und Pityusen.

Am Alten Hafen die schloßartige *Lonja, die ehemalige Börse (15. Jh.), mit reichem Skulpturenschmuck; daneben das *Consulado del Mar*. Unweit nördlich in der Calle de Apuntadores die *Mansión del Arte* ('Haus der Kunst'), die u.a. sämtliche Radierungen Goyas in originalen Abzügen sowie Werke von Picasso u.a. enthält. – Vom Hafen führt die Avenida Antonio Maura zu der hochgelegenen *Kathedrale La Seo, einem großartigen Bau, 1230 in frühgotischem Stil begonnen, aber erst im 17. Jahrhundert vollendet; Westfassade mit prächtiger Rosette (im 19. Jh. erneuert); reich geschmücktes Südportal (14. Jh.), davor herrliche *Aussicht; im

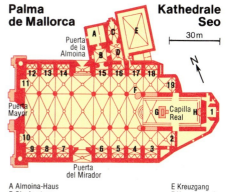

Palma de Mallorca — Kathedrale Seo

A Almoina-Haus
B Glockenturm
C Neuer Kapitelsaal
D Alter Kapitelsaal

E Kreuzgang
F Hauptkanzel
G Hauptaltar
H Bischofsstuhl

KAPELLEN (Capillas)
1 Trinidad (Sarkophage)
2 San Pedro
3 San Antonio de Padua
4 Nuestra Señora de la Corona
5 San Martín
6 San Bernardo
7 Nuestra Señora de la Grada
8 Santo Corazón de Jesús
9 San Benito
10 Baptisterio
11 Almas (Animas)
12 Purísima
13 San Sebastián
14 San José
15 Todos los Santos
16 Piedad (oben: Orgel)
17 Santo Cristo
18 San Jerónimo
19 Corpus Christi

Innern (120 m lang, 56 m breit, 44 m hoch) zahlreiche gute Glasgemälde und reich ausgestattete Kapellen; in der Alten Sakristei reiche Reliquiensammlung. An den mächtigen Glockenturm ist die gotische *Casa de la Almoina* angebaut. Östlich hinter der Kathedrale der 1616 erbaute *Bischöfliche Palast,* mit dem vielseitigen *Diözesanmuseum.*

Der Kathedrale westlich gegenüber der **Palacio de la Almudaina,** früher Sitz des maurischen Wadi und der christlichen Könige; im Südflügel ein *Kunstmuseum,* im Hof die gotische *Capilla de Santa Ana.* – Nördlich von der Plaza de la Reina der **Paseo del Borne,** die belebte Hauptpromenade der Stadt, mit Cafés, Klubhäusern und dem *Palacio Morell* (1763). – Vom Nordende des Borne gelangt man östlich zum *Theater* (1860; neuerdings renoviert) und weiter zur **Vía Roma,** der baumbestandenen Rambla; an ihrem Südende die hochliegende **Plaza Mayor** (darunter ein Einkaufszentrum und Tiefgarage). Von hier führt die **Calle San Miguel** zu der *Kirche San Miguel,* einer ehemaligen Moschee. – Südwestlich von der Plaza Mayor das *Ayuntamiento* (Rathaus), ein Renaissancebau. Unweit östlich die gotischen Kirchen *Santa Eulalia* und *San Francisco* (1281-1317), letztere mit plateresk-barockem Portal, dem Grabmal des in Palma geborenen Scholastikers Raymundus Llullus (1232-1315) und einem zierlichen spätgotischen Kreuzgang. Bei Santa Eulalia der *Palacio Vivot* (18. Jh.).

FAHRTEN AUF DER INSEL. – **Zum Castillo de Bellver** (4-5 km) fährt man von der Börse auf dem Paseo Marítimo westlich, nach 1 km rechts ab zur Plaza Puente und durch die Calle Andrea Doria zum *Pueblo Español* (Nachbildungen charakteristischer span. Bauten; Eintrittsgebühr) in dem Villenvorort *El Terreno;* von dort an dem nahen Parque de Bellver entlang zu der gut erhaltenen Königsburg ***Castillo de Bellver** (130 m; 13. Jh.; Museum), mit Arkadenhof und aussichtsreichem Turm.

Nach El Arenal (12 km; Autobus) gelangt man entweder über die Autobahn zum Flugplatz (nach 7 km rechts ab zur Küstenstraße) oder auf der Küstenstraße selbst, vorbei an den Badestränden von *Ciudad Jardín* und *Ca'n Pastilla.* Das Seebad **El Arenal** (400 Einw.), mit schönem Strand an der geschützten Ostseite der Bucht von Palma, ist eine ausgedehnte Hotelkolonie, mit vielen Unterhaltungs-, Sport- und Einkaufsgelegenheiten, geeignet auch für winterlichen Langzeiturlaub.

**Rundfahrt über Andraitx und Sóller (122 km; bis Sóller auch Schmalspurbahn, 4-5mal tägl. in 55 Min.). – Man fährt von Palma an der von zahlreichen Hotels und Villen gesäumten, zerklüfteten Südküste ent-

Cala Fornells an der Südwestküste von Mallorca

lang, unterhalb des Castillo de Bellver hin und durch die als Seebäder vielbesuchten Vororte *Cala Mayor, Illetas, Bendinat* und *Palma Nova* (südl. 2 km abseits die *Playa de Magaluf);* dann eine Strecke landeinwärts. – 20 km: links Abzweigung (kurze Stichstraße) zu der malerischen Bucht von *Santa Ponsa* mit vielen Badestränden. – 3 km hinter der Abzweigung folgt *Paguera* mit schönem Strand. – 7 km **Andraitx** (mall. *Andratx),* schön gelegenes Städtchen (5000 Einw.), von wo man 4,5 km südwestlich hinab zu dem kleinen Hafen *Puerto de Andratx* gelangt. – Von der Stadt weiter nördlich etwas landeinwärts, die Westspitze der Insel abschneidend und über das Küstengebirge hinweg; dann auf prächtiger Strecke über der steilen Nordwestküste hin (mehrere 'Miradores') und durch das Dorf *Estellencs* (mall. *Estallencs).* – 25 km *Bañalbufar* (mall. *Banyalbufar),* ein weinberühmtes Dorf. – Weiter hoch über dem Meer hin. – 15 km **Valldemosa** (425 m), schön am Hang gelegenes Dorf, überragt von einem 1339 gegründeten Kartäuserkloster (jetzt Museum), in dem Chopin und die französische Schriftstellerin George Sand den Winter 1838/39 verbrachten (G. Sands Erinnerungen "Un hiver à Majorque"). – Die Fortsetzung der Küstenstraße nach Sóller bietet weiterhin herrliche Ausblicke. – 5,5 km: links das große Apartment-Hotel *El Encira,* mit *Aussicht von einem Pavillon dahinter. 0,5 km abwärts links abseits das Landgut *Miramar* (Privatbesitz; kurze Führung), von dem österreichischen Erzherzog Ludwig Salvator (1847-1915) angelegt, umgeben von einem ausgedehnten Naturpark mit Landhäusern, Marmortempeln und einer Kapelle. – Dann aussichtsreich über die felsige Küste hin. – 5 km **Deyá** (mall. *Deiá;* 185 m), ein reizvoll an einem Berghang gelegenes, von Orangenhainen umgebenes Malerdorf. – 11 km **Sóller** (55 m), in prächtigem Talkessel inmitten von Orangen- und Zitronengärten gelegenes Städtchen (12000 Einw.), als Touristenzentrum viel besucht. 4 km nördlich (auch Straßenbahn) der Hafen und Strand von *Puerto de Sóller.* – Die Rückfahrt nach Palma führt hinter Sóller durch ein Felsental in zahlreichen Kehren südlich bergan. – 8 km *Coll de Sóller* (562 m; Aussicht); von hier hinab in die Ebene. – 8 km: links abseits die **Gärten von Alfabia* (Eintrittsgebühr). – 14 km **Palma de Mallorca.**

*Von Sóller zum Kap Formentor (82 km). – Zunächst auf der nach Puerto de Sóller führenden Straße (s. oben). – 2 km hinter Sóller rechts ab und auf einer landschaftlich großartigen **Straße* bergan, an der Abzweigung einer kurzen Nebenstraße zu dem malerischen Bergdorf *Fornalutx* vorbei, dann in aussichtsreichen Windungen weiter aufwärts (links bei dem Restaurant Bellavista der *Mirador de Ses Barques),* später durch einen 600 m langen Tunnel (820 m ü.d.M.), dann an einem kleinen Stausee vorbei und leicht bergab. – 17 km *Son Torrella* (Kaserne), nördlich überragt vom **Puig Mayor** (spr. putsch; 1453 m; militär. Sperrgebiet), dem höchsten Berg der Insel. – Bald hinter der Abzweigung am Stausee *Gorch Blau* vorbei und durch einen Tunnel. – 7 km hinter Son Torrella links die Abzweigung der Straße ****La Calobra** ('Schlange') über eine Höhe, dann in zahlreichen Kehren zu der 14 km nördlich am Meer gelegenen Häusergruppe *La Calobra* nahe der Felsschlucht **Torrente de Pareis* (lohnende Durchwanderung 2 St.). – Die Hauptstraße erreicht nach 3 km den **Mirador del Torrente de Pareis* (664 m; Erfr.). – 7 km dahinter links die Abzweigung (1 km) zur Häusergruppe **Lluch** (Wallfahrtskirche, Klostermuseum; Restaur.). – Weiter durch Karstlandschaft und hinab in die Ebene. – 19 km **Pollensa** (mall. *Pollença;* 70 m); ein schön gelegenes Städtchen (9000 Einw.), günstiges Tourenzentrum (vom Kalvarienberg Rundblick; dorthin 365 Stufen). – 2 km hinter Pollensa links eine Abzweigung (4 km) zu dem prächtig in einer Felsbucht gelegenen kleinen Seebad *Cala San Vicente* (mall.

Cala San Vicente an Mallorcas Nordküste

Sant Vicenç; guter Sandstrand). – 4 km *Puerto de Pollensa,* als Seebad besuchter Hafenort in hübscher Lage an der *Bahía de Pollensa.* – Dahinter auf besonders kühn angelegter **Straße* (mehrere prächtige Aussichtspunkte, einige Tunnel) durch die z.T. bewaldete Halbinsel Formentor. – Nach 10 km rechts die Abzweigung (0,5 km) zum **Hotel Formentor,* in herrlicher Lage über dem Meer. – Weiter noch 11 km zu dem von einem 20 m hohen Leuchtturm gekrönten ****Kap Formentor** (189 m), mit umfassender Aussicht.

Von Palma nach Alcudia (54 km). – Die Straße führt zunächst nordöstlich durch die Huerta über *Santa María.* – 29 km *Inca* (38 m), altes Städtchen von 18000 Einwohnern (Umgehungsstraße). – 13 km dahinter links die Abzweigung einer guten Straße nach Pollensa (17 km). – 12 km **Alcudia** (9 m), ein hübsch an der gleichnamigen Bucht gelegenes altertümliches Hafenstädtchen von 4000 Einwohnern, mit gut erhaltenen Mauern des 14. Jahrhunderts; unweit westlich die Reste eines römischen Amphitheaters. 2 km südöstlich von der Stadtmitte der Hafen *Puerto de Alcudia.* Von hier erstreckt sich ein breiter Sandstrand 10 km an der weiten Bucht entlang zu dem Badeort *Ca'n Picafort.* – 8 km nordwestlich von Alcudia (breite Küstenstraße) liegt *Puerto de Pollensa.*

Von Palma zu den *Tropfsteinhöhlen der Ostküste (etwa 100 km). – Ausfahrt in Palma bei der Plaza de San Antonio und östlich quer durch die fruchtbare Ebene. – 50 km **Manacor** (110 m), alte Stadt von 20000 Einwohnern (Umgehungsstraße), wo künstliche Perlen hergestellt werden. Abzweigung zu der 14 km südlich gelegenen Töpferstadt *Felanitx* (12000 Einw.), von wo Auffahrt (5 km) zu dem von einer 1348 errichteten Wallfahrtskapelle gekrönten Berg *San Salvador* (509 m; vom Kapellenturm umfassender **Rundblick);* unweit südlich die Felsenfeste *Castillo de Santueri* (13. Jh.). – Von Manacor östlich noch 11 km zu dem hübsch gelegenen Hafen und Seebad **Porto Cristo;** 1 km südlich des Ortes die ***Cuevas del Drach** ('Drachenhöhle'; Führung $1\frac{1}{2}$ St.), mit kristallklaren unterirdischen Seen (Konzerte; Boote), 1,5 km westlich von Porto Cristo die **Cuevas dels Hams* (Tropfsteinhöhle, farbig beleuchtet; Führung 30 Min.). Etwa 5 km nördlich von Porto Cristo erstreckt sich seit 1969 die ***Reserva Africana,** ein Eingewöhnungs- und Zuchtfreigehege für afrikanische Großtiere (4 km lange Photo-Safari im eigenen Pkw oder im Safari-Bus von 9-19 bzw. 17 Uhr; Gebühr); 11 km nordöstlich von Porto Cristo, an der Bahía de Artá, die Hotelkolonie **Cala Millor.** – Von Manacor ferner 21 km nordöstlich zu dem malerischen Städtchen **Artá** (170 m; 6000 Einw.); von hier entweder nordöstlich über **Capdepera** (alte Befestigungen; 6 km nördlich der schöne Sandstrand von *Cala Mezquida)* zu dem 11 km entfernten reizvoll in Pinienwäldern gelegenen Seebad **Cala Ratjada** (Aussicht beim Leuchtturm) oder südöstlich noch 10 km zu den am Meer gelegenen Höhlen **Cuevas de Artá* (Führung 1 St.), die wegen ihrer besonders langen Stalaktiten berühmt sind.

Von Palma nach Santañy (50 km). – Die Straße führt südöstlich zunächst durch die Huerta, dann durch die bergige Gegend. – 24 km **Lluchmayor** (mall. *Llucmayor),* altertümliches Landstädtchen von 11000 Einwohnern; 5 km nördlich der aussichtsreiche *Puig de Randa* (548 m), mit der **Ermita N. S. de la Cura,* neben dem Kloster Lluch die bedeutendste Wallfahrtsstätte Mallorcas. – Von Lluchmayor lohnender Abstecher südlich nach ****Capicorp Vey** (mall. *Capocorp Vell),* Rest einer Siedlung aus dem Prätalayotikum (1000-800 v. Chr.), unweit südöstlich des

Gutshofes *Capicorp* (Einlaß; Führung). Freigelegt sind u.a. fünf Talayots. Die Anlage wurde zeitweise als Steinbruch benutzt. – 13 km *Campos*. – 13 km **Santañy** (mall. *Santanyí*; 60 m), Städtchen von 5000 Einwohnern, in dessen Umgebung Reste prähistorischer Kultstätten und Befestigungen erhalten sind; 12 km nordöstlich die **Playa de Cala d'Or** und die *Playa Serena*, beide mit sandigen Badebuchten. – 13 km südlich von Santañy das *Cabo de Salinas*, mit Leuchtturm.

Auf 39°13′ nördlicher Breite und 6°36′ bis 6°40′ östlicher Länge liegt 17 km südwestlich von Mallorcas Südspitze Cabo Salinas und 60 km südöstlich von Palma de Mallorca ein kleiner Archipel mit der Hauptinsel **C a b r e r a,** den ihr nördlich vorgelagerten unbewohnten Inseln **Conejera** (*Conillera* = Kanincheninsel; auch viele Eidechsen) und **Foradada** (Leuchtturm) sowie etlichen anderen Felseilanden. – Die Insel Cabrera ist durch mehrere unregelmäßige Buchteinschnitte stark gegliedert. Bei einer Gesamtfläche von 17 qkm beträgt ihre größte Ausdehnung 5–7 km. Infolge jahrhundertelanger Überweidung durch verwilderte Ziegen ist die bergige Insel weitestgehend verkarstet und reichlich mit flachen Rosmarinpolstern überzogen.

Der Besuch von Cabrera ist nicht sonderlich lohnend, zumal die Insel als m i l i t ä r i s c h e s S p e r r g e b i e t offiziell nur zum geringsten Teil zugänglich ist und weder Unterkunft noch ausreichend Verpflegung bietet. Wer jedoch im eigenen Boot unterwegs ist, findet sowohl im Hafen als auch besonders in den Calas rings um die Insel ruhige Ankerplätze und klares Wasser zum Schwimmen, Tauchen und Fischen, ferner Sandstrandpartien bei *Ganduf* (Nordwestküste) und *Olla* (Ostküste) sowie einigen kleinen Plätzen an der Hafenmole.

Die wenigen zivilen Inselbewohner leben in einigen bescheidenen Häusern in der Nähe des annähernd runden Naturhafens **Puerto de Cabrera,** der nach Mahón (auf Menorca) als der am besten geschützte der Balearen gilt (Einfahrt nur 330 m breit).

Während des mehrstündigen Aufenthaltes des Linienschiffes darf der Besucher auf beschwerlich steinigem Pfad zu dem verfallenen **Castillo** (14./15. Jh.), der alten Wehrburg (Vorsicht, brüchiges Gemäuer und gefährliche Löcher!) hinaufsteigen; nahebei ein kleiner *Seemannsfriedhof* und ein Posten der Guardia Civil. Von der Burghöhe und den anschließenden Felsgraten schöne *Ausblicke über den Hafen, große Teile der Insel, mehrere Calas und nördlich nach Mallorca. – Auf hoher Steilküste der kleinen Halbinsel *Punta Anciola* (im Südwesten) ein wichtiger *Leuchtturm*.

Etwa im Zentrum der Insel, derzeit jedoch nicht zugänglich, wurde 1847/48 ein steinerner *Gedenkobelisk* für die nach der Schlacht von Bailén im Jahr 1808 auf Cabrera kläglich zu Tode gekommenen französischen Kriegsgefangenen errichtet. Die Inschrift lautet:

> *A la Mémoire*
> *Des français morts*
> *à Cabrera*
> *L'Escadre d'évolutions*
> *de 1847*
> *Commandé par*
> *S.A.R.*
> *Le Prince de Joinville*

In der Sommersaison besteht die Möglichkeit, an einer Bootsfahrt zu der 20 Minuten nördlich vom Hafen gelegenen *Cueva Azul (Cova Blava)* teilzunehmen. Diese Blaue Grotte ist die weitaus reizvollste der Höhlen auf Cabrera und nur vom Wasser her durch eine relativ große Einfahrt zu erreichen. Im Inneren der recht hohen und ca. 50 x 160 m großen Grotte schimmert alles bläulich.

*Menorca, *Ibiza und **Formentera** s. Reiseziele von A bis Z.

Malta
Republik Malta
Republic of Malta
Repubblika ta' Malta

Nationalitätskennzeichen: M.
Staatsfläche: 315,6 qkm.
Hauptstadt: Valletta.
Bevölkerungszahl: 340 000.
Verwaltungsgliederung: 6 Bezirke.
Religion: Römisch-katholisch (98%); protestantische und jüdische Minderheiten.
Sprache: Maltesisch; Englisch; verbreitet Italienischkenntnisse.
Währung: 1 £ M (Malta-Pfund) = 100 Cents.
Zeit: Mitteleuropäische Zeit (MEZ).
Wöchentlicher Ruhetag: Sonntag.
Straßenverkehr: Linksfahrordnung.
Reisedokumente: Reisepaß.

Fremdenverkehrsamt Malta,
Schillerstraße 30–40,
D-6000 **Frankfurt** *am Main* 1;
Telefon: (0611) 28 58 90.
Amtliches Maltesisches Informationsbüro,
Münchener Straße 8,
D-6000 **Frankfurt** *am Main* 1;
Telefon: (0611) 25 32 07.
Malta Progress Werbung,
Am Modenapark 7,
A-1030 **Wien.**
Air Malta,
Terminal B, Büro 1-218, Flughafen Zürich,
CH-8058 **Zürich**-*Kloten;*
Telefon: (01) 8 16 30 12.
Botschaft der Republik Malta,
Viktoriastraße 7,
D-5300 **Bonn – Bad Godesberg;**
Telefon: (0228) 36 30 17/18.
Konsulat von Malta,
Löwenstraße 1,
CH-8001 **Zürich;**
Telefon: (01) 2 21 32 03.
Consulat de Malte,
Parc du Château-Banquet 2,
CH-1202 **Genève** *(Genf);*
Telefon: (022) 31 05 80.

Der aus der Hauptinsel Malta (246 qkm), den Nebeninseln Gozo (67 qkm) und Comino (2,6 qkm) sowie den unbewohnten Felseilanden Cominotto, Filfla und Selmunett bestehende südeuropäische Staat Malta liegt am Ostausgang der Straße von Sizilien im Zentrum des Mittelmeers, 93 km vor der Südspitze Siziliens und 288 km von der tunesischen Küste im Westen entfernt. Die südost-nordwestlich verlaufende Längsachse der bis zu 253 m hoch aufragenden Inselgruppe mißt rund 44 km. Die *Maltesischen Inseln sind die letzten Überreste einer ehemaligen Landbrücke, die im ausgehenden Tertiär und während der Kaltzeiten des Pleistozäns Sizilien mit Nordafrika verband und das Mittelmeer in zwei Becken unterteilte.

Die Oberfläche der Hauptinsel **Malta** steigt von Nordosten nach Südwesten pultschollenförmig an. Im Osten erstreckt sich eine weniger als 100 m

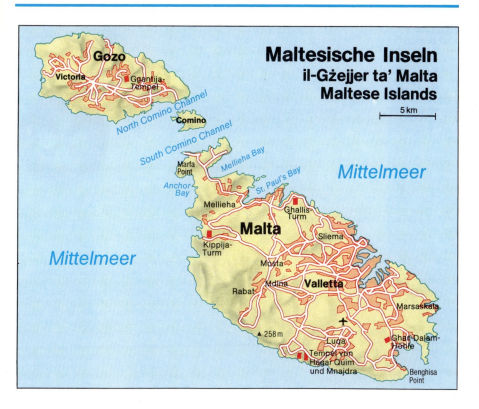

Maltesische Inseln
il-Gżejjer ta' Malta
Maltese Islands

5 km

Gozo

Victoria

Ggantija-Tempel

North Comino Channel

Comino

South Comino Channel

Marfa Point

Mellieha Bay

Anchor Bay

St. Paul's Bay

Mittelmeer

Mellieha

Ghallis-Turm

Malta

Sliema

Kippija-Turm

Mosta

Mittelmeer

Mdina

Valletta

Rabat

Marsaskala

▲ 258 m

Luqa

Ghar-Dalam-Höhle

Tempel von Hagar Quim und Mnajdra

Benghisa Point

---

hohe, leicht gewellte Hügellandschaft, die im Westen entlang einer deutlich ausgeprägten Bruchstufe in ein aus tertiären Kalkschichten bestehendes, stark verkarstetes Plateau übergeht, das aufgrund seiner Schrägstellung die größten Höhen an der Westküste Maltas erreicht. Der Ostteil der Insel besitzt mehrere ausgezeichnete Naturhäfen, die in vom Meer gefluteten ehemaligen Tälern liegen, während die steile Kliffküste im Westen dagegen ausgesprochen verkehrsfeindlich ist. Agrarisch nutzbare Böden kommen hauptsächlich in den größeren Beckenräumen der östlichen Inselhälfte vor, die sich in Anlehnung an die Landesnatur zum Wirtschafts- und Bevölkerungsschwerpunkt Maltas entwickeln konnte.

Die Nebeninsel **Gozo** ist durch eine etwa 5 km breite Meerenge von Malta getrennt, die durch Comino und Cominotto in den Nördlichen und Südlichen Cominokanal geteilt wird. Ähnlich wie Malta ist auch Gozo eine sanft nach Nordosten einfallende Kippscholle, deren Kalkschichten jedoch weniger stark gehoben wurden. Entsprechend niedriger sind auch die Kliffs der Südwestküste, und an der wenig zerteilten Nordostküste konnten sich keine Naturhäfen wie auf Malta bilden.

KLIMA. – Der maltesische Archipel besitzt ein für das Mittelmeergebiet charakteristisches Klima. Im Sommer liegt er vollständig im Bereich des subtro-

pischen Hochdruckgürtels, der jedoch im Winter nach Süden zurückweicht, so daß der gesamte Mittelmeerraum während dieser Zeit von subpolaren Tiefdruckausläufern erreicht werden kann. Die Sommer sind deshalb heiß und trocken, während die Wintermonate mild aber regenreich sind. Im Juli beträgt die Durchschnittstemperatur 27°C, im Januar immerhin noch 12,5°C. Frost gibt es auf den Inseln nicht. Der größte Teil der im Jahresdurchschnitt knapp 600 mm betragenden Niederschläge fällt im November und Dezember, das Minimum im Juli. Von April bis September ist das Klima der Inselgruppe arid, d.h. die Niederschlagssumme ist geringer als die durch Verdunstung entstehenden Feuchtigkeitsverluste.

VEGETATION. – Eine für das Mittelmeergebiet typische immergrüne Gebüschformation ist die sogenannte Garrigue oder Macchie, die überall auf den maltesischen Inseln vorkommt. Sie setzt sich u.a. aus Wolfsmilchgewächsen, Federgras, Thymian, Erikazeen, Wacholder und Pistazien zusammen, die im feuchten Frühjahr eine blühende Krautsteppe bilden. Die Garrigue ist an die Stelle ehemals ausgedehnter Wälder getreten. Sie bedeckten noch um 900 v.Chr. die Inselgruppe und wurden von den Phöniziern und Puniern abgeholzt. Das Holz wurde zum Schiffsbau verwendet. Die Vernichtung der Wälder führte zu einer abrupten Abnahme der Bodenfeuchte und zu verstärkter Bodenerosion, zwei Faktoren, die die Möglichkeiten der heutigen Landwirtschaft in engen Grenzen halten. Landschaftsprägend sind neben der Garrigue auch andere wärmeliebende Pflanzen, so z.B. der Johannisbrotbaum, die Aleppokiefer, Opuntien (Feigenkakteen), Agaven und Oleander. Sie wurden im Lauf der Zeit vom Menschen eingefügt, ebenso wie der Ölbaum, der im vorigen Jahrhundert dem gewinnbringenden Baumwollanbau zum Opfer gefallen war.

GESCHICHTE. – Die Maltesischen Inseln waren bereits in der Jungsteinzeit von Menschen bewohnt. In *Ghar Dalam,* einer kleinen Höhle, wurden die ältesten Spuren einer frühen Besiedlung entdeckt. Bei ersten Datierungsversuchen nach der Radiokarbonmethode kamen die Wissenschaftler auf etwa 3800 Jahre v. Chr., neuerdings stellte sich jedoch heraus, daß die Höhlenfunde fast 7000 Jahre alt sein müssen. Bereits 1000 Jahre später, um 4000 v. Chr. also, hatten die vermutlich von Sizilien und den Äolischen Inseln eingewanderten, Ackerbau und Viehzucht betreibenden Ureinwohner eine erstaunlich hochstehende Kultur entwickelt: monumentale megalithische Tempelbauten und formvollendete Keramiken, die in Westeuropa nirgends ihresgleichen fanden. Inmitten ihrer höchsten Blüte um 3000 v. Chr. ging die hochentwickelte maltesische Megalithkultur jedoch unvermittelt unter, vermutlich durch eine bis heute unbekannt gebliebene Naturkatastrophe. Um 2400 v. Chr. bestimmten bronzezeitliche Siedler aus Sizilien und von der Peloponnes die Geschichte der Maltesischen Inseln. Sie waren die ersten Malteser, denen Kriege nicht fremd waren, denn sie errichteten bereits Befestigungsanlagen zum Schutz vor Überfällen von See her.

Im 9. Jahrhundert machten die **Phönizier** Malta zu ihrer Kolonie und zu einer wichtigen Handelsniederlassung, der sie den Namen Melite gaben. Seit dieser Zeit war die Lage der Inselgruppe am Schnittpunkt der kürzesten Verbindung zwischen Sizilien und Karthago (Nordafrika) sowie zwischen den Reichen am östlichen Mittelmeer und Gibraltar fast ohne Unterbrechung von großer raumpolitischer Bedeutung, und zwar bis zum heutigen Tag. Als erste versuchten die **Griechen,** den Archipel in ihre Gewalt zu bringen, um ihre im 8. und 7. Jahrhundert v. Chr. gegründeten Kolonien auf Sizilien zu stärken. Was ihnen nicht gelang, vollbrachten wenig später die **Karthager** (Punier). Sie besetzten die Inseln um 600 v. Chr. und beherrschten sie bis zum Ausbruch des Zweiten Punischen Krieges (218 v. Chr.). Danach eroberte Titus Sempronius Malta für das **Römische Reich.** Obwohl die Römerherrschaft insgesamt fast 1000 Jahre lang andauerte und die Bewohner der Inselgruppe in dieser Zeit sehr wohlhabend waren, sind erstaunlich wenig kunsthistorisch wertvolle Zeugnisse der einstigen Weltmacht übriggeblieben.

Bei der Teilung des Römischen Reiches (395 n. Chr.) fielen die Maltesischen Inseln an das Byzantinische (Oströmische) Reich. Aber bereits 429 wurden sie vermutlich von dem Vandalenkönig Geiserich erobert. 494 übernahmen die **Ostgoten** unter Theoderich die Macht, aber sie mußten den Archipel 39 Jahre später (533) wieder an **Byzanz** abtreten, dessen Herrschaft 870 von den muslimischen Aghlabiden beendet wurde. Die **Araber** konnten sich aber auch nicht länger als 221 Jahre auf Malta halten. Trotz dieses vergleichsweise kurzen Zeitraums wirkten die sprachlichen und kulturellen Einflüsse der Sarazenen noch lange nach. Die heutige maltesische Sprache besteht immerhin zur Hälfte aus einem Gemisch arabischer Dialekte Nordafrikas, während sich die andere Hälfte, was den Wortschatz betrifft, aus sizilianisch-italienischen und englischen Bruchstücken zusammensetzt. Außerdem erinnern zahlreiche Orts- und Familiennamen noch immer an die sarazenische Ära, ebenso mehrere architektonische Details an manchen städtischen und ländlichen Gebäuden. Auch der Bewässerungsfeldbau dürfte ein arabisches Erbe sein, denn die Anlage ähneln auffällig denen in Andalusien. Leider sind fast gar keine Zeugen arabischer Baukunst erhalten geblieben, weil der Johanniterorden im 16. Jahrhundert alle sarazenischen Spuren systematisch auslöschte.

Auf die Araber folgten 1091 von Sizilien her die **Normannen** unter Graf Roger I. von Hauteville. Ihr Reich fiel 1194 durch Erbfolge an die **Hohenstaufen,** die es aber 1268 an Karl von Anjou verloren. Dessen Herrschaft wurde 1284 durch Peter von Aragon beendet, der das Reich der Staufer antrat. 1412 erbten die Habsburger die Maltesischen Inseln durch Heirat, bis schließlich Kaiser Karl V. dem von Rhodos vertriebenen **Johanniterorden** hier im Jahr 1530, nach siebenjähriger Odyssee, eine neue Heimat gab. Dies war ein entscheidender Moment für Malta, denn erst jetzt geriet es seit der Normannen-

zeit erstmals wieder aus dem weltgeschichtlichen Abseits heraus. Durch den heldenhaften Kampf gegen die türkischen Belagerer im Jahr 1565, der eine Überflutung des Abendlandes durch den Islam verhinderte, wurde der Archipel in ganz Europa berühmt. Der Johanniterorden, auch **Malteserorden**

genannt, erhielt hohe Spenden, mit deren Hilfe 1566 die Hauptstadt Valletta (benannt nach dem damaligen Ordensgroßmeister J. P. de la Valette) von den berühmtesten Festungsbaumeister der damaligen Zeit, Francesco Laparelli, angelegt wurde. In den nachfolgenden zwei Jahrhunderten brachte es der Orden zu ungeahntem neuen Wohlstand, der den Glanz vergangener Jahrhunderte noch bei weitem übertraf. In dieser Zeit entstanden die zahlreichen, heute noch zu bewundernden Prachtbauten auf Malta.

Die Herrschaft der Johanniter wurde 1798 von Napoléon zu Beginn seiner Ägyptischen Expedition zerschlagen, denn der Orden, dessen Mitglieder sich aus berühmten Adelsgeschlechtern rekrutierten, war dem revolutionären Frankreich ein Dorn im Auge. Der wenig entschlußfreudige deutsche Großmeister von Hampesch übergab die Inseln nach zwei Tagen kampflos, nicht zuletzt deshalb, weil seine Ritter keine Kriegserfahrung mehr besaßen.

Nach zwei Jahren (1800) gelang es den Maltesern mit englischer Flottenunterstützung, die Franzosen von den Inseln zu vertreiben. 1814 wurde der maltesische Archipel durch den Vertrag im 1. Pariser Frieden britische Kronkolonie. **Großbritannien** baute die Inseln zu einem Flottenstützpunkt aus. Im Jahr 1921 erhielt Malta begrenzte Selbstverwaltung, die 1947 nach dem erfolgreichen Widerstand gegen massive deutsche und italienische Luftangriffe während des Zweiten Weltkrieges bis zur uneingeschränkten Selbstverwaltung erweitert wurde. Die volle Unabhängigkeit besitzt der Inselstaat seit 1964, und seit dem 13. Dezember 1974 ist Malta eine **Republik** im British Commonwealth of Nations. Am 31. 3. 1979 zogen die Engländer ihre letzten Truppen aufgrund eines Vertrages von 1972 aus Malta zurück.

BEVÖLKERUNG. – Die durchschnittliche Bevölkerungsdichte Maltas beträgt zur Zeit rund 1050 Einwohner pro qkm. Damit ist der Inselstaat nach Monaco und dem Staat der Vatikanstadt eines der dichtbevölkertsten Länder Europas und der Welt. Der Bevölkerungsschwerpunkt liegt an der Nordostküste der Hauptinsel, und zwar im Umfeld der Naturhäfen Grand Harbour und Marsamxett Harbour, die von einem Kranz kleinerer Städte umringt sind, welche zusammen etwa 113 000 Einwohner besitzen. Der Großteil der Bevölkerung ist römisch-katholisch.

Die beiden großen Häfen trennt eine langgestreckte, 60 m hohe Halbinsel voneinander, auf der sich die Hauptstadt Valletta befindet. Sie besitzt 14 000 Einwohner und liegt, was ihre Größe anbelangt, nach Sliema (20 000 Einw.), Birkirkara (16 800 Einw.) und Qormi (14 600 Einw.) erst an vierter Stelle des Landes. In der inneren Hafenzone erreicht die Bevölkerungsdichte Spitzenwerte von 7700 Einwohnern pro qkm, die zum Landesinneren jedoch rasch abnehmen und im weiteren Hafenumkreis auf 2300 Einwohner pro qkm zurückgehen. Im Norden Maltas, dem am dünnsten besiedelten Teil der Insel, leben nur noch 288 Menschen auf einem Quadratkilometer. Einen ähnlichen Wert (312 Einw./qkm) erreichen Gozo und Comino.

WIRTSCHAFT. – Die hohe Bevölkerungsdichte Maltas führte jedoch zu erheblichen wirtschaftlichen Schwierigkeiten, weil über Jahre hinaus nicht genügend Arbeitsplätze zur Verfügung standen. Seit der Unabhängigkeit des Landes hatten sich die

Probleme zunehmend verschärft, denn von den ehemals in britischen Militäreinrichtungen tätigen Erwerbspersonen, deren Anteil an der Gesamtzahl aller Beschäftigten 1955 immerhin 29% betrug, blieb nur noch ein verschwindend geringer Teil übrig. Diese Entwicklung hatte mehrere große Auswanderungswellen nach Australien, Kanada, Großbritannien und in die USA zur Folge, und die Bevölkerung Maltas besaß Jahrzehnte lang trotz relativ hoher Geburtenüberschüsse abnehmende Tendenz. Dieser Trend hat sich erst in den letzten Jahren wieder leicht gebessert, nachdem es gelungen ist, die Arbeitslosenquote auf etwa 2% zu drükken. Durch die Rückwanderung maltesischer Gastarbeiter aus anderen europäischen Ländern und den Wegfall der letzten militärischen Arbeitsplätze (ca. 6000) nach dem völligen Abzug der britischen Einheiten im März 1979 steht man momentan jedoch vor erneuten Schwierigkeiten.

Die bis zum Jahr 1978 durch den etappenweisen Abzug der Engländer freigewordenen Arbeitskräfte konnten teilweise in der ehemaligen britischen Marinewerft, die in eine zivile Werft umgebaut wurde, und in mehreren neu gegründeten Industriebetrieben untergebracht werden. Größter Arbeitgeber ist das Trockendock am Fort Ricasoli mit seiner Tankerreinigungsanlage, die zu den modernsten und leistungsfähigsten ihrer Art gehört. Durch ausländische Investitionen wurden außerdem mehrere zehntausend neue Arbeitsplätze in der Nahrungs-, Textil- und chemischen Industrie sowie im Maschinenbau geschaffen, die das traditionelle handwerkliche Kleingewerbe ergänzen. Einen bemerkenswerten Aufschwung erlebte in letzter Zeit auch die handwerkliche Volkskunst. Ihre Spitzenwebereien und Silberarbeiten werden gern von Touristen gekauft. Ein großer Teil der im Lande verbliebenen Arbeitslosen wird in mit öffentlichen Mitteln finanzierten Arbeitscorps untergebracht und zu Notstands- und Infrastrukturmaßnahmen herangezogen.

Die landwirtschaftliche Nutzfläche Maltas umfaßt rund 15000 ha, also etwa die Hälfte des Staatsgebiets. Im Westen der Inseln Malta und Gozo wurden die stark verkarsteten Kalkböden durch Beigaben von Ackererde und durch künstliche Bewässerung (ca. 660 ha) urbar gemacht. Geschlossene Bewässerungsgebiete (insgesamt ca. 100 ha) gibt es jedoch nur im Il-Ghadira-Tal und im Pwa-

les-Tal. Die Erträge sind hier mehr als doppelt so hoch wie in den Gebieten mit Trockenfeldbau, denn pro Jahr können drei Ernten eingebracht werden. Insgesamt gesehen reichen die Anbauflächen aber bei weitem nicht aus, um die Bevölkerung Maltas zu ernähren, und veraltete Anbaumethoden, eine starke Besitzzersplitterung sowie zu geringe Wasservorräte für die künstliche Bewässerung verhindern eine Ausweitung der Agrarproduktion. Etwa drei Viertel der benötigten Lebensmittel müssen eingeführt werden. Hauptanbauprodukte des Inselstaats sind Weizen, Gerste, Öl, Johannisbrot, Gemüse, Tomaten und Tabak, außerdem auch noch Feigen und Zitrusfrüchte. Ausgeführt werden hauptsächlich Frühkartoffeln, Weintrauben und Gartenbauprodukte.

Malta besitzt ein gut ausgebautes Straßennetz, das strahlenförmig auf die Agglomeration um Valletta sowie auf die Stadt Victoria (Gozo) ausgerichtet ist. Eisenbahnen gibt es auf dem Archipel nicht. Mit öffentlichen Bussen kann man von beiden Knotenpunkten fast jeden Ort des Landes anfahren. Mit zunehmender Entfernung von den Zentren gibt es jedoch immer weniger Querverbindungen, so daß die peripher gelegenen Dörfer untereinander meist nur auf Umwegen zu erreichen sind. Verkehrsmäßig kaum erschlossen sind lediglich die dünn besiedelten Küstengebiete im Westen und Südwesten beider Inseln. Zwischen Malta und Gozo bestehen zwei gute und schnelle Fährverbindungen, und zwar von Marfa nach M'garr sowie von Valletta nach M'garr (Tragflächenboot). Der internationale Seeverkehr wird zum größten Teil über den Grand Harbour, den Hafen von Valletta, abgewickelt, der von Schiffen jeder Größe angelaufen werden kann. Von hier bestehen außerdem Fährverbindungen nach Catania, Syrakus, Reggio di Calabria, Neapel und nach Libyen, den wichtigsten Ausfuhrland Maltas.

Den internationalen Flughafen Luqa, 7 km südwestlich von Valletta gelegen, fliegen mehrere Liniengesellschaften an. Regelmäßige Flugverbindungen, u.a. nach Großbritannien, Österreich, in die Schweiz, in die Bundesrepublik Deutschland, nach Italien, Tunesien und Libyen, werden hauptsächlich von der Air Malta unterhalten. Größere Bedeutung errang der Luqa International Airport insbesondere auch durch die rasche Zunahme des Tourismus, der nach dem Willen der Regierung als willkommene und dringend benötigte Devisen-

Badestrand beim Golden Sands Hotel auf Malta

quelle durch massive Förderprogramme weiterentwickelt werden soll. Mit der Vermarktung ihres gesunden, milden Klimas und den zahlreichen Sehenswürdigkeiten aus der Jungsteinzeit und der Ordensritterzeit erwirtschafteten die Malteser 1975 bereits 12% ihres Bruttosozialprodukts, eine Zahl, die nach dem weiteren Ausbau der Hotelkapazitäten in den letzten Jahren sicherlich noch stark gestiegen ist.

INSELBESCHREIBUNG. – Der touristisch interessanteste Teil der Inselrepublik ist die auf der Hauptinsel **Malta** gelegene geschichtsträchtige Stadtregion von **Valletta** (s. dort). Von hier aus sind aber auch die entlegeneren Gegenden des Archipels problemlos zu erreichen, die teilweise ebenfalls Sehenswürdigkeiten ersten Ranges bereithalten, die man sich bei einem Besuch Maltas nicht entgehen lassen sollte. An erster Stelle ist die malerisch auf einem Hügel im Südwesten Maltas gelegene ehemalige Inselhauptstadt **Mdina** (930 Einw.) zu nennen, an der die Entwicklung des modernen Zeitalters vollkommen vorbeigegangen zu sein scheint. Sie existierte bereits in der Antike, und zwar unter dem Namen *Melita*. Nach den Puniern und den Römern folgten die Araber, die sie in *Mdina* umbenannten. Durch den Bau von Befestigungsanlagen wurde die Stadt in zwei Teile zerschnitten, und die außerhalb der Mauern gelegenen Viertel entwickelten sich zur heutigen modernen Stadt *Rabat*. Die 1427 nach Malta vordringenden neuen Herren aus Sizilien gaben Mdina bis zur Ankunft der Johanniter vorübergehend den Namen *Notabile*. Unter den Ordensrittern verlor Mdina sehr rasch seine einstige Bedeutung und die Hauptstadtfunktion ging zunächst auf Birgu (heute Vittoriosa), später auf Valletta über.

Die wichtigsten Sehenswürdigkeiten Mdinas sind u.a. die barocke Kathedrale von Lorenzo Gafà mit wertvollen Kunstschätzen im Inneren, das ebenfalls barocke ehemalige Priesterseminar mit dem Kirchenmuseum, der Erzbischöfliche Palast (1733), der Palazzo Santa Sophia und der Palazzo Falcon.

Rabat (12 000 Einw.) besitzt eine 1881 entdeckte römische Villa mit schönem Mosaikfußboden, zwei frühchristliche Begräbnisstätten (St.-Paul's-Katakomben und St.-Agatha's-Katakomben) sowie die St.-Paul's-Kirche, die über dem Gefängnis erbaut wurde, in dem der Apostel Paulus nach seinem Schiffbruch vor Malta (60 n.Chr.) festgehalten wurde.

Weiterhin sehenswert ist die nordöstlich von Mdina gelegene Stadt **Mosta** (8500 Einw.). Hier befindet sich ein klassizistischer Dom von Grognet (1833-63), dessen Kuppel zu den größten der Welt gehört. – Im Südosten Maltas ist der malerische Fischerort *Marsaxlokk* (1200 Einw.) einen Besuch wert; denn in der Nähe liegt die berühmte *Höhle von Ghar Dalam, in der die ältesten Zeugnisse der jungsteinzeitlichen Besiedlung Maltas gefunden wurden. – Nicht minder sehenswert sind die prähistorischen Tempel von *Hagar Qim und *Mnajdra an der Südküste Maltas. – Ungemein interessant auch die rätselhaften 'Karrenspuren', die besonders die höher gelegenen Flächen des westlichen Hügellandes wie ein Eisenbahnnetz überziehen. Besonders eindrucksvoll ausgebildete 'Schienen' gibt es vor den Dingli Cliffs. Man weiß heute, daß es sich um Schleifspuren von Gleitkarren handelt, deren Kufen das weiche Gestein mit der Zeit ausschliffen. Die Gleitkarren wur-

Charakteristische Häuser und Boote im Fischerhafen von Marsaxlokk auf Malta

Hafenort M'garr an der Südküste der Maltesischen Insel Gozo

den vermutlich von den bronzezeitlichen Ureinwohnern Maltas und Gozos als Transportmittel benutzt.

Die größten und für Urlauber geeigneten Badestrände der Hauptinsel Malta befinden sich außer im nördlichen Teil des Großraums Valletta (s. dort) in der **St. Paul's Bay,** die durch den Schiffbruch des hl. Paulus (60 n. Chr.) bekannt geworden ist, in der **Mellieha Bay** und in der benachbarten *Slug Bay.* Weniger bekannte Badestrände findet man in der *Anchor Bay* im nördlichen Abschnitt der Westküste, in der *Golden Bay* und entlang der Nordwestküste bei *Marfa.*

Lohnend ist ein Abstecher zur Insel *Gozo, die man mit der Fähre von Marfa aus in 20 Minuten erreicht. Ihre Geschichte ist eng mit der von Malta verbunden. Bei **Xaghra** befindet sich die eindrucksvollste jungsteinzeitliche Tempelanlage des gesamten Maltesischen Archipels. Sie stammt aus der Zeit um 3600 v. Chr., und ihr Name lautet wegen der Größe der bei ihrem Bau verwendeten Steinquader **Ggantija** (Ort der Riesen).

Hauptort auf der Insel Gozo ist **Victoria** (6800 Einw.) mit einer schönen Kathedrale (1697) von Lorenzo Gafà. In der Basilica of St. George befinden sich mehrere Gemälde von Mattia Preti (1613-99). Das Gozo Museum besitzt u.a. eine interessante Sammlung antiker Funde, die auf der Insel gemacht wurden.

Marmarameer
s. bei Dardanellen

Marokko / Maghrebija
Königreich Marokko
Al-Mamlaka al-Maghrebija

Nationalitätskennzeichen: MA.
Staatsfläche: 458 730 qkm
    (ohne besetzte Westsahara).
Hauptstadt: Rabat.
Bevölkerungszahl: 18 200 000.
Verwaltungsgliederung: 33 Provinzen und 2 Stadtpräfekturen; 2 Provinzen in Westsahara.
Religion: Sunnitische Muslims (Islam Staatsreligion; 95 %); christliche und jüdische Minderheiten.
Sprache: Arabisch; Berberdialekte; Französisch und Spanisch als Handelssprachen.
Währung: 1 DH (Dirham) = 100 c (Centimes).
Zeit: Westeuropäische Zeit (WEZ = MEZ - 1 St.).
Wöchentlicher Ruhetag: Freitag.
Reisedokumente: Reisepaß (bei der Einreise noch mindestens 3 Monate gültig).

Staatliches Marokkanisches Fremdenverkehrsamt,
Graf-Adolf-Straße 59,
D-4000 **Düsseldorf** 1;
Telefon: (02 11) 37 05 51.
Office National Marocain du Tourisme,
Rue du Rhône 67,
CH-1207 **Genève** *(Genf);*
Telefon: (0 22) 35 26 12 und 34 49 30.
Botschaft des Königreichs Marokko,
Mittelstraße 35,
D-5300 **Bonn – Bad Godesberg;**
Telefon: (02 28) 37 40 75.
Helvetiastraße 42,
CH-3005 **Bern;**
Telefon: (031) 43 03 62/63.

Marokko wird von den Mohammedanern häufig Maghreb el Aksa (äußerster Westen) genannt, weil es als westlichster Vorposten des Islam gilt. Das Königreich erstreckt sich von der Straße von Gibraltar und dem Mittelmeer, an dessen Küste es einen Anteil von 470 km besitzt, bis zur Grenze von Westsahara (ehemals Spanische Sahara) südlich des Wadi Drâa. **Im Westen bildet die 850 km lange Küste des Atlantischen Ozeans die natürliche Begrenzung des Landes.** Östlicher Nachbar Marokkos ist Algerien. Der gemeinsame Grenzverlauf beider Staaten liegt jedoch lediglich im Norden fest, während er weiter südlich, im Bereich der Hamada des Drâa, noch heute umstritten ist.

Von den Gestaden des Mittelmeers über die Kammlinie des Hohen Atlas bis zu den Ausläufern der Sahara findet man in Marokko sämtliche Übergangsformen zwischen typisch mediterranen Küstenlandschaften und ihren nach Höhenstufen gegliederten Abwandlungen einerseits sowie saharisch-kontinentalen Steppengebieten und Vollwüsten andererseits. Die hauptsächlich von Südwesten nach Nordosten verlaufenden gewaltigen Gebirgsketten des Atlassystems fungieren dabei als großräumige Klimascheide. Ihre bis zu 4165 m hohen Gipfel (Djebel Toubkal) schirmen die südlichen Landesteile gegen die ausgeprägten Tiefdruckgebiete ab, deren Fronten im Winter auf das mediterrane Nordafrika übergreifen und hier zu ergiebigen Niederschlägen führen, die im Rif-Atlas bis 1000 m hinunter als Schnee fallen. Umgekehrt schützen die Gebirgswälle die mediterranen Gebiete vor den trockenen Wüstenwinden, die im Sommer aus der Sahara vordringen.

Der **Rif-Atlas** *(Er-Rif;* s. dort) ist das nördlichste Glied der im Tertiär aufgefalteten nordwestafrikanischen Hochgebirgsketten. Er erstreckt sich parallel zur Mittelmeerküste. Ausgedehnte Bergwälder mit Korkeichen-, Steineichen- und Kermeseichenbeständen sind ebenso typische Merkmale der hier verbreiteten mediterranen Pflanzenwelt wie Macchiensträucher (Pistazien, Erdbeerbaum) oder Zedern, Atlasthuya und Aleppokiefern.

Nach Süden folgen die Ketten des **Mittleren** und des **Hohen Atlas.** Sie umschließen eine ausgedehnte Plateaulandschaft, die im Norden vom Rif-Atlas und im Westen vom Atlantischen Ozean begrenzt wird: Dies ist die marokkanische **Meseta,** der ökonomische Kernraum des Landes.

Der Übergang von der mediterranen Klima- und Vegetationszone zum saharischen Steppengebiet vollzieht sich südlich der 300-mm-Niederschlagslinie. Diese verläuft jenseits der Kammlinie des Hohen Atlas. Der Antiatlas, das südlichste Glied der nordafrikanischen Kettengebirge, erhält trotz seiner Höhe von über 2500 m bereits weniger als 200 mm Niederschlag im Jahr.

GESCHICHTE. – Die frühesten Spuren menschlicher Besiedlung im Gebiet des heutigen Marokko reichen bis in die jüngere Altsteinzeit zurück. Zahlreiche prähistorische Felsgravierungen belegen dies. Historische Bedeutung erlangten zwischen 1100 und 146 v. Chr. bereits mehrere phönizische, später karthagische Handelsniederlassungen an der Mittelmeer- und Atlantikküste, deren bekannteste Rusaddir (Melilla) und Tingis (Tanger) waren. Das Landesinnere wurde bereits damals von mehreren unabhängigen Berberstämmen bewohnt. Um 40 n. Chr. faßten die Römer den Westen Nordafrikas und einen Teil Algeriens zur Provinz **Mauretania Tingitana** zusammen. Im 5. Jahrhundert fielen die Vandalen in Marokko ein, aber bereits im 6. Jahrhundert wurde das Gebiet von den Byzantinern zurückerobert. Nur ein weiteres Jahrhundert später überrannten die ersten muslimischen Araber unter *Okba Ben Nafi* den Norden Afrikas und stießen von Marokko aus auf die Iberische Halbinsel vor. 789 gründete Idris I. die Dynastie der *Idrisiden.* Die Hauptstadt ihres Reiches war Fès. Im 10. Jahrhundert übernahmen die *Fatimiden* die Macht in Nordwestafrika. Sie wurden durch die berberischen *Almoraviden* (1036-1146) und die *Almohaden* (1147-1269) abgelöst, unter deren Herrschaft sich Marokko zum Kerngebiet im **Maurischen Reich** entwickelte, in dessen Grenzen der Süden der Iberischen Halbinsel miteinbezogen war. Daran änderte sich unter der nachfolgenden Berberdynastie der Meriniden (1269-1470) zunächst nichts. Aber 1415 konnte man nicht verhindern, daß die Stadt Ceuta von den Portugiesen erobert wurde, die sich an den marokkanischen Küsten festsetzten. Unter den *Wattasiden* (1472-1554) besetzten die Spanier Melilla (1496), und während der scherifischen Dynastie der *Sadier* (1554-1603) entrissen sie den Portugiesen Ceuta. 1661, fünf Jahre vor der Machtübernahme durch die heute noch regierenden *Hasaniden,* besetzten die Engländer als dritte europäische Macht mit Tanger eine marokkanische Küstenstadt.

Im 17. Jahrhundert begann auch Frankreich, enge politische Beziehungen mit Marokko zu knüpfen, aber zur Errichtung des späteren französischen Protektorats kam es erst zu Beginn des 20. Jahrhunderts. Im britisch-französischen Abkommen räumten die Engländer Frankreich am 8. April 1904 die Vormachtstellung in Marokko ein, und bereits im November des gleichen Jahres grenzten Frankreich und Spanien ihre marokkanischen Interessengebiete gegeneinander ab. Das Deutsche Reich erhob 1906 Einspruch gegen die Französisierung Marokkos, da es seine eigenen wirtschaftlichen Interessen gefährdet sah. Diese erste *Marokkokrise* wurde auf der Konferenz von Algeciras beigelegt. Die zweite Marokkokrise ereignete sich 1911, als französische Truppen die Hauptstadt Fès besetzten und das Deutsche Reich als Gegenreaktion das Kanonenboot "Panther" entsandte. Im Marokko-Kongo-Abkommen mußte Deutschland jedoch die französische Vorherrschaft in Nordwestafrika anerkennen. Erst ein Jahr später (1912) wurde Marokko **französisches,** teilweise jedoch auch **spanisches Protektorat,** wobei Spanien erhielt das Rifgebiet mit der Hauptstadt Tetuan zugesprochen. Das ehemals britische Tanger wurde internationales Territorium. Erste Spannungen mit den Marokkanern führten von 1919 bis 1926 zum berühmt gewordenen *Aufstand der Rifkabylen* unter Abd el-Krim. Er richtete sich zunächst ausschließlich gegen die spanische

Volkstracht im marokkanischen Atlasgebirge

Protektoratsmacht, später jedoch auch gegen die Franzosen. Zwischen 1934 und 1937 formierte sich in Französisch-Marokko eine Nationalbewegung ('Comité d'Action Marocaine'), die nach 1945 besonders von der 'Union Marocaine du Travail' getragen wurde. Zunehmende Unruhen veranlaßten Frankreich 1953 schließlich zur Verbannung des Sultans *Mohammed V.,* der den Thron 1927 bestiegen hatte. Er durfte 1955 jedoch zurückkehren, und 1956 entließen Frankreich und Spanien Marokko in die Unabhängigkeit. Tanger wurde dem neuen **Königreich** angegliedert. Nach dem Tod Mohammeds V. im Jahr 1961 übernahm sein Sohn *Hasan II.* die Regierungsgeschäfte. 1971 scheiterte ein Putschversuch seiner politischen Gegner. Mit dem Einverständnis Spaniens, aber gegen den Einspruch Algeriens, einigten sich Marokko und Mauretanien 1976 über eine Aufteilung des Territoriums von Spanisch-Sahara. Aber bereits 1979 zog sich Mauretanien unter dem Druck der Freiheitsbewegung 'Polisario' zurück und überließ Marokko das gesamte umstrittene und umkämpfte Gebiet. Im bewaffneten Konflikt zwischen Marokko und der Polisario bewahrt Mauretanien strikte Neutralität.

KUNST. – Die ältesten Zeugnisse frühen Kunstschaffens in Marokko stammen bereits aus der jüngeren Altsteinzeit. Es handelt sich um eindrucksvolle **Felszeichnungen** mit Darstellungen von Waffen, Werkzeugen und vor allem von Elefanten, Antilopen, Giraffen, Zebras und Rhinozerossen. Dies ist ein deutlicher Beweis für die Richtigkeit der These, daß vor 40000 Jahren in Nordafrika ein anderes Klima geherrscht haben muß. Die meisten Felszeichnungen werden dem sogenannten Crô-Magnon-Menschen zugerechnet, der wohl der erste echte Homo sapiens im Gebiet des Maghreb gewesen ist. Die am leichtesten zugänglichen prähistorischen Felsgravierungen befinden sich im Hohen Atlas, in der Nähe des Wintersportortes Oukaïmeden. Andere Fundstellen, besonders diejenigen am Djebel Yagour, sind nur über gewundene Saumpfade zu erreichen, die nicht ohne Führer begangen werden sollten.

Aus der Antike sind nur verhältnismäßig wenige Kunstdenkmäler überliefert, denn die Phönizier und **Karthager** waren nur wenig kunstbeflissene Völker. Letztere hinterließen zwar mehrere Grabanlagen, aber die aus groben Steinblöcken ohne Mör-

tel bestehenden Gewölbe sind lediglich Nachbildungen ägyptischer Vorbilder. Unter der Herrschaft der **Römer** entstanden mehrere Städte, in deren Ruinen neben kostbaren Mosaiken zahlreiche Marmor- und Bronzestatuen gefunden wurden. Sie lassen sich in drei Gruppen einteilen: Nachbildungen bekannter griechischer Skulpturen (z.B. der Einschenkende Dionysos oder ein Ephebe zu Pferde), Porträtplastiken römischer Kaiser und Prokuratoren (z.B. Büste des maurischen Königs Yuba II.) sowie reliefgeschmückte Triumphbögen und Gedenksteine. Die bekannteste Ausgrabungsstätte ist das in der Nähe von Fès und Meknès gelegene *Volubilis,* die ehemalige Residenzstadt der römischen Prokuratoren von Mauretania Tingitana. Weitere Sehenswürdigkeiten aus römischer Zeit sind die Ruinen von *Banasa* und *Thamusida.*

Die **Berber** gelten als die Ureinwohner des nördlichen Afrika. Sie sind vermutlich die Nachkommen der steinzeitlichen Crô-Magnon-Rasse. Bereits in der Antike hatten sie eine charakteristische Baukunst entwickelt, die sich im Laufe der Jahrtausende so gut wie überhaupt nicht verändert hat: Noch heute gibt es im Süden Marokkos unzählige Berberburgen, die wahrscheinlich bereits in vorrömischer Zeit gleich aussehende Vorgänger gehabt haben. Die Wehrdörfer der Berber heißen *Ksour* (Einzahl: Ksar). Sie bestehen aus ineinander verschachtelten Wohnstätten mit nach oben konisch zustrebenden Außenwänden aus Stampferde, durchsetzt von meist mehreren burgähnlichen Gemeinschaftsspeichern (Irherm, Agadir oder Tighremt genannt). Letztere sind quadratisch angelegte Turmbauten mit zinnenbekrönten Wehrtürmen an den vier Ecken, die als besonderes Symbol der Stammeseinheit gelten. Die gesamte Anlage eines Ksar wird von einer mit Toren ausgestatteten Ringmauer umfaßt. Alle berberischen Bauwerke werden unter dem Sammelbegriff **Kasbah** zusammengefaßt. Die meisten Kasbahs liegen an den alten Karawanenstraßen, die von den Pässen des Hohen Atlas (Tizi n'Tichka, Tizi n'Test und Imi n'Tanout) in die Täler der Wadis Drâa und Dadès führen, und zwar zwischen Ouarzazate und Tinerhir bzw. Zagora. Bekannt geworden sind diese gut befahrbaren Straßen im Berberland unter dem Sammelbegriff 'Straße der Kasbahs'.

Die **islamische Kunst,** insbesondere die Architektur, hat sich aus drei Vorbildern entwickelt, deren wichtigste Grundzüge sich die Araber nach ihren großen Eroberungszügen zu eigen machten: römisch-hellenistische, persisch-sassanidische und christliche Gestaltungselemente. In den westlichen Teilen der islamischen Welt hat sich, vom besetzten Andalusien ausgehend, die **maurische Kunst** als eigenständige und originale Stilrichtung entwickelt. Sie erreichte im Maghreb ihre Blütezeit nach der Vertreibung der Araber von der Iberischen Halbinsel. Typische Merkmale maurischer Architektur sind der Hang zur Ausdehnung in die Breite, der beinahe vollständige Verzicht auf die Fassadengestaltung sowie die Vermittlung von Schwerelosigkeit durch sich nach oben verjüngende Säulen. Eine unglaubliche Formenvielfalt erreichen die charakteristischen Hufeisen- und Kleeblattbögen, Stuckornamente und Tropfsteinverzierungen mit ihren verschlungenen Mustern. Das bekannteste und wohl auch schönste und wertvollste Stilelement islamischer Baukunst ist die *Arabeske,* ursprünglich ein Blattrankenmotiv, das so weitgehend stilisiert ist, daß sich ein abstraktes Bild ergibt.

Glanzpunkt maurischer Baukunst waren die prunkvollen Sultanspaläste, von denen leider nur noch sehr wenige erhalten sind. Berühmtestes Beispiel ist die Alhambra im spanischen Granada. Nicht weniger beeindruckende Zeugnisse islamischer Kunst sind zahlreiche Moscheen (Hassanturm in Rabat und Kutubia in Marrakesch) sowie Schulen, Festungsmauern und herrliche Stadttore.

BEVÖLKERUNG. – Die Bevölkerungsdichte Marokkos ist naturgemäß in denjenigen Gebieten am höchsten (über 100 Einw. je qkm), in denen die meisten Niederschläge fallen. Kernräume des Landes sind demnach die zum Atlantischen Ozean offene Meseta und der Küstensaum am Mittelmeer. Auf einem Zehntel der Landesfläche leben etwa 65 % der Gesamtbevölkerung. Südlich und östlich der Atlasketten sinkt die Bevölkerungsdichte auf unter 3 Einw. je qkm. Etwa 40 % der Einwohner gehören berberischen Stämmen an. Diese leben hauptsächlich in den Gebirgen und ihren Vorlanden, während die Araber, mit einem Anteil von über 50 % die bedeutendste Bevölkerungsgruppe, größtenteils in den Küstenebenen und in den saharischen Gebieten des Landes zu Hause sind. Eine nicht unbedeutende Gruppe waren früher die Juden, deren Gesamtzahl sich jedoch ähnlich wie die der Europäer von rund 200 000 auf nur noch 30 000 verringert hat. Eine noch kleinere Gruppe der Bevölkerung ist negrid. Es handelt sich um die Nachkommen ehemaliger Sklaven aus dem Sudan.

Die jährliche Bevölkerungszunahme Marokkos beträgt durchschnittlich etwa 3 %, wobei aufgrund einer ungewöhnlich starken Landflucht in den Städten ein Extremwert von 5 % erreicht wird. Heute leben rund 35 % aller Marokkaner in Städten. Rund die Hälfte der moslemischen Einwohner ist jünger als 15 Jahre ! Zahlreiche Menschen sind deshalb gezwungen, zumindest vorübergehend nach Europa auszuwandern, weil die Entwicklung des Arbeitsplatzangebotes im eigenen Land mit der Bevölkerungszunahme nicht Schritt zu halten vermag.

Die Städte Marokkos besitzen in der Regel eine charakteristische und leicht erkennbare Viertelsgliederung. Zentrum ist die von Mauern umgebene Medina (Altstadt), meistens mit einem gesonderten Judenviertel. Nur selten auch fehlt die Kasba genannte Burgbezirk. Vom alten Kern der Städte heben sich deutlich die randlich angelehnten Europäerviertel aus der französischen und spanischen Kolonialzeit ab. Einen äußeren Ring bilden die sogenannten Bidonvilles, d.h. ausgedehnte Elendsquartiere, die aufgrund überdimensional hoher Zuzugsraten ländlicher Bevölkerungsschichten entstanden sind.

WIRTSCHAFT. – Mehr als die Hälfte aller Erwerbspersonen ist im agrarischen Wirtschaftsbereich tätig, und über drei Viertel der Gesamtbevölkerung leben von der Landwirtschaft. Ihr Beitrag zum Bruttoinlandsprodukt beträgt jedoch le-

diglich 25 %. Etwa 30 % der gesamten landwirtschaftlichen Nutzfläche sind Ackerland. Auf rund zwei Dritteln davon wird Getreide angebaut, und zwar überwiegend Weizen, gefolgt von Gerste, Mais und Reis. Von Bedeutung sind auch ausgedehnte Dauer- und Sonderkulturen wie Zitrusfrüchte, Wein und Oliven. Weitere Anbauprodukte sind Hülsenfrüchte, Zuckerrüben, Gemüse, Kartoffeln, Ölsaaten und Baumwolle.

Zwischen der Küstenebene am Atlantischen Ozean und dem Atlasgebirge liegt das Hauptverbreitungsgebiet der Viehwirtschaft mit Rinder-, Pferde-, Maultier-, Esel-, Kamel-, Schaf- und Ziegenhaltung. Der Viehbestand ist häufig größeren Schwankungen unterworfen, da die geregelte Futterversorgung in trockenen Jahren große Probleme bereitet. Dieser Nachteil wirkt sich sehr ungünstig auf die Ertragslage aus.

Die landwirtschaftliche Besitzstruktur ist durch das Nebeneinander moderner, meist in französischem Besitz befindlicher, für den Markt produzierender Großbetriebe mit hohem Mechanisierungsgrad und traditioneller Kleinbetriebe, die auf reine Selbstversorgung eingestellt sind, charakterisiert. Zwar wurde 1973 ein Regierungserlaß zur Marokkanisierung ausländischen Landwirtschaftsbesitzes verabschiedet, aber ökonomische Sachzwänge ließen die beabsichtigte Agrarreform vorerst scheitern.

Nennenswerte Bedeutung besitzen neben der Landwirtschaft auch noch die Forstwirtschaft und bis zu einem gewissen Grad die Fischerei.

Marokkanische Fischer

Marokko ist der drittgrößte Korkproduzent der Welt (im Rif-Atlas) und der zweitbedeutendste Erzeuger von Sardinenkonserven. Der Fischfang wird ausschließlich an der Atlantikküste in größerem Umfang betrieben. Am Mittelmeer spielt er keine wirtschaftlich erwähnenswerte Rolle.

Wichtigste Industriestandorte Marokkos sind die großen Städte an der Atlantikküste, allen voran Casablanca mit über 1,5 Mill. Einwohnern. Für die Besitzstruktur im produzierenden Gewerbe gilt dasselbe wie auf dem Agrarsektor. Die Mehrzahl der Betriebe ist im Besitz ausländischer Firmen, oder aber sie gehören in Marokko lebenden Ausländern. Die Durchführung des "Marokkanisierungserlasses" ist aus ökonomischen Erwägungen ebenso noch nicht möglich. Die wichtigsten Branchen sind Nahrungsmittel-, Textil- und Bekleidungsindustrie, Zement-, Glas- und Düngerherstellung sowie Metall- und Kunststoffverarbeitung. Größere Bedeutung besitzt auch heute noch das in Genossenschaften organisierte, traditionelle Handwerk.

Die Energieversorgung des Landes kann weitestgehend aus eigenen Vorräten sichergestellt werden. Eine wichtige Rolle spielen in diesem Zusammenhang neben den Steinkohlevorkommen bei Jerada und größeren Erdgas- und Erdöllagern im atlantischen Küstenbereich insbesondere die riesigen Wasserreserven im niederschlagsreichen Atlasgebirge. Dem Ausbau der Wasserkraft kommt in den nächsten Jahren bei anhaltender Energieverteuerung eine ständig steigende Bedeutung zu.

Neben Steinkohle, Erdgas und Erdöl verfügt Marokko noch über andere B o d e n s c h ä t z e , deren Abbau sehr gewinnbringend ist. Dabei handelt es sich zum einen um große Kupfervorkommen bei Bou Skour, am Djebel Klakh sowie in Tazalaght (Provinz Agadir). Zum anderen besitzt Marokko mehr als 50 % der Weltphosphatreserven. Es nahm zwar bis vor kurzem erst den dritten Rang hinter den USA und der Sowjetunion ein, aber nachdem das Territorium des ehemaligen Spanisch-Sahara an Marokko fiel, verfügt das Land über die größten Phosphatlagerstätten der Erde.

Wichtigste V e r k e h r s m i t t e l für den innermarokanischen Personentransport sind Kraftfahrzeuge. Dieser Tatsache trägt das hervorragend ausgebaute Straßennetz in den wirtschaftlichen Kerngebieten des Landes Rechnung (22863 km befestigt). Jenseits der Atlasketten gibt es jedoch in der Mehrzahl lediglich Pisten (ca. 3500 km), die aber in der Trockenzeit gut befahrbar sind.

Der Güterverkehr ist zu etwa 80 % an das relativ veraltete, 2071 km lange Schienennetz gebunden. Eine grundlegende Modernisierung soll im Zuge der geplanten Ausweitung der Phosphatindustrie erfolgen. Die wichtigste Verbindung des nur zu 40 % elektrifizierten Streckennetzes besteht zwischen Marrakesch und Oujda, von wo aus man nach Algier und Tunis weiterfahren kann.

Seit Mitte der sechziger Jahre hat der F r e m d e n v e r k e h r einen mächtigen Aufschwung erfahren. Wurden 1965 erst 378000 Auslandsgäste gezählt, den 9400 Fremdenbetten zur Verfügung standen, waren es 1976 rund 1,1 Millionen Touristen. Das Bettenangebot war auf 43000 angewachsen. Die nach europäischem Standard ausgestatteten Hotels sind nicht nur in den Küstengebieten zu finden, sondern ebenso in den entlegenen Gegenden des Antiatlas und am Rand der Sahara. Für den Autotouristen stellt eine Reise kreuz und quer durch Marokko deshalb keine Schwierigkeiten dar.

Al-Hoceima, Chefchaouen, Oujda, Rif-Atlas, *Tanger und ***Tetuan** s. Reiseziele von A bis Z.

Marsala s. bei Sizilien

Marsa Matruh / Mersa Matruh

Ägypten.
Gouvernorat: Grenzbezirk 'Westwüste'.
Höhe: Meereshöhe. – Einwohnerzahl: 20000.

HOTELS. – *Beau Site, Lido, Des Roses, Riviera*, u.a. – CAMPINGPLATZ 20 km westlich.

Die als Seebad insbesondere von Alexandria aus besuchte Hafenstadt Marsa Matruh (Mersa Matruh), Verwaltungssitz des nordwestägyptischen Grenzbezirks 'Westwüste' und Standort der ägyptischen Schwammfischerflotte, liegt an einer weiten, von Felsriffen zum Meer hin abgeschlossenen Lagune etwa 170 km westlich von El-Alamein und rund 220 km östlich der ägyptisch-libyschen Grenze.

Als Zentrum des wegen seines milden Klimas, der malerischen *Felsenbuchten und faszinierenden Färbung des Meeres wie auch wegen der hervorragenden feinweißen *Sandstrände als 'ägyptische Riviera' bezeichneten Küstenstriches wurde die Stadt schon im Altertum als sommerlicher Aufenthalt hoch geschätzt.

BEMERKENSWERTES. – Vor dem Hafen, in einer Felsengrotte, nahm Generalfeldmarschall Rommel während des Zweiten Weltkrieges vorübergehend sein Quartier. – Empfehlenswert, jedoch anstrengend, sind Strandwanderungen u.a. zum sogenannten *Bad der Kleopatra*, einem unter hohem Fels gelegenen natürlichen Seewasserbecken.

AUSFLÜGE von Marsa Matruh. – Überaus lohnend ist die Fahrt auf der schon von Alexander d. Gr. benutzten *W ü s t e n r o u t e (im Mittelteil unbefestigt) 302 km südwestlich zur Oase Siwa. Die Strecke ist mit dem Auto in etwa 10 Stunden zu bewältigen (Konvoi von mindestens 2 Wagen vorgeschrieben, Benzin- und Trinkwasservorrat; Führer ratsam!), doch bedarf es zuvor der Genehmigung sowie einer Übernachtungserlaubnis durch den Gouverneur in Marsa Matruh bzw. des Grenzkorps in Kairo.

Die inmitten des libyschen Wüstenplateaus in einer weiten Senke 20 m unter dem Meeresspiegel gelegene *O a s e S i w a (5500 Einw.) ist die westlichste der ägyptischen Oasen und hat sich durch die rigoros isolierte Lage bis heute sehr viel altertümliches Brauchtum und Eigenheiten bewahrt. Von besonderem Reiz ist die Landschaft, deren Grün von einem stets wolkenlosen Himmel überspannt wird. Die Einwohner sind Berber, denen sich im Laufe der Geschichte Beduinen und sudanesische Sklaven beigemischt haben. Sie sprechen einen eigenen berberischen Dialekt, sind aber im allgemeinen auch des Arabischen mächtig. Die Oase verdankt ihre Blüte den rund 200 Quellen (im Altertum angeblich über tausend), von denen heute rund 80 zur Bewässerung herangezogen werden. Angebaut werden v.a. Datteln (200000 Dattelpalmen), Oliven (50000 Olivenbäume) sowie Zitrusfrüchte und etwas Wein. – Im Jahre 331 v. Chr. gelangte Alexander d. Gr. als erster Ägypterkönig nach Siwa, wo er sich als Sohn des Zeus-Amon empfangen und, mit der widderhörnigen Krone gekrönt, bestätigen ließ.

Hauptort der Oase ist das auf einer felsigen Anhöhe gelegene Städtchen **Siwa** (5000 Einw.). Die antike Hauptstadt befand sich etwa 3 km westlich, an der Stelle des heutigen *Aghurmi* (350 Einw.); von ihr sind nur geringe Spuren sichtbar. Recht gut erhalten ist allein der weithin sichtbare Tempel des Amasis (XXVI. Dynastie). Sehenswert ferner die Felsengräber des Karit el-Musabberin (XXVI.-XXX. Dynastie), mit eigenartigen Bilddarstellungen.

Marseille

Frankreich.
Région: Provence – Alpes – Côte d'Azur.
Département: Bouches-du-Rhône.
Höhe: 0-160 m ü.d.M. – Einwohnerzahl: 915000.
Postleitzahl: F-13000. – Telefonvorwahl: 91.
(i) **Office de Tourisme,**
Canebière 4;
Telefon: 33 69 20.

HOTELS. – **Résidence Petit Nice et Marina Maldormé*, Corniche Kennedy, L, 200 Z.; **Sofitel Vieux-Port*, Boulevard Charles-Livon 36, L, 222 Z.;

Grand Hôtel et Noailles, La Canebière 64/68, I, 149 Z.; *Concorde-Prado,* Avenue Mazargues 11, I, 100 Z.; *Beauvau,* Rue Beauvau, I, 71 Z.; *Ribotel,* Boulevard Verne 50, I, 45 Z.; *Concorde Palm Beach,* Promenade Plage 2, II, 161 Z.; *Novotel,* in St-Menet, II, 131 Z.; *Rome et St-Pierre,* Cours St-Louis 7, II, 61 Z.; *Paris-Nice,* Boulevard d'Athènes 25, II, 31 Z.; *Du Petit Louvre,* La Canebière 19, II, 31 Z.; *Genève,* Rue Reine-Elisabeth 3 bis, II, 49 Z.; *Bompard,* Rue des Flots-Bleus, II, 25 Z.; *Sélect,* Allées Gambetta 4, II, 65 Z.; *Européen,* Rue du Paradis 115/117, III, 49 Z.; *Breton,* Rue Mazenod 52, III, 44 Z. – CAMPINGPLATZ.

VERANSTALTUNGEN. – *Internationale Mustermesse* (Mitte April und zweite Septemberhälfte).

Marseille am Mittelmeer stellt Frankreichs zweitgrößte Stadt und seine größte Hafenstadt dar, wobei der Hafen ein Naturhafen von großer Schönheit ist. Marseille gilt überdies als Frankreichs älteste Stadt und verbindet den Charme seiner südlichen Lage mit der Betriebsamkeit einer Weltstadt. Sitz des Département Bouches-du-

Rhône, eines Erzbischofs und dreier Universitätsfakultäten, wird die Stadt von der imposant auf einem Kalkfelsen erbauten Kirche Notre-Dame-de-la-Garde überragt, die man für einen Überblick zuerst aufsuchen sollte.

GESCHICHTE. – Die Gründung der Stadt erfolgte bereits durch Phönizier im 8. Jahrhundert v. Chr. Die Ansiedlung erhielt 2 Jahrhunderte später von den Griechen den Namen *Massalia,* den die Römer in *Massilia* umwandelten. Die Stadt war das Ziel der 117 n. Chr. gebauten Via Aurelia von Rom nach Gallien. Als das Römische Reich zugrundegegangen war, fiel Marseille zunächst an die Westgoten, dann an die Franken und das Königreich Arelat. Die Sarazenen zerstörten die Stadt, die im 10. Jahrhundert neu aufgebaut werden mußte. Zunächst war die Stadt unter der Herrschaft der Vicomtes de Marseille, dann selbständig, bis sie um 1250 Karl von Anjou an sich riß, die als wichtigster Hafen der Kreuzzüge an Bedeutung und Wohlstand gewachsen war. Im Jahre 1481 wurde Marseille an Frankreich angeschlossen. 1720/21 wütete die Pest in der Stadt. Zu Beginn der Französischen Revolution zogen die Aufrührer von Marseille nach Paris und brachten ihr Lied, die "Marseillaise", mit, das zur Nationalhymne

wurde (ursprünglich in Straßburg als "Chant de la guerre de l'Armée du Rhin" komponiert). Dennoch erlebte auch Marseille nach einem Aufstand das Wüten der Guillotine auf der Canebière. Im Zweiten Weltkrieg wurde die Stadt durch Luftangriffe getroffen, und 1943 wurden beinahe alle Teile der Altstadt von deutschen Soldaten abgerissen. Durch den von Le Corbusier geschaffenen Wohnkomplex 'Cité Radieuse' erhielt die Stadt einen eindrucksvollen modernen Akzent.

SEHENSWERTES. – Kein Besucher von Marseille sollte den Gang durch die *Canebière mit ihren Läden, Hotels und Cafés versäumen. Sie ist zum lebendig-heiteren Symbol der Stadt geworden. Ihr Name stammt von 'Cannabis' (Hanf) und bedeutet Seiler- bzw. Reeperbahn. An ihrem Anfang im Westen liegt der *Alte Hafen (Vieux Port), den schon die Griechen benützten – eine Bucht, die weit in die Stadt hineinreicht (Fähren, Tunnel). Hier machen nur noch Fischerboote und Aus-

flugsschiffe am Quai des Belges fest. In allen Restaurants wird die typische Fischsuppe Bouillabaisse serviert. An der Hafenausfahrt liegen zwei Forts aus dem 17. Jahrhundert, hinter dem Fort St-Nicolas mit Terrasse der Parc du Pharo mit ehemaligem Schloß, von wo man einen schönen *Blick auf Altstadt und Häfen hat. – An der Hafen-Nordseite der Quai du Port mit dem Hôtel de Ville von 1663-83 und in der Nähe zwei Museen der römischen Hafenanlagen sowie des alten Marseille.

Nördlich des Alten Hafens das, was von der Altstadt übriggeblieben ist. Zwischen Altem und Neuem Hafen liegen die beiden Kathedralen: die stattliche Neue Kathedrale La Major von 1852-93, der größte Kirchenbau des 19. Jahrhunderts mit 141 m Länge, zwei Kuppeltürmen und einer 16 m hohen Vierungskuppel, ferner viel Marmor im Inneren.

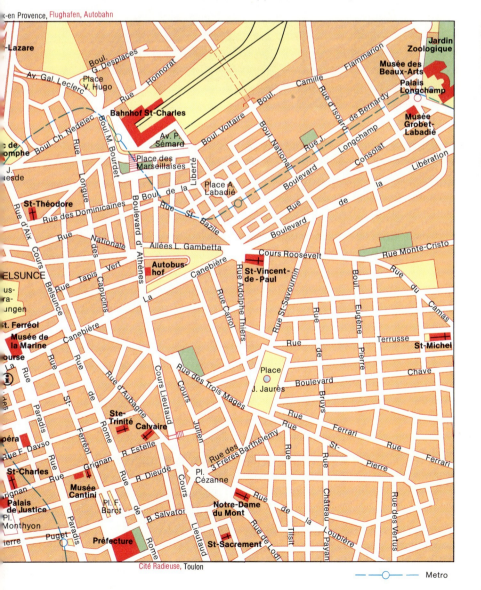

Im alten Hafen der südfranzösischen Metropole Marseille

Östlich davon die ***Alte Kathedrale St-Lazare,** die auf das 4. Jahrhundert zurückgeht und im 11./12. Jahrhundert entstand (keine Gottesdienste mehr). An die Kathedrale schließt der ab 1844 entstandene ***N e u e H a f e n (Port Moderne)** an, der Kais in 25 km Länge besitzt und mehr als 200 Hektar umfaßt. Hier legen im Bassin de la Joliette die Passagierschiffe an; *Hafenbahnhof* gegenüber dem Boulevard des Dames. Am Wochenende kann man von dem 5 km langen Wellenbrecher (Jetée) das Hafenbecken überblicken; Hafenrundfahrten vom Alten Hafen.

Vom Alten Hafen erreicht man über den Q u a i d e R i v e N e u v e die ***Kirche St-Victor,** früher zu einer im 5. Jahrhundert gegründeten Abtei gehörig und in ihrer heutigen Gestalt im 11. und 14. Jahrhundert erbaut. – Beherrschende Kirche von Marseille ist **Notre-Dame-de-la-Garde** von 1853-64, die eine frühere Wallfahrtskapelle ersetzte. Der 46 m hohe Glockenturm mit der vergoldeten Marienstatue ist das Wahrzeichen von Marseille. **Stadtüberblick von der Terrasse vor der Kirche.

Marseille besitzt zahlreiche **M u s e e n.** Am sehenswertesten sind im ***Palais Longchamp** das *Kunstmuseum* mit Bildern und Skulpturen, das *Musée Gro-*

bet-Labadié in einem alten Patrizierhaus und das *Marine-Museum* in der **Börse,** in deren Nähe die alten griechischen *Wälle des Hafens von Massalia*

Château d'If in der Bucht von Marseille

Calanque d'En Vau an der südfranzösischen Küste

aus dem 3. und 2. Jahrhundert v. Chr. ausgegraben werden. – Im **Château Borély** (18. Jh.) befinden sich das *Musée de l'Archéologie Méditerranéenne* (ägyptische, griechische, keltische, römische und gallische Funde) sowie das *Musée Lapidaire.*

Ein beliebter AUSFLUG von Marseille ist die Fahrt mit dem Motorboot vom Alten Hafen zum **Château d'If,** das durch den Roman "Der Graf von Monte Christo" von Alexandre Dumas dem Älteren Mitte des vorigen Jahrhunderts bekannt wurde. Die Feste wurde 1524 erbaut und war Staatsgefängnis; heute genießt man die Aussicht vom Felsen. – Unweit vom Château d'If die beiden größeren Inseln **Ratonneau** und **Pomègues,** verbunden durch einen Damm, der den Port du Frioul (Jachthafen) abschließt.

UMGEBUNG von Marseille. – Südöstlich der Stadt befinden sich die *Calanques,* schmale und tiefe Meeresarme zwischen schroffen weißen Kalksteinfelsen, die z.T. als natürliche Jachthäfen dienen. Man erreicht sie von der Straße Nr. 559 aus (letztes Stück zu Fuß) oder mit dem Boot von Cassis (s. unten). Die schönste dieser Buchten ist die *Calanque d'En Vau,* an die sich östlich die *Calanque de Port Pin* anschließt. Die dritte, von Cassis auch über eine Straße zugänglich, ist die *Calanque de Port-Miou.*

Cassis (5000 Einw.) ist ein malerisch an einer Bucht gelegenes Hafenstädtchen mit einer Burgruine. Bekannt ist der Weißwein der Gegend.

Megiste (Kastellorizo)
s. bei Rhodos

Melilla

Spanien.
Provinz: Málaga. – Plaza de Soberanía.
Höhe: Meereshöhe. – Einwohnerzahl: 100 000.
Telefonvorwahl: 9 52.

ⓘ **Oficina de Información de Turismo,** General Aizpuru 20; Telefon: 68 40 13 und 68 42 04.

HOTELS. – *Parador Nacional Don Pedro de Estopinan,* I, 52 B., Sb.; *Rusadir San Miguel,* Pablo Vallesca 5, II, 54 B.; *Anfora,* Pablo Vallesca 8, III, 278 B.; *Nacional,* Primo de Rivera 10, IV, 48 B.

SCHIFFSVERBINDUNG. – *Autofähren* täglich von Málaga und Almería (je etwa 8 St. Fahrzeit).

Die arabisch Mlilya oder Ras El-Ouerk, berberisch Tamlilt genannte Hafen- und Garnisonsstadt Melilla an der marokkanischen Mittelmeerküste ist eine 12,3 qkm große spanische Enklave (Plaza de Soberanía) und Freihandelszone. Sie liegt strategisch günstig an einer kleinen Bucht der Halbinsel Beni Sicar oder Gelaia, 25 km südlich von Kap Tres Forcas (Cap des Trois Fourches). Melilla gehört verwaltungsmäßig zur Provinz Málaga, und die Mehrzahl seiner Bewohner sind spanischer Nationalität. Dem entspricht auch der rein andalusische Charakter der Stadt, deren alter, von starken Festungsmauern umgebener Kern, 30 m hoch auf einer kleinen Landzunge gelegen, seit dem 16. Jahrhundert beinahe unverändert geblieben ist. Die vor nicht

ganz 70 Jahren entstandene Neustadt mit ihren schönen Parkanlagen ist durch breite, gerade Straßen gegliedert, welche die einzelnen Viertel mit ihren pastellfarbenen Flachdachbauten voneinander trennen.

Seit der Unabhängigkeit Marokkos (1956) hat Melilla einen großen Teil seiner früheren Bedeutung eingebüßt; denn mit der Auflösung Spanisch-Marokkos verlor die Stadt ihr einstiges Hinterland. Sie ist heute fast völlig von der Versorgung aus Spanien abhängig. Die meisten Warenlieferungen erreichen die Stadt auf dem Seeweg. Daneben spielt der Luftverkehr trotz des neuen Flughafens nur eine vergleichsweise geringe Rolle. Der Hafen, dessen Molenlänge 2000 m beträgt, wurde für Schiffe mit einem Tiefgang von 5-11 m angelegt, da zur Zeit des spanischen Protektorats der Export von Eisen- und Bleierzen aus den östlichen Ausläufern des Rifatlas über Melilla abgewickelt wurde. Eine über Nador nach Südwesten in das Abbaugebiet von Beni-Bou-Yafrour führende Stichbahn ist zwar noch heute in Betrieb, aber das Transportvolumen ist in den letzten zwei Jahrzehnten beständig zurückgegangen. Wichtiger für den Hafen von Melilla ist zur Zeit die Sardinenfischerei. Ein Großteil der Fänge wird an Ort und Stelle in Konservenfabriken weiterverarbeitet. Eine gewisse wirtschaftliche Bedeutung besitzt außerdem der Fährverkehr nach Málaga, Ceuta und Almeria. Erwähnenswert ist auch die hochentwickelte Handwerksstruktur der Stadt, die sich durch ein besonders breitgefächertes Branchenspektrum auszeichnet.

GESCHICHTE. – Melilla wurde von den Phöniziern unter dem Namen *Russadir* gegründet, fiel im 3. vorchristlichen Jahrhundert an das Karthagische Reich und gehörte seit dem 1. Jahrhundert n.Chr. zur römischen Provinz Mauretania Tingitana. Im 5. Jahrhundert eroberten und zerstörten zwar die Vandalen die Stadt, sie wurde jedoch kurz darauf dem Oströmischen Reich einverleibt. Aber nur wenig später (614) drangen die Westgoten von der Iberischen Halbinsel nach Nordafrika vor. Ihnen folgten 705 die Araber, die *Melilla* von Grund auf neu erbauten. 1497 wurde die Stadt von den Spaniern erobert und blieb bis zum heutigen Tag in deren Besitz, und zwar hauptsächlich als Militärstützpunkt. Während des spanischen Protektorats in Marokko (1912-1956) erlebte Melilla seine wirtschaftliche Blütezeit als bedeutender Exporthafen.

SEHENSWERTES. – Lohnend ist ein Rundgang durch die **Acrópolis** genannte ALTSTADT, die sich 30 m über der Neustadt erhebt. Sie ist von europäischen Befestigungsmauern und Bastionen aus dem 16. Jahrhundert umgeben, von denen aus man eine wunderbare *Aussicht auf die Umgebung hat. In der Altstadt befindet sich das

Städtische Museum mit interessanten Funden aus allen Epochen der mehr als zweitausendjährigen Geschichte der Stadt sowie Plänen, Fahnen und Waffen aus ihrer militärischen Vergangenheit. Es lohnt sich auch, einen Blick in das Innere der Kirche *La Purísima Concepción* (16. Jh.) zu werfen.

UMGEBUNG von Melilla. – Ausflug zum 25 km entfernten ***Cabo Tres Forcas** *(Cap des Trois Fourches)*, einem weit ins Mittelmeer hineinragenden Vorposten der marokkanischen Küste; vom Leuchtturm aus prächtige ****Rundsicht**. Auf dem Rückweg empfiehlt sich ein kurzer Abstecher an den schönen Sandstrand *Playa Charranes* an der Nordwestküste der Halbinsel **Beni Sicar** *(Gelaia)*.

Melos (Milos)
s. bei Kykladen

Menorca

Spanien.
Region und Provinz: Baleares (Balearen).
Inselfläche: 686 qkm. – Bewohnerzahl: 50 000.
ⓘ **Oficina de Información de Turismo,**
Plaza del Generalísimo 13,
Mahón;
Telefon: (9 71) 36 37 90.

HOTELS. – In Mahón: *Port Mahón*, I, 60 Z.; *Capri*, III, 75 Z.

In Son Bou: *Los Milanos*, II, 300 Z.; *Los Pingüinos*, II, 300 Z.

In Ciudadela: *Almirante Farragut*, II, 472 Z.; *Cala'n Bosch*, II, 169 Z.; *Cala Blanca*, II, 147 Z.; *Eleycón* (garni), II, 132 Z.; *Cala Galdana*, III, 259 Z.; *Los Delfines*, III, 155 Z.; *Cala'n Blanes*, III, 103 Z.

VERANSTALTUNGEN. – *Semana Santa* (Karwoche) mit eindrucksvoller Karfreitagsprozession in Mahón. – *Fiestas de San Juan* (Juni) in Ciudadela, eindrucksvolles mehrtägiges Fest mit Wallfahrt zur Ermita de San Juan und Reiterspielen in mittelalterlichen Trachten. – *Fiestas de San Martín* (Juli) in Mercadal, mit Umzügen. – *Fiestas de San Jaime* (Juli) in Villacarlos. – *Fiestas de San Lorenzo* (August) in Alayor, mit Reiterumzügen. – *Fiestas de Nuestra Señora de Gracia* (September) in Mahón, mit traditionellen Umzügen, Wassersportfest, Tanzfestival, Konzerten und Ausstellungen.

SCHIFFSVERKEHR. – *Autofähren* von Mahón nach Barcelona und Palma de Mallorca, von Ciudadela nach Palma de Mallorca und Puerto de Alcudia (Mallorca).

Etwa 40 km nordöstlich von Mallorca liegt die zweitgrößte Baleareninsel *Menorca, die im Monte Toro (360 m) gipfelt und landschaftlich ebenfalls sehr reizvoll ist, mit vielen Badebuchten und besonders zahlreichen vorgeschichtlichen Monumenten.

Menorca (lat. Minorca = die 'kleinere' Baleare) bietet neben guten Stränden und vielfältigen Wassersportmöglichkeiten auch bemerkenswerte kulturhistorische Sehenswürdigkeiten. Es ist ein ruhiges Ferienziel für Liebhaber unverfälschter Bodenständigkeit. Besonders interessant sind die zahlreichen megalithischen *Steinsetzungen; die Stätten selbst sind allerdings oft nur schwer zu finden.

INSELGESCHICHTE. – Wenngleich auf Menorca die Zeugnisse der Vor- und Frühgeschichte in großer Zahl (ca. 300 Talayots, 64 Navetas bzw. naviforme Bauten, über 30 Taulas) und in erstaunlich gutem Erhaltungszustand anzutreffen sind, so liegen die Ereignisse jener Zeiten gänzlich im Dunkeln. Sicher ist, daß bereits seit etwa 1000 v. Chr. Phönizier und seit um 800 v. Chr. Phoker die von ihnen *Nura* oder *Melousa* genannte Insel besuchten und mit der bäuerlichen Bevölkerung Handel trieben. Weit intensiver waren Kontakte und Einfluß der Karthager, die im 3. Jahrhundert v. Chr. auf Menorca die Militärstützpunkte 'Jamma' (= Ciudadela) und 'Maghen' (= Mahón) gründeten. Erst mit der Romanisierung im 2. Jahrhundert v. Chr. beginnen zuverlässige Aufzeichnungen über *Minorca* (lat. die 'kleinere' Baleare), die zeigen, daß der Insel Geschicke bis ins 18. Jahrhundert mit denen der größeren Schwesterinsel Mallorca aufs engste verbunden waren. Seit dem 7. Jahrhundert n. Chr. durch wiederholte Überfälle arabischer Piraten bedrängt, gerät die Insel zu Beginn des 10. Jahrhunderts ganz in die Hand der Mauren, die sie auch nach der Eroberung Mallorcas durch Jaime I. im Jahre 1229 als einzige der Balearen halten können. Erst 1287 gelingt es Alfonso III., die Insel für die Krone Aragóns zurückzugewinnen, doch haben ihre Bewohner weiterhin unter blutigen maurisch-türkischen Piratenakten zu leiden. An das arabische *Minûrga* erinnern außer einer Vielzahl von Ortsnamen (Al..., Bini..., Rafal...) nur geringfügige Architekturreste.

Mahón

Mahón (auch Port-Mahón, men. Maó oder Mahó; 22000 Einwohner), freundlich wirkende Hauptstadt und Hafenplatz im äußersten Osten von Menorca, liegt auf einer steil aufragenden Felstafel über dem Südwestufer der berühmten, 5 km in die Insel eingreifenden, 300-1200 m breiten und mit mehreren Festungswerken bewehrten **Hafenbucht von Mahón** (span. Puerto de Mahón, men. Port de Maó). Die wind- und wettergeschützte, strategisch wichtige und militärisch leicht zu sichernde Lage macht Mahón zum wohl besten und besonders im 18. Jahrhundert umkämpften Naturhafen des gesamten Mittelländischen Meeres. Heute ist Mahón spanischer Militärstützpunkt, Quarantänestation und wichtigster Handelshafen der Insel. – Der Name Mahón taucht, vielen unbewußt, auch im deutschen Sprachgebrauch häufig auf: Die *Mayonnaise* (von 'salsa Mahonesa'), eine mit Eigelb und Gewürz angerührte kalte Ölsauce, wurde von den Franzosen hier entdeckt und weltweit bekannt gemacht.

SEHENSWERTES in MAHÓN. – Vom Hafen führen die gewundene Rampa de la Abundancia und ein von Gärten gesäumter Treppenweg hinauf zur Stadt. Die Rampe endet bei der Plaza

Wenngleich Mahón heute am schnellsten und bequemsten mit dem Flugzeug zu erreichen ist, so sollte man doch nicht versäumen, eine Anreise zu Schiff einzuplanen, um den Eindruck der Einfahrt in den** Hafenfjord zu genießen. – Das Schiff fährt zwischen der **Punta de San Carlos** (südl.; Leuchtturm), mit den Resten des *Castillo de San Felipe,* und dem **Cabo de la Mola** (nördl.), mit der *Fortaleza de Isabel II* (Festung und Militärgefängnis) in die Hafenbucht ein. In diese schiebt sich die langgestreckte **Isla del Lazareto** vor, eine ehemalige Halbinsel, die 1900 durch den künstlich geschaffenen Canal de Alfonso XIII (vulgo Canal de San Jordi) vom Festland abgetrennt wurde; die Baulichkeiten dienen heute als Erholungsheim für Angehörige des spanischen Gesundheitsdienstes. Zur Linken die Seitenbuchten *Cala Pedrera, Cala Fons* (Fischerhafen) und *Cala Corb;* weiterhin über dem linken Ufer die hellen Häuser von **Villa Carlos** *(Villacarlos),* einem im 18. Jahrhundert von den Engländern als 'Georgetown' gegründeten ehemaligen Militärlager. – Gegenüber der Nordspitze der Isla del Lazareto das Eiland *Isla de la Cuarentena* (Isla Plana), mit Wirtschaftsgebäuden des einstigen Militärhospitals der Lazarettinsel. Dahinter weitet sich die Bucht: rechts die von Sommerhäusern gesäumte *Cala Llonga* und wenig weiter die *Cala de San Antonio,* mit der Anlegestelle für den oberhalb gelegenen prächtigen Herrensitz *San Antonio* (Sant Antoni) im Kolonialstil, gen. * **The Golden Farm,** wo in den Jahren 1799 und 1800 Lord Nelson und Lady Hamilton weilten. – Das Schiff gleitet dann an der **Isla del Rey** (einst *Isla de los Conejeros*) vorüber, die Alfonso III. von Aragón am 17. 1. 1287 besetzte und von der die Reconquista Menorcas eingeleitet wurde; nordwestlich davor lag früher die jetzt abgetragene *Isla de las Ratas* (Ratteninsel). – Am linken Ufer weiterhin die von Kaianlagen umzogene *Cala Figuera* (Textilfabrik), rechts die *Cala Rata.* Das Schiff läuft dann in den innersten Hafen, die *Cala Serga,* ein; rechts die kleine, jetzt durch eine Brücke mit dem Festland verbundene *Isla Pinto* (U-Boot-Stützpunkt), links die Kaianlagen des Handelshafens und hoch darüber die malerisch gelegene Oberstadt von Mahón.

de España und der Plaza del Carmen (Fischmarkt), mit der *Iglesia del Carmen* (19. Jh.) eines aufgelassenen Karmeliterklosters; im ehemaligen Kreuzgang der *Markt.* Nordöstlich dahinter trifft der zuvor genannte Treppenweg auf die Plaza Miranda (*Aussichtsterrasse). – Von der Plaza de España führt die schmale Calle Cristo zur **Calle del General Goded (Carrer Nou),** der Kfz-verkehrsfreien Hauptgeschäftsstraße. Diese mündet nördlich in die Plaza Franco. An ihrem Nordende steht das **Rathaus** *(Ayuntamiento,* von 1613; 1788 erneuert), an der Ostseite die **Kirche Santa María,** 1287 von den katalanischen Eroberern gegründet und 1748-72 als einschiffige Hallenkirche im klassizistischen Stil erneuert; bemerkenswert ist die 1810 von dem Schweizer Johannes Kiburz gebaute Orgel mit 3006 Pfeilen.

Von der Plaza Franco führt eine Gasse

östlich zur Plaza Conquista, mit einer Statue Alfonsos III. von Aragón. An der Nordseite die **Casa de la Cultura** *(Museum,* Bibliothek, Archiv). Vom Ende der Calle del Punte del Castillo *Blick über den Hafen.

Vom Rathaus gelangt man westlich durch die Calle de San Roque zum **Puente de San Roque,** einem alten Stadttor mit geringen Resten der ehemaligen Ummauerung, und zur Plaza Bastión; von dort weiter durch die Calle de San Bartolomé und die Calle Cardona y Orfila zu dem 1905 gegründeten **Ateneo** *Científico, Literario y Artístico,* mit sehenswerten naturhistorischen, vor- und frühgeschichtlichen sowie kulturhistorischen Sammlungen. Dahinter die weite Plaza del Ejército (Explanada). – Vom Rathaus nordwestlich führt die Calle Isabel II am Militärgouvernement vorbei zur **Kirche San Francisco** (1719-92) des ehemaligen Franziskanerklosters; von einem nahen Aussichtspunkt schöner Blick auf den Hafen.

INSELBESCHREIBUNG. – 8 km nordöstlich von Mahón (mautpflichtige Privatstraße ab Sant Antoni) liegt die **Cala Mezquida** (Wehrturm des 16. Jh.) sowie 10 km nördlich die **Cala Grao** (in der Nähe die Urbanisation *Shangri-La),* zwei landschaftlich reizvolle Buchten an der Ostküste Menorcas.

Von Mahón führt südlich eine Fahrstraße (10 km) über den 1756-63 von den Franzosen angelegten Ort **San Luis** (Pfarrkirche des 18. Jh., Windmühlenstümpfe; Schuherzeugung) zu dem Feriengebiet um die Südspitze von Menorca; hier liegen die Sommerkolonien **S'Algar** (freundliches Touristendorf; kein Sandstrand), **Cala Alcaufar** (kleiner, sanft abfallender, kinderfreundlicher Strand), **Punta Prima** (flacher Sandstrand und Felsküste; Unterwassersport), mit der vorgelagerten *Isla del Aire* (Leuchtturm), *Biniancolla* (Felsküste), *Binibeca Vell,* einem Apartmentdorf mit stilgetreuen Fischerhäusern (nur felsiger Strand), *Binisafúa* und *Cap d'en Font* (beide nur Felsküste).

Von der nach Süden führenden Straße zweigt 1,5 km hinter Mahón links ein Weg zu den Resten der 1928-30 freigelegten prähistorischen Siedlung **Trepucó** ab, deren mächtige ****Taula** (Basisplatte: 4,20 m hoch, 2,75 m breit und 0,40 m dick; Deckplatte: 3,45 bis 3,65 m lang, 1,50-1,60 m breit und 0,60 m dick) als größte und am besten erhaltene ihrer Art gilt. Um den nahegelegenen *Talayot* (Turmbau; restaur.) zahlreiche vorgeschichtliche Wohneinheiten.

Von Mahón gelangt man südwestwärts auf guter Fahrstraße zunächst zum internationalen **Flughafen** von Menorca (4 km, links) und dahinter vorbei am *Talayot de Curnia* (rechts) zur Abzweigung (rechts) eines Weges zu der Ausgrabungsstätte der frühchristlichen Basilika von *Fornás de Torelló* (4. Jh.; schöne

Mosaiken), später über den Weiler *San Clemente* (5 km) zur **Cala 'n Porter** (9 km; Sandstrand). Über der Bucht die sagenumwobene *Cueva d'en Xoroi* (Restaurant, Bar); östlich davon (2 km unbefestigte Stichstraße von Santo Gabriel) die *Cala Coves,* in deren Uferwände zahlreiche, vermutlich schon in prähistorischer Zeit bewohnte ***Felshöhlen** *(Cuevas Trogloditas)* gehauen sind.

Fahrt durch die Insel. – Von Mahón über Mercadal (23 km) nach Ciudadela (47 km) bzw. Fornells (33 km): Die Inselhauptstraße verläßt Mahón in westlicher Richtung. – Nach 3 km zweigt links ein Staubweg zu der prähistorischen Siedlung **Talatí de D'Alt* auf dem gleichnamigen Landgut ab (man melde sich bei den Bewohnern); einzigartig die beiden Taulas (die kleinere gegen die größere gelehnt) in wohlerhaltenem Mauerring. – 5 km rechts ein wenig abseits die *Naveta de Rafal Rubí Nou,* eine der besterhaltenen Navetas auf Menorca; unweit davon zweigt nach links ein Weg (3 km) zur *Taula de Torralba d'en Salort* ab. – 6 km **Alayor,** mit seinen weißen Häusern malerisch an einen Bergrücken gelehnter, ländlicher Ort (Weinbau, Köhlerei; Schuherzeugung) und Verwaltungssitz des Gemeindebezirkes (5600 Einw.), beherrscht von der wuchtigen Pfarrkirche Santa Eulalia (1674-80); bemerkenswert auch die Kirche San Diego (17. Jh.) eines ehemaligen Franziskanerklosters (Kreuzgang).

6 km südlich von Alayor befindet sich die 1942 freigelegte Megalithsiedlung **Torre d'en Gaumés,** mit Taula und einzigartigem Hypostylos. – 10 km südwestlich von Alayor, unweit der Hotelkolonie *San Jaume Mediterráneo* im Osten des über 2 km langen Sandstrandes von **Son Bou** (Hotels), die Reste einer dreischiffigen *Basilika aus frühchristlicher Zeit (4.-8. Jh.), mit einem kreuzförmigen Taufstein. Unweit südöstlich stieß man 1954 auf unterseeische Architekturreste einer Siedlung der gleichen Zeit; diese und andere archäologische Funde im Meer lassen vermuten, daß sich das Jahrhunderte infolge von Erosion beträchtlich verändert hat.

An der Hauptstraße Mahón-Ciudadela folgt 3,5 km hinter Alayor links die Abzweigung einer Straße, die über den Weiler *San Cristóbal* (7,5 km; Pfarrkirche) und später unweit vom *Talayot de Sant Agusti Vell* vorbei zu den am Meer gelegenen Urbanisationen *San Aldeodato* (12,5 km) und *Santo Tomás* (14 km; schöner Sandstrand) führt. – 4 km hinter der zuvor genannten Abzweigung links der bizarre Felsblock *Cabeza de Indio* (Indianerkopf). – 2 km **Mercadal** *(Es Mercadal),* am Fuße des Monte Toro gelegener ländlicher Ort (2000 Einw.; Baugewerbe, Holzverarbeitung) und Straßenknotenpunkt im Herzen der Insel.

In Mercadal beginnt die lohnende Auffahrt (östl.; 3 km ordentliche Serpentinenstraße) zum **Monte Toro,** der höchsten Erhebung (357 m) auf Menorca. Oben eine Christusfigur auf großem Sockel sowie die im 17. Jahrhundert von Augustinermönchen errichtete Wallfahrtsstätte *Santuario de Nuestra Señora de El Toro;* in der Kirche eine als wundertätig verehrte Madonna, die Schutzpatronin von Menorca. Von der Aussichtsterrasse **Rundblick über die gesamte Insel. – Das ganze Jahr über finden Wallfahrten zum Monte Toro statt; besonders festlich die Segnung des Landes durch den Bischof am ersten Sonntag im Mai.

Von Mercadal führt nordwärts ein Ausflug zunächst auf mäßiger, dann allmählich schlechter werdender Staubstraße und schließlich auf beschwerlichem Fußweg zur Nordspitze der Insel, dem **Cabo de Caballería** (Leuchtturm; *Aussicht); bei dem Hafenplatz *Sa Nitja*, den man auch mit einem Ausflugsboot von Fornells erreichen kann, prähistorische Siedlungsreste.

Gewissermaßen als Querachse zur Inselhauptstraße gehen von Mercadal südwestwärts eine Landstraße über San Cristóbal nach Santo Tomás sowie nordostwärts eine 10 km lange, gute Fahrstraße aus. Diese führt zu dem kleinen, im 17. Jahrhundert um die heute verfallene Burg San Antonio entstandenen Fischerdorf **Fornells** (250 Einw.; Langustenfang), das am Westufer der turmbewehrten Einfahrt in die große, 4 km tief in die Insel eingreifende *Bahía de Fornells* (Salinen) liegt.

Etwa 5 km westlich von Fornells schöner Badestrand an der **Cala Tirant**. – Nahe der *Punta Na Giemassa*, dem Nordende der Halbinsel im Osten der Bucht von Fornells, die nur vom Wasser her zugängliche **Cova Na Polida** (Tropfsteine) sowie andere kleine Höhlen.

Fornells ist durch eine reizvolle, ein nordisch anmutendes Hügelland durchziehende Fahrstraße (ca. 21 km) direkt mit Mahón verbunden. Von dieser zweigt nach 12 km links die Zufahrt zu den an der Nordostküste Menorcas gelegenen Ferienkolonien **Arenal d'En Castell** (breiter Sandstrand unter Steilküste) und **Addaya** ab.

Die Inselhauptstraße verläßt Mercadal in westlicher Richtung. – 8 km **Ferrerías** *(Ferreries)*, freundlicher Platz und Hauptort dieser Landgemeinde (2700 Einw.), liegt geschützt am Südfuß des *Inclusa* (S'Enclusa; 275 m); die Pfarrkirche soll 1331 von Jaime III. gegründet worden sein. 2 km südöstlich die *Naveta de San Mercer de Baix*.

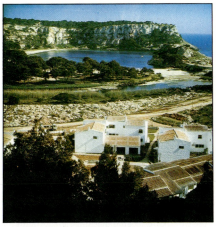
Ferrerías auf der Baleareninsel Menorca

8 km südlich von Ferrerías (Fahrstraße oder lohnende Wanderung durch die Felsenschlucht des *Barranco de Algendar)* erreicht man die halbrunde *Cala Santa Galdana (Hotelkolonie), deren breiter Feinsandstrand unter steiler Felsszenerie zu den besten auf Menorca gehört; weiter westlich die stille Felsbucht *Cala Macarella*.

2,5 km hinter Ferrerías rechts unterhalb der Straße nach Ciudadela eine *römische Brücke;* unweit dahinter folgt rechts die Abzweigung eines Weges zu der *Burgruine Santa Agueda* auf der gleichnamigen Erhebung (260 m), die den Mauren als Festung 'Sen Agayz' und 1286/87 als letzte Zuflucht vor der Reconquista diente. – 6 km Abzweigung (links) eines Fahrweges (1 km) zu den *Taulas de Torre Llafuda* sowie zu den Resten der prähistorischen Siedlung *Torre Trencada* (Taula). – 2,5 km Abzweigung (links) eines Weges (1 km) zur **Naveta d'Es Tudóns,** der größten und besterhaltenen Naveta auf Menorca und zugleich dem ältesten Bauwerk Spaniens (ca. 15. Jh. v. Chr.).

BAU und BEDEUTUNG. – Das aus kyklopischen Steinquadern geschichtete naviforme Bauwerk (14×6,5 m; 1960 geringfügig restauriert) steht in verhältnismäßig freiem Gelände weit ab und ist dort gut zu verfolgenden alten römischen Inselstraße und ist von seiner abgeflachten Stirnseite zugänglich. Durch eine kleine, ursprünglich mit einer Steinplatte verschließbare Öffnung (Aussparungen im Rahmen sichtbar) gelangt man zunächst in einen rechteckigen Vorraum, von dem ein weiterer, ebenfalls einst mit einer Steinplatte zu verschließender Zugang zur inneren Hauptkammer (9×2-3 m) führt. Über dieser, durch steinerne Arkaden getrennt, eine mit dem Vorraum verbundene Oberkammer. – Die in der Naveta aufgefundenen Knochenreste und Gegenstände lassen vier Epochen erkennen, die Hinweise auf die sich wandelnden Bestattungsgewohnheiten der Talayotzeit geben. Die unterste Schicht weist die Naveta als Grabstätte von Clanführern und deren nächsten Angehörigen aus. Der späteren Liberalisierung, während der sich hier jedermann begraben lassen konnte, folgte eine Phase abnehmenden Interesses an Beisetzungen dieser Art. Schließlich wurden nur noch solche Personen in der Naveta begraben, deren Vorfahren hier bereits ruhten. – Die im Volke verwurzelte Furcht und Achtung vor den einsam abseits stehenden Stätten der Toten haben offenbar dazu beigetragen, diese ungewöhnlichen Baudenkmäler vor Abtragung zu bewahren.

Die von Mahón kommende Inselhauptstraße erreicht 5 km hinter der Abzweigung zur Naveta d'Es Tudóns Ciudadela, die am Westende der Insel gelegene zweite menorquinische Stadt.

Ciudadela *de Menorca* (men. *Ciutadella;* 17 000 Einw.), bis 1722 Hauptstadt der Insel und seit 1795 Sitz des Bischofs von Menorca (instauriertes Bistum des 5. Jh.), ist im Gegensatz zu Mahón eine Stadt von maurischspanischer Prägung, in der die britische und französische Fremdherrschaft keine sichtbaren Spuren hinterlassen hat; sie liegt, vom 40. Breitengrad durchzogen, im äußersten Westen der 'kleineren' Baleare. Eine renommierte Schuhindustrie sowie die Herstellung von Bijouteriewaren sind Basis des aufstrebenden Wirtschaftslebens; als Hafenplatz hat Ciudadela nur lokale Bedeutung. Die Stadt liegt malerisch oberhalb des schmalen langgestreckten Hafenfjords

(Puerto), dessen zahlreiche Untiefen nur kleineren Schiffen die Durchfahrt gestatten. Im Süden der Hafeneinfahrt steht an der Stelle des einstigen Castillo de San Nicolás (Ende 17. Jh.) ein Denkmal für den Admiral Farragut.

Vom Hafenkai (Muelle) führen eine breite Treppe in weitem Schwung und eine Kehrstraße (Cuesta) hinauf zu der großen Plaza del Borne. An seiner Westseite die Casa Consistorial (Ayuntamiento), das Rathaus. In der Mitte des Platzes ein Obelisk zum Gedenken an die Zerstörung der Stadt durch türkische Korsaren im Jahr 1558.

Von der Plaza del Borne führt die Calle Mayor del Borne zur Plaza Pío XII, mit der gotischen Kathedrale (seit 1953 'Basilica'), einem einschiffigen Hallenbau von 1287 bis 1362 (die klassizist. Fassade von 1813); nördlich anschließend das Bischofspalais (Palacio Episcopal).

Vom Kathedralenplatz gelangt man durch die malerische Arkadenstraße Calle José María Quadrado nordostwärts zu der ebenfalls von Laubengängen umgebenen Plaza Pablo Iglesias (Plaza de España).

Bemerkenswert sind ferner der ehemalige Augustinerkonvent El Socós (Calle Obispo Vila), mit archäologischem Museum, schönem Kreuzgang und Fresken, heute Priesterseminar (Sommerkonzerte), die Kirchen San Francisco (16. Jh.), Santo Cristo (Renaissance) und Rosario (churrigereske Fassade; innen Barock) sowie mehrere Palais und Herrenhäuser aus verschiedenen Stilepochen und mit mannigfaltigen Interieurs, so besonders der Palacio del Conde de Torre Saura (von 1697; Plaza del Borne), der Palacio de los Barones de Lluriach (ältestes Adelsgeschlecht auf Menorca; Calle Santa Clara), der Palacio Martorell (Calle Santísimo) sowie die Casa de Salort (Calle Mayor), die Casa de Sintas (Calle San Jerónimo), die Casa de Olives Beltrán (Calle San Rafael) u.a.

8 km nordöstlich von Ciudadela in landschaftlich reizvoller Lage die Feriensiedlung **Cala Morell** um die gleichnamige geschützte Felsenbucht. – 4 km westlich von Ciudadela die Urbanisation **Cala'n Blanes** (felsiger Strand; Unterwassersport), **Cala 'n Forcat** (Felsbucht mit kleinem Sandstrand) und **Los Delfines** (Felsküste).

Von Ciudadela führt eine gute Fahrstraße in südlicher Richtung zu den Stränden von Son Oleo, Cala de Santandría (3 km; Felsbucht mit Sand), **Cala Blanca** (4 km; sanft abfallender Sandstrand), mit den nahen Cuevas de Parella, sowie weiter zum **Cabo d'Artruch** (d'Artrutx, 10 km; Leuchtturm), mit guter Aussicht (gelegentlich bis Mallorca) und der nahegelegenen Bungalow-Strandsiedlung Playa Bosch (11 km) an der **Cala 'n Bosch** (Sportboothafen). – Eine andere landschaftlich schöne, jedoch unbefestigte Landstraße führt von Ciudadela südostwärts in ein Gebiet etlicher archäologischer Grabungen um Torre Saura (8 km) und weiter zu den guten Badestrand von Son Saura (10 km), eine zweite zur **Cala Turqueta** (12 km; Urbanisation).

Mallorca (und Cabrera), ***Ibiza und **Formentera**
s. Reiseziele von A bis Z.

Mersin

Türkei.
Provinz: İçel.
Höhe: 0-10 m ü.d.M. – Einwohnerzahl: 155000.
Telefonvorwahl: 0741.
ⓘ **Fremdenverkehrsamt,**
Cengiz Topel Caddesi 33;
Telefon: 11265 und 12710.

UNTERKUNFT. – Mersin Oteli, II, 240 B.; Toros Oteli, III, 98 B.; Nobel Oteli, IV, 100 B.; Ocak Oteli, IV, 48 B.; Saoran Oteli, IV. 115 B.

Mersin, die Hauptstadt der türkischen Provinz İçel ist als moderner Ort kaum 130 Jahre alt und wurde teilweise mit Steinen aus den Ruinen von Soloi erbaut. Hübsche Uferanlage.

Hotel in der türkischen Hafenstadt Mersin

Im Osten der Stadt der bedeutende **Hafen,** der seit 1954 modern ausgebaut wurde und der Ausfuhr der Produkte der Kilikischen Ebene ('Cukurova'; hauptsächlich Baumwolle, Weizen, Holz und Zitrusfrüchte) dient, sowie eine Ölraffinerie (östlich vor der Stadt).

UMGEBUNG von Mersin. – Etwa 3 km westlich der **Yümüktepe,** in dem J. Garstang bei Grabungen 1938-49 33 Siedlungsschichten von der Zeit der frühesten noch unbemalten Keramik (um 6000 v. Chr.) bis in die frühislamische Periode feststellte.

11 km südöstlich der Ort Viranşehir, dabei am Meer die Ruinen des antiken **Soloi.** Die bedeutende antike Hafenstadt wurde um 700 v. Chr. als Kolonie von Rhodos gegründet und später von den Persern sowie 333 v. Chr. von Alexander d. Gr. besetzt. Bei den wechselvollen Kämpfen der Ptolemäer und Seleukiden in der folgenden Zeit, in der in Soloi im 3. Jahrhundert v. Chr. der stoische Philosoph Chrysippos sowie der Mathematiker und Astronom Aratos, der ein Lehrgedicht über die Phänomena, die Sternbilder, verfaßt hat, lebten, wurde die Stadt mehrfach zerstört, vor allem 91 v. Chr. durch den König Tigranes von Armenien (95-60 v. Chr.), der Kappadokien und Kilikien verwüstete und die Bewohner Solois wegführte, um mit ihnen seine Stadt Tigranokerta jenseits des Tigris zu bevölkern. Auch unter den Piratenkriegen litt die Stadt sehr. Nach der Besiegung der Seeräuber siedelte Pompeius diese in Soloi an, baute die Stadt wieder auf und nannte sie **Pompeiopolis,** wonach sie sich wieder

zu einer blühenden Handelsstadt entwickelte. Im Jahre 527 oder 528 n. Chr. wurde Pompeiopolis durch ein Erdbeben zerstört. – Die R u i n e n, die vor 130 Jahren beim Aufbau der Stadt Mersin als Steinbruch dienten, so daß nur noch wenig vorhanden ist, bestehen noch aus einer 450 m langen *Hallenstraße,* die vom Hafen nordwestlich durch die Stadt führte. Von ursprünglich 200 Säulen standen 1812 noch 44, 1913 nur noch 24. Erkennbar sind ferner ein *Torbau,* der nur noch in einigen Grundmauern erhaltenen *Stadtmauer,* ein fast ganz zerstörtes *Theater* im Nordosten der Stadt, das wahrscheinlich an einem künstlichen Hügel angelegt war, ein *Aquädukt* außerhalb der Stadt und die *Hafenmauer,* mit einem halbkreisförmigen Ende an dem fast völlig verlandeten Hafen. – Nach den Kapitellen der aus einer Doppelreihe bestehenden Säulenstraße zu urteilen, lag der Baubeginn dieser Anlage in der Mitte des zweiten nachchristlichen Jahrhunderts.

Mesolongi
(Messolóngi)

Griechenland.
Nomí: Ätolien und Akarnanien.
Einwohnerzahl: 19 000.
Telefonvorwahl: 06 31.
(i) Touristenpolizei,
A. Damaskinu 11;
Telefon: 2 25 55.

HOTELS. – *Liberty,* II, 102 B.; *Theoxenia* (am Hafen), II, 40 B.

Mesolongi liegt in der Lagunenlandschaft im Norden des Golfes von Patras und wurde berühmt durch die heldenhafte Verteidigung im Freiheitskampf der Griechen gegen die Türken.

In einem *Grabhügel* (Heroon) sind die bei einem Ausfall 1826 Gefallenen sowie das Herz von Lord Byron, der hier am 10. April 1824 starb, beigesetzt.

Messina

Italien.
Region: Sicilia (Sizilien). – Provinz: Messina.
Höhe: 0-5 m ü.d.M. – Einwohnerzahl: 250 000.
Postleitzahl: I-98100. – Telefonvorwahl: 0 90.
(i) AAS, Via G. Bruno 121;
Telefon: 3 64 94.
EPT, Via Calabria,
Telefon: 77 53 56;
Informationsstelle am Hauptbahnhof;
Telefon: 77 53 35.
ACI, Via L. Manara 125;
Telefon: 3 30 31.

HOTELS. – *Riviera Grand,* Via della Libertà, isolato 516, I, 265 B.; *Jolly Hotel dello Stretto,* Via Garibaldi 126, I, 150 B.; *Royal,* Via Tommaso Cannizzaro, II, 166 B.; *Venezia,* Piazza Cairoli 4, II, 136 B.; *Excelsior,* Via Maddalena 32, II, 71 B.; *Monza,* Viale San Martino 63, III, 93 B.; *Commercio,* Via I Settembre 73, III, 90 B. – *Europa,* 6 km südlich in Pistunina, II, 186 B.

VERANSTALTUNGEN. – *Fiera di Messina* (Messe für Industrie, Landwirtschaft und Handwerk) im August.

Die lebhafte süditalienische Hafenstadt Messina, Sitz eines Erzbischofs

und einer Universität, liegt nahe der Nordostspitze von Sizilien an der verkehrswichtigen *Straße von Messina (Überbrückung geplant) und zieht sich mit ihren westlichen Stadtteilen malerisch an den Vorhöhen der Peloritanischen Berge hinauf.

Nach dem Erdbeben von 1908, das mit 60 000 Menschenleben etwa die Hälfte der Bewohner und 91 % der Häuser vernichtete, wurde Messina mit breiten, rechtwinklig sich schneidenden Straßenzügen neu aufgebaut und zeigt so heute das Bild einer modernen Stadt.

GESCHICHTE. – Messina wurde um 730 v. Chr. von griechischen Kolonisten an der Stelle einer Sikulerstadt gegründet und nach der Form des Hafens *Zankle* ('Sichel') genannt. Um 493 v. Chr. erhielt die Stadt nach der Besetzung durch griechische Flüchtlinge aus Samos und Milet den Namen *Messana.* – Nach der Zerstörung durch die Karthager im Jahre 396 v. Chr. und dem Wiederaufbau wurde Messina 264 v. Chr. römisch, 843 n. Chr. von den Sarazenen und 1061 von den Normannen erobert. Letztere brachten der Stadt eine langanhaltende Blüte, die noch bis in die Zeit der spanischen Herrschaft im 17. Jahrhundert fortdauerte. – Innere Zwistigkeiten, vor allem aber der Konkurrenzkampf mit Palermo bewirkten danach den raschen Niedergang, der durch Pest (1740) und schwere Erdbeben (u.a. 1783) noch beschleunigt wurde. Die verkehrsgünstige Lage an einer der wichtigsten Schiffahrtsstraße des Mittelmeers förderte jedoch besonders in neuerer Zeit den Wiederaufstieg der Stadt.

SEHENSWERTES. – Vom *Hafenbahnhof* an der Südseite vom **Hafen** gelangt man westlich zum Nordende des V i a l e S a n M a r t i n o, der als Hauptstraße den südlichen Teil der Stadt durchzieht; nach 400 m durchquert er die baumbestandene **Piazza Cairoli,** den Verkehrsmittelpunkt der Stadt, und mündet 1,5 km südlich auf die ausgedehnte P i a z z a D a n t e, an deren Westseite der

1 Osservatorio Meteorologico
2 Fontana di Nettuno
3 Santuario di Montalto
4 Fontana di Orione

1865-72 angelegte **Camposanto** (oder *Cimitero),* einer der schönsten Friedhöfe Italiens, ansteigt. Auf der Anhöhe eine ionische Säulenhalle, das Pantheon verdienter Einwohner der Stadt (*Aussicht auf die Stadt und die Meerenge); Abteilung für deutsche Gefallene des Zweiten Weltkriegs.

Von der Piazza Cairoli nördlich durch den breiten C o r s o G a r i b a l d i und nach 1,5 km links durch die Via I Settembre zu der weiten P i a z z a d e l D u o m o , dem Mittelpunkt der ehemaligen Altstadt, mit dem reich geschmückten *Orionbrunnen,* von Michelangelos Schüler Ang. Montorsoli (1547-51). An der Ostseite des Platzes der das ganze Stadtbild beherrschende **Dom,** ursprünglich von Roger II. im 12. Jahrhundert errichtet, 1919-29 nach dem Vorbild der 1908 zerstörten Kirche unter Verwendung der alten Architekturteile wiederaufgebaut und nach einem Brand im Jahre 1943 abermals rekonstruiert. In der Apsis des 93 m langen Innern ein schönes Mosaik, die Nachbildung des aus dem 13. Jahrhundert stammenden, 1943 zerstörten Originals. Neben der Kirche der 50 m hohe *Glockenturm* (1933), an dessen Hauptseite in sieben Stockwerken eine kunstvolle astronomische Uhr mit zahlreichen beweglichen Figuren (der Löwe, oben, brüllt mittags 12 Uhr; der Hahn darunter kräht). Sie ist das Werk des Straßburger Uhrmachers Ungerer.

Unweit südöstlich vom Dom liegt am Corso Garibaldi die schöne Normannenkirche **Santissima Annunziata dei Catalani** (12. Jh.; wiederhergestellt). Daneben das *Bronzestandbild* des spanischen Helden der Seeschlacht von Lepanto (1571) *Don Juan d'Austria* (Sohn Kaiser Karls V.), von Andrea Calamech (1572).

Nordwestlich vom Dom die runde **P i a z z a A n t o n e l l o** mit dem *Provinzpalast,* dem *Rathaus* und der *Hauptpost.* – Von hier gelangt man nördlich durch den Corso Cavour am *Teatro Vittorio Emanuele* vorbei zum Stadtgarten **Villa Mazzini;** an seiner Nordseite die Präfektur. Unweit westlich vom Stadtgarten die *Franziskanerkirche* (urspr. 1254).

Von der Nordostecke des Stadtgartens führt die Viale della Libertà nördlich, am Messegelände vorbei und am Meer entlang (Badeanstalten) zum **Nationalmuseum** *(Museo Nazionale),* das u.a. die 1908 aus dem Stadtmuseum geborgenen Bestände sowie Plastiken und Gemäldeaus fast hundert ebenfalls verwüsteten Kirchen der Stadt zeigt; beachtenswert v.a. in Saal II ein *Flügel-

altar von Antonello da Messina (1479), das Mittelbild mit thronender Madonna.

UMGEBUNG von Messina. – Schöne Umfahrung der Stadt auf der westlich oberhalb unter verschiedenen Namen verlaufenden **Via della Circonvallazione,** vorbei an der *Wallfahrtskirche Santuario di Montalto* sowie an der modernen *Kirche Cristo Re.*

Von Messina sehr lohnende Fahrt (57 km) auf der Küstenstraße nordöstlich, zwischen Villen und Gärten (Aussicht), an den beiden Salzseen *Pantáni* (auch *Laghi di Ganzirri*) vorüber, zu dem Dorf **Torre di Faro** auf der Nordostspitze Siziliens *Punta di Faro* (vom Leuchtturm *Aussicht). – Von Torre di Faro weiter auf der Fortsetzung der Küstenstraße, die um das nördlichste Kap Siziliens herumführt, und zurück über den *Colle San Rizzo* (465 m) nach Messina.

Metapont s. bei Tarent

Milet

Türkei.
Provinz: Aydın.
Höhe: 2-63 m ü.d.M.

(i) **Fremdenverkehrsamt Aydın,**
Büyük Menderes Bulvarı, Kardeş Apt. 2/1,
Aydın;
Telefon: 41 45.

UNTERKUNFT. – Einfache Übernachtung im Misafirhan (Gästehaus) von *Akköy.*

In S ö k e / D i d i m : *Didim Motel,* M II, 64 B.; *Çamlık Pansiyon,* Yenihisar, P II, 20 B.

In K u ş a d a s ı : *Tusan Oteli,* I, 143 B., Sb.; *Marti Oteli,* IV, 119 B.; *Motel Kısmet,* M I, 129 B.; *Motel Akdeniz,* M I, 314 B.; *İmbat Motel,* M I, 200 B.; Feriendorf *Kuştur Tatil Köyü,* 800 B.

STRÄNDE. – İçmel (an der Straße nach Selçuk), Kadınlar Denizi, Yavacısu und Güzelcamlık.

FREIZEIT und SPORT. – Schwimmen, Tauchen, Wasserski, Segeln, Reiten, Tennis.

Die Ruinen der berühmten antiken Handelsstadt *Milet, der größten der ionischen Städte, liegen in der alten Landschaft Karien, etwa 40 km südlich der Stadt Söke und ca. 150 km von İzmir in einer engen Flußschlinge des Büyük Menderes (Großer Mäander) bei dem Dörfchen Yeniköy.

Noch im 5. Jahrhundert v. Chr. bildete das Stadtgebiet eine in den ehemaligen Latmischen Meerbusen hineinragende Halbinsel, und Milet besaß vier Häfen, in denen seine heimischen Webwaren sowie pontisches Getreide verschifft wurden. Seither füllte der Mäander mit seinen Ablagerungen den Latmischen Golf vollständig auf und schob die Küstenlinie 9 km von Milet fort, was zum Nieder- und Untergang der Stadt beitrug. Heute liegen die Ruinen einsam in der Schwemmlandebene, bilden jedoch als Zeugen des einstigen wirtschaftlichen, kulturellen und politischen Machtzentrums im westlichen Kleinasien eines der wichtigsten archäologischen Reiseziele der Türkei. Während der Regenzeit ist der Boden oft stark morastig.

GESCHICHTE. – Milet soll zuerst von *Kretern,* auf deren Insel es eine Stadt gleichen Namens gab, beim Theaterhafen, dann im 11. Jahrhundert v. Chr. etwas weiter südlich auf dem Kalabak Tepe von *Ioniern* unter *Neleus* gegründet worden sein. Infolge seiner günstigen Lage auf einer Halbinsel im Latmischen Meerbusen, an dem wichtige Handelsstraßen mündeten, wurde es bald der Haupthafen für weite Teile des Binnenlandes. Die Stadt gewann außerdem ein großes Handelsgebiet am Schwarzen Meer und konnte bis zum Beginn des 6. Jahrhunderts dort, auf den Ägäischen Inseln vor der Bucht und in Ägypten etwa 80 Kolonien gründen, die zum Teil zu bedeutenden Städten heranwuchsen. – Die Könige der *Lyder* belagerten Milet im 7. und 6. Jahrhundert oft und lange vergeblich und mußten sich mit einem Bündnis zufriedengeben. Die *Kimmerier* sollten die Stadt auf einem ihrer Plünderungszüge im 7. Jahrhundert genommen haben. – Unter den Tyrannen *Thrasybulos,* dem Freund des korinthischen Fürsten Periander, erreichte die Stadt am Ende des 7. Jahrhunderts ihre höchste Blüte. Damals wurde hier mit der Münzprägung begonnen und das Alphabet vervollständigt.

Auf den Tod des Thrasybulos folgten lange, blutige Bürgerkriege. Politische Macht und Handel gingen zurück. – Wie einst mit den lydischen Königen schloß dann Milet im Jahre 546 auch ein Bündnis mit den *Persern* (Kyros). Um 500 veranlaßte aber der milesische Tyrann *Histiaios,* der sich dem Dareios auf dessen Zug gegen die Skythen (513) durch Zurückhalten der Flotte der kleinasiatischen Griechen am Donauübergang nützlich gemacht, jedoch später die Gunst des Königs verloren hatte, von Susa aus seinen Nachfolger *Aristagoras,* die ionischen Städte zum Abfall von den Persern zu bewegen. Bekannt ist die Reise des Aristagoras nach Sparta mit einer der ältesten erwähnten Landkarten auf einer Bronzeplatte und das Scheitern des von Athen und Eretria unterstützten Aufstandes. Der Krieg zog sich schließlich um Milet zusammen, und nach der Niederlage zur See bei Lade wurde die Stadt 494 erstürmt sowie grausam bestraft. Seither erreichte sie ihre alte Macht nie wieder.

Die völlig zerstörte Stadt wurde um 480 etwas nordöstlich von ihrem ehemaligen Standort nach dem Hippodamischen Bauschema wieder aufgebaut. 479 befreite sie sich von den Persern und trat in den *Attischen Seebund* ein. Kunst und Industrie gelangten in dieser Periode zu neuer Blüte. Milesische Betten, Stühle und Stoffe hatten großen Ruf, wie auch die Bewohner wegen ihres Wohllebens und ihrer Weichlichkeit verrufen waren. – 412/411 fiel Milet von Athen ab und blieb bis zum Ende des Peloponnesischen Krieges Stützpunkt der *Spartaner.* 401 rettete Tissaphernes, der persische Satrap von Sardes, die Stadt beim Aufstand der jüngeren Kyros für den Perserkönig Artaxerxes II.; sie blieb dann *persisch,* geriet aber im 4. Jahrhundert wohl zeitweise in die Gewalt des Königs Mausolos von *Karien.* Im Jahre 334 nahm *Alexander d. Gr.* die Stadt nach einer langwierigen Belagerung ein und gab ihr die Freiheit zurück. – Die Geschichte der folgenden Zeit ist noch dunkel. 313 wurde Milet durch *Antigonos* von ihrem Tyrannen befreit. Dann hatte die Stadt in *Lysimachos,* in den *ägyptischen* Königen sowie in den *Seleukiden* von Syrien wechselnde Herren und war zwischendurch auch selbständig. – Bald nach 200 schloß sich Milet den *Römern* an und erhielt Freiheit und Besitz auch für den Tempel in Didyma bestätigt. Cäsar, Antonius und der Apostel Paulus (Apostelgesch. 20, 15) besuchten die Stadt. – In der römischen Kaiserzeit folgte ein neuer Aufschwung, wie das mächtige Theater und andere bedeutende Ruinen bezeugen. Von der Mitte des 3. Jahrhunderts an litt die Stadt unter den Raubzügen barbarischer Völker. – Unter

byzantinischer Herrschaft war Milet Bischofs- und später Erzbischofssitz. Über dem Theater wurde ein Kastell erbaut, das 1212 in Urkunden des Klosters Patmos, das bis zum Ende des 11. Jahrhunderts auch in dieser Gegend reichen Besitz gehabt hatte, als 'kastrion palation' erwähnt wird. – Kurz vor Beginn des 1. Kreuzzuges besetzten die *Seldschuken* die Stadt und gründeten vielleicht auch eine Niederlassung. Sie gehörte den Fürsten von Mentese (im Süden) und wurde neben Altoluogo (Ephesus) wieder der bedeutendste Handelsplatz an der Küste, da die Fürsten Handelsverträge mit *Venedig* schlossen und den Italienern den Bau einer Kirche (S. Nicola) und die Errichtung eines Konsulats zur Wahrung ihrer Interessen gestatteten. Daraus kann man schließen, daß damals die Verbindung mit dem Meere wohl noch nicht gänzlich unterbunden war, obwohl die Stadt schon einen Vorhafen an der Küste hatte.

Unter den *Osmanen,* die u.a. 1501 die prächtige Moschee erbauten, behielt die Stadt zunächst ihre Bedeutung. Die Fehden der Osmanen mit den Byzantinern und Venezianern sowie die den Seehandel immer mehr erschwerende unaufhaltsame Verschiebung der Küstenlinie mußten jedoch zu einem Niedergang der Stadt führen. Da ihr die osmanischen Sultane auch kein großes Interesse schenkten, verkümmerte und verödete Milet allmählich völlig.

Seit 1899 erfolgten Ausgrabungen unter Leitung von *Th. Wiegand,* die seit 1955 von anderen deutschen Archäologen fortgeführt werden. Es wurden ein mykenischer Mauerring im Süden der Stadt (z.T. rekonstruiert) und mykenische Siedlungsschichten aus dem 2. Jahrtausend v. Chr. ergraben; ferner wurde eine römische Prachtstraße freigelegt.

Milet ist die Heimat einer Reihe von Persönlichkeiten der Antike, so des mit an der Spitze der giechischen Philosophen stehenden *Thales* (geb. 640 v. Chr.). Ihm folgten *Anaximander* und *Anaximenes.* Einem *Kadmos* aus Milet werden die ersten geschichtlichen Aufzeichnungen in Prosa zugeschrieben und *Hekataios* (um 500 v. Chr.) nimmt unter den Historikern eine hohe Stelle ein. *Thimotheos* aus Milet war in der ersten Hälfte des 4. Jahrhunderts als Dichter und Musiker geschätzt. *Hippodamos,* der Städteanlagen mit rechtwinkeligem Straßennetz im Piräus, in Thuriori (Unteritalien) und auf Rhodos schuf und auch den regelmäßigen Grundriß Milets geplant haben soll, war Milesier. Auch die feinsinnige und durch ihren Umgang mit Perikles bekannte *Aspasia* stammte aus Milet (geb. um 470 v. Chr.).

BESICHTIGUNG DER RUINENSTÄTTE. – Die Orientierung auf dem Ruinenfeld von Milet wird dadurch erschwert, daß nur noch geringe Überreste der antiken Stadtanlage erhalten sind und die Ruinen heute inmitten der Aufschüttungsebene des Büyük Menderes liegen, so daß die städtebauliche Beziehung zur buchtenreichen Küste der einstigen Halbinsel nicht mehr erkennbar ist. – Von Milet nahm das System der Anlage eines städtischen Straßennetzes nach dem strengen Rechteckschema vermutlich seinen Ausgang. Dieses Bauprinzip wurde (wohl unter Beteiligung des berühmten Baumeisters Hippodamos) beim Wiederaufbau Milets im 4. Jahrhundert v. Chr. konsequent angewandt, wobei diese Form mit rechtwinkeligen Plätzen in hohes Maß an architektonischer Klarheit schuf. – *Museum.*

Das am besten erhaltene und damit auffallendste Bauwerk der antiken Stadt ist das römische **Theater,* das mit 140 m Frontlänge und einem oberen Umgang von fast 500 m ein sichtbares Zeichen der vergange-

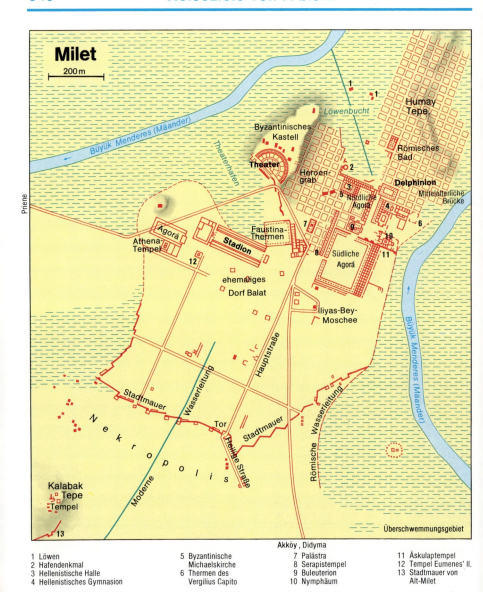

Milet

200 m

Büyük Menderes (Mäander)

Löwenbucht

Humay Tepe

Byzantinisches Kastell

Theaterhafen

Theater

Römisches Bad

Heroen-grab

Delphinion

Nördliche Agora

Mittelalterliche Brücke

Priene

Faustina-Thermen

Athena Tempel

Agorá

Stadion

Südliche Agora

ehemaliges Dorf Balat

Iliyas-Bey-Moschee

Büyük Menderes (Mäander)

Hauptstraße

Wasserleitung

N e k r o p o l i s

Stadtmauer

Tor

Stadtmauer

Römische Wasserleitung

Heilige Straße

Moderne

Kalabak Tepe Tempel

13

Überschwemmungsgebiet

Akköy , Didyma

1 Löwen	5 Byzantinische	7 Palästra	11 Äskulaptempel
2 Hafendenkmal	Michaelskirche	8 Serapistempel	12 Tempel Eumenes' II.
3 Hellenistische Halle	6 Thermen des	9 Buleuterion	13 Stadtmauer von
4 Hellenistisches Gymnasion	Vergilius Capito	10 Nymphäum	Alt-Milet

nen Bedeutung Milets bildet und nach der Freilegung mit seinem gewaltigen Halbrund, das jetzt 30 m über die Ebene aufragt (darüber erhob sich einst noch eine 10 m hohe Galerie), an die größten römischen Bauten in Italien erinnert. An der Errichtung des Bauwerkes waren die Griechen, Römer und Byzantiner beteiligt. An Stelle eines griechischen Theaters wurde im 2. Jahrhundert n. Chr. unter Kaiser Trajan ein römisches Theater errichtet und dieses im 3. und 4. Jahrhundert weiter ausgebaut, so daß es auf 3 x 18 Sitzreihen (mit je durch Treppen geschiedenen 5, 10 und 20 Keilen) ca. 25 000 Zuschauer faßte. Zahlreiche Tunneltreppen führten zu den Rängen. Die Ausstattung zeichnete sich durch eine verschwenderische Verwendung von verschiedenfarbenem Marmor aus. Sowohl die Sitzreihen (weiß) als auch die 34 m lange Orchestra und das Bühnenhaus waren damit verkleidet. In der Mitte des untersten Ranges die Kaiserloge, deren Säulen einen Baldachin trugen. Das durch drei Säulenreihen aus rotem,

schwarzem und weißem Marmor gestützte Bühnenhaus war an seiner Schaufassade mit zahlreichen Statuen geschmückt. Auch die Akustik war (nach der Überlieferung) ausgezeichnet.

Auf der Höhe über dem Theater (32 m) steht, aus antikem Material gebaut, ein verfallenes *byzantinisches Kastell,* zu dem die Stadtmauer gehörte, die über die Bühne des Theaters lief und abgetragen wurde. Einst trug der Hügel vielleicht eine griechische Befestigung. Die Höhe bietet einen guten Überblick über das Gelände der Stadt. Eine auch an der breitesten Stelle nicht 1 km breite Halbinsel spaltete sich nach Nordwesten, so daß der Theaterhügel zwischen zwei Häfen lag: dem Theaterhafen, an dessen Ufer sich die kretischen Ansiedler festgesetzt hatten, und der Löwenbucht, die bei Überschwemmung noch deutlich erkennbar ist. – Östlich über dem Theater war hoch oben ein *Heroengrab* angelegt, ein Rundbau mit fünf Gräbern.

Die nordöstlich vom Theater gelegene

Löwenbucht griff von Norden tief in die Halbinsel ein und war von zwei gewaltigen Marmorlöwen, den Wappentieren der Stadt, flankiert. In der innersten Bucht zog sich die 160 m lange Hafenkolonnade hin, die an der Nordwestecke rechtwinkelig um 32 m vorgezogen war. – In dem so geschaffenen Gebäudewinkel stand das zur Zeit des Kaisers Augustus errichtete *Hafendenkmal,* dessen Sockel noch zu sehen ist. Auf einer runden Basis erhob sich ein rechteckiger Quadersockel, auf dem ein steinernes Boot ruhte; darüber eine Steinscheibe, die von einem stelenförmigen Steinzylinder gekrönt wurde. – Am südöstlichen Ende der Hafenkolonnade lag das **Delphinion,** das dem Apollon Delphinion, dem Hüter über Schiffe und Häfen, geweihte Zentralheiligtum der Stadt, mit archaischen, hellenistischen und römischen Teilen. Der auf alten Fundamenten ruhende Oberbau bestand aus einer dreiseitigen Säulenhalle, die zusammen mit einer einfachen Stirnmauer den 50x60 m messenden heiligen Hof (Temenos) umschloß. Dieser enthielt einen Rundbau (10 m Durchmesser), Altäre sowie zahlreiche Weihgeschenke. Zu einer römischen Aufhöhung des Bodens wurden Marmorstelen benutzt, auf denen sich etwa 100 wichtige Inschriften (z.b. Verzeichnisse der Beamten für 434 Jahre) befanden.

Zwischen der Hafenkolonnade und dem Delphinion gab das von 16 Säulen getragene *Hafentor* den Weg zu einer nach Südwesten verlaufenden 30 m breiten und 200 m langen Säulenhallenstraße mit Gehwegen von 5,8 m Breite. – Im Winkel dieser Straße mit der Hafenkolonnade lag die von zweigeschossigen Arkadenhallen umgebenen **Nördliche Agorá** (90x43 m). Die entlang der Straße verlaufende Säulenhalle besaß an beiden Seiten Läden. Die in der Agorá gefundenen Sockelsteine lassen auf zahlreiche Standfiguren auf dem Marktplatz schließen. – An der linken Straßenseite erhob sich auf sechsstufiger Basis eine 140 m lange *Ionische Halle,* die Cn. Vergilius Capito um 50 n. Chr. stiftete, mit Säulenarkade entlang der Straße und Quergiebel über dem Eingang; Rückwand in 12 m Länge und 4 m Höhe rekonstruiert. – Hinter dieser Halle (südl. des Delphinions) lagen die aus der Zeit des Kaisers Claudius (41-54 n. Chr.) stammenden **Thermen des Vergilius Capito,** deren Mauern noch stehen. Die einst mit Marmor verkleideten Thermen bestanden aus einer von zweistöckigen Säulenhallen umgebenen Palästra von 38x38 m, der ein halbkreisförmiges Schwimmbecken vorgelagert war. Von diesem Becken gelangte man unmittelbar in das Tepidarium, dem sich links und rechts die Umkleideräume anschlossen. Hinter dem Tepidarium die beiden Räume des Caldariums (Heißwasserbad). Rechts das Laconicum, für Schwitzbäder. – Ebenfalls hinter der Ionischen Halle, südwestlich an die Thermen des Vergil anschließend, lag ein *Gymnasion* (um 150 v. Chr.). Um den Hof an drei Seiten je eine dorische Säulenhalle, an der vierten Seite eine höhere ionische Halle.

Die Schmalseite der ionischen Halle und das Gymnasion bilden die nordöstliche Seite eines Platzes, der von den Ruinen mehrerer bedeutender öffentlicher Bauwerke umgeben ist. An der Südostseite des Platzes stand ein **Nymphäum,** eine Kultstätte für die Brunnengottheiten, aus der Zeit des Kaisers Titus (79/80 n. Chr.). Das 20 m breite und dreistöckige Wasserreservoir, das von einer vom Plateau im Süden kommenden Wasserleitung gespeist wurde und auch Thermen versorgte, war mit Marmorfriesen und zahlreichen Statuen in Mauernischen geschmückt. – Beim Nymphäum stand noch ein 10 m hohes *korinthisches Tor* aus der Zeit des Kaisers Diokletian. – Rechts neben dem Nymphäum stand der marmorne *Tempel des Äskulap* (Asklepios), dessen Fundamente später mit einer altbyzantinischen Basilika überbaut wurden. – Auf der gegenüberliegenden Platzseite die Reste des nach einer Inschrift zwischen 175 und 164 v. Chr. von den Milesiern Tinarchos und Herakleidos für ihren Gönner, den syrischen König Antiochos IV. Epiphanes, errichteten **Bouleuterion** *(Rathaus),* das eine Breite von 35 m hat.

Das **Rathaus** ähnelte im inneren Aufbau einem Theater. Die Orchestra hatte einen Durchmesser von 8 m. Die von vier Treppenwegen durchschnittenen Sitzstufen boten etwa 500 Personen Platz. Den Versammlungsraum umschlossen vier hohe Wände, die außen durch ionische Halbsäulen mit dorischen Kapitellen geschmückt waren und in den Feldern abwechselnd Lichtöffnungen und plastische Rundschilder enthielten. Das Gebäude war mit einem hölzernen Satteldach gedeckt. An der Ostseite führten vier große Türen in einen von Säulenhallen umgebenen Hof (35 x 31,5 m), in dessen Mitte ein 9,5 m langer und 7 m breiter reliefgeschmückter Altar der Artemis stand. An der Ostseite des Hofes führte ein korinthischer Torbau auf die Prachtstraße.

Von dem zuvor genannten kleinen Platz zwischen Nymphäum und Bouleuterion gelangte man durch ein 29 m breites Prachttor mit drei Durchgängen, das jetzt im Ostberliner Pergamonmuseum befindliche *Markttor* (165 v. Chr.), auf die **Südliche Agorá,** mit derselben Anlage wie die nördliche. Das von Säulenhallen umrahmte Platzgeviert, mit 196,5x164 m der größte bekannte griechische Markt, wurde in mehreren Baustufen erstellt und um die Mitte des 2. Jahrhunderts v. Chr. fertiggestellt.

An der Südwestseite der Agorá zog sich ein 163 m langes und 13 m breites *Lagerhaus* hin, das im wesentlichen als Getreidespeicher der Stadt diente. – Unmittelbar südwestlich neben dem Lagerhaus stand der *Tempel der Serapis,* ein 23x13 m großer Prostylos aus römischer Zeit (3. Jh. n. Chr.). Der von den Byzantinern zu einer Kirche umgebaute Tempel stürzte später während eines Erdbebens ein.

Westlich des Serapis-Tempels die **Faustina-Thermen,** von denen heute noch bedeutende Reste stehen. Die Thermen sind nach der römisjchen Kaiserin Faustina, der Gattin des Antonius Pius, benannt, unter der die Anlage um 150 n. Chr. errichtet wurde.

Die **Thermen,** denen östlich eine große Palästra vorgelagert war, hatten die für römische Bäder charakteristische Gliederung: von der Palästra gelangte man zum großen basilikaähnlichen *Apodyterium* mit seitlichen Ruhenischen, von dort weiter in das *Tepidarium* (Warmbad). Links davon das *Frigidarium* (Kaltbad), dessen mittlerer Raum ein großes Schwimmbecken enthielt. Rechts vom Tepidarium das *Laconicum* (für Schwitzbäder) und dahinter die beiden großen Räume des *Caldariums* (Heißwasserbad).

Westlich der Faustina-Thermen eine mit Wohnhäusern überbaute Fläche, auf der am *Theaterhafen* das in Resten erhaltene große römische **Stadion** lag. Es war über 230 m lang und 74 m breit; die Länge der Bahn zwischen je drei Wasseruhren betrug 185 m. An der Ostseite stand ein Tor von 22,8 m Breite, aus dem 3. Jahrhundert n. Chr.; auf der Westseite ein kleineres Tor aus hellenistischer Zeit. – Nordwestlich des Stadions lag auf einer ehemaligen Halbinsel eine dritte *Agorá,* wohl aus römischer Zeit.

Westlich vom Stadion lag ein *Gymnasion.* Noch weiter im Südwesten wurde ein archaischer ionischer *Athena-Tempel* (Anfang des 6. Jh.) ausgegraben, unter ihm mykenische Scherben und Hausmauern der ältesten, kretischen Besiedler Milets. – Zwischen dem Athena-Tempel und der Südseite des Stadions die Reste eines stattlichen *Peristylhauses,* in dessen Hof einst ein kleiner *Tempel des Königs Eumenes II.* von Pergamon stand. Die Prosbasis trug seine Kolossalstatue aus vergoldeter Bronze.

Von der Löwenbucht lief eine alte, im ganzen nur 4,30 m breite, mit Bürgersteigen von 0,60 m Breite versehene und im rechten Winkel von Querstraßen geschnittene **Hauptstraße** fast geradlinig nach Süden zum Tor der Heiligen Straße nach Didyma. Von den Querstraßen maß z.B. die das ehemalige Dorf Balat kreuzende in römischer Erneuerung 8 m in der Breite, einschließlich der beiden je 2 m breiten Bürgersteige. Unter dem Fahrdamm lief ein über 2 m tiefer, 1,5 m breiter Kanal, von den Stichkanäle (0,6 m tief) in die Häuser abzweigten, ein Abwässersystem wie in einer modernen Großstadt.

Rechts und links vom Anfang jener Hauptstraße breiteten sich die zuvor geschilderten prächtigen öffentlichen Gebäude aus; weiter südlich lagen auch stattliche Privathäuser. Das ärmere Volk war wohl hauptsächlich auf das nördlichste Ende der Halbinsel, die Anhöhe **Humay Tepe,** zusammengedrängt, während das vornehme Viertel sich südöstlich des Stadions erstreckte, wo heute die im Verfall befindliche *İlyas Bey Camii* (von 1404; beachtenswert) steht. Das rechtwinklige Straßennetz ist hellenistisch (Breite der Straßen 4,5 m, Abstand der Ostwest-Straßen voneinander 29 m und der Nordsüd-Straßen 55,5 m). Das ältere Straßennetz des Hippodamos hatte jedenfalls eine etwas andere Richtung.

Das *Tor der Heiligen Straße* wurde in trajanischer Wiederherstellung gefunden (links im Torgang eine Inschrift des Kaisers über den Beginn des Wegebaus im Jahre 100 n. Chr.); darunter kamen ansehnliche Reste des hellenistischen und davor des griechischen Torbaues zutage, der zu der nur 2 m dicken, von Alexander im Jahre 334 bestürmten Mauer gehörte.

Rechts und links vom Tor der Heiligen Straße schloß sich die mächtige hellenistische, von Trajan erneuerte **Stadtmauer** an, die 5 bis 10 m breit war. Das Ostarm enthielt drei weitere, durch Türme geschützte Tore. Der am meisten gefährdete Westarm war in 8 Kurtinen zerlegt, durch 7 vorspringende Türme verstärkt, innen mit Treppen und mit Rampen

für die Geschütze versehen. An den Niederungen im Osten und Westen bogen die beiden Arme nach Norden um, um beiderseits ans Meer zu stoßen und daran weiterzulaufen. In der Kaiserzeit gab man diese Stadtmauer, in der byzantinischen Zeit überhaupt den südlichen Teil der Stadt auf. 538 n. Chr. wurde ganz aus älterem Material eine Notmauer errichtet, die vor dem Theater, dann an der Nordseite des Südmarktes entlangzog. Ihre Abtragung während der Ausgrabungen ergab eine Menge von Baugliedern, Inschriften und Skulpturen.

Im Süden vor der Stadtmauer dehnte sich weithin eine *Nekropole* aus, von der überall Reste sichtbar sind. Dieses ganze Gebiet bis 800 m weit über das Tor hinaus nach Südwesten gehörte noch zum archaischen Milet, dessen Akropolis der 63 m hohe **Kalabak Tepe** *(Becherberg;* 1,5 km vom Theater) bildete. Der Strand verlief kaum 100 m von seinem Fuß. Wie weit sich die Stadt von hier, dem Strabo noch bekannten 'Alt-Milet', zur Zeit höchster Blüte im 7.- 6. Jahrhundert v. Chr. über die Halbinsel ausdehnte, ist noch nicht festgestellt; aber am Theaterhafen und an der Löwenbucht haben sich archaische Heiligtümer gefunden. Erst nach der Zerstörung dieser Stadt durch die Perser 494 v. Chr. zog man sich aus der Altstadt nach Norden zurück und überließ deren Gebiet den Toten.

An der Südseite des Kalabak Tepe ist noch ein Stück der 3-4 m dicken und einst über 12 m hohen Ringmauer entdeckt worden, die nach den dabei gefundenen Vasenscherben vor 650 erbaut wurde; ein Nordost- und ein Südwest-Tor, eine Pforte und ein Turm sind in diesem Stück vorhanden. Auf dem Plateau an der Ostseite des Hügels wurden Reste eines heiligen Bezirks mit einem kleinen *Anten-Tempel,* überall an den Abhängen bis zu der hellenistischen Stadtmauer hin Grundmauern archaischer Wohnhäuser festgestellt.

Milos (Melos)
s. bei Kykladen

Misurata
s. bei Leptis Magna

Mljet

Jugoslawien.
Teilrepublik: Kroatien (Hrvatska).
Inselfläche: 98 qkm. – Bewohnerzahl: 2000.
Postleitzahl: YU-50226. – Telefonvorwahl: 050.
(i) **Nationalpark Mljet,**
Govedjari,
Telefon: 89010.
**Turističko društvo
Saplunara – Okulje – Maranovići,**
YU-50224 Maranovići,
Telefon: 89019
(auch Privatzimmervermittlung).

HOTELS. – *Odisej*, II, 317 B.; *Melita*, II, 86 B., im ehem. Kloster Sv. Maria na jezeru.

CAMPINGPLATZ. – *Vrbovica*.

BADESTRÄNDE. – Kies- und Felsbadeplätze liegen beiderseits von Pomina. Bei Saplurana eine größere Sandbucht. Der Campingplatz Vrbovica liegt (wie die Tauch- und Angelplätze) bei Pristanište am Veliko jezero.

AUTOFÄHREN. – Polače – Sobra – Dubrovnik. Personenschiffsverbindungen regelmäßig auch mit der Halbinsel Pelješac.

Die Insel Mljet, 38 km lang und 2-3 km breit, ist die südlichste der großen dalmatinischen Inseln und liegt südlich von der Halbinsel Pelješac, von der sie durch den Mljetski kanal getrennt ist. Mljet, das antike Melita, war in römischer Zeit Verbannungsort.

INSELBESCHREIBUNG. – Im westlichen Teil der Insel zwei durch Verkarstung entstandene Salzwasserseen. Der kleinere See, der *Malo jezero* (24 ha Fläche, größte Tiefe 29,5 m), ist mit dem größeren See, dem *Veliko jezero* (145 ha, größte Tiefe 46 m), der seinerseits mit dem Meer in Verbindung steht, durch einen Kanal verbunden. Ihn durchfließt eine starke Strömung, die alle 6 Stunden gemäß Ebbe und Flut die Richtung ändert. Im Inselinneren gibt es noch vier weitere Karsterscheinungen: Becken, die sich nach Niederschlägen mit Süßwasser füllen, also im Gegensatz zu den beiden Karstseen keine offene Verbindung zum Meer besitzen. Die besonderen Naturschönheiten der beiden Seen, ihre Umgebung mit Föhrenwäldern und landwirtschaftlich genutzten Abschnitten, bilden die Bestandteile des 3010 ha umfassenden *Nationalparks*.

Die **Muttergotteskirche** der einstigen Benediktinerabtei auf dem Eiland im Veliko jezero zeigt Merkmale apulischer Romanik: ein einschiffiger, aus Steinquadern errichteter Bau mit einer Apsis und mit Kuppel sowie Rundbogenfries an den Außenwänden. Davor ein Vorbau im Renaissancestil mit dem Wappen der Familie Gundulić aus dem 15./16. Jahrhundert. Aus der gleichen Zeit stammen der Verteidigungsturm mit Schießscharten und die Sakristei. In der Barockzeit wurden zwei Seitenkapellen mit Altären angebaut. Das alte Klostergebäude auf der Hafenseite mit Kreuzgang und geräumigem Keller fügten Mönche im 16. Jahrhundert dem zweistöckigen Renaissancebau hinzu. In den Klostergebäuden befindet sich heute ein Hotel.

Bei **Babino polje,** der größten Siedlung auf Mljet, 6 km westlich vom Hafen Sobra, am Fuße des *Veli grad,* des mit 514 m höchsten Berges der Insel, befinden sich einige Höhlen. Die schönsten darunter sind die 100 m lange *Höhle Movrica* mit Tropfsteinbildungen sowie die 400 m lange *Ostaševica.*

Polače, dessen Name an jenen römischen Palast erinnert, der in einem Ruinenfeld mitten in der heutigen Ortschaft liegt, hat außer diesen Überresten gleich nebenan noch die Ruinen einer altchristlichen Basilika aufzuweisen. Auf dem östlich gelegenen Hügel *Nodilove košare* im Gestrüpp die Reste einer altchristlichen Kirche.

Monaco
Fürstentum Monaco

Principauté de Monaco

Staatsfläche: 1,8 qkm.
Höhe: 0-65 m ü.d.M. – Einwohnerzahl: 25000.
Kfz-Kennzeichen: MC. – Telefonvorwahl (0033) 93.
(i) **Direction du Tourisme et des Congrès,** Boulevard des Moulins 2 A, **Monte-Carlo;** Telefon: 308701. **Informationsbüro Monte Carlo Principauté de Monaco,** Wilhelm-Leuschner-Straße 89, D-6000 **Frankfurt** *am Main;* Telefon: (0611) 235247-49.

HOTELS. – In La Condamine: *Bristol,* Boulevard Albert-I 25, I, 49 Z.; *Le Siècle,* III, 41 Z.

In Monte-Carlo: **Hôtel de Paris,* Place du Casino, L, 350 Z.; **Loews,* Avenue des Spélugues, L, 636 Z.; **L'Hermitage,* Square Beaumarchais, L, 210 Z.; **Métropole,* Avenue de Grande-Bretagne, L, 143 Z.; **Mirabeau,* Avenue Princesse-Grace 1/3, L, 95 Z.; **Old Beach,* in Monte-Carlo Beach, L, 46 Z.; *Balmoral,* Avenue de la Costa 12, I, 62 Z.; *Alexandra,* Boulevard Princesse-Charlotte 35, II, 57 Z.; *D'Europe,* Avenue des Citronniers 6, II, 46 Z.; *Des Palmiers,* Boulevard de Suisse 26, III, 34 Z.

In Larvotto: *Holiday Inn,* Avenue Princesse-Grace, I, 316 Z.; *De Berne,* Rue du Portier 21, III, 15 Z.; *Résidence des Moulins,* Boulevard des Moulins 27, III, 10 Z.

Spielbanken. – *Casino de Monte-Carlo; SBM-Loews Casino.*

VERANSTALTUNGEN. – *Grand-Prix-Rennen* im Rahmen der Automobilweltmeisterschaft.

Das autonome Fürstentum *Monaco, einer der europäischen Zwergstaaten, liegt überaus prächtig an der Côte d'Azur, nahe der französisch-italienischen Grenze.

Die überwiegend römisch-katholische Bevölkerung besteht zu etwa $1/6$ aus einheimischen Monegassen, zu etwa der Hälfte aus Franzosen und rund $1/5$ aus Italienern. Den Restanteil bilden Ausländer aus allen Teilen der Welt. Amtssprache ist das Französische, als Umgangssprache dient das 'Monegasco', oftmals auch das Italienische. – Die Regierungsgewalt über die konstitutionelle, erbliche Monarchie liegt unter der Autorität des Fürsten bei einem 18 Mitglieder zählenden Nationalrat (Legislative) bzw. einem Staatsminister (Exekutive), dem der Regierungsrat zur Seite steht. Staatsrat und Kronrat sind als beratende Organe vorgesehen. In der inneren wie auch in der äußeren Verwaltung bestehen enge Bindungen an Frankreich, so etwa in der Zoll- und Währungsunion wie auch in der Angleichung des Steuerrechts.

GESCHICHTE. – Prähistorische Funde auf dem Gebiet des heutigen Monaco-Ville weisen auf eine vorsteinzeitliche Besiedlung hin. Etwa 900 v. Chr.

Monaco – Panorama des Fürstentums an der Côte d'Azur

weihten Phöniker dem Baal von Tyrus (Melkart-Kult) einen Felsen. Nach seiner Entwicklung zum griechischen Handelsplatz wurde der Ort römischer Hafen und erhielt den Namen *Herculis Monoeci Portus*. Seine weitere Geschichte wurde durch die Auswirkungen der Völkerwanderung und Sarazenenherrschaft beeinflußt. Eine Änderung ergab sich erst mit der Machtübernahme durch die Genuesen ab dem 8. Jahrhundert n. Chr. Das Lehensgut Monaco erhielt 1215 eine Festung (Reste noch heute erkennbar) und wurde seit 1297 von der Genueser Familie *Grimaldi* beherrscht, die 1614 den Fürstentitel annahm. Nach zeitweilig spanischem Schutz kam Monaco 1731 an die französische Linie Goyon de Matignon-Grimaldi und wurde 1793 mit Frankreich vereinigt. Im Jahre 1814 erfolgte die Rückgabe an den Fürsten Honoré IV. Von 1815 bis 1860 stand es unter dem Schutz des Königreiches Sardinien, den Frankreich 1861 übernahm. Fürst Charles III. mußte dafür die Orte Mentone (Menton) und Roccabruna (Roquebrune) abtreten. 1866 erfolgte die Gründung des Stadtbezirkes Monte Carlo, mit Kasino, Oper und Luxushotel. Albert I. erließ 1911 eine Verfassung; 1918 wurde das Verhältnis zu Frankreich neu geregelt. *Rainier III.* übernahm 1949 von Louis II., der seit 1922 regierte, die Herrschaft und vermählte sich 1956 mit der US-amerikanischen Filmschauspielerin *Grace Kelly* (Fürstin Gracia Patricia).

SEHENSWERTES. – Der älteste Bezirk und Bischofssitz **Monaco-Ville** thront mit seinen engen Sträßchen malerisch auf einer weit ins Meer vorspringenden felsigen Halbinsel (60 m), mit zahlreichen Zeugnissen einer ehemaligen Befestigung. Im Westteil die aussichtsreiche *Place du Palais*, mit dem im 13. Jahrhundert erbauten **Palais du Prince** *(Schloß;* 11.55 Uhr Wachablösung); im Innern glänzende Prunkräume (Thronsaal im Empirestil, York-Schlafzimmer aus dem 18. Jh.) und schöne Fresken (Genueser Arbeit, 17. Jh.). Im *Palastmuseum* eine *Brief-

markenausstellung. Im Sommer Konzerte im Hof.

Vom Schloß gelangt man durch die Rue du Tribunal zur *Cathédrale* (1897); im Innern ein Altarbild von Bréa (um 1500), Grabmäler von Fürsten und Bischöfen. Gegenüber das *Palais de Justice* (Justizpalast). Nahebei das *Historial des Princes* (Histor. Museum) sowie die *Chapelle de la Miséricorde.*

Am Ende der sich hier an der Küste entlangziehenden Jardins de St-Martin das *Musée Océanographique* *(Ozeanographisches Museum),* dessen fast 87 m hohe Seefront auf gewaltigen Unterbauten ruht. Im Innern wertvolle wissenschaftliche Sammlungen (Gegenstände von Forschungsreisen des Fürsten Albert I., neuere Funde von Jacques Cousteau; Präparate von Meerespflanzen und -tieren), ein bedeutendes *Aquarium* sowie Ausstellungen von Schiffsmodellen und modernen technischen Geräten; Lehrfilmvorführungen. – Gegenüber das *Musée L'Egypte et le Monde Antique* *(Museum Ägypten und die Welt der Antike).* Vom Fort Antoine an der Ostspitze großartiger *Ausblick. – Am Westabfall des Felsens das *Centre d'Acclimatation Zoologique* (Zoologisches Akklimatisationszentrum; Dressurschule).

Nördlich unterhalb des Felsens der fast quadratische, lebhafte **Port (Hafen;** 1901-26 ausgebaut; zahlreiche Jachten) mit dem schönen *Stade Nautique Rainier-III* (Wassersportstadion). – An der

Westseite des Hafens verläuft der B o u - l e v a r d A l b e r t - I, die Hauptstraße des Bezirks **La Condamine,** mit Geschäften und anderen Einrichtungen (Hauptbahnhof, Bibliothek, Markt). – Im schluchtartigen Taleinschnitt an der Nordwestgrenze die der Stadttheiligen geweihte *Kirche Ste-Dévote* mit schönem Marmoraltar (18. Jh.).

Fast endlose Treppen und Serpentinenstraßen klettern am Osthang der *Tête de Chien* empor bis zur M o y e n n e C o r n i - c h e (bereits auf französ. Staatsgebiet; N 564) und erschließen den von schönen Villen und Gärten geprägten, terrassenartig aufgebauten Stadtbezirk **Moneghetti.** Die Glanzpunkte, der ****Jardin Exotique** *(Exotischer Garten),* mit den Grotten und dem *Musée d'Anthropologie Préhistorique,* sowie der P a r c P r i n c e s s e A n t o i n e t t e liegen im Westteil oberhalb des Boulevard Rainier-III.

Aufgrund der günstigen klimatischen Bedingungen am ständig feuchtwarmen Steilhang gedeiht im **Exotischen Garten** eine Vielzahl sehr empfindlicher tropischer Pflanzen. – In den **Grotten** sind interessante Versteinerungen zu sehen. – Das **Prähistorisch-Anthropologische Museum** zeigt außer

Knochenfunden der Umgebung eine Sammlung von Münzen, Schmuckgegenständen u.ä. aus vorrömischer und römischer Zeit.

Der Stadtbezirk **Monte Carlo** erstreckt sich nördlich des Hafens von Monaco über einen felsigen Landvorsprung. Sein höhergelegener Teil wird von Geschäftsstraßen durchzogen, wie z.B. vom B o u l e v a r d P r i n c e s s e - C h a r l o t t e (im Westen die Gebäude von Radio Monte-Carlo Télévision), vom B o u l e v a r d d e s M o u l i n s (Pavillon des Office de Tourisme am Südwestende; nördlich etwas abseits die Kirche St-Charles) und von der A v e n u e d e l a C o s t a mit zahlreichen Luxusgeschäften. Prächtige Gartenanlagen wie die A l l é e s d e s B o u l i n g r i n s, mit einer Säule zu Ehren Alberts I., und die *J a r - d i n s d u C a s i n o gewähren schöne Ausblicke. Sie umrahmen Prachtbauten wie das 1878 vom Erbauer der Pariser Oper, Charles Garnier, errichtete ***Casino,** das die berühmte, 1863 gegründete *Spielbank* der Société Anonyme des Bains de Mer (SBM) beherbergt.

Die Ostspitze dieses Bezirks bildet das ***Kongreßzentrum Monte-Carlo** *(Les*

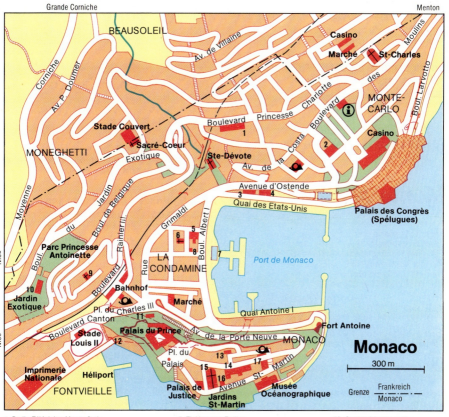

1	Radio-Télévision Monte-Carlo
2	Sporting-Club International
3	Maison de la Culture
4	Bureau Hydrographique
5	Centre Administratif et Bibliothèque Municipale
6	Eglise Réformée
7	Théâtre aux Etoiles
8	Sûreté
9	Chapelle de Saint-Martin
10	Musée d'Anthropologie Prehistorique
11	Bibliothèque Caroline
12	Centre d'Acclimatation Zoologique
13	Chapelle de la Miséricorde
14	Rathaus
15	Kathedrale
16	Bischöfliches Palais
17	Musée de l'Egypte et du Monde

Im Spielcasino von Monte Carlo (Monaco)

Spélugues; 1978), ein mächtiger, vom Boulevard Louis-II unterquerter Baukörper mit hexagonalem Grundriß, in dem u.a. ein Luxushotel sowie rund 100 Apartments untergebracht sind.

Im Südwesten des Bezirks **Larvotto** die *Halle du Centenaire* (Jahrhunderthalle). Nahebei an der Avenue Princesse-Grace das *Musée National des Automates et Poupées d'autrefois* (Automaten- und Puppenmuseum), mit mehreren hundert Puppen, über 80 Automaten und mehr als 2000 Miniaturgegenständen aus dem 18. und 19. Jahrhundert.

Monastir s. bei Sousse

Monte Argentario

Italien.
Region: Toscana.
Provinz: Grosseto.
🛈 **Ente Provinciale per il Turismo,**
Via Monterosa 206,
I-58100 **Grosseto;**
Telefon: (0564) 22534.

HOTELS. – In Orbetello: *I Presidi,* II, 112 B.; *Nazionale,* III, 49 B.

In Porto Santo Stefano: *Filippo II,* I, 76 B.; *Torre di Cala Piccola,* I, 85 B.; *Vittoria,* II, 54 B.; *Villa Domizia,* II, 34 B.; *La Lucciola,* III, 105 B.

In Port' Ercole: *Il Pellicano,* I, 68 B.; *Don Pedro,* II, 87 B.; *Villa Letizia,* II, 31 B.; *Stella Marina,* III, 22 B.

Der zwischen Grosseto und Civitavecchia der italienischen Westküste vorgelagerte Monte Argentario ist eine ehemalige Insel, die durch eine von zwei sandigen Nehrungen umschlossene Lagune vom Festland getrennt ist.

Auf der mitten in die Lagune ragenden Landzunge liegt **Orbetello** (13000 Einw.) mit etruskischen Stadtmauern. Der Dom wurde im 14. Jahrhundert erbaut und im 17. Jahrhundert erneuert. Im Antiquarium Civico etruskische und römische Ausgrabungsfunde. – Über einen künstlichen Damm gelangt man westlich (9 km) nach
Porto Santo Stefano (10000 Einw.), einem Hafenstädtchen in prächtiger Lage und Ausgangspunkt der Schifflinien zu den kleinen Inseln *Giannutri* und *Giglio.* – Von der Stadt lohnender Ausflug auf den 635 m hohen **Telegrafo,** den Hauptgipfel des Monte Argentario (Rundfunk- und Fernsehsender; *Aussicht). – An der Nordflanke des Berges, von der Straße Nr. 440 Orbetello – Porto Santo Stefano über ein Nebensträßchen zu erreichen, das aussichtsreich gelegene *Passionistenkloster.*

Monte Gargano (Promontorio del Gargano)

Italien.
Region: Apulien.
Provinz: Foggia.
🛈 **EPT,** Via Senatore Emilio Perrone 17,
I-71100 **Foggia;**
Telefon: (0881) 23141.

HOTELS. – In Manfredonia: *Gargano,* II, 92 B.; *Svevo,* II, 76 B.; *Azzurro,* III, 48 B. – *Apulia,* II, 106 B.; *Cicolella,* II, 89 B., *Del Golfo,* II, 72 B., alle drei im Ortsteil Siponto.

In Vieste: *Pizzomunno Vieste Palace,* II, 371 B.; *Gattarella,* II, 348 B.; *Degli Aranci,* II, 135 B.; *Porto Nuovo,* III, 66 B.

In Peschici: *Valle Clavia,* II, 82 B.; *Residence Solemar,* II, 64 B.; *Morcavallo,* II, 53 B.

In Manacore: *Gusmay,* I, 105 B.; *Paglianza,* II, 92 B.; *Paradiso,* II, 90 B.

In Rodi Garganico: *Parco degli Aranci,* II, 144 B.; *Helios,* II, 63 B.; *Delle Fave,* III, 68 B.

Die Halbinsel *Monte Gargano (Promontorio del Gargano), der 'Sporn' des italienischen Stiefels, liegt im nördlichsten Teil von Apulien und wird durch die Ebene der Capitanata von den Höhenzügen des Binnenlandes getrennt. Wegen seiner landschaftlichen Schönheit ist das Gebiet in den letzten Jahren ein sehr beliebtes Reiseziel geworden.

Rundfahrt um den Monte Gargano (230 km). – Der günstigste Ausgangspunkt ist die in der Capitanata gelegene Stadt **Foggia** (76 m; 140000 Einw.). – Man fährt auf der Straße Nr. 89 ('Garganica') zunächst durch die wohlangebaute große Apulische Ebene. – 27 km *San Leonardo,* eine rechts der Straße gelegene ehemalige Deutschordenskomturei mit quadratischer romanischer *Kirche (reich skulptiertes Portal, 13 Jh.). – Dahinter nähert sich die Straße der Küste. – Weiterhin rechts die von Kanälen durchzogene Küstenebene. – 8 km *Siponto* (5 m), ein Gemeinde-teil von Manfredonia, an der Stelle einer von den Römern *Sipontum* genannten, im 13. Jahrhundert verlassenen Stadt, von der u.a. noch die im Jahre 1117 geweihte *Kathe-drale S. Maria Maggiore, mit quadratischem Grundriß und interessanter Unterkirche (ur-altes Gnadenbild), erhalten ist. – Dann nahe am *Golf von Manfredonia* entlang. – 3 km **Manfredonia** (5 m), eine von König Manfred, dem Sohn des Kaisers Friedrich II. von Ho-henstaufen, an Stelle von Sipontum im 13. Jahrhundert gegründete Hafenstadt, die nach ihrer Zerstörung durch die Türken (1620) mit rechtwinklig sich kreuzenden Straßen neu aufgebaut wurde. Beachtens-wert der Dom, die Kirche S. Domenico sowie ein Kastell (13. Jh.). Die Fortsetzung der Straße steigt hinter Manfredonia am südöst-lichen Hang des Vorgebirges Monte Gargano leicht bergan. – 7 km jenseits Manfredonia eine Straßenteilung: rechts über Vieste, links über Monte S. Angelo nach Rodi Garganico.

Adriaküste am Promontorio del Gargano

Die Strecke über Monte Sant' Angelo nach Rodi Gargánico (Abkürzung von 19 km; anfangs S.S. 272, dann S.S. 528, 89) steigt hinter der oben genannten Straßenteilung in 26 Kehren durch ein ödes Bergland stärker bergan. – 9 km **Monte Sant' Angelo** (843 m), reizvoll gelegene Stadt von 22 000 Einwohnern, mit schöner Burgruine (1491), wegen der berühmten Wallfahrts-stätte San Michele Arcángelo alljährlich von Pilgern besucht. Das Heiligtum befindet sich inmitten der Stadt in einer Felsenhöhle, die nach der Legende der Erzengel Michael im Jahre 493 selbst für seinen Kult bestimmt hat-te. Von der Vorhalle neben dem 1273 erbau-ten Glockenturm führen 86 Stufen hinab zu der an die Höhle gebauten Kirche, deren Bronzetüren, mit biblischen Darstellungen, laut Inschrift 1076 in Konstantinopel gegos-sen sind; im Innern ein schöner Bischofs-stuhl aus dem 11. Jahrhundert. Unweit von der Kirche das sogenannte Grabmal des Langobardenkönigs Rothari (Tomba di Rota-

ri), ein eigenartiger Kuppelbau (um 1200), die Apsis der 1896 abgerissenen Kirche S. Pie-tro. Daneben die Kirche S. Maria Maggiore (1198 begonnen), mit schönem Portal. – Die Fortsetzung der Fahrt führt auf der S.S. 272 hinab in ein den ganzen südlichen Teil des Vorgebirges durchziehendes kahles Längs-tal. – 5 km hinter Monte Sant' Angelo links die Fortsetzung der S.S. 272 20 km westlich durch das zuvor genannte Längstal nach **San Giovanni Rotondo** (557 m), einem Städtchen von 25 000 Einwohnern, nordöstlich überragt von dem felsigen *Monte Calvo* (1056 m), der höchsten Erhebung des Vorgebirges; am Westrand des Ortes die moderne Kirche Santa Maria delle Grazie; links daneben ein durch den seit 1918 stigmatisierten Padre Pio da Pietrelcina († 23. 9. 1968) bekanntes Ka-puzinerkloster, zu dem alljährlich zahllose Pilger wallfahren. – Die Straße nach Rodi Garganico zieht hinter der zuvor genannten Abzweigung rechts in Windungen bergan, dann hügelig über die verkarstete Hochflä-che des Monte Gargano. Später durch den prächtigen Buchenwald **Bosco d'Umbra** (oder *Foresta Umbra),* den einzigen größeren Wald Apuliens, in dem auch Eichen und in Mitteleuropa heimische Nadelhölzer vor-kommen. – 35 km *Vico del Gargano* (440 m), hübsch auf einem Hügel gelegenes Städt-chen von 10 000 Einwohnern. Dahinter in Windungen und Kehren durch die schöne *Pineta Marzini* abwärts. – 8 km *Bellariva,* eine am Meer gelegene Häusergruppe, wo man die von Manfredonia über Vieste kommende Küstenstraße erreicht. Auf dieser links noch 8 km bis **Rodi Gargánico.**

Die lohnendere, jedoch um 19 km längere *Küstenstraße von Manfredonia über Vie-ste nach Rodi Garganico (anfangs und ab Peschici S.S. 89) führt von der Straßentei-lung 7 km hinter Manfredonia leicht abwärts zum Meer und zieht dann wieder etwas land-einwärts. – 13 km *Mattinata* (70 m), ein reiz-voll gelegenes Dorf, von wo die S.S. 89 ber-gig und sehr kurvenreich durch einsam be-waldetes Hügelland nach Peschici führt. – Die Küstenstraße erreicht bald hinter Matti-nata wieder das Meer und zieht dann auf großartiger Strecke an oder über diesem hin, an zahlreichen schönen Buchten vorbei. – 10 km *Baia delle Zágare.* Bald darauf land-einwärts. – 10 km Abzweigung (rechts) 5 km hinab zu der schön gelegenen Hotelsiedlung *Pugnochiuso* (Schiff), von wo man auf sehr kurvenreicher Strecke nach 8 km die Haupt-straße wieder erreicht. 5 km Einmündung der von Pugnochiuso kommenden Straße. – Dann unmittelbar an der Küste hin. – 11 km **Vieste** (50 m; Schiff), auf einem Vorgebirge gelegenes malerisches Hafenstädtchen, von einer alten Burg überragt. – Dahinter weiter am Meer entlang. – 13 und 14 km Abzwei-gungen (rechts; je 1 km) zu der auf pinienbe-standenen Hügeln gelegenen Hotel- und Vil-lensiedlung *Manacore* mit schönen Bade-buchten und einem großen Campingplatz. Weiter durch Pinienwald. – 5 km **Péschici** (90 m), ein malerisch auf einem senkrechten Felsen über dem Meer gelegenes altertüm-liches Städtchen von 5000 Einwohnern. – Da-hinter auf anfangs sehr kurvenreicher Straße um ein Kap herum (schöner Rückblick auf Peschici). – 8 km *San Menaio* (10 m), als

Seebad besuchtes Dorf, mit Villen zwischen Pinien. – Dann ziemlich gerade an der Küste entlang. – 7 km **Rodi Gargánico** (46 m), Hafenort mit 5000 Einwohnern, als Seebad besucht.

Von Rodi Garganico lohnende Fahrt 3-6mal wöchentlich mit einem von Manfredonia kommenden Schiff in etwa $1^1/_2$ Stunden zu den 22 Seemeilen nordwestlich gelegenen **Trémiti-Inseln (Isole Trémiti;** Schiffe auch von Termoli und Ortona) mit der ehemals als Verbannungsort dienenden Kalkinsel **San Dómino** (ca. 2 qkm; zahlreiche Zeltplätze), der Insel **San Nicola** (75 m ü.d.M.; 0,5 qkm), auf welcher der gleichnamige Hauptort der Inselgruppe liegt (beachtenswert das Kastell und die Kirche S. Maria) und der fast unbewohnten Insel *Caprara* (53 m ü.d.M.; 0,5 qkm).

Tremiti-Insel San Nicola

Die Fortsetzung der Straße Nr. 89 verläßt hinter Rodi Garganico die Meeresküste. Rechts der *Lago di Varano* (12 km lang, 8 km breit), ein durch die Düne *Isola* vom Meer getrennter Strandsee, den man vor Cagnano kurz berührt. – Man kann auch auf einer Küstenstraße die Düne überqueren und über *Torre Mileto* (25 km) in Casa Matilde (30 km) rechts auf eine unweit vom Südufer des *Lago di Lésina* entlangführenden Straße gelangen, die nach insgesamt 60 km die Straße Nr. 16 erreicht. – 20 km *Cagnano Varano* (150 m), ein am Hang gelegenes Städtchen mit 8000 Einwohnern. Dahinter durch ödes Bergland; rechts in der Ferne der 22 km lange, durchschnittlich 3 km breite Strandsee Lago di Sésina. – 22 km *Sannicandro Gargánico* (224 m), Städtchen von 18000 Einwohnern, mit einer Burg. – Weiter über einen Sattel (268 m), dann hinab in die Apulische Ebene. – 14 km *Apricena* (73 m), Landstädtchen von 13000 Einwohnern. – 13 km **San Severo** (87 m). Von hier auf der Straße Nr. 16 ('Via Adriatica') zwischen Feldern und Weingärten hin. – 29 km **Foggia**.

Montenegro / Crna Gora

Jugoslawien.
Teilrepublik: Montenegro (Crna Gora).
ⓘ **Montenegro turist,**
YU-81310 **Budva;**
Telefon: (082) 82008.

HOTELS. – In B u d v a : *Montenegro*, II, 736 B.; *Bellevue*, II, 660 B.; *Splendid*, II, 420 B. – In S v e t i S t e f a n : *Sveti Stefan*, L, 226 B.; *Maestral*, II, 294 B.; *Miločer*, I, 80 B. – In P e t r o v a c n a m o r u : *Castellastva*, II, 354 B.; *Oliva*, II, 222 B. – In S u t o m o r e : *Korali*, II, 600 B.; *Južno More*, II, 160 B. – In B a r : Nach dem Erdbeben vom Frühjahr 1979 gibt es zur Zeit nur Hotels im 8 km nördlich am Ende der Bucht von Bar gelegenen Sutomore. – In U l c i n j : *Olympic*, I, 245 B.; *Grand Hotel Lido*, I, 108 B.; *Bellevue*, II, 730 B.; *Mediteran*, II, 439 B.

Die jugoslawische Teilrepublik Montenegro (serbokroatisch Crna Gora) ist der südlichste an die Adria grenzende Landesteil. Die Küstenlinie Montenegros reicht von Herceg-Novi an der Bucht von Kotor bis zur albanischen Grenze an der Mündung der vom Skutarisee kommenden Bojana.

Hinter der Küste steigen die verkarsteten Berge des weitgehend unwegsamen *Dinarischen Gebirges* auf. Nur ein geringer Teil des Bodens ist für den Ackerbau nutzbar (Mais, Weizen, Wein, Tabak); eine größere Rolle spielt die Weidewirtschaft.

GESCHICHTE. – Montenegro erscheint erstmals im 14. Jahrhundert als ein erbliches selbständiges Fürstentum, das seit 1516 von dem jeweiligen, in Cetinje residierenden Metropoliten (Vladika) regiert wurde. Im Jahre 1697 kam der erste Vladika aus dem Hause Petrović-Njegoš zur Regierung. 1683, 1714 und 1785 wurde Cetinje von den Türken, gegen die sich die freiheitsliebenden Montenegriner in jahrhundertelangen Kämpfen behaupteten, zerstört. Mit *Peter II.* ('Njegoš'; 1830-51; geb. 1813 in Njeguši), dem hervorragendsten serbischen Dichter seiner Zeit, kamen Ordnung und Sicherheit in das Land. Sein Nachfolger *Danilo II.* (1851-60) vollzog die Trennung der höchsten weltlichen Gewalt von der geistlichen und begründete ein unumschränktes Fürstentum. Sein Neffe *Nikola I.* ('Nikita'; 1860-1916, seit 1910 König) führte glückliche Kriege gegen die Türkei, floh jedoch nach der Einnahme Cetinjes durch die Österreicher im Ersten Weltkrieg (13. Jan. 1916) nach Frankreich, wo er 1921 in Antibes starb. 1918 erfolgte der Anschluß Montenegros an Jugoslawien, das nach dem Zweiten Weltkrieg den Verwaltungssitz der 'Volksrepublik Montenegro' von Cetinje nach Titograd verlegte.

MONTENEGRINISCHE KÜSTENFAHRT (von Herceg-Novi bis Ulcinj etwa 120 km). – Der nördliche Teil der Strecke (bis Tivat) ist bei Kotor beschrieben. Von Tivat bis Budva verläuft die Straße (Jadranska Magistrala) durch das Landesinnere, führt aber dann in Küstennähe weiter.

Budva (3 m; 3500 Einw.) besteht aus der reizvoll auf einer Landzunge gelegenen Altstadt und den südlich sich an langen Sandstränden ausdehnenden Hotelanlagen. Die sehenswerten Gebäude der Altstadt sind bei dem schweren Erdbeben von 1979 großenteils eingestürzt. In der Kathedrale Sv. Jovan, einer ursprünglich im 8./9. Jahrhundert erbauten und im 18. Jahrhundert erneuerten Kirche, konnte man Ikonen und Gemälde aus dem 15./16. Jahrhundert bewundern. In der Marienkirche (Sancta Maria in Puncta) aus dem 12. Jahrhundert befand sich ein archäologisches Museum. Von einem Turm über

Skutarisee im südlichen Montenegro nahe der jugoslawisch-albanischen Grenze

dem einst von den Österreichern errichteten Festungsbau bot sich eine prächtige Aussicht über die Dächer der Altstadt.

Sveti Stefan (3 m) ist durch seine *Lage und sein *Ortsbild weithin bekannt geworden. Aus dem einstigen Fischerdorf auf einer durch einen Damm mit dem Festland verbundenen kleinen Insel wurde eine reine Hotel- und Feriensiedlung, bei deren Gestaltung man sich eng an den Baustil der alten Fischerhäuschen anlehnte.

Petrovac *na moru* (3 m; 800 Einw.) ist ein freundlicher Familienurlaubsort abseits der Adriatischen Küstenstraße, mit Sand- und Kieselstrand und umgeben von Föhren- und Olivenhainen. Hinter dem Ort erhebt sich der verkarstete Höhenzug des *Pastrovići*, der den *Skutarisee* vom Meer trennt. – Weiter etwas abseits der Küste, kurz vor Sutomore die Ruinen der *Türkenfestungen Haj Nehaj* und *Tabija*. – **Sutomore** (3 m; 800 Einw.) an der gleichnamigen Bucht besitzt einen 1400 m langen Badestrand und Wassersportmöglichkeiten. Der Ort ist ein günstiges Standquartier für die Gegend um Bar.

Bar (5 m; 15000 Einw.), in der Südostecke der gleichnamigen Bucht, wird als Seebad besucht und ist ein aufstrebender Seehafen (Fährverbindung nach Bari/Italien; Eisenbahn nach Belgrad). Im Ortsteil *Novi Bar* der Hafen und moderne Hochhäuser.

Sveti Stefan in der montenegrinischen Adriabucht von Budva

Ruinenstadt Stari Bar in Montenegro

Sehenswert ist *Stari Bar.* Der ursprünglich befestigte, aber durch das Bombardement von 1877 weitgehend zerstörte obere Stadtteil von Stari Bar ist nur ein *Ruinenfeld. Gleichfalls interessant ist die orientalische Züge verratende, ebenfalls völlig unbewohnte untere alte Stadt mit einer romanischen Markuskirche (11./12. Jh.), mit gotischer Kirche Sv. Katharina (14./15. Jh.), dem spätmittelalterlichen, wahrscheinlich bischöflichen Palast (Reste von Wanddekorationen, Zubauten aus venezianischer Zeit) und einem großen Aquädukt an der Nordseite der Stadt aus dem 16./17. Jahrhundert.

Ulcinj (3 m; 7500 Einw., darunter etliche Neger) ist Hauptort des südlichsten Feriengebiets der jugoslawischen Adria und liegt malerisch an einer Felsbucht. Die orientalisch anmutende Altstadt steigt südwestlich der Bucht an, während im Norden die terrassenartig angelegte Neustadt liegt. Das schwere Erdbeben von 1979 hat die Altstadt weitgehend zerstört; nur Teile der Festung haben die Erschütterungen überstanden. – Südöstlich der Stadt dehnen sich weite Strände mit Hotels und Freizeitanlagen. Am Strand *Velika plaža (11 km lang) eine heiße Schwefelquelle. Noch weiter südöstlich im Mündungsdelta der Bojana die z.T. sumpfige Insel Ada (FKK-Kolonie).

Montpellier

Frankreich.
Région: Languedoc-Roussillon.
Département: Hérault.
Höhe: 50 m ü.d.M. – Einwohnerzahl: 200000.
Postleitzahl: F-34000. – Telefonvorwahl: 67.
ⓘ **Office du Tourisme,**
Place de la Comédie;
Telefon: 72 54 82.

HOTELS. – *Sofitel, L, 112 Z.; *Métropole,* I, 98 Z.; *Les Violettes,* I, 46 Z.; *Frantel,* II, 116 Z.; *Ponant,* II, 77 Z.; *Royal,* II, 43 Z.; *Noailles,* II, 27 Z.; *Grand Hôtel du Midi,* II, 48 Z.; *Des Arceaux,* III, 10 Z.; *De la Paix* (garni), III, 26 Z.; *De la Comédie,* III, 20 Z. – CAMPINGPLATZ.

Die alte Universitätsstadt Montpellier, Bischofssitz und Hauptort des südfranzösischen Département Hérault, liegt am rechten Ufer des Merdanson, unweit vom Golfe du Lion.

GESCHICHTE. – Montpellier entstand nach der Zerstörung der alten Hafenstadt Maguelone (15 km südwestlich) durch Karl Martell im Jahre 737, gehörte im 13. Jahrhundert den Königen von Aragón, dann bis 1349 jenen von Mallorca als französischen Vasallen und erhielt schon 1289 eine Universität, die Petrarca (1316–19) sowie Rabelais (1530–32 und 1537–38) besuchten. Am Ende des 16. Jahrhunderts war die Stadt ein Hauptsitz der protestantischen Hugenotten; 1622 wurde sie von Ludwig XIII. für Frankreich erobert.

SEHENSWERTES. – Die Place de la Comédie mit der *Fontaine des Trois-Grâces* (1776) und dem *Theater* ist der Mittelpunkt der Stadt, von dem aus sich die großen Boulevards um die ganze Altstadt ziehen. – Südwestlich führt zunächst der Boulevard Victor-Hugo und weiter nordwestlich der Boulevard du Jeu de Paume zum *Peyrou, einer hochgelegenen, zweifach terrassierten Parkanlage aus dem 17. und 18. Jahrhundert, mit schönem Blick bis zu den Cevennen und zum Meer. Am Ende der Anlage ein *Wasserschloß,* zu dem das Wasser in einer 1753-66 erbauten Leitung 14 km weit hergeführt wird, zuletzt über einen imposanten *Aquädukt* von 800 m Länge und 21,5 m Höhe. Dem Eingang des Peyrou gegenüber der *Arc de Triomphe,* ein 1691 zu Ehren Ludwigs XIV. errichteter 15 m hoher Triumphbogen. – Nördlich, am Boulevard Henri IV, der **Jardin des Plantes,** der 1593 als erster Botanischer Garten in Frankreich angelegt wurde. Gegenüber die *Faculté de Médicine,* im alten bischöflichen Palast, in dem auch das *Musée Atger* (Zeichnungen barocker Meister) untergebracht ist. Anschließend an den Fakultätsbau die gotische **Kathedrale** St-Pierre, 1364 gegründet, nach den Religionskriegen und 1867 erneuert, mit strenger Doppelturmfassade, die einen hochgewölbten Vorhallenbaldachin hat.

Kathedrale im südfranzösischen Montpellier

Das schlichtere Gegenstück zum Peyrou ist an der Ostseite der Innenstadt die 500 m lange platanenbestandene **Esplanade.** – Östlich davon das *Musée Fabre** mit einer Gemäldegalerie älterer italienischer, niederländischer sowie älterer bis moderner französischer Meister und Bildhauerarbeiten des 18. Jahrhunderts.

Charakteristische Zeugen des alten Reichtums von Montpellier sind seine etwa fünfzig **Adels- und Kaufmannspaläste,** hauptsächlich aus dem 17. und 18. Jahrhundert, mit reichverzierten Fassaden, schönen Höfen und Treppenhäusern.

UMGEBUNG von Montpellier. – Südöstlich liegt zwischen der Stadt und dem Meer eine Kette von Strandseen: der *Etang de Mauguio,* der *Etang de Pérols* und der *Etang de Vic,* durch die sich ein von Aigues-Mortes (s. Camargue) kommender Arm des Rhônekanals zieht. – Südlich des Etang de Mauguio der neu gegründete Ferienort **La Grande-Motte** (Hotel Frantel, II, 118 Z.; Quetzal, II, 52 Z.; Méditer-

ranée, II, 25 Z.), mit großem Jachthafen, Freizeiteinrichtungen und Campingplatz. – Von hier führt eine Küstenstraße westlich nach **Carnon,** einer weiteren in neuester Zeit gegründeten Feriensiedlung mit Jachthafen. – Die Küstenstraße erreicht den gegen-

über dem südlichen Ende des Etang de Pérols auf der Nehrung gelegenen Ort **Palavas-***les-Flots* (Hôtel Amérique, garni, II, 20 Z.; Hippocampe, II, 17 Z.; Du Midi, III, 42 Z.; Campingplatz), der bei der Erschließung der Küste stark ausgebaut wurde.

Murter

Jugoslawien.
Teilrepublik: Kroatien (Hrvatska).
Inselfläche: 19 qkm. – Bewohnerzahl: 5540.
Telefonvorwahl: 059.

ⓘ **Turističko društvo Tijesno,**
YU-59240 Tijesno;
Telefon: 7 80 46.
Turističko društvo Jezera,
YU-59242 Jezera;
Telefon: 7 80 20.
Turističko društvo Betina,
YU-59244 Betina;
Telefon: 7 52 31.
Kornatturist Murter,
YU-59243 Murter;
Telefon: 7 52 15.

HOTELS. – In Murter: *Colentum,* II, 208 B. – In Tijesno: *Borovnik,* II, 160 B. – Privatquartiere werden von den Touristenbüros vermittelt.

CAMPINGPLÄTZE. – *Jazine* bei Tijesno; *Plitka vala* – *Kosirina* bei Betina; *Lovišća* in Jezera; *Slanica* bei Murter.

STRÄNDE. – Das einzige Hotel der Ortschaft Murter besitzt feinkörnigen und sauberen, jedoch in der Hauptsaison übervollen Sandstrand in der Bucht Slanica. Fast unbegrenzte Bademöglichkeiten gibt es auf der dem Festland zugewandten, reich gegliederten Ostseite der Insel Murter.

VERKEHR. – Keine Autofähren; Murter ist mit dem Festland durch eine Drehbrücke verbunden.

Mit einer Fläche von knapp 19 qkm gehört das zwischen Zadar und Šibenik vor der jugoslawischen Küste liegende Murter zu den kleineren Adriainseln. Im nordwestlichen Teil sprießen auf Lößablagerungen Obst-, Oliven- und Gemüsekulturen. Die überwiegend steile Südwestküste ist durch eine Anzahl kleinerer Buchten unterbrochen. Wo die Insel aus Kalkstein besteht, entfaltet sich nur spärliche Vegetation.

Jugoslawische Adriainsel Murter – Blick zu den Nachbarinseln Prišnjak und Radelj

Die von der Adria-Magistrale zwischen Pirovac und Vodice nach Murter abzweigende Zufahrtsstraße überquert bei dem Dorf Tijesno, das teilweise auf dem Festland, teilweise auf der Insel liegt, den Murterski kanal auf einer 37 m langen Drehbrücke. Die ebenso kurvenwie aussichtsreiche Straße verläuft dann nach Betina, einem Fischerhafen. Sie führt schließlich am schönen Sandstrand von Hramina vorbei, erreicht den nicht am Meer liegenden Ort Murter und endet bei den Sandstränden von Slanica.

GESCHICHTE. – Murter ist von den Illyrern, später von den Römern besiedelt worden, die Spuren bei Betina in der antiken Ortschaft Colentum hinterließen (zahlreiche archäologische Funde). Im 13. Jahrhundert gab es auf der Insel nur die Orte Veliko Selo (das heutige Murter) und Jezero. Betina und Tijesno dagegen sind in der Zeit der türkischen Überfälle entstanden. Tijesno wird erstmals 1447 erwähnt.

INSELORTE. – In Tijesno – auffallend hier wie auch in den anderen Inseldörfern die leuchtend roten Ziegeldächer – stammt die Pfarrkirche von 1548. Sie wurde 1640 im Barockstil umgebaut und 1840 erweitert. Beachtenswert der Glockenturm von 1680. Die anderen Kirchlein des Ortes stammen aus dem 17. Jahrhundert. – In **Ivinj** auf dem Festland südöstlich Tijesno die mittelalterliche Kirche des hl. Martin; in **Dazlina** Überreste eines mittelalterlichen Wehrturms.

Beim Dorf **Betina,** auf dem Berg *Gradina,* stand einst die zunächst illyrische, dann römische Siedlung *Colentum.* Hier ist auch die mittelalterliche Kirche der Gottesmutter (Gospa od Gradina) erhalten geblieben.

Der 700 m vom Meer entfernte Hauptort **Murter** erstreckt sich in einer fruchtbaren Ebene.

Die mittelalterliche Kirche des hl. Michael (Sv. Mihovil) wurde 1770 restauriert und 1847 erweitert. Am barocken Hauptaltar Skulpturen von Pio und Vico dell'Acqua (1779). Oberhalb des Ortes auf einem Hügel das Kirchlein des hl. Rochus von 1760.

Mykonos *(Míkonos)*

Griechenland.
Nomos: Kykladen.
Inselfläche: 85 qkm. – Bewohnerzahl: 3400.
Telefonvorwahl: 02 89.
ⓘ **Touristenpolizei,**
Platía Apováthros;
Telefon: 2 24 32.

HOTELS. – M ý k o n o s : *Leto,* I, 48 B.; *Kuneni,* II, 36 B.; *Rhenia,* II, 70 B.; *Theoxenia,* II, 93 B.; *Bellu,* III, 14 B.; *Mangas,* III, 37 B.; *Manto,* III, 26 B.; *Marios,* III, 20 B.; *Mykonos,* III, 28 B.; *Mykonos Beach,* III, 32 B. – Á g i o s S t é p h a n o s (3 km): *Alkistis,* II, 182 B.; *Artemis,* III, 41 B. – P l a t ý s G i a l ó s (4 km): *Petinos,* III, 35 B. – K a l a p h á t i (10 km): *Aphrodite Beach,* III, 180 B. – Ó r n o s: *Paralos Beach,* III, 76 B. – A n ó M e r á: *Ano Mera,* I, 124 B. – JUGENDHERBERGE.

STRÄNDE. – *Ámmos* unmittelbar südlich der Stadt. – Am Isthmus von *Diákophto* 3 km südwestlich. – Bei *Ágios Stéphanos* 3 km nördlich. – In der *Pánormosbucht.*

VERKEHR. – *Flugverbindung* mit Athen. – Mýkonos liegt an den *Schiffslinien* Piräus – Rhódos und Piräus – Sámos. – *Bootsdienste* nach Delos.

Leicht von Athen aus zu erreichen, hat sich die Kykladeninsel *Mýkonos längst zu einem bedeutenden Zentrum des Fremdenverkehrs entwickelt. Die im Norden tief einschneidende Pánormosbucht und zwei kleinere Buchten, die im Westen eine Halbinsel abschnüren, gliedern den Küstenverlauf. Die Insel besteht aus Gneis und Granit und ist wasserarm (keine Quellen). Von der

Mykonos – Hauptort der gleichnamigen Kykladeninsel

Windmühle auf Mykonos

braunen Erde sticht das Weiß der jährlich frisch gekalkten Häuser lebhaft ab.

INSELBESCHREIBUNG. – Der Inselhauptort **Mýkonos** (2800 Einw.) an der Westküste ist eine malerische Siedlung; kubische weiße Häuser, Kirchen und Kapellen mit roten und blauen Kuppeln, Windmühlen und Taubenhäuser, schattige Gassen und ein belebter Kai. Unter den Kirchen, die vielfach auf private Stiftungen zurückgehen, ist die pittoreske *Paraportianí* am bekanntesten. Der überkuppelte obere Raum ist die Kapelle der Panagía Paraportianí; das Untergeschoß (Eingang von der Gegenseite) heißt 'tésseres ekklisíes', weil hier vier zum Teil winzige Kapellen nebeneinanderliegen (v.l.n.r.): Ágios Sóstis, Ágios Efstátios, Ágii Anárgyri und Agía Anastasía. Das kleine *Museum* im Norden des Ortes enthält Funde von Mýkonos und der Nachbarinsel Rheineia, darunter einen frühharchaischen Reliefpithos mit Szenen von der Eroberung Trojas. Außerdem gibt es, unweit der Paraportianí-Kirche, ein volkskundliches *Museum.*

Im Inneren der Insel liegt **Anó Merá** (10 km östlich von Mýkonos, 700 Einw.); dort ist das Kloster Turlianí einen Besuch wert. Man kann von dort aus weiterfahren zur *Annabucht* am **Kap Kaláphata** im Südosten oder zum **Ostkap Evros.**

**Delos s. dort.

Narbonne

Frankreich.
Région: Languedoc-Roussillon.
Département: Aude.
Höhe: 11 m ü.d.M. – Einwohnerzahl: 41 000.
Postleitzahl: F-11 100. – Telefonvorwahl: 68.
ⓘ **Office de Tourisme,**
Place R.-Salengro;
Telefon: 65 15 60.
HOTELS. – *Novotel*, II, 94 Z.; *Du Languedoc*, II, 45 Z.; *La Résidence*, II, 26 Z.; *Midi*, III, 44 Z.; *Alsace*, III, 21 Z.; *France*, III, 12 Z.; *Lion d'Or*, III, 26 Z. – CAMPINGPLATZ in Narbonne-Plage.

Die südfranzösische Stadt Narbonne war ursprünglich Hafenstadt an einer jetzt den teilweise verlandeten und 4 km entfernten Strandsee Etang de Bages bildenden Bucht des Golfe du Lion, mit dem es nun durch den etwa 20 km langen Canal de la Robine verbunden ist.

GESCHICHTE. – Das römische *Narbo* war Umschlagplatz für den Handel vom Mittelmeer zum Atlantik und bis gegen Ende des Römerreichs Sitz des Prokonsuls der Provinz *Gallia Narbonensis.* – Von 413 bis 720 gehörte die Stadt den Westgoten, dann den Sarazenen, denen sie Pippin der Kleine 759 wieder entriß, 817 wurde sie Hauptstadt des Herzogtums Septimanien oder Gothien, fiel 843 an Karl den Kahlen, gehörte später den Grafen von Auvergne, dann den Grafen von Toulouse und wurde 1507 mit Frankreich vereinigt. Von dieser bewegten Geschichte zeugen noch die vielen Inschriften-, Architektur- und Skulpturfragmente, die sich, in den Stadtmauern verbaut, bei deren Abbruch fanden.

SEHENSWERTES. – Mittelpunkt von Narbonne ist die rechteckige Place de l'Hôtel de Ville, mit dem ehemaligen **Erzbischöflichen Palast* (13. bis 14. Jh.), zwischen dessen drei massige Türme Viollet-le-Duc 1845-50 das neugotische **Hôtel de Ville** *(Rathaus)* einbaute; im zweiten Stock das *Musée d'Art et d'Histoire* mit Gemälden, Emailarbeiten, Möbeln sowie schöner keramischer Sammlung. – Nordöstlich neben dem Rathaus an der Place du Tribunal die eindrucksvolle ehemalige ***Kathedrale** *St-Just*, deren großartiger Chor (mit 41 m einer der höchsten und größten in Frankreich) 1272 bis 1332 in kühner nordfranzösischer Gotik aufgeführt wurde, während der übrige Bau unvollendet blieb. Im Innern schöne Fenster (14. Jh.), Bischofsgrabmäler, flämische Bildteppiche, ein Orgelgehäuse von 1739 und ein reicher Kirchenschatz.

Im Südwesten der Stadt, jenseits des genannten Kanals, die frühgotische **Kirche St-Paul-Serge** (12.-13. Jh.), mit eleganter Chorlösung und schöner Ausstattung. Nebenan eine frühchristliche *Nekropole.* – Östlich, am Boulevard Dr.-Ferroult, die alte *Eglise de Lamourgier* (13.-14. Jh.), mit zinnengekröntem Chor; im Innern das *Musée Lapidaire*, mit Funden römischer Inschriften sowie antiken und mittelalterlichen Architektur- und Figurenbruchstücken.

UMGEBUNG von Narbonne. – Jenseits des *Etang de Bages* zieht sich eine ausgedehnte Strandregion hin; bei *Narbonne-Plage* und *St-Pierre-sur-Mer* schöner Sandstrand. – An dem kleinen *Etang de Gruissan*, südöstlich von Narbonne, der pittoreske Fischerort **Gruissan**, der sich ringförmig um eine erhöht gelegene Turmruine gruppiert; in der Nähe Salinen. – Am südlichen Ende des Etang de Bages der Erdölhafen **Port-la-Nouvelle.**

Fischerort Gruissan in Südfrankreich

Naxos *(Náxos)*

Griechenland.
Nomos: Kykladen.
Inselfläche: 428 qkm. – Bewohnerzahl: 14 200.

HOTELS. – *Ariadne*, II, 48 B.; *Akrogiali*, II, 27 B.; *Aegeon*, III, 40 B.; *Anessis*, III, 27 B.; *Apollon*, III, 34 B.; *Barbuni*, III, 15 B.; *Chelmos*, III, 21 B.; *Coronis*, III, 62 B.; *Hermes*, III, 32 B.; *Naxos Beach*, III, 50 B.; *Nissaki*, III, 30 B.; *Panorama*, III, 33 B.; *Renetta*, III, 23 B.; *Zeus*, III, 29 B.

BADESTRÄNDE. – Südlich der Stadt (15 Min.) ein kleiner, weiter südlich der Prokópios-Halbinsel der ausgedehnte Sandstrand Agía Ánna. Gute Badegelegenheit auch am Hafen Apóllona im Norden der Insel.

VERKEHR. – Náxos liegt an der Kykladenlinie Piräus – Sýros – Páros – Náxos – Íos – Santorín. Inselbus Náxos – Apóllona.

Naxos auf der gleichnamigen griechischen Insel

Náxos, die größte und landschaftlich reizvollste der griechischen Kykladeninseln, wird von Norden nach Süden von einem Gebirgsriegel durchzogen, der nach Osten hin steil abfällt, an seiner Westflanke hingegen in ein sanftes, fruchtbares Hügelland und wasserreiche Ebenen übergeht.

Er erhebt sich im südlichen *Oxiá*, dem antiken Drios, bis zu 1003 m und wird von zwei Pässen durchschnitten. Seit der Antike bilden die Landwirtschaft, der Marmor- und Schmirgelabbau sowie die Meersalzgewinnung die Grundlage eines beachtlichen Wohlstands, in jüngster Zeit auch zunehmend Tourismus.

MYTHOS und GESCHICHTE. – Naxos gilt als Hauptkultstätte des Dionysos. Der Sage nach soll hier Theseus die Ariadne verlassen haben. – Zahlreiche Funde belegen eine erste Besiedlung durch Karer und Kreter und das Bestehen einer blühenden Kykladenkultur im 3.-2. Jahrtausend v.Chr. Im 1. Jahrtausend v.Chr. folgten ionische Griechen, die im 6. Jahrhundert v.Chr. ihre Herrschaft über Poros, Andros und andere Nachbarinseln ausweiteten. Zugleich entfaltete sich eine berühmte Bildhauerschule (vgl. Apollo von Delos). Während des Ersten Attischen Seebundes mit Athen verbündet, geriet Naxos nach einer mißlungenen Erhebung in dessen Abhängigkeit und mußte attische Kleruchen aufnehmen; ebenso gehörte es dem Zweiten Seebund an. Aus dem Erbe der Makedonier kam es an Ägypten, durch Mark Anton zeitweilig an Rhodos, danach an Byzanz. 1207 besetzte der venezianische Edelmann *Marco Sanudo* die Insel und machte sie zum Mittelpunkt des Herzogtums der Zwölf Inseln des Ägäischen Meeres. Dieses **Herzogtum Naxos** bestand bis 1566 und stieg zu beträchtlicher Blüte und Machtfülle auf. 1579 kam es unter die Herrschaft der Türken, 1770-74 unter russische Verwaltung, behielt jedoch wie die anderen Kykladeninseln eine gewisse Autonomie. 1830 schloß sich die Insel dem neugegründeten griechischen Königreich an.

Die in einem fruchtbaren Wein- und Gartenbaugebiet gelegene Inselhauptstadt **Náxos** (2500 Einw.) steigt malerisch an den Hängen eines Felskegels bergan, auf dessen Gipfel die venezianische Schloßruine Kastro (1260, heute Klosterschule; Rundsicht) steht. Im Ort mehrere verfallene venezianische Adelspaläste (Palais Barozzi, Sommaripa u.a.), ferner die katholische Marienkirche (13. Jh.) und auf einer Hafenmole die St.-Antonius-Kapelle (15. Jh.). Im *Museum u.a. Funde aus der Zeit der Kykladenkultur. An der Stelle des heutigen Naxos lag auch die antike Inselhauptstadt, von der u.a. ein 6 m hohes *Marmortor sowie die Fundamente eines unvollendet gebliebenen Apollo- oder Dionysosheiligtums (6. Jh. v.Chr.) auf dem kleinen vorgelagerten Felseiland (Steindamm) **Sto Palati** erhalten sind. – Nordöstlich der Stadt das *Festungskloster St. Johannes Chrysóstomos*. – 10 km nordöstlich von Naxos das weiße *Phaneroméni-Kloster*, mit Kirche von 1603.

WEITERE SEHENSWÜRDIGKEITEN AUF NAXOS. – 42 km nördlich von Naxos und südöstlich vom *Kap Stávros*, der Nordspitze der Insel, oberhalb der *Apóllona-Bucht* mehrere antike Brüche des in Plastik, Architektur und auch zu Dachplatten verwendeten naxischen Marmors. In dem *Ston Apóllona* genannten Bruch ein infolge Materialschwäche unvollendet gebliebener 10,40 m hoher Kuros (Jüngling); über dem Steinbruch eine venezianische Festung. Der charakteristische grobkörnige naxische Marmor steht weiter südlich zwischen *Mélanes* und *Potamiá* an, wo ebenfalls unvollendete Kuroi sowie ein vermutlich für den Tempel auf Sto Palati bestimmter Torpfeiler liegen. – An den Hängen des Vothri-Tals bedeutende, schon im Altertum bekannte Schmirgelgruben.

Am Südostfuß des Oxiá der hellenistische *Marmorturm von Kimaro*; an der Westseite des Berges die *Zeusgrotte,* eine antike Kultstätte.

Besuchenswert auf Naxos ferner die venezianischen Festungen *Apano Kastro* (2 km von Chalki; 13. Jh.), *Ano Potamia* (südöstl. der Hauptstadt; Führer!), *Apaliros,* im Südwesten, und *Kap Panerimos,* im Südosten der Insel. – Eigentümlich sind die Pyrgi (befestigte Wohntürme) in *Chalki,* 15 km östlich von Naxos, sowie im Drimália-Tal. – In zahlreichen Inselkirchen byzantinische Wandmalereien, u.a. in den Kirchen *Agia Kyriaki* in **Apíranthos** und Agios Artemios in *Sángri* (Fresken des 9. Jh. n. Chr.).

Neapel / Napoli

Italien.
Region: Campania (Kampanien). – Provinz: Napoli.
Höhe: 0-10 m ü.d.M. – Einwohnerzahl: 1 255 000.
Postleitzahl: I-08100. – Telefonvorwahl: 081.
ⓘ **EPT,** Via Partenope 101;
Telefon: 40 62 89.
ACI, Piazzale Tecchio 49/D;
Telefon: 61 11 04.
CIT, Piazza Municipio 72,
Telefon: 32 54 26;
Viaggi S.I.T.I., Piazza Amedeo 18,
Telefon: 39 08 51.

HOTELS. – *Vesuvio,* Via Partenope 45, L, 291 B.; *Exelsior,* Via Partenope 48, L, 259 B.; *Royal,* Via Partenope 38, I, 508 B., Sb.; *Ambassador's Palace,* Via Medina 40, I, 460 B.; *Terminus,* Piazza Garibaldi 91, I, 441 B.; *Mediterraneo,* Via Nuovo Ponte di Tappia 25, I, 388 B.; *Oriente,* Via A. Diaz 44, I, 277 B.; *Santa Lucia,* Via Partenope 46, I, 220 B.; *Majestic,* Largo Vasto a Chiaia 68, I, 213 B.; *Parker's,* Corso Vittorio Emanuele 135, I, 155 B.; *Universo,* Piazza Carità 13, II, 317 B.; *Grilli,* Via Galileo Ferraris 40, II, 306 B.; *Stadio,* Via Tansillo 28, II, 196 B.; *San Gennaro,* Via Domiziana, II, 183 B., Sb.; *Britannique,* Corso Vittorio Emanuele 133, II, 157 B.; *Sant' Elmo,* Via G. Bonito 21, II, 152 B.; *Cavour,* Piazza Garibaldi 32, II, 151 B.; *Palace,* Piazza Garibaldi 9, II, 141 B.; *Paradiso,* Via Catullo 11, II, 139 B.; *Serius,* Viale Augusto 74, II, 128 B.; *Toledo e Regina,* Via Roma 352, III, 105 B. – *Motel Agip,* an der S.S. 7b (Via Appia), III, 111 B.

JUGENDHERBERGE, Salita della Grotta a Piedigrotta 23, 200 B. – CAMPINGPLATZ.

Die süditalienische Hafenstadt *Neapel, italienisch Napoli,* einst Hauptstadt des gleichnamigen Königreiches, jetzt einer Provinz und Sitz einer Universität sowie eines Erzbischofs, ist nach Rom und Mailand die drittgrößte Stadt Italiens. Neapel liegt prächtig am Nordrand des zum Tyrrhenischen Meer geöffneten *Golfes von Neapel und zieht sich an den Hängen freundlicher Hügel hin.

Die Altstadt, mit engen, oft treppenartigen Gassen und hohen balkongezierten Häusern, wird im Westen und Norden von ausgedehnten Villenvierteln umsäumt, während sich im Osten eine Industriezone anschließt. In den letzten Jahrzehnten, besonders aber nach den Zerstörungen des Zweiten Weltkrieges, hat das Stadtbild durch Straßendurchbrüche und Neubauten, insbesondere am Hafen im Rione Santa Lucia u.a., eine großzügige Umgestaltung erfahren. – 1980 Erdbebenschäden.

Neapel besitzt zahlreiche Denkmäler einer nahezu dreitausendjährigen wechselvollen Geschichte, vor allem die im **Nationalmuseum vereinigten einzigartigen Schätze aus den Ausgrabungen der verschütteten Vesuvstädte. Der Hafen hat als Hauptumschlagplatz für ganz Unteritalien größte Bedeutung. – Die **Umgebung von Neapel gehört zu den schönsten Landschaften der Erde.

Italienische Hafenstadt Neapel – Blick über den gleichnamigen Golf zum Vesuv

GESCHICHTE. – Neapel ist griechischen Ursprungs. Schon im 8. Jahrhundert v.Chr. bestand hier die rhodische Niederlassung *Parthénope*, neben der im 7. Jahrhundert v. Chr. Kolonisten aus der euböisch-ionischen Pflanzstadt *Kyme* (lat. Cumae) die 'Altstadt' *Palaeopolis* gründeten. Im 5. Jahrhundert v. Chr. entstand, hauptsächlich durch Einwanderung von Chalkidiern aus Euböa, die 'Neustadt' **Neapolis**. Seit dem Bündnis mit Rom im Jahre 326 v. Chr. verschmolzen die drei Siedlungen; Neapel wurde als treuer Bundesgenosse von den Römern begünstigt, doch behielt es seine Selbständigkeit und seine griechische Eigenart bis spät in die Kaiserzeit. Die römischen Großen weilten gern in Neapel, Vergil vollendete hier seine schönsten Gedichte. – Während der Völkerwanderung geriet die Stadt 543 in die Hände der Goten, behauptete sich aber von 553 an unter der Herrschaft der Byzantiner gegen alle Angriffe. Erst 1139 wurde der neapolitanische Staat durch Roger II. dem sizilischen Königreich einverleibt. Rogers Enkel, der Hohenstaufe Friedrich II., gründete 1224 die Universität; unter Karl von Anjou (1266-85) wurde Neapel die Hauptstadt des Königreichs. 1442 vereinigte Alfons I. von Aragonien aufs neue die Königreiche Sizilien und Neapel. 1503-1707 residierten spanische Vizekönige in Neapel. Durch den Spanischen Erbfolgekrieg kam das Land 1713 an die Habsburger, durch den Österreichischen Erbfolgekrieg 1748 endgültig an die Bourbonen. Seit 1860 gehört Neapel zum geeinten Italien.

SEHENSWERTES. – Den Mittelpunkt des Verkehrs bildet die Piazza Trieste e Trento; an ihrer Ostseite das ***Teatro San Carlo** (von 1737), mit 2900 Plätzen eines der größten Theater Europas. Nördlich gegenüber die 1887-90 erbaute Kaufhalle *Galleria Umberto I*, die an Größe mit der Mailänder Galerie wetteifert. – Südlich anschließend an die Piazza Trieste e Trento liegt die große Piazza del Plebiscito, deren westlichen Abschluß die **Kirche San Francesco di Paola** bildet, ein 1817-31 in Nachahmung des römischen Pantheons errichteter Bau. Die breite Ostfront der Piazza del Plebiscito nimmt der **Palazzo Reale** ein, das ehemalige königliche Schloß, im Jahre 1600 nach Entwürfen des Baumeisters Domenico Fontana begonnen, 1837-41 wiederhergestellt. An der 169 m langen Front acht Marmorstatuen neapolitanischer Herrscher. Im Innern eine Marmortreppe von 1651, ein Theater, 17 reich ausgestattete Säle sowie die wertvolle *Biblioteca Nazionale* (1,5 Mio. Bände, 12000 Handschriften, 5000 Wiegendrucke).

Nordöstlich hinter dem Schloß erhebt sich an der Südseite der Piazza del Municipio das fünftürmige **Castel Nuovo**, auch *Maschio Angioino* genannt, einst Residenz der neapolitanischen Könige und Vizekönige, 1279-83 von Karl I. von Anjou erbaut, im 15.-18. Jahrhundert mehrfach erweitert, neuerdings restauriert und freigelegt. Den Eingang bildet ein prächtiger marmorner *Triumphbogen im Stil der Frührenaissance, mit reichem Skulpturenschmuck, um 1453-67 zu Ehren des Einzugs Alfons' I. von Aragonien errichtet. Im Hof die gotische

Kirche Santa Barbara, links davon der große schön gewölbte *Saal der Barone.*

An der Westseite der mit Anlagen geschmückten Piazza del Municipio, auf der ein Reiterstandbild von *Viktor Emanuel II.* (1897) steht, das 1819-25 ursprünglich als Sitz der Ministerien erbaute stattliche **Rathaus** sowie an dieses anschließend die *Kirche San Giacomo degli Spagnoli* (von 1540); im Innern der Kirche, hinter dem Hochaltar, das prunkvolle Grabmal des Vizekönigs Don Pedro de Toledo, des Stifters der Kirche.

Östlich von Schloß und Castel Nuovo erstreckt sich der stets belebte **Hafen**, der durch Molen in zahlreiche Becken gegliedert ist. Die östliche Verlängerung der Piazza del Municipio bildet der *Molo Angioino* mit dem *Hafenbahnhof;* westlich vor diesem der *Eliporto,* der Hubschrauberlandeplatz für die Linienflüge u.a. nach Capri, Ischia und zum Flughafen Capodichino (7 km nördlich). Weiter südlich, an der Calata di Beverello genannten Kaistraße, die Abfahrtstelle der Schiffe nach Sorrent, Capri und Ischia.

Westlich von der Piazza del Plebiscito erstreckt sich am Hang des Pizzofalcone und an dessen Fuß bis zum Meer der Stadtteil SANTA LUCIA, der südlich von der breiten Via Santa Lucia aus modernen, parallel verlaufenden Straßenzügen besteht, nördlich aber ein malerisches Gewirr von engen Treppenstraßen bildet, wo man zu jeder Tageszeit, besonders aber abends, noch ein echt neapolitanisches Volksleben finden kann. – Bei der Südostecke der Piazza del Plebiscito beginnt ein den Stadtteil Santa Lucia im Osten und Süden umziehender Straßenzug, der als Via Cesario Console an den *Giardini Pubblici* vorüberführt, dann als Via Nazario Sauro und weiterhin als Via Parténope, mit mehreren großen Luxushotels, sowie jenseits der Piazza della Vittoria als *Via Carácciolo prachtvolle Aussichten auf den Golf von Neapel bietet. Von der Via Parténope führt ein Damm und eine Brücke zu dem auf einer kleinen Felsinsel gelegenen **Castel dell' Ovo**, einer im 12. Jahrhundert begonnenen, von Friedrich II. ausgebauten und im 16. Jahrhundert erneuerten Burg.

Zwischen der Via Caracciolo und der prächtigen Riviera di Chiaia im Norden liegt die ***Villa Nazionale**, ein 1780 angelegter, fast 1,5 km langer Park, die beliebteste Promenade der Stadt. In der Mitte des Parks die *Zoologische Station,* eine bedeutende biologische Forschungsanstalt, die 1872-74 von dem deutschen Naturforscher Anton Dohrn gegründet wurde. Im Mittelbau das **Aquarium**, das in 31 Becken einen guten Überblick über die Fauna des Golfes von Neapel bietet. – Nordwestlich vom Aquarium liegt unweit nördlich der Riviera di Chiaia in einem Park die *Villa Pignatelli*, einst Wohnsitz des Fürsten Diego Aragona Pignatelli Cortes, deren im Stil des 18./19. Jahrhunderts reich ausgestattetes Inneres zu besichtigen ist.

Von der Piazza Trieste e Trento ausgehend durchzieht die **Via Roma**, nach ihrem Erbauer Don Pedro de Toledo auch Via Toledo genannt, als stets belebte Hauptverkehrsader die Stadt von Süden nach Norden. Zu beiden Seiten kreuzen Straßen und Gassen, die links vielfach in Treppen zu dem 4 km langen, teils hübsche Aussichten bietenden Corso Vittorio Emanuele und zum Castel Sant' Elmo ansteigen, rechts bis zum Bahnhof und zum Hafen der Hauptsitz des Geschäfts- und Handelslebens sind. – Die Via Roma endet bei der großen Piazza Dante.

Von der Piazza del Municipio führt die Via Medina an der *Kirche der Incoronata* (14. Jh.) vorbei in ein neuerdings durch Straßendurchbrüche großzügig umgestaltetes Stadtviertel. Nahe dem Ende der Via Medina links die 32stöckige *Grattacielo della Cattolica* (1958), unweit nördlich die Piazza Matteotti, mit dem *Post- und Telegrafenamt* (1936, von Vaccaro), einem der bedeutendsten Werke der neueren italienischen Architektur. Gleich östlich davon, an einem kleinen Platz, die *Kirche Santa Maria la Nova* (16. Jh.; prächtiges Inneres), mit zwei Renaissance-Kreuzgängen des ehemals dazugehörigen Klosters. – Die nordwestliche Fortsetzung der Via Medina bildet die Via Monteoliveto. An ihrem Ende die Piazza Monteoliveto, mit der *Kirche Monteoliveto* oder *Sant' Anna dei Lombardi*, 1411 begonnen und später im Frührenaissancestil weitergeführt; im Innern acht gute Terrakottaskulpturen (15./16. Jh.) sowie ein schönes Chorgestühl (16. Jh.). – Von der Piazza Monteoliveto weiter durch die Calata Trinità Maggiore zu der mit einer Mariensäule von 1748 geschmückten Piazza Gesù Nuovo. An ihrer Nordseite die *Jesuitenkirche Gesù Nuovo* (von 1548), südöstlich gegenüber die **Kirche Santa Chiara** (1310 gegründet); im Innern das 1343-45 geschaffene *Grabmal Roberts des Weisen* (1309-43), ferner andere bemerkenswerte gotische Grabmäler des Herrscherhauses der Anjou. Hinter dem Hochaltar der saalartige ehemalige Nonnenchor der Klarissen

(bis 1925). Im anstoßenden Franziskanerkloster ein hübscher Kreuzgang mit Majolika aus Capodimonte.

Östlich der Jesuitenkirche liegt an der Piazza San Domenico Maggiore die **Kirche San Domenico Maggiore** (um 1300), die trotz zahlreicher späterer Änderungen noch immer eines der sehenswertesten Gotteshäuser Neapels ist und zahlreiche Denkmäler der Frührenaissance birgt; in der Sakristei 45 Särge des Hauses Anjou. – Unweit östlich der Kirche die als Grabkapelle der Familie Sangro im Jahre 1590 erbaute, im 18. Jahrhundert in reichem Barock ausgeschmückte *Cappella Sansevero* (Museum), mit schönen Skulpturen (*Verschleierter Christus, von Sammartino; 1753). – Von der Piazza San Domenico Maggiore östlich durch die Via San Biagio dei Librai. Nach 300 m gleich links in der Strada San Gregorio Armeno die 1580 vollendete kleine *Kirche San Gregorio Armeno*, eine der reichsten Barockkirchen von Neapel, mit Kreuzgang. – Die Via San Biagio mündet nordöstlich auf die Via del Duomo. In dieser nach 100 m rechts der **Palazzo Cuomo**, ein stattlicher Frührenaissancebau (1464 bis 1488), mit dem *Museo Filangieri* (Waffen, Majoliken, Porzellan, Email und Gemälde). Nordöstlich gegenüber dem Palast die ursprünglich aus dem 5. Jahrhundert stammende, im 17. Jahrhundert erbaute *Kirche San Giorgio Maggiore*.

Etwa 400 m nördlich von hier erhebt sich an der Via del Duomo rechts der **Dom**, dem hl. Januarius (San Gennaro), dem Schutzpatron der Stadt, geweiht. Der Bau wurde 1294-1323 im französisch-gotischen Stil erbaut und nach dem Erdbeben von 1456 mehrfach wiederhergestellt und verändert. In der Mitte der Fassade (1877-1905) das alte Portal (von 1407). Im Innern, im rechten Seitenschiff, die prachtvoll ausgestattete *Kapelle des hl. Januarius* (1608 bis 1637); auf ihrem Hauptaltar die Silberbüste mit dem Schädel des Heiligen, der einst als Bischof zu Benevent unter Diokletian im Jahre 305 den Märtyrertod erlitt. Im Tabernakel zwei Gefäße mit seinem Blut, dessen Flüssigwerden – erstmals angeblich bei der Überführung des Leichnams nach Neapel zur Zeit des Kaisers Konstantin belegt – dreimal jährlich während mehrerer aufeinanderfolgender Tage bei feierlichen Gottesdiensten (bes. am ersten Samstag im Mai in der Kirche Santa Chiara und am 19. September im Dom) sowie jeden Morgen für einige Minuten erfolgen soll. Das Grab des Heiligen befindet sich in der reichgeschmückten *Confessio

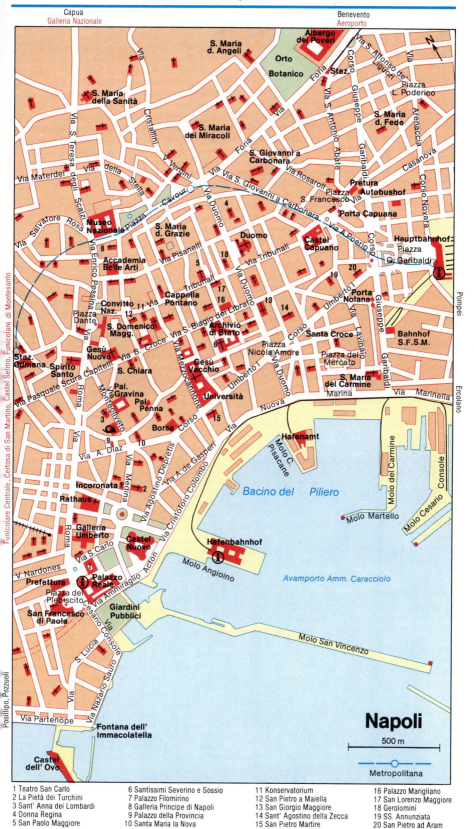

Napoli

500 m

Metropolitana

1 Teatro San Carlo
2 La Pietà dei Turchini
3 Sant' Anna dei Lombardi
4 Donna Regina
5 San Paolo Maggiore

6 Santissimi Severino e Sossio
7 Palazzo Filomirino
8 Galleria Principe di Napoli
9 Palazzo della Provincia
10 Santa Maria la Nova

11 Konservatorium
12 San Pietro a Maiella
13 San Giorgio Maggiore
14 Sant' Agostino della Zecca
15 San Pietro Martire

16 Palazzo Marigliano
17 San Lorenzo Maggiore
18 Gerolomini
19 SS. Annunziata
20 San Pietro ad Aram

(1497-1508) unter dem Hochaltar. An den Dom nördlich anschließend die kleine Basilika *Santa Restituta*, der Rest der im 4. Jahrhundert unter Konstantin d. Gr. erbauten ältesten Kathedrale von Neapel (im 18. Jh. umgestaltet). – Dem

Dom gegenüber die *Pinakothek Girolamini.*

Links neben dem Dom der *Erzbischöfliche Palast;* nördlich gegenüber, am Largo Donnaregina, die *Barockkirche* **Santa Maria Donnaregina** (1649; unzugänglich). Nördlich anstoßend die gleichnamige, 1928-34 in den ursprünglichen gotischen Formen wiederhergestellte ehemalige *Kirche (Zugang Vico Donnaregina 25), mit dem *Grabmal der ungarischen Königin Maria († 1323), sowie im erhöhten Nonnenchor bedeutende *Freskenzyklen von Giottos Zeitgenossen Pietro Cavallini und seiner Schule (um 1308). – Westlich vom Dom, in der Via dei Tribunali, die schönen *Barockkirchen Girolámini* ('Hieronymiten', oder *San Filippo Neri;* 1592-1619), mit Pinakothek, und *San Paolo Maggiore,* die 1590-1603 in die Trümmer eines Tempels der frühen Kaiserzeit hineingebaut wurde (Reste an der Fassade). Südlich gegenüber von San Paolo Maggiore, an der Strada San Gregorio Armeno, die neuerdings gotisch restaurierte *Kirche San Lorenzo Maggiore** (1266-1324); im Innern schöne Grabdenkmäler und Fresken. Im anstoßenden Franziskanerkloster, das 1345 Petrarca beherbergte, ein sehenswerter Kreuzgang und freskengeschmückter Kapitelsaal. – Den östlichen Abschluß der Via dei Tribunali bildet das einst hohenstaufische, später anjousche *Castel Capuano,* gewöhnlich *la Vicaria* genannt, seit 1540 Gerichtsgebäude. – Gegenüber der Nordostecke des Kastells erhebt sich die *Kuppelkirche Santa Caterina a Formello* (1523); weiter östlich die **Porta Capuana,** ein schönes Renaissancetor (von 1485; 1535 erneuert).

Etwa 500 m nordwestlich vom Castel Capuano steht in der Strada Carbonara rechts die ehemalige *Kirche San Giovanni a Carbonara** (1344 begonnen, im 15. Jahrhundert erweitert und neuerdings restauriert); im Innern das gotische Grabmal des Königs Ladislaus († 1414).

Unweit südöstlich der Porta Capuana, an der ausgedehnten Piazza Garibaldi, der **Hauptbahnhof,** 1960-64 etwa 250 m östlich des alten Bahnhofsgebäudes entstanden. – Von hier südlich durch den Corso Garibaldi zur Piazza G. Pepe, dann rechts zur *Kirche Santa Maria del Cármine;* im Innern die Grabstätte des 16jährig enthaupteten Konradin von Hohenstaufen, eines Enkels Friedrichs II. (deutsche Aufschrift), darüber das 1847 nach einem Modell Thorwaldsens hier errichtete Standbild Konradins. – Nordwestlich von Santa Maria

del Carmine, an der Piazza del Mercato, die *Kirche Santa Croce al Mercato,* an der Stelle, wo Konradin am 29. Oktober 1268 auf Befehl Karls I. von Anjou hingerichtet wurde; links vom Eingang innen eine Gedenksäule aus Porphyr.

Von der Piazza Garibaldi führt der breite Corso Umberto I südwestwärts zur **Universität,** mit mächtigem Hauptgebäude (1909) an der Straße und dem dahinter ansteigenden ehemaligen Jesuitenkolleg (von 1605), das 1780-1908 alleiniger Sitz der Hochschule war. Unweit östlich die *Kirche Santi Severino e Sossio* (1494; nach 1731 erneuert). – Der Corso Umberto I mündet auf die Piazza Giovanni Bovio, mit der neuen *Börse* und einem alten Neptunbrunnen.

Von der Piazza Dante führt die Via Enrico Pessina, die Fortsetzung der Via Roma, zum ****Nationalmuseum,** einer der bedeutendsten Altertümersammlungen der Erde. Das Gebäude, 1586 als Kaserne begonnen, seit 1616 Universität, wurde 1790 für die königlichen Sammlungen eingerichtet. Es umfaßt den Kunstbesitz der Krone Neapel, die aus Rom und Parma stammende Farnesische Erbschaft, die Sammlungen aus den Pälasten von Portici und Capodimonte sowie die Funde aus Pompeji, Herkulaneum und Cumae, die nirgends ihresgleichen haben.

Im ERDGESCHOSS hauptsächlich die ****Sammlung der Marmorskulpturen,** darunter besonders hervorzuheben *Harmodios und Aristogeiton,* eine Marmorkopie der von Kritios und Nesiotes 477 v.Chr. erneuerten bronzenen Tyrannenmördergruppe auf dem Markt von Athen, ferner die sogenannte *Hera Farnese,* der Kopf einer Artemisstatue von noch strengem Stil, *Orpheus und Euridike mit Hermes,* ein berühmtes Relief, dessen Original die Zeit des Phidias schuf, sowie *Pallas Athene,* nach einem Original ebenfalls aus der Zeit des Phidias. – In der Galleria degli Imperatori der *Ercole Farnese,* die im Thermen des Caracalla in Rom aufgefundene, 3,17 m hohe Kolossalstatue des Herkules (nach Original des 4. Jh. v.Chr.) sowie die Gruppe des *Farnesischen Stieres,* die größte aus dem Altertum erhaltene Marmorgruppe, eine Kopie nach dem rhodischen Werk des Apollonius und Tauriskos (3./2. Jh. v.Chr.).

Im ZWISCHENGESCHOSS die *Sammlung antiker Mosaiken* (meist aus Pompeji), darunter das berühmte, 6,20 m lange *Mosaik der Alexanderschlacht,* 1831 in Pompeji aufgefunden, eine Kopie eines bedeutenden Gemäldes des 4. Jahrhunderts v.Chr. Es schildert, wie Alexander in der Schlacht bei Issus (333 v.Chr.) mit seinen Reitern gegen den Perserkönig Darius heranstürmt und einen auf blutendem Pferd gestürzten vornehmen Perser durchbohrt, während sich das Wagen des Perserkönigs zur Flucht wendet.

Im ERSTEN STOCK, im zentralen Salone dell' Atlante, der *Farnesische Atlas.* Von hier Zugang zu der Sammlung der ****Bronzeskulpturen,** zum größten Teil aus Herkulaneum (an der dunklen Patina erkenntlich), zum geringeren aus Pompeji (grün oxydiert). Besonders zu beachten der *leierspielende Apollo,* ein peloponnesisches Original (5. Jh. v.Chr.), gefunden in der Casa del Citarista in Pompeji, ein *tanzender Faun* aus der Casa del Fauno in Pompeji sowie der sogenannte *Narziß,* wohl ein jugendlicher Dionysos, ein meisterhaftes Werk aus der Nachfolgezeit des Praxiteles. – Im ersten Stock ferner die **Sammlung antiker Wandgemälde,** besonders aus Herkulaneum, Pompeji und Stabiae, sowie *kleine Bronzen, Hausgerät, Terrakotten und ein großes Modell von Pompeji (1879) im Maßstab 1:1100. – Die berühmte **Sammlung erotischer Darstellungen** aus Pompeji soll der Öffentlichkeit demnächst zugänglich gemacht werden.

Im ZWEITEN STOCK die antike *Vasensammlung, eine der umfangreichsten ihrer Art.

Vom Nationalmuseum führt der Corso Amedeo di Savoia nördlich leicht bergan zu dem 2 km entfernten Park von Capodimonte. Auf dem Corso gelangt man nach 0,8 km zu dem Viadukt *Ponte della Sanità* (Fahrstuhl), der über das tiefer gelegene Stadtviertel della Sanità hinwegführt. Rechts unterhalb die große *Kuppelkirche Santa Maria della Sanità* (1602-13), mit den *Katakomben San Gaudioso* (4. Jh.).

Der Corso Amedeo di Savoia endet bei dem Rondell *Tondo di Capodimonte;* an der Westseite der Eingang zu den *Katakomben von San Gennaro* (2. Jh.; Sa. und So. vormittags geöffnet), die wie die römischen Katakomben aus einem Netz von Gängen und Grabkammern bestehen, in architektonischer Hinsicht aber großartiger sind und bedeutendere Malereien enthalten. Dabei die *Kirche San Gennaro extra Moenia* (5. Jh.; erneuert). – Vom Tondo di Capodimonte links durch die Via Capodimonte; nach 200 m links die mächtige *Wallfahrtskirche Madre del Buon Consiglio* (1920-60). Dann im Bogen aufwärts zur *Porta Grande,* dem Haupteingang zu dem prächtigen *Park von Capodimonte (120 ha). Hier der *Palazzo Reale di Capodimonte* (1738-1839) in schöner Aussichtslage 149 m ü.d.M. Im Inneren über 100 Räume u.a. mit dem *Museum von Capodimonte (Gemälde des 19. Jh.; Waffen, Porzellan, Möbel, Elfenbeinarbeiten und Bronzen) sowie die **Nationalgalerie, eine der bedeutendsten Gemäldesammlungen Italiens, mit über 500 Gemälden u.a. von Tizian (Fürstenbildnisse der Farnesischen Erbschaft), Mantegna sowie von neapolitanischen Meistern des 17. und 18. Jahrhunderts.

Westlich über der Altstadt erstreckt sich auf einem Plateau oberhalb des Corso Vittorio Emanuele der erst seit 1885 entstandene Stadtteil VOMERO, zu dem mehrere Straßen sowie drei Standseilbahnen hinaufführen. Im südlichen Teil der öffentliche Park *Villa Floridiana,* mit dem *Museo Duca di Martina,* das u.a. Emaille- und Elfenbeinarbeiten sowie Keramik und Porzellan aus aller Welt zeigt. – Am Ostrand des Vomero-Plateaus erhebt sich das **Castel Sant' Elmo** (224 m), 1329 angelegt, im 15.-17. Jahr-

hundert erweitert, mit gewaltigen Mauern und in die Tuffelsen gehauenen Gängen, heute Militärgefängnis. – Östlich davor das ehemalige *Kartäuserkloster San Martino** (1325; im 17. Jh. erneuert), mit dem *Museo Nazionale di San Martino;* beachtenswert die aufs reichste mit Marmor und Gemälden des 17./18. Jahrhunderts ausgestattete Kirche, die Sakristei, die Schatzkammer, der Prokuratorenhof sowie der mit 60 weißen Marmorsäulen geschmückte Kreuzgang. In den Museumssälen u.a. Porzellan, Krippen (darunter die sog. Presepe del Cuciniello), eine Prachtkutsche aus der Zeit Karls III. (18. Jh.) und Erinnerungsstücke zur Geschichte Neapels und Süditaliens im 18. und 19. Jahrhundert. Von einem 'Belvedere' genannten Raum prächtige *Aussicht auf Neapel, den Golf, den Vesuv und bis zum Apennin.

** UMGEBUNG von Neapel

Empfehlenswert ist ein Ausflug von Neapel etwa 15 km westlich nach **Pozzuoli** (39 m; 60 000 Einw.), einer am Abhang eines ins Meer vorspringenden Tuffhügels gelegenen Hafenstadt, im 6. Jahrhundert v. Chr. von samischen Griechen am Rande des vulkanischen Hügellandes der *Phlegräischen Felder als *Dikaiarcheia* gegründet, seit 318 v. Chr. als *Puteoli* in römischen Besitz und dann die bedeutendste Hafenstadt Italiens für den Verkehr mit Ägypten und den Orient. In der auf einer Halbinsel erbauten Altstadt der auf den Resten eines Tempels des Augustus und eines älteren Tempels (3./2. Jh. v. Chr.) stehende, 1964 abgebrannte Dom San Procolo, mit sechs antiken Säulen an der Außenseite; im Innern noch das Grab des Komponisten Pergolesi (1710-36). 0,5 km nördlich am Meer das sogenannte Serapeum, eine antike Markthalle ('Macellum'), von deren Vorhalle noch einige Säulen erhalten sind.

Südwestlich neben dem Serapeum ein Thermalbad. Nordwestlich in der Hafenbucht hat man auf dem Meeresgrund einen Tempel mit 14 Säulen und Überresten einer antiken Bildhauerwerkstatt gefunden. Oberhalb der Altstadt liegt links an der nach Neapel führenden Straße das römische *Amphitheater (40000 Plätze), mit einer Länge von 147 m und einer Breite von 117 m nach dem Kolosseum in Rom und dem Amphitheater von Santa Maria Capua Vetere das größte in Italien; besonders eindrucksvoll die unterirdischen Gänge für die Maschinerie und die wilden Tiere. Die Arena (72 m lang, 42 m breit) konnte für Seekämpfe unter Wasser gesetzt werden.

Etwa 1,5 km östlich, unweit der von Neapel kommenden Straße, der Eingang zur *Solfatara, einem halberloschenen Vulkan, von dem ein angeblicher Ausbruch im Jahr 1198 berichtet wird. Er bildet eine runde, von Tuffhügeln umschlossene Fläche, aus deren zahlreichen Ritzen Dämpfe und Schwefelgase aufsteigen; der Boden klingt hohl. Die Temperatur der Hauptfumarole beträgt 162°C, die der kleineren um 100°C. Auffallend ist die Vermehrung der Dämpfe, wenn man brennendes Papier oder eine Fackel in den Strahl der Fumarolen hält.

Von Pozzuoli 6 km weiter westlich nach **Baia** (6000 Einw.), einem hübsch an der Westseite des Golfes von Pozzuoli gelegenen Städtchen, im Altertum als *Baiae* das große Luxusbad des kaiserlichen Rom, von dem eindrucksvolle *Thermenanlagen freigelegt sind. Am Ortsanfang rechts in den Weinbergen der sogenannte Tempel des Merkur, ein großer Rundbau mit gewölbter, in der Mitte offener Decke; dabei die Thermen des Merkur. Weiterhin rechts die Thermen der Sosandra, mit dem halbkreisförmigen Nymphentheater und dem Standbild der Sosandra; westlich anschließend die Thermen der Venus, gegenüber der sogenannte Tempel der Venus.

Hinter Baia weiterhin 2 km südöstlich um die Westseite des Golfes von Pozzuoli (links das Kastell von Baia; 16. Jh.) nach **Bácoli** (21 000 Einw.); 0,5 km östlich auf einer Landspitze die *Cento Camerelle,* ein antiker zweistöckiger Bau, dessen oberes Stockwerk als Wasserbehälter diente. Etwa 0,5 km südlich von Bacoli liegt oberhalb des *Mare Morto* die *Piscina Mirabilis,* ein sehr gut erhaltenes, 71 m langes, 27 m breites antikes Wasserreservoir, dessen gewölbte Decke auf 48 starken Pfeilern ruht. – Vom nahen Dorf *Miseno* Aufstieg in $^1/_2$ St. auf den **Monte Miseno** (167 m), einen aus dem Meer aufragenden auffallend gestalteten Krater (nach Vergil poetisch das 'Grab des Misenus', des Herolds des Aeneas), von dessen Höhe sich einer der schönsten **Blicke über die Golfe von Neapel und Gaeta bietet. – $^1/_2$ St. südlich ebenfalls schöner Blick vom *Kap Miseno* (79 m); nahebei lag die Villa des Lucullus, wo Kaiser Tiberius starb.

Etwa 10 km nördlich von Bacoli bzw. 7 km nordwestlich von Pozzuoli liegen die *Ruinen von **Cumae** (ital. *Cuma,* griech. *Kyme),* der ältesten griechischen Niederlassung in Italien, die im 9. oder 8. Jahrhundert v. Chr. gegründet, im 9. Jahrhundert n. Chr. von den Sarazenen verbrannt und seit 1926 ausgegraben wurde. Jenseits eines kurzen Tunnels rechts die sogenannte römische Krypta, ein aus der Zeit des Augustus stammender 180 m langer Tunnel unter der Akropolis hindurch zum Meer. Links gegenüber der Eingang zu der durch Vergils Schilderung (Än. VI. 43f.) bekannte Höhle der Sibylle (antro della Sibilla), die hundert Zugänge und hundert Ausgänge habe, 'aus denen der Sibylle prophetische Sprüche ertönen'. Es ist ein aus dem Stein gehauener, 131 m langer, 2,50 m breiter und 5 m hoher Gang, auf den sich nach dem Meere zu eine Reihe von luft- und lichtspendenden Seitenarmen öffnen; an seinem Ende die eigentliche Orakelhöhle, ein quadratischer Saal mit drei gewölbten Nischen. Von der Sibyllenhöhle steigt man auf einer Rampe hinan zur Akropolis. An einer Aussichtsterrasse vorbei gelangt man zu den Resten des Apollotempels und weiter zu den auf dem Gipfel gelegenen Trümmern eines Jupitertempels, der in frühchristlicher Zeit als Kirche diente. Der Gipfel bietet einen herrlichen *Blick auf das Meer bis Gaeta und zu den Ponza-Inseln, östlich über die Phlegräischen Felder. – Am südlichen Rand des Grabungsfeldes liegt das *Amphitheater* (129 m lang, 104 m breit, 21 Sitzreihen). – Unweit südöstlich der mit dem Meer durch zwei Kanäle verbundene *Lago del Fusaro,* der wegen seiner geringen Tiefe (8 m) zur Austernzucht dient.

Nach Herkulaneum und zum Vesuv. – Von Neapel folgt man der S.S. 18 in südöstlicher Richtung. Etwa 6 km vom Stadtzentrum entfernt liegt **Herkulaneum / Ercolano (44 m; 53 000 Einw.), be-

kannt durch seine *Ruinenstadt, mit deren Freilegung schon 1719 begonnen wurde. Die wohl von Griechen als *Herakleion* gegründete, später von Oskern, Etruskern und Samnitern bewohnte Stadt kam 89 v. Chr. in römischen Besitz. Im Jahre 63 n. Chr. erlitt sie durch Erdbeben schwere Schäden und wurde beim Vesuvausbruch des Jahres 79 n. Chr. unter Asche und Bimsstein begraben. Damals dürfte die nahe am Meer gelegene, als ruhiger Sommeraufenthalt geschätzte Stadt etwa 6000 Einwohner gezählt haben. Spätere Ausbrüche erhöhten die Schuttdecke (12-30 m), deren Härte, im Gegensatz zu Pompeji, die Plünderung im Altertum verhinderte.

BESICHTIGUNG DER RUINENSTÄTTE. – Vom Haupteingang (*Rundblick) an der Nordostecke der Grabungsstätte **Scavi d'Ercolano** führt eine 400 m lange Straße zum Südende des **Cardo III**, der durch einen schon im 19. Jahrhundert freigelegten Stadtteil zieht. Hier gleich links das *Haus des Aristides,* ein reiches Landhaus; dahinter links das *Haus des Argus,* mit Wandmalereien und säulenumgebenem Garten. – Gegenüber, rechts am Cardo III, die *Große Herberge,* ein einst zum Gasthaus umgebautes Patrizierhaus, mit Terrasse zum Meer hin. Weiterhin rechts das *Haus des Skelettes* (Wandmalereien, Mosaiken); links das *Haus des Genius,* ein ansehnliches Patrizierhaus, mit von Säulengängen umschlossenem Garten. – Den Cardo III quert etwa in der Mitte der *Decumanus Inferior,* an dem die **neueren Ausgrabungen liegen. Jenseits, am Cardo III links, das *Haus des Galba,* ein ansehnlicher Herrensitz, mit Wasserbecken in Form eines Kreuzes. – Am Nordende des Cardo III rechts das ***Heiligtum der Augustalier,** ein dem Herkules, dem Schutzherrn der Stadt, gewidmeter, später dem Kaiserkult dienender Tempel auf quadratischem Grundriß, der durch eine Deckenöffnung Licht erhielt (schöne Fresken). – Am **Decumanus Inferior** rechts der *Laden des Tuchhändlers,* mit wiederhergestellter hölzerner Handpresse, links die z.T. wohlerhaltenen ***Thermen,** mit Abteilungen für Männer und Frauen. Weiterhin am Decumanus Inferior links, an der Ecke des Cardo IV, das **Samnitische Haus,** eines der ältesten vornehmen Wohnhäuser der Stadt, mit regelmäßigem Pflaster sowie reicher Stuck- und Freskenverkleidung. – Anschließend das *Haus mit dem goldenen Portal.* – Am Cardo IV gleich rechts das **Haus mit der hölzernen Scheidewand,** ein Patrizierhaus vom samnitischen Typus (ohne Säulenhalle); in den Schlafräumen noch die Bettstellen und die hölzerne Truhe. Nebenan das *Haus mit dem Flechtwerk,* ein Bürgerhaus, das im Innern Wände aus Flechtwerk besitzt, sowie südlich anschließend das *Haus des bronzenen Hermes,* benannt nach einer hier aufgefundenen Hermesstatue, wahrscheinlich ein Porträt des Hausherrn. Im südlichen Abschnitt der Straße links das **Haus mit dem Mosaik-Atrium,** ein geräumiges, reich ausgestattetes Herrenhaus; östlich anschließend das ***Haus der Hirsche** (Jagdfresken). – Im nördlichen Abschnitt der Straße rechts das *Haus mit den verkohlten Möbeln* sowie weiterhin das **Haus des Mosaiks von Neptun und Amphitrite.** – Südöstlich, jenseits des **Cardo V**, das *Haus mit der Gemme,* in rötlich-brauner Tönung schön ausgemalt, sowie an dieses südöstlich anschließend die ***Unterirdischen Thermen** *(Terme Suburbane).* – Nördlich vom Haus mit der Gemme, zum Meer hin gelegen, das **Haus mit dem Telephos-Relief,** eines der luxuriösesten Herrenhäuser der Stadt; im säulenumschlossenen weiträumigen Atrium ein Marmorbecken sowie der Säulenzugang zum Park. – Im Osten der Stadt der umfangreiche Komplex der ***Palaestra.** – Am **Decumanus Maximus,** der nördlichen Parallelstraße des Decumanus Inferior, das **Haus der Zweihundertjahrfeier,** das im ersten Stock das älteste bekannte christliche Kreuzzeichen zeigt.

Von Herkulaneum führt eine windungsreiche Nebenstraße ('Strada Vesuviana') nach Nordosten ins Landesinnere zu dem isoliert aus der Ebene aufragenden Vesuv, dem einzigen zeitweise noch tätigen Vulkan auf dem europäischen Festland.

Blick auf Herkulaneum (Ercolano)

Der **Vesuv** (ital. *Vesuvio), dessen Höhe sich bei jedem stärkeren Ausbruch verändert, erreicht gegenwärtig 1277 Meter. Der Krater hat jetzt einen Umfang von 1400 m, einen Durchmesser von maximal 600 m und eine Tiefe von 216 m; vor 1944, dem Jahr des letzten großen Ausbruches, betrug der Kraterumfang noch 3400 m. – Nordöstlich vom Hauptkrater und von diesem durch das tiefe, sichelförmige Tal *Atrio del Cavallo* (etwa 800 m ü.d.M.) getrennt, erhebt sich als Rest der Caldera eines älteren Vulkans von einst 4 km Durchmesser der *Monte Somma* (1132 m). – Der letzte Ausbruch erfolgte am 20. März 1944, wo u.a. die Standseilbahn von Ercolano (damals Resina) auf den Vesuv zerstört wurde. Seither ist der Vesuv, wie es nach größeren Ausbrüchen für einige Jahre die Regel ist, abgesehen von einigen Fumarolen, in Ruhe. – Der Aschenkegel und die jüngsten Laven sind nahezu vegetationslos; dagegen gedeihen auf der fruchtbaren älteren verwitterten Lava in mittlerer Höhe Eichen und Kastanien, unter 500 m Obstkulturen und Weinpflanzungen (Lacrimae Christi).

Von Herkulaneum kommt man nach 7 km zum *Albergo Eremo* (III, 34 B.), an der Abzweigung einer kurzen Seitenstraße zu dem 1844 gegründeten **Observatorium** (608 m), mit kleinem *Museum*. – Die Straße erreicht nach weiteren 3 km eine Gabelung: halblinks eine etwa 3 km lange Privatstraße auf der Nordseite des Vesuvs aufwärts zum *Colle Margherita,* dann noch 20 Min. zu Fuß bis zum Kraterrand (Führer obligatorisch!), geradeaus nach etwa 1,5 km die *Talstation* (753 m) einer Sesselbahn, die in 5-6 Min. zur *Bergstation* (1160 m) führt; von hier lohnender Rundgang um den Krater (1 St.; Führer obligatorisch!). Die **Aussicht ist bei klarem Wetter großartig.

Eine andere mautpflichtige Straße führt von *Torre Annunziata* (an der S.S. 18) zunächst 2 km nordwestlich, am Restaurant *Nuova Casa Bianca* vorbei, in zahlreichen Kehren am Südosthang des Vesuvs aufwärts und zuletzt auf unbefestigter Straße bis in etwa 1200 m Meereshöhe; von hier noch etwa $^1/_4$ St. Fußweg bis zum Kraterrand.

Pompeji s. dort.

Nice s. Nizza

Nikosia s. bei Zypern

Nil / Bahr en-Nil

Ägypten (Burundi, Uganda, Äthiopien, Sudan).

Der *Nil ist mit einer Länge von 6671 km der längste Strom Afrikas und abgesehen vom Flußsystem des Mississippi-Missouri der längste Wasserlauf der Erde. Aus dem äthiopischen Hochland und den regenreichen Tropen sammelt der Nil gewaltige Wassermassen und durchzieht gleichsam als Fremdling das weite nordostafrika-

nische Wüstenplateau bis zum Mittelmeer. Im wirkungsvollen Gegensatz zu dem Grün des Talbodens zeigen sich die gelben und rötlichen Abhänge der Wüstentafel, in die das Niltal eingeschnitten ist. An den Rändern des Plateaus stehen Felsentempel und Pyramiden als Zeugen einer uralten Kultur.

Seinen Anfang nimmt der **Nil (Bahr en-Nil)** bei Rutana in BURUNDI mit dem Quellfluß *Kagera,* der sich in UGANDA in den Viktoriasee ergießt. Am Nordufer des Sees entströmt er als **Viktorianil.** Nach einem Verlauf von 389 km durchfließt er den Albertsee, bahnt sich weiterhin als **Bergnil** *(Bahr el-Dschebel)* ein Felsenbett durch die ostafrikanische Gebirgsschwelle und weitet sich danach im SUDAN in dem 756 km langen Sumpfgebiet des Sudd. Weiterhin nimmt er die Nebenflüsse *Bahr el-Ghasal* und *Bahr es-Sarafa* sowie später den *Sobat* auf, dem er später als **Weißer Nil** *(Bahr el-Abschad)* einen wesentlichen Teil seiner Fülle verdankt.

Auf der Höhe von Khartum vereint sich der Weiße Nil mit dem aus dem Tanasee im Hochland von ÄTHIOPIEN kommenden **Blauen Nil** *(Bahr el-Asrak),* der seinen Namen dem sedimentreichen trüben Wasser verdankt. In seinem weiteren Verlauf zum Mittelmeer nimmt der Strom nur noch den *Arbara* auf. Über insgesamt sechs Stromschnellen (Katarakte), von denen mehrere in den Fluten der neuentstandenen Stauseen versunken sind, und bei einer wechselnden Breite von 500 m bis 900 m schneidet er nun als glänzendes, grüngesäumtes und lebenspendendes Band sein 100-350 m tiefes Bett in die nordostafrikanische Wüstentafel, um sich nördlich von Kairo mit weitem, fächerförmigen und von zahlreichen Haffs und Nehrungen gesäumten Mündungsdelta (36000 qkm Fläche) in den zwei Armen *Damiette* und *Rosette* (im Altertum sieben Arme) ins Mittelländische Meer zu ergießen.

Auf seinem weiten Weg verliert der Strom mehr als die Hälfte seines Wassers durch Verdunstung, vor allem in den Sümpfen des Sudd. Gleichwohl bleibt die mitgeführte Wassermasse so erheblich (Jahresdurchschnitt 92 Mrd. cbm), daß sie ausreicht, das praktisch regenlose Flußtal des Nils in eine grünende und blühende Oase zu verwandeln.

Mit Beginn der Monsunregen im äthiopischen Hochland schwellen von Juni bis September Blauer Nil und Arbara rasch an und reißen in ihrem Verlauf eine ungeheure Masse an Schlamm und Schwebstoffen mit sich, die während vieler Jahrtausende als fruchtbarer Boden im Niltal und im weiten Nildelta abgelagert wurden. Auf diese Weise schiebt sich die Mündung des Stromes noch immer allmählich ins Mittelmeer vor und schafft Poldern vergleichbares Neuland. Die anschwellenden Fluten des Blauen Nils halten das Wasser des Weißen Nils innerhalb ihrer Vereinigung zurück, so daß im August und September die Wasser des Bergnils und des Sobat im Tal des Weißen Nils angestaut werden und nur zu einem sehr geringen Teil an der eigentlichen '**Nilschwelle**' beteiligt sind. Die Höhe der Überschwemmungen hängt daher in erster Linie von der Ergiebigkeit der Niederschläge im äthiopischen Hochland ab. Die Nilschwelle beginnt bei Khartum Mitte Mai, erreicht Assuan Anfang Juni und hat an beiden Orten ihren höchsten Stand in den ersten Septemberwochen.

Seit den ältesten Zeiten überflutet der Nil alljährlich zur gleichen Zeit sein Tal und bestimmt damit den Rhythmus des Landanbaus: Bestellung, Ernte und Brache. Das Einsetzen der Flut wurde im Altertum von Festen begleitet; die Höhe der Fluten war entscheidend für Wohlstand und Elend des Volkes. – Heute ist die seit alters her überkommene Bassinbewässerung durch moderne Irrigationsverfahren weitgehend verdrängt worden. Stau- und Wehranlagen halten die während der Nilschwelle flutenden Wasser zu jeder Jahreszeit verfügbar. Dadurch konnte in der Vergangenheit eine beachtliche Menge neuen Kulturlandes erschlossen werden. Darüber hinaus sind heute jährlich zwei bis drei Ernten möglich.

Als erstes bedeutendes Stauwerk am Unterlauf des Nils entstand im Jahre 1902 der **Assuan-Staudamm** (2 km lang, 51 m hoch, 5,5 Mrd. cbm Stauvolumen). Etwa 7 km weiter südlich verwirklichte der ägyptische Präsident Nasser mit Hilfe der Sowjetunion 1960-68 sein ehrgeiziges Projekt, den *Hochdamm Sadd el-Ali (5 km lang, 100 m hoch, maximal 164 Mrd. cbm, normal 130 Mrd. cbm Stauvolumen), der den zweitgrößten künstlichen See der Erde, den **Nassersee** (5250 qkm Oberfläche, 510 km lang, 5-35 km breit), aufstaut.

Nilabwärts folgen je ein **Schleusendamm** bei *Esna* und *Nag Hamadi* sowie bei **Assiut** (1898-1902 erbaut, 1933 verstärkt; 833 m lang, 12,5 m hoch). – Rund 25 km nördlich von Kairo schuf man bereits um die Mitte des 19. Jahrhunderts ein *Deltawehr* und weiter stromabwärts 1936-39 das **Mohammed-Ali-Wehr.** Ferner werden die Nilmündungsarme Damiette und Rosette durch zusätzliche Wehranlagen reguliert.

Aus den Stauseen und Reservoiren wird das Wasser heute vorwiegend mittels moderner **Pumpanlagen,** teilweise aber auch noch mit altertümlichen *Göpelwerken* ('sakije'), *Schöpfwerken* ('schaduf') und *Archimedischer Schraube* ('tambur') in einem mehr als 20000 km langen Kanalnetz den Feldern zugeführt.

Nisyros **s. bei Sporaden**

Nizza / Nice

Frankreich.
Région: Provence – Alpes – Côte d'Azur.
Département: Alpes-Maritimes.
Höhe: 0-20 m ü.d.M. – Einwohnerzahl: 347 000.
Postleitzahl: F-06000. – Telefonvorwahl: 93.
ⓘ **Office de Tourisme,**
Rue de l'Hôtel-des-Postes 32,
Telefon: 85 25 25;
Place Masséna 13,
Telefon: 85 47 89.

HOTELS. – *Negresco, L, 183 Z.; *Méridien, L, 183 Z.; *Plaza, L, 153 Z.; Aston, I, 160 Z.; Frantel, I, 205 Z.; Sofitel – Splendid, I, 150 Z.; Atlantic, I, 120 Z.; Parc, I, 141 Z.; Continental, I, 115 Z.; Beau Rivage, II, 172 Z.; Cecil, II, 130 Z.; Albert Ier, II, 74 Z.; Napoléon, II, 80 Z.; Ambassador, II, 44 Z.; Noailles, III, 72 Z.; Albion, III, 85 Z.; Astor, III, 30 Z.; William's, III, 73 Z.; Vichy, III, 47 Z.

Spielbanken: Casino Ruhl, Promenade des Anglais; Casino Club, Rue St-Michel 2; Palais de la Méditerranée, Promenade des Anglais 15.

VERANSTALTUNGEN. – *Karneval mit Umzügen, Kavalkaden und Bällen, Straßentanz sowie abschließendem Großfeuerwerk; Internationale Mustermesse und Internationale Buchmesse (beide im Frühjahr); Internationales Folklore-Festival (Juli); bedeutende Tennisturniere.

*Nizza (Nice) ist die Hauptstadt des französischen Département Alpes-Maritimes sowie der Côte d'Azur und wird im Sommer wie im Winter stark besucht. Lage und Klima machen die Stadt gleich anziehend. Höhepunkt ist der Nizzaer Karneval, der die letzten elf Tage vor der Fastenzeit mit großartigen Umzügen und Festen ausfüllt.

GESCHICHTE. – Im Jahre 350 v.Chr. gründeten die Griechen, von Marseille hierher kommend, unter dem Namen *Nikäa* die der Siegesgöttin Nike zum Schutz befohlene Stadt. Die Römer schenkten ihr keine besondere Beachtung. Seit dem 10. Jahrhundert gewann Nizza unter den Grafen der Provence an Bedeutung. Ab 1388 gehörte die Stadt zum Herzogtum Savoyen, das mit Sardinien vereinigt war, kam 1712 an Frankreich, 1814 ans Königreich Sardinien und schließlich 1860 endgültig zu Frankreich. Der italienische Freiheitsheld Garibaldi wurde 1807 in Nizza geboren; die Maler Dufy und Matisse sind hier begraben. Seit 1966 ist Nizza (Nice) auch Universitätsstadt.

SEHENSWERTES. – Im wesentlichen sind es die Stadtbilder, die an Nizza faszinieren: die Place Masséna im Stadtmittelpunkt mit dem Casino Municipal, die ***Promenade des Anglais,** die belebte, von prächtigen Palmen gesäumte Straße längs des Mittelmeers, und der zwischen 13 und 16 Uhr stattfindende Blumenmarkt in der Altstadt.

Der 92 m über Nizza ansteigende Hügel, über 198 Stufen erreichbar, heißt **Château;** ihn umzog einst die Altstadt. Von der 1706 zerstörten Burg blieb nur die Tour Bellanda übrig. Auf der Höhe befindet sich ein Park mit einer *Aussichtsterrasse, während in der Stadt der Jardin du Roi Albert I. bei der Promenade des Anglais gern besucht wird.

Strandpromenade in Nizza (Nice) an der Côte d'Azur

Nizza besitzt einige besuchenswerte **Kunstmuseen:** *Musée National Message Biblique Marc Chagall* mit einer umfassenden Chagall-Sammlung, *Musée Matisse* mit einem ausgezeichneten Querschnitt durch dessen Werk, *Musée Masséna* für den Marschall der napoleonischen Kriege, in dem es u.a.

auch impressionistische Gemälde zu sehen gibt, *Musée Chéret,* die städtische Kunstsammlung.

UMGEBUNG von Nizza. – Sehr lohnend ist ein Besuch in dem Villenvorort *Cimiez, wo die Römer ihre Kolonie hatten, von der ein 65 m langes und 57 m breites *Amphitheater* sowie Ruinen der *Thermen* erhalten sind. Nahebei ein *Altertumsmuseum* mit weiteren Funden.

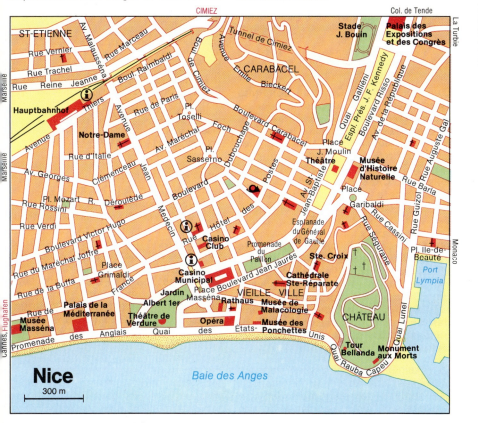

Östlich von Nizza liegen die Seebäder **Villefranche** mit seiner schönen Altstadt, **St-Jean–Cap-Ferrat** (*Musée Ile-de-France) und **Beaulieu-sur-Mer** mit einem ausgezeichneten Jachthafen.

Olbia s. bei Sardinien

Olib s. Silba und Olib

Opatija s. bei Istrien

Oran / Ouahran

Algerien.
Höhe: 0–80 m ü.d.M.
Einwohnerzahl: 485000.
ⓘ **Touring Club d'Algérie,**
Boulevard de la Soummam 5;
Telefon: 36768.
Agence Touristique Algérienne,
Boulevard Emir Abd el-Kader 10;
Telefon: 30206.
Syndicat d'Initiative,
Rue M. Khémisti 4;
Telefon: 36693.

HOTELS. – *Grand Hôtel*, Place du Maghreb 1, I; *Martinez*, Blvd. Emir Abd el-Kader 1, I; *Royal*, Blvd. de la Soummam 3, III; *Gallieni*, Blvd. de la Soummam 14, III; *Astoria*, Blvd. Emir Abd el-Kader 31, III; *Windsor*, Rue Larbi Ben M'Hidi 1, III. – CAMPING-PLATZ. – *La Palmeraie*, Clairefontaine. – JUGEND-HERBERGE. – *Maison des Jeunes et de la Culture*, nahe dem Bahnhof.

RESTAURANTS. – *Nahawand*, Blvd. Larbi Ben M'Hidi; *El Djezaïr*, Blvd. de la Soummam; *Nuits du Liban*, Blvd. de la Soummam.

Oran, die offiziell Ouahran genannte zweitgrößte Stadt Algeriens, liegt an der gleichnamigen Mittelmeerbucht im Westen des Landes. Eine imposante Hochhaussilhouette verleiht dem modernen Wirtschafts- und Verwaltungszentrum mehr europäischen als orientalischen Charakter, zumal der gesamte ältere Baubestand bei einem Erdbeben im Jahr 1791 vernichtet worden war. Der westliche Teil der Bucht von Oran wird vom über 500 m hohen Waldgebirge des Djebel Murdjadjo überragt, von dessen Gipfellagen man einen herrlichen *Blick auf die Stadt hat. Deutlich erkennt man die Gliederung Orans in das Hafenviertel, in die arabische Stadt mit der Kasbah und den ehemaligen spanischen Befestigungsanlagen sowie in die europäische Neustadt.

Dank seiner günstigen Verkehrslage am Mittelmeer und an der wichtigsten Eisenbahnlinie der Maghrebländer entwickelte sich Oran seit der Mitte des 20. Jahrhunderts zum bedeutendsten Industriezentrum des Landes nach der Hauptstadt Algier. Wichtigste Branchen sind Nahrungsmittel-, Textil-, Eisen-, Glas- und Düngemittelfabriken sowie ein Montagewerk für landwirtschaftliche Maschinen. Die meisten Betriebe wurden an der Peripherie der Stadt, vor allem in den südlichen Vororten, angesiedelt.

Oran ist jedoch nicht nur Industriestadt, sondern gleichzeitig ein bedeutendes Verwaltungs- und Kulturzentrum Westalgeriens. Besonders hervorzuheben sind neben dem katholischen Bischofssitz und dem Apellationsgerichtshof vor allem die Universität mit einer juristischen und medizinisch-pharmazeutischen Fakultät, zwei sehenswerte Museen, eine große Bibliothek, das städtische Theater sowie eine Rundfunk- und Fernsehanstalt.

GESCHICHTE. – Nach arabischen Quellen wurde Oran unter dem Namen *Ouahran* um 903 n. Chr. von andalusischen Seefahrern gegründet. Die Stadt war ein Umschlagplatz im Transsaharahandel. Nach dem Niedergang der Almohadendynastie im 13. Jahrhundert entwickelte sich Oran dank seiner günstigen Lage am Mittelmeer zum wichtigsten Hafen Tlemcens, der damaligen Hauptstadt im Reich der berberischen Abd-al-Wadiden. Die Handelsbeziehungen reichten nach Barcelona, Marseille, Genua und Venedig. Die letzten aus Spanien vertriebenen Mauren fanden 1492 eine neue Heimat in der Stadt. 1509 wurde Oran von den Spaniern erobert, die der Gefahr der barbareiben Piraterie ein Ende setzen wollten. Sie hielten die Stadt bis 1708, als sie der türkischen Übermacht weichen mußten. 1732 eroberten die Spanier Oran jedoch wieder zurück und setzten sich bis zum großen Erdbeben von 1791 gegen die Türken zur Wehr. Anschließend räumten sie freiwillig die total zerstörte Stadt, die 1792 Sitz eines türkischen Beis wurde. 1830 eroberten die Franzosen Oran und bauten in den folgenden Jahren den Hafen zu einem Flottenstützpunkt aus. Hier wurde 1940 die Kriegsflotte Vichy-Frankreichs von den Briten vernichtet, um sie für die Deutschen unbrauchbar zu machen. 1942 besetzten die Alliierten die Stadt gegen den Widerstand der Franzosen.

SEHENSWERTES. – Bei dem Erdbeben von 1791 wurde die gesamte Bausubstanz des spanischen Oran bis auf einige wenige noch heute erhaltene Häuser restlos zerstört, so daß die Stadt für den Touristen nur wenig Sehenswertes zu bieten hat. Lohnend ist neben der Besichtigung der 1796 von den Türken errichteten **Djama el-Pacha** oder *Großen Moschee* mit ihrem achteckigen Minarett und einem hübschen halbrunden Innenhof ein Besuch des **Musée Municipal** (*Städtisches Museum*). Es enthält eine interessante Sammlung neolithischer und paläontologischer Funde aus der Umgebung Orans, darunter Kiefer- und Scheitelbein des Atlanthropus, einer vor etwa 600000 Jahren in Nordafrika lebenden Menschenrasse.

Sie markierte vermutlich den Beginn der menschlichen Besiedlung Algeriens.

Empfehlenswert ist außerdem ein Spaziergang durch das westlich des Museums gelegene ehemalige NEGER-VIERTEL und durch das JUDENVIERTEL (Mellah) in der Nähe der Place du 1er Novembre. – Den schönsten *Blick auf die Stadt mit dem Hafen hat man von der **Wallfahrtskirche Santa Cruz.** Sie steht unterhalb des gleichnamigen spanischen Kastells am Hang des Djebel Murdjadjo.

UMGEBUNG von Oran. – An der Küste westlich der Stadt liegen mehrere Badeorte mit weiten Sandstränden, die noch nicht für den europäischen Massentourismus erschlossen sind. Am beliebtesten sind die Strände von *Aïn-El-Türck* (16 km) diesseits und *Les Andalouses* (32 km) jenseits von Kap Falcon, dessen Ferienzentrum über 700 Betten besitzt.

Interessant ist auch ein Ausflug zur **Sebkha el-Kebira;** es handelt sich um eine rund 40 km lange und 10 km breite Salztonebene, die eine Depression südlich des Djebel Murdjadjo ausfüllt. Im Winter sammelt sich hier das Niederschlagswasser in einem flachen, abflußlosen See, der während der sommerlichen Trockenperiode restlos verdunstet. Zurück bleibt eine mit tonigen Ablagerungen durchsetzte Salzkruste. Die Sebkha ist ein nördlicher Vorbote der wesentlich größeren Schotts, die sich weiter südlich im gleichnamigen Hochland zwischen dem Tell-Atlas und dem Sahara-Atlas erstrecken.

Osios Lukas
s. bei Delphi

Ostia s. bei Rom

Oujda

Marokko.
Höhe: 500 m ü.d.M.
Einwohnerzahl: 146 000.
ⓘ **Office National Marocain du Tourisme,** Boulevard El Hansali 3 / Place de la Gare; Telefon: 4329.
Syndicat d'Initiative,
Place 16 Août;
Telefon: 30 36.

HOTELS. – *Oujda,* Bd. Mohammed V., I, 105 Z.; *Al Massira,* Bd. Maghreb al Arabi, I, 108 Z.; *Terminus,* Place de l'Unité Africaine, II, 39 Z.; *Lutetia,* Bd. Hassan Loukili 44, III, 40 Z.; *Ziri,* Bd. Mohammed V., III, 33 Z.; *Royal,* Bd. Zerktouni 13, III, 52 Z. – CAMPINGPLATZ. – *Parc Lalla Aïcha.* – JUGENDHERBERGE: Rue El Khalifa El Mamoun.

RESTAURANTS. – In den Hotels *Oujda, Al Massira* und *Terminus.* Außerdem: *La Coupole,* Bv. Mohammed V. 63; *La Mamounia,* Rue Médina El Mounaoura; *Le Sijilmassa,* Bv. Mohammed V. 5A; *Le Chanteclair,* Rue M. Gazoulit 9; *Le Mezziane,* Bv. Mohammed V. 69.

SPORT. – *Tennis:* Club de Tennis S.T.C.O., Parc Lalla Aïcha; Club de l'O.N.E., Bv. de la Douane; Club du Centre Autonome, Saïdia. *Reiten:* Club Equestre, Av. Hassan II.

Die nordostmarokkanische Provinzhauptstadt Oujda liegt in der Angadebene zwischen den westlichen Ausläufern des Tellatlas, knapp 10 km von der makokkanisch-algerischen Grenze entfernt. Die Landschaft besitzt hier im trockenen Sommerhalbjahr beinahe wüstenhaften Charakter, abgesehen von den großflächig angelegten Bewässerungskulturen in der unmittelbaren Umgebung. Oujda ist das bedeutendste Handelszentrum für landwirtschaftliche Erzeugnisse in Ostmarokko. Außerdem besitzt die Stadt mehrere Betriebe der Metall- und Nahrungsmittelindustrie. Der Handelsfunktion Oujdas entspricht die gute Verkehrsverbindung der Stadt; denn sie liegt sowohl an der Eisenbahnlinie Fès-Algier als auch an einem wichtigen Straßenknotenpunkt. Ein Flughafen für Inlandlinien nach Fès, Casablanca und Rabat befindet sich 12 km weiter nördlich.

GESCHICHTE. – Oujda wurde 994 von Ziri Ibn Attia, dem Herrscher einer kleinen Berberdynastie, gegründet. Im 11. Jahrhundert fiel das gesamte Gebiet zunächst an die Almoraviden, wurde aber schon wenig später von den Almohaden übernommen, die die Stadt 1206 befestigten. 1271 wurde Oujda von den Meriniden völlig zerstört und erst ab 1296 wieder aufgebaut. Die Stadt wurde jedoch im 16. und 17. Jahrhundert zum Zankapfel zwischen den Sanditen und Hassaniden. In dieser Zeit häufiger Kriege trug sie sich den Namen Medinet el-Haira (Stadt der Angst) ein. Gegen Ende des 17. Jahrhunderts wurde Oujda von den Türken eingenommen, die jedoch nach kurzer Zeit den marokkanischen Sultanen wieder weichen mußten. 1844 besetzten französische Truppen die Stadt, zogen jedoch bald darauf wieder ab. Aber 1912 engagierte sich Frankreich von neuem in Marokko (Errichtung des Protektorats), und bis 1956 war Oujda Sitz eines französischen Militärgouverneurs und der französischen Zivilverwaltung für den Ostteil des Protektorats.

SEHENSWERTES. – Die Medina ist ringförmig von *europäischen Neustadtvierteln* umgeben, die zur Zeit der französischen Besetzung Oujdas entstanden sind. Ihre auf dem Reißbrett entworfenen Straßenzüge bieten keine nennenswerten Sehenswürdigkeiten, aber ein Spaziergang durch die gepflegten Parkanlagen, vorbei an herrlichen alten Villen, ist trotzdem empfehlenswert.

Der MEDINA, in deren Nordteil sich ein kleines *Judenviertel* (Mellah) befindet, merkt man die häufigen Zerstörungen im Laufe der tausendjährigen Geschichte Oujdas an; denn die Altstadt besitzt nur vergleichsweise wenige interessante Baudenkmäler. Sehenswert ist vor allem die **Kissaria,** ein alter Fondouk (Herberge), der von zahllosen Verkaufsständen umgeben ist. Es werden importierte Waren, insbesondere Stoffe, feilgeboten. Hier herrscht ein buntes orientalisches Leben und Treiben, das für den europäischen Besucher unvergeßlich bleiben wird. – Einer ähnlichen Atmosphäre begegnet man im SOUK östlich der Kissaria, hinter dem sich das *Bab Sidi Abd El-Ouahab* erhebt. Auf den Zinnen dieses Stadttores wurden in früheren Jahrhunderten die abgeschlagenen Köpfe getöteter Feinde zur Schau gestellt. – Südlich der Kissaria erhebt sich die **Große Moschee** mit ihrem schönen Minarett, und dahinter folgt die *Kasbah,* heute Residenz des Provinzgouverneurs. Sehenswert sind auch die zugehörigen Parkanlagen.

UMGEBUNG von Oujda. – **Oase Sidi Yahia** (6 km): Über den Boulevard El-Hijaz verläßt man den Westteil der Europäerstadt in südlicher Richtung. Wenig später folgt man der S 404 nach links, bis die durch reiche Quellen mit Wasser versorgte Oase vor einem auftaucht. Hier befindet sich die von Palmen, Terlinten und Trauerweiden umgebene *Kubba des Sidi Yahia Ben Junnes,* eine kubische Grabkammer mit Kuppel, welche die sterblichen Überreste des Schutzpatrons der Stadt Oujda enthält. Der Legende nach soll er Johannes der Täufer sein. Deshalb verehren ihn sowohl Christen als auch Moslems und Juden. – Eine weitere Sehenswürdigkeit der Oase ist die *Höhle Ghar el-Houriyat.*

Lohnend sind auch Ausflüge zum nordöstlich von Oujda gelegenen Mittelmeerbad *Saïdia* (57 km) und zum *Taforaltpaß* (58 km), von dem aus man die gesamte Landschaft bis zum Mittelmeer überblicken kann. Abenteuerlustige sollten den Rückweg von Taforalt durch die grandiosen *Schluchten des Zegzel** wählen. Die kurvenreiche Strecke ist jedoch nur schwer befahrbar und sollte nur von erfahrenen Fahrern benutzt werden.

Paestum

Italien.
Region: Campania (Kampanien).
Provinz: Salerno.
Höhe: 18 m ü.d.M. – Postleitzahl: I-84063.
Telefonvorwahl: 0828.
ⓘ **AA,** bei der Kirche dell' Annunziata;
Telefon: 843056.

HOTELS. – *Poseidon,* II, 100 B.; *Cerere,* II, 80 B., Sb.; *Ariston,* II, 74 B., Sb.; *Mec,* II, 68 B.; *Calypso,* II, 60 B.; *Esplanade,* II, 58 B.; *Autostello ACI,* II, 26 B.; *Sogaris,* III, 48 B., Sb. – JUGENDHERBERGE, 60 B. – Zahlreiche CAMPINGPLÄTZE.

Die im südlichen Teil von Kampanien in einer Ebene nahe dem Tyrrhenischen Meer gelegene Ruinenstätte von *Paestum ist mit ihren Tempelruinen und Nekropolen der großartigste Rest griechischer Baukunst auf dem italienischen Festland.

GESCHICHTE. – Paestum wurde unter dem Namen *Poseidonia* um 600 v. Chr. von Griechen aus Sybaris gegründet. Im 4. Jahrhundert v. Chr. kam die Stadt in die Gewalt der Lucaner und wurde 273 v. Chr. römische Kolonie. – Schon unter Augustus war Paestum wegen der malariaverseuchten Umgebung verrufen. Als im 9. Jahrhundert die Sarazenen die Gegend verheerten, flohen die Einwohner mit der nach der Überlieferung schon seit dem 4. Jahrhundert hier aufbewahrten Matthäusreliquie auf die Höhe und gründeten Capaccio, zu

dem heute Paestum mit seinen wenigen modernen Häusern als Gemeindeteil gehört. Der Normannenherzog Robert Guiscard beraubte die verödete Stadt ihrer Säulen und Bildwerke; dann blieb sie lange vergessen, bis im 18. Jahrhundert das Interesse für klassische griechische Kunst wiedererwachte.

SEHENSWERTES. – Das Gebiet der antiken Stadt wird von einer 4,8 km langen, von vier Toren und einigen Türmen unterbrochenen großartigen **Stadtmauer** umgeben (*Rundgang). – In der Mitte des Ruinenfeldes liegt an der Ostseite der Staatsstraße das *Museum, mit vorgeschichtlichem Gerät, bemalten Terrakotten und prachtvollen Metopen des nördlich von Paestum am See gelegenen Tempels der Hera sowie des sog. archaischen Schatzhauses.

Unmittelbar südlich vom Museum schneidet die Staatsstraße das *Amphitheater* aus römischer Zeit, dessen Rundung noch erkennbar ist. Etwa 300 m weiter südlich befindet sich rechts der nahe am Südrand der antiken Stadt gelegene Eingang zum Ruinenfeld.

BESICHTIGUNG DER RUINENSTÄTTE. – Gleich gegenüber dem Eingang der großartige **Tempel der Hera,** ein herrliches Beispiel der abgeklärten formenstrengen Baukunst des 5. Jahrhunderts v. Chr., wie sie dem griechischen Ideal des harmonischen Ausgleichs entsprach. Der Stein ist ein poröser Kalksinter, der durch die Zeit einen schönen gelben Ton erhalten hat. Vor der Ostfassade im Boden die Spitze eines älteren Ovalbaues. 10 m östlich die Reste des zum Tempel gehörenden Opferaltars.

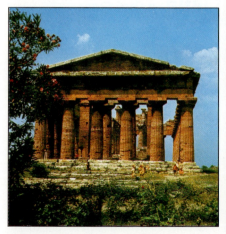

Heratempel in Paestum (Kampanien)

Südlich neben dem Heratempel erhebt sich die sogenannte *Basilica, der fälschlich so bezeichnete älteste Tempel Paestums, der nach der starken Schwellung der Säulenschäfte und der altertümlich bauchigen Form der Kapitelle vermutlich der zweiten Hälfte des 6. Jahrhunderts v. Chr. zuzuordnen ist.

An das Fundament der Ostfront stoßen wie beim Heratempel Reste eines früheren Ovaltempels; 27 m weiter östlich ein 21 m breiter Opferaltar. – Unweit westlich ist ein Stück der nordsüdlich laufenden antiken Hauptstraße, der 'Via Sacra', freigelegt.

Etwa 200 m nördlich vom Heratempel das freigelegte **Forum** (150 m lang, 57 m breit), das von einer großartigen Halle mit spätdorischen Säulen umgeben war. Nördlich vom Forum der mächtige Unterbau des *Tempio Italico* (273 v. Chr.), mit einer wiederaufgerichteten Säule. – Noch weiter nördlich der sogenannte *Tempel der Ceres; am Giebel, der ionische Einflüsse erkennen läßt, Spuren von Stuck und Bemalung.

Im Vorfeld der Stadtmauer wurden seit 1968 drei bedeutende *Nekropolen mit äußerst wertvollen **Grabgemälden entdeckt. – An der Südseite Gräber aus dem 5. Jahrhundert v. Chr., der Blütezeit von Großgriechenland, mit Fresken im Stil der klassischen Vasenmalerei ('Grab des Springers'). – Im Norden 70 mit volkstümlichen Szenen in lebhaften Farben ausgemalte Gräber aus dem 4. Jahrhundert v. Chr., der Zeit der lukanischen Vorherrschaft, die als Zeugnis für die Entdeckung von Farbe, Licht und Schatten sowie räumlicher Darstellung in der abendländischen Malerei besonders aufschlußreich sind. – An der Westseite fand sich ein Gräberfeld von 25 000 qm mit Tausenden von Gräbern aus dem 3. Jahrhundert v. Chr., deren Bemalung beweist, daß Süditalien auch noch in römischer Zeit durchaus dem griechisch-hellenistischen Kulturkreis angehörte. – Bisher sind insgesamt über 500 Grabgemälde entdeckt worden; Pinakothek geplant.

Pag

Jugoslawien.
Teilrepublik: Kroatien (Hrvatska).
Inselfläche: 285 qkm. – Bewohnerzahl: 10000.
Telefonvorwahl: 051.

(i) **Turist biro Novalja,**
YU-51291 Novalja,
Trg Loža 1;
Telefon: 89 35 15.
Turistički društvo Pag,
YU-51290 Pag,
Obala Maršala Tita 1;
Telefon: 89 11 31.

HOTELS. – In N o v a l j a : *Liburnija*, II, 248 B.; *Loža*, II, 76 B. – In P a g : *Bellevue*, II, 320 B.

CAMPINGPLATZ. – *Straško* in Novalja, Trg Loza 1; ein Teil ist für FKK-Gäste reserviert.

VERANSTALTUNGEN. – Vom 26. bis 29. Juli feiert man den Pager Sommerkarneval mit Umzügen und Folklore.

BADESTRÄNDE. – Der 400 m lange Kieselstrand bei der Stadt Pag ist meist überfüllt, das Wasser in der unbewegten Bucht mit nur schmalem Abfluß zeichnet sich nicht durch die an der jugoslawischen Adria gewohnte Sauberkeit und Klarheit aus. Besser ist es, einen Badeplatz an der offenen Westküste aufzusuchen. Einen öffentlichen Kieselstrand gibt es auch bei Novalja; den FKK-Strand am Campinggelände können auch nicht campende Gäste besuchen.

AUTOFÄHREN. – Brücke zum Festland; Autofähren Jablanac–Stara Novalja und Karlobag–Pag.

Die norddalmatinische Insel Pag, vom Festland durch den etwa 2 bis 5 km breiten Velebit-Kanal getrennt, ist mit 59 km Länge die drittlängste Adria-Insel Jugoslawiens. Das buchtenreiche Eiland wird von mehreren parallel verlaufenden kahlen Karsthöhen durchzogen. An den wenigen fruchtbaren Stellen gedeihen Wein und Oliven; wichtig sind auch die Schafzucht und der Fischfang.

Die Insel Pag ist an ihrer dem Festland zugewandten Ostseite ohne jegliche Vegetation, die Folge der hier einfallenden Bora-Stürme. Auch auf der anderen Seite bleibt die Vegetation spärlich. Dort gibt es aber immerhin einige Olivenhaine, Gemüsefelder und grüne Wiesen.

Der Tourismus konzentriert sich auf die Orte Pag und Novalja bzw. ihre Umgebung. Heilkräftige Schlammbäder bei den Salinen von Pag haben schon manche Krankheit gelindert. Bootsfahrer finden rund um Pag ideale Reviere vor, Feinschmecker schätzen den Pager Spezialkäse 'Paški sir', Souvenirkäufer bevorzugen die hübschen Pager Spitzen.

GESCHICHTE. – Pag war in vorgeschichtlicher Zeit von den illyrischen Liburnern besiedelt. Im 1. Jahrhundert v. Chr. errichteten die Römer auf der Insel ein Befestigungssystem mit dem *Castrum Cissa* (Caska) und dem Hafen-Castrum *Novalia* (Novalja) sowie mehreren kleineren Forts. Im 6. Jahrhundert n. Chr. siedelten Slawen auf Pag. 1071 machte der kroatische König Krešimir IV. eine verhängnisvolle Schenkung, als er den nördlichen Teil von Pag der Kirche von Rab, den südlichen Teil Zadar übereignete. Immer wieder kämpften daraufhin im Mittelalter Rab und Zadar auf der Insel mit dem Ziel, sich ganz Pag anzueignen. 1311 erhoben sich die Inselbewohner gegen Zadar, doch erst 1376 erhielt die Stadt Pag einen autonomen Status. Von 1409 bis 1797 dauerte die Herrschaft der Venezianer über Pag, dann kam die Insel wie das dalmatinische Festland zu Österreich. Während des Zweiten Weltkriegs war Pag zunächst von italienischen, dann von deutschen Truppen besetzt.

INSELORTE. – Die Pfarrkirche (Baubeginn 1443) im Hauptort **Pag,** eine dreischiffige Ba-

Pfarrkirche in Pag auf der gleichnamigen Insel

silika, enthält Stilelemente der Romanik, Gotik und Frührenaissance in bunter Mischung. Der Baumeister Juraj Dalmatinac entwarf das am selben Platz stehende, unvollendet gebliebene Bischofspalais sowie das geradlinige Straßennetz von Pag mit zentraler Orientierung zum Domplatz hin. Im spätgotischen Rektorenpalast befindet sich heute ein Kaufhaus. Der Besichtigung wert ist ferner die Kirche Sveti Juraj (St. Georg). Außerhalb liegen die Felder zur Salzgewinnung in einer von Süden her kilometerweit ins Land einschneidenden Lagune. In dieser Lagune kann man bei ruhigem Wasser die Fundamente einer versunkenen Römersiedlung erkennen.

Der frühere Fischer- und heutige Badeort **Novalja** besitzt eine römische Wasserleitung und Reste frühchristlicher Kirchen. Im übrigen ist alles auf Fremdenverkehr eingestellt, der des milden Klimas wegen schon im Mai einsetzt und bis Ende Oktober Besucher bringt. – Ein Naturidyll weiter im Süden der Insel sollte man sich nicht entgehen lassen: den interessanten Süßwassersee *Velo Blato,* der im Winter 5 km lang ist, im Sommer aber auf 1 km schrumpft. In dem ihn einrahmenden Schilfgürtel brüten Wasservögel, am Ufer lassen sich Wasserschildkröten beobachten; der See gilt als sehr fischreich.

Lohnend ist ein Ausflug auf den 199 m hohen *Komorovac* nordöstlich Novalja; von dort oben bietet sich ein schöner *Blick auf die Küste und nach Rab hinunter.

Palermo

Italien.
Region: Sicilia (Sizilien). – Provinz: Palermo.
Höhe: 0-20 m ü.d.M. – Einwohnerzahl: 650000.
Postleitzahl: I-90100. – Telefonvorwahl: 091.
(i) AA, Salita Belmonte 1;
Telefon: 540141;
Informationsbüro am Hafen;
Telefon: 242343.
EPT, Piazza Castelnuovo 35;
Telefon: 583847;
Informationsbüro am Flughafen
'Cínisi – Punta Raisi', 31 km westlich;
Telefon: 235913.
CIT, Via Roma 320;
Telefon: 215740.

HOTELS. – *Villa Igiea Grand Hôtel,* Salita Belmonte 1, L, 171 B., Sb.; *Jolly Hotel del Foro Italico,* Foro Italico 32, I, 468 B., Sb.; *Grand Albergo & delle Palme,* Via Roma 398, I, 282 B.; *Politeama Palace,* Piazza Ruggero Settimo 15, I, 177 B.; *Ponte,* Via Francesco Crispi 99, II, 270 B.; *Motel Agip,* Viale della Regione Siciliana 2620, II, 200 B.; *Centrale,* Corso Vittorio Emanuele 327, II, 164 B.; *Europa,* Via Agrigento 3, 143 B.; *Mediterraneo,* Via Cerda 44, II, 99 B.; *Terminus,* Piazza Giulio Cesare 37, III, 135 B.; *Elena,* Piazza Giulio Cesare 14, III, 88 B.; *Sausele,* Via Vincenzo Errante 12, III, 68 B.; *Regina,* Corso Vittorio Emanuele 316, III, 65 B. – Campingplatz. – In Mondello-Lido: *Mondello Palace,* I, 124 B., Sb.; *Splendid Hotel La Torre,* II, 266 B., Sb.; *Conchiglia d'Oro,* III, 69 B.

VERANSTALTUNG. – *Mustermesse* (Mai/Juni).

Die prächtig an einem schönen Golf der sizilischen Nordküste gelegene italienische Stadt Palermo ist die Hauptstadt und der bedeutendste Ha-

Panorama von Palermo auf Sizilien

fen Siziliens sowie Sitz eines Erzbischofs und einer Universität. Im Süden und Westen wird die Stadt von der künstlich bewässerten Fruchtebene der Conca d'Oro ('Goldene Schale') begrenzt, mit einem weiten Halbkreis großartiger Berge im Hintergrund.

Wenn auch der Gesamteindruck der Stadt jetzt modern ist, zeigt sie doch ein eigenes Gepräge durch die orientalisierenden Normannenbauten, durch das Barock der spanischen Zeit sowie durch die Lebhaftigkeit des Verkehrs. Die Altstadt, mit ihren engen gewundenen Seitengassen, ist noch der Schauplatz ursprünglichen Volkslebens. Einen besonderen Reiz bilden die zahlreichen prächtigen Gärten und palmenreichen Anlagen.

GESCHICHTE. – Die von den Phöniziern gegründete Stadt, von den Griechen *Panormos* genannt, war Hauptstützpunkt der Karthager auf Sizilien, bis sie 254 v. Chr. von den Römern erobert wurde. 353 n. Chr. wurde Palermo durch den oströmischen Feldherrn Belisar den Ostgoten entrissen und blieb bis zur Einnahme durch die Sarazenen im Jahre 830 beim Byzantinischen Reich. Den Sarazenen folgten 1072 die Normannen, 1194 die Hohenstaufen und 1266 die französischen Anjou, deren Herrschaft durch den Volksaufstand von 1282, die 'Sizilianische Vesper', beendet wurde. Palermo kam dann unter aragonisch-spanische Verwaltung, im 18. Jahrhundert an die Bourbonen und wurde am 27. Mai 1860 von Garibaldi befreit.

SEHENSWERTES. – Verkehrsmittelpunkt der Altstadt ist der 1609 angelegte *Quattro Canti* ('vier Ecken'), auch *Piazza Vigliena* genannte Platz an der Kreuzung des nordost-südwestlich verlaufenden 2 km langen Corso Vittorio Emanuele mit der vom Hauptbahnhof zur Neustadt führenden Via Maqueda, die mit ihren Durchblicken durch die langen einheitlichen Häuserzeilen und dem schönen Landschaftshintergrund ein wirkungsvolles Barockstadtbild bietet. An der Südecke der Quattro Canti die **Kirche San Giuseppe dei Teatini** (1612-45), eine mächtige Säulenbasilika, mit prächtiger Barockausschmükkung; südlich anschließend die *Universität.* Noch weiter südlich die prunkvolle **Barockkirche il Gesù* (1564-1636).

Von den Quattro Canti gelangt man südwestlich durch den Corso Vittorio Emanuele, an der schönen Barockkirche *San Salvatore* (links) vorbei, zur Piazza della Cattedrale. An der Nordwestseite des seit 1761 von einer gemauerten Balustrade mit 16 großen Heiligenstatuen umgebenen Platzes die ****Kathedrale** *(Cattedrale;* urspr. romanisch, später mehrfach erweitert), mit schöner Südfront (1300-59) und entstellender Kuppel (1781-1801).

INNERES der Kathedrale. – Im rechten Seitenschiff sechs ****Königsgräber:** unter tempelförmigen Baldachinen die majestätischen Porphyrsarkophage für Kaiser Friedrich II. († 1250; links), seinen Vater Heinrich VI. († 1197; rechts), dahinter links für König Roger II. († 1154), rechts für seine Tochter, die Kaiserin Constanze, in einer Wandnische zur Linken für Wilhelm, den Sohn Friedrichs II. von Aragón, an der Wand zur Rechten für Constanze von Aragón, die Gemahlin Kaiser Friedrichs II. – In der Kapelle rechts vom Chor ein silberner Schrein mit der *Reliquie der hl. Rosalie,* der Schutzheiligen der Stadt. – Am Ende des rechten Seitenschiffes die Sakristei, mit dem reichen *Kirchenschatz;* in der Krypta antike und altchristliche Sarkophage für frühe Erzbischöfe.

Der Kathedrale südwestlich gegenüber der **Erzbischöfliche Palast** *(Palazzo Arcivescovile;* 16. Jh.), mit dem *Diözesanmuseum* (Eingang im Hof rechts). Südlich, jenseits des Corso Vittorio Emanuele, die Piazza della Vittoria, mit dem palmenreichen Park *Villa Bonanno* (Reste römischer Häuser). In der Südostecke des Platzes der *Palazzo Scláfani* (1330), in der Südwestecke ein *Denkmal für Philipp V.* (von 1856). Die Westseite der Piazza della Vittoria nimmt der **Palazzo dei Normanni** ein, das auf die Sarazenenzeit zurückgehende, von den normannischen Königen umgestaltete festungsartige ehemalige Königliche Schloß.

Vom letzten Tor links gelangt man in den S c h l o ß - h o f (Renaissancearkaden) zu der im ersten Stock rechts befindlichen berühmten ******Cappella Palatina,** 1132-40 von König Roger II. erbaut und dem hl. Petrus geweiht. Mit ihrem prachtvollen Mosaikschmuck und der Vereinigung abendländischer und orientalischer Elemente ist sie wohl die schönste Palastkapelle der Erde. Die Glasmosaiken auf Goldgrund (z.T. restauriert) an den Wänden zeigen Szenen aus dem Alten Testament sowie aus dem Leben Christi und der Apostel Petrus und Paulus. – Neben der Kapelle steht der **Schloßturm Santa Ninfa,** dessen 15 m hoher Hauptraum im Erdgeschoß wohl als Schatzkammer der Normannenkönige diente. Im zweiten Stock ein *Observatorium,* dessen Dach wie die Balkone der Schloßsäle (Führung) **Aussicht auf Palermo bieten.

Nördlich anstoßend an den Palazzo dei Normanni steht im Zuge des Corso Vittorio Emanuele die **Porta Nuova** (von 1535), deren oberes, vom Palazzo dei Normanni zugängliches Stockwerk ebenfalls eine prächtige Aussicht gewährt. – 1,5 km westlich der Porta Nuova liegt am Stadtrand der **Convento dei Cappuccini** (von 1621); in den unterirdischen Gängen (nach Brand 1966) noch 8000 Mumien und Skelette von Geistlichen oder wohlhabenden Bürgern, deren Kleidung noch immer teilweise von den Nachfahren der Toten erneuert wird. Seit 1881 ist diese Art der Bestattung verboten. – Etwa 500 m nördlich vom Kapuzinerkloster das ehemalige normannische Lustschloß **La Zisa,** ein 1154-66 von Wilhelm I. nach arabischen Vorbildern errichteter schlichter Bau; im Erdgeschoß ein quadratischer, von einer Brunnenanlage durchzogener Gartensaal, mit byzantinischen Mosaiken und hohem Stalaktitengewölbe.

Unweit südlich vom Palazzo dei Normanni erhebt sich als eigenartigste *Kirchenruine* von Palermo ****San Giovanni degli Eremiti** (1132), mit ihren fünf überhöhten roten Kuppeln von ganz orientalischem Aussehen. An die Kirche anschließend die Reste einer kleinen Moschee. An die linke Ecke der Kirchenfassade angefügt ist ein malerischer Kreuzgang (tropische Pflanzen). – Westlich der Kirche, an der Piazza dell' Indipendenza, die *Villa d'Aumale* oder *Villa d'Orléans,* jetzt Verwaltungssitz der autonomen Region Sizilien, mit schönem öffentlichem Park.

Östlich von San Giuseppe dei Teatini öffnet sich die mit einer Brunnenanlage (1550; florentinisch) geschmückte Piazza Pretoria. An ihrer Südseite der **Palazzo del Municipio** *(Rathaus),* in ihrer Ostecke der Seiteneingang zur *Kirche Santa Caterina* (Barockausstattung). Die Fassade der Kirche zeigt zur Piazza Bellini, an der über einer Treppe die kleine *Kirche Santo Cataldo* steht, ein byzantinischer Kuppelbau (von 1161). Östlich daneben die prächtige *****Kirche La Martorana** (1143), nach ihrem Stifter Georgios Antiochenos, dem Großadmiral des Normannenkönigs Roger I., auch *Santa Maria dell' Ammiraglio* genannt; vorzügliche byzantinische Mosaiken, schöne Gewölbemalereien.

Der östliche Zweig des Corso Vittorio Emanuele kreuzt etwa 200 m hinter den Quattro Canti die von Norden nach Süden durch die Altstadt gebrochene belebte Via Roma und führt nahe an der gotischen *Kirche San Francesco d' Assisi* (südlich abseits; von 1277) sowie an der *Kirche Santa Maria della Catena* (um

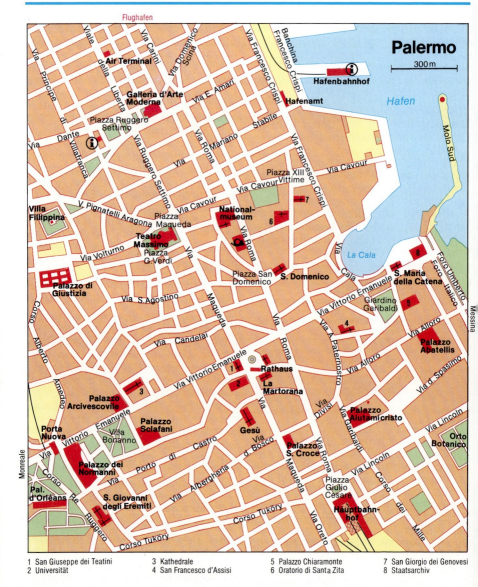

1 San Giuseppe dei Teatini
2 Universität
3 Kathedrale
4 San Francesco d'Assisi
5 Palazzo Chiaramonte
6 Oratorio di Santa Zita
7 San Giorgio dei Genovesi
8 Staatsarchiv

1500; schöne Vorhalle) vorbei zur Piazza Santo Spirito, die gegen das Meer zu von der Ruine der *Porta Felice* abgeschlossen wird. – Westlich von Santa Maria della Catena der malerische Bootshafen *Cala*, südlich die Piazza Marina, die fast ganz von dem tropisch anmutenden Garten *Giardino Garibaldi* eingenommen wird. Im Osten des Platzes der *Palazzo Chiaramonte,* gewöhnlich *Lo Steri* genannt (1307-80 erbaut, später Wohnsitz des Vizekönigs). – Südöstlich von hier liegt an der zum Foro Umberto I. führenden Via Alloro der *Palazzo Abatellis* (von 1495), mit Zinnenturm und ungewöhnlichem gotischem Portal; im Innern die *Galleria Nazionale Siciliana,* die einen vollständigen Überblick über die sizilische Malerei vom Mittelalter bis zur Neuzeit bietet; besondere Beachtung verdient in Saal II (ehem. Kapelle) das großartige

*Wandgemälde "Triumph des Todes" (15. Jh.; unbekannter Meister).

Östlich und südöstlich von der Porta Felice erstreckt sich nahe am Meer das belebte *Foro Italico, ein breiter Boulevard, der prächtige Ausblicke auf den Golf von Palermo bietet und an Hochsommerabenden einen beliebten Treffpunkt der Palermitaner bildet. – Am Südende des Foro Italico liegt der schöne Park **Villa Giulia** (auch *La Flora;* 1777 angelegt) und westlich angrenzend der **Botanische Garten,** mit reichem Bestand u.a. an Dattel- und Kokospalmen, Bananenpflanzen sowie mächtigen Bambus- und Papyrusstauden.

Von den Quattro Canti gelangt man nordwestlich durch die Via Maqueda zu der an der Grenze von Altstadt und Neustadt gelegenen verkehrsreichen Piazza

Giuseppe Verdi; hier das 1875-97 errichtete *Teatro Massimo oder *Teatro Vittorio Emanuele,* mit 3200 Plätzen eines der größten Theater Italiens. – Vom Verdi-Platz führt die Via Ruggiero Settimo in der Verlängerung der Via Maqueda durch die Neustadt zur Piazza Ruggiero Settimo, mit den Denkmälern für sizilische Patrioten. An der Nordostseite des Platzes, im *Politeama Garibaldi,* die **Galleria d' Arte Moderna** (Werke sizilischer Künstler). Von der Piazza Ruggiero Settimo weiter in nordöstlicher Richtung durch die breite, 2,5 km lange Via della Libertà zu der öffentlichen Parkanlage *Giardino Inglese;* links ein *Reiterdenkmal Garibaldis* (1892).

Vom Teatro Massimo führt die Via della Bara östlich zur Piazza dell' Olivella, mit der *Kirche dell' Olivella* (1598) und dem *Archäologischen Museum (Museo Archeologico),* einem der bedeutenden Museen Italiens. Die in einem ehemaligen Kloster der Compagnia di San Filippo Neri untergebrachten Sammlungen enthalten außer vorgeschichtlichen und etruskischen Funden bedeutende Bestände aus dem klassischen Altertum, darunter v.a. die berühmten Reliefplatten oder *Metopen von Selinunt (um 550 bis 450 v.Chr.); ferner beachtenswert 56 Wasserspeier aus Himera in Form von Löwenköpfen (5. Jh. v.Chr.) sowie griechische Bronzen (u.a. Herakles mit dem kerynitischen Hirsch, eine 1805 in Pompeji ausgegrabene Brunnengruppe, sowie ein großer Widder aus Syrakus).

Von der Ostseite des Archäologischen Museums gelangt man auf der Via Roma südlich an der *Hauptpost* (rechts) vorbei zur Piazza San Domenico, mit einer 30 m hohen Marmorsäule, deren Spitze eine *Madonnenstatue* (1726) krönt. An der Ostseite des Platzes die **Kirche San Domenico** (urspr. 14. Jh.; 1636-40 erneuert); in dem etwa 8000 Personen fassenden Innern gute Gemälde sowie viele Denkmäler hervorragender Sizilianer, in der Kapelle rechts vom Chor ein sehr anmutiges Relief (Madonna mit Engeln) von Antonio Gagini. An die Kirche anschließend der malerische *Kreuzgang* (14. und 16. Jh.). – Hinter San Domenico liegt in der Via Bambinai das *Oratorio della Compagnia del Rosario di San Domenico* (Eingang rechts daneben, Nr. 16), mit Stuckdekorationen von Giacomo Serpotta (1656-1732); am Hauptaltar *Madonna del Rosario (1624/25) von van Dyck. – Unweit nördlich vom Oratorio steht die 1369 gegründete *Kirche Santa Zita;* im Chor eine dreiteilige Altarwand (cona; 1517)

von Antonio Gagini. Gleich hinter der Kirche in der Via Valverde das *Oratorio della Compagnia del Rosario di Santa Zita* (Stuckarbeiten von Serpotta). – Unweit nordöstlich von Santa Zita die *Kirche San Giorgio dei Genovesi* (1591). Nördlich von hier erstreckt sich längs der Via Francesco Crispi der lebhafte **Hafen** *(Porto).*

UMGEBUNG von Palermo. – Etwa 13 km südwestlich der Stadt liegt das ehemalige Benediktinerkloster **San Martino** *delle Scale* (507 m), dessen heutiger Bau von 1778 (Kirche von 1590) stammt. – Empfehlenswert ist auch die Fahrt (4 km südl.) nach Palermo nach **Santa Maria di Gesù** (50 m), einem am Hang des *Monte Grifone* (832 m) gelegenen ehemaligen Minoritenkloster, von dem man, besonders bei Morgenbeleuchtung, vielleicht die prächtigste **Aussicht auf Palermo und die Conca d'Oro hat.

Sehr lohnend ist die Fahrt zur *Spianata della Sacra Grotta* (13 km nördl.); rechts oberhalb des Platzes in der Felswand die 1625 zur Kirche umgestaltete **Grotte der hl. Rosalie** (429 m). Die hl. Rosalie († um 1170) war nach der Legende eine Tochter des Herzogs Sinibaldo und Nichte des Königs Wilhelm II., die sich aus Frömmigkeit schon mit 14 Jahren als Einsiedlerin hierher zurückzog. Vor der Grottenkirche erinnert links eine deutsche Gedenktafel an den Besuch Goethes (6. 4. 1787). Von hier weiter auf steilem Fußpfad (30 Min.) südöstlich zum Gipfel des **Monte Pellegrino** (606 m; 2 Fernsehtürme), der eine umfassende Aussicht bietet. – Von der Spianata della Sacra Grotta schöne Weiterfahrt auf guter Straße in aussichtsreichen Windungen hinab nach *Mondello* (8 km).

Empfehlenswert ist auch die **Rundfahrt um den Monte Pellegrino** (27 km), zunächst in nördlicher Richtung vorbei am ehemaligen königlichen Lustschloß **La Favorita** (Park, Orangerie; Campingplatz), in dessen unmittelbarer Nähe sich das Schlößchen *Palazzina Cinese* mit dem sehenswerten *Museo Etnografico Siciliano Pitrè* (Volkskunde, Marionettentheater) befindet. Von hier weiter am Westfuß des Monte Pellegrino entlang durch die nördlichen Vororte *Pallavicino* und *Partanna,* am Südfuß des *Monte Gallo* (527 m), nach **Mondello** (oder *Mondello Lido),* dem zwischen Monte Gallo und Monte Pellegrino an der gleichnamigen Bucht gelegenen Seebad der Stadt Palermo (guter Sandstrand). Von Mondello am Meer entlang zurück, um die *Punta di Priola* herum und später vorbei am *Cimitero Monumentale* (oder *Cimitero dei Rotoli),* dem größten Friedhof von Palermo, sowie durch die meernahen Vororte *Arenella* (mit prächtiger *Villa Belmonte)* und *Acquasanta* nach Palermo.

Von Palermo besonders landschaftlich schöner Ausflug 24 km südlich über *Altofonte* (12 km; 354 m; 5500 Einw.), einem bis 1930 nach den Jagdparks Wilhelms II. *Parco* genannten Ort, nach **Piana degli Albanesi** (725 m; 8000 Einw.), einem früher *Piana dei Greci* genannten Städtchen, das 1488 als Albanerkolonie gegründet, bis heute seine eigene Sprache (toskischer Dialekt) und die orientalischen Riten der römisch-katholischen Kirche bewahrt hat. Die Stadt ist Sitz eines Bischofs für die in Italien lebenden Albaner (an Festtagen reiche Albanertrachten).

Von Palermo lohnende Fahrt mit dem Schiff (4-6mal wöchentlich in etwa 3 St.) oder mit Tragflügelboot (mehrmals täglich in 1¼ St.) zu der 67 km nördlich gelegenen ehemals vulkanischen Insel **Ústica** (9 qkm; 1100 Bew.; Wein-, Obst- und Ackerbau, die in der *Punta Maggiore* (244 m), dem Rest des Kraterrandes, gipfelt und wegen ihrer landschaftlichen Schönheit immer mehr besucht wird (früher Verbannungsort und Verbrecherkolonie). An der Ostspitze der Insel der einzige Ort **Ustica** (54 m; Hotel Punta Spalmatore, II, 200 B.; Grotta Azzurra, II, 90 B., Sb.; Diana, II, 64 B.; Patrice, III, 74 B.), mit dem

Hafen. Südlich die nur mit dem Boot erreichbaren Felshöhlen *Grotta Azzurra,* die besonders schöne *Grotta dell' Acqua* sowie die *Grotta Pastizza.* Schön auch die Umwanderung der 4,5 km langen und fast 3 km breiten Insel.

Palma de Mallorca
s. bei Mallorca

Palmyra / Tadmor

Syrien.
Höhe: 405 m ü.d.M.
Einwohnerzahl: 4000.

HOTELS. – *Zenobia,* auf dem Ruinenfeld (Voranmeldung ratsam); *Tidmur.*

Die berühmten Ruinen der antiken Oasenstadt **Palmyra, die ursprünglich wie der heute hier gelegene Ort Tadmor (auch Tadmur, Tidmur, Tudmur) hieß, liegen im Norden der Syrischen Wüste in der Landschaft Palmyrene, etwa 160 km östlich von Homs und 230 km nordöstlich von Damaskus, von wo größtenteils gute Straßen nach Palmyra führen (auch Flugverkehr).

Palmyra verdankt seine ehemalige Bedeutung der verkehrsgünstigen Lage am Schnittpunkt der Karawanenstraßen von den syrischen Städten zum mittleren Euphrat, seine heutige Berühmtheit den großartigen Ruinen, die zu den eindrucksvollsten des Vorderen Orients gehören, sowie den Funden zahlreicher 'palmyrischer' Inschriften, die über die reichen Handelsbeziehungen der Stadt berichten und für die aramäische Sprache von großer Wichtigkeit sind.

GESCHICHTE. – **Tadmor,** wie der ursprüngliche Name der Oase lautete, hatte wegen seiner günstigen Lage als Karawanenstation schon früh Bedeutung. Auch das verhältnismäßig erträgliche Klima förderte seine Entwicklung. Ein 'Tadmuräer' wird in einem Vertrag der altassyrischen Handelskolonie in Kanesch aus dem 19. Jahrhundert v. Chr. erwähnt; wenig später erscheint der Ortsname im altbabylonischen Palastarchiv von Mari. – Als bedeutende Handelsstadt wird **Palmyra** (von 'palma' = Palme; der Name kam in hellenistischer Zeit auf) jedoch erst im 1. Jahrhundert n.Chr. genannt. Damals vermittelte es den Handel mit Seide und anderen ostasiatischen Produkten nach dem Westen. Antonius, der als einer der beiden Nachfolger Caesars bei der Teilung des Römischen Reiches (40 v. Chr.) den Osten übernommen hatte, machte 34 v. Chr. einen Streifzug nach Palmyra; aber die Einwohner brachten ihre Reichtümer jenseits des Euphrats in Sicherheit, wo sie in den Parthern gute Freunde hatten. – Wohl erst unter Kaiser Hadrian (117-138) wurde Palmyra in das *Römische Reich* eingegliedert, wobei es den Namen **Hadriana** erhielt; es blieb aber zunächst militärisch und finanziell unabhängig, bis es dann unter Septimius Severus im Jahre 210 römische Kolonie wurde.

Die Blütezeit der Stadt fällt in das 3. Jahrhundert n. Chr., als der von Kaiser Gallienus (253-68) zum

'corrector totius orientis' ernannte Stadtfürst Odenathus den Königstitel annahm und das *Palmyrenische Reich* gründete, das nach seiner Ermordung (267) unter seiner für seinen unmündigen Sohn Wahballat regierenden Witwe Zenobia bis nach Ägypten reichte. Die Regierungszeit der Zenobia, einer bedeutenden, kriegerischen und daneben fein gebildeten Frau, bezeichnet den Höhepunkt der Geschichte von Palmyra; unter ihr fand die griechisch-römische Kultur Eingang wie nie zuvor, und die Stadt wurde mit prächtigen Bauwerken geschmückt. Das Volk sprach noch aramäisch, wie die meisten Inschriften beweisen; aber die Angesehenen verstanden Griechisch und Latein. Die Ausdehnung der Herrschaft Zenobias über Syrien, Mesopotamien und selbst einen Teil von Ägypten und ihr Ehrgeiz (sie ernannte ihren Sohn zum Augustus und legte sich selbst den Titel Augusta zu) führten jedoch ihren Untergang herbei. Kaiser Aurelian schlug ihre Truppen 271 bei Emesa (Homs) und belagerte Palmyra. Zenobia wurde auf der Flucht eingeholt und starb als Gefangene in Rom. Als die Palmyrener sich bald darauf (273) empörten, wurde die Stadt von Aurelian zerstört. Stadtmauer und Sonnentempel wurden zwar wieder aufgebaut, aber der Glanz Palmyras war dahin. – Später hatte es nur noch als Grenzstadt gegen die Wüste Bedeutung, wozu ihr die *Byzantiner* (Justinian; 527-65) Befestigungen anlegten.

Längst waren aber inzwischen die *Araber* in diese Gegend vorgedrungen. Die muslimische Eroberung ging zwar an Palmyra vorüber; aber die Stadt litt 745 unter den Kämpfen der *Omaijaden* und *Abbasiden.* – Dann wurde sie 1089 von einem schweren Erdbeben heimgesucht. Dies und der Wechsel der Karawanenwege beschleunigten den Untergang der Stadt. – Im 15. Jahrhundert siedelten sich Beduinen in den Ruinen von Palmyra an, das in Vergessenheit geriet.

Erst 1678 wurde die Stadt von Mitgliedern der englischen Faktorei in Aleppo wieder neu entdeckt. – 1812 veröffentlichten die Engländer Wood und Dawkins in Paris ihr Buch ''Les ruines de Palmyre autrement dite Tedmor au Désert'', durch das die Aufmerksamkeit der Welt wieder auf die alte Oasenstadt gelenkt wurde. – 1929 begann der französische 'Service des Antiquités', die Ruinen auszugraben. Die Bewohner der Oase, die sich auf der Terrasse des Baal-Tempels angesiedelt hatten, wurden in das neue Dorf Tadmor im Nordosten der Ruinenstätte umgesiedelt. Die Ausgrabungen erbrachten außer der Freilegung der antiken Ruinen zahlreiche Funde von Inschriften in palmyrenischer Schrift und aramäischer Sprache sowie Grabskulpturen, die heute im Nationalmuseum in Damaskus ausgestellt sind.

BESICHTIGUNG DER RUINENSTÄTTE. – Das ****Ruinenfeld,** das von der Säulenstraße durchzogen wird, liegt im Winkel zwischen dem Baal-Tempel, der Straße von Homs und dem Hotel Zenobia.

Als Ausgangspunkt der Besichtigung empfiehlt sich der Baal-Tempel, dessen weitläufige Ruinen auf einer quadratischen Terrasse mit 225 m Seitenlänge stehen. An einem kleinen *Museum* (hauptsächlich Gräberfunde) vorüber gelangt man zu den vor der Westseite des Tempels stehenden ehemaligen *Propyläen,* die von den Arabern im 12. Jahrhundert, als der Tempel zu einer Festung umgebaut wurde, zu einer Bastion gestaltet wurden. Die Seiten des Tempelhofes waren auf drei Seiten von einer Mauer und einer doppelten Säulenhalle umgeben, an der westlichen Eingangsseite mit einer Mauer und einer einfachen, aber höheren Säulenreihe. Erhalten sind noch Säulen des Westtraktes, der Ostseite und (am meisten) an der Südseite; sie tragen korinthische Kapitelle

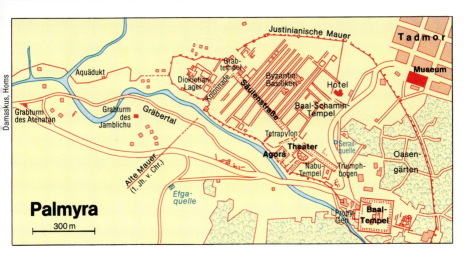

Palmyra

300 m

Damaskus, Homs

Labels on map: Justinianische Mauer · Tadmor · Aquädukt · Grabtempel · Byzant. Basiliken · Hotel · Museum · Diokletian-Lager · Kolonnade · Säulenstraße · Baal-Schamin-Tempel · Grabturm des Atenatan · Grabturm des Jamblichu · Gräbertal · Alte Mauer (1. Jh. v. Chr.) · Efga-quelle · Tetrapylon · Theater · Agorá · Serail-quelle · Nabu-Tempel · Triumph-bogen · Oasen-gärten · Propyläen · Baal-Tempel

und an ihrem unteren Drittel Konsolen, auf denen einst Standbilder aufgestellt waren. Die Löcher in den Schäften wurden vermutlich beim Umbau des Tempels zu einer Festung hineingeschlagen.

In der Mitte der Terrasse steht als eindrucksvolle Ruine der ***Baaltempel** *(Sonnentempel),* der 60 m lang sowie 31 m breit ist und im 1./2. Jahrhundert n. Chr. für die drei Hauptgötter Baal (Bel), Yarhibol und Aglibol erbaut wurde. Die an den Nord- und Südseiten mit Halbsäulen und Pilastern, an der West- und Ostseite mit Fenstern versehene Cella war von einem Peristyl umgeben, dessen Säulen an der Ostseite noch erhalten sind. Die Säulen besitzen keine Kapitelle mehr. Vermutlich wurden diese Kapitelle (aus vergoldeter Bronze) geraubt. Die Löcher in den Cellawänden stammen daher, daß von den Arabern die bronzenen Klammern entfernt wurden, mit denen die Steinquadern zusammengehalten waren. An der Westseite des Tempels das hochragende Eingangsportal.

Nordwestlich vom Baaltempel der um 220 n. Chr. errichtete **Triumphbogen,** der einen großen Mittelbogen und auf jeder Seite zwei kleinere, hintereinander liegende Bogen (wiederaufgerichtet) besitzt. An den Innenseiten der Bogen sind die Relieffriese gut erhalten.

Am Triumphbogen beginnt jetzt die ehemals 1000 m lange ***Säulenstraße,** die ursprünglich bis an den Baaltempel heranreichte. Dieser Teil ist aber verschwunden. Die Säulenstraße ist 11 m breit. Rechts und links befand sich hinter der Kolonnade ein 6 m breiter überwölbter Gang. Die fast 10 m hohen Säulen haben korinthische Kapitelle, die zum großen Teil noch den Architrav tragen. In ihrem oberen Drittel springen Konsolen vor, die einst Statuen trugen. – Gleich links hinter der Säulenreihe stand ein Tempel, der heute nicht mehr näher zu bestimmen ist. – Etwa 100 m hinter dem Triumphbogen auf der rechten Seite eine vorstehende Säule, wo sich der Eingang zu einem weiteren *Tempel,* von dem noch einige Säulen im Winkel stehen, befand.

Weiter in den Kolonnaden links ein Bogen, durch den man zu dem kleinen, in der ersten Hälfte des 2. Jahrhunderts erbauten **Amphi**-

theater gelangt, das im Süden durch eine Säulenreihe abgeschlossen war. Es besitzt eine gut erhaltene Bühnenfront (Wiederherstellung) mit halbrunder Nische und viereckigem Portal in der Mitte. – Von der Südseite des Theaters führte eine Kolonnade südwestlich zur Stadtmauer.

Westlich vom Theater die **Agorá** (Markt), die von einer Mauer und einer Säulenhalle umgeben war. An der Nordseite stehen noch Säulen in voller Höhe; von den übrigen Säulen sind noch die Basen oder die unteren Trommeln erhalten, so daß der Platz einen guten Eindruck von der ursprünglichen Anlage vermittelt. Ein Teil der die Agorá umgebenden Mauer wurde von einem Erdbeben zerstört, so daß heute noch Stein neben Stein liegt.

Von der Agorá wendet man sich wieder nördlich, wo in einem leichten Winkel der Säulenstraße die Basen des ehemaligen *Tetrapylon* zu sehen sind. Auf den vier Sockeln erhoben sich Säulen, die ein Kreuzgewölbe trugen. Von hier schöner Blick zurück auf die Kolonnaden, die durch das Triumphtor abgeschlossen werden. An den Säulen sind die Spuren des Sandes zu erkennen, der in Jahrhunderten den Stein angefräst und geschliffen hat. – Der weiter nach Nordwesten führende Teil der Säulenstraße ist sehr lückenhaft. Rechts und links lagen die Wohnviertel der Stadt, von denen noch einige Straßenzüge zu erkennen sind. – Die Kolonnade führt zu einem aus dem 3. Jahrhundert n. Chr. stammenden **Grabtempel** oder *Grabhaus,* einem für Palmyra charakteristischen Gebäude, das auch in den Nekropolen wieder auftritt. Vom Peristyl dieses Grabtempels stehen noch sechs Säulen. – Die Säulenstraße biegt nun im rechten Winkel nach Süden um und mündet auf einen runden Platz, dessen Anlage aber nur noch an den Basen der Säulen zu erkennen ist.

Westlich dieses Kolonnadenabschnitts liegt ein Gebäudekomplex, bei dem sich vermutlich um ein *Militärlager* aus der Zeit des Kaisers Diokletian handelt. Eine Treppe und eine Säulenhalle führen durch einen Portikus (nicht mehr vorhanden) in einen Ehrenhof, an dessen Westseite sich eine halbkreisförmige Nische befindet. – Die ganze Anlage ist in weitem Bogen von der alten S t a d t m a u e r Justinians umschlossen, in die an der Nordseite ältere Grabtürme als Bastionen eingebaut sind.

Geht man die große Säulenstraße wieder zurück, so sieht man links auf einer kleinen Höhe den *Tempel des Baal Schamin, einen Prostylos, der eines der am besten erhaltenen Bauwerke Palmyras ist und etwa um 130 n.Chr. erbaut sowie in byzantinischer Zeit zu einer Basilika umgestaltet wurde. Unmittelbar nördlich das Hotel Zenobia.

Im Westen, Südwesten und Südosten der alten Stadt erstrecken sich die *N e k r o p o - l e n , mit drei Arten von Grabbauten: dem Grabtempel oder Grabhaus, dem Grabturm (in dem die Sarkophage in Etagen untergebracht wurden) und dem unterirdischen Grab (Hypogäum). Charakteristisch für Palmyra sind die ca. 150 **Grabtürme** im T a l d e r G r ä b e r , durch das die Straße nach Homs bzw. Damaskus führt. Die Herkunft der Grabtürme ist nicht geklärt; doch scheinen Verbindungen zu den persischen Totentürmen und phönikischen Grabbauten (Dana, El Hermel) und den Totentürmen von Dura Europos am Euphrat zu bestehen. Einer der ersten Grabtürme, der in einer Gruppe südlich der Straße am Hang liegt, ist das Grab des Jamlichu (Yambliko), ein 83 n.Chr. errichteter guterhaltener viereckiger Turm, der an der Vorderseite über dem Portal auf halber Höhe Konsolen mit Löwenköpfen hat, darüber ein Fenster, das von einem vorspringenden Gesims überdacht ist. Die Sarkophage konnten in dem Grabturm in fünf Stockwerken an den vier Wänden untergebracht werden. Der Turm selbst ist im Innern nicht unterteilt, so daß die oberen Sarkophage mit Leitern oder Gerüsten an ihre Stelle gebracht werden mußten. An der Straße stehen nach Westen zu noch mehrere derartige Grabtürme in teilweise schlechtem Erhaltungszustand.

Links am Hang befand sich das Hypogäum des Yarhai, ein unterirdisches Grab, das heute im Museum in Damaskus aufgestellt ist. Etwas weiter auf der Straße sieht man rechts das Grab des Ehlabel (103 n.Chr.; von der Höhe des Turms schöne Aussicht), dann links das Grab des Atenatan, eines der ältesten Gräber Palmyras (98 n.Chr.). – In den Nekropolen im Südwesten und Südosten interessante **Grabhäuser,** so eines mit 38 Grabnischen. In der südwestlichen Totenstadt hervorzuheben das Grab der drei Brüder (140 n.Chr.), das 380 Särgen Platz bot und mit mythologischen Szenen, einer Jagdszene sowie Porträts ausgemalt ist, ferner das Grab des Lischamsch (aus dem Jahr 186), das 44 Grabnischen besitzt.

Im Norden der Stadt auf einem Hügel eine **Araberburg,** die im 16. Jahrhundert von dem Drusen-Emir Jajr-eddin Maan erbaut wurde. Obwohl die z.T. gut erhaltenen Mauern der Festung kaum Sehenswertes bieten, ist der Aufstieg (etwas schwierig) wegen der Sicht auf das Ruinenfeld von Palmyra zu empfehlen.

Sehenswert sind außerdem die östlich an die Ruinenstätte anschließenden G ä r t e n des Ortes **Tadmor.** Die oft nur wenige 100 qm großen Gärten sind durch hohe Lehmmauern gegen Sandverwehungen geschützt. Das Wasser der Quelle von Palmyra wird zu bestimmten Zeiten und in bestimmter Menge zu den Gärten geleitet. Dort führt vom Hauptgraben eine Rinne zu jedem Baum, jedem Busch und jeder Pflanze. Hauptsächlich werden Datteln, Oliven, eine kleine Apfelsorte, Mirabellen, Aprikosen und verschiedene Gemüse angebaut. – Im Museum Ausgrabungsfunde aus Palmyra.

Pantelleria

Italien.
Region: Sicilia (Sizilien). – Provinz: Trapani.
Inselfläche: 83 qkm. – Bewohnerzahl: 8500.
(i) **EPT,** Corso Italia 10,
I-91100 **Trapani;**
Telefon: (0923) 27273.

HOTELS. – Francesco di Fresco, II, 181 B.; Punta Fram, mit Dep., II, 170 B.; Punta Tre Pietre, II, 122 B.; Del Porto, II, 86 B.; Mediterraneo, III, 88 B.

SCHIFFSVERBINDUNG. – Fährschiff von Trapani (mehrmals wöchentlich). Linienverkehr (ohne PKW-Transport) von Trapani und Marsala (mehrmals wöchentlich). – FLUGPLATZ.

Die italienische Insel Pantelleria, in der Antike Kossyra genannt, liegt südlich der Westspitze von Sizilien. Ihre mit 836 m größte Höhe erreicht sie in der Montagna Grande, einem vulkanischen Gebirgsstock.

Die vorwiegend felsige Küste bietet gute Möglichkeiten für Unterwassersport; wegen der zahlreichen radioaktiven Quellen wird die Insel auch zu Heilkuren besucht.

Der Inselhauptort **Pantelleria** (20 m; 5500 Einw.) besitzt eine alte Festung und einen kleinen Hafen. – Rund 3 km südwestlich die Reste der Steinzeitsiedlung Mursia; in der Nähe einige 'Sesi' genannte megalithische Steingräber. – Lohnend ist eine Bootsfahrt entlang der Küste (Grotten).

Paros *(Páros)*

Griechenland.
Nomos: Kykladen.
Inselfläche: 194 qkm. – Bewohnerzahl: 7500.
Telefonvorwahl: 0284.
(i) **Touristenpolizei,**
Apovatna;
Telefon: 21673 (nur im Sommer).

HOTELS. – In P á r o s : Xenia, II, 44 B.; Alkyon, III, 26 B.; Argo, III, 83 B.; Argonaftis, III, 27 B.; Asterias, III, 50 B.; Georgy, III, 43 B.; Hermes, III, 36 B.; Páros, III, 22 B.; Stella, III, 38 B. – In A l y k í : Angeliki, III, 26 B. – In D r y ó s : Annezina, III, 26 B.; Avra, III, 18 B.; Julia, III, 23 B.; Ivi Hebe, III, 23 B. – In M á r p i s s a : Logaras, III, 16 B. – In N á u s s a : Hippocambus Bungalows, II, 94 B.; Naussa, II, 19 B.; Ambelas, III, 32 B.; Atlantis, III, 40 B.; Galini, III, 22 B.; Mary, III, 66 B.; Minoa, III, 48 B.; Piperi, III, 16 B. – In P í s s o L i v á d i : Marpissa, II, 21 B.; Leto, III, 28 B.; Lodos, III, 20 B.; Pisso Livadi, III, 24 B.; Vicky, III, 28 B.

BADESTRÄNDE bei Páros, Drýos, Náussa und Písso Livádi.

VERKEHR. – Páros liegt an der Kykladenlinie Piräus – Sýros – Páros – Náxos – Santórin. – Bootsverkehr nach Antíparos. – Inselbusse.

Páros, im Altertum berühmt durch den parischen Marmor, ist als die mildere Schwester der größeren Nachbarinsel Náxos eine der schönsten griechischen Kykladeninseln.

GESCHICHTE. – Auf dem Stadthügel des Hauptortes fanden sich Zeugnisse einer Besiedlung seit der Kykladenkultur des 3. vorchristlichen Jahrtausends. Im 2. Jahrtausend wurde die Insel von mykenischen, im frühen 1. Jahrtausend von ionischen Griechen besiedelt. Die Blütezeit lag im 8.-6. Jahrhundert v. Chr. Im 7. Jahrhundert v. Chr. gründete Páros eine Kolonie auf der Insel Thássos. Einer der Teilnehmer war der Dichter Archilochos (etwa 680-640 v. Chr.), der später als Heros verehrt wurde. Der Goldreichtum von Thássos erhöhte den Wohlstand der Mutterinsel, der sich auf den parischen Marmor gründete. Mit den Perserkriegen ging die politische Bedeutung der Insel zurück, doch gründete sie 385 v. Chr. die Kolonie Pharos (= Hvar) an der Adria. In römischer Zeit war die Marmorgewinnung kaiserliches Hoheitsrecht. In frühbyzantinischer Zeit war Páros wohlhabend genug, um große Kirchenbauten zu realisieren, doch wurde es im 9. und 10. Jahrhundert n. Chr. von sarazenischen Piraten geplündert und dezimiert. 1207 fiel es an das Herzogtum Náxos, 1389-1537 war es naxischer Lehensstaat unter den Sommaripa und dann bis zum griechischen Freiheitskampf türkisch.

SEHENSWERTES. – Der Inselhauptort **Páros** (volkstümlich *Paríkia,* 2000 Einw.) liegt an der Stelle der antiken Hauptstadt an einer flachen Bucht der Westküste. Vom *Hafen* gelangt man an einer Windmühle vorbei zu einem ge-

Fischerhafen von Paros

räumigen Platz. An einem Brunnen von 1777 führt rechts eine Straße zur mittelalterlichen *Burg,* die 1266 auf dem alten Stadthügel erbaut wurde, großenteils aus antiken Architekturbruchstücken. Man sieht u.a. Teile eines schönen Rundbaus des 4. Jahrhunderts v. Chr., als Apsis der Burgkapelle wiederverwendet, sowie in den benachbarten Gassen Fragmente von einem archaischen *Tempel.* Sie gehen auf die Zeit des naxischen Tyrannen Lygdamis (um 540 v. Chr.) zurück und haben dieselben Maße wie der gleichzeitige Tempel auf der Halbinsel Sto Palati auf Naxos. Durch enge Gassen gelangen wir von

hier aus zur *Konstantinskirche* an der höchsten Stelle (malerische Arkaden). Hier lag der Kern der alten Siedlung, deren prähistorische Reste wieder zugeschüttet sind, wohingegen Fundamentreste des genannten archaischen Tempels unmittelbar nördlich der Kirche zu sehen sind.

Hauptsehenswürdigkeit der Stadt ist die **Kirche Panagía Ekatontapylianí.* Durch die Restaurierung der sechziger Jahre hat sie wieder ihr ursprüngliches Aussehen erhalten. Der weiße Verputz und zahlreiche Anbauten, die dem Bau das Aussehen einer typischen Kykladenkirche gegeben hatten, sind entfernt worden; man sieht das unverputzte Mauerwerk der Entstehungszeit (5.-6. Jh.) und einer Renovierung im 10. Jahrhundert. Der Name Ekatontapylianí (= die Hunterttorige) stammt von einer als wundertätig angesehenen Marienikone und wird für die gesamte Kirche erst seit dem 18. Jahrhundert verwendet; er leitet sich ab von dem älteren Namen Katapolianí (= bei der Stadt).

Bevor man den KIRCHENKOMPLEX betritt, fallen (links) antike *Sarkophage* auf, die bei ihrer Wiederverwendung mit späteren Reliefs versehen wurden. Durch das A t r i u m mit seinen weißgekalkten Arkaden betritt man die **Hauptkirche,** eine dreischiffige Emporenbasilika mit Zentralkuppel aus der Zeit Kaiser Justinians (6. Jh.). Unter dem Fußboden fanden sich Säulen eines älteren christlichen Baus und darunter die Reste eines großen römischen Hauses mit einem Heraklesmosaik (jetzt im Museum). Auffallend die Anordnung verschiedenfarbiger Steinblöcke im *Chorgewölbe.* Zur alten Ausstattung gehören auch die **Cherubim* in zwei der Kuppelzwickel. Hinter der neueren **Bilderwand* stehen ein von antiken Säulen getragener *Ciboriumsaltar,* ein *Seitenaltar* ebenfalls aus antikem Material und in der Apsis die **Bischofs- und Priestersitze* (Synthronon).

Vom linken Querhausarm kommt man in die dreischiffige **Seitenkirche,** die auf das 5. Jahrhundert zurückzugehen scheint. Auch sie hat, hinter der Ikonostasis von 1611, ein Synthronon. – Vom rechten Querhausarm der Hauptkirche geht eine Tür zum **Baptisterium** (6. Jh.), gleichfalls eine dreischiffige Basilika. Im Altarraum steht das kreuzförmige originale **Taufbecken.*

Unmittelbar südlich der Kirchenanlage führt eine Straße an einer Schule vorbei zum *Museum* (Hinweisschild), dessen Funde von frühen Kykladenidolen bis in die Spätantike reichen (u.a. ein **Apollon-Artemis-Relief* sowie ein **Herakles-Mosaik).*

Der Norden von Páros (11 km; Autobus). – 2 km östlich vom Hauptort sehen wir links der Straße die **Tris Ekklisíes,** die Ruine einer christlichen Basilika (Anfang 7. Jahrhundert), für welche man ältere Bauglieder wiederverwendet hat. Eine hier gefundene Inschrift besagt, daß in diesem Gelände das Grab des Archilochos war (Funde im Museum). – Bei der Weiterfahrt liegt rechts am Berg das 1657 gegründete, im 19. Jahrhundert restaurierte **Kloster Langovárdas,** eines der wenigen nicht geschlossenen Klöster der Insel und Sitz einer Malerschule. – **Náussa** liegt an einer weiten, sehr reich gegliederten Bucht der Nordküste und ist eine typische weiße Kykladenstadt.

Der Osten und Süden der Insel (20 km). – Verläßt man den Hauptort südostwärts, so gibt es bei 3,5 km rechts einen Fußweg zu den **antiken Marmorbrüchen** (Wegweiser an der Abzweigung von der Fahrstraße). An verlassenen Fabrikgebäuden vorbei erreichen wir zwei Eingänge zu den Marmorstollen. Links vom zweiten Eingang ein *Nymphenrelief* an der Felswand. Der parische Marmor zeichnete sich durch hohe Lichtdurchlässigkeit aus. – Über das sehr schöne Bergdorf **Léfkes** mit seiner neueren Hauptkirche Agía Tríada (10 km) und **Márpissa** (15 km) kommen wir zum kleinen Hafen- und Badeort **Písso Livádhi** (16 km), von hier aus noch nach **Dryós** (20 km) mit feinem Sandstrand. Auf dem Rückweg kann man von Márpissa über Náussa nach Páros fahren.

Fußwanderung zum Delion (1 St.). – Man geht um die Bucht des Hauptortes bis zu einer kleinen Kapelle und steigt dann auf steinigem Weg in nördlicher Richtung an. Auf einem Hügel liegt der ummauerte **Grabungsbezirk**. Man findet einen urtümlichen *Felsaltar* inmitten der Fundamente eines *Temenos*, außerdem Fundamente von einem *Tempel* des 6. Jahrhunderts v. Chr. für die Gottheiten von Delos, Leto und ihre Kinder Apollon und Artemis. Die *Aussicht auf die Kykladen nördlich von Páros ist umfassend. In der Nähe gibt es die Reste von einem *Aphrodite-Heiligtum*.

Zur Nachbarinsel Antíparos. – Ein Motorboot bringt den Besucher über den schmalen Sund zu dem Ort **Antíparos** an der Nordspitze der gleichnamigen 34 qkm großen Insel. Entlang der Ostküste fährt man südwärts bis zur Bucht *Ákra Akakós*, von wo man in 20 Min. eine Tropfsteinhöhle erreicht.

Pašman s. bei Zadar

Patmos *(Pátmos)*

Griechenland.
Nomos: Dodekanes.
Inselfläche: 34 qkm. – Bewohnerzahl: 2430.

HOTELS. – *Patmion*, II, 42 B.; *Xenia*, II, 62 B.; *Astoria*, III, 26 B.; *Chris*, III, 48 B.

BADESTRAND. – U.a. an der Bucht von Kámbos im Nordteil der Insel.

VERKEHR. – Pátmos liegt an den Schiffsrouten Piräus–Rhódos und Rhódos–Sámos. Bootsverkehr mit den Nachbarinseln Lipsi und Arki.

Pátmos, felsig zerklüftete nördlichste griechische Dodekanesinsel vulkanischen Ursprungs, vielleicht der Kraterrand eines erloschenen Vulkans, mit reich gegliederter Küste, liegt südlich von Sámos und südöstlich von Ikaría in der östlichen Ägäis.

Patmos gilt seit dem Mittelalter als Insel des Evangelisten Johannes, der hier im Jahre 95 n. Chr. als Verbannter gelebt und die Apokalypse geschrieben haben soll.

GESCHICHTE. – Das antike *Patmos* war zunächst dorisch, später ionisch besiedelt und trug ein Heiligtum der Artemis. Wirtschaftlich und politisch bedeutungslos, blieb die frühe Geschichte der Insel weitgehend unbekannt. Wie die kargen Nachbarinseln war Patmos den Römern Verbannungsort und dürfte im frühen Mittelalter verlassen und öde gewesen sein. – Mit der Flucht des Abtes Christodulos aus Kleinasien und der Verlegung seines Klosters vom Latmos-Berg bei Milet nach Patmos im Jahre 1088 n. Chr. begann für die Insel eine neue, von Kirche und Geistesleben geprägte, de facto autonome Geschichte; durch Schenkungen zu Reichtum und Einfluß gelangt, überstand die mit weitreichenden Privilegien und eigenen strengen Gesetzen (Typikon) ausgestattete Klosterinsel die 250 Jahre währende Türkenherrschaft, die sich für sie auf eine jährliche Tributpflicht beschränkte. – Patmos steht seit 1946 unter Denkmalschutz.

SEHENSWERTES. – Die Insel besteht aus drei durch schmale Isthmen verbundenen Teilen. Der lebhafte Hafenplatz *Skala* befindet sich in der tiefsten Bucht der Ostseite; von hier in 1 St. (auch Autobus) südwestlich aufwärts zum Hauptort **Pátmos** *(Chóra)*, der mit seinen weißen kubischen Häusern auf der höchsten Spitze des Felsens um die *Klosterfestung des Ágios Joánnis Theólogos* (15.-17. Jh.; *Blick) liegt. Die

Johanneskloster auf der Dodekanesinsel Patmos

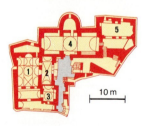

Patmos
Johanneskloster

1 Katholikon
2 Kapelle der Gottesmutter
3 Kapelle des seligen Christodulos
4 Refektorium
5 Küche

ursprünglich 1088 gegründete Anlage ist von hohen Mauern umgeben. Aus dem 12./13. Jahrhundert stammen das Refektorium sowie die Hauptkirche (Fresken des 18./19. Jh.), mit dem Grab des Gründers; in der Bibliothek kostbare Handschriften des frühen Mittelalters und Ikonen; Schatzkammer.

Nördlich von Chora, auf dem steilen *Isthmos Kastelli,* die Festungsruinen (4. Jh. v. Chr.) der antiken Stadt. − Etwa auf halbem Wege von Skala nach Chora biegt links ein Weg zum **Kloster der Apokalypse** (Priesterseminar) über der Grotte des Evangelisten ab; in ihr soll Johannes in der Verbannung gehaust haben (Führung).

Etwa 12 km nordöstlich von Patmos liegt das von einigen Krebsfischern bewohnte kahle Eiland **Arki** (ehem. *Akrite;* 7 qkm; 0-115 m).

Patras / Patrai *(Páträ)*

Griechenland.
Nomos: Achaia.
Höhe: 0-103 m ü.d.M. − Einwohnerzahl: 112000.
Telefonvorwahl: 061.
(i) **E.O.T.,**
Iróon Polytechníu;
Telefon: 420304.

HOTELS. − In P á t r a s : *Acropole,* Agíu Andréu 32, I, 64 B.; *Astir,* Agíu Andréu 16, I, 222 B.; *Moreas,* Iróon Polytechníu, I, 180 B.; *Galaxy,* Agíu Nikoláu 9, II, 98 B.; *Majestic,* Agíu Andréu 67, II, 103 B.; *Delphini,* Iróon Polytechníu 102, III, 135 B.; *El Greco,* Agíu Andréu 145, III, 43 B.; *Esperia,* Zaími 10, III, 39 B.; *Mediterranee,* Agíu Nikoláu 18, III, 166 B.

Westlich von Pátras. − In P a r a l í a P r o s t í u (3 km): *Achaia Beach,* II, 165 B. − In L a k ó p e t r a (31 km): *Ionian Beach,* II, 150 B. − In M e t o c h í (35 km): *Kalórgia Beach,* II, 182 Z.

Östlich von Patras. − In R i o n : *Averof Grand Hôtel,* I, 493 B.; *Rion Beach,* III, 162 B.

CAMPING. − *Agía Pátron* (5 km nordöstlich), *Kamínia* (13 km südwestlich).

VERKEHR. − Fährschiffverbindung mit den italienischen Häfen Ancona und Brindisi, mit den Inseln Kephallinía, Paxí und Kérkyra.

Pátras ist die größte Stadt und der Hauptahafen der griechischen Peloponnes, Hauptstadt von Achaia, Sitz eines Erzbischofs und einer Universität.

SEHENSWERTES. − Der lebendige **Hafen,** die von den Byzantinern im 6. Jahrhundert errichtete, von den Kreuzfahrern im 13. Jahrhundert ausgebaute **Burg,** zu der Treppen hinaufführen (103 m); westlich davon ein römisches **Odeon** (Odós Sotiriádhis 22) und das **Museum** (Odós Mésonos) mit mykenischen Grabbeigaben sowie Skulpturen, Mosaiken und Keramik aus griechischer und römischer Zeit. Über einem Demeterheiligtum steht am Westende des Hafens bei der Platía Agíu Andréu die **Andreaskirche** (1836), in der die von Papst Paul VI. zurückgegebene Schädelreliquie des Apostels Andreas aufbewahrt wird (Andreas hatte der Überlieferung zufolge 60 n. Chr. in Patras das Martyrium erlitten).

UMGEBUNG von Pátras. − 6 km nordöstlich der Ort **Rion,** bedeutend durch seine Lage an der engsten Stelle des Golfes von Korinth, den 'Kleinen Dardanellen'. Auf dem nur 2 km entfernten Gegenufer liegt *Antírrhion.* Die Kastelle beider Orte kontrollierten einst die Durchfahrt. Heute besteht hier eine wichtige Fährverbindung zwischen dem Festland und dem Peloponnes (s. dort).

Paxoi / Paxi *(Paxí)*

Griechenland.
Nomos: Korfu (Kerkyra).
Inselfläche: 2 qkm. − Bewohnerzahl: 2200.
(i) **E.O.T. Korfu,**
Odós Arseníu 35,
Kérkyra *(Korfu);*
Telefon: 0661 / 30520.

HOTEL. − *Paxos Beach,* II, 54 B.

VERKEHR. − Schiffsverbindung mit Kerkyra (Korfu) und Patras.

Die kleine, stille griechische Inselgruppe Paxí und Antípaxi liegt unmittelbar südlich von Korfu im Ionischen Meer. Die Orte Paxí (im Südosten) und Lákka (im Norden) auf der Hauptinsel sind durch eine Straße verbunden. Im Südosten gibt es Schwefelquellen. Die Inseln bieten schöne Badebuchten und vorzügliche *Tauchreviere.

Wichtigster Erwerbszweig sind Landwirtschaft (Olivenöl) und Fischfang. − Auf Inseln vor dem Haupthafen **Paxí** *(Gaios;* 500 Einw.) eine venezianische Festung sowie das ehemalige Kloster Panagía (Pilgerfahrt am 15. August). − An der Südküste die *Meeresgrotte Ipapanti* (Seelöwen).

Südöstlich von Paxi liegt die kleinere felsige 'Schwesterinsel' **Antípaxi** (nur 6 qkm groß; 0-107 m; 100 Bew.; Landwirtschaft und Fischfang), mit schönen Stränden.

Pelagische Inseln / Isole Pelagie

Italien.
Region: Sicilia (Sizilien). − Provinz: Agrigento.
(i) **EPT,** Viale della Vittoria 255,
I-92100 **Agrigento;**
Telefon: (0922) 26926.

HOTELS. − Auf L a m p e d u s a : *Baia Turchese,* II, 94 B.; *Le Pelagie,* III, 24 B.

SCHIFFSVERKEHR. − Linienschiff (keine Kfz-Beförderung) von Porto Empedocle (mehrmals wöchentlich).

Die Inseln Lampedusa, Linosa und Lampione, als Gruppe Pelagische Inseln, italienisch Isole Pelágie genannt, liegen südwestlich von Sizilien, nur etwa 120 km von der nordafrikanischen Küste entfernt. Lampedusa und Linosa haben sich in den letzten Jahren zu beliebten Ferienplätzen entwickelt; Lampione ist unbewohnt.

Lampedusa, die Hauptinsel der Gruppe, umfaßt eine Fläche von 20 qkm und wird von rund 4000 Menschen bewohnt. Die meist felsige Küste bietet gute Tauchsportreviere. Im Inneren der Insel sind Spuren aus der Bronzezeit und der Megalithkultur zu sehen. Haupterwerbszweige der Inselbevölkerung sind Ackerbau und Fischfang. Die relativ wasserarme Insel wird im Sommer durch Tankschiffe versorgt.

Linosa, 40 km nordöstlich von Lampedusa, ist 5,5 qkm groß. Das aus vulkanischem Gestein aufgebaute Eiland erreicht im *Monte Vulcano* 195 m Höhe. Die Insel besitzt keine Süßwasserquellen.

Lampione, mit nur etwa 3 ha Fläche die kleinste der Pelagischen Inseln, liegt 18 km westlich von Lampedusa, ist unbewohnt und trägt ein Leuchtfeuer.

Pelješac

Jugoslawien.
Teilrepublik: Kroatien (Hrvatska).
Bewohnerzahl: 3000. – Telefonvorwahl: 050.
(i) **Turistički ured Orebić,**
YU-50250 Orebić,
Telefon: 83014.
Trpanj und Ston:
Auskunft in den Hotels.

HOTELS. – In Ston: *Adriatic,* 57 B. – In Trpanj: *Faraon,* 224 B. – In Orebić: *Orsan,* II, 196 B.; *Rathaneum,* II, 192 B., mit Dependance, 52 B.; *Bellevue,* II, 138 B., mit Dependance, II, 84 B.

CAMPINGPLATZ. – *Broce,* bei Ston.

VERKEHR. – Boote verkehren regelmäßig von vielen Hotels in Orebić aus hinüber zu der berühmten Insel-Stadt.

AUTOFÄHREN. – Orebić–Korčula; Trpanj–Ploče; Trpanj–Drvenik. Außerdem Personenschiffe Orebić–Dubrovnik.

Die dalmatinische Halbinsel Pelješac, im äußersten Südosten nur durch eine schmale Landzunge mit dem jugoslawischen Festland verbunden, liegt nordwestlich von Dubrovnik gegenüber der Neretva-Mündung.

GESCHICHTE. – Den als früheste Bewohner bekannten Illyrern folgten griechische Kolonisatoren. In der Römerzeit hieß Pelješac *Rhatanae Chersonesus* – jedenfalls wird es unter diesem Namen von Plinius d.Ä. erwähnt. Nach dem Untergang des Weströmischen Reiches kam die Halbinsel zu Byzanz. Im 9. Jahrhundert besetzte der slawische Stamm der Neretvaner die Gegend. Zwischen 1343 und 1808 gehörte Pelješac zur Stadtrepublik von Dubrovnik (Ragusa), die den Ort Ston am Übergang vom Festland zur Halbinsel, wo schon in römischer Zeit ein Castrum bestand, zu ihrem stark bewehrten Vorposten ausbaute. 1490 wurde in Mali Ston sogar ein Kriegshafen für Schiffe aus Dubrovnik fertig. In dem Maße, in dem später die strategische Bedeutung von Ston schwand, wuchs das Ansehen des an der Einfahrt zum Kanal von Korčula gelegenen Städtchens Orebić. Im 16. Jahrhundert erhielt es seinen Namen von einer Seekapitänsfamilie aus

Bakar. Seine Blüte erlebte Orebić zwischen dem 18. und Mitte des 19. Jahrhunderts, als die in der Stadt ansässigen Reeder mit ihren Schiffen Waren zwischen dem Osmanenreich und Häfen in ganz Westeuropa transportierten.

In **Veliki Ston** die einstige Kanzlei der Republik Dubrovnik im gotischen Stil, der gotische Palast Sorkočević und das einstige Bischofspalais von 1573. Ferner das Franziskanerkloster mit einem Kreuzgang im Stil der süditalienischen Gotik und die spätromanische Kirche des hl. Nikolaus (in ihrer Sakristei ein großes bemaltes Kruzifix, silberne Meßbuchdeckel, eine gotische Holzstatue des hl. Nikolaus u.a.). In der Hafensiedlung **Mali Ston** die Große Mauer und das Seetor von 1335.

Trpanj ist der Hafen im Norden, in dem die Autofähren von Ploče anlegen. Auf dem Berg oberhalb der Bucht eine mittelalterliche Festungsruine, daneben ein teilweise erhalten gebliebenes römisches Badebecken.

Die Pelješac durchziehende Straße wechselt nun von der Nord- zur Südküste, um dem höchsten Berg der Halbinsel auszuweichen, dem 961 m hohen *Sveti Ilija.* Ein bequemer Fußweg führt von Orebić aus in etwa 4 Stunden auf den aussichtsreichen Gipfel (Schutzhütte).

Orebić hieß früher Trstenica und war unter der Herrschaft der Republik Dubrovnik (1343-1806) Sitz eines eigenen Rektors, während heute das Gemeindegebiet zur gegenüberliegenden Kommune Korčula gehört. Das Gesicht des Ortes prägen die ansehnlichen Villen. Sehenswert ist das Marinemuseum, mit alten Seekarten, Navigationsgeräten und Bildern. Die Sammlung zeigt besonders viele Stücke aus den Jahrzehnten, als die Segler den Dampfschiffen weichen mußten. Weitere Dokumente der Seefahrt enthalten die privaten Sammlungen der Kapitänsfamilien Fisković und Župa, die ebenfalls dem Publikum zugänglich sind. – 2 km westlich von Orebić ein Franziskanerkloster von 1470. Oberhalb eine gotische Muttergotteskirche und neben ihr antike Sarkophage sowie einige uralte Zypressen. Außerdem die Reste der ehemaligen Residenz des Dubrovniker Rektors. Von diesem Punkt aus besonders schöne *Aussicht.

Peloponnes / Peloponnesos
(Pelopónnissos)

Griechenland.
Nomi: Korinth, Achaia, Elis, Arkadien, Argolis, Messenien und Lakonien.

ⓘ **Griechische Zentrale**
für Fremdenverkehr (E.O.T.),
Odós Amerikís 2,
Athen;
Telefon: (01) 3 22 31 11.

HOTELS. – In K y l l í n i : *Xenia*, I, 160 B.; *Glarentza*, III, 58 B.; *Ionion*, III, 45 B.; *Xenia*, III, 150 B. – In P ý r g o s : *Alcestis*, III, 56 B.; *Letrina*, III, 96 B.; *Olympos*, III, 71 B. – In O l y m p i a : *Amalia*, I, 272 B.; *Spap*, I, 97 B.; *Apollon*, II, 54 B.; *Neda*, II, 75 B.; *Neon Olympia*, II, 59 B.; *Xenia*, II, 72 B.; *Xenios Zeus*, II, 72 B.; *Ilis*, III, 106 B.; *Kronion*, III, 41 B. – In P ý l o s : *Nestor*, II, 30 B.; *Kastro*, II, 19 B.; *Galaxy*, III, 62 B.

In K a l a m á t a : *Filoxenia*, II, 224 B.; *Rex*, II, 96 B.; *Achillion*, III, 27 B.; *America*, III, 38 B.; *Elite*, III, 94 B.; *Galaxis*, III, 52 B.; *Valassis*, III, 70 B. – In G ý t h i o n : *Lakonis*, I, 148 B.; *Belle Helene*, II, 180 B.; *Laryssion*, III, 150 B.; *Pantheon*, III, 99 B. – In M o n e m v a s í a : *Monemvasía*, II, 18 B.; *Minoa*, III, 30 B. – In N a u p l i a : *Xenia's Palace*, L, 108 B.; *Amphitryon*, I, 80 B.; *Xenia*, I, 98 B.; *Agamemnon*, II, 74 B.; *Alcyon*, III, 35 B.; *Amymoni*, III, 32 B.; *Dioscuri*, III, 93 B.; *Galini*, III, 72 B.; *Helena*, III, 60 B.; *Nafplia*, III, 74 B.; *Park*, III, 131 B.; *Rex*, III, 94 B.; *Victoria*, III, 69 B. – In P ó r t o C h é l i : *Hinitsa Beach*, I, 385 B.; *PLM Porto Heli*, I, 404 B.; *Apollo Beach*, II, 282 B.; *Galaxy*, II, 325 B.; *Giuli*, II, 310 B.; *Thermissia*, II, 166 B.; *Ververoda*, II, 463 B.; *Rozos*, II, 44 B.; *Limani*, II, 20 B.

Die *Peloponnes, der südlichste Teil des griechischen Festlandes, mit dem sie nur durch den Isthmus von Korinth zusammenhängt, ist eine Halbinsel, wird aber seit dem Altertum als Insel, die des Pelops, angesehen.

MYTHOS und GESCHICHTE. – Pelops aus dem Geschlecht des Tantalos kam in das Land, besiegte den König Oinomaos von Pisa im Wagenrennen, heiratete dessen Tochter Hippodameia und gewann damit die Herrschaft. Als Leichenfeier zu seinen Ehren begannen die Wettkämpfe von Olympia. Seine Nachkommen – die Pelopiden oder Atreiden –

herrschten in Mykene und Sparta. – Zunächst von vorgriechischer Bevölkerung bewohnt, im 2. Jahrtausend v. Chr. Kern der mykenischen Welt, im 1. Jahrtausend v. Chr. weithin vom dorischen Staat von Sparta bestimmt, ist die Peloponnes ein an mythischer wie geschichtlicher Überlieferung reiches Land, zu dessen Bild auch spätere Zeiten beigetragen haben. So siedelten sich im Mittelalter auf dem Land Slawen an, während die Städte durchweg griechisch blieben. Nach 1204 zunächst ganz im Besitz fränkischer Ritter, wurde bald Mystrás zum Ausgangspunkt byzantinischer Rückeroberung. 1453 kamen die Türken, gegen die 1821 auf peloponnesischem Boden der Freiheitskampf der Griechen begann.

Ausgedehnte *Strände an der Westküste, am Golf von Korinth, bei Nauplia und an der östlich davon gelegenen Halbinsel haben die Peloponnes zu einem bevorzugten Feriengebiet werden lassen, das die Gelegenheit zur Erholung mit der Aufforderung zur Begegnung mit der Geschichte auf ideale Weise verbindet.

Patras s. dort.

Kyllíni auf der gleichnamigen Halbinsel im Nordwesten der Peloponnes liegt an der Stelle des alten Frankenhafens *Glarentza* und wird südlich von dem Vorgebirge *Chelonatas* überragt, auf dem sich, noch weiter im Süden, die Ruine der aus dem 13. Jahrhundert stammenden Frankenburg *Chlemutsi* erhebt (Aussicht). – Im Süden der Halbinsel der kleine Badeort *Lutrá Kyllínis* mit weitem Sandstrand.

Pýrgos (23 m; 23 000 Einw.) wird als Ausgangspunkt für Fahrten nach Olympia besucht. – Der Hafen von Pýrgos ist **Katákolo** (13 km; Sand- und Kiesstrand) an der Stelle des antiken Hafens *Pheia*, über dessen Akropolis die Villehardouins im 13. Jahrhundert eine Burg (Póndiko Kástro) errichteten. Gute Bademöglichkeiten gibt es nördlich von Katákolo in Richtung Kyllíni.

Reste des Heraions im Heiligen Bezirk von Olympia auf der griechischen Peloponnes

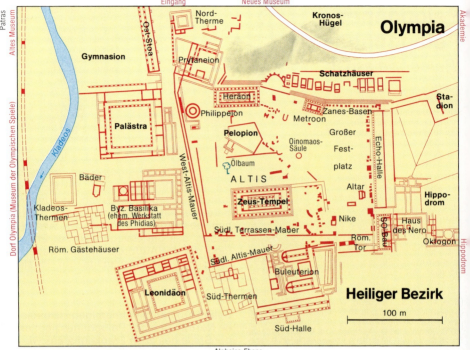

Alpheios-Ebene

**Olympia (35 m), die Heimat der Olympischen Spiele, liegt mit seinem Ruinenfeld 21 km landeinwärts von Pyrgos an der Einmündung des *Kladeos* in den *Alpheios.*

BESICHTIGUNG DER RUINENSTÄTTE. – Auf dem linken Kladeosufer befindet sich unweit der Brücke der Eingang zum ****Heiligen Bezirk.** Gleich rechts neben der Rampe, die zum ausgegrabenen Gelände hinabführt, erstreckt sich das **Gymnasion,** der Übungsplatz der Leichtathleten (2. Jh. v. Chr.), und südlich anstoßend die **Palästra** (3. Jh. v. Chr.), das Trainingszentrum der Ringkämpfer. Der schön gefügte Mauersockel weiter südlich, der später den hohen, die umliegenden Ruinen weit überragenden Backsteinmauern der *Byzantinischen Kirche* als Fundament diente, gehörte ursprünglich zu der **Werkstatt des Phidias.** Ganz im Südwesten liegt das sogenannte *Leonidäon* (4. Jh. v. Chr.), in dessen um einen Hof gruppierten Räumen bevorzugte Gäste beherbergt wurden. – Östlich dieser Gebäudekomplexe erstreckt sich der von einer niedrigen Mauer umschlossene heilige Hain, die *Altis.* An deren Nordwestrand erhob sich das *Prytaneion,* der Sitz der Heiligtumsverwaltung, und in seiner Nähe am Fuß des Kronoshügels das **Heräon,** einer der ältesten griechischen Tempel (um 600 v. Chr.) mit 6 zu 16 Säulen, von denen vier wieder aufgerichtet wurden. Nach Osten schließt sich hier unmittelbar das *Nymphäum* des Herodes Atticus, eine ursprünglich mit Statuen (im Museum) geschmückte Brunnenanlage (um 160 n. Chr.), an. Danach auf einer Terrasse am Fuße des Kronoshügels die Fundamente der ***Schatzhäuser,** die im 6. und 5. Jahrhundert v. Chr. von teilweise weit entlegenen Städten (z.B. Byzanz oder Syrakus) als Hort

für Weihegeschenke errichtet wurden. Unterhalb der S c h a t z h a u s t e r r a s s e liegt das *Metroon,* der Tempel der Göttermutter (4. Jh. v. Chr.), der in römischer Zeit dem Kaiserkult diente. Am Ende der Schatzhausterrasse führt ein überwölbter Zugang zum **Stadion,** das die Archäologen in der Gestalt des 4. Jahrhunderts v. Chr. rekonstruiert haben. Ablauf und Ziellinie liegen 192,27 m auseinander. Auf den einfachen Erdwällen fanden etwa 50 000 Zuschauer Platz. Vor dem Stadion bildete die *Echohalle* (4. Jh. v. Chr.) den architektonischen Abschluß des Heiligtums. In ihrer Verlängerung lag der sogenannte *Südostbau,* das Heiligtum der Herdgöttin Hestia (6. Jh. v. Chr.), in dessen Gelände man im 1. Jahrhundert n. Chr. unter Kaiser Nero eine Villa errichtete. Die Südgrenze der Altis bildete die sogenannte *Südhalle* (4. Jh. v. Chr.). Nördlich vor ihr liegt das *Buleuterion* (6.-5. Jh. v. Chr.) mit zwei von Apsiden geschlossenen Trakten. Hier tagte der Olympische Rat, und hier wurden die Athleten vereidigt. Im Mittelpunkt des Heiligen Bezirks erhebt sich der dreistufige Sockel vom ***Zeustempel** (472-456 v. Chr.). Mit 6 zu 13 Säulen gilt dieser Bau als Musterbeispiel klassisch dorischer Architektur. Er enthielt die über 12 m hohe, aus Gold und Elfenbein gefertigte Zeusstatue des Phidias (um 430 v. Chr.), die zu den 7 Weltwundern zählte. Zwischen Zeustempel und Heräon liegt das *Pelopion,* der Bezirk des mythischen Königs Pelops, und in seiner Nähe das *Philippeion,* ein Rundtempel, der im 4. Jahrhundert v. Chr. von Philipp II. und Alexander d. Gr. als Denkmal des makedonischen Herrscherhauses errichtet wurde.

Neue Grabungen (unter deutscher Leitung) haben südlich des Heiligen Bezirkes eine relativ gut erhaltene *römische Badeanlage* freigelegt. – In der Nähe des Grabungsgeländes die *Internationale Olympische Akademie* sowie das besuchenswerte ***Neue Museum;** im Dorf das *Museum der Olympischen Spiele.*

Pýlos (4000 Einw.) an der schönen *Bucht von Navarino* ist bekannt durch den mykenischen Helden Nestor, dessen durch die Mythologie bekannter *Palast bei dem Ort *Epáno Englianós*

Pylos

Palast des Nestor

1 Propylon (Eingang)	5 Megaron
2 Archivräume	6 Alter Palast
3 Hof	7 Vorratsräume
4 Gästeräume	8 Werkstätten

(etwa 25 km nördlich) ausgegraben wurde. – Die durch den Felsriegel der Insel *Sphaktiría* vom offenen Meer getrennte Bucht war 1827 Schauplatz der Seeschlacht von Navarino, bei welcher der Sieg der Engländer, Franzosen und Russen über die ägyptisch-türkische Flotte entscheidend zur Unabhängigkeit Griechenlands beitrug. – 13 km südlich von Pylos das kleine Dorf **Methóni,** an einer von einem venezianischen *Kastell beherrschten Sandbucht.

Venezianisches Kastell bei Methoni

Kalamáta (25 m; 40000 Einw.), eine Hafenstadt im *Messenischen Golf,* wird überragt von einer Burg der Villehardouins (13. Jh.); an deren Fuß das Konstantinskloster.

Pýrgos Dirú, ein kleiner Ort im Süden der Halbinsel M a n i, des mittleren 'Fingers' der Peloponnes, ist Ausgangspunkt für den Besuch der ***Höhlen von Diros** (5 km südwestlich), mit prächtigen Tropfsteinen. In der Nähe ein Badestrand.

Gýthion (7500 Einw.) am *Lakonischen Golf* war einst der Kriegshafen der Spartaner und ist heute der Hauptausfuhrhafen Lakoniens (Jachtversorgungsstation). Auf dem ins Meer vorspringenden *Larission* (186 m; Aussicht) die Trümmer eines Kastells.

Monemvasía (5-300 m; 5000 Einw.) liegt sehr reizvoll am Fuß eines 300 m hohen, ins Meer hinausragenden Felsklotzes. Im alten Ortsteil ein venezianisches Kastell (*Aussicht), byzantinische Kirchen und Renaissancehäuser.

Nauplia (5-85 m; 9000 Einw.), neugriechisch *Náfplion,* liegt prächtig unter zwei steilen Bergfesten am *Argolischen*

Insel Burdzi vor Nauplia

Golf (Golf von Nauplia). Die Hafenstadt war 1829-34 Sitz der ersten griechischen Regierung. In der Hafenbucht das Inselkastell Burdzi; im Stadtzentrum ein sehenswertes Museum. Die eindrucksvollen, hochgelegenen Festungsanlagen (Akronauplia und Palamídi) können besichtigt werden. – Im Vorort *Prónia* das *Nonnenkloster Agía Moní (Kirche von 1149).

Pórto Chéli, der kleine Hafen an der Südspitze der Argolischen Halbinsel, ist Mittelpunkt eines ausgedehnten Feriengebietes, das im Nordwesten bei *Saládi* beginnt und sich um den ganzen Südostteil der Halbinsel zieht. Porto Cheli hat Flug- und Schiffsverbindung mit Athen.

Epidauros und ***Korinth s. dort.

Porto Cheli

Pergamon / Bergama

Türkei.
Provinz: İzmir.
Höhe: 50-333 m ü.d.M. – Einwohnerzahl: 30000.
Telefonvorwahl: Handvermittlung.
ⓘ **Fremdenverkehrsamt**
Cumhuriyet Caddesi;
Telefon: 409.

UNTERKUNFT. – *Tusan Bergama Motel,* M I, 84 B.;
Afacan Motel, M II, 29 B.

STRÄNDE. – Nördlich Ayvalık auf der Halbinsel Sa-
rımsaklı, vorgelagert die Insel Alibey und kleinere
Inseln (Tauchrevier). Südlich der Fischerhafen
Dikili.

**Die berühmte antike Stadt **Pergamon
liegt z.T. an der Stelle der heutigen türkischen Stadt Bergama etwa 30 km von
der Westküste Kleinasiens in der alten
Landschaft Mysien und war einst die
Hauptstadt des Pergamenischen Reiches, eines der mächtigsten Reiche in
Kleinasien. Die Reste der römischen
Stadt liegen größtenteils unter der
heutigen Stadt, während die griechische Stadt mit den großartigen Ruinen
ihrer Königsburg den in Terrassen abgestuften Abhang und die Kuppe des
östlich über Bergama aufragenden
Berges einnimmt und ein fast einzigartiges Gesamtbild bietet. Der Berg wird
im Osten vom Kestel Çayı (im Altertum
Ketios), im Westen vom Bergama Çayı
(Selinús), der die heutige Stadt durchquert, umflossen.**

Wenn auch Bergama nicht mehr die
große Bedeutung von Pergamon als
Hauptstadt und Handelszentrum eines
großen Reiches und nur noch einen
Bruchteil der damaligen Einwohnerzahl
(160 000) besitzt, zeigt die Stadt doch ein
reges Leben mit Baumwoll- und Leder-
industrie. In der fruchtbaren Umgebung
gedeihen bei dem subtropischen Klima
Baumwolle, Tabak und Wein.

GESCHICHTE. – Pergamon war vom 5. bis zum Anfang des 3. Jahrhunderts v. Chr. eine kleine befestigte Ansiedlung auf der Bergkuppe und gehörte
zunächst wohl persischen Großgrundbesitzern. –
400/399 v. Chr. wurde sie von dem *Griechen* Xenophon besetzt. – Der seleukidische König Lysimachos (305-281) bewahrte in einem Schatz von
900 Talenten (etwa 120 Millionen DM) auf, dessen
Bewachung dem Pontier Philetairos anvertraut war.
Diesem gelang es beim Tod des Lysimachos, den
Schatz für sich zu behalten, gegen alle Angriffe zu
verteidigen und sich schließlich als Herrscher eines
Pergamenischen Reiches unabhängig zu machen
(283-263). Sein Neffe Eumenes I. (263-241) und
dessen Neffe Attalos I. (241-197) verteidigten das
junge Reich erfolgreich gegen die syrischen Könige
und die in Kleinasien eingedrungenen Galater (Kelten), die von jenen in Sold genommen waren. Attalos I. nahm den Königstitel an. Er errichtete, wie
später auch Eumenes II., figurenreiche Sieges-
denkmäler und legte, soviel man weiß, als erster
Sammlungen älterer Kunstwerke an. – Allmählich
vergrößerte sich die Stadt, und ihre Mauer wurde
etwa in halber Höhe des Berges neu gezogen.

Durch den Anschluß an Rom gewann die Dynastie
der Attaliden unter Eumenes II. (179-159) ihre
höchste Macht, ihr Reich die größte Ausdehnung.
Eine neue gewaltige Stadtmauer zog sich am Berg-
fuß entlang. Stadt und Burg wurden mit Prachtbauten geschmückt. Berühmt war die 200000 Bände
umfassende Bibliothek, die durch Antonius nach
Alexandria kam. Auch das Pergament soll in Pergamon erfunden worden sein. Wissenschaftliche
Studien gediehen, Plastik und Malerei gelangten zu
hoher Blüte. – Auf Eumenes folgte sein Bruder Attalos II. (159-138); dessen Neffe, Attalos III. (138-133),
setzte die Römer zu Erben ein. – Nach der Besiegung des Kronprätendenten Aristonikos wurde das
pergamenische Reich zur römischen Provinz Asia.

Unter der römischen Herrschaft wuchs Pergamon
seit Augustus, dem hier ein Tempel errichtet wurde,
in der langen Friedenszeit als unbefestigte Stadt
weithin in die Ebene hinaus. Das Christentum faßte
Fuß, und Pergamon war eine der sieben Kirchen
Kleinasiens (Offenb. 1, 11; 2, 12ff.). – Als in der
zweiten Hälfte des 2. Jahrhunderts n. Chr. die Unsicherheit wuchs, wurde eine Mauer am Berg
gebaut, die höher als die von Eumenes II. verlief und
wenig antikes Material enthielt. – In byzantinischer
Zeit (um 1000) wurde ein noch engerer, bis zu 6 m
dicker und fast ganz aus Werkstücken antiker Bauten hergestellter Mauerring weiter oben gezogen,
der gegen die andringenden *Seldschuken* und *Osmanen* schützen sollte. – Die letzteren besetzten im
14. Jahrhundert die Gegend dauernd, und unter ihnen wurde die Siedlung auf dem Burgberg aufgegeben. Während die antike Stadtanlage zusehends
verfiel, entstand am Südfuß des Berges die heutige
Stadt Bergama.

Die Ruinen des antiken Pergamon dienten ähnlich
wie die Reste der anderen hellenistischen Städte
jahrhundertelang als Steinbrüche für die begehrten
Hausteine und zur Gewinnung von Kalk. Als der
deutsche Ingenieur C. Humann im Winter 1864/65
Pergamon besuchte, fand er noch einige Lese-
stücke. Nachdem er die Antikenabteilung der Berliner Museen für seine Grabungspläne gewinnen
konnte, begann er 1878 in Pergamon mit systemati-
schen Nachforschungen und barg nach kurzer Zeit
11 Hochreliefs sowie 30 Bruchstücke von Relieffriesen. Zusammen mit A. Conze grub er zwischen
1878 und 1886 den Altarbezirk, das Athenaheiligtum, die Paläste des Trajaneums, die Theaterterrasse und den oberen Markt auf der Akropolis aus.
Conze und W. Dörpfeld legten dann zwischen 1900
und 1914 die Mittel- und Unterstadt frei. Weitere
Grabungen seit 1927 führten schließlich zur Entdeckung des Asklepieions. – 1957-68 gruben deutsche Archäologen unter E. Boehringer in Pergamon. Dann fanden deutsche Grabungen an der
Demeter-Terrasse und im Trajan-Tempel statt.

SEHENSWERTES. – Bei der Anfahrt
nach **BERGAMA** am Anfang der Stadt
links die Abzweigung zum *Asklepieion*
(2 km). Rechts in der Ebene drei Grabhügel (Tumuli) aus pergamenischer
Zeit; der etwa 30 m hohe *Maltepe* hat einen Durchmesser von 160 m (ein Gang
führt ins Innere).

Bei der Weiterfahrt rechts ein *Stadion.*
Etwa 600 m hinter der Abzweigung links
an der Straße das *Archäologische Museum,* mit zahlreichen Funden von der
Steinzeit bis zur byzantinischen Zeit
sowie einer Kopie des Pergamonaltars.
– Nach weiteren 300 m links etwas abseits das *Ethnographische Museum,*
von dem ein Sträßchen nördlich durch
das *Basarviertel* von Bergama zum
Seldschukischen Minarett, dem Rest einer im frühen 14. Jahrhundert erbauten

Moschee, führt. – Die Hauptstraße führt vom Ethnographischen Museum nordöstlich durch die Stadt zu der wuchtigen Ziegelsteinruine der *Roten Basilika *(Serapis-Tempel; Kızıl Avlu;* 'Rote Halle'), einem von Kaiser Hadrian (117 bis 138 n. Chr.) errichteten Bauwerk, das vermutlich dem ägyptischen Gott Serapis geweiht war und von den Byzantinern zu einer dem Apostel Johannes geweihten Kirche umgebaut wurde. Während die untere Hälfte des Gebäudes mit Marmorplatten verkleidet war, bestand der Oberbau aus einem lediglich durch Marmorbänder gegliederten Ziegelmauerwerk. Von der leuchtend roten Farbe der Ziegelsteinmauern ist auch der Name 'Rote Basilika' abgeleitet. Von den großen Baumaßnahmen gibt der 35 Tonnen wiegende Marmorblock neben dem Eingang eine Vorstellung.

Das INNERE der Roten Basilika wird von zwei Säulenreihen in drei Schiffe geteilt. Das *Mittelschiff* endete in einer halbkreisförmigen Apsis, unter der sich eine Krypta befand. Über den *Seitenschiffen* zogen sich Galerien hin. – Nach der Zerstörung der Basilika im frühen 8. Jahrhundert durch die Araber wurde innerhalb der Ruine eine kleinere *Kirche* errichtet. – An die Basilika schloß sich westlich ein

weiterer *Hof* (260 x 110 m) an, der auf Tonnengewölben den Bergama Çayı überspannte und von Kolonnaden mit über 200 Säulen gesäumt war.

Die Hauptstraße führt von der Roten Basilika 200 m nordwestlich zu einem am Südostfuß des Burgbergs von **PERGAMON** gelegenen Parkplatz, der den Ausgangspunkt zur Besichtigung der mittleren Stadt und auch der Akropolis bildet. – Man gelangt zunächst zur **Unteren Agorá,** die zu Beginn des 2. Jahrhunderts v. Chr. von König Eumenes II. in Ergänzung zur bereits bestehenden 'oberen Agorá' angelegt wurde. Der 80 x 50 messende gepflasterte Platz war von zweistöckigen Säulenhallen umgeben, in denen die Kaufleute ihre Waren anboten. In der Mitte des Platzes stand seit dem 6. Jahrhundert n. Chr. eine *byzantinische Kirche.* – Nördlich davon erstreckte sich das in drei Terrassen ansteigende **Gymnasion.** Auf der untersten Terrasse stand das *Gymnasion der Kinder* ('paides'; zwischen 6 und 9 Jahren). Auf der mittleren Terrasse erhob sich das *Gymnasion der Epheben* (Jugendliche von 10 bis 15 Jahren). Die oberste Terrasse wurde vom *Gymnasion der Neoi,* der Jünglinge über 16 Jahre, eingenommen, dem ausgedehntesten und schönsten der drei Gymnasien. Um einen Platz von 107 x 90 m zogen sich Kolonnaden mit korinthischen Säulen. In den Säulenhallen waren marmorverkleidete Duschräume, Künstlerateliers und ver-

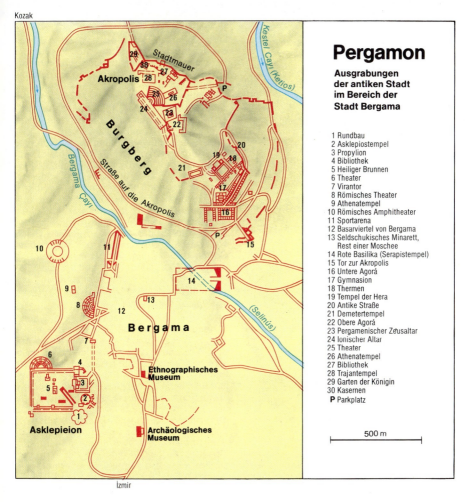

Kozak

Kestel Çayı (Ketios)

Akropolis

Stadtmauer

Burgberg

Bergama Çayı

Straße auf die Akropolis

(Selinus)

Bergama

Ethnographisches Museum

Archäologisches Museum

Asklepieion

İzmir

Pergamon

**Ausgrabungen
der antiken Stadt
im Bereich der
Stadt Bergama**

1 Rundbau
2 Asklepiostempel
3 Propylion
4 Bibliothek
5 Heiliger Brunnen
6 Theater
7 Virantor
8 Römisches Theater
9 Athenatempel
10 Römisches Amphitheater
11 Sportarena
12 Basarviertel von Bergama
13 Seldschukisches Minarett,
   Rest einer Moschee
14 Rote Basilika (Serapistempel)
15 Tor zur Akropolis
16 Untere Agorá
17 Gymnasion
18 Thermen
19 Tempel der Hera
20 Antike Straße
21 Demetertempel
22 Obere Agorá
23 Pergamenischer Zeusaltar
24 Ionischer Altar
25 Theater
26 Athenatempel
27 Bibliothek
28 Trajantempel
29 Garten der Königin
30 Kasernen
P Parkplatz

500 m

schiedene Kulträume untergebracht. – An der Nordwestseite des Marktes stand das *Odeion,* in dem bis zu 1000 Personen den Vorträgen beiwohnen konnten. Der Südwestseite war ein gedecktes *Stadion* von 212 m Länge und 12 m Breite vorgelagert. – Nordöstlich des Gymnasions der Jünglinge lag das *Römische Bad,* das mit seiner Marmorverkleidung, den zahlreichen Standfiguren in den Nischen und den Mosaikböden, unter denen die Heizungsröhren verliefen, eine prächtige Innenausstattung besaß. – In geringer Entfernung nordwestlich vom Römischen Bad stand der *Tempel der Hera,* der während der Herrschaft des Attalos II. in ionischem Stil errichtet wurde und einen schönen Mosaikfußboden besaß.

Die antike Straße, die in einer weiten S-Kurve zur Akropolis hinaufführt (Autostraße nördlich um den Berg herum zum oberen Parkplatz 4 km), erreicht man auf halbem Wege links die Reste des **Demeter-Heiligtums.** Das Heiligtum, das zur Zeit seiner Erbauung im 3. Jahrhundert v. Chr. außerhalb der Akropolis lag und durch starke Mauern geschützt war, gilt als eines der ältesten Bauwerke der Stadt.

Durch das von Apollonia, der Gemahlin des Attalos I., gestiftete *Propylon,* das an den zwei aufrecht stehenden Säulen zu erkennen ist, betritt man den *heiligen Bezirk* mit den Resten des *Demeter-Tempels.* Der Platz wurde im Süden durch eine *Säulenhalle* von 90 x 4 m abgeschlossen, während an der Nord- und Ostseite neunstufige *Tribünen* für die Teilnehmer der hier gefeierten eleusinischen Mysterien lagen. An den Mysterienfeiern, deren Zweck die Stärkung des Glaubens an ein besseres Jenseits war, durften nur Eingeweihte teilnehmen.

Vom Demeter-Heiligtum führt die Straße in einer weiten Rechtskurve bergan zur ****Akropolis.** Diese besteht aus mehreren Terrassen, die sich bogenförmig um das große Theater am südlichen Burghang gruppieren. Am oberen Wegende erreicht man zunächst die **Obere Agora,** die 84 m lang sowie 44 m breit und im Süden und Osten von Säulenhallen gesäumt war. An ihrer Westseite stand ein kleiner *Dionysos-Tempel.* – Über die Agora liegt eine von starken Mauern gestützte trapezförmige Terrasse, auf der sich der berühmte ****pergamenische Zeusaltar** erhob. Von dem zwischen 160 und 180 v. Chr. von Eumenes II. erbauten Altar, dessen maßstabgleiches Modell mit einem Teil des Originalfrieses seit 1902 im Pergamonmuseum in Berlin steht, sind nur die Fundamente zu erkennen.

Über einen Unterbau von 36,4 x 34,2 m erhob sich hufeisenförmig der mit einem 120 m langen und 2,3 m hohen Fries geschmückte Sockel und darüber der allseitig von ionischen Säulen umgebene Oberbau. Eine 20 m breite Treppe führte von der Terrasse durch das offene Geviert zu einer Säulenhalle hinan, die dem Mittelbau der hufeisenförmigen Anlage vorgelagert war. In leidenschaftlich bewegten Ausdrucksformen ist auf dem Sockelfries der Kampf der Götter mit den Giganten dargestellt, der den Sieg des Griechentums über das Barbarentum symbolisiert. Dieser Symbolisierung lag wohl der erfolgreiche Kampf des pergamenischen Reiches gegen die Galater zugrunde. Dagegen stellte der an der Säulenhalle sich entlangziehende Fries die Telephossage und die Abstammung der Pergamener von Herakles dar.

Nördlich des Pergamon-Altars bauen sich stufenförmig noch mehrere von den alten

Burgmauer umschlossene Terrassen auf, die Reste antiker Bauwerke tragen. Die *Burgmauer,* die wohl bereits zur Zeit der pergamenischen Könige angelegt, dann in römischer und byzantinischer Zeit weiter ausgebaut wurde, ist noch gut erhalten. Man betritt diesen Bezirk durch das *Burgtor* an der Ostseite der Mauer. Entlang der nördlichen Mauer sind die spärlichen Ruinen von Palastanlagen zu erkennen, von denen der *Palast des Eumenes II.* besonders erwähnenswert ist. Er gruppierte sich um einen Hof, an dessen Stirnseite zwei Portici von je 22 m Länge standen. – Auf der Terrasse westlich vom *Burgtor* erhob sich der **Athena-Tempel,** ein dorischer Peripteros aus dem 4. Jahrhundert v. Chr., der mit seiner exponierten Lage an der Südseite der Terrasse, wo der Burgberg steil abfällt, und dem an drei Seiten von einer dorischen Säulenhalle umschlossenen weiten Terrassenhof wohl ein sehr schönes Raumbild bot. Östlich vom Tempel eine *Zisterne.* – An die nördliche Säulenhalle des Athena-Tempels schloß sich die um 170 v. Chr. erbaute **Bibliothek** an, die mit 200 000 Bänden (im Gegensatz zu den Pergamentrollen wurden die gefalteten Pergamentbogen Voluminia, d. h. 'Bände', genannt) zu den größten Schriftsammlungen der antiken Welt zählte. Der Bibliotheksbestand wurde später als Geschenk des Antonius an Cleopatra nach Alexandria gebracht. Der Hauptraum der Bibliothek enthielt auch eine Nachbildung der Athena Parthenon von Phidias.

Durch einen Zwischenplatz von der Bibliothek getrennt, erhob sich weiter westlich im Zentrum einer kolonnadengesäumten rechteckigen Terrasse von 100 x 70 m der **Trajan-Tempel,** ein in weißem Marmor aufgeführter korinthischer Peripteros (9:6 Säulen), der während der Regierungszeit Trajans entstand und später einem Erdbeben zum Opfer fiel. Zwei Exedren (Platznischen) an der Nordseite enthielten Standbilder. Von der zum Abhang hin offenen Terrasse bietet sich ein prächtiger ***Ausblick** auf die tiefer liegenden Terrassen der Akropolis, das südwestlich vorgelagerte Theater mit der ausgedehnten Theaterterrasse, auf die Stadt Bergama und die Bergkette jenseits der Aufschüttungsebene des Bergama Çayı. – In der Nordwestecke der Akropolis erstreckt sich nordwestlich der *Kaserne* der sogenannte *Garten der Königin,* wo bei Ausgrabungen ein altes Waffendepot zutage kam. Das Gemäuer trägt griechische, römische und byzantinische Stilmerkmale.

Die Hauptsehenswürdigkeit der Akropolis ist das am steilen Südwesthang gelegene ***Theater,** das man über eine schmale antike Treppe vom Athena-Tempel aus erreicht. Auf den 80 Sitzreihen des aus der pergamenischen Königszeit stammenden Bauwerks fanden 15 000 Zuschauer Platz. Die Zuschauerränge werden durch zwei Quergänge sowie 5 bzw. 6 steile Treppenwege erschlossen. Die Königsloge befand sich in der Mitte des unteren Quergangs. Die zuerst aus Holz gebaute, später steinerne Bühne stand auf dem oberen Stockwerk einer mehrstufigen Terrasse. An der Talseite der 216 m langen Oberterrasse zog sich eine Säulenhalle hin, die zusammen mit der hübschen Berglandschaft und dem sich darüber wölbenden tiefblauen Himmel einer eindrucksvollen szenischen Hintergrund zu den Theateraufführungen geboten haben muß. – In der Nordwestecke der Theater-Terrasse stand der kleine *Ionische Tempel,* der als Prostylos wohl zu Ehren des Dionysos, des mythischen Ahnherrn des pergamenischen Königshauses, gebaut wurde. Nach seiner Zerstörung im 3. Jahrhundert n. Chr. wurde er von Caracalla wiederaufgebaut.

Als Rückweg zur Stadt Bergama kann man entweder den a n t i k e n W e g durch die mittlere Stadt nehmen oder auch die A u t o s t r a ß e benutzen, die vom Parkplatz beim Stadttor der Akropolis aus den Burgberg nördlich umgeht.

Am westlichen Stadtrand liegt das von deutschen Archäologen gut ausgegrabene Ruinenfeld des ***Asklepieion,** das dem Asklepios (Äskulap; Gott der Heilkunde) geweiht war und im Altertum neben Epidauros und Kos zu den berühmtesten Kurorten zählte. Nach einer Inschrift soll im 4. Jahrhundert v. Chr. der Pergamener Aristarch, der in Epidauros von einem Beinbruch geheilt worden war, aus Dankbarkeit das pergamenische Asklepios-Heiligtum gegründet haben, in dem auch Kranke geheilt wurden. Insbeson

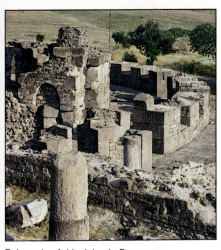

Ruinen des Asklepieion in Pergamon

dere in römischer Zeit, in der auch der Arzt Galenus (129-199), der nächst Hippokrates berühmteste Arzt der Antike, hier wirkte, erlebte es eine hohe Blüte. So weilte u. a. auch Kaiser Caracalla hier zur Kur. Die Heiltherapie umfaßte Heilkräuter- und Honigkuren, Wasser- und Sonnenbäder, Bluttransfusionen, aber auch Traumbehandlungen (Inkubation = Tempelschlaf) und Suggestion. Daneben war das Asklepieion als eine 'Mischung von Bad Wörishofen und Lourdes' auch Wirkungsstätte bedeutender Philosophen.

Von der 'Heiligen Straße' gelangt man über einen säulengesäumten Vorhof, in dessen Mitte der *Asklepios-Altar,* ein Stein mit der Schlange, steht, zu einem großen *Propylon,* der als Eingang zu dem heiligen Bezirk diente. Der **Heilige Bezirk** bildet ein ausgedehntes Rechteck, das im Norden, Westen und Süden von Säulenhallen umgeben war. – Die

nördliche Kolonnade, die mit 17 aufrechtstehenden Säulen noch relativ gut erhalten ist, führt von der *Bibliothek* in der Nordostecke zu dem in den Hang gegrabenen **Theater,** in dem auf vierzehn Rängen etwa 3000 Zuschauer Platz fanden. Nach seiner Restaurierung dient es jetzt alljährlich bei den 'Bergama-Festspielen' der Aufführung klassischer Stücke. – Von der Kolonnade im Westen und Süden sind nur noch geringe Reste erhalten; an der Südwestecke lagen die *Latrinen.* – Auf dem ehemals mit Steinfliesen ausgelegten Platz befanden sich die *heilige Quelle,* mit einem Wasserbecken, und *Inkubationsräume.* – Ein Tunnel verband den heiligen Bezirk mit einem außerhalb davon gelegenen zweistöckigen *Rundbau* ('Tempel des Telesphoros'), in dessen Untergeschoß Bäder verabreicht sowie Traumbehandlungen durchgeführt wurden. – Nördlich davon beim Propylon der *Tempel des Asklepios,* ein 20 m hoher kuppelgedeckter Rundbau, der von den Patienten vor dem Verlassen des Asklepieions besucht wurde.

Zwischen dem Asklepieion und dem Bergama Çayı erstreckt sich der noch wenig durchforschte Bereich der ehemaligen **Römerstadt,** der von Sedimenten des Bergama Çayı bedeckt und teilweise wieder überbaut ist. 300 m nordöstlich vom Parkplatz sind die spärlichen Reste des *Viran-Tores,* von dem aus die *Heilige Straße* zum Asklepieion führte. Nördlich davon erhob sich ein großes römisches *Theater,* mit 30000 Sitzplätzen. – 100 m nordwestlich stand ein *Athena-Tempel* und weitere 200 m dahinter ein römisches *Amphitheater,* mit 50000 Plätzen. Weiter östlich, in der Nähe des Bergama Çayı, lag eine *Sportarena* (Circus).

Perge

Türkei.
Provinz: Antalya.
Höhe: 10-50 m ü.d.M.
(i) **Fremdenverkehrsamt Antalya,**
Hastane Caddesi 91,
Antalya;
Telefon: (03 11 11) 17 47 / 52 71.

UNTERKUNFT s. bei Antalya.

Die Ruinenstätte der besonders in der römischen Kaiserzeit bedeutenden antiken Stadt Perge liegt in der alten Landschaft Pamphylien, 18 km nordöstlich der türkischen Stadt Antalya in der Nähe des kleinen Dorfes Murtana an und auf einem steilen Hügel am Nordwestrand der Schwemmland ebene des Aksu Çayı, des alten Kestros. Die Entfernung zu dem im Altertum schiffbaren Flüßchen beträgt 4 km, zum Mittelmeer 12 km.

Die Lage von Perge ist charakteristisch für die Siedlungsplätze der griechischen Kolonisten: auf einem in Küstennähe gelegenen und durch einen schiffbaren Fluß mit dem Meer verbundenen sowie steil über einer leicht kultivierbaren Ebene aufragenden Tafelberg, auf dem Raum für die Akropolis war und an den sich später meist eine Unterstadt anlehnte. Wie bei den meisten antiken

Kolonialstädten der west- und süd-kleinasiatischen Küste wurde auch der Stadt Perge mit dem langsamen Versandung des Hafens allmählich eine wesentliche Lebensgrundlage entzogen, deren Verlust bereits während der byzantinischen Zentralherrschaft zum Untergang der Stadt führte. Da zur Zeit Strabos der stark mäandrierende Kestros von der Mündung bis zur Stadt noch 60 Stadien (ca. 8 km) lang war, muß der Fluß inzwischen seine Mündung um annähernd 4 km vorgeschoben haben.

GESCHICHTE. – Die Schwemmlandebene des Aksu Çayı ist wahrscheinlich schon sehr früh von *Griechen* aus der Argolis und Lakedämonien besiedelt worden. Perge wird erstmals um die Mitte des 4. Jahrhunderts v. Chr. erwähnt. Alexander d.Gr. berührte auf seinem Marsch gegen die Perser mehrmals die Stadt. Die Einwohner, die mit den Makedoniern ein freundschaftliches Verhältnis hatten, dienten Alexander als Führer, als er gegen Aspendos (s. dort) und Side (s. dort) zog. – Ob Perge nach dem Zerfall des alexandrinischen Weltreiches unter der Herrschaft der *Ptolemäer* stand, ist fraglich. Gegen Ende des 3. Jahrhunderts stand es jedenfalls unter seleukidischem Einfluß. – Zwischen 262 und 190 v. Chr. lebte in Perge Apollonios, einer der größten Geometer des Altertums, von dem ein grundlegendes Werk über Kegelschnitte und Irrationalzahlen erhalten ist. 188 v. Chr. wurde Perge von den *Römern* besetzt, welche die Stadt dem König Eumenes II. von Pergamon übergaben. Mit der Erbschaft von Pergamon fiel das Gebiet an Rom, doch machten bis zum Eingreifen des Pompejus Seeräuber die kleinasiatische Mittelmeerküste unsicher. Um 80/79 plünderte Verres, geführt von dem pergeïschen Arzt Artemidoros, den Tempel der Artemis, der neben den Tempeln von Ephesus und Magnesia zu den bekanntesten Tempeln des Altertums zählte. – In der *römischen Kaiserzeit* gelangte Perge zu großer Bedeutung, wie aus überlieferten Ehreninschriften für Caligula, Claudius, Trajan, Hadrian sowie Gordian I., II. und III. hervorgeht. Auch zählt die Stadt zu den ältesten Christengemeinden Kleinasiens, in die der Apostel Paulus mit seinem Begleiter Barnabas nach seiner Flucht aus Antiochia in Pisidien kam und wo er das 'Wort zu Perge' (Apostelgesch. 14, 25) sprach. Zahlreiche Bischöfe aus Perge gingen in die Kirchengeschichte ein. – Über das spätere Schicksal Perges, das in byzantinischer Zeit stark schrumpfte und nur noch den Burgberg einnahm, ist wenig bekannt. So ist auch ungeklärt, ob der Untergang der Stadt durch Erdbeben oder Arabereinfälle erfolgte, die ihn aber allenfalls vollendet, nicht jedoch ausgelöst haben konnten.

BESICHTIGUNG DER RUINENSTÄTTE. – Die Unterstadt von Perge wird im Norden vom Burgberg, im Westen von einer zum Meer hin ausstreichenden Bergrippe und im Südosten von einem langgestreckten zweiten Tafelberg umrahmt. Eine 20 m breite **Säulenarkadenstraße** (zahlreiche Säulen wieder aufgestellt) mit Läden durchquerte die Stadt von Süden nach Norden und endete am einzigen Zugang zur Akropolis. Eine zweite **Arkadenstraße** zog sich am Fuße des Burgberges in westöstlicher Richtung hin. Über die daran gelegenen Bauten ist im einzelnen noch wenig bekannt. Die Ruinen stecken großenteils noch in sumpfigem Boden und sind von dichtem Gestrüpp überwachsen. – Im Süden der Stadt, ca. 600 m von der Akropolis entfernt, lag das südlichste *Stadttor;* nordwestlich *Thermen;* nordöstlich Reste

einer Kirche. – 100 m nördlich vom Tor an der Säulenarkadenstraße rechts die *Agorá* (Markt), an der Straße das einst von zwei Rundtürmen eingefaßte **Alte Tor** (wohl um 120 n. Chr.). – An der Querstraße links ein großer Palast (um 50 n. Chr.; Gymnasion?).

Außerhalb der *Stadtmauer,* von der bisher nur Spuren gefunden wurden, erstreckt sich im Südwesten das gut erhaltene römische **Stadion.** Die hufeisenförmige Anlage ist 234 m lang und 34 m breit und bot auf den Sitzreihen etwa 11500 Zuschauern Platz. – Weitere 200 m südwestlich liegt das in den Berghang hineingebaute **Theater.** Das aus Travertin, einem harten Sinterkalk, errichtete und mit Marmor verkleidete Bauwerk umfaßte in zwei Abteilungen 40 Ränge für ca. 12000 Zuschauer. Nach Texier war um 1835 von dem Theater noch kein Stein entfernt; um 1920 benutzten es die Bewohner von Murtana als Steinbruch. So ist das Bühnenhaus, das zur Straße hin durch zahlreiche Statuennischen gegliedert war, heute bis auf das Erdgeschoß weitgehend zerstört.

Westlich, südlich und östlich der Unterstadt liegen ausgedehnte Nekropolen. In der westlichen Nekropole wurden 1946 bei einer Versuchsgrabung 35 aus dem 3. Jahrhundert n. Chr. stammende Sarkophage mit griechischen und einigen lateinischen Inschriften gehoben.

Auf der 50 m über der Ebene aufragenden **Akropolis** lag der mauerumgürtete älteste Teil von Perge, dessen einziger Zugang sich an der Südseite des Berges befand. Ob an seiner Südostseite der berühmte von Strabo erwähnte *Artemis-Tempel* lag, ist noch immer unklar.

Perpignan

Frankreich.
Region: Languedoc-Roussillon.
Département: Pyrénées-Orientales.
Höhe: 37 m ü.d.M.   – Einwohnerzahl: 120000.
Postleitzahl: F-66000.   – Telefonvorwahl: 68.
ⓘ **Office de Tourisme,**
   Quai de-Lattre-de-Tassigny;
   Telefon: 34 29 95.

HOTELS. – *Grand Hôtel,* II, 60 Z.; *Windsor,* II, 58 Z.; *Euromotel Roussillon,* II, 56 Z.; *Loge,* II, 29 Z.; *Park Hôtel,* III, 67 Z.; *Aragon,* III, 33 Z.; *Christina,* III, 35 Z.; *Athéna,* III, 29 Z.

Perpignan ist die wichtigste Stadt und das landwirtschaftliche Handelszentrum der im Süden an Spanien grenzenden französischen Landschaft Roussillon.

GESCHICHTE. – Den Namen Perpignan, der erstmals im 12. Jh. auftaucht, erklärt die Legende von einem Kuhhirten *Père Pinya* von Mont-Louis in den Pyrenäen, der sich an der Küste ansiedelte. Zwischen 1278 und 1344 war Perpignan die Hauptstadt des Königreichs Mallorca, das die Balearen, das Roussillon, die Cerdagne und das Küstengebiet bis Montpellier umfaßte. Die Stadtentwicklung verlief seit der zweiten Hälfte des 19. Jahrhunderts besonders lebhaft, als Perpignan über seine alte Ummauerung hinauswuchs. Die Einwohnerzahl hat sich seit 1914 verdreifacht.

SEHENSWERTES. – An das Königreich Mallorca erinnert die **Zitadelle** mit dem restaurierten Schloß der Könige. Die Befestigungsanlagen gehen auf Vauban zurück. Der **Königspalast* stellt Perpignans bedeutendstes Bauwerk dar und ist ein Höhepunkt mittelalterlicher Architektur im Süden des Landes. Begonnen 1284, wurde er erst im 16. Jahrhundert beendet. Der Hauptturm inmitten der Ehrenhof-Fassade weist zwei Kapellen übereinander auf, deren obere, die Chapelle de Ste-Croix (Königliche Kapelle), ein Marmorportal des 13. Jahrhunderts besitzt. In der Nähe der Zugang zum ehemaligen Ehrensaal (32 m lang, 13 m breit und hoch).

Seinen eigenen, spanisch beeinflußten Zauber erschließt Perpignan bei einem Rundgang von der Place de la République (Theater), an der Place de la Loge mit der **Loge de Mer* (von 1397, im 16. Jh. erweitert) und dem *Rathaus* mit Bauteilen des 13., 16. und 17. Jahrhunderts vorüber zur **Kathedrale St-Jean.** Sie entstand zwischen 1324 und 1509 und zeigt alle Eigenarten der südfranzösischen Gotik. Im **Inneren* schöne Flügelaltäre. Unter dem Durchgang zur Chapelle de Notre-Dame-dels-Correchs (11. Jh.) Reste der ursprünglichen Kirche St-Jean-le-Vieux. In der Chapelle du Christ das **Kruzifix* "Dévôt Christ", ein geschnitztes Werk des Jahres 1307; es gehört zu den bedeutendsten Leistungen mittelalterli-

cher Skulptur und ist wohl rheinischen Ursprungs.

Weitere sehenswerte Kirchen der Stadt sind *St-Jacques* (14. und 18. Jh.), Ausgangspunkt der berühmten Karfreitagsprozession, *Notre-Dame-la-Réal* des 14. Jahrhunderts, die Hofkirche der Königin von Mallorca. – Die **Tour du Castillet** von 1370 ist ein Rest der einstigen Stadtmauer; sie ermöglicht einen schönen Rundblick ins Roussillon und zu den Pyrenäen und beherbergt mit der *Casa Pairal* ein Museum für Kunst und Folklore des Roussillon. Im *Musée Rigaud* finden sich nicht nur Werke dieses Malers, sondern von katalanischer Kunst überhaupt.

UMGEBUNG von Perpignan. – Nordöstlich und südöstlich der Stadt liegen unmittelbar hinter der Küstenlinie die Strandseen *Etang de Leucate* und *Etang de Canet*. Die bekanntesten Badeorte dieses Küstenstrichs sind **Leucate, Canet** und **St-Cyprien-Plage,** meist mit modernen, großzügigen Anlagen und abwechslungsreichen Freizeiteinrichtungen. – Südlich von St-Cyprien beginnt der annähernd 50 km lange Küstenabschnitt der **Côte Vermeille** (s. dort), der sich bis zur französisch-spanischen Grenze erstreckt.

Pesaro

Italien.
Region: Marche. – Provinz: Pesaro e Urbino.
Höhe: 0-12 m ü.d.M. – Einwohnerzahl: 85000.
Postleitzahl: I-61100. – Telefonvorwahl: 0721.
ⓘ **EPT,** Via Mazzolari 4;
   Telefon: 31433.
   AA, Via Rossini 41;
   Telefon: 69341.
   ACI, Via San Francesco 44;
   Telefon: 33368.
   TCI, Vittorcucchi T. e C.,
   Viale della Repubblica 32;
   Telefon: 67551.

HOTELS. – In Pesaro: *Vittoria,* Piazzale della Libertà 2, I, 49 B.; *Cruiser,* Viale Trieste 281, II, 280 B., Sb.; *Perticari,* Viale Zara 67, II, 176 B., Sb.; *Astoria,* Viale Trieste 81, II, 161 B.; *Flaminio,* Via Parigi, II, 160 B., Sb.; *Continental,* Viale Trieste 70, II, 156 B.; *Majestic,* Viale Trieste 76, II, 116 B.; *Excelsior,* Lungomare N. Sauro, II, 132 B., Sb.; *International,* Viale Leonardo da Vinci 140, II, 130 B., Sb.; *Spiaggia,* Viale Trieste 76, II, 116 B.; *Caravelle,* Viale Trieste 269, II, 115 B., Sb.; *Brig,* Viale Marconi 44, II, 112 B.; *Garden,* Viale Trieste 351, II, 99 B.; *Beaurivage,* Viale Trieste 30, II, 98 B., Sb.; *Napoleon,* Viale Trieste 118, II, 98 B.; *Principe,* Viale Trieste 180, II, 98 B.; *Delle Nazioni,* Viale Trieste 60, II, 95 B.; *Royal,* Viale C. Battisti 144, II, 83 B.; *San Marco,* Viale Febbraio 32, II, 92 B.; *Rex,* Viale Trieste 98, II, 90 B., Sb.; *Baltic,* Viale Trieste 36, II, 88 B.; *Clipper,* Viale Marconi 54, II, 87 B.; *Nautilus,* Viale Trieste 26, II, 85 B., Sb.; *Nettuno,* Viale Trieste 367, II, 85 B., Sb.; *Sporting,* Lungomare N. Sauro 23, II, 84 B., Sb.; *Due Pavoni,* Viale Fiume 79, II, 84 B.; *Diplomatic,* Via Parigi 2, II, 84 B.; *Figaro,* Viale Trieste 71, II, 84 B.; *Palace,* Lungomare N. Sauro 5, II, 83 B.; *Ambassador,* Viale Trieste 291, II, 80 B.; *Leonardo da Vinci,* Viale Trieste 54, III, 80 B. – JUGENDHERBERGE, Strada Panoramica dell' Ardizio, 88 B. – Zwei CAMPING-PLÄTZE.

In Fano: *Elisabeth,* I, 68 B.; *Continental,* II, 92 B.; *Beaurivage,* II, 90 B.; *Astoria,* III, 77 B. – Mehrere CAMPINGPLÄTZE.

Tour du Castillet im südfranzösischen Perpignan

Die an der Nordwestküste des Adriatischen Meeres zwischen Rimini und Ancona an der Mündung des Foglia gelegene italienische Stadt Pésaro ist die Hauptstadt der Provinz Pesaro e Urbino und wird als Seebad viel besucht.

Im 16. und 17. Jahrhundert war Pesaro als Residenz der Della Róvere, Herzöge von Urbino, ein Mittelpunkt von Kunst und Literatur; berühmt waren seine Majolikafabriken. Im Jahre 1792 wurde hier der Komponist Gioacchino Rossini geboren († 1868).

SEHENSWERTES. – Mittelpunkt der Stadt ist die Piazza del Popolo, mit dem *Rathaus* und der **Präfektur,** dem um 1461 für die Sforza begonnenen, im 16. Jahrhundert für die Herzöge Della Róvere vollendeten Alten *Herzogspa-*

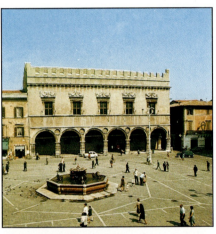

Alter Herzogspalast in Pesaro

last. Unweit südöstlich die *Kirche San Francesco,* mit schönem gotischem Portal. Weiter südöstlich die ausgedehnte Piazza Matteotti und der anschließende *Giardino Cialdini,* mit der im 15. Jahrhundert erbauten Festung **Rocca Costanza** (Gefängnis).

An der von der Piazza del Popolo zum Seebad führenden Via Rossini rechts (Nr. 34) das *Geburtshaus Rossinis;* im Innern einige Bilder und Karikaturen. Weiterhin rechts der **Duomo vecchio** (*Alter Dom;* 13. Jh.). – Unweit westlich vom Alten Dom, im *Palazzo Toschi-Mosca,* die *****Musei Civici,** mit beachtenswerter Gemäldesammlung (Werke von Bellini, *"Krönung Mariä", und Marco Zoppo) sowie einer hervorragenden *Majolikensammlung.

UMGEBUNG von Pesaro. – 12 km südöstlich liegt die als Seebad viel besuchte Stadt **Fano** (14 m; 50 000 Einw.), das 'Fanum Fortunae' der Antike. Verkehrsmittelpunkt der von alten Mauern und ei-

nem tiefen Wallgraben umgebenen Stadt ist die Piazza XX Settembre, mit dem 1299 erbauten, seit 1862 als Theater eingerichteten *Palazzo della Ragione* sowie der *Torre Municipale* (von 1759). An der Südseite des Platzes die hübsche *Fontana della Fortuna* (1593). – Im *Palazzo Malatestiano,* an der Nordspitze des Platzes, ein *Lapidarium* sowie eine kleine *Gemäldesammlung.* – Nordwestlich der Piazza XX Settembre schließt sich die Piazza Mercato an. Von dieser führt die Via dell' Arco d' Augusto zu dem romanischen *Dom San Fortunato* (Fresken von Domenichino; 1612). Weiterhin, die Straße überspannend, der dreitorige *Ehrenbogen des Augustus* (2. Jh.; im 9. Jh. erneuert). Die ursprüngliche Form des Bogens erkennt man an der Fassade der anstoßenden *Kirche San Michele* (Renaissanceportal). – Südlich der Piazza XX Settembre liegt die *Kirche Santa Maria Nuova;* im Innern eine *"Thronende Madonna mit sechs Heiligen" von Perugino sowie eine "Heimsuchung Mariä" von Giovanni Santi.

Pescara

Italien.
Region: Abruzzi (Abruzzen). – Provinz: Pescara. Höhe: 0-4 m ü.d.M. – Einwohnerzahl: 124 000. Postleitzahl: I-65100. – Telefonvorwahl: 085.
ⓘ **EPT,** Via Nicola Fabrizi 171; Telefon: 2 27 07.

HOTELS. – *Esplanade,* I, 278 B.; *Singleton,* I, 132 B.; *Carlton,* I, 101 B.; *Regent,* II, 254 B.; *Plaza Moderno,* II, 160 B.; *Astoria,* II, 116 B.; *Ambra,* III, 100 B.

Die italienische Provinzhauptstadt Pescara liegt zu beiden Seiten des gleichnamigen Flusses, der hier in die Adria mündet. Die Stadt ist Sitz eines Bischofs und Geburtsort des Dichters Gabriele d'Annunzio (1863-1938); sie hat ferner Bedeutung als Hafen für die Fährschiffe von und nach Split in Jugoslawien.

SEHENSWERTES. – Auf dem linken Pescara-Ufer steht an der Piazza dei Vestini der mächtige **Palazzo della Prefettura;** im Innern im Saal der Giunta Provinciale (I. Stock) rechts ein früher in der Berliner Nationalgalerie hängendes großes Gemälde von Paolo Michetti († 1929): "Jorio's Tochter", nach d'Annunzio's gleichnamigem Drama. Etwa 500 m südlich erhebt sich jenseits der Pescara der *Tempio della Conciliazione* ('Versöhnungstempel'), eine 1935-38 zur Erinnerung an die Lateranverträge errichtete Kirche.

Vom Kanalhafen führt der breite Viale della Riviera am Meer entlang zu den SEEBÄDERN im nördlichen Teil der Stadt. – Etwa 2 km südlich vom Kanalhafen bei einem schönen Pinienhain (Pineta) ebenfalls ein vielbesuchter Badestrand.

Philippi s. bei Kavala

Piräus / Peiraieus
(Piräéfs)

Jachthafen Piräus-Zea aus der Luft

Griechenland.
Nomos: Attika.
Höhe: 0-15 m ü.d.M. – Einwohnerzahl: 200 000.
Telefonvorwahl: 01.

ⓘ **Griechische Zentrale
für Fremdenverkehr (E.O.T.),**
Vassílissis Sophías 105;
Telefon: 4 12 94 92.
(Auskunft auch bei den Schiffsagenturen an
den Kaistraßen).

HOTELS. – *Cavo d'Oro,* Vassiléos Pávlu 19, II, 138 B.; *Diogenis,* Vassiléos Georgíu A 27, II, 146 B.; *Homeridion,* Chariláu Trikúpi 32, II, 112 B.; *Nufara,* Vassiléos Konstantínu 45, II, 84 B.; *Triton,* Tsamádu 8, II, 104 B.; *Acropole,* Gunári 7, III, 42 B.; *Anita,* Notará 25, III, 47 B.; *Argo,* Notará 23, III, 47 B.; *Arion,* Vassiléos Pávlu 109, III, 69 B.; *Atlantis,* Notará 138, III, 93 B.; *Capitol,* Chariláu Trikúpi, III, 91 B.; *Castella,* Vassiléos Pávlu 75, III, 57 B.; *Cavo,* Phílonos 79-18, III, 89 B.; *Delphini,* Leochárus 7, III, 93 B.; *Diana,* Philellínon 11, III, 79 B.; *Eri,* Pétru Rálli 54, III, 90 B.; *Glaros,* Chariláu Trikúpi, III, 72 B.; *Ionion,* Kapodistríu 10, III, 41 B.; *Leríotis,* Akti Themistokléus 294, III, 85 B.; *Lilia,* Passalimáni 131, III, 21 B.; *Louis,* Notará 2, III, 38 B.; *Niki,* Yannakíu Tzelépi 5, III, 27 B.; *Park,* Kolokotróni 103, III, 152 B.; *Phidias,* Kundurióti 189, III, 44 B.; *Santorini,* Chariláu Trikúpi 6, III, 63 B.; *Skorpios,* Akti Themistokléus 156, III, 44 B.; *Seriphos,* Chairaláu Trikúpi 5, III, 59 B. – JUGENDHERBERGE.

Zahlreiche RESTAURANTS, vor allem für Fischgerichte und Meerestiere, rings um die Häfen Passalimáni und Mikrolimano.

VERKEHR. – Der Piräus ist Ausgangspunkt für internationale *Schiffsrouten* nach Europa und Nahost, ferner für die meisten innergriechischen Linien. Häufige Fahrten zu den Inseln des Argossaronischen Golfes (Ägina bis Spétsä). – Elektrische *Schnellbahn* nach Athen (Omónia) und weiter nach Kiphissiá; Ausgangspunkt der *Staatsbahn* nach Saloníki und der *Peloponnesbahn.*

Der Piräus, im Altertum seit dem 5. Jahrhundert v. Chr. der Hafen Athens, ist heute der größte Hafen Griechen- lands. **Außer dem Haupthafen Kántharos werden auch die beiden kleineren antiken Häfen an der Ostküste benutzt: Passalimáni (Zea) und Mikrolimáno (früher Turkolimáno; in der Antike Munychia). Neue Hafenanlagen zur Entlastung des Haupthafens entstehen an der Reede von Pháliron.**

GESCHICHTE. – Nach 482 v. Chr. baute Themistokles den Piräus zum Athener Handels- und Kriegshafen aus. Die Stadt wurde durch die 'langen Mauern' mit Athen verbunden und in Perikleischer Zeit nach dem rechtwinkligen System des Hippodamos von Milet angelegt. Mit der Zerstörung durch Sulla 86 v. Chr. verlor der Piräus seine Bedeutung. Im Mittelalter hieß er *Porto Leone* nach einem marmornen antiken Löwen an der Hafeneinfahrt, der sich seit 1682 vor dem Arsenal in Venedig befindet. Der erneute Aufschwung des Piräus begann nach dem Freiheitskampf im 19. Jahrhundert, als Schaubert den modernen Stadtplan – rechtwinklig wie den antiken – entwarf.

SEHENSWERTES. – Aus der Antike haben sich *Reste von Schiffshallen* erhalten, die man im Wasser des Hafenbeckens von Zea (Passalimáni) sehen kann, ferner das hellenistische **Theater** hinter

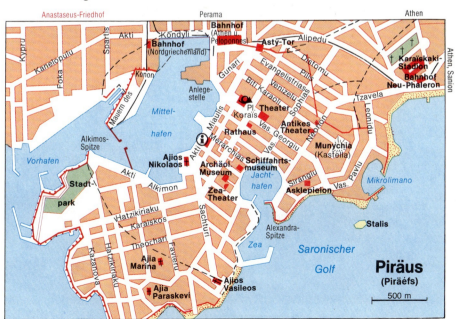

–––– Verlauf der antiken Mauern

dem *Archäologischen Museum.* – An der Westspitze (Akti) steht noch die von Konon 394-391 v. Chr. errichtete **Stadtmauer** (die ältere Themistokleische Mauer ist überbaut). – Sehenswert ist auch das *Schiffahrtsmuseum,* dessen Thema von der antiken bis zur modernen Seefahrt reicht.

Die moderne Stadt präsentiert sich mit dem Akkord von großem Hafen, urbanem Leben und spezifischer Atmosphäre am Haupthafen Kantharos, am Koráisplatz zwischen Haupthafen und Mikrolímano sowie am Mikrolímano mit seinen Tavernen.

*Daphni und *Eleusis s. bei Athen.

Pisa

Italien.
Region: Toscana (Toskana). – Provinz: Pisa.
Höhe: 4 m ü.d.M. – Einwohnerzahl: 102000.
Postleitzahl: I-56100. – Telefonvorwahl: 050.
EPT, Lungarno Mediceo 24;
Telefon: 20351.
　ACI, Via San Martino 1;
　Telefon: 47333.
　TCI, *Viaggi ASTI,* Lungarno Pacinotti 4;
　Telefon: 22284.
　Mondadori per Voi, Viale A. Gramsci 21/23;
　Telefon: 24747.

HOTELS. – *Grand Hôtel Duomo,* Via Santa Maria 94, I, 167 B.; *Dei Cavalieri,* Piazza della Stazione 2, I, 144 B.; *Royal Victoria,* Lungarno Pacinotti 12, II, 139 B.; *Terminus e Plaza,* Via Colombo 45, II, 103 B.; *La Pace,* Via Gramsci 14, II, 99 B.; *Villa Kinzica,* Piazza Arcivescovado 4, II, 63 B.; *Touring,* Via G. Puccini 24, II, 59 B.; *Ariston,* Via Cardinale Maffi 42, II, 52 B.; *Arno,* Piazza della Repubblica, II, 51 B.; *Roma,* Via Bonanno 111, 50 B.; *Bologna,* Via Mazzini 57, III, 87 B.; *La Torre,* Via Cesare Battisti 15, III, 54 B. – CAMPINGPLÄTZE in Marina di Pisa.

Die italienische Provinzhauptstadt *Pisa, Sitz eines Erzbischofs und einer schon im 12. Jahrhundert erwähnten Universität, liegt an beiden Ufern des Arno, 10 km entfernt vom Ligurischen Meer, dessen Küste durch die Ablagerungen des Flusses seit dem Altertum um 7 km hinausgeschoben worden ist. Die Stadt ist wegen ihrer hauptsächlich um den Domplatz gruppierten bedeutenden *Bauwerke nach Florenz die meistbesuchte toskanische Stadt.

GESCHICHTE und KUNSTGESCHICHTE. – Pisa, das römische *Pisae,* ursprünglich ein etruskischer Handelsplatz und seit 180 v. Chr. römische Kolonie, schwang sich seit dem Beginn des 11. Jahrhunderts im Wetteifer mit Genua und Venedig zu einer der ersten See- und Handelsmächte im Mittelmeer auf. Es trat an die Spitze des Kampfes gegen den Islam, besiegte die Mohammedaner in Sardinien, Sizilien sowie in Tunis und nahm auch an den Kreuzzügen hervorragenden Anteil. In glänzenden Bauwerken verherrlichte die Stadt ihre Siege. Mit ihrem Dombau beginnt im 11. Jahrhundert eine neue Epoche der toskanischen Kunst. Auch in der Skulptur ist Pisa mit *Niccolò Pisano* (um 1220 bis nach 1278), dem großen Vorbereiter der Renaissance, im 13. Jahrhundert in Italien führend, und Niccolòs Sohn *Giovanni* (1265-1314), sein Schüler *Arnolfo di Cambio* († um 1302) und Giovannis Schüler *Andrea Pisano* (1273-1348) verknüpften die pisanische Kunst mit der florentinischen. Der Untergang der Hohenstaufen war ein schwerer Schlag für die ghibellinisch gesinnte Stadt. In den langen Kämpfen mit Genua erlitt die pisanische Flotte 1284 bei der Insel Meloria die entscheidende Niederlage. Innere Parteikämpfe führten 1406 zur Besetzung der Stadt durch die Florentiner, und als am Ende des 17. Jahrhunderts Livorno zur ersten Hafenstadt der Toskana aufstieg, verlor Pisa endgültig seine frühere Bedeutung.

SEHENSWERTES. – Im Nordwesten der Stadt liegt der auf zwei Seiten von der zinnengekrönten alten Stadtmauer umschlossene **Domplatz** ('Piazza dei

Domplatz der italienischen Stadt Pisa aus der Vogelschau

Miracoli'), mit dem Dom, dem Schiefen Glockenturm, dem Baptisterium und dem Campo Santo, einer Gruppe von Gebäuden, wie sie sich in gleicher großartiger Geschlossenheit kaum anderswo so eindrucksvoll wiederfindet. Der *Dom, eine romanische Basilika aus weißem Marmor, mit Querhaus und elliptischer Kuppel über der Vierung, wurde nach dem Seesieg über die Sarazenen bei Palermo 1063-1118 erbaut und nach einem Brand 1597-1604 wiederhergestellt. Besonders prachtvoll ist die Fassade (zweite Hälfte 12. Jh.), die im oberen Teil mit vier Säulengalerien übereinander geschmückt ist. Die Bronzetüren des Hauptportals (meist verschlossen) stammen aus dem Jahre 1606, die Tür des südlichen Querschiffs, mit Reliefs aus der biblischen Geschichte, von 1180.

Im INNEREN des Domes 68 antike *Säulen,* die aus den Kriegszügen der Pisaner stammen. Das Mittelschiff hat eine kassettierte und reich vergoldete Renaissance-Decke. Die *Kanzel von Giovanni Pisano (von 1302-11) zeigt in den großartig bewegten Figurenkompositionen der neun Brüstungsreliefs Darstellungen aus dem Neuen Testament und das Jüngste Gericht. Die schöne Bronzelampe (1587) soll durch ihre Schwingungen zuerst Galileis Aufmerksamkeit auf das Pendel hingelenkt haben. – Im rechten Querschiff die prächtige *Grabkapelle des hl. Rainer,* des Schutzpatrons der Stadt; links davon das *Grabmal Kaiser Heinrichs VII.,* von Tino da Camaino (1315). – Im Chor ein schönes *Renaissancegestühl* sowie Gemälde von Andrea del Sarto und Sodoma; in der Halbkuppel beachtenswerte *Mosaiken* von Cimabue (1302).

Westlich neben dem Dom das ebenfalls fast ganz mit Marmor verkleidete *Baptisterium, ein 1153-1278 errichteter Rundbau, mit gotischen Zufügungen (14. Jh.); in dem von einer konischen Kuppel überwölbten Innern ein marmorner Taufbrunnen von Guido Begarelli sowie die berühmte *Kanzel von Niccolò Pisano (1260), mit Reliefs biblischen Inhalts. – Östlich neben dem Dom der berühmte **Schiefe Turm (ital. *Torre pendente* oder *Campanile),* 1173-1350 erbaut, mit sechs Säulengalerien übereinander (55 m hoch). Die Abweichung von der Vertikalen beträgt derzeit 5°30' nach Südosten hin, die Achse an der Turmspitze weicht gegenüber der Basis um rund 2,25 m ab. Als sich beim Bau die Grundfesten senkten, hat man vom dritten und fünften Stockwerk an nördlich eingelenkt. Der 1564 in Pisa geborene Physiker und Astronom Galileo Galilei († 1642) hat hier Versuche über die Gesetze des freien Falls angestellt. Von der Plattform (294 Stufen) lohnende *Aussicht über die ganze Stadt.

Am Nordrand des Domplatzes liegt der *Campo Santo, der berühmteste Friedhof seiner Art, 1278-83 von Giovanni di

Schiefer Turm in Pisa

Simone in toskanisch-gotischem Stil als rechteckiger Hallenhof von 126 m Länge und 52 m Breite angelegt und 1463 vollendet, nachdem man die Erde für die Totenstätte bereits 1203 aus Jerusalem herbeigeschafft hatte.

Das INNERE des Campo Santo ist in der Art eines Kreuzganges ringsum von Wandelhallen umgeben, die sich auf den Hof in hohen rundbogigen Maßwerkfenstern öffnen. Die weltberühmten *Fresken (bes. von Benozzo Gozzoli) an den Wänden wurden bei einem durch Artilleriebeschuß am 27. Juli 1944 entstandenen Brand durch das herabfließende verflüssigte Blei des Daches größtenteils vernichtet, einige jedoch restauriert. Die darunter aufgestellten etruskischen, römischen und mittelalterlichen **Skulpturen** sind z.T. von hohem kunstgeschichtlichem Wert. Den Fußboden bilden Grabsteine.

Im Mittelpunkt des alten Pisa liegt die Piazza dei Cavalieri, mit der 1565-96 erbauten *Kirche Santo Stefano dei Cavalieri, dem Palazzo Conventuale dei

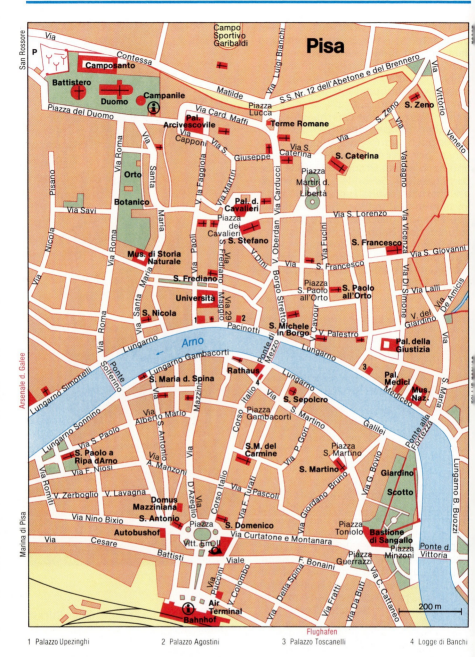

1 Palazzo Upezinghi   2 Palazzo Agostini   3 Palazzo Toscanelli   4 Logge di Banchi

Cavalieri und einer Marmorstatue des Großherzogs Cosimo I. (von 1596). – Nordöstlich die baumbestandene Piazza Santa Caterina; an ihrer Nordostecke die **Kirche Santa Caterina** (1253; pisanisch-gotische Fassade). – Unweit südöstlich die gotische *Klosterkirche San Francesco* (13. Jh.), mit schönem Glockenturm und Fresken (14. Jh.). Entlang der beiden Arno-Ufer der belebte Kai L u n g a r n o. Am Lungarno Mediceo, auf dem rechten Ufer des Flusses, der *Palazzo dei Medici* (13. Jh.), jetzt Präfektur. Östlich anschließend die *Kirche San Matteo* und das ehemalige gleichnamige Benediktinerinnenkloster, in dem

das **Museo Nazionale** untergebracht ist. – Am Westende des Lungarno Mediceo liegt die Piazza Garibaldi, wo die von Arkaden eingefaßte verkehrsreiche Straße Borgo Stretto mündet. Gleich rechts die *Kirche San Michele in Borgo*, mit schöner pisanisch-gotischer Fassade. – Am Lungarno Pacinotti der gotische Backsteinbau des **Palazzo Agostini** (14. Jh.). Unweit nordwestlich die *Universität* (von 1493), mit Frührenaissance-Hof. Nördlich die romanische *Kirche San Frediano* (12. Jh.); im Innern antike Säulen. Westlich der Universität die *Kirche San Nicola,* mit schiefem Turm.

Auf dem linken Arno-Ufer erhebt sich am Westende des Lungarno Sonnino die **Kirche San Paolo a Ripa d'Arno,** eine um 1200 erbaute Basilika mit schöner Fassade. – Etwa 500 m östlich die **Kirche Santa Maria della Spina,** ein 1230 errichteter, 1323 erweiterter zierlicher Bau in französisch-gotischem Stil, außen mit Bildwerken von Schülern des Giovanni Pisano. – Noch weiter östlich, beim Ponte di Mezzo, der gotische *Palazzo Gambacorti* (Rathaus) und die *Logge di Banchi* (von 1605). Unweit wiederum östlich die achteckige *Kirche San Sepolcro* (12. Jh.). – 3 km südlich von Pisa liegt der Flughafen *San Giusto.*

Pompeji / Pompei

Italien.
Region: Campania (Kampanien). – Provinz: Neapel.
Höhe: 16 m ü.d.M. – Einwohnerzahl: 12000.
Postleitzahl: I-80045. – Telefonvorwahl: 081.
ⓘ **AA,** Via Sacra 1;
Telefon: 8631041.
Informationsbüro, im Auditorium,
am Südrand des Grabungsfeldes.

HOTELS. – *Rosario,* II, 170 B.; *Bristol,* II, 62 B.; *Del Sole,* II, 58 B.; *Europa,* III, 56 B.; *Diomede,* III, 39 B. – CAMPINGPLATZ.

VERANSTALTUNGEN. – Aufführungen klassischer Schauspiele im antiken *Theater* (Juli und August).

Die etwa 20 km südöstlich von Neapel am Fuß des Vesuvs gelegene Ruinenstadt **Pompeji ist das großartigste Beispiel einer durch Ausgrabung wieder zugänglich gemachten altrömischen Stadt und ihrer Wohnkultur.

Östlich vom alten Pompeji liegt die bis 1929 *Valle di Pompei* genannte neuere Siedlung, deren weithin sichtbare Kuppelkirche Santa Maria del Rosario alljährlich von unzähligen Wallfahrern besucht wird (bes. 8. Mai und erster So. im Oktober).

GESCHICHTE. – Pompeji ist wahrscheinlich eine Gründung italischer Osker, wurde nach den Samniterkriegen (290 v. Chr.) römisch und war im 1. Jahrhundert n. Chr. eine blühende Provinzhauptstadt, deren damalige Einwohnerzahl auf 20000 geschätzt wird. Im Jahre 63 n. Chr. wurde die Stadt durch ein schweres Erdbeben großenteils zerstört. Der Wiederaufbau war noch längst nicht vollendet, als der Vesuvausbruch des Jahres 79 n. Chr. die ganze Stadt gleichzeitig mit Herculaneum unter einem Aschen- und Bimssteinregen 6-7 m tief begrub, wobei es aber einem Teil der Einwohner gelang, zu entfliehen. Pompeji mußte aufgegeben werden. Doch haben schon die Überlebenden viele Kostbarkeiten und Wertgegenstände unter der lockeren Aschendecke ausgegraben. – Seit dem 18. Jahrhundert sind dann etwa drei Fünftel des Stadtgebietes (Mauerumfang 3100 m) durch umfassende, seit 1869 systematisch durchgeführte Ausgrabungen freigelegt worden. Wenn auch die Gebäude in trümmerhaftem Zustand sind (erneute Schäden durch Erdbeben 1980) und Inneneinrichtungen sowie Hausrat erst bei den neueren Grabungen (seit 1911) möglichst an Ort und Stelle belassen werden, so tritt dem Besucher doch das antike Leben mit seiner Wohnkultur in Luxus- und Bürgerhäusern, auf Markt und Straßen, in Bädern, Theatern und Tempeln nirgends so lebendig und oft erstaunlich modern entgegen wie hier.

Die antike Stadt wurde in neuerer Zeit in einzelne, durch die Hauptstraßen gegliederte *Regionen* eingeteilt, die Häuserblocks *(Insulae)* innerhalb der Regionen mit römischen, die Hauseingänge mit arabischen Ziffern bezeichnet.

Die Straßen sind mit polygonalen Lavaplatten gepflastert und von erhöhten Fußsteigen eingefaßt. An den Ecken sowie sonst mehrfach sind quer über den Straßendamm Schrittsteine angebracht, die den Fußgängern den Übergang erleichterten. Tief ausgefahrene Geleise im Pflaster zeugen von regem Wagenverkehr. An den Straßenecken befinden sich öffentliche Brunnen. Die auf die Außenseiten der Häuser gemalten plakatartigen Anzeigen beziehen sich meist auf städtische Wahlen. Unnütze Kritzeleien waren damals ebenfalls schon sehr beliebt.

BESICHTIGUNG. – Von dem nahe beim Bahnhof *Pompei – Villa dei Misteri* gelegenen **Haupteingang** gelangt man nach 300 m zur *Porta Marina,* dem in der Südwestecke des alten Pompeji gelegenen Stadttor. Hinter dem Tor gleich rechts das **Antiquarium,** das pompejanische Ausgrabungsfunde von der vorsamnitischen bis zur römischen Zeit enthält (besonders eindrucksvoll die Gipsabgüsse menschlicher Körper und eines Hundes).

Jenseits des Antiquariums ebenfalls rechts die Markt- und Gerichtszwecken dienende *Basilica;* links den von 48 ionischen Säulen umgebene *Apollotempel.* Die Ostseite der Basilica und des Apollotempels grenzen an das ***Forum,** den von Portiken umschlossenen Hauptplatz der Stadt. An seiner Nordseite auf 3 m hohem Unterbau der *Jupitertempel;* an der Nordostecke des Forums das *Macellum,* eine Verkaufshalle für Lebensmittel. Auf der Ostseite folgen weiter das *Larenheiligtum,* dann ein ursprünglich wohl dem Augustus geweihter *Tempel des Vespasian* sowie das *Gebäude der Eumachia,* wahrscheinlich eine Verkaufshalle für Wollstoffe. An der Südseite des Forums liegt in der Mitte von drei Sälen die *Curia,* der Sitzungssaal des Stadtrates.

Rechts vom Gebäude der Eumachia führt die Via dell' Abbondanza, eine der Hauptgeschäftsstraßen, zu den neuen Ausgrabungen. Auf der zweiten Straße rechts (Via dei Teatri) zu dem durch eine schöne Eingangshalle zugänglichen baumbestandenen **Forum Triangulare,** das hauptsächlich für die Theaterbesucher bestimmt war. Auf der Südseite des Platzes die Reste eines *griechischen Tempels,* östlich gegenüber die *Gladiatorenkaserne.* An die nördliche Hälfte des Forum Triangulare stößt das in den Hang gebaute ***Große Theater** *(Teatro scoperto),* das etwa 5000 Zuschauer faßte. Von den obersten Sitzreihen hübsche Aussicht. Nebenan das besser erhaltene *Kleine Theater (Teatro coperto), das älteste Beispiel eines römischen überdachten Theaters, mit 1500 Plätzen, hauptsächlich für musikalische Aufführungen (um 75 v. Chr.).

Östlich vom Kleinen Theater verläuft die Via Stabiana, der man nordwestlich folgt. Gleich links der kleine sogenannte *Tempel des Äskulap.* Westlich dahinter in der Via del

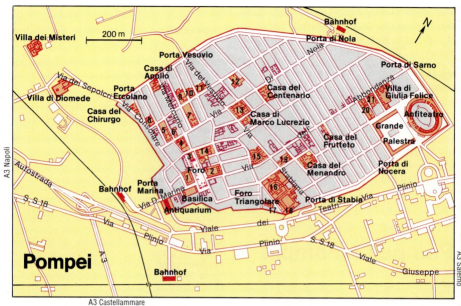

Tempio d'Iside der *Isistempel;* in die Tempelmauer eingeritzt der Name Henri Beyle, der eigentliche Name des Schriftstellers Stendhal, der sich hier auf einer Reise 1817 'verewigte'. Auf der Ostseite der Via Stabiana folgt die *Casa del Citarista,* eines der größten Häuser Pompejis. Kurz dahinter kreuzt man die Via dell' Abbondanza. – Auf dieser beginnen nach etwa 100 m rechts die neuen Ausgrabungen ('Nuovi Scavi'), bei denen nicht nur die Gemälde an Innen- und Außenwänden sowie der Hausrat an seiner Stelle belassen wurden, sondern auch das obere Stockwerk der Häuser mit seinen Balkonen und Loggien durch eingezogene Träger vielfach gerettet werden konnte. Zahlreich sind die hier aufgepinselten Wahl- und Gelegenheitsinschriften, mit deren Hilfe der frühere Direktor der Ausgrabungen, Della Corte, ein 'Adreßbuch' mit 550 Namen zusammenstellen konnte. Das Viertel stammt aus der letzten Zeit Pompejis und war meist von Geschäftsleuten bewohnt. Beachtenswert u.a. der Laden des *Eisenhändlers,* ferner (rechts) die *Fullónica,* eine Walkerei, mit zwei wiederhergestellten Faltpressen; südlich dahinter das Haus mit dem *Kryptoportikus,* wo in einem zum Keller führenden Gang ein prächtiger *Gemäldefries mit 20 Episoden aus der Ilias und anderen homerischen Gedichten erhalten ist.

Noch weiter südlich das wohlerhaltene große *Haus des Menander,* das einem reichen Kaufmann gehörte und seinen Namen dem in einer Nische des prächtigen Peristyls befindlichen Bildnis des griechischen Komödiendichters Menander verdankt. Nebenan das reizvolle kleine *Haus der Liebenden.* – An der Via dell' Abbondanza folgt links das *Thermopolium,* eine Schenke mit vollem Bestand an Gefäßen, Kessel, Herd und Lampe (auf der

Theke noch das Geld des letzten Gastes). Weiterhin links das sehenswerte *Haus des Trebius Valens,* dessen Fassade besonders viele Aufschriften trägt, noch weiter rechts das reiche **Haus des Marcus Loreius Tiburtinus,* mit wiederhergestellter Flügeltür und interessantem Innern.

Weiter östlich sowie südlich der Via dell' Abbondanza liegen die neuesten Ausgrabungen (1951-59), unter denen besonders die *Casa del Frutteto* (Haus eines Gärtners), die *Casa della Vénere,* mit einem großartigen **Bild der Venus,* sowie die *Villa di Giulia Felice* Beachtung verdienen. – Weiter südlich, außerhalb der Stadtmauer, bei der *Porta di Nocera* eine **Nekropole,** wie sie alle antiken Städte außerhalb der Mauern besaßen.

Südlich des Loreius-Tiburtinus-Hauses liegt die auf drei Seiten von Säulen umgebene **Palästra** (Seitenlänge etwa 140 m), ein Sportplatz mit einem großen Schwimmbassin. Östlich anschließend das um 80 v.Chr. begonnene mächtige **Amphitheater** (136 m lang, 104 m breit), das 20000 Zuschauer aufnehmen konnte und das älteste erhaltene römische Theater ist.

An der Ecke der Via dell' Abbondanza und der Via Stabiana liegen die ***Stabianer Thermen,** die größten und besterhaltenen Badeanlagen von Pompeji (Eingang von der Via dell' Abbondanza): Man betritt zunächst die säulenumgebene Palästra; links ein Schwimmbecken, rechts das Männerbad, an das sich das durch Öfen von diesem getrennte Frauenbad anschließt. Beide Bäder haben ein rundes kaltes Bad (frigidarium), ein Umkleidezimmer (apodyterium), mit Nischen für die Kleidung, einen nur lauwarm beheizten Durchgangsraum (tepidarium)

In der süditalienischen Ruinenstadt Pompeji

und ein Schwitzbad (caldarium), letztere mit Luftheizung im Fußboden und an den Wänden. – Nördlich anschließend an die Stabianer Thermen das *Haus des Siricus* (Eingang vom Vico del Lupunare), dessen Besitzer auch die Bäckerei nebenan innehatte; auf der Schwelle die Inschrift "Salve lucrum" ("Es lebe der Profit"); im Innern schön ausgemalte Zimmer. An der Via Stabiana weiterhin rechts das *Haus des Marcus Lucretius,* ebenfalls mit gut erhaltenen Malereien. – Nach 100 m kreuzt man die Via di Nola, eine der Hauptstraßen der Stadt, nach weiteren 100 m den Straßenzug, der rechts als Vico delle Nozze d'Argento zum 'Silberhochzeitshaus' (schönes Atrium und Peristyl), links als Vicolo di Mercurio am Haus der Vettier vorbei zum Haus des Sallust führt. An der Strada Stabiana, deren nördlicher Teil auch 'Via del Vesuvio' genannt wird, weiterhin links die elegante **Casa degli Amorini dorati,** deren Garten noch den alten Marmorschmuck bewahrt. Die Via Stabiana endet nördlich bei der *Porta del Vesuvio;* vom vorgelagerten Hügel schöne Aussicht.

Am Vicolo di Mercurio das u.a. wegen seiner gut erhaltenen ornamentalen Malereien sehr sehenswerte *Haus der Vettier, dessen z.T. neu aufgebautes Peristyl, ebenfalls mit dem alten Marmorschmuck, schön bepflanzt ist und dessen Küche noch das antike Kochgerät enthält. – Dem Haus der Vettier südwestlich gegenüber die *Casa del Labirinto,* mit zwei Atrien. Südlich gegenüber die ganze Insula einnehmende *Casa del Fauno (Eingang von der Via di Nola), der stattlichste Familienpalast in Pompeji (80 m lang, 35 m breit); neben dem Impluvium eine Nachbildung der hier gefundenen Faunenstatuette, die dem Haus den Namen gab; in dem Raum mit den roten Säulen fand man das berühmte Mosaik der Alexanderschlacht.

An der Via delle Terme, der westlichen Fortsetzung der im westlichen Teil auch 'Via delle Fortuna' genannten Via di Nola, die *Thermen beim Forum, etwas kleiner und einfacher als die Stabianer Thermen, aber ebenfalls die ganze Insula einnehmend. Südlich anschließend eine moderne Bar. – Den Thermen nördlich gegenüber das zierlich und reich ausgestattete sogenannte *Haus des tragischen Dichters;* auf der Schwelle im Mosaik ein Kettenhund mit der Inschrift "Cave Canem" (Vorsicht vor dem Hund!).

Westlich anschließend das **Haus des Pansa** (98 m lang, 38 m breit), eines der größten und regelmäßigsten Privathäuser Pompejis. – Nördlich neben dem Haus des tragischen Dichters eine *Fullónica,* eine Tuchwalkerei. Links daneben die *Casa della Fontana Grande* und die *Casa della Fontana Piccola,* beide mit hübschen Brunnen. Vom letzteren durch den Vicolo di Mercurio westlich zum *Haus des Sallust,* mit guten Malereien. Weiter in nordwestlicher Richtung durch die Via Consolare zum *Herculaner Tor,* wohl aus der Zeit des Kaisers Augustus.

Von der Vorstadt außerhalb des Tores ist nur die Hauptstraße ausgegraben, die sogenannte *Gräberstraße, landschaftlich der schönste Teil Pompejis. Die Straße ist mit ihren stattlichen Grabdenkmälern meist vornehmer Bürger neben der alten Via Appia das eindrucksvollste Beispiel für die im Altertum beliebte Bestattung an öffentlichen Wegen. Am nordwestlichen Ende der Gräberstraße die mächtige *Villa des Diomedes, deren großer Garten von einem Portikus mit 33 m Seitenlänge umgeben ist; in der Mitte des Gartens ein Wasserbecken und sechs Säulen, die einen Pavillon bildeten. In einem Kellergang (Kryptoportikus) fand man 18 Leichen von Frauen und Kindern. In der Nähe der jetzt vermauerten Gartentür lag der mutmaßliche Besitzer des Hauses, den Schlüssel in der Hand, neben ihm ein Sklave mit Geld und Wertsachen.

Etwa 200 m nordwestlich der Villa des Diomedes die außerhalb des eigentlichen Ausgrabungsgeländes gelegene prächtige *Villa dei Misteri (Zufahrt vom Haupteingang, nach 0,5 km am Bahnhof vorbei, dann auf 700 m langer Straße), in der die großartigsten Wandgemälde aus dem Altertum in frischem Farbenglanz erhalten sind; am schönsten im großen Triclinium ein 17 m langer Streifen mit fast lebensgroßen Figuren aus voraugusteischer Zeit (wohl nach Vorbildern des 3. Jh. v. Chr.), einer Darstellung dionysischer Mysterien.

Ponza-Inseln / Arcipelago Pontino

Italien.
Region: Lazio (Latium). – Provinz: Latina. Bewohnerzahl: 5000.
Postleitzahl: I-04027. – Telefonvorwahl: 0773.
ⓘ **EPT Latina,**
Via Duca del Mare 19,
I-04100 Latina;
Telefon: 49 87 11.

HOTELS. – Auf Ponza: *Chiaia di Luna,* I, 109 B.; *Cernia,* II, 52 B.; *Bellavista,* II, 30 B.; *La Baia,* II, 54 B.; *La Torre dei Borboni,* II, 32 B.

SCHIFFSVERBINDUNG besteht sechsmal wöchentlich von Formio, dreimal wöchentlich von Anzio sowie wöchentlich einmal von Neapel über Procida, Ischia, Santo Stefano und Ventotene nach Ponza; von Anzio auch Tragflügelboote.

Die der italienischen Küste des südlichen Latium vorgelagerten Ponza-Inseln sind sämtlich vulkanischen Ur-

sprungs und werden öfters von schwachen Erdbeben heimgesucht. Die Bewohner treiben hauptsächlich Weinbau und Fischfang; neuerdings auch aufstrebender Tourismus.

Die nordwestliche Gruppe der Ponza-Inseln besteht aus den fast unbewohnten Inseln *Palmarola* (im Altertum Palmaria) und *Zanone* (Sinonia) sowie aus der gut angebauten, von malerischen Buchten und Klippen gesäumten Hauptinsel **Ponza,** einem Kratergrat von 7,5 km Länge, der am Südende im *Monte della Guardia* zu 283 m ansteigt. Am Nordfuß des Berges die Hafenbucht mit den Ortschaften **Ponza** und *Santa Maria.* – Die südöstliche Gruppe bilden die Inseln *Ventoténe,* ein Kraterrest von 3 km Länge und 1 km Breite, mit gleichnamiger Ortschaft und Kastell, und *Santo Stéfano,* eine Granitgruppe mit einem ehemaligen Zuchthaus.

Poreč s. bei Istrien

Portofino

Vorgebirge von Portofino am Ligurischen Meer

(610 m), dem höchsten Gipfel des sich fast quadratisch 4-5 km weit ins Meer vorschiebenden *** Vorgebirges von Portofino,** mit umfassender, freier Aussicht, an klaren Tagen bis Korsika. Von hier in etwa $1/2$ St. zum *Vorgebirge Portofino Vetta* (450 m), mit berühmter **Aussicht: Nordwestlich die Küste von Camogli bis Genua und weiter bis zum Kap Berta, darüber bei Vormittagsbeleuchtung die schneebedeckten Cottischen Alpen; südöstlich Blick über Rapallo, Chiavari und Sestri bis zu den Inseln bei Portovenere, darüber die Apuanischen Alpen. Hier auch der 117 m hohe Antennenturm des Fernsehsenders Genua. – Am Westabfall des Vorgebirges von Portofino liegt malerisch das alte Hafenstädtchen *Camogli (0-11 m; 7000 Einw.), mit schöner Pfarrkirche und dem verfallenen *Castello Dragone.*

Italien.
Region: Liguria (Ligurien). – Provinz: Genova.
Höhe: 0-3 m ü.d.M. – Einwohnerzahl: 800.
Postleitzahl: I-16034. – Telefonvorwahl: 0185.
ⓘ **AA,** Via Roma 35/37;
Telefon: 69024.

HOTELS. – *Splendido,* L, 123 B., Sb.; *Nazionale,* II, 100 B.; *Piccolo,* II, 45 B.; *San Giorgio,* II, 36 B.

Das höchst malerisch an einer engen Bucht bei der Südostspitze des gleichnamigen italienischen Vorgebirges gelegene ehemalige Fischerdorf *Portofino verdankt seine touristische Beliebtheit den landschaftlichen Reizen wie auch dem angenehmen Klima und der reichen mediterranen Pflanzenpracht.

SEHENSWERTES. – Südlich oberhalb des Hafens die *Kirche San Giorgio,* mit schönem Blick auf Portofino; noch umfassendere *Aussicht von der Plattform neben dem unweit östlich gelegenen *Castell San Giorgio,* nordwestlich bis zum Kap Mele und den Seealpen.

UMGEBUNG von Portofino. – Sehr lohnend ist eine B o o t s f a h r t an dem steilen Südabsturz des Vorgebirges von Portofino hin in 1¼ St. (Motorboot ½ St.) nach *San Fruttuoso,** einer bereits 986 erwähnten ehemaligen Abtei mit frühgotischer Kirche und einem Kreuzgang, sehr malerisch in einer kleinen Felsbucht gelegen; in der Bucht, 17 m unter dem Meeresspiegel, auf einem 80 t schweren Zementsockel eine 2,50 m hohe Christusstatue aus Bronze (von 1954). – Von San Fruttuoso schöner Fußweg zunächst steil bergauf in etwa 2 St. zum *Semàforo Vecchio*

Porto Raphte
(Pórto Ráfti)

Griechenland.
Nomos: Attika.
Höhe: 0-5 m ü.d.M.

HOTELS. – In P ó r t o R á p h t e: *Korali,* III, 28 B.; *Kyani Akti,* III, 47 B. – In K a k í T h á l a s s a (Keratéa): *Galini Bungalows,* I, 11 B.

Pórto Ráphte, ein hübscher kleiner Hafenort in einer Bucht der Ostküste der griechischen Landschaft Attika, heißt 'Schneiderhafen', weil man in einem römischen Sitzbild auf dem Felskegel vor der Einfahrt einen sitzenden Schneider sah.

GESCHICHTE. – Der antike Vorläufer dieses Ortes war *Prasiai* auf dem Hügel Koroni am Südostende der Bucht; im 7. und 6. Jahrhundert v. Chr. wichtig für die Schiffahrt zwischen Attika und den Inseln, erhielt er die heute sichtbaren Ringmauern jedoch erst im 3. Jahrhundert v. Chr.

UMGEBUNG von Porto Raphte. – Auch die weitere Küstenlandschaft weist eine Reihe von antiken Siedlungen auf. Im Norden der Bucht von Pórto Ráphte lag **Steiria,** zu dem eine Nekropole aus mykenischer Zeit in der Gemarkung Peráti gehört (Funde im Museum Brauron). Landeinwärts bei **Merénda** wurde eine jüngere Nekropole (8.-4. Jh. v. Chr.) gefunden, außerdem der Kuros und die Kore von Marénda, die jetzt im Nationalmuseum in Athen stehen.

9 km nördlich von Porto Raphte befindet sich das *Artemisheiligtum von **Brauron**. Am Hang eines Hügels unweit einer Georgskapelle (12. Jh.) ein kleines Heiligtum, dahinter die (eingestürzte) Iphigeniengrotte und ein 'heiliges Haus'. Nördlich davor ist die Felsbettung des Artemistempels zu erkennen, der in der 1. Hälfte des 5. Jahrhunderts v. Chr. einen älteren Bau ersetzte. Ihm folgt der an drei Seiten von Säulenhallen umgebene Hof (430-420 v. Chr.) mit Zugang von Westen (dort eine antike Brücke). Die dorischen Kalksteinsäulen der Hallen trugen Marmorkapitelle. In sechs Räumen im Nord- und drei Räumen im Westflügel standen je 11 Holzbetten für die 'Bärinnen', wegen ihrer braunen Gewänder so genannte junge Mädchen aus Athen, die hier erzogen wurden. – Das Museum enthält die Funde aus Brauron sowie aus der Nekropole von Merénda (Vasen 9.-4. Jh. v. Chr.; Grabmäler), ferner Keramik aus Anávyssos und der Nekropole von Peráti.

Weitere 9 km nach Norden liegt **Lútsa**, wo hinter den Dünen ein dorischer Tempel des 4. Jahrhunderts v. Chr. festgestellt wurde. Er war wahrscheinlich jener Artemis Tauropolos geweiht, für die Orest laut Euripides hier einen Tempel errichtete. Lútsa ist das alte Halai Araphenides, für das außer einem Artemisfest (Tauropolia) eines für Dionysos inschriftlich gesichert ist.

9 km nördlich von Lútsa liegt der Hafen **Raphína**, in dessen Namen der des antiken Araphen sich erhalten hat. Raphína ist der Hafen für lokale Schiffe nach Marmári und Krýstos auf Euböa sowie zu den Inseln Ándros, Tínos, Kéa, Mýkonos und Sýros.

25 km nördlich von Raphína, an der attischen Nordküste, die antike Stadt und Festung **Rhamnús**, mit einer Tempelanlage. Von Süden ankommend, betritt man die Terrasse des Heiligtums für Themis und Nemesis, die Göttinnen der menschlichen Ordnung und der Vergeltung. Unmittelbar neben einem der Themis geweihten Antentempel aus polygonalem Kalksteinmauerwerk (gegen 500 v. Chr.), für den Agorakritos das Kultbild geschaffen hatte, steht der größere Nemesistempel, ein dorischer Peripteros aus Marmor mit 6 x 12 Säulen, der um 430 v. Chr. begonnen wurde, aber unvollendet blieb. Vor diesem Tempel erkennt man den Altar. – Von der Tempelterrasse hat man einen weiten *Blick über das Stadtgebiet, das heute in einem mit Macchia bestandenen Gelände liegt, über den Meeresarm und die sich dahinter erhebenden Berge von Euböa. Ein von Gräbern gesäumter Fußweg führt abwärts zum Meer, an dem sich der Akropolishügel erhebt. Die Umfassung ist an der Ostseite zu erkennen, ein Theater an der dem Meer zugewandten Seite.

Port Said / Bur Said

Ägypten.
Gouvernorat: Port Said.
Höhe: Meereshöhe. – Einwohnerzahl: 270000.
ⓘ **Fremdenverkehrsamt,**
Scharia Palestina.

Die nach dem Vizekönig Said (1854-63) benannte ägyptische Stadt Port Said (Bur Said), Hauptort des gleichnamigen Gouvernorates, viertgrößte Stadt und nach Alexandria bedeutendster Hafenplatz des Landes, liegt inmitten öder und unfruchtbarer Umgebung auf einer schmalen, durch Verlandung sich allmählich verbreiternden Nehrung zwischen dem Mansala-See und der nördlichen Einfahrt des Sueskanals, dem sie ihre Gründung im Jahre 1859 verdankt.

Die Stadt ist regelmäßig auf dem Plan eines rechtwinkligen Dreiecks angelegt und bietet außer einem lebhaften orientalischen Treiben und einem interessanten Völkergemisch kaum nennenswerte Sehenswürdigkeiten. – Während des Sueskrieges des Jahres 1956 zu annähernd 70% zerstört und nach der Sperrung des Sueskanals im Jahre 1967 stark entvölkert, haben Stadt und Hafen inzwischen ihre alte Bedeutung weitgehend wiedergewonnen. Neben Handel und Schiffahrt sind heute die Nahrungsmittel- und chemische Industrie sowie die Salzgewinnung die wichtigsten Wirtschaftszweige der Stadt.

SEHENSWERTES. – Den großen, eine Fläche von 230 ha umschließenden **Hafen** schützen zwei mächtige *Wellenbrecher:* Der westliche, vor der vom Nildelta ausgehenden Versandung schützende, ist 5500 m, der östliche 2000 m lang. – Am Beginn des westlichen Dammes stand einst das stattliche, 1956 von Nationalisten bis auf den Sockel gestürzte Standbild des Ferdinand de Lesseps (1805-94), des Erbauers des Sueskanals. Unweit dahinter erhebt sich der 53 m hohe **Leuchtturm.**

Gegenüber von Port Said dehnt sich an der östlichen (asiatischen) Seite des Hafens die 1926 von der Kanalverwaltung für ihre Angestellten und als Hauptsitz der Büros angelegte Vorstadt **Port Fuad** *(Bur Fuad)* mit hübschen Anlagen und guten Badestränden aus.

UMGEBUNG von Port Said. – Gut 65 km nordwestlich von Port Said liegt zwischen dem von zahlreichen seltenen Wasservogelarten bevölkerten flachen *Mansala-See* und dem unweit nördlich ins Mittelmeer fließenden östlichen Mündungsarm des Nils die einst bedeutende Hafenstadt **Damiette** (arab. *Dumjât*, kopt. *Tamiati*, griech. *Tamiathis*; 80 000 Einw.). Während der Kreuzzüge wie auch im ausgehenden 18. Jahrhundert war die Stadt wiederholt hart umkämpft und von Verwüstung heimgesucht. Heute ist Damiette Hauptstadt des gleichnamigen Gouvernorates, mit Hafeneinrichtungen für die Küstenschiffahrt, sowie Sitz von Seidenspinnereien und baumwollverarbeitender Industrie.

Preveza *(Préwesa)*

Griechenland.
Nomos: Preveza.
Höhe: 0-10 m ü.d.M. – Einwohnerzahl: 13000.

HOTELS. – *Aktaeon*, III, 30 B.; *Almini*, III, 23 B.; *Dioni*, III, 57 B.; *Metropolis*, III, 23 B.; *Minos*, III, 36 B. – CAMPING. – BADESTRAND.

VERKEHR. – Fährschiff nach Aktion; Flugplatz.

Préveza ist ein nordgriechisches Hafen- und Fischerstädtchen, das nach 1400 von Albanern an der Stelle des im 3. Jahrhundert v. Chr. gegründeten Berenikia angelegt wurde.

Das Städtchen liegt an der Einfahrt zum *Ambrakischen Golf* gegenüber **Aktion,** nach dem die Entscheidungsschlacht des Jahres 31 v. Chr. zwischen Octavian und dem mit Kleopatra verbündeten Antonius benannt ist.

UMGEBUNG von Preveza. – Zur Erinnerung an die Schlacht von Aktion (Actium) gründete Octavian wenige Kilometer nördlich, wo er sein Lager aufgeschlagen hatte, die Stadt **Nikopolis** ('Siegesstadt'), die nach der Zerstörung durch Westgoten (397) und Wandalen (474) von Justinian im 6. Jahrhundert verkleinert wiederaufgebaut wurde. – Von Preveza aus erreicht man gleich hinter der byzantinischen Stadtmauer links das Museum und die *Dumetios-Basilika mit qualitätvollen Mosaiken (um 550). Etwa 400 m weiter sieht man rechts der Straße die fünfschiffige Alkyson-Basilika (um 500, reiche Baureste, der alte Ambo mit Mosaiken über antikem Amazonenrelief jetzt im Museum). Westlich der eindrucksvollen byzantinischen Mauer liegt ein römisches Odeion, nördlich der Straße nach Arta das Theater.

Priene

Türkei.
Provinz: Aydın.
Höhe: 36–130 m ü.d.M.
ⓘ **Fremdenverkehrsamt Aydın,**
Büyük Menderes Bulvarı, Kardeş Apt. 2/1,
Aydın;
Telefon: 41 45.

UNTERKUNFT. – In Söke/Didim: *Didim Motel,* M II, 64 B.; *Çamlık Pansiyon,* Yenihisar, P II, 20 B. – In Kuşadası: *Tusan Oteli,* I, 143 B., Sb.; *Martı Oteli,* IV, 119 B.; *Motel Kısmet,* M I, 129 B.; *Motel Akdeniz,* M I, 314 B.; *İmbat Motel,* M I, 200 B.; Feriendorf *Kuştur Tatil Köyü,* 800 B.

STRÄNDE. – İçmel (an der Straße nach Selçuk), Kadınlar Denizi, Yavacısu und Güzelcamlı.

FREIZEIT und SPORT. – Schwimmen, Tauchen, Wasserski, Segeln, Reiten, Tennis.

Das Ruinenfeld der antiken Stadt *Priene liegt in der alten Landschaft Karien auf der milesischen Halbinsel, 15 km südwestlich von Söke und 130 km von İzmir auf einer einsamen Felsterrasse, die nördlich von einem zur Mykale (Samsun Dağı) gehörenden 371 m hohen Marmorfelsklotz überragt wird. Südlich der Terrasse erstreckt sich die weite Schwemmlandebene des Büyük Menderes ('Großer Mäander'), die durch Verlandung des in antiker Zeit tief ins Landesinnere greifenden Latmischen Meerbusens entstand. Die nach Süden einfallende Terrasse mußte zur Anlage einer Stadt besonders einladen, während sich der Felsen mit seinem jähen Absturz von fast 200 m für die Akropolis hervorragend eignete. Das Meer reichte vielleicht nie ganz zur Stadt heran; sie hatte wahrscheinlich im Südwesten am Nordufer der großen Lagune Gaisonis Limne, in die ein Bach mündete, den Hafen Naulochos. Zu Strabos Zeit hatte

der Mäander den Strand schon um 40 Stadien von der Stadt abgedrängt.

Priene muß von der Ebene her einen ähnlich malerischen Anblick geboten haben wie heute z.B. Assisi. Auf Terrassen erhoben sich übereinander die Häuser, Stadtmauer, Stadion und Gymnasion (36 m über dem Meer), die Agorá (79 m), der Athena-Tempel (97 m) und das Heiligtum der Demeter (130 m); darüber ragte der mächtige Burgfelsen auf. – Aber auch heute noch lohnen das Ruinenfeld, das in seltener Geschlossenheit das Bild einer hellenistischen Landstadt von 4000–5000 Einwohnern bietet, sowie die großartige Landschaft einen Besuch.

GESCHICHTE. – Priene, dessen Name karisch ist, soll von Aigyptos, dem Sohn des Neleus, gegründet worden sein und gehörte zum *Ionischen Bunde.* – Vom lydischen König Ardys erobert, wurde es Hauptstützpunkt der lydischen Macht in dieser Gegend und nahm unter der Führung des Bias, eines der Sieben Weisen (um 625–540 v. Chr.), einen bedeutenden Aufschwung. – Um 545 eroberten die *Perser* unter Kyros die Stadt. Als eine der kleinen Städte (sie stellte zur Schlacht bei Lade 12 Schiffe) hatte sie mit ihren mächtigeren Nachbarn Samos, Milet und Magnesia a. M. fortwährend Streitigkeiten, die sie mit dem Schwerte oder glücklicher durch Anrufung des Ionischen Bundes oder anderer Staaten als Schiedsrichter zu beseitigen suchte. – Dann gehörte Priene zum *Attischen Reich;* im Jahre 442 gab aber Athen die Stadt an *Milet.*

Wo genau das ionische Priene lag, ist unbekannt; wahrscheinlich stecken die Reste tief im Schwemmland des Mäander. Sicher nahm es aber nicht die Stelle ein, an der seit der Mitte des 4. Jahrhunderts v. Chr. Athen eine Neugründung von Priene als Rivalin von Milet betrieb und wo Alexander d. Gr. nach 334 v. Chr. das neue Priene vollenden half. Der Haupttempel wurde vom König selbst der Athene geweiht. – Auf eine Periode der Ruhe und des Gedeihens folgten böse Zeiten während der Kämpfe der Diadochen und der Zwiste mit den Nachbarn. Besonders schlimm erging es der Stadt, als um 155 v. Chr. Ariarathes V. von Kappadokien seinen Bruder Orophernes entthront hatte und von Priene die Herausgabe von 400 Talenten Gold verlangte, die jener im Tempel der Athene deponiert hatte. Als die Stadt ihrem alten Gönner Treue bewies, wurde sie von Ariarathes und dem mit ihm verbündeten Attalos II. von Pergamon belagert und nur durch Intervention der Römer gerettet. Eine Feuersbrunst hat damals die Weststadt zerstört; z.T. wurde sie nie wieder aufgebaut. Orophernes erhielt sein Geld zurück und erwies sich dankbar durch Weihung des Kultbildes der Athene und durch die Errichtung neuer Bauten. – Unter der Herrschaft der *Römer* lebte die Stadt bescheiden weiter und bot nach den Inschriften das lebendige Bild einer griechisch-römischen Provinzstadt, deren Bewohner sich der Übergriffe der Steuereintreiber erwehren mußten und sich der griechischen städtischen Freiheiten, Ehren und Festlichkeiten erfreuten. – Von einiger Bedeutung in byzantinischer Zeit zeugen Reste mehrerer Kirchen, die Erweiterung der Akropolis und ein kleines Kastell. – Unter türkischer Herrschaft (seit dem Ende des 13. Jh.) führte Priene den Namen **Samsun Kalesi** und verödete.

Systematische Ausgrabungen begann 1895 Carl Humann für die Königlichen Museen in Berlin; nach seinem Tod wurden sie von Th. Wiegand fortgesetzt und 1898 vollendet. Außer in London und Paris befinden sich daher wichtige Fundstücke aus Priene im Pergamonmuseum in Ostberlin sowie in İstanbul.

BESICHTIGUNG DER RUINENSTÄTTE. – Die schön geschichtete, 2 m starke **Stadtmauer,** die etwa 2,5 km Umfang hat und im unteren Teil sägeförmig gebrochen, im oberen durch Türme verstärkt ist, läuft im Süden auf der ersten Terrainwelle hin, zieht sich rechts und links zum Burgberg empor, fehlt an seinem schroffen Abhang stellenweise und setzt sich oben in Form eines Vierecks fort, das in byzantinischer Zeit mit der Spitze nach Norden erweitert wurde. Außer dieser Mauer ist oben fast nichts mehr an alten Resten vorhanden; auch nicht von dem Heiligtum des Heros *Telon,* nach dem die Burg hieß. Ein kaum begehbarer Treppenpfad führt von der Stadt zur *Akropolis* hinauf ($^3/_4$ St.), dem Zufluchtsort in höchster Not. Oben umfassende *Aussicht.

Das Terrain der Unterstadt wurde nach dem Schema des Hippodamos durch rechtwinklig sich schneidende Straßen in etwa 80 gleich große Rechtecke von ca. 35 x 47 m geteilt. Für die öffentlichen Gebäude wurden mehrere Blöcke zusammengelegt. Ein Privatgebäude nahm gewöhnlich das Viertel eines Rechtecks ein. Die westöstlich verlaufenden Hauptstraßen waren 5-6 m breit. Zwei von ihnen führen auf die beiden Haupttore im Westen und Osten, eine auf ein Nebentor, das einer Quelle wegen angelegt war. Die nordsüdlich führenden Nebenstraßen messen ca. 3,5 m in der Breite. Alle haben ein Pflaster aus Breccie (zu Stein verfestigter kantiger Schutt), aber keine Bürgersteige. Kanäle für die Ableitung, Rohre für die Zuleitung von Wasser und Brunnen an den Ecken fehlten dagegen nicht. Die ganze Anlage verursachte eine gewaltige Arbeit an Felsglättungen und Gesteinsdurchschnitten, Terrassenmauern und Treppenanlagen und wurde mit der für jene Zeit charakteristischen Energie durchgeführt.

Vom Parkplatz am Ende der von Güllübahçe (Söke) kommenden Stichstraße betritt man von Nordosten durch das *Osttor* die Ruinenstadt. Von hier gelangt man südwestlich quer durch die Stadt hinab zum **Westtor,** wo unsere Beschreibung beginnt.

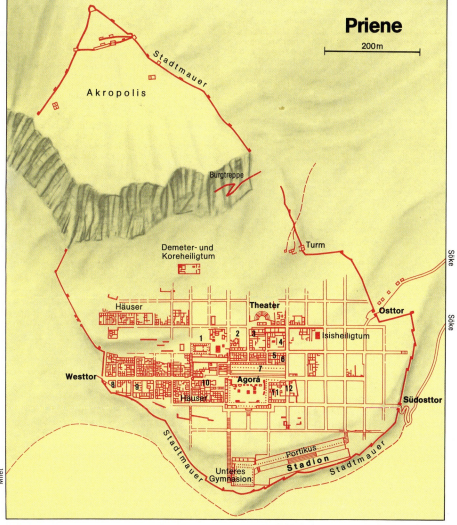

1 Athenatempel
2 Byzantinische Kirche
3 Byzantinische Hauptkirche
4 Oberes Gymnasion
5 Bouleuterion
6 Prytaneion
7 Heilige Halle
8 Kybeleheiligtum
9 Heiliger Bezirk
10 Brunnen
11 Ionischer Tempel
12 Byzantinisches Kastell

Gleich rechts von dem einst überwölbten Tor liegt die aus Kammer und Vorraum bestehende *Wohnung des Torwächters.* – Die Ecke zwischen Straße und Stadtmauer nimmt ein aus der ersten Seitengasse von Osten zugängliches *Heiligtum der Kybele* ein, das von einer Mauer aus großen Blöcken umschlossen ist und eine Opfergrube enthält. – Hinter dem folgenden Häuserviereck liegt an der zweiten Seitengasse ein heiliger *Bezirk,* der sich aus einem Hof, einem zweischiffigen, mit einer Estrade im Osten versehenen Saal und Zimmern zusammensetzt; dieses 'heilige Haus' diente vermutlich einem Geschlechterkult. – Rechts und links von der Hauptstraße folgen dann bis zum Markt hinauf **Privathäuser,* die eine Hauptsehenswürdigkeit der Stadt bilden, weil sie bis in das 4. Jahrhundert v. Chr. zurückreichen und uns das Wohnhaus klassischer Zeit kennen lehren.

Die Grundrisse sind bei dem schwierigen und kostbaren Terrain recht verschieden gestaltet und oft vereinfacht. Gemeinsam ist allen ein rechteckiger Hof, in dem sich das Familienleben abspielte; an ihm eine nach Süden geöffnete Vorhalle, hinter ihr ein Saal. Darum gruppieren sich eine weit geöffnete Exedra, Eßzimmer, Schlafgemächer und Kammern. – Ein zweites Stockwerk erhob sich öfter, meist als Frauenwohnung, auf einem Teil des Unterstocks. Die Wände sind manchmal bis über mannshoch erhalten und bestehen nach der Straße zu aus schönen Rustica-Quadern oder verputztem Bruchsteinmauerwerk. Fenster fehlten. Das direkt in den Hof führende Tor liegt meist in einer Nebengasse. Die innere Ausstattung war heiter und freundlich; die Wanddekoration entsprach der des ersten pompejanischen Stils. Feiner Marmorstuck mit Farbresten war erhalten, als Gliederungen ionische Halbsäulen, Zahnschnittgesimse, Triglyphenfriese und figürlicher Schmuck. In den Höfen standen Marmortische und Wasserbecken auf hohen Füßen, wie in Pompeji. Von Gebrauchsgegenständen fanden sich Teile von Bettgestellen, Kandelaber und Lampen aus Bronze, bronzenes und irdenes Geschirr, Sitzbadewannen und Handmühlen aus Stein. Vom Zimmerschmuck sind zahlreiche Terrakottafiguren erhalten: Eroten und Siegesgöttinnen, die an Fäden aufgehängt, Masken und Tierköpfe, die an der Wand befestigt waren, Genrefiguren, die auf Gesimsen standen.

An der Ecke einer Treppengasse zum Athenatempel ein schöner *Brunnen.* Dann führt die Straße durch einen Felseinschnitt an dem kleinen *Fleisch- und Gemüsemarkt* (rechts; 30 x 16 m) vorbei auf die große **Agorá** (128 x 95 m), die im Verhältnis zur Größe der Stadt besonders stattlich ist. Auf drei Seiten umgaben sie dorische Säulenhallen; hinter ihnen lagen Kammern, die nur in der Mitte der Südseite fehlen. In der Mitte dieses Fest- und Opferplatzes erhob sich wohl ein Altar des Zeus; vor den Hallen und an der im Norden vorüberführenden Straße standen Ehrenstatuen, deren Postamente vielfach zu runden oder eckigen Ruhebänken (Exedren) ausgestaltet sind.

Nördlich von der Straße erhob sich auf sieben Stufen eine zweischiffige Halle von 116 m Länge und 12,5 m Tiefe, mit einer Plattform, dahinter dorische Außen- und ionische Innensäulen: die **Heilige Halle,** die um 150 wahrscheinlich von dem dankbaren Orophernes gestiftet war; in ihr und in den hinter ihr gelegenen Räumen bewegte sich das politische Leben. Die Innenseiten der Schmalwände der Halle waren mit Ehreninschriften bedeckt, die gute Einblicke in das politische Treiben des 2. und 1. vorchristlichen Jahrhunderts gestatten und unter anderem berichten, daß in der Halle der Stephanephoros, der höchste Beamte der Stadt, am Tage des Amtsantritts allen Einwohnern ein Mahl gab. Die besser erhaltene Westwand ist im Pergamon-Museum in Berlin wieder aufgebaut worden. Hinter der Halle ist eine Flucht größerer Räume angelegt, die wahrscheinlich Amtszimmer von Beamten waren, ferner im Osten das Buleuterion und das Prytaneion.

Das **Buleuterion* oder *Ekklesiasterion,* der Sitzungssaal für die Volksversammlung und den Rat, gehört infolge seiner Lage unter dem schützenden Abhang zu den besterhaltenen und zu den interessantesten Gebäuden in Priene. Es ist um 200 v. Chr. errichtet worden und ähnelt einem Theater.

In der Mitte eines kleinen viereckigen Platzes steht ein mit Reliefs geschmückter Altar; auf drei Seiten steigen Sitzstufen empor, die auf 13 Reihen für 640 Personen Platz bieten und über Treppchen in den Ecken und oben her erreichbar sind. Nach Süden sind sie durch schräge Wände begrenzt, und auf die Gänge unterhalb an diesen Wänden führen von rechts und links Türen. Zwischen diesen springt in der Mitte der Südseite eine etwa 5 m breite Nische vor, die in ihrer oberen Hälfte offengelassen und mit einem Rundbogen überspannt war, der eine der frühesten bekannten Steinschnittwölbungen darstellt. Durch das so entstehende Fenster empfing der Sitzungssaal sein Licht, denn über ihm lag nach dem Ausgrabungsbefund ein hölzerner Dachstuhl mit Dachziegeln, die in eine Lehmschicht gebettet waren. Über den Sitzen verläuft ein schmaler Umgang; viereckige Pfeiler, die bei einem Umbau einwärts zwischen die Sitzreihen versetzt wurden, verminderten die Spannung des Dachstuhles, die auch so noch die des Parthenon übertraf. In der Fensternische steht auf einer Stufe eine Marmorbank, rechts und links zu ebener Erde noch je eine Bank. Hier hatten der Vorsitzende, Sekretäre und die Behörde ihre Plätze. Der Redner stand am Altar.

Das *Prytaneion* (Amtslokal der Behörde), ein Hof mit Seitengemächern, ist durch römische Umbauten verändert. Im Hofe befinden sich Marmortisch und Wasserbassin, in einem Gemach ein großer aufgemauerter Herd, vielleicht der Stadtherd mit dem ewigen Feuer.

An die östliche Schmalseite des Marktes grenzte der *Ionische Tempel.* Aus der östlich entlangführenden Seitenstraße trat man in einen Hof, an dem sich rechts und links dorische Hallen erhoben. Der Tempel war ein viersäuliger ionischer Prostylos ohne Fries; vor ihm stand der Altar. Die Anlage wurde durch die Errichtung eines byzantinischen *Kastells* zerstört.

Wenn man der zuvor genannten Seitenstraße aufwärts und dann der 'Athenastraße' oberhalb vom Prytaneion und Ekklesiasterion links (nach Westen) folgt, gelangt man zu dem **Hauptheiligtum** *(Athenatempel),* das auf einer Terrasse mit schöngefügten Stützmauern hochragend lag und nach der jetzt in London befindlichen Inschrift eines Pfeilers im Jahre 334 von Alexander d.Gr. der Athena Polias geweiht war. Der von Pytheos, dem Erbauer des Mausoleums von Halikarnassos (s. dort), errichtete Tempel war ein ionischer Peripteros von

6:11 Säulen ohne Fries über dem Architrav (einige restauriert). Das fast 7 m hohe, der Athena Parthenos des Phidias nachgebildete Kultbild hatte Orophernes gestiftet. Vor dem Eingang erhob sich im Osten ein großer Altar mit Figuren in Hochrelief zwischen ionischen Säulen, und weiter östlich wurde in römischer Zeit ein Eingangstor errichtet, von dem noch ein 4,5 m hohes Stück der Südwand aufrecht steht. Die breite, nach Süden geöffnete, nach dem Tempel zu geschlossene Halle südlich vom Tempel ist dagegen noch hellenistisch.

Man gehe die 'Athenastraße' zurück und verfolge die vorher benutzte südnördliche Seitenstraße weiter aufwärts. Links liegt ein älteres, in römischer Zeit umgebautes oberes **Gymnasion**; rechts weiterhin der B e z i r k d e r I s i s und der ihr verwandten Gottheiten, mit einem kleinen Propylon im Nordwesten, einer Säulenhalle an der Westseite und einem umfangreichen Altar.

Folgt man oberhalb des Isis-Heiligtums der vom Osttor kommenden Straße nach Westen, so erreicht man bald die eindrucksvollste Ruine der Stadt, das trefflich erhaltene *Theater (3. Jh. v. Chr.). Von dem Zuschauerraum sind nur acht Sitzstufen ausgegraben worden.

Der Z u s c h a u e r r a u m des Theaters hatte einen Umgang (Diazoma) und fünf Abteilungen (Keile) zwischen sechs Treppen. Von den Sitzen durch einen Umgang zur Ableitung des Wassers getrennt, stand auf dem Boden der *Orchestra* (Durchmesser 18,65 m) zuerst eine Ehrenbank (Proedrie); später wurden in sie fünf löwenfüßige, mit Efeuranken gezierte Marmorsessel und in der Mitte der marmorne, vom Agonotheten Pythotimos gestiftete Altar eingefügt. Das etwa 18 m lange *Bühnengebäude* (Skené) bestand ursprünglich aus drei 2,50 m hohen Zimmern, die mit der Rückwand an der Straße lagen; darüber erhob sich ein entsprechendes oberes Stockwerk. Die Wände sind nur vorn geglättet, sonst in Rustica gehalten. Jedes Zimmer öffnete sich mit einer Tür auf das Proskenion, das vorn dorische, einst rot gefärbte Halbsäulen von 2,70 m Höhe mit dorischem Gebälk zeigt. Zwischen den Halbsäulen öffnen sich den Zimmern entsprechend drei Türen; die übrigen Interkolumnien waren durch bemalte Holztafeln (Pinakes) verschließbar. Später fanden vor dem zweiten von rechts und von links Statuen ihren Platz. Vor dieser Wand wurde ursprünglich in der Orchestra gespielt; wenn jemand auf dem Dache eines Hauses zu erscheinen hatte, konnte er die Decke des Proskenions, ein 2,74 m breites, mit niedrigen Seitenbalustraden versehenes Podium, auf einer rechts (westl.) von außen angebauten Treppe ersteigen. Erst in römischer Zeit hat man die Hinterwand dieses Podiums, d.h. also die Vorderwand des Oberstockes der Skené, abgerissen und 2 m weiter nach rechts gegliederte Bühnenhinterwand aufgeführt. Um sie zu tragen, wurden drei starke Backsteingewölbe und eine Bruchsteinmauer in den alten Zimmern angelegt. Die Interkolumnien vorn wurden bis auf drei Türen vermauert und das Mauerwerk bemalt (Reste in der westl. Ecke). Von da ab wurde oben gespielt.

Durch die Mitte des Bühnengebäudes gelangt man in die *byzantinische Hauptkirche.* – Weiter westlich sind noch einige Quartiere mit beachtenswerten *Privathäusern* aufgedeckt worden. – Aus der Nähe der Kirche führt ein Pfad hinauf zum **Heiligtum der Demeter und Kore.** Eine der beiden Priesterinnen-Statuen, die auf der Basis vor dem Eingang standen, befindet sich in Berlin. Das

Heiligtum selbst, ein Tempel in antis von eigenartiger Form, der mit hölzernem Dachstuhl versehen war, ist stark beschädigt; in ihm wurden ein bankartiges Podium, an dem zwei Tische für das Göttermahl standen, und Votivstatuen aus Ton gefunden; links vom Tempel eine Opfergrube.

Östlich vom Demeter-Tempel liegen an einem Turm der Stadtmauer die Sammelbassins der Wasserleitung, die so eingerichtet sind, daß eine Reinigung des Wassers stattfand und eine Säuberung ohne Betriebsstörung möglich war. Das Wasser kam von der Mykale. – Von hier kann man zur Burgtreppe emporsteigen oder zum Osttor hinabklettern.

Unmittelbar an der südlichen Stadtmauer wurden im 2. Jahrhundert v. Chr. auf der untersten Terrasse ein Stadion und ein unteres Gymnasion angelegt. Das 191 m lange **Stadion** hat infolge der Beschaffenheit des Geländes nur auf der Nordseite Sitzstufen, über denen sich ein *Portikus* erhob. Die Ablaufschranken sind leidlich erhalten. Daneben das jüngere *untere* **Gymnasion**, aus hellenistischer Zeit. Um einen viereckigen Hof laufen Säulenhallen, hinter denen auf zwei Seiten Gemächer zum Auskleiden und Reinigen liegen. Die nach Süden geöffnete Säulenhalle ist, wie Vitruv vorschreibt, doppelt. In der Mitte hinter ihr das Ephebeum, mit unzähligen Namen an den Wänden; in der Ecke links ein schöner Saal mit an den Wänden umlaufendem Waschbecken, in das aus zierlichen Löwenköpfen Wasser fiel.

UMGEBUNG von Priene. – Etwa 10 km nordöstlich bei dem Dorf *Güzelcamli* lag am bewaldeten Nordabhang der Mykale das dem Poseidon Helikonios geheiligte **Panionion**, der religiöse Mittelpunkt des ionischen Städtebundes (1957 wiederentdeckt).

Pula

Jugoslawien.
Teilrepublik: Kroatien (Hrvatska).
Höhe: 0-5 m ü.d.M. – Einwohnerzahl: 50000.
Postleitzahl: YU-52000. – Telefonvorwahl: 052.
(i) **Turistički savez općine,**
Trg Republike 1,
YU-52000 **Pula;**
Telefon: 22662.
Arenaturist,
Trg bratstva i jedinstva 4,
YU-52203 **Medulin;**
Telefon: 23276.
Turističko društvo,
YU-52000 **Premantura,**
Telefon: 27951.

HOTELS. – In P u l a : *Brioni*, I, 432 B.; *Splendid*, II, 324 B., Dep. *Splendid Pavilions*, 342 B.; *Park*, II, 254 B.; *Ribarska Koliba*, 218 B.; *Stoja*, 56 B.; *Complex Zlatne Stijene*, II, 748 B.; *Complex Verudela*, II, 720 B.; *Verudela Villas*, II, 80 B.

In M e d u l i n : *Belvedere*, II, 412 B.; *Medulin*, 356 B., Dep. *Medulin*, 256 B., Dep. *Medulin-Flats*, 502 B.; *Mutila*, 322 B.

CAMPINGPLÄTZE. – In P u l a : *Ribarska Koliba*, beim Hotel; *Indie* (6 km südlich, Richtung Premantura); *Stoja*. – In M e d u l i n : *Medulin* (500 m vom Hotel Medulin auf einer Halbinsel). – In P r e m a n t u r a : *Stupice*; *Tašalera*; *Runke* (nur Miet-Caravans, 1200 B.).

FKK. – Camping und Bungalowsiedlung *Kažela*, 2,5 km von Medulin entfernt.

VERANSTALTUNGEN. – In der Arena von Pula von Juni bis August Theater- und Ballettaufführungen, Folklore, Shows; Ende Juli/Anfang August Festival des jugoslawischen Spielfilms.

BADESTRÄNDE. – Baden verbietet sich im Stadtbereich von selbst, die nächsten sauberen Strände liegen an den südlichen Küstenabschnitten *Zlatne stije* und *Veruda*. Besser wählt der Urlauber für den Ferienaufenthalt *Medulin,* 10 km entfernt.

Die nahe der Südspitze der jugoslawischen Halbinsel Istrien in einer tief eingeschnittenen Bucht gelegene Hafenstadt Pula, Sitz eines Bischofs, war schon in der römischen Kaiserzeit ein wichtiger Flottenstützpunkt und Handelsplatz an der nördlichen Adriaküste. Besonders wegen ihrer römischen *Bauwerke ist Pula besuchenswert.

GESCHICHTE. – Die Argonautensage berichtet, daß Griechen aus Kolchis als Flüchtlinge in der Gegend von Pula bereits eine Ansiedlung gegründet haben; das griechische Wort 'polai' (die Verfolgten) wird damit in Verbindung gebracht. Nachgewiesen ist der Bestand einer illyrischen Wallburg auf dem Hügel, wo jetzt das Kastell steht, im 5. Jahrhundert v. Chr. Die Römer errichteten ab 44 v. Chr. ihre Kolonie *Iulia Pollentia Herculanea* unterhalb der Wallburg. Unter Kaiser Augustus (30 v. Chr.-14 n. Chr.) entwickelte sich Pula, nun *Pietas Iulia* genannt, zum Mittelpunkt der römischen Verwaltung von ganz Istrien. Kaiser Vespasian (69-79 n. Chr.) ließ unter dem Einfluß seiner aus Pula stammenden Geliebten Cenida das gewaltige Amphitheater bauen. Nach dem Untergang des weströmischen Reiches 476 ergriffen vorübergehend die Ostgoten von der Stadt

Besitz, dann war Geistlichkeit aus Ravenna an der Macht. 788 geriet Pula zusammen mit ganz Istrien unter die Oberhoheit des fränkischen Reiches und war 1230 wieder in geistlicher Hand. In der Zeit der venezianischen Herrschaft (1331-1797) konnte sich Pula kaum weiterentwickeln, Malaria und Pest dezimierten mehrfach die Bevölkerung.

Mit dem Einzug der Österreicher, die sich 1848 mit dem Bau eines Kriegshafens einen alten Traum erfüllten, auch zur See eine bedeutende Macht zu werden, begann wieder eine neue Blüte. Werften, Fabriken und Umschlagplätze auch für den Handelshafen entstanden. Im November 1918 besetzten italienische Truppen die Stadt. Sie blieben bis 1943, als deutsche Einheiten sie ablösten. Erst im Mai 1945 marschierten jugoslawische Partisanen ein, mußten aber Briten und Amerikanern weichen, die das zwischen Italien und Jugoslawien umstrittene Gebiet bis 1947 verwalteten. Dann kam Pula endgültig zum neuen Jugoslawien, das es zu seiner größten Marinebasis ausbaute. Schiffswerften bilden das Rückgrat der industriellen Aufwärtsentwicklung.

SEHENSWERTES. – Die Besichtigungen lassen sich unschwer zu Fuß bewältigen. Der Rundgang beginnt beim **Amphitheater. Die in elliptischer Form (132 x 105 m) erbaute Arena wird von einer 31 m hohen Rundmauer umrahmt. An den venezianischen Senator Emo, der den Abtransport des ganzen Baues nach Venedig verhinderte, erinnert eine Gedenktafel von 1584 an dem zweiten, dem Meer zugewandten Turm. Zwei Haupteingänge (für die damaligen Zuschauer) gab es, dazu vier Nebenein-

Römisches Amphitheater in der jugoslawischen Adriahafenstadt Pula

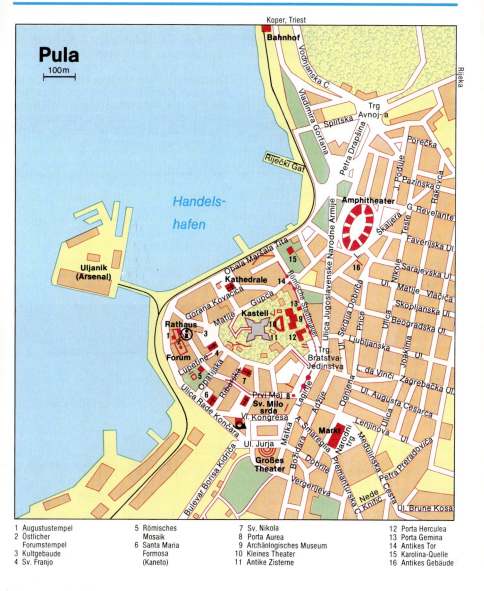

Pula
100m

Koper, Triest

Bahnhof

Vodnjanska C.

Vladimira Gortana

Splitska

Trg
Avnoj-a

Porečka

Petra Drapšina

Riječki Gat

Rijeka

Handels-
hafen

Obala Maršala Tita

Amphitheater

Skaljera

Teste

G. Revelante

Faverijska Ul.

Uljanik
(Arsenal)

Kathedrale 14

15

16

Sarajevska Ul.

Nikole

Ul. Matije Vlačića

Skopljanska Ul.

Gorana Kovačica

Gupca

Matije

Kastell

13

Beogradska Ul.

Price

Serdija Dobrića

Rathaus
1

3

11 12

9

10

Joakima Ul.

Forūm

Lupetina

4

Opatijska

5

Ribarska

7

Prvi Maj 8
Sv. Milo
srda
VI. Kongresa

Lagine

Ljubljanska

Trg.
Bratstva-
Jedinstva

L. da Vinci

Zagrebačka Ul.

Ognjena

Ul. Augusta Cesarca

Lenjinova

Ulica

Ul. Jurja

Matka

A. Smarelja

Narodni
trg

Markt

Medulinska Cesta

Petra Preradovića

Groβes
Theater

Boźdara

Dobrile

Premanturska

Vergerijeva

Nede
Knific

Ul. Brune Kosa

Bulevar Borisa Kidriča

Ulica Rade Končara

1	Augustustempel	5	Römisches
2	Östlicher		Mosaik
	Forumstempel	6	Santa Maria
3	Kultgebäude		Formosa
4	Sv. Franjo		(Kaneto)

7	Sv. Nikola
8	Porta Aurea
9	Archäologisches Museum
10	Kleines Theater
11	Antike Zisterne

12	Porta Herculea
13	Porta Gemina
14	Antikes Tor
15	Karolina-Quelle
16	Antikes Gebäude

gänge in den Türmen. 23000 Zuschauer fanden damals Platz.

Auf dem Weg vom Amphitheater zum Uferkai überquert man eine Grünanlage und erreicht an ihrem Ende an der Ulica Mato Balote das Tor *Porta Gemina* aus dem 2. Jahrhundert. Es führt unmittelbar (links dahinter) zum Eingang ins (nur die Sommermonate über zugängliche) **Archäologische Museum;** darin zahlreiche Funde aus der Römerzeit, auch davor eine Unmenge von römischen Steinen mit Skulpturen und Inschriften. Hinter dem Museum auf dem Hügel die Reste eines weiteren römischen Theaters, im Park die Fundamente von einem römischen *Mausoleum.*

Vom Museum führt der Rundgang nun herunter zum Uferkai (Obala Maršala Tita). Nach etwa 200 m links parallel

zum Kai der dreischiffige **Dom,** im 4. bis 5. Jahrhundert erbaut, 1640 erneuert; von ihm abgesetzt der *Uhrturm.* Deutlich sind an der dem Meer zugewandten Außenfassade mehrere eingemauerte Steine mit Flechtornamenten zu erkennen, die offenbar aus anderen, älteren Bauwerken stammen. Im Inneren u.a. ein römischer Sarkophag, der jetzt als Hauptaltar dient, und römische Kapitelle im rechten Kirchenschiff, die man als Weihwasserbecken benützt.

Nach einer Biegung der Uferstraße, an der jetzt rechts die Werften beginnen, links ein Zugang zum Trg Republike. Gleich vorne hoch aufragend der **Augustustempel,** zum Platz hin auf seinem Sockel durch sechs korinthische Säulen abgeschlossen.

Unmittelbar daneben steht das **Rathaus,** mit schöner Fassade. Es stammt aus dem 13. Jahrhundert, die *Loggia* im Erdgeschoß ist wohl erst später eingebaut worden. Die Rückseite des Rathauses ist in einen antiken Tempel eingefügt.

Zurück zur Obala Maršala Tita: Am Ende einer Grünanlage links eine *byzantinische Kapelle* aus dem 6. Jahrhundert, die einst zu einer inzwischen verschwundenen Basilika gehörte. Rechts und links im Inneren Tafeln mit Mosaiken aus dem 6. Jahrhundert. Eindrucksvoll ist jedoch die Gesamtarchitektur des Kirchleins.

Durch mehrere Quergassen Richtung Kastell stößt man nun auf die Geschäftsstraße U l i c a P r v o g M a j a (Fußgängerzone), an deren Ende die **Porta Aurea** steht. Der Triumphbogen ist 4,50 m breit und 8 m hoch. Das **Kastell** auf dem Hügel, zu dem mehrere Zugänge führen, ist in seiner jetzigen Form 1630/31 von dem französischen Militäringenieur A. Deville für die Venezianer errichtet worden. In der Zeit Napoleons wurde es umgebaut und 1830 restauriert.

*Istrien s. dort.

Rab

Jugoslawien.
Teilrepublik: Kroatien (Hrvatska).
Inselfläche: 94 qkm. – Bewohnerzahl: 9000.
Telefonvorwahl: 051.
ⓘ **Turist biro Rab,**
YU-51280 Rab,
Maršala Tita 1;
Telefon: 87 11 23.
Turističko društvo Lopar,
YU-51281 Lopar;
Telefon: 87 11 50.

HOTELS. – In R a b : *Imperijal*, II, 281 B.; *Internacional*, II, 247 B.; *Istra*, III, 192 B.; *Beograd*, III, 94 B.; *Slavija*, III, 32 B. – In B a n j o l : *Kontinental*, mit den Dependancen *Bellevue, Rio Magdalena, Margita* und *Marijan*, IV, insges. 132 B. – In B a r b a t : *Barbat*, III, 30 B. – In L o p a r : *San Marino*, II, 1000 B.; *Mira*, IV, 35 B. – In S u h a P u n t a : *Eva*, II, 400 B.; *Carolina*, II, 292 B.; *Touristen-Bungalow-Siedlung*, II, 787 B.

CAMPINGPLÄTZE. – *Padova* in Banjol; *Rajska Plaža* in Lopar.

BADESTRÄNDE. – Bescheidene Bademöglichkeiten am *Uferweg* bei den östlichen Mauern der Stadt Rab. Besucher des FKK-Strandes in der *Englischen Bucht* setzen meist mit Booten über (Eintrittsgebühr; häufig überfüllt). Schöner sind die Strandbuchten bei der Hotelsiedlung *Suha Punta* (auch FKK möglich). – *Lopar* besitzt einen 500 m langen Sandstrand. Die Hotelsiedlung *San Marino* bietet an der Rajska Plaža reizvolle, aber felsige Badeplätze.

AUTOFÄHREN. – Senj – Baška/Krk – Lopar – Rab; Jablanac (Festland) – Rab; die Insel wird außerdem angelaufen von den ab Rijeka nach Dubrovnik verkehrenden Eilpersonenschiffen mit PKW-Transport.

Die Insel Rab, 22 km lang, bis 11 km breit, liegt nahe der norddalmatini-

schen Küste zwischen den Inseln Krk und Pag und wird wegen ihrer landschaftlichen Schönheiten und ihrer hübschen Badeorte, von denen das Städtchen Rab auch zahlreiche sehenswerte Bauwerke besitzt, gern besucht (viele Deutsche). Mit ihren Steineichenwäldern ist Rab die von drei parallelen Bergzügen durchzogene waldreichste jugoslawische Insel.

GESCHICHTE. – Rab gehörte nacheinander zu Byzanz, Ungarn, Venedig (1420-1797) und Österreich; seit 1918 ist es jugoslawisch.

Die Inselhauptstadt **Rab** erstreckt sich, auf zwei Seiten von Wasser umgeben, auf einer schmalen Landzunge. Wahrzeichen der Stadt sind vier Glockentürme, deren schönster und höchster (26 m) gegenüber dem Mariendom steht.

Rab auf der gleichnamigen jugoslawischen Insel

SEHENSWERTES. – Vom Landekai aus gelangt der Besucher nach kurzem Weg die Stadtmauer englang zum T i t o - P l a t z . Dort steht an der Nordseite die ehem. *Residenz des Rektors* (Knežev dor), daneben das *Rathaus*. Durch das einstige Seetor (Morska vrata) tritt man auf den Platz P l o k a t a G o s p i , der seit dem 14. Jahrhundert Mittelpunkt des öffentlichen Lebens der Stadt ist. Wichtigstes Gebäude ist hier die **Loggia,** die von acht Marmorsäulen getragen wird, früher Tagungsort des Gerichts. Neben der Loggia ein *Uhrturm* und das gotische *Kirchlein des hl. Nikolaus*. Von dort führt eine Treppe zur 'U n t e r e n S t r a ß e ' (Donja ulica, ulica Marka Oreškovića). Sie verläuft an schönen alten Häusern und am *Marčić-Glazigna-Palais* (gotische Fenster und Löwenköpfe) vorbei zu den Überresten des *Nemir-Palais* mit gut erhaltenem Portal.

Vom Marktplatz aus erreicht man die 'O b e r e S t r a ß e ' (Gorna ulica, Ulica rade Končara). Rechts neben der *Kirche Sv. Kríž* mit Barockstukkaturen von 1798 die *Johannes-kirche* (Sv. Ivan Evangelist). Die Kirche selbst steht in Ruinen da, erhalten blieb der *Glockenturm;* der Komplex liegt unmittelbar über den steil abstürzenden Klippen. Weiter in der Gasse die *Justinkirche* aus dem 16. Jahrhundert, deren Glockenturm in einem steinernen, zwiebelförmigen Helm endet. Im Inneren ein Renaissancealtar aus Holz und ein weiterer Altar links mit dem Bild "Tod des hl. Josef", das Tizian zugeschrieben wird, aber mit größter Wahrscheinlichkeit von einem seiner Schüler stammt. Dann weiter rechts das *Benediktinerinnenkloster des hl. Andreas* (11. Jh.), das im vorigen Jahrhundert zu einer Villa umgebaut wurde.

Die 'Obere Straße' mündet in den D o m - p l a t z, hier der erwähnte schöne *Glockenturm,* den man besteigen kann (eindrucksvoller Blick). Der **Mariendom** *(Crkva Sv. Marija)* ist eine vorwiegend romanische Kirche aus dem 12. Jahrhundert. An der Fassade fällt ein *Renaissanceportal* mit einer Pietà von 1519 auf.

Im INNEREN des Mariendomes verdienen Beachtung: über dem Hauptaltar das **Reliquiarium des hl. Christophorus** in vergoldetem Silber aus dem 12. Jahrhundert, geschnitztes *Chorgestühl* von 1445 aus der Hand eines unbekannten einheimischen Meisters, auf dem Altar des rechten Schiffes Teile eines Polyptychons der venezianischen Schule des 14. Jahrhunderts, ein *altkroatischer Hostienbehälter* (um 1000) sowie ein *Taufbecken* von 1497.

Am Nordende der Stadt beginnt der *P a r k K o m r č a r mit Palmen, Kiefern, Steineichen und Zypressen. Durch den Park oder über den schön angelegten *U f e r w e g erreicht man zu Fuß das 1444 gegründete **Franziskanerkloster Euphemia** mit hübschem *Kreuzgang* und *Klostergarten;* im Inneren der Kirche beachtenswerte Gemälde (u. a. von Antonio und Bartolomeo Vivarini; 1458). – Nordwestlich vom Kloster steht das Forsthaus *Suma Dundovo.*

UMGEBUNG der Stadt Rab. – **Lopar,** 12 km vom Zentrum entfernt und durch Autobusse zu erreichen, hat nur eine historische Reminiszenz aufzuweisen: Hier wurde der Eremit Marianus geboren, der um seines Glaubens willen in die Berge flüchtete und der 301 n.Chr. San Marino (s. dort), die kleinste und zugleich älteste noch bestehende Republik der Welt, gegründet hat. Nahe beim Ort die Hotelsiedlung *San Marino.*

Rapallo
s. bei Italienische Riviera

Ravenna

Italien.
Region: Emilia-Romagna. – Provinz: Ravenna.
Höhe: 3 m ü.d.M. – Einwohnerzahl: 136 000.
Postleitzahl: I-48100. – Telefonvorwahl: 05 44.
ⓘ **EPT,** Piazza San Francesco 7;
Telefon: 251 11.
AA, Via S. Vitale 2;
Telefon: 252 80.
ACI, Piazza Mameli 4;
Telefon: 225 67.
TCI, *Viaggi Classense,*
Via Diaz 13;
Telefon: 333 47.

HOTELS. –*Jolly Mameli,* I, 114 B.; *Bisanzio,* I, 58 B.; *Trieste,* II, 96 B.; *Centrale Byron,* II, 61 B.; *Argentario,* II, 57 B.; *Astoria,* II, 34 B.; *Roma,* III, 69 B.; *Italia,* III, 62 B. – *Romeo Motel,* II, 65 B. – JUGENDHERBERGE, Via Aurelio Nicolodi, 120 B. – CAMPINGPLATZ.

In M a r i n a d i R a v e n n a : *Park,* I, 156 B., Sb.; *Marepineta,* II, 81 B., mit Dep., II, 36 B.; *Belvedere,* III, 70 B.; *Internazionale,* III, 50 B.

Die im äußersten Südosten der hier von vielen Entwässerungskanälen durchzogenen Oberitalienischen Tiefebene gelegene Provinzhauptstadt Ravenna, Sitz eines Erzbischofs und ursprünglicher Seehafen, ist heute mit dem Meer nur durch einen 10 km langen Kanal zu dem 1736 angelegten Außenhafen Porto Corsini verbunden. Ravenna gehört mit seinen bedeutenden frühmittelalterlichen *Baudenkmälern zu den sehenswertesten Städten Italiens und bietet den umfassendsten Überblick über die frühmittelalterliche Kunst.

GESCHICHTE. – Ravenna war zur Zeit der Etrusker und Römer eine Lagunenstadt wie Venedig. Augustus machte den Hafen *Portus Classis,* der bereits 5 km vor der Stadt lag, zum Standort der adriatischen Flotte. Als der weströmische Kaiser Honorius im Jahre 404 seinen Hof von Mailand nach der durch Sümpfe geschützten natürlichen Festung Ravenna verlegte, begann die Blüte der Stadt. Während die Stürme der Völkerwanderung das übrige Italien verwüsteten, entwickelte sich hier unter Honorius und seiner Schwester Galla Placidia (425–450 Regentin) eine reiche Bautätigkeit. Auch die Mosaikkunst fand eifrige Pflege. Seit dem Ende des Weströmischen Reiches beherrschte der von den germanischen Söldnern zum König ausgerufene Heruler Odoaker (476–493) von hier aus ganz Italien. Nach dessen Ermordung brachte der in Konstantinopel erzogene Ostgotenkönig Theoderich d. Gr. (493-526; 'Dietrich von Bern') neuen Glanz nach Ravenna, dem *Raben* der deutschen Heldensage. Er baute mehrere Kirchen für das arianische Glaubensbekenntnis, dem die Ostgoten angehörten, sowie einen Königspalast. Die Gotenherrschaft wurde 539 von Belisar, dem Feldherrn Justinians (527-565), gestürzt; Ravenna wurde Sitz eines oströmischen Statthalters (Exarchen) und erlebte unter der Gunst des Kaisers eine dritte Blütezeit, die den byzantinischen Stil in das Abendland einführte. Im Jahre 751 machten die Langobarden dem Exarchat ein Ende. 1297-1441 wurde die Stadt von der ghibellinischen Familie Polenta beherrscht, dann gehörte sie den Venezianern, 1509-1860 zum Kirchenstaat.

SEHENSWERTES. – Im Zentrum der Stadt liegt die P i a z z a d e l P o p o l o , mit dem *Palazzo Municipale* (Rathaus; von 1681) und einem *Portikus* von acht Granitsäulen (an vier Kapitellen das Monogramm Theoderichs). Vor dem Rathaus zwei von den Venezianern 1483 errichtete Granitsäulen.

Rund 500 m nordwestlich der Piazza del Popolo steht die **Kirche San Vitale, ein außen schmuckloser achteckiger Zentralbau von 35 m Durchmesser, mit achtseitig umschlossener Kuppel, 526 unter Theoderich begonnen und 547 geweiht. Außer der Gesamtanlage fes-

Mosaik in San Vitale zu Ravenna (Italien)

seln die farbenschönen Mosaiken in byzantinischem Stil. Das Innere ist bis auf die Kuppelfresken der Barockzeit von den späteren Zufügungen befreit und wird durch acht Pfeiler in einen Mittelraum und einen Umgang geteilt. Die *Mosaiken der Chornische verherrlichen unten links und rechts den Kaiser Justinian und seine Gemahlin Theodora mit ihrem Gefolge (neben dem Kaiser der Erzbischof Maximian; oben Christus auf der Weltkugel, links der hl. Vitalis, rechts der hl. Ecclesius). Der Altar ist aus durchscheinendem Alabaster. Am Eingang zur Chornische zwei römische Reliefs aus einem Neptuntempel.

Hinter San Vitale liegt das *Mausoleum der Galla Placidia, um 440 in Form eines lateinischen Kreuzes erbaut, mit Tonnengewölbe und Vierungskuppel. Das Innere ist mit edlen *Mosaiken auf dunkelblauem Grund geschmückt: Kreuz, Evangelistensymbole, Apostelfiguren, über der Tür Christus als guter Hirte. Hinten sowie in den beiden Querarmen die angeblichen Marmorsarkophage der Galla Placidia sowie der beiden Kaiser Constantius III. († 421), ihres zweiten Gemahls, und ihres Sohnes Valentinian III. († 455). – Westlich neben San Vitale befindet sich das sehenswerte Museo Nazionale d' Antichità mit Inschriften, Bauteilen, Skulpturen, Elfenbeinschnitzereien u. a.

Unweit südwestlich der Piazza del Popolo erhebt sich der Dom Sant' Orso (1734-44) an der Stelle der von dem hl. Bischof Ursus († 396) gegründeten ältesten Kirche Ravennas, von der noch der Campanile und die Krypta stammen. Im Innern am Mittelschiff rechts die aus den alten Marmortafeln mit Tiergestal-

ten wieder zusammengesetzte Kanzel (6. Jh.); in der zweiten Kapelle rechts und im dritten Querschiff frühchristliche Marmorsarkophage. – Nördlich neben dem Dom steht das *Baptisterium der Orthodoxen oder San Giovanni in Fonte, ein achteckiger Backsteinbau aus dem 5. Jahrhundert. Die Mosaiken in der Kuppel gehören zu den ältesten Ravennas, sind aber z. T. erneuert; der Taufbrunnen stammt aus dem 16. Jahrhundert, die Einfassung ist alt.

Südöstlich hinter dem Dom der Erzbischöfliche Palast; im ersten Stock links die Cappella di San Pier Crisólogo, mit Mosaiken aus dem 6./7. Jahrhundert, sowie der sogenannte Stuhl des Erzbischofs Maximian, ein ägyptisches Schnitzwerk des 6. Jahrhunderts, mit Elfenbeinreliefs. – Unweit östlich die moderne Piazza dei Caduti per la Libertà, zu die von der Piazza del Popolo kommende Via Ricci mündet. An der Westseite die Accademia di Belle Arti (16. Jh.; *Pinakothek in der Loggetta Lombardesca; Renaissancekreuzgang). Weiter östlich die im 5. Jahrhundert gegründete Franziskaner-Klosterkirche San Francesco, mit romanischem Glockenturm (10. Jh.). – Nördlich neben der Kirche das Grabmal Dantes, außen ein klassizistischer Bau (von 1780); im Innern der Sarkophag, der die Gebeine des 1321 in Ravenna im Alter von 56 Jahren als Verbannter gestorbenen Dichters umschließt.

An der im Osten der Stadt verlaufenden, belebten Via di Roma die *Kirche Sant' Apollinare Nuovo, eine nach 500 von Theoderich als arianische Kathedrale erbaute Basilika, die 560 dem katholischen Kult übergeben wurde; Vorhalle und Apsis aus dem 16. und 18. Jahrhundert. Das Innere, mit 24 Marmorsäulen aus Konstantinopel, bietet, abgesehen von der 1611 erneuerten Decke, das seltene Beispiel einer wohlerhaltenen frühchristlichen Innendekoration. Im Mittelschiff interessante *Mosaiken (6. Jh.); an der linken Wand der römische Hafen Classis, mit Schiffen; an der rechten Wand die Stadt Ravenna, mit den Kirchenbauten und dem Palast des Theoderich, dazu Heilige in byzantinischer Tracht; darüber Propheten; ganz oben, über den Fenstern, interessante Kompositionen aus dem Neuen Testament: links Reden und Wunder Christi (bartlos), rechts die Leidensgeschichte (Christus bärtig), rechts und links je 13 neutestamentliche Bilder.

Unweit südlich von Sant' Apollinare stehen an der Ecke der Via Alberoni einige Reste vom Palast der Exarchen, besonders die reichgegliederte Fassade, mit

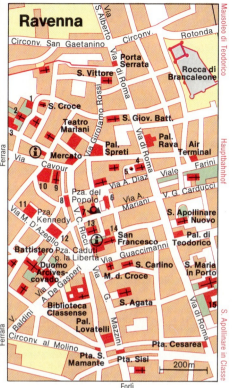

Ravenna

Marginal labels: Mausoleo di Teodorico · Hauptbahnhof · S. Apollinare in Classe

1 Mauseleo di Galla Placidia
2 San Vitale
3 Museo Nazionale d' Antichità
4 Spirito Santo
5 Battistero degli Ariani
6 Teatro Alighieri
7 Prefettura
8 Palazzo Municipale
9 San Domenico
10 Istituto Musicale Giuseppe Verdi
11 Palazzo Rasponi dalle Teste
12 Palazzo Rasponi Murat
13 Santa Maria Maddalena
14 Cassa di Risparmio
15 Galleria di Belle Arti

vorspringendem Mittelbau. – Weiter südlich die große **Barockkirche Santa Maria in Porto** (seit 1533; Fassade von 1784). Im anschließenden *Monastero di Porto* ein zweistöckiger Kreuzgang und in der Ostfront eine schöne Loggia. – Nordöstlich von Sant' Apollinare liegt in dem im Zweiten Weltkrieg stark getroffenen und seither völlig umgestalteten Bahnhofsviertel die *Kirche San Giovanni Evangelista,* 424 durch Galla Placidia errichtet, nach schweren Kriegsschäden in den ursprünglichen Formen wiederhergestellt. – Unweit westlich (Zugang von der Via Paolo Costa) die unter Theoderich erbaute *Basilika Spirito Santo* und das einstige **Baptisterium der Arianer** (später *Santa Maria in Cosmedin*), dessen Kuppel mit stark restaurierten, die Taufe Christi darstellenden Mosaiken des 6. Jahrhunderts geschmückt ist.

Rund 800 m östlich der die Via di Roma nördlich abschließenden *Porta Serrata* steht das ***Grabmal des Theoderich,** ein um 520 wahrscheinlich auf Anordnung von Theoderich selbst errichteter monumentaler zweistöckiger Rundbau aus Quadern istrischen Kalksteins, den eine

aus einem einzigen Block bestehende Kuppel von 11 m Durchmesser bedeckt. Das Grabmal erinnert mehr an syrische als an römische Vorbilder. Die Verzierungen (Zangenfries u. a.) zeigen deutlich germanischen Einfluß. Das untere Geschoß ist ein tonnengewölbter Raum in Form eines griechischen Kreuzes; im oberen Geschoß ein antiker Porphyrsarkophag.

UMGEBUNG von Ravenna. – Etwa 5 km südlich außerhalb liegt an der nach Rimini führenden Straße die sehr besuchenswerte ***Kirche Sant' Apollinare in Classe fuori,** die größte und besterhaltene Basilika Ravennas. Der Bau, mit Vorhalle und rundem Campanile, wurde um 535 vor den Toren von Classis begonnen, 549 geweiht, 1779 wiederhergestellt und 1904 freigelegt. In dem weiträumigen Innern, mit 24 byzantinischen Marmorsäulen, sind die Wände seit dem 18. Jahrhundert mit Medaillonbildnissen der Bischöfe und Erzbischöfe von Ravenna bemalt. In den Seitenschiffen Sarkophage von Erzbischöfen aus dem 5.-8. Jahrhundert; in der Krypta (12. Jh.) ein Fenster mit antikem Bronzegitter. Die Mosaiken in der Apsis und am Triumphbogen stammen aus dem 6./7. Jahrhundert (wiederhergestellt. – 5 km südöstlich von Sant' Apollinare die Reste des einst berühmten, durch Forstung und Brände stark gelichteten Pinienwaldes *Pineta di Classe.*

Etwa 11 km nordöstlich von Ravenna liegt am Adriatischen Meer der Badeort **Marina di Ravenna** (3 m), mit langem Sandstrand. Jenseits des *Naviglio Candiano* (Fähre) der Hafenort *Porto Corsini,* mit dem Hafen von Ravenna.

Die Küstenstraße von Ravenna in Richtung Venedig zieht nördlich und zwischen dem Meer und den fischreichen Lagunen der *Valli di Comacchio* (berühmte Aale) zu dem alten Fischerstädtchen und Bischofssitz **Comacchio** (16000 Einw.), in dessen Nähe die griechisch-etruskische Hafenstadt *Spina,* u. a. mit zwei großen Nekropolen, ausgegraben wurde.

Reggio di Calabria

Italien.

Region: Calabria (Kalabrien).
Provinz: Reggio di Calabria.
Höhe: 0-30 m ü.d.M. – Einwohnerzahl: 165000.
Postleitzahl: I-89100. – Telefonvorwahl: 0965.
ⓘ **EPT,** Via C. Colombo 9;
　Telefon: 98496.
　AA, Via Roma 3;
　Telefon: 21171.
　Informationsbüro, Corso Garibaldi 329;
　Telefon: 92012.
　ACI, Via de Nava 43;
　Telefon: 97901.
　TCI, *Azienda Soggiorni,* Via Osanna 6;
　Telefon: 92012.

VERANSTALTUNGEN. – Alljährlich internationale *Landwirtschaftsmesse.*

HOTELS. – *Excelsior,* Piazza Indipendenza, I, 195 B.; *Grande Albergo Miramare,* Via Fata Morgana 1, II, 145 B.; *Palace Hotel Masoanri,* Via Veneto 95, II, 123 B.; *Primavera,* Via Nazionale 177, II, 96 B.; *Delfino,* Via Gebbione a Mare, II, 70 B.; *Continental,* Via Florio 10, II, 59 B.; *Lido,* Via 3 Settembre 6, II, 50 B.; *Moderno,* Via Torrione 67, III, 45 B.; *Eremo,* Via Eremo Botte, III, 44 B. – CAMPINGPLATZ.

Die zum Unterschied von der in der mittelitalienischen Landschaft Emilia gelegenen Stadt Reggio den Beinamen

'di Calabria' tragende, kurz Reggio Calabria genannte süditalienische Hafenstadt, das griechische 'Rhegion' bzw. das römische 'Rhegium', ist die größte Stadt Kalabriens, Hauptstadt einer Provinz sowie Sitz eines Erzbischofs.

Reggio liegt an der Ostseite der Straße von Messina und wurde, nachdem es schon 1783 durch ein Erdbeben zerstört worden war, auch 1908 schwer betroffen (etwa 20 000 Tote) und seither neu aufgebaut, wobei die Stadt auch ihre alte wirtschaftliche Bedeutung wiedererlangen konnte. – Reggio ist der Welt wichtigster Erzeugungsort für Bergamottöl.

SEHENSWERTES. – Verkehrsmittelpunkt ist die nahe am Meer gelegene Piazza Italia, mit *Präfektur, Provinzpalast* und *Rathaus*. – Die Piazza Italia wird an ihrer Südostseite vom Corso Garibaldi gekreuzt, der 2 km langen, belebten Hauptstraße der Stadt. Sie führt südwestlich zum Domplatz, mit dem 1908 in romanisch-byzantinischer Art neu errichteten stattlichen **Dom.** – Weiter südwestlich der *Stadtgarten* (Aussicht). – Unweit östlich vom Dom das *Castello Aragonese* (15. Jh.) mit

Aragoneserschloß in Reggio di Calabria (Italien)

prachtvoller *Aussicht. Die etwa 500 m weiter östlich verlaufende Via Reggio Campi bietet ebenfalls schöne Ausblicke.

Von der Piazza Italia führt die Via Garibaldi in nordöstlicher Richtung, am *Tempio della Vittoria* (Kriegerdenkmal; 1933) vorbei, zum **Nationalmuseum,** das neben vorgeschichtlichen, mittelalterlichen und modernen Bildwerken auch frühitalienische und großgriechische Funde zeigt.

Vom Nationalmuseum auf dem Viale

Domenico Genoese Zerbi nördlich, nahe an einer großen Seebadeanstalt vorbei, dann über den *Torrente Annunziata* zum **Hafen,** wo die Fährschiffe von und nach Messina anlegen.

An der Südwestseite des Nationalmuseums beginnt der *Lungomare Giacomo Matteotti, eine von Anlagen geschmückte großartige Promenade, die sich etwa 3 km am Meeresufer hinzieht und freie Ausblicke auf die Küste Siziliens bietet.

Scilla *(Scylla)* s. bei Kalabrien.

Rhodos *(Ródhos)*

Griechenland.
Nomos: Dodekanes.
Inselfläche: 1398 qkm. – Höhe: 0-1215 m ü.d.M.
Bewohnerzahl: 60 000 (davon ca. 2000 Türken).
Telefonvorwahl: 0241.
ⓘ **Fremdenverkehrsamt (E.O.T.)** und **Touristenpolizei Rhodos-Stadt,**
Ecke Makarios- und Papagos-Straße;
Telefon: 236 55 und 232 55.

HOTELS. – In Rhodos-Stadt: *Grand Hôtel Astir Palace*, L, 718 B., Hb., Sb., Spielcasino: *Metropolitan Capsis*, I, 1198 B., Sb.; *Eden Roc*, I, 624 B., Sb.; *Doretta Beach*, I, 466 B.; *Paradise*, I, 375 B.; *Blue Sky*, I, 332 B., Sb.; *Belvedere*, I, 322 B., Sb.; *Ibiscus*, I, 313 B.; *Mediterranean*, I, 292 B.; *Chevaliers Palace*, I, 284 B., Sb.; *Caïron Palace*, I, 201 B., Sb.; *Siravast*, I, 170 B.; *Park*, I, 153 B., Sb.; *Imperial*, I, 151 B.; *Regina*, I, 144 B.; *Riviera*, I, 126 B.; *Kamiros*, I, 90 B.; *Esperia*, II, 362 B.; *Cactus*, II, 336 B.; *Athina*, II, 267 B., Sb.; *Alexia*, II, 257 B.; *Plaza*, II, 244 B.; *Corali*, II, 217 B.; *Manousos*, II, 204 B.; *Aglaia*, II, 196 B.; *Acandia*, II, 150 B.; *Europa*, II, 147 B.; *Spartalis*, II, 141 B.; *Delfini*, II, 135 B.; *Despo*, II, 122 B.; *Constantinos*, II, 120 B.; *Angela*, II, 118 B.; *Semiramis*, III, 230 B.; *Soleil* (Hotelfachschule), III, 160 B.; *Parthenon*, III, 150 B.; *Flora*, III, 148 B.; *Africa*, III, 144 B.; *El Greco*, III, 140 B.; *Marie*, III, 109 B.; *Carina*, III, 108 B.; *Colossos*, III, 99 B.

In Triánda / Ixía: *Rhodos Palace*, L, 782 B., Meerwasser-Hb., Kinderzoo, dabei *Olympic*, ca. 500 B.; *Miramare-Beach*, L, 306 B., Sb., Bungalows; *Rhodos Bay*, I, 611 B., Sb., Bungalows; *Golden Beach*, I, 431 B., Sb., Bungalows; *Oceanis*, I, 423 B., Sb.; *Dionyssos*, I, 396 B., Sb.; *Electra Palace*, I, 377 B., Sb.; *Avra Beach*, I, 353 B., Sb., Bungalows; *Bel Air*, I, 293 B., Sb.; *Elisabeth*, I, 134 B., Apartments; *Solemar*, II, 194 B., Sb.; *Leto*, II, 184 B., Sb. – In Kallithéa (8 km südöstl.): *Sunwing*, I, 444 B., Sb. – In Phaliráki (18 km südöstl.): *Faliraki Beach*, I, 550 B., Sb.; *Apollo Beach*, I, 539 B., Sb.; *Esperides*, I, 578 B., Sb. – In Aphándu (25 km südöstl.): *Xenia*, II, 52 B., Sb. – In Líndos keine Hotels, jedoch nette Unterkünfte in alten Privathäusern. – In Tholo (20 km südwestl.): *Doretta Beach*, I, 466 B. – Auf dem Profíti Elías: *Elafos-Elafina*, I, 127 B.

FLUGVERKEHR. – Flughafen bei Kremasti, 16 km südwestlich der Stadt Rhodos. – Linienflug von Athen nach Rhodos in 55 Min.; ferner Direktflüge von Frankfurt am Main; Rhodos – Iráklion (Kreta) und Rhodos – Kárpathos, beide nur im Sommer.

SCHIFFAHRT. – *Linienverkehr* von und nach Athen (Piräus) werktags 1–3mal je nach Schiffahrtsgesellschaft (auch Kfz-Transport) und Zwischenhäfen in 16-22 St.; ferner von Venedig oder Ancona über Brindisi (seltener über Dubrovnik), Korfu, Patras (seltener) und Athen (Piräus). – *Lokaler Verkehr* im Dodekanes: Rhodos – Sými – Tílos – Nísiros – Kos – Kálymnos – Léros – Lipsi – Pátmos – Arki –

Agathonísi – Sámos; Rhodos – Kos – Kálymnos – Astypálaia; Rhodos – Kastellorizo (Megísti); Rhodos – Chalkí – Diapháni – Kárpathos – Kásos.

STRASSENVERKEHR. – Ein Netz meist guter Straßen von etwa 400 km Länge ermöglicht das Autofahren auf der ganzen Insel, so daß sich auch das Mitbringen des eigenen Fahrzeugs lohnt. – MIETWAGEN: *Avis*, Gallias-Str. 12; *Hertz*, Averoff-Straße (Marktplatz); *Hellascars*, Ethelonton Dodekanission; u.a. – Verschiedene AUTOBUSLINIEN verbinden die wichtigsten Orte der Insel miteinander.

BADESTRÄNDE. – Rings um die Stadthalbinsel von Rhodos, entlang der Ostküste, besonders *Phaliraki*, *Aphandu*, *Charaki* und *Lindos* sowie im Nordwesten zwischen *Trianda* und *Kremasti*. – BOOTSVERMIE-TUNG: mehrere Agenturen in der Stadt Rhodos. – WASSERSKISCHULE: *Marineklub Rhodos*, Emanuel Pallas, Lindos. – TAUCHSCHULE. – GOLF-PLATZ (18 Löcher) bei Aphandu.

VERANSTALTUNGEN. – *Weinfest* in Rhodíni (15. Juli–30. Sept.); *Volkstänze* (Juni-Oktober) im Folklore-Theater (Rodinital); zahlreiche *Kirchenfeste* (im Sommer); *Automobil-Bergrennen*, *Rhodos-Autorallye* (beides Ende Juli).

**Rhódos ist die nur 18 km vor der türkischen Südwestküste gelegene Hauptinsel des Dodekanes. Die ungewöhnlich wasser- und waldreiche, im Atavirion bis 1215 m ansteigende Insel wird vor allem in den Küstenstreifen landwirtschaftlich genutzt. Wegen seiner reizvollen Landschaft, der guten Badestrände und der vorzüglich wiederhergestellten Bauten aus der Johanniterzeit ist Rhodos außerordentlich besuchenswert.

GESCHICHTE. – Die Insel Rhodos war bereits in der Jungsteinzeit besiedelt, die kulturelle Blüte begann jedoch erst mit der Kolonisierung durch dorische Griechen; ihre drei Städte Lindos, Ialysos und Kameiros gehörten zur *Hexapolis* (dorischer Sechsstädtebund), die im 6. Jahrhundert v. Chr. den Persern untertan wurde. – Im 5. Jahrhundert v. Chr. war Rhodos dem *Attischen Seebund* angeschlossen. Um 408 v. Chr. wurde nach dem Plan des berühmten Städtebauers Hippodamos von Milet die neue Hauptstadt Rhodos angelegt, die im 4. Jahrhundert v. Chr. als Handelsplatz selbst Athen überflügelte. Ihr Wahrzeichen war der zu den Sieben Weltwundern zählende 'Koloß von Rhodos', eine etwa 32 m hohe Bronzestatue des Sonnengottes Helios, die zwischen 304 und 292 v. Chr. von Chares aus Lindos gegossen und auf einem ca. 10 m hohen Steinsokkel vermutlich am Hafen von Rhodos als Leuchtturm aufgerichtet wurde, aber schon um 225 v. Chr. bei einem Erdbeben umstürzte. – Nach Ausbreitung der Herrschaft der *Römer* im Orient ging die Bedeutung des Handels von Rhodos zurück, doch blieb die Stadt weiterhin ein Kulturzentrum mit bekannten Rhetorenschulen (von Cicero und Caesar besucht) und einer bedeutenden Bildhauerschule, in der u.a. um 50 v. Chr. die berühmte Laokoongruppe (heute im Vatikanischen Museum, Rom) entstand. – Im Mittelalter war Rhodos Zankapfel zwischen Arabern, Byzantinern, Venezianern und Genuesen, bis es 1309 vom Orden der *Johanniter* erobert wurde. Die 'Rhodiser Ritter' bauten die Stadt zu einer großen Festung aus, mußten sie aber 1522 dem türkischen Sultan Suleiman dem Prächtigen überlassen. Nach fast 400jähriger Herrschaft der *Türken* besetzte 1912 *Italien* während des Tripoliskrieges die Insel (ital. Rodi), bis sie nach dem Zweiten Weltkrieg (1947) zu *Griechenland* kam.

Stadt Rhodos

Die an der Nordspitze der Insel malerisch gelegene Hauptstadt (32 000 Einw., davon ca. 1000 Türken) war 1309-1522 Sitz des Großmeisters der Johanniter und besteht aus der Ritterstadt (Collachium) und der Altstadt im Zentrum, aus der Neustadt mit Repräsentationsbauten im Norden und aus den südlichen und westlichen Vororten.

SEHENSWERTES. – Um die Altstadt, in der während der Türkenherrschaft kein Christ wohnen durfte, zieht sich die prächtige 4 km lange ****Stadtmauer** (15./16. Jh.), eines der gelungensten Beispiele mittelalterlichen Festungsbaus; besonders schön das 1512 unter dem Großmeister Aimerie d'Amboise errichtete ***Amboise-Tor** (dabei Parkanlagen und Rehgehege) im Nordwesten sowie das

Griechische Insel Rhodos – Hirsch und Hirschkuh an der Hafeneinfahrt der gleichnamigen Inselhauptstadt

***Hafentor** (von 1468; Marienrelief) im Nordosten am Handelshafen. Sehr lohnende Umwanderung der Altstadt auf der Stadtmauer vom Vorplatz des Großmeisterpalastes aus (Zugang beim Kanonentor; auch Führungen) bis zum Koskinu-Tor; Rundgang auch außerhalb der Stadtmauer empfehlenswert.

Der **Handelshafen** (*Emporiko Limani;* Haupthafen und Anlegestelle der Schiffe von und nach Piräus) sowie nördlich von diesem der alte **Mandraki-Hafen** (seit Gründung der Stadt, 408 v. Chr.; heute vorwiegend Jachthafen) werden von langen Molen geschützt. Auf der Mandraki-Mole drei aufgelassene *Windmühlen;* auf der nördlichsten Molenspitze das runde *Nikolaos-Fort* (14./15. Jh.) und ein Leuchtturm; zu beiden Seiten der Hafeneinfahrt auf Steinsäulen **Hirsch** und **Hirschkuh,** die Wappentiere der Stadt (Rotwild daher auf Rhodos geschützt). Im Osten der Altstadt der **Akandia-Hafen,** mit Werft.

Durch das *Freiheitstor* gelangt man in die mauerumzogene ALTSTADT mit ihrem Ge-

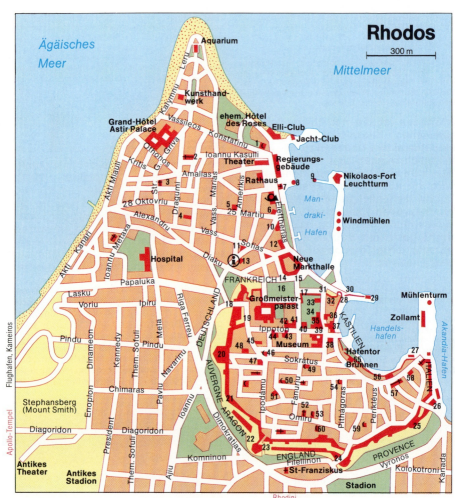

1 Murad-Reis-Moschee	22 Marienturm	40 Palast Villiers
2 Marienkirche (kath.)	23 Athanasios-Tor	de l'Ile Adam
3 Mariä-Himmelfahrt-Kirche	24 Koskinu-(Johannes-)Tor	41 Frankreich-Herberge
4 Deutsches Konsulat	25 Italien-Turm	42 Provence-Herberge
5 Telefon, Telegraf	26 Italien-Tor	43 Spanien-Herberge
6 Hafenmeisterei	27 Katharinentor	44 Türkisches Seminar (Loggia)
7 Evangelismos-Kirche	28 Arsenaltor	45 Uhrturm
8 Hirsch	29 Naillac-(Araber-)Turm	46 Suleiman-Moschee
9 Hirschkuh	30 Paulstor	47 Türkische Bibliothek
10 Justizpalast	31 Freiheitstor	48 Hurmale-Medresse
11 Griechische Nationalbank		49 Aga-Moschee
12 Bank von Griechenland		50 Sultan-Mustafa-Moschee
13 Fremdenverkehrsamt		51 Suleiman-Bad
Touristenpolizei	ALTSTADT	52 Phanurios-Kirche
14 Autobushof	32 Aphrodite-Tempel (Rest)	53 Redschap-Pascha-Moschee
15 Taxistandplatz	33 Städtische Pinakothek	54 Ibrahim-Pascha-Moschee
16 Son et Lumière	34 Archäologisches Institut	55 Handelsgericht
17 Petersturm	35 Museum für dekorative Kunst	56 Erzbischofspalast
18 Amboise-Tor	36 Auvergne-Herberge	57 Marienburgkirche
19 Kanonentor	37 Ordenskirche (Museum)	58 Katharinenhospiz
20 Georgsturm	38 England-Herberge	59 Dolapli-Moschee
21 Spanien-Turm	39 Italien-Herberge	60 Burusan-Moschee

wirr von Gäßchen, ihren Kuppeln und Minaretten zwischen Palmen und Platanen. Am
Symi-Platz die Reste von einem *Aphrodite-Tempel* (3. Jh. v. Chr.) und die *Städtische
Pinakothek* (moderne Kunst). Südlich anschließend der malerische Argiroka-
stron-Platz; in der Mitte ein kleiner *Brunnen* aus Teilen eines byzantinischen Baptisteriums. An der Westseite das ehem. Arsenal
(14. Jh.), heute *Archäologisches Institut* und
Museum für Dekorative Kunst. Ein Durchgang führt zu der ehem. *Ordenskirche* (links;
heute Museum altchristl.-byzant. Kunst),
schräg gegenüber das mächtige ehem. **Or-
denshospital* (15. Jh.; wiederhergestellt), in
dem sich das **Archäologische Museum** befindet.

Nördlich des Ordenshospitals beginnt die
*Ritterstraße (Odós Ippotón), mit wohlerhaltenem Straßenbild des 15.-16. Jahrhunderts, an der die meisten 'Herbergen',
d. h. die Versammlungshäuser der einzelnen
Landsmannschaften des Johanniterordens,
lagen; am schönsten rechts die *Frankreich-
Herberge* (1492-1503 erbaut). Am Westende
der Straße rechts, auf dem höchsten Punkt
der Stadt, der ***Großmeisterpalast**, ehem.
Kastell mit dreifachem Mauerring. Nach
schwerer Beschädigung durch die Türken-
belagerung und 1856 infolge einer Explosion
fast völlig vernichtet, wurde er während der
italienischen Besetzung (1912-43) nach alten
Plänen wiederaufgebaut (Gedenktafel am
Eingang). Die Ausstattung der Innenräume
entspricht nicht dem ursprünglichen Zustand. Besonders beachtenswert zahlreiche
*Kieselmosaikfußböden von der Insel Kos.
An der Nordost-Seite des Palastes ein schöner Park (Zugang von der Papagos-Str.). An
der Südwestecke des Großmeisterpalastes
das **Kanonentor** *(Antoniustor),* von wo man
auf die Stadtmauer gelangen kann.

Südlich vom Großmeisterpalast der markante **Uhrturm** (19. Jh.). Noch weiter südlich
die **Suleiman-Moschee** (schönes Renaissanceportal), die größte Moschee der Insel;
südlich gegenüber die *Türkische Bibliothek*
(1794), mit kostbaren Koranhandschriften. –
Von hier führt die von Basaren gesäumte, belebte Sokrates-Straße (Odós Sokrátus)
östlich hinab durch das Zentrum der Altstadt
wieder in Richtung Handelshafen. Südöstlich vom Hafentor das *Handelsgericht* (1507)
und der *Erzbischofspalast* (15. Jh.) an der
Nordseite des Erzbischofsplatzes, mit dem
hübschen *Seepferdchenbrunnen*. – Südlich
der Sokratesstraße ein malerisches Straßen-
gewirr, besonders die Phanurios-Straße,
die Homer-Straße (Odós Omíru; beide mit
Schwibbögen überspannt) und die Pytha-
goras-Straße, mit zahlreichen Moscheen,
u. a. der **Ibrahim-Pascha-Moschee,** der ältesten der Stadt (von 1531) und, gegenüber
dem prächtigen, von mehreren Kuppeln
überdachten **Suleiman-Bad** (Besichtigung
und Benutzung möglich), die *Sultan-Musta-
fa-Moschee* (von 1765). Ferner besuchenswert in der zuvor genannten Phanurios-
Straße die kleine, teils unterirdisch angelegte
orthodoxe *Phanurios-Kirche* (1335 gegr.; unter den Türken Moschee) – Im Westen der
Altstadt, nahe dem St.-Georg-Turm, die *Hu-
male-Medrese* (einst byzantin. Kirche), mit
malerischem Innenhof.

Stadt Rhodos bei Dunkelheit

Die NEUSTADT, in der die Behörden und vor
allem die zahlreichen Hotels und Restaurants
liegen, erstreckt sich nördlich bis nahe an die
sandige Nordspitze der Insel.

Am Mandraki-Hafen die mächtige **Neue
Markthalle** *(Nea Agora),* mit großem Innenhof. Von hier nördlich durch die Freiheit-
sallee (Eleftherias) am Justizpalast und der
Hauptpost vorbei zur **Evangelismos-Kirche**
(urspr. kath., jetzt orth.), einer 1925 errichteten Nachbildung der alten Klosterkirche St.
Johannes der Ritter, die beim Großmeisterpalast stand und der Explosion von 1856 zum
Opfer fiel. – Weiter nördlich das **Regierungsgebäude** *(Nomarchia)* im venezianischen
Stil, das *Rathaus* sowie das *Theater*. Nördlich
dahinter die reizvolle *Murat-Reis-Moschee*,
umgeben von dem alten Türkenfriedhof. – An
der Nordspitze der Neustadt ein *Aquarium*
mit kleinem naturgeschichtlichem Museum.
Etwa 500 m südlicher das Grand Hôtel Astir
Palace; dabei ein Spielcasino.

Strandpartie am Westrand der Neustadt

UMGEBUNG der Stadt Rhodos. – Etwa 2 km südlich der Altstadt, an der Straße nach Kallithea, ein kleiner und ein großer orthodoxer sowie ein katholischer, ein jüdischer und ein neuer türkischer **Friedhof.** – Weiter südlich stadtauswärts das malerische Rodini-Tal, mit Park, kleinem Zoo, Folklore-Theater und schönen Wanderwegen.

Etwa 3 km südwestlich der Neustadt, auf dem **Stephansberg** (*Mount Smith*, 111 m; Aussicht), die Reste der antiken *Akropolis,* mit Tempelspuren; am Hang ein *Stadion* und ein *Theater* (restauriert).

Rund 15 km südwestlich von Rhodos (Autobus) der Hügel **Philerimos** (267 m; Aussicht), mit den Resten der Akropolis von **Ialysos** (Gebühr), an der Stelle des z. T. ausgegrabenen Athena-Tempels ein ehem. *Kloster der Kreuzritter* (wiederaufgebaut); südlich unterhalb (beschwerliche Treppe!) eine reizvolle dorische *Brunnenhalle* (4. Jh. v. Chr.), nordwestlich die teils unterirdisch angelegte *St.-Georg-Kirche* (15. Jh.; Fresken).

INSELRUNDFAHRTEN. – Von Rhodos über Kámeiros nach Líndos (111 bzw. 131 km) zunächst südwestwärts an der Küste entlang. – Nach 16 km jenseits vom *Flughafen* links Abzweigung (7 km) über *Kalamonas* ins *Tal der Schmetterlinge* (Petalúdes), wo im Hochsommer Tausende von braun-roten Schmetterlingen schwärmen. – 12 km Abzweigung eines lohnenden Umweges über *Embónas.* – 4 km Abzweigung (1,5 km) zur teilweise ausgegrabenen antiken Stadt **Kámeiros** (6 Jh. v. Chr. bis 6. Jh. n. Chr.). – Weiter auf schöner *Panoramastraße über der Küste erreicht man nach 32 km *Monólithos* (280 m); 1 km westlich *Aussicht auf die Ruine einer Johanniterburg und die Bucht dahinter. – Von Monólithos noch 47 km in östlicher Richtung quer durch die Insel nach Líndos.

Von der zuvor genannten Abzweigung in Richtung Embonas nach 16 km links wiederum Abzweigung zum **Berg des Propheten Elias** (798 m; *Rundblick; Phundukli-Kapelle). – 8 km Wiedereinmündung in die Panoramastraße und noch 22 km bis Monolithos.

Von Rhodos über Archángelos nach Líndos (62 km) zunächst in südlicher Richtung größtenteils abseits der Inselostküste. – 7 km Abzweigung links (3 km) zu dem schön gelegenen Seebad *Kallithéa* (früher Thermalbad), mit Felsstrand. – 2 km *Koskinu,* malerisch auf einer Anhöhe gelegenes Dorf mit bunten Häusern. – 7 km Straßenteilung links (3 km) nach *Phaliráki* (guter Sandstrand; Keramikfabrik). – 9 km *Aphándu* (Sandstrand; große Teppichknüpferei). – 6 km *Kolimbia,* Dorf mit schöner Badebucht. – 6 km **Archángelos,** großer malerischer Ort, südlich überragt von einer Burgruine. – 7 km *Malona,* bescheidenes Dorf inmitten prächtiger Orangen- und Zitronenhaine. – 18 km Líndos.

Líndos, an einem Vorgebirge in der Mitte des Ostküste gelegen (40 m; 1500 Einw.), war im Altertum ein blühender Handelshafen. Auf einem Hügel am Eingang des relativ großen Hafens das Kuppelgrab des Tyrannen Kleobulos (zugängl.). – Im Ort die Marienkirche (byzantin. Wandmalereien) sowie mehrere Häuser (17. Jh.) mit kleinen Sammlungen der heute seltenen lindischen Fayencen (15.-17. Jh.). – Am Nordwesthang der *Akropolis (117 m) die mittelalterliche Johanniter-

Lindos
Akropolis

1 Schiffsrelief
2 Johannitertreppe
3 Torbau
4 Ritterhaus
5 Burgkirche
6 spätantiker Tempel
7 Unterbau
8 dorische Säulenhalle
9 Freitreppe
10 Propylon
11 Vorhalle
12 Tempel der Athena Lindia

festung (später türk. Kastell); in der Felswand der Nordseite, am Fuß der steilen Johannitertreppe, ein ca. 5 m hohes und ebenso breites antikes Schifferrelief (um 200 v. Chr.). Über einer monumentalen *Freitreppe* (dorische Säulenreihe der Stoa) erhebt sich auf der obersten Terrasse der Akropolis (*Aussicht) der *Tempel der Athena Lindia* (z. T. rekonstruiert). – Gleich südlich des Ortes ein kleiner geschützter Felshafen, wo der Apostel Paulus gelandet sein soll (Kapelle).

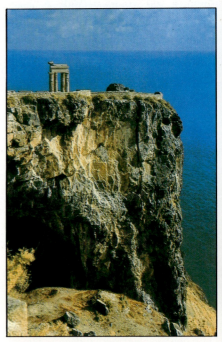

Akropolis von Lindos auf Rhodos

Rhodos im Westen bis 65 km vorgelagert sind die Inseln **Alimnia** (25 Bew.; Genueser Burgruine) sowie **Chalke** (3000 Bew.; Hauptort Nimbório), eine Felsinsel mit mittelalterlicher Burg und den Resten eines Apollotempels.

Rhódos hat einmal wöchentlich Schiffsverbindung mit **Megíste** (Kastellorízo), der vor der kleinasiatischen Südküste gelegenen östlichsten Insel Griechenlands (500 Bew.) mit mittelalterlicher, von den Johannitern ausgebauter Burg.

Riccione s. bei Rimini

Rif-Atlas / Er-Rif

Marokko.

Der Rif-Atlas, das arabische Er-Rif genannte nordmarokkanische Gebirge, erstreckt sich als 400 km langer, parallel zur Mittelmeerküste verlaufender Bogen zwischen der Straße von Gibraltar und der Mündung des Wadi Moulouya in das Mittelmeer, nahe der algerischen Grenze. Seine östliche Fortsetzung bildet der Tell-Atlas. Hochgebirgscharakter erreicht der Rif-Atlas lediglich in seinem mittleren Teil um den Mont Tidiquin (2448 m), an dessen Fuß der Wintersportort Ketama liegt, sowie in der Umgebung von Chefchaouen (Djebel Bouhalla, 2170 m). Die mittlere Gipfelhöhe beträgt dagegen nur zwischen 1500 und 1800 m. Der Gebirgsraum ist verkehrsmäßig sehr gut erschlossen; denn in den letzten Jahren wurde die neu erbaute, asphaltierte Höhenstraße zwischen Tetuan und Al-Hoceïma eröffnet. Außerdem gibt es mehrere Nordsüdverbindungen, so z.B. zwischen Chefchaouen und Quezzane, El-Jebha am Mittelmeer und Ain-Aicha sowie Al-Hoceïma und Taza.

Der Rif-Atlas gehört ebenso wie die Alpen, die Apenninen oder die Pyrenäen zu den alpidischen Faltengebirgen, die erst im Tertiär vor etwa 50 Millionen Jahren entstanden und die jüngste Gebirgsgeneration der Erde sind. Er bildet, was seinen geologischen Bauplan anlangt, eine Einheit mit der spanischen Sierra Nevada, mit der er vor dem Einbruch der Straße von Gibraltar einmal verbunden war.

Die natürlichen Waldbestände des Gebirges sind durch die früher betriebene Brandrodung zum größten Teil vernichtet worden, so daß die steilen Hänge heute von lichter Macchie bewachsen sind, einer für das Mittelmeergebiet typischen immergrünen Gebüschformation. Resten der einstigen Bewaldung begegnet man erst ab 1000 m Höhe (Steineichen, darüber Nadelhölzer). Die Macchie besteht hauptsächlich aus Erikazeen, Pistazien, Wacholder und Ginster. Die Entwaldung führte zu einer verstärkten Abtragung, deren Ergebnis zahllose tiefe Schluchten sind. Sie wurden von den Gebirgsbächen innerhalb kürzester Zeit eingeschnitten. Wasser steht genügend zur Verfügung, denn die jährlichen Niederschläge belaufen sich

außer im Osten immerhin auf rund 1000 mm.

Die westlichen Teile des Rif-Atlas sind von seßhaften Arabern und arabisierten Berbern, sogenannten Yebala, bewohnt, während besonders in den Hochgebirgsregionen um Chefchaouen reine Berber leben, deren Siedlungen bis in Höhen von etwa 1500 m hinaufreichen. Unterhalb von 1000 m erstrecken sich mittelmeerische Kulturen, während darüber bis in 1700 m Höhe Getreibe angebaut wird. Darüber folgen ausgedehnte Schaf- und Ziegenweiden, die jedoch nur im Sommer beschickt werden.

Rijeka

Jugoslawien.
Teilrepublik: Kroatien (Hrvatska).
Höhe: 0–3 m ü.d.M. – Einwohnerzahl: 140000.
Postleitzahl: YU-51000. – Telefonvorwahl: 051.
ⓘ **Turistički informativni centar,**
  Trg Republike 9;
  Telefon: 23786.

HOTELS. – *Jadran,* II, 143 B. ; *Neboder,* III, 93 B.; *Park,* III, 71 B.; *Kontinental,* IV, 88 B. – In Rijeka-Kostrena: *Motel Lucija,* III, 150 B.

CAMPINGPLÄTZE. – *Autocamp Preluk,* an der Straße Opatija–Rijeka; *Autocamp Kostrena,* 7 km südlich von Rijeka.

VERKEHRSFLUGHAFEN auf der Insel Krk (Brückenverbindung). Stadtbüro der JAT: Trg Republike 9, Tel. 25571.

Rijeka, am Nordende der Bucht Riječki zalev gelegen, ist heute Jugoslawiens größte und wichtigste Hafenstadt. Im Norden dehnen sich Werften und Raffinerien aus, begrenzt von der Hauptverkehrsader, zu der sich vor Rijeka die beiden von Triest und Opatija heranführenden Straßen vereinen. Im Hintergrund des um einen Golf gruppierten Szenariums von Industrieviertel und Altstadt liegen Anhöhen, die bis zu den kahlen Kämmen hinauf mit Hochhäusern bedeckt sind.

GESCHICHTE. – Die ersten Ansiedler waren die illyrischen Liburner. Während der Römerzeit bestand dort, wo heute die Hafenstadt liegt, der Militärstützpunkt *Tarsatica,* an der Landverbindung von Rom nach Saloniki bei der Mündung des Flusses Riječina. Nach den Awaren kamen im 7. Jahrhundert die Slawen, die auf den Resten des einstigen Römerkastells die Festung Trsat errichteten. Im Mittelalter tauchte erstmals der Name **Fiume** für die Stadt auf, die dann – mit Unterbrechungen – vom 15. bis gegen Ende des 18. Jahrhunderts zu Österreich-Ungarn gehörte. Bis 1918 war Fiume Seehafen der österreichisch-ungarischen Donaumonarchie.

Mit dem Ende des Ersten Weltkriegs wurde die Stadt dem neu gegründeten Königreich Jugoslawien zugeschlagen. Weil aber eine starke Minderheit italienisch sprach und Rijeka drohte, dem weiter nördlich liegenden italienischen Hafen Triest zu einer ernsthaften Konkurrenz zu werden, besetzten

1919 Freischärler unter Führung des italienischen Schriftstellers Gabriele d'Annunzio die Stadt. 1920 deklarierte der Vertrag von Rapallo sie zur Freien Stadt, doch bereits 1922 fiel d'Annunzio erneut mit seinen Freiwilligen ein. 1924 wurde Fiume Italien zugesprochen, während der südlich des Flusses Rječina liegende Teil Sušak an Jugoslawien ging. Nach dem Zweiten Weltkrieg fand in Rijeka und in Istrien ein Volksentscheid darüber statt, zu welchem Land die Bevölkerung gehören wolle: Die Mehrheit entschied sich für Jugoslawien, und Teile der italienischsprachigen Bevölkerung wanderten aus.

Stadthafen im jugoslawischen Rijeka

SEHENSWERTES. – An den **Hafenbecken** entlang – im Westen der Stadt bis zum Bahnhof – zieht sich die breite Uferstraße Obala Jugoslavenske Mornarice. Stadteinwärts parallel zu dieser Kaistraße verläuft die frühere Hauptverkehrsader Korzo Narodne Revolucije. Dazwischen liegt am Narodni trg des **Palais Jadran;** daneben ein Hochhaus, Sitz von Schiffahrts- und Reiseagenturen.

In Richtung Osten folgt am Ufer nun eine als Kaiverlängerung nach vorn führende Straße zu der für Bootsgenehmigungen zuständigen *Hafenbehörde.* Die sich außen anschließenden kleineren Hafenbecken des *Sušački basen* gehörten nach 1924 zu dem jugoslawischen Teil Rijekas.

Der Korzo Narodne Revolucije

führt direkt zur ALTSTADT (Stari grad) auf der linken Seite, die man durch den Torbogen des *Stadtturms* (Gradski toranj) betritt. In der Nähe links das **Alte Rathaus** *(Stara gradska vijećnica),* ein Bau aus dem 14. Jahrhundert mit klassizistischer Fassade von 1835. Rechts auf dem Weg in die Altstadt durch die Gasse Užarska Ulica geht es zum **Dom** aus dem 13. Jahrhundert, der später barockisiert wurde. An dem schiefen romanischen *Glockenturm* ist die Jahreszahl 1377

eingemeißelt; in der *Sakristei* Reliquiare und Monstranzen aus dem 15. Jahrhundert. Nordwestlich vom Dom die 1631 nach dem Muster von der Kirche Santa Maria della Salute in Venedig erbaute **Kirche St. Veit** *(Sveti Vid).*

Weiter nach Westen, am schönen *Vladimir-Nazor-Park* vorbei, über die Ulica Žrtava fašizma erreichbar, der einstige *Gouverneurspalast* vom Ende des 19. Jahrhunderts; darin heute das **Nationalmuseum** *(Narodni muzej)* mit reichen ethnographischen und historischen Sammlungen sowie einer interessanten Abteilung für Seefahrt. Daneben, links vom Eingang, ein *Lapidarium* mit mittelalterlichen und römischen Steinfragmenten. Nicht weit davon – Richtung Kalvarienberg – steht das **Naturwissenschaftliche Museum** *(Prirodoslovni muzej).*

Im Osten der Altstadt der Fluß *Rječina* und am Tito-Platz (Titov trg) der *Mrtvi kanal* (viele Boote). Fluß und Kanal markierten von 1924 bis 1947 die Grenze zwischen Jugoslawien und Italien. Am Tito-Platz das 1955 von dem jugoslawischen Bildhauer Vinko Matković gestaltete *Befreiungsdenkmal.* Am Kanal das ehemalige **Nationaltheater** (1885 erbaut) beim Trg Vladimira Švalbe; nahebei die *Markthalle* (Tržnica).

Jenseits von Kanal und Fluß Rječina liegt der neue Stadtteil von Rijeka, SUŠAK. Vom Portal neben einer Großbank führt der Treppenweg Trsatske stube Petra Kružica mit 559 Stufen hinauf zu dem mittelalterlichen **Kastell Trsat** mit Restaurant und Freilichtbühne. Vom Turm aus reizvoller Blick über Stadt, Hafen und nach Norden zu den Steilhängen des Küstengebirges. Neben dem Eingang zum Kastell ein *Museum der Volksrevolution.* Auf dem Hügel nahe dem Kastell wurden im 15. Jahrhundert die **Votivkirche** *'Mutter Gottes von Loreto'* und ein Franziskanerkloster erbaut. In der zweischiffigen Kirche mit zahlreichen großen Votivtafeln (täglich mehrmals Führungen) trennt ein kunstvolles schmiedeeisernes Gitter den Altarraum vom Kirchenschiff. Über dem Hauptaltar das Gemälde ''Muttergottes'', ein Geschenk von Papst Urban V. aus dem Jahre 1367.

Eine ebenfalls lohnende, aber oft durch Industriedunst getrübte *Aussicht (wie vom Kastell Trsat) gewinnt der Besucher vom **Kalvarienberg** aus.

UMGEBUNG von Rijeka. – Südöstlich der Stadt liegt, auf der Straße Nr. 2 zu erreichen, das bedeutendste Seebad Kroatiens, **Crikvenica** (5000 Einw.), gegenüber der Insel *Krk* (s. dort). Von dem im 18. Jahrhundert geschlossenen Kloster ist nur noch die barocke Kirche erhalten. Am

Bootshafen von Crikvenica in Jugoslawien

Hafen beginnt die hübsche Strandpromenade, die zu den Orten *Kačjak* (nördlich) und *Selce* (südlich) führt.

Etwa 30 km weiter südöstlich erreicht man **Senj** (4 m; 5000 Einw.), ein am Eingang in die zum Vratnik-Paß hinaufführende wilde Schlucht *Senjska Draga* zwischen Felsen und Meer gelegenes, auf drei Seiten noch von alten Mauern umgebenes Städtchen, einer der ältesten und geschichtlich interessantesten Orte des kroatischen Küstenlandes, der nach den Zerstörungen des Zweiten Weltkrieges allerdings nur noch wenige beachtenswerte alte Bauten besitzt. Hier siedelten sich Anfang des 16. Jahrhunderts die sogenannten Uskoken, vor den Türken geflüchtete Serben und Bosnier, an und führten erbitterte Kämpfe mit Venedig und der Türkei, bis sie nach dem Frieden von Madrid (zwischen Erzherzog Ferdinand von Steiermark und Venedig; 1617) entwaffnet und in das Innere Kroatiens, besonders in das nach ihnen benannte Uskoken-Gebirge übergeführt wurden. – Von der Bora, die hier mit ungeheurer Wucht bläst, sagt man, sie werde in Senj geboren, heirate in Fiume und sterbe in Triest. – Von den ehemals 16 Kirchen sind nur noch zwei erhalten, so der Dom Sv. Marija (11./12. Jh., im 18. Jh. erneuert), mit einzelstehendem Glockenturm von 1900. Unweit nördlich im Palais Vukasović das Städtische Museum. Auf einer 70 m hohen Anhöhe südlich der Stadt die im 16. Jahrhundert errichtete Burg Nehaj (d. h. 'Fürchte nichts'), von der sich eine umfassende *Aussicht auf die Stadt, das Gebirge und das Meer mit den Inseln bietet. – Von Senj Autofähre oder Motorboot zu den Inseln *Krk* und *Rab* (s. Reiseziele von A bis Z).

***Istrien** s. dort.

Rimini

Italien.
Region: Emilia-Romagna. – Provinz: Forlì. Höhe: 0-7 m ü.d.M. – Einwohnerzahl: 120000. Postleitzahl: I-47037. – Telefonvorwahl: 0541.
(i) EPT und **TCI,** Piazzale C. Battisti;
Telefon: 27927.
ACI, Via Roma 66;
Telefon: 24275.

HOTELS. – *Grand Hôtel,* Piazzale Independenza, I, 186 B., Sb.; *Savoia-Excelsior,* Viale A. Vespucci 44, I, 156 B.; *Ambasciatori,* Viale A. Vespucci 22, I, 120 B., Sb.; *Bellevue,* Piazza Kennedy 12, I, 118 B., Sb.; *Imperiale,* Viale A. Vespucci 15, I, 112 B., Sb.; *Residenza,* Piazzale Independenza, I, 88 B., Sb.;

Waldorf, Viale Vespucci 28, I, 82 B.; *Abarth*, Viale Mantegazza 12, II, 156 B.; *Continental*, Viale A. Vespucci 40, II, 148 B.; *Sporting*, Viale A. Vespucci 20, II, 138 B., Sb.; *Admiral*, Via Regina Elenea 67, II, 136 B.; *Diplomat*, Via Regina Elena 70, II, 131 B.; *Corallo*, Viale A. Vespucci 46, 128 B.; *Biancamano*, Via Cappellini 2, II, 124 B.; *Amati*, Viale Regina Elena 6, II, 123 B., Sb.; *National*, Viale A. Vespucci 42, II, 122 B.; *Atlantico*, Viale Trieste 3, II, 120 B., Sb.; *Villa Bianca*, Viale Regina Elena 24, II, 118 B.; *Palace*, Viale Dante 46, II, 117 B.; *Farioli*, Viale Vittorio Veneto 14, 114 B.; *Villa Adriatica*, Via A. Vespucci 3, II, 114 B.; *Comfort*, Viale Boccaccio 7, II, 112 B.; *De Londres*, Via A. Vespucci 24, II, 107 B.; *Mariani*, Viale A. Vespucci 23, II, 102 B.; *Milton*, Viale Cappellini 16, III, 138 B.; *Atlas*, Viale Regina Elena 74, III, 122 B.; *Romagna*, Viale Tripoli 11, III, 108 B.; *Astoria*, Viale A. Vespucci 27, III, 105 B.; *Galles*, Viale Regina Elena 179, III, 95 B. – JUGENDHERBERGE in Miramare, Via Flaminia 300, 89 B.

In R i v a b e l l a : *Cia*, III, 106 B.; *Prinz*, III, 89 B.; *Neframa*, III, 77 B.; *Gaston*, III, 75 B.; *Euromar*, III, 67 B.; *Alexander*, III, 66 B.; *Driade*, III, 62 B.; *Della Valle*, III, 60 B.; *Iones*, III, 60 B. – In V i s e r b a : *Blumen*, III, 156 B.; *Crown*, III, 110 B.; *Terminus*, III, 102 B.; *Panoramic*, III, 78 B.; *Stella d'Italia*, III, 73 B. – In V i s e r b e l l a : *Helvetia*, II, 117 B., Sb.; *Life*, II, 72 B., Sb.; *Baia*, III, 70 B.; *Anglia*, III, 69 B.; *Gallia*, III, 69 B.; *Serena*, III, 69 B. – In T o r r e P e d r e r a : *Punta Nord*, I, 270 B., Sb.; *Mose'*, II, 104 B.; *El Cid*, II, 77 B.; *Graziella*, III, 126 B.; *Montmartre*, III, 104 B., Sb.; *Avila*, III, 98 B.; *Doge*, III, 85 B.; *Du Lac*, III, 80 B.; *Ciondola d'Oro*, III, 75 B.; *Bolognese*, III, 71 B. – In M i r a m a r e : *Terminal*, II, 140 B., Sb.; *Roma*, II, 124 B.; *La Fiorita*, II, 115 B.; *Mulazzani*, II, 115 B.; *Touring*, II, 108 B.; *Miramare e de la Ville*, II, 102 B.; *Due Mari*, II, 100 B.; *Astor*, II, 95 B.; *Regina*, II, 90 B.; *Ascot*, II, 79 B.; *Coronado Airport*, II, 44 B.; *Concordia*, III, 120 B.; *Centrale*, III, 111 B.; *Pecci*, III, 88 B.; *Nettunia*, III, 82 B.; *San Giorgio*, III, 80 B.

In R i c c i o n e : *Grand Hotel*, I, 244 B., Sb.; *Lido Mediterraneo*, I, 180 B., Sb.; *Corallo*, I, 151 B.; *Spiaggia Savioli*, I, 127 B., Sb.; *Atlantic*, I, 124 B., Sb.; *Beau Rivage*, I, 96 B., Sb.; *Abner's*, I, 88 B.; *A.B.C.*, I, 68 B.; *Augustus*, I, 64 B.; *Vienna e Touring*, II, 144 B.; *Vittoria*, II, 138 B.; *Croce del Sud*, II, 127 B.; *Des Bains*, II, 126 B.; *Nautico*, II, 120 B.; *Club Hotel*, II, 110 B.; *Lungomare Laeta Domus*, II, 108 B.; *Arizona*, II, 106 B.; *Cristallo*, II, 102 B.; *Ca' Bianca*, II, 102 B.; *Sarti*, II, 100 B.; und zahlreiche andere.

In C a t t o l i c a : *Victoria Palace*, I, 160 B.; *Caravelle*, I, 70 B., Sb.; *Cormoran*, II, 295 B., Sb.; *Piccadilly*, II, 216 B., Sb.; *Kursaal*, II, 147 B.; *Linda*, II, 145 B.; *Negresco*, II, 135 B.; *Doge Mare*, II, 134 B.; *Baltic*, II, 131 B.; *Nord-Est*, II, 129 B.; *Leon d'Oro*, II, 125 B.; *Diplomat*, II, 122 B.; *Spiaggia*, II, 121 B.; *Acropolis*, II, 120 B.; *Savoia*, II, 119 B.; *Imperiale*, II, 112 B.; *Europa Monetti*, II, 105 B.; *London*, II, 102 B.; *Royal*, II, 102 B., Sb.; *Murex*, II, 101 B., Sb.; *Alexander*, II, 100 B.; und zahlreiche andere.

In C e s e n a t i c o : *Esplanade*, I, 96 B.; *Grande Albergo Cesenatico*, II, 164 B.; *Palace*, II, 150 B.; *San Pietro*, II, 121 B.; *Genny*, II, 113 B.; *Eritrea*, II, 96 B.; *Da Pino*, II, 95 B.; *Internazionale*, II, 93 B.; *Sabrina*, II, 92 B.; *Torino*, II, 89 B.; *Britannia*, II, 82 B.; *Ritz*, II, 80 B.; und viele andere.

In C e r v i a : *Buenos Aires*, II, 94 B.; *Conchiglia*, II, 77 B.; *Nettuno*, II, 77 B.; *Athena*, II, 74 B.; *Excelsior*, II, 70 B., Sb.; *Beaurivage*, II, 68 B.; *K 2*, II, 66 B.; *Ducale*, II, 66 B.; *Prater*, II, 61 B.; *Astoria*, II, 60 B.

In M i l a n o M a r i t t i m a : *Auralia*, I, 189 B., Sb.; *Gallia*, I, 185 B., Sb.; *Miami*, I, 150 B., Sb.; *Le Palme – Spiaggia*, I, 142 B.; *Rouge*, I, 140 B.; *Doge*, I, 139 B., Sb.; *Mare e Pineta – Villa Regina*, I, 137 B., Sb.; *Bellevue Beach*, I, 124 B.; *Imperiale*, I, 121 B.; *San Giorgio*, I, 112 B.; *Mare e Pineta*, I, 105 B., Sb.; *Michelangelo*, I, 91 B.; *Mare e Pineta – Pavillon*, I, 63 B., Sb.; *Adria*, II, 200 B.; *Rio*, II, 154 B.; *Internazionale*, II, 142 B.; *Metropolitan*, II, 135 B.; *Lido*, II, 130 B.; *Deanna*, II, 126 B.; *Savini*, II, 120 B.; *Sahare*, II, 112 B.; *Ariston*, II, 112 B.; *Embassy*, II, 112 B.; *Terminus*, II, 109 B.; *Promenade*, II, 108 B.; *Ambasciatori*, II, 104 B.; *Corona*, II, 100 B.; und zahlreiche andere.

Rimini liegt am Adriatischen Meer in der äußersten Südostecke der Oberitalienischen Tiefebene, am Ausgangsbzw. Treffpunkt der wichtigen antiken Verkehrswege 'Via Aemilia' und 'Via Flaminia'. Die Stadt, eines der besuchtesten Seebäder Italiens, mit 20 km langem Strand ('Riviera del Sole'), besitzt bedeutende römische und mittelalterliche Baudenkmäler.

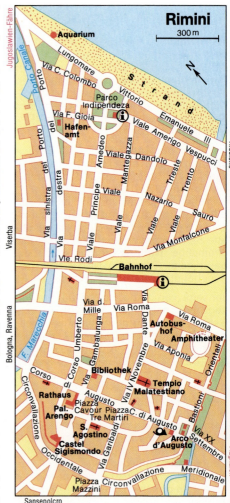

SEHENSWERTES. – Im Zentrum der ALTSTADT die P i a z z a C a v o u r , mit dem *Palazzo Comunale* (urspr. von 1562), dem 1204 begonnenen romanisch-gotischen *Palazzo dell' Arengo* sowie dem im Zweiten Weltkrieg zerstörten *Theater* (Wiederaufbau geplant). – Von der Piazza Cavour nordwestlich durch den breiten Corso di Augusto zu dem die *Marecchia* überbrückenden **Ponte di Tiberio,** unter Augustus begonnen und unter Tiberius 20 n.Chr. vollendet.

Unweit südöstlich der Piazza Cavour liegt die ***Kirche San Francesco** (Tem-

pio Malatestiano), ein gotischer Bau des 13. Jahrhunderts, 1447-56 erneuert. Die Fassade, als erste Anknüpfung an altrömische Bauten ein Hauptbeispiel der beginnenden Renaissance, wurde nach einem von Leon Battista Alberti unter dem Eindruck des Augustusbogen geschaffenen Entwurf ausgeführt; beachtenswertes Inneres. – Am Südostende des Corso d' Augusto der **Arco d' Augusto,** ein 27 v. Chr. dem Augustus für die Schaffung der Via Flaminia gewidmeter Ehrenbogen.

Nordöstlich der Altstadt erstreckt sich jenseits der Eisenbahnlinie das eigentliche SEEBAD Rimini, mit Villen, Hotels und Pensionen. Hauptstraße am Meer ist der Lungomare Vittorio Emanuele III. – Nach Nordwesten hin folgen die als Seebäder vielbesuchten Gemeindeteile RIVABELLA, VISERBA und TORRE PEDRERA. – 3 km südöstlich liegt in Richtung Riccione der ebenfalls als Seebad viel besuchte Ortsteil MIRAMARE, mit großem Flughafen.

UMGEBUNG von Rimini. – 8 km südöstlich liegt das ebenfalls stark besuchte Seebad **Riccione** (12 m), mit Thermalquellen. – Weiterhin 3 km südöstlich das kleine Thermal- und Seebad *Misano Adriatico* sowie 4 km weiter das besonders von Deutschen viel aufgesuchte **Cattolica** (10 m). – 8 km südlich

Seebad Cattolica

von Cattolica thront auf einem Hügel das Städtchen *Gradara (142 m), das wegen seiner vollständig erhaltenen türmereichen Stadtmauer und besonders wegen seines Kastells einen Besuch sehr lohnt.

Etwa 20 km nordwestlich von Rimini das ebenfalls viel besuchte Seebad **Cesenático** (4 m; 18 000 Ein.), mit malerischer Altstadt, modernen Bauten am Strand und kleinem Kanalhafen. – Weiterhin 8 km nordwestlich das aufstrebende Seebad **Cervia** (3 m; 25 000 Einw.), mit Thermalbädern (Fango) und breitem feinsandigem Strand. Jenseits des Kanalhafens der Vorort *Milano Maríttima,* hübsch am Pinienwald gelegen, ebenfalls mit schönem Strand.

***San Marino** s. dort.

Riviera
s. Italienische Riviera bzw. Côte d'Azur

Rom / Roma

Italien.
Region: Lazio (Latium). – Provinz: Rom. Höhe: 11-139 m ü.d.M. – Einwohnerzahl: 3 Mio. Postleitzahl: I-00100. – Telefonvorwahl: 06.
ⓘ **EPT di Roma,** Via Parigi 11; Telefon: 46 18 51.
Informationsstelle im Hauptbahnhof *Stazione Termini.*
ACI, Hauptsitz: Via Marsala 8; Telefon: 49 98.
Geschäftsstelle für Rom:
Via Cristoforo Colombo 261; Telefon: 51 06.
Straßenhilfsdienst:
Via Solferino 32; Telefon: 4 75 52 51.
TCI, Via Oviedo 7/A; Telefon: 38 86 58.
Vatikanisches Informationsbüro
(Ufficio Informazioni Pellegrini e Turisti), an der Südseite vom Petersplatz.
Deutsches Rompilger-, Touristik- und Informationsbüro,
Via del Sant' Uffizio 29/II; Telefon: 6 54 85 68.

BOTSCHAFTEN. – *Bundesrepublik Deutschland,* Via Po 25 c.; *Deutsche Demokratische Republik,* Viale Castro Pretorio 116; *Republik Österreich,* Via Pergolesi 3; *Schweizerische Eidgenossenschaft,* Via Barnaba Oriani 61.

FLUGHÄFEN. – Alle internationalen Linienflüge: **Aeroporto Intercontinentale Leonardo da Vinci** in *Fiumicino* (25 km südwestlich der Stadtmitte, Autostrada); Zubringerbusse vom und zum Air Terminal, Via Giovanni Gioletti 36 (Südwestseite Stazione Termini). – Charterflüge: *Aeroporto Ciampino* (15 km südöstlich der Stadtmitte; Air Terminal Via Sicilia 52/6).

ZENTRALBAHNHOF für die großen nationalen und internationalen Eisenbahnlinien: **Stazione Centrale Roma Termini,** Piazza dei Cinquecento. – Mehrere *Nebenbahnhöfe* für verschiedene inneritalienische Verbindungen. – STADTBAHN (Metropolitana).

HOTELS. – In der Nähe der Stazione Termini: *Mediterraneo,* Via Davour 15, L, 452 B.; *Le Grand Hôtel et de Rome,* Via V. Emanuele Orlando 3, L, 328 B.; *Metropole,* Via P. Amedeo 3, I, 450 B.; *Universo,* Via P. Amedeo 5-b, I, 381 B.; *Palatino,* Via Cavour 213, I, 380 B.; *San Giorgio,* Via G. Amendola 61, I, 340 B.; *Quirinale,* Via Nazionale 7, I, 318 B.; *Massimo d'Azeglio,* Via Cavour 18, I, 302 B.; *President,* Via E. Filiberto 173, I, 249 B.; *Royal Santina,* Via Marsala 22, I, 208 B.; *Londra & Cargill,* Piazza Sallustio 18, I, 193 B.; *Anglo-Americano,* Via 4 Fontane 12, I, 165 B.; *Mondial,* Via Torino 127, I, 138 B.; *Atlantico,* Via Cavour 23, I, 129 B.; *Napoleon,* Piazza Vittorio Emanuele 105, I, 141 B.; *Commodore,* Via Torino 1, I, 97 B.; *Diana,* Via P. Amedeo 4, II, 293 B.; *Nord-Nuova Roma,* Via G. Amendola 3, II, 250 B.; *Lux Messe,* Via Volturno 32, II, 189 B.; *Genova,* Via Cavour 33, II, 181 B.; *Madison,* Via Marsala 60, II, 179 B.; *Globus,* Viale Ippocrate 119, II, 174 B.; *Torino,* Via P. Amedeo 8, II, 165 B.; *Touring,* Via P. Amedeo 34, II, 165 B.; *Y.M.C.A.,* Piazza Indipendenza 23-c, II, 162 B.; *Milani,* Via Magenta 12, II, 150 B.; *Sorrento & Patrizia,* Via Nazionale 251, II, 150 B.; *Esperia,* Via Nazionale 22, II, 147 B.; *Siracusa,* Via Marsala 50, II, 142 B.; *La Capitale e Santa Maria Maggiore,* Via C. Alberto 3, II, 137 B.; *Medici,* Via Flavia 96, II, 125 B.; *San Remo,* Via M. d'Azeglio 36, 120 B.; *San Marco,* Via Villafranca 1, II, 118 B.; *Archimede,* Via dei Mille 19, II, 117 B.; *Nizza,* Via M. d'Azeglio 16, 100 B.; *Marconi,* Via G. Amendola 97, III, 124 B.; *Ariston,* Via F. Turati 16, III, 124 B.; *Venezia,* Via Varese 18, III, 106 B.; *Stazione,* Via Gioberti 36, III, 102 B.

Zwischen Quirinal und Villa Borghese: *Excelsior,* Via V. Veneto 125, L, 671 B.; *Parco dei

Principi, Via G. Frescobaldi 5, L, 366 B., Sb.; *Flora*, Via V. Veneto 125, L, 275 B.; *Ambasciatori Palace*, Via Vittorio Veneto 70, L, 240 B.; *Bernini Bristol*, Piazza Barberini 23, L, 216 B.; *Eden*, Via Ludovisi 49, L, 190 B.; *Hassler-Villa Medici*, Piazza Trinità de' Monti 6, L, 170 B.; *Jolly*, Corso d'Italia 1, I, 346 B.; *Boston*, Via Lombardia 47, I, 231 B.; *Regina Carlton*, Via V. Veneto 72, I, 229 B.; *Savoia*, Via Ludovisi 15, I, 203 B.; *Majestic*, Via V. Veneto 50, I, 172 B.; *Victoria*, Via Campania 41, I, 160 B.; *Imperiale*, Via V. Veneto 24, I, 137 B.; *Eliseo*, Via di Porta Pinciana 30, I, 110 B.; *King*, Via Sistina 131, II, 122 B.

In der Altstadt: *De la Ville*, Via Sistina 69, I, 348 B.; *Plaza*, Via del Corso 126, I, 311 B.; *Minerva*, Piazza della Minerva 69, I, 292 B.; *Delta*, Via Labicana 144, I, 279 B., Sb.; *Marini Strand*, Via del Tritone 17, I, 212 B.; *Forum*, Via Tor de' Conti 25, I, 153 B.; *Moderno*, Via M. Minghetti 30, I, 141 B.; *Milano*, Piazza Montecitorio 12, I, 140 B.; *Delle Nazioni*, Via Poli 7, 139 B.; *Raphael*, Largo Febo 2, I, 135 B.; *Nazionale*, Piazza Montecitorio 131, I, 142 B.; *Cardinal*, Via Giulia 62, I, 114 B.; *Valadier*, Via d. Fontanella 15, I, 67 B.; *Bologna*, Via Santa Chiara 4-a, II, 194 B.; *Casa Pollotti* (Pension), Via dei Pettinari 64, II, 192 B.; *Inghilterra*, Via Bocca di Leone 14, II, 174 B.; *Adriano*, Via di Pallacorda 2, II, 116 B.; *Pace-Elvezia*, Via IV Novembre 104, II, 110 B.; *Santa Chiara*, Via Santa Chiara 21, II, 110 B.

In den nördlichen Stadtteilen: *Sporting*, Via Civinini 46, I, 378 B.; *Residence Palace*, Via Archimede 69, I, 323 B.; *Beverly-Hills*, Largo B. Marcello 220, I, 315 B.; *Ritz*, Piazza Euclide 43, I, 234 B.; *Hermitage*, Via E. Vajna 12, I, 170 B.; *Claridge*, Viale Liegi 62, I, 156 B.; *Fleming*, Piazza Monteleone di Spoleto 20, II, 489 B.; *Borromini*, Via Lisbona 7, II, 147 B.; *Parioli*, Viale B. Buozzi 54, II, 147 B.; *Garden Roxy*, Piazza B. Gastaldi 4, II, 105 B.

In den östlichen Stadtteilen: *Nuova Italia*, Via Como 1, II, 113 B.; *San Giustro*, Piazza Bologno 58, II, 98 B.; *Porta Maggiore*, Piazza Porta Maggiore 25, III, 202 B.

In den südlichen Stadtteilen: *American Palace EUR*, Via Laurentina 554, II, 160 B., Sb.; *Dei Congressi*, Viale Shakespeare 29 (EUR), II, 152 B.; *Autostello ACI*, Via C. Colombo km 13, II, 141 B., Sb.; *Piccadilly*, Via Magna Grecia 122, bei der Porta S. Giovanni, II, 101 B.; *Eur Motel*, Via Pontina 416, II, 41 B.

Auf dem rechten Tiberufer: *Cavalieri Hilton*, Via Cadlolo 101, am Fuß des Monte Mario, L, 758 B., Sb.; *Holiday Inn*, Via Aurelia Antica 415, I, 670 B., Sb.; *Villa Pamphili*, Via della Nocetta 105, I, 513 B., Sb.; *Ville Radieuse*, Via Aurelia 641, I, 500 B.; *Visconti Palace*, Via F. Cesi 37, I, 475 B.; *Leonardo da Vinci*, Via dei Gracchi 324, I, 415 B.; *Cicerone*, Via Cicerone 55, I, 445 B.; *Michelangelo*, Via Stazione di S. Pietro 14, I, 264 B.; *Marc'Aurelio*, Via Gregorio XI 135, I, 220 B., Sb.; *Giulio Cesare*, Via d. Scipione 287, I, 145 B.; *Motel Agip*, Via Aurelia km 8,4, II, 250 B.; *Clodio*, Via S. Lucia 10, II, 224 B.; *Columbus*, Via d. Conciliazione 33, II, 190 B.; *Nova Domus*, Via G. Savonarola 38, II, 149 B.; *Motel Cristoforo Colombo*, Via C. Colombo 710, II, 141 B.; *Rest*, Via Aurelia 325, II, 135 B.; *Fiamma*, Via Gaeta 61, II, 127 B.; *Pacific*, Viale Medaglie d'Oro 51, II, 120 B.; *Olympic*, Via Properzio 2-a, II, 117 B.; *Nordland*, Via A. Alciato 14, III, 198 B.; *Giotto*, Via Cardinal Passionei 35, III, 133 B.; *Motel Boomerang*, Via Aurelia km 10,5, III, 84 B., Sb. – *Holiday Inn* – *Parco dei Medici*, im Südwesten der Stadt, Via della Magliana 821, I, 335 Zimmer. – *Midas Palace*, im Westen der Stadt, Via Aurelia 800, I, 720 B., Sb.

Beim Flughafen Fiumicino: *Airport*, Viale dei Romagnoli 165, I, 453 B., Sb.

Zahlreiche PENSIONEN und PILGERHERBERGEN.

JUGENDHERBERGE: *Albergo per la Gioventù*, Foro Italico, Viale delle Olimpiadi 61, 600 B.

CAMPINGPLÄTZE: *Flaminio*, im Norden, Via Flaminia Nuova km 8,2, etwa 5 km vom Zentrum; *Seven Hills*, im Norden, Via Cassia 1216, etwa 13 km vom Zentrum; *Tiber*, im Norden, Via Tiberina km 1,4, etwa 14 km vom Zentrum; *Roma*, im Nordwesten, Via Aurelia km 8,2, etwa 6 km vom Zentrum; *Pineta Fabulous*, im Südwesten, Via C. Colombo km 18, etwa 17 km vom Zentrum. – *Capitol Camping Club*, Ostia Antica. – *ENAL-Camping*, Lido di Ostia.

VERANSTALTUNGEN. – Das *Opernhaus* (Teatro dell' Opera) liegt an der Via Viminale (Piazza Beniamino Gigli, unweit der Stazione Termini); im Juli und August *Freilichtaufführungen* von Opern in den Thermen des Caracalla. Zur gleichen Zeit veranstaltet die Accademia di Santa Cecilia *Konzerte* in der Basilika des Maxentius (sonst im Auditorium della Conciliazione sowie im Saal in der Via dei Greci 7). Ebenfalls nur in den Sommermonaten kommen im römischen Theater von Ostia Antica *klassische Schauspiele* zur Aufführung. – Des weiteren besitzt Rom eine Reihe von Konzertsälen und über 20 Schauspielhäuser. – Die Vorbestellung von Theater- und Opernkarten ist schwierig, sie besten direkt an der Kasse erwerben.

SHOPPING. – Bekannte Einkaufsstraßen sind die Via Vittorio Veneto, die Via Barberini, die Via XX Settembre, die Via Nazionale, die Via del Tritone und die Via del Corso. Exklusivere Geschäfte findet man in den überwiegend kraftverkehrsfreien Straßen und Gassen im Bereich der Piazza di Spagna, so u. a. in der Via del Babuino, Via dei Condotti oder der Via Margutta.

Rom ist die Hauptstadt der Republik Italien, der Provinz Rom und der Region Latium sowie die größte Stadt des Landes; die Vatikanstadt Sitz des Papstes und der Kurie. Die Ewige Stadt liegt auf 41°52' nördlicher Breite (etwa wie İstanbul, Chicago oder Taschkent) und 12°30' östlicher Länge etwa 20 km vom Tyrrhenischen Meer östlich landeinwärts inmitten der hügeligen Campagna di Roma und wird vom Tiber (Tévere), dem nächst Po und Etsch (Ádige) drittgrößten Fluß der italienischen Halbinsel, durchflossen.

Die vielfältigen in Rom beheimateten kulturellen Institutionen genießen hohen Rang und weltweites Ansehen. Aus der großen Zahl der Bildungs- und Forschungseinrichtungen, die der italienische Staat, die katholische Kirche, aber auch fremde Länder in Rom unterhalten, seien erwähnt die 1303 gegründete Universität, die päpstliche Universitas Gregoriana, die Universitas Urbaniana für die Glaubensverbreitung, die Freie Internationale Universität für Sozialstudien (pro Deo), die Technische Hochschule, die Handels- und die Musikhochschule, die 1603 gegründete Accademia Nazionale dei Lincei für Wissenschaft und Literatur, die Akademie der Schönen Künste, die päpstliche Akademie der Wissenschaften und die Pontificia Accademia Ecclesiastica sowie die großen Bibliotheken und Archive (Nationalbibliothek, Universitätsbibliothek, FAO-Bibliothek, Vatikan. Bibliothek und Geheimarchiv), ferner die vielen gelehrten Gesellschaften und ausländischen Kulturinstitute. Zudem ist Rom Sitz der Fachorganisation für Er-

Ewige Stadt Rom – Engelsburg am Tiber

nährung, Landwirtschaft und Forstwesen FAO der Vereinten Nationen. Schier unüberschaubar sind die Zahl der Kirchen und die Kunstschätze der Museen.

STADTBILD. – Auf dem linken Ufer des die Stadt von Norden nach Süden durchfließenden Tiber erheben sich die S i e b e n H ü g e l *Capitolinus* (50 m), *Quirinalis* (52 m), *Viminalis* (56 m), *Esquilinus* (53 m), *Palatinus* (51 m), *Aventinus* (46 m) und *Caelius* (50 m), die das alte Rom trugen, dann aber bis in neuere Zeit großenteils unbebaut blieben. Zwischen den Hügeln und dem Fluß zieht sich eine Ebene hin, der antike *Campus Martius,* wo sich bis in die Neuzeit die eigentliche Stadt ausbreitete. Der *Pincio* (50 m) nördlich vom Quirinal und die Höhen des rechten Tiberufers, der *Vaticanus* (60 m) und das *Ianiculum* (84 m), gehörten lange Zeit nicht zur Stadt; doch war hier das Gebiet am Flusse hin seit der Zeit des Kaisers Augustus von einer dichtbevölkerten Vorstadt bedeckt (*Trans Tiberim,* jetzt *Trastévere*). Das Rom der Kaiserzeit wird von der Aurelianischen Mauer umschlossen, über die jedoch die neuere Stadtentwicklung immer weiter hinauswächst.

HISTORISCHE BEDEUTUNG. – Schon im Altertum als die Ewige Stadt (latein. 'Roma aeterna') bezeichnet, war Rom anderthalb Jahrtausende lang der kulturelle Mittelpunkt Europas und Schauplatz bedeutendster geschichtlicher Ereignisse. Es war die erste Weltstadt im heutigen Sinne, der Mittelpunkt des sich von Schottland bis zur Sahara, von der Straße von Gibraltar bis zum Persischen Golf erstreckenden Römischen Reiches und später der geistlichen Weltherrschaft der Päpste. In der Blütezeit des römischen Kaisertums am Anfang des 2. Jahrhunderts n. Chr. zählte die Stadt über eine Million Einwohner. Alle Kulturen der antiken Völker liefen hier zusammen und gingen von hier, zu einer Einheit verschmolzen, in die kommenden Jahrhunderte über. Hier entstand die römisch-katholische Kirche, die mächtigste einheitliche Religionsgemeinschaft der Weltgeschichte; hier begründete Innozenz II. um 1200 den Kirchenstaat, der bis 1870 bestand und 1929 durch den souveränen Staat der Vatikanstadt ersetzt wurde.

Geschichte

Die antike Stadt wurde nach der Sage am 21. April 753 v. Chr. gegründet, muß jedoch als ein Hauptort der Latiner unweit der Tibermündung schon vorher Bedeutung gehabt haben. *Palatin* und *Quirinal* mit dem *Forum* dazwischen, das vom *Kapitol* überragt wird, bildeten den ältesten Teil der Stadt.

Nach der Zerstörung durch die Gallier (um 387 v. Chr.) begann der Aufstieg Roms zur Hauptstadt des Römischen Reiches, der sich in seinen Bauten ausdrückte. Bedeutende Tempel und Profanbauten entstanden; 312 wurden die erste Wasserleitung und die erste gepflasterte Landstraße angelegt (*Aquae* und *Via Appia*). Weitere wesentliche Veränderungen des Stadtbildes erfolgten unter Augustus (27 v. Chr. bis 14 n. Chr.), der den Campus Martius bebauen ließ und 'aus einer Ziegelstadt eine marmorne' schuf, ferner nach der großen Feuerbrunst unter Kaiser Nero (54-68), die den größten Teil Roms zerstört hatte. Im 2. Jahrhundert n. Chr. erreichte die Stadt den Höhepunkt ihrer damaligen Entwicklung.

Das mittelalterliche Rom wurde in seiner Entwicklung bestimmt durch das **Christentum,** das hier in die Mitte des 1. Jahrhunderts zurückreicht und in den wiederholten Verfolgungen seine Widerstandskraft gegenüber der politischen Macht des sinkenden Heidentums bewies. Im Jahre 313 gewährte Konstantin der Große die Freiheit der Religionsausübung. Die alten Tempel wurden zerstört, ihre Säulen und anderes Material zum Bau christlicher Kirchen (*Basiliken*) verwendet, später auch ganze Tempel dem christlichen Kult überwiesen. Die Zahl der Kirchen mehrte sich rasch. Rom erhielt 25 Pfarrkirchen *(titoli)* und 5 Patriarchalkirchen, deren Priester der Papst selbst war und deren Gemeinde die Gesamtheit der Gläubigen zählte: *San Giovanni in Laterano, San Pietro in Vaticano, San Paolo fuori le Mura, San Lorenzo fuori le Mura* und *Santa Maria Maggiore.* Neben diesen fünf Patriarchalkirchen genossen besondere Verehrung *Santa Croce in Gerusalemme* und *San Sebastiano* über den Katakomben der Via Appia. Dies sind die von den Pilgern des ganzen Abendlandes bis zum heutigen Tag besuchten Sieben Kirchen Roms.

Mit der Wandlung des antiken Roms in das christliche wurde das **Papsttum** zur höchsten das Abendland beherrschenden geistlichen Macht. Besonders kraftvolle Vertreter waren die Päpste *Leo der Große* (440-61) und *Gregor der Große* (590-604). Die weltliche Macht der Päpste und ihre Herrschaft über Rom entwickelte sich im 8. Jahrhundert, nachdem durch Schenkungen des Langobardenkönigs *Luitprand* (727) und des Frankenkönigs *Pippin* (755) der Grund zum K i r c h e n s t a a t gelegt worden war. *Leo III.* (795-816) krönte am Weihnachtsfest des Jahres 800 *Karl den Großen* zum Kaiser und stellte damit das weltliche Kaiserreich wieder her, das nun durch das Mittelalter hindurch ein Jahrtausend wenigstens den Namen des Römischen Reiches noch aufrechterhielt.

Einen tiefen Niedergang brachte das Exil der Päpste in Avignon (1309-77), während dessen *Cola di Rienzo* 1347 den Versuch machte, eine Republik nach altrömischem Muster zu errichten. Die Bevölkerungszahl sank auf kaum 20000.

Die ganz Italien in Wissenschaft und Kunst verjüngende Renaissance fand auch am päpstlichen Hof eine Stätte und brachte der Stadt einen neuen Aufschwung. Schon im 15. Jahrhundert wurde eine große Zahl toskanischer Architekten, Bildhauer und Maler nach Rom berufen; doch erst die großen Renaissancepäpste *Julius II.* (1503-13) und *Leo X.* (1513-21) machten die Stadt zum eigentlichen Zentrum der Hochrenaissance. Von hier aus bestimmten *Bramante* (1444-1514), *Michelangelo* (1474 bis 1564) und *Raffael* (1483-1520) das ganze 16. Jahrhundert ('Cinquecento') auf künstlerischem Gebiet. In den Jahren 1513-15 wirkte auch *Leonardo da Vinci* (1452-1519) in Rom.

Nach der Besetzung und Plünderung Roms durch Truppen Karls V. im Jahre 1527 ('Sacco di Roma'), die fast alle Künstler vertrieb, erholte sich die Stadt nur langsam. 1546 schuf Michelangelo den Palazzo Farnese, der durch seine Grundrißgestaltung für den barocken Palast- und Schloßbau hervorragende Bedeutung erlangen sollte. Mit Papst Sixtus V. (1585-90), der durch *Domenico Fontana* eine glänzende Bautätigkeit entfaltet, beginnt der malerisch bewegte und wuchtige Barockstil des 17. Jahrhunderts. Die Architekten dieser Periode, vor allem *Lorenzo Bernini* (1598-1680) aus Neapel, zugleich Bildhauer und Maler, sein kongenialer Gegenspieler *Francesco Borromini* (1599-1667) sowie *Carlo Maderna* (1556-1629) und *Carlo Rainaldi* (1611-91) haben jene großartigen Kirchen und Paläste geschaffen, die mit ihrer imponierenden Raumbeherrschung und ihrer malerischen Wirkung den architektonischen Charakter der Altstadt noch heute im wesentlichen bestimmen. In der Malerei ist *Caravaggio* (um 1573 bis 1610) der genialste Meister des Frühbarock, das Haupt der Naturalisten; als Vertreter der entgegengesetzten Richtung, der 'Eklektiker' von Bologna, sind vor allem *Annibale Carracci* (1560-1609) und seine Schüler *Guido Reni* (1575-1642), *Domenichino* (1581-1641) und *Guercino* (1591-1666) zu nennen. *Antonio Canova* (1757–1822) schuf dann hier die ersten Monumentalskulpturen des Klassizismus.

Die neuere Zeit. – Im 18. und 19. Jahrhundert ging Roms Bedeutung zurück. Dabei war es aber in noch höherem Maße Ziel der Künstler und kunstbegeisterten Fremden aller Nationen geworden, die hier das entscheidende Erlebnis der klassischen Kunst des Altertums in sich aufnahmen, besonders nachdem *Johann Joachim Winckelmann* in Rom um 1760 seine Geschichte der griechischen Kunst geschrieben hatte. Eine neue Entfaltung in Leben und Kunst brachte erst die Angliederung der Stadt an das Königreich Italien im Jahre 1870, mit der die Epoche der Landeshauptstadt und Königsresidenz, das D r i t t e R o m ('Terza Roma'), begann. Es entstanden neue repräsentative Bauten, meist in einer gewissen römischen Monumentalität, aber in überladenen Renaissance- und Barockformen, denen erst im 20. Jahrhundert ein Streben nach vereinfachtem architektonischem Aufbau gegenübertrat.

D a s 20. J a h r h u n d e r t prägte das Aussehen des Vierten Rom ('Quarta Roma'). Ein seit 1931 durchgeführter Stadtbauplan bezweckte die Auflockerung übervölkerter Elendsviertel, die Freilegung und Restaurierung antiker Bauwerke, den Durchbruch großer neuer Straßenzüge sowie die Schaffung öffentlicher Parkanlagen und moderner Außenviertel. 1960 Olympische Sommerspiele.

Stadtbeschreibung

Von der Piazza Venezia zum Kolosseum und zu den Caracalla-Thermen (Das alte Rom)

Den Verkehrsmittelpunkt von Rom bildet die **Piazza Venezia,** am Südende der Via del Corso. An der Westseite des Platzes der **Palazzo Venezia,** ein um 1455 errichteter Bau, seit 1564 Sitz der venezianischen und seit 1797 der österreichisch-ungarischen Gesandtschaft beim Vatikan, 1926-43 Amtssitz Mussolinis, jetzt Museum; beachtenswert die unvollendeten Bogenhallen am *Innenhof. Im Ostflügel das *Museo di Palazzo Venezia* mit Werken der angewandten Kunst aus dem Mittelalter und der Renaissancezeit.

An der Südseite der Piazza Venezia das riesige ***Nationaldenkmal für Viktor Emanuel II.** aus weißem Kalkstein, das 1885 nach dem Entwurf des Grafen Giuseppe Sacconi als Wahrzeichen des neu geeinten Italien begonnen und 1911 eingeweiht wurde, das größte und prunkvollste aller italienischen Denkmäler; über der Freitreppe der *Altare della Patria*, das Grab des Unbekannten Soldaten, darüber das 12 m hohe Reiterbild des Königs Viktor Emanuel II., aus vergoldeter Bronze, und eine mächtige offene Säulenhalle ('Gebiß von Rom'; oben *Aussicht). Im östlichen Teil des Denkmals das *Museo Centrale del Risorgimento*.

Südlich hinter dem Nationaldenkmal erhebt sich das **K a p i t o l** (ital. **Campidoglio** oder *Monte Capitolino*), der kleinste, aber geschichtlich bedeutsamste unter den Hügeln Roms. Auf seinem nördlichen Gipfel (50 m), zu dem von Westen eine Freitreppe hinaufführt, steht an der Stelle der Burg und des kapitolinischen Junotempels die **Kirche Santa Maria in Aracoeli** ('zum Himmelsaltar'); im Innern 22 antike Säulen sowie eine vergoldete Decke aus dem 16. Jahrhundert; im linken Seitenschiff ein geschnitztes Holzbild des Jesuskindes (Santo Bambino). Südlich anschließend das ***Kapitolinische Museum** (*Museo Capitolino*), die städtische Sammlung antiker Skulpturen; besonders beachtenswert im oberen Stockwerk in der

Rom – Nationaldenkmal und Trajanssäule

'Sala del Galata morente' der *Sterbende Gallier, die Kopie einer griechischen Bronzestatue; in einem Nebenraum der 'Galleria' die *Kapitolinische Venus, eine Weiterbildung der knidischen Aphrodite des Praxiteles.

Das Kapitolinische Museum bildet die nördliche Seite von dem durch eine von Michelangelo erbaute Flachtreppe sowie durch die Via delle Tre Pile zu erreichenden *Kapitolsplatz (Piazza del Campidoglio), der um 1547 nach Plänen Michelangelos begonnen wurde und eine der glücklichsten Platzschöpfungen der Renaissance ist. In der Mitte die antike *Reiterstatue des Kaisers Mark Aurel (Bronze; früher vergoldet). Den südöstlichen Abschluß des Platzes bildet der **Senatorenpalast** (Palazzo Senatorio), der Amtssitz des Bürgermeisters, mit Fassade von 1598. An der Südwestseite des Kapitolsplatzes der teilweise auf der Tuffquadermauer um Unterbau des Jupitertempels errichtete **Palast der Konservatoren** (Palazzo dei Conservatori), d.h. des Stadtrates von Rom (1568), der ebenfalls bedeutende Sammlungen enthält; besonders beachtenswert in der 'Sala dei Trionfi di Mario' der *Dornauszieher ('Spinario'; 1. Jh. v.Chr); in der anstoßenden 'Sala della Lupa' die *Kapitolinische Wölfin, ein

etruskisches Werk des 5. Jahrhunderts v.Chr.; ferner im 2. Stock eine Gemäldesammlung (Pinacoteca Capitolina; u.a. Tizian, Tintoretto, Velázquez, Rubens) und im anschließenden Palazzo Caffarelli das Museo Nuovo (u.a. griechische Skulpturen des 5. Jh. v. Chr., Sarkophage, Urnen). Bei der Südwestecke des Konservatorenpalastes der Tarpejische Fels (Rupe Tarpea), von dem einst die zum Tode Verurteilten hinabgestürzt wurden.

Von der Via del Campidoglio, zwischen dem Konservatorenpalast und dem Senatorenpalast, öffnet sich ein prächtiger *Blick über die Reste des **Forum Romanum** und die mächtigen Ziegelmauern des Palatins. Im Hintergrund der Titusbogen und das Kolosseum.

Der Senatorenpalast steht auf den Resten vom Tabularium, das 78 v. Chr. als Staatsarchiv (latein. 'tabula' = Urkunde) erbaut wurde und mit seinen Gewölbereihen zum Forum hin eine offene zweistöckige Halle bildete.

Unterhalb des Tabulariums, durch die moderne Via del Foro von den übrigen Forumsausgrabungen getrennt, befinden sich die Reste von drei Heiligtümern: der Portikus der zwölf Götter, ein Denkmal des absterbenden antiken Götterglaubens (noch 367 n. Chr. erneuert), der Tempel des Vespasian (81 n. Chr.), von dem drei Säulen mit schönem Gebälk erhalten sind, und der Concordia-Tempel, ursprünglich 366 v. Chr. erbaut und 7 n. Chr. von Tiberius prächtig erneuert.

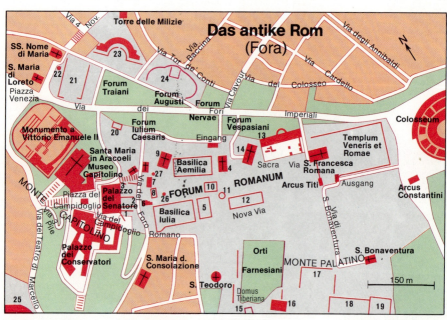

1　Portikus der zwölf Götter
　　(Portikus Deorum Consentium)
2　Tempel des Vespasian
　　(Templum Vespasiani)
3　Tempel der Concordia
　　(Templum Concordiae)
4　Tempel der Faustina
　　(Templum Divae Faustinae
　　und Divi Antonini)
5　Tempel des Castor und Pollux
　　(Templum Dioscurorum)
6　Tempel des Saturn
　　(Templum Saturni)

7　Triumphbogen des
　　Septimius Severus
　　(Arcus Septimii Severi)
8　Rostra
　　(Rednertribüne)
9　Curia Iulia
　　(Kirche Sant' Adriano)
10　Tempel des Caesar
　　(Templum Divii Iulii)
11　Tempel der Vesta
　　(Aedes Vestae)
12　Haus der Vestalinnen
　　(Atrium Vestae)

13　Basilika des Maxentius
　　oder des Konstantin
　　(Basilica Maxentii oder Constantini)
14　Kirche Santi Cosma e Damiano
15　Tempel der Kybele
　　(Domus Cybelae)
16　Haus der Livia
　　(Domus Liviae)
17　Palast der Flavier
　　(Domus Flaviorum)
18　Palast des Augustus
　　(Domus Augustiana)
19　Stadium (Hippodromus)

20　Tempel der Venus Genetrix
　　(Templum Veneris Genetricis)
21　Basilica Ulpia
22　Säule des Trajan
　　(Columna Traiani)
23　Markthalle des Trajan
　　(Mercati Traiani)
24　Tempel des rächenden Mars
　　(Templum Martis Ultoris)
25　Theater des Marcellus
　　(Theatrum Marcelli)
26　Säule des Phokas
27　Lapis Niger

Jenseits der Via del Foro der von Norden bei der Via dei Fiori Imperiali zugängliche umfriedete Hauptteil des Forumsgeländes. Gleich links vom Eingang der 141 n. Chr. geweihte *Faustina-Tempel, von dem noch die Vorhalle und ein Teil der Cella stehen; das Innere dient jetzt als Kirche San Lorenzo in Miranda. Rechts vom Forumseingang die Reste der Basilica Aemilia, einer 179 v. Chr. zur Entlastung des Handels auf dem eigentlichen Forum erbauten Säulenhalle.

Dieser gegenüber, jenseits der Sacra Via, der ältesten Straße Roms, die als 'Clivus Capitolinus' zum Kapitol hinanstieg, die ursprünglich von Iulius Caesar 46 v. Chr. erbaute Basilica Iulia, daneben östlich der *Tempel des Castor und Pollux, mit drei schönen korinthischen Säulen aus griechischem Marmor aus der Zeit des Augustus, ein Wahrzeichen der Stadt Rom. Nordwestlich der Basilica Iulia die acht Granitsäulen der Vorhalle vom Saturn-Tempel, der den Staatsschatz (Aerarium publicum) barg. Der marmorne *Triumphbogen des Septimius Severus (23 m hoch, 25 m breit) wurde dem Kaiser und seinen Söhnen Caracalla und Geta 203 n. Chr. für ihre Siege über die Parther errichtet.

Links vom Severusbogen begrenzte die Rostra, die einst mit eroberten Schiffsschnäbeln (latein. 'rostra') geschmückte augusteische Rednerbühne, den eigentlichen Forumsplatz; vor der Rostra auf hohem Backsteinfundament die Phokas-Säule, zur Erinnerung an den Centurio Phokas, der sich in Konstantinopel um 600 zum oströmischen Kaiser krönen ließ. Rechts von der Rostra unter einem Schutzdach der Lapis Niger, ein schwarzes Stück Marmor über einem viereckigen Pfeiler, der eine verstümmelte Inschrift in ältestem Latein (4. Jh. v. Chr.?) trägt und schon zu Ciceros Zeit für das Grab des Romulus gehalten wurde. Nördlich dahinter das von Iulius Caesar erbaute, um 303 n. Chr. erneuerte Senatshaus, die Curia Iulia; in dieser heute provisorisch aufgestellt zwei mit vorzüglichen Reliefs geschmückte Marmorschranken, die Anaglypha Traiani, deren Reliefdarstellungen sich auf Stiftungen des Kaisers Trajan beziehen und im Hintergrund das Aussehen des Forums im Altertum zeigen.

Vor der Nordostecke des Castor-Tempels der Unterbau vom Caesar-Tempel, der von Augustus im Jahre 29 v. Chr. an der Stelle errichtet wurde, wo 44 v. Chr. die Leiche des ermordeten Caesar verbrannt worden war. Südlich gegenüber erhebt sich eine der heiligen Stätten des alten Rom, der Tempel der Vesta, der jungfräulichen Göttin des häuslichen Herdes geweiht. Dahinter das Atrium Vestae, das Kloster der Vestalinnen. Östlich gegenüber öffnen sich die drei gewaltigen Bogen der Basilika des Maxentius (Zugang von der Via dei Fori Imperiali; Beschreibung s. dort); links daneben die Kirche Santi Cosma e Damiano.

Südöstlich neben der Maxentiusbasilika lag der 135 n. Chr. von Kaiser Hadrian errichtete Tempel der Venus und Roma, in dessen Bereich jetzt die Kirche Santa Francesca Romana steht. Unweit südlich von der Kirche der *Triumphbogen des Titus (Arco di Tito), der zu Ehren des Eroberers von Jerusalem (70 n. Chr.) errichtet wurde; im Durchgang wertvolle Reliefs, der Triumphzug mit gefangenen Juden, dem Schaubrottisch und dem siebenarmigen Leuchter.

Südlich über dem Forum Romanum erhebt sich der Palatin (Monte Palatino, 51 m), die Stätte der ältesten Siedlung ('Roma quadrata').

Unter den Farnesischen Gärten, die den nordwestlichen, höchsten Teil des Palatins einnehmen, liegen die Reste vom Tiberius-Palast verborgen. Die Terrassen an der Nordwestseite bieten prächtige *Ausblicke auf das Forum Romanum, das Kolosseum, das Kapitol und die Stadt vom Lateran bis zum Ianiculum. Am anderen Ende der Anlagen führt eine Treppe hinab zu dem Backsteinunterbau

vom Tempel der Kybele (191 v. Chr.) und zum Haus der Livia, das ausgezeichnete, aber schlecht erhaltene Wandgemälde enthält. Östlich der Farnesischen Gärten lag der Palast der Flavier, aus der Zeit des Domitian, des größten Bauherrn des Palatins (um 92 n. Chr.), im Thronsaal erteilte der Kaiser Audienzen, in der Basilika nebenan sprach er Recht, jenseits eines quadratischen Gartens öffnete sich der große Speisesaal. Südlich schließen sich die Unterbauten vom Augustus-Palast und das sog. Stadium an, ein rennbahnförmiger Garten.

Bei der Nordostecke des Stadiums führt eine Treppe zu den Ruinen vom Severus-Palast und zum Belvedere, einer aussichtsreichen Plattform über drei darunterliegenden Geschossen. Von hier aus erblickt man die ganze Fläche des Circus Maximus (Circo Massimo), des 'größten Circus' in Rom, der 185000 Zuschauer faßte und die größten heutigen Stadien übertraf. An seiner Südseite zieht die Via del Circo Massimo vorüber.

Von der Piazza Venezia führt die von Grünanlagen umsäumte *Via dei Fori Imperiali mitten durch das Gebiet der Kaiserforen zum Kolosseum.

Am Anfang der Via dei Fori Imperiali liegen rechts die Reste vom Forum des Caesar (Foro di Cesare) mit seiner Säulenhalle und dem hohen Unterbau von dem erst 113 n. Chr. durch Trajan vollendeten Tempel der Venus Genetrix, der mythischen Mutter der Julier, von dem drei wiederaufgerichtete Säulen mit einem Teil des schönen Gebälks erhalten sind. Nördlich gegenüber lag das 107-118 n. Chr. aufgeführte *Forum des Trajan (Foro di Traiano; Eingang bei der Markthalle des Trajan), das größte und prächtigste aller Kaiserforen, das aus vier Teilen bestand: dem (nicht ausgegrabenen) Forumsplatz vor dem gewaltigen Halbrund der Markthalle des Trajan, der z. T. ausgegrabenen Basilica Ulpia, einem ebenfalls noch nicht ausgegrabenen Forumsplatz und zwei nicht mehr vorhandenen Bibliotheksgebäuden. Dazwischen die 27 m hohe *Trajanssäule (Colonna Traiana); auf einem 200 m langen Reliefband, das sich spiralförmig rings um die Säule zieht, Szenen aus den Kriegen gegen die Daker (101-106 n. Chr.); oben auf der Säule anstelle des ehem. Standbildes des Kaisers Trajan seit 1587 das des Apostels Petrus.

An der Nordostseite des Trajansforums die *Markthalle des Trajan (Mercati Traianei), ein 60 m weites, zweistöckiges, in Ziegelmauerwerk ausgeführtes Halbrund.

Gleich südöstlich vom Trajansforum das Forum des Augustus (Foro di Augusto), mit dem Tempel des rächenden Mars (Mars ultor), den Augustus in der Schlacht bei Philippi (42 v. Chr.), in der er über die Partei der Mörder Caesars siegte, dem Gott Mars gelobt hatte.

Noch weiter südöstlich das Forum des Nerva (Foro di Nerva), von dessen südöstlicher Langmauer zwei prächtige korinthische Säulen mit Gebälk erhalten sind. Anschließend das nicht ausgegrabene Forum des Vespasian, zu dem ein nach der Zerstörung Jerusalems errichteter Friedenstempel gehörte. Hier ist auf der Südseite der Via dei Fori Imperiali der Zugang zu der auf dem Gelände des Forum Romanum gelegenen, aus dem 6. Jahrhundert stammenden Kirche Santi Cosma e Damiano; in der Oberkirche am Triumphbogen und in der Tribuna (Apsis) *Mosaiken aus dem 6. Jahrhundert, wohl die schönsten Roms; rechts vom Eingang der Kirche in einem Nebenraum eine riesige neapolitanische Krippe (18. Jh.; 15 m lang, 9 m hoch, 7 m tief; 1000 Figuren, 500 Tiere, 50 Gebäude).

An der Via dei Fori Imperiali folgt rechts der Zugang zu der mächtigen *Basilika des Maxentius (Basilika di Massenzio), die von seinem Überwinder Konstantin verändert worden ist und daher auch

Basilika des Konstantin genannt wird, mit gewaltigen Tonnengewölben, die vielen späteren Architekten, z.B. Bramante und Raffael, beim Bau der Peterskirche als Vorbild gedient haben. Im Juli und August dient die Basilika als Konzertraum. An der Südostecke der Maxentiusbasilika erhebt sich z.T. im Bereich des Tempels der Venus und Roma die ursprünglich aus dem 10. Jahrhundert stammende, später mehrfach veränderte, der Schutzpatronin der Autofahrer geweihte *Kirche Santa Francesca Romana* (auch *S. Maria Nova),* mit schöner Barockfassade von 1615 und reich ausgestattetem Innern.

Nahe am südöstlichen Ende der Via dei Fori Imperiali und des Forum Romanum liegt das ****Kolosseum** *(Colosseo),* auch *Flavisches Amphitheater* genannt, eines der berühmtesten Bauwerke der Erde.

Der Grundriß des Kolosseums ist eine Ellipse. Die Längsachse mißt 188 m, die Querachse 156 m; die Höhe (vom Fußboden) beträgt 48,5 m. Das Äußere ist aus Travertinquadern aufgeführt, im Innern sind auch Tuff und Ziegel verwendet. Der erhaltene nordöstliche Teil zeigt nach außen vier Stockwerke, die drei unteren mit Bogenreihen, deren Pfeiler mit Halbsäulen dorischer, ionischer und korinthischer Ordnung geschmückt sind, die geschlossene Mauer des vierten Stockwerks mit Fenstern zwischen korinthischen Pilastern. Auf den Kragsteinen standen die Stangen für die Segeltücher, die über den Zuschauerraum gespannt wurden. Die Arena ist 85 m lang und 55 m breit und hatte ausgedehnte Unterbauten für mechanische Hebevorrichtungen, Tierkäfige u.a.

Kolosseum in Rom

Südwestlich vom Kolosseum steht der ***Triumphbogen des Konstantin** *(Arco di Constantino),* aus weißem Marmor, mit drei Durchgängen, vom Senat nach dem Siege des Kaisers über Maxentius beim Pons Milvius (312 n.Chr.) errichtet, der besterhaltene Triumphbogen Roms. Für seinen architektonischen und plastischen Schmuck, der heute durch Luftverschmutzung stark gefährdet ist, wurden Teile älterer Denkmäler aus der Zeit Trajans, Hadrians und Mark Aurels wiederverwendet.

Am Konstantinsbogen beginnt die zwischen Caelius-Hügel und Palatin entlangziehende Prachtstraße **Via di San Gregorio,** die alte *Via triumphalis.* Nach 350 m führt links eine Seitenstraße zu der um 400 gegründeten, mehrfach umgebauten *Kirche Santi Giovanni e Paolo,* die uralte Fresken enthält.

An der Via di San Gregorio folgt links die hochgelegene, 575 im väterlichen Palast des Papstes Gregor I. gegründete, im 17. und 18. Jahrhundert vollkommen erneuerte *Kirche San Gregorio Magno.*

Die Via di San Gregorio endet bei der am Ostende des Circo Massimo gelegenen Piazza di Porta Capena. An der Südseite des Platzes der *Obelisk von Axum* (3./4. Jh.), der 1937 aus Äthiopien hierher gebracht wurde. Dahinter erhebt sich längs der Viale Aventino der 1948 errichtete mächtige Bau der **FAO** *(Food and Agriculture Organisation;* UN-Organisation für Ernährung, Landwirtschaft und Forstwesen), mit der *Lubin Memorial Library* (1946 gegründet).

Von der Ostecke des FAO-Gebäudes führt die Viale Guido Baccelli durch den Parco di Porta Capena, mit einigen antiken Ruinen. Die Allee endet bei den ***Caracalla-Thermen** *(Terme di Caracalla,* latein. Thermae Antonianae; im Sommer Opernaufführungen), einer riesigen Badeanlage (330 m lang und breit; 109000 qm), die 216 n.Chr. von Kaiser Caracalla eröffnet wurde. Das eigentliche Badehaus, mit Schwitzbad (Caldarium) und Schwimmbad (Frigidarium), Sportsälen u.a., liegt frei inmitten des Hofes.

Von der Piazza di Porta Capena gelangt man südöstlich durch das Via delle Terme di Caracalla zum Piazzale Numa Pompilio. Von hier erreicht man südlich die für die Olympischen Sommerspiele von 1960 angelegte autobahnartige Via Cristoforo Colombo und auf dieser das EUR-Viertel oder südöstlich durch die Via di Porta San Sebastiano das 312 v.Chr. unter einem römischen Haus aus der Kaiserzeit angelegte **Grab der Scipionen** *(Sepolcro degli Scipioni),* mit noch erhaltenen Sarkophagen. Nahebei das *Kolumbarium des Pomponius Hylas* oder *der Freigelassenen der Octavia,* der Gattin Neros, eine unterirdische Grabstätte mit guter Stuckdekoration und Malereien.

Die Via di Porta San Sebastiano endet bei dem sogenannten **Drusus-Bogen** *(Arco di Druso),* der aber eher der Zeit Trajans angehört. Unmittelbar dahinter, im Zuge der Aurelianischen Mauer, die zinnengekrönte *Porta San Sebastiano,* die alte *Porta Appia.* Südlich führt die Via Appia Antica zu den Katakomben.

Die **Aurelianische Mauer (Mura Aureliane),** eine gewaltige, 19 km lange Backsteinmauer mit Türmen und Toren, wurde von Kaiser Aurelian 272-278 n. Chr. rings um die Stadt errichtet, nachdem sich der Stadt seit einem halben Jahrtausend kein Feind genähert hatte. Sie ist heute noch auf langen Strecken erhalten, wenn auch seit dem 5. Jahrhundert vielfach restauriert (z.T. begehbar). Erst in der Neuzeit ist Rom darüber hinausgewachsen.

Vom Kolosseum zum Lateran und nach San Lorenzo

Zum Lateran gelangt man vom Kolosseum entweder südöstlich durch die Via di San Giovanni in Laterano oder südlich durch die Via Claudia, dann vor Santo Stefano Rotondo nordöstlich durch die Via di Santo Stefano Rotondo.

In der Via di San Giovanni in Laterano links die 1108 über einem Mithrasheiligtum erbaute altchristliche *Basilika San Clemente,** dreischiffig ohne Querschiff, der Chor durch Schranken mit zwei Vorlesepulten abgegrenzt, vor dem Haupteingang ein Atrium mit dem Brunnen für die Waschung; in der alten Unterkirche Wandmalereien (8.-11. Jh.). Die südlich der Via di Stefano Rotondo auf dem Caelius-Hügel stehende **Kirche Santo Stefano Rotondo** ist eine zwischen 460 und 480 ebenfalls über einem Mithrasheiligtum erbaute großartige Rundkirche, mit 56 Säulen im Innern und offenem Dachstuhl; bei unter der Kirche durchgeführten Grabungen fand man einen Kasernenraum (Castra Peregrinorum) für durchziehende Soldaten und ein Mithräum (Fresken, Skulpturen; 3. Jh. n. Chr.).

Die Via di San Giovanni mündet auf die Piazza di San Giovanni in Laterano. In der Mitte des Platzes ein ägyptischer **Obelisk** (15. Jh. v. Chr.) aus rotem Granit, der 357 n.Chr. nach Rom in den Circus Maximus gebracht und 1588 hier aufgestellt wurde, mit 32 m Höhe (ohne das Postament) als der größte seiner Art. In der Südwestecke des Platzes das *Baptisterium San Giovanni in Fonte,** die älteste Taufkapelle Roms (432-40).

An der Südseite des Platzes erhebt sich hinter dem Lateran-Palast die im 4. Jahrhundert von Konstantin d.Gr. in dem einstigen Palast der Laterani gegründete *Kirche San Giovanni in Laterano,** eine der fünf Patriarchalkirchen, die 'Mutter und das Haupt aller Kirchen Roms und der Erde'. Die vielfach umgebaute Kirche ist in ihrer heutigen barokken Gestalt mit den beiden Glockentürmen seit der Mitte des 16. Jahrhunderts entstanden, während die mächtige spätbarocke Hauptfassade mit ihrer statuenbekrönten Attika von 1735 stammt und der Chor 1885 hinzugefügt wurde. Von den fünf Portalen hat das mittlere antike Bronzetüren von der Curia Iulia.

Das fünfschiffige *INNERE der Lateran-Kirche hat im 16./17. Jahrhundert seine heutige Gestalt erhalten; der prächtige *Holzdecke* im Mittelschiff stammt von Daniele da Volterra (1564-72), der reich gestaltete Fußboden aus dem 15. Jahrhundert. – Vier Stufen führen zum Querschiff hinauf; vorn in der Mitte der dem Papst oder seinem Vertreter vorbehaltene **Altare papale,** mit Tabernakel von 1369 (unter den Reliquien die Köpfe der Apostel Petrus und Paulus). – Der Chor enthält in der Apsis stark restaurierte Mosaiken von 1290. – Im rechten Seitenschiff an der Rückseite des ersten Mittelschiffpfeilers ein übermaltes, Giotto zugeschriebenes Fresko (Bonifatius VIII. verkündet das erste Heilige Jahr = Jubeljahr 1300).

Durch eine Tür neben der letzten Kapelle des linken Seitenschiffs gelangt man in den aus dem Anfang des 13. Jahrhunderts stammenden *Kreuzgang** *(Chiostro),* mit vielen gewundenen und mosaikverzierten Säulchen.

Nördlich anstoßend an die Lateran-Kirche steht an der Stelle des 1308 abgebrochenen alten Palastes der 1586 neu aufgeführte, 1871 in päpstlichem Besitz belassene **Lateran-Palast,** der das Vikariat der Stadt Rom beherbergt.

Nordöstlich gegenüber dem Lateran-Palast in einem Gebäude aus dem 16. Jahrhundert die *Scala Santa,* die heilige Treppe, über deren 28 Marmorstufen (zur Schonung mit Holz verkleidet) der dornengekrönte Christus im Palast des Pilatus zu Jerusalem hinaufgeführt worden sein soll; sie dürfen zur Erinnerung daran nur knieend erstiegen werden. Oben hinter einem Gitter die *Kapelle Sancta Sanctorum* (Mosaiken a.d. 13. Jh.). – Unweit südlich liegt an der Südseite der Piazza di Porta San Giovanni die *Porta San Giovanni* (16. Jh.), vor der die Via Appia Nuova beginnt.

Von der Piazza di Porta San Giovanni gelangt man östlich durch den Viale Carlo Felice zu der **Kirche Santa Croce in Gerusalemme,** einer der sieben Pilgerkirchen, 1743 erneuert.

Nördlich gegenüber der Kirche ein *Musikinstrumentenmuseum* (Museo Nazionale degli Strumenti Musicali), mit Musikinstrumenten von der Antike bis zum Jahre 1800.

Weiter nördlich die mächtige **Porta Maggiore,** ursprünglich ein Straßenübergangsbogen der Wasserleitung *Aqua Claudia,* von Aurelian als Tor der Stadtmauer ausgebaut. – Von hier auf dem zur Stazione Termini führenden Viale Giovanni Giolitti bis zu der 1627 von Bernini umgebauten *Kirche Santa Bibiana,* dann rechts unter der Eisenbahn hindurch zu dem neuen Tor 100 m südlich der eigentlichen **Porta San Lorenzo,** der alten *Porta Tiburtina.*

Durch die neue Porta San Lorenzo führt die Via Tiburtina zu der 1 km nordöstlich gelegenen *Basilika San Lorenzo fuori le Mura, einer der fünf Patriarchalkirchen Roms, im 6. und 13. Jahrhundert durch Anbauten völlig verändert; der Fußboden in Langhaus und Chor stammt aus dem 12./13. Jahrhundert, der Baldachin über dem Hochaltar von 1148, im Triumphbogen Mosaiken des 6. Jahrhunderts. Anschließend an die Kirche ein malerischer romanischer Kreuzgang. Neben der Kirche der leicht ansteigende Friedhof *Campo Verano.*

Westlich von der Piazza San Lorenzo liegt die **Universitätsstadt (Città Universitaria;** um 1930) für die 1303 von Papst Bonifatius VIII. gegründete Universität, mit der Universitätsbibliothek 'Alessandrina' (1661 gegr.). Noch weiter westlich das mächtige *Luftverteidigungsministerium* (Ministero della Difesa Aeronautica; 1931). Nördlich der Universitätsstadt ein ausgedehntes Klinikviertel (Policlinico Umberto I); westlich davon am Castro Pretorio die **Nationalbibliothek** (*Biblioteca Nazionale Centrale Vittorio Emanuele II;* 1971-75; etwa 3 Mio. Bände; Inkunabeln, Manuskripte und Autographen).

Vom Kolosseum zur Stazione Termini und in die nordöstlichen Stadtteile

Nordöstlich vom Kolosseum liegen in dem sich auf dem Esquilin-Hügel erstreckenden Parco Traianeo die Reste vom *Goldenen Haus des Nero* (Domus Aurea di Nerone), eines mit unmäßiger Verschwendung angelegten Palastviertels, das unvollendet blieb. Trajan benutzte sie als Unterbau für seine Thermen. Die Räume enthalten feine Malereien, die Raffael als Vorbild für die Loggien im Vatikan benutzte. – Etwa 0,5 km nordöstlich im Palazzo Brancaccio das *Museo Nazionale d'Arte Orientale.*

Nördlich vom Trajanspark die *Kirche San Pietro in Vincoli, eine dreischiffige Basilika mit zwanzig antiken Säulen, ursprünglich im Jahre 442 erbaut, um die Ketten (latein. 'vincula') des hl. Petrus aufzubewahren, im 15. Jahrhundert erneuert und ausgebaut. Im Inneren im rechten Querschiff die gewaltige *Mosesstatue von Michelangelo für das unvollendete Grabmal Julius' II.; im linken Seitenschiff am zweiten Altar Mosaiken des 7. Jahrhunderts, daneben das Grab des deutschen Kardinals Nicolaus Cusanus (eigentl. Krebs, aus Cues an der Mosel: † 1464); ein Schrein unter dem

Hochaltar, mit Bronzetüren von 1477, enthält die Ketten Petri, die alljährlich am 1. August gezeigt werden.

Unweit nördlich von der Kirche führt die von der Via dei Fori Imperiali abzweigende Via Cavour nordöstlich zur Piazza dell' Esquilino. An der Südostseite des Platzes die mächtige *Kirche Santa Maria Maggiore, eine der fünf Patriarchalkirchen Roms, die größte unter den etwa 80 Marienkirchen der Stadt; ursprünglich aus dem 5. Jahrhundert, im 16. und 17. Jahrhundert umgebaut, die Hauptfassade mit Loggia von 1743. Der Glockenturm (1377) ist der höchste Roms (75 m). Von der Vorhalle (Mosaiken a. d. 13. Jh.) mit ihren fünf Portalen führen vier Eingänge in die Kirche, der fünfte, links, die 'Heilige Pforte', wird nur in Heiligen Jahren geöffnet.

Das *INNERE von Santa Maria Maggiore ist dreischiffig und glänzend ausgeschmückt. Der Boden des Mittelschiffs stammt aus dem 12. Jahrhundert, die prächtige *Decke,* zu deren reicher Vergoldung das erste aus Amerika gekommene Gold verwendet wurde, von 1493-98. 40 ionische Säulen tragen den Architrav; über diesem und am Triumphbogen *Mosaiken* aus dem 5. Jahrhundert (frühmorgens gutes Licht). In der Apsis Mosaiken von J. Torriti (1295).

Im rechten Querschiff die unter Sixtus V. 1585 erbaute prächtige *Sixtinische Kapelle* (Sakramentskapelle mit Kuppel). Gegenüber im linken Querschiff die *Borghesische Kapelle* (1611), ebenfalls mit Kuppel; auf dem Hauptaltar der Kapelle ein altes wundertätig geglaubtes Bild der Hl. Jungfrau.

Etwa 300 m nordwestlich von Santa Maria Maggiore die *Kirche Santa Pudenziana,* nach der Legende die älteste Kirche der Stadt, mit Glockenturm aus dem 12. Jahrhundert; in der Apsis *Mosaiken* (Christus und die Apostel; 401-417), die zu den schönsten in Rom gehören.

Unweit südlich von Santa Maria Maggiore liegt etwas verborgen die *Kirche Santa Prasséde,* 822 zu Ehren der hl. Praxedis erbaut, zuletzt 1869 erneuert; in dem schönen Inneren am Triumphbogen, in der Apsis und in der Kapelle des hl. Zeno (rechtes Seitenschiff) beachtenswerte *Mosaiken* (9. Jh.).

Die Via Cavour mündet nordöstlich auf die ausgedehnte **Piazza dei Cinquecento.** An der Südostseite des Platzes die 1950 vollendete imposante *Stazione Termini (Stazione Centrale Roma-Termini; Zentralbahnhof), die bahnbrechend auf dem Gebiet des modernen Bahnhofsbaus war. Unter der Vorhalle der Zugang zur *Stadtbahn* (Metropolitana).

Den nördlichen Teil der Piazza dei Cinquecento und das nördlich anschließende Gebiet nehmen die in den Jahren 298-305 n.Chr. erbauten **Diokletian-Thermen** *(Terme di Diocleziano)* ein. Im

Auftrag des Papstes Pius IV. richtete Michelangelo das Thermengebäude als Kartäuserkloster ein und verwandelte das große überwölbte Tepidarium (Laubad) 1563-66 in die *Kirche Santa Maria degli Angeli.* In den Klosterbauten befindet sich das Thermen-Museum. Die große Apsis der Umfassungsmauer bildet jetzt die mit einem Springbrunnen geschmückte Piazza della Repubblica. In dem westlichen Eckrundbau die *Rundkirche San Bernardo* (1600 geweiht).

Das 1886 gegründete ****Thermen-Museum** oder *Römische Nationalmuseum* (Museo Nazionale Romano o delle Terme) enthält die auf dem Staatsgebiet in und bei Rom gemachten Funde und hat sich zur interessantesten Antikensammlung der Stadt entwickelt.

Um das rechte Querschiff der Kirche Santa Maria degli Angeli sind die alten Säle der eigentlichen Thermen angeordnet, die u. a. die größte italienische Sammlung römischer Sarkophage sowie Mosaiken enthalten. In den neuen Sälen besonders beachtenswert im Saal II der *Ludovisische Thron (oder Thron der Aphrodite), eine marmorne Altarbekrönung, ein prächtiges Werk der entwickelten archaischen Kunst (5. Jh. v. Chr.), sowie im Saal III (Saal der Meisterwerke / Sala dei capolavori) die **verwundete Niobe, ein griechisches Original des 5. Jahrhunderts v. Chr.; ferner das **Mädchen von Anzio, ein Original vom Beginn der hellenistischen Zeit; weiterhin die *Venus (griech. Aphrodite) von Kyrene (4. Jh. v. Chr., ohne Kopf und Arme), ein *kniender Jüngling (Ephebe) aus Subiaco (3. Jh. v. Chr.), ein *besiegter Faustkämpfer (3. Jh. v. Chr.; Bronze) sowie eine Kopie des Diskuswerfers von Myron (5. Jh. v. Chr.).

Im Kleinen Kreuzgang (Piccolo Chiostro) die *Sammlung Ludovisi* (zeitweilig geschl.); hervorzuheben der *Galater, der vom Feind bedrängt, sein Weib und sich selbst tötet (röm. Kopie) sowie ein ruhender Ares (Ares Ludovisi); ferner die von Goethe hochgeschätzte *Iuno Ludovisi sowie der *Kopf einer schlummernden Erinnye, die sog. Medusa Ludovisi.

In dem 1565 vollendeten, mit einem Brunnen geschmückten Großen Kreuzgang (Grande Chiostro) Marmorskulpturen, Architekturstücke, Sarkophage, Mosaiken und Inschriften.

Ferner enthält das Museum im 1. Stock eine Sammlung von Mosaiken, Stuckarbeiten und *Fresken sowie von antiken Wandmalereien aus der Villa der Livia in Prima Porta.

Unweit nördlich vom Thermen-Museum führt die an den 20. September 1870 (nach dem Abzug der franz. Truppen rückten ital. Truppen in Rom ein) erinnernde **Via XX Settembre** in die nordöstlichen Stadtteile. Hier liegt nördlich von San Bernardo die *Kirche Santa Maria della Vittoria,* eine prunkvolle Barockkirche von Carlo Maderna (1608-20); in der vierten Kapelle links ein Hauptwerk des Hochbarock, die *Verzückung der hl. Therese, von Bernini (1647). Gegenüber der Kirche der 1585-87 von Dom. Fontana erbaute mächtige *Brunnen Acqua Felice,* mit Marmorbildwerken. Die Via XX Settembre endet bei der 1561-65 nach Michelangelos Entwurf errichteten **Porta Pia** der alten Stadtmauer.

Außerhalb der Porta Pia steht gleich rechts an der die Via XX Settembre nordöstlich fortsetzenden Via Nomentana das *Ministerium für öffentliche Arbeiten.* – Etwa 1 km stadtauswärts rechts der 13 ha große **Park Villa Torlonia** (darunter jüdische Katakomben), ein gutes Beispiel romantischer Gartenbaukunst. Inmitten der Parkanlagen steht der zu Beginn des 19. Jahrhunderts erbaute *Palazzo Torlonia,* in dessen unzugänglichen Kellerräumen eine der bedeutendsten privaten Antikensammlungen lagert.

Weiterhin nach 2 km links die **Kirche Sant' Agnese fuori le Mura,** die im 7. und 15. Jahrhundert sowie 1856 erneuerte Grabeskirche aus der ersten Hälfte des 7. Jahrhunderts; unter der Kirche Katakomben, z. T. noch in ihrem ursprünglichen Zustand (vor 300 n. Chr.). Neben Sant' Agnese die *Rundkirche Santa Costanza,* als Mausoleum für die Töchter Konstantins erbaut, mit schönen Mosaiken (4. Jh.).

Von der Piazza Venezia zum Quirinal und zur Villa Borghese

Von der Nordseite der Piazza Venezia gelangt man östlich durch die kurze Via Cesare Battisti zu der langgestreckten Piazza Santi Apostoli. Hier erhebt sich der **Palazzo Colonna,** um 1417 von Papst Martin V. Colonna in der Blütezeit dieses Geschlechtes begonnen, im 17. und 18. Jahrhundert vielfach umgebaut; in den reichgeschmückten Sälen des ersten Stockwerks eine wertvolle *Gemäldegalerie* (Galleria Colonna, Eingang Via della Pilotta).

Nördlich an den Colonna-Palast anschließend die *Kirche Santi Apostoli* (1702), mit einer Vorhalle von 1475; im Innern am Ende des linken Seitenschiffs das *Grabmal des Papstes Clemens XIV. (von Canova, 1789). Nordöstlich hinter der Kirche an der Piazza Pilotta das Gebäude (1930) der 1553 gegründeten **Universitas Gregoriana** (päpstliche Hochschule).

Vom Palazzo Colonna führt die Via IV Novembre südlich zu der mittelalterlichen *Torre delle Milizie,* auch *Torre di Nerone* genannt, und zur Via Magnanapoli; bei der Torre delle Milizie der Eingang zur Markthalle und zum Forum des Trajan. Von hier zieht die **Via Nazionale,** eine Hauptstraße der Stadt, in nordöstlicher Richtung am *Palazzo Rospigliosi* (1603; *Deckengemälde von Guido Reni) und am *Palazzo delle Esposizioni* (1880-83) vorbei zur Piazza della Repubblica. Neben dem Palazzo delle

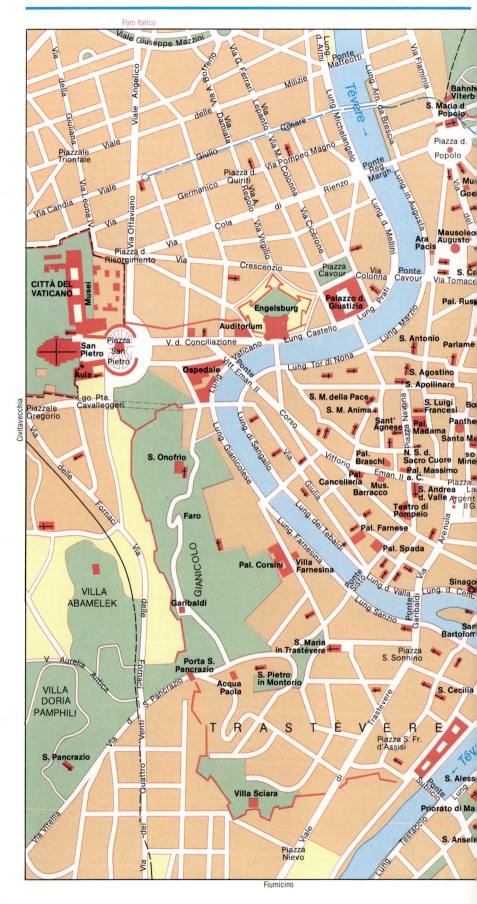

Foro Italico

Viale Giuseppe Mazzini

CITTÀ DEL VATICANO

Musei

San Pietro

Piazza San Pietro

Aula

Lgo. Pta. Cavalleggeri

Piazzale Gregorio

Civitavecchia

VILLA ABAMELEK

GIANICOLO

Faro

Garibaldi

VILLA DORIA PAMPHILI

S. Pancrazio

Porta S. Pancrazio

Acqua Paola

S. Pietro in Montorio

S. Maria in Trastévere

Villa Sciara

T R A S T É V E R E

Piazza Nievo

Fiumicino

Via della Giuliana

Via Candia

Via Leone IV

Viale Angelico

Via G. Ferrari

Via A. Boffero

Via Damiata

Via Lepanto

Milizie

Via M Colonna

Via Pompeo Magno

Piazza d. Quiriti

Germanico

Via A Regolo

Cola

Via Virgilio

Via

Piazza d. Risorgimento

Piazza d. Trionfale

Viale

Giulio

Cesare

Rienzo

Crescenzio

Via Ottaviano

Via Cicerone

Via di

Piazza Cavour

Engelsburg

Auditorium

V. d. Conciliazione

Ospedale

Lung.

Ponte Vaticano

Vitt. Eman. II

Lung. Castello

Lung. Tor di Nona

Palazzo d. Giustizia

Lung. Prati

Ponte Matteotti

Lung. d. Armi

Tévere

Lung. Arn. da Brescia

Lung. Michelangelo

Ponte Reg. Margh.

Lung. in Augusta

Lung. d. Mellini

Ara Pacis

Ponte Cavour

Via Colonna

Via Prati

Bahnh Viterb

S. Maria d. Popolo

Piazza d. Popolo

Mu Goe

Mausoleo Augusto

S. Ca

Via Tomace

Pal. Rus

S. Antonio

Parlame

Via Flaminia

Lung. Marzio

S. Onofrio

Lung. Gianicolese

Lung. di Sangallo

Corso

Vittorio

Via

Giulia

Lung. dei Tebaldi

Lung. Farnesina

Pal. Corsini

Villa Farnesina

S. M. della Pace

S. M. Anima

Sant' Agnese

Piazza Navona

Pal. Madama

Pal. Braschi

Pal. Cancelleria

Mus. Barracco

Eman. II a. C.

Pal. Massimo

S. Andrea d. Valle

Teatro di Pompeo

Pal. Farnese

Pal. Spada

S. Agostino

S. Apollinare

S. Luigi Francesi

Panthe

Santa Ma

N. S. d. Sacro Cuore

Mine

so

Piazza

La

Argent

II G

Arenula

Ponte Sisto

Lung. d. Valla

Lung. Sanzio

Ponte Garibaldi

Sinago

Lung. d. Cenc

San Bartolom

Piazza S. Sonnino

Piazza S. Fr. d'Assisi

Trastevere

S. Cecilia

Ponte Subiicio

Téve

S. Aless

Priorato di Ma

S. Anselm

Testaccio

Lung.

delle Fornaci

Via d. Quattro Venti

S. Pancrazio

V. Aurelia Antica

Via Vitellia

Via d. dei

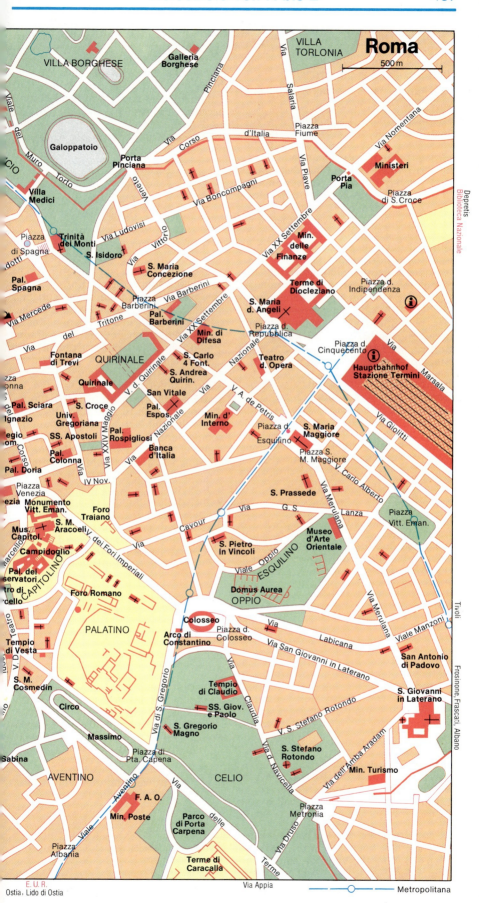

Esposizioni mündet links der unter dem Quirinal hindurchgeführte *Tunnel* (Traforo), der eine ebene Verbindung mit der Piazza di Spagna herstellt.

Von der Via Magnanapoli gelangt man durch die Via XXIV Maggio, an der 1524 erbauten *Kirche San Silvestro al Quirinale* (links) und am Westflügel des Palazzo Rospigliosi vorbei, zu der auf dem Hügel des **Q u i r i n a l** gelegenen **P i a z z a d e l Q u i r i n a l e**. In der Mitte des Platzes die beiden berühmten *Rossebändiger (Dioscuri),* glänzende Leistungen eines nach griechischen Vorbildern des 5. Jahrhunderts v. Chr. arbeitenden römischen Klassizismus. An der Ostseite des Quirinal-Palastes der 1732-34 erbaute *Palazzo della Consulta* (schönes Treppenhaus; unzugänglich) sowie der **Palazzo del Quirinale,** ein weiträumiger Bau auf der Höhe des gleichnamigen Hügels, 1574 als Sommerresidenz der Päpste begonnen und später mehrfach erweitert, von 1870 bis 1946 königliches Schloß, jetzt Amtssitz des italienischen Staatspräsidenten, mit schönen Park.

Östlich vom Quirinal-Palast die von Bernini 1658-70 erbaute *Kirche Sant' Andrea al Quirinale,* mit ovalem Grundriß. Noch weiter östlich, an der Einmündung der Via del Quirinale in die Via Quattro Fontane, die *Quattro Fontane* (vier Brunnen). Rechts die kleine *Kirche San Carlo alle quattro Fontane oder San Carlino,* ein reichbewegter Barockbau von Borromini.

Im nördlichen Teil der **V i a Q u a t t r o F o n t a n e** rechts der **Palazzo Barberini,** ein großartiger Bau, den Borromini und Bernini 1633 vollendeten; im Innern u.a. die *Galleria Nazionale d'Arte Antica,* die italienische und ausländische Malerschulen des 13.-16. Jahrhunderts umfaßt (u.a. einige gute Niederländer, Deutsche, wie *Bildnis Heinrichs VIII.,* von Hans Holbein d.J., Franzosen und Spanier, wie *Taufe und *Geburt Christi, von El Greco, sowie die *Fornarina, von Raffael); ferner beachtenswert im Hauptsaal ein *Deckenfresko (Triumph der Familie Barberini), von Pietro da Cortona, ein Hauptwerk barocker Monumentalmalerei (1633-39); ferner Gemälde des 17. und 18. Jahrhunderts aus dem Palazzo Corsini. – Nordwestlich anstoßend die verkehrsreiche langgestreckte **Piazza Barberini,** mit der schönen *Fontana del Tritone,* einem Springbrunnen mit muschelblasendem Triton, von Bernini (1640).

In der Nordecke des Barberini-Platzes beginnt die bekannte **V i a V i t t o r i o V e n e t o** (kurz **Via Veneto**), eine baumbestandene Allee, die sich S-förmig

nordwärts bis zur *Porta Pinciana* hinaufzieht (fast 1 km).

Im unteren Teil gleich rechts die *Kapuzinerkirche Santa Maria della Concezione,* von 1626; unter der Kirche fünf Totenkapellen, deren Wände mit Gebeinen von über 4000 Kapuzinern bedeckt sind.

Im oberen Teil, jenseits der Kreuzung mit der Via Ludovisi und der Via Boncompagni (rechts der *Palazzo Margherita,* mit der US-Botschaft), gilt die Via Veneto als mondäne 'Straße des Süßen Lebens' ('Dolce Vita'), mit eleganten Luxusgeschäften, Hotels und Straßencafés.

Jenseits der Porta Pinciana erstreckt sich der prächtige ausgedehnte Park *Villa Borghese,** im 17. Jahrhundert von dem Kardinal Scipio Borghese angelegt, 1902 vom Staat angekauft und als *Villa Umberto I* der Stadt als Volkspark überlassen. In den Anlagen (Kastanien, Steineichen und schöne Schirmpinien) sind Zierbauten, Brunnen und Denkmäler (u.a. Goethe) verstreut; im südlichen Teil eine Galopprennbahn (Galoppatoio). Im östlichen Teil das **Casino Borghese,** ein um 1615 errichtetes, gegen Ende des 18. Jahrhunderts im Innern reich mit Marmor und Fresken geschmücktes Gebäude; im Erdgeschoß eine *Skulpturensammlung* (Museo), die im ersten Saal ein Hauptwerk von Canova enthält (*Pauline Borghese, die Schwester Napoleons I., als ruhende Venus, das berühmteste Idealporträt der Empirezeit, 1807; ferner mehrere Jugendwerke Berninis (u.a. David mit der Schleuder sowie Apollo und Daphne); im Oberstock des Casinos die **Galleria Borghese,** eine bedeutende Gemäldegalerie mit ausgezeichneten Werken von Raffael (*Grablegung), Tizian (**Himmlische und irdische Liebe), Caravaggio (*David; *Madonna dei Palafrenieri), Correggio (*Danae) und den römischen Barockmalern, ferner Rubens, Lucas Cranach, Domenichino und Andrea del Sarto.

Im nördlichen Teil des Parkes Villa Borghese der 1911 von Karl Hagenbeck angelegte Z o o l o g i s c h e G a r t e n. Westlich von hier die *Galleria Nazionale d'Arte Moderna,** die größte Sammlung moderner Kunst in Italien (vom Anfang des 19. Jh. bis zur Gegenwart).

Noch weiter westlich die *Villa Giulia,** 1550-55 für Papst Julius III., von Vignola erbaut, mit schönen Stukkaturen und Malereien von Taddeo Zuccaro. Der Palast enthält die reichhaltige staatliche Sammlung der etruskischen Altertümer aus der Provinz Rom; hervorzuheben u. a. die *Ficoronische Ziste (Cista Ficoroni), ein zylindrisches Toilettenkästchen mit feinen gravierten Darstellungen aus der Argonautensage (3. Jh. v. Chr.), ferner der Apollo von Veji, eine bemalte Terrakottastatue (um 500 v. Chr.), sowie ein Terrakottasarkophag mit liegendem Paar aus Cerveteri (6. Jh. v. Chr.).

Von der Piazza Barberini gelangt man durch die zur Via del Corso führende, belebte Via del Tritone, nach 200 m rechts durch die Via Due Macelli zu der am Südfuß des Pincio gelegenen **Piazza di Spagna,** benannt nach dem großen *Palazzo di Spagna,* wo der spanische Gesandte beim Heiligen Stuhl seinen Sitz hat. Davor die *Säule der Immacolata,* von Pius IX. als Denkmal des 1854 verkündeten Dogmas von der Unbefleckten Empfängnis Mariens errichtet. An der Südseite des Platzes der *Palazzo di Propaganda Fide,* mit der 1622 gestifteten Zentrale und Hochschule zur Ausbreitung des katholischen Glaubens (Kongregation für die Evangelisation der Völker; Missionsarchiv). In der Mitte des Platzes der von Bernini 1629 in Form einer Barke gestaltete *Brunnen La Barcaccia.*

Von hier steigt die 1723-26 von Fr. de Sanctis im Barockstil angelegte, im Sommer meistens blumengeschmückte *Spanische Treppe (Scalinata della Trinità dei Monti)* zu der auf dem Pincio gelegenen zweitürmigen, 1495 gestifteten französischen *Kirche Santissima* **Trinità dei Monti** an (*Aussicht). Unweit nördlich der Kirche die aus dem 16. Jahrhundert stammende *Villa Medici,* im 17. Jahrhundert Besitz der Mediceer, seit 1803 Sitz der französischen Kunstakademie, mit schönen Gartenanlagen.

Westlich und nordwestlich der Piazza di Spagna verlaufen belebte Geschäftsstraßen; (z.T. Fußgängerbereiche); besonders *Via dei Condotti, Via del Babuino* und *Via Margutta,* mit eleganten Läden, Juwelieren, Antiquitätengeschäften, Boutiquen, Kunstgewerbe und Galerien.

Noch weiter nördlich liegt östlich oberhalb der Piazza del Popolo der **Pincio,** ein 1809-14 angelegter prächtiger Park auf dem gleichnam. nördlichsten Hügel (50 m) der heutigen Stadt, mit zahlreichen Büsten und Denkmälern berühmter Italiener sowie der 11 m hohen Monumentalplastik 'Große Falten im Wind', von Giacomo Manzù (1975). Von der westlichen Terrasse eine berühmte *Aussicht auf Rom (bes. eindrucksvoll die Peterskirche). – Vom Ostende des Parks führt eine Verbindungsbrücke zum Park der Villa Borghese.

Von der Piazza Venezia durch die Via del Corso zur Piazza del Popolo

Die an der Nordseite der Piazza Venezia beginnende **Via del Corso,** die im Zuge der antiken Via Flaminia nordwestlich zur Piazza del Popolo führt, ist von alters her die Hauptstraße Roms (1,5 km lang, jedoch nur 12 m breit) und von barocken Adelspalästen gesäumt.

Gleich links der *Palazzo Bonaparte* (17. Jh.). Weiterhin links der ebenfalls aus dem 17. Jahrhundert stammende **Palazzo Doria,** mit schönen Säulenhof; im ersten Stockwerk die *Galleria Doria-Pamphili,* die im ersten Flügel das berühmte Gemälde des Velázquez von **Papst Innozenz X.** Pamphili enthält (1650); ferner beachtenswert u. a. Bilder von Raffael, Tizian, Tintoretto, Correggio, Caravaggio (*Ruhe auf der Flucht) und Claude Lorrain.

Jenseits des Palazzo Doria zweigt von dem zum Palazzo Sciarra weiterführenden Corso links die kurze Via Lata ab zu der Piazza del Collegio Romano. An dieser rechts das 1583-85 errichtete *Collegio Romano,* bis 1870 die Hohe Schule des Jesuiten.

Unweit westlich vom Collegio Romano steht an einem kleinen Platz die *Kirche **Santa Maria sopra Minerva,** vor 800 auf den Trümmern von Domitians Minervatempel erbaut und 1280 erneuert, in Rom die einzige mittelalterliche Kirche gotischen Stils, der in Italien nicht die Blüte wie im Norden erreichte; im Inneren vor dem Hauptaltar links Michelangelos *Standbild des auferstandenen Christus mit dem Kreuz (1521), im rechten Querschiff in der Cappella Caraffa Fresken von Filippino Lippi (1489), im Hauptaltar die Reliquien der hl. Katharina von Siena (1347-80); ferner zahlreiche beachtenswerte Grabdenkmäler; links vom Chor die Grabplatte des Dominikaners Fra Giovanni Angelico (1387-1455).

Nordwestlich von Santa Maria sopra Minerva erhebt sich an der Piazza della Rotonda, dem Mittelpunkt der Altstadt, das **Pantheon,** das einzige intakt erhaltene antike Gebäude in Rom.

Das **Pantheon** wurde 27 v. Chr. als Prachtsaal von Marcus Vipsanius Agrippa errichtet und später mehrmals erneuert. Den nach dem Erlöschen des antiken Kultes geschlossenen Bau schenkte der oströmische Kaiser Phokas dem Papst Bonifatius IV., der ihn 609 zur *Kirche Santa Maria ad Martyres* weihte, vom Volk *Santa Maria Rotonda* genannt. An der Vorhalle 16 antike Granitsäulen, am Eingang zwei mächtige, bronzebeschlagene, ebenfalls noch antike Türflügel. Der gewaltige Kuppelraum der Rotunde, der nur von oben durch die 9 m weite runde Öffnung ('das Auge') Licht erhält, gilt als höchste Leistung römischer Innenbaukunst. Die überwältigende Wirkung des Innenraumes beruht auf der vollendeten Harmonie seiner mächtigen Ausmaße; die Höhe (43,2 m) ist gleich seinem Durchmesser, die Höhe der halbkugelförmigen Kuppelrundung entspricht der Höhe der senkrecht aufsteigenden Wand. In der zweiten Nische rechts die Gruft für König Vittorio Emanuele II († 1878); gegenüber die für Umberto I (1900 ermordet), rechts davon die Grabstätte Raffaels (1483-1520).

Vom Pantheon gelangt man östlich durch die Via del Seminario zu der **Barockkirche Sant' Ignazio,** die in Anlehnung an die Jesuskirche 1626-50 zu Ehren des 1622 heiliggesprochenen Stifters des Jesuitenordens, Ignatius von Loyola (1491-1556), von O. Grassi erbaut wurde; im Inneren ein als Meisterwerk der Perspektive berühmtes *Deckenfresko von Andrea Pozzo.

Nördlich gegenüber der Kirche Sant' Ignazio die **Börse** *(Borsa),* an deren der Piazza di Pietra zugewendeter Nordfassade elf 12,9 m hohe korinthische *Säulen sichtbar sind, die wahrscheinlich zu einem zu Ehren Hadrians (76-138 n. Chr.) errichteten Tempel gehörten.

Östlich von Sant' Ignazio liegt an der Ostseite der Via del Corso der *Palazzo Sciarra-Colonna* (17. Jh.).

Unweit nördlich öffnet sich an der Westseite des Corso die belebte Piazza Colonna. Der Platz ist benannt nach der in seiner Mitte aufragenden *Säule des Mark Aurel* (*Colonna di Marco Aurelio;* 29,5 m hoch), die nach dem Vorbild der Trajanssäule mit Reliefdarstellungen aus den Kämpfen des Kaisers Mark Aurel gegen die Markomannen und andere germanische Stämme an der Donau geschmückt ist (176 n. Chr.). Die Bekrönung der Säule bildet eine von Papst Sixtus V. aufgestellte Bronzestatue des Apostels Paulus.

An der Ostseite des Colonna-Platzes bzw. des Corso die *Galleria Colonna,* eine doppelarmige Passage; an der Westseite des Platzes der *Palazzo Wedekind,* mit einer Vorhalle von 16 antiken ionischen Säulen aus der etruskischen Stadt Veji (Veio); an der Nordseite des Platzes der 1562 begonnene, von Carlo Maderna vollendete **Palazzo Chigi,** jetzt Sitz des Ministerpräsidiums. Westlich anschließend an die Piazza Colonna die Piazza di Montecitorio. In der Mitte ein 26 m hoher ägyptischer **Obelisk** aus dem 6. Jahrhundert v. Chr. Die Nordseite des Platzes begrenzt das **Abgeordnetenhaus** (*Camera dei Deputati* oder *Parlamento;* auch *Palazzo di Montecitorio*), von Bernini 1650 für die Familie Ludovisi begonnen, 1694 durch Carlo Fontana für die päpstlichen Gerichtshöfe, 1871 für das italienische **Parlament** eingerichtet.

Östlich von der Piazza Colonna die vielbesuchte *Fontana di Trevi,** der monumentalste Barockbrunnen Roms, an der südlichen Schmalseite des Palazzo Poli in Anlehnung an Entwürfe Berninis von Nic. Salvi erbaut (1735-62). Nach altem Brauch pflegt man beim Abschied von Rom eine Münze rückwärts über den Kopf in das Becken zu werfen, um sich der Wiederkehr zu versichern.

Südöstlich gegenüber dem Brunnen die *Kirche Santi Vincenzo ed Anastasio,* mit Barockfassade von 1650.

An der Via del Corso folgt 350 m nördlich der Piazza Colonna links der 1556 begonnene *Palazzo Ruspoli,* mit beachtenswertem Treppenhaus (um 1650); weiterhin rechts ein reizvoller Durchblick durch die Via Condotti zur Spanischen Treppe, links die **Kirche San Carlo al Corso,** ein schöner Barockbau aus dem 17. Jahrhundert.

Unweit nordwestlich von San Carlo das **Mausoleum des Augustus** (*Mausoleo di Augusto),* ein monumentaler, ursprünglich 44 m hoher Rundbau (Basisdurchmesser 89 m), der vom Kaiser 28 v. Chr. als Grabstätte für sich und seine Familie errichtet wurde.

Zwischen Mausoleum und Tiber wurde 1938 an der Via di Ripetta die *Ara Pacis Augustae,* der Altar der Friedensgöttin, wiederaufgebaut (in einer Glashalle), der in den Jahren 13-9 v. Chr. nach der Rückkehr des Kaisers Augustus aus Spanien und Gallien auf dem Marsfeld errichtet worden war und mit einem prachtvollen Rankenornament sowie edlen Relieffriesen (Festzug der Römer, an der Spitze Augustus und seine Familie) geschmückt ist.

In der Via del Corso Nr. 18, dem Haus, das Goethe 1786-88 bewohnte, das **Goethe-Museum** des Freien Deutschen Hochstifts (Gemälde, Handschriften, Graphiken, Bücher u. a.).

Die Via del Corso endet nördlich auf der in ihrer heutigen Gestalt aus den Jahren 1816-20 stammenden ovalen **Piazza del Popolo,** die nördlich begrenzt von der **Porta del Popolo** (1565 und 1655), dem nördlichen Eingangstor des alten Rom. In der Mitte des Platzes ein 1589 von Papst Sixtus V. hier aufgestellter ägyptischer **Obelisk** von 24 m Höhe (mit Postament und Kreuz 36 m), der Zielpunkt der drei von Süden einmündenden Straßen Via di Pipetta, Via del Corso und Via del Babuino.

An der Südseite des Platzes die beiden Kuppelkirchen *Santa Maria in Monte Santo* (östlich) und *Santa Maria dei Miracoli* (westlich), beide von Rainaldi

1662 begonnen, von Bernini und Carlo Fontana vollendet (1675 bzw. 1679).

Neben der Porta del Popolo die *Kirche Santa Maria del Popolo, 1422-77 erbaut, um 1505-09 von Bramante mit neuem Chor versehen; in dem 1655 barock umgestalteten Inneren zahlreiche Kunstwerke, besonders Grabmäler des 15. Jahrhunderts; in der Kapelle links vom Chor zwei hervorragende *Gemälde von Caravaggio (Bekehrung des hl. Paulus und Kreuzigung des hl. Petrus).

An der Ostseite der Kirche Santa Maria del Popolo befindet sich ein Aufgang zum Pincio-Park. – Jenseits der Porta del Popolo am Piazzale Flaminio rechts ein Eingang zum Park Villa Borghese.

Etwa 2 km weiter nördlich das *Stadio Flaminio* (1959; 55000 Zuschauerplätze), der kreisförmige *Palazzetto dello Sport* (1957; 3000 Plätze) sowie das 1960 erbaute *Olympische Dorf.*

Rund 350 m westlich des Ponte Flaminio der *Ponte Milvio (auch *Ponte Molle*), die alte Tiberbrücke *Pons Milvius,* die ursprünglich für die 220 v. Chr. angelegte Via Flaminia erbaut, 109 v. Chr. in Stein erneuert, im 15. und 19. Jahrhundert ausgebessert wurde; die vier Mittelbogen sind noch antik.

Von der Piazza Venezia durch den Corso Vittorio Emanuele zur Engelsburg

Von der Piazza Venezia führt die kurze Via del Plebiscito westlich zu der an der kleinen Piazza del Gesù gelegenen *Jesuskirche *(Il Gesù),* der 1568-75 erbauten Hauptkirche der Jesuiten. Im linken Querschiff der 1696-1700 ausgeführte prachtvolle Altar des hl. Ignatius; darunter in einem Sarkophag aus Goldbronze der Leichnam des spanischen Heiligen und Gründers des Jesuitenordens Ignatius von Loyola (1491-1556).

An der Westseite der Piazza del Gesù beginnt der verkehrsreiche Corso Vittorio Emanuele II, die seit 1870 durch die mittelalterliche Stadt durchgebrochene Verbindungsstraße zwischen der Piazza Venezia und der Vatikanstadt. Ziemlich am Anfang des Corso öffnet sich links vor dem *Teatro Argentina* der Largo di Torre Argentina, ein tiefliegender Platz mit den Resten von vier *Tempeln* aus dem 3. Jahrhundert v. Chr. (Templi di età repubblicana), die im Gegensatz zu den Denkmälern des Forums viel von ihrer ursprünglichen Gestalt bewahrt haben. Unweit südlich vom Largo di Torre Argentina steht an der kleinen Piazza Mattei die

*Fontana delle Tartarughe *(Schildkrötenbrunnen),* eine 1585 von Taddeo Landini geschaffene reizvolle Bronzegruppe.

Am Corso Vittorio Emanuele II folgt bald jenseits des Largo di Torre Argentina links die Kuppelkirche Sant'Andrea della Valle, 1591 von F. Grimaldi und G. della Porta begonnen, 1625 von C. Maderna vollendet, mit reicher Fassade von 1665 und prunkvollem Inneren; besonders beachtenswert in den Zwickeln der Kuppel und im Gewölbe der Apsis mächtige Fresken von Domenichino (1624-28).

Weiterhin am Corso rechts der *Palazzo Massimo alle Colonne,* einer der schönsten Renaissancebauten Roms, nach Plänen von Baldassare Peruzzi 1532-36 errichtet, mit malerischem doppeltem Hof. Links an der Piazza di San Pantaleo in dem Renaissancepalast der *Kleinen Farnesina* (Piccola Farnesina; 1523) das Museo Barracco, eine beachtenswerte Sammlung guter griechischer, assyrischer und ägyptischer Bildwerke sowie etruskischer Grabsteine. Nördlich gegenüber im *Palazzo Braschi* (1972) das sehenswerte Museo di Roma, mit Ansichten und Erinnerungen aus der Stadtgeschichte der letzten Jahrhunderte; im obersten Stock Werke moderner römischer Maler.

Nördlich vom Palazzo Braschi die langgestreckte belebte *Piazza Navona (Fußgängerzone), die für das Rom des 17. Jahrhunderts am meisten charakte-

Piazza Navona in Rom

ristische Platzanlage, deren Grundriß (240 x 65 m) sich aus dem darunterliegenden Stadion des Kaisers Domitian erklärt und *Circo Agonale* genannt wird (vom griech. 'agón' = Kampfspiel). Drei *Springbrunnen schmücken den Platz, der nördliche von 1878, die beiden anderen um 1650 unter Leitung Berninis ausgeführt (hervorzuheben der mittlere mit den prachtvoll bewegten Figuren der Flüsse Donau, Ganges, Nil und Río de la Plata sowie einem antiken Obelisken). Westlich gegenüber die 1652-73 von Borromini und Rainaldi erbaute *Kirche Sant' Agnese,* ein eindrucksvoller Zentralbau des Barocks, mit prachtvollem *Inneren (in der Apsis Mosaiken a. d. 7. Jh.).

Unweit nordwestlich der Piazza Navona die 1500-14 erbaute *Kirche Santa Maria dell'Anima,* die alte Nationalkirche der Deutschen, mit schönem Inneren (nur durch einen Hinterhof erreichbar). Unmittelbar nordwestlich von hier die *Kirche Santa Maria della Pace,* 1480 erbaut und 1657 mit der schönen halbrunden Vorhalle versehen; über der ersten Kapelle rechts Raffaels *Sibyllen; in dem achteckigen Kuppelraum andere hervorragende Fresken aus dem 16. Jahrhundert. 1504 von Bramante erbauter Kreuzgang.

Östlich von der Piazza Navona am Corso del Rinascimento der 1642 erbaute **Palazzo Madama,** seit 1871 Sitz des italienischen Senats. Nördlich gegenüber die *Kirche San Luigi dei Francesi,* die 1589 geweihte Nationalkirche der Franzosen; in dem sehenswerten Inneren besonders beachtenswert in der fünften Kapelle des linken Seitenschiffs drei bedeutende *Gemälde von Caravaggio (Szenen aus dem Leben des hl. Matthäus). Unweit nördlich von San Luigi an einem kleinen Platz die *Kirche Sant' Agostino,* die Giacomo da Pietrasanta 1469-83 errichtete; in dem beachtenswerten Inneren am dritten Pfeiler links ein *Fresko von Raffael (der Prophet Jesaja, 1512), in der ersten Kapelle links Caravaggios Madonna dei Pellegrini (1605).

Der Corso Vittorio Emanuele II führt von der Piazza di San Pantaleo westlich zu der sich links öffnenden langgestreckten Piazza della Cancelleria. Hier steht der *Palazzo della Cancelleria, die päpstliche Kanzlei, 1486-1511 in einem an die Florentiner Renaissance erinnernden Stil errichtet (schöner Arkadenhof).

Von der Piazza della Cancelleria gelangt man südlich über den weiten Campo dei Fiori zu der von zwei Brunnen mit antiken Becken geschmückten Piazza Farnese. An der Südwestseite des Platzes der *Palazzo Farnese, 1514 für Kardinal Alexander Farnese, den späteren Papst Paul III., von Antonio da Sangallo d. J. begonnen und ab 1546 von Michelangelo weitergeführt; im Haupt-

saal des ersten Stockes mythologische Gewölbefresken von Annibale Carracci u. a. (1597-1604).

Südöstlich vom Palazzo Farnese der um 1540 errichtete **Palazzo Spada,** der Sitz des italienischen Staatsrates, mit schöner Fassade; anschließend an den zweiten Hof ein von Borromini geschaffener Säulendurchgang, der mit Anwendung eines echt barocken perspektivischen Kunstgriffs den Eindruck der Tiefe erzielt; im ersten Stock des Palastes (Zugang vom Innenhof) die *Galleria Spada,* besonders mit Bildern der Bologneser Schule des 17. Jahrhunderts (Guercino, Reni u. a.).

Am Corso Vittorio Emanuele II folgt bald jenseits des Palazzo della Cancelleria rechts die **Chiesa Nuova** oder *Santa Maria in Vallicella,* für den 1575 vom hl. Filippo Neri gegründeten Orden der Oratorianer 1575-1605 erbaut. Links neben der Kirche das *Oratorio dei Filippini,* ein Hauptwerk Borrominis (1637-50), wiederhergestellt und für Konzerte und Vorträge benutzt. Der Corso Vittorio Emanuele II endet bei der Tiberbrücke *Ponte Vittorio Emanuele* (1911).

Von der Piazza Venezia zum Aventin und nach San Paolo

Von der Piazza Venezia zum Aventin wendet man sich südlich, am Nationaldenkmal (links) vorbei, in die das Kapitol im Westen umziehende Via del Teatro di Marcello. Gleich links die Treppen zu der Kirche Santa Maria in Aracoeli und zum Kapitolsplatz. – Dann rechts das *Marcellus-Theater *(Teatro di Marcello),* 17-13 v. Chr. von Augustus erbaut. Rechts davor drei wiederaufgerichtete Säulen eines Apollotempels. Weiterhin rechts die *Kirche San Nicola in Carcere,* die Überreste von drei antiken Tempel bewahrt.

Die Via del Teatro di Marcello mündet südlich auf die ausgedehnte malerische **Piazza Bocca della Verità** auf der Ostseite der Tiberbrücke *Ponte Palatino.* Im nördlichen Teil des Platzes der gut erhaltene sog. *Tempel der Fortuna Virilis (Tempio di Portuno), ein zierlicher Tuffbau ionischen Stils (1. Jh. v. Chr.). Südlich davon ein kleiner *Rundtempel,* der seit dem 16. Jahrhundert irrig Vestatempel genannt wird, mit neunzehn (ehem. zwanzig) korinthischen Säulen und mittelalterlichem Dach.

In der Ostecke des Platzes Bocca della Verità der sog. *Ianus Quadrifrons ('vierseitiger Janustempel', Arco di Giano), ein Triumphbogen mit vier Fronten, wahrscheinlich aus der Zeit des Konstantin; ferner die alte, gut restaurierte *Kirche San Giorgio in Velabro,* deren Inneres 16 antike Säulen enthält. Neben der Kirche die *Ehrenpforte der Wechsler* (Arco degli Argentari; 204 n.Chr. errichtet), mit reicher Verzierung.

An der Südseite der Piazza Bocca della Verità die ebenfalls in frühchristlichem Sinne erneuerte **Kirche Santa Maria in Cosmedin,** vor dem 6. Jahrhundert auf den Fundamenten eines Herkulestempels, in denen die Krypta ausgehöhlt ist, sowie einer Getreidehalle, aus der die Marmorsäulen an der Eingangswand stammen, erbaut, im 11./12. Jahrhundert umgebaut; in der Vorhalle die 'Bocca della Verità', eine antike Marmorscheibe mit Tritonenmaske, in deren Mund nach mittelalterlichem Glauben die Römer beim Schwören die rechte Hand gelegt hätten; in dem beachtenswerten dreischiffigen Inneren antike Säulen und ein Mosaikfußboden aus dem 12. Jahrhundert.

Nördlich neben dem Ponte Palatino im Tiber ein Pfeiler des *Pons Aemilius,* der im Jahre 181 v.Chr. erbaut, jedoch häufig durch Überschwemmungen beschädigt und seit 1598 nicht wieder erneuert wurde (daher der ital. Name *Ponte Rotto* = 'zerstörte Brücke'). Südlich vom Ponte Palatino sieht man bei nicht zu hohem Wasserstand in einer Nische der Kaimauer den dreifachen Mündungsbogen der antiken *Cloaca Maxima* (Abwässerkanal; bis ins 20. Jh. benutzt).

Unweit südlich von der Piazza Bocca della Verità beginnt der Hügel des **Aventin (Monte Aventino;** 46 m). An der Westseite des Aventin erhebt sich oberhalb des am Tiber entlangziehenden Lungotevere Aventino an der Via di Santa Sabina die zwischen 423 und 435 erbaute, später mehrfach veränderte *Kirche Santa Sabina,** die Gründungsstätte des Dominikanerordens (1215), seit ihrer Wiederherstellung (1914-19 und 1936-38) ein sehr gutes Beispiel für eine altchristliche Basilika; an der Zypressenholztür des Hauptportals schöne *Reliefs aus dem 5. Jahrhundert, u.a. links oben eine der frühesten bekannten Darstellungen der Kreuzigung; in dem beachtenswerten Inneren der Kirche 24 antike Marmorsäulen, im Mittelschiff die bei der letzten Restaurierung wiederaufgebaute 'Schola cantorum' (Chor der Sänger); Kreuzgang aus dem 13. Jahrhundert. Südwestlich neben Santa Sabina die *Kirche Sant' Alessio,* die im 13. und 18. Jahrhundert völlig erneuert wurde.

Noch weiter südwestlich an einem kleinen Platz der Eingang zu der **Villa des Malteser-Priorats** *(Priorato di Malta),* dem Sitz des Großmeisters des 1070 gegründeten Malteserordens. Die runde Öffnung oberhalb des Schlüssellochs der Parktür gewährt einen berühmten *Durchblick zur Peterskuppel, die am Ende der Hauptallee erscheint. Vom Garten prächtige Aussicht (Zutritt nur mit Genehmigung). In der von Garten zugänglichen *Kirche Santa Maria Aventina* Grabmäler von Ordensrittern.

Weiter durch die Via di Porta Lavernale und ihre Fortsetzung hinab zu der breiten Via della Marmorata, an deren südlichem Ende im Zuge der Aurelianischen Mauer die **Porta San Paolo,** die antike *Porta Ostiensis,* steht. Rechts daneben die 37 m hohe **Pyramide des Cestius,** die um 12 v.Chr. als Grabmal erbaut wurde und aus einem mit Marmorquadern verkleideten Backsteinbau besteht. Südwestlich dahinter liegt innerhalb der Stadtmauer der 1825 angelegte *Protestantische Friedhof* (Cimitero degli stranieri acattolici; Eingang von der Nordseite), die Ruhestätte vieler Deutscher, Engländer, Skandinavier, Amerikaner und orthodoxer Russen; u.a. liegen hier Goethes einziger Sohn August (1789-1830) sowie der Architekt Gottfried Semper (1803-79) begraben.

Westlich vom Friedhof der **Monte Testaccio** *(Scherbenberg),* ein einzelnstehender, 35 m über dem Tiber aufragender Hügel von 850 m Umfang, ganz aus antikem Scherbenschutt von Transportgefäßen, die mit Wein und Öl nach Rom verschifft und in der Nähe am Tiberufer ausgeladen wurden. Der Hügel enthält viele Weinkeller, die zum Teil mit Tavernen verbunden sind.

Etwa 500 m nordöstlich von der Porta San Paolo die alte *Kirche San Saba* (12./15. Jh.).

Rund 2 km südlich von der Porta San Paolo liegt an der nach Ostia und zum Lido di Ostia führenden Via Ostiense die ***Kirche San Paolo fuori le Mura,** eine der fünf Patriarchalkirchen Roms, 324 von Konstantin d.Gr. über dem Grabe des Apostels Paulus gegründet, ab 386 in eine mehrschiffige Basilika umgebaut, 1823 bis auf den Chor durch Feuer zerstört und dann bis 1854 nach dem alten Plan wiederaufgebaut. Das bronzene Hauptportal stammt von A. Maraini (1930/31).

Das großartige fünfschiffige *INNERE von San Paolo fuori le Mura ist 120 m lang, 60 m breit und 23 m hoch; achtzig Granitsäulen trennen die einzelnen Schiffe, reich kassettierte, z.T. vergoldete Stuckdecke, prächtiger Marmorschmuck. Über den Säulen die Porträts sämtlicher Päpste von Petrus an; schöne Mosaiken am Triumphbogen (440-461; später restauriert) sowie in der Apsis (urspr. 1218);

über dem Hauptaltar ein gotisches *Tabernakel* von 1285, rechts ein schöner *Osterleuchter* (um 1180). Im rechten Seitenschiff, an der Eingangswand, die beim Brand beschädigte, später restaurierte eherne *Kirchentür* von 1070 ('Heilige Pforte').

Südlich an die Kirche anstoßend der zu einem Benediktinerkloster (Pinakothek) gehörende *Kreuzgang (wohl erste Hälfte des 13. Jh.).

Der Stadtteil Trastevere und das Ianiculum

Von der dem Tiber zugewendeten Rückseite des Theaters des Marcellus gelangt man auf dem *Ponte Fabricio,* der im Jahre 62 v. Chr. erbauten ältesten der heutigen Brücken Roms, auf die **Tiberinsel** *(Isola Tiberina),* wo die *Kirche San Bartolomeo* vielleicht die Stelle des antiken Äskulaptempels einnimmt.

Von der Tiberinsel führt der *Ponte Cestio* zu dem auf dem rechten Tiberufer liegenden dichtbevölkerten Stadtteil **Trastévere.** Um 1970 begann eine 'Sanierung' mit dem Abbruch von Altbauten und der Errichtung neuer Wohnhäuser. Heute ist Trastévere ein Viertel mit vielen Eßlokalen, in dem aber, besonders nach Eintritt der Dunkelheit, Vorsicht geboten ist (Bettler, Taschendiebe).

Etwa 300 m südlich vom Ponte Cestio die Kirche *Santa Cecilia in Trastevere,* erstmals vor 500 errichtet, später mehrfach völlig umgebaut und restauriert, mit weitem Vorhof; Campanile aus dem 12. Jahrhundert; im Inneren am Hochaltar ein schönes Tabernakel von 1283, in der Apsis Mosaiken aus dem 9. Jahrhundert; in der Unterkirche (Krypta) die gut restaurierte Grabkapelle der Heiligen. – Gut 500 m südwestlich der Kirche liegt bei der Tiberbrücke Ponte Sublicio die *Porta Portese;* in der Umgebung am Sonntagvormittag Flohmarkt.

Etwa 500 m nordwestlich von Santa Cecilia steht die schon im 3. Jahrhundert gegründete **Kirche Santa Maria in Trastevere,** im 12. Jahrhundert neu erbaut, mit einer Vorhalle von 1702; in dem malerischen Inneren 22 antike Säulen, eine reich geschmückte Decke von 1617 und schöne *Mosaiken des 12. und 13. Jahrhunderts. Nahebei, an der Piazza Sant' Egidio, ein *Folkloremuseum* (Museo del Folclore Romano).

Rund 500 m nördlich von Santa Maria liegt jenseits der *Porta Settimiana* rechts am Tiber die *Villa Farnesina, ein von einem Park umgebener Renaissancepalast, 1509-11 erbaut und von Raffael u. a. mit **Fresken geschmückt. Von 1580 bis 1731 war die Villa Eigentum der Adelsfamilie Farnese; jetzt ist sie Staatsbesitz und enthält das *Gabinetto Nazionale delle Stampe* (Druckgraphik).

Westlich gegenüber der Villa der **Palazzo Corsini,** 1668-89 Wohnsitz der Königin Christine von Schweden, der katholisch gewordenen Tochter Gustav Adolfs, 1729-32 für Kardinal Neri Corsini umgebaut, mit Säulenhöfen und Durchblick in den Garten; im Inneren u. a. die *Bibliotheca Corsiana* sowie die *Accademia Nazionale dei Lincèi,* mit großer Bibliothek.

Von der Südseite der Porta Settimiana führt die Via Garibaldi südwestlich in einer Kehre hinan zu dem langgestreckten aussichtsreichen Höhenrücken **Ianiculum (Monte Gianicolo).** An seinem Anfang die Kirche **San Pietro in Montorio** aus dem 15. Jahrhundert; beachtenswertes Inneres. In dem anstoßenden Klosterhof der *Tempietto, ein kleiner runder Säulentempel von Bramante (1502). Von dem Platz vor der Kirche bietet sich eine prächtige *Aussicht.

Die Via Garibaldi steigt weiter bergan zur *Fontana Paolo,* einem Prachtbrunnen, den Papst Paul V. 1612 für die wiederhergestellte antike Wasserleitung *Aqua Traiana* errichten ließ, und endet westlich bei der *Porta San Pancrazio,* auf der Höhe des Ianiculum (84 m). Westlich von hier der Eingang zu der *Villa Doria Pamphili, einem nach 1644 angelegten großen Park (städtisch; zugänglich).

Nördlich von der Fontana Paolo bildet ein Gittertor den Südeingang zu den Anlagen der *Passeggiata del Gianicolo, die sich auf der Höhe des Ianiculum hinzieht. An dem breiten Fahrweg, am Piazzale Garibaldi, das 1895 enthüllte *Reiterdenkmal* des italienischen Freiheitskämpfers *Giuseppe Garibaldi* (1807-82), von Gallori; etwas weiter, links, ein Denkmal (1912) für seine erste Gattin *Anita Garibaldi.* Nahebei eine *Kanone,* die in der Regel um 12 Uhr mittags einen Schuß abfeuert. Weiterhin rechts ein 1911 errichteter marmorner *Leuchtturm* (ital. 'faro'), dessen grün-weiß-rot wechselndes Licht abends über Rom blinkt. Die *Ausblicke von der Passeggiata del Gianicolo auf Rom und die Campagna (besonders schön gegen Sonnenuntergang) übertreffen in ihrer Mannigfaltigkeit fast noch die Aussicht von San Pietro in Montorio.

Am Nordende des Ianiculum-Hügels die ab 1439 erbaute **Kirche Sant' Onofrio** (Aussicht; im Inneren Fresken des 15./16. Jh.). In dem anstoßenden Kloster das kleine *Museo Tassiano* mit Erinnerungen an den hier verstorbenen italienischen Dichter Torquato Tasso (1544-95).

Etwa 500 m südlich von der Porta San Pancrazio der öffentliche Park *Villa Sciarra,* mit reichem südlichen Pflanzenwuchs und einem Aussichtspavillon.

Engelsburg und Vatikan

Vom linken Tiberufer führt der an das Ende des Corso Vittorio Emanuele II anschließende *Ponte Vittorio Emanuele* an das rechte Ufer unweit unterhalb der Engelsburg. Etwas flußaufwärts steht die unmittelbar auf die Engelsburg zuführende gewaltige *Engelsbrücke (Ponte Sant' Angelo),* 136 n.Chr. von Kaiser Hadrian erbaut und nach seinem Familiennamen *Pons Aelius* genannt (die drei mittleren Bogen noch antik), früher der einzige Übergang zum Vatikan; 1668 wurde sie nach Berninis Entwurf mit zehn kolossalen Engelsstatuen geschmückt.

Gegenüber der Engelsbrücke erhebt sich über dem rechten Tiberufer die *Engelsburg (Castel Sant' Angelo* oder *Mausoleo di Adriano),* die von Kaiser Hadrian seit 130 n.Chr. als Mausoleum für sich und seine Nachfolger erbaut und von Antoninus Pius im Jahr 139 vollendet wurde.

Auf einem quadratischen Unterbau von 84 m Seitenlänge erhebt sich ein Rundbau von 64 m Durchmesser, der einst mit Marmor verkleidet war. In der zugänglichen *Grabkammer* waren die römischen Kaiser bis Caracalla († 217 n.Chr.) beigesetzt; ferner eine *Waffensammlung, Modelle* zur Baugeschichte der Burg, historische Räume, mehrere Kapellen, *Schatzkammer,* Bibliothek. Von der oberen Terrasse prachtvolle *Aussicht. Ganz oben eine *Bronzestatue des Erzengels Michael* (1752), zur Erinnerung an eine Vision des Papstes Gregor d.Gr. (590), der die Engelsburg ihren Namen verdankt.

Von der Engelsburg führt die erst 1937-50 durchgebrochene, von großen Bauten gesäumte, breite **Via della Conciliazione** ('Straße der Versöhnung'), die ihren Namen den 1929 abgeschlossenen Lateranverträgen verdankt, zum Vatikan. Im ersten Gebäude rechts, gegenüber der Engelsburg, der bedeutendste Konzertsaal der Stadt (Auditorium).

Die Via della Conciliazione mündet westlich auf den kraftverkehrsfreien ** **Petersplatz (Piazza di San Pietro),** eine geniale Anlage von Bernini (1656-67). Der großartige Platz (340 m lang, bis 240 m breit) vor der gewaltigsten Kirche der Christenheit bestimmt entscheidend ihre Wirkung mit. Das Oval wird von vierfachen halbkreisförmigen Kolonnaden mit 284 Säulen und 88 Pfeilern dorischer Ordnung eingefaßt, auf deren Balustrade 140 kolos-

Die **VATIKANSTADT,** italienisch **Stato della Città del Vaticano** (SCV; *Santa Sede* = Heiliger Stuhl), ist das durch die Lateranverträge (11. 2. 1929; Italien erkennt in einem Staatsvertrag die Souveränität des Papstes in internationaler Beziehung und die Vatikanstadt als sein ausschließliches Hoheitsgebiet an) als Ersatz für den 1870 aufgehobenen Kirchenstaat geschaffene souveräne Staatsgebiet des Papstes innerhalb der Stadt Rom, zu dem der Petersplatz, die Peterskirche, der Vatikan und die päpstlichen Gärten gehören. Die Fläche umfaßt 0,44 qkm; von den rund 1000 Einwohnern sind 525 Personen vatikanische Staatsbürger; fünf Kardinäle; zahlreiche Diplomaten und Vertretungen internationaler Organisationen.

Der **Papst** ('Heiliger Vater'; seit 1978 der Pole Karol Wojtyła als *Johannes Paul II.*), das Oberhaupt der römisch-katholischen Kirche (über 700 Mio. Angehörige), ist Inhaber der gesetzgebenden, vollziehenden und richterlichen Gewalt und wird in auswärtigen Angelegenheiten vom *Kardinalstaatssekretär* vertreten, während an der Spitze der Verwaltung (Kurie) ein nur dem Papst verantwortliches *Gouvernorat* steht.

Die päpstliche Leibgarde besteht nach der 1970 erfolgten Auflösung der Nobelgarde, der Palatingarde und der Gendarmerie nur noch aus der den Wachdienst versehenden **Schweizergarde** (kathol. Bürger der Schweiz im Alter zwischen 19 und 25 Jahren, ledig, Mindestgröße 1,74 m, Dienstzeit 2-20 Jahre; derzeit 90 Mann inkl. Offiziere; Renaissance-Uniformen in den Farben der Medici-Päpste (gelb-rot-blau).

Der Vatikan hat eigene Münzhoheit (1 vatikan. Lira = 1 ital. Lira), eigene Post (Briefmarken in ganz Rom gültig), Telefon, Telegraf, eigene Zeitschriften und Zeitungen (v.a. ''Osservatore Romano'', Auflage 60 000-70 000; auch gesondert redigierte deutschsprachige Wochenausgabe), eine eigene Rundfunkstation (Radio Vaticana; Sendungen auf MW und KW in ca. 35 Sprachen), einen Wagenpark von etwa 100 Fahrzeugen (amtl. Kennzeichen SCV; einen eigenen Bahnhof sowie Hubschrauberstart- und -landeplatz.

Die **Flagge** des Vatikans ist Gelb-Weiß, senkrecht gestreift, und enthält im weißen Feld als Wappen zwei gekreuzte Schlüssel unter der päpstlichen dreifachen Krone (Tiara).

Der außervatikanische Besitz des Heiligen Stuhles, d.s. die drei Basiliken San Giovanni in Laterano, San Paolo fuori le Mura und Santa Maria Maggiore, die päpstlichen Verwaltungsgebäude sowie der Sommerpalast in Castel Gandolfo, genießt Exterritorialität und ist den italienischen Gesetzen nicht unterworfen.

Das Gelände des Vatikans darf außerhalb der erlaubten Zonen (Peterskirche, Museen, Camposanto Teutonico u.a.) nur mit besonderer Genehmigung betreten werden; für Kraftfahrzeuge gilt innerhalb des Vatikans eine Höchstgeschwindigkeit von 30 Stundenkilometern.

Schweizergarde auf dem Petersplatz in Rom

sale *Heiligenstatuen* stehen. In der Mitte der Platz-Ellipse ein zur Zeit von Kaiser Caligula (37–41 n. Chr.) in Ägypten angefertigter und nach Rom gebrachter 25,5 m hoher *Obelisk*. Rechts und links zwei schöne, 14 m hohe *Springbrunnen*, von 1613 und 1675.

An das ovale Platzrund schließt sich westlich der Kirchenvorplatz mit der großen Freitreppe an. An seiner Südseite das *Vatikanische Informationsbüro* (Ufficio Informazioni Pellegrini e Turisti; Busfahrten zu den Vatikanischen Museen) und ein *Postamt* (Ufficio Postale; Verkauf vatikanischer Briefmarken). Südlich dahinter liegt die 1964-71 erbaute **Audienzhalle** (*Aula;* Eingang beim Palazzo del Santo Uffizio). Vor der Peterskirche links der Eingang *Arco delle Campane* (Schweizerwache) zum Gebiet der Vatikanstadt.

An der Westseite des Petersplatzes erhebt sich an der Stelle einer altchristlichen Basilika die ****Peterskirche** (*San Pietro in Vaticano*).

Die alte Kirche wurde von Kaiser Konstantin dem Großen auf Bitten des Papstes Sylvester I. (314-336) über dem Grabe des Apostels Petrus erbaut und im Jahre 326 geweiht. Wegen Baufälligkeit riß man die alte Kirche ab und begann den heutigen Bau 1506 nach dem Entwurf Bramantes. Nach Bramantes Tod (1514) leiteten Raffael (1515-20), Antonio da Sangallo (1520-46) und andere Meister den Bau, 1547 endlich Michelangelo, auf dessen Entwurf die Errichtung der gewaltigen, 132 m hohen **Kuppel** beruht (1586-93). Der Zentralbauplan Bramantes und Michelangelos wurde 1605 zugunsten eines Grundrisses in der Form des lateinischen Kreuzes und damit eines Langhausbaues aufgegeben, der ebenso wie die 1614 vollendete **Barockfassade** (112 m breit, 44 m hoch) von Carlo Maderna errichtet wurde. Von der *Loggia* über dem mittleren Eingang der Säulenfassade erteilt der Papst bei feierlichen Gelegenheiten (Ostern, Weihnachten) den Großen Segen über Stadt und Erdkreis ('urbi et

orbi'; vom Fenster der Papstwohnung rechts Segen meist So. 12 Uhr, oft mit kurzer Ansprache).

Das ****INNERE der Peterskirche** (angemessene Bekleidung!) überwältigt durch seine immensen Ausmaße. Im Fußboden, gleich bei der Mitteltür beginnend, Längenangaben von anderen Kathedralen der Welt. Die Gesamtlänge der Peterskirche beträgt einschließlich der Vorhalle 211,5 m, die Breite 114,7 m (im Querschiff 152 m), die Fläche 15 160 qm.

Im Mittelschiff am vierten Pfeiler rechts ein bronzenes *Sitzbild des hl. Petrus* (wahrscheinlich a. d. 13. Jh.), dessen rechter Fuß durch die Küsse der Gläubigen blank geworden ist. – Der ungeheure Kuppelraum, der sich über dem Papstaltar und der Krypta mit dem Grab des Apostelfürsten wölbt, hat einen Durchmesser von 42 m und eine Innenhöhe von 123,4 m (Außenhöhe mit Kreuz 132,5 m); die vier Pfeiler haben je 71 m Umfang.

Über dem **Papstaltar** *(Altare Papale)* ein 1633 nach Berninis Entwurf gegossener, 29 m hoher **Bronzebaldachin,* mit vier gewundenen reich vergoldeten Säulen und phantastischem Oberbau. Vor dem Altar öffnet sich, von einer Balustrade mit 95 immer brennenden Lampen umgeben, die *Confessio* (d. h. Andachtsraum über dem Grab des hl. Petrus), zu der eine doppelte Marmortreppe hinabführt; Statue des betenden Papstes Pius VI. (von Canova, 1822).

Peterskirche
San Pietro in Vaticano

75 m

Petersplatz

1 Hauptportal
2 Heilige Pforte
3 Pietà von Michelangelo
4 Denkmal für Christine von Schweden
5 Kapelle des hl. Sebastian
6 Sakramentskapelle
7 Gregorianische Kapelle
8 Altar des hl. Hieronymus
9 Sitzbild des hl. Petrus
10 Altar des Erzengels Michael
11 Altar des hl. Petrus, die Tabitha vom Tode erweckend
12 Grabmal Papst Urbans VIII.
13 Thron des hl. Petrus (von Bernini)
14 Grabmal Papst Pauls III.
15 Säulenkapelle
16 Altar des hl. Petrus einen Lahmen heilend
17 Altar der Kreuzigung des hl. Petrus
18 Statue des hl. Andreas Eingang zu den Sacre Grotte Vaticane
19 Grabmal Papst Pius' VII. Eingang zu Sakristei und Museum
20 Klementinische Kapelle
21 Altar des hl. Gregor
22 Chorkapelle
23 Grabmal Papst Pius' X.
24 Grabmal Papst Innozenz' VII.
25 Denkmal für Maria Clementina Sobieska Aufgang zur Kuppel
26 Baptisterium
27 Sakristei
28 Kunsthistorisches Museum (Schatzkammer)
29 Sakristei der Kanoniker

In der ersten Kapelle vom rechten Seitenschiff steht hinter einer Glasplatte Michelangelos **Pietà* (1499; 1972 durch mutwillige Hammerschläge beschädigt, 1973 gut restauriert). Zahlreiche, z. T. prachtvolle **Papstgrabmäler* sind in der Kirche verteilt.

Vom linken Seitenschiff gelangt man in die 1776-84 angebaute *Sakristei* und das sehenswerte **Kunsthistorische Museum* oder die *Schatzkammer* (Museo Storico-Artistico oder Tesoro di San Pietro; u. a. Kreuz Kaiser Justinus' II., † 578 n. Chr.,

Pietà von Michelangelo in der Peterskirche

Sarkophage des Konsuls Iunius Bassus, † 359 n. Chr., und des Papstes Sixtus IV., † 1484).

Ebenfalls vom linken Seitenschiff gelangt man zu Fuß oder mit einem Fahrstuhl zum Dach und weiter auf einer bequemen Treppe zu der doppelwandigen *Kuppel, von deren Galerien (in 53 und 73 m Höhe) sich ein überraschender Blick in das Innere der Kirche bietet. Vom Säulenumgang der Türmchens an der Kuppel (123,5 m über dem Fußboden der Kirche) weite Aussicht und guter Einblick in die Vatikanischen Gärten.

Vom Kuppelraum der Peterskirche führt links eine Treppe zu den besuchenswerten *Sacre Grotte Vaticane, der zwischen dem Fußboden der heutigen Kirche und dem um 3,5 m tieferen der alten Basilika gelegenen Unterkirche. Die neueren Räume (16. Jh.) unter dem Kuppelraum enthalten viele *Denkmäler* aus der alten Basilika (auch die schlichten Steinsärge für Pius XII., † 1958; Johannes XXIII., † 1963; Paul VI., † 1978; Johannes Paul I., † 1978), in den älteren Teilen unter dem Mittelschiff zahlreiche *Papstgräber* und frühchristliche *Sarkophage*.

Unter den Sacre Grotte Vaticane liegen die besonders nach dem Zweiten Weltkrieg vorgenommenen neuen Ausgrabungen ('Necropoli Precostantiniana'), bei denen man genau unter der Konfession das eigentliche **Petrusgrab** entdeckt hat, wie u. a. einige dabei aufgefundene Inschrifttafeln besagen.

Rechts der Peterskirche steht der *Vatikanische Palast, seit dem 14. Jahrhundert anstelle des Laterans ständiger Wohnsitz der Päpste.

Der *Portone di Bronzo* (Schweizerwache; Zutritt nur zur Ausgabestelle der Zulassungskarten für die Papstaudienzen), am Ende der rechten Kolonnade des Petersplatzes, ist der Zugang zu den päpstlichen Wohn- und Amtsräumen. Der Korridor geradeaus mündet auf die *Scala Regia,* bei deren Ausbau Bernini 1663-66 durch fein berechnete Dekoration und Säulenstellungen die Veren-

gung des Raumes nach oben ausgeglichen und auf beschränktem Raum eine großartige Prunktreppe geschaffen hat. Rechts öffnet sich die *Scala di Pio IX.* (19. Jh.), die in den Damasushof (Cortile di S. Damaso) führt.

Der Zugang zu den päpstlichen Schauräumen, d. h. zu den Museen, der Bibliothek, den Borgiasälen, den Stanzen, der Sixtinischen Kapelle u. a., befindet sich an der Nordseite des Palastes, 800 m vom Petersplatz (vom Informationsbüro und zurück von Frühjahr bis Herbst regelmäßig Autobusfahrten durch die Vatikanischen Gärten, lohnend; Abfahrt beim oberen Museumseingang).

Von dem mit Statuen Raffaels und Michelangelos geschmückten Eingang in die ausgedehnten **Vatikanischen Museen** gelangt man in die *Vorhalle* (Kasse, Auskunft; Bücher, Museumsführer, Dias u. a.). Rundgang meist als 'Einbahnstraße'; auf halbem Wege Ausgang auch bei der Sixtinischen Kapelle (dort ein Eingang).

Von der Vorhalle erreicht man über das *Atrio dei Quattro Cancelli* ('Atrium der Vier Gitter') und die Treppe 'Scala Simonetti' die vatikanische **Antikensammlung,** die größte der Erde, mit mehreren tausend Bildwerken. Die meisten Stücke wurden in Rom und seiner Umgebung gefunden. Die riesige Zahl der Skulpturen hier und in den anderen römischen Museen gibt eine Vorstellung von dem ungeheuren Reichtum an Kunstschätzen, der in den öffentlichen und privaten Gebäuden der alten Hauptstadt angehäuft wurde, nachdem der Sinn der Römer für griechische Bildung erwacht war. Griechische Originale sind freilich sehr selten, aber zahlreiche Nachbildungen berühmter Kunstwerke, von griechischen und römischen Bildhauern ausgeführt, wie auch Schöpfungen der eigentlichen römischen Kunst, sind z. T. nur wenig verletzt unter dem Schutt der Jahrhunderte bis in unsere Tage erhalten geblieben.

Man gelangt zunächst in das **Museo Pio-Clementino,** den Hauptteil der Sammlung, mit einer großen Zahl antiker Plastiken. – Es folgt das **Museo Chiaramonti** mit meist römischen Kopien griechischer Bildwerke.

Südlich angelehnt an das Museo Pio-Clementino ist das **Ägyptische Museum** *(Museo Gregoriano Egizio)*. – Im Stockwerk darüber das **Etruskische Museum** *(Museo Gregoriano Etrusco)* mit etruskischen Altertümern und einer Sammlung griechischer Vasen.

Im Südflügel des Obergeschosses über dem Apartamento Borgia die **Stanzen** ('Zimmer'), eine Folge von drei Zimmern und einem Saal, die von Perugino, Raffael und seinen Schülern 1709–20 ausgemalten Wohngemächer von Papst Julius II. – Aus dem Vorzimmer betritt man die den Damasushof umgebenden **Loggien,** 1517-19 von Raffaelschülern mit Stukkaturen und Gewölbebildern biblischen Inhalts ausgeschmückt. Auf der Treppe des Borgia-Turmes gelangt man zum **Appartamento Borgia,** mit einem Teil vom **Museum für moderne sakrale Kunst** *(Collezione d'Arte Religiosa Moderna),* dessen Hauptbestände aber unter der Sixtinischen Kapelle untergebracht sind.

Dann erreicht man die **Sixtinische Kapelle** *(Capelle Sistina),* die 1474-81 erbaute päpstliche Hauskapelle, in der auch das Konklave abgehalten wird. Sie besitzt sehr sehenswerte *Wand- und Decken-

gemälde sowie das *Riesenfresko* des Jüngsten Gerichtes (1534-41 von Michelangelo geschaffen).

Nördlich von der Sixtinischen Kapelle gelangt man in die *Vatikanische Bibliothek *(Biblioteca Apostolica Vaticana),* um 1450 von Papst Nikolaus V. gegründet und heute mit etwa 800 000 Büchern, 80 000 Handschriften, 10 000 Wiegendrucken und einer umfangreichen Sammlung von Druckgraphik. – Durch den **Braccio Nuovo,** (Statuen), weiter zum *Museo Profano della Biblioteca* (antike Kleinkunst); nahebei das **Vatikanische Geheimarchiv.**

Vom Cortile della Biblioteca kommt man in die **Gemäldegalerie *(Pinacoteca Vaticana),* die einen guten Überblick über die italienische Malerei des 13. bis 17. Jahrhunderts bietet. – Nördlich parallel das *Museo Gregoriano Profano* mit hervorragenden griechischen und römischen Bildwerken (z. T. Nachbildungen), ferner das **Museo Pio Cristiano** (altchristliche Sarkophage) und das *Museo Missionario Etnologico.*

Südlich der Pinakothek das unterirdisch gelegene **Museo Storico** *(Historisches Museum),* mit päpstlichen Fahrzeugen und Erinnerungen an die Soldaten des einstigen Kirchenstaates.

Links neben der Peterskirche der *Arco delle Campane* (Schweizerwache), der Hauptbesuchereingang in die Vatikanstadt. Südlich der **Camposanto Teutonico,** der alte deutsche Friedhof (u.a. Grab des Schriftstellers Stefan Andres, 1906-70); die *Kirche* stammt ursprünglich aus dem 15. Jahrhundert (1973 restauriert; im Sommer 9.30, im Winter 8.30 Uhr deutsche Messe); dabei ein Priesterkolleg, eine Sammlung antiker Funde sowie das römische Institut der Görres-Gesellschaft mit Bibliothek. Dahinter die große **Audienzhalle** *(Aula).*

Durch ein weiteres Tor zwischen Peterskirche und Sakristei erreicht man die Piazza di Santa Maria: geradeaus der vatikanische *Justizpalast* (Tribunale), dahinter die *Schule für Mosaikkunst,* rechts davon der *Governatoratspalast,* südlich der Mosaikschule der *Bahnhof;* westlich vom Governatoratspalast das *Äthiopische Kolleg,* nordwestlich vom Governatoratspalast der päpstliche Rundfunksender *Radio Vaticana.*

Auf einer Anhöhe nördlich der Peterskirche die 1558-62 von Pius IV. erbaute Casina Pio IV, heute Sitz der *päpstlichen Akademie der Wisenschaften.*

Die im 16. Jahrhundert angelegten prachtvollen *Vatikanischen Gärten* sind nur unter bestimmten Bedingungen zugänglich (z.B. Autobusfahrten zu den Vatik. Museen). An der Westspitze der Gärten ein *Hubschrauberstart- und -landeplatz* (Eliporto).

Vom Vatikan zum Foro Italico

Der bei der Piazza del Risorgimento mit der Via Ottaviano beginnende breite Straßenzug führt nördlich zum Piaz-

zale Maresciallo Giardino. Von hier gelangt man durch die Via di Villa Madama nordwestlich zu der am Ostabhang des Monte Mario gelegenen *Villa Madama* (Zutritt nur mit Genehmigung des Außenministeriums), die 1516-27 nach Entwürfen Raffaels von Giulio Romano erbaut, aber nur zum kleinsten Teil fertiggestellt wurde, mit einer von Giovanni da Udine mit Stukkaturen und Fresken geschmückten Loggia.

Auf dem **Monte Mario** (139 m), dem Ausgangspunkt der italienischen Meridianmessung (Torre del 1° Meridiano d'Italia), ein öffentlicher *Park* (Aussicht) und ein *Observatorium;* am Südosthang das Gebäude der **RAI** *(Radiotelevisione Italiana;* Fernsehproduktion). Westlich oberhalb bei der *Kirche Madonna del Rosario* ein schöner Aussichtspunkt.

Von der Piazzale Maresciallo Giardino erreicht man nördlich durch den am Tiber entlangführenden Lungotevere Maresciallo Cadorna die Piazza De Bosis, von der rechts der *Ponte Duca d'Aosta* (1939) die Verbindung mit der Via Flaminia herstellt. An der Westseite des Platzes bei einem 17 m hohen *Monolithen* der Eingang zum *Foro Italico* oder *Campo della Farnesina,* dem kurz vor und nach dem Zweiten Weltkrieg angelegten römischen Sportzentrum, wo 1960 die Hauptwettkämpfe der XVII. Olympischen Sommerspiele stattfanden.

Esposizione Universale di Roma (EUR)

Am Südrand der Stadt, etwa 7 km von der Piazza Venezia (Richtung Lido di Ostia, Anzio), erstreckt sich rechts und links der Via Cristoforo Colombo das ausgedehnte Gelände der *Esposizione Universale di Roma* (**EUR;** Metropolitana von der Stazione Termini). Hier entstanden für eine 1942 geplante, aber wegen des Zweiten Weltkrieges nicht durchgeführte Weltausstellung zahlreiche großzügige, meist erst nach 1945 vollendete Bauten (Ministerien, Wirtschafts- und Verwaltungsbauten, Museen; Wohnviertel); die Sportstätten wurden für die 1960 in Rom abgehaltenen XVII. Olympischen Sommerspiele errichtet.

Im nordwestlichen Teil des Geländes unweit der Metrostation 'Magliana' der markante **Palazzo della Civiltà del Lavoro** (68 m hoch); südwestlich die große *Kuppelkirche Santi Pietro e Paolo.*

Am Ostende der vom Palazzo della Civiltà ausgehenden breiten Allee Viale della Civiltà del Lavoro der **Kon-**

greßpalast *(Palazzo dei Congressi);* nordöstlich davon der große Luna-park (u. a. Riesenrad).

Gut 100 m westlich vom Kongreßpalast, an der Piazza Marconi, das *Museo Nazionale delle Arti e Tradizioni Popolari* mit Abteilungen zur Volkskunst und Volkskunde. – Etwa 200 m südlich davon das **Museum für Vorgeschichte und Völkerkunde** *(Museo Preistorico ed Etnografico Luigi Pigorini)* mit Ausstellungsstücken zur Vorgeschichte von Latium und völkerkundlichen Sammlungen, besonders aus Äthiopien, Ozeanien und Südamerika. Östlich dahinter das *Museo dell' Alto Medioevo* (Exponate aus dem hohen Mittelalter). Im Osten liegt das *Museo della Civiltà Romana,* das in seinen verschiedenen Abteilungen in eindrucksvoller Weise die Entstehung und Bedeutung des römischen Imperiums veranschaulicht. – Etwa 500 m nordöstlich, an der Stelle, wo der hl. Petrus enthauptet worden sein soll, die *Abbazia delle Tre Fontane* (Drei-Brunnen-Abtei; Trappisten), mit drei Kirchen (13. und 16. Jh.).

UMGEBUNG von Rom

Äußerst lohnend sowohl archäologisch wie landschaftlich ist ein Besuch der bei der Porta San Sebastiano beginnenden *Via Appia Antica* (Archäologischer Park geplant), der um 312 v. Chr. von dem Zensor Appius Claudius Caecus angelegten 'Königin der Straßen', die über Terracina zunächst nach Capua, später weiter über Benevent nach Brindisi führte. Charakteristisch sind die Reste der nach alter Sitte die Straße zu beiden Seiten begleitenden Gräberreihen sowie z. T. gut erhaltene oder erneuerte Grabdenkmäler von reichen Römern, die zusammen mit den mehr oder weniger entfernten großartigen Bogenreihen antiker römischer Wasserleitungen, wie der Aqua Marcia und der Aqua Claudia, diesen Teil der Römischen Campagna besonders reizvoll machen. – Via Appia Antica Nr. 136 das *Museo Archeologico Sacro e Profano.*

Etwa 800 m hinter der Porta San Sebastiano liegt links bei der Abzweigung der Via Ardeatina die kleine **Kirche Domine quo vadis,** so genannt, weil nach der Legende Petrus, den Martertod fliehend, hier Christus begegnete und von diesem auf die Frage "Domine quo vadis?" ("Herr, wohin gehst du?") die Antwort erhielt "Venio iterum crucifigi" ("Ich komme, mich nochmals kreuzigen zu lassen"), worauf Petrus beschämt nach Rom zurückkehrte; das Innern der Kirche in der Mitte eine Nachbildung der Fußspur Christi. – Weiterhin nach 1 km rechts (Via Appia Nr. 110) bei einer Zypressengruppe der Eingang zu der *Katakombe des hl. Callixtus (Catacombae di San Callisto),* der bemerkenswertesten jener altchristlichen Grabanlagen, die in Rom in einem unterirdischen Gürtel umgeben.

Gut 500 m hinter der Callixtus-Katakombe steht an der Via Appia Antica rechts die **Kirche San Sebastiano,** eine der sieben Pilgerkirchen Roms, nach der Überlieferung im 4. Jh. als Apostelkirche erbaut an einer als zweiteilige Gruft von Petrus und Paulus betrachteten Stelle 'ad catacumbas', im 17. Jh. erneuert, mit einer Vorhalle von antiken Säulen. Im Inneren in der ersten Kapelle rechts ein Stein mit den von Gläubigen dafür gehaltenen Fußspuren Christi; links gegenüber die Kapelle des hl. Seba-

stian und die Sakristei, mit ausgegrabenen Sarkophagen, sowie die Eingänge zu der eindrucksvollen **Katakombe des hl. Sebastian.**

An dem kurz vor San Sebastiano westlich abzweigenden Vicolo delle Sette Chiese nach etwa 650 m die **Fosse Ardeatine,** mit einem Mausoleum zum Gedenken an den hier im März 1944 von den Deutschen als Vergeltung für einen Bombenanschlag erschossenen 335 italienischen Geiseln. – Rund 300 m weiter die ausgedehnten *Katakomben der Domitilla* (frühchristl. Inschriften und Wandbilder); dabei die *Basilika der hl. Petronilla* (4. Jh.; im 19. Jh. restauriert).

An der Fortsetzung der Via Appia liegt unweit jenseits San Sebastiano links hinter einem großen Tor der 311 n. Chr. erbaute *Circus des Maxentius* (482 m lang, 79 m breit), früher für Wagenrennen benutzt. – Bald darauf links das *Grabmal der Caecilia Metella (Tomba di Cecilia Metella),* die bekannteste Ruine der Campagna, ein mit Travertin verkleideter Rundbau von 20 m Durchmesser. – Jenseits des Grabmals tritt das alte Pflaster der Via Appia mehrfach zutage; die Straße zieht südöstlich mit schönen Ausblicken gerade auf die Albaner Berge zu.

Rund 30 km südwestlich vom Zentrum der Ewigen Stadt liegt, 5 km vom Meer entfernt, **Ostia,** die alte Hafenstadt von Rom und nächst Pompeji (s. dort) die größte Ausgrabungsstätte Italiens: *Ostia Scavi.*

Gleich beim Haupteingang, längs der alten Via Ostiensis sowie noch schöner an der südlichen Parallelstraße Via delle Tombe, ausgedehnte Gräberreihen. Die Via Ostiensis führt zu den Resten der *Porta Romana,* dem wichtigsten der drei ehemaligen Stadttore. Hier beginnt der über 1 km lange Decumanus Maximus, die Hauptstraße des alten Ostia. Hinter dem Tor links der Piazzale della Vittoria, benannt nach dem hier stehenden Standbild der *Minerva Victoria* (1. Jh. n. Chr.). – Weiterhin rechts, Ecke Via dei Vigili, die *Thermen des Neptun.* Am Ende der Via dei Vigili links die *Kaserne der Wächter* (2. Jh. n. Chr.), mit stattlichem Mittelhof.

Am Decumanus folgt hinter den Thermen das aus der Zeit des Augustus stammende, unter Septimius Severus 1927 für Sommerfestspiele hergerichtete **Theater,** das 1927 für Sommerfestspiele hergerichtet wurde. Von der Höhe der Sitzstufen bietet sich ein schöner Blick über die Ausgrabungen, besonders auf den nördlich anschließenden Piazzale delle Corporazioni, mit den Säulen des *Ceres-Tempels.* An der Ostseite des Platzes Geschäftszimmer (lat. 'scholae') von *Schiffergilden,* die den Frachtverkehr mit den überseeischen, zumeist afrikanischen Häfen vermittelten. – Westlich vom Theater zeigt das *Haus des*

Kapitol in Ostia

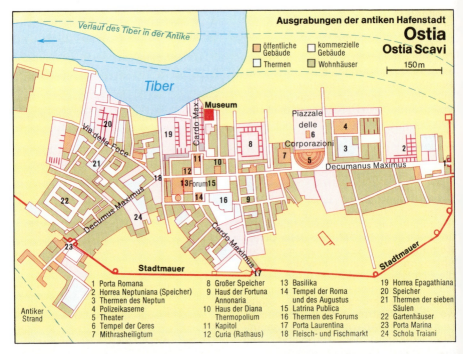

Ausgrabungen der antiken Hafenstadt
Ostia
Ostia Scavi

öffentliche Gebäude / kommerzielle Gebäude / Thermen / Wohnhäuser

150 m

Verlauf des Tiber in der Antike

Tiber

Museum

Piazzale delle Corporazioni

Decumanus Maximus

Via della Foce

Decumus Maximus

Cardo Maximus

Cardo Max.

Stadtmauer

Antiker Strand

1 Porta Romana	8 Großer Speicher	13 Basilika
2 Horrea Neptuniana (Speicher)	9 Haus der Fortuna Annonaria	14 Tempel der Roma und des Augustus
3 Thermen des Neptun	10 Haus der Diana Thermopolium	15 Latrina Publica
4 Polizeikaserne	11 Kapitol	16 Thermen des Forums
5 Theater	12 Curia (Rathaus)	17 Porta Laurentina
6 Tempel der Ceres		18 Fleisch- und Fischmarkt
7 Mithrasheiligtum		
19 Horrea Epagathiana		
20 Speicher		
21 Thermen der sieben Säulen		
22 Gartenhäuser		
23 Porta Marina		
24 Schola Traiani		

Marcus Apuleius Marcellus (2./3. Jh. n. Chr.) ein Peristyl und ein Atrium nach pompejanischem Muster; nördlich daneben ein Mitras-Heiligtum.

Hinter dem Theater folgen am Decumanus rechts auf einem Unterbau vier kleine *Tempel*, westlich davon lag ein großer *Speicherhof* (Grandi Horrea); dann am Decumanus rechts ein gut erhaltenes *Thermopolium*, eine Schenke mit gemauertem Schanktisch. Jenseits vom Thermopolium rechts das mächtige **Kapitol** (2. Jh. n. Chr.), der religiöse Mittelpunkt der Stadt. Südlich gegenüber dem Kapitol das **Forum**, der durch den Schnittpunkt des Decumanus mit dem C a r d o M a x i m u s, der wichtigsten Querstraße, bezeichnete Stadtmittelpunkt. An der Südseite des Forums liegen die Trümmer des *Roma- und Augustus-Tempels* (1. Jh. n. Chr.). Unweit westlich, jenseits einer *Basilika*, ein pantheonartiger *Rundbau* (3. Jh. n. Chr.); südöstlich vom Forum eine ausgedehnte *Thermenanlage* aus dem zweiten nachchristlichen Jahrhundert.

Am Nordende des Cardo liegt das sehenswerte

Museo Ostiense mit reichen Ausgrabungsfunden. – Am Südostende des Cardo Maximus der dreieckige *Campo della Magna Mater*, mit einem Tempel (2./3. Jh. n. Chr.); unweit südöstlich die recht gut erhaltene *Porta Laurentina*; etwa 150 m nördlich die *Domus-Fortuna-Annonaria* (3./4. Jh. n. Chr.). – Westlich vom Kapitol folgt am Decumanus rechts u.a. ein *Basar*, ein von 18 Läden umgebener Hof; nördlich davon lag der *Kleine Markt*. – Etwa 100 m westlich vom Kapitol das alte *Westtor*; nahebei, dem Tiber zu, das Privatmagazin *Horrea Epagathiana*, mit hübschem Tor und zweistöckigem Arkadenhof. Jenseits des Westtores beginnt ein 1938-42 freigelegtes Ruinenfeld, in dem das rechts abseits vom Decumanus an der V i a d e l l a F o c e gelegene mehrstöckige *Haus des Serapis* (2. Jh. n. Chr.), die *Thermen der Sieben Weisen* (Rundmosaik), die *Terme della Trinacia* (Mosaiken) sowie das *Haus der Wagenlenker* Beachtung verdienen. – Der Decumanus Maximus endet etwa 300 m südwestlich vom Westtor an der *Porta Marina*. Weitere Ausgrabungen legten Reste des Hafens frei.

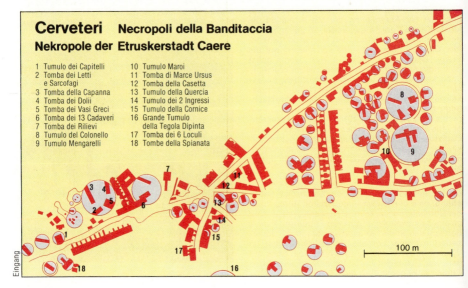

Cerveteri **Necropoli della Banditaccia**
Nekropole der Etruskerstadt Caere

1 Tumulo dei Capitelli	10 Tumulo Maroi
2 Tomba dei Letti e Sarcofagi	11 Tomba di Marce Ursus
3 Tomba della Capanna	12 Tomba della Casetta
4 Tomba dei Dolii	13 Tumulo della Quercia
5 Tomba dei Vasi Greci	14 Tumulo dei 2 Ingressi
6 Tomba dei 13 Cadaveri	15 Tumulo della Cornice
7 Tomba dei Rilievi	16 Grande Tumulo della Tegola Dipinta
8 Tumulo del Colonnello	17 Tomba dei 6 Loculi
9 Tumulo Mengarelli	18 Tombe della Spianata

100 m

Eingang

Östlich vom Ausgrabungsfeld liegt im Zuge der alten Via Ostiensis der heutige Ort **Ostia Antica** (3000 Einw.), beherrscht von einem 1483-86 zum Schutz des damaligen Hafens erbauten Kastell, einem guten Beispiel altitalienischer Festungsbaukunst (Museo della Rocca); daneben die Kirche Santa Aurea aus derselben Zeit. – 4 km südwestlich von Ostia Antica liegt am Tyrrhenischen Meer das ebenfalls zu Rom gehörende Seebad **Lido di Ostia**, mit 7 km langem Strand. Südöstlich gelangt man an dem schönen Parco di Castel Fusano entlang zu dem Badeplatz *Lido di Castel Fusano,* dem Endpunkt der von Rom kommenden Via Cristoforo Colombo, etwa 4 km von Lido di Ostia.

Von Ostia nordwestlich gelangt man zu dem erst 1825 angelegten Ort **Fiumicino** (15000 Einw.); nahebei der 1961 eröffnete *Flughafen Leonardo da Vinci.* – Abseits der Küste erreicht man auf der A 16 in nordwestlicher Richtung den Ort **Cerveteri**, an der Stelle der einstigen Etruskerstadt *Caere.* Nördlich außerhalb der Stadt eine weitläufige *Etruskische Nekropole (Plan S. 450).* Funde im Museum von Cerveteri.

Die A 16 führt weiter nach **Civitavecchia** (45000 Einw.), der bedeutendsten Hafenstadt im Gebiet um Rom. Die im Zweiten Weltkrieg fast völlig zerstörte und seither modern wiederaufgebaute Stadt besitzt Befestigungsanlagen von Bramante und Michelangelo.

Rovinj s. bei Istrien

Sabratha s. bei Tripolis

Salerno

Italien.
Region: Campania (Kampanien). – Provinz: Salerno.
Höhe: 0-4 m ü.d.M. – Einwohnerzahl: 155000.
Postleitzahl: I-84100. – Telefonvorwahl: 089.
(i) **EPT,** Via Velia 15;
  Telefon: 23 14 32.
  AA, Piazza Amendola 8;
  Telefon: 22 47 44.
  ACI, Via Giacinto Vicinanza 11;
  Telefon: 22 67 66.
  CIT, Corso Garibaldi 144;
  Telefon: 32 17 03.
  TCI, *Viaggi Transcontinental,*
  Corso Garibaldi 243;
  Telefon: 2 25 49.

HOTELS. – *Lloyd's Baia,* 3,5 km westlich außerhalb, I, 250 B.; *Jolly Hotel Delle Palme,* Lungomare Trieste 1, I, 140 B.; *Campania,* Via Generale Clark 45, I, 99 B.; *Diana,* Via Roma 16, II, 195 B.; *Montestella,* Corso Vittorio Emanuele 156, II, 85 B.; *Plaza,* Piazza Ferrovia, II, 75 B.; *Fiorenza,* Via Trento 145, II, 55 B.; *Elea,* Via Trento 98, II, 55 B. – JUGENDHERBERGE: Lungomare Marconi 34, 48 B.

Die industriereiche italienische Provinzhauptstadt Salerno, Sitz eines Erzbischofs, liegt etwa 50 km südöstlich von Neapel am Nordende des großartigen Golfs von Salerno, wo das Gebirge der Halbinsel von Sorrent schroff zum Tyrrhenischen Meer hin abfällt, während im Osten die fruchtbare Ebene von Salerno beginnt.

Die am Berghang ansteigende Altstadt, an der Stelle des römischen *Salernum,* bewahrt noch manche Erinnerung an ihre mittelalterliche Glanzzeit. Seit dem 11. Jahrhundert blühte hier die älteste medizinische Hochschule Europas, die erst 1812 von Murat aufgehoben wurde.

SEHENSWERTES. – Am Meer erstreckt sich östlich des nur dem Nahverkehr dienenden *Hafens* die prächtige, von stattlichen modernen Gebäuden gesäumte Uferstraße **Lungomare Trieste,** die eine weite Aussicht bietet. Parallel zu ihr verläuft die moderne **Via Roma,** die mit dem sich südöstlich fortsetzenden **Corso Giuseppe Garibaldi** den Hauptstraßenzug der Stadt bildet. Am Westende der Via Roma die Piazza Amendola, die östlich vom *Palazzo di Città* (Rathaus), südwestlich von der *Präfektur* begrenzt wird. Westlich hinter der Präfektur erstreckt sich der schöne *Stadtgarten,* dessen Westseite das *Teatro Verdi* abschließt. In der Mitte der Via Roma der *Palazzo di Provincia.* Von hier nördlich durch die Via del Duomo, auf der man nach 100 m die malerische Via dei Marcanti kreuzt, zum *Dom San Matteo,* der um 1080 unter Robert Guiscard erbaut und 1768 sowie nach 1945 restauriert wurde. Auf einer Treppe ge-

Italienische Hafenstadt Salerno am gleichnamigen Golf des Tyrrhenischen Meeres

langt man in ein Atrium mit 28 antiken Säulen aus Paestum sowie 14 antiken Sarkophagen. Die prachtvollen Bronzetüren wurden im Jahre 1099 in Konstantinopel gefertigt.

Im INNEREN des Domes im Mittelschiff über der Eingangstür ein großes *Mosaikbrustbild des hl. Matthäus,* aus normannischer Zeit, ferner zwei reich mit Cosmatenmosaik geschmückte *Ambonen* (1175); neben dem rechten die gleichartige *Osterkerzensäule.* Im linken Seitenschiff am Ende das prächtige Grab der Margareta von Anjou († 1412). – Im Chor sind Boden und Schranken mit Mosaiken aus der Normannenzeit geschmückt. In der Kapelle rechts vom Hochaltar unter dem Altar das Grab des 1085 in Salerno gestorbenen Papstes Gregor VII. (Hildebrand); in der Kapellenapsis ein Mosaik von 1260, den Erzengel Michael darstellend. – Im **Dommuseum** ein *Altarvorsatz (9. Jh.), mit figurenreichen Elfenbeinreliefs aus der Biblischen Geschichte, eine einheimische Arbeit. – In der reichgeschmückten *Krypta* unter dem Altar die Gebeine des Evangelisten Matthäus (früher in Paestum).

Unweit östlich vom Dom liegt in der Via Benedetto das sehenswerte *Provinzialmuseum* (antike Funde, darunter ein überlebensgroßer Bronzekopf des Apollo aus dem 1. Jh. v. Chr., sowie Gemälde).

Vom Dom gelangt man in 45 Minuten zu dem nordwestlich über der Stadt gelegenen alten langobardischen **Kastell** (*Castello;* 275 m), das von dem Normannenherzog Robert Guiscard im 11. Jahrhundert verstärkt wurde (oben weite Aussicht).

Saloniki / Thessalonike
(Thessaloníki)

Griechenland.
Nomos: Saloniki.
Höhe: 0-15 m ü.d.M. – Einwohnerzahl: 500 000.
Telefonvorwahl: 031.
**Griechische Zentrale
für Fremdenverkehr (E.O.T.),**
Mitropoleus 34;
Telefon: 27 18 88.
Touristenpolizei,
Egnatías 10.

HOTELS. – *Makedonia Palace,* Leoforos Megalu Alexandru, L, 530 B., Sb.; *Capitol,* Monastiriu 8, 353 B.; *Electra Palace,* Platia Aristotelus 5 a, I, 230 B.; *Astor,* Tsimiski 20, II, 159 B.; *Capsis,* Monastiriu & Promitheos 28, II, 823 B.; *City,* Komninon 11, II, 178 B.; *Egnatia,* Leontos Sofu 11, II, 274 B.; *El Greco,* Egnatia 23, II, 162 B.; *Elisabeth,* Monastiriu 293, II, 40 B.; *Metropolitan,* Vassilisis Olgas 65, II, 224 B.; *Olympic,* Egnatia 25, II, 104 B.; *Palace,* Tsimiski 12, II, 83 B.; *Queen Olga,* Vassilissis Olgas 44, II, 251 B.; *Rotonda,* Monastiriu 97, II, 142 B.; *Victoria,* Langada 13, II, 127 B.; *A.B.C.,* Agelaki 41, III, 208 B.; *Aegeon,* Egnatia 15, III, 112 B.; *Amalia,* Hermu 33, III, 124 B.; *Anessis,* 26. Oktobriu 20, III, 72 B.; *Ariston,* Diikitiriu 5, III, 61 B.; *Continental,* Komninon 5, III, 59 B.; *Delta,* Egnatia 13, III, 217 B.; *Emborikon,* Sygru 14, III, 63 B.; *Esperia,* Olympu 58, III, 132 B.; *Grande Bretagne,* Egnatia 46, III, 74 B.; *Mandrino,* Antigonidon 2, III, 136 B.; *Minerva,* Sygru 12, III, 74 B.; *Olympia,* Olympu 65,

III, 177 B.; *Park,* Ionos Dragumi 81, III, 105 B.; *Pella,* Ionos Dragumi 61, III, 118 B.; *Rex,* Monastiriu 39, III, 111 B.; *Telioni,* Agiu Dimitriu 16, III, 120 B.

In Peréa (10 km südl.): *Lena,* III, 80 B.; *Aegli,* III, 44 B. – CAMPING. – In Agia Trias (24 km südl.): *Sun Beach,* II, 200 B.; *Galaxy,* III, 152 B. – In Panórama (10 km südöstl.): *Nephele,* I, 130 B.; *Panorama,* I, 185 B.; *Pefka,* III, 104 B.

JUGENDHERBERGEN: Platia X.A.N., Agia Sophia 11.

VERKEHR. – Saloniki hat Flughafen für In- und Auslandsverbindungen. Schiffsverbindung mit Piräus und Rhódos. Station der Bahnstrecken Evzóni–Athen und Saloníki–Alexandrúpolis. Busverbindungen mit Athen, Ierissós (Athos), Kaválla, Edessa und anderen Orten der Umgebung. Jachtversorgungsstation.

Saloniki, neugriechisch Thessaloníki, ist die zweitgrößte Stadt Griechenlands, Hauptstadt von Makedonien, Sitz einer Universität und eines Metropoliten, Hafen und internationaler Messeplatz am Thermäischen Golf.

GESCHICHTE. – Die Stadt wurde 315 v. Chr. von Kassandros an der Stelle der alten Siedlung *Thermai* gegründet und nach seiner Frau Thessalonike, einer Schwester Alexander d. Gr., benannt. Im Mittelalter war sie die zweite Stadt des byzantinischen Reiches, erlebte aber harte Schicksale bei der Eroberung durch Normannen (1185) und Türken (1430), die die Griechen vertrieben. Um 1600 siedelten sich spanische Juden an, deren Nachkommen im Zweiten Weltkrieg ausgerottet wurden; im 18. Jahrhundert kehrten die Griechen wieder in die Stadt zurück, die 1912 an Griechenland kam und durch die Umsiedlung der Türken und den Flüchtlingsstrom aus Kleinasien ihr heutiges Bevölkerungsbild erhielt. Der nach alliierter Besetzung 1917 ausgebrannte Stadtkern wurde modern wiederaufgebaut.

Galeriusbogen und Rotunde in Saloniki

SEHENSWERTES. – An der Egnatiastraße steht der **Galeriusbogen** mit Reliefdarstellungen von Kämpfen des Galerius gegen die Perser (297 n. Chr.). 100 m nördlich davon die **Rotunde,** als Mausoleum für Galerius erbaut, nach 400 in eine christliche Georgskirche umgewandelt, in türkischer Zeit als Moschee verwendet, heute byzantinisches Museum. Der Rundbau (Durchmesser 24 m) hat in der Kuppel sowie in den seitlichen Nischen noch Reste schöner Mosaiken. Die Egnatia mündet in den Sophia-Boulevard, der zum **Weißen**

Weißer Turm im nordgriechischen Saloniki

Turm (15. Jh.) am Meer führt. Am benachbarten Park befindet sich das *Archäologische Museum* mit vielfältigen Funden aus Saloniki und Makedonien.

Vom Weißen Turm kommt man durch die Pávlu-Méla-Straße zur **Agía Sophía,** einer mit Mosaiken reich ausgestatteten frühen Kreuzkuppelkirche (8. Jh.). Nördlich davon, jenseits der Egnatia, finden wir die frühchristliche **Basilika Agía Paraskeví** (5. Jh.) an der Stelle ei-

ner römischen Villa, deren Mosaikfußboden im nördlichen Seitenschiff sichtbar ist. Der Egnatia folgend gelangt man zur *Panagía Chalkéon* (1028; restauriert) und von dort nordwärts zur ***Hauptkirche Ágios Dimítrios.** Die fünfschiffige Basilika wurde im 5. Jahrhundert über einer römischen Thermenanlage und einer (in der Krypta sichtbaren) römischen Straße erbaut. Einige Mosaiken des 5.-9. Jh. haben den Brand von 1917 überstanden, nach dem die Kirche originalgetreu wiederaufgebaut wurde. – Weitere Kirchen befinden sich in der malerischen OBERSTADT (in der das als Museum eingerichtete Geburtshaus von Atatürk steht), u.a. *Agía Ekateríni* (13. Jh.), *Prophítis Ilías* (14. Jh.), *Ossios David* (5. Jh., mit Mosaiken der Erbauungszeit) und das *Kloster Vlatádon* unmittelbar unterhalb der **Zitadelle** *(Eptapyrghion),* deren Ummauerung ebenso wie große Teile der Stadtmauer erhalten ist.

Die NÄHERE UMGEBUNG der Stadt bietet gute Ferienmöglichkeiten, nicht zuletzt die Orte mit Strandbädern am **Thermäischen Golf** südlich der Stadt: *Peréa* (10 km), *Agía Triás* (24 km), *Epanomi* (32 km). – In den Bergen liegt *Panórama* (340 m; 10 km südöstlich von Saloniki).

WEITERE UMGEBUNG von Saloniki. – 40 km westlich liegt das Ausgrabungsgelände der antiken Stadt **Pella**, der einstigen Hauptstadt des Make-

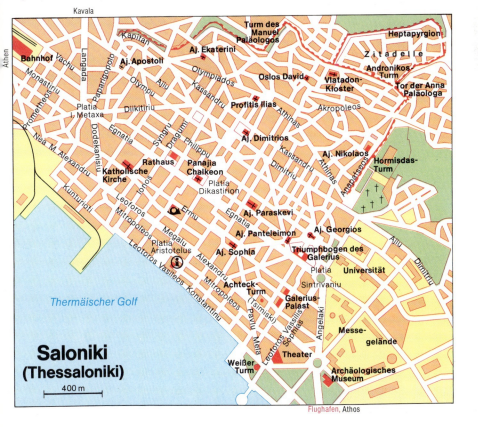

Saloniki
(Thessaloniki)

400 m

Thermäischer Golf

donenreiches, die nach der Schlacht von Pydna (196 v. Chr.) von den Römern zerstört wurde.

Kommt man von Saloniki, so sieht man unmittelbar nach der Abzweigung nach Paláá Pélla (Bushaltestelle) rechts der Straße mehrere große **Hausanlagen,** die von rechtwinklig sich kreuzenden Straßen getrennt sind. Sie stammen aus der Zeit um 300 v. Chr., sind um Höfe mit Säulenhallen angeordnet und dienten öffentlichen Zwecken. Prächtig ist besonders das rechte Haus (*Haus I) mit ionischem Peristyl und an Ort und Stelle belassenen Mosaiken. Solche *Mosaiken – aus schwarzen, weißen und gelben Kieseln hergestellt – sind in größerer Zahl zutage getreten; eine Löwenjagd zeigt, wie Alexander der Große von Krateros gerettet wird; Dionysos auf dem Panther reitend und eine weitere Jagdszene gehören ebenfalls zu den großen Kompositionen. Daneben gibt es eine vor Theseus fliehende Deianeira, einen Amazonenkampf, ein Kentaurenpaar usw. Einige dieser Mosaiken sind in situ, andere im *Museum, das auf der anderen Straßenseite errichtet wurde. Dort sieht man außerdem Architekturbruchstücke und Skulpturen. – Parallel zur Straße nach Saloniki gibt es eine Reihe von **Grabhügeln** aus hellenistischer Zeit.

Samos (Sámos)

Nomos: Samos.
Inselfläche: 576 qkm. – Höhe 0-1444 m.
Bewohnerzahl: 43000. – Telefonvorwahl: 0273.

HOTELS. – In Samos: Xenia, II, 46 B.; Samos, III, 160 B. – JUGENDHERBERGE. – In Pythagórion: Pythagoras, III, 55 B. – In Karlóvasi: Merope, II, 152 B. – In Kokkárion: Kokkari Beach, III, 90 B.; Venus (Afrodity), III, 88 B.

FLUGVERKEHR. – Flughafen 4 km westlich von Pythagórion. – Linienflüge Athen – Samos 2-3mal täglich in 65 Minuten.

SCHIFFAHRT. – Linienverkehr Athen (Piräus) – Karlóvasi und Athen (Piräus) – Samos jeweils 6mal wöchentlich in 14$\frac{1}{2}$ bis 16 Stunden (auch Kfz-Transport); Saloníki – Karlóvasi – Samos wöchentlich. – Lokale Verbindungen: Rhódos – Sými – Tínos – Nísyros – Kos – Kálymnos – Léros – Lípsos – Pátmos – Akrí – Agathonísi – Sámos (Phythagórion); ferner zum türkischen Festland (unregelmäßig).

STRASSENVERKEHR. – Vielfach unbefestigte Straßen. – MIETWAGEN in Samos. – INSELBUS. – TAXI.

BADESTRÄNDE. – Um die Bucht von Vathý; *Psili Amos, Pythagórion und Heräa an der Südküste.

VERANSTALTUNGEN. – Lokales Nationalfest (6. August); Kirchweihfeste in den Klöstern Panagía Vrontianí (8. Sept.), dem ältesten der Insel von 1566 (15 km westl. von Samos), und Timiu Stavrú (14. Sept.; 3 km westl. von Chora).

Samos, eine dicht besiedelte griechische Insel der Südlichen Sporaden, durch eine 1900 m breite Meerenge von der Küste Kleinasiens getrennt, ist reich an Wäldern, Bergen (Marmorabbau) und Wasserläufen.

Landwirtschaft (auch Wein), Holz zum Bau von Kaiken (Fischerboote) und Fischfang bilden von altersher die Lebensgrundlage der Bevölkerung.

GESCHICHTE . – Die ersten, wohl karischen Bewohner von Samos wurden schon früh von Ioniern verdrängt. Ihnen diente die Insel als wichtiger Stützpunkt für die Kolonisierung der nahen klein-

asiatischen Küste. Unter Polykrates gelangte die Insel im 6. Jahrhundert v. Chr. zu höchster politischer und wirtschaftlicher Macht. Wie andere Tyrannen seiner Zeit ließ er großartige Bauten aufführen und die Künste fördern. Die Insel nahm am Ionischen Aufstand teil, wurde befreit und trat als ein bevorzugtes Mitglied dem Ersten Attischen Seebund bei. Nach einem Aufstand (440 v. Chr.) durch Perikles unterworfen, war sie bis zum Ende des Peloponnesischen Krieges Stützpunkt für Athens Flotte, danach wechselnd unter spartanischem, attischem und persischem Einfluß. Vom Zweiten Attischen Seebund hielt sich Samos fern. Zum Römischen Reich stand es in erzwungener Abhängigkeit, bis die Insel unter Augustus und Tiberius die Freiheit erlangte (17 n. Chr.). – Byzantiner, Araber (seit 824 n. Chr.), Venezianer und Genuesen haben später hier geherrscht. Im ausgehenden 15. Jahrhundert von Türken geplündert, wurde Samos 1509 verwüstet, seit 1562 neu besiedelt und später mit wichtigen Vorrechten ausgestattet. Im neugriechischen Befreiungskrieg von 1821 gelang es den Türken nicht, die Insel einzunehmen. Das Londoner Protokoll von 1832 erklärte Samos zu einem dem Osmanischen Reich tributpflichtigen Fürstentum, das in der Flagge das griechische Kreuz führte. Der Fürst wurde vom Sultan ernannt, mußte aber Christ sein. – Im Verlauf des Tripoliskrieges vertrieben italienische Truppen 1912 die türkischen Besatzer; im gleichen Jahr erfolgte der Anschluß der Insel an Griechenland. – Samos ist die Heimat des griechischen Philosophen Pythagoras.

Die Inselhauptstadt **Sámos** (Vathý; Archäologisches Museum) liegt im Halbkreis um die geschützte innere Hafenbucht, von wo sie malerisch an den von Reben und Ölbäumen bestandenen Berghängen zur Oberstadt Apáno Vathý emporsteigt. Östlich der Stadt die Klöster Agía Zoni und Zoodóchos Pigí in schöner Lage.

Auf der griechischen Ägäisinsel Samos

Rund 20 km südwestlich von Samos, an der Südküste der Insel bei dem Hafenort Pythagórion (bis 1945 Tigáni), die Stelle der **antiken Stadt Samos.** Erhalten sind neben den Hafenanlagen und zerstreuten Gebäuderesten das Theater sowie die prachtvolle 6,5 km lange *Stadtmauer mit Toren und 31 Türmen. Der Rundgang (2-3 St.) beginnt im Westen, von der nach Chora führenden Landstraße aus. Längs der aus Polygonalblöcken gefügten Mauer steigt man hinauf zur Höhe des Berges Kastro (228 m), der das Kastro des Logothethen (Anfang 19. Jh.), im Befreiungskrieg Mittelpunkt der Verteidigung, trägt. Von oben prächtiger *Ausblick: im Süden auf das Stadtgebiet des alten Samos, nach Südwesten auf das Heräon, nach Norden auf das weite, fruchtbare Tal des Dorfes

Mytilíni (nördl. davon im Schiefer Fossilien; Paläontologisches Museum) und die Hagia-des-Kapellen, im Südosten auf das reiche Kloster Agias Trias und im Westen auf Chora, die alte Inselhauptstadt. Die größtenteils hellenistische Stadtmauer verläuft sodann am Nordrand des Kastro-Berges nach Osten, überschreitet bei Pythagorion ein enges Tal mit antiker Nekropole und schließt das nach Nordosten vorgeschobene Plateau der Akropolis (Astypaläa) mit ein. Im Osten wie im Westen reicht sie bis zum Meer hinab.

Am Südhang des Kastro das *Kloster Panagia Spilianí;* weiter westlich das *antike Theater* und noch näher der westlichen Mauer das Südende des **Eupalináon,* eines 1 km langen Wasserleitungstunnels. Er ist rund 1,75 m hoch und breit und jetzt wieder begehbar. 425 m vom Südeingang erkennt man die Stelle, an der die von beiden Richtungen gleichzeitig vorgetriebenen Stollen fast genau aufeinanderstießen.

Zum nördlichen Tunneleingang gelangte das Wasser in einem Kanal, der teils in den Fels geschnitten, teils ausgemauert und mit horizontalen Steinplatten abgedeckt war. Er beginnt an einem großen Reservoir, das von einer noch heute der Wasserversorgung dienenden starken Quelle gespeist wird. Die überwölbte Decke wird von 15 Pfeilern getragen; auf ihr ruht heute eine der drei *Hagiades-Kapellen.*

6 km westlich von Pythagorion das **Heräon,** der Tempel der Hera, im Westteil der meist sumpfigen Ebene südlich von Chora. In den erhaltenen Fundamenten des jüngeren sind Reste eines älteren ionischen Tempels (7. Jh. v.Chr.) verbaut. Dieser ältere gilt als erster Bau in der später üblichen Tempelgrundform mit Cella und Säulenumgang. Der jüngere Tempel (6./5. Jh. v.Chr.), von dem die Fundamente und Teile des Oberbaues erhalten sind, blieb unvollendet. Die nach Osten geöffnete Vorhalle (Pronaos) war quadratisch und durch zwei Reihen von je fünf Säulen in drei Schiffe geteilt. Die Cella, obwohl 23 m x 54 m groß, hatte keine Innensäulen. Sie war von 123 Säulen umgeben: je zwei Reihen von 24 Säulen standen an der Langseite, dreimal acht an der östlichen und dreimal neun an der westlichen Schmalseite. Ursprünglich führten Erdrampen zum Tempel empor, in frührömischer Zeit wurde im Osten eine Marmortreppe vorgelegt. Vor ihr befand sich der Opferaltar. Das im 1. Jahrhundert v.Chr. von Seeräubern verwüstete und von römischen Beamten (Verres, Antonius) ausgeraubte Heiligtum ließ wahrscheinlich Augustus während seines Aufenthaltes auf Samos (21-10 v.Chr.) weitgehend wiederherstellen.

2 km westlich von Heräon, jenseits des Flusses, steht der schöne *Sarazenenturm,* Teil einer mittelalterlichen Festung, der wie die umliegenden Ländereien zum Kloster Patmos gehört.

Von Samos lohnender Ausflug zum kleinasiatischen Festland nach **Priene* oder **Milet,* ferner zu den Ruinen der nördlich des türkischen Hafens Kuşadası gelegenen antiken griechischen Stadt ****Ephesos** (alle s. Reiseziele von A bis Z).

Samothrake
(Samothráki)

Griechenland.
Nomos: Evros.
Inselfläche: 178 qkm. — Bewohnerzahl: 3000.

HOTEL. – In Paläópolis: *Xenia,* II, 12 B.

VERKEHR. – Schiffslinie Piräus – Límnos – Samothráki – Alexandrúpolis. Fährverbindung mit Alexandrúpolis.

*Samothráke, eine landschaftlich reizvolle griechische Felsinsel (im Phengari 1840 m) der nordöstlichen Ägäis (Thrakisches Meer), liegt rund 30 km südlich der thrakischen Küste. Die wenig gegliederte Küste bietet kaum geschützte Hafenbuchten. Die Bewohner leben vom Obst- und Gemüseanbau (Zwiebeln).

GESCHICHTE. – Samothrake ist seit dem Neolithikum besiedelt. Um 1000 v.Chr. ließen sich Völker vom thrakischen Festland auf der Insel nieder; sie brachten den **Kabirenkult** mit, dem Samothrake vom Altertum bis zur Christianisierung hohes Ansehen und weitgehende Autonomie verdankte. – Um 700 v.Chr. ließen sich äolisch-ionische Einwanderer auf der Insel nieder. Nach makedonischer, später ägyptischer Herrschaft wurde Samothrake 163 v.Chr. von den Römern besetzt. Ihnen folgten in mehrfachem Wechsel Byzantiner, Venezianer und Genuesen, bis sich 1457 die Türken als Herren niederließen. – Der Balkankrieg brachte 1912 den Anschluß an Griechenland. – Samothrake war während des Zweiten Weltkrieges von bulgarischen Truppen besetzt.

Der Inselhauptort **Samothráki** (auch *Chóra;* 1500 Einw.; Museum) liegt im Gebirge, 3 km östlich vom Hafenplatz *Kamariotissa* (Burgruine).

4km nordöstlich, nahe der Küste, befindet sich die antike Inselhauptstadt (heute Paläo-

Samothrake — Heiligtum der Großen Götter

1 Anaktoron	8 Theater
2 Arsinoeion	9 Ptolemaion
3 Rundbau	10 Nekropole
4 Temenos	11 Fundort der Nike
5 Hieron	12 Stoa
6 Halle der Weihgeschenke	13 Festhalle
7 Altarhof	14 Kyklopenmauer

polis); über ihr das erst in jüngster Zeit völlig freigelegte *Heiligtum der Großen Götter (Kabirenheiligtum). Trotz wiederholter Zerstörung durch Piraten, Kriege und Erdbeben blieb es bis ins 4. Jahrhundert n. Chr. bestehen. Im Mittelalter lieferten die verfallenden Baulichkeiten Quader zum Festungsbau. Verehrt wurden Axieros, die Große Göttin der Natur, mit ihrem jugendlichen Begleiter Kadmilos, die beiden männlichen Dämonen Kabeiroi sowie das Götterpaar der Unterwelt Axiokersos und Axiokersa.

Auf der Landspitze zwischen zwei Bächen die Reste vom *Alten Tempel* (7.-4. Jh. v. Chr.), südlich davon vom *Neuen Tempel* (3. Jh. v. Chr.), beide mit Opfergrube. – Aus späthellenistischer Zeit stammen eine **Stoa**, westlich über dem Tempel die Nike-Nische, wo einst die Statue der *Nike von Samothrake* (heute im Pariser Louvre) stand, das **Arsinoeion**, ein um 285 v. Chr. von Lysimachios' Gattin Arsinoë II. errichteter prächtiger Rundbau für Versammlungen der Mysten, sowie östlich davon das von Ptolemaios II. gestiftete **Ptolemaion**. Nördlich der Nike-Nische ein *Theater* (2. Jh. v. Chr.). – Im Heiligen Bezirk der Kabiren suchte 168 v. Chr. Perseus, der letzte Makedonierkönig, Zuflucht vor seinen römischen Verfolgern.

Im Südosten des Heiligtums liegt der *antike Friedhof* (7. Jh. v. Chr. bis 2. Jh. n. Chr.); *Archäologisches Museum*.

Nordöstlich über dem Heiligen Bezirk die alte Stadt der äolischen Kolonisten (seit 7. Jh. v. Chr.). Bis hoch auf den Grat des Gebirges zieht sich die kolossale Mauer (6. Jh. v. Chr.). Im Innern ist wenig erhalten; auf der Anhöhe der antiken Akropolis die Ruine des Kastells der Genueser Familie Gattelusi. – Östlich von Paläokastro entspringt bei *Therma* aus einem 10 m hohen Sinterkegel eine 55°C heiße Quelle. – Lohnend ist die Besteigung des 1840 m hohen **Phengári** (6 St., Führer ratsam; *Rundblick).

San Marino
Republik
San Marino
Repubblica di San Marino

Höhe: 643 m ü.d.M. (Stadt).
Einwohnerzahl: 19000 (Land); 4500 (Stadt).
Postleitzahl: I-47031. – Telefonvorwahl: 0541.
(i) **Ente Governativo per il Turismo (E.G.T.)**, Palazzo del Turismo; Telefon: 992102.

HOTELS. – *Grand Hôtel San Marino, L, 106 B.; *Titano*, I, 106 B.; *Joli San Marino*, I, 45 B.; *Quercia Antica*, II, 53 B.; *Tre Penne*, II, 35 B.; *Diamond*, II, 12 B.; *Excelsior*, III, 54 B. – CAMPINGPLATZ.

San Marino, die Hauptstadt der gleichnamigen Zwergrepublik, liegt 23 km südwestlich von Rimini am Ostrand des Apennin. Wegen seiner großartigen *Lage auf der in drei burggekrönten Felszacken gipfelnden Höhe des Monte Titano (745 m) wie auch wegen des malerischen *Stadtbildes wird es besonders von den Adria-Badeorten um Rimini im Sommer besucht.

GESCHICHTE. – Nach der Legende wurde das Gemeinwesen im Jahre 301 n. Chr. von dem aus der dalmatinischen Stadt Rab stammenden und während der diokletianischen Christenverfolgungen geflohenen Steinmetzen *Marinus* gegründet. Die heutige Republik ging aus einem 885 erwähnten Kloster hervor, erhielt 1263 die heute noch geltende Verfassung, wurde 1631 von Papst Urban IV. anerkannt und hat seither, von 1862 an unter dem Schutz Italiens, ihre Unabhängigkeit bewahrt (viel begehrte Briefmarken und Münzen). – Mit seinen 19000 Einwohnern auf 61 qkm ist San Marino einer der kleinsten europäischen Staaten (Vatikanstaat 500 Einw. auf 0,5 qkm, Andorra 25000 Einw. auf 462 qkm, Liechtenstein 24000 Einw. auf 160 qkm, Monaco 24000 Einw. auf 2 qkm). – Die gesetzgebende Gewalt liegt in den Händen der 60 Mitglieder des *Consiglio Grande e Generale*, die ausübende Gewalt bei den 10 Deputierten des *Congresso di Stato* sowie den alle sechs Monate wechselnden beiden *Capitani reggenti*. Bei der prunkvollen Amtsübernahme (1. April und 1. Oktober) sowie am Nationalfeiertag (3. September) sieht man noch die mittelalterlichen Kostüme.

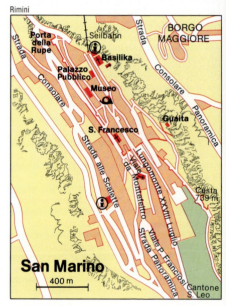

SEHENSWERTES. – An der Südwestseite der Stadt die *Porta San Francesco* (14. Jh.). Innerhalb der Stadtmauer gleich rechts die *Kirche San Francesco* (14. Jh.), mit alten Gemälden. – Nordwestlich der Kirche das Museum (u. a. Gemälde, Münzen, Briefmarken).

In der Mitte der Altstadt die Piazza della Libertà, der schöne Hauptplatz, mit Aussicht auf der Südwestseite. An der Nordwestseite des Platzes der 1894 im neugotischen Stil errichtete **Palazzo del Governo** (auch *Palazzo Pubblico*); in dem prunkvoll ausgestatteten Innern besonders beachtenswert den Saal des Großen Rates, der Audienz- und der Abstimmungssaal (in letzterem u. a. ein Gemälde von Guernico, San Marino); vom Dach des Palastes prächtige Aussicht. – Unweit nördlich vom Hauptplatz die neoklassizistische *Basilica di San Marino* (1836); in ihrem reich ausgestatteten Innern im Hochaltar die Gebeine des Heiligen. Rechts neben der Basilika die *Kapelle San Pietro,* die nach der Legende die Felsenbetten des hl. Marinus und seines Gefährten San Leo enthält. – Unweit oberhalb der Basilika das aussichtsreiche Terrassen-Restaurant Nido del Falco. – Nordwestlich vom Hauptplatz eine Aussichtsterrasse mit der Bergstation einer Schwebebahn, die von der um Stadt und Monte Titano ziehenden *Strada Panoramica ausgeht. Rechts das *Staatliche Touristenbüro.*

Südöstlich der Basilica San Marino führt ein Weg zu den auf den drei Gipfeln des Monte Titano thronenden *Rocche

Felsenfestung in der Republik San Marino

('Festungen'): zuerst die aus dem 11. Jahrhundert stammende *Rocca* (auch 'Guaita'); dann die *Cesta* (auch 'Fratta'; 13. Jh.), auf dem aussichtsreichen höchsten Punkt des Berges (745 m), mit einem Waffenmuseum; zuletzt der *Montale* (13. Jh.), an seinem Fuß der Kursaal.

San Remo (Sanremo)

Italien.
Region: Liguria (Ligurien). – Provinz: Imperia.
Höhe: 0–11 m ü.d.M. – Einwohnerzahl: 65000.
Postleitzahl: I-18038. – Telefonvorwahl: 0194.
ⓘ **AA,** Largo Nuvoloni;
Telefon: 85615.
ACI, Corso O. Raimondo 47;
Telefon: 85628.
TCI, *Riviera Tours,* Corso Imperatrice 31;
Telefon: 88864;
Albatros, Piazza Eroi Sanremesi 71–72.

HOTELS. – *Royal,* L, 255 B., Sb.; *Londra,* I, 250 B., Sb.; *Des Etrangers,* I, 199 B.; *Grand Hotel & Des Anglais,* I, 161 B.; *Astoria West End,* I, 152 B.; *Méditer-*

ranée, I, 129 B., Sb.; *Miramare,* I, 108 B., Sb.; *Residence Principe,* I, 86 B.; *Colombia Majestic,* I, 83 B.; *Nike,* I, 82 B.; *Europa & Della Pace,* II, 137 B.; *Nazionale,* II, 137 B.; *De la Ville & Tivoli,* II, 92 B.; *Plaza,* II, 88 B.; *Lolli,* II, 82 B.; *Ariston Montecarlo,* II, 78 B.; *Bel Soggiorno,* II, 75 B.; *Globo,* II, 74 B.; *Belvedere,* III, 97 B.; *Eden,* III, 93 B.; *Centrale,* III, 90 B.; *Bobby Motel,* III, 89 B., Sb.; *Paradiso,* III, 72 B. – CAMPING-PLATZ.

VERANSTALTUNG. – Italienisches **Schlagerfestival** im Februar.

San Remo, der seit 1861 besuchte älteste und größte Winterkurort Italiens, liegt an der 'Riviera dei Fiori', im Innern einer 9 km langen und halbkreisförmig von Bergen umschlossenen Bucht.

An die Stelle von Olivenwäldern sind heute Gewächshäuser u.a. für Nelken- und Rosenkulturen getreten (Blumenexport). Dank seiner geschützten Lage besitzt San Remo ein gleichmäßig mildes winterliches Heilklima. Im Sommer herrscht lebhafter Badebetrieb (z.T. künstlicher Strand).

SEHENSWERTES. – Auf einem steilen Hügel zwischen den kurzen Tälern der Wildbäche *San Francesco* und *San Romolo* drängt sich die ALTSTADT ('Città Vecchia' oder 'la Pigna') zusammen, ein Gewirr von engen Gassen, Stiegen und hohen düsteren Häusern, die zum Schutz gegen Erdbeben durch Bogen verbunden sind.

In der Schwemmlandniederung unterhalb des Stadthügels liegt die NEUSTADT; ihre Hauptverkehrsstraße ist die lange, von Geschäften gesäumte Via Matteotti. Am Westende der Straße das *Casino Municipale,* mit Spielsälen, einem Theater u.a. Unweit nordöstlich die im 12. Jahrhundert gegründete romanische *Domkirche San Siro.* Die westliche Verlängerung der Via Matteotti bildet der sich an der Westbucht hinziehende *Corso dell' Imperatrice, eine mit kanarischen Palmen

Spielkasino in San Remo (Italienische Riviera)

(Phoenix canariensis) bepflanzte Promenade; an ihrem Ende der hübsche *Giardino dell' Imperatrice.* Hauptverkehrsader der Ostbucht ist der C o r s o G a r i b a l d i , die östliche Verlängerung der Via Matteotti. Nahe am Westende des Corso Garibaldi der Blumenmarkt. Hauptpromenade am Meer ist hier der C o r s o T r e n t o e T r i e s t e . – Zwischen der Ost- und der Westbucht der *Hafen,* mit dem noch aus genuesischer Zeit stammenden *Forte Santa Tecla* (jetzt Gefängnis).

UMGEBUNG von San Remo. – Lohnend ist die Auffahrt mit der Schwebebahn (auch Straße) 45 Min. nordwestlich über den *Golfplatz* (18 Löcher) und die Sommerfrische *San Romolo* (786 m) auf den *Monte Bignone (1299 m; Restaurant), mit weiter Aussicht auf die Riviera und die Seealpen (im Süden bei klarem Wetter bis Korsika).

Santorin
Santorine / Thera
(Santoríni / Thíra)

Griechenland.
Nomos: Kykladen.
Inselfläche: 76 qkm. – Bewohnerzahl: 6200.
Telefonvorwahl: 0286.
(i) **Touristenpolizei,**
im Hauptort **Phira.**

HOTELS. – P h i r á : *Atlantis,* II, 47 B.; *Kavalari,* III, 39 B.; *Panorama,* III, 34 B. – K a m á r i : *Kamari,* III, 104 B. – M e s s a r i á : *Artemidoros,* III, 26 B. – P h i r o s t é p h a n o : *Kafieris,* III, 20 B.

Unterkunft außerdem in *Atlantis Villas* (restaurierte Inselhäuser) bei *Oia.*

BADESTRÄNDE. – Kamári, Monólithos an der Ostküste, Périssa an der Südküste (Busverbindung mit Phirá).

BOOTSAUSFLÜGE. – Von Skála aus nach Mikrá Kaiméni in der Caldera mit dem Krater von 1925, zur gegenüberliegenden Insel Thirasía, bei gutem Wetter auch Bootsverbindung nach **Anáphi** (35 qkm; 450 Einw.; 20 km östlich von Santorin) mit hochgelegener Chora und Panagía-Kloster.

**Santorin bzw. Thera, die südlichste der größeren griechischen Kykladen, ist mit ihren Nebeninseln Thirasía (9 qkm; 0-295 m) und Aspronísi (2 qkm; 0-71 m) Teil eines im Meer versunkenen Vulkankraters.

Die Eruption, die zu seinem Einsturz führte, läßt sich etwa in die Mitte des 2. Jahrtausends v.Chr. datieren. Die Bewohner konnten sich, durch die vorangegangene vulkanische Aktivität gewarnt, rechtzeitig in Sicherheit bringen. Schwere Erd- und Seebeben, die das Ereignis begleiteten, haben möglicherweise den plötzlichen Untergang des Minoischen Reiches auf Kreta bewirkt. Der aus dem Meer ragende Rand der Caldera bildet heute einen im Nordwesten und Südwesten offenen Ring um

Kraterwand der griechischen Insel Santorin

ein bis zu 390 m tiefes Becken, aus dessen Mitte in historischer Zeit die Gipfel eines neuen Vulkans, die **Kaiméni-Inseln,** emporgewachsen sind; heiße Quellen und Gasausströmungen bezeugen fortdauernde vulkanische Tätigkeit (letzter Ausbruch 1956). – Im Südosten von Thera erhebt sich als höchster Berg der *Prophíti Ilías* (584 m). Der Kraterrand selbst bricht nach dem inneren Becken hin in 200-400 m hohen Felswänden aus grauschwarzer Lava ab, in der Schichten von weißem Bimsstein und rötlichem Tuff sichtbar werden. Nach außen senkt er sich sanft zum Meere hin und bildet mit seiner hohen Bimssteindecke ein fruchtbares Weinland. Baumbewuchs fehlt wegen des Wassermangels. Die Bewohner haben durch die Ausfuhr von Wein, Hülsenfrüchten und Tomatenmark sowie von Santorinerde (Pozzulan), einer Bimssteinerde, die als natürlicher Zement für Wasserbauten (Hafenanlagen; Sueskanalbauten) geschätzt wird, einen bescheidenen Wohlstand erreicht. In jüngster Zeit gewinnt der Tourismus wegen der landschaftlichen Eigenheit und der antiken Ausgrabungsstätten, die zu den wichtigsten in Griechenland zählen, an Bedeutung. Für reine Badeferien ist Thera wenig geeignet.

GESCHICHTE. – In der Antike trug Thera den Namen *Kalliste* (= die Schönste) oder *Strongyle* (die Runde). Im 3. Jahrtausend v.Chr. (Kykladenkultur) wohl von Karern bewohnt, ließen sich um 1900 v.Chr. frühgriechische Achäer auf ihr nieder, die um 1500 von phönikischen Kolonisten bedrängt wurden. Nach dem Bersten des Vulkankraters blieb die Insel ein halbes Jahrtausend unbewohnt.

Erst Jahrhunderte später, zu Beginn des 1. Jahrtausends v.Chr., wurde die Insel neu besiedelt, und zwar von Doriern, die sich u. a. auf einem Kalksteinrücken südöstlich des Elias-Berges niederließen. Ihr König Grinos gründete 630 v.Chr. die nordafrikanische Kolonie Kyrene, die größte Kolonie der Griechen in Afrika überhaupt. 146 v.Chr. lag in dieser Stadt eine Garnison der ägyptischen Ptolemäer, dann wurde die Insel römisch. 1207, nach dem 4. Kreuzzug, eroberte Marco Sanudo, den Herr von Náxos, Santorín, das nun drei Jahrhunderte unter italienischer Herrschaft stand. Aus dieser Zeit stammen der bis heute gebräuchliche Name Santorín (= Santa Irene), die Burgruine Skáros und ein katholischer Bevölkerungsteil. 1539 wurde Santorin türkisch, 1830 griechisch.

Der Vulkanismus, der einst die Insel neben dem alten Kalksteinkegel des 584 m hohen Prophítis Ilías aufbaute und sie kurz nach 1500 v. Christi zerstörte, blieb auch in späteren Zeiten ein bestimmender Faktor. 197 v. Chr. stieg Paláá Kaiméni (die 'alte Verbrannte') aus dem Kratersee auf, 1570 Mikrá Kaiméni, 1707-1711 Néa Kaiméni, die 1925/26 mit Mikrá Kaiméni zusammenwuchs und noch heute tätig ist. Die letzten starken vulkanischen Erscheinungen, verbunden mit erheblichen Erdbebenschäden, waren 1956 zu verzeichnen.

SEHENSWERTES. – Die *Einfahrt von Nordwesten zu Schiff ist höchst eindrucksvoll. Nach den sanften, grünen Außenhängen des Kraterrandes öffnet sich plötzlich der riesige, fast ringsum geschlossene Kessel. An der Nordspitze der Hauptinsel klebt am Rande des Absturzes *Ia;* von der kleinen Bucht *Agios Nikolaos* führt ein steiler Zickzackweg hinauf. Bei der Weiterfahrt schließen Thirasía (rechts) und das in der Ferne hinter den Kaimeni-Inseln sichtbare südliche Horn von Thira das Becken vollständig ab.

Der Inselhauptort *Thíra* oder **Phíra** (*Fíra,* 205 m; 1000 Einw.) ist jenseits eines Vorsprungs hoch oben sichtbar. Vom Hafen *Skala* steigt man in Windungen (20 Min.; Esel) empor. Besuchenswert das *Museum* (Funde von der Insel).

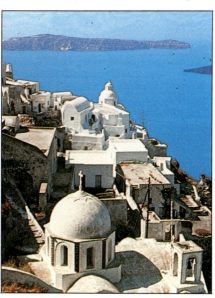

Phira auf der griechischen Insel Santorin

Die Straße zu der antiken Inselhauptstadt **Thera** führt von Phira südlich nach *Pýrgos* (Autobus) und von da weiter südöstlich auf den Berg *Ágios Ilías* (566 m; Kloster von 1711; *Rundsicht südlich bis Kreta), dann weiter östlich hinab zu dem Bergsattel *Selláda,* an dessen beiden Flanken die Nekropolen von Thera liegen. Von hier zweigen Wege ab: links nach *Kamári* hinab, wo

am Strand die alte Stadt *Oia* lag, und rechts (südl.) nach Périssa. Geradeaus zum *Mesa Vuno* in Windungen bergauf, an der z. T. mit antiken Baugliedern über einer altchristlichen Basilika (5. Jh.) erbauten Kirche *Ágios Stéphanos* vorüber zum *Evangelismós* (297 m), einer Kapelle mit anstoßendem Heroon (2. Jh. v. Chr.).

Die Ruinen von Thera ziehen sich von der Sellada über den nach drei Seiten steil abfallenden Felsrücken des Mesa Vuno hin. Die Anlage der bis in byzantinische Zeit bewohnten Stadt entspricht dem Zustand zur Zeit ihrer Gründung in der hellenistischen Epoche.

Vom Evangelismos südlich am Hang in Windungen bergan zur Stützmauer einer Terrasse, mit den Resten des Tempels des *Apollon Kameios* (6. Jh. v. Chr.). Der nordwestlich anstoßende Tempel besteht aus Pronaos, Naos und zwei an dessen Südwestwand angebauten Kammern. Die durch Aufschüttung vergrößerte Terrasse (6. Jh. v. Chr.) im Süden diente als Festplatz. Zwischen Tempel und Mauerecke das Fundament eines rechteckigen Gebäudes; im Innern sind Götternamen (Nordwestseite; z. T. 8. Jh. v. Chr.) und Namen von Theräern (Südseite) in den Felsen gehauen. – Am Südostende des Felsgrates das *Epheben-Gymnasium* (2. Jh. v. Chr.), mit der Grotte des Hermes und des Herakles an der Nordostseite eines großen Hofes, einem Saal und Rundbau am Ostende. Darüber Felsinschriften z. T. erotischen Inhalts.

An der Hauptstraße Fundamente einiger hellenistischer Privathäuser von delischem Grundrißtypus und das **Theater,** mit der Bühne aus römischer Zeit; unter ihr Spuren des ptolemäischen Proskenions, an das der Kreis der Orchestra stieß. Beim Theaterportal zweigt von der Hauptstraße ein Weg ab, aufwärts zum **Felsenheiligtum** der ägyptischen Gottheiten *Isis, Seraphis* und *Anubis.* – Jenseits des Theaters an der Hauptstraße die offene *Kaufhalle;* dahinter römische *Thermen.* Es folgt die Agorá (Markt), ein unregelmäßiger, länglicher Platz, in den verschiedene Straßen münden. An seiner Südostseite die **Stoa Basilike** (1. Jh. v. Chr.) mit zwei Kleithosthenes-Inschriften gegenüber dem Eingang. Die Innenhalle teilt eine dorische Säulenreihe in der Längsachse; Wandpfeiler und Aufbau im Norden (Tribunal?) sind später angefügt. – Weiter links über dem mittleren Markt eine Terrasse mit dem **Tempel** *des Dionysos,* später *der* **Ptolemäer** (2. Jh. v. Chr.), in dem zuletzt auch die römischen Kaiser verehrt wurden. Ihm gegenüber der **Tempel** *der* **Göttin Tyche.**

Nördlich jenseits des Marktes führt die Hauptstraße weiter. Von ihr zweigt westlich aufwärts eine Straße ab zur *Kaserne* und dem *Gymnasion* (südl.) der ptolemäischen Garnison, auf der Höhe des Mesa Vuno. – Am unteren Ende der Hauptstraße, nahe der Sellada, der mit Felsenreliefs geschmückte **Tempel des Artemidoros** (3. Jh. v. Chr.).

Von der Sellada südlich abwärts in 30 Minuten zu der malerischen Kirchenanlage von **Périsa** (19. Jh.); südwestlich hinter der Kirche, rechts vom Friedhof, das Fundament eines Rundbaues aus der ersten Kaiserzeit, mit Katasterinschriften (3./4. Jh. n. Chr.). – Von Perisa nach Thira zurück über **Empório** und unweit am *Tempel der Thea Basileia* (1. Jh. v. Chr.) vorbei, der als Kapelle des *Agios Nikolaos Marmarenios* mit dem antiken Dach, schönem Türrahmen und einer Nische im Innern vorzüglich erhalten ist.

Bei **Akrotíri**, 20 km südlich von Thira an der Südbucht von Santorin, wurden in jüngster Zeit eine mykenische Siedlung mit erstaunlich gut erhaltenen Gebäudeteilen und

Wandmalereien sowie die Ruine eines minoischen Palastes (2. Jahrtausend v. Chr.) freigelegt; entsprechende Siedlungsfunde auch an der Südküste von Thirasía.

Die **Kaimeni-Inseln** (Boot von Thíra) sind als noch tätiger Vulkan besuchenswert. Aus dem Altertum wird vom Entstehen und Vergehen von Inselchen an dieser Stelle in den Jahren 197 v. Chr., 19 und 46 n. Chr. berichtet; 726 fanden dort, wohl an **Paläa Kaimeni** (südwestl.), vulkanische Veränderungen statt, 1457 ein nicht vulkanischer Felssturz. 1570-73 entstand **Mikra Kaimeni** (nordöstl.); 1650 fand eine Eruption im Nordosten von Thera statt (Kolumbusbank); 1707-11 entstand **Nea Kaimeni**, wo sich 1866-70 neuerliche heftige Eruptionen ereigneten. An ihrem Südwestufer wuchs aus aufquellenden Lavamassen die später mit Nea Kaimeni verbundene Insel *Aphroessa*. Den am Südostufer befindlichen Georgskrater (benannt nach König Georg von Griechenland; 128 m), der noch an einigen Stellen schwefelhaltige Dämpfe ausströmt (letzter Ausbruch 1956), besteigt man auf der Nordseite (20 Min.) von der Bucht zwischen Nea und Mikra Kaimeni. – Bootseigner legen gern für ein bis zwei Tage bei Nea Kaimeni an, um den Schiffsrumpf dem warmen und schwefelhaltigen Wasser auszusetzen und dadurch von Algen- und Tierbesatz zu reinigen.

18 km südwestlich vor Santorin liegen die Eilande *Christiana* (0-279 m) und *Askania* (0-143 m), die südlichsten der Kykladeninseln.

Sardinien / Sardegna

Italien.
Region: Sardegna (Sardinien).
Provinzen: Cagliari, Nuoro, Oristano und Sassari.
Inselfläche: 24000 qkm. – Bewohnerzahl: 1500000.

ⓘ **Assessorata al Turismo della Regione Sarda,**
E.S.I.T., Via Mameli 95,
I-09100 **Cagliari;**
Telefon: (070) 668522.
EPT Cagliari, Piazza Deffenu 9,
I-09100 Cagliari;
Telefon: (070) 651946.
EPT Nuoro, Piazza d' Italia 19,
I-08100 Nuoro;
Telefon: (0784) 30083.
Pro Loco Oristano,
Vico Umberto I 15,
I-09025 Oristano;
Telefon: (0783) 70621.
EPT Sassari, Piazza d' Italia 19,
I-07100 Sassari;
Telefon: (079) 30129.

HOTELS. – In Cagliari: *Jolly Regina Margherita*, I, 191 B., Sb.; *Mediterraneo*, II, 256 B.; *Moderno*, II, 139 B.; *Sardegna*, II, 119 B.; *Italia*, III, 192 B.

In Nuoro: *Grazia Deledda*, I, 108 B.; *Paradiso*, II, 148 B.; *Moderno*, II, 102 B.; Motel *Agip*, II, 102 B.

In Macomer: Motel *Agip*, II, 192 B.; *Marghine*, III, 31 B.; *Nuraghe*, III, 31 B.

In Sassari: *Jolly Grazia Deledda*, I, 228 B., Sb.; *Jolly Standard*, II, 79 B.; *Turritania*, III, 133B.

In Castelsardo: *Peddra Ladda*, II, 144 B., Sb.; *Riviera*, III, 55 B.; *Castello*, III, 40 B.

In Tempio Pausania: *Petit Hôtel*, II, 82 B.; *San Carlo*, III, 89 B.

In Olbia: *President*, I, 60 B.; *Mediterraneo*, II, 133 B.; *Royal*, II, 129 B.; Motel *Olbia*, II, 40 B.; *Minvera*, III, 59 B.

An der Costa Smeralda: *Abi d'Oru*, am Golfo di Marinella, I, 102 B.; *Cala di Volpe*, I, 246 B., Sb., Ni-

baru, II, 60 B., Sb., beide in Cala di Volpe; *Cervo*, I, 176 B., Sb., *Luci di la Muntagna*, II, 136 B., Sb., *Le Ginestre*, II, 102 B., alle drei in Porto Cervo; *Pitrizza*, an der Bucht Liscia di Vacca, I, 52 B., Sb.; *Ringo*, II, 261 B., Sb., *Smeraldo Beach*, II, 248 B., Sb., *Delle Vigne*, II, 158 B., *Cormorano*, II, 112 B., Sb., *La Biscaccia*, II, 110 B., Sb., alle an der Baia Sardinia.

In Cala Gonone: *Villaggio Palmasera*, II, 650 B.; *Mastino delle Grazie*, III, 88 B.

In Arbatax: *Telis*, III, 326 B.

SCHIFFAHRT. – *Linienverkehr* (auch Autofähre) mehrmals täglich von Civitavecchia nach Golfo Aranci in 8-9 Stunden sowie täglich von Genua nach Porto Torres in 13 Stunden, von Genua bzw. Civitavecchia nach Olbia in 14 bzw. 7 St. und von Civitavecchia nach Cagliari in 12 Stunden; ferner fünfmal wöchentlich von Genua über Porto Torres (13 St.) nach Cagliari in 20 Stunden.

FLUGVERKEHR. – Internationaler Flughafen *Cagliari*, 4 km westlich der Stadt; Flugplätze für den nationalen Flugdienst bei *Olbia* und *Alghero*.

Die italienische Insel *Sardinien, die mit einer Fläche von 24000 qkm zweitgrößte der Mittelmeerinseln, ist von der Südspitze der französischen Nachbarinsel Korsika durch die enge Straße von Bonifacio getrennt. Die dem ausgehenden Mittelalter bis zum Beginn unseres Jahrhunderts durch Malaria dezimierte Bevölkerung konzentriert sich in den gut angebauten fruchtbaren Küstenstrichen.

Geologisch ist die Insel der Rest eines aus Gneisen, Granit und Schiefer gebildeten Rumpfgebirges, dem ein von Norden nach Süden gerichtetes Band teils von jungeruptivem Material verschütteter Kalke aufgelagert ist. Als einzige größere Ebene trennt das Campidano das an Bodenschätzen reiche südwestliche Bergland Iglesiente von der übrigen Insel, die sich insgesamt als im Westen sanfteres, im Osten kluftenreiches, im Gennargentu bis zu 1834 m hohes und zur Ostküste in schroffen Felsabstürzen zum Meer abfallendes Bergland darstellt. Das Klima ist von trocken-heißen Sommern und niederschlagsreichen Wintern bestimmt.

In den letzten Jahren hat sich der Tourismus zu einem wichtigen Wirtschaftszweig entwickelt. Neben den alten Fremdenverkehrsgebieten um Alghero und Santa Teresa entstand ein neues Feriengebiet an der Costa Smeralda.

GESCHICHTE. – Von den ersten Bewohnern der Insel zeugen noch heute zahlreiche prähistorische Siedlungsreste, darunter besonders die **Nuragen** *(Nuraghen)*, das sind massive Turmbauten einer bronze- bis eisenzeitlichen Inselkultur, die auffallender Ähnlichkeit mit den Talayots auf den Balearen (s. dort). Sie dürften wie jene als Festungswerke, Wachtürme und Grabstätten gedient haben und der Zeit zwischen 1500 und 500 v. Chr. entstammen.

Seit dem 9. Jahrhundert v. Chr. siedelten sich Phönizier und später Karthager an. 238 v. Chr. wurde Sardinien von den Römern eingenommen, die es wegen der reichen Erzvorkommen

Costa Smeralda auf Sardinien

hoch einschätzten. Um 455 von den Vandalen besetzt und später Byzanz untertan, erlitt die Insel im 8.-11 Jahrhundert wiederholt blutige Überfälle durch die Sarazenen. Diesen fortgesetzten Piratereiakten bereiteten Pisa und Genua im Auftrage des Papstes schließlich ein Ende, wofür beide mit der Insel als päpstlichem Lehen bedacht wurden. Gleichzeitig blieben als wichtige herrschende Macht die vier althergebrachten einheimischen Gerichtsbarkeiten, die 'Giudici' von Torre, Gallura, Cagliari und Arborea, erhalten. 1297 ging Sardinien als päpstliches Lehen an die Krone Aragons, wurde im Frieden von Utrecht Österreich zugesprochen und kam durch Tausch gegen Sizilien im Jahre 1720 als Königreich Sardinien an die Herzöge von Savoyen. Seit 1948 ist die Insel als autonome Region Bestandteil der Republik Italien.

Aufgrund der rauhen Abgeschiedenheit großer Inselteile haben sich Sitten und Brauchtum recht lebhaft erhalten. Das Sardische, die Sprache der einheimischen Inselbewohner, ist ein romanischer Sprachzweig, der sich neben dem festländischen Italienisch relativ eigenständig entwickelt und gewisse archaische Züge bewahrt hat.

Cagliari

Cágliari, sardisch 'Casteddu' (230 000 Einw.), die Hauptstadt von Sardinien, liegt an der Südküste der Insel am weiten Golf von Cagliari. Sie ist wichtigster Hafen und Handelsplatz der Insel sowie Sitz eines Erzbischofs und einer Universität.

Panorama der sardischen Hauptstadt Cagliari

Die von den Phöniziern gegründete und von den Römern 'Carales' genannte Stadt lehnt sich mit ihrem ältesten Teil, dem *Castello* (sardisch 'Castedd' e susu') malerisch an eine steile Anhöhe, zu deren Füßen sich die neuen Stadtteile und Vorstädte ausbreiten. Im Westen und Osten erstrecken sich die großen Lagunen *Stagno di Cagliari* und *Stagno di Molentargius,* mit ausgedehnten Salzgärten.

SEHENSWERTES. – Am belebten Hafenkai die baumbestandene Via Roma; an ihrem Nordwestende der *Hauptbahnhof* sowie das zweitürmige moderne **Rathaus** (im Innern Wandgemälde von Fil. Filgari). Vom Rathaus führt der sehr breite Largo Carlo Felice nordostwärts leicht bergan zur Piazza Yenne, auf die von Nordwesten der belebte Corso Vittorio Emanuele mündet. – Von der Piazza Yenne führt die Geschäftsstraße Via G. Manno, volkstümlich *la Costa* genannt, südöstlich zur etwas tiefer gelegenen Piazza della Costituzione. Etwas abseits der hier beginnenden Via Garibaldi die *Kirche San Domenico,* mit hübschem Kreuzgang. – Weiter im Osten der Stadt, an der breiten Allee Via Dante, die *Kirche Santi Cosma e Damiano* (urspr. 5. Jh.; im 11./12. Jh. erweitert), das älteste Denkmal christlicher Baukunst auf Sardinien.

An der Nordseite der Piazza della Costituzione beginnt der prächtige *Viale Regina Elena*, eine schöne Ausblicke gewährende Promenadenstraße, die sich unter dem schroffen Ostabhang der ehemaligen Bastion nach Norden zieht. An ihrem Nordende liegt der *Giardino Pubblico.*

Von der Piazza della Costituzione führt die Marmortreppe 'Passeggiata Coperta' hinauf zur *Bastione San Remy* (amtl. *Terrazza Umberto I*), einer prächtigen Aussichtsterrasse über den mittelalterlichen Bastionen (z. T. erhalten). Nördlich oberhalb die ebenfalls aussichtsreiche *Bastione Santa Caterina.* Von hier zieht die Via dell' Università nordwestlich zu der 1956 gegründeten *Universität* (bedeutende Bibliothek) und zu der wuchtigen *Torre dell' Elefante* (von 1307). – Von der San-Remy-Bastion gelangt man durch das Tor der alten *Torre dell' Aquila* in die enge Via Lamarmora, die Hauptstraße der Altstadt, die sich auf der steilen Anhöhe nach Norden zieht und die rechts und links durch steile Gäßchen oder dunkle Gewölbegänge und Treppen mit mehreren Parallelstraßen verbunden ist. In der Mitte der Straße die terrassenartige Piazza Palazzo. Über ihrer Ostseite die 1312 von den Pisanern vollendete **Kathedrale** *Santa Cecilia;* an den Frontseiten der Querschiffe schöne alte Portale. Im Innern, zu beiden Seiten des Haupteingangs, die beiden Hälften der 1312 nach Cagliari geschenkten alten Pisaner *Domkanzel von Guillelmus,* das Hauptwerk der pisanischen Plastik des 12. Jahrhunderts, mit Darstellungen aus dem Neuen Testament; in der Krypta einige Grabmäler.

Die Via Lamarmora mündet nördlich auf die Piazza dell' Indipendenza, mit der *Torre San Pancrazio* (1305; Aussicht) und dem ***Museo Nazionale Archeologico** mit punischen, griechischen und römischen Funden sowie der vollständigsten Sammlung sardischer Altertümer; besonders beachtenswert in Saal I die in den Nuragen gefundenen *Bronzen von roher und primitiver, aber charakteristischer Arbeit. Im Obergeschoß Gemälde des 14. bis 18. Jahrhunderts.

Vom Museum führt der Viale Buon Cammino nördlich durch den Vorhof der Zitadelle auf der Höhe des Hügelrückens hin. Nach 0,5 km links ein Weg hinab zum römischen **Amphitheater** (88,5 x 73 m; Arena etwa 50 x 34 m), das in einer Einsenkung des Felsabhangs angelegt ist und jetzt als Freilichttheater dient. Südwestlich vom Amphitheater der *Botanische Garten,* mit reicher südlicher Vegetation.

UMGEBUNG von Cagliari. – Lohnend ist die Fahrt 7 km südöstlich, nahe am Aussichtsberg *Monte Sant' Elia* (139 m) und an dem großen Salzgarten des *Molentargius* vorbei zu der sich 10 km entlang dem *Golfo di Quartu* ziehenden **Spiaggia di Poetto,** dem vielbesuchten Badestrand von Cagliari. – Von hier Weiterfahrt (50 km) zunächst durch ein weites Meliorationsgebiet, dann jenseits der Häusergruppe *Flúmini* auf prächtiger Strecke an der buchtenreichen Küste hin und an zahlreichen alten Wachttürmen und Nuragen vorbei zum *Capo Carbonara,* der aussichtsreichen Südostspitze der Insel, mit der *Torre Santa Caterina* (115 m ü.d.M.; 17. Jh.); nahebei die *Fortezza Vecchia* aus dem 17. Jahrhundert.

Von Cagliari empfiehlt sich ferner eine Rundfahrt durch das I g l e s i e n t e (etwa 20 km), das südwestliche Bergland der Insel. Die Strecke verläßt Cagliari in südwestlicher Richtung auf der S.S. 195 und führt alsbald über die den *Stagno di Cagliari* vom Meer trennende Nehrung sowie an den großen Salinen von S. Gilla entlang. – Nach 20 km bei dem Dorf *Sarroch* ein besonders urtümlicher Nurag. – Nach weiteren 7 km erreicht man bei *Pula* die Zufahrt zu den 4 km südlich auf einer schmalen Halbinsel gelegenen Resten der phönizischen, später römischen Stadt **Nora,** mit Forum, Amphitheater, Tempelresten, Grundmauern römischer Villen und gut erhaltenen Bodenmosaiken. – Die Straße verläßt nach einiger Zeit die Küste und zieht landeinwärts weiter, erklimmt 38 km hinter Pula eine Paßhöhe (301 m), mit dem *Nurag de Mesu,* und erreicht nach weiteren 14 km das hübsch gelegene Städtchen **Teulada** (63 m), den Hauptort des *Sulcis* genannten südlichen Teils des Iglesiente. – 36 km hinter Teulada trifft die S.S. 195 bei *San Giovanni Suergiu* auf die S.S. 126.

Von San Giovanni Suergiu lohnt ein Abstecher 11 km südwestlich zu der großen vulkanischen **I s o l a d i S a n t' A n t i o c o** (109 qkm), mit dem als Seebad besuchten **Sant' Antioco** (15 m; 11 000 Einw.). Beiderseits des Kastells eine gut erhaltene phönizische Nekropole (um 550 v. Chr.; kleines Museum). Die z. T. durch Einreißen der Zwischenwände vergrößerten Grabkammern dienen heute großenteils als Wohnungen. 9 km nordwestlich von Sant' Antioco liegt der Ort *Calasetta* (29 m), eine orientalisch anmutende ehemalige Kolonie von Carloforte auf der Nachbarinsel San Pietro, die wie dieses die genuesische Sprache und Tracht bewahrt hat (Schiffe nach Carloforte mehrmals täglich in 30 Min.).

Jenseits von San Giovanni Suergiu folgt die Rundfahrt durch das Iglesiente der S.S. 126 in nördlicher Richtung. – Nach 6 km erreicht sie die 1938 inmitten des sardischen Kohlebeckens gegründete Stadt

Carbónia (35 000 Einw.). Nach weiteren 11 km links die Abzweigung zu den Hafenorten *Portoscuso* (Thunfischfang) und *Portovesme,* von wo Schiffe (auch Autofähre) mehrmals täglich in 45 Minuten nach **Carloforte** (10 m; 8000 Einw.), dem Hauptort der aus Trachyt aufgebauten Insel **S a n P i e t r o** (52 qkm), übersetzen. Carloforte wurde 1736 durch Genuesen gegründet, die seit dem 13. Jahrhundert eine Insel vor Tunesien bewohnten und bis heute ihre Sprache und Tracht bewahrt haben. Interessant (jedoch nicht für Nervenschwache) ist während der Fangzeit (im Mai und Anfang Juni) ein Besuch der an der Nordspitze der Insel bei der kleinen *Isola Piana* und gegenüber nahe Portoscuso liegenden großen Thunfischfängereien (tonnare). Der Thunfisch, 2-4 m lang und 3-6 Zentner schwer, ist als Ölkonserve in Italien ein beliebtes Volksnahrungsmittel. Er lebt hauptsächlich im Mittelmeer, zieht während des Frühjahres in dichten Schwärmen, oft von Haifischen begleitet, zum Laichen nach Osten und wird besonders an den Küsten Sardiniens und Siziliens mit großen Netzen gefangen und in diesen abgeschlachtet. Tausende von Arbeitskräften sind mit dem Fangen, Zerlegen, Kochen, Verpacken beschäftigt.

Rund 12 km hinter der Abzweigung nach Portoscuso und Portovesme folgt *Iglesias* (190 m; 23000 Einw.), die z. T. von mittelalterlichen Mauern umgebene Bischofsstadt im Herzen des Iglesiente und Sitz einer Bergakademie (Museum). Am Rathausplatz der Pisaner Kathedrale (1285) steht unweit südlich die mittelalterliche Kirche San Francesco. Östlich über der Stadt erhebt sich das Castello Salvaterra.

Von Iglesias 56 km östlich auf der S.S. 130 zurück nach Cagliari. Unweit vom Stadtrand liegen auf den Kalkabhängen die Nekropole des alten *Carales,* mit senkrecht in die Felsen gehauenen punischen und römischen Grabkammern.

INSELRUNDFAHRT (etwa 720 km). – Der erste Abschnitt der Inselrundfahrt von C a g l i a r i nach S a s s a r i verläßt Cagliari auf der S.S. 131 in nordwestlicher Richtung. Am Ortsende rechts, innerhalb des *Cimitero di San Michele,* ein deutscher Soldatenfriedhof (424 Gräber). – 20 km: *Monastir* (83 m), am Abhang vulkanischer Hügel gelegenes Dorf von orientalischem Gepräge (Felsengräber); 5,5 km südwestlich, bei *San Sperate,* ein Freilichtmuseum moderner Skulpturen. Die Strecke führt hinter Monastir über den Ostrand der Campidano-Ebene hin. – 23 km: **Sanluri** (135 m; 8000 Einw.), Städtchen mit Kastell (14. Jh.; kleines Kriegsmuseum).

Von Sanluri lohnt ein Abstecher 24 km nordöstlich zu dem Dorf **Barúmini,** in dessen Nähe (1 km westlich, links der Straße nach Tuili) das bedeutendste Nuragendorf auf Sardinien **Su Nuraxi** liegt, mit

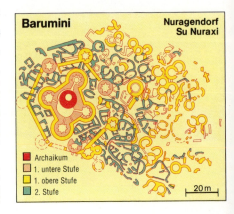

Barumini   **Nuragendorf**
                                                 Su Nuraxi

■ Archaikum
□ 1. untere Stufe
□ 1. obere Stufe
■ 2. Stufe

20 m

Su Nuraxi bei Barumini auf Sardinien

396 Häusern und einem mächtigen, von vielen Türmen flankierten Zentralbau.

Von Sanluri führt ferner die S.S. 197 westlich in das bewaldete Küstengebiet der Costa Verde, das durch neue Straßen sowie Villen-, Hotel- und Sportanlagen zu einer vielbesuchten Feriengegend erschlossen wurde.

Nach 9 km: *Sárdara* (163 m); beim Kirchlein Santa Anastasia ein unterirdisches, nuragenförmiges Brunnenheiligtum. 3 km westlich abseits die *Thermen von Sárdara* (50°C und 68°C). – 36 km: *Santa Giusta* (10 m), Dorf am Nordrand des Sumpfsees Stagno di Santa Giusta, mit schöner Kirche (12. Jh.; antike Säulen) im Pisaner Stil. – 3 km: **Oristano** (9 m; 27 000 Einw.), Städtchen mit angesehenem Töpfereigewerbe. Von den mittelalterlichen Befestigungsanlagen sind einige Türme erhalten. Sehenswert die Kathedrale (18. Jh.) an der Stelle eines älteren Baues des 13./14. Jahrhunderts sowie das Archäologische Museum mit Funden von der einst im Nordwesten des Golfes von Oristano gelegenen antiken Stadt Tharros. An Markttagen sind am Ort noch vielfach schöne Trachten zu sehen. – 16 km: *Bauladu* (29 m) am Nordrand der Campidano-Ebene. Dahinter weiter im Bobólica-Tal aufwärts.

Nach 5 km: Abzweigung der S.S. 131 dir., die quer durchs Inselinnere die schnellste und kürzeste (309 km bzw. 182 km) Verbindung zwischen Cagliari bzw. Oristano und Olbia bildet. Diese Straße umzieht nach 58 km die Provinzhauptstadt **Nuoro** (553 m; 30 000 Einw.), die reizvoll am Hang gelegen, südlich von Kalkbergen alpinen Charakters, im Osten vom *Ortobene* (995 m; *Aussicht) überragt wird; am Erlöserfest (29.-31. August) schöne Trachten. Nuoro ist die Heimat der italienischen Schriftstellerin Grazia Deledda (1893-1936; Nobelpreis 1926). – Am Südostrand der Stadt der klassizistische *Dom* (19. Jh.). Über der Stadt der an das frühere Banditenunwesen erinnernde Gefängnisbau. – 1,5 km nordöstlich die *Wallfahrtskirche Nostra Signora della Solitudine* (*Aussicht) sowie jenseits des *Colle di Sant' Onofrio* (594 m; Aussicht) in über zwanzig Gebäuden nach Art sardischer Bauernhäuser, das *Sardische Trachtenmuseum*. Um die Stadt mehrere Nuragen.

Von Nuoro empfiehlt sich die Fahrt südlich über das Dorf **Mamoiada** (644 m; Trachten)

nach **Fonni** (1000 m; 6000 Einw.), dem höchstgelegenen Ort der Insel; in der Umgebung zahlreiche Nuragen sowie sogenannte Feengrotten. Von Fonni Aufstieg (mit Führer) in 4 Stunden auf den *Bruncu Spina* (1829 m; umfassende Aussicht), den nördlichen Hauptgipfel vom ausgedehnten *Gennargentu-Massiv*; von hier weiterer Aufstieg in 45 Minuten auf die *Punta la Mármora* (1834 m), den südlichen Hauptgipfel der Gruppe.

Sardische Trachten in Fonni

Unweit hinter der obengenannten Abzweigung der Straße über Nuoro nach Olbia erscheint links der Route der gut erhaltene *Nurag Losa*, mit mehreren Nebenbauten. – 2 km: **Abbasanta** (313 m), am Südrand der von schwarzem Basaltgestein erfüllten Ebene von Abbasante gelegenes Dorf und größter Viehmarkt Sardiniens. 10 km südöstlich die *Tirso-Talsperre*, einst Europas größte Stauanlage, die den Hauptfluß der Insel zu dem 22 km langen und bis zu 5 km breiten Lago Omodeo staut. – 16 km: **Macomer** (563 m; 10 000 Einw.), auf einem öden, basaltisch-trachytischen Hochplateau am Abhang der Catena del Marghine gelegenes Städtchen mit schönem Fernblick.

Vor der Kirche von Macomer drei in der Gegend aufgefundene römische Meilensteine. In der Umgebung des Ortes liegen einige der besterhaltenen Nuragen Sardiniens, darunter besonders die 45 Minuten nördlich befindliche *Nurage Santa Barbara* (648 m ü.d.M.; *Licht mitnehmen!), die sich kegelförmig über viereckiger, hoher Basis erhebt.

Etwa 3 km hinter Macomer folgt die Abzweigung der S.S. 129 bis, die 23 km westlich zu dem aussichtsreich gelegenen Dorf *Suni* und 6 km weiter westlich zu dem Hafenstädtchen **Bosa** (10 m; 8000 Einw.) führt, mit dem Kastell Serravalle (um 1100) sowie von Suni auch 16 km südlich nach **Cuglieri** (479 m; 5000 Einw.), einem Städtchen an den Ausläufern des erloschenen Vulkans Monte Ferru (1050 m). – 2 km: links der Straße die fast vollständig erhaltene *Nurage Succoronis (Muradu)*. – 27 km: Abzweigung zu der 1 km südöstlich gelegenen dreistöckigen *Nurage Sant' Antine* (16 m hoch). – 5 km: Bei Bonnánaro (405 m) links die Abzweigung zu der 4 km südwestlich gelegenen, reich ornamentierten *Kirche San Pietro di Sorres* aus Pisaner Zeit (12. Jh.). Hinter Bonnánaro durchquert die Strecke die anmutige waldreiche Hügellandschaft **Logudoro**. – 21 km: Abzweigung der S.S. 597, der kürzesten Straßenverbindung zwischen Sassari und Olbia. An ihr nach 2 km die ehemalige Abteikirche ****Santissima Trinità di Saccargia** (Fresken des 13. Jh.), das schönste Beispiel des Pisaner Baustils auf Sardinien. – 15 km: Sassari.

Sássari (225 m; 110000 Einw.), die zweitgrößte Stadt auf Sardinien, Hauptstadt einer Provinz und Sitz eines Erzbischofs sowie einer 1617 gegründeten Universität, liegt im nordwestlichen Teil der Insel auf einem schroff nach Osten abfallenden Kalkplateau und hat ein überwiegend modernes Gepräge. Sehenswert ist die Calvalcata Sarda (Himmelfahrt), mit prächtigen Trachten, sowie die Processione dei Candelieri (14. August). – Der Verkehrsmittelpunkt ist die palmenbestandene Piazza Cavallino de Honestis; südöstlich anschließend die ausgedehnte Piazza d'Italia, mit Denkmal für Viktor Emanuel II und der modernen Präfektur. – Von der Piazza d' Italia führt die baumbestandene Via Roma südöstlich zum staatlichen Museo G. A. Sanna, mit den Sammlungen des verstorbenen Abgeordneten Giovanni Antonio Sanna (vorgeschichtliche, punische und römische Altertümer; über 350 Gemälde des 16.-19. Jh.). – Von der Piazza Cavallino de Honestis gelangt man nordwestlich über die Piazza Azuni zum Corso Vittorio Emanuele, der Hauptstraße der Stadt. Von dieser links durch die Via del Duomo zum Dom San Nicóla (Barockfassade; innen restaur.). Östlich hinter dem Dom in der Via Santa Catarina der stattliche Palazzo del Duca, jetzt Rathaus. – Westlich vom Dom, an der weiten Piazza Santa Maria, die modern umgebaute Kirche Santa Maria di Betlém, die noch die strenge gotische Fassade aus der Pisaner Zeit bewahrt. – Am nördlichen Stadtrand die hübsche Fonte del Rosello, mit barockem Brunnenhaus von 1605.

Lohnend ist die Fahrt von Sassari durch die Küstenlandschaft N u r a zu dem 19 km nordwestlich am *Golfo dell' Asinara* gelegenen Industriestädtchen **Porto Torres** (10 m; 17000 Einw.), dem Hafen von Sassari. Am östlichen Ortsrand die pisanisch-romanische Basilika San Gavino (11.-13. Jh.; im 18. Jh. wehrhaft ausgebaut); im Innern 22 antike Säulen und 6 Pfeiler, in der Krypta das Grab des hl. Gavino. Westlich vom Hafen überspannt eine siebenbogige Römerbrücke den kleinen Rio Turritano; nahebei die Ruinen eines großen Tempels der Fortuna, jetzt 'Palazzo del Re Bárbaro' genannt. – 29 km nordwestlich von Porto Torres liegt reizvoll das Fischerdorf **Stintino** (9 m); von hier noch 5 km weiter auf aussichtsreicher Straße zur *Punta del Falcone*, dem nordwestlichen Kap von Sardinien. Nördlich davor die kleine **Isola Piana** (24 m) sowie die 17,5 km lange buchtenreiche *Isola Asinara* (52 qkm; bis 408 m).

Besonders zu empfehlen ist die Fahrt von Sassari zu dem 37 km südwestlich reizvoll gelegenen Städtchen und Seebad **Alghero** (7 m; 33000 Einw.), dessen Einwohner noch einen katalanischen Dialekt sprechen. Sehenswert hier die Kathedrale (1510; spanisch-gotisches Portal), die Kirche San Francesco (Kreuzgang), die malerischen spanischen Bastionen und Türme sowie zahlreiche alte Häuser. – 14 km westlich von Alghero (auch Motorboote in 3 St.), an der Westseite des schroffen *Capo Caccia*, die schöne Tropfsteinhöhle **Grotta di Nettuno*.

Der zweite Abschnitt der Sardinientour v o n Sassari nach Olbia bzw. La Maddalena folgt entweder direkt der zuvor genannten S.S. 597 (101 km) oder lohnender der S.S. 127. – 14 km: **Osilo** (600 m; 6000 Einw.), ein für seine schönen Frauentrachten bekanntes Städtchen; von der Burgruine der Malaspina sowie von der nahen Cappella di Bonaria hübsche Aussicht. Dahinter durch die waldreiche Landschaft *Angola*. – 39 km: Abzweigung einer landschaftlich reizvollen Straße vorbei an dem malerisch über Schluchten gelegenen Ort *Sédini* (Kirche des 16. Jh.) nach **Castelsardo** (114 m; 5000 Einw.), einem mauerumwehrten Hafenort in prächtiger *Lage auf einem senkrecht zum Golfo dell' Asinara abfallenden Vorgebirge. Castelsardo ist das Zentrum der sardischen Korbflechterei. In der Pfarrkirche schöne Madonna (15. Jh.), ein Hauptwerk der spanisch-sardischen Malerschule. Von der Burgruine *Aussicht.

Etwa 4 km hinter der genannten Abzweigung nach Castelsardo wurde nahe der S.S. 127 bei *Pérfugas* ein befestigtes Dorf der Nuragenzeit sowie ein Brunnenheiligtum freigelegt. – 26 km: **Tempio Pausania** (566 m; 9000 Einw.), die am Nordfuß der zackigen *Monti di Limbara* gelegene einstige Hauptstadt des Judikats Gallura (Korkindustrie). – 10 km: *Calangiánus* (518 m; 6000 Einw.), von Wäldern umgebenes altes Städtchen mit hübscher Pfarrkirche.

35 km: **Olbia** (15 m; 26000 Einw.), früher *Terranova Pausania* genannte Stadt am Westende des tief eingeschnittenen *Golfes von Olbia*. Ein 1,5 km langer Straßen- und Eisenbahndamm verbindet die Stadt mit der kleinen *Isola Bianca,* wo die von Civitavecchia kommenden Schiffe anlegen. Beim Stadtbahnhof die Kirche San Simplicio (11. Jh.) im Pisaner Stil, mit einer Sammlung römischer Inschriften (besonders Meilensteine) und einem Girlandensarkophag. Von der Kirche wie auch vom Hafen schöne Blicke auf den Golf mit der vorgelagerten mächtigen Felsinsel Tavolara (bis 555 m ü.d.M.; 6 qkm).

Nördlich von Olbia erstreckt sich längs einer großen Halbinsel der reizvolle Küstenabschnitt der ***C o s t a S m e r a l d a** ('Smaragdküste'), deren feinsandige Buchten durch neue Straßen und moderne touristische Einrichtungen erschlossen wurden. Die Zubringerstraßen zu den Badeorten zweigen nördlich hinter Olbia von der nach Palau führenden S.S. 125 ab. – 6 km: Zufahrt (8 km) zum *Golfo di Marinella*. – 1 km: Küstenstraße über *Cala di Volpe* (15 km) nach **Porto Cervo** (47 km), dem Hauptort der Costa Smeralda. 3 km nördlich, jenseits des *Capo Ferro,* die Bucht *Liscia di Vacca* sowie weiterhin 5 km die *Baia Sardinia.* – Am südlichsten Abschnitt der Costa Smeralda entsteht das Ferienzentrum *Portisco.* An der S.S. 125 folgt nach 17 km *Arzachena.* – 12 km: *Palau* (5 m).

Von Palau fahren mehrmals täglich Schiffe in 15 Minuten nach **La Maddalena** (29 m; 11000 Einw.), dem Hafenort der gleichnamigen Insel (157 m; 20 qkm), die zusammen mit den benachbarten Inseln bis zum Zweiten Weltkrieg stark befestigt war und das Meerenge von Bonifacio zwischen Korsika und Sardinien beherrschte. – Die Insel durchzieht eine 7 km lange *P a n o r a m a s t r a ß e, die sich jenseits

Porto Cervo auf der italienischen Insel Sardinien

einer Drehbrücke über die hier gut 500 m breite Meerenge *Passo della Moneta* auf der Nachbarinsel **Caprera** ('Ziegeninsel', bis 212 m ü.d.M.; 15,8 qkm) fortsetzt; 1,5 km östlich der Brücke das ehemalige Wohnhaus Garibaldis, der hier am 2. Juni 1882 starb (Andenkensammlung); vor dem Haus sein Denkmal, hinter dem Haus ein Olivenhain mit seinem Grab, das besonders zum Todestag aus allen Teilen Italiens besucht wird.

Der dritte Teil der Sardinienrundfahrt v o n O l b i a n a c h C a g l i a r i verläßt Olbia auf der S.S. 125 in südöstlicher Richtung und führt zunächst an einigen Salzseen vorbei; links im Meer die Felseninsel *Tavolara*. Dann in wechselnder Entfernung an oder über der Küste hin. – 57 km: **Siniscola** (42 m; 6000 Einw.), ein am Westende einer weiten Küstenebene gelegenes Städtchen, von wo eine *Aussichtsstraße (unbefestigt) am felsigen Kamm des wildreichen *Monte Albo* (1127 m) entlang nach *Bitti* (549 m; 6000 Einw.) führt. 6 km nordöstlich von Siniscola das aufstrebende Seebad *La Caletta*.

Von Siniscola entweder auf der kürzeren, aber weniger lohnenden Strecke über Nuoro und Oristano zurück nach Cagliari oder wie bisher weiter entlang der Ostküste Sardiniens. – 36 km: **Orosei** (19 m; 4000 Einw.), am rechten Ufer des *Cedrino* gelegener Ort, mit Burgruine. – 21 km: **Dorgali** (387 m; 7000 Einw.), am Hang des *Monte Bardia* (882 m) gelegenes weinberühmtes Städtchen (Trachten). In der Umgebung hübsche Tropfsteinhöhlen, darunter besonders die *Grotta Toddeittu* und die *Grotta del Bue Marino* sowie steinzeitliche Felsengräber (sog. Domus de janas). 11 km nordwestlich von Dorgali das Nuragendorf *Serra Orrios*. – 2 km: Abzweigung einer Nebenstraße (7 km) in Kehren abwärts zu dem kleinen Hafen *Cala Gonone* (25 m).

Hinter Dorgali führt die Strecke weithin durch landschaftlich höchst reizvolle Ge-

birgsregionen. – 61 km: **Tortolì** (15 m; 5000 Einw.), Städtchen am Anfang einer weiten Ebene. 5 km östlich der reizvoll gelegene kleine Hafenort **Arbatax** (1000 Einw.), der früher auch *Tortolì Marina* genannte Ausfuhrplatz für die landschaftlichen und mineralischen Erzeugnisse der Ogliastra. Nahebei am Meer malerische rote Porphyrklippen. Von Tortolì sehr lohnende Fahrt zunächst auf der S.S. 198 durch die Berglandschaft **Ogliastra,** mit oft bizarr geformten Kuppen aus kristallinem Kalk, über **Lanusei** (595 m; 5000 Einw.), einem hübsch zwischen Weinbergen gelegenen Städtchen, und **Seui** (800 m) zur *Cantoniera di Santa Lucía;* von hier weiter auf der S.S. 128 und später S.S. 131 nach Cagliari.

Die Rundfahrt folgt hinter Tortolì der S.S. 125 auf kurvenreicher Strecke durch die südöstliche Ogliastra. – 10 km: Bei *Barì Sardo* (50 m) Blick auf das Massiv des Gennargentu. Danach weiter oft in Windungen durch einsames Bergland. – 121 km: **Quartu Sant' Elena** (6 m; 23 000 Einw.), wohlhabender Ort, in dessen Umgebung der berühmte Malvasia-Weißwein angebaut wird. Am Fest der hl. Helena (21. Mai) sehenswerter Umzug geschmückter Ochsenpaare. – 8 km: **Cagliari.**

Saronische Inseln
s. Argolische und Saronische Inseln

Sassari s. bei Sardinien

Sbeïtla s. bei Kairouan

Ṡelinunt / Selinunte

Italien.
Region: Sicilia (Sizilien). – Provinz: Trapani.
Höhe: 74 m ü.d.M.
ⓘ **EPT Trapani,**
Corso d'Italia 10,
I-91100 Trapani;
Telefon: (0923) 27273.

Die unweit der Südwestküste Siziliens zu beiden Seiten der Flüßchen Modione (griechisch 'Selinon') und Gorgo di Cotone gelegene Ruinenstätte *Selinunt ist eines der lohnendsten Reiseziele der italienischen Insel.

GESCHICHTE. – *Selinús* wurde um 628 v. Chr. als die westlichste griechische Kolonie auf Sizilien über einem Hügel nahe am Meer gegründet und dehnte sich später auf die nördlich anschließende Hochfläche aus. Auf dem östlich gegenüberliegenden Hügel entstand seit dem 6. Jahrhundert ein heiliger Bezirk. Die blühende Stadt wurde 409 v. Chr. von den Karthagern erobert und zerstört, eine seit 407 v. Chr. auf dem Westhügel neu erbaute befestigte Stadt 250 v. Chr. im Ersten Punischen Krieg wiederum von den Karthagern vernichtet.

Von der Bedeutung der antiken Stadt zeugen noch heute die eindrucksvollen weiten Trümmerfelder, vor allem die gewaltigen Reste von acht dorischen Tempeln (6./5. Jh. v. Chr.), die wahrscheinlich bei Erdbeben zwischen dem 5. und 8. Jahrhundert n. Chr. einstürzten und dann allmählich vom Dünensand verweht wurden. Seit 1925 sind Wiederherstellungsarbeiten und neue Ausgrabungen im Gange; zwei Tempel wurden inzwischen wieder aufgerichtet, weitere sollen folgen.

SEHENSWERTES. – Auf dem westlichen Hügel die früher vollständig mauerumgebene, von einer Nord-Süd- und einer Ost-West-Straße durchzogene *Akropolis (450 m lang, bis 350 m breit). Im südöstlichen Sektor die Reste des kleinen *Tempels A* und das Fundament des gleichartigen *Tempels O*. Gleich nördlich der Ost-West-Straße der winzige *Tempel B*, ohne Säulenkranz; nördlich daneben, auf der Höhe des Hügels, der *Tempel C*, der älteste der Akropolis, der mit seinen 1925 und 1929 wiederaufgerichteten Säulen neben dem unten genannten Tempel E das Wahrzeichen des Trümmerfeldes bildet. Nördlich daneben der etwas jüngere *Tempel D*. – Am Nordrand der Akropolis sind die Reste der altgriechischen, 407 v. Chr. erneuerten **Befestigung** freigelegt, ein ausgezeichnetes Beispiel der hochentwickelten griechischen Befestigungskunst. Weiterhin dehnt sich nördlich der Akropolis auf dem Plateau *Manuzza* die eigentliche Stadt aus, von der nur wenige Reste erhalten sind.

Von der Akropolis gelangt man in der Verlängerung der Ost-West-Straße westlich über den Modione, an dessen Mündung der Westhafen lag, zu dem Hügel *Manicalunga*. An seiner Flanke der heilige Bezirk mit Überresten vom

Demeter-Tempel, welcher der *Demeter Malophoros* ('Fruchtbringerin') geweiht war. An der Nordecke des Bezirkes das kleine Heiligtum des *Zeus Meilichios* ('der Versöhnliche'). – Westlich an den Demeter-Tempel anschließend eine etwa 2 km lange Nekropole.

Von der Akropolis führt eine 1,5 km lange Straße östlich über den Gorgo di Cotone, an dessen Mündung der Osthafen lag, zu dem östlichen Hügel. Hier liegen die Reste von drei Tempeln mit Säulenhallen, deren Größe noch in der Zerstörung überaus eindrucksvoll ist. Der südliche *Tempel E (Heratempel oder *Heraion*) wurde mit seinen 38 Säu-

Tempel E in Selinunt auf Sizilien

len 1959 wiederaufgerichtet. Nördlich anschließend der *Tempel F* und der wahrscheinlich dem Apollo geweihte *Tempel G*, der mit 111 m Länge neben dem Zeustempel in Agrigent und dem Artemision in Ephesus der größte aller griechischen Tempel ist.

Seriphos s. bei Kykladen

Sète

Frankreich.
Région: Languedoc-Roussillon.
Département: Hérault.
Höhe: Meereshöhe. – Einwohnerzahl: 42000.
Postleitzahl: F-34200. – Telefonvorwahl: 67.
ⓘ **Office de Tourisme,**
Place Aristide-Briand;
Telefon: 742878.
Quai d'Alger 22;
Telefon: 747300.

HOTELS. – *Grand Hôtel*, II, 57 Z.; *Impérial*, II, 41 Z.; *Orque Bleue*, III, 30 Z.; *Les Tritons*, III, 32 Z.; *Les Sables d'Or*, III, 30 Z.; *Le Floride*, IV, 16 Z. – CAMPINGPLATZ.

Sète, das nach dem Versanden der Häfen von Narbonne und Aigues-Mortes

deren Rolle im Nordafrikahandel übernahm und noch heute einer der wichtigen französischen Mittelmeerhäfen
ist, liegt malerisch am Fuß des *Mont
St-Clair.

Bootshafen im südfranzösischen Sète

SEHENSWERTES. – Der alte Hafen
stammt aus der Zeit von Ludwig XIV.;
von der Mole St-Louis schöner Blick auf
die Stadt mit dem *Mont St-Clair, auf
dessen Hängen sich die Zitadelle befindet. Auf dem Seemannsfriedhof der
Stadt ruht der hier geborene Dichter
Paul Valéry (1871-1945), dem auch im
Stadtmuseum ein Saal gewidmet ist. Es
enthält außerdem einen Saal moderner
Maler und Folklore der jeweils am 25.
August stattfindenden traditionellen Fi-
scherspiele (Joutes Sètoises). Aquarium
mit Fauna des Mittelmeeres.

UMGEBUNG von Sète. – Westlich der Stadt, nur
durch eine 1 km breite *Nehrung vom Meer getrennt, liegt der Strandsee Bassin de Thau, in den
der Canal du Midi mündet (Austernparks).

Sfax / Safakis

Tunesien.
Höhe: 0-5 m ü.d.M.
Einwohnerzahl: 171000 (Stadtregion 230000).
(i) Office du Tourisme,
Place de l'Indépendance;
Telefon: 24606.

HOTELS. – Mabrouk, Av. Hedi Chaker, II; Les Oli-
viers, Av. Habib Thameur, II; Thyna, Place Marburg,
II; Alexander, III. – Auf den Kerkennah-Inseln:
Farhat, II; Grand Hotel, II.

JUGENDHAUS.

Die am nördlichen Golf von Gabès gelegene, arabisch Safakis genannte
südtunesische Provinzhauptstadt Sfax
ist nach Tunis die zweitgrößte Metropole des Landes. Sfax ist das Zentrum
des seit der Antike für die Sahelzone
charakteristischen Olivenanbaus. Im
Umland der Stadt erstrecken sich ausgedehnte Ölbaumpflanzungen. Gegen
diesen traditionellen Wirtschaftszweig
hat sich der Fremdenverkehr, dem nur
ein bescheidener, künstlich aufge-
schütteter Strand zur Verfügung steht,
noch nicht so recht durchsetzen können.

Die Olivenproduktion des Sahels von
Sfax wird in den über 400 Ölmühlen der
Stadt weiterverarbeitet und auf der Oli-
venbörse verkauft. Ein großer Teil wird
über den bedeutenden Hochseehafen
exportiert. Weitere wichtige Industriebranchen sind neben der Olivenverar-
beitung vor allem die Herstellung von
Leder, Lederwaren, Parfüm und opti-
schen Gläsern. Den größten Anteil am
Hafenumschlag haben die bei Metlaouz
und im Djebel Mdilla abgebauten Phosphate, die per Bahn nach Sfax transportiert werden. Weitere von hier ver-
schiffte Massengüter sind Getreide, Al-
fagras, Schwämme und Salz.

GESCHICHTE. – Sfax ist das antike Taparura der
Römer. Von dieser Stadt, die wohl nicht sehr bedeutend gewesen ist, sind keine nennenswerte Überreste erhalten geblieben. Wichtiger war das 12 km
südlich gelegene Thaeuae, das unter Hadrian zur
'colonia' erhoben wurde. Die wirtschaftliche Blütezeit von Sfax setzte unter der arabischen Herrschaft
zu Beginn des 10. Jahrhunderts ein, als der Handel
mit Olivenöl einen ungeahnten Aufschwung erfuhr.
Von 1148 bis 1159 wurde die Stadt von den Normannen erobert; anschließend kam sie an das
Reich der Almohaden, deren Herrschaft 1226 von
den Hafsiden abgelöst wurde. Ihnen folgten 1534
die Spanier und 1574 die Türken. 1882 drangen
französische Truppen in die Stadt ein. Im Zweiten
Weltkrieg wurde Sfax von den Achsenmächten besetzt und 1942/43 von den Alliierten bombardiert.

SEHENSWERTES. – Zwischen dem Hafen im Südosten und der Medina liegt
die in der französischen Protektorats-
zeit entstandene NEUSTADT mit ihrem schachbrettartigen, planmäßigen
Grundriß. An der Kreuzung der beiden modernen Hauptstraßen Avenue
Hédi-Chaker und Avenue Habib
Bourguiba steht das Rathaus im neo-
maurischen Stil mit einem schlanken
Turm. Im Erdgeschoß ist das Archäologische Museum mit schönen römischen Mosaiken aus Thaenae und frühchristlichen Grabfunden untergebracht.
Die Avenue Hédi-Chaker führt auf das
Haupttor der Medina, das 1346 errichtete Bab Diwan zu. Es wurde 1943 bei
einem Bombenangriff fast völlig zerstört
und originalgetreu wieder aufgebaut. Im

Mittelpunkt der nur etwa 400 x 600 m großen, von der aghlabidischen Mauer aus dem 9. Jahrhundert umgebenen Medina erhebt sich die **Große Moschee,** mit deren Bau 849 begonnen wurde. Sie wurde jedoch erst in türkischer Zeit vollendet. Die Gewölbe des neunschiffigen Gebetssaals mit seinen 12 Jochen werden von antiken Säulen getragen. Beachtenswert das aus drei Kuben bestehende Minarett, das demjenigen von Kairouan sehr stark nachempfunden ist. Besonders schön seine reichen Verzierungen. Das Dekor der Fassade wurde von den Türken angebracht. – Sehenswert sind auch die beiden anderen *Moscheen* der Medina, deren Fassaden mit Koranversen und herrlichen Stuckornamenten verziert sind.

Außer einem Spaziergang entlang der rund 2 km langen **Stadtmauer,** der an der KASBAH aus dem 17. Jahrhundert (Südwestecke der Medina) und an der **Burg** (12. Jh.; Südostecke der Medina) vorbeiführt, sollte man möglichst abends noch einen kleinen Bummel durch den malerischen **Fischerhafen** machen (interessante Schwammversteigerungen).

UMGEBUNG von Sfax. – Neben einem Ausflug zu dem berühmten römischen Amphitheater von **El-Djem** (s. bei Sousse) ist eine Bootsfahrt (20 km) zu den der Küste von Sfax vorgelagerten **Kerkenna-Inseln** empfehlenswert. Hier lebte einst Hannibal in freiwilliger Verbannung. Die beiden Hauptinseln des Archipels, **Gharbi** und **Chergui,** sind durch einen 500 m langen Damm miteinander verbunden. Eine 33 km lange Straße verbindet den Schiffsanlegeplatz *Sidi Youssef* im Südwesten Gharbis mit El Attaïa im Nordosten Cherguis. Die Bewohner der Inselgruppen leben hauptsächlich vom Fischfang; denn die Erträge der Landwirtschaft sind wegen der Niederschlagsarmut relativ gering. Der Fremdenverkehr hat hier noch kaum Fuß gefaßt, so daß man noch kilometerlange fast unberührte Sandstrände findet.

Šibenik

Jugoslawien.
Teilrepublik: Kroatien (Hrvatska).
Höhe: 0–5 m ü.d.M. – Einwohnerzahl: 33000.
Postleitzahl: YU-59000. – Telefonvorwahl: 059.
ⓘ **Turističko društvo,**
   Trg S. Matavulja;
   Telefon: 22075.

HOTELS. – Solaris-Hotels *Andrija, Ivan, Jure, Niko,* in 6 km Entfernung auf der Halbinsel Zablaće, zus. 2597 B., I und II.

CAMPINGPLÄTZE. – *Martinska,* Matije Gupca 50, Tel. 22848; *Solaris,* Tel. 23844.

VERANSTALTUNGEN. – Sommerfestspiele im Juni/Juli; Anfang Juli großes Kinderfest.

BADESTRÄNDE. – Urlaubszentrum ist die Hotelsiedlung *Solaris* auf der **Halbinsel Zablaće** mit Campingplatz, zu der Busse verkehren (6 km Entfernung). Die Strände sind sauber, die Hotels an Kläranlagen angeschlossen. Das Ufer besteht teils aus Kiesel, teils aus aufgeschüttetem Sand, aber

auch aus groben Steinen und ausgegossenen Felsplatten.

Die jugoslawische Hafenstadt Šibenik, Sitz eines Bischofs, liegt prächtig etwa in der Mitte der dalmatinischen Küste an einer Mündungsbucht der Krka, über der sie stufenförmig an grauen Karsthöhen ansteigt, überragt von drei verfallenen Forts und mächtigen Wohnhochhäusern.

GESCHICHTE. – Šibenik war im 11. Jahrhundert Sitz kroatischer Könige, gehörte dann bald zu Ungarn, bald zu Venedig, bei dem es von 1412–1797 verblieb, kam 1813 an Österreich und war 1918–21 sowie 1941–45 von den Italienern besetzt.

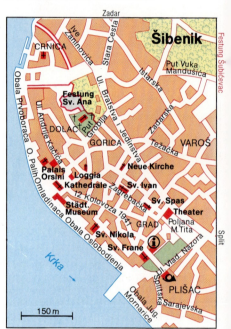

SEHENSWERTES. – Das bedeutendste Bauwerk der Stadt ist der **Dom Sveti Jakov,* 1431–1555 an der Schwelle von der Gotik zur Renaissance errichtet. Ungewöhnlich und für die damalige Zeit ein Meisterwerk ist die *Dachkonstruktion* der Kathedrale: Ineinander verschachtelte Steinplatten überwölben ohne Stützen das Hauptschiff der Kirche, die beiden Seitenschiffe, die Apsiden und den Kuppelbau. Auf dem Chorpfeiler die Signatur des Baumeisters Juraj Dalmatino: 'Von Juraj, dem Dalmatiner, Sohn des Mato, angefertigt'. – Um die Außenwände der Kirche zieht sich ein Fries von 74 plastischen Porträtköpfen (Bürger, Bauern, Fischer, Bösewichte u.a.).

Im eindrucksvollen Innenraum verdienen besondere Beachtung: Die holzgeschnitzte *Kanzel* von Jerolim Mondella (1624), die *Sängertribünen,* die *Sakristei* mit geschnitzten Schränken, wiederum von Mondella, und das *Baptisterium* mit kreisförmigem Grundriß und vier Nischen, überdacht von einer einzigen großen Steinplatte.

Hinter dem Dom steht die **Stadtloggia,** einst Tagungsstätte des Stadtrats, 1523-42 erbaut, nach Kriegsschäden restauriert: im Erdgeschoß ein Säulengang mit neun Bogen, ein zweiter Säu-

Vor der Stadtloggia im jugoslawischen Šibenik

lengang im Obergeschoß vor dem Sitzungssaal. Auf der anderen Seite des Doms der **Bischofspalast,** 1439-41 erbaut, mit spätgotischem Hof. Daneben das alte *Seetor.* Gleich nebenan der **Rektorenpalast** (darin jetzt das *Städtische Museum*) und noch ein Stück weiter am Ufer ein Turm, in dem die Venezianer ihre Gefangenen einsperrten. Folgt man dem Kai weiter in Richtung Schiffslandeplatz, so kommt man am *Kirchlein des hl. Nikolaus* vorbei (1451).

Vom Landungsplatz aus erkennt man Blickrichtung Stadt geradeaus den *Stadtpark* (dort auch eine Freilichtbühne), Reste der *Stadtmauer* und dann links das **Franziskanerkloster.** In der einschiffigen gotischen *Klosterkirche Sveti Frane* aus dem 14. Jahrhundert beeindruckt besonders die geschnitzte Decke. Das Kloster verwahrt eine wertvolle Sammlung alter Handschriften, Bücher und Inkunabeln vom 11. Jahrhundert an.

Am Stadtpark entlang in gleicher Richtung weiter stößt man auf den Platz Poljana Maršala Tita, biegt nun links ein und sieht an seinem Ende das *Theater.* Wiederum links davon in der Zagrebačka ulica die orthodoxe *Pfarrkirche* mit einem spindelförmigen *Glockenturm* aus dem späten 16. Jahrhundert und dunkel leuchtenden Ikonen im Inneren.

Vom Marschall-Tito-Platz aus führt der Weg bergauf zur **Festung Šubićevac,** die früher 'Festung Barone' hieß, benannt nach dem schwäbischen Baron Christoph Martin Degenfeld, der 1647 als General in venezianischen Diensten erfolgreich die Verteidigung der Stadt gegen die anstürmenden Türken geleitet hat. Die zweite *Festung, Sveta Ana,* erreicht man dagegen vom Dom aus über Treppen und enge Gassen. Unterhalb dieser Festung, die einen prachtvollen Blick auf die alte und neue Stadt vermittelt, liegt ein **Friedhof,** auf dem die Toten in terrassenförmig aufgereihten steinernen Schubladen ruhen.

Die dritte *Festung* von Šibenik, *Sveti Ivan,* zugleich die höchste der Stadt, liegt im Nordwesten.

UMGEBUNG von Šibenik. – Lohnende Bootsfahrten zu vorgelagerten Insel **Zlarin** (einzige jugoslawische Insel mit Korallen); zur Insel **Krapanj** (Schwammfischerei). – **Kornati-Inseln** s. dort.

Side

Türkei.
Provinz: Antalya.
ⓘ **Fremdenverkehrsamt Antalya,**
Hastane Caddesi 91,
Antalya;
Telefon: (03 11 11) 17 47 / 52 71.

UNTERKUNFT s. bei Antalya.

Das *Ruinenfeld der einst bedeutenden hellenistischen Stadt Sidé liegt an der Küste der alten Landschaft Pamphylien etwa auf halbem Wege zwischen den türkischen Städten Antalya und Alanya auf einem 300-400 m breiten und ca. 800 m in das Mittelmeer (Golf von Antalya) vorspringenden felsigen Halbinsel, die etwas landeinwärts in dem kahlen Kalksteinfelsen des Ak Dağı gipfelt, während sich zu beiden Seiten der Halbinsel über viele Kilometer ein geradliniger Sandstrand hinzieht. Die inmitten des einförmigen, aber verhältnismäßig fruchtbaren Küstenstreifens liegende Felsplatte der Halbinsel mußte zur Anlage einer Siedlung führen, zumal eine kleine Bucht an der Halbinselspitze als Hafen benützt werden konnte.

Inmitten der von Pflanzenwuchs überwucherten und von Dünensand verschütteten antiken Stadt liegt der reizvolle Fischer- und Ferienort **Selimiye.** Die Bewohner sind Nachkommen von Kretern, die sich um 1900 hier angesiedelt haben. Die touristischen Einrichtungen sind im Ausbau begriffen.

GESCHICHTE. – Die Halbinsel von Side war bereits um 1000 v. Chr. besiedelt. Im 7. oder 6. Jahrhundert

v. Chr. ließen sich griechische Kolonisten aus der westkleinasiatischen Stadt Kyme hier nieder, die sich jedoch bald der einheimischen Bevölkerung assimilierten. Die kleine Bucht an der Halbinsel-spitze wurde zu einem Hafen ausgebaut, und die Seeleute von Side machten sich bald durch ihre Tüchtigkeit und Kühnheit einen Namen. – Über einen Piratenschlupfwinkel und Sklavenmarkt entwickelte sich Side in römischer Zeit zu einer bedeutenden und wohlhabenden Handelsstadt, in der zahlreiche, heute nur noch in Ruinen vorhandene repräsentative Bauten errichtet wurden. – Wie in Perge (s. dort) und anderen antiken Küstenstädten verursachte jedoch die Küstenströmung allmählich eine Versandung des Hafens, die zusammen mit dem Niedergang der römischen Herrschaft zur Ver-ödung der Stadt führte. Zwischen dem 7. und 9. Jahrhundert wurde sie schließlich aufgegeben. Der arabische Geograph Edrisi (12. Jh.) fand sie bereits in Ruinen vor und nannte sie **Eski Antalya** *(Alt-Antalya).* – Von 1947-65 führte das Archäologi-sche Institut İstanbul systematische Ausgrabungen durch. Die freigelegten Ruinen geben ein gutes Bild von der Größe und dem Aussehen der untergegan-genen Stadt.

BESICHTIGUNG DER RUINENSTÄTTE. – Im Osten der Halbinsel die ehemals turmbe-wehrte *byzantinische Stadtmauer.* Vor dem früher mehrstöckigen nördlichen **Stadttor** ein *Nymphäum* (2. Jh. v. Chr.); nördlich ein *Aquädukt.*

Von diesem Stadttor nahmen in römischer Zeit zwei K o l o n n a d e n s t r a ß e n ihren Aus-gang; die eine führte in südlicher Richtung zum Gymnasion, an ihr nach 250 m links die Ruinen einer byzantinischen *Basilika,* die zweite südwestlich zur Agorá und zu dem daran anschließenden Theater, von hier in einem Knick weiter zur Halbinselspitze. Man folgt einem Pfad auf der Trasse der zum Theater führenden südwestlichen Kolonna-denstraße, von der nur noch ganz wenige Re-ste (beachtenswert die Stücke von Mosaik-fußböden) zu erkennen sind. – Nach 350 m links die **Agorá**, mit Resten eines kleinen ko-rinthischen *Rundtempels,* rechts das auf ei-nem früheren Badehaus errichtete *Museum.* Nahebei Reste einer zweiten Stadtmauer mit einem *Torbogen.* – An der Südwestseite der Agorá erhebt sich das **Theater**, das als das größte in Pamphylien galt und auf 49 Rängen 14000 Zuschauer faßte. Obwohl mehrere Gewölbebögen beim Einsturz erhebliche Teile des Tribünenbaus mit sich rissen, stellt

die Ruine noch ein sehr beachtliches Zeug-nis römischer Baukunst dar.

Vom Theater verlief die Kolonnadenstraße quer über die Halbinsel und mündete bei ei-nem römischen Halbkreistempel am Meer. – Lohnender ist jedoch der vom Theater ent-lang einer byzantinischen Mauer in südöst-licher Richtung führende Weg. Nach 100 m erreicht man ein *römisches Haus,* mit gro-ßem Hof (Gymnasion?). Der byzantinischen Mauer südlich folgend, kommt man nach etwa 75 m zu einer weiteren *Agorá.* Kurz vor der kliffartigen Südküste der Halbinsel. Man setzt den Weg entlang dieser Küste südwest-lich fort und erreicht nach Durchquerung des Dorfes **Selimiye** die erwähnte Ruine eines sich über der Küste erhebenden *Tempels* (Halbkreistempel). – Von hier rechts weiter; nach 100 m auf der Halbinselspitze die Reste der zwei *Haupttempel* der Stadt (wohl *Athena* und *Apollon* geweiht); östlich daneben die Ruine einer byzantinischen *Basilika.*

Nordwestlich der Tempelanlage lag der heute völlig verlandete **Hafen,** dessen Kontu-ren aber an einem tief in den Felsen eingrei-fenden Steilhang erkennbar sind. – Dieser Hanglinie nordöstlich folgend, sieht man nach 200 m rechts die Reste eines anderen, vermutlich als Bad benutzten byzantinischen Gebäudes. – Über die zuvor genannte Säu-lenhallenstraße gelangt man zum Ausgangs-punkt des Rundganges bei der äußeren by-zantinischen Mauer zurück.

Silba und Olib

Jugoslawien.
Teilrepublik: Kroatien (Hrvatska).
Höhe: 0 – 80 m ü.d.M. – Bewohnerzahl: 700.
Telefonvorwahl: 057.
ⓘ **Turističko društvo Silba,**
YU-57091 Silba.

UNTERKUNFT. – Privatquartiere.

CAMPINGPLATZ. – FKK-Zeltplatz auf Silba (keine Wohnwagen).

FÄHREN. – Post- und Personenschiffe ab Zadar (ohne Autotransport; auf beiden Inseln gibt es keine Autostraße!).

Die beiden jugoslawischen Adria-In-seln Silba und Olib liegen vor der kroa-tischen Küste jenseits der Insel Pag und etwa 50 km nordwestlich der Ha-fenstadt Zadar.

GESCHICHTE. – Die Geschichte der beiden Inseln ist nahezu identisch. Beide Eilande waren schon in römischer Zeit besiedelt, beide werden im 10. Jahr-hundert vom dem Geschichtsschreiber von Kaiser Konstantin VII., Porphyrogenetes, erwähnt: Silba als *Selbo* und Olip als *Aleop.* Die Venezianer ver-pachteten im 15. Jahrhundert beide Eilande an Fa-milien aus Zadar, die darauf vor allem Schafzucht betrieben. Im 17. und 18. Jahrhundert erlebte Silba als Heimatort von Seeleuten und Segelschiffree-dern einen bedeutenden Aufschwung, während Olib samt den umliegenden kleineren Eilanden nie über den Rang einer Schafweide hinauswuchs. Größere Ansiedlungen gibt es ohnehin, denn auf beiden Inseln gibt es keine natürlichen Quellen oder Wasserläufe, sondern nur Zisternen (bis heu-te). Der Niedergang der Fischerei in der Adria sorgte

Römisches Theater im pamphylischen Side

Olib – Hafenort auf der gleichnamigen jugoslawischen Adriainsel

im 20. Jahrhundert auf beiden Inseln für weitere Abwanderung. Erst die Einnahmen aus dem Fremdenverkehr und die Entdeckung der Eilande als Naturreservate ohne Autoverkehr setzen für die Zukunft wieder positive Zeichen.

Die Pfarrkirche aus dem 17. Jahrhundert im Hauptort der Insel **Silba** enthält Malereien des Venezianers Carlo Ridolfi. Die Muttergotteskirche (Gospa od Karmena) von 1752 gehörte früher zu dem 1660 gegründeten Franziskanerkloster, das heute verlassen ist. Von den alten Befestigungen blieb ein Wehrturm aus dem 16. Jahrhundert teilweise erhalten. Neben dem Postgebäude ein Aussichtsturm aus dem 19. Jahrhundert.

Die einzige Siedlung auf der Insel **Olib** liegt an der Bucht Luka Olib. Die Pfarrkirche im Ort, erneuert 1858, stammt von 1632. Im Pfarrhaus werden 20 glagolitische Codices (s. Krk) aus dem 16. bis 19. Jahrhundert aufbewahrt. Noch älter ist die zweite Kirche des Ortes. Außerhalb ein Schutzturm aus dem 17./18. Jahrhundert; Überreste einer Römersiedlung mit Hausfundamenten, Ruinen einer dreischiffigen Kirche und eines bereits um 1200 zerstörten Klosters lassen sich in der südlich des Ortes gelegenen B a n c e ausmachen.

Silifke

Türkei.
Provinz: İçel.
Höhe: 50 m ü.d.M. – Einwohnerzahl: 15 000.
Telefonvorwahl: Handvermittlung.

ⓘ **Informationsamt,**
Atatürk Caddesi 211;
Telefon: 151.

UNTERKUNFT. – *Taştur Motel,* M I, 103 B., Sb.; *Boğsak Motel,* M II, 54 B.

WASSERSPORT. – Schwimmen, Tauchen, Motorboote, Wasserski. – Schöne Sandbucht beim Ferienort *Taşucu* (südwestlich), von wo Luftkissenboote nach Zypern verkehren.

Silifke, eine zur türkischen Provinz İçel gehörende Bezirksstadt, liegt etwa

10 km vom Mittelmeer entfernt in der Schwemmlandschaft des Göksu, an dessen rechtem Ufer (antike Brücke). Die Stadt nimmt die Stelle von Seleukeia Tracheia ein, einer der Gründungen des Seleukos Nikator (312 bis 281 v.Chr.); sie war der Straßenknotenpunkt des 'Rauhen Kilikien', besaß einen berühmten Orakeltempel des Apollo und blühte bis zum Ende der römischen Kaiserzeit.

SEHENSWERTES. – Über der Erde sind nur Baureste aus römischer Zeit erhalten; im Konak einige Inschriften, Statuen, Architekturstücke u.a. – Der Hügel im Westen trägt die Ruinen der Kreuzfahrerfestung *Camardesium,* der Nachfolgerin der alten Akropolis. Am Südabhang und auf dem Nachbarhügel zahlreiche Sarkophage und Felsengräber der antiken Nekropole (die christliche am Hügel von Meriamlık)

UMGEBUNG von Silifke. – Der wasserreiche **Göksu** ('blaues Wasser'), dessen Quellarme im Nordwesten an den Hängen des mächtigen Ak Dağı entspringen, hieß im Altertum *Kalykadnos,* im Mittelalter *Selef* oder *Saleph.* In ihm ertrank am 10. Juni 1190 Kaiser Friedrich I. Barbarossa während des 3. Kreuzzuges auf dem Marsch von Laranda (heute Karaman) nach Seleukeia (Silifke). Der Fluß mündete früher im Westen der Stadt, fließt aber heute nach Südosten. Infolge der vorherrschend westlich gerichteten Meeresströmung wächst das Flußdelta in einer langen und schmalen Sandspitze nach Süden, wobei mehrere Sümpfe, Seen und Lagunen entstanden sind. Die Landspitze heißt heute *İncekum Burun;* bei Strabo wird sie Kap *Sarpedon* genannt.

Etwas mehr als $\frac{1}{2}$ Stunde südlich von Silifke, mit der Stadt durch einen in den weichen Fels gehauenen Treppenweg verbunden, liegt auf der nach Osten vorspringenden Höhe **Meriamlık,** einer der besuchtesten Wallfahrtsorte der frühchristlichen Zeit. Die hl. Thekla, Schülerin des Apostels Paulus, soll hier in einer Höhle gewohnt haben und vor ihren Bedrängern in der Erde verschwunden sein. Von den zahlreichen Kirchen, Klöstern und zugehörigen Bauten, über die S. Guyer 1907 durch Versuchsgra-

Ruine der Inselburg Kızkale an der südtürkischen Küste

bungen einiges feststellte, steht aufrecht nur noch die Apsis der großen *Säulenbasilika* am Südende des Plateaus. Der große Bau (90 x 37 m), mit Narthex, Vorhof, drei Schiffen und Sakristeien neben der Apsis, war von Kaiser Zeno (474-91) an der Stelle einer älteren Basilika errichtet worden. Darunter erstreckten sich die im 2. Jahrhundert zu einer dreischiffigen *Krypta* ausgebauten heiligen Höhlen, noch jetzt Wallfahrtsziel. 150 m nördlich eine etwas kleinere *Kuppelbasilika,* ebenfalls aus dem 5. Jahrhundert; 300 m weiter nördlich eine dritte *Basilika.*

Etwa 30 km nördlich von Silifke liegt rechts etwas abseits von der alten Straße nach Karaman (rechts mehrere Tempel) auf dem hügeligen Hochland des südlichen Taurus in 1110 m Höhe das antike ***Olba** *(Diocaesarea),* jetzt türkisch *Uzuncaburç* genannt, eine der besterhaltenen Ruinenstätten (1907 von E. Herzfeld erforscht), einst Residenz der Priesterdynastie der Teukriden, die im 3. und 2. Jahrhundert v. Chr. das westliche Kilikien beherrschten. Im Norden steht ein fünfstöckiger Turm (ca. 200 v. Chr.), nach dem die Stätte jetzt 'Hoher Turm' heißt. Südlich Reste von Wohnhäusern, dann eine westöstliche H a l l e n s t r a ß e aus hellenistischer und römischer Zeit. An ihrem Ostende das *Theater* (164-65 n. Chr.) und eine byzantinische Kirche. Weiter westlich auf der Südseite der Hallenstraße der bald nach 300 v. Chr. erbaute **Zeus-Tempel,* von dessen frühkorinthischen Säulen (6 : 12) noch 30 aufrecht stehen, 4 mit den Kapitellen. Die Cella wurde im 5. Jahrhundert niedergelegt, als man den Tempel in eine Kirche verwandelte. Den Peribolos begrenzte der Westseite eine Säulenhalle. Nach Norden führt hier eine Querstraße, die nach 70 m ein wohlerhaltenes römisches Tor mit drei Durchgängen abschließt. Am Westende der Hallenstraße das *Tychaion,* ein Tempel mit merkwürdigem Grundriß (1. Jh. n. Chr.); die 6 Frontsäulen stehen bis auf eine. 110 m südöstlich vom Zeus-Tempel ein großes öffentliches Gebäude (um 200 n. Chr.), dessen Obergeschoß eine Säulenhalle bildete. – Von dem hohen Turm führt eine gepflasterte, von Nekropolen gesäumte antike Straße zu einer $^3/_4$ St. östlich in dem Talkessel von *Ura* (975 m) gelegenen zweiten Stadt, der eigentlichen Wohnstadt von Olba, mit zahlreichen Ruinen von Kirchen, Häusern, Gräbern, einem Wasserkastell und einem großen Aquädukt des Kaisers Pertinax.

16 km von Silifke auf der Straße nach Adana erreicht man **Susanoğlu,** am Ostrand der Göksu-Ebene mit einer stark verlandeten Bucht, wo die Ruinen (Reste

des Mauerrings) der antiken Stadt *Korasion* (4.-7. Jh. n. Chr.) stehen.

6 km nordöstlich *Narlı Kuyu* ('Granatapfelbrunnen'), mit den Resten eines antiken Bades und einem farbschönen Mosaik aus dem 4. Jahrhundert n. Chr. Links eine Abzweigung (3 km) bergan zu den türkisch *Cennet Cehennem* ('Himmel und Hölle') genannten zwei ***Korykischen Grotten,** mit einer Kapelle.

4 km weiter die mächtige Ruine der Landburg der antiken Stadt **Korykos,** durch eine Mole mit der malerischen Inselburg ***Kızkale** ('Mädchenschloß') verbunden. – Die befestigte Insel war vielleicht das bei Strabo genannte *Crambusa* und dürfte im Mittelalter eine der berüchtigtsten Korsarenburgen der Mittelmeerküste gewesen sein. – Der heutige Name hängt mit einer Fabel zusammen. Einem Sultan soll eine Weissagung verkündet haben, daß seine Tochter durch Schlangenbiß sterben würde. Um sie davor zu schützen, habe er auf der Insel das Schloß erbaut und mit vielen Mauern zur Abwehr umgeben. Doch als er selbst seiner Tochter einen Korb schöner Früchte schickte, in die sie freudig hineingriff, habe ihr eine darin verborgene Schlange das Leben genommen.

4 km weiter das Ruinengebiet von *Ayas,* mit den weit verstreuten, teilweise von Flugsand bedeckten Resten der antiken Stadt **Elaiusa-Sebaste.** Die Stadt lag nach Strabo teils auf dem Festland, teils gegenüber auf einer Insel. Auf diese hatte der kappadokische König Archelaos, der 41 v. Chr. von Antonius als König von Kappadokien eingesetzt worden war und im Jahre 20 v. Chr. von Augustus das 'Rauhe Kilikien' um Elaiusa erhalten hatte, seine Residenz verlegt. Nachdem er 17 n. Chr. von Tiberius in Rom angeklagt worden war und dort starb, wurde Kappadokien Provinz. – Erhalten sind auf der Insel eine fünfschiffige Basilika sowie auf dem Festland Überreste der Stadtanlage, u.a. die Ruinen eines Tempels, eines Theaters und von Speichern. Am Rand der Stadt liegen in flachem Bogen mehrere Nekropolen mit Grabhäusern und Sarkophagen.

Simi (Syme)
s. bei Sporaden

Sinai-Halbinsel

Ägypten
(z.T. unter israelischer Militärverwaltung).
Gouvernorat: Sinai.
Fläche: 25 000 qkm.
Höhe: Meereshöhe bis 2637 m ü.d.M.
Einwohnerzahl: 140 000 (einschl. der israelisch besetzten Gebiete).

Die im Norden vom Mittelmeer, im Westen vom Grabenbruch des Golfes von Sues, im Süden vom Roten Meer und im Osten und Südosten von der tektonischen Senke des Jordans bzw. seiner südlichen Fortsetzung, dem Golf von Akaba, begrenzte Halbinsel Sinai wird im allgemeinen schon dem asiatischen Kontinent zugerechnet. Sie ist ein zum größten Teil von Steppe und Wüste erfülltes, allein im Norden am Meer und in einigen kleinen Oasen kultivierbares, nahezu menschenleeres Land, das dennoch im wild zerklüfteten Gebirgsstock des Sinai mit seinen abgeschiedenen Tälern, malerischen Felsszenerien und immer neuen großartigen Ausblicken zu den reizvollsten Landschaften Ägyptens zählt.

Mit einer Gesamtfläche von rund 25 000 qkm entspricht die Halbinsel Sinai etwa der Ausdehnung von Sizilien. Den nördlichen Teil nimmt ein welliges Tafelland aus kretazeischen und tertiären Kalken und Sandstein ein, das sich von Norden nach Süden langsam anhebt und in dem weit ausschwingenden Bergriegel des *Dschebel et-Thih* Höhen um 1200 m ü.d.M. erreicht. Den Süden der Halbinsel nimmt das mächtige, aus kristallinem Urgestein (Gneise, Granite, Porphyr, metamorphe Schiefer) aufgebaute und durch Erosion stark gefurchte und zerklüftete **Sinai-Gebirge** ein. Seine höchsten Erhebungen, der *Dschebel Katerin* (2642 m ü.d.M.), der *Dschebel Musa* (2244 m ü.d.M.) und der *Serbal* (2057 m ü.d.M.) reichen bis nahe an die Grenze von ewigem Schnee und Eis.

Die majestätischen Massen dieses Gebirges unterlagen im Laufe ihrer ungeheuer langen geologischen Geschichte keinen Umgestaltungen. Allein den Fuß dieses Massives hat das Rote Meer in Jahrmillionen mit einem breiten Saum von Korallenriffen umgeben, wie sie noch heute vor der Küste immer neu entstehen.

Die wichtigsten Siedlungen der Halbinsel liegen an der Küste. Es sind im Norden, am Mittelmeer, *El-Arisch* (im Altertum Rhino-Koruna) und *Gaza*, die Häfen *Sues* und *Et-Tor* am Golf von Sues, sowie *Scharm esch-Schech* und der Militärstützpunkt *Akaba* am Golf von Akaba.

Die in jüngerer Zeit entdeckten beträchtlichen Erdöl- und Erdgasvorkommen im Westen der Halbinsel sowie einige Manganerz-, Kupfer- und Phosphatlagerstätten machen den ansonsten wenig einladenden Landstrich wirtschaftlich höchst interessant.

GESCHICHTE. – Schon in frühester Zeit (7000–3300 v. Chr.) durchstreiften nomadisierende Völker den Sinai. – Den Pharaonen der 1. Dynastie waren bereits die Kupferlager im westlichen Sinai von äußerster Wichtigkeit und gaben späterhin mehrfach Anlaß zu blutigen Kämpfen mit den Beduinen. Die Minen sind heute bis auf wenige erschöpft. In ehemaligen Malachitgruben des *Wadi Magare* und in den Ruinen des altägyptischen Hathor-Tempels *Sarabis el-Khadem* fand man im Jahre 1868 und nach 1927 die sogenannten 'Sinai-Inschriften', das sind mehr als 30 in den Fels geritzte Dokumente in einer kanaanischen Schrift, die als Vorstufe unserer heutigen Buchstabenschrift anzusehen ist.

Keine präzisen Dokumente liegen über den Sinai des Alten Testaments vor. Es ist weder der exakte Ort nachvollziehbar, an dem die Juden das Rote Meer durchschritten, noch ist gesichert, daß es sich bei dem Berg Horeb (2. Mose 19 bis 4. Mose 10), auf dem Moses die Gebotstafeln empfing, tatsächlich um das Sinai-Gebirge handelte. Es gibt durchaus gute Gründe, diesen Platz östlich des Golfes von Akaba zu suchen. – Pilgerfahrten zum Sinai, als dem Ort des Alten Testamentes, sind erst seit dem 4. Jahrhundert n. Chr. belegt. Im Zuge dieser Verehrung fanden sich im südlichen Sinai zahlreiche Anachoreten und christliche Mönche ein, die als Brüderschaften niederließen und in größter Armut und Gottesverehrung lebten. Sie wurden als-

Das berühmte ****Katharinenkloster** nimmt die Stelle eines von Justinian um 530 n. Chr. gegründeten Klosterkastells ein, unter dessen Schutz sich die Eremiten des südlichen Sinai flüchteten. Den Mönchen kam besonders eine Schenkung Justinians von 100 römischen und 100 ägyptischen Sklaven einschließlich Weib und Kind zugute, die mit ihrer Arbeit zum Gedeihen und Aufschwung des Klosters beitrugen und deren Nachkommen heute als islamische 'Dschebelije' oder 'Tuarah' das Bergland bewohnen. Die Mönche konnten sich durch große Gastfreundschaft, auch gegenüber den mohammedanischen Durchreisenden, wie auch durch die Pflege islamischer Heiligtümer vor der Islamisierung schützen. Die meisten Mönche kamen und kommen aus Kreta und Zypern. Ihre Zahl, um die Jahrtausendwende noch 300 bis 400, ist heute auf etwa 50 zurückgegangen, von denen nur 20 im Kloster selbst, der Rest in den Metochien (Außenstellen) leben. Die Ordensregeln sind äußerst streng. Verboten ist der Genuß von Fleisch und Wein; statt dessen trinken die Mönche einen angenehmen Dattelschnaps ('araki' = Saft). An der Spitze des Ordens steht ein Erzbischof, der meist in Kairo amtiert und den daher im allgemeinen ein Prior (Dikeos) vertritt. Im übrigen regelt der Verwalter (Oikonomos) die Angelegenheiten des Klosters.

bald zum Ziel blutiger Überfälle durch die Sarazenen, denen schließlich Justinian in der Mitte des 6. Jahrhunderts durch die Gründung einer ersten befestigten Klosteranlage mit einer der hl. Jungfrau gewidmeten Kirche in unmittelbarer Nähe des 'brennenden Dornbusches' begegnete.

Von den Kreuzzügen, die auch weite Teile des Sinai und insbesondere die Küstenorte heimsuchten, blieben die heiligen Stätten des Sinai weitgehend unberührt. Nach mehreren Um- und Erweiterungsbauten wurde das Kloster im 12. Jahrhundert der hl. Katharina geweiht, der hochgebildeten Alexandrinerin, die insbesondere von der orthodoxen Kirche verehrt wird. Nachdem sie den Märtyrertod erlitten hatte, soll ihr Leichnam auf dem Dschebel Katerin niedergelegt worden sein. Ebenso wie die christlichen Gläubigen besuchten auch mohammedanische Pilger auf ihrem Weg nach Mekka den heiligen Ort und auch ihnen wurde bereitwillig Unterkunft gewährt und sogar eine kleine Moschee errichtet.

Durch die politischen Ereignisse im Zusammenhang mit der Besetzung des Sinai durch Israel im Jahre 1968 und der in jüngster Zeit erfolgten teilweisen Rückgabe des Gebietes an Ägypten ist ein Besuch nur mit besonderer Genehmigung möglich.

Das **Katharinenkloster** liegt in etwa 1500 m Höhe am Fuße der steilen Granitwände des Dschebel Musa (oder Sinai-Berges) im *Wadi Schuaiba* (oder Wadi el-Der = Klostertal). Sein festungsartiges Äußeres zeigt trotz wiederholter Umgestaltungen noch im wesentlichen das Bild aus den Jahren seiner Gründung. Die Anlage steht auf annähernd quadratischem Grundriß von 85-76 m Seitenlänge und ist von 12-15 m hohen, 1,65 m dicken Mauern umschlossen. Sie entstammen im Südwestabschnitt der Gründungszeit; die Mauern an der Ost- und Nordseite wurden 1312 durch ein Erdbeben zerstört und später wiederhergestellt.

Geistlicher Mittelpunkt der KLOSTERANLAGE ist die *Kirche der Verklärung, mit ihrem alles überragenden Glockenturm. Seine Glocken wecken morgens mit 33 Schlägen, sinnbildlich für die 33 Lebensjahre Christi. – Man betritt die mit ihrem Boden etwa 4 m unter dem Eingang gelegene Kirche von einem neueren Vorraum aus, von dem eine Treppe, deren erste Stufen die griechischen Buchstaben für 'Jakôbos' zeigen, in eine Vorhalle (Narthex) hinabführt. Von hier gelangt man durch eine überreich geschnitzte Tür (6. Jh.) in das dreischiffige Innere der Basilika. Die hohen, mit Fenstern versehenen Obermauern des Mittelschiffes ruhen auf je sechs starken Granitsäulen, deren Kapitelle mit kräftigem Blätterwerk verziert sind. Die schräg überdachten Seitenschiffe erhalten ihr Licht durch je fünf byzantinische Fenster. Der Fußboden ist mit Marmor ausgelegt. Im Mittelschiff links eine marmorne Kanzel (von 1787); rechts der Bischofsstuhl, mit interssanter Darstellung des Klosters im 18. Jahrhundert von einem armenischen Maler. Zwischen je zwei Säulen stehen roh geschnitzte Chorstühle. – Den beiden Seitenschiffen sind je eine Reihe von Seitenkapellen angefügt, die v. a. Heiligen der orthodoxen Kirche geweiht sind.

Eine hölzerne, reich bemalte und vergoldete *Ikonostase*, 1612 in Kreta gearbeitet, trennt die Schiffe vom Chor. An und in der Rundung der Apsis großartige *Mosaiken, um 565 wohl von abendländischen Künstlern geschaffen und vorzüglich erhalten. In dem Umriß eines 'Auges Gottes' ist die Verklärung Christi dargestellt, umrahmt von einem Kranz runder Medaillons mit Darstellungen seiner Propheten, Apostel und Heiligen. Bemerkenswert im Chor ferner der marmorne Sarkophag, mit den Resten der hl. Katharina sowie ein kostbarer Reliquienschrein und ein sargähnlicher Schrein, auf dem die Heilige in vergoldetem, getriebenem Silber dargestellt ist, letzterer das Geschenk der russischen Zarin Katharina.

Die *Kapelle des feurigen Dornbusches* (beim Betreten Schuhe ausziehen!) hinter der Apsis, und noch tiefer gelegen als die Basilika, ist wohl der älteste Teil des Gotteshauses. Die Wände sind mit blauen Damaszener Fayencen verkleidet. Die Stelle, wo Gott dem Moses erschienen sein soll, ist durch eine silberne Platte gekennzeichnet.

Gegenüber der Klosterkirche liegt die im 12. Jahrhundert für die vorbeiziehenden Mohammedaner an der Stelle eines Gästehauses des 6. Jahrhunderts erbaute *Moschee*, ein schlichtes Bethaus mit getrennt stehendem Minarett.

Die *Klosterbibliothek,* zum größten Teil noch ungeordnet, ist eine der umfangreichsten und interessantesten Sammlungen arabischen und türkischen Schrifttums. Unter der großen Zahl kostbarer alter Manuskripte (mehr als 2000) sind ferner auch griechische, syrische, persische, äthiopische, georgische, glagolitisch-kirchenslawische und russische Handschriften. Bedeutendstes Stück der Bibliothek war der heute in London befindliche, 1844 von dem deutschen Gelehrten Konstantin von Tischendorf (1815-1874) aufgefundene *Codex Sinaiticus,* eine griechische Bibelhandschrift aus der Zeit um 400 n. Chr. – Das Kloster besitzt überdies einen kostbaren *Klosterschatz* (Gold- und Silberarbeiten), von dem Einzelstücke im Museum hinter der Bibliothek gezeigt werden.

Nordwestlich außerhalb der Klostermauern erstrecken sich die schönen, von hohen Zypressen beschatteten *Gärten, die namentlich im März und April im reichsten Blütenschmuck stehen. Sie sind terrassenförmig angelegt und gut bewässert. Hier gedeihen verschiedenste Früchte und Gemüse. – Außerhalb der Klostermauern befinden sich auch der *Pilgerfriedhof* und in der Krypta der *Tryphon-Kapelle* das Beinhaus, gleichzeitig Begräbnisstätte der Ordensbrüder.

Besonders lohnend ist die Besteigung des **Dschebel Musa** (2244 m), des Berges Mose, wo dieser die Gebotstafeln von Gott empfangen haben soll. Zwei Hauptwege führen hinauf: Der beschwerlichere, über die Pilgertreppe (ca. 2500 Stufen) und an der schlichten Eliaskapelle (2097 m) vorüberführende, soll bereits im 6. Jahrhundert angelegt worden sein, der zweite führt über die unvollendete Straße des 'Abbas Pascha'. Es besteht ferner die bequeme Möglichkeit des Kamelrittes. Die Besteigung dauert in jedem Fall mindestens 3 Stunden (hin und zurück).

Auf dem Gipfel des Dschebel Musa steht eine kleine Kapelle (1930 an der Stelle der älteren, zerstörten errichtet) sowie eine kleine Moschee, die von den Arabern hoch verehrt wird. An der nordöstlichen Ecke des Felsens, auf dem die Kapelle steht, wird die Höhlung gezeigt, in welcher Moses stand, als ihm Gott erschien. Nach islamischer Tradition soll sich Moses in einer zisternenartigen Vertiefung bei der Moschee fastend aufgehalten haben, als er in 40 Tagen das Gesetz auf zwei Tafeln niederschrieb.

Die *Aussicht vom Gipfel des Dschebel Musa auf das wilde, öde Land ist großartig. Im Südwesten reicht sie über die höchsten Berge des Sinai hinaus zum Roten Meer und zum Golf von Akaba, nach Nordwesten blickt man über das Bergland hinweg zum flachen nördlichen Hügelland der Halbinsel hinüber.

Šipan
s. Elaphitische Inseln

Siphnos s. bei Kykladen

Siros (Syros)
s. bei Kykladen

Sizilien / Sicilia

Italien.
Region: Sicilia (Sizilien).
Provinzen: Agrigento (Agrigent), Caltanissetta, Catania, Enna, Messina, Palermo, Ragusa, Siracusa (Syrakus) und Trapani.
Inselfläche: 25 708 qkm. – Bewohnerzahl: 4 800 000.

ⓘ **EPT Palermo,** Piazza Castelnuovo 35,
I-90100 Palermo;
Telefon: (091) 21 68 47.
EPT Agrigent, Via C. Battisti,
I-92100 Agrigento;
Telefon: (09 22) 267 23.
EPT Caltanissetta,
Corso Vittorio Emanuele 109,
I-93100 Caltanissetta;
Telefon: (09 34) 2 17 31.
EPT Catania, Largo Paisiello 5,
I-95100 Catania;
Telefon: (095) 31 21 24.
EPT Enna, Piazza Garibaldi,
I-94100 Enna;
Telefon: (09 35) 2 11 84.
EPT Messina, Via Calabria,
I-98100 Messina;
Telefon: (090) 77 53 56.
EPT Ragusa, Via Natalelli,
I-97100 Ragusa;
Telefon: (09 32) 2 14 21.
EPT Syrakus, Corso Gelone 92,
I-96100 Siracusa;
Telefon: (0931) 2 76 07.
EPT Trapani, Corso Italia 10,
I-91100 Trapani;
Telefon: (09 23) 2 72 73.

HOTELS. – In Milazzo: *Silvanetta Palace,* II, 245 B.; *Residenzial,* II, 124 B.; *Riviera Lido,* II, 67 B.; *Saverly,* II, 64 B. – In Castroreale Terme: *Grand Hotel Terme,* I, 122 B.; *La Giara,* III, 180 B. – In Patti: *Santa Febronia,* II, 88 B.; *La Plaja,* II, 82 B. – In Capo d' Orlando: *La Tartaruga,* II, 70 B., Sb.; *Villaggio Testa di Monaco,* II, 82 B.; *Bristol,* III, 100 B.; *Villaggio Nettuno,* III, 99 B. – In Randazzo: *Motel Agip,* III, 30 B. – In Cefalù: *Le Sabbie d'Oro,* II, 420 B., Sb.; *Kalura,* II, 115 B., Sb.; *La Caletta,* II, 100 B., Sb.; *Santa Dominga,* II, 92 B.; *Tourist,* II, 92 B.; *Santa Lucia,* III, 85 B. – In Termini Imerese: *Grande Hotel delle Terme,* II, 180 B. – In Bagheria: *Motel A'Zabara,* II, 141 B., Sb.

In Palermo s. dort.

In Monreale: *Carrubella Park,* II, 44 B.; *Il Ragno,* III, 22 B. – In Alcamo: *Centrale,* IV, 46 B.; *Miramare,* IV, 33 B. – In San Vito lo Capo: *Robinson Club Cala'mpiso,* 600 B. – In Trapani: *Nuovo Rosso,* Via Tintori 6, II, 48 B.; *Vittoria,* Piazza Vittorio Emanuele, III, 79 B. – Auf Favignana: *Punta Fanfalo Village,* II, 543 B., Sb.; *L'Approdo di Ulisse,* II, 176 B. – In Marsala: *Stella d'Italia,* II, 70 B.; *Motel Agip,* II, 62 B. – In Mazara del Vallo: *Hopps,* II, 244 B., Sb. – In Castelvetrano: *Heus,* I, 71 B.; *Selinus,* II, 68 B. – In Sciacca: *Delle Terme,* I, 126 B., Sb.; *Garden,* II, 120 B.; Motel *Agip,* II, 76 B.

In Agrigent s. dort.

In Licata: *Baia d'Oro,* II, 144 B.; *Al Faro,* II, 60 B. – In Gela: Motel *Gela,* II, 174 B.; *Mediterraneo,* II, 110 B. – In Vittoria: *Italia,* II, 53 B.; *Sicilia,* III, 27 B. – In Ragusa: *Mediterraneo,* II, 174 B.; *Jonio,* II, 69 B.; *San Giovanni,* II, 42 B.; *Tivoli,* III, 54 B.; Fe-

rienzentrum *Village,* II, 1684 B., Sb., *Palace,* II, 511 B., Sb., beide 30 km südwestlich in Camarina. – In Modica: *Motel di Modica,* II, 67 B.; – In Noto: *Eloro,* II, 398 B., südöstlich in Pizzuta.

In Syrakus s. dort.

In Lentini: *Carmes,* III, 34 B. – In Augusta: *Kursaal Augusteo,* III, 75 B.; *Megara,* III, 21 B.; *Villaggio Valtur,* II, 894 B., Sb., nördlich in Brucoli.

In Catania s. dort.

In Aci Castello: *Bahia Verde,* I, 254 B., Sb., in Cannizzaro; *I Faraglioni,* I, 123 B., *Eden Riviera,* II, 66 B., beide in Aci Trezza. – In Acireale: *La Perla Jonica,* II, 978 B., Sb.; *Santa Tecla,* II, 602 B., Sb.; *Aloha d'Oro,* II, 162 B., Sb.; *Maugeria,* II, 68 B.

In Taormina und Messina s. dort.

**Sizilien, die mit 25 708 qkm Fläche größte und mit 4,8 Millionen Einwohnern bevölkerungsreichste Insel des Mittelmeers, bildet die weitgehend autonome italienische Region Sizilien (Hauptstadt Palermo) mit neun Provinzen. Sie ist fast durchweg gebirgig und von lebhaftem Vulkanismus geprägt. Gleichsam als Wahrzeichen erhebt sich weithin sichtbar über der Ostküste der mächtige, schneebedeckte Kegel des Ätna (3326 m), des größten noch tätigen Vulkans in Europa. – Die Besiedlung konzentriert sich in den fruchtbaren und wasserreichen Küstenniederungen.

Eine überaus ertragreiche, in rascher Entwicklung begriffene Landwirtschaft macht Sizilien zu einer der wichtigsten Agrarregionen Italiens. Intensiver Gemüseanbau (Tomaten, Gurken, Frühkartoffeln u.a.), Baumkulturen (Agrumen, Mandeln, Oliven) und Weinbau, besonders an der Westspitze um Marsala, herrschen in den fruchtbaren Küstenstrichen vor; das trockene, bergige Inselinnere erlaubt nur extensiven Ackerbau (Weizen im Wechsel mit Bohnen) und etwas Weidewirtschaft (Schafe, Ziegen). Das überkommene Feudalsystem und die dadurch bedingte oft unzweckmäßige Bewirtschaftung des Landes durch Kleinpächter stehen einer noch rascheren, aufgrund der natürlichen Gegebenheiten möglich scheinenden Entfaltung im Wege. – Von einiger Bedeutung ist neben der Landwirtschaft die Küstenfischerei auf Thunfisch, Sardellen, Tintenfisch und Schwertfisch sowie die Salzgewinnung um Trápani.

Sizilien ist arm an Industrie. Allein Petrochemie (um Syrakus und Gela), Kalibergbau an Stelle des einst bedeutenden Schwefelabbaus sowie Asphalt- (um Ragusa) und Marmorgewinnung haben einiges Gewicht. Die spürbare industrielle Aufwärtsentwicklung der jüngsten Zeit hat dazu beigetragen, die Bevölkerungsabwanderung in die

Ausbruch des Vulkans Ätna auf der italienischen Insel Sizilien

hochindustrialisierten Staaten Nordeuropas aufzuhalten.

Einzigartig schöne Landschaften und gute Strandpartien, v. a. an der Nord- und Ostküste, die zahlreichen großartigen Denkmäler aus der Antike, darunter die besterhaltenen griechischen Tempelanlagen überhaupt, wie auch die eigentümlichen Bauwerke der Normannenzeit haben Sizilien von jeher zu einem höchst anziehenden Reiseziel gemacht. Der Ausbau einer modernen Fremdenverkehrsindustrie ist im Gange.

FAHRT RUND UM SIZILIEN (930 km). – Der erste Abschnitt der Rundfahrt v o n M e s s i n a nach Palermo verläuft auf einem landschaftlich besonders abwechslungsreichen Küstenstrich entlang dem Tyrrhenischen Meer teils auf der Autobahn A 20, teils auf der S.S. 113 ('Settentrionale Sicula'). – Die Strecke verläßt Messina in nordwestlicher Richtung durch gartenreiche Vorstädte, überquert die waldreichen Peloritanischen Berge (1374 m) bei der Paßhöhe Colle San Rizzo (465 m; Autobahntunnel) und senkt sich alsbald zum Meere hin ab. – 37 km: Anschlußstelle Milazzo/Isole Eolie; 6 km nördlich das 716 v. Chr. von Griechen gegründete Städtchen **Milazzo** (30 m; 25 000 Einw.; gute Strände, Schiffsverbindung zu den Liparischen Inseln), mit Normannenkastell, sowie von hier noch 7 km weiter nördlich zum Capo di Milazzo. – An der Landstraße folgt nach 12 km das Schwefelbad Castroreale Terme und noch 3 km weiter die Abzweigung (links) der sehr windungsreichen S.S. 185 zu dem 20 km landeinwärts gelegenen Städtchen Novara di Sicilia (675 m); von dort weiter auf der Portella Mandrazzi (1125 m) zum Kamm der Peloritanischen Berge, dann mit großartigem *Blick auf den Ätna nach Francavilla di Sicilia (330 m) und von hier nahe an der Schlucht *Gola dell'Alcantara vorbei noch 22 km bis Giardini unterhalb von Taormina.

Rund 12 km hinter der Autobahn-Anschlußstelle Milazzo folgt an der S.S 113 die Abzweigung einer 2 km langen Nebenstraße am Kloster Madonna del Tindari vorbei und durch das Dorf Tindari zu den Trümmern der jüngsten griechischen Kolonie auf Sizilien **Tyndaris,** 396 v. Chr. von Dionysius I. gegründet und wahrscheinlich von den Sarazenen zerstört (Reste der Stadtmauer, eines Theaters und einer römischen Basilika; Mosaikfußböden; Museum 'Antiquarium').

An der Autobahn folgt 29 km hinter Milazzo / Isole Eolie die Anschlußstelle für **Patti** (153 m; 12 000 Einw.), mit großen Klöstern und Dom an der Stelle des ehemaligen Kastells; in seinem Innern das Grab der Adelasia von Montferrat († 1118), der Mutter des Königs Roger von Sizilien. – 9 km: Tunnel durch das ins Meer steil abfallende **Capo Calavà;** dahinter schöner Blick auf die fruchtbare Küste mit dem weit ins Meer hinausragenden Capo Orlando (93 m). – 24 km: Anschlußstelle **Capo d' Orlando** (12 m; 9000 Einw.), als Seebad besuchtes Städtchen. Von hier Abzweigung der S.S. 116 über Naso (497 m) und die Portella del Zoppo (1264 m), eine auf dem Kamm der Nebrodischen Berge (1847 m) gelegene Paßhöhe, nach **Randazzo** (754 m; 15000 Einw.), einem Städtchen, das sich mit seinen aus dunkler Lava errichteten Häusern noch viel von seinem mittelalterlichen Charakter bewahrt hat. Am östlichen Ende der Via Umberto I, der Hauptstraße des Ortes, die Kirche Santa Maria (1217-39; im barocken Innern Säulenschäfte aus einem Stück schwarzer Lava). Unweit westlich, durch die malerische Via degli Archi ('Bogenstraße'), zur Kirche San Nicolà (urspr. normann., im 16. Jh. umgestaltet, im Zweiten Weltkrieg schwer beschädigt); im Innern Statue des hl. Nikolaus von Ant. Gagini (1523). Nordwestlich hinter der Kirche der Palazzo Finocchiaro (1509). Am Westende der Via Umberto I die Kirche San Martino (Glockenturm des 14. Jh.); schräg gegenüber ein Turm des ehemaligen herzoglichen Palastes.

Hinter Capo d' Orlando weiter auf der S.S. 113 durch die fruchtbare Küstenebene Piana del Capo, später durch den *Bosco di Caronia,* den größten Wald (meist Busch) Siziliens. – 49 km: Abzweigung der S.S. 117 südlich über *Mistretta* (950 m; 11000 Einw.) und den Paß *Portella del Contrasto* (1120 m) auf dem Kamm der Nebrodischen Berge nach **Nicosia** (46 km; 720 m, 20000 Einw.), mit Dom San Nicolà (14. Jh.), Kirche Santa Maria Maggiore (18. Jh.; 8 m hoher Marmoraufbau von Ant. Gagini, 1512) und Kastell. Jenseits der genannten Abzweigung folgt die Küstenstraße dem Fuße vom M a d o n i e - G e b i r g e (*Pizzo Carbonaro,* 1979 m).

37 km weiter folgt **Cefalù** (30 m; 13000 Einw.), höchst malerisch am Fuß eines gewaltigen, steil ins Meer abfallenden kahlen Kalklotzes gelegen. An dem nördlich zum

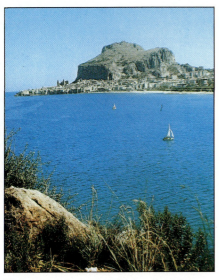

Blick auf Cefalù an der sizilischen Nordküste

Meer hin verlaufenden Corso Ruggero, der Hauptstraße der Stadt, öffnet sich beim Rathaus rechts der weite Domplatz mit dem 1131/32 von König Roger begonnenen *Dom, einem der bemerkenswertesten Baudenkmäler der Normannenzeit. In Innern des Domes (74 m lang, 29 m breit) 15 Säulen aus Granit und eine aus Cipollin (schöne Kapitelle). In der Apsis kostbare Mosaiken, darunter das 1148 vollendete *Erlöserbild, ferner "Maria mit vier Erzengeln" und "Zwölf Apostel"; im rechten Seitenschiff ein schönes Taufbecken (12. Jh.). Vom linken Seitenschiff Zugang zum Kreuzgang (Kapitelle). – Unweit westlich vom Domplatz das kleine Museo Mandralisca, das Altertümer aus den Liparischen Inseln sowie Gemälde zeigt. – Guter Strand am Ort.

Am Nordende des Corso Ruggero beginnt der Aufstieg (in 45-60 Min.) zu dem fast nur aus Versteinerungen zusammengesetzten Felsklotz **La Rocca** (296 m), mit den Trümmern eines mittelalterlichen Kastells sowie eines antiken Polygonalbaus ('Tempio di Diana'). Herrliche Sicht von den höchsten Spitze (Reste eines Normannenschlosses). – 15 km südlich von Cefalù, in prächtiger Panoramalage, das *Santuario di Gibilmanna* (17./18. Jh.) und weiter oberhalb ein Observatorium (1005 m; *Aussicht). – Lohnend ferner auch die Fahrt mit Tragflügelboot zu den **Liparischen Inseln** (s. dort).

Von Cefalù weiter auf der Autobahn. – 15 km: Einmündung der von Catania über Enna kommenden Autobahn A 19. Auf dieser nach 2 km südlich die Anschlußstelle *Buonfornello* und weiter auf der S.S. 113, an der bald rechts die Trümmer der 648 v. Chr. gegründeten und 409 v. Chr. von den Karthagern zerstörten griechischen Stadt *Himera* (dor. Tempel, um 480 v. Chr.; Tempel des 6. Jh. v. Chr.) sichtbar werden. Bei Buonfornello findet im Mai das Autorennen Targa Florio (72 km) statt. – 13 km: Anschlußstelle **Termini Imerese** (113 m; 26000 Einw.), prächtig an einem Vorgebirge gelegene Stadt. In der Unterstadt die Thermalbäder (warme radioaktive Bitterwasserquellen von 42°C), in der Oberstadt der Dom und der Park Belvedere an der Stelle des antiken Forums; Museo Civico. 10 km südlich der Stadt, auf einem Felshang über dem *Fiume San Leonardo,* das Städtchen *Cáccamo* (521 m; 11000 Einw.), überragt von dem wohlerhaltenen Kastell (12. Jh.). – 4 km: Anschlußstelle **Trabia**, Städtchen (6000 Einw.) links abseits am Meer, mit zinnengekröntem Schloß. – 16 km: Anschlußstelle *Casteldaccia;* von hier weiter auf der Küstenstraße bis *Santa Flavia,* wo rechts eine Straße über *Porticello* und *Sant' Elia* zum *Capo Zafferano* (14 km; 225 m; Leuchtturm) abzweigt. Von dieser Straße führt eine 1,5 km lange Nebenstraße in Kehren hinan zum Eingang in das auf dem südöstlichen Vorsprung des *Monte Catalfano* (376 m) gelegene Ruinenfeld der von Phöniziern gegründeten, später römischen Stadt **Soluntum** (oder *Solus,* ital. *Sólunto*); auffallend der wieder aufgerichtete Teil des Peristyls eines 'Gymnasium' genannten Gebäudes. Von der Höhe des Berges prächtiger *Blick auf den Golf von Palermo und an klaren Tagen bis zum Ätna.

Etwa 3 km hinter Trabia folgt an der Autobahn die Anschlußstelle **Bagheria** (85 m; 34000 Einw.), wegen ihrer zahlreichen Barockvillen (18. Jh.) besuchenswerte Stadt. Am Ende des Corso Butera, der Hauptstraße der Stadt, die Villa Butera (1658; Certosa mit Wachsfiguren in Kartäusertracht). Unweit östlich die Villa Palagonía (1715), mit 'phantastisch aberwitzigen Kunstwerken', die schon Goethe geschildert hat. Noch weiter östlich die Villa Valguarnera (*Aussicht von der Terrasse und zum nahen Hügel Montagnola). – 12 km: Anschlußstelle für **Palermo** (s. dort).

Die F a h r t von P a l e r m o nach T r á p a n i ist möglich entweder direkt über die Autobahnabschnitte A 29 und A 29d oder auf der S.S. 187 entlang der Küste über das Hafenstädtchen Castellammare del Golfo und Erice. Ferner aber besonders lohnend auf der

S.S. 186 bzw. später S.S. 113: Man verläßt Palermo durch die Porta Nuova und den Corso Calatafimi.

8 km: **Monreale** (300 m; 25 000 Einw.), ein hübsch über der Conca d' Oro gelegenes Städtchen und Sitz eines Erzbischofs. Links an der Hauptstraße die prächtige, von zwei mächtigen Türmen flankierte **Kathedrale, das bedeutendste Denkmal normannischer Baukunst auf Sizilien. Die 102 m lange und 40 m breite Basilika bewahrt in ihrer prachtvollen Chorpartie, mit sich schneidenden Spitzbogen aus grauer Lava, die Form der byzantinischen Kirche; am Hauptportal schönes Bronzetor von dem Pisaner Nonannus, mit Reliefs aus der 12. Jh. Geschichte und Beischriften z.T. in ältestem Italienisch (1186); am linken Seitenportal unter einer Vorhalle von 1569 ein Bronzetor von Barisanus aus Trani (12. Jh.). Im Inneren der Kathedrale 18 antike Säulen mit prachtvollen Kapitellen, ferner glänzende, 1182 vollendete Mosaiken (mit 6340 qm die umfangreichsten Siziliens), mit Szenen aus dem Alten Testament sowie aus dem Leben Christi und der Apostel. In den Sarkophagen rechts Querschiff Wilhelm I. und Wilhelm II., Sohn und Enkel Rogers II.; daneben rückwärts die Capella di San Benedetto (18. Jh.; Marmorreliefs); an der linken Chorkapelle die Cappella del Crocifisso (1690), mit guten Holzschnitzereien der Passionsgeschichte an den Seitentüren. Sehr lohnende Besteigung des Kathedralendaches über 172 Treppenstufen (Aussicht). – An die Front der Kathedrale schließt rechts das ehemalige Benediktinerkloster an, von dessen altem Bau der *Kreuzgang (Chiostro di Santa Maria Nuova) mit seinen 216 Säulen erhalten ist, der größte und schönste italienisch-romanischen Stils. Der Kreuzgang wird im Süden von der Ruine eines Flügels des alten Klostergebäudes überragt.

Etwa 21 km hinter Monreale folgt an der S.S. 186 **Partinico** (189 m; 25 000 Einw.), von altem Turm überragte Stadt; dahinter weiter auf der S.S. 113. – 20 km: **Alcamo** (256 m; 45 000 Einw.), von Arabern gegründete Stadt. An der Hauptstraße der Dom (17. Jh.); im Innern Malereien Borremans (1736/37) sowie Skulpturen von Ant. Gagini und seinen Schülern, ebenso wie in der Kirche San Francesco d' Assisi. In den Kirchen Santa Chiara und der Badia Nuova Stuckfiguren von Giacomo Serpotta. Ferner Kastell (14. Jh.). Von Alcamo Aufstieg in 2 Stunden auf den *Monte Bonifato* (825 m; *Aussicht). – 15 km: Abzweigung einer Nebenstraße zu den 3 km westlich gelegenen Resten der antiken Stadt **Segesta** (oder *Egesta*, 305 m), in vorgriechischer Zeit von Elymern gegründet und eine der ältesten Städte auf Sizilien, die in ständigem Kampf mit den Griechen (v. a. mit Selinunt) stand, später karthagisch, dann römisch war und schließlich von den Sarazenen zerstört wurde. Vom Ende der Zufahrtstraße führt ein einfacher Treppenweg aufwärts zu dem westlich unterhalb der alten Stadt auf einem abgeflachten Höhenrücken in großartiger Bergeinsamkeit gelegenen, 430 v. Chr. begonnenen, aber unvollendet gebliebenen *Tempel, einem der besterhaltenen Siziliens (61 m lang, 26 m breit), dessen Kranz von 36 dorischen Säulen noch Ge-

bälk und Giebel trägt. – Vom Ende der Zufahrtstraße in Windungen bergan zu der 1,5 km südöstlich auf dem *Monte Barbaro* (431 m) gelegenen eigentlichen Stadt, von der Reste der Befestigungsanlage sowie von Häusern (Mosaikfußböden), ferner ein in den Fels gehauenes *Theater, erhalten sind.

Etwa 3 km hinter der Zufahrt nach Segesta folgt *Calatafimi* (310 m; 13 000 Einw.), im Westen vom Kastellberg überragt. – 1 km: Abzweigung zu dem 3 km südwestlich gelegenen, weithin sichtbaren Denkmal für Garibaldi ('Ossario'), das 1892 zur Erinnerung an seinen ersten Sieg über die zahlenmäßig überlegenen bourbonischen Truppen am 15. Mai 1860 errichtet wurde. – 1 km: Straßenteilung: links S.S. 188A über *Salemi* (10 km; 442 m; 17 000 Einw.), überragt von der unter Friedrich II. errichteten Burg, auf der Garibaldi 1860 seine Diktatur über Sizilien proklamierte (Gedenksäule) nach Castelvetrano (noch 26 km).

An der genannten Straßenteilung rechts die S.S. 113 nach Trápani (35 km).

Trápani (70 000 Einw.), auf einer sichelförmigen Halbinsel gelegen, war im Altertum als 'Drépanon' (= Sichel) der Hafen für das 15 km nordöstlich landeinwärts gelegene 'Eryx', das heutige Städtchen *Erice* (herrlicher **Ausblick über Land und Meer) und hat

Bei Trapani an der sizilischen Westküste

noch heute für die Ausfuhr von Salz, Wein und Thunfisch Bedeutung. Hauptstraße von Trapani ist der Corso Vittorio Emanuele. Am östlichen Teil stehen die Kathedrale San Lorenzo (17. Jh.) sowie die Chiesa del Collegio oder Chiesa Nazionale (von 1638), die im 18. Jahrhundert reich mit Marmor und Stuckplastik ausgeschmückt wurde. Am Ostende des Corso das Alte Rathaus (17. Jh.; jetzt Einwohnermeldeamt), mit prächtiger Barockfassade. Unweit südöstlich die ehemalige Kirche Sant' Agostino, einst Sitz der Templer, jetzt Konzert- und Vortragssaal, mit schönem Radfenster; weiter östlich die Kirche Santa Maria di Gesù (15. Jh.). – Vom Alten Rathaus führt die Via Torre Arsa südlich zum Hafen (hübsche Uferpromenade) und nördlich zur Via Garibaldi. Auf der letztgenannten gelangt man in nordöstlicher Richtung zum Stadtgarten Villa Margherita sowie zur verkehrsreichen Piazza Vittorio Emanuele. Von hier führt die breite Via Fardella östlich zum Stadtteil Borgo Annunziata, mit dem ehemaligen Kloster Santuario dell' Annunziata (1332 gegr.); in der Kapelle der Madonna di Trapani die ganz von Schmuck verdeckte, als wundertätig verehrte Madonnenstatue (13. Jh.; Lichterprozession am 16. August). Im alten Klostergebäude (schöner Kreuzgang) das Museo Nazionale Pepoli (Gemälde, Skulpturen, Kunstgewerbe, prähistor. und antike Funde).

Lohnend ist von Trapani eine Fahrt mit dem Schiff (tägl. in $^3/_4$ bis $2^3/_4$ St.) oder mit dem Tragflügelboot (mehrmals tägl. in 15-60 Min.) zu den der sizilianischen Küste westlich vorgelagerten **Ägadischen Inseln** (*Isole Egadi*), dem Schwerpunkt des sizilianischen Thunfischfangs. Die Schiffe berühren die Inseln *Favignana* (302 m, 19,8 qkm), *Levanzo* (298 m, 6 qkm) und *Marettimo* (684 m, 12,3 qkm; nur zweimal wöchentlich).

Der dritte Abschnitt der Rundfahrt v o n Tr a - pani nach Syrakus folgt der S.S. 115. Nach 32 km erreicht man **Marsala** (12 m; 85000 Einw.), eine Hafenstadt an der Westspitze Siziliens, die durch ihren feurigen goldgelben Dessertwein (13-16 % Alkohol) bekannt ist (Besichtigung der Kellereien möglich). – Verkehrsmittelpunkt ist die Piazza della Repubblica, mit dem schönen, als 'Loggia' gebauten Alten Rathaus (18. Jh.) und dem Dom San Tomaso (dem hl. Thomas von Canterbury geweiht; vgl. C. F. Meyers Novelle "Der Heilige"); im Innern beachtenswerte Bildwerke von Antonello Gagini sowie acht wertvolle, nur an Festtagen gezeigte flämische Bildteppiche (16. Jh.). – Von der Piazza della Repubblica führt die Via XI Maggio, die Hauptstraße der Stadt, nordwestwärts, an Kloster und Kirche San Pietro (16. Jh.) vorbei, zur Porta Nuova; links an einem Haus die Inschrift zum Gedenken an den zweiten Aufenthalt Garibaldis (1862), der am 11. Mai 1860 mit der Landung im Hafen von Marsala seinen Siegeszug gegen die Bourbonen begann. Rechts hinter der Porta Nuova der Stadtgarten; vom Belvedere aus seinem Nordende schöne Aussicht. Unter dem Belvedere sowie längs der die Via XI Maggio fortsetzenden Alleestraße Viale Vittorio Veneto u. a. Stadtmauerreste der alten Lilybaeum. Rechts abseits der Allee die Ruinen der Insula Romana, eines Wohnblocks der römischen Stadt (3. Jh. n. Chr.); in den dazugehörenden *Thermen u. a. ein prachtvolles Tiermosaik. Vom Ende der Allee hübsche Aussicht auf Meer und Küste; vom unweit südwestlich gelegenen **Capo Boéo** oder *Capo Lilibeo* noch weiterreichender Blick nordöstlich über den alten Hafen bis zum Monte Erice und nordwestlich auf die Ägatischen Inseln. – Auf halbem Wege vom Kap zur Porta Nuova rechts etwas abseits die Kirche San Giovanni Battista, von der man in die sogenannte Grotta della Sibilla (röm. Mosaik) hinabsteigt.

19 km: **Mazara** *del Vallo* (8 m; 37000 Einw.), mit der im 11. Jahrhundert von Graf Roger gegründeten Kathedrale (im 17. und 20. Jh.

umgestaltet) sowie mehreren schönen Kirchen und Palästen. – 15 km: *Campobello di Mazara* (100 m; 12000 Einw.); 3 km südwestlich die antiken Steinbrüche *Rocche di Cusa bzw. Cave di Campobello, die einst das Baumaterial für Selinunt lieferten (409 v. Chr. stillgelegt). – 8 km **Castelvetrano** (190 m; 32000 Einw.), mit den Kirchen San Giovanni (im Chor Statue Johannes' d. Täufers, Ant. Gagini 1512), San Domenico (Stuckfiguren von Ant. Ferraro, 1577, und Marmormadonna von Dom. Gagini) und Chiesa Madre (16. Jh.; Renaissanceportal). 3,5 km westlich der Stadt die wiederhergestellte *Normannenkirche Santa Trinità della Delia (byzantin. Zentralbau, 12. Jh.). – 9 km: Abzweigung einer Nebenstraße (S.S. 115 D) zu den *Ruinen der alten griechischen Stadt **Selinunt** (s. dort). – 37 km: **Sciacca** (auch *Sciacca Terme*, 60 m). Am Westeingang der Stadt die Porta San Salvatore, rechts davor die Kirche Santa Margherita (16. Jh.; marmornes Nordportal von 1468), links die Chiesa del Carmine. Unweit nordwestlich der Porta San Salvatore, am Corso Vittorio Emanuele, die gotische Casa Steripinto (Fassade aus facettierten Quadern) sowie weiterhin der Dom (in der 4. Kapelle rechts Madonna von Franc. Laurana; 1467). Weiter östlich der Stadtgarten (Aussicht) und das Kurhaus (Therme Selinuntine; Schwefelbäder) an der Stelle der antiken Thermen. Oberhalb an der Stadtmauer der Rest des Kastells des Grafen Luna. – Von der Porta San Salvatore Abstecher 7,5 km nordöstlich zu dem Kreidekalkkegel des **Monte San Calógero** (388 m), mit dem *Santuario San Calogero* (Kloster; *Aussicht). Unterhalb des Klosters Grotten mit Dampfbädern (*le Stufe;* 34-40°C). – Von Sciacca ferner lohnender Abstecher (20 km nordöstl.) zu dem unter einem Burgfelsen gelegenen Städtchen *Caltabellotta* (750 m; 7500 Einw.), mit Kathedrale aus der Normannenzeit.

An der S.S. 115 folgt nach 23 km die Abzweigung (rechts) einer Zufahrt zu den Resten der 6 km südwestlich am Capo Bianco gelegenen, im 1. Jahrhundert v. Chr. zerstörten Stadt *Eraclea Minoa.* – 41 km: *Porto Empedocle,* der Hafen von Agrigent. – 6 km: Hauptzufahrt nach **Agrigent** (s. dort), die zwischen Zeustempel und Heratempel hindurchführt und dann im Bogen berganzieht. – 32 km: **Palma** *di Montechiaro* (160 m; 20000 Einw.), mit schöner Barockkirche. Dahinter rechts die Höhe des *Castello di Palma di Montechiaro* (286 m; 14. Jh.). – 20 km: **Licata** (12 m; 40000 Einw.), an der Mündung des Salso schön am Hang aufsteigende Hafenstadt und wichtigster Handelsplatz an der Südküste Siziliens (Schwefelexport). Westlich oberhalb das *Castel Sant' Angelo* (16. Jh.; restaur.). – 11 km: rechts am Meer die *Burg Falconara* (15. Jh.; restaur.). – 22 km: **Gela** (45 m; 67000 Einw.), früher *Terranova di Sicilia* (45 m; 67000 Einw.), früher *Terranova di Sicilia*, moderne Hafenstadt (Erdölraffinerien; auch Badebetrieb). Im westlichen Teil der Stadt die ausgedehnten Nekropolen der 688 v. Chr. von dorischen Kolonisten gegründeten antiken Stadt sowie die 'Zona Archeologica di Capo Soprano' Reste altgriechischer *Befestigungsanlagen (5./4. Jh. v. Chr.; etwa 200 m lange Mauer aus den ältesten bekannten sonnengetrockneten Tonziegeln); ferner griechische Thermen (4. Jh.

Italienische Hafenstadt Licata an der Südküste der Insel Sizilien

v. Chr.). Im Osten der Stadt das *Museo Archeologico, daran anschließend neuere Ausgrabungen (Wohnhäuser und Läden des 4. Jh. v. Chr.); südlich vom Museum, auf dem Windmühlenberg ('Akropolis'), der Stadtpark mit den Resten zweier dorischer Tempel (6. und 5. Jh. v. Chr.).

Etwa 33 km hinter Gela folgt an der S.S. 115 **Vittoria** (168 m; 45 000 Einw.), der größte Weinumschlagplatz Siziliens. Am Hauptplatz das klassizistische Teatro Vittorio Emanuele und die Chiesa della Madonna delle Grazie (18. Jh.). – 8 km: **Cómiso** (245 m; 27 000 Einw.), mit Kuppelkirchen Chiesa Madre und Chiesa della Annunziata (beide 18. Jh.) sowie schönem Diana-Brunnen auf dem Rathausplatz. – 17 km: **Ragusa** (512 m; 60 000 Einw.), malerisch über dem steilen Talhang des *Irminio* ansteigende Provinzhauptstadt, mit barocker Kathedrale (18. Jh.) und prächtiger Barockkirche San Giorgio (18. Jh.) im östlichen Stadtteil Ibla (steile winklige Gassen). Von der südlichen Stadtumgehungsstraße *Blicke. – In der Umgebung der Stadt bituminöse Kalke; 2 km südlich, an der Straße zu dem aufstrebenden Seebad *Marina di Ragusa* (28 km), bedeutende Asphaltgruben, in jüngster Zeit auch Erdölförderung.

An der S.S. 115 folgt nach 15 km **Módica** (440 m; 50 000 Einw.), zu beiden Seiten des Módica-Tals an den Hängen aufstrebende Stadt. In der Unterstadt, über einer Freitreppe, die Kirchen San Pietro (18. Jh.) und Santa Maria di Gesù (um 1478; Kreuzgang im anschließenden ehem. Kloster), in der Oberstadt die mächtige Kirche San Giorgio (18. Jh.). – 7 km: Abzweigung einer Nebenstraße zu dem nördlich gelegenen malerischen Höhlental *Cava d' Ispica,* an dessen Wänden zahlreiche Wohn- und Grabhöhlen aus byzantinischer Zeit sichtbar sind. – 32 km: **Noto** (158 m; 30 000 Einw.), seit 1703 etwa 11 km südöstlich der 1693 durch Erdbeben zerstörten alten Stadt Noto hübsch in Terrassen angelegtes Städtchen mit Barockkirchen und schönen Palästen. An dem die Stadt von Westen nach Osten als Hauptstraße durchziehenden Corso Vittorio Emanuele drei monumentale Plätze: An der

Piazza Ercole (amtl. Piazza XVI Maggio) die barocke Kirche San Domenico (18. Jh.) und eine antike Herkulesstatue, an der folgenden Piazza del Municipio der Dom, mit mächtiger Barockfassade, der Palazzo Ducezio (Rathaus) und die Kirche San Salvatore. Als östlichster Platz die Piazza XXX Ottobre, mit der Kirche der Immacolata (oder San Francesco) sowie dem Kloster San Salvatore. Nördlich, 300 m oberhalb der Via Cavour, die Chiesa del Crocifisso (Madonna von Fr. Laurana, 1471).

An der S.S. 115 folgt nach 9 km **Avola** (40 m; 28 000 Einw.), dahinter über den *Cassíbile,* den antiken *Kakyparis,* an dem sich 413 v. Chr. Demosthenes mit 6000 Athenern den Syrakusanern ergeben mußte. Flußaufwärts, in den Steilwänden der Cava Grande, eine *Sikulernekropole.* – 23 km: **Syrakus** (s. dort).

Der letzte Teil der Inselrundfahrt von Syrakus nach Messina folgt der S.S. 114 ('Orientale Sicula'; ab Catania auch Autobahn A 18) meist nahe am Meere hin. – 14 km hinter Syrakus Straßenteilung: geradeaus die lohnendere alte Straße über **Lentini** (71 m; 35 000 Einw.), nach Catania, rechts die um 18 km kürzere und wesentlich schnellere neue S.S. 114. Auf letzterer an ausgedehnten Erdölraffinerien vorüber und nach 7 km vorbei an der Abzweigung der Straße nach **Augusta** (14 m; 30 000 Einw.), der größten Marinebasis Siziliens. – 63 km: **Catania** (s. dort; Ausflug auf den **Ätna).

An der Küstenstraße S.S. 114 folgt 9 km hinter Catania das von malerischer Burgruine auf hohem Felsen überragte Städtchen **Aci Castello** (15 m; 9000 Einw.). Dahinter rechts im Meer die sieben **Zyklopeninseln** (ital. *Scogli de' Ciclopi* oder *Faraglioni*); sie gelten als die Felsen, die der geblendete Polyphem dem Odysseus nachschleuderte (Odyssee IX. 537). Auf der *Isola d' Aci,* der größten der Inseln, eine meeresbiologische Station. – 7 km: **Acireale** (sizil. *Iaci;* 161 m; 50 000 Einw.). Am Eingang der Stadt liegen rechts abseits die *Terme di San Venera* (laue radioaktive jodhaltige Schwefelkochsalzquellen). Am hier beginnenden Corso Vittorio Emanuele, der

Hauptstraße der Stadt, rechts die Kirche San Sebastiano (Barockfassade), Weiterhin am Domplatz der Dom, das Rathaus (kleines Museum) und die Kirche Santi Pietro e Paolo. Vom Stadtpark im Norden der Stadt schöne Aussicht. – 18 km: *Mascali*, ein einst weiter westlich gelegenes, 1928 durch Lava zerstörtes und später an der heutigen Stelle wiederaufgebautes Städtchen. – 15 km: *Taormina (s. dort). – 48 km: **Messina** (s. dort).

Skiathos
s. bei Sporaden

Skopelos
s. bei Sporaden

Skyros (Skiros)
s. bei Sporaden

Šolta s. bei Brač

Sorrent / Sorrento

Italien.
Region: Campania (Kampanien). – Provinz: Napoli. Höhe: 50 m ü.d.M. – Einwohnerzahl: 15000. Postleitzahl: I-80067. – Telefonvorwahl: 081.
(i) AA, Via L. de Maio;
Telefon: 8782104.
TCI, *Viaggi AVI,* Corso Italia 155;
Telefon: 8781984.

HOTELS. – *Parco dei Principi*, I, 373 B., Sb.; *Cesare Augusto*, I, 220 B., Sb.; *De la Ville*, I, 215 B., Sb.; *Ambasciatori*, I, 198 B., Sb.; *Imperial Hotel Tramontana*, I, 193 B.; *Excelsior Vittoria*, I, 192 B., Sb.; *Michelangelo*, I, 180 B.; *Riviera*, I, 170 B.; *Capodimonte*, I, 157 B., Sb.; *President*, I, 148 B., Sb.; *Flora*, I, 147 B., Sb.; *Continental*, I, 143 B., Sb.; *Aminta*, I, 134 B., Sb.; *Europa Palace*, I, 133 B.; *Royal*, I, 132 B., Sb.; *Carlton*, I, 131 B., Sb.; *Belair*, I, 77 B., Sb.; *Conca Park*, II, 333 B.; *Bristol*, II, 158 B., Sb.; *Plaza*, II, 135 B.; *Gran Paradiso*, II, 125 B., Sb.; *Admiral*, II, 113 B., Sb.; *Eden*, II, 101 B.; *Tirrenia*, II, 99 B.; *Villa Maria*, II, 99 B.; *Cavour*, II, 96 B.; *Bellevue Syrene*, II, 91 B.; *Central*, II, 87 B., Sb.; *Minerva*, II, 86 B., Sb.; *Atlantic*, II, 84 B.; *Claridge*, II, 84 B.; *Ascot*, III, 100 B.; *Santa Lucia*, III, 70 B.; *Carpi*, III, 70 B.; *La Residenza*, III, 65 B.; *Leone*, III, 62 B.; *Tourist*, III, 60 B. – JUGENDHERBERGE, Via Capasso 5, 130 B. – CAMPINGPLATZ.

In Massa Lubrense: *Delfino*, II, 93 B., Sb.; *Central Park*, II, 64 B.; *Villaggio Freedom*, II, 46 B.; *Maria*, III, 56 B. – In Sant' Agata sui due Golfi: *Hermitage*, I, 112 B., Sb.; *Laccarino e la Terrazza*, II, 119 B., Sb.; *Due Golfi*, II, 112 B., Sb.; *Montana*, II, 93 B.; *O Sole Mio*, II, 86 B.; *Delle Palme*, II, 76 B., Sb.

Das im Dialekt 'Surient', im Altertum 'Surrentum' genannte süditalienische Städtchen *Sorrent, italienisch Sorrento, Sitz eines Erzbischofs, liegt reizvoll

Küste bei Sorrent am Golf von Neapel

inmitten üppiger Zitronen- und Orangengärten auf einem etwa 50 m hohen, jäh abfallenden und vom Meer unterspülten Tuffelsen an der Südseite des *Golfes von Neapel.

SEHENSWERTES. – Etwa 200 m rechts abseits vom Corso Italia, der langen Hauptstraße der Stadt, das hübsche *Museo Correale,* mit Gemälden, Porzellan, Möbeln und einheimischen Altertümern. Am Ostrand der Altstadt die Piazza Tasso, mit einer Marmorstatue des 1544 in Sorrent geborenen Dichters *Torquato Tasso* († 1595). Von hier führt eine Straße durch eine Schlucht hinab zur *Marina Piccola,* dem Anlegeplatz der Schiffe. – Etwa 500 m nordwestlich der Piazza Tasso der *Giardino Pubblico,* mit freiem Ausblick auf das Meer.

UMGEBUNG von Sorrent. – Von Sorrent sehr schöne Fahrt zunächst 6 km südwestlich bis **Massa Lubrense** (auch *Massalubrense,* 120 m; 2000 Einw.), einem von dem Kastell Santa Maria (224 m) überragten Städtchen; Fußweg in 2 Stunden zur *Punta della Campanella,* der Capri gegenüberliegenden äußersten Spitze der Halbinsel von Sorrent. – Hinter Massa Lubrense um den *Monte San Nicola* herum und nach weiteren 5 km bis **Sant' Agata** *sui due Golfi* (391 m), einer südöstlich unterhalb des Deserto gelegenen Sommerfrische. 1 km nordwestlich auf einer Höhe das **Kloster Deserto** (455 m), mit Waisenhaus (vom Dach *Aussicht auf die Golfe von Neapel und Salerno). – Von Sant' Agata 13 km weiter auf aussichtsreicher *Strecke (bis *Colli San Pietro* als 'Nastro Azzurro = 'Blaues Band') bald nahe der weithin sichtbaren *Kapelle Sant' Angelo* (462 m; links, **Aussicht) vorbei bis **Positano.**

Sousse / Susa

Tunesien.
Höhe: 0-50 m ü.d.M. – Einwohnerzahl: 70000.
(i) Office National du Tourisme Tunisien,
Avenue Habib Bourguiba 1;
Telefon: 21157.
Office du Tourisme,
Place Farhat Hached;
Telefon: 20431.

HOTELS. – *El Hana*, I; *El Hana Beach*, II; *Hadrumete*, II; *Hill Diar*, II; *Marabout*, II; *Marhaba*, II; *Marhaba Club*, II; *El Ksar*, II; *Scherazade*, II; *Sousse Palace*, II; *Tour Khalef*, II; *Samara*, II; *Alyssa*, II; *Boujaafar*, III; *Ennacim*, III; *Jawhara*, III; *Justinia*, Bd. Hédi Chaker, III; *Karawan*, Bd. Hédi Chaker, III; *Riad*, III; *Salem*, Route Touristique, III; *La Sofra*, Route de Tunis, III; *Claridge*, Av. Habib Bourguiba, IV; *Medina*, IV; *Amira*, IV; *La Croniche*, Rue du 2 Mars 1934, IV.

In Port El-Kantaoui: **Hannibal Palace*, L.

In Monastir: **Dkhila*, Route de la Dkhila, L; *Skanes Palace*, I; *Sidi Mansour Novotel*, Bd. Habib Bourguiba, I; *Esplanade*, II; *Ruspina*, Skanès, II; *Sahara Beach*, Route Touristique, II; *Les Palmiers*, Skanès, III; *Rivage*, Skanès, III; *Tanit*, III; *Chems*, III.

JUGENDHAUS am Strand *Boujaafar.*

RESTAURANTS in den genannten Hotels; ferner: *De Bonne Heure, Tip-Top* und *Le Malouf.*

VERANSTALTUNGEN. – *Aoussou-Festival* mit Musik, Variété, Folklore, Paraden u. a. (August). – In Monastir: *Folklorefestival* zum Geburtstag des Staatspräsidenten Bourguiba (3.-10. August); *Volks- und Musikfestspiel* (April); *Archäologische Festspiele* (Juli).

Sousse, die arabisch Susa genannte drittgrößte Stadt Tunesiens, Hauptstadt des tunesischen Sahel, liegt am feinkörnigen Sandstrand des südlichen Golfs von Hammamet, umgeben von ausgedehnten Ölbaumhainen. Die sanft an einem Hang aufsteigende, maueumgebene Medina mit ihren sehenswerten Denkmälern arabischer Baukunst ist von den modernen Vierteln der Neustadt umgeben, deren Zentrum sich zwischen dem Hafen und dem Bahnhofsgelände befindet.

Die wirtschaftliche Bedeutung von Sousse beruhte noch gegen Ende der sechziger Jahre fast ausschließlich auf seinem Hafen, über den die in der Umgebung produzierten und in der Stadt verarbeiteten Agrarerzeugnisse, hauptsächlich Olivenöl und Halfagras, ausgeführt werden. Hinzu kamen noch der Export von Phosphat sowie die Fischerei und fischverarbeitende Industrien. Etwa 75 % der Gesamtbevölkerung verdienten damit ihren Lebensunterhalt.

Diese Struktur hat sich im vergangenen Jahrzehnt stärker zugunsten des industriellen Sektors verschoben, denn es wurden mehrere größere Betriebe in der Stadt angesiedelt. Neben einem Lkw-Montagewerk und einer Großgerberei kamen mehrere für den europäischen Markt produzierende Konfektionsbetriebe, eine Kleineisenfabrik, kunststoffverarbeitende Betriebe sowie ein Treibhaushersteller hinzu.

Außerdem erlebte der Fremdenverkehr einen beträchtlichen Aufschwung. Die Strände säumen zahlreiche Hotelneubauten aller Kategorien, vom teuren Luxushotel bis zur einfachen Pension. Im Norden der Stadt entstand 1979 der Hafengarten **Port El-Kantaoui**, ein völlig neues Touristenzentrum mit einem Luxushotel, modernen Eigentumsapartments auch für Ausländer, einem Einkaufszentrum, mehreren Sportanlagen und einem großen Jachthafen. Als Initialzündung dieser neuen Entwicklungsimpulse, deren wirtschaftliche Bedeutung durch die Gründung einer Hotelfachschule unterstrichen wurde, wirkte der Neubau des Flughafens von Monastir-Skanès.

GESCHICHTE. – Sousse ist das im 9. vorchristlichen Jahrhundert von den Phöniziern gegründete *Hadrumet.* Während des Zweiten Punischen Krieges bekämpfte Hannibal von hier aus die Truppen Scipios, die ihn jedoch besiegten. Nach dem Dritten Punischen Krieg wurde die karthagische Stadt ein bedeutendes Zentrum der neugegründeten römischen Provinz Africa Proconsularis, und unter byzantinischer Herrschaft stieg *Hadrumetum* im 6. Jahrhundert n. Chr. zur Hauptstadt der oströmischen Provinz Byzazium auf. Der Ort verdankte bereits in der Antike seinen Wohlstand den ausgedehnten Olivenhainen des Hinterlandes. In der Stadt saß sogar der römische Proconsul in Afrika, Salvius Iulianus, der für die Olivenöltransporte nach Ostia verantwortlich war. Unter dem byzantinischen Kaiser Iustinian I. erhielt Hadrumetum den Namen *Iuistinianopolis.* Gegen Ende des 7. Jahrhunderts wurde die Stadt von den Arabern restlos zerstört, so daß von den römischen Baudenkmälern außer den Katakomben fast nichts erhalten geblieben ist. Erst 200 Jahre später, unter den Aghlabiden, wurde an der Stelle des antiken Ruinenfeldes die heutige Stadt **Sousse** neu gegründet, und zwar als Hafen der damaligen Hauptstadt Kairouan. Im 12. Jahrhundert wurde Sousse von den sizilianischen Normannen erobert, die sich jedoch nur für kurze Zeit halten konnten. Ihnen folgten als nächste Eroberer die Türken (16. Jahrhundert), deren Herrschaft 1881 mit dem kampflosen Einmarsch der Franzosen endete. Während des Zweiten Weltkrieges (1942/43) wurde die Neustadt von Sousse bei Luftangriffen stark beschädigt.

SEHENSWERTES. – Die maueumgebene Medina von Sousse gehört zu den bedeutendsten Zeugnissen arabischer Baukunst in Tunesien, denn sie ist im Lauf der Jahrhunderte weitgehend unverändert geblieben. Geeigneter Ausgangspunkt für einen Rundgang durch die engen Gassen der Altstadt ist der **Square Farhat-Hached.** Dies ist das Zentrum der Neustadt, auf das die wichtigsten Straßen sternförmig zulaufen. An der Südwestecke des Platzes beginnt die MEDINA. Linker Hand erhebt sich die ***Große Moschee,** die um 850, wenige Jahre nach der Neugründung der Stadt durch die Aghlabiden, errichtet wurde. Als Vorbild diente die Okba-Moschee in Kairouan. Besonders interessant die Hufeisenbögen im Innern, die beinahe die zweifache Höhe ihrer massiven Stützpfeiler besitzen. Sehr ungewöhnlich ist auch die vom Hof zum Minarett führende Außentreppe.

Nahebei befindet sich der berühmte ***Ksar Er-Ribat,** einer der bedeutendsten arabischen Verteidigungsbauten in Nordafrika. Die Klosterburg entstand im

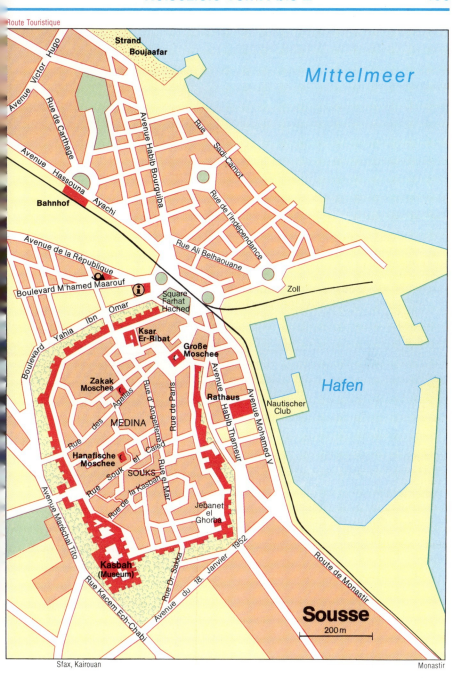

Route Touristique

Strand
Boujaafar

Mittelmeer

Avenue Victor Hugo

Rue de Carthage

Avenue Habib Bourguiba

Rue Sadi-Carnot

Rue de l'Indépendance

Avenue Hassouna Ayachi

Bahnhof

Avenue de la République

Rue Ali Belhaouane

Boulevard M'hamed Maarouf

Ibn Omar

Yahia

Square
Farhat
Hached

Zoll

Boulevard

**Ksar
Er-Ribat**

**Große
Moschee**

**Zakak
Moschee**

des Agatas

Rue d'Angelterre

Rue de Paris

Rathaus

Avenue Habib Thameur

Avenue Mohamed V

Nautischer
Club

MEDINA

**Hanafische
Moschee**

Rue Souk el Caïed

SOUKS

Rue de la Kasbah

Rue de la Kasbah el Mar

Hafen

Jebanet
el
Ghorba

Avenue Maréchal Tito

**Kasbah
(Museum)**

Rue Kacem Ech-Chabi

Rue Dr. Sakka

Avenue du 18 Janvier 1952

Route de Monastir

Sousse

200 m

Sfax, Kairouan

Monastir

Jahr 821 durch Umbau aus einem kleinen Fort, das bereits vor 796 zum Schutz des Hafens, dem damaligen Lebensnerv Kairouans, errichtet worden war. An ihrer Stelle standen bereits ein römischer Tempel und anschließend eine frühchristliche Kirche, deren Reste das Baumaterial für den Ribat lieferten. Die durch acht Türme flankierte, quadratisch angelegte Festung besitzt eine Seitenlänge von 34,50 m. Am auffälligsten der 27 m hohe Wachtturm neben dem massigen Hauptportal, der demjenigen des benachbarten Monastir nachempfunden ist. Den Innenhof ziert

ein umlaufender Kreuzgang. Von einer darüber befindlichen Terrasse gelangt man in die beiden Zellengeschosse der Anlage, die von den Angehörigen der Garnison bewohnt wurden. Im Obergeschoß an der Südseite befindet sich die kleine Moschee.

Die fast 2 km lange *Stadtmauer wurde bereits 859 erbaut und in den Jahren 874 und 1205 teilweise erneuert und mit Wachttürmen versehen. Man kann ihren Verlauf besonders gut vom Wachtturm des Ribat verfolgen. – Rund 100 m westlich des Ribat erhebt sich das auffällige, stilistisch beinahe an die Renaissance erinnernde Minarett der aus der türkischen Zeit stammenden *Moschee Zawija Zakkak.* Sehenswert die auf antiken Säulen ruhende Galerie des quadratischen Innenhofs. Vom Haupteingang des Ribat führt die R u e d ' A n g l e t e r r e in das Zentrum der Altstadt. Rechter Hand erstreckt sich das Viertel der **Souks,** dem man unbedingt einen Besuch abstatten sollte, um das bunte orientalische Treiben in den engen Gassen auf sich einwirken zu lassen. Auf dem 40 m hohen Mamârhügel in der Südwestecke der Medina erhebt sich die **Kasbah,** die im 9. Jahrhundert an der Stelle einer antiken Befestigungsanlage entstand. Ihr 30 m hoher Turm ist einer der ältesten in ganz Nordafrika. Im Innern der alten Burganlage ist das *Museum von Sousse untergebracht. Es besitzt die zweitgrößte tunesische Sammlung römischer Mosaiken, antiker Statuen, Fresken, Grabplatten, Reliefs sowie phönizischer Funde aus dem 6. vorchristlichen Jahrhundert. – Über die Avenue Huntzinger und die Rue El-Ghazali gelangt man zu den östlich außerhalb der Altstadt gelegenen vier frühchristlichen **Katakomben** (2.-4. Jh.), von denen drei vollkommen freigelegt wurden. In der 1557 m langen Katakombe des 'Guten Hirten', der ältesten dieser Anlagen, befinden sich 105 Gräber. In der Hermeskatakombe (3. Jahrhundert) befinden sich dagegen 2500 christliche Gräber und in der des Severus (4. Jahrhundert) sogar 5000 Gräber. Die Katakomben von Sousse gehören zu den bedeutendsten überhaupt, denn sie sind besser erhalten als die in Rom oder Neapel.

UMGEBUNG von Sousse. – Die Stadt ist ein ausgezeichneter Ausgangspunkt für Exkursionen zu den großartigen Sehenswürdigkeiten Mitteltunesiens. Besonders zu empfehlen sind Fahrten nach **Kairouan** (57 km; s. dort), **Maktar** (161 km) und **Sbeïtla** (164 km). Nicht weniger lohnend ist eine Rundfahrt zu den südlichen Nachbarstädten von Sousse.

Über Monastir und Mahdia nach El-Djem. – Die 24 km südöstlich Sousse gelegene Kleinstadt *Monastir (25 000 Einw.) geht auf eine frühe phönizische Handelsniederlassung zurück, die im Römischen Reich unter dem Namen *Ruspina* bekannt war. Der Name Monastir leitet sich vermutlich von 'monasterium', dem lateinischen Wort für Kloster ab. Von ursprünglich drei Klöstern ist der berühmte Ribat erhalten geblieben, der zu den bedeutendsten Baudenkmälern des Landes gehört. Die Mönche von Monastir führten mehrere Glaubenskämpfe gegen das christliche Sizilien. Nach dem Niedergang Kairouans nahm Monastir zeitweise sogar dessen Stelle als heiligste Stadt Tunesiens ein. – Heute ist der Geburtsort von Staatspräsident Bourguiba, dessen Palast sich im 14 km nördlich gelegenen Badeort Skanès befindet, eines der bekanntesten Seebäder des Landes mit zahlreichen erstklassigen Hotels entlang der feinsandigen Strände. Der vor dem Hafen gelegene Ribat stammt aus dem Jahr 796. Er gilt als älteste arabische Festungsanlage in Nordafrika. Seine Pläne lagen bis

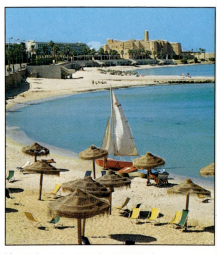

Monastir an der tunesischen Küste

auf geringe Änderungen auch dem Bau des Ribat von Sousse zugrunde. Die Ähnlichkeit beider Bauwerke ist infolge späterer Umbauten nicht mehr auf Anhieb zu erkennen. Um den Innenhof mit zwei Zugängen sind die ehemaligen Mönchszellen, Gebetsräume und Kasematten in mehreren Etagen angeordnet, wobei der Männerribat durch ein Tor unter dem heute hier untergebrachten Museum Ali Bourguiba (Keramik- und Münzensammlung) vom Frauenribat getrennt ist. Lohnend ist die Besteigung des Nador genannten Aussichtsturms, von dem man einen schönen Blick über die Stadt hat. Weitere Sehenswürdigkeiten sind die an der Südseite des Ribat stehende Große Moschee (9. Jh.), die von einer Stadtmauer aus dem 9.-12. Jahrhundert umgebene Medina mit den schönen Minaretts mehrerer kleinerer Moscheen, die 1936 errichtete moderne Bourguiba-Moschee, das Geburtshaus des Staatspräsidenten sowie die Koubba (Grabstätte) seiner Familie.

19 km vor Mahdia zweigt von der nach Süden führenden Küstenstraße ein Weg nach links ab zum Dorf *Rass Dimasse,* dem antiken **Thapsus.** Die Ruinenreste sind kaum der Rede wert. Der Ort ist jedoch erwähnenswert, weil hier 46 v.Chr. die Schlacht zwischen Caesar und den Pompejanern stattfand; nach seiner Niederlage nahm sich Cato das Leben. Rund 150 Jahre früher (195 v.Chr.) hatte sich Hannibal auf der Flucht vor einer römischen Steuerkommission in Thapsus aufgehalten. – Die auf eine phönizische Gründung zurückgehende Stadt **Mahdia** (20000 Einw.; Hotels El Mehdia und Sables d'Or) liegt geschützt auf einer kleinen felsigen Halbinsel. Ein Teil des ehemaligen phönizischen Hafens ist noch erhalten, und seine Fahrrinne wird heute noch von den Fischerbooten benutzt. Der Name des Ortes geht auf den ersten Fatimidenherrscher zurück, der 921 seine Residenz hierher verlegte. Von der damals erbauten Festung ist nur der Zugang, das sogenannte Schwarze Tor (Skiffa El Khala), stehengeblieben. Dieser etwa 50 m lange Torgang versperrt die Landseite der Halbinsel. Die heutige Kasbah (1595) steht auf den Grundmauern des einstigen Kalifenpalastes. Sehenswert ist auch die Große Moschee mit ihrer Nordfassade von 916. Architektonisches Vorbild des mehrmals abgerissenen und umgebauten Gotteshauses (zuletzt 1965/66) war die große Moschee in Kairouan. Vor dem Leuchtturm Mahdias wurde 1907 ein römisches Schiff gehoben, dessen Ladung im Bardomuseum von Tunis ausgestellt ist.

Auf der C 87 erreicht man den von Ölbaumhainen umgebenen Marktort (bedeutender Kamelmarkt) **El-Djem** (6000 Einw.), das zur Zeit Caesars gegründete **Thysdrus.** Die Römerstadt war gegen Ende des 2. nachchristlichen Jahrhunderts das blühende Zentrum eines der bedeutendsten Ölbaumgebiete der damals bekannten Welt. Thysdrus besaß zeitweise etwa 30 000 Einwohner. Für sie wurde zu Beginn des 3. Jahrhunderts das gewaltige **Amphitheater errichtet. Es wurde leider nicht ganz vollendet, da die Dynastie der Severer, die als Urheber des gigantischen Bauwerks gelten, 238 unterging. Der schon von weitem sichtbare, 36 m hohe, 148 m lange und 122 m breite Koloß mit seinen drei Geschossen und 68 Arkaden bot rund 40 000 Zuschauern Platz. Er war nach dem Kolosseum in Rom und dem Amphitheater von Pozzuoli in der Nähe von Neapel das drittgrößte Bauwerk seiner Art im gesamten römischen Weltreich. Die heutige Ruine ist das mit Abstand bedeutendste römische Baudenkmal ganz Nordafrikas. Die eineinhalb Jahrtausende bis ins 17. Jahrhundert hat das Amphitheater unbeschadet überdauert. Damals schossen jedoch die Steuereintreiber eines Beys eine Bresche in das Mauerwerk, hinter dem die Bewohner von Thysdrus Schutz suchten. In El-Djem gibt es neben dem Amphitheater noch weitere Reste des antiken Thysdrus, so zum Beispiel antike Stadtviertel, einen Zirkus mit 515 m langer und 100 m breiter Arena, Thermen aus dem 2. Jahrhundert sowie die Reste schöner Villen. Die wertvollsten Fundstücke befinden sich im Bardomuseum in Tunis.

Spetsä (Spetsai)
s. bei Hydra

Split

Jugoslawien.
Teilrepublik: Kroatien (Hrvatska).
Höhe: 0-5 m ü.d.M. – Einwohnerzahl: 224 000.
Postleitzahl: YU-58000. – Telefonvorwahl: 0 58.
ⓘ **Turist biro,**
Titova obala 12;
Telefon: 4 21 42.

HOTELS. – *Lav,* I, 666 B. (6 km südlich an der Straße nach Dubrovnik, mit Jachthafen); *Marjan,* I, 595 B.; *Split-Pavillons,* II, 691 B.; *Park,* II, 101 B.; *Central,* III, 76 B.

CAMPINGPLATZ. – *Trstenik,* Put Trstenika 5.

VERANSTALTUNGEN. – Jeweils zwischen dem 15. Juni und dem 15. August Festival 'Spliter Sommer' mit Schauspiel, Oper, Konzerten, Balletten, Folklore; Künstler und Ensembles aus dem In- und Ausland. Außerdem im Juli mehrtägiges Festival der Unterhaltungsmusik: 'Adria-Melodien'.

VERKEHRSFLUGHAFEN Split. Stadtbüro JAT: Obala Maršala Tita 8, Tel. 4 56 66.

Die durch den gewaltigen **Diokletianspalast berühmte Stadt Split, nächst Rijeka der bedeutendste Hafen Jugoslawiens, Sitz eines Bischofs, liegt genau in der Mitte der großartigen Adriatischen Küstenstraße, auf halbem Wege zwischen Rijeka und Ulcinj, und ist deshalb der wirtschaftliche und touristische Mittelpunkt Dalmatiens sowie Station zahlreicher Schiffslinien

Panorama der jugoslawischen Adriahafenstadt Split

zu den dalmatischen Inseln sowie von Autofähren nach Ancona und Pescara in Italien. Infolge ihrer malerischen Lage auf einer Halbinsel zwischen dem Kaštelanski zaliv im Norden und dem Kanal von Split im Süden, am Fuß des aussichtsreichen Marjan-Berges, wird Split auch gern zu längerem Aufenthalt und im Sommer als Seebad besucht. Neuerdings entstanden mächtige Wohnhochhäuser.

Im Tourismus spielt Split heute eine wichtige Rolle: Von dem 30 km nördlich liegenden Flughafen aus erreichen die Urlauber ein Feriengebiet, das von Šibenik im Norden bis Ploče im Süden reicht und das die vorgelagerten Inseln einschließt. Dorthin verkehren nicht nur Autofähren, sondern auch Tragflügel- und Schnellboote. Split steht als Station auf dem Rundreiseprogramm von Kreuzfahrten und ist Tagesausflugsziel von vielen Insel- und Küstenorten aus.

GESCHICHTE. – Die Entwicklungsgeschichte von Split ist eng verbunden mit der von *Salona*. Wo heute 6 km vor der Industriestadt der unbedeutende Vorort Solin liegt, siedelten im 4. Jahrhundert v. Chr. Griechen, die sich zuvor auf der weit draußen im Meer liegenden Insel Vis (heute für Touristen gesperrt, da Militärbasis) niedergelassen hatten. Die Griechen verdrängten dabei Illyrer, die sich dort schon vor ihnen festgesetzt hatten. 78 v. Chr. besetzten die Römer die blühende Siedlung, die sie sofort weiter auszubauen begannen. Im Bürgerkrieg zwischen Pompejus und Caesar unterstützten die Bewohner des Ortes, der von den Römern *Salona* genannt wurde, Caesar, was nach dessen Sieg zur Erhebung in den Rang einer Kolonie führte. Unter der Regierung des Kaisers Augustus schließlich entwickelte sich Salona zum Verwaltungs- und Wirtschaftsmittelpunkt der römischen Besitzungen in Dalmatien.

Kaiser Diokletian (284–305) wurde um 240 in Dalmatien geboren, und jenen Palast, den er sich nicht nur als Residenz, sondern auch als Altersruhesitz errichten ließ, baute er in 6 km Entfernung von Salona am Meer. Diokletian beteiligte sich noch selbst aktiv an den Christenverfolgungen. Trotzdem wurde Salona bereits im 4. Jahrhundert n. Chr. zu einem Zentrum des Christentums. Im 5. Jahrhundert erhob der Papst die Stadt zum Bischofssitz. Das Ende für Salona kam im Jahre 614, als Awaren und Slawen die Stadt stürmten und vollständig zerstörten. Viele der Einwohner waren in den Diokletianspalast geflüchtet.

Nach dem Abzug der Eroberer entwickelten sie aber keine Initiative mehr, ihre Stadt wieder aufzubauen. Schwemmsand aus dem nahen Fluß Jadro überlagerte die Trümmer, und erst im Mittelalter siedelten im Bereich des einst blühenden Gemeinwesens Bauern. Die Ausgrabung der antiken Reste begann 1883.

Als Kaiser Diokletian Ende des 3. Jahrhunderts mit dem Palastbau begann, wählte er dazu einen Standort direkt am Meer (das Wasser reichte früher bis zu den westlichen Mauern), wo zuvor die illyrisch-griechische Siedlung Aspalathos bestanden hatte. Nach seinem Tod bewohnten wiederholt aus Rom Verbannte den Palast. Die Flüchtlinge aus Salona mauerten die Arkaden der Seeseite einfach zu und verschafften sich dort Wohnraum, wo einst der Kaiser spazierengegangen war. Doch unter dem Zustrom weiterer Flüchtlinge wurde der Platz im Palast bald zu eng; nun breiteten sich ringsum Wohnstätten aus, für die im 14. Jahrhundert als Schutz

eine neue Stadtmauer und später im 17. Jahrhundert ein System von Befestigungen zur Abwehr der anrückenden Türken geschaffen wurde. Nach dem Fall Venedigs kam die Stadt zusammen mit dem übrigen Dalmatien zu Österreich, das sie 1805 an Frankreich abtreten mußte. Bereits 1813 geriet Split erneut unter österreichische Vorherrschaft, unter der es bis 1918 blieb. Von da an gehörte es zu Jugoslawien. Während der Besetzung durch italienische (1941-43) und deutsche Truppen (1943/44) kam es mehrfach zu heftigen Kämpfen mit Partisaneneinheiten, und Luftangriffe richteten erhebliche Zerstörungen an, deren Spuren heute getilgt sind.

SEHENSWERTES. – Der zwischen 295 und 306 n. Chr. für den Kaiser erbaute ****Diokletianspalast** ist das gewaltigste Denkmal aus römischer Zeit in Dalmatien. Die ihn umgebende Mauer, die jetzt einen Teil der winkligen Altstadt umschließt und an jeder Seite ein Tor hat, mißt an der Ost- und an der Westseite je 215 m, an der Nordseite 175 m und an der Südseite 191 m. In der südlichen Palasthälfte, nach dem Meer zu, wo die Mauer von einem Wandelgang mit ursprünglich 52, jetzt 44 Halbsäulen bekrönt wurde, lagen die Wohnräume des Kaisers, während die nördliche Hälfte für Leibgarde und Dienerschaft bestimmt war.

Von der Seeuferstraße T i t o v a o b a l a betritt man den Palast durch die *Porta Aenea* ('Bronzenes Tor'). Links befindet sich der Eingang zum weitläufigen Kellergeschoß, geradeaus erreicht man über die nach oben führende Treppe den Domplatz, den früheren Innenhof des Palastes, mit je sechs korinthischen Säulen an den Längsseiten. Der gesamte Innenhof ist eine offene Halle, ein sogenanntes Peristyl.

An der Ostseite des Platzes der von einer z. T. zerstörten Säulenhalle umgebene **Dom,** einst das *Mausoleum* Dokletians, ein schöner kleiner Kuppelbau, seit dem 9. Jahrhundert der Jungfrau Maria geweiht; an der Treppe zum Dom rechts ein altägyptischer Sphinx aus schwarzem Granit (15. Jh. v. Chr.); an der Domtür 28 Holzreliefs, Darstellungen aus dem Leben Christi (1214).

Im INNERN des Doms zeigt die romanische *Kanzel* (13. Jh.) reiche Verzierungen – ein besonders schönes Werk dalmatinischer Steinmetzkunst. Der rechte Altar der Kirche mit spätgotischem Baldachin stammt von dem Mailänder Bonino (1427), der linke Altar wurde 1448 nach dem Vorbild des rechten von dem heimischen Künstler Juraj Dalmatinac ausgeführt, beachtenswert dort das eindrucksvolle Relief "Geißelung Christi". Im Altarraum, der im 17. Jahrhundert angebaut wurde, schöne romanisch geschnitzte *Chorstühle*, die ältesten Dalmatiens. In der *Schatzkammer* schließlich eine Sammlung von Geräten der Goldschmiedekunst und von kirchlichen Gewändern aus Romanik, Gotik und Barock; darunter ein besonders schöner Kommunionskelch von 1522.

Der *Glockenturm* (besteigbar, guter Blick über die Gliederung der Palastan-

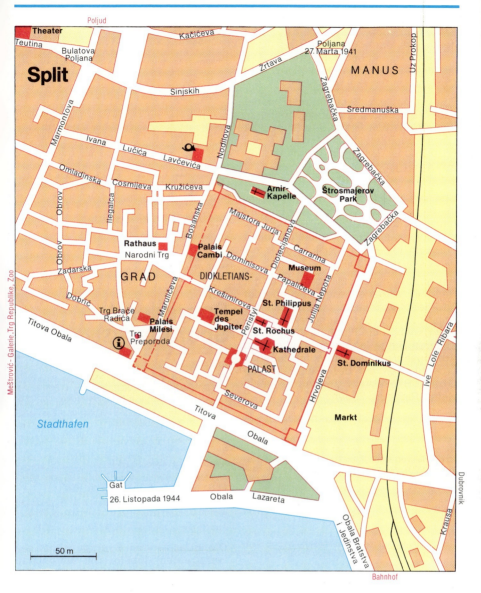

Split

Theater
Teutina
Poljud
Bulatova
Poljana
Kačićeva
Žrtava
Poljana
27. Marta 1941
M A N U S
Uz Prokop
Sinjskih
Sredmanuška
Zagrebačka
Marmontova
Ivana
Lučića
Lavčevića
Noditova
Zagrebačka
Omladinska
Cosmijeva
Kružićeva
Arnir-
Kapelle
Štrosmajerov
Park
Zagrebačka
Obrov
Obrov
Itgatca
Bosnska
Maistora Jurja
Dioklecijanova
Obrov
Rathaus
Narodni Trg
Palais
Cambi
Dominisova
Carrarina
Museum
Zadarska
GRAD
DIOKLETIANS-
Krešimirova
Papaličeva
Julija Nepota
Dobrić
Marulićeva
Tempel
des
Jupiter
St. Philippus
St. Rochus
Trg Braće
Radića
Palais
Milesi
Peristyl
Kathedrale
St. Dominikus
Ive Lole Ribara
Titova Obala
Trg
Preporoda
PALAST
Hrvojeva
Meštrović-Galerie, Trg Republike, Zoo
Stadthafen
Severova
Titova
Obala
Markt
Dubrovnik
Gat
26. Listopada 1944
Obala
Lazareta
Obala Bratstva
i Jedinstva
Krausa
50 m
Bahnhof

lage) ist 1908 renoviert worden, nachdem man ihn nach Erdbebenschäden schon früher einmal abtragen mußte. Beim Eingang zwei romanische *Löwen.*

Gegenüber dem Mausoleum ein kleiner, wahrscheinlich dem Jupiter geweihter römischer *Tempel,* der im Mittelalter in ein **Baptisterium** umgewandelt wurde.

Hinter dem Dom die *Porta Argentea,* das Silberne Tor, das erst 1946 nach dem Abtragen der venezianischen Mauer rekonstruiert werden konnte. Die *Porta Aurea,* das Goldene Tor, führt an der Nordseite aus dem Palastkomplex hinaus. Davor steht das fast 8 m hohe wuchtige *Bronzestandbild des Bischofs Gregor von Nin;* um 925 führte der streitbare Kirchenmann, dessen Denkmal der bekannte jugoslawische Bildhauer Ivan Meštrović geschaffen hat (1929), einen vergeblichen Kampf um

die Einführung der slawischen Volkssprache in der Kirche. In dem Park nahebei die Ruine der 1877 ausgebrannten kleinen *Euphemia-Kirche* aus dem 11. Jahrhundert mit Renaissance-Glockenturm.

In neuerer Zeit wurden die **Kellerräume* des Palastes freigelegt; beachtenswert hier u. a. die aufgefundenen römischen Reliefs, Wandfriese und Fresken.

Durch die *Porta Ferrea,* das Eiserne Tor, erreicht man den V o l k s p l a t z (Narodni trg), einst als 'Piazza dei Signori' den Herren vorbehalten. An seiner Nordseite das **Alte Rathaus** aus dem 15. Jahrhundert mit einem ethnographischen Museum, das u. a. Trachten und bäuerliches Gerät aus Dalmatien zeigt. Südlich davon, schon fast an der Seeuferstraße, steht am T r g B r a ć e R a d i ć a, der nach zwei kroatischen Politikern benannt ist, das frühbarocke *Palais Milesi* (darin heute ein Marinemuseum). Der Turm *Hrvojeva kula* nahebei gehörte einst zu einem venezianischen Kastell aus dem 15. Jahrhundert (keine Reste).

Folgt man der Seeuferstraße weiter nach Nordwesten und überschreitet an ihrem Ende den Platz der Republik (Trg Republike), so stößt man auf das *Franziskanerkloster* mit hübschem kleinen Kreuzgang. Vor der Kirche ein 1880 errichteter Monumentalbrunnen.

Über die am Platz der Republik beginnende, nordöstlich in Richtung Flughafen verlaufende Straße Heroja A. Jonića gelangt man zum *Archäologischen Museum,** in dem die meisten Funde aus Salona ausgestellt sind.

Am südöstlichen, also dem Platz der Republik entgegengesetzten Ende der Tito-Seeuferstraße liegt der Kai mit den Abfahrtsstellen der Tragflügelboote; direkt daneben die Flughafenbusse. Alle anderen Busse fahren gegenüber dem Autobushof ab. Die Autofähren dagegen erreicht man auf der Uferstraße, die Obala Bratstva i Jedinstva heißt, weiter Richtung Süden.

UMGEBUNG von Split. – Vom Busbahnhof zum 7 km entfernten *Marjan-Berg* (178 m), dessen herrliche *Aussicht leider fast immer durch die Dunstwolken der Industrie getrübt wird. Die Auffahrtsstraße passiert einen Park, wo das **Meštrović-Museum** 200 Werke des großen kroatischen Bildhauers Ivan Meštrović (1833-1962) in seiner ehemaligen Villa zeigt. Die *Hl.-Kreuz-Kapelle,* nur 500 m vom Museum entfernt, enthält *Holzschnitzereien des Meisters. – An der Landspitze, dem *Marjan-Kap,* das Ozeanographische Institut mit einem *Aquarium.

An der nach Norden Richtung Šibenik – Zadar und zum Flughafen führenden Ausfallstraße liegt, 6 km vom Zentrum Splits entfernt, beim Vorort *Solin* das

Ausgrabungsfeld der antiken Stadt **Salonae** (auch **Salona,** lat. *Colonia Martia Iulia Salonae*). Zuvor sieht man rechts von der Straße ein längeres, erhaltenes Teilstück des zur Wasserversorgung des Palastes gebauten römischen Aquäduktes.

Durch die von den Slawen und Awaren 614 n. Chr. besorgte gründliche Zerstörung und die nachfolgende Schwemmversandung sind in Salona nur Grundmauern und Fundamente übriggeblieben. Die Besichtigung beginnt bei dem kleineren halbkreisförmigen *Theater,* an das im 1. Jahrhundert v. Chr. ein Tempel angebaut worden ist. Daneben ein *Forum.* Nordöstlich davon, also rechts, wurden Brücken und die Grundmauern christlicher *Basiliken* freigelegt. Von hier aus verlief Richtung Westen die Stadtmauer. Ganz links dann das große *Amphitheater,* das 18 000 Zuschauer aufnehmen konnte. Jenseits der Stadtmauer im Norden eine weitere *Basilika* und ein *Friedhof,* noch weiter an der Straße nach Šibenik beim Parkplatz das *Haus Tusculum* und eine weitere Kirche. Skulpturen, Schmuck, Keramiken und Gefäße, die bei den Ausgrabungen gefunden wurden, verwahrt das Archäologische Museum in Split.

Sporaden / Sporades *(Sporádhes)*

Griechenland.

HOTELS. – Auf S k í a t h o s : *Skiathos Palace,* L, 382 B.; *Esperides,* I, 300 B.; *Nostos,* I, 208 B.; *Alkyon,* II, 152 B.; *Xenia,* II, 64 B.; *Belvedere,* III, 100 B.

Auf S k ó p e l o s : *Rigas,* II, 71 B.; *Xenia,* II, 8 B.; *Aeolos,* III, 79 B.; *Avra,* III, 51 B.

Auf A l ó n n e s o s : *Galaxy,* III, 58 B.; *Marpunta Bungalows,* III, 200 B.

Auf S k ý r o s : *Xenia,* II, 38 B.

Auf L é r o s : *Xenon Angelu,* II, 18 B.; *Alinda,* III, 41 B.; *Leros,* III, 36 B.; *Panteli,* III, 48 B.

Auf K á l y m n o s : *Armeos Beach,* II, 61 B.; *Drossos,* III, 100 B.; *Olympic,* III, 81 B.; *Thermae,* III, 23 B.

Auf S ý m e : *Kypraios,* I, 28 B.; *Nireus,* II, 12 B.

Die griechischen Sporaden sind die 'verstreuten' Inseln. Die Nördlichen Sporaden schließen an die Halbinsel Magnesia an und ziehen sich von Skíathos über Skópelos und Alónnesos im Südosten bis nach Skýros, im Nordosten bis nach Pélagos, Giúra, Pipéri.

GESCHICHTE. – Historisch und kunstgeschichtlich haben die Sporaden weder im Altertum noch später eine größere Rolle gespielt. Im 5. Jahrhundert v. Chr. gewann Athen die Vormachtstellung über die ganze Gruppe, die 338 v. Chr. makedonisch, 168 v. Chr. römisch wurde und dann zu Byzanz gehörte. 1207-1263 von der auf Skyros residierenden venezianischen Familie Ghisi beherrscht, waren sie dann wechselnd byzantinisch, venezianisch und türkisch und kamen 1828/29 an Griechenland.

Die Hauptinseln der Gruppe sind neuerdings als ruhige, landschaftlich schöne Urlaubsziele mit zahlreichen Stränden entdeckt worden. Besonders die beiden landnächsten, Skiáthos und Skópelos, bieten gute Ferienmöglichkeiten. Die anderen sind eine Verlockung für Freunde einfachen Lebens. Zu den Südlichen Sporaden gehören die Dodekanés-Inseln und die Gruppe um Samos.

Salonae
Römische Ruinenstadt

Trogir · Trogir

Klis

15 Marusinac

300 m

14 13 Manastirine

10 Kapljuč 12 *Stadtmauer*

9 11 URBS NOVA
8 URBS NOVA 4 1 2 ORIENTALIS
OCCIDENTALIS 3

URBS
VETUS

Gradina

6 5
7 16

Kaštelanski zaliv · *Jadro*

Gospin otok

Solin

Split

1 Basiliken	10 Basilika der 5 Märtyrer, Friedhof
2 Thermen	11 Porta Suburbana
3 Fünf Brücken	12 Porta Capraria
4 Porta Caesarea	13 Tusculum
5 Forum	14 Basilika, Friedhof
6 Theater	15 Basilika, Friedhof
7 Tempel	16 Mittelalterliche Festung
8 Porta Occidentalis	
9 Amphitheater	

Nördliche Sporaden

Die Gruppe der NÖRDLICHEN SPORADEN liegt zwischen Euböa (s. dort) und der Halbinsel Chalkidike (s. dort) in der nördlichen Ägäis.

Skíathos (48 qkm; 3900 Bew.) ist die festlandsnächste der Nördlichen Sporaden, nur 4 km von der Halbinsel Magnesia entfernt. Die grüne, bewaldete Insel ist ein freundliches Urlaubsziel. – Der hübsche Hauptort **Skíathos** (3000 Einw.) liegt an einer Bucht der Südostküste, vor der eine Reihe kleinerer Inseln malerisch verstreut ist. Am Ostende des Städtchens springt die felsige Halbinsel *Búrdzi* vor. An ihrem Beginn steht ein Denkmal des Erzählers Alexandros Papadiamantis (1851-1912), dessen Haus in der Straße hinter dem Hafen zu sehen ist. Einen sehr schönen Rundblick bietet der kleine Berg mit Uhrturm und Nikólaoskapelle. Als Aussichtspunkt empfiehlt sich auch die Phanúrios-Kirche, zu der ein am Westrand der Stadt abbiegender Weg führt (30 Min.).

Die Inselstraße führt vom Hauptort westwärts zu den Stränden von **Archládes** (4 km), **Tzaneriá** (4,5 km) und **Kukunariés** (13 km), der, von einem Kiefernwald begrenzt, als einer der schönsten der ganzen Ägäis gilt.

Der mittelalterliche, erst 1825 aufgegebene Hauptort **Kástro** liegt an der Nordküste auf uneinnehmbarem Felsen (Bootsfahrt oder dreistündige Wanderung).

Skópelos (96 qkm; 4500 Bew.) ist wie das westlich benachbarte Skiathos eine grüne Insel. In der Antike hieß das Eiland *Peparethos*. – Die Inselhauptstadt **Skópelos** (3000 Einw.) ist schön in Terrassen am Hang aufgebaut in einer nach Norden offenen Bucht, an deren Ostrand sich Gärten und Sandstrand finden. Von den zahlreichen Kirchen ist besonders die des hl. Michael sehenswert.

Grüne Sporadeninsel Skopelos

Teile des antiken Peparethos sind im mittelalterlichen Kastell verbaut. Die anderen antiken Siedlungen waren Selinus (bei Glóssa) und Panormos (beim heutigen Klíma).

Im Umkreis der Stadt liegen die **Klöster** Episkopí, Agía Evangelístria und Agía Varvára. eine Straße verbindet die Stadt mit der Bucht **Stáphilos** (5 km, Sandstrand) und **Agnóndas** (9 km) sowie mit dem 240 m hoch im Westen gelegenen **Glóssa** oberhalb der Anlegestelle **Skála Glóssas.**

Nordöstlich von Skopelos liegt **Alónnesos (Alónnisos)** (72 qkm; 1500 Bew.). Die Siedlungen finden sich im Südwestteil der schmalen, langgestreckten Insel, Skópelos gegenüber. Darunter der Inselhauptort **Alónnisos** (500 Einw.) auf einem Berg und der Hafen **Patitíri** (400 Einw.) an der Südküste, der die besten Voraussetzungen für einen Aufenthalt bietet. Von hier aus sind Bootsausflüge zur östlichen Nachbarinsel *Peristéra* (14 qkm; 65 Einw.) sowie nach Nordosten zu den Inseln *Kyrá Panagiá* (oder *Pélagos*, 25 qkm; 70 Einw.; Kloster), *Giúra* (11 qkm; Klosterruine, Wildhüter für die hier lebenden Wildziegen) und *Pipéri* (7 qkm) möglich.

Skýros (209 qkm; 3000 Bew.), die östlichste der Nördlichen Sporaden, ist kahler und weniger fruchtbar als die anderen Inseln des Archipels. In den zahlreichen Buchten der zer-

Fischer am Strand der Sporadeninsel Skyros

klüfteten Küste schöne Badestrände. Reizvolle Volkskunst (Webarbeiten, Möbel). – Der Hafen *Lineariá* (250 Einw.) liegt an der Westküste. Eine Straße führt von ihm quer durch die Insel zum malerischen Hauptort **Skýros** an der Ostküste (2500 Einw.; Bus). Dieser liegt mit seinen weißen kubischen Häusern am Hang des imposanten Akropolisfelsens, auf dem man in der venezianischen Befestigung antike Reste sieht. Unterhalb des Gipfelplateaus steht ein den hl. Georg geweihtes Kloster. An der Platía Kýpru hat man dem englischen Dichter Rupert Brooke, der 1915 bei den Dardanellen gefallen und an der Bucht Tris Bukes begraben wurde, ein Denkmal errichtet. Dort gibt es auch ein kleines lokales Museum.

Von beiden Orten aus bieten sich Bootsfahrten zu den vielen Buchten der Insel an, von Skýros aus auch Wanderungen, u. a. zum 368 m hohen *Olympos,* an dessen Fuß das *Kloster Olympianí* steht (8 km westlich).

Südliche Sporaden

Die vor der Westküste Kleinasiens liegende Gruppe der SÜDLICHEN SPORADEN besteht im wesentlichen aus den Inseln um Samos sowie aus dem Dodekanes.

Sámos, **Ikariá** und **Phúrni** s. bei Samos.

Pátmos s. dort.

Léros (53 qkm; 8500 Bew.), zwischen Patmos und Kalymnos, ist gebirgig und hat tief eingeschnittene Buchten. Vom Hafen **Lakkí**

(1700 Einw.; mittelalterliche Kirche) im Südwesten führt eine Straße zum Hauptort **Agía
Marína** (3 km; 2600 Einw.) mit einer byzantinischen, von den Johannitern restaurierten
Burg. Von dort nach **Parthénion** (12 km) in
schöner Lage im Nordwesten der Insel. Südlich von Lakkí liegt in der Ebene das Dorf
Xerokambos; darüber die Ruinenstätte *Paläokastro* (Festung a. d. 4. Jh. v. Chr.).

Kálymnos (111 qkm; 13 000 Bew.) ist als In-
sel der Schwammfischer bekannt; Verarbei-
tungsbetriebe in der Hafenstadt **Kálymnos. –**
Von Kálymnos gibt es eine Straße nach **Vathí**
an einer tiefen Bucht der Ostküste (6 km;
Bus). Eine andere Straße führt in westlicher
Richtung an einer *Johanniterburg* auf steiler
Felsklippe vorbei (links der Straße) über **Chorió** (3 km) hinunter nach **Pánormos** oder **Linariá** (9 km, Sandstrand, Restaurants). Von
Chorió erreicht man **Myrtiés** und das an der
Nordspitze gelegene **Emborió,** wo ein myke-
nisches Kuppelgrab gefunden wurde. Von
Linariá aus kann man zur kleinen Insel **Té-
lendos** fahren (antike Spuren, mittelalterli-
che Burg, Klosterruine).

Kos s. dort.

Nísyros (41 qkm; 1250 Bew.) ist nach dem
Mythos aus einem Stück der benachbarten
Insel Kos entstanden, das Poseidon dem Ti-
tanen Polybotes nachschleuderte. – Der Hafenort **Mandráki** liegt an der Nordküste der
dank ihrer Wasservorkommen grünen Insel.
Er wird überragt von einem Felsen, auf dem
sich ein Höhlenkloster erhebt. Weiter landeinwärts (30 Minuten, teilweise beschrifteter
Weg) findet sich das *'Kastro',* die langgestreckte, 3,60 m starke, noch gut 6 m hohe
Quadermauer der antiken Akropolis. Rechts
hinter dem vollständig erhaltenen Tor führt
eine antike Treppe auf die Höhe des Wehr-
ganges (Aussicht!). – 2 km östlich von Mandráki liegt der kleine Badeort **Lútra.** – Die
Mitte der Insel nimmt ein Vulkankrater von
4 km Durchmesser ein, den man von Mandráki über **Embrió** (260 Einw.) erreicht; die

schmale Straße führt bis zu den Fumarolen
und Schwefelablagerungen im Inneren des
Kraters. Die Außenhänge des Vulkans sind
sorgfältig mit Terrassenkulturen angelegt.

Sýme (Sími; 58 qkm; 2500 Bew.) liegt nördlich von Rhodos zwischen zwei Ausläufern
der anatolischen Küste. Der Hauptort und
Hafen **Sými** liegt in einer schönen Bucht der
Nordküste. Seine Häuser ziehen sich im
Halbkreis an den Berghängen hinauf. In einem Haus an der Hafenstraße (Tafel) wurde
am 8. 5. 1945 die Übergabe des Dodekanes
an die Alliierten unterzeichnet. Zahlreiche
Tavernen rings um den kleinen Hafen. –
Oberhalb des von Berghängen umgebenen
Hauptortes erhebt sich auf Resten der Quadermauer der antiken Akropolis eine *Johanniterburg.* Von dort sieht man hinüber zum
Windmühlenhügel, auf dem sich – oberhalb
der Mühlen – ein antikes Rundgrab befindet;
außerdem hinunter zu der östlich anschließenden Bucht mit dem kleinen Ort **Pédion.**
und der einzigen Fruchtebene der Insel. – Im
Süden (4 km vom Hauptort) liegt an einer
Bucht das Wallfahrtskloster *Ágios Panor-
mítis.*

Télos (Tílos; 60 qkm; 600 Bew.) liegt in der
Mitte zwischen Rhodos und Kos. Zwei große
Buchten gliedern den Küstenumriß. Der Landeplatz *Livádia* liegt in der Nordostbucht, der
Hauptort **Megalochorió** (300 Einw.) 12 km
entfernt in der Nordwestbucht unterhalb einer *Johanniterburg.* Im Inselinneren gibt es
noch das Dorf *Mikrochorió.*

**Rhódos s. dort.

Kárpathos und **Kásos** s. bei Karpathos.

Stromboli
s. bei Liparische Inseln

St-Tropez

St-Tropez

Frankreich.
Région: Provence – Alpes – Côte d'Azur.
Département: Var.
Höhe: 0-113 m ü.d.M. – Einwohnerzahl: 6800.
Postleitzahl: F-83990. – Telefonvorwahl: 94.
ⓘ **Office de Tourisme,**
Quai Jean-Jaurès;
Telefon: 970364.

HOTELS. – **Byblos*, L, 59 Z.; **La Pinède*, L, 40 Z.; *Mandarine*, I, 41 Z.; *Paris*, II, 63 Z.; *Résidence des Lices*, II, 35 Z.; *Tartane*, II, 10 Z.; *Coste*, III, 30 Z.; *Sube et Continental* (garni), III, 26 Z.; *Tramontane*, III, 20 Z.

Das einstige französische Hafenstädt-chen St-Tropez am Südufer des gleichnamigen Golfes wird von der auf einer Bergkuppe errichteten Zitadelle beherrscht. Heute ist es als Seebad und Künstlertreffpunkt bekannt.

GESCHICHTE. – Bereits den Griechen war der Siedlungsplatz als *Athenopolis* bekannt, von den Römern wurde er *Heraclea Cacabaris* genannt. Der heutige Name soll auf den von Nero enthaupteten hl. Tropez zurückzuführen sein, dessen Reliquien hier aufgefunden wurden. – Von den Sarazenen wurde der Ort hart bedrängt, konnte sich wieder erholen und wurde im 15. Jahrhundert Republik.

Bootshafen in St-Tropez an der Côte d'Azur

SEHENSWERTES. – In der **Zitadelle** (16. und 17. Jh.) das *Musée de la Marine et de l'Histoire Locale* (Museum für Seefahrt und Ortsgeschichte). – Von der *Môle Jean-Réveille* schöner Blick über Hafen und Golf. Auf den östlichen Felsvorsprüngen die *Tour Daumas* und die *Tour Vieille*. – In der Altstadt die in italienischem Barock gehaltene Kirche (18. Jh.; Büste des hl. Tropez, schöne Holzschnitzereien; zu Weihnachten bemerkenswerte Krippe). – Unweit nördlich beim *Hôtel de Ville* das ehem. *Château du Bailli de Suffren.* – Auf der Westseite des **Vieux Port** *(Alter Hafen)* das reichhaltige *Musée de l'Annonciade,* mit Werken moderner Meister.

UMGEBUNG VON St-Tropez. – In der Bucht liegt westlich des Ortes die moderne **Feriensiedlung* **Port Grimaud** (Hotel Giraglia, I, 48 Z.; Campingplatz). Der für Kraftfahrzeuge gesperrte Ort wurde einer venezianischen Lagunensiedlung nachempfunden, wobei man bemüht war, ein provenzalisches Ortsbild zu schaffen.

Sueskanal / Kana es-Suweis

Ägypten.
Gouvernorate: Port Said, Sinai, Ismailija und Sues.

Der **Sueskanal (arabisch Kana es-Suweis, französisch Canal de Suez), der den 112 km breiten Isthmus zwischen den gewaltigen Kontinentalmassen von Afrika und Asien durchschneidet, verbindet das Mittelmeer mit dem Roten Meer und stellt damit im weiteren Sinne die Seeverbindung zwischen dem Nordatlantik und dem Indischen Ozean her.

GESCHICHTE. – Der Gedanke, diese Landenge zu durchstechen, ist schon sehr alt. Den ersten nachweisbaren Versuch, eine Verbindung vom Roten Meer zum Nil und über diesen auch zum Mittelmeer herzustellen, unternahm um 600 v. Chr. der ägyptische Pharao *Necho* (609-593). Den von ihm begonnenen Kanalbau vollendete *Darius* (522-486) etwa 100 Jahre später. Sein Verlauf entsprach ungefähr dem des heutigen Süßwasserkanals, der von Kairo nach Ismailija verläuft. Zur Erinnerung an die Vollendung des Werkes ließ Darius am Ufer Denksteine errichten, von denen mehrere Reste aufgefunden wurden.

Nachdem der Kanal im ersten vorchristlichen Jahrhundert verfallen war, scheint ihn *Trajan* (98-117 n. Chr.) um 100 n. Chr. wiederhergestellt zu haben. Zumindest hatte eine unweit Kairo beginnende und am Golf von Sues endende Wasserstraße, deren nicht genau nachvollziehbarer Verlauf wohl teilweise dem alten Kanalbett entsprach, den Namen 'Amnis Trajanus' (= Trajansfluß). – Auch später bedienten sich die Araber der Kanalführung zum Transport von Gütern zwischen der Hauptstadt Fustat und der arabischen Halbinsel. – Seit dem 8. Jahrhundert verfiel der Kanal von neuem; alle späteren Überlegungen eines neuerlichen Durchstiches scheiterten. Insbesondere ließen die fehlerhaften Berechnungen von Napoleons Ingenieur Lepère, die einen 10 m hohen Niveauunterschied der Meeresspiegel von Rotem und Mittelmeer ergaben, die Durchführung des Vorhabens unmöglich erscheinen.

Erst *Ferdinand de Lesseps* (1805-94), der als junger französischer Diplomat 1836 nach Kairo kam und dort durch Denkschrift auf die Bedeutung des Kanals aufmerksam wurde, wies die Möglichkeit der Ausführbarkeit nach. – Am 25. April 1859 konnte nach anfänglich organisatorischen und finanziellen Schwierigkeiten mit dem Bau des Kanals begonnen werden, der nach zehn Jahren Bauzeit und unter Mitwirkung von rund 25000 Arbeitern am 17. November 1869 seiner Bestimmung übergeben werden konnte. Die Kosten in Höhe von 19 Millionen Pfund wurden durch die Ausgabe von Aktienanteilen aufgebracht, die zunächst größtenteils in englischen, französischen und ägyptischen Staatsbesitz übergingen. Eigentümerin des Kanals war bis zur vorzeitigen Nationalisierung im Jahre 1956 (urspr. für 1968 vorgesehen) die *Compagnie universelle du Canal maritime de Suez.*

Heute untersteht der Sueskanal ausschließlich der Gebietshoheit von Ägypten. Mit einer Erklärung des Jahres 1957 ist der ägyptische Staat voll in die Verbindlichkeiten der ehemaligen Kanalgesellschaft eingetreten, die sich insbesondere aus der Konvention von Konstantinopel des Jahres 1888 ergeben. Hierin gilt der Kanal als neutralisierte Zone: Kriegs- und Handelsschiffe aller Staaten besitzen in Friedens- wie auch Kriegszeiten das Recht zur Durchfahrt.

Infolge des israelisch-ägyptischen Krieges war der Kanal von 1967 bis 1975 durch Schiffswracks blockiert. Die dadurch bedingte Verlängerung des Seeweges zwischen dem Indischen und dem Atlantischen Ozean machte den Bau neuer Riesenschiffe erforderlich, die den Kanal nach seiner Wiedereröffnung nicht mehr passieren konnten. Dem dadurch drohenden Bedeutungsrückgang sucht man durch Erweiterungen und Vertiefungen bis zum Ende der 80er Jahre zu begegnen.

Der in seinem ganzen Verlauf schleusenlose Sueskanal hat eine Gesamtlänge von 171 km, einschließlich der ins Mittelmeer wie auch in den flachen Golf von Sues vorgeschobenen Molen. Die Tiefe beträgt 11-15 m (urspr. 8 m), die Breite 95-140 m, an der Sohle 45-80 m. Befahren wird der Kanal in Konvois von jeweils 20 und mehr Schiffen. Als Ausweichstellen sind Ausbuchtungen in

Sueskanal in Ägypten

Abständen von 10 km angebracht. Darüber hinaus erlauben der **Timsah-See** (= Krokodilsee) etwa in der Mitte des Kanals sowie der **Große Bittersee** und der anschließende **Kleine Bittersee** die Fahrt streckenweise auch bei Gegenverkehr.

Am nördlichen Kanalausgang liegt die bedeutende Hafenstadt **Port Said** (Bur Said; s. dort). – Am Südausgang befindet sich in überaus reizvoller Lage die schon im 15. Jahrhundert gegründete eintönige und während des Krieges mit Israel überdies stark in Mitleidenschaft gezogene Stadt **Sues** (Suez, Es-Suweis; 200 000 Einw.) sowie am gegenüberliegenden Kanalufer der neu entstandene Hafenort **Port Taufik** (Bur Taufik; 120 000 Einw.), mit Industrieanlagen, Ölraffinerie, großen Hafeneinrichtungen.

Etwa auf halbem Wege zwischen Port Said und Sues liegt am Nordufer des Timsah-Sees die während des Kanalbaus als Ausgangsplatz für die Bauarbeiten angelegte, mit ihren nostalgisch

---

Bislang gibt es keine Brücke über den Sueskanal. – Als erste feste Verbindung zwischen dem Nildelta und der Halbinsel Sinai wurde Ende 1980 der in ägyptisch-britischer Zusammenarbeit rund 17 km nördlich der Stadt Sues entstandene **Ahmed-Hamdi-Tunnel** seiner Bestimmung übergeben. Hierbei handelt es sich um einen etwa $2\frac{1}{2}$ km langen Straßentunnel (bis 50 m unter der Kanalsohle), der auch der Versorgung des Sinai mit Wasser und Elektrizität dient. Er ist nach einem im ägyptisch-israelischen Oktoberkrieg des Jahres 1973 gefallenen ägyptischen General benannt. – Ein weiterer Tunnel befindet sich in der Nähe von Ismailija im Bau.

anmutenden Villen sehr ansprechende Stadt **Ismailija** (145 000 Einw.). Hier mündet der zur Trinkwasserversorgung wichtige Süßwasserkanal (Bahr Ismailija), der in seinem heutigen Verlauf wohl schon im Mittleren Reich der Ägypter bestand. Ismailija besitzt gepflegte Parkanlagen, darunter den nicht öffentlich zugänglichen 'Garten der Stelen', in dem zahlreiche antike Gedenkplatten, Stelen und Architekturfragmente aufgestellt sind. In dem kleinen Museum Fundobjekte aus der Umgebung der Stadt.

Susak s. bei Lošinj

Syme (Simi)
s. bei Sporaden

Syrakus / Siracusa

Italien.
Region: Sicilia (Sizilien).
Provinz: Siracusa (Syrakus).
Höhe: 0-5 m ü.d.M. – Einwohnerzahl: 110 000.
Postleitzahl: I-96100. – Telefonvorwahl: 09 31.
(i) AA, Via Maestranza 33;
Telefon: 6 52 01.
EPT, Corso Gelano 92 C;
Telefon: 6 77 10.
ACI, Foro Siracusano 72;
Telefon: 6 66 56.

HOTELS. – Jolly, Corso Gelano 45, I, 146 B.; Grand Hotel – Villa Politi, Via M. Politi 2, II, 159 B.;, Sb.; Motel Agip, Viale Teracati 30, II, 152 B.; Park, Via Filisto 22, II, 144 B.; Panorama, Via Necropoli Grotticelle 33, II, 90 B.; Fontane Bianche, Via Mazzarò 1, II, 84 B., Sb.; Aretusa, Via F. Crispi 75, III, 67 B.

VERANSTALTUNGEN. – Aufführungen klassischer Schauspiele im Griechischen Theater (alle zwei Jahre im Frühling).

*Syrakus, die sizilianische Provinzhauptstadt und Sitz eines Erzbischofs, liegt zum großen Teil auf einer der Ostküste von Sizilien vorgelagerten Insel, die durch einen schmalen Kanal vom sizilischen Festland, wo sich die Neustadt und die bedeutendsten Reste der

antiken Stadt erstrecken, getrennt ist. Der westlich in das Land einspringende Meerbusen Porto Grande ist vielleicht der beste und größte Naturhafen Italiens. Die Lage und die großartige Landschaft sowie die Erinnerungen und Denkmäler einer glanzvollen Vergangenheit machen Syrakus zu einem der sehenswertesten Reiseziele auf Sizilien.

GESCHICHTE. – Syrakus, griechisch *Syrakusa,* lateinisch *Syracusae,* wurde in der zweiten Hälfte des 8. Jahrhunderts v. Chr. von Korinth aus auf der Insel *Orthygia* gegründet und gelangte schnell zu hoher Blüte. Die Stadt stand vom 5. Jahrhundert v. Chr. an meist unter der Herrschaft von Tyrannen, deren erste Gelon (485-478) und Hieron I. (478-467) waren. Am Hofe des letzteren lebten Griechenlands größte Dichter wie Aischylos, Pindar u. a. Im Jahre 415 v. Chr. wurde Syrakus in den Entscheidungskampf zwischen Athen und Sparta hineingezogen, doch die athenische Expedition gegen die Stadt (415) endete 413 mit der völligen Vernichtung von Heer und Flotte der Athener. Im Kampf mit Karthago wuchs Syrakus unter Dionysos I. (406-367) und seinen Nachfolgern zur mächtigsten griechischen Stadt an, deren Gesamtumfang nach Strabo 180 Stadien (33 km) maß und die bis zu $^1/_2$ Million Einwohner zählte. In ihr wirkten u. a. so bedeutende Gelehrte wie der Mathematiker und Physiker *Archimedes.* – Nach dem Ersten Punischen Krieg, in dem Syrakus auf seiten der Römer stand, fiel es von diesen ab und wurde deshalb 212 v. Chr. von ihnen eingenommen, wobei auch Archimedes von einem Soldaten getötet wurde. Seither teilte die Stadt die Geschicke der Insel, ohne jemals ihre alte Bedeutung wiedererlangt zu haben.

SEHENSWERTES. – Verkehrsmittelpunkt der Inselstadt, die heute wie schon in griechischer Zeit mit ihren engen, gewundenen Straßen die ALTSTADT bildet und deren Häuser und Paläste vielfach mit hübschen Balkonen geschmückt sind, ist die von alten Palästen umgebene Piazza Archimede. An ihrer Westseite die *Banca d'Italia* (Hof des 15. Jh.); unweit nordöstlich der *Palazzo Montalto* (1397), mit prächtigen gotischen Fenstern. – Nördlich führt die Via Dione zu einem 1933 völlig freigelegten und neuerdings z. T. wiederaufgerichteten **Apollotempel** (Anfang 6. Jh. v. Chr.), der auch der Artemis (röm. Diana) geweiht war und der älteste dorische Tempel Siziliens ist.

Südwestlich von der Piazza Archimede liegt die langgestreckte Piazza del Duomo, mit dem *Palazzo del Municipio* (Rathaus; 13. Jh.) und dem südlich anschließenden *Dom, der im 7. Jahrhundert in einen Athenetempel des 5. Jahrhunderts v. Chr. hineingebaut, im 17. Jahrhundert vergrößert und 1728-57 mit einer schönen Barockfassade versehen wurde. – Gegenüber dem Dom das *Museo Archeologico Nazionale mit zahlreichen Altertümern meist sizilischer Herkunft von vorgeschichtlicher bis frühchristlicher Zeit; besonders beachtenswert im Erdgeschoß, Saal XIV,

der *Sarkophag des Valerius und der Adelfia (4. Jh. n. Chr.) aus den Katakomben von San Giovanni, mit Reliefdarstellungen aus dem Alten und Neuen Testament, ferner in Saal IX die sogenannte Venus Landolina (Venere Anadiomene), mit einem Delphin zur Seite (Kopie des 2. Jh. n. Chr. nach einem vorzüglichen hellenistischen Werk).

Von der Südecke des Domplatzes führt die Via Picherale zu der halbkreisförmig gefaßten und mit Papyrusstauden gezierten **Quelle der Arethusa** *(Fonte Aretusa).* Die Sage von der Nymphe Arethusa, die der Flußgott Alpheios von Olympia bis hierher verfolgt habe, beruht auf der Vorstellung, daß der peloponnesische Fluß unter dem Meer weiterfließe und hier wieder hervortrete. – Nördlich der Quelle erstreckt sich das *Foro Italico,** eine prächtige Strandpromenade, mit Aussicht auf den Hafen und den Ätna. Am Südende des Foro in einem kleinen Park der Eingang zum *Aquario Tropicale, das seltene Fische aus tropischen Meeren zeigt. Am Nordende des Foro die *Porta Marina,* mit spanisch-sarazenischen Ornamenten (16. Jh.), und die *Kirche Santa Maria dei Miracoli* (von 1501). – Unweit östlich von der Arethusaquelle steht am Südende der von der Piazza Archimede kommenden Via Roma der **Palazzo Bellomo** (15. Jh.), mit dem *Museo Nazionale* (mittelalterliche Sammlungen und kleine Gemäldegalerie).

Die Südspitze der Inselstadt nimmt die um 1239 erbaute Stauferburg **Castello Maniace** ein (schönes Portal); hübsche Aussicht von der Südbastion.

Am Nordende der Inselstadt liegt unweit westlich vom Dianatempel die Piazza Pancali. Von hier erreicht man über den Kanal *Darsena* die auf dem Festland gelegene NEUSTADT, mit dem Bahnhof und den großartigen Resten der antiken Stadt. Westlich der Brücke führt der Corso Umberto I, die Hauptstraße der Neustadt, zu dem großen **Foro Siracusano,** auf dem noch Reste der antiken *Agorá* erkennbar sind. Unweit westlich vom Forum die Überreste des einst von Säulen umgebenen *Ginnasio Romano.*

Etwa 1 km nordwestlich vom Foro Siracusano liegt links abseits des Corso Gelone (S.S. 114 nach Catania), im Bereich des römischen Stadtteils 'Neapolis', das zur Zeit des Augustus erbaute **Amphitheater** (140 m lang, 119 m breit). Etwa 100 m westlich davon der *Altar Hierons II.,* ein 200 m langer und 22,5 m breiter, ursprünglich in zwei Stufen 10,5 m aufragender Riesenaltar, auf dem wahrscheinlich jährlich 450 Stiere geopfert wurden. Ihm gegenüber liegt der Eingang zu der **Latomia del Paradiso,** einem 30-40 m tief in den Fels gearbeiteten antiken Steinbruch, der wie die anderen Latomie im Altertum ein berüchtigtes Gefängnis für die zu Steinbrucharbeit Verurteilten, aber auch für Kriegsgefangene war und jetzt von üppigem Pflanzenwuchs bedeckt ist. Gleich innerhalb des Eingangsbogens gelangt man links an der Gartenmauer entlang zum sogenannten *Ohr des Dionysos,* einer S-förmig in den Felsen gehauenen, oben spitz zulaufenden Höhle von 65 m Tiefe, 23 m Höhe und 5-11 m Breite, in der sich der Schall ungewöhnlich stark und ohne hallendes Echo steigert; den Namen führt sie seit dem 16. Jahrhundert nach der phantastischen Annahme, der Tyrann Dionys habe hier die leisesten geheimen Gespräche seiner Staatsgefangenen belauscht. Weiter rechts unter der Westwand die offene *Grotta dei Cordari,* nach den Seilern benannt, die hier ihr Handwerk betreiben. – Ebenfalls lohnend ist der Besuch der östlich anschließenden *Latomia di Santa Venera,* mit reicher Vegetation.

Unmittelbar westlich von der Latomia del Paradiso liegt das *Griechische Theater (5. Jh. v. Chr.), mit halbkreisförmig in den Fels gehauenem Zuschauerraum, dem größten der griechischen Welt (Durchmesser 138,5 m;

Siracusa

500 m

1 Catacombe di Vigna Cassia
2 Villa Landolina
3 Cappella del Sepolcro
4 Gefallenendenkmal
5 San Giovanni Battista
6 Santa Maria dei Miracoli
7 San Tommaso
8 Chiesa del Collegio
9 Palazzo Montalto
10 San Francesco
11 Palazzo Beneventano
12 Acquario Tropicale

Griechisches Theater in Syrakus auf Sizilien

Athen: 100 m). Unter dem Zuschauer-raum führten zwei Tunnel zur Orchestra (Durchmesser wie in Athen 24 m). In diesem Theater hat einst der Dichter Ai-schylos († 456 v.Chr.) die Aufführung seiner 'Perser' geleitet (um 472 v.Chr.). Auch heute werden hier wieder alle zwei Jahre (gerade Jahreszahlen) im Früh-ling klassische Stücke aufgeführt. Von der Höhe gegen Sonnenuntergang prächtige* Aussicht auf die Stadt, Hafen und Meer. – Am oberen Rand des Thea-ters öffnet sich in der Felswand das so-genannte *Nymphaeum,* eine Grotte, in die eine antike Wasserleitung mündete. Nach links führt die in den Felsen ge-schnittene **Gräberstraße (Via dei Sepolcri),** mit zahlreichen Hohlwegen und Grabkammern spätrömischer Zeit, im Bogen etwa 150 m bergan.

Etwa 500 m nordöstlich vom Amphi-theater liegt rechts abseits der nach Ca-tania führenden S.S. 114 die kleine **Kir-che San Giovanni alle Catacombe,** der Westteil der frühmittelalterlichen Ka-thedrale, von der nur die Westwand der heutigen Kirche, mit weithin auffallen-dem Radfenster, und die Vorhalle (15. Jh.) erhalten sind. Aus der Kirche führt eine Treppe hinab in die halbkreis-förmige *Krypta des hl. Marcian* (4. Jh.; Freskenreste) und zu den anschließen-den *Katakomben,* die zu den großar-tigsten Anlagen ihrer Art gehören und an Geräumigkeit die römischen weit übertreffen. – Unweit südöstlich von San Giovanni alle Catacombe in einer kleinen Latomía die *Villa Landolina;* im Garten das Grab des deutschen Dich-ters August Graf von Platen, und dem Eingang zu den *Katakomben von Vigna Cassia,* und 500 m östlich durch die Via Bassa Acradina, am Alten Friedhof vor-bei, zu der bei einem Kapuzinerkloster gelegenen *Latomia dei Cappuccini,* einem der wildesten und großartigsten der ehemaligen Steinbrüche, der wohl im Jahre 414 v.Chr. als Gefangenenla-ger für 7000 Athener gedient hat.

UMGEBUNG von Syrakus. – Etwa 8 km nordwest-lich vom Foro Siracusano erhebt sich an der Westecke des hochgelegenen antiken Syrakusaner Stadtteils *Epipolae* das 402 bis 397 v.Chr. an der Vereinigung der Nord- und Südwand der Hoch-ebene errichtete* **Fort Euryelos** *(Castello Eurialo),* eines der besterhaltenen antiken Festungswerke (Aussicht).

Lohnend ist ferner eine Bootsfahrt (3-4 St. hin und zurück) vom Hafen von Syrakus auf dem Flüßchen *Ciane* aufwärts (links auf einem Hügel zwei Säulen des Olympieions, eines Zeustempels des 6. Jahr-hunderts v.Chr.) und zwischen hohen Papyrus-stauden hindurch zur **Quelle Kyane** (*Fonte Ciane* oder *la Pinna*), der 'kornblumenblauen' Quelle, in welche die gleichnamige Nymphe verwandelt wur-de, weil sie sich dem Pluto, der die Proserpina zur Unterwelt hinabführte, entgegenwarf.

Von Syrakus empfiehlt sich der Besuch von **Palaz-zolo Acreide** (33 km westl.; 697 m, 11000 Einw.), der 664 v.Chr. von Syrakus aus gegründeten Stadt *Akrai* (lat. Placeolum, arab. el-Akrát). Von der einst den nahen Hügel *Acremonte* bedeckenden antiken Stadt sind innerhalb der 'Cinta archeologica' das spätgriechische Theater (600 Plätze), westlich da-neben das Buleuterion (Ratssaal) und südöstlich die* Latomien (Schluchten), mit griechischen bis frühchristlichen Gräbern, sowie die sogenannten Templi Ferali (Totentempel), zwei Grabkammern, erhalten. – 15 Minuten weiter sind im Tal *Contrada dei Santicelli,* nahe dem großen Totenfeld *Acrocoro della Torre,* in Felsnischen die erst im 19. Jahrhun-dert verstümmelten* Weihreliefs der sogenannten Santoni zu sehen. Dargestellt ist meist eine sitzende Göttin (vermutlich Kybele), daneben auch Hermes. Jenseits des Tales der *Monte Pineta,* mit vielen klei-nen Grabkammern. – Nordöstlich von Palazzolo Acreide (34 km über Ferla), in die Felswände des Anapo-Tals gehauen, die* **Necropoli di Pantalica,** die Totenstätte der auf dem Plateau nördlich dar-über gelegenen Sikulerstadt (12.-8. Jh. v.Chr.); im Mittelalter dienten sie teilweise als Wohnhöhlen. Die in den Gräbern aufgefundenen Schmuckstücke befinden sich im Museo Nazionale von Syrakus.

Syrien / Surija
Arabische Republik Syrien
El-Dschamhurija el-Arabija es-Surija

Nationalitätskennzeichen: SYR.
Staatsfläche: 185180 qkm.
Hauptstadt: Damaskus (Esch-Scham).
Bevölkerungszahl: 8100000.
Verwaltungsgliederung: 13 Provinzen.
Religion: Moslems (88%); christliche und jüdische
   Minderheiten.
Sprache: Arabisch.
Währung: 1 £S / syr £ (Syrisches Pfund) = 100 Pia-
   stres.
Zeit: Osteuropäische Zeit (OEZ = MEZ + 1 St.).
Wöchentlicher Ruhetag: Freitag.
Reisedokumente: Reisepaß und Visum.

ⓘ **National Tourist Organization,**
   Ayar Street 29,
   Esch-Scham *(Damaskus);*
   Tel.: 445432 oder 119907.
   Syrian Arab Airlines,
   Maximilianplatz 12a,
   D-8000 **München** 2;
   Telefon: (089) 222067.

Botschaft der Arabischen Republik Syrien,
Am Kurpark 2,
D-5300 **Bonn** − **Bad Godesberg**
Telefon: (0228) 363091-2.
**Generalkonsulat
der Arabischen Republik Syrien,**
Rue de Lausanne 72,
CH-1202 **Genève** *(Genf);*
Telefon: (022) 326522.

Der vorderasiatische Staat Syrien erstreckt sich vom östlichen Mittelmeer bis zum oberen Tigris. Er liegt zwischen 35°40′ und 42°20′ östlicher Länge und 32°25′ und 37°20′ nördlicher Breite. Im Norden grenzt er an die Türkei, im Osten an den Irak, im Westen an den Libanon und das Mittelmeer, im Süden an Jordanien und Israel.

Der Küstenabschnitt ist etwa 200 km lang, mit einer durchschnittlich 50 km breiten Gebirgszone (Nusairier-Gebirge, Dschebel el-Koser), die im Mittelteil zwischen Banyas und Tartus bis unmittelbar ans Meer herantritt. Die größte Breite des fruchtbaren Küstenlandes beträgt 30 km, meist ist es jedoch wesentlich schmäler. Auf dieser dem Mittelmeer zugewandten Ebene, insbesondere dort, wo sie durch das Gebirge vom Binnenland abgeschirmt ist, gedeihen in mildem mediterranen Klima Feigen, Oliven, Tabak, Baumwolle und Zuckerrohr.

Im wesentlichen ist Syrien jedoch ein H o c h l a n d , geologisch der nördliche Ausläufer des vorderasiatischen Tafellandes, das aus mesozoischen Kalken besteht. Die Hochfläche senkt sich von den kleinasiatischen Bergen im Norden und den parallel zur Küste verlaufenden Gebirgszügen allmählich nach Süden und Osten zu, wo das Land übergangslos und ohne natürliche Grenzen in die nordarabische Wüste übergeht. Die reicher gegliederten Landschaften im Norden und Westen gehören zu dem uralten Kulturgebiet des "fruchtbaren Halbmondes", der sich vom Niltal über Palästina bis zum Zweistromland erstreckte.

Die Bevölkerung besteht neben Kurden, Armeniern und Tscherkessen hauptsächlich aus syrischen Arabern; außerdem gibt es noch etwa 140000 Nomaden und die palästinensischen Flüchtlinge, die aber in Syrien wesentlich besser integriert sind als etwa im Libanon.

Die Staatsform ist nach der Verfassung von 1973 eine präsidiale Republik mit 'volksdemokratisch-sozialistischem' Charakter; das Staatsoberhaupt, General Hafes el-Assad, wurde 1978 für weitere sieben Jahre gewählt. − 1980 Zusammenschluß mit Libyen.

Die Wirtschaft stützt sich auf die Ausfuhr von Erdöl und seinen Derivaten (über 50 %); daneben werden Baumwolle (über 20 % des Ausfuhrwertes), Viehzuchtprodukte, Früchte, Wolle und Textilien exportiert. Die Bundesrepublik Deutschland liegt als Außenhandelspartner an zweiter Stelle nach der UdSSR.

Die wichtigsten S t ä d t e neben der Hauptstadt Damaskus (Esch-Scham; 1097000 Einw.) sind Aleppo (Halep; 843000 Einw.),

Homs (Homsi; 292000 Einw.) und Latakia (191000 Einw.; s. dort).

Der T o u r i s m u s , der in den sechziger Jahren gerade einen Aufschwung zu nehmen begann, konzentriert sich jetzt fast ausschließlich auf organisierte Studienreisen zu den Ausgrabungsstätten von Palmyra und Ugarit, daneben wird die Kreuzritterburg Krak des Chevaliers besucht. Einzelreisen sind durch die fremdenfeindliche Haltung der Behörden stark erschwert.

Banyas, Latakia und **Tartus** s. Reiseziele von A bis Z.

Syros (Siros)
s. bei Kykladen

Tadmor s. Palmyra

Tanger / Tandscha

Marokko.
Höhe: 0-90 m ü.d.M. − Einwohnerzahl: 188000.
ⓘ **Office National Marocain du Tourisme,**
Boulevard Pasteur 29;
Telefon: 38239/40.
Syndicat d'Initiative et du Tourisme,
Rue Velasquez;
Telefon: 35486.

HOTELS. − *Les Almohades*, Av. des F.A.R., 148 Z.; *El Minzah*, 85 Rue de la Liberté, L, 100 Z.; *Rif*, Av. d'Espagne, L, 129 Z.; *Malabata*, Baie de Tanger, L, 300 Z.; *Intercontinental*, Park Brooks, L, 125 Z.; *El Oumnia*, Av. Beethoven, I, 100 Z.; *Solazur*, Av. des F.A.R., I, 360 Z.; *Tanjah Flandria*, Bd. Mohammed V 6, I, 175 Z.; *Chellah*, Rue Allal Ben Abdellah, I, 173 Z.; *Villa de France*, Route de Hollande 143, I, 60 Z.; *Pasadena*, Route de Tétouan, I, 150 Z.; *Africa*, Av. Moussa Ben Noussair 17, I, 86 Z.; *Rembrandt*, Av. Mohammed V, I, 80 Z.; *Tarik*, Toute de Malabata, I, 154 Z. − CAMPINGPLÄTZE. − *Tingis*, an der alten Straße nach Malabata (im Osten der Stadt), Tel. 40212; *Le Miramonte*, Tel. 37133; *El Manar*, an der neuen Straße nach Malabata, kurz vor dem Leuchtturm. − JUGENDHERBERGE: Rue San Francisco 39, Tel. 26164, 34 B.

RESTAURANTS. − *Rubis Grill*, Rue Henri Regnault 3; *Chez Larbi Dolce Vita*, Rue Samuel Pepys; *Damascus*, Av. Prince Moulay Abdallah 2; *Hamadi*, Rue de la Kasbah 2; *Ibn Batouta*, Rue des Siaghins 69; *Le Detroit*, Riad Sultan; *Mamounia Palace*, Rue Semmarine 6; *San Remo*, Rue Ahmed Chaouki 15; *Le Boulevard*, Rue Ahmed Chaouki 2; *Le Provençal*, Rue Fernando de Portugal 21; *Le Paname*, Bd. Pasteur 15; *Guitta's*, Rue Sidi Bouabid 110; *Le Claridge*, Bd. Pasteur 54; *Le Grillon*, Bd. Mohammed V 52; *Zagora*, Bd. Pasteur 28; *Les Mimosas*, Rue Moussa Ben Noussaïr; *El Dorado*, Rue Allal Ben Abdellah; *Les Ambassadeurs*, Av. Prince Moulay Abdellah 2; *La Grenouille*, Rue El Jabha El Quatania 13; *La Pagode*, Rue El Boussiri 3; *Nautilus*, Rue Khalid Ibn Oualid 9; u.v.a.

VERANSTALTUNGEN. − *Moussem (Volksfest) Sidi Bou Araquia* (Anfang September); *Moussem Dar Zhirou* (Anfang September).

SPORT. − *Tennis:* Emsallah Tennis, Bd. de Belgique, Tel. 38026; Tennisclub Municipal de Tanger, Rue Raimunde Lulic. *Schwimmen:* Club Nautique du Detroit. *Segeln:* Yacht Club de Tanger, Hafen, Tel. 38 575; Strand, Tel. 39 939. *Fliegen:* Aero-Club Royal de Tanger. *Golf:* Country Club, Boubana, Tel. 38 925.

Die arabisch Tandscha genannte marokkanische Hafen- und Handelsstadt *Tanger, Hauptstadt der gleichnamigen Provinz, liegt im äußersten Nordwesten des afrikanischen Kontinents, und zwar an dem dem Atlantischen Ozean zugekehrten Teil der *Straße von Gibraltar. Sie ist terrassenförmig an einem Hügel angelegt, zu dessen Füßen sich ein herrlicher Strand erstreckt. Hier befindet sich auch der von der Medina und ihrer Kasbah beherrschte Hafen. Nicht zuletzt wegen seiner Nähe zum Südzipfel der Iberischen Halbinsel und als Folge seines mehr als vier Jahrzehnte andauernden internationalen Status (1912-1956) gilt Tanger als europäischste Stadt Marokkos und gleichzeitig als am wenigsten typisch für Nordafrika. Besonders augenfällig wird dies durch die ausgedehnten Viertel der nach 1906 entstandenen Neustadt, die sich südlich und westlich an die Medina anschließen.

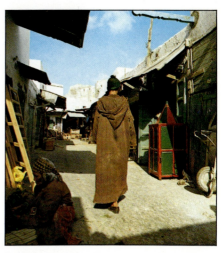

Straßenszene in der Medina von Tanger

Tanger erlebte seine wirtschaftliche Blütezeit, als die Stadt internationalisiert und aus dem marokkanischen Staatsverband herausgelöst war. Aufgrund der bis 1956 herrschenden Zoll- und Steuerfreiheit entwickelte es sich zu einem florierenden Handelszentrum mit kosmopolitischem Gepräge. Die Stadt wurde zum Sitz zahlreicher europäischer Dienstleistungs- und Industrieunternehmen und zum Schmelztiegel zwischen Orient und Okzident. Heute ist sie ein bedeutender marokkanischer Industriestandort, zu dessen wichtigsten Branchen der Schiffsbau, die Montage von Rundfunk- und Fernsehgeräten, die Textilherstellung sowie die Fischverarbeitung zählen.

Nicht minder bedeutend ist die Hafenfunktion Tangers. Neben der Industriezone im Freihafen ist insbesondere der lebhafte Passagierverkehr erwähnenswert. Es bestehen Linienverbindungen nach Casablanca, Málaga, Hamburg, Sète und Marseille sowie Fährverbindungen nach Algeciras und Gibraltar.

Ein dritter Wirtschaftsfaktor ist der rege Fremdenverkehr, denn für die meisten der von Europa aus einreisenden Touristen ist Tanger dank seiner günstigen Verkehrslage das Einfallstor nach Marokko. Die Stadt besitzt alle erdenklichen Fremdenverkehreinrichtungen und bietet sich sowohl als Urlaubsquartier als auch als Ausgangsbasis für Rundreisen in die nördlichen Landesteile an.

Tanger ist jedoch nicht nur Industriezentrum und Verkehrsknotenpunkt für den Norden Marokkos. Es besitzt ebensolche Bedeutung als zentraler Ort für ein ausgedehntes Umland. Auf seinen Marktplätzen, allen voran der Grand Socco, bieten Handwerker, Händler und Bauern aus der näheren und weiteren Umgebung ihre Waren an.

Die rasante Entwicklung Tangers schwächte sich nach der Aufhebung des internationalen Status merklich ab, und der Rückgang des Geschäftslebens, verbunden mit der Abwanderung zahlreicher Europäer, führte zeitweise sogar zu rückläufigen Tendenzen. Ein großer Teil der Villen im Europäerviertel wurde zum Verkauf angeboten, und die Gärten machten häufig einen ungepflegten Eindruck. Heute deuten noch viele neuerbaute Straßenzüge, an denen keine Gebäude mehr errichtet wurden, auf die stagnierenden Wachstumsraten der Stadt hin, aber gleichzeitig bleibt dem Fremden nicht verborgen, daß inzwischen eine nachhaltige Konsolidierung der Lage eingetreten ist.

GESCHICHTE. – Nach der griechischen Sage soll Tanger von dem Riesen Antäus gegründet worden sein. Historisch bewiesen ist, daß die Stadt bereits eine Handelsniederlassung der Phönizier und Karthager war und schon um 1600 v. Chr. existierte. Im letzten vorchristlichen Jahrhundert fiel Tanger unter dem Namen *Tingis* an das Römische Reich und im 3. Jahrhundert n. Chr. erhob es Kaiser Claudius zur Hauptstadt der römischen Provinz Mauretania Tingitana. Anschließend war Tanger oströmischer Besitz, wurde jedoch um 682 von den Arabern eingenommen. Seit ihrer Eroberung durch die Portugiesen im Jahr 1471 wechselte die Stadt noch mehrfach ihre Besitzer. 1581 bis 1656 herrschten die Spanier, und von 1661 bis 1684 war Tanger britisch. Im Jahr 1912, als Marokko zwischen Frankreich und Spanien aufgeteilt wurde, wurde Tanger und sein Umland, die heutige Provinz gleichen Namens, internationales Territorium, und mit Statut vom 18. 12. 1923 entmilitarisierte Zone. Zu Beginn des Zweiten Weltkriegs besetzte Spanien die Stadt (1940) und annektierte sie im darauffolgenden Jahr. Frank-

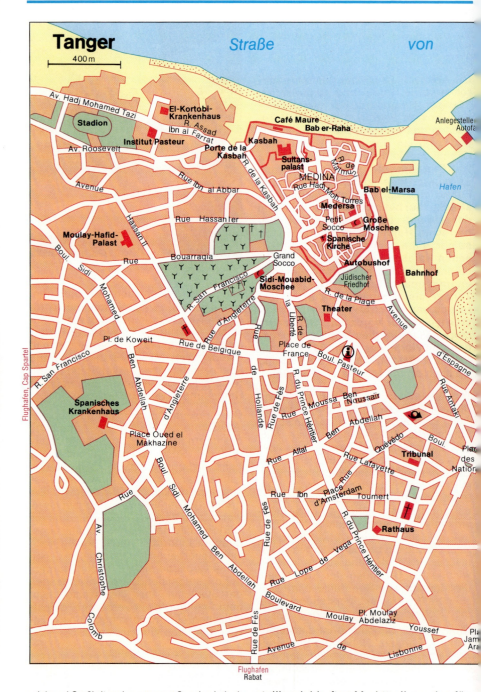

Tanger

Straße   von

400 m

Av. Hadj Mohamed Tazi

Stadion

Institut Pasteur

Av. Roosevelt

El-Kortobi-Krankenhaus

R. Assad

Ibn al Farrat

Porte de la Kasbah

Avenue

Rue Ibn al Abbar

R. de la Kasbah

Kasbah

Café Maure

Bab er-Raha

Sultans-palast

R. de Marmun

MEDINA

Rue Hadj Moh. Torres

Bab el-Marsa

Anlegestelle
Autofä

Hafen

Medersa

Moulay-Hafid-Palast

Hassan II

Rue Hassan I er

Bouarraqia

Rue

R. San Francisco

Petit Socco

Große Moschee

Spanische Kirche

Grand Socco

Sidi-Mouabid-Moschee

Rue d'Angleterre

Autobushof

Jüdischer Friedhof

Bahnhof

Boul. Sidi

Mohamed

Pl. de Koweït

Rue de Belgique

la Liberté

R. de la Plage

Theater

Avenue

R. San Francisco

Ben Abdellah

d'Angleterre

Rue

de

Hollande

Place de France

Boul. Pasteur

R. du Prince Héritier

Ben Moussaïr

d'Espagne

Flughafen, Cap Spartel

Spanisches Krankenhaus

Place Oued el Makhazine

Boul. Sidi Mohamed Ben Abdellah

Rue

Rue de Fès

Rue d'Altal

Ben Abdellah

Rue Lafayette

Rue Quévédo

Tribunal

Rue Amak

Boul.

Plac
des
Nation

Av.

Christophe

Colomb

Rue

Rue Ibn

Place d'Amsterdam

Toumert

R. du Prince Héritier

Rathaus

Rue de Fès

Rue Lope de Vega

Boulevard

Moulay

Pl. Moulay Abdelaziz

Youssef

Pla
Jam
Ara

Rue de Fès

Avenue

de

Lisbonne

Flughafen
Rabat

reich und Großbritannien zwangen Spanien jedoch zur Räumung Tangers, und am 11. 10. 1945 wurde die internationale Verwaltung wieder eingeführt. Am 29. 10. 1956 wurde die Stadt dem unabhängig gewordenen Königreich Marokko angegliedert, behielt jedoch ihren Status als Freihafen bei. Die Verträge wurden von Belgien, Frankreich, Großbritannien, Italien, Marokko, den Niederlanden, Portugal, Spanien und den USA unterzeichnet.

SEHENSWERTES. – Der Mittelpunkt Tangers ist der *Grand Socco (Großer Markt),** ein weiter Platz zwischen Medina und Europäerstadt. Besonders an Donnerstagen und Sonntagen herrscht hier ein für Europäer unvor-

stellbar lebhaftes Markttreiben, das für jeden Fremden eine große Attraktion darstellt. Es werden neben Produkten der heimischen Landwirtschaft hauptsächlich Stoffe, Kupfertöpfe, Messingleuchter angeboten, und nebenher machen Gaukler, Märchenerzähler und Schlangenbeschwörer ihre Geschäfte. Der Marktbereich erstreckt sich auch in die sternförmig vom Grand Socco ausgehenden Seitenstraßen. – In einem gepflegten Park nordwestlich des Platzes liegt die **Mendoubia,** der ehemalige Amtssitz des Sultansbeauftragten unter

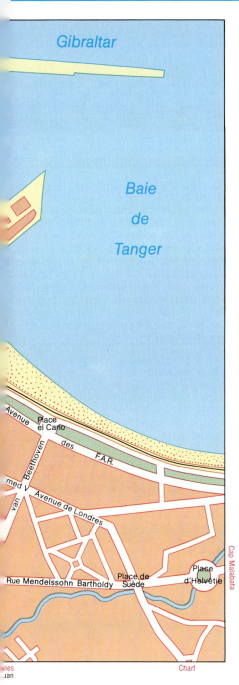

der nach Norden führenden Rue d'Italie, sondern biegt am besten scharf rechts in die Rue es-Siaghin ein, in der sich zahlreiche Goldschmiede niedergelassen haben. Vorbei an der *Spanischen Kathedrale (Eglise Espagnole)* trifft man auf den **Petit Socco,** einen von spanischen Cafés und zahlreichen Hotels umgebenen Platz. Dies ist das Zentrum der Medina, ehemals Treffpunkt internationaler Schieber und Schwarzhändler. Wenn man den Petit Socco nach Osten, in Richtung Hafen überquert, gelangt man in die Rue de la Marine. Nach wenigen Metern folgt rechts die **Große Moschee** *(Djama el Kebir),* die von Nichtmohammedanern auf keinen Fall betreten werden darf. Das Bauwerk wurde Ende des 17. Jahrhunderts von Moulay Ismail an der Stelle einer ehemaligen portugiesischen Kathedrale errichtet. Die Erweiterungsbauten stammen aus dem Jahr 1815. Gegenüber der Moschee eine alte *Medersa* (Koranschule) aus der Merinidenzeit. Die ehemaligen *Bastionen* der Portugiesen schließen die Altstadt Tangers nach Osten hin ab.

Vom Petit Socco führt die Rue des Chrétiens zu den nördlich gelegenen Gärten des Sultans. Hier befindet sich auf einem Platz im Bereich der **Kasbah** der ehemalige **Sultanspalast** *(Dar el-Makhzen)* aus dem 17. Jahrhundert. Seine Gebäude umschließen einen besonders sehenswerten Säulenpatio. Im Innern sind das *Musée des Antiquités* (Archäologisches Museum; Palast Dar Chorfa) mit interessanten Funden aus der frühgeschichtlichen und römischen Vergangenheit Tangers sowie das *Museum des marokkanischen Kunsthandwerks* (Thronsaal und Empfangssaal) mit Lederarbeiten, Strohflechtereien, Teppichen, Schmuck, Waffen und Stammestrachten, regional angeordnet, untergebracht. Das *Bit el-Mal,* ein Nebengebäude des Palastes, enthält noch heute die alte Schatzkammer des Sultans. Sehenswert im Bereich der Kasbah sind auch die *Moschee* und der *Chrâa* (Justizpalast). Am Nordrand der Palastgärten liegt das *Café Maure,* von dessen Terrasse sich bei günstiger Witterung ebenso wie von der nebenan befindlichen *Bab er Raha* ein herrlicher Blick auf die Straße von Gibraltar und die spanische Küste eröffnet.

Die *Porte de la Kasbah* in der Nordwestecke der Medina gibt den Weg zur Rue de la Kasbah frei, die weiter südlich in die Rue d'Italie übergeht. Diese mündet auf den Grand Socco und wird jenseits des Platzes von der Rue de la Liberté fortgesetzt, die zur nahegele-

der internationalen Verwaltung Tangers. Im Park, den mehrere zum Teil über 800jährige Drachenbäume zieren, befindet sich eine interessante Sammlung alter *Bronzekanonen* aus dem 17. Jahrhundert. An der von Südwesten in den Grand Socco einmündenden Rue San Francisco erhebt sich die 1917 errichtete *Moschee Sidi Bouabid* mit ihrem kachelverzierten Minarett.

In die MEDINA gelangt man durch das an der Nordseite des Grand Socco gelegene *Bab Fahs.* Man folgt jedoch nicht

genen **Place Mohammed V** (früher Place de France), dem Mittelpunkt der Europäerstadt, führt. Von hier verlaufen sternförmig die wichtigsten Verkehrsadern in alle Richtungen, darunter der **Boulevard Pasteur,** das moderne Geschäftszentrum Tangers. Mit seinen Banken, eleganten Ladengeschäften und erstklassigen Restaurants bildet er einen interessanten Kontrast zur Medina, so daß ein kurzer Spaziergang zum Abschluß der Stadtbesichtigung durchaus lohnend ist.

UMGEBUNG von Tanger. – Ein reizvoller Ausflug führt über eine schmale, gewundene Straße mit herrlichem Blick auf den Atlantik zum 12 km westlich Tangers gelegenen **Kap Spartel,** dem nordwestlichsten Vorposten Afrikas. Vom Fuß des Leuchtturms aus bietet sich eine unvergeßliche Aufsicht auf die Straße von Gibraltar. – Nur 8 km weiter südlich, an der Steilküste entlang, folgen die **Herkulesgrotten,** die durch Lösungsvorgänge im Kalkstein der westlichsten Rifausläufer entstanden sind. Sie werden von den Wogen des Meeres erreicht und zum Teil ständig geflutet. Die Höhlen waren bereits in prähistorischer Zeit von Menschen bewohnt. Über einen Pfad gelangt man zu den Überresten der in unmittelbarer Nähe gelegenen alten Phöniziersiedlung **Cotta.** Anschließend zurück nach Tanger. – Lohnend ist auch eine Fahrt zum *Kap Malabata,* 10 km östlich Tangers gelegen. Die Küstenstraße führt am Strand von Tanger mit seinen Ferienhotels entlang.

Taormina

Italien.
Region: Sicilia (Sizilien). – Provinz: Messina. Höhe: 250 m ü.d.M. – Einwohnerzahl: 10000. Postleitzahl: I-98039. – Telefonvorwahl: 0942.
ⓘ **AA,** Palazzo Corvaia; Telefon: 23243.
EPT, Corso Umberto I 144; Telefon: 23751.
CIT und **TCI,** Corso Umberto I 101; Telefon: 23301.

HOTELS. – *San Domenico Palace, L, 177 B., Sb.; Jolly Hotel Diodoro, I, 202 B., Sb.; Excelsior Palace,* I, 125 B.; *Vello d'Oro,* I, 105 B.; *Bristol Park,* I, 99 B., Sb.; *Méditerranée,* I, 93 B., Sb.; *Timeo,* I, 93 B.; *Imperial Palace,* II, 136 B.; *Grande Albergo Monte Táuro,* II, 134 B., Sb.; *Sole Castello,* II, 94 B.; *Presidente Hotel Splendid,* II, 87 B.; *Continental,* II, 80 B.; *Sirius,* II, 69 B.; *Ariston,* II, 207 B.; *Residence,* III, 50 B. – In M a z z a r ò : *Grande Albergo Capo Taormina, L, 415 B., Sb.; *Mazzarò Sea Palace, L, 141 B., Sb.; Atlantis Bay,* I, 174 B., Sb.; *Lido Méditerranée,* II, 110 B. – CAMPINGPLATZ.

VERANSTALTUNGEN. – *Kostümfest* mit bunt bemalten sizilianischen Karren ('carretti'), Ende Mai; *Internationaler Filmwettbewerb,* im Juli; *Sommerfestspiele* im Griechischen Theater.

An der Ostküste Siziliens thront in überaus prächtiger **Lage auf einer Terrasse hoch über dem Ionischen Meer das malerische Städtchen Taormina, im Altertum 'Tauromenium'. Es wird überragt von den Trümmern eines Kastells auf felsiger Höhe sowie dem Bergstädtchen Castelmola; im Hintergrund der majestätische Kegel des Ätna. Taormina ist wohl der landschaftlich schönste Punkt Siziliens und ein besonders von Deutschen viel besuchtes Reiseziel.

Die Stadt Taormina liegt 7 km von der Küste entfernt; die nächsten Strände *Mazzarò* (Seilschwebebahn) und *Isola Bella* sind von mäßiger Qualität, besser die Sandstrände von *Sant' Alessio Siculo* und *Santa Teresa,* 14 km bzw. 20 km nördlich.

SEHENSWERTES. – Die von der Küste in aussichtsreichen Windungen und Kehren nach Taormina hinaufführende *Via L. Pirandello* endet im Nordosten der Stadt bei der *Porta Messina;* unweit nordöstlich die *Kirche San Pancrazio,* die Cella eines griechischen Tempels. Südlich der Porta Messina die *Piazza Vittorio Emanuele,* mit dem gotischen *Palazzo Corvaia* (1372) und der kleinen

Panorama von Taormina an der Ostküste der italienischen Insel Sizilien

Kirche Santa Caterina. Hinter der Kirche die Reste von einem römischen *Odeum.* – Von der Piazza Vittorio Emanuele führt die Via del Teatro Greco in südöstlicher Richtung zum ***Griechischen Theater,** das im 2. Jahrhundert n.Chr. römisch umgestaltet wurde. Mit einem oberen Durchmesser von 109 m ist es nach dem Theater von Syrakus das größte auf Sizilien. Besonders gerühmt wird die Akustik (Aufführungen klassischer Werke). Die ****Aussicht** von der Höhe des Theaters auf die steile Ostküste Siziliens mit der den größten Teil des Jahres über schneebedeckten Riesenpyramide des Ätna sowie auf die kalabrische Küste ist eine der herrlichsten, die Italien bietet.

Von der Piazza Vittorio Emanuele führt der Corso Umberto I, die von schönen alten Häusern eingefaßte Hauptstraße der Stadt, südwestwärts zum Largo IX Aprile (Aussicht), mit der *Kirche San Giuseppe* und der ehemaligen *Kirche Sant' Agostino.* Dann weiter am *Palazzo Ciampoli* (rechts) vorbei zum Domplatz, den ein hübscher Brunnen (12. Jh.) schmückt. In dem kleinen **Dom** (13.-16. Jh.) beachtenswerte Flügelaltäre sowie rechts vom Hauptaltar eine Madonna (15. Jh.).

Nördlich vom Domplatz am Hang die gotische Ruine der *Badía Vecchia* (14. Jh.), südlich das prächtige, am Terrassenrand gelegene ehemalige *Dominikanerkloster* (jetzt Hotel San Domenico Palace; Kreuzgang); vom Turm der 1943 zerstörten Kirche **Aussicht.* – Westlich vom Domplatz gelangt man durch die *Porta Catania* oder *del Tocco* zum *Palazzo Santo Stéfano* (1330), mit von einer Granitsäule getragenem Gewölbe. Unterhalb vom ehemaligen Dominikanerkloster führt die prächtige Ausblicke bietende Via Roma östlich zu dem aussichtsreichen *Stadtgarten;* dann weiter auf der Via Bagnoli Croci zu dem großartigen Aussichtspunkt **Belvedere,* von dem man auf der Via Luigi Pirandello, unterhalb vom Griechischen Theater, wieder zur Porta Messina gelangt.

UMGEBUNG von Taormina. – Lohnender Ausflug vom Westende der Stadt, bei der Badía Vecchia, in Windungen bergan zu der 2 km oberhalb rechts abseits der Straße gelegenen *Kapelle Madonna della Rocca,* von wo man in wenigen Minuten zum **Castello di Taormina** auf dem *Monte Táuro* (398 m) hinaufsteigt. – Noch lohnender ist die Weiterfahrt (3 km) zu dem auf steiler Bergkuppe gelegenen Felsennest **Castelmola** (450 m), das von seinen verschiedenen Aussichtsterrassen, besonders aber vom höchsten Punkt bei der Burgruine, eine weite **Rundsicht* bietet.

Empfehlenswert ist ferner die Besteigung des ****Ätna** (s. bei Catania).

Tarent / Taranto

Italien.
Region: Puglia (Apulien). – Provinz: Taranto.
Höhe: 0-15 m ü.d.M. – Einwohnerzahl: 230000.
Postleitzahl: I-74100. – Telefonvorwahl: 099.
EPT, Corso Umberto 115;
Telefon: 21233.
ACI, Viale Magna Grecia 108;
Telefon: 35911.
TCI, *Viaggi Ausiello,*
Corso Umberto 49;
Telefon: 23041.

HOTELS. – *Grand Hôtel Delfino,* Viale Virgilio 66, I, 307 B., Sb.; *Jolly Hotel Mar Grande,* Viale Virgilio 90, I, 145 B., Sb.; *Palace,* Viale Virgilio 10, I, 121 B.; *Plaza,* Via d'Aquino 46, II, 167 B.; *Bologna,* Via Margherita 4, II, 91 B.; *Imperiale,* Via Pitagora 94, III, 102 B.; *Mater Misericordiae,* Via Lago Trasimeno 4, III, 95 B.; *Miramare,* Via Roma 4, III, 80 B.

Die an der Südküste Italiens um die 'Mare Grande' genannte Nordbucht des Golfes von Tarent gelegene apulische Hafen-, Industrie- und Handelsstadt Tarent (italienisch Táranto), Hauptstadt einer Provinz und Sitz eines Erzbischofs, ist neben La Spezia die bedeutendste Marinebasis des Landes.

Auf einer flachen Felseninsel zwischen dem *Mare Grande* und dem nordöstlich weit ins Land einspringenden *Mare Piccolo* erstreckt sich die Altstadt. Von hier führt eine Brücke zu der nordwestlichen industriereichen Vorstadt, dem Borgo (bedeutendes Stahlwerk), die ihrerseits durch eine Drehbrücke mit der auf einer Halbinsel gelegenen Neustadt (große Werften) verbunden ist. – Berühmt sind Tarenter Honig und Obst; auch der Fischfang sowie die Austern- und Muschelzucht haben Bedeutung.

GESCHICHTE. – *Taras,* lateinisch *Tarentum,* wurde 708 v.Chr. von spartanischen Auswanderern gegründet und war im 4. Jahrhundert v.Chr. die mächtigste Stadt der 'Magna Graecia'. Zur Zeit des Augustus hatte es noch immer überwiegend griechische Bevölkerung, wurde dann aber romanisiert. Im Jahre 494 n.Chr. kam die Stadt unter ostgotische, 540 unter byzantinische Herrschaft; 927 von den Sarazenen zerstört, wurde sie 967 wiederaufgebaut und 1063 von Robert Guiscard dem unteritalienischen Normannenreich einverleibt. Seitdem teilte Tarent das Schicksal des Königreiches Neapel.

SEHENSWERTES. – Etwa in der Mitte der von vier parallelen Längsstraßen durchzogenen winkligen ALTSTADT *(Città Vecchia),* wo schon die antike Akropolis stand, erhebt sich der **Dom San Cataldo** (urspr. 1072-84; bis auf Kuppel und Glockenturm im 18. Jahrhundert erneuert; Im Innern acht alte Säulen mit antiken und **frühmittelalterlichen* Kapitellen; rechts neben dem Chor die reich ausgestattete Barockkapelle des hl. Cataldo (Krypta). – In der Südostecke der Altstadt das **Kastell** *(Castello;* 15./16. Jh.).

Von der Altstadt gelangt man auf dem *Ponte Girévole* über den *Canale Navigabile,* an dem man wie kaum sonst am Mittelmeer Ebbe und Flut beobachten kann, zur NEUSTADT *(Città Nuova),* mit ihren breiten parallelen Straßen. 100 m hinter der Brücke der palmenbestandene Platz Villa Garibaldi; an seiner Ostseite der mächtige *Palazzo degli Uffici* (1896), an seiner Nordseite das *Nationalmuseum,* eines der bedeutendsten Museen Unteritaliens, mit Altertümern aus Tarent und Umgebung, namentlich schönen korinthischen Vasen. – Unweit südlich am Mare Grande die Palmenallee Lungomare Vittorio Emanuele III, mit den modernen Gebäuden der *Präfektur* und der *Hauptpost.* – Nördlich vom Nationalmuseum liegt am Mare Piccolo das *Institut für Meereskunde (Istituto Talassografico;* zugänglich), östlich anschließend der prächtige Stadtgarten *Villa Comunale Peripato.*

UMGEBUNG von Tarent. – Rund 45 km westlich der Stadt, etwas abseits der Nordwestküste des Golfes von Tarent liegen die Reste der berühmten Griechenstadt *Metapontion.* Die wohl zu Beginn des 7. Jh. v. Chr. von achäischen Siedlern gegründete Stadt **Metapont** (lat. *Metapontum;* ital. *Metaponto)* war im 6. Jh. v. Chr. ein Stützpunkt des von dem Mathematiker und Naturphilosophen Pythagoras begründeten sittlich-religiösen Bundes der Pythagoräer. Pythagoras soll hier 497 v. Chr. im Alter von 90 Jahren gestorben sein. Nördlich außerhalb der Stadt die sogenannten *Tavole Palatine,* 15 noch aufrechtstehende Säulen (ehemals 32) eines dorischen Tempels. Nahebei das *Antiquarium,* das wegen der Fülle seines Materials in jährlich wechselnden Ausstellungen nur jeweils einen Teil der Funde der bedeutenden Ausgrabungen der letzten Jahre zeigt. Die meisten Funde stammen aus dem Bereich um das Stadtheiligtum, in dem sich vier große Tempelanlagen abzeichnen, die wohl durch steigendes Grundwasser schon im 3. Jh. v. Chr. zum Einsturz kamen. Bemerkenswert ist der Bebauungsplan der fruchtbaren Ebene mit regelmäßigen Flurgrenzen, Wegen und Kanälen sowie über 300 griechischen Bauernhöfen, von denen elf ausgegraben sind. Das Theater (3. Jh. v. Chr.), dessen Mauern frühzeitig abgetragen wurden, hatte eine halbkreisförmige Cavea und dorische Stützsäulen, nahm also wesentliche Eigenschaften des römischen Theaters vorweg.

Tarragona

Spanien.
Region: Cataluña (Katalonien).
Provinz: Tarragona.
Höhe: 60 m ü.d.M. – Einwohnerzahl: 100000.
Telefonvorwahl: 977.
(i) **Oficina de Información de Turismo,** Rambla del Generalísimo 46; Telefon: 20 18 59.
Delegación Provincial de Información, Rambla del Generalísimo 25; Telefon: 20 16 62 und 20 16 56.

HOTELS. – *Imperial Tarraco,* Rambla San Carlos 2, I, 170 Z., Sb.; *Lauria* (garni), Rambla Generalísimo 20, II, 72 Z., Sb.; *Astari,* Vía Augusta 97, II, 50 Z., Sb.; *Paris* (garni), Maragall 4, III, 45 Z.; *Sant Jordi* (garni), Via Augusta, III, 40 Z. – Mehrere CAMPINGPLÄTZE.

VERANSTALTUNGEN. – *Fiesta de San Magín* (August), Prozession mit dem 'heiligen Wasser' in geschmückten Wagen, folkloristische Darbietungen. – *Fiesta de Santa Tecla* (September), Fest der Schutzpatronin, ebenfalls mit Prozession und folkloristischen Veranstaltungen.

WASSERSPORT. – Seebäder an der sich unterhalb des Balcón del Mediterráneo erstreckenden *Playa del Milagro* und weiter in nordöstlicher Richtung über *Rabasada* und *Sabinosa* bis zur *Punta de la Mora;* in südöstlicher Richtung an der *Playa de la Pineda* und im benachbarten *Salou.*

Die weinberühmte alte Hafenstadt Tarragona in Katalonien ist Hauptstadt der gleichnamigen spanischen Provinz und Sitz eines Erzbischofs. Sie liegt malerisch etwa 100 km südwestlich von Barcelona auf einem bis 160 m über dem Mittelmeer ansteigenden Hügel, dessen höchsten Punkt an Stelle der im Altertum hier gelegenen Burg die Kathedrale krönt.

Dem bedeutenden Weinhandel mit den Gewächsen aus dem Campo de Tarragona, der Campiña von Reus und dem Priorato dienen große oberirdische Speicher (bodegas). Die aus der Grande Chartreuse bei Grenoble vertriebenen Mönche fabrizierten hier 1903-29 den vorzüglichen Kartäuserlikör.

GESCHICHTE. – Die Ursprünge der Felsenfeste *Tarraco* gehen bis ins 3. Jahrtausend v. Chr. zurück. Die ersten Stadtmauern stammen von den iberischen Kessetanern. Nach der Eroberung durch die Römer im Zweiten Punischen Krieg (218 v. Chr.) wurde die Stadt Hauptstützpunkt der römischen Macht in Spanien und seit Augustus Hauptstadt der ganzen spanischen Provinz. Noch heute zeugen Reste vieler Prachtbauten vom Reichtum des alten Tarraco. Später wurde die Stadt mehrfach zerstört, so von den Westgoten (475), den Mauren (713), die bis zu Beginn des 8. Jahrhunderts hier herrschten, und zuletzt 1811 von den Franzosen.

SEHENSWERTES. – Hauptverkehrsstraße ist die breite baumbestandene Rambla del Generalísimo. Am Südende dieser Straße der *Balcón del Mediterráneo,* mit weiter Aussicht auf das Meer und die Küste. Von hier ziehen sich aussichtsreiche Promenaden hoch über dem Meer hin, östlich bis zu den Badestränden. Vom Balcón gelangt man über Stufen hinauf zum *Bahnhof* und weiter zum **Hafen** *(Puerto),* der durch einen 1700 m langen Damm (Dique de Levante) mit Leuchtturm geschützt ist. Unterhalb des Balcón der *Parque del Milagro* (Stadtpark), in dem die 1952 ausgegrabenen Ruinen des römischen *Amphitheaters* aus der Zeit des Augustus zu sehen sind. Östlich der prachtvolle, in Terrassen angelegte Paseo de Calvo Sotelo. An seinem Ende links die Einmündung der Rambla de San Carlos, der zweiten Hauptstraße der Stadt, mit der stattlichen Barockkirche *San Agustín* und der *Kirche San Francisco.*

Von der Mitte der Rambla de San Carlos gelangt man östlich zur langgestreckten Plaza de José Antonio (auch Plaza de la Fuente), wo der römische Circus angelegt war, von dem noch Fundamente und Gewölbe in den angrenzenden Häusern erhalten sind. An der Nordseite des Platzes das am Anfang des 19. Jahrhunderts erbaute **Rathaus** *(Casa Consistorial)*.

Von der Südseite der Plaza de José Antonio führen die Bajada de la Misericordia und die anschließende enge *Calle Mayor,* im Altertum die Hauptstraße der Stadt, bergan zur Kathedrale. – Die an der Stelle eines römischen Jupitertempels und einer Moschee im wesentlichen im 12./13. Jahrhundert erbaute ***Kathedrale** *(Catedral)* ist eines der glänzendsten Werke des sog. Übergangsstils in Spanien. An der 1278 begonnenen, oben unvollendeten Westfassade ein von mächtigen Strebepfeilern eingefaßtes tiefes gotisches *Giebelportal* mit reichem Skulpturen-

Kathedrale in Tarragona (Katalonien)

schmuck; darüber eine prachtvolle Fensterrose. Auch die Seitenportale sind beachtenswert.

Das INNERE der Kathedrale macht einen überaus ernsten Eindruck. Im *Chor* (14. Jh.) ein 1478-93 gearbeitetes Gestühl sowie eine Orgel von 1563. Die

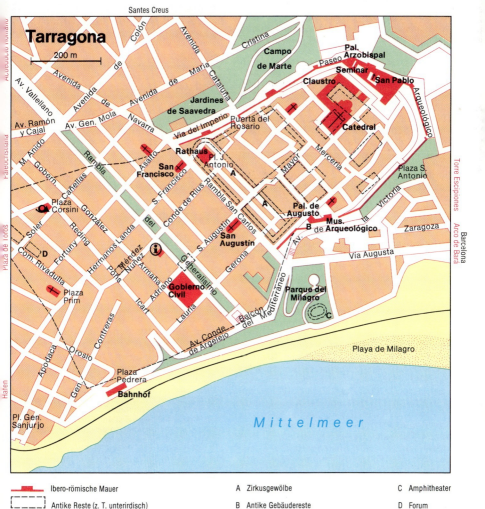

Ibero-römische Mauer	A Zirkusgewölbe	C Amphitheater
Antike Reste (z. T. unterirdisch)	B Antike Gebäudereste	D Forum

reich ausgestatteten Seitenaltäre der Kathedrale stammen aus verschiedenen Stilepochen. Im *Querschiff*, dessen Vierung von einer achteckigen Kuppel überwölbt wird, in den beiden Fensterrosen prächtige Glasmalereien von 1574. – In der *Capilla Mayor* der *Hochaltar mit Statuen der hl. Jungfrau mit dem Kinde sowie der heiligen Thekla und des Paulus; fein ausgeführte Alabasterreliefs von Johan de Valfogona (1434); rechts vom Hauptaltar das *Grabmal des Erzbischofs Juan de Aragón († 1334). – Am Ende des linken Seitenschiffs die von Wandmalereien geschmückte *Capilla de los Sastres* (14. Jh.), mit einem frühgotischen Marienaltar. Links daneben ist der Zugang zu dem *Kreuzgang (13. Jh.), einem der schönsten in Spanien. – In der Nordostecke das **Diözesanmuseum** mit Bildern, Meßgewändern, 52 *Wandteppichen des 15.-17. Jahrhunderts sowie antiken und mittelalterlichen Bildwerken. – In der anstoßenden kleinen **Kirche Santa Tecla** (12. Jh.) die Grabstein- und Skulpturensammlung des Museums.

Unweit nördlich von der Kathedrale steht an der Plaza del Palacio der *Erzbischöfliche Palast* (Palacio Arzobispal), aus dem Anfang des 19. Jahrhunderts, mit dem alten Festungsturm Torre del Paborde, der auf dem höchsten Punkt der Stadt an der Stelle des römischen Castrums errichtet ist und eine schöne Aussicht bietet. Im Hof des Palastes einige Grabsteine.

Archäologischer Rundgang. – Vom Nordende der Rambla de San Carlos gelangt man auf der Vía del Imperio östlich zur *Puerta del Rosario* (6. oder 5. Jh. v. Chr.). Von hier zieht der Paseo Arqueológico entlang der gewaltigen **antiken Mauern** (*Murallas Ciclópeas* = 'Zyklopenmauern'), die den höchsten Teil der Stadt umgeben und fast ohne Unterbrechung in einer Länge von 1000 m mit 3-10 m Höhe erhalten sind. Die unterste Schicht, der Rest der etwa aus dem 6. Jahrhundert v. Chr. stammenden iberischen Stadtmauer, besteht aus mächtigen unregelmäßigen Werkstücken (bis 8 m lang). Darüber liegt die nach 218 v. Chr. von den Scipionen durch einheimische Werkleute ausgeführte römische Mauer (zahlreiche Quader tragen iberische Steinmetzzeichen), über der sich der Festungsbau aus der Zeit des Augustus erhebt, während die sechs erhaltenen Tore aus der ältesten Zeit stammen. Bei der Puerta del Rosario liegt innerhalb der Mauern an der Plaza Pallol das *Stadtmuseum* (Museo de la Ciudad) mit römischen und mittelalterlichen Altertümern. Westlich der Puerta del Rosario bezeugen die Blöcke in Stampferde die Zeit der maurischen Herrschaft. – Der von Zypressen gesäumte und am Anfang sowie am Ende eine weite Aussicht bietende Paseo Arqueológico führt zu einer 1934 von Italien gestifteten Bronzestatue des *Kaisers Augustus*, an der Torre del Paborde sowie am *Priesterseminar* vorbei zum Ostende des Stadthügels. Weiter auf dem Paseo Torroja und der Avenida de la Victoria an der 1757 erbauten *Puerta de San Antonio* vorüber zu dem **Archäologischen Museum** (Museo Arqueológico), das zusammen mit dem anstoßenden, z. T. aus der Zeit des Augustus stammenden *Prätorenpalast* (Pretorio Romano; auch Torreón de Pilatos), eine der bedeutendsten Sammlungen Spaniens von antiken und mittelalterlichen Gegenständen enthält; besonders be-

achtenswert Mosaikböden und Keramik sowie eine 23 cm große Elfenbeinpuppe des 4. Jahrhunderts, die einem Kindergrab beigegeben war.

Unweit südwestlich von hier das Südostende der Rambla de San Carlos. – Lohnend ist auch eine Autorundfahrt von der Puerta del Rosario nördlich am Park *Campo de Marte*, mit einem Freilichttheater, vorbei und außen um die Altstadt herum zur Puerta de San Antonio.

Im Westen von Tarragona. – Westlich von der Rambla del Generalísimo die Plaza Corsini, in deren Nähe noch Reste von einem römischen *Forum* (Zugang Calle Lérida) und zahlreicher römischer Wohnhäuser zu sehen sind. Sie stammen aus der Zeit, als Tarragona die Hauptstadt der spanischen Provinz war.

Im Westen der Stadt liegt jenseits der *Stierkampfarena* (Plaza de Toros, für 17 500 Zuschauer; von der oberen Galerie prächtige Aussicht) auf dem Gelände einer Tabakfabrik eine im 3./6. Jahrhundert angelegte **altchristliche Nekropole**, mit dem 1930 erbauten *Altchristlichen Museum,* das Bleisarkophage und Marmorsärge, Urnen, Mosaiken, Schmuckgegenstände enthält.

UMGEBUNG von Tarragona. – In der Umgebung gibt es einige besuchenswerte Ziele. – 1,5 km nordöstlich von der Puerta del Rosario, am Friedhof vorbei, erhebt sich das zerstörte Fort *Alto del Olivo,* mit prächtiger *Aussicht auf die Stadt und die Küste.

6 km nordwestlich vom Stadtzentrum in Richtung Constantí befindet sich das spätantike **Mausoleum von Centcelles,** ursprünglich wohl Constans, dem Sohn Kaiser Konstantins, gewidmet. Das römischfrühchristliche Bauwerk, von deutschen Archäologen sorgfältig restauriert, enthält eine gut erhaltene Mosaikkuppel.

Tartus

Syrien.
Höhe: Meereshöhe. – Einwohnerzahl: 12 000.

HOTELS. – *Al-Sufara, Danyal, Al-Jumhourieh, Rafool, Brazilia.*

Die inmitten von Orangengärten und Olivenhainen unweit der Mittelmeerküste gelegene syrische Stadt Tartus liegt nur wenige Kilometer von der syrisch-libanesischen Grenze entfernt.

GESCHICHTE. – Der Ort wurde durch die phönikischen Arvaditer gegründet, erstmals von Ptolemäus im 2. Jahrhundert n. Chr. unter dem Namen *Antaradus* erwähnt, von Konstantin 346 n. Chr. neu aufgebaut und deshalb eine Zeitlang *Constantina*, im Mittelalter *Tortosa* genannt. In der Zeit der Kreuzzüge spielte die Stadt eine bedeutende Rolle; 1291 war sie der von den Templern verteidigte letzte feste Platz der Christen in Syrien, den die Mohammedaner eroberten.

SEHENSWERTES. – Die Stadtmauer, mit einem Umfang von etwa 2 km, ist zum Teil erhalten, ebenso (aber verbaut) das aus der Kreuzfahrerzeit (12. bis 13. Jh.) stammende *Kastell* am Ufer des Meeres. – An der Südostspitze der Stadt die schöne ehemalige *Kreuzfahrerkirche* (40 m lang, 28 m breit), eine romanisch-gotische Basilika aus der Zeit um 1300, mit zwei rechteckigen Türmen, später Moschee, dann Kaserne (jetzt unter Denkmalschutz). – In einem kleinen Museum Funde aus Amrit (s. Umgebung).

UMGEBUNG von Tartus. – 12 km südlich liegt die Ausgrabungsstätte von **Amrit,** dem alten *Marathus,* am Nahr el-Amrit, in den kurz vor seiner Mündung ins Meer der Nahr el-Kible mündet. Schräg gegenüber im Meer die Inseln *Hebles* und *Ruad:* auf der letzteren die Ruinen der antiken Stadt *Aradus* und ein sarazenisches Schloß.

Marathus war eine Gründung der phönikischen Arvaditer und dem König von Aradus untertan. – Durch die *Nekropole* gelangt man links der Straße zu einem großen *Felsengrab,* mit zwei Grabkammern. – 2 km nördlich rechts der Straße mehrere *Grabbauten,* darunter zwei kleine, auf einem kubischen bzw. runden Sockel stehende zylindrische Bauten ('Marazil', d. h. Spindeln) von 4 bis 6 m Höhe; das eine besser erhaltene größeren Bauwerk vier rohe Löwenplastiken am Fundament.

2 km nördlich der Grabbauten lag am Ufer des Nahr Amrit ein *Tempel (el Maabed),* der auf drei Seiten aus dem Felsen gehauen ist. In der Mitte des Hofes (55 x 48 m) steht ein mehr als 3 m hoher Steinwürfel (5,5 m im Quadrat), der einen aus vier Blöcken gefügten Oberbau trägt. – Gegenüber liegen jenseits des Nahr Amrit die Ruinen eines auf der Nordseite in den Felsen gehauenen *Stadions* von 125 m Länge und 30 m Breite, das im Osten durch ein Amphitheater abgeschlossen war.

Etwa 75 km südwestlich von Tartus über Borj Sâfita erreicht man die berühmte Burg ****Krak des Chevaliers** *(Qalaat el-Hosn* oder *Hisn;* 750 m), die das am besten erhaltene mittelalterliche Bauwerk Syriens ist.

Der Platz auf dem Berg wurde vermutlich schon im 2. Jahrtausend v. Chr. von den Ägyptern befestigt. 1031 n. Chr. ließ der Emir von Homs eine Festung errichten, eine kurdische Garnison hatte und deshalb Hosn el-Akrad ('Kurdenschloß') hieß. – 1110 n. Chr. ließ Tankred, der Fürst von Antiochia, nach Vertreibung der Kurden die Festung in ihren heutigen Dimensionen ausbauen, wobei 4000 Menschen am Bau gearbeitet haben sollen. Die Burg blieb 162 Jahre im Besitz der Kreuzritter; 1163 wurde sie zuerst von Saladin angegriffen, dann 1188 noch einmal, jedoch immer vergebens.

Als die Mamelucken in der zweiten Hälfte des 13. Jahrhunderts das ganze Gebiet um Lattakia besetzt hatten, war die Burg isoliert, und ihre Lage wurde unhaltbar. 1271 schloß der Mameluckensultan Baibars die Burg ein und begann mit den Angriffen. Die Kreuzritter übergaben die Burg, wobei ihnen freier Abzug gewährt wurde. Baibars ließ die beschädigten Gebäude ausbessern, so daß sich die Burg heute in ihrem früheren Zustand befindet. Die meisten Gebäude und Anlagen stammen aus der ersten Hälfte des 13. Jahrhunderts, als die Burg von den Kreuzrittern in die höchste Verteidigungsbereitschaft versetzt wurde. Im 19. Jahrhundert hatten sich Bauern in der Burg angesiedelt, die jedoch 1934 evakuiert wurden. Seither ist die Burg als Museum eingerichtet.

Der Krak des Chevaliers bildet ein unregelmäßiges Rechteck von etwa 200 m Länge und 150 m Breite. Ein äußerer Mauerring mit 13 Türmen umgibt die eigentliche Festung. – Durch ein kleines Tor an der Ostseite gelangt man in eine Vorhalle, die als Gang

nach links ansteigt. Nach 30 m links ein viereckiger Turm, der zwei übereinanderliegende Säle besitzt. Die gedeckte Rampe führt weiter und öffnet sich nach links auf eine lange Terrasse, während die Rampe weiter südlich und dann rückläufig wieder nach Norden steigt, um den Angreifern das Eindringen zu erschweren. Man geht aber geradeaus und gelangt nun auf den Wehrgang sowie auf die Terrasse des südlichen Mauerrings, die besonders stark befestigt sind, da hier der Gegner nur geringe Geländeschwierigkeiten zu überwinden hatte. – Der Südmauer vorgebaut ist ein viereckiger Turm, der eine Inschrift des Sultans Kalaun trägt. Im Innern des Turmes ein Saal mit einem 5 m dicken Pfeiler. Eine kleine Pforte an der Ostseite führt zum großen Saal an der Südseite. Durch den Saal erreicht man den großen runden Südwestturm. Von hier öffnet sich eine Poterne auf eine Brücke mit mehreren Bogen.

Man geht nun auf der Westseite der Burg entlang nach Norden. Links die hohe äußere Mauer mit vorgebauten halbrunden Türmen, rechts die Westseite der inneren Festung, deren Mauern erst schräg, dann steil aufragen. Die Westseite besitzt in der Mitte einen gewaltigen runden Turm und endet im Norden in einem viereckigen Turm, dessen Frontmauer auf drei Bögen ruht. – Weiter südlich gelangt man dann zu einer gewaltigen Halle und durch diese nach rechts in den inneren Burghof. Zur Linken liegt ein großer Pfeilersaal. An der Westseite des Saales mehrere Türen, die sich in den großen 120 m langen Saal öffnen, der an der Westseite der inneren Burg liegt. Dieser Saal diente ebenfalls als Mannschaftsunterkunft. An der Nordseite des Saales 12 Toiletten, in der Mitte ein riesiger Backofen, daneben ein tiefer Brunnen. – An der Westseite des Hofes liegt ein kleiner vorspringender Saal, dem eine Pfeilergalerie vorgebaut ist. Die Bogen öffnen sich zum Hof. Bemerkenswert das gotische Kreuzgewölbe der Galerie. – An der Nordseite des Hofes führt eine Treppe auf das flache Dach des langen Westsaales. Im Süden dieser durch das Dach des Westsaales gebildeten Terrasse liegt der Turm des Festungskommandanten. Aus den Fenstern des Turmes einzigartiger Blick auf die Burg und die Berge. – An der Nordseite des Innenhofes liegt eine Kapelle, die von den Moslems in eine Moschee umgewandelt wurde. – Durch die Südseite des großen Pfeilersaales im Süden des Hofes kann man wieder zurück zum Ausgang gehen.

Tébessa (Theveste)

s. bei Annaba

Tel Aviv –
Jaffa (Yafo)

Israel.
Höhe: Meereshöhe. – Einwohnerzahl: 345 000.
Telefonvorwahl: 03.
ⓘ **Staatliches Informations-
und Verkehrsbüro,**
Rehov Mendele 7;
Telefon: 22 32 66-7.

BOTSCHAFTEN. – *Bundesrepublik Deutschland,* Soutine Street 16; *Republik Österreich,* Herman Cohen Street 11; *Schweizerische Eidgenossenschaft,* Hayarkon Street 228.

HOTELS. – *Dan Tel Aviv, Hayarkon Str. 99, L, 310 Z.; *Forum Palace,* Hayarkon Str., L, 347 Z.; **Plaza,* Hayarkon Str. 155, L, 350 Z.; **Ramada Continental,* Hayarkon Str. 121, L, 340 Z.; **Tel Aviv Hilton,* Independence Park, L, 620 Z.; **Tel Aviv Sheraton,* Hayarkon Str. 115, L, 378 Z.; *Astor,* Hayarkon

Tel Aviv–Yafo

500 m

Mittelländisches

Meer

Flughafen
Sede Dov

Rokac

Yarc

Bney   Da

Yehuda Hamar

Pinkas D

Ussishkin

Sderot   Nordau

Gvirol

Ibn

Jabotinsky

Bet Ha-More

Hame

Bet Ha-
Histadrut

Le

Sderot David Ben-Gurion

Arlozorov

Arlozorov

Zoo   Rathaus

TEL AVIV

Kikar
Malkhey
Yisra'el

Oberrabbinat

Frishman   Derech

Ichilo
Krankenhau

Versicherungs-
anstalt

Kunstmuseum
(Tel-Aviv-Museum)

Kikar
Zina

George

Friedhof

Sderot Sha-ul   **Bibliothek**
Hamelech   Sha'arey Tsiy

Helena-
Rubinstein-
Museum

Ben Tzion

Oper

Frederic-Mann-
Auditorium

Historisches
Museum

Jabotinsky-
Museum

Habimah-
Theater

HAQIRYA

Hamelekh

Hacarmel

Herbert

Samuel

Retsif

Ben-Yehuda

Hayarkon

Sokolov

Dizengoff

Ben   Yehuda

Sheinkin

Rothschild

Hatevi

Carlbach E

SHEKHU
MONTEFIC

Altenby

Nahalat Binyamin

Hassan-Bek-
Moschee

Bet Ha-No'ar

Shalom-
Turm

Große
Synagoge

Sderot   Yehuda

Derech

Petah

Sa

Museum
von Tel Aviv
(Dizengoff-Haus)

Ohel-Moed-
Synagoge

Yafo

Autobus-
hof

Levanda

Hakovshim

Derech

Levinsky

Evlat

Franziskaner-
kloster
St. Peter

Griechisch-
orthodoxes
Kloster

Große
Moschee

Derech

Shalma

Jaffa-
Museum

GIV'AT HERZL

Siksik-
Moschee

Autobushof
(im Bau)

Derech

Sacré-Cœur-
Kirche

Yefet

Sderot   Har   Tsiyon

Gotomb

SHEKUN

Yehuda   Hayamit

Koptische
Kirche

Nuzha-
Moschee

Universität
von Tel-Aviv

Russische
Kirche

Kibuts Galuyot

SHEKUNAT
SHAPIRA

YAFO

Ben-Zvi.

GIV'AT
'ALIYYA

Südbahnhof

Holon, Jerusalem

– – –   Grenze des Stadtgebietes Tel Aviv–Yafo

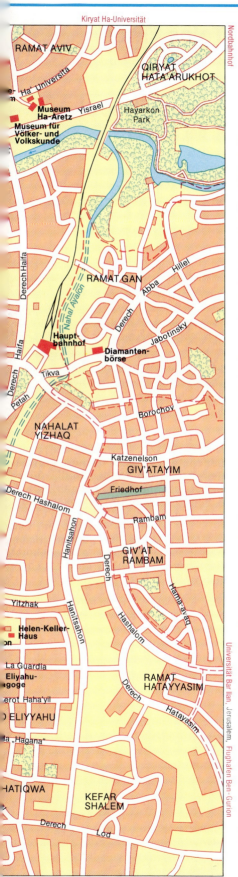

Str. 105, I, 68 Z.; *Avia,* beim Flughafen Lod, I, 110 Z.; *Basel,* Hayarkon Str. 156, I, 138 Z.; *Country Club,* Haifa Road, I, 138 Z.; *Moriah Tel Aviv,* Hayarkon Str. 250, I, 208 Z.; *Park,* Hayarkon Str. 75, I, 99 Z.; *Ramat Aviv Garden,* Haifa Road 151, I, 122 Z.; *Sinai,* Trumpeldor Str. 11, I, 251 Z.; *Tal,* Hayarkon Str. 287, I, 126 Z.; *Adiv,* Mendele Str. 5, II, 68 Z.; *Ami,* Am-Israel-Chai Str. 4, II, 64 Z.; *City,* Mapu Str. 9, II, 96 Z.; *Moss,* Nes Ziona Str. 6, II, 70 Z.; *Wishnitz,* Bnei Brak, II, 103 Z.

Die etwa 75 km nordwestlich von Jerusalem am Mittelmeer gelegene Doppelstadt Tel Aviv – Jaffa (Yafo) ist die größte Stadt Israels und zugleich das Wirtschaftszentrum des Landes. Während der Ursprung von Jaffa weit über unsere Zeitrechnung hinausreicht, ist Tel Aviv ('Frühlingshügel') eine junge Stadt. In neuerer Zeit sind Tel Aviv und Jaffa mehr und mehr miteinander verwachsen und nun von einem gemeinsamen Gürtel neuer Wohnsiedlungen umgeben.

GESCHICHTE. – Die *phönizische* Stadt **Jafi** (= schön) wurde unter Thutmosis I. (1506 bis 1494 v. Chr.) von den *Ägyptern* erobert, die sie **Japi** nannten. Nach 1200 v. Chr. lebten in diesem Küstengebiet indogermanische Philister. Unter Salomo (971-932 v. Chr.) war **Japho,** wie die Stadt nun hieß, der Hafen von Jerusalem. Unter den *Makkabäern* wurde die Stadt jüdisch. Während des Judenaufstandes im Jahre 70 n. Chr. wurde sie von den *Römern* völlig zerstört. – Der sinkenden politischen und wirtschaftlichen Bedeutung Israels in den folgenden Jahrhunderten entsprach die allmähliche Verödung Jaffas. Im Mittelalter war der Ort zeitweilig verlassen. Nach dem Ersten Weltkrieg befestigte die *britische Mandatsverwaltung* den Ort und baute den Hafen aus. – Inzwischen wuchs **Tel Aviv** heran, das 1909 mit Hilfe des Jüdischen Nationalfonds auf dem nördlich anschließenden sandigen Küstenstreifen gegründet worden war. Durch die starke jüdische Einwanderung nahm die Bevölkerung der jungen Siedlung rasch zu. Seit 1921 hat Tel Aviv eine eigene Verwaltung, und 1948 wurde Jaffa der städtischen Verwaltung von Tel Aviv eingegliedert. Das ursprüngliche Nebeneinander der beiden Städte erklärt sich daraus, daß Jaffa von einer arabischen Bevölkerung bewohnt wurde, während Tel Aviv eine rein jüdische Gründung ist.

SEHENSWERTES. – In **TEL AVIV** zieht sich entlang dem schönen, breiten Sandstrand die vom städtischen *Opernhaus* und repräsentativen Hotelbauten gesäumte Herbert-Samuel--Esplanade hin. Bei dem großen *Dan-Hotel* biegt man rechts in die gerade Frishman-Straße ein, der man etwa 600 m in östlicher Richtung folgt. An der nach dem ehemaligen Bürgermeister und Mitbegründer der Stadt benannten vornehmen Meir-Dizengoff-Straße rechts weiter zum palmengesäumten Rondell des **Dizengoffplatzes,** der inmitten des Geschäfts- und Verwaltungsviertels liegt. – Südlich des Platzes folgt man weiterhin in einer Linksbiegung der Meir-Dizengoff-Straße, an der das *Helena-Rubinstein-Museum* für moderne Kunst liegt. – Unmittelbar südlich das 1935 von dem Berliner Architekten Oskar Kaufmann erbaute **Habimah-Theater** (hebräisch 'habimah' = Bühne), das Nationaltheater Israels (u.a. original hebräische Stücke). – Östlich anschließend das *Frederic-Mann-Auditorium,* für die Aufführungen des Israelischen Philharmonischen Orchesters.

Am Malkhei-Israel-Platz steht das zwölfstöckige **Rathaus** (Aussicht); nahebei der *Zoo.* – Etwa 800 m südöstlich das neue **Tel-Aviv-Museum,** das einen guten Querschnitt durch die bildende Kunst Israels bietet.

Vom Habimah-Theater führt die breite Rothschild-Allee nach Süden. Nach 1100 m erreicht man die sehr belebte Allenby-Straße, der man noch 100 m rechts bis zu der an der linken Straßenseite stehenden **Großen Synagoge** mit ihrer großen schwarzen Kuppel folgt. 100 m westlich, an der Montefiore-Straße (Nr. 3), eine ständige *Industrieausstellung.* – Westlich der **Shalom Tower** (130 m), mit Observatorium. – Weiter auf der an das Ausstellungsgebäude grenzenden Binyamin-Straße in südöstlicher Richtung und nach 200 m wieder zur Rothschild-Allee. Unweit westlich der Straßenkreuzung das *Dizengoff-Haus,* in dem am 14. 5. 1948 die Unabhängigkeit des Staates Israel verkündet wurde. – 200 m südlich die breite Jaffa-Straße.

Das auf einem Hügel unmittelbar über dem Hafen erbaute alte **JAFFA (YAFO)** bietet keine historischen Sehenswürdigkeiten von Bedeutung mehr, ist aber als Künstlerviertel sowie wegen der hübschen *Aussicht auf Stadt und Hafen besuchenswert; *Flohmarkt Shuk Hapishpishim.* – An Bauwerken lediglich bemerkenswert ist die 1810 errichtete *Mahmudije-Moschee* mit ihrem hübschen Vorhof, in dem zahlreiche von antiken Bauten stammende Säulenstümpfe aufgestellt sind; ferner die 1654 auf den Ruinen der mittelalterlichen Burg gebaute *Franziskanerkirche,* an deren Stelle einst das Haus des Gerbers Simon (Apostelgeschichte 9,43) gestanden haben soll. – *Archäologisches Museum.*

Im nördlichen Vorort RAMAT AVIV, am Nordufer des Yarkon, das **Haaretz-Museumszentrum** (u.a. alte Gläser, Keramik, Geschichte des Geldes, Wissenschaft und Technik, Volkskunst) und ein *Planetarium.* – 1972 wurde hier ein *Philister-Tempel* ausgegraben.

UMGEBUNG von Tel Aviv-Jaffa. – Etwa 40 km südwestlich liegt die erst 1957 gegründete, aus dem Sand der Wüste gewachsene Stadt **Ashdod** (s. dort). Der Hafen ist als dritter Tiefwasserhafen Israels ausgebaut.

Telos (Tilos)
s. bei Sporaden

Tenos (Tinos)
s. bei Andros

Tetuan / Tétouan / Tetuán / Tsettaoun

Marokko.
Höhe: 90 m ü.d.M. – Einwohnerzahl: 139 000.
ⓘ **Office National Marocain du Tourisme,**
Avenue Mohammed V 30;
Telefon: 4112 und 4407.

HOTELS. – *Safir,* Avenue Kennedy, I, 102 Z.; *Dersa,* Rue Général Franco 8, II, 77 Z.; *National,* Rue Mohammed Torres 8, III, 60 Z.; *Principe,* Avenue de la Résistance 20, III, 65 Z.

JUGENDHERBERGE: Boulevard Zerktouni 9. – CAMPING: *Martil.*

VERANSTALTUNG. – *Moussem (Volksfest) My Abd Ben M'Chich* (September).

SPORT. – *Tennis:* La Hippica, Saniat R'mel; *Reitclub:* Av. Hassan II.

Tetuan, die arabisch Tsettaoun, französisch Tétouan und spanisch Tetuán genannte marokkanische Provinzhauptstadt am Wadi Martil, früher Hauptstadt des ehemaligen spanischen Protektorats Marokko, liegt 11 km von der Mittelmeerküste entfernt auf einem Felsplateau am Fuß des Djebel Dersa. Ihre weiß gestrichenen Häuser inmitten ausgedehnter Gärten und Olivenhaine bieten vor dem Hintergrund der Gebirgskulisse ein malerisches Bild. Der Ort besitzt ein ausgedehntes, für 40 000 Einwohner angelegtes Europäerviertel, das sich eng an die Medina anlehnt. Der Verlust seiner Funktion als Protektoratshauptstadt hat seit 1956 eine nicht unerhebliche Stagnation, teilweise sogar rückläufige Entwicklungstendenzen nach sich gezogen.

Tetuan ist dennoch das bedeutendste Verwaltungs-, Kultur- und Wirtschaftszentrum der nördlichen Rifzone geblieben. Die Stadt ist sowohl Sitz der Fakultät für islamisches Recht und Theologie der islamischen Universität Fès, als auch Standort einer Kunsthochschule, einer Hochschule für Musik und Tanz sowie eines Instituts für spanisch-muslimische Arbeiten. Außerdem besitzt Tetuan ein Kunst- und Folkloremuseum, ein archäologisches Museum, Bibliotheken und ein Archiv.

Wirtschaftliche Grundlage Tetuans ist seine Industrie. Fischkonserven-, Papier-, Zigaretten- und Zementfabriken sind die wichtigsten Betriebe. Als weitere Branchen sind Textil- und elektrotechnische Industrien sowie ein Düngemittelwerk zu nennen. Neben der Industrie kommt auch der Funktion Tetuans als zentraler Marktort des marokkanischen Mittelmeerraumes eine erhebliche Bedeutung im Wirtschaftsleben der Stadt zu. Fast ebenso wichtig ist seine Rolle als Durchgangsstation für den Nordsüdverkehr zwischen Ceuta und dem marokkanischen Binnenland.

GESCHICHTE. – Ganz in der Nähe Tetuans befand sich bereits in der Antike eine römische Siedlung, die von Plinius unter dem Namen *Tamuda oppidum* erwähnt wurde. Von Tetuan selber war erstmals 828 die Rede, aber die eigentliche Stadtgründung erfolgte erst 1306 durch Sultan Abu Thabet Amor Ben Abdallah, nachdem die Vorgängersiedlung mit ihrer Kasbah 1286 in den Besitz der Meriniden übergegangen war. Im Jahr 1400 wurde Tetuan von den Spaniern zerstört, aber nur zwei Jahre später von aus Andalusien vertriebenen maurischen Siedlern und jüdischen Flüchtlingen aus Portugal wieder aufgebaut. Anschließend entwickelte sich die Stadt zu einem blühenden Handelszentrum. Im 16. Jahrhundert kam Tetuan an Marokko. 1859 besetzten die Spanier die Stadt, und erst 1862 zogen sie wieder ab. Ein halbes Jahrhundert später (1913) kehrten sie jedoch zurück, und dieses Mal wurde der gesamte Norden Marokkos spanisches Protektorat. Tetuan stieg zur Hauptstadt dieses Gebietes auf. Die spanische Herrschaft endete 1956 mit der Entlassung Marokkos in die Unabhängigkeit.

SEHENSWERTES. – Das EUROPÄISCHE VIERTEL Tetuans erstreckt sich südwestlich der Altstadt. Es entstand erst nach 1913, und in seinen schachbrettartig angelegten Straßen gibt es keine nennenswerten Sehenswürdigkeiten.

Um so lohnender ist jedoch eine Besichtigung der größtenteils noch von Stadtmauern umgebenen *MEDINA mit ihren 37 Moscheen. Das Gewirr der für orientalische Städte typischen Sackgassen, in denen sich jeweils Handwerker oder Händler derselben Branche niedergelassen haben, ist für den fremden Besucher aber nur schwer durchschaubar. Man sollte die Altstadt deshalb von einem markanten Punkt aus betreten, um später eine Orientierungsmarke zu haben.

Am besten eignet sich der belebteste Platz der übersichtlich gegliederten Europäerstadt; denn die Place Hassan II liegt unmittelbar am Südwestrand der Medina. Man erreicht den Platz über den Boulevard Mohammed V, dessen östliche Verlängerung, die Place el-Jala, in die Place Hassan II einmündet. An der Nordseite der Place el-Jala liegt das *Archäologische Museum* mit prähistorischen Funden aus den Herkuleshöhlen bei Tanger und interessanten Ausgra-

bungsstücken aus der ehemaligen Römersiedlung Tamuda. – An der Place Hassan II folgen links die *Moschee des Paschas* und der *Kalifenpalast (Méchouar)* aus dem 17. Jahrhundert, der zu den eindrucksvollsten Beispielen andalusisch-maurischer Baukunst gehört. Er wurde 1948 gründlich renoviert. – Östlich des Platzes gelangt man durch das *Bab er-Rouah* ('Tor der Winde') in die Rue Terrafine, die mitten in die Medina führt. Auf beiden Straßenseiten reihen sich zahlreiche belebte Verkaufsstände aneinander.

Unmittelbar südlich schließt sich die 1807 angelegte MELLAH (Judenviertel) mit ihren rechtwinklig zueinander verlaufenden Straßen an. Sehenswert ist die *Synagoge.* Nach rund 100 m endet die Rue Terrafine. Geradeaus durch die Rue de Postas und die anschließende Rue Sidi el-Yousti erreicht man nach etwa 400 m das am Ostende der Medina gelegene *Bab el-Okla (Tor der Königin),* eines der schönsten erhaltenen Stadttore Tetuans. Hier befindet sich ein sehenswerter alter *Brunnen,* der mit glasierten Fliesen geschmückt ist. Er steht gegenüber der *Mamoramoschee.* An der Außenseite des Tores die *Schule für marokkanische Kunst* und das **Kunst- und Folkloremuseum.**

Wenn man vom Ende der Rue Terrafine links abbiegt, gelangt man zum **Souk el-Houts** *(Zoco el-Hots),* dem Fischmarkt. Er ist der lebhafteste Platz der Medina. – Nördlich davon erreicht man nach wenigen Metern die malerische Place Ousaa, einen von Rebendächern überwölbten schattigen Platz. Von der Terrasse eines maurischen Cafés kann man das bunte Treiben auf den Straßen besonders gut beobachten. Wenn man halbrechts weitergeht, folgen bald die **Große Moschee** und das in nächster Nähe gelegene Heiligtum des *Sidi Bel Abbas es-Sebti.* Weiter östlich, an der Stadtmauer, erhebt sich das mit *Emailmosaiken verzierte Minarett der **Sidi-es-Saïdi-Moschee.**

Nördlich der Place Ousaa durchquert man ein SOUK FOUKI genanntes Viertel mit besonders verwinkelten und verzweigten Gassen, in denen überall die dort ansässigen Handwerker ihre Waren feilbieten. Nicht weit entfernt, am *Bab Septa* (Ceutator), steht die sehenswerte Fassade der **Zaouia Derkaoua.** Das Gebäude ist Sitz einer religiösen Institution und darf deshalb von Nichtmohammedanern ebensowenig betreten werden wie eine Moschee. Jenseits der Bab Septa liegt der nach einem Leutnant des letzten Königs von Granada benannte *Sidi-Ali-el-Mandri-Friedhof.*

Von hier geht man am besten zurück durch das Stadttor und biegt danach rechts ab, dem Verlauf der Stadtmauer nach Westen folgend. Nach etwa 500 m gelangt man zur **Kasbah,** dem ältesten Teil Tetuans (1286), im nordwestlichen Zipfel der Medina. Von hier bietet sich ein herrlicher *Blick über die Stadt auf das Wadi Martil und die Bergrücken des Rif-Atlas. – Von der Kasbah geht man in südlicher Richtung weiter. Auf diese Weise gelangt man zur Place Hassan II oder zur Place el-Jala zurück.

UMGEBUNG von Tetuan. – Lohnend ist ein Ausflug zu den Ruinen der ehemaligen Römersiedlung **Tamuda oppidum** (4 km). Die Ausgrabungsstätte liegt westlich von Tetuan, und zwar links der Straße nach Tanger, kurz vor der Abzweigung in Richtung Chefchaouen (Chaouen; s. dort).

Martil (früher *Río Martín*), der Hafen Tetuans, liegt 11 km von der Stadt entfernt am Mittelmeer. Der Ort hat etwa 7000 Einwohner. Wirtschaftliche Grund-

Am Strand von Martil bei Tetuan

lage sind der Fischfang und die fischverarbeitende Industrie. Empfehlenswert ist der schöne Badestrand, der seine nördliche Verlängerung in *Taïfor* (Cabo Negro) findet. Über den feinsandigen Strand von M'dig mit seinen zahlreichen Sommerhäuschen, setzt sich die Bäderzone Tetuans bis zu den Stränden des 22 km entfernten Fremdenverkehrszentrum *Smir-Restinga* fort.

Thasos *(Thássos)*

Griechenland.
Nomos: Kavala.
Inselfläche: 379 qkm. – Bewohnerzahl: 13 500.
Telefonvorwahl: 0593.
ⓘ **Touristenpolizei Stadt Thasos;**
　Telefon: 2 15 00
　(nur im Sommer).

HOTELS. – Thásos: *Timoleon*, II, 54 B.; *Xenia*, II, 50 B.; *Angelika*, III, 50 B.; *Glyphada*, III, 92 B.; *Laios*, III, 32 B.; *Lido*, III, 30 B.; *Panorama*, III, 16 B.; *Theano*, III, 18 B.

Ostküste: Makryámmos (3 km): *Makryammos Bungalows*, I, 402 B. – Potamiá (12 km): *Atlantis*, III, 12 B.; *Blue Sea*, III, 23 B. – Kínyra: *Gerda*, III, 20 B.

Westküste: Prínos (14 km): *Crystal*, III, 12 B. – Limenariá (42 km): *Menel*, III, 30 B.; *Sguridis*, III, 25 B.

CAMPING. – Rachóni.

BADESTRÄNDE. – Südöstlich der Stadt in Makryámmos, an der Ostküste in der Bucht von Pota-

miá-Skála und in der Kínyrabucht. An der Westküste u. a. zwischen Limenariá und Potós.

VERKEHR. – *Fährschiffe* von Kavála oder Keramotí. – Die *Inselbusse* fahren am Hafen Thásos ab.

Thásos ist eine liebliche, im Norden und Osten wasserreiche, fruchtbare griechische Insel der nördlichen Ägäis (hier Thrakisches Meer; Erdölvorkommen), unweit südlich der ostmakedonischen Küste.

Sie wird von einem waldreichen, von tiefen Tälern durchzogenen Rundgebirge eingenommen (im Hypsarion 1203 m). Seine Nord- und Ostflanke fällt steil, der Süden und Westen sanfter zum Meere hin ab und bildet dort zahlreiche tiefe Sandbuchten. Die Bevölkerung lebt von Landwirtschaft, Bergbau (Kupfer, Zink) und zunehmend vom Fremdenverkehr.

GESCHICHTE. – Um die Mitte des 2. Jahrtausends v. Chr. ließen sich Phönizier auf der Insel nieder, die später von Thrakern verdrängt wurden. – Im 7. Jahrhundert v. Chr. entrissen ionische Parier Thasos den Thrakern und wurden durch Gold- und Silberbergbau sowie durch Handel sehr wohlhabend. 464-404 v. Chr. war Thasos nach erbittertem Widerstand Athen, später Philipp II. von Makedonien untertan. – Den Römern, Byzantinern, Venezianern und Bulgaren folgten 1455 die Türken als Herren; durch Schenkung des Sultans Mahmud gehörte die Insel 1841-1902 zur Apanage des Khediven von Ägypten. Während des Balkankrieges wurde sie 1912 von den Griechen besetzt.

Der moderne Inselhaupt- und Hafenort **Thásos** (*Limín;* 2000 Einw.) bedeckt den westlichen Teil der antiken Hauptstadt Thasos.

SEHENSWERTES. – Von der einstigen Ausdehnung der Stadt zeugen die noch erhaltenen Umfassungsmauern des antiken Kriegshafens (heute Fischereihafen), Teile der einst 3515 m langen Stadtmauer (7.-5. Jh. v. Chr.) sowie Grundmauern von Wohnhäusern und Heiligtümern, die sich im Halbkreis vom Strand südöstlich zur Anhöhe der antiken *Akropolis* mit der mittelalterlichen Burgruine *Kastro* (von 1431) aufwärts ziehen. Beim nördlichen Tor, südöstlich vom alten Kriegshafen, die Agorá (4. Jh. v. Chr., mit Säulenhalle); vor ihrer Ostecke das *Thereon*, das Haus des Stadtobersten, und weiter südöstlich das *Heiligtum der Artemis Polo* (6. Jh. v. Chr.). – Vor der Südecke der Agorá das *Odeion* (2. Jh. n. Chr.) sowie jenseits der alten römischen Straße ein Pflasterhof; weiter südwestlich die Reste eines 213-217 n. Chr. für die römischen Kaiser Caracalla und Septimius Severus errichteten *Triumphbogens* sowie eines Heraklestempels (6. Jh. v. Chr.).

Im nördlichen Teil der antiken Stadt die *Heiligtümer* des *Poseidon* und des *Dionysos* (beide 4. Jh. v. Chr.), das *Theater* (3./2. Jh. v. Chr.), ein *Heiligtum der fremdländischen Gottheiten* sowie an der Nordspitze ein *Heiligtum der 'Patrooi Theoi'* (6. Jh. v. Chr.); nördlich davor im Meer die Molenreste des alten Handelshafens. – Südwestlich über dem Kastro die Fundamente eines *Athenatempels* (5. Jh. v. Chr.; Rundblick).

Im Südosten der Insel Thásos, bei **Halyke,** liegen antike Marmorbrüche; dabei Reste archaischer Kultstätten und Gräber.

Thera s. Santorin

Thessaloniki
s. Saloniki

Thuburbo Maius
s. bei Tunis

Thysdrus s. bei Sousse

Tilos (Telos)
s. bei Sporaden

Tinos (Tenos)
s. bei Andros

Tipasa s. bei Algier

Tirana (Tiranë)
s. bei Albanien

Tlemcen

Algerien.
Höhe: 807 m ü.d.M. – Einwohnerzahl: 115 000.
ⓘ **Syndicat d'Initiative,**
Avenue du Commandant Farradj.

HOTELS. – *Moghreb,* Av. du Commandant Farradj 62, II; *Albert 1er,* Blvd. Khédim Ali 19, III.

VERANSTALTUNG. – *Kirschenfest* (Mai).

Die nordwestalgerische Départementshauptstadt Tlemcen, eine heilige Stadt des Islam, liegt in einer lieblich anmutenden Landschaft am Fuß der Tlemcenberge. Sie wird wegen ihrer zahlreichen erhalten gebliebenen spanisch-maurischen *Bauwerke häufig auch als afrikanisches Granada bezeichnet. Die alten almohadischen

Wehrmauern aus dem 12. Jahrhundert umgeben noch heute den größten Teil des Ortszentrums, das sich aus der arabischen Medina und der mit ihr randlich verschmolzenen europäischen Stadtanlage zusammensetzt.

Tlemcen ist heute das Handelszentrum eines weiten, agrarisch strukturierten Umlands, dessen Produkte, vornehmlich Gemüse, Getreide, Südfrüchte und Wein, in der Stadt verarbeitet und vermarktet werden. Günstige wirtschaftliche Entwicklungsimpulse ergeben sich aus der guten Verkehrslage Tlemcens an der wichtigsten nordafrikanischen Schienen- und Straßenverbindung zwischen Tanger und Tunis.

GESCHICHTE. – Früheste Spuren menschlicher Besiedlung stammen aus dem Neolithikum. In einigen Grotten nahe der Stadt wurden Werkzeuge und Steinritzungen des Atlanthropus gefunden. Diese Menschenrasse lebte hier vor rund 600 000 Jahren. Eine erste Stadt wurde an der Stelle des heutigen Tlemcen von den Römern gegründet. Die Siedlung trug den Namen *Pomaria.* Sie verfiel jedoch nach dem Untergang des Römischen Reiches, und eine Neugründung erfolgte erst gegen Ende des 8. Jahrhunderts durch den berberischen König Idris I. Diese *Agadir* genannte Siedlung verschmolz mit der 1035 angelegten Almoravidengründung *Tagrat* und bildete die Stadt **Tlemcen,** die von 1239 bis 1554 Hauptstadt des gleichnamigen Sultanats der berberischen Abd-al-Wadien wurde. Nach dem Fall Córdobas (1236) kamen über 50 000 maurische Andalusier in die Stadt und verhalfen ihr zu höchster Blüte, nicht zuletzt wegen des Handels mit Südeuropa. Auf kulturellem Gebiet vereinigten sich berberische, arabische und spanisch-maurische Elemente miteinander, und es entstanden zahlreiche großartige Bauwerke, die noch heute vom ehemaligen Wohlstand Tlemcens zeugen. Mit der Eroberung durch die Türken im Jahr 1555 setzte jedoch der Niedergang der Stadt ein. 1836 befreiten die Franzosen Tlemcen von der Türkenherrschaft, aber die maurischen Hadas standen auf der Seite Abd el-Kaders, dem Organisator des berberischen Widerstands, dem die Stadt 1837 zufiel. 1842 kehrten die übermächtigen Franzosen jedoch zurück, eroberten Tlemcen erneut und schlugen es Algerien zu.

SEHENSWERTES. – Die Besichtigung Tlemcens beginnt man am besten am Place de l'Emir Abdelkader, der in der Mitte des mauerumgebenen Zentrums liegt und die Grenze zwischen arabischer Medina und der eng mit ihr verzahnten Europäerstadt markiert. An der Nordseite des Platzes erhebt sich das älteste Bauwerk der Stadt, die ***Djama el-Kebir** *(Große Moschee),* die 1135 von den Almoraviden unter Ali Ben Youssef vollendet wurde. Das imponierende Bauwerk, dessen riesiger Betsaal eine Grundfläche von 50 mal 60 m besitzt, besteht aus 13 Schiffen, wobei das Mittelschiff von zwei Kuppeln gekrönt ist. Der *Mihrab ähnelt dem von Córdoba in zahlreichen Details, und er gilt aufgrund seiner einzigartigen Ornamentik als schönste Gebetsnische Algeriens.

An der zwischen Großer Moschee und Place de l'Emir Abdelkader nach Westen führenden Rue Yar Meracem folgt nach 50 m links die **Djama Sidi Bel Hassan,** 1296 von den Abd-al-Wadiden unter Sultan Abd el-Sadidi Abu Said Athman errichtet. Im Innern des dreischiffigen Bauwerks befindet sich eine prachtvolle, aus Zedernholz gearbeitete Artesonadodecke. Die Gebetsnische ist von einem sehenswerten Stalaktitengewölbe gekrönt, das von kostbaren Onyxsäulen getragen wird. In der Moschee ist heute das *Archäologische Museum* mit einer Sammlung wertvoller Keramiken untergebracht.

Südlich der Sidi-Bel-Hassan-Moschee beginnt die MELLAH, das alte Judenviertel, das man auf dem Weg zum *Mechouar,* der einstigen Königsresidenz, durchquert. Die von Mauern umgebene Anlage der Residenz ist unter den Türken leider völlig verfallen und besteht heute fast vollständig aus neueren Gebäuden. Wertvolle Funde aus der almoravidischen und almohadischen Ära befinden sich in einem kleinen *Museum.*

Nordöstlich vom Mechouar gelangt man in das Gewirr verwinkelter Altstadtgassen, in denen man sich leicht verlaufen kann. Man sollte dennoch versuchen, dieses Handwerker- und Händlerviertel in nördlicher Richtung zu durchqueren, um einen Eindruck vom bunten Treiben in den orientalischen **Souks** zu bekommen. – Nach etwa 300 m erreicht man die Rue Mrabet Mohammed, der man nach Osten zur *Porte de Sidi Boumedine* folgt. Jenseits des Stadttores geht man außen an der Stadtmauer entlang.

An der Nordostecke der Altstadt, jenseits der Bahngleise, liegt die **Djama Sidi Halaoui,** 1353 von Sultan Abu Inan errichtet. Vorbild des fünfschiffigen, klar gegliederten Bauwerks mit seiner prachtvoll geschmückten *Minarettfassade war die **Djama Sidi Boumedine,** die sich ebenfalls außerhalb der Mauer, und zwar im südöstlich der Porte de Sidi Boumedine gelegenen Stadtteil EL EUBBAD befindet. Sie stammt aus dem Jahr 1339. Das unter Sultan Hassan errichtete fünfschiffige Bauwerk ist nicht nur wegen des herrlichen Dekors am Haupteingang sehenswert. Die Schönheit andalusischer Ornamentik kommt auch in den Bogenwölbungen des Innenraumes zum Ausdruck. Ungemein vielfältig sind die zahllosen geometrischen und pflanzlichen Motive.

Die großartigste Moschee Tlemcens und darüber hinaus wohl ganz Nordafrikas stand einst 3 km westlich der Stadt im heutigen Ortsteil MANSOURA. Man verläßt die Altstadt durch die *Porte de Fez,* vorbei am rechts der Straße gelegenen *Sahridj,* einem 200 x 100 m großen ehemaligen Wasserbecken, das von den Almoraviden zur Bewässerung der königlichen Gärten angelegt worden war. Die *Moschee von Mansoura* wurde 1303 von Sultan Abu Yakoub innerhalb eines großen merinidischen Heerlagers errichtet und bereits gegen Ende des 14. Jahrhunderts wieder zerstört. Erhalten blieb nur das quadratische *Mina-rett.

Zusammen mit der Giralda in Sevilla, dem Hassanturm in Rabat und der Kotoubia in Marrakesch gehört das *Mansoura-Minarett zu den berühmtesten Moscheetürmen. Ihre Ähnlichkeit untereinander ist überraschend. Alle bestehen aus Hausteinen und/oder Ziegeln, und die 1,50 m dicken Mauern sind an jeder Seite mit unterschiedlichen Ornamenten geschmückt. Vermutlich diente das Minarett der Großen Moschee von Kala'a in den Monts du Hodna als frühes Vorbild. Die Südfassade des Mansouraminaretts ist leider zerstört, aber die großartigen *Wandornamente an den übrigen Seiten vermitteln dennoch einen guten Eindruck von der einstigen Pracht dieses Meisterwerks maurisch-andalusischer Baukunst. – Ebenso wie das Minarett muß auch der gesamte restliche Moscheebau dem von Sevilla sehr ähnlich gewesen sein. Er war rund 85 m lang, 60 m breit und besaß 13 je 30 m lange Schiffe. Über der Gebetsnische wölbte sich eine 14 m hohe Kuppel.

Tobruk

s. bei El-Beïda

Torremolinos

Spanien.
Region: Andalucía (Andalusien). – Provinz: Málaga.
Höhe: 0–40 m ü.d.M. – Einwohnerzahl: 29 000.
Telefonvorwahl: 952.
ⓘ **Oficina de Información de Turismo,**
Bajos de la Nogalera;
Telefon: 38 15 78.

HOTELS. – *Melia Torremolinos, L, 238 Z., Sb.; *Al Andalus, L, 164 Z., Sb.; *Pez Espada, L, 149 Z., Sb.; Melia Costa del Sol, I, 540 Z., Sb.; Don Pablo, I, 403 Z.; Cervantes, I, 397 Z., Sb.; Tropicana, I, 86 Z., Sb.; Parador Nacional del Golf, I, 40 Z., Sb.; Principe, II, 577 Z.; Las Palomas, II, 294 Z., Sb.; Don Pedro, II, 272 Z.; Continental, II, 260 Z., Sb.; Resitur Torremolinos, II, 244 Z., Sb.; Flamingo, II, 239 Z., Sb.; El Griego, II, 238 Z.; Playa El Retiro, II, 162 Z.; Stella Polaris, III, 117 Z., Sb.; Venus, III, 100 Z.; Las Mercedes (garni), III, 95 Z., Sb.; Hostal Los Jazmines, Pl, 50 Z., Sb. – CAMPINGPLATZ.

VERANSTALTUNGEN. – Fiesta de San Miguel, mit typischer Wallfahrt, Volksfest, Stierkampf (September); Rallye Costa del Sol, Automobilrennen (Dezember); moderner Kongreß- und Ausstellungspalast.

WASSERSPORT. – Alle Arten des Wassersports, Sport- und Unterwasserfischerei (Verleih von Booten und Ausrüstungen); Segeln.

FREIZEIT und SPORT an Land. – Weinmuseum, Wachsfiguren-Kabinett; ferner Stierkampf, Golf (mehrere Plätze), Tennis, Reitsport, Jagd auf Rebhühner, Hasen und Kaninchen.

Torremolinos ist ein vielbesuchtes, besonders vom organisierten Tourismus bevorzugtes Seebad an der Küstenstraße, die Málaga mit Algeciras verbindet. Das ausgezeichnete *Klima verdankt dieser Badeort mit seinem fast 9 km langen Strand inmitten einer weiten Bucht dem Schutz der Sierra Tejada im Norden und der im Westen aufragenden Sierra Nevada.

Toulon

Frankreich.
Région: Provence – Alpes – Côte d'Azur.
Département: Var.
Höhe: 0–10 m ü.d.M. – Einwohnerzahl: 185 000.
Postleitzahl: F-83000. – Telefonvorwahl: 94.
ⓘ **Office de Tourisme,**
Avenue Colbert 8;
Telefon: 92 37 64.

HOTELS. – *Grand Hôtel*, I, 81 Z.; *Frantel*, II, 100 B.; *Tour Blanche*, II, 100 B.; *La Corniche*, II, 29 Z.; *Nouvel Hôtel*, III, 29 Z.; *Amirauté*, III, 64 Z.; *Napoléon*, III, 37 Z.; *Maritima*, III, 50 Z.

Die südfranzösische Hafenstadt Toulon erfreut sich einer geographisch äußerst günstigen Lage und dient der französischen Mittelmeerflotte als Basis. Die Bucht von Toulon gliedert sich in der Umrahmung zweier Halbinseln in eine innen gelegene Kleine Reede und eine äußere Große Reede, die durch einen 1250 m langen Damm voneinander getrennt sind.

Hafen der südfranzösischen Stadt Toulon

Zahlreiche Hotels, Apartment-Hochhäuser und Vergnügungsstätten bestimmen heute das Bild dieses Ortes an der Costa del Sol, der im 19. Jahrhundert aus einer neben den Türmen und Mühlen gegründeten Siedlung hervorging, die Torremolinos den Namen gaben. Das Zentrum des Ortes wird durch das Leben um die alte Straße San Miguel bestimmt, und aus den beiden früheren Fischervierteln *La Carihuela* und *El Bajondilla* wurden inzwischen lebhafte Siedlungsgebiete und Ferienzentren. In der näheren Umgebung von Torremolinos befinden sich zahlreiche Urbanisationen mit Ferienwohnungen.

GESCHICHTE. – Zur Zeit der Römer war Toulon berühmt für seine Herstellung der Purpurfarben aus Meeresschnecken. Seit dem Ende des 16. Jahrhunderts wurde Toulon befestigt und durch Vauban verstärkt. Im 17. und 18. Jahrhundert bestaunten Reisende die hier verankerten Galeeren, die jedoch 1748 abgeschafft wurden. Als 1793 die Royalisten die Stadt an den englischen Admiral Hood übergeben hatten, zeichnete sich bei der Wiedereroberung durch die französische Revolutionsarmee ein junger Kommandeur besonders aus: Napoléon Bonaparte. Die zunächst als Vergeltung für die Übergabe angeordnete Zerstörung der Stadt unterblieb in letzter Minute. – Der Zweite Weltkrieg brachte für Toulon dramatische Tage, als 1942 die hier zusammengezogene französische Flotte den Hafen zu verlassen begann (Selbstversenkungen). Bis zur Befreiung im August 1944 erlitt Toulon schwere Schäden.

SEHENSWERTES. – Zwischen Hafen und Boulevard de Strasbourg erstreckt sich die **Altstadt** mit der malerischen Place Puget, Rue d'Alger und den alten *Hafenbecken Vieille Darse*. – In dem neu aufgebauten Häuserzug des Q u a i de Stalingrad ein *Schiffahrtsmuseum* (*Musée Naval*).

Die **Kathedrale** *Ste-Marie-Majeure* ist frühgotisch, wurde im 17. Jahrhundert erweitert, während der Glockenturm im 18. Jahrhundert hinzugefügt wurde. – Reizvoll sind die in provenzalischem Stil gehaltene *Fischhalle* und der *Gemüsemarkt* am Cours Lafayette. – Die *Tour Royale* stammt vom Anfang des 16. Jahrhunderts und war ein Teil des Verteidigungswerks, wurde jedoch lange als Gefängnis benützt. – Museen berichten über das alte Toulon, Kunst und Archäologie.

Am Westende des Quai de Stalingrad beginnen längs der *Darse Neuve* die Werkstätten, Magazine und Docks des **Arsenal Maritime** (Besichtigung nur für französische Staatsangehörige). – Interessante Hafenrundfahrten (auch in die Nähe von Kriegsschiffen).

UMGEBUNG von Toulon. – Den reizvollsten Eindruck vermittelt Toulon von der Höhe des Berges *Faron (542 m), der zu den Toulon umgebenden Höhenzügen gehört und auf steiler Straße in 8 km Entfernung erreicht wird. Auf der Höhe die *Tour Beaumont* (auch Schwebebahn) und ein 1964 errichtetes *Denkmal*, das an die Landung der Alliierten im August 1944 erinnert.

Trapani s. bei Sizilien

Tremiti-Inseln
s. bei Monte Gargano

Triest / Trieste

Italien.
Region: Friuli (Friaul) – Venezia Giulia.
Provinz: Triest (Triest).
Höhe: 0-2 m ü.d.M. – Einwohnerzahl: 280 000.
Postleitzahl: I-34100. – Telefonvorwahl: 040.
ⓘ **EPT,** Viale G. Rossini 6;
Telefon: 35552.
ACI, Via Cumano 2;
Telefon: 763391.
TCI, *Ufficio Centrale Viaggi,*
Piazza Unità d'Italia 6,
Telefon: 62621;
U.T.A.T., Via Imbriani 11,
Telefon: 767831;
Viaggi Paterniti, Corso Cavour 7/1,
Telefon: 61293.

HOTELS. – *Jolly Cavour,* Corso Cavour 7, I, 299 B.; *Savoia Excelsior Palace,* I, 293 B.; *Grand Hotel Duchi d'Aosta,* Piazza Unità d'Italia 2, 96 B.; *Milano,*

Via C. Chega 17, II, 163 B.; *Corso,* Via San Spiridione 2, II, 135 B.; *Alla Posta,* Piazza Oberdan 1, II, 101 B.; *Continentale,* Via San Nicolò 25, II, 75 B.; *Colombia,* Via della Geppa 18, II, 59 B.; *San Giusto,* Via Belli 3, II, 56 B.; *Impero,* Via Sant' Anastasio 1, III, 86 B.; *Adria,* Capo di Piazza 1, III, 76 B.; *Città di Parenzo,* Via degli Artisti 8, III, 72 B.; *Roma,* Via C. Ghega 7, III, 71 B. – JUGENDHERBERGE, in Grignano, Viale Miramare 331, 100 B.

In V i l l a O p i c i n a: *Park Hotel Obelisco,* I, 156 B., Sb.

In D u i n o: *Europa,* I, 154 B., Im Ortsteil Marina di Aurisina; Motel *Agip,* II, 154 B.; *Posta,* II, 58 B., in Sistina.

In M o n f a l c o n e: *Sam,* II, 115 B.; *Roma,* III, 80 B.; *Excelsior,* III, 76 B.

In G r a d o: *Astoria Palace,* I, 329 B., Sb.; *Fonzari,* I, 176 B.; *Tiziano Palace,* II, 151 B.; *Parco alla Salute,* II, 146 B.; *Bellevue,* II, 142 B.; *Savoy,* II, 132 B.; *Saturnia,* II, 114 B.; *Adria,* III, 114 B.; *Diana,* III, 111 B.; und zahlreiche andere.

VERANSTALTUNG. – *Internationale Mustermesse,* Ende Juni bis Anfang Juli.

Die italienische Hafenstadt Triest liegt im äußersten Nordostwinkel des Adriatischen Meeres am Ostrand des vom Steilabfall des Karstplateaus umrahmten Golfes von Triest.

Triest ist der bedeutendste Hafen der Adria, dessen Kapazität nach Beseitigung aller im Zweiten Weltkrieg entstandenen Schäden stark gewachsen ist und der als Umschlagplatz für die Waren aus Mitteleuropa und dem Donauraum (besonders aus Österreich) gegenüber der Vorkriegszeit sehr an Bedeutung gewonnen hat. Auch die Industrie hat sich weiter entwickelt (Ölraffinerien) und wird durch die hier alljährlich abgehaltene Internationale Mustermesse sehr gefördert.

GESCHICHTE. – Triest, das *Tergeste* der Römer, war 1382-1919 österreichisch. 1719 von Kaiser Karl VI. zum Freihafen gemacht, brachte es seit dem Ende des 18. Jahrhunderts nach Schaffung künstlicher Hafenanlagen den Handel mit dem Nahen Osten an sich, den Venedig über 500 Jahre lang beherrscht hatte. Als Österreichs einziger größerer Hafen entwickelte sich Triest besonders seit dem Bau der Semmeringbahn (1854) und des Hafengebietes im Norden der Stadt (1867-83) zum ersten Handelsplatz an der Adria.

Nach dem Ersten Weltkrieg wurde die zum größten Teil von Italienern bewohnte Stadt Italien zugesprochen und verlor so ihr Hinterland. Der dadurch bedingte Rückgang des Güterumschlages wurde durch einen großzügigen Ausbau der Industrie ausgeglichen. – Bei dem 1947 mit Italien abgeschlossenen Friedensvertrag wurde das unmittelbar an Triest angrenzende, überwiegend slawisch besiedelte Gebiet an Jugoslawien abgetreten, die Stadt selbst (kroatisch *Trst*) und ein Teil der Halbinsel Istrien zu einem den Vereinten Nationen unterstellten Freistaat mit zwei Zonen erklärt. Auf Grund eines am 5. Oktober 1954 abgeschlossenen italienisch-jugoslawischen Vertrages wurde die Zone A (223 qkm, 296 000 Einw.) mit der Stadt Triest wieder der italienischen Verwaltung unterstellt (1963 endgültige Rückgliederung), während die Zone B (516 qkm, 67 000 Einw.) von Jugoslawien verwaltet wurde (10. 11. 75 Vertrag über die Staatsgrenze).

SEHENSWERTES. – An der Westseite der Stadt liegt der **Hafen,** der ohne na-

Im Hafen der norditalienischen Stadt Triest

türliche Ankerbucht den vom Karst her-
abwehenden heftigen Nordostwinden
(Bora) ausgesetzt ist. Im Norden der
Porto Franco Vecchio (Alter Freihafen),
mit vier Molen und einem langen Wellenbrecher; in der Mitte der *Porto Vecchio* (Alter Hafen); im Süden, jenseits
des Bahnhofs *Campomarzio,* der *Porto
Franco Nuovo* (Neuer Freihafen) sowie
die Industriezone, mit einigen großen
Werften.

Der größte Platz der älteren Stadtteile ist
die zum Alten Hafen hin geöffnete
Piazza dell' Unità d'Italia. An ihrer
Nordseite die *Präfektur* (von 1905), südlich gegenüber der 1882-83 erbaute
mächtige Palast des *Lloyd Triestino,* der
1832 als Österreichischer Lloyd ge-

gründeten Schiffahrtsgesellschaft. An
der Ostseite des Platzes das **Rathaus**
(von 1874). – Unweit nordöstlich das
1842 erbaute *Tergesteo,* dessen Innenhalle als Börse dient. Daneben, an der
Piazza della Borsa, die *Alte Börse,* ein
klassizistischer Bau von 1806. – Von hier
führt der **Corso Italia,** die von modernen Bauten gesäumte Hauptverkehrsstraße, östlich zur belebten Piazza
Goldoni, die durch einen 347 m langen
Tunnel unter dem Kastellberg und einen
zweiten Tunnel von 1000 m Länge mit
den südlichen Industrievororten verbunden ist.

Südöstlich vom Rathaus die neu angelegte breite Via del Teatro Romano, an
deren Ostende sich der *Grattacielo*
('Wolkenkratzer') erhebt. Rechts daneben liegt das 1938 freigelegte **Römische
Theater** (2. Jh. n. Chr.). Einige der schönen Marmorstatuen, die früher die
Bühne schmückten, befinden sich im
Kunsthistorischen Museum.

Vom Römischen Theater steigt man
südwestlich hinan zum *Kastellberg.* Auf
halbem Wege rechts die kleine evangelische *Kirche San Silvestro;* gegenüber
links die 1627-82 erbaute *Jesuitenkirche
Santa Maria Maggiore,* mit Barockausstattung. Nahebei der sogenannte
Arco di Riccardo, ein Torbogen wohl
aus dem 1. Jahrhundert v. Chr. – Weiterhin, in der Via Cattedrale (Nr. 15), das
Museo di Storia e d'Arte, mit Altertums-

1 Museo Revoltella
2 Museo di Storia Naturale

3 San Silvestro
4 Basilica Romana

5 Arco di Riccardo
6 Palazzo del Governo

7 San Nicolò
  dei Greci

funden verschiedener Herkunft und einigen Gemälden. Im *Orto Lapidario* das 1832 errichtete Grabmal des deutschen Altertumsforschers Johann Joachim Winckelmann (geb. 1717 in Stendal, 1768 in Triest ermordet).

Am Ende der Via Cattedrale erhebt sich die **Basilica San Giusto**, die an der Stelle eines augusteischen Tempels im 14. Jahrhundert durch Vereinigung zweier Kirchen des 6. Jahrhunderts und eines Baptisteriums entstandene Kathedrale: rechts *San Giusto*, links *Santa Maria*, deren nebeneinanderliegende Seitenschiffe zum Mittelschiff wurden. Am Portal und am Glockenturm (1337-1343) antike Fragmente. Im Innern in den Apsiden der Seitenschiffe beachtenswerte Mosaiken (7. und 12. Jh.). – Links der Kathedrale eine Säule (von 1560); dahinter, auf dem alten Forum, ein großes italienisches *Gefallenendenkmal* (von 1935). – Auf der Höhe des Kastellbergs das **Kastell** *(Castello; 15.-18. Jh.)*, mit dem sehenswerten *Kastellmuseum* (mittelalterliche Waffen, Möbel, Gobelins u. a.). Vom Kastell sowie von dem nördlich am Hang des Kastellbergs angelegten *Parco della Rimembranza* schöne Aussicht.

Südlich der Piazza dell' Unità d' Italia liegt am Kai rechts der **Hafenbahnhof**, weiterhin die *Pescheria* (Fischhalle), mit dem interessanten *Aquarium*. Dahinter öffnet sich rechts die Piazza Venezia; an ihrer Ostecke das *Museo Revoltella* mit guten modernen Gemälden meist italienischer Künstler und einigen Skulpturen. Hinter dem Museum, an der Piazza A. Hortis, das **Meeresmuseum**, mit zahlreichen Modellen von Schiffen aller Zeiten (bes. Segelschiffe). An der Südostseite des Platzes das *Naturhistorische Museum* und die *Stadtbibliothek*.

Von der Piazza dell' Unità d'Italia gelangt man nordöstlich auf der am Hafen entlangführenden Straße zum **Teatro Verdi**, mit dem *Theatermuseum*. Links gegenüber die *Molo Audace*, der eine herrliche *Aussicht auf Stadt und Hafen bietet. An der Hafenstraße folgt rechts die griechische *Kirche San Nicolò dei Greci* und weiter nördlich der 1756 angelegte alte Segelboothafen *Canale Grande*. – Am Ostende des Kanals erhebt sich die klassizistische **Kirche Sant' Antonio**, die 1849 erbaute größte Kirche der Stadt. Rechts davor die prunkvolle serbisch-orthodoxe *Kirche San Spiridione*.

Unweit östlich von Sant' Antonio führt die neuangelegte, nahe dem Kastellberg beginnende Via G. Carducci nordwestlich zur **Piazza Oberdan**, dem Mittelpunkt der neueren Stadtteile. – Etwa 500 m nördlich liegt die Piazza Scorcola, mit der Talstation einer elektrischen Standseilbahn nach Poggioreale und Villa Opicina. Von der Piazza Oberdan gelangt man auf der Via Fabio Severo an dem mächtigen **Justizpalast** vorbei zu der 1939-50 erbauten *Universität*.

UMGEBUNG von Triest. – Von der Piazza Oberdan auf 9 km langer Straße, über die Piazza Scorcola Standseilbahn hinauf nach **Poggioreale del Carso** (348 m), am Rande der Karsthochfläche, unweit südlich des Triestiner Villenvorortes *Villa Opicina*. Von dem bei der Station Poggioreale stehenden Obelisken prächtige Aussicht auf Triest und das Meer. Vom Obelisken Fußweg nordwestlich in 10 bzw. 45 Minuten zu den Aussichtspunkten **Vedetta di Opicina* (397 m) und **Vedetta d' Italia* (305 m), beide mit umfassender Rundsicht. – 3 km nördlich von Poggioreale liegt die **Grotta Gigante**, eine Tropfsteinhöhle mit einem Riesensaal (240 m lang, 136 m hoch); Höhlenmuseum.

Etwa 2,5 km nordwestlich von Triest erhebt sich oberhalb von *Barcola* (5 m) der 1927 erbaute **Siegesleuchtturm** (68 m hoch), der tagsüber frei zugänglich ist und eine schöne Aussicht bietet. – 3,5 km weiter nordwestlich liegt das 1854-56 für Erzherzog Maximilian von Österreich, den späteren Kaiser von Mexiko, auf einem Felsvorsprung über dem Meer erbaute ***Schloß Miramare**, heute in Staatsbesitz (historisches Museum); von der Schloßterrasse und vom Park (Bronzestandbild Maximilians von Österreich; Wiedererrichtung eines alten Sissi-Denkmals geplant; Freilichttheater) herrliche *Aussicht auf das Meer, das in diesem Bereich, als *Parco Marino di Miramare* geschützt, eindrucksvoll die Flora und Fauna der nördlichen Adria zeigt. – An der Küste des Golfes von Triest folgt nach 7 km der kleine Bade- und Hafenort **Duino** (53 m), bekannt durch Rilkes D-uineser Elegien, mit dem 1916 zerstörten und seit 1929 wiederaufgebauten Castel Nuovo (Besitz der Fürsten von Thurn und Taxis; unzugänglich) und der prächtig auf einem Felsvorsprung gelegenen malerischen Ruine des Castel Vecchio (herrliche Aussicht). Kurz hinter Duino das Dorf *San Giovanni al Timavo* (4 m), mit gotischer *Kirche aus dem 15. Jahrhundert (im Innern Reste des Mosaikfußbodens der alten Basilika aus dem 5./6. Jh.). Bei San Giovanni tritt der *Timavo* nach langem Verschwinden in den Grotten von St. Kanzian und einem 40 km langen unterirdischen Verlauf sehr wasserreich wieder an die Oberfläche und mündet kurz darauf ins Meer. – Weiterhin 7 km hinter Duino folgt **Monfalcone** (24 m; 31 000 Einw.), eine Hafen- und Industriestadt, an den Ausläufern des Karstes, die im Ersten Weltkrieg vollständig zerstört und seitdem in doppeltem Umfang wiederaufgebaut wurde. Von Monfalcone auf der S.S. 305 zum **Soldatenfriedhof von Redipuglia* mit den Gräbern von 100 000 Gefallenen des Ersten Weltkriegs, in eindrucksvoller Lage am Hang des flachen *Monte Sei Busi* (118 m). – Südwestlich von Monfalcone (24 km) liegt auf der südlichen Nehrung der Lagune das vielbesuchte Seebad **Grado** (2 m; 10 000 Einw.). Im mittleren Teil der Nehrung das Fischerstädtchen, im nördlichen der Hafenkanal, im östlichen längs des 3 km langen vorzüglichen Sandstrandes (heiße Sandbäder) das Hotel- und Villenviertel, mit Süßwasserschwimmbad. Grado ist als Seebad des römischen Aquileia (s. unten) entstanden und hatte seine Glanzzeit nach 568, als der Patriarch von Aquileia vor den Langobarden hierher geflüchtet war. Damals entstand der **Dom Sant' Eufemia*, mit Mosaikfußboden, romanischer Kanzel und silbernem Hochaltarvorsatz (venezian.; 1372). Links vom Dom das Baptisterium (6. Jh.), noch weiter links die Kirche S. Maria delle Grazie mit Mosaikfußboden.

Nördlich von Grado gelangt man auf der Straße Nr. 352 zu der 181 v. Chr. von den Römern gegründeten Stadt **Aquileia** (3 m; 3000 Einw.). Das wich-

tigste Denkmal einer großen Vergangenheit ist der
*Dom, am Anfang des 11. Jahrhunderts über einem
älteren Gotteshaus errichtet und Ende des 14. Jahr-
hunderts gotisch umgestaltet. Im sehr sehenswer-
ten Innern der Mosaikfußboden der ursprünglichen
Kirche (4. Jh. n. Chr.), eine schöne Renaissance-
Kanzel, Freskenreste (11. Jh.) in der Apsis und eine
Renaissance-Tribuna; darunter die Krypta, mit her-
vorragenden *Fresken. Beim Haupteingang das Hl.
Grab (11. Jh.); nahebei der Zugang zur *Cripta degli
Scavi (3. Jh. n. Chr.; Mosaiken). Vom 73 m hohen
Glockenturm (11. und 14. Jh.) weite Aussicht. – Vom
Soldatenfriedhof hinter dem Chor des Domes führt
die 700 m lange, zypressenbestandene Via Sacra
nördlich zu den jüngeren *Ausgrabungen des römischen Flußhafens. Unweit nordöstlich das Museo
Paleocristiano, westlich das Forum (z. T. rekonstruiert). – Westlich vom Dom die geringen Reste eines
Amphitheaters, die römische Gräberstraße und ein
römisches Mausoleum (rekonstr.) sowie teilweise
freigelegte Oratorien mit gut erhaltenen *Mosaik-
fußböden. – Südwestlich vom Dom das *Museo Archeologico mit den Ausgrabungsfunden aus der
Römerzeit (auch in den Höfen; viele pyramidenför-
mige Aschenurnen).

Tripoli / Tarabulus esch-Scham

Libanon.
Höhe: Meereshöhe. – Einwohnerzahl: 170 000.
ⓘ **Fremdenverkehrsbüro,**
Abdel-Hamid-Karame-Platz;
Telefon: 62 35 90.

**Die überwiegend von Moslems be-
wohnte libanesische Provinzhauptstadt Tripoli, arabisch Tarabulus
esch-Scham, liegt im nördlichen Abschnitt der libanesischen Mittelmeerküste und ist nach Beirut der zweite
Hafen sowie die zweitgrößte Stadt des
Landes. Hier endet eine vom Kirkuk im
nördlichen Irak kommende Erdölpipe-
line. Eine große Raffinerie, zahlreiche
Speiseölpressen sowie Seifenfabriken
bilden die wichtigsten Einnahmequel-
len der Stadt.**

Tripoli besteht aus der einige Kilometer
vom Meer entfernt auf zwei Hügeln gebauten *Altstadt* und der 2,5-4 km westlich auf einer felsigen Halbinsel nördlich
vom Hafen gelegenen Vorstadt *El-Mina,*
die dank rascher Ausdehnung heute
beide nahezu vollständig zusammen-
gewachsen sind. Die beiden Hügel im
Bereich der Altstadt werden durch den
Nahr Abu Ali getrennt. Ursprünglich lag
auch die Altstadt unmittelbar am Meer.
Im Laufe der letzten zwei Jahrtausende
baute jedoch der schuttreiche Fluß einen großen Schwemmlandkegel vor, so
daß die Siedlung vom Meer völlig abgeschnitten wurde.

GESCHICHTE. – Tripoli bestand bereits im 9. vorchristlichen Jahrhundert als phönizischer Umschlagplatz für Zedernholz, das auf dem Nahr Abu
Ali herabgeflößt wurde. Der griechische Name Tri-

poli bezieht sich auf die einstige Aufteilung der
Stadt in ein sidonisches, ein tyrisches und ein aradi-
sches Viertel. – Unter den Seleukiden, später unter
den Römern gewann die Hafenstadt große Bedeutung. – Im Jahre 635 n. Chr. belagerte Muawiya, der
arabische Gouverneur von Syrien, die Stadt. Da die
zu Hilfe gerufenen Byzantiner die Stadt nicht frei-
kämpfen konnten, evakuierten sie die Bevölkerung
auf Schiffe. – Die spätere Herrschaft der Omaijaden,
dann der Abassiden und Fatimiden dauerte bis zum
Ende des 11. Jahrhunderts. Zu dieser Zeit war Tripoli ein bedeutender Hafenort. Nach einer zehn
Jahre dauernden Belagerung nahmen im
Jahre 1109 die von einer genuesischen Flotte
unterstützten Kreuzfahrer unter Wilhelm Jourdain
die für sie strategisch wichtige Stadt ein. Als Kü-
stenstützpunkt der Franken blühte Tripoli weiter.
Im Jahre 1289 fiel es in die Hände der Mamelucken;
1516 zogen die Osmanen unter Selim I. in die
Stadt ein.

SEHENSWERTES. – Mittelpunkt des
städtischen Verkehrs ist der Tell-
Platz; von hier führt eine sehr belebte
enge Straße in östlicher Richtung, am
Serail (rechts) vorbei zunächst zur kleinen *Saqraqiya-Medrese* (14. Jh.), dann
südlich anschließend zur *Khatuniya-
Medrese* (von 1373), mit schönem Portal, sowie etwa 100 m weiter zur **Großen
Moschee,** die 1294 unter Sultan Khalil
aus den Trümmern einer mehrfach
durch Erdbeben zerstörten Kreuzfah-
rerkathedrale des 12. Jahrhunderts neu
erstand. Von der einstigen Kirche sind
allein das Nord- und das Westportal erhalten. Neben der Moschee steht die
wohl über den Grundmauern einer
ehemaligen Kapelle errichtete *Qarta-
wiya-Medrese* aus dem 14. Jahrhundert
mit einem bemerkenswert schönen Säu-
lenportal.

Etwa 150 m östlich der Großen Moschee
die steil über dem Fluß aufragende
Zitadelle des Raymond de Saint
Gilles *(Qalaat Sandjil),* die um 1100 während der Belagerung von Tripoli durch
die Kreuzfahrer damals noch außerhalb der Stadt von Raymond de Sant
Gilles errichtet wurde. Nach der Eroberung der Stadt bauten die Franken sie
zu einer mächtigen Burg aus, deren
trutzige Mauern auch heute noch beein-
drucken.

Etwa 250 m südöstlich der Zitadelle erhebt sich unmittelbar am Flußufer ein
ehemaliges *Kloster der Tanzenden
Derwische,* mit sehenswertem Zeremo-
niensaal. – Nördlich der Burg die ehemalige Karawanserei *Khan el-Khayya-
tin.* – Südlich anschließend das Bad
Hamam Izz-eddin (13. Jh.). – 200 m
nördlich der genannten Gebäudegruppe, am anderen Ufer das Nahr Abu Ali,
der *Khan el-Manzil,* eine der ältesten Karawansereien des Libanon (14. Jh.).

Vom Tell-Platz führt die schnurgerade
Avenue Azni Bey zu dem 2,5 km östlich gelegenen **Hafen.** – Etwa 100 m

östlich des Hafenbahnhofs, unmittelbar am Meer, der *Bordj es-Sba ('Löwenturm'). Der vermutlich 1441 von Kait Bey zum Schutze der Küste erbaute rechteckige Turm aus bossierten Quadern mit eingebauten Säulentrommeln hat nur Schießscharten und kleine Fenster. Das Tor, mit weißem und schwarzem Marmor geschmückt, liegt so hoch über dem Erdboden, daß es einst nur über eine Leiter zu erreichen war. Von der Turmterrasse prächtiger *Blick auf das Mittelmeer und das mächtige Libanongebirge.

Parallel zur Avenue Azni Bey führt vom Tell-Platz die Avenue de Mina zur Halbinsel **El-Mina,** deren buchtenreiche Südküste schöne Ausblicke auf das Meer bietet.

Tripolis / Tarabulus al-Gharb

Libyen.
Höhe: 0-5 m ü.d.M.
Einwohnerzahl: 552 000 (Stadtregion 782 000).

BOTSCHAFTEN. – *Bundesrepublik Deutschland,* Sharia Hassan el-Mashai; *Deutsche Demokratische Republik,* Sharia el-Jumhouria 8; *Republik Österreich,* Sharia Khalid Ben Walid; *Schweizerische Eidgenossenschaft,* Sharia Jeraba.

HOTELS. – *Mediterranean; Beach Hotel; Libya Palace.* – JUGENDHERBERGE.

VERANSTALTUNG. – *Internationale Messe* (1.-20. März).

Die arabisch Tarabulus al-Gharb, italienisch Tripoli genannte Hafen- und Handelsstadt Tripolis, seit 1969 Haupt-

stadt der Sozialistischen Libysch-Arabischen Volksrepublik, liegt an einer von Riffen geschützten Mittelmeerbucht im östlichen Teil der Djefara, einer Küstenebene in Westlibyen. Tripolis ist das mit Abstand größte Bevölkerungs-, Wirtschafts- und Kulturzentrum des Landes, dessen Wachstumsraten atemberaubende Größenordnungen besitzen.

Der besonders im Sommer wüstenhafte Charakter der Umgebung macht sich hier nur wenig bemerkbar; denn die Stadt ist von ausgedehnten Oasen und Bewässerungskulturen umgeben. Nach Osten dehnen sich auf einer Breite von 10 km die Gärten und Dattelpalmenhaine einer intensiv genutzten Küstenoase immer weiter aus, im Südosten

**Tripolis
Tarabulus**

500 m

Quai Caramanli

Busetta-Rennbahn

Tagura

atah

Nast

en-

Scharia

Scharia

Goethe-
Institut

Scharia Gumhurya

el-

Chebir

Scharia

Ben

Asciur

liegt der Botanische Garten mit der landwirtschaftlichen Versuchsstation Sidi Mesri, und im Südwesten erstrecken sich die schier endlosen Fruchtbaumkulturen riesiger Bewässerungsflächen.

Als größte Stadt Libyens besitzt Tripolis zentralörtliche Funktionen, die weit über die Grenzen des Umlandes hinaus von Bedeutung sind. Auf kulturellem Gebiet sind besonders der technische Zweig der Libyschen Universität, das Polytechnikum, das Nationalmuseum, die größte Bibliothek und das historische Archiv des Landes sowie das Goethe-Institut zu nennen.

Die industrielle Entwicklung von Tripolis hat mit dem enormen Bevölkerungswachstum der letzten beiden Jahrzehnte nicht ganz Schritt halten können. Zwar gibt es einige Betriebe auf den Sektoren Nahrungs- und Genußmittelverarbeitung sowie Textilindustrie, aber wichtiger ist noch immer das traditionelle Handwerk, das zum Teil Zulieferfunktionen für die Industrie erfüllt.

Lebensnerv der Stadt ist der Überseehafen, der mit seinen 1620 m langen Kaianlagen der größte des Landes ist. Er kann von Schiffen mit einem Tiefgang bis zu 8 m angelaufen werden. Umfangreiche Bauarbeiten zur Kapazitätsausweitung des Hafens sind zur Zeit im Gange. Regelmäßiger Personenverkehr besteht nach Bengasi, Valletta auf Malta, Palermo, Neapel und Genua.

Der größte Teil der Stadt Tripolis ist noch nicht hundert Jahre alt. Südlich und östlich der Altstadt, die mit ihren engen Gassen und weißen Flachdachbauten den orientalischen Charakter bis heute bewahren konnte, entstand nach 1890 die europäische Neustadt mit ihren breiten Boulevards und zwei- bis dreistöckigen Geschäftshäusern, die heute von zahlreichen Hochhäusern durchsetzt sind. Moderne Villenviertel und gehobene Wohnquartiere liegen hauptsächlich westlich der Altstadt, insbesondere in der Nähe der Küste, während sich gewaltige Hochhaussiedlungen als sichtbares Zeichen des explosionsartigen Bevölkerungszuwachses seit den sechziger Jahren ringförmig an der Peripherie der Stadt erstrecken.

GESCHICHTE. – Tripolis wurde als eine der 'drei Städte' Tripolitaniens zusammen mit Leptis Magna und Sabratha um 1000-800 v. Chr. von den Phöniziern gegründet. Der Name der damaligen Handelsstadt war *Macar Uiat*. Nach dem Jugurthinischen Krieg (111-105 v. Chr.) fiel Tripolis unter dem Namen *Oea* an das Römische Reich. Um 455 n. Chr. wurde die Stadt von den Wandalen überrannt, aber bereits 534 eroberten die Byzantiner den wichtigen Handelsplatz und Militärstützpunkt zurück. Im Jahre 643 wechselte Tripolis abermals seine Besit-

ghafen,
ns, Leptis Magna

zer und wurde arabisch. Zu diesem Zeitpunkt erhielt es seinen heutigen Namen *Tarabulus al-Gharb*. 1146 eroberten die aus Süditalien vorstoßenden Normannen Tripolis von den Arabern, aber sie mußten die Stadt schon wenig später wieder aufgeben. Als erste europäische Großmacht setzten sich 1510 die Spanier in Tripolis fest. Karl V. trat die Stadt nach 1530 an den Malteserorden ab, der sich hier bis 1551 behaupten konnte. Die Malteserritter wurden von den Türken verdrängt, welche die Stadt dem Osmanischen Reich einverleibten.

Tripolis erlebte seine zweite Blütezeit; denn der Hafen entwickelte sich zum Hauptumschlagplatz für den Handel mit den mittleren Sudanländern. Kamelkarawanen brachten insbesondere Gold und Sklaven nach Tripolis, und auf dem Rückweg nahmen sie aus Europa und dem Orient eingeschiffte Waren mit. Zwischen 1711 und 1835 gelang es den Beis aus dem Hause Karamanli, sich weitgehend vom Osmanischen Reich zu lösen. In dieser Zeit entwickelte sich die Küste Tripolitaniens zum berüchtigtsten Piratengebiet und Sklavenmarkt des Mittelmeerraums. Europäische Staaten und sogar die USA (1801–05) unternahmen militärische Strafexpeditionen gegen Tripolitanien. Nach dem Sturz der Karamanli-Dynastie war Tripolis bis 1911 wieder türkisch. Es büßte mit dem Niedergang des Sklavenhandels und des Transsaharahandels einen großen Teil seiner einstigen Bedeutung ein. Aber mit der Machtübernahme durch die Italiener (1911) setzte ein neuer Aufschwung ein, denn Tripolis wurde Hauptstadt der italienischen Kolonie Libia. – Nach der Unabhängigkeitserklärung Libyens (1951) mußte sich Tripolis die Hauptstadtfunktion im Königreich Libyen zunächst in zweijährigem Wechsel mit Bengasi teilen. Erst 1969 wurde es alleinige Hauptstadt der neu gegründeten Volksrepublik.

SEHENSWERTES. – In der orientalischen ALTSTADT findet man außer einigen *korinthischen Säulen* und *römischen Quadersteinen* nur noch ein gut erhaltenes Baudenkmal aus der Römerzeit: den **Triumphbogen** des Kaisers Marcus Aurelius am Hafen.

Die nächst ältere Gebäudegeneration stammt vermutlich noch aus der Araberzeit. Bekanntestes Beispiel ist der **Dar Scheikh Ben Mahmud.** Die 12 m hohe **Stadtmauer** wurde von den Spaniern (1510–30) errichtet. Das strategisch äußerst günstig zwischen der Altstadt und dem Meer gelegene **Kastell** wurde 1535 vom Malteserorden erbaut. Bei der Eroberung der Stadt durch die Türken wurde es teilweise zerstört, später jedoch als Residenz der Karamanli-Dynastie wieder aufgebaut. Die Italiener restaurierten die Anlage im arabischen Stil, und heute ist hier das sehenswerte **Nationalmuseum** mit kostbaren griechischen und römischen Funden untergebracht.

Aus der Türkenzeit schließlich stammen die zahlreichen Moscheen, Bäder und Badehäuser sowie der kleine Palast **Dar Ali Pascha el-Karamanli.** Das Gebäude besitzt einen schönen Innenhof, dessen Arkadengang mit blauen und grünen Kacheln ausgeschmückt ist.

Zum Abschluß des Rundgangs durch die Gassen der Altstadt ist ein Besuch des **Suk** (Basar) sehr zu empfehlen; denn das bunte orientalische Treiben rund um die zahllosen Verkaufsstände und kleinen Ladengeschäfte ist für jeden europäischen Besucher ein eindrucksvolles Erlebnis.

UMGEBUNG von Tripolis. – Nach *Sabrata* (70 km westlich) führt die gut ausgebaute Küstenstraße. Der Ort ist das antike **Sabratha,* das als phönizi-

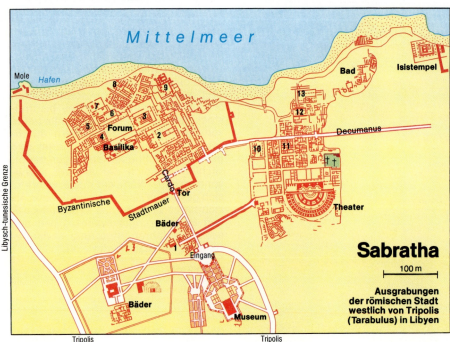

1 Großer Brunnen
2 Tempel (um 150 n. Chr.)
3 Tempel mit Kolonnaden
4 Jupitertempel
5 Serapistempel
6 Kurie (Rathaus)
7 Basilika
8 Ölpresse
9 öffentliches Bad
10 Herkulestempel
11 Bäder mit Mosaiken
12, 13 Basiliken

sche Gründung (um 1000-800 v.Chr.) zusammen mit Leptis Magna und Oea, dem späteren Tripolis, zur Gemeinschaft der 'drei Städte' an der libyschen Mittelmeerküste gehörte. Unter der Römerherrschaft erlebte Sabratha im 2. und 3. Jahrhundert seine Blüte als bedeutende Handelsstadt. Aus den bis heute erhalten gebliebenen Ruinen kann man ersehen, daß ihre damalige Ausdehnung etwa 3,5 x 0,5 km betrug. Die in byzantinischer Zeit errichtete Stadtmauer umfaßt ein erheblich kleineres Areal, ein Zeichen, daß Sabratha bereits stark an Bedeutung verloren hatte. Besonders sehenswerte Zeugnisse römischer Baukunst sind das Forum, die Curia, die Thermen, das großartige Theater aus dem 2. Jahrhundert n.Chr. und das etwas jüngere Amphitheater. Neben der oben erwähnten Stadtmauer hinterließen die Byzantiner zwei frühchristliche Basiliken, von denen die Basilica Justiniana besonders eindrucksvoll ist.

Die Kommissariatshauptstadt El-Khums (Homs; ca. 30 000 Einw.) liegt 121 km östlich von Tripolis an den nördlichsten Ausläufern des Djebel Nefusa. Der im 16. Jahrhundert von den Türken gegründete Hafenort ist eine der größten Küstenoasen des Landes mit ausgedehnten Dattelpalm- und Fruchtbaumhainen sowie intensiv genutzten Gartenkulturen. – 3 km entfernt liegt *Leptis Magna (s. dort).

Trogir

Jugoslawien.
Teilrepublik: Kroatien (Hrvatska).
Höhe: 0-5 m ü.d.M. – Einwohnerzahl: 7000.
Postleitzahl: YU-58222. – Telefonvorwahl: 058.
ⓘ **Turističko društvo,**
Palača Čipiko,
Rade Končara,
Telefon: 7 35 54.

HOTELS. – Medena, I, 1206 B., mit Medena Appartements, 426 B.; Motel Trogir, III, 124 B.

CAMPINGPLÄTZE. – Soline (mit 120 B. in Bungalows); Rozac.

VERANSTALTUNGEN. – Während der Hauptsaison regelmäßig Konzerte mit klassischer Musik und Folklore.

Trogir ist ein zwischen Šibenik und Split größtenteils auf einer künstlichen Insel im Kanal von Trogir gelegenes jugoslawisches Städtchen, das mit seinen alten Bauwerken und malerischen Gassen, in denen man viele schöne Portale, Balkone, Fenster und Wappen findet, abgesehen von Dubrovnik, ein mittelalterliches **Stadtbild wie keine andere Stadt in Dalmatien zeigt.

Trogir ist das Tragurion der Griechen, war 1062-1822 Sitz eines Bischofs, gehörte 1422-1797 als Traù zu Venedig, bis 1918 mit Ausnahme der napoleonischen Zeit zu Österreich und kam dann zu Jugoslawien.

SEHENSWERTES. – Die Brücke über den schmalen Kanal, der die Insel vom Festland trennt, führt direkt zum Stadttor aus dem 17. Jahrhundert. Auf ihm thronen die Statue des Stadtpatrons Ivan Ursini, der als Bischof in der Stadt wirkte, sowie der Löwe des hl. Markus. Durch die engen Gassen erreicht man, halblinks an schönen Palästen und barocken Häusern vorbei, den geräumigen Hauptplatz Narodni trg.

Das dominierende Bauwerk am Platz ist die dem hl. Lorenz geweihte *Kathedrale. Der Bau begann 1123, ihr Turm wurde jedoch erst im 16. Jahrhundert vollendet. Die Außenmauern, ohne Zierat, wirken außerordentlich wuchtig, der dreifach gegliederte Glockenturm darüber kommt gerade dadurch in seiner schlanken Form um so besser zur Geltung.

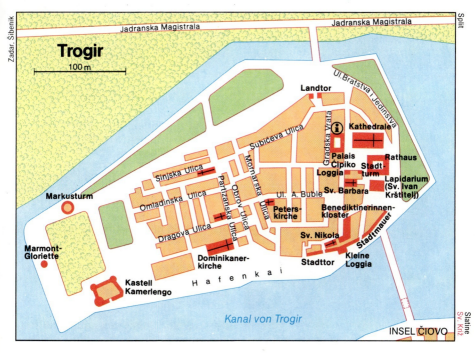

Durch die Vorhalle (Narthex) der Kathedrale nähert sich der Besucher dem *Hauptportal, dessen reicher, auf den ersten Blick geradezu verwirrender Skulpturenschmuck von dem kroatischen Meister Radovanus und seinen Mitarbeitern stammt. Auf beiden Seiten des Portals zwei flankierende Löwen, darüber Adam und Eva. Dann lassen sich drei rundum laufende Bänder erkennen: ganz außen Statuen von Heiligen, auf dem mittleren Pfeilerband Genreszenen und ganz innen Jagdszenen und phantastische Gestalten. Meister Radovanus war selbst davon überzeugt, daß ihm mit diesem Werk ein großartiger Wurf gelungen war, denn im Türgiebel des 1240 vollendeten Portals bezeichnet er sich als ''den Besten seines Handwerks, wie die Statuen und Reliefs beweisen''. – Am Ende des Vorbaues links eine Taufkapelle von 1464, das bedeutendste Werk des auch durch seine Arbeiten in der Kathedrale von Šibenik bekannten Andrija Aleši.

Eindrucksvollstes Werk im INNERN der Kathedrale ist links die *Johanneskapelle, die Bischof Ivan Ursini, dem erwähnten Schutzpatron Trogirs, geweiht ist und als schönstes Denkmal der Renaissance in Dalmatien gilt. Ferner sieht man eine achteckige steinerne Kanzel aus dem 13. Jahrhundert, schöne gotische Chorstühle von 1440, über dem Barockhauptaltar ein Ziborium aus dem 14. Jahrhundert mit Figuren der Verkündigung. – In der Sakristei u. a. zwei Gemälde von Bellini und ein spätgotischer geschnitzter Schrank von 1458.

Gegenüber der Kathedrale das **Palais Čipiko**, das aus einem 'großen' und einem 'kleinen' Palast besteht, wobei eine Gasse die beiden einst verbundenen Teile trennt. Der 'große' Palast besitzt übereinader je drei spätgotische Drillingsfenster. – Die Loggia am Platze sah in ihrer Säulenhalle früher das Gericht tagen und Marktfrauen Waren feilbieten.

Östlich neben der Loggia erhebt sich der **Stadtturm**. Südlich die aus dem 11. Jahrhundert stammende Barbarakirche, das älteste Gotteshaus der Stadt. Der Gemeindepalast (einst auch Fürstenhof genannt, jetzt Rathaus) gegenüber hat nach den Zerstörungen im letzten Krieg seine geschlossene Fassade wiedererhalten; im Hof eine Freitreppe aus dem 15. Jahrhundert. Südlich vom Rathaus die ehem. Abteikirche Sveti

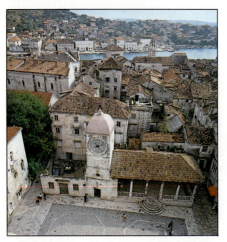

Stadtturm und Loggia im jugoslawischen Trogir

Ivan Krštiteli (Johannes d. T.), jetzt Lapidarium.

Südlich der Barbarakirche steht das 1064 gegründete Benediktinerinnenkloster. Der Glockenturm stammt von 1598. Zu sehen ist im Inneren ein Relief des Kairos ('Gott des günstigen Augenblicks'; 1. Jh. v. Chr.). Hinter dem Benediktinerinnenkloster ein Stück erhaltene Stadtmauer, dann die heute nicht mehr benutzte Fischhalle; noch weiter westlich, am Hafenkai, die Dominikanerkirche aus dem 14. Jahrhundert. Im Inneren der Kirche befindet sich die Gruft der Familie Sobota aus Trogir, 1469 geschaffen von Niccolò Fiorentino, dessen Werk auch die Johanneskapelle in der Kathedrale ist. Im Kreuzgang des Klosters ein Lapidarium.

Weiter die von Palmen gesäumte Uferstraße entlang erreicht man am Ende der Insel das massige **Kastell Kamerlengo,** einst Eckpfeiler der Stadtmauer. Im Inneren finden heute Konzerte und Freilichtaufführungen statt. – Am Westende der Insel neben dem großen Fußballplatz eine kleine, pavillonartige Gloriette. Dann folgt am Kanalufer als Gegenposition zum Kastell Kamerlengo der runde Markusturm.

Troja / Truva (Trova)

Türkei.
Provinz: Çanakkale.
Höhe: 8–37 m ü.d.M.
(i) **Fremdenverkehrsamt Çanakkale,**
İskele Karşışı 67,
Çanakkale;
Telefon: (0 19 61) 11 87.

UNTERKUNFT. – In Çanakkale s. bei Dardanellen. – In İntepe: Tusan-Truva Moteli, M I, 88 B.; südlich erst wieder am Golf von Edremit. – In Küçükkuyu: Motel İda-Tur, M I, 121 B.

STRÄNDE. – In İntepe; am Nordufer des Golfs von Edremit in Küçükkuyu und Altınoluk sowie in Akçay (auch Schwefelbad).

Troja (altgriech. Ilion oder Ilios, latein. Ilium Novum, türk. Hisarlık, Turuva, Truva, z.T. auch Trova), die *Ausgrabungsstätte des durch Homers Ilias berühmt gewordenen Hauptortes der alten Landschaft Troas, liegt unweit südlich der Mündung der Dardanellen in das Ägäische Meer in einem heute bis etwa 40 m hohen Hügel. Dieser bildet den keilförmigen Ausläufer eines sich nach Osten hin verbreiternden Hügellandes, das steil zur Aufschüttungsebene des Küçük Menderes, des Skamandros der Griechen, und des Dümrek Çayı (Simoeis) aufsteigt.

Der aus der Schwemmlandebene herausragende Hügel bot einen strategisch sehr günstigen Standort für die Anlage einer Burg, da seine Entfernung vom Meer vor Überraschungsangriffen Schutz bot, andererseits eine Überwachung der Dardanelleneinfahrt ermöglichte. Auf dem Hügel stand wohl nur die Akropolis, während sich die Stadt auf der Flußebene hinzog. Diese Lage verhalf der Stadt schon frühzeitig zur Blüte, war aber auch die eigentliche Ursache immer neuer Angriffe und Zerstörungen, so daß heute keinerlei Gebäude, sondern nur die Ausgrabungsgräben mit den freigelegten Siedlungsschichten zu sehen sind, die trotzdem imposant und als Offenbarung einer fünftausendjährigen Geschichte sowie als Zeugnis der archäologischen Wissenschaft außerordentlich eindrucksvoll sind.

GESCHICHTE. – Die Kultur der untersten Schichten von *Kumtepe* (5 km nordwestlich von Troja) geht der von Troja I voraus. – **Troja I** (unterste Schicht; 3000-2500 v. Chr.): Aus den Ausgrabungsfunden geht hervor, daß auf dem Felsenhügel *Hisarlık* bereits vor etwa 5000 Jahren eine Ansiedlung bestand. Es wurden nur ein kleiner Teil der Befestigung, die Fundamente eines Megaronhauses sowie Stein- und Knochenwerkzeuge gefunden. Töpferscheibe und Brennofen waren in dieser Zeit noch nicht bekannt; Kupfergerät ist selten.

Troja II (2500-2300 v. Chr.). – Um die Mitte des 3. Jahrtausends wurde die Anlage von Troja I nach Süden erweitert. Die 8000 qm umfassende Siedlungsfläche dürfte etwa 3000 Menschen beherbergt haben. Die Befestigung der zweiten Schicht war viel umfangreicher und massiver als die erste und bestand aus großen (kyklopischen) Felsstücken, auf denen in wechselnder Schichtung Holzbalken und Lehmziegel lagen. In der Mitte des Mauerrings stand der Palast des Herrschers. Die nunmehr geräumigeren und zahlreicheren Wohnhäuser hatten Steinfundamente. Schliemann fand in der Schicht von Troja II den von ihm so genannten *Schatz des Priamos* (Gold- und Silbergeschirr, goldene Geschmeide usw.). Die Stadt besaß wohl auch ein reiches Textilgewerbe, da man Tausende von Spinnwirteln fand. Weitere Fundstücke sind neben Steingeräten kupferne Flachbeile und Äxte, Bronzekessel, Prunkbeile aus Lapislazuli, Knaufe aus Bergkristall sowie silberne Barren und Gefäße. Mit Hilfe der Töpferscheibe wurden Krüge, Becher und gemusterte Tassen hergestellt. – Um 2300 v. Chr. fiel Troja II einer Brandkatastrophe zum Opfer, wobei die Bewohner keine Zeit zum Bergen ihrer Habe fanden. Schliemann war bis kurz vor seinem Tode überzeugt, in dieser zweiten Grabungsschicht das Ilion Homers gefunden zu haben.

Troja III (2300-2200 v. Chr.). – Die Brandkatastrophe hat eine zwei Meter hohe Schutt- und Schlakkenschicht hinterlassen. Nachfolgende Siedler bewohnten einfache Hütten; der größte gefundene Raum mißt 7 x 4 m. Wie die vielen Wildknochenfunde beweisen, lebten die Bewohner überwiegend von der Jagd. – Aus bisher noch unbekannten Gründen verfiel schließlich die Siedlung.

Troja IV (2200-2100 v. Chr.). – Auf den Ruinen von Troja III entstand eine neue, ummauerte Ansiedlung, die nur von geringer archäologischer Bedeutung ist.

Troja V (2100-1900 v. Chr.). – Auch diese Siedlung war dürftig und nur mit einem schwachen Mauerring versehen. Die etwas zahlreicheren Kulturreste deuten jedoch auf das Eindringen einer neuen Kultur von den ägäischen Inseln hin (mykenischer Einfluß). Echte Bronzen sind jetzt häufig. – Troja V ging in einer neuen bedeutenden Stadt (Troja VI) auf.

*Troja VI** (1900-1240 v. Chr.). – Die neue Stadt, deren kyklopische Mauern den bemerkenswertesten Überrest Trojas bilden, erlebte ihre größte Blütezeit zwischen dem 16. und 13. Jahrhundert. Das Gebiet der Oberstadt (200 x 300 m) war durch einen 10 m hohen Mauerring umgeben, der in vier Terrassen anstieg. Das Mauerwerk besteht aus wohlgeschichteten behauenen Steinen; das Fundament ist teils aus unbearbeiteten Felsblöcken, teils aus regelmäßigen Quadersteinen aufgeführt und läßt somit auf verschiedene Bauperioden schließen. Drei Tore boten Zugang zur Stadt. Ein Brunnen reichte bis in das anstehende Gestein hinab. Zahlreiche Gebäude erhoben sich auf ringförmig angeordneten Terrassen. Die größten Räume maßen 8,5 x 15 m bzw. 9 x 12 m. Mit einer Fläche von 20000 qm war die Stadt verhältnismäßig klein. Eine Unterstadt in der Flußebene konnte bisher nicht gefunden werden. Der Friedhof, auf dem die Toten, die man verbrannte, in Iurnen beigesetzt wurden, lag 0,5 km südlich. Die Bewohner dieser Stadt waren wahrscheinlich *Achchijawäer*, Vettern der Achäer, die um 2300 die ebenfalls indogermanischen Luwier aus Troja II verdrängt hatten. Das Pferd ist jetzt durch Knochenfunde sicher belegt. – Um 1240 v. Chr. wurde Troja VI zerstört, und zwar nicht, wie W. Dörpfeld annahm, allein durch einen Feind, sondern auch durch ein Erdbeben, wie aus den Mauersprüngen hervorgeht.

Troja VII a (um 1230 v. Chr.). – Bald nach der Erdbebenkatastrophe scheint die Stadt wiederaufgebaut worden zu sein. Die Lebensgewohnheiten der Bevölkerung hatten sich nicht geändert. – Aber bereits ein Jahrhundert später wurde die Stadt ein zweites Mal zerstört, wobei noch nicht geklärt ist, ob sie den von der unteren Donau her vordringenden Phrygern, die auch das Hethiterreich zerstörten, zum Opfer fiel oder von den mykenischen Achäern genommen wurde.

Troja VII b (1220-1070 v. Chr.). – Nach der Zerstörung von Troja VII a wurde der Hisarlık von den *Illyrern* besiedelt. Vielleicht waren die letzten Einwanderer die *Dardaner*, von denen sich der Name Dardanellen ableitet. In dieser Schicht lassen sich neue Bau- und Lebensformen feststellen. Neuartig ist vor allem die Anordnung der Wohnungen um einen Hof.

Troja VIII (1070-350 v. Chr.). – Seit dem 8. Jahrhundert v. Chr. entstand aus der illyrischen Siedlung eine *griechische* Kolonie. – 652 zogen die *Kimmerier* nach ihrem Sieg über den Lyderkönig Gyges in die Troas ein, ohne jedoch die Griechen zu vertreiben. – 547 gliederte König Kyros Troja der *persischen* Satrapie Phrygien ein.

Troja IX (350 v. Chr.-400 n. Chr.). – Im Jahre 334 v. Chr. zog *Alexander d. Gr.* nach Überquerung der Dardanellen in Troja ein und opferte der Athene Ilias. Um 300 baute *Lysimachos* der Stadt an der Skamandrosmündung einen Hafen und ersetzte den Athena-Tempel durch einen prächtigen Marmorbau. – Zwischen 278 und 270 beherrschten die *Kelten (Galater)* die Stadt. – Bis 190 wechselte ihre Staatszugehörigkeit noch einige Male. Gründete sich bisher die Bedeutung Trojas auf den Athene-Tempel, der dem Artemis-Tempel von Ephesus gleichgestellt war, so genoß es nunmehr die Gunst der *Römer*, die sich auf Grund der Äneassage als die politischen Erben Trojas fühlten. Es entfaltete sich eine rege Bautätigkeit. Auf dem planierten Gipfel entstanden prächtige Bauten aus Kalkquadern und Marmor. Der Athena-Tempel wurde wiederhergestellt und seine Umgebung zu einem vornehmen geschlossenen Tempelbezirk ausgestaltet. Daneben entstand ein Theater mit 6000 Sitzplätzen, ein Gemeinde- und Gerichtsgebäude, eine Markthalle, ein Stadion sowie Aquädukte zur Wasserversorgung. Unter Caesar und Augustus wurde *Ilium Novum* mit einer Mauer umgeben und durch Angliederung einer Unterstadt auf die doppelte Fläche erweitert. 40000 Einwohner sollen damals in der Stadt gelebt haben. – Bis zum Einbruch der Goten um 262 n. Chr. erlebte die Stadt eine hohe Blütezeit und konnte ihr Ansehen bis in die Frühzeit des *By-*

zantinischen *Reiches* wahren. Konstantin wollte Troja sogar zu seiner Hauptstadt erheben. Doch mit der Erhebung der katholischen Kirche zur Staatsreligion verfielen die heiligen Stätten, und der Ruhm Trojas schwand sehr rasch. 398 wurden die Olympischen Spiele verboten; im Theater entstand ein Kalkofen, in dem die Steine des abgetragenen Athena-Tempels gebrannt wurden. – Im Mittelalter besaß Troja zwar noch ein Fort und war bis zum 13. Jahrhundert Bischofssitz. Nach der Eroberung durch die *Osmanen* im Jahre 1306 verödete die Stadt jedoch sehr rasch. Die Ruinen wurden als Steinbrüche für türkische Sakralbauten und Grabstelen benutzt und über die Trümmer des Ortes breiteten sich Felder. Troja geriet in Vergessenheit.

Geschichte der Ausgrabungen. – *Pierre Bellon,* der als französischer Staatsbeamter Reisen im Orient unternahm, war wohl der erste Abendländer, der die Gegend um Troja besuchte (vor 1553). – Im Jahre 1610 suchte der Engländer *George Sandys* in Hisarlık nach den Ruinen Trojas. – Zwischen 1781 und 1791 forschten *Laurence Graf Choisel-Gauffier* und der Archäologe *Lechevalier* in der Troas und lokalisierten das Ilion Homers auf dem Balidağ bei Bunarbaşı, 8 km südöstlich des Hisarlık. Auch *Helmut von Moltke,* der damals Hauptmann im preußischen Generalstab war, sah Bunarbaşı als Troja an. – Nach 1859 grub der englische Archäologe *Frank Calvert* auf dem Hisarlık, nachdem er einen Teil des Hügels durch Kauf erworben hatte. – 1868 kam der aus Neubukow (Mecklenburg) stammende Kaufmann *Heinrich Schliemann* (1822-90), der in Petersburg ein großes Vermögen erworben hatte, in die Troas, um Troja zu suchen. Nachdem er durch eine kurze Versuchsgrabung auf Bunarbaşı nur eine dünne Schutthülle festgestellt hatte, wandte er sich Hisarlık zu und hat durch eine Reihe von Ausgrabungskampagnen von 1870 bis 1890 die Richtigkeit seiner Wahl bewiesen sowie gegenüber den leidenschaftlich vorgetragenen Einwänden anderer Forscher erfolgreich verteidigt. Freilich wurde bis 1882 nur wenig beobachtet und konserviert und besonders durch den breiten Nord-Süd-Graben vieles für immer zerstört; aber dann wurden die Grabungen unter Mithilfe des ebenfalls deutschen Archäologen *Wilhelm Dörpfeld* (1853-1940) erfolgreicher. Ein eigenartiges Geschick hat Schliemann das Resultat seiner Grabungen nicht mehr erleben lassen. Nachdem er am 14. Juni 1873 den sogenannten 'Schatz des Priamos' entdeckt hatte, der unter dramatischen Umständen nach Deutschland geschafft wurde (im Zweiten Weltkrieg zugrunde gegangen), hielt er die II. Schicht für die Reste der Burg des Priamos. Erst die Grabungen im Jahre 1890 sowie nach Schliemanns Tod 1893-1894 unter W. Dörpfelds Führung ließen vermuten, daß die sechste Schicht der mykenischen Periode zuzurechnen sei. In den Jahren 1932-38 wurden die Grabungen durch *Carl W. Blegen* von der Universität Cincinnati (USA) fortgesetzt und erbrachten im wesentlichen eine Bestätigung der früheren Erkenntnisse. Die von Dörpfeld ermittelten 9 Siedlungsschichten wurden durch Unterstellungen auf mehr als 50 zeitbezogene Niveaus erweitert. – Da nach der Sage vom *Trojanischen Krieg* das homerische Ilion durch eine dem Erdbebengott Poseidon geweihte riesige Pferdeatrappe ('Trojanisches Pferd') zugrundeging, in der sich Achäer versteckt hielten, die dann die Tore öffneten, so ist wohl Troja VI mit der Priamosfeste gleichzusetzen (Schachermeyr); andere Forscher ordnen diese Geschehnisse der Schicht VIIa zu.

BESICHTIGUNG DER AUSGRABUNGEN. – Die Orientierung ist durch die bei den ersten Grabungen entstandenen Zerstörungen sowie dadurch, daß die Schichten so zahlreich sind und nicht alle horizontal durchlaufen, etwas erschwert. Bei genauerer Betrachtung bekommt man jedoch einen Blick für die Eigentümlichkeiten der einzelnen Schichten in Baumaterial und Bauart. Am deutlichsten heben sich die Schichten II *(prähistorische*

Lehmburg), VI *(mykenische Steinburg* in Terrassen) und IX *(römische Akropolis)* heraus. Sie sollen genauer beschrieben, die übrigen Schichten nur kurz berührt werden. Zur Orientierung im Innern dient der Nord-Süd-Graben Schliemanns (Pl. D 3-5). – Die einzelnen Gebäude sind auf dem Plan mit der Schichtenzahl und einem unterscheidenden Buchstaben bezeichnet.

An dem beim Osttor gelegenen Ende der Zufahrt zu der Ausgrabungsstätte (Parkplatz) rechts ein kleines **Museum,** mit einigen Ausgrabungsfunden, Darstellung der Siedlung usw.

Den Gang durch die Ausgrabungen (ordentliche Wege; gute Orientierung durch Beschilderung der einzelnen Schichten und Objekte, Führung von unserer Beschreibung abweichend; Führer) beginnt man am besten im Süden, von wo man nördlich zuerst zu drei *Kammern* mit einer liegenden Granitsäule, dem aufgedeckten Teil des römischen **Theaters C** (Pl. F 10) kommt.

Gleich rechts vom Theater der zur **mykenischen Burg** (VI. Schicht) gehörende, von einer vorn mit Marmor belegten römischen Mauer gekreuzte **südliche Torturm** (Pl. G 9: VI i). An seiner Vorderseite zwei aufrecht eingelassene Steine, wohl für Kultzwecke. Hier befand sich in mykenischer wie in späterer Zeit der Haupteingang zur Burg (nach Dörpfeld das *Dardanische Tor* Homers, während das Skäische Tor im Nordwesten anzusetzen wäre). Der gepflasterte *Torweg* (Pl. G 9: VI T) rechts am Turm ist 3,30 m breit. – An ihn schließt die **Ostmauer.** Sie bestand aus einem einst annähernd 6 m hohen und 5 m dicken, geböschten und nach außen sichtbaren Unterbau, dessen Quadern fast regelmäßig behauen waren und ziemlich waagerechte Schichtlinien bildeten. Darauf erhob sich, von 1 m über dem Burgboden ab, ein senkrechter Oberbau aus flachen, viereckigen, fast regelmäßig bearbeiteten Steinen; dieser Oberbau war nur 2 m dick, ließ also innen einen Umgang auf dem breiteren Unterbau frei. Beim ursprünglichen Mauerbau der VI. Schicht wurde auf dem Unterbau ein gleich dicker Oberbau aus an der Luft getrockneten Lehmziegeln errichtet; in einer späteren Epoche der VI. Schicht wurde dieser Oberbau durch solche aus flachen, viereckigen Steinen ersetzt, die in ihrer Form die Lehmziegel nachahmen (daher Steinziegel genannt); dieser erhaltene Oberbau brauchte dann nicht so dick zu sein wie der aus den schwächeren Lehmziegeln errichtete. – Etwa 9 m östlich vom Südtor trifft man zum ersten Mal das charakteristische Merkmal dieser Ringmauer, das in Abständen von 9-10 m wiederkehrt: eine sauber angearbeitete, 0,10-0,15 m tiefe Ecke: diese Ecken bilden eine wirksame Unterbrechung der Mauerfläche und verwandeln den Ring in ein Vieleck.

Die erste dieser Ecken liegt schon innerhalb des sogenannten römischen **Theaters B** (Pl. H I 8,9), unter dem die Mauer durchführt. Seine unterste Sitzstufe ist aus Marmor. Die Stelle des Bühnenhauses vertritt ein Marmorbema. Das Ganze ist im Viereck von Mauern eingeschlossen und war, analog den entsprechenden Bauten in Priene, Milet

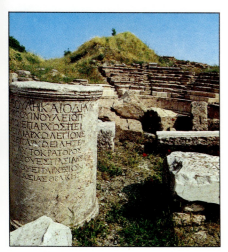

Antikes Theater in Troja

usw., das *Buleuterion* (Versammlungshaus des Rates) der hellenistischen Stadt.

Jenseits des Theaters B folgt man der Mauer nordöstlich weiter. Hinter der langen römischen Quermauer aus regelmäßigen Quadern der einst zweistöckigen **Südostturm** (Pl. I K 7, 8: VI h). Sämtliche Türme wurden der mykenischen Mauer nachträglich vorgelegt, etwa um die Zeit, als der dünnere Steinziegeloberbau auf der Mauer an die Stelle des dickeren Luftziegelbaues trat.

Links (westl.) vom Südostturm liegen, von der Mauer eine Straßenbreite getrennt, **Häuser der mykenischen Schicht**, und zwar zunächst der Bezirk VI G (Pl. H 7, 8), der von einer dicken römischen Quadermauer (der südl. Stylobatmauer des Tempelbezirks) geschnitten wird; dann nördlich anschließend und von der Ringmauer etwas weiter abgelegen der Bezirk VI F (H I 6, 7) und weiter nördlich die Bezirke VI E und VI C (H I 5, 6). Die Häuser der VI. Schicht lagen in mehreren konzentrischen Terrassen um den Hügel herum (vgl. den Querschnitt auf dem Plan). Auf dem höchsten Punkt hat man sich wohl den Palast des Königs zu denken. Doch ist von den oberen Terrassen nichts mehr gefunden worden, da der Boden in späterer Zeit eingeebnet wurde. Die Hauptwege liefen rundherum. Von den Toren führten radiale Rampen hinauf, und zwischen den Wohnungen befanden sich Gäßchen. Die Gebäude bestanden aus einer Vorhalle (vielleicht Doma zu nennen) zwischen Anten und dem Innengemach (Thalamos). Die Hausmauern waren vielleicht ursprünglich auch dicke Lehmziegelmauern, die dann später durch dünnere aus Stein ersetzt wurden, und trugen flache Erddächer. Die meist nur meterhoch erhaltenen Mauern zeigen öfter die bei der Ostmauer erwähnte Flächenverzierung durch senkrecht angearbeitete Vorsprünge. Das Gebäude VI F (H I 7) war ein Saal von 12 x 8,40 m, mit zwei Türen, ohne Vorhalle. – Das Haus VI E (I 6) ist besonders gut gebaut; die Ostmauer reicht in sorgfältiger Quaderfügung tief in den Boden hinein, so daß man dabei fast an den besonders schön gebauten Palast des Paris (Ilias VI, 313) denken möchte. – Rechts (östl.) von VI F und VI E sieht man

Kammern (Pl. I K 5-7, VII), mit im Boden eingelassenen Vorrats-Pithoi (Tongefäße); sie gehören der VII. Schicht an und sind an Stelle einer Straße der VI. Schicht angelegt. Neben VI F fand sich hier auch ein tiefer Felsbrunnen. – An die Westseite von VI E stößt die Rückmauer des zu der zweiten Terrasse gehörenden Gebäudes VI G, dessen vorderen Teil man jenseits des Grabens sieht. Im vorderen Teil ist die Steinbasis einer Holzsäule erhalten; demgemäß kann man annehmen, daß in der Achse des Saals, der 15,30 x 8,40 m maß, drei Holzstützen standen. Da der Grundriß des Tempels von Neandreia (im Süden von Troja) ähnlich ist, könnte man daher auch VI C für einen Tempel halten.

Nördlich vor VI E kommt man rechts auf einer der radialen Rampen gerade zum **Osttor** (Pl. K 6: VI S). Weiter durch eine Bresche in der römischen Quadermauer (welche die Säulen der Osthalle des Tempelbezirks trug) zu einer von Norden vorspringenden Mauerzunge, die mit der von Süden kommenden Mauer einen ca. 10 m langen gebogenen Gang vor dem 1,80 m breiten Tor bildet.

Außen an der äußeren Mauer hin gelangt man in nördlicher Richtung zu dem gewaltigen **Nordostturm** (Pl. K 4: VI g) der mykenischen Mauer, der bei 18 m Breite 8 m weit vorspringt. Auf dem 6 m hohen gebößchten Unterbau aus schönen Quadern ragten einst noch senkrechte Lehmziegelmauern, so daß der Turm weithin alles beherrschte. In seinem Inneren, wohin eine 1,25 m breite Pforte Einlaß gewährte, ein lange benutzter viereckiger *Felsbrunnen* (Pl. B b), der tief hinab zu einer Wasserader führte. – Hinter der Nordseite des Turms wurde in der Zeit der VIII. Schicht eine Treppe zu einem *Brunnen* außerhalb des Turms herabgeführt. Die große Stützmauer im Südosten gehörte der römischen Zeit an. – Klettert man hinter dem Turm aufwärts, so gelangt man von der Haupttreppe geradeaus, dann links am Ende eines mit Platten ausgelegten Korridors zu einem *Brunnen* (Pl. B a), der wie derjenige im Nordostturm zu einer Wasserader im Fels hinabführt und noch jetzt Wasser sammelt. Über ihm stand wohl ein rundes marmornes Brunnenhäuschen aus römischer Zeit, von dem ein Ring neben dem Korridor liegt (rechts beim Heraufkommen).

Oberhalb ein Plateau, auf dem der von jeher berühmte **Athene-Tempel** (Pl. G H 3, 4: IX P) stand. Den von Alexander d. Gr. versprochenen glänzenden Neubau führte Lysimachos aus; doch ist wenig davon erhalten. Die vorhandenen Säulen, Metopen (Helios auf dem Viergespann) und sonstigen marmornen Architekturstücke rühren wohl meist von dem durch Augustus errichteten und mehrfach restaurierten Tempel. Seinen Grundriß (35,20 m x 16,40 m) erkennt man an den tiefen Gräben, in denen auf festgeschlemmten Sand die Fundamente gelegt waren. Der Tempel hatte vielleicht keine Ringhalle, sondern nur vorn und hinten je sechs dorische Säulen und von Osten her eine breite Freitreppe. Vor ihr, jenseits des Korridors, ist das große *Altarfundament* erhalten (Pl. I K 4: IX Z). Um den Tempel dehnte sich in römischer Zeit ein durch Abtragung in der Mitte und Aufschüttung an den Seiten hergestellter ebener *Tempelbezirk* von ca. 80 m im Quadrat aus, den auf drei Seiten Säulenhallen, im Norden eine einfache Mauer abschlossen. Die Mitte der Südhalle nahm, entsprechend dem Haupttor der Akropolis, ein *Torbau* (Pl. G 7: IX D) mit vier Säulen in der Front ein.

Man kehre zum *Theater C* (Pl. E F 9, 10) zurück und wende sich an und auf der mykenischen **Westmauer** nach Westen. Etwa 70 Schritt vom Theater erreicht man ein großes, auf 4 m hoher Terrasse gelegenes Gebäude (Pl. C 7, 8: VI M) der mykenischen Schicht, das nach den großen Vorrats-Pithoi (Tongefäße) und anderen Funden im dritten Zimmer **Küchengebäude** genannt wird. Nördlich dahinter führte eine Treppe zur zweiten Terrasse (VI N). Die lange Front des 'Küchengebäudes' gegen die Ringmauer zu, die hier sehr sorgfältig gebaut ist, wiederholt deren Bauweise mit den angearbeiteten Vorsprüngen besonders deutlich. – 25 Schritt

weiter hört die breite Ringmauer auf. Nach einem Füllstück von 7 Schritt, das einem früheren **Westtor** (Pl. A B 7: VI U) entspricht, folgt eine schmalere, sehr gut aus Steinziegeln gemauerte Strecke. Fast bis ganz an diese Mauer heran tritt das große, gutgebaute *Haus VI A* (Pl. A B 6), das aus Vorhalle und Hauptsaal besteht. In der Mitte des Saals wurde eine Aschenschicht gefunden, die darauf schließen läßt, daß hier der Herd stand. Das Haus ist in den Raum zwischen Mauer und Terrasse eingezwängt und die Mauer wohl gleichzeitig umgebaut, so daß beide der letzten Zeit der VI. Schicht zuzuweisen sind. – Gegenüber der Nordecke von VI A die Reste des noch größeren ähnlichen *Hauses VI B*. – Hier bricht die mykenische Mauer, welche die ganze Burg in einem Ring von ca. 540 m umgab (2/3 erhalten), ab; ihr Nordrand und ein Stück der Westmauer sind verschleppt worden.

Östlich von den Häusern VI A und B sieht man unten eine *Rampe* zum Tor F M (Pl. C 6)

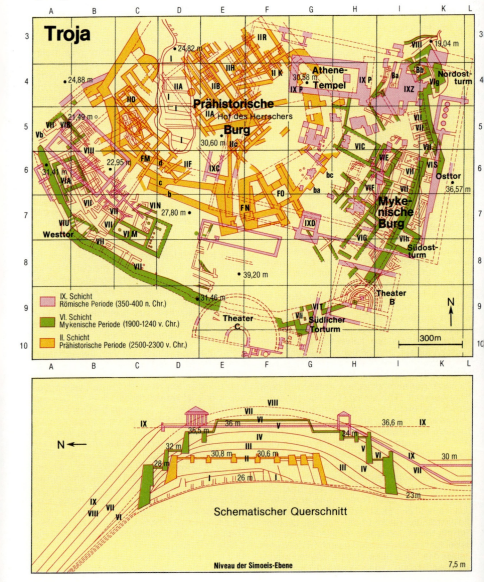

aus einem tieferen, durch die Ausgrabungen wieder geleerten Ring den inneren Burghügel hinanführen (man gelangt dahin von der Südseite). Die 5,55 m breite gepflasterte Rampe, mit zerstörten Brüstungen von je 1 m Dicke, hatte eine Steigung von 1 : 4, war also nicht für Wagen bestimmt. Sie führte als Seitenaufgang hinan zur **prähistorischen Burg** (II. Schicht), der im Brand untergegangenen Lehmziegelburg, die Schliemann anfangs für die Feste des Priamos hielt. Sie hatte einen Umfang von etwa 300 m und ist fast ganz aufgedeckt. In den Erdklötzen, die man stehen ließ (s. Pl. E 4, 5, E 6, F 4, 5) ist sie als eine 1–2 m hohe Schicht von gelbem, rotem oder schwarzem Brandschutt zu sehen.

Zu beiden Seiten der Rampe erstreckt sich die **Ringmauer** der Burg. Sie bestand aus einem Unterbau von 1–8 m Höhe aus fast unbearbeiteten Kalksteinen mit Erdmörtel, der so stark geböscht ist, daß man bequem hinaufklettern kann. Darauf erhob sich eine senkrechte Mauer von mehr als 3 m Höhe aus an der Luft getrockneten Ziegeln, und auf ihr befand sich vielleicht noch ein hallenartiger Umgang aus Holz. – Oben an der Rampe ein **Torbau** (Pl. C 6: FM), 5,25 m breit, mit doppeltem Torverschluß. Wendet man sich innen rechts, so sieht man drei verschiedene Züge der Ringmauer (b, c, d). Sie wurde hier zweimal hinausgeschoben. Die Rampe, über die man heraufkam, sowie die äußere Mauer gehören also der letzten Periode der II. Schicht an und setzten voraus, daß die beiden inneren Mauerzüge schon verschüttet waren. – Der rechts (östl.) folgende tiefe *Torgang* F N (Pl. E F 6, 7) war dagegen der Hauptzugang der früheren Epoche. Er hat bei einer Breite von ca. 3 m eine für Wagen berechnete allmähliche Steigung sowie Lehm-Estrich und war mit Baumstämmen gedeckt. Darüber erhob sich ein mächtiger Turmbau der frühen Mauer. – Gleich jenseits (östl.) davon ein weiterer **Torbau** (F O), das Haupttor der jüngeren Epoche der zweiten Schicht, das in größeren Verhältnissen dem zuvor beschriebenen (F M) entspricht. Die Lehmziegelringmauer, die beiderseits an diesen Torbau grenzt, war hier 4 m dick (die themistokleische in Athen nur ca. 2,5 m) und hat turmartige Vorsprünge, von denen zwei (b a, b c) gleich rechts (östl.) sichtbar sind. Ihre Fortsetzung ist unter dem großen Athenatempel gefunden worden.

Geht man vom großen Torbau (F O) 15 Schritt nordwestlich über einen einst mit Kies bedeckten Hof, so trifft man auf ein kleines **Propyläon** (Pl. E 5, 6: II C). Es hat eine einzige Toröffnung von 1,82 m Weite und besteht aus einer größeren Vor- und einer kleineren Hinterhalle. Seine mächtige, 3 m lange und 1,10 m breite Steinschwelle liegt noch an Ort und Stelle. Den aus Luftziegeln aufgeführten Mauern waren, wie gewöhnlich in dieser II. Schicht, an den freistehenden Enden zum Schutz Holzpfosten vorgesetzt, die mit Rücksicht auf die Erdfeuchtigkeit auf Steinbasen stehen; aus ihnen sind die Anten im späteren Steinbau hervorgegangen. Freistehende Säulen hat die II. Schicht wohl nicht gehabt.

Das Propyläon bildete den Zugang zu einer Gebäudegruppe in der Mitte der Burg der

II. Schicht, die man wohl als **Hof des Herrschers** bezeichnen darf. Auf den mit Kies belegten Hof öffnen sich die Wohnungen des Burgherrn, seiner Frau, seiner Kinder und Verwandten. Der Hauptbau genau gegenüber dem Propyläon, das *Megaron* (Pl. D E 4, 5: II A), wie in Tiryns und Mykenä, setzt sich aus einer Vorhalle und dem (zur Hälfte durch den großen Nord-Süd-Graben zerstörten) etwa 20 m tiefen, 10,20 m breiten Saal zusammen, in dessen Mitte ein Herd von 4 m Durchmesser stand. Die Mauern, deren Struktur man hier besonders deutlich sieht, sind 1,44 m dick; auf einem 1,30 m hohen, gegen Feuchtigkeit schützenden Steinfundament liegen in einer Schicht der Länge und in der nächsten der Breite nach gelegte Ziegel (jeder etwa 0,67 m lang, 0,45 m breit, 0,12 m hoch), die aus Lehm mit beigemischtem Stroh bestehen und nur an der Luft getrocknet sind. Der größeren Festigkeit wegen sind in der ersten Schicht Längsbalken, in der zweiten bis vierten Querhölzer, in der fünften wieder Längsbalken usw. eingelegt; sie sind an den Höhlungen oder stärkerer Verbrennung der Lehmziegel (bis zu Backsteinen) erkennbar. Die Höhe des Saals ist unbekannt. Die einzige Öffnung in dem flachen Erddach befand sich wohl über dem Herd. Rechts lag ein kleineres Gebäude, das sich aus Vorhalle, Mittelzimmer, Hintergemach und kleiner Hinterhalle zusammensetzte. Rechts und links öffneten sich noch andere ähnliche Gebäude auf den Hof.

Zu dem Torbau über der zuvor genannten Rampe zurückkehrend, finden wir jenseits des Tores eine ähnliche Gruppe kleinerer Häuser. Eine dritte Gruppe darf man im nördlichen zerstörten Teil der Burg annehmen. – Etwa 6 m nordwestlich von der Rampe hat Schliemann, in einen Hohlraum des Lehmziegel-Oberbaues der Ringmauer verbaut, den sogenannten **Schatz des Priamos** gefunden, der dann ins Museum für Vor- und Frühgeschichte in Berlin kam (im Zweiten Weltkrieg untergegangen). Ähnliche Funde von Schmucksachen und Gefäßen, Waffen und Werkzeugen aus Gold, Silber, Elektron (Gold-Silber-Legierung) und Bronze sind auch an anderen Stellen der II. Schicht, der späten Kupferzeit angehört, gemacht worden. Die Tongefäße verraten erst von der zweiten Periode dieser Schicht an die Kenntnis von Töpferscheibe und Brennofen. Becher mit zwei größeren Henkeln (sog. Depas amphikypellon) sind beliebt, Idole aus Stein zahlreich, tönerne Spinnwirtel wurden in Mengen gefunden.

In dem auf Schliemanns Veranlassung ausgehobenen großen Nord-Süd-Graben, der sich hier zwischen die erste und zweite Häusergruppe der II. Burg schiebt, sind von den beiden uralten Siedlungen der **I. Schicht** einige Hausmauern aus kleinen Steinen mit Erdmörtel erhalten. Ein Grundriß ist wegen der Schmalheit des Grabens nicht erkennbar. Es fanden sich dabei zahlreiche Geräte des täglichen Lebens aus Stein und aus Ton, die ohne Töpferscheibe hergestellt sind, aber schon lange Übung verraten, und Reste von Mahlzeiten.

Die Reste der bisher kaum erwähnten III., IV., VII. und VIII. Schicht (vgl. den historischen

Überblick) bieten dem Laien verhältnismäßig wenig. Links vom inneren Vorbau des Tores über der Rampe stehen z.T. aus Bruchsteinen errichtete Häusermauern, die von Schliemann für den Palast des Priamos gehalten wurden, aber Häuser der **III. Schicht** sind. Die Bewohner dieses Dorfes setzten zuerst die Burgmauer wieder instand. Ihre kleinen Stuben liegen gewöhnlich um einen Hof, und ihre Mauern setzen sich öfter aus abwechselnden, verschieden hohen Schichten von Bruchsteinen und Luftziegeln zusammen. Große Tongefäße (Pithoi) von einförmiger Gestalt dienten damals wie früher und später zur Aufbewahrung von Vorräten. – Die dann verlassene Wohnstätte besiedelten die Bewohner der **IV. Schicht** (Reste von schlechten Häusern im Südwesten). – Die Siedlung der **V. Schicht** hatte gegenüber wieder eine dünne Mauer von nur 1-1,30 m Stärke, die in der VI. Schicht allmählich durch eine neue bessere ersetzt wurde. – Von der **VII. Schicht** haben sich Mauern hauptsächlich zwischen der Burgmauer von VI und den ersten Terrassenmauern erhalten. Sie scheiden sich deutlich in zwei ganz verschiedene Perioden. Zunächst haben einfache Landleute, die noch 'mykenische' Tonware gebrauchten, Mauern und Tore der Siedlung VI wieder instand gesetzt und ihre im Grundriß den VI ähnlichen Wohnungen an die Innenseite der Burgmauer gelehnt. Erhalten sind sie links und rechts vom Tor VI S (Pl. J K 5-7: VII), mit zahlreichen großen Vorratsgefäßen aus Ton, sowie beim Westtor (VI U; auch Reste eines zweiten inneren Kreises von Wohnungen). An denselben Stellen stehen außerdem Mauern anderer Art, die an den unregelmäßigen, hochkantig gestellten Steinen (Orthostaten) über dem Fundament erkennbar sind. Sie bildeten größere Wohnungen, deren Räume sich um einen Hof gruppierten. Frühgeometrische und Buckelvasen wurden in ihnen gefunden. – Die **VIII. Schicht** zeigt, daß sich dann einzelne Griechen wieder eine befestigte Niederlassung geschaffen und Reste der alten Mauer der VI. Schicht durch Zusätze aus kleinen Steinen wieder benutzbar gemacht haben. Infolge der römischen Planierung ist von dieser VIII. Schicht am wenigsten erhalten. Die Häuser waren sehr einfach; ihre Mauern bestehen aus unregelmäßigem oder gutem polygonalem Bruchsteinmauerwerk mit Erdmörtel.

Das noch wenig untersuchte Plateau der **U n t e r s t a d t** im Süden und Osten unterhalb des Hügels scheint in der Frühzeit nur in ganz geringem Maße besiedelt gewesen zu sein. Wohl erst in hellenistischer Zeit wird sich ein Städtchen gebildet haben, das unter römischer Herrschaft zu einer Stadt emporwuchs, deren Ringmauer von etwa 3500 m Länge und 2,50 m Dicke sich noch verfolgen läßt. Zu ihr gehört das Theater im Nordosten. Bei Probegrabungen im Süden der Theater B und C sind die Mauern und Granitsäulen einer *Stoá* zu Tage gekommen. Auf dieser Fläche wird die *Agorá* angesetzt.

UMGEBUNG von Troja. – 33 km südwestlich, auch über Ezine (unweit der Hauptstraße) zu erreichen, liegt das einsame Ruinenfeld der bedeutenden antiken Stadt *Alexandreia Troas (auch nur *Troas*, heute *Eskiistanbul* genannt), aus der Zeit des Lysimachos. Die mächtige Trümmer (Thermen mit

schönen Portalen) stammen meist aus römischer Zeit.

55 km südlich auf der Hauptstraße, bei Ayvacık, Abzweigung südwestlich 26 km nach *Behramkale* am Golf von Edremit, mit den Resten (3 km Stadtmauer, großenteils 4. Jh. v. Chr.) der antiken Stadt *Assos, die im Altertum als die schönstgelegene Stadt Griechenlands galt.

Tunesien / Tunusija

Tunesische Republik
El-Dschumhurija et-Tunusija

Nationalitätskennzeichen: TN.
Staatsfläche: 163 610 qkm.
Hauptstadt: Tunis.
Bevölkerungszahl: 6 200 000.
Verwaltungsgliederung: 18 Gouvernorate.
Religion: Moslems (Islam Staatsreligion; 95 %);
    kleine christliche und jüdische Minderheiten.
Sprache: Arabisch; Tunesisch (westarabischer Dialekt) als Umgangssprache; Französisch als Bildungs- und Handelssprache.
Währung: 1 DT (Tunesischer Dinar) = 1000 Millimes.
Zeit: Mitteleuropäische Zeit (MEZ).
Wöchentlicher Ruhetag: Freitag.
Reisedokumente: Reisepaß; Visum nur bei Aufenthalt von mehr als vier Monaten.

ⓘ **Office National du Tourisme Tunisia,**
Avenue Mohammed V 1,
Tunis;
Telefon: 25 91 33.
Fremdenverkehrsamt Tunesien,
Wiesenhüttenplatz 3,
D-6000 **Frankfurt** am Main;
Telefon: (06 11) 23 18 91.
Graf-Adolf-Straße 100,
D-4000 **Düsseldorf;**
Telefon: (02 11) 35 94 14.
Schubertring 10-12,
A-1010 **Wien;**
Telefon: (02 22) 52 02 08.
Bahnhofstraße 69,
CH-8001 **Zürich;**
Telefon: (01) 2 11 48 30/31.
Botschaft der Tunesischen Republik,
Kölner Straße 103,
D-5300 **Bonn – Bad Godesberg;**
Telefon: (02 28) 37 69 82.
Himmelpfortgasse 20,
A-1010 **Wien;**
Telefon: (02 22) 52 94 65/66.
Kirchenfeldstraße 63,
CH-3005 **Bern;**
Telefon: (031) 44 82 26/27.

Tunesien ist das kleinste der drei nordafrikanischen Maghrebländer. Es besitzt nur etwa ein Drittel der Fläche Nordalgeriens und ein Viertel der Fläche Marokkos. Sein Staatsgebiet erstreckt sich zwischen der 1200 km langen, von drei großen Buchten gegliederten Mittelmeerküste im Norden und Osten und der algerischen Grenze im Westen keilförmig bis in die nördliche Sahara, wo es im Osten an Libyen grenzt.

Die landschaftliche Gliederung Tunesiens ist ähnlich wie in Marokko, Algerien und auch in Libyen durch den Wandel vom winterfeuchten Mittelmeerklima im Norden zum saharischen Wüstenklima im Süden gekennzeichnet, wobei sich die Oberflächengestalt des Landes ebenfalls stark modifizierend auswirkt. Die für die Landschaften Algeriens charakteristischen, in ostwestliche Richtung streichenden Gebirgsketten des küstennahen Tell-Atlas und des weiter landeinwärts, am Rand der Sahara verlaufenden Sahara-Atlas sind in Tunesien jedoch nicht mehr so deutlich voneinander getrennt, sondern sie rücken hier dicht zusammen. Außerdem verliert das Gebirge stark an Höhe. Es fällt von etwa 1000-1300 m im Westen des Landes auf 500 m im Osten ab, wo sich die geschlossenen Ketten allmählich in einzelne Höhenzüge auflösen.

Als nördlichste Ausläufer des Tell-Atlas erstrecken sich von der algerischen Grenze im Westen bis zur Lagune von Biserta im Osten die Bergregionen der Khroumirie (über 1000 m ü.d.M.) und der Mogod (um 500 m ü.d.M.). Die Südgrenze dieses als Küstentell bezeichneten Gebirgs- und Hügellandes bildet das Talbecken des Wadi Medjerda, das im Osten in das Küstentiefland im Hinterland von Tunis und Biserta übergeht. Die Khroumirie ist das regenreichste Gebiet Tunesiens. Die Niederschläge erreichen hier Jahresmengen von über 1500 mm, wobei das Maximum im Dezember und das Minimum im Juli liegt. Diese Niederschlagsverteilung ist typisch für den mediterranen Klimabereich des Nordens. Das Bergland der Mogod erhält aufgrund seiner geringeren Höhe nur noch rund 600 m Niederschlag. Zum Wadi Medjerda, dessen Talbecken sich im Lee des Küstentell befindet, nehmen die Regenmengen sogar bis auf etwa 400 mm ab. Diese Unterschiede spiegeln sich deutlich in der Vegetation wider, denn die Khroumirie trägt dichte Korkeichenwälder, die hier als natürlicher Bewuchs vorkommen, während die Hügel der Mogod von einer dichten Macchie überwuchert sind. Der Niederschlagsreichtum der Khroumirie ist von größter Bedeutung für die Wasserversorgung Nordtunesiens. Mehrere Stauseen am Südrand des Gebirges speisen das Wadi Medjerda, das ohnehin schon der größte ganzjährig Wasser führende Fluß des Landes ist.

Südlich der Medjerda beginnt der Dorsale genannte mitteltunesische Gebirgsrücken, der sich auf einer Länge von 220 km diagonal von Südwesten nach Nordosten durch Tunesien er-

Berberdorf Chenini

streckt. Seine Nordflanke bilden die Monts de Téboursouk, deren Höhe etwa 600-900 m beträgt. Hier steigen die Niederschläge wieder auf 600 mm an, und lichte Aleppokiefernwälder, stellenweise durchsetzt von Steineichen, bedecken die der Küste zugewandten Hänge. Die südliche und östliche Grenze der Dorsale bilden einzelne Gebirgszüge, die im Djebel Chambi (1544 m), Djebel Mrhila (1378 m) und Djebel Semmama (1314 m) die größten Höhen Tunesiens erreichen. Sie leiten vom semihumiden, mediterranen Klimabereich des Nordens zu den semiariden Steppengebieten des inneren Mitteltunesiens über, die sich von ihrem Südfuß bis zum Schott el-Djerid erstrecken. Nach Nordosten finden die Bergrücken bei abnehmenden Höhen

Blühende Kakteen

Oase Zarzis in Südtunesien

ihre Fortsetzung bis zur Halbinsel von Cap Bon. Sie trennen hier das semihumide Hinterland von Tunis morphologisch und klimatisch von der semiariden Beckenlandschaft um Kairouan und der küstenwärts anschließenden Sahelzone. Zwischen der Nordflanke der Dorsale und ihren südlichen Grenzketten erstrecken sich ausgedehnte Hochplateaus, die knapp 500 mm Niederschlag pro Jahr empfangen. Ihr Klima besitzt aufgrund der allseitigen Gebirgsumrahmung ausgeprägte kontinentale Eigenschaften, die sich in einer hohen Temperaturschwankung zwischen Sommer und Winter (20°C) sowie in einem hohen Anteil sommerlicher Niederschläge an der gesamten jährlichen Regenmenge bemerkbar machen. Dieses Gebiet wird vielfach als Hoher Tell bezeichnet. Es ist neben dem Talbecken des Wadi Medjerda das bedeutendste Getreideanbaugebiet Tunesiens.

Die semiaride Sahelzone umfaßt die Küstenbereiche um Sousse und Sfax. In diesem Bereich nehmen die Niederschläge von Norden nach Süden beständig ab. Dieses ehemalige Steppengebiet ist seit der Antike einer der am intensivsten genutzten Agrarräume des Landes, da es schon damals gelang, die geringen zur Verfügung stehenden Wasservorräte durch besondere Techniken wie Impluvium-Bewässerungssysteme und 'dryfarming' optimal zu nutzen. Ein großer Teil der Niederschläge stammt aus häufig auftretenden feuchten Ostwinden. Westlich der riesigen Ölbaumgärten um Sousse und Sfax gewinnen jedoch bald die Alfagras- und Artemisiasteppen die Oberhand.

Der aride Süden Tunesiens ist geprägt durch die riesige Salztonebene des Schott el-Djerid und durch das flach von Osten nach Westen einfallende, wüstenhafte Kreidekalkplateau des Dahar, das im vollariden Hinterland der Syrten-

küste, der sogenannten Djeffara, eine steile Schichtstufe bildet und im Westen in die Sandwüste des Großen Östlichen Erg übergeht. Den nördlichen Rahmen des Schott el-Djerid bilden mehrere steile Schichtkämme, die im Gebiet der Oase Gafsa als Wüstensteppe zwischen dem Südrand der Dorsale und der Vollwüste vermitteln.

GESCHICHTE. – Das von Berberstämmen besiedelte Gebiet des heutigen Tunesien wurde im 12. vorchristlichen Jahrhundert von den Phöniziern kolonisiert. Im 7. Jahrhundert übernahm die von Tyros aus gegründete Stadt Karthago die Kontrolle über die phönizischen Kolonien in diesem Raum. Nach der Zerstörung Karthagos im 3. Punischen Krieg (146 v. Chr.) kam Tunesien unter römische Herrschaft, zunächst als Teil der Provinz Africa und seit 27 v. Chr. als Kerngebiet von Africa Proconsularis. Ähnlich wie Nordalgerien entwickelte sich auch Tunesien zur Kornkammer Roms. 439 n. Chr. fielen die Wandalen in Nordafrika ein, aber bereits 533 wurden sie durch die Byzantiner wieder vertrieben. Von 665 bis 698 eroberten die Araber das Land gegen die schwache Gegenwehr Ostroms sowie der Berberstämme und gründeten Kairouan, die damalige Hauptstadt des Gebietes. Bis 1159 wurde das Land von arabischen Dynastien beherrscht, die von hier aus die Eroberung Siziliens einleiteten. Sie wurden 1160 von den berberischen Almohaden abgelöst, die Tunis zur Hauptstadt Tunesiens erhoben. Unter ihrer Herrschaft und noch mehr unter derjenigen der Hafsiden (seit 1226) entwickelte sich Tunesien innerhalb des nordafrikanischen Raumes zu einem selbständigen Staatsgebilde. Im 15. Jahrhundert wanderten aus Spanien vertriebene Mauren ein, und 1535 eroberten die Spanier unter Karl V. das Land. Sie wurden jedoch schon 1574 von den Türken verdrängt. Tunesien wurde zu einer Provinz des Osmanischen Reiches, machte sich jedoch in der Folgezeit mehr und mehr von der türkischen Bevormundung frei und erhielt 1871 die Autonomie. 1882 marschierten französische Truppen ein und errichteten ein Protektorat, um den gleiche Absichten hegenden Italienern zuvorzukommen. Der Bei von Tunis blieb jedoch offizieller Landesherr. 1907 formierte sich erstmals eine tunesische Nationalbewegung unter Ali Bach Hanbah, aus der nach dem Ersten Weltkrieg die Desturpartei hervorging. Die von Habib Bourguiba 1934 gegründete Neo-Destur-Partei forderte 1946 unter Salah ben Yousseff die Beendigung des französischen Protektorats. Bourguiba wurde von 1952 bis 1955 von den Franzosen inhaftiert. Sie akzeptierten ihn jedoch 1955 als Verhandlungspartner und legten ihr Protektorat am 20. 3. 1956 nieder. Am 15. 4. desselben Jahres wurde Bourguiba Ministerpräsident. Er setzte 1957 den immer noch im Amt befindlichen Bei von Tunis ab und gründete die Republik Tunesien. Biserta, der letzte Flottenstützpunkt der Franzosen auf tunesischem Gebiet, wurde 1963 geräumt.

BEVÖLKERUNG. – Die Bevölkerung besteht zu etwa 95 % aus Arabern und arabisierten Berbern sowie aus sehr geringen französischen, italienischen und maltesischen Minderheiten. Reine Berberstämme sind nur noch in Rückzugsgebieten des Dahar, des Berglands um Gafsa und der Dorsale anzutreffen, außerdem auf der Insel Djerba, deren Bewohner noch zu rund 25 % reine Berberdialekte sprechen. Auf Djerba lebt auch ein Großteil der etwa 23 000 Juden des Landes. Tunesien besitzt mit 2,6 % ein sehr starkes jährliches Bevölkerungswachstum, und heute ist infolge der enorm hohen Geburtenziffer bereits über die Hälfte der Gesamtbevölkerung jünger als 20 Jahre.

Die durchschnittliche Bevölkerungsdichte von 38 Einwohnern je qkm sagt nur sehr wenig über die tatsächlichen Besiedlungsverhältnisse in Tunesien aus, da ungewöhnlich starke regionale Unterschiede bestehen. Auf den nur 20 % der Staatsfläche einnehmenden, ausreichend beregneten mediterranen Norden des Landes konzentriert sich nämlich ungefähr die Hälfte der Gesamtbevölkerung, und weitere 20 % leben im tunesischen Sahel um Sousse und Sfax. Der Raum Tunis besitzt demgemäß eine Bevölkerungsdichte von etwa 540 Einwohnern je qkm, im Sahel sind es noch 90 Einwohner je qkm, und im Hohen Tell liegt der Wert bei etwa 20-25 Einwohnern je qkm. Die Saharagebiete sind fast vollkommen unbesiedelt. Zur Zeit leben etwa 45 % der Gesamtbevölkerung in Städten, allein 20 % in der 1,25 Millionen Einwohner zählenden Stadtregion Tunis.

WIRTSCHAFT. – Wichtigster Wirtschaftszweig des Landes ist nach wie vor die Landwirtschaft, obwohl sie nur einen Anteil von etwa 15 % am Bruttosozialprodukt erbringt. Auf diesem Sektor ist rund ein Drittel der 2 Millionen Erwerbstätigen beschäftigt, aber 65 % der Gesamtbevölkerung sind direkt von ihr abhängig, wenn man die Fischerei und die Weiterverarbeitung landwirtschaftlicher Produkte hinzurechnet. Rund die Hälfte des Staatsgebietes wird landwirtschaftlich genutzt. Den ersten Rang nimmt das Ackerland ein (3,2 Millionen ha), wobei rund 3 % der Fläche künstlich bewässert werden. Danach folgen 3 Millionen ha Weideland und 1,5 Millionen ha Dauerkulturen, hauptsächlich Ölbaumkulturen. Wichtigste Getreideanbaugebiete sind die Täler des regenreichen Küstentell, das Medjerdatal und der Hohe Tell. Im Hinterland von Tunis und Biserta werden vorwiegend Zitrusfrüchte und Frühgemüse, daneben aber auch Wein und Obst produziert. Auf der Halbinsel von Cap Bon treten die Ölbaumhaine in den Vordergrund. Ihr wichtigstes Verbreitungsgebiet sind jedoch die Sahelgebiete um Sousse und Sfax. In den Oasensiedlungen des ariden Südens gedeihen vor allem Dattelpalmen. Eine größere Rolle spielt hier auch der Gartenbau. Die Steppengebiete Zentral- und Südtunesiens sind der Viehzucht vorbehalten, wobei der Anteil der Rinder nach Süden immer weiter zurückgeht und der Anteil der Schafe stark ansteigt. Der Produktivität sind jedoch durch die unzuverlässig fallenden Niederschläge relativ enge Grenzen gesetzt. Exportiert werden vorwiegend Oliven – Tunesien ist der größte Weltmarktlieferant –, Zitrusfrüchte, Wein, Datteln und Obst. Sie machen wertmäßig etwa 15 % des Ausfuhrvolumens aus. Die Bedeutung der Forstwirtschaft hat in den letzten Jahren durch Aufforstungen stark zugenommen. In den Korkeichenwäldern der Khroumirie werden jährlich etwa 1200 t Kork gewonnen.

Die Industrialisierung Tunesiens ist noch nicht sehr weit fortgeschritten. Noch steht die Verarbeitung inländischer Agrarprodukte und Rohstoffe im Vordergrund (Nahrungs- und Genußmittel sowie Textilindustrie und chemische Industrie). Nur etwa 16 % des Bruttosozialprodukts werden vom produzierenden Gewerbe erbracht. Erwähnenswerte Großbetriebe sind lediglich ein Stahlwerk bei

Menzel Bourguiba, chemische Werke bei Tunis, eine Ölraffinerie bei Biserta sowie ein Kraftfahrzeug-Montagewerk bei Sousse. Wichtiger ist noch das traditionelle Gewerbe, das sich auf die Produktion von Teppichen (Kairouan), Keramik (Nabeul) sowie Leder- und Metallwaren spezialisiert hat. Ein weiterer Ausbau der Industrie ist im laufenden Entwicklungsplan vorrangig vorgesehen.

Ein wichtiger Wirtschaftsfaktor Tunesiens ist der Bergbau, denn das Land besitzt größere Erdöl-, Erdgas- und Phosphatvorkommen. Die Vorräte der Erdölfelder bei El-Borma und Kasserine werden auf rund 32 Millionen t geschätzt. Hinzu kommen die Offshore-Felder auf dem Festlandsockel bei den Kerkennainseln. Erdgas wird auf der Halbinsel Cap Bon, im Raum Sfax, im Golf von Gabès und bei El-Borma gefördert. Seit dem starken Anstieg der Rohölpreise auf dem Weltmarkt ist der Ölexport zur größten Devisenquelle des Landes geworden. Ein Teil der Jahresfördermenge (4 Millionen t) wird in der Raffinerie bei Biserta verarbeitet. Die Phosphatvorkommen von Gafsa und Kalaa-Djerda werden nur zu etwa 60 % für den Export ausgebeutet. Der Rest wird im Lande verarbeitet. Dennoch ist Tunesien der viertgrößte Phosphatlieferant auf dem Weltmarkt.

Die Verkehrserschließung Tunesiens ist im Norden und in der Sahelzone ausreichend, denn diese wirtschaftlichen Kernräume des Landes verfügen über ein dichtes Schienen- und Straßennetz. Die peripheren Räume sind dagegen von der modernen Entwicklung stark vernachlässigt worden. Dies drückt sich darin aus, daß das Straßennetz zwar eine Gesamtlänge von über 21 000 km besitzt, aber nur rund 10 000 km sind asphaltiert. Zur Zeit befindet sich jedoch die Straße zwischen Kebili und Tozeur im Ausbau, so daß das Schott el-Djerid ganzjährig durchquert werden kann. Das Schienennetz ist 2025 km lang und größtenteils in Schmalspur ausgebaut. Normalspur besitzt lediglich die Strecke von Tunis nach Algerien (473 km) und die von ihr abzweigende Strecke nach Tabarka und Biserta. Besondere Bedeutung besitzt die Seeschiffahrt, denn auf ihr ruht annähernd der gesamte Warenexport und -import. Wichtigste Häfen sind Tunis-La Goulette (Personen- und Güterverkehr), Biserta, Sfax, Sousse und Gabès. Größter Flughafen des Landes mit internationalen Linien, vorwiegend nach Europa und in die Nachbarländer, ist Tunis-Karthago. Weitere internationale Flughäfen sind Skanès bei Monastir und Melitta auf Djerba. Die beiden letzteren werden jedoch hauptsächlich von Chartergesellschaften angeflogen (Tourismus), während Tunis-Karthago von 13 ausländischen Liniengesellschaften bedient wird. Neu hinzugekommen ist der kürzlich eröffnete Flughafen von Tozeur, der von Maschinen aller Größen angeflogen werden kann.

Der Tourismus hat sich nach dem Erdölexport zur zweitwichtigsten tunesischen Devisenquelle entwickelt. 1973/74 setzte zwar eine heftige Rezession ein, aber seit 1975 begann ein neuer Aufwärtstrend. Im Jahr 1979 registrierten die etwa 270 Hotels Tunesiens mehr als 1,3 Millionen ausländische Gäste, darunter 36 % Franzosen und 18 % Deutsche. Die wichtigsten Zielorte sind Hammamet, Monastir/Sousse und die Insel Djerba mit der südlich an der Syrtenküste gelegenen Oase Zarzis. Im Rahmen der laufenden Entwicklungsplanung sollen sowohl die Hotelkapazität als auch die sonstige touristische Infrastruktur weiter ausgebaut werden. Ein neues Ferienzentrum entsteht bei Karthago. Vom Tourismus profitieren aber nicht nur die schon genannten Hotelsiedlungen am Meer, sondern auch mehrere andere Orte des Landes, die auf Rundreisen häufig besucht werden. Hierzu gehören insbesondere Tunis, Kairouan und alle größeren römischen Ruinenfelder, außerdem mehrere Oasensiedlungen im Bereich des Schott el-Djerid.

Biserta, *Djerba, *Hammamet, *Kairouan, Sousse und **Tunis** s. Reiseziele von A bis Z.

Tunis

Tunesien.
Höhe: 0-88 m ü.d.M.
Einwohnerzahl: 873 000 (Stadtregion 1,25 Millionen).
ⓘ **Office National du Tourisme Tunisien,**
Avenue Mohammed V 1;
Telefon: 25 91 33.
Bureau d'Information et de Change,
Place de la Victoire.

BOTSCHAFTEN. – *Bundesrepublik Deutschland,* Rue Felicien Challaye 18; *Deutsche Demokratische Republik,* Rue Hooker Doolittle 2; *Republik Österreich,* Avenue de France 17; *Schweizerische Eidgenossenschaft,* Rue Ech-Chenkiti 10.

HOTELS. – **Africa,* Av. Habib Bourguiba 50, L; **Hilton,* Notre Dame – Le Belvédère, L; **International Tunisia,* Av. Habib Bourguiba 49, L; *Du Lac,* Rue Mont Calmé 2, II; *Majestic,* Av. de Paris 36, II; *Carlton,* Av. Habib Bourguiba 31, III; *Claridge,* Av. Habib Bourguiba 21, III; *Dar Slim,* Av. Khéreddine Pacha, III; *Maison Dorée,* Rue de Hollande 6, III; *Saint Georges,* Rue de Cologne 16, III; *Tunis Parc Hotel,* Rue de Damas 7, III; *Capitole,* Av. Bourguiba 60, IV; *Commodore,* Rue d'Allemagne 17, IV; *Métropole,* Rue de Grèce 3, IV; *Transatlantique,* Rue de Yougoslavie 106, IV; *De France,* Rue Mustapha M'Barek 8, IV; *Ritza,* Av. Habib Thameur 35, IV; *Salammbô,* Rue de Grèce 6, IV; *Splendid,* Rue Mustapha M'Barek 2, IV; *Suisse,* Rue de Suisse 5, IV. – In Amilcar: *Amilcar,* II. – In Karthago: *Reine Didon,* Colline Byrsa, II; *Carthage,* Salammbô, III. – In Gammarth: *Baie des Singes,* I; *Abou Nawas,* II; *Megara,* Bd. Taieb Méhiri, II. – In Sidi Bou Saïd: *Sidi Bou Saïd,* I; *Dar Zarrouk,* III.

RESTAURANTS. – *Le Château,* Rue Sidi Bou Krissan 26; *Le Malouf,* Rue de Yougoslavie 108; *La M'rabet,* Souk Ettrouk; *Le Palais,* Av. de Carthage 8; *Le Bagdad,* Av. Habib Bourguiba 31; *L'Orient,* Rue Ali Bach Hamba 7; *Du Poisson d'Or* (Fischrestaurant), Rue Ibn Khaldoun 5.

VERANSTALTUNGEN. – *Internationales Filmfestival* in Karthago (alle 2 Jahre im Oktober); *Internationales Festival* mit Theater, Musik, Tanz, Folklore (Juli und August im Amphitheater von Karthago); *Kharjafest* von Sidi Bou Saïd (August).

Tunis, die Hauptstadt der Tunesischen Republik, Verwaltungs-, Kultur-, Wirtschafts- und Verkehrszentrum des Landes, liegt auf einem etwa 3 km breiten hügeligen Landrücken, der die Lac de Tunis oder arabisch El-Bahira genannte flache Brackwasserlagune im Osten und Nordosten von dem ebenfalls sehr flachen Salzsee der Sebkha Es-Sedjoumi im Südwesten trennt. Der Lac de Tunis ist seewärts durch eine schmale Nehrung bis auf einen künstlich geschaffenen Durchlaß gänzlich vom offenen Mittelmeer abgeschnürt.

Hier liegt *La Goulette,* der Außenhafen von Tunis, der durch einen 45 m breiten, die Lagune auf einer Länge von 10 km durchquerenden Kanal mit dem eigentlichen Stadthafen verbunden ist. Der Kanal wurde zusammen mit dem Stadthafen zwischen 1888 und 1896 von der französischen Protektoratsmacht erbaut, um Tunis auch für größere Schiffe erreichbar zu machen. Den Mittelpunkt von Tunis bildet die *Medina* genannte arabische Altstadt, die sowohl im Osten bis zum Hafen als auch im Norden und Süden von der europäisch anmutenden, modernen Neustadt umringt wird. Das engere Stadtgebiet von Tunis ist von einem halbkreisförmigen Kranz von Vororten umgeben, dessen Schwerpunkt im Küstenbereich des Mittelmeers liegt. Die drei Eckpunkte dieses Großraumes Tunis sind *Gammarth* im Norden, *Hammam Lif* am Südzipfel des Golfs von Tunis und *La Manouba* im Westen der Hauptstadt.

Als Metropole des Landes besitzt Tunis zahlreiche Bildungs- und Kultureinrichtungen von überregionaler Bedeutung. Besonders hervorzuheben sind neben der 1960 gegründeten Universität die berühmte islamische Zitouna-Universität mit ihren Fakultäten für Sprache, Literatur und islamisches Recht und das weltbekannte archäologische Museum im Ortsteil Le Bardo; außerdem mehrere höhere Fachschulen, das Institut Pasteur, das Goethe-Institut und die Nationalbibliothek.

Das Wirtschaftsleben der Stadt wird durch die Industrie und den Hafen geprägt. Wichtigste Branchen sind die chemische Industrie, vor allem eine große Superphosphatfabrik, die Verhüttung von Bleierzen, die Zement- und die Nahrungsmittelindustrie. Der Warenverkehr wird im wesentlichen über den Außenhafen La Goulette abgewickelt, während der Stadthafen dem Passagierverkehr vorbehalten ist, u.a. dem Fährliniendienst nach Genua und Marseille. Eine Schnellbahnstrecke nach La Marsa führt ebenso wie eine Schnellstraße über den Damm, der den Schiffskanal durch den Lac de Tunis begleitet. Zahlreiche Eisenbahn- und Straßenfernverbindungen führen von Tunis sternförmig in alle Teile des Landes.

GESCHICHTE. – Tunis ist eine der ältesten Städte des Mittelmeerraums; denn eine erste numidische Siedlung namens *Tunes* bestand bereits vor der Gründung Karthagos im Jahr 814 v. Chr. Der Ort geriet im 7. Jahrhundert v. Chr. unter die Herrschaft Karthagos und wurde befestigt. Tunes stand während der drei Punischen Kriege auf der Seite des mächtigen Karthago und wurde 245 v. Chr. durch Regulus eingenommen. Im Dritten Punischen Krieg gingen die Römer von Tunes aus gegen Karthago vor. Beide Städte wurden 146 v. Chr. zwar restlos zerstört, aber anschließend durch Caesar und Augustus wieder aufgebaut, wobei *Thuni* jedoch weiterhin im Schatten seiner Schwesterstadt Karthago stand. Der Aufstieg von Tunis begann erst mit der endgültigen Zerstörung des dominanten Karthagos durch die Araber im Jahr 698 n. Chr. Die der Stadt vorgelagerte Lagune bot sich als äußerst günstiger Naturhafen für die Kriegsflotte der Moslems an. 894 verlegte der Aghlabide Ibrahim II. seine Residenz von Kairouan nach Tunis, und in der Folgezeit, besonders unter den Hafsiden (1228-1574), entwickelte sich die Stadt zur Metropole Nordafrikas. Sie besaß etwa 100 000 Einwohner. 1270 wurde Tunis von einem Heer des französischen Königs Ludwig IX. belagert, der die in der Stadt lebenden Christen schützen wollte. Er starb jedoch in Karthago. Karl von Anjou konnte die Gleichberechtigung der Christen schließlich durchsetzen. Im 16. Jahrhundert zog der Wohlstand von Tunis die Aufmerksamkeit türkischer Piraten auf sich, die die Stadt 1534 ausraubten. Sie wurden 1535 von Karl V. vertrieben, und Tunis wurde spanisch; die Verwaltung blieb jedoch weiterhin in Händen der Hafsiden. Aber bereits 1574 übernahmen die Türken endgültig die Herrschaft. Sie machten Tunis zum Sitz eines osmanischen Statthalters. 1871 machte sich der türkische Bei Hussein von Konstantinopel unabhängig. Bereits zu seiner Zeit setzte die Entwicklung der Neustadt von Tunis ein, die sich zunächst in östlicher Richtung vor der Mauer der Medina ausbreitete. Das Wachstum der Stadt beschleunigte sich mit der Machtübernahme durch die Franzosen im Jahr 1881. Sie legten den modernen Stadthafen an. Vom 9. November 1942 bis zum 6. Mai 1943 wurde das französische Protektorat durch die deutsche Besatzungsmacht kurzfristig aufgehoben. Die Vorherrschaft Frankreichs endete endgültig am 20. März 1956. Im darauffolgenden Jahr wurde Tunis Hauptstadt der Tunesischen Republik.

SEHENSWERTES. – Mittelpunkt der aus französischer Zeit stammenden Neustadtviertel zwischen Hafen und Medina ist die 60 m breite und 1250 m lange **Avenue Habib Bourguiba**. Diese mit Feigenbäumen bepflanzte Prachtstraße beginnt an der Place de l'Indépendence, wenige Meter außerhalb der Altstadt, und führt schnurgerade nach Osten in Richtung Hafen, wo sie in die Schnellstraße übergeht, die auf dem Damm neben dem Kanal durch den Lac de Tunis nach La Goulette führt. Etwa in der Mitte der Avenue, an der Kreuzung mit der geradlinig nach Norden zum Parc du Belvédère verlaufenden, palmenbestandenen **Avenue Mohammed V**, befindet sich die **Place d'Afrique** mit dem *Reiterstandbild Bourguibas*. Dies ist ein geeigneter Ausgangspunkt für einen Stadtrundgang.

Man folgt der Avenue Habib Bourguiba am besten nach Westen in Richtung zur Medina, vorbei an zahlreichen Luxusgeschäften, Banken, Cafés, Reisebüros, Restaurants, Nachtlokalen und Hotels, darunter dem Hochhaus des 1967-70 erbauten Hotels 'Africa'. Gegenüber der Einmündung der Avenue de Carthage steht das **Staatstheater** (Stuckfassade). Vor der Place de l'Indépendance erhebt sich rechts die neoromanische *Kathedrale von St-Vincent de Paul* (1882). Jenseits des Platzes beginnt die etwas schmalere **Avenue de France**, die vor dem **Bab el-Bahar** *(Porte de France)*, einem seit 1848 unverändert gebliebenen Stadttor, endet. Die ehemalige Stadtmauer aus der hafsidischen Ära ist nicht mehr vorhanden.

Hinter dem Tor beginnt die MEDINA. Halblinks führt die von zahllosen Geschäften gesäumte Hauptstraße **Rue Djama ez-Zitouna** leicht bergan.

Nach wenigen Metern links (Haus Nr. 14) die ehemalige *Kirche des Heiligen Kreuzes,* 1662 von einem französischen Kaplan im ersten Fondouk der Stadt gegründet. Fondouks waren Viertel, die früher europäischen Kaufleuten zugewiesen wurden. Rechts (Nr. 55) folgt die um 1800 von den Türken errichtete *Sidi-El-Mordjani-Kaserne* mit der *Nationalbibliothek,* an die sich die Ölbaummoschee genannte ***Große Moschee** *(Djama ez-Zitouna)* anschließt.

Die ***Große Moschee** ist nach der Moschee von Kairouan das bedeutendste Gotteshaus Tunesiens. Mit dem Bau wurde 732 von den Omaijaden begonnen, und die Aghlabiden beendeten ihn im Jahre 864. Im 10. Jahrhundert kam die vieleckige *Kuppel* hinzu, 1637 bauten die Türken die *Doppelgalerie,* und 1782 erneuerten sie die Decken. Im 19. Jahrhundert wurde das *Minarett* auf 44 m erhöht (von seiner Spitze herrlicher ***Blick über die Stadt**). Die 15 Schiffe des Gebetsraumes mit je sechs Jochen besitzen eine bemerkenswerte Holzdecke, die von meist antiken Säulen (vermutlich aus Karthago) unter schönen Hufeisenbögen getragen wird. Ein Meisterwerk orientalischer Schnitzerei ist der *Mihrab,* vor dem sich die schöne Kuppel aus der ziridischen Ära wölbt.

Im Umkreis der Großen Moschee befinden sich zahlreiche **Souks** mit ihren von Gewölben überdachten Gassenlabyrinthen. Als Europäer sollte man diese auf jeden Fall durchstreifen, um die fremdartigen Gerüche, Farben und das unvorstellbar bunte Treiben aus tausendundeiner Nacht auf sich einwirken zu lassen. Der interessanteste und schönste Bazar ist der unmittelbar südlich der Großen Moschee gelegene **Souk el-Attarine** aus dem 13. Jahrhundert. Hier befinden sich die Läden der Parfümhändler. – Von der Ölbaummoschee führt die **Rue Tourbet el-Bei** nach Südwesten. Nach wenigen Metern rechts ab in die **Rue du Dey** zum 1876 umgebauten Palast **Dar Hussein,** der bis 1881 die Stadtverwaltung von Tunis beherbergte. Im Innern ist das *Nationalinstitut für Archäologie und Kunst* sowie das sehr interessante **Museum für islamische Kunst** untergebracht. Gegenüber die **Djama el-Ksar** von 1106; besonders auffällig das 1647 angebaute, 1978-79 erneuerte spanisch-maurische *Minarett.*

Die Rue du Château führt von hier zum **Boulevard Bab Menara**, in den man nach rechts einbiegt. Hier folgt in der Nähe der Einmündung des Souk Sekadjine das **Steinmuseum von Sidi Bou Krissan** mit einer interessanten Sammlung arabischer Grabsteininschriften. Die Anlage ist das Mausoleum der Beni Khorasan, die im 11.-12. Jahrhundert das Gebiet von Tunis verwalteten und die Djama el-Ksar stifteten. – Auf der anderen Seite des Boulevard Bab Menara, weiter aufwärts, steht das quadratische

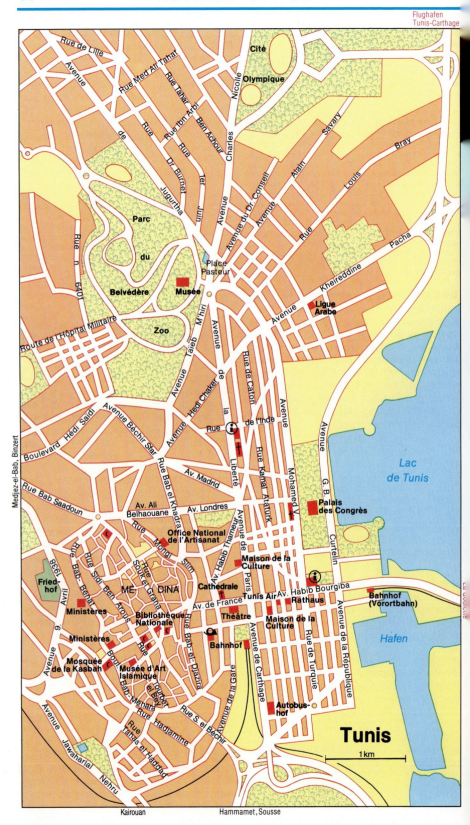

Flughafen
Tunis-Carthage

Tunis

1 km

Kairouan   Hammamet, Sousse

Minarett der ehemaligen **Moschee der Kasbah** (1235) mit typisch andalusisch-maurischer Flechtbandornamentik. Der Moscheeturm ist das letzte Re-

likt der von den Hafsiden im 13. Jahrhundert errichteten Kasbah. Unterhalb des Minaretts die Place du Gouvernement mit mehreren Ministerien, darunter das *Außenministerium* und der *Amtssitz des Premierministers,* beides im **Dar el-Bei** (18. Jahrhundert) untergebracht, der früheren Residenz der Beis von Tunis. Hinter dem Palast steht die **Sidi-Youssef-Moschee** (1616) mit einem achteckigen, grün gekachelten *Minarett* im Hafsidenstil. Viele der 48 Säulen des Gebetssaals besitzen antike Kapitelle. Über dem Mihrab wölbt sich eine achteckige Kuppel. Im Innern der Moschee befindet sich das Mausoleum ihres Stifters, des hafsidischen Dey Sidi Youssef.

Von hier geht man am besten zurück zur Place du Gouvernement und folgt dann der nach Osten zur Bab el-Bahar (Porte de France) führenden R u e d e l a K a s - b a h. An der Kreuzung mit der R u e e l - D j e l o u d steht die **Moschee Sidi Ben Arous.** Das im 15. Jahrhundert errichtete Gotteshaus besitzt ein achteckiges *Minarett* im syrischen Stil, wohl der schönste Moscheeturm von Tunis. Im Innern das sehenswerte Mausoleum des 1463 gestorbenen Sidi Ben Arous mit herrlichem Marmordekor und Gipsstukkaturen in den Laibungen der Bögen.

Weitere Sehenswürdigkeiten liegen im Südteil der Medina, den man von der Großen Moschee über die R u e T o u r - b e t e l - B e y erreicht. An der Kreuzung mit der R u e S i d i K a s s e m steht links das 1758 begonnene, wuchtige Gebäude des **Tourbet el-Bey,** über dem sich eine riesige Kuppel wölbt. Hier wurden seit 1782 fast alle Beis begraben. Die Besichtigung des Innenraums ist möglich. Von der Rue Sidi Kassem zweigt weiter östlich die R u e d e s T e i n t u r i e r s links ab. Hier befindet sich die 1716 errichtete *Djama el-Djedid* (Färbermoschee) mit einer Medersa und dem Mausoleum eines Beis. Im Innern sehr schön geschnitzte Wände. Gegenüber, in der R u e E l - M ' b a z a a der *Othman-Dei-Palast* (Dar el-Oula), um 1600 von Bei Othman errichtet, mit schönem Innenhof.

Im Norden von Tunis erstreckt sich der **P a r c d u B e l v é d è r e (Stadtpark),** der sich an den Hängen eines bis zu 88 m hohen Hügelgeländes ausdehnt. Von den beiden Gipfeln, auf die gepflegte Wege hinaufführen, hat man eine gute Aussicht über die ganze Stadt. Innerhalb des Parkgeländes befindet sich der sehenswerte **Zoologische Garten** von Tunis. Auf der Belvédèrehöhe steht ein zierlicher, elegant wirkender Pavillon mit herrlichen Stukkaturen und Muschelgewölben, die sogenannte ***Kubba.** Das schwerelos wirkende Bauwerk stammt aus dem 17. Jahrhundert. Es

stand ursprünglich in einem Palastbezirk Manoubas und wurde 1901 im Belvédèrepark wiederaufgebaut.

Etwa 4 km südwestlich liegt der Vorort LE BARDO, der durch sein weltberühmtes ****Nationalmuseum** *(Bardomuseum)* bekannt geworden ist. Es ist im 1882 errichteten ehemaligen Palast der letzten Beis untergebracht. Das Bardomuseum besitzt die größte Sammlung römischer Mosaiken überhaupt, und es ist zusammen mit dem Ägyptischen Museum in Kairo mit Abstand das bedeutendste Museum Nordafrikas. Es vermittelt einen umfassenden Überblick über die frühgeschichtliche, phönizische, römische und arabische Vergangenheit Tunesiens. Besonders wertvolle Exponate neben den römischen Mosaiken sind wohl die Funde aus einem 81 v. Chr. bei Mahdia gesunkenen Schiff, das mit reicher Kriegsbeute aus Griechenland beladen war.

Die westlichen Vorstädte Karthago, Sidi Bou Saïd und La Marsa.

Karthago *(Carthage),* ist heute eine Villenvorstadt von Tunis, die man bequem mit der Vorortbahn erreichen kann.

Vom einstigen Glanz der 814 v. Chr. von Phöniziern aus Tyros gegründeten Stadt, die sich zum mächtigsten Zentrum des westlichen Mittelmeerraumes entwickelte, ist nicht sehr viel übriggeblieben. Sie wurde 146 v. Chr. von den Römern zerstört. Caesar und Augustus bauten Karthago jedoch rund 100 Jahre später wieder auf. Das neue Karthago stand dem alten beinahe in nichts nach, und Tunis stand, solange es existierte, immer nur in seinem Schatten. Aber 698 n. Chr. wurde auch das römische Karthago zerstört, und zwar endgültig. Dieses Mal waren es die Araber. Sie bevorzugten Tunis wegen seines geschützten Hafens. Das Baumaterial für die Erweiterung der Stadt gewann man auf den Ruinenfeldern Karthagos. Diese Ereignisse sind die Erklärung dafür, daß die heute noch erhaltenen Ruinen des römischen Karthago nur sehr dürftig sind, wenn man sie mit anderen Funden in erheblich weniger bedeutenden einstigen Römerstädten vergleicht.

Die AUSGRABUNGSSTÄTTEN sind sehr weitläufig über den heutigen Villenvorort verstreut und am besten mit Pferdedroschken von der Station Karthago-Hannibal oder mit dem Taxi erreichbar. Mittelpunkt der antiken Stadt war der **Byrsahügel,** auf dem heute die 1890 errichtete *Cathédrale Saint-Louis* steht, die an den während der Belagerung von Tunis in Karthago gestorbenen französischen König Ludwig IX. erinnert. Hier befindet sich auch das ***Musée National de Carthage,** mit einer umfangreichen Sammlung phönizischer, römischer und byzantinischer Funde.

Rund 1 km nordwestlich die Ruinen des römischen *Amphitheaters.* – In entgegengesetzter Richtung, an der Küste, liegen die sehenswertesten karthagischen Ruinen, die ***Thermen des Antoninus Pius.** Sie besaßen fast die Abmessungen der Caracalla- und Diocletianthermen in Rom. Erhalten geblie-

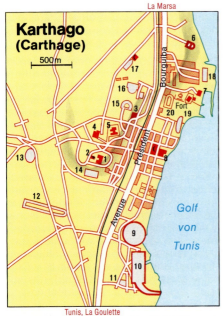

La Marsa

**Karthago
(Carthage)**

500 m

Bourguiba

6

17

18

16

7

15   3   Fort

20   19

4   5

13   2   1

14   8

12

*Golf
von
Tunis*

Président

Avenue

9

10

11

Tunis, La Goulette

BAUTEN AUS NEUERER ZEIT
1 Nationalmuseum
  von Karthago auf dem
  Byrsa-Hügel
2 Kathedrale
  Saint-Louis
3 Antiquarium
4 Kloster Malleha
5 Maison Lavigerie
6 Kloster Ste-Monique
7 Présidence
8 Dar el-Bey

ANTIKE ÜBERRESTE
9 und 10 Punische Häfen
11 Tophet
12 Circus
13 Amphitheater
14 Nekropole
15 Theater
16 Odeon
17 Damous-el-Karita-Basilika
18 Punische Grabgewölbe
19 Thermen des Antoninus Pius
20 Archäologischer Park

ben ist das Erdgeschoß mit Personal-, Ruhe-
und Ofenräumen. Der Mittelsaal der Anlage
war 50 m lang und 20 m breit. Neben den
Thermen ein großes **Freilichtmuseum** mit
punischen Gräbern, Sarkophagen, Mosaikböden, einer römischen Latrine und den Resten einer aus byzantinischer Zeit stammenden frühchristlichen Basilika. – Etwa 2 km
südlich der Thermen die alten *karthagischen
Hafenbecken*, die heute weitgehend verlan-
det sind und kaum erahnen lassen, daß hier
einst mehr als 220 Kriegsschiffe Platz fanden.
In der Nähe der berühmte **Tophet.** Im Laufe
von 600 Jahren wurden hier Baal-Hammon
und Tanit so viele Kinder geopfert, daß ihre
Urnen kaum Platz fanden. – Nördlich der
Thermen, jenseits der Bahnlinie, befinden
sich die Reste des *römischen Theaters* und
des *Odeons.* 1961 wurde hier ein **Antiquarium** mit 198 Mosaiken eingerichtet.

**6 km nördlich von Karthago folgt Sidi
Bou Saïd**, ein Vorort mit malerischen
engen Gassen. Die Fenster der weiß getünchten Häuser zieren blaue schmiedeeiserne Gitter. Hier befindet sich das
bekannte *Künstlercafé "Des Nattes"*,
das die Vorlage zu A. Mackes Bild "Türkisches Café" war. Vom Leuchtturm
herrlicher *Blick* über Karthago nach Tunis. – Nur 1 km weiter im Norden liegt **La
Marsa**, das zusammen mit *Gammarth*
als beliebtester Badeort von Tunis gilt.

UMGEBUNG von Tunis. – In der näheren und weiteren Umgebung der Stadt gibt es zahlreiche Se-

henswürdigkeiten, die die Stadt zu einem idealen
Standquartier für größere und kleine Ausflüge machen. Besonders reizvoll ist eine Rundfahrt in die
römische Vergangenheit des Landes.

**Über Béja nach Bulla Regia, Dougga und
Thuburbo Majus.** – **Béja** (39 000 Einw.; Hotel
Vaga), das phönizische Vaga, liegt 105 km westlich
von Tunis im Talbecken der Medjerda. Die Gouvernementshauptstadt ist Mittelpunkt des Getreide-
baugebiets der Béjaoua und ein wichtiger Verkehrsknotenpunkt Nordtunesiens an der Eisenbahnstrecke von Biserta nach Tunis und Ghardi-
maou an der algerischen Grenze. Aus der phönizischen Ära und aus der römischen Kolonialzeit
(Vaga war bereits damals zentraler Marktort der
nordafrikanischen Kornkammer) ist leider nichts
erhalten geblieben. Sehenswert sind jedoch die byzantinische Stadtmauer, zahlreiche kleinere Moscheen, der Turm der einst sehr bedeutenden Kasbah sowie die heute noch bewohnten Höhlenwohnungen im Vorort *Mzara.* Außerdem die 12 km südlich der Stadt gelegene dreibogige römische Tra-
jansbrücke (70 m lang und 7,30 m breit), die hier
den Fluß Béja überspannt.

25 km weiter südwestlich, an der am südlichen Ge-
birgsrand der Khroubirie entlangführenden C 59
von Bou Salem nach Jendouba, folgt das berühmte
römische Ruinenfeld von *Bulla Regia. Die Römerstadt entwickelte sich aus einer libysch-phönizi-
schen Siedlung und erlebte ihre Blüte nach 146
v. Chr. Zu den bedeutendsten Sehenswürdigkeiten gehören nicht etwa die gut erhaltenen Thermen mit
zahlreichen zugehörigen Zisternen und Brunnen,
das Theater, das Forum mit dem Apollotempel oder
die Reste einer byzantinischen Festung, sondern
die prachtvoll mit Mosaiken ausgestatteten Villen
wohlhabender Bürger, deren Wohnungen als Souterrain unter der Erde angelegt waren. Die Idee zu
dieser ungewöhnlichen Bauweise stammt vermutlich von den berberischen Höhlenwohnungen
Matmatas. Zweck der eigenwilligen Bauweise war
es, die Bewohner der Villen besser vor der sengen-
den Sommerhitze zu schützen. Bis heute wurden
fünf Souterrainvillen ausgegraben. Die schönsten
Mosaike befinden sich jetzt im Bardomuseum von
Tunis.

Von Bulla Regia zurück nach Bou Salem und auf
der C 75 rund 40 km in südwestlicher Richtung über
die Monts de Téboursouk nach *Téboursouk.* Etwa
5 km südlich der Stadt folgen die Ruinen von
*Dougga, eine der bedeutendsten Sehenswürdig-
keiten Tunesiens. Das antike *Thugga*, eine numidische Gründung in natürlicher Festungslage auf einem 500-600 m hoch gelegenen, leicht nach Süden
geneigten Plateau, beherrscht die einstige Straße
von Karthago nach Theveste. Um 105 v. Chr. bemächtigten sich die Römer der alten Siedlung, und
unter ihrer Herrschaft entwickelte sich Thugga vom
1. bis 3. Jahrhundert n. Chr. zu einer blühenden
Stadt. Aus dieser Zeit stammen die bis heute erhalten gebliebenen Ruinen. Der Verfall Thuggas begann mit dem Eindringen der Wandalen und setzte
sich später unter den Arabern fort. Die ersten Ausgrabungsarbeiten begannen 1891. Zu den sehenswertesten Ruinen gehört das 166-169 von Publius
Marcius Quadratus errichtete Theater mit einem
Durchmesser von 120 m und einer Höhe von 15 m.
Es bot etwa 2500 Zuschauern Platz. Nördlich des
Theaters ein christlicher Friedhof über einer älteren
Nekropole mit einer zugehörigen dreischiffigen
Kapelle. Das Baumaterial stammt vom nahegelegenen Saturntempel, der 195 für Kaiser Septimius Severus errichtet wurde. Im ehemaligen Stadtzentrum
unterhalb des Theaters folgt die Pietas-Augusta-
Tempel. Über den hier gelegenen Platz der Windro-
se, in dessen Boden im 3. Jahrhundert eine Wind-
uhr eingemeißelt wurde, gelangt man zum Kapitol,
das einst hoch über die Stadt aufragte. Im Tympa-
non ein beachtenswertes Halbrelief, das die Ver-
göttlichung Kaiser Augustus darstellt. Westlich des
Kapitols das Forum, das, bei einem Erdbeben zerstört, von den Byzantinern in ihr Festungsbauwerk
einbezogen wurde. Etwas weiter hangaufwärts

steht der Triumphbogen des Severus Alexander mit Statuettennischen in den Wänden. Daneben eine der großen Zisternen Thuggas. Oberhalb folgt der Tempel der Caelestis aus dem 3. Jahrhundert. Im Süden der Stadt stehen die Grundmauern mehrerer prächtiger Villen. Besonders erwähnenswert das 'Haus der Jahreszeiten' und das 'Haus des Trifoliums', beide mit schönen Mosaiken. Etwas westlich von hier der Triumphbogen des Septimius Severus (205 n. Chr.), öffentliche Latrinen und die Thermen der Zyklopen, die mit dem Trifoliumhaus verbunden waren. Von hier geht es hangabwärts zum 21 m hohen libysch-punischen Mausoleum für Ataban, der im 3./2. vorchristlichen Jahrhundert, zur Zeit Massinissas, lebte. Hier wurde eine zweisprachige punisch-libysche Inschriftentafel entdeckt, die die Entzifferung des altlibyschen Alphabets ermöglichte. Sie befindet sich heute im Britischen Museum in London.

Von Dougga 11 km weiter in südlicher Richtung, dann links abbiegen und über Gafour, El-Aroussa und El-Fahs zum 75 km entfernten Ruinenfeld von *Thuburbo Maius. Hier stand ursprünglich eine numidisch-berberische Siedlung, neben der Octavianus Augustus 27 v. Chr. eine Veteranensiedlung namens Colonia Julia errichten ließ. Sie erhielt 128 n. Chr. Stadtrecht. Im 3. und 4. Jahrhundert entwickelte sich der Ort zu voller Blüte. Im Norden erhebt sich das 168 n. Chr. erbaute Kapitol. Vier seiner 8,50 m hohen korinthischen Säulen aus italienischem Carrara-Marmor wurden wieder aufgestellt. Vor dem Kapitol das quadratische Forum mit einer Seitenlänge von 39 m, im Nordosten von der Kurie und im Südwesten vom Merkurtempel flankiert. Südlich des Forums schließt sich der Marktplatz an, unter dessen Säulengängen sich einst 20 Läden drängten. In der Mitte befanden sich drei Brunnen. Hinter dem Markt das Haus des Labyrinths und daneben das Haus der Auriga. Daran schließen sich die Winterthermen an. Auf der gegenüberliegenden Straßenseite folgen auf dem Rückweg zum Ausgangspunkt nebeneinander der Baal- und Tanittempel und, durch einen großen Platz von ihm getrennt, die Ruinen einer frühchristlichen Kirche. Davor der Äskulap-Tempel. Es schließt sich der Portikus der Petronier an, von dessen schwarzen Marmorsäulen eine Reihe erhalten geblieben ist. Dahinter liegen die Sommerthermen.

Die Straße zurück nach Tunis (62 km) führt am 120-131 n. Chr. von Hadrian errichteten römischen Aquädukt vorbei, der hier auf 20 m hohen Pfeilern einen Bach überspannt. Er gehört zu einer 124 km langen Wasserleitung, die in Karthago endete. Das Bauwerk wurde durch die Wandalen und später noch einmal durch die Araber zerstört, aber im 10. Jahrhundert von den Fatimiden wieder aufgebaut.

Ugarit s. bei Latakia

Ugljan s. bei Zadar

Unije s. bei Lošinj

Ustica s. bei Palermo

Utica s. bei Biserta

Valencia

Spanien.
Region und Provinz: Valencia.
Höhe: Meereshöhe. – Einwohnerzahl: 660 000.
Telefonvorwahl: 96.

(i) **Oficina de Información de Turismo,**
Calle de la Paz 46;
Telefon: 32125 85.
Delegación Provincial de Turismo,
Avenida de Navarro Reverter 2;
Telefon: 3345605 und 3224096.
Sociedad Valenciana Fomento del Turismo,
im Rathaus;
Telefon: 3217690.

HOTELS. – *Sidi Saler Palace, Playa de Saler, L, 276 Z., Sb.; Astoria Palace, Plaza Rodrigo Botet 5, I, 207 Z.; Rey Don Jaime, Avda. de Baleares, I, 314 Z.; Dimar (garni), Gran Vía Marqués del Turia 80, I, 95 Z.; Reina Victoria, Barcas 4 und 6, I, 92 Z.; Metropol (garni), Játiva 23, II, 109 Z.; Oltra (garni), Plaza Caudillo 4, II, 93 Z.; Renasa (garni), Avda. Cataluña 5, 73 Z.; Continental (garni), Correos 8, III, 43 Z.; Hostal Londres (garni), Hermanas Chabas 1, PI, 57 Z.; Mediterraneo, Grabador Selma 5, PI, 30 Z. – Parador Nacional Luis Vives, südlich außerhalb an der Straße nach Alicante, I, 40 Z., Sb. – Mehrere CAMPINGPLÄTZE.

VERANSTALTUNGEN. – *Fallas (März), Fest zu Ehren des San José, zugleich Frühlingsfest, an dem große Aufbauten ('fallas') mit Stoff- und Pappfiguren ('ninots') in den Straßen errichtet und am letzten

Fallas in der spanischen Hafenstadt Valencia

Tag um Mitternacht verbrannt werden. – Fest der Virgen de los Desamparados (Mai) und Fronleichnam, beide mit Prozessionen. – Feria de San Jaime (Juli), mit Stierkämpfen, einem Dichterwettbewerb ('juegos florales') im Teatro Principal und einer 'Blumenschlacht' auf der Alameda als Abschluß. – Das Jahr über zahlreiche Messen und die Iberflora (Herbst).

Spielcasino: Casino Montepicayo in Puzol.

WASSERSPORT. – Mehrere Badestrände in unmittelbarer Umgebung der Stadt, durch Autobusse zu erreichen; die Playa de Levante, links vom Hafen, mit dem Balneario 'Las Arenas'; die Playa de la Malvarrosa, an die Playa de Levante anschließend, mit

Ausflugslokalen; die *Playa de Nazaret,* rechts vom Hafen, mit dem Balneario 'Benimar' und Ausflugslokalen; weitere Strände. Valencia besitzt einen Club Náutico.

FREIZEIT und SPORT am Land. – Jagen und Fischen in La Albufera; ferner Golf, Tennis, Reiten, Schießen; Stierkampf; Wanderungen mit dem Centro Excursionista.

SCHIFFSVERKEHR. – Autofähren zu den Balearen (Ibiza ca. $10^1/_2$ St.) und entlang der Küste nach Tarragona (ca. 9 St.) und Barcelona sowie zu den Kanarischen Inseln (ca. 3 Tage). – Auskünfte und Buchungen: *Aucona* (Cia. Trasmediterránea), Avda. Manuel Soto und Estación Maritima (Hafen), Tel. 36 70 7 04 bzw. 32 33 6 88; u. a.

Die alte Hauptstadt des Königreichs Valencia, jetzt Provinzhauptstadt und drittgrößte Stadt Spaniens, Sitz eines Erzbischofs und einer Universität, liegt unweit vom Mittelmeer in der fruchtbaren Huerta de Valencia am rechten Ufer und auf dem Schwemmland des Río Turia, des Guadalaviar ('weißer Fluß') der Araber.

Die Stadt bietet mit ihren belebten, von den bunten Azulejoskuppeln vieler Kirchen überragten Straßen ein typisches Bild südlichen Lebens, das schon im Altertum als 'ein auf die Erde gefallenes Stück Himmel' bezeichnet wurde. – Das Klima ist ungemein mild und vorherrschend trocken. Der 4 km östlich von der Stadtmitte gelegene Hafen *El Grao* dient vor allem der bedeutenden Ausfuhr landwirtschaftlicher Produkte (Orangen, Wein, Rosinen, Öl und Reis), welche die Huerta liefert. Mit den weitläufigen Außenvierteln ist Valencia heute eine moderne und weltzugewandte Großstadt.

GESCHICHTE. – Eine griechische Gründung, wurde Valencia später karthagisch und im 2. Jahrhundert v. Chr. als *Valentia* römische Kolonie, die unter Augustus zu hoher Blüte gelangte. Im Jahre 413 n. Chr. kam die Stadt an die Westgoten, 714 an die Mauren, die sie Medina-bu-tarab ('Stadt der Freude') nannten. Nach dem Verfall des Kalifats von Córdoba wurde Valencia 1021 mit dem ganzen Küstenland ein selbständiges Königreich, das 1092 den Almoraviden zufiel. Unter El Cid wurde die Stadt 1094 von den Christen erobert, doch kam sie 1102 erneut in die Hände der Mauren und wurde unter Muhammed Ibn Said Hauptstadt eines mächtigen maurischen Reiches, bis sie 1238 Jakob I. von Aragón (Jaime el Conquistador) zurückeroberte.

SEHENSWERTES. – Mittelpunkt des Verkehrs und des öffentlichen Lebens ist die langgestreckte **Plaza,** mit einem musikalischen Springbrunnen und umgeben von Hotels, Cafés und Geschäftshäusern. An der Westseite das **Ayuntamiento** (*Rathaus;* auch *Palacio Consistorial* genannt), mit der *Stadtbibliothek* und dem *Museo Histórico Municipal* (Gemälde, wertvolle Büchersammlung u. a.). Im Untergeschoß befindet sich auch eine der Informationsstellen. Unweit südlich, an der breiten Ringstraße, die *Estación del Norte;* öst-

lich daneben die **Plaza de Toros,** mit 18 000 Plätzen eine der größten Stierkampfarenen Spaniens, der ein interessantes *Museo Taurino* (Stierkampfmuseum) angeschlossen ist.

An der Nordspitze der Plaza kreuzt man bei einem hohen Geschäftshaus die Calle San Vicente, die besonders in ihrem nördlichen Teil sehr belebte Hauptstraße der Stadt.

Von der obigen Kreuzung gelangt man halblinks durch die neuangelegte Calle María Cristina zu der belebten langgestreckten Plaza del Mercado (Tiefgarage), früher Schauplatz von Turnieren und Festen. Hier links der 1928 vollendete **Mercado Central** *(Zentralmarkt),* reich mit Azulejos ausgestattet, etwa 1300 Verkaufsstände. Nahebei die *Kirche Los Santos Juanes* (1368), mit schöner Fassade und einem Deckengemälde von A. Palomino, beides um 1700. An der Nordseite des Platzes die **Lonja de la Seda (Seidenbörse),* ein 1498 an Stelle eines maurischen Alcázar fertiggestellter prächtiger spätgotischer Bau, mit besonders reichen Portalen und Fensterdekorationen sowie schönen Wasserspeiern; im Innern der sehenswerte Börsensaal mit reichem Sterngewölbe, von spiralartig gewundenen Säulen getragen; vom Saal lohnende Besteigung des Turms (144 Stufen). – Nördlich der Plaza del Mercado steht die **Kirche San Nicolás,** an der Stelle einer Moschee, mit beachtenswerten Fresken und Bildern.

Die Calle San Vicente mündet nördlich auf die in jüngster Zeit stark erweiterte Plaza de la Reina, den Mittelpunkt der Altstadt. Zur Linken die *Kirche Santa Catalina,* ein gotischer Bau mit reich verziertem sechseckigen Glockenturm. Nördlich des Platzes die ***Kathedrale** *(La Seo),* ein 1262-1482 an Stelle einer Moschee errichteter, äußerlich überwiegend gotischer stattlicher Kirchenbau, mit barocker Fassade. An der Südwestecke der Kirche der 68 m hohe, unvollendet gebliebene Glockenturm **Torre del Miguelete* (oder *Micalet*), mit der gleichnamigen, am Michaelstag getauften Wasserglocke, deren Klang früher die Bewässerung der Huerta regelte; von der Aussichtsplattform (50 m, 207 Stufen; Zugang vom linken Seitenschiff der Kathedrale) prächtiger Blick. Am östlichen Querschiff die romanische *Puerta del Palau,* am westlichen die mit Skulpturen geschmückte gotische *Puerta de los Apóstoles,* darüber eine Fensterrose des 14. Jahrhunderts.

Das INNERE der Kathedrale (98 m lang), im 18. Jahrhundert vollständig erneuert, enthält zahlreiche kostbare Gemälde, so u. a. von Goya und Palo-

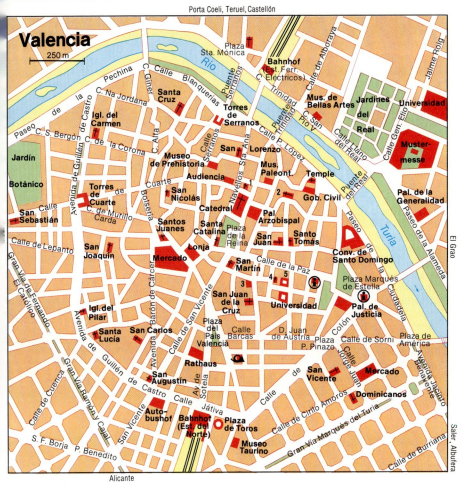

Porta Coeli, Teruel, Castellón

1 Nuestra Señora de los Desamparados   2 San Esteban   3 Palacio del Marqués Dos Aguas   4 Corpus Christi   5 Colegio del Patriarca

mino. – Im Chor ein schönes Gestühl (16. Jh.). Über der Vierung eine mächtige achteckige Kuppel (Cimborio). – In der **Capilla Mayor** ein prachtvoller Hochaltar des 15. Jahrhunderts mit beachtenswerten, 1509 von zwei Leonardo-Schülern gemalten Flügelbildern. – In der 1482 vollendeten *Sala Capitular* eine wertvolle Gemäldesammlung, u. a. mit Werken von Ribera und Macip. – Vom rechten Seitenschiff betritt man die *Capilla del Santo Cáliz,* den 1369 erbauten alten Kapitelsaal, mit gotischem Sterngewölbe; die Kapelle birgt den mit Rubinen und Perlen geschmückten *Santo Cáliz* (Heiliger Kelch), der als Kelch des letzten Abendmahls gilt und bis zum 15. Jahrhundert in dem Pyrenäenkloster San Juan de la Peña aufbewahrt wurde. – Im **Kathedralmuseum** Gemälde von Zurbarán, Juan de Juanes, Goya u. a.

An der Nordseite der Kathedrale die mit ihr durch einen Bogen verbundene *Capilla de Nuestra Señora de los Desamparados* ('der Obdachlosen'), 1667 erbaut; am Hauptaltar ein geschnitztes Marienbild von 1416, die vielverehrte 'Sagrada Imagen', Schutzpatronin Valencias. – Nordöstlich der Kapelle, in dem ehem. Kornhaus Almudín, das *Museo Paleontológico* (Paläontologisches Museum), mit einer Sammlung urweltlicher Tierreste aus Südamerika.

Unweit nordwestlich von der Kathedrale

liegt in der Calle de Caballeros der **Palacio de la Generalidad** *(Audiencia),* das 1510-79 errichtete ehem. Abgeordnetenhaus des Königreiches Valencia, heute Diputación Provincial; im ersten Stock der *Salón de Cortes* (Sitzungssaal) und die *Sala Dorada,* mit prächtigen Artesonado-Holzdecken. Hinter dem Palast, an der Plaza Manises, das Prähistorische Museum.

Am Nordrand der Innenstadt erheben sich die *Torres de Serranos,* das alte nördliche Stadttor, 1398 auf römischen Grundmauern erbaut, 1930 wiederhergestellt; von den mächtigen Türmen lohnender Blick. Nördlich vom Tor der über den meist trockenen Río Turia führende *Puente de Serranos;* am jenseitigen Ufer die *Kirche Santa Mónica.*

Die Calle de Caballeros führt mit ihrer Fortsetzung, der Calle de Quart, westlich zu den **Torres de Quart** (auch 'Puerta de Cuarte' genannt), einer 1440-90 errichteten Anlage ähnlich jener des Serranotores. Von hier weiter über die Ringstraße zum nahen *Jardín Botánico* (Botanischer Garten).

Südlich der Plaza de la Reina, an der Calle San Vicente, die gotische *Kirche San Martín* (1372), mit bronzener Reiterstatue des San Martín über dem Portal. Unweit östlich hiervon der im 18. Jahrhundert erbaute stattliche *Palacio del Marqués de Dos Águas,* mit einem figurenreichen Alabasterportal von Ignacio Vergara; im Innern das besuchenswerte *Museo Nacional de Cerámica,* das erste Keramikmuseum Spaniens, mit über 5000 Stücken der traditionellen volkstümlichen Töpferkunst, hauptsächlich aus Valencia und Umgebung (Azulejos, Fayencen, auch moderne Arbeiten von Benlliure und Picasso). – Südlich vom Palast die *Kirche San Andrés;* 1686 an Stelle einer Moschee erbaut, enthält sie zahlreiche Gemälde valencianischer Meister sowie handgemalte Azulejos aus Manises. – Von der Kirche gelangt man östlich zu dem nahen **Colegio del Patriarca,** einem 1586-1610 für Juan de Ribera, Erzbischof und Vizekönig von Valencia, errichteten Renaissancebau, mit arkadenumgebenem Hof. In der *Capilla de la Concepción* flandrische Wandteppiche des 16. Jahrhunderts; im ersten Stock die *Wohnung des Rektors* mit einer wertvollen Sammlung alter Meister (u. a. Dierick Bouts, van der Weyden, Juanes, Ribalta, Morales, El Greco), ferner prachtvolle Brüsseler Teppiche. In der Südecke des Gebäudes die *Kirche Corpus Christi* (1586), am Hochaltar ein *Abendmahl von Ribalta (1606). Sehr eindrucksvoll ist das jeden Freitag gegen 10 Uhr stattfindende Miserere, bei dem das Hochaltarbild Ribaltas verschwindet und hinter einem Vorhang, der plötzlich zerreißt, ein hölzernes Kruzifix erscheint (angeblich eine deutsche Arbeit des 16. Jh.). – Dem Colegio südlich gegenüber liegt die **Universität** *(Universidad),* an Stelle älterer Bauten 1830 errichtet, mit wertvoller *Bibliothek,* etwa 87 000 Bände umfassend, darunter zahlreiche Inkunabeln und Handschriften.

Von der Universität führen mehrere Straßen nordöstlich zu dem mit Anlagen geschmückten Paseo de la Glorieta und der hiervon nördlich liegenden *Kirche Santo Domingo* (oder auch *Capilla San Vicente Ferrer;* Ende des 18. Jh. erneuert), die man durch das beachtenswerte Portal neben dem unvollendeten Turm betritt; im Innern die Capilla de los Reyes (rechts; 15. Jh.), die das Grabmal des Marschalls Rod. Mendoza († 1554) enthält.

Von der Nordspitze der Kirche gelangt man auf dem 1598 erbauten *Puente del Real,* mit den Standbildern der beiden Heiligen Vincenz Martyr und Vincenz

Ferrer (17. Jh.), auf das linke Ufer des Río Turia zu den mit zahlreichen neueren Denkmälern geschmückten *Jardines del Real* (auch *Viveros Municipales* genannt) sowie zu dem sich jenseits des Gebäudes der Internationalen Mustermesse flußabwärts ziehenden Paseo de la Alameda, der am Puente de Aragón endet.

Am Westrand der Jardínes liegt nahe dem linken Flußufer in dem Gebäude eines alten Klosters das ***Museo Provincial de Bellas Artes,** das im ersten Stock ältere Gemälde enthält, u. a. von Ribalta, Ribera, Macip, Espinosa, Velázquez, Murillo, El Greco, Goya, Morales, Pinturicchio, Andrea del Sarto; im zweiten Stock Bilder valencianischer Meister des 19./20. Jahrhunderts.

UMGEBUNG von Valencia. – Östlich, über den Puente de Aragón zu erreichen, liegt **El Grao,** der schon im Mittelalter bekannte Hafen von Valencia und einer der bedeutendsten Seehäfen Spaniens. Vom östlichen Hafendamm hübscher Blick auf den Golf; im Süden die *Sierra de Cullera,* im Norden das *Castillo de Sagunto.* An den Hafen schließen sich die vielbesuchten Badestrände an; südlich der Playa de Pinedo liegt auf der Nehrung zwischen dem Meer und der Albufera das Seebad **El Saler,** mit Hotels, Golfplatz und langgestrecktem Strand.

Valletta / il-Belt Valletta

Malta.
Höhe: 0-60 m ü.d.M.
Einwohnerzahl: 14 000 (Stadtregion 113 000).
ⓘ **National Tourist Organization,** The Palace, Palace Square;
Telefon: 244 44.
Malta Tourist Information, Citygate Arcade 1;
Telefon: 277 47.

BOTSCHAFT. – *Bundesrepublik Deutschland,* Tower Road, Piazzetta Building I 1.

HOTELS. – *Dragonara,* St. Julian's, L, 357 B.; *Grand Hotel Excelsior,* Great Siege Road, Floriana, L, 376 B.; *Malta Hilton,* St. Julian's, L, 400 B.; *Phoenicia,* The Mall, Floriana, L, 179 B.; *Cavalieri,* Spinola Road, St. Julian's, I, 164 B.; *Preluna,* Tower Road 124, Sliema, I, 410 B.; *Fortina,* Tigne Sea Front, Sliema, I, 100 B.; *Tower Palace,* Tower Road, Sliema, I, 94 B.; *Capua Court,* Victoria Avenue 60, Sliema, II, 112 B.; *Castille,* Castille Place, II, 44 B.; *Eden Rock,* Tower Road 117, Sliema, II, 76 B.; *Europa,* Tower Road 138, Sliema, II, 108 B.; *Imperial,* II, 145 B.; *Marina,* Tigne Sea Front, Sliema, II, 114 B.; *Metropole,* Dingli Street, Sliema, II, 147 B.; *Osborne,* South Street 50, Valletta, II, 119 B.; *Plaza,* Tower Road 251, Sliema, II, 110 B.; *Plevna,* Thornton Street 2, Sliema, II, 95 B.; *Sa Maison,* Marina Street 22, Pietà, II, 80 B.; *Sliema Hotel,* The Strand 59, Sliema, II, 110 B.; *St. Julien Hotel,* Dragonara Road, Paceville, St. Julien's, II, 99 B.; *Tigne Court,* Qui-Si-Sana Sliema, II, 166 B.; *Adelphi,* Victory Street, Gzira, II, 96 B.; *Balluta,* Main Street, St. Julien's, II, 76 B.; *Caprice,* Victoria Gardens 2, Sliema, II, 51 B.; *Carina,* Windsor Terrace, Sliema, II, 32 B.; *Crown,* Tower Road 166/167, Sliema, II, 72 B.; *Debonair,* Howard Street 102, Sliema, II, 31 B.; *Delphina,* Dragonara Road 72, St. Julien's, II, 56 B.; *Eden Beach,* St. Augustine Street, St. George's Bay,

St. Julian's, II, 53 B.; *Elba,* New Street, Sliema, II, 24 B.; *Grand Harbour,* St. Ursula Street 261, Valletta, II, 44 B.; *Green Dolphin,* St. George's Bay, St. Julian's, II, 84 B.; *Meadowbank,* Tower Road, Sliema, II, 70 B.; *Midas,* Tigne Street 45, Sliema, II, 44 B.; *Patricia,* New Howard Street, Sliema, II, 65 B.; *Promenade,* Tower Road, Sliema, II, 92 B.; *Adelaide,* Tower Road 229/231, Sliema, III, 50 B.; *Angela,* Antonio Sciortino Street, Msida, III, 44 B.; *Astoria,* Point Street 46, Sliema, III, 17 B.; *Astra,* Tower Road 127, Sliema, III, 72 B.; *Belmont,* Mrabat Street, St. Julian's, III, 45 B.; *British,* St. Ursula Street 267, Valletta, III, 87 B.; *Continental,* St. Louis Street, Msida, III, 60 B.; *Cumberland,* St. John Street 111, Valletta, III, 23 B.; *Eagle Court,* New Street of St. George's Road, St. Julian's, III, 36 B.; *Isola Bella,* Clarence Street, Msida, III, 42 B.; *Kennedy,* Fleet Street, Gzira, III, 55 B.; *Kent,* St. Margaret Street 24, Sliema, III, 19 B.; *Lester,* Ross Street, St. Julian's, III, 83 B.; *Olympic,* Paceville Avenue, St. Julian's, III, 30 B.; *Spinola,* Upper Ross Street, Paceville, St. Julian's, III, 47 B.; *Happy,* Ponsomby Street 6/7, Gzira, IV, 40 B.; *Helena,* Marina Street 192, Pietà, IV, 21 B.; *Regina,* Tower Road 107, Sliema, IV, 49 B.; *Seacliff,* Tower Road 225, Sliema, IV, 24 B.

RESTAURANTS. – *Chains,* Grenfell Street, St. Julian's; *Eating House,* Ross Street, St. Julian's; *Fortizza,* Tower Road, Sliema; *Il Bancinu,* Il Piazzetta, Tower Road, St. Julian's; *Tigullio,* Spinola, St. Julian's; *Wyndhams,* Tigne Street, Sliema.

VERANSTALTUNGEN. – *Karfreitagsprozession; Karnevalsumzug* (zweites Maiwochenende); *Ruderregatte* im Grand Harbour und großes *Feuerwerk* (erstes Septemberwochenende); *Theatervorführungen* (Oktober–Juni); *Nationalfeiertag* (13. Dezember); *Kirchweihfeste* in der Umgebung (Mai–Oktober).

Spielkasino (Roulette, Baccara, Black Jack): Dragonara Palace, St. Julian's.

SPORT. – In der unmittelbaren Umgebung Vallettas gibt es zahlreiche Sportclubs, die für Touristen zeitweilige Mitgliedschaft anbieten: *Bowling* (Enrico Mizzi Street, Gzira); *Tennis und Squash* (Malta Sports Club, Marsa und Union Club, Sliema); *Reiten und Polo* (Darmanin Stables, Marsa); *Pferderennen* (Malta Racing Club, Marsa: Oktober–Mai); *Bogenschießen* (Malta Archery Club, Marsa); *Cricket und Golf* (Malta Sports Club und Royal Malta Sports Club); *Segeln* (Royal Malta Yacht Club und Vella Charles Boatyard, Marsamxett Harbour; außerdem Yacht Marina, Ta' Xbiex); *Wasserski* (Dragonara Water Sports Centre, St. Julian's).

*Valletta, die amtlich il-Belt Valletta, früher La Valetta genannte, von den wohl mächtigsten Befestigungsanlagen der Welt umgebene Hauptstadt der Inselrepublik Malta erstreckt sich in strategisch günstiger Lage auf der 60 m hohen Halbinsel Sciberras an der Nordostküste Maltas. Die 3 km lange und bis zu 700 m breite Landzunge trennt die zwei größten und wirtschaftlich bedeutendsten Häfen des Landes, Marsamxett Harbour und Grand Harbour, voneinander, deren tief ins Landesinnere reichende Buchten die Stadt im Norden, Osten und Süden umschließen. Sie gelten als günstigste und schönste Naturhäfen Europas.

Das gesamte Hafengebiet rund um das Zentrum Valletta ist halbkreisförmig von einem Kranz dicht besiedelter Kleinstädte umringt, die zusammen mit der Hauptstadt die Agglomeration Valletta

Blick auf Vittoriosa

bilden. Das Südufer des Grand Harbour säumen die fließend ineinander übergehenden Häuserzeilen von Kalkara, Vittoriosa, Cospicua, Senglea, Paola und Marsa, an die sich nach Norden, entlang der Bucht von Marsamxett Harbour, die Stadtgebiete von Floriana, Pietà, Msida, Ta'Xbiex, Gzira und Sliema anschließen.

Als Hauptstadt des maltesischen Archipels ist Valletta mit allen Verwaltungsfunktionen des Landes ausgestattet. Hier haben u. a. das Parlament und der höchste Gerichtshof als wichtigste Institutionen ihren Sitz. Gleichzeitig ist Valletta auch das kulturelle Mittelpunkt der Inselrepublik. Neben dem Bischofssitz und der 1769 gegründeten Universität sind besonders das Malta College of Arts, Science and Technology, das Malta Cultural Institute, die Agrarian Society, das Observatorium sowie mehrere höhere Schulen hervorzuheben. Rang und Namen besitzt auch das National Museum of Malta.

Die Stadtregion Valletta mit ihren beiden Häfen ist das wirtschaftliche Zentrum der maltesischen Inseln. Größter Arbeitgeber ist die ehemalige britische Marinewerft, die 1958 in ein ziviles Wirtschaftsunternehmen umgewandelt wurde. 1968 ging sie in staatlichen Besitz über. In den fünf Trockendocks werden Passagierschiffe gebaut und überholt sowie Tanker bis zu 300 000 t repariert und gereinigt. Der Betrieb beschäftigt mehr als 5000 Personen. Der 1961 modernisierte Grand Harbour, über den fast der gesamte Handels- und Passagierverkehr des Landes abgewickelt wird, besitzt einen für Schiffe bis zu 92 000 BRT ausgebauten Tiefwasserkai mit einem 12 500 t fassenden Getreidesilo und zahlreichen Transitschuppen.

Hier werden im Jahr über 400 000 t Güter umgeschlagen.

In neuerer Zeit hat man versucht, das ehemals ausschließlich auf den militärischen Bereich des britischen Flottenstützpunkts ausgerichtete Erwerbsleben umzustrukturieren, denn durch den zeitlich gestaffelten Abzug der Engländer entstand in Malta nach und nach ein akuter Arbeitsplatzmangel. Die dominierende Rolle der beiden Häfen blieb zwar auch nach der Entmilitarisierung erhalten, aber zusätzlich gelang der Aufbau mehrerer Industriebranchen, und zwar vornehmlich Nahrungsmittel-, chemische und Textilindustrie sowie Maschinenbau. Die meisten Betriebe wurden in Marsa am inneren Zipfel des Grand Harbour angesiedelt. Den Arbeitskräfteüberhang auf dem Dienstleistungssektor konnte man im Lauf der Zeit durch die Förderung des Fremdenverkehrs zum großen Teil abbauen.

GESCHICHTE. – Der schachbrettartige Grundriß Vallettas ist der heute noch sichtbare Beweis dafür, daß die Stadt planmäßig angelegt wurde. Ihre Gründung war eng mit den Ereignissen der großen Belagerung Maltas durch die Türken von Mai bis September 1565 verknüpft. Zwar gelang es dem zahlenmäßig weit unterlegenen Johanniterorden, in dessen Besitz sich die maltesischen Inseln seit 1530 befanden, die Angreifer zurückzuschlagen, aber man hatte erkannt, daß der Wiederaufbau der zerstörten bzw. stark beschädigten Befestigungsanlagen von Fort St. Elmo an der Spitze des damals noch unbesiedelten Mount Sciberras, von Fort St. Angelo vor dem Ordenssitz Birgu (das heutige Vittoriosa) und von Fort St. Michael auf der Halbinsel des heutigen Senglea nicht ausreichen würde, um einem abermaligen Angriff der Türken standzuhalten. Der damalige Großmeister *Jean Parisot de la Valette* gründete deshalb am 28. März 1566 zum besseren Schutz des Grand Harbour die nach ihm benannte Stadt Valletta. Als strategisch günstigste Stelle erwies sich der Mount Sciberras oberhalb von Fort St. Elmo. Die Pläne wurden von Francesco Laparelli da Cortona, einem der besten Festungsbaumeister seiner Zeit, erstellt. Papst Pius IV. hatte ihn nach Malta beordert, um sich auf diese Weise dem Ritterorden erkenntlich zu zeigen. Laparelli konnte aufgrund der aus allen Teilen Europas eingehenden Spenden auf einen älteren Plan zurückgreifen, der vorher aus finanziellen Gründen verworfen worden war. Nach drei Jahren war der Aufbau Vallettas bereits weit fortgeschritten, und Laparelli übertrug seinem Gehilfen Gerolamo Cassar die restlichen Arbeiten. Von ihm stammen die im Renaissancestil errichteten sieben Ritterherbergen (Auberges) der Stadt, von denen heute leider nur noch vier erhalten sind, der Großmeisterpalast, die St. John's Co-Kathedrale und der Verdala-Palast bei Rabat. Die meisten Bauwerke des alten Valletta entstanden jedoch in der ersten, um 1650 vom Italien auf Malta übergreifenden Stilepoche des Barock, die der gesamten Inselgruppe ihren Stempel aufdrückte. Bekannteste Baumeister dieser Zeit waren Lorenzo Gafà (1630-1704), Barbara (1660-1730) und Giuseppe Bonnici (1707 bis ca. 1780). Nach 1722 gewann der iberische Stil an Bedeutung; denn bis 1775 standen ausschließlich spanische und portugiesische Großmeister an der Spitze des Johanniterordens. Domenico Cachia (1710-1790) gestaltete in ihrem Auftrag die von Cassar erbaute Auberge de Castille um, deren prunkvolle Fassade eindrucksvoll den Wohlstand Vallettas und des gesamten maltesischen Archipels zur Spätzeit des Johanniterordens widerspiegelt. Diese Ära ging jedoch unter dem deutschen Großmeister Ferdinand von Hompesch (seit 1797) zu Ende. Er übergab Napoléon Bonaparte die gesamte Stadt kampflos, als dieser 1798 während seines Ägyptenfeldzugs mit der französischen Flotte im Grand Harbour landete. Am 18. Juni mußten alle Mitglieder des Ordens Malta verlassen. Die Herrschaft der Franzosen währte nur zwei Jahre; denn 1800 besetzten die Engländer Valletta. Im Vertrag von Paris (1814) erhielt Großbritannien die gesamte Inselgruppe als Kronkolonie zugesprochen. Bis zur Mitte des 20. Jahrhunderts war der Hafen Vallettas einer der wichtigsten englischen Flottenstützpunkte. Im Zweiten Weltkrieg wurde die Stadt bei Luftangriffen der Achsenmächte zum Teil zerstört. 1964 avancierte Valletta zur Hauptstadt des unabhängigen Staates Malta.

SEHENSWERTES. – Mittelpunkt Vallettas ist der **Palace Square** mit seinem 1568-74 vom Ordensbaumeister Gerolamo Cassar errichteten *Großmeisterpalast *(Grand Master's Palace).* Der Renaissancebau mit seiner von zwei Eingängen geprägten Fassade ist die ehemalige Residenz der Großmeister des Johanniter- oder Malteserordens. Heute beherbergt er das maltesische Parlament, den Amtssitz des Staatspräsidenten und andere Regierungsbehörden. Im Neptunshof (Neptune Court), dem größeren der beiden Innenhöfe, steht eine schöne Bronzefigur des Meeresgottes, während den baumbestandenen Prince Alfred Court die von Großmeister Manuel Pinto de Fonseca (1741-73) gestiftete Mohrenjuhr mit türkisch gekleideten Figuren, die die Stunden mit großen Hämmern schlagen, ziert.

Im INNEREN des Großmeisterpalastes befindet sich die berühmte Council Chamber mit kostbarsten Gobelins, die auf Veranlassung des Großmeisters Ramon Perellos y Roccaful (1697-1720) in Frankreich gewebt wurden. Sie zeigen exotische Szenen aus der damals noch wenig bekannten Karibik und aus Südamerika. Auch alle anderen Säle und Flure des Palastes sind mit wertvollen Kunstgegenständen und alten Waffen prunkvoll ausgestattet, vor allem der Saal des Großen Rats mit herrlichen Fresken, die Hall of the Ambassadors mit Ölgemälden zahlreicher Herrscher und Großmeister der damaligen Zeit und das Yellow State Room, dessen Wände mit gelbem Brokat verziert sind. Besonders sehenswert ist die Waffenkammer (Armoury) im Untergeschoß, die zu den größten Sammlungen ihrer Art in der Welt zählt, obwohl nach der Plünderung durch die Franzosen nur ein Bruchteil der ehemaligen Kostbarkeiten erhalten blieb. Prunkstücke sind die in Mailand gearbeitete Rüstung des Großmeisters Adrien de Wignacourt (1690-1697) und die aus der Werkstatt Siegismund Wolfs in Landshut stammende Rüstung Martin Garzes'.

Dem Palast gegenüber steht das mit dorischen Säulen verzierte klassizistische Gebäude der ehemaligen **Hauptwache** *(Main Guard),* in dem zur Zeit der Ordensritter die Leibwache des Großmeisters untergebracht war. Heute befinden sich hier das Libyan Cultural Centre und das Italian Cultural Centre. An der Nordostseite des Palace Square die *Hostel de Verdelin* aus dem 17. Jahrhundert. Von hier führt die rund 900 m lange **Republic Street,** zur Fußgängerzone umgestaltete Hauptgeschäftsstraße der Stadt, schnurgerade zum 350 m entfernten **Fort St. Elmo** an der Spitze der Landzunge von Valletta. Die Befestigungsanlagen wurden 1553 unter dem spanischen Großmeister Juan de Homedes (1536-53) zum Schutz der Hafeneinfahrt von Grand Harbour errichtet, und zwar unter Einbeziehung von Teilen einer mittelalterlichen Zitadelle, die an gleicher Stelle von den Spaniern erbaut worden war. Zuvor stand hier bereits eine normannische Befestigung. Etwa zur selben Zeit entstanden die auf der anderen Seite des Grand Harbour gelegenen Forts *St. Angelo* und *St. Michael.* Damaliger Ordenssitz war Birġu, das heutige Vittoriosa. Fort St. Elmo wurde während der großen Belagerung (1565) von den Türken zerstört und bei der Gründung Vallettas wiederaufgebaut. Im Zweiten Weltkrieg wurde von hier aus ein Angriff der deutschen Kriegsmarine erfolgreich abgewehrt. Heute ist im Lower Fort das *Kriegsmuseum* untergebracht, mit Exponaten aus dem Ersten und Zweiten Weltkrieg, darunter ein berühmtes Kampfflugzeug.

Die südöstliche Parallelstraße der Republic Street ist die **Merchants Street,** die ebenfalls an den Bastionen von Fort St. Elmo beginnt. Sie wird nach 120 m von der **Old Hospital Street** gequert, der man nach links folgt. Hier befindet sich das **Hospital der Ordensritter** *(Hospital of the Order),* dessen Lage am Südhang des Mount Sciberras zwar klimatisch ungünstig gewählt war, zu dem Kranke und Verwundete jedoch von den im benachbarten Grand Harbour ankernden Schiffen problemlos transportiert werden konnten. Das Gebäude wurde unter dem Großmeister Jean l'Evêque de la Cassière (1572-81) von einem unbekannten Baumeister errichtet. Es enthält den größten Krankensaal der damaligen Zeit (60 m lang, 15 m breit und 10 m hoch). – In der gegenüber beginnenden **St. Paul Street** folgt auf der rechten Seite die **Universität** *(University of Malta).* Sie entwickelte sich aus dem ehemaligen Collegium Melitense, einer hohen Bildungsstätte des Malteserordens, das vom Großmeister Hugues Loubenx de Verdalle (1581 bis 1595) gegründet wurde. Die sieben Fakultäten besitzen rund 1100 Studenten. Auf derselben Straßenseite, vorbei an der *Markthalle,* erreicht man wenig später die **St. Paul's Shipwreck Church** mit prächtigem *Innenraum, in dem sich ein Meisterwerk von Paladini (1544-1614; Schiffbruch des hl. Paulus) befindet.

Hinter der Kirche rechts bergan über die Treppen der **St. Lucia Street** zum **Great Siege Square,** der von der Republic Street überquert wird. In der Mitte des Platzes erhebt sich das bronzene *Denkmal der großen Belagerung* (Monument of the Great Siege), das von Antonio Sciortino errichtet wurde, und die Nordwestseite säumt das neue Gebäude des *Obersten Gerichtshofs* (Law Courts), das über den Trümmern der im Zweiten Weltkrieg zerstörten *Auberge d'Auvergne* von Gerolamo Cassar (1520-86) errichtet wurde. – Nordöstlich schließt sich der **Queen's Square** an, der im Süden von der im jüngsten Gebäude aus der Ordensritterzeit (1796) untergebrachten **Maltesischen Nationalbibliothek** *(National Library of Malta)* begrenzt wird. Sie wurde bereits 1650 vom Malteserorden gegründet und war bald eine der größten öffentlichen Bibliotheken der Welt. Neben 30 000 modernen Büchern und Porträts von Persönlichkeiten, die sich um die Bibliothek verdient gemacht haben, sind hier wertvollste Sammlungen alter Handschriften und Dokumente des Ordens ausgestellt, u.a. die von Papst Paschalis II. unterzeichnete Gründungsurkunde des Johanniterordens und der Lehensvertrag zwischen Karl V. und dem Orden, der die Ritter auf Malta heimisch werden ließ.

Schräg gegenüber beginnt die **Old Theatre Street,** die Queen's Square und Palace Square voneinander trennt. Auf ihrer rechten Seite, zwischen Old Bakery Street und Old Mint Street, befindet sich das **Manoel Theatre,** benannt nach dem Großmeister Antonio Manoel de Vilhena, der das Gebäude 1731 errichten ließ. Besonders sehenswert ist der prunkvolle Innenraum mit seinen goldverzierten Logen und den mit grünem Samt bezogenen Sitzen. Vorbei an der jenseits der Old Mint Street gelegenen Kirche *Our Lady of Mount Carmel* erreicht man nach wenigen Metern rechts in der West Street die **Anglican Cathedral of St. Paul's,** die sich an der Stelle der einstigen *Auberge d'Allemagne* am **Independence Square** erhebt. Das Gotteshaus, dessen Turm eines der Wahrzeichen Vallettas ist, wurde 1844 von den Engländern errichtet, nachdem durch den Abbruch der alten Herberge (1839) der notwendige Platz geschaffen worden war. Gegenüber die **Auberge d'Aragon,** in der heute das Kultusministerium untergebracht ist. Sie ist die älteste (1571) der sieben von Gerolamo Cassar entworfenen Ritterherbergen und neben der Auberge de Provence die einzige im ursprünglichen Zustand erhalten geblie-

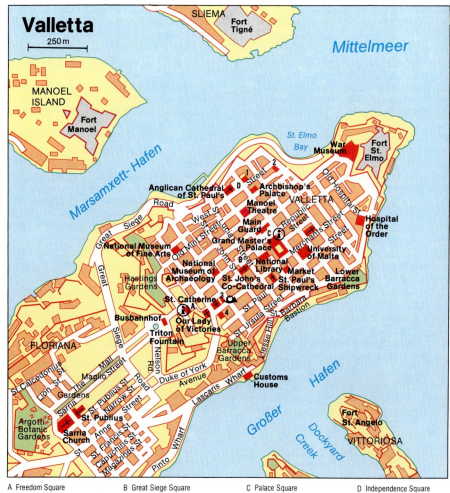

Valletta

250 m

SLIEMA

Fort Tigné

MANOEL ISLAND

Fort Manoel

Mittelmeer

Marsamxett-Hafen

St. Elmo Bay

War Museum

Fort St. Elmo

Anglican Cathedral of St. Paul's

Archbishop's Palace

Old Hospital St.

Road

Street

West Street

St. Lucia St.

Manoel Theatre

VALLETTA

Republic Street

Siege

Main Guard

Hospital of the Order

National Museum of Fine Arts

Old Mint St.

Grand Master's Palace

John's St.

Merchants Street

Strait St.

University of Malta

Great

National Museum of Archaeology

National Library

Market

St. Paul's Shipwreck

Lower Barracca Gardens

Hastings Gardens

St. John's Co-Cathedral

St. Paul Street

St. Ursula Street

Bastion

St. Catherine

Busbahnhof

Our Lady of Victories

St. Barbara

Triton Fountain

Upper Barracca Gardens

Liesse Hill

FLORIANA

Siege

Nelson Rd.

Duke of York Avenue

Lascaris Wharf

Customs House

Hafen

St. Calcedonius St.

The Mall

Maglro St.

Lion St.

Gardens

Sarria

St. Publius St.

Narrow Street

Road

Argotti Botanic Gardens

St. Publius

Anne

St. Francis St.

Capuchins St.

Magazines St.

Sarria Church

Pinto Wharf

Großer

Dockyard Creek

Fort St. Angelo

VITTORIOSA

A Freedom Square	B Great Siege Square	C Palace Square	D Independence Square
1 Auberge d'Aragon	2 Auberge de Bavière	3 Auberge d'Italie	4 Auberge de Castille et Léon

bene. Im Innern des schlichten Bauwerks schön gestaltete Renaissanceräume. In unmittelbarer Nähe, in der Archbishop Street, befindet sich das **Erzbischöfliche Palais** *(Archbishop's Palace),* ein repräsentativer Bau aus dem Jahr 1624.

Durch die Mint Street, eine malerische Gasse mit herrlichem *Blick auf Manoel Island und das gleichnamige Fort im Marsamxett Harbour und die anschließende St. Charles Street gelangt man zum *English Curtain* genannten Teil der Stadtbefestigung an der Südwestseite von St. Elmo Bay. Gegenüber der *Jews Sally Port,* einem alten Ausfalltor, befindet sich das 1696 errichtete Gebäude der **Auberge de Bavière,** ein ehemaliger Palast, in dem seit 1784 die aus Bayern stammenden Ordensritter untergebracht waren. Am besten folgt man von hier dem English Curtain in östlicher Richtung bis zur St. Nicholas Street, die nach wenigen Metern die Republic Street kreuzt. Dort biegt man rechts ab und gelangt über den Palace

Square und den Queen's Square zurück zum Great Siege Square.

Südlich des Great Siege Square erhebt sich die berühmte **St. John's Co-Cathedral** (1573-77), die zu den schönsten Sakralbauten Europas gehört. Sie ist ein Meisterwerk Gerolamo Cassars, des ersten Baumeisters des Malteserordens. Das Johannes dem Täufer geweihte Gotteshaus wurde von dem französischen Großmeister Jean l'Evêque de la Cassière als Klosterkirche des Johanniterordens aus seinem Privatvermögen gestiftet. Papst Pius VII. erhob sie 1816 zur Co-Cathedral, d.h. zur Schwesterkathedrale der Kathedrale von Mdina. Die von zwei quadratischen Renaissancetürmen flankierte Fassade macht einen sehr schlichten Eindruck, und auch das Portal mit einem Balkon, von dem sich die Ordensgroßmeister nach ihrer Wahl den Rittern präsentierten, ist sehr unscheinbar.

Der Reichtum und die geradezu atemberaubende Pracht des *INNEREN der Kathedrale wirken vollkommen unvermittelt auf den überraschten Besucher ein. Besonders beeindruckend sind die *Seitenkapellen* der verschiedenen Landsmannschaften des Ordens. Sämtliche Nationen konkurrierten miteinander und waren bestrebt, ihren Teil der Kirche besonders kostbar mit Gemälden und Skulpturen auszustatten. Den Boden der Kathedrale zieren 400 mit Marmorintarsien geschmückte Grabplatten, unter denen mehrere Generationen der zum Malterserorden gehörenden Söhne des gesamten europäischen Hochadels begraben liegen. In die sechs Gewölbefelder der Decke ließen die Großmeister Raffael und Nicola Cotoner 18 barocke Fresken malen, die von dem Italiener Mattia Preti ausgeführt wurden. Sie schildern bewegte Szenen aus dem Leben des hl. Johannes. Den Höhepunkt der Besichtigung bildet jedoch eines der Meisterwerke von Caravaggio, die 1608 gemalte 'Enthauptung des Johannes'. Das Bild gehört zu den großartigsten Barockgemälden überhaupt. Sehenswert auch der prachtvolle *Hochaltar* (1686) mit einem 'Abendmahl' von Lorenzo Gafà und die Marmorgruppe der Taufe Christi von Giuseppe Mazzuoli. Zu beiden Seiten des Altars stehen die Thronsessel des Großmeisters und des Erzbischofs von Malta. In der *Krypta* befinden sich die Sarkophage von zwölf Großmeistern, darunter auch das Grabdenkmal von Philippe Villiers de l'Isle Adam, der den Johanniterorden von Rhodos nach Malta führte. Daneben das Grabmal von Jean Parisot de la Valette, dem Gründer Vallettas. In der *Sakristei* links vom Haupteingang sind neben alten Meßgewändern wertvolle Gemälde des hl. Johannes ausgestellt. Von ihm stammen auch drei Bilder im *Oratorium*, das sich unmittelbar an die Kathedrale anschließt: 'Kreuztragung', 'Ecce Homo' und 'Dornenkrönung'. Das *Kathedralmuseum* birgt ebenfalls kostbare Schätze, allen voran 14 in Belgien gearbeitete Wandteppiche, für deren Muster Gemälde von Rubens und Poussin die Vorlagen abgaben.

Vom Hauptportal der St. John's Co-Cathedral führt die St. John Street in Richtung Grand Harbour. Über eine Treppenflucht am Ende der Straße, vorbei an der von Gerolamo Cassar errichteten Renaissancekirche *St. Mary of Jesus* (16. Jh.), gelangt man zur *St. Barbara Bastion.* Durch das *Victoria Gate* erreicht man nach wenigen Metern den **Hafen.** Vom Ende der Straße Liesse Hill führt der Weg durch einen Tunnel unter den Befestigungsanlagen hindurch zum *alten Zollhaus* (Customs House) mit seiner Anlegestelle für die gondelähnlichen Dghajsas, die man für interessante Hafenrundfahrten mieten kann. Vom Fuß der Bastion konnte man früher mit einem Fahrstuhl zur 60 m hoch gelegenen **Upper Barracca** hinauffahren. Diese herrliche *Gartenanlage* mit ihren zahlreichen Statuen (u. a. von Churchill) wurde auf einer alten Befestigung angelegt und bietet einen der schönsten Ausblicke über den Grand Harbour. Da der Fahrstuhl zur Zeit stillgelegt ist, geht man am besten zur Victoria Gate zurück und biegt an der Kirche St. Mary of Jesus links in die St. Ursula Street ein. Am Ende der Straße, die auf den riesigen Castile Place mündet, befindet sich links der Eingang zur Upper Barracca.

Der Castile Place ist nach der berühmten *Auberge de Castille (et León)

benannt, einem der prachtvollsten Bauwerke Vallettas, dessen herrliche Fassade den Platz beherrscht. Die Herberge stammt ursprünglich von Gerolamo Cassar, wurde jedoch von Domenico Cachia auf Veranlassung des Großmeisters Manoel Pinto de Fonseca (1741-73) meisterhaft umgestaltet und barockisiert. Das wohlproportionierte, streng symmetrisch gehaltene Gebäude wurde während des Zweiten Weltkriegs schwer beschädigt und später sorgfältig restauriert. Dominierendes Element der zweigeschossigen Fassade ist das von alten Kanonen und zwei Säulenpaaren flankierte Portal mit der Büste des Großmeisters, zu dem eine großzügig gestaltete Freitreppe hinaufführt. Früher war in der Auberge das britische Militärhauptquartier untergebracht. Heute ist sie Amtssitz des maltesischen Premierministers.

In der benachbarten Merchants Street befindet sich der ehemalige *Palazzo Parisio* (18. Jahrhundert), heute Sitz des Außenministeriums. Hier wohnte Napoléon Bonaparte für kurze Zeit, nachdem er Valletta am 11. Juni 1798 eingenommen hatte. Gegenüber liegt die 1574 von Gerolamo Cassar erbaute **Auberge d'Italie.** Sie wurde gegen Ende des 17. Jahrhunderts unter dem Großmeister Gregorio Carafa (1680-90), dessen Wappen über dem Portal prangt, umgebaut. Nebenan die zugehörige ehemalige *Ordenskirche St. Catherine,* heute Pfarrkirche, deren Längsseite an den Victory Square grenzt. Auf der anderen Seite des Platzes befindet sich die *Kirche Our Lady of Victories.* An dieser Stelle erfolgte 1566 die Grundsteinlegung Vallettas.

Vom Victory Square führt die schmale South Street nach Nordwesten zum Marsamxett Harbour. In der von rechts einmündenden Republic Street liegt an der Kreuzung mit der Britannia Street das **Archäologische Nationalmuseum** (*National Museum of Archaeology*) mit Fundstücken, die auf der Welt einmalig sind. Das Museum ist in der ehemaligen Auberge de Provence untergebracht, einem repräsentativen Gebäude, das 1571 von Gerolamo Cassar für den Malteserorden errichtet wurde.

Die berühmtesten Exponate besitzt die VORGESCHICHTLICHE ABTEILUNG; darin wurden sämtliche Funde aus den jungsteinzeitlichen Tempeln der Inselgruppe zusammengetragen. 6000-7000 Jahre alte Keramiken, Schmuckstücke, Altäre, Kalksteinstatuetten, Terrakotten, kultische Geräte u. a. aus der Ġgantija auf Gozo, aus den Kultstätten von Haġar Qim, Mnaidra und Hal Tarxien sowie aus dem Hypogäum. In einem eigenen Raum werden interessante Modelle der fünf besterhaltenen Tempel gezeigt. Sammlungen aus phönizischer, punischer, römischer und arabischer Zeit sowie eine dem Malteserorden gewidmete Abteilung runden den weitgesteckten Rahmen ab.

An der Kreuzung der South Street mit der Scots Street im Nordwesten der Stadt befindet sich das **Nationalmuseum der Schönen Künste** *(National Museum of Fine Arts)* mit zahlreichen Gemälden einheimischer Künstler, u. a. das "Selbstbildnis" von Giuseppe Grech (19. Jahrhundert), das "Porträt einer Frau" von Giorgio Bonavia und das Gipsmodell "Arabische Pferde" von Antonio Sciortino. Beachtenswert sind auch die Bilder der ehemaligen Gemäldegalerie Maltas, die heute ebenfalls im National Museum of Fine Arts untergebracht sind, mit Vertretern der spanischen, französischen und britischen Schule. Besonders hervorzuheben sind Namen wie Mattia Preti (1613-99), Tiepolo (1727-1804), Palma Giovane, Mathias Stomer (1600-50) und Andrea Vaccaro (1598-1670).

Vom Museum aus empfiehlt sich ein Bummel durch die benachbarten *Hastings Gardens,* so benannt nach dem ehemaligen britischen Gouverneur General Marquess of Hastings (1824-26). Südöstlich gelangt man zum *City Gate* mit dem vorgelagerten **F r e e d o m S q u a r e**, Ausgangspunkt der Republic Street. Außerhalb des Tores erstreckt sich ein großer Platz, in dessen Mitte der *Triton-Brunnen* steht. Hier befindet sich der *City Gate Bus Terminus,* von dem sämtliche Autobuslinien Maltas ausgehen. Die gepflegten Parkanlagen jenseits des Platzes gehören bereits zu FLORIANA, einem jüngeren Vorort, der im frühen 18. Jahrhundert zum Schutz der Landseite Vallettas gegründet und nach Plänen Pietro Florianis erbaut wurde. Sehenswert sind außer den Befestigungsanlagen *(Porte des Bombes)* die Kirchen St. *Publius,* dem ersten Bischof Maltas geweiht, *Sarria Church* und die Kapelle *Our Lady of Lourdes.* Außerdem lohnt sich ein Besuch der schönen Gartenanlagen Florianas (Botanischer Garten Argotti) mit mehreren Denkmälern und einer interessanten Kakteensammlung.

UMGEBUNG. – Von Valletta und seiner Vorstadt Floriana sind zwei kurze Ausflüge zu den noch zur Stadtregion Valletta gehörenden Nachbarstädten empfehlenswert, die sich entlang der Küste von Grand Harbour und Marsamxett Harbour erstrecken.

Grand Harbour zwischen Floriana und Ricasoli Point. – Marsa, die Nachbarstadt Florianas, liegt am Ende der Bucht von Grand Harbour. Hier befinden sich die meisten der Industriebetriebe, die man nach dem Abzug der Engländer im Umland von Valletta ansiedelte, um die durch den Wegfall der Marinebasis entstandene Arbeitslosigkeit einzudämmen. Besondere Sehenswürdigkeiten besitzt der Ort nicht.

Um so interessanter ist das südlich von Marsa, etwa 1 km vom Grand Harbour entfernt liegende **Paola** (12 000 Einw.), eine moderne Stadt mit geradlinig verlaufenden Straßen. Hauptattraktion ist das 1902 beim Bau einer Zisterne entdeckte ** Hypogäum von Hal Saflieni, eine jungsteinzeitliche Kultstätte, die nirgends auf der Welt ihresgleichen findet. Man betritt das Sanktuarium durch ein aus Kalksteinquadern neu erbautes Tor. Die in Jahrhunderte langer Arbeit mit Hilfe von Steinwerkzeugen bis zu 9 m tief in den gewachsenen Fels vorgetriebenen Katakomben bestehen aus einer Vielzahl von Hallen, Gängen und Stufen, die in drei Stockwerken übereinander angeordnet sind. Sie sind wissenschaftlichen Datierungen zufolge mindestens 5000, nach neuesten Erkenntnissen sogar 7000 Jahre alt. Die Ureinwohner Maltas hielten in dem unterirdischen Labyrinth nicht nur Gottesdienste ab, sondern sie verkündeten hier auch Orakelsprüche. Außerdem benutzten sie die Katakomben als Nekropole, wie die Gebeine von 6000-7000 Menschen beweisen, die hier gefunden wurden. Im Nationalmuseum von Valletta befinden sich unschätzbar wertvolle Tonfiguren aus dem Hypogäum, neben Vogelfiguren aus Stein vor allem eine auf einem Ruhebett liegende Frauengestalt, vermutlich eine Priesterin.

Die größte, jüngste und am besten erhaltene prähistorische Kultstätte der Insel Malta befindet sich nur etwa mehr als 1 km südwestlich von Paola in der Ortschaft * **Tarxien**. Die ursprünglich 5400 qm umfassende Anlage wurde 1914 freigelegt und restauriert. Sämtliche bei den Ausgrabungsarbeiten gefundenen Steinreliefs und Plastiken befinden sich heute im Nationalmuseum von Valletta. Ihre Fundorte nehmen gut gelungene Nachbildungen ein. Die Steinmauern der vier aneinandergereihten Tempel zieren Spiralmuster und Tierfiguren, wie man sie auch in anderen maltesischen Kultstätten gefunden hat. Im südlichen Tempel steht der Rest einer ursprünglich etwa 2,75 m hohen Statue einer Fruchtbarkeitsgöttin mit unförmigen Beinen und vergleichsweise kleinen Füßen sowie einem gefältelten Rocksaum.

3 km nördlich von Tarxien ragen zwei Halbinseln fingerförmig in die Bucht des Grand Harbour. Hier liegen die Hafenstädte Senglea und Vittoriosa mit ihren ausgedehnten Docks und Werftanlagen. Sie flankieren die auf dem Festland zwischen ihnen gelegene Stadt **Cospicua** (9000 Einw.) mit der Kirche der Unbefleckten Empfängnis (Immaculate Conception), die zu den am reichhaltigsten ausgestatteten Profanbauten der Insel gehört.

Senglea (5000 Einw.) besitzt ebenfalls eine sehenswerte Kirche (Our Lady of Victories). Vom ehemaligen Fort St. Michael an der Spitze der Halbinsel steht nur noch der alte Wachturm. Von hier hat man einen * Ausblick auf den Grand Harbour und die gegenüberliegende Stadt Valletta.

Vittoriosa (4000 Einw.) ist die zweitälteste Stadt Maltas. Unter dem Namen *Birgu,* den sie vor der türkischen Belagerung von 1565 trug, war sie bereits in der Antike bekannt. Die Phönizier hatten hier einen Tempel errichtet, dessen Überreste von den Ruinen eines römischen Tempels überlagert sind. Birgu, der alte Hafen der im Landesinnern gelegenen ehemaligen Hauptstadt Mdina, besaß vor der Ankunft des Johanniterordens auf Malta bereits bescheidene Befestigungsanlagen aus aragonischer Zeit, die unter dem Großmeister Juan de Homedes (1536-1553) ausgebaut wurden. Es entstanden die Bastionen um Fort St. Angelo, von denen die Stadt durch einen Wall mit Zugbrücke getrennt war. Von hier aus wurde im Verein mit Fort St. Elmo (auf der anderen Hafenseite) und dem benachbarten Fort St. Michael der Türkenangriff abgewehrt. Birgu wurde damals zur Hauptsitz des Ordens, der sich zuvor in Mdina befunden hatte. Aus der Ordenszeit blieben neben mehreren Ritterherbergen der Inquisitionspalast (Inquisitor's Palace) und St. Lawrence Church, die erste Klosterkirche des Ordens, erhalten. Im Innern befinden sich Schwert und Kopfbedeckung des Großmeisters La Valette, des Gründers von Valletta.

Nördlich der 'drei Städte' folgt der malerische Ort **Kalkara** (2200 Einw.). Dort werden die Dghajsa genannten Boote gebaut, die von hier aus den Fährverkehr nach Valletta übernehmen. – An der Spitze der nördlich von Kalkara gelegenen Halbinsel folgt das ehemalige **Fort Ricasoli** (17. Jh.).

Marsamxett Harbour zwischen Floriana und Sliema. – Die Städtereihe nördlich Vallettas umschließt das der Hauptstadt gegenüber liegende Ufer von Marsamxett Harbour, dem zweiten Naturhafen neben Grand Harbour. Valletta und Sliema verbindet die verkehrsreichste Straße der Insel Malta. Hinter Floriana erreicht man zunächst die westlich angrenzende Kleinstadt **Pietà** (4500 Einw.) mit dem St. Luke's Hospital und der schön gelegenen Villa Portelli, die früher einmal von der heutigen britischen Königin Elizabeth II. bewohnt wurde.

Weiter nördlich folgt die Universitätsstadt (University of Malta) **Msida** (6000 Einw.), an deren Fischerhafen die sehenswerte St. Joseph's Church liegt. An beiden Ufern des Msida Creek, einer Nebenbucht von Marsamxett Harbour, liegen viele der zahlreichen Yachten, die dem großen Naturhafen seine charakteristische Atmosphäre verleihen.

Auf einer nach Osten vorspringenden Landzunge liegt die vornehme Wohnsiedlung **Ta'Xbiex**, an deren Lazzaretto Creek die kostspieligsten Jachten von Marsamxett vor Anker liegen. – Nördlich schließt sich die Industriestadt **Gzira** (9000 Einw.) an. Von hier führt ein Damm zur Insel **Manoel Island** mit dem gleichnamigen Fort, das 1730 von den Ordensrittern erbaut wurde.

An seinem Nordende geht Gzira nahtlos in das Häusermeer von **Sliema** (20 000 Einw.), der größten, modernsten und geschäftigsten maltesischen Stadt, über. Sliema ist das bedeutendste Einkaufs- und Touristenzentrum der Inselrepublik, mit zahlreichen Hotels, Restaurants und Cafés an der kilometerlangen Promenade, vor der sich der am offenen Meer gelegene, meist steinige Badestrand erstreckt. Sehenswert ist die romanische St. Gregory's Church. Südöstlich der Stadt liegt das 1761 von den Ordensrittern erbaute Fort Tigné.

Das nördlich an Sliema anschließende ehemalige Fischerdorf **St. Julian's** mit den beiden Ortsteilen *Paceville* und *St. George's Bay* hat in den letzten

Der Fischerhafen von St. Julian's auf Malta

Jahren verstärkte Anstrengungen auf dem touristischen Sektor unternommen und steht heute in Konkurrenz mit Sliema. Die Gemeinde besitzt lange Sandstrände, erstklassige Hotels, ein Spielcasino sowie zahlreiche Nachtclubs. Die modernen Viertel bilden einen reizvollen Kontrast mit dem hübschen alten Fischerhafen.

Weitere Sehenswürdigkeiten auf *Malta (und *Gozo) s. dort.

Vatikan s. bei Rom

Venedig / Venezia

Italien.
Region: Veneto. – Provinz: Venezia.
Höhe: 0-1 m ü.d.M. – Einwohnerzahl: 370 000.
Postleitzahl: I-30100. – Telefonvorwahl: 041.
ⓘ **EPT,** San Marco Ascensione 71 C,
Telefon: 263 56;
Informationsbüros, Piazzale Roma,
Telefon: 274 02,
und am Hauptbahnhof Santa Lucia,
Telefon: 213 37.
AA, im Palazzo Martinengo, Rialto 4089;
Telefon: 261 10.
ACI, Fondamenta Santa Chiara 518 a;
Telefon: 700300.
CIT, Piazza San Marco 48/50; Telefon: 854 80.

HOTELS. – *Danieli Royal Excelsior,* Castello 4196, L, 427 B.; *Bauer Grünwald,* Campo San Moisè 1459, L, 389 B.; *Gritti Palace,* Campo Santa Maria del Giglio, L, 167 B.; *Cipriani,* Giudecca 10, L, 160 B., Sb.; *Europa & Britannia,* San Marco 2159, I, 255 B.; *Carlton Executive,* Santa Croce 578, I, 223 B.; *Luna,* San Marco 1243, I, 220 B.; *Gabrielli-Sandwirth,* Riva degli Schiavoni 4110, I, 190 B.; *Park,* Giardino Papadopoli, I, 180 B.; *Saturnia-International,* San Marco 2399, I, 166 B.; *Monaco & Grand Canal,* San Marco 1325, I, 136 B.; *Londra,* Riva degli Schiavoni 4171, I, 118 B.; *Regina & Di Roma,* San Marco 2205, I, 112 B.; *Metropole,* Riva degli Schiavoni 4149, I, 117 B.; *Principe,* Lista di Spagna 146, II, 273 B.; *Continental,* Lista di Spagna 166, II, 205 B.; *Bonvecchiati,* San Marco 4488, II, 152 B.; *Cavalletto & Doge Orseolo,* San Marco 1107, II, 146 B.; *Universo e Nord,* Lista di Spagna 121, II, 130 B.; *Austria & De la Ville,* Cannaregio 227, II, 130 B.; *Savoia & Jolanda,* Riva degli Schiavoni 4187, II, 119 B.; *Residence Palace Sceriman,* Lista di Spagna 168, II, 118 B.; *La Fenice et des Artistes,* San Marco 1936, II, 116 B.; *Al Sole Palace,* Santa Croce 136, II, 115 B.; *Terminus,* Lista di Spagna 116, II, 114 B.; *Ala,* San Marco 2494, II, 108 B.; *Concordia,* Calle Larga San Marco 367, II, 106 B.; *Giorgione,* Santo Spostoli 4587, II, 105 B.; *San Marco,* San Marco 877, II, 100 B.; *Nazionale,* Lista di Spagna 158, III, 136 B.; *Rialto,* Riva del Ferro 5147, III, 118 B.; *Gorizia a la Valigia,* San Marco 4696-A, III, 101 B.; *Gallini,* San Marco 3673, III, 87 B.; *Dolomiti,* Calle Priuli 72, III, 80 B. – JUGENDHERBERGE, auf der Insel Giudecca, Fondamenta Zitelle 86, 320 B.

Am Lido: *Excelsior Palace, L, 418 B., Sb.; *Des Bains & Palazzo Al Mare,* I, 434 B., Sb.; *Cappelli-Wagner,* II, 243 B.; *Hungaria,* II, 184 B.; *Quattro Fontane,* II, 130 B.; *Biasutti Adria Urania Nora,* II, 123 B.; *Riviera,* II, 104 B.; *Helvetia,* II, 90 B.; *Villa Otello,* II, 68 B.; *Centrale,* II, 64 B.; *Sorriso,* III, 75 B.; *Villa Mabapa,* III, 63 B.

In Marghera: *Vienna,* III, 108 B.; *Mondial,* III, 101 B.; *Lugano-Torretta,* III, 99 B., Sb.; *Touring,* III, 95 B.; *Adriatic,* III, 83 B.; *Lloyd,* III, 83 B. – In Mestre: *Plaza,* II, 410 B.; *Bologna & Stazione,* II, 199 B.; *Sirio,* II, 190 B.; *Ambasciatori,* II, 167 B.; *Capitol,* II, 160 B.; *Tritone,* II, 129 B.; *President,* II, 95 B.; *Centrale,* III, 175 B.; *Venezia,* III, 171 B.; *Aquila Nera,* III, 78 B.; *Piave,* III, 73 B.; *Ariston,* III, 70 B. – In Punta Sabbioni: *Lio Grando,* II, 106 B.

In Lido di Iésolo: *Cesare Augustus,* I, 232 B., Sb.; *Las Vegas,* I, 184 B., Sb.; *Anthony,* I, 120 B., Sb.; *Bellevue,* I, 111 B., Sb.; *Gallia,* I, 105 B., Sb.; *Negresco,* I, 78 B., Sb.; *Elite,* I, 74 B., Sb.; und zahlreiche andere. – In Caorle: *Airone,* II, 100 B.; und zahlreiche andere.

In Chioggia: *Grande Italia,* II, 114 B. – In Sottomarina: *Vittorio Palace,* II, 255 B.; *Ritz,* II, 150 B.; *Capinera,* II, 86 B.; *Real,* III, 122 B.; *Bristol,* III, 120 B.

VERANSTALTUNGEN. – **Biennale** d' Arte (Kunstausstellung), alle zwei Jahre Juni bis September; *Festa del Redentore,* mit Schiffskorso, 3. Samstag im Juli; *Mostra d' Arte Cinematografica* (Filmfestspiele), August/September; *Historischer Gondelkorso,* 1. Sonntag im September; *Festival Moderner*

Kunst, im September; ferner mehrere Kirchenfeste ebenfalls mit Gondelkorso.

**Venedig, die einst glänzendste Handelsstadt der Erde, jetzt Hauptstadt der italienischen Landschaft Veneto und Sitz eines Patriarch-Erzbischofs, liegt im innersten Winkel des Adriatischen Meeres, 4 km vom Festland entfernt (Eisenbahn- und Straßenbrücke) inmitten der Laguna Veneta, eines 40 km langen, bis 15 km breiten Wattenmeeres, das durch Nehrungen (lidi) von der Adria getrennt ist. In der Eigenart seiner Wasserstraßen sowie der Schönheit der Paläste und Kirchen ist Venedig unvergleichlich. – Zur Rettung der vom Untergang bedrohten Stadt liegen die verschiedensten Sanierungsprojekte vor.

Venedig ist auf 118 kleinen Inseln erbaut und von etwa 100 'Canale' oder 'Rio' genannten Kanälen durchzogen, deren Ufer durch fast 400 meist steinerne Brücken verbunden sind. Die auf Pfahlrosten stehenden etwa 15 000 Häuser bilden ein enges Gewirr von Straßen und engen Gassen ('Calle', 'Salizzada' u. a.), die immer belebt sind, doch ohne den Lärm des Wagenverkehrs. Kleinere Plätze heißen 'Campo' oder 'Campiello', im Gegensatz zur 'Piazza', die Kais 'Riva' oder 'Fondamenta'.

Die Industrie beschränkte sich früher auf kunstgewerbliche Erzeugnisse (bes. Gläser und Spitzen), Schiffbau u. a.; seit dem Ersten Weltkrieg ist bei dem Vorort Mestre eine ansehnliche Großindustrie entstanden. Der Hafen ist mit einem Jah-

resgüterumschlag von etwa 25 Mio. t einer der bedeutendsten Italiens.

GESCHICHTE. – Das Gebiet von Venedig wurde im Altertum von illyrischen *Venetern* besiedelt, die im 3. Jahrhundert v. Chr. mit Rom ein Schutzbündnis eingingen und bald romanisiert wurden. Im Jahre 452 flüchteten die Bewohner der Küste auf die Laguneninseln und schlossen sich 697 unter einem 'Dogen' (von latein. 'dux' = Führer) zum Venetischen Seebund zusammen. Im Jahre 811 wurde *Rivus Altus* (Rialto), das heutige Venedig, Sitz der Regierung. Seit 829, dem Jahre der Überführung der Gebeine des Evangelisten Markus aus Alexandria nach Venedig, ist der hl. Markus Schutzpatron der Republik, die nun auch seinen Namen und als Wappen seine Löwen führt. Der junge Staat gelangte als Mittler des Verkehrs zwischen dem Abendland und dem Orient zu hoher Blüte; er besetzte die Ostküste der Adria, eroberte 1204 Konstantinopel und setzte sich auch an den Küsten Griechenlands und Kleinasiens fest. Der sogenannte Hundertjährige Krieg mit Genua wurde 1380 durch Venedigs Seesieg bei Chioggia entschieden. Im 15. Jahrhundert erreichte die Republik den Höhepunkt ihrer Macht: Sie beherrschte das ganze östliche Mittelmeer und dehnte ihre Eroberungen auf dem italienischen Festland bis Verona, Bergamo und Brescia aus ('Terra ferma'). Auch kulturell erlebte Venedig im 15. und 16. Jahrhundert seine Blütezeit. – Mit dem Vordringen der Türken sowie der Entdeckung Amerikas und der neuen Seewege nach Indien gegen Ende des 15. Jahrhunderts setzte jedoch ein Rückgang ein. Der Festlandsbesitz verwickelte die Republik im 16. Jahrhundert in die Kriege der rivalisierenden Mächte Österreich-Spanien und Frankreich. Die Kämpfe gegen die Türken endeten 1718 mit dem dauernden Verlust aller orientalischen Besitzungen. 1797 machten die Franzosen der Selbständigkeit Venedigs ein Ende; im Frieden von Campoformio kam die Stadt zeitweilig, 1814 dauernd an Österreich, und 1866 schloß sie sich dem neuen Königreich Italien an.

SEHENSWERTES. – Am Ende des vom Festland bei Mestre kommenden Lagunendammes liegt der P i a z z a l e R o m a , mit großem Parkplatz und Garagenhochhaus. Unweit nördlich am

Gondelkorso auf dem Canal Grande in Venedig

Canale di Santa Chiara die **Landungs-brücke** für den Stadtverkehr. Gegenüber am nördlichen Ufer des Kanals die moderne **Stazione Santa Lucia.** In der hier beginnenden kurzen Lista di Spagna liegen die meisten Hotels des westlichen Stadtteils.

Der beim Hauptbahnhof beginnende ****Canal Grande** ('Großer Kanal'), die Hauptverkehrsader Venedigs (3,8 km lang, durchschnittlich 70 m breit und 5 m tief), durchschneidet die Stadt von Nordwesten nach Südosten in Form eines liegenden S und gewährt mit seiner Fülle stolzer Privatpaläste der einst fürstengleichen Kaufherren einen überwältigenden Eindruck von dem Reichtum und vom Glanz des alten Venedig. Vom 12. Jahrhundert bis zum Anfang

> Von der Landungsbrücke fahren **Motorboote** *(motoscafi)* zum Markusplatz, entweder in 25 Minuten durch den Canal Grande oder in 10 Minuten direkt durch den Rio Nuovo. – Die **Motorschiffe** *(vaporetti)* fahren durch den Canal Grande in 30 Minuten zum Markusplatz und weiter in 15 Minuten zum Lido oder nach San Giorgio Maggiore. – **Gondeln** *(gondole),* die altberühmten Wasserfahrzeuge Venedigs, benötigen zum Markusplatz etwa 1 Stunde.

des 18. Jahrhunderts sind alle Baustile vertreten, besonders reizvoll der venezianisch-gotische Stil mit seinen phantastischen Säulenarkaden, ferner in kaum minder heiterer Pracht die Frührenaissance. Die Pfähle ('pali') vor den Treppeneingängen der Paläste dienen zum Schutz der anlegenden Gondeln und tragen die Farben der Besitzer.

Kanalfahrt vom Bahnhof zum Markusplatz

Links

Chiesa degli Salzi, ehem. Barfüßerkirche, in glänzendem Barock (1649-89).

***Palazzo Vendramin-Calergi,** der schönste Frührenaissancepalast Venedigs, um 1509 vollendet, Sterbehaus Richard Wagners († 1883).

***Ca' d' Oro** ('Goldenes Haus'), der zierlichste gotische Palast Venedigs (15. Jh.), mit der *Galleria Franchetti* (Skulpturen, Bronzen, Bilder von Tizian, Tintoretto, Mantegna, Signorelli, van Dyck u. a.; z. Z. geschl.).

Fondaco dei Tedeschi, vom 12. bis zum 14. Jh. Herberge und Warenhaus der deutschen Kaufleute, 1506 neu aufgeführt, jetzt *Hauptpost.*

***Ponte di Rialto** (von 'Rivus Altus'), ein 1588-92 von Antonio dal Ponte erbauter 48 m langer Marmorbogen von 27$^3/_4$ m Spannweite, mit zwei Reihen Läden.

Palazzo Loredan (heute Rathaus) und *Palazzo Farsetti,* einst *Dandolo,* beide romanisch (12. Jh.).

***Palazzo Grimani,** ein Meisterwerk der Hochrenaissance, von Sanmicheli (16. Jh.), jetzt Appellationsgericht.

***Palazzo Corner-Spinelli,** Frührenaissance, im Stil der Lombardi, 1542 im Innern von Sanmicheli hergerichtet.

Palazzo Mocenigo, vier Paläste nebeneinander, der letzte von 1580.

Palazzo Contarini delle Figure, Frührenaissance (1504).

Palazzo Moro-Lin, römische Spätrenaissance.

Palazzo Grassi, von 1745.

Kirche San Samuele, mit romanischem Glockenturm (12. Jh.).

Rechts

Fondaco dei Turchi, spätromanisch (urspr. 13. Jh.), seit 1621 Türkenherberge, 1861-69 erneuert, jetzt *Museo di Storia Naturale.*

***Palazzo Pesaro,** der glänzendste Barockpalast Venedigs (1710 von Longhena vollendet), mit der *Galleria d' Arte Moderna* und dem *Museo Orientale* (ostasiatische Kunst).

Pescheria, Fischmarkt (von 1907), mit neugotischer Markthalle.

Erberia, der Landeplatz der Gemüse- und Obstschiffe (besonders am Spätnachmittag).

Palazzo Papadopoli, Hochrenaissance (16. Jh.).

Palazzo Pisani a San Polo, gotisch (15. Jh.).

Palazzo Tiepolo-Valier, zwei Paläste (15. und 16. Jh.).

Palazzo Grimani-Giustinian, Hochrenaissance (16. Jh.); daneben die *Station San Tomà,* für die Frari-Kirche.

***Ca' Foscari,** gotisch (14. Jh.), jetzt *Universität.*

***Palazzo Rezzonico** (1665-1750, von Longhena), mit dem *Museo del Settecento Veneziano* (Kunstgewerbe, Möbel, Bilder des 18. Jh.; Deckengemälde).

Ponte dell' Accademia (früher *Ponte di Ferro*); rechts daneben die Station Accademia, für die Akademie.

Palazzo Cavalli-Franchetti, gotisch (urspr. 15. Jh.; 1890 erneuert).

Palazzo Contarini Dal Zaffo, in der Art der Lombardi (15. Jh.).

Links

* **Palazzo Corner,** genannt *Cà Grande,* von Iacopo Sansovino (1532), jetzt Präfektur.

Palazzo Contarini-Fasan, gotisch (15. Jh.), mit prachtvollen Maßwerkbalkonen, nach der Legende das 'Haus der Desdemona'.

Palazzo Treves dei Bonfili (1680).

Palazzo Giustinian, gotisch (15. Jh.), Verwaltungssitz der Kunst-Biennale.

San Marco, Nebenstation für den Markusplatz.

Riva degli Schiavoni.

Rechts

Palazzo Venier (Palazzo dei Leoni; 1749), mit der * *Collezione Peggy Guggenheim* (etwa 300 neuere Gemälde); Garten.

* **Santa Maria della Salute,** großartige Kuppelkirche, 1631-56 zur Erinnerung an die Pest von 1630 nach Plänen Bald. Longhenas erbaut, im Innern schöne Bilder von Tizian.

Dogana di Mare, Hauptzollamt, barock (1676-82), auf dem Vorsprung zwischen dem Canal Grande und dem *Giudecca-Kanal.*

San Giorgio Maggiore.

Von der Riva degli Schiavoni gelangt man am Dogenpalast vorbei und über die Piazzetta auf den anschließenden ****Markusplatz (Piazza di San Marco,** kurz *La Piazza* genannt), den Mittelpunkt des venezianischen Lebens, der als eine der prächtigsten Platzanlagen der Welt den vollendeten Eindruck von der einstigen Größe Venedigs vermittelt und noch heute wie in alter Zeit zugleich als 'Festsaal' der Stadt dient (Konzerte). Der 175 m lange und 56-82 m breite Platz ist mit Trachyt- und Marmorplatten belegt und auf drei Seiten von hohen Bogengängen umsäumt, unter denen sich Geschäfte und Kaffeehäuser befinden. Besonders schön ist die Wirkung in hellen Mondnächten. Die zahllosen Tauben (colombi, piccioni) werden auf Kosten einer Versicherungsgesellschaft gefüttert. – In jüngster Zeit wird der Platz häufig überschwemmt.

Die Nord- und Südseite des Platzes begrenzen die **Prokurazien,** einst Wohnungen der neuen Prokuratoren, der höchsten Verwaltungsbeamten der Republik. Die *Procuratie Vecchie* an der Nordseite wurden 1480-1517 erbaut, die *Procuratie Nuove* an der Südseite 1584 von Vincenzo Scamozzi begonnen und seit Napoleon I. als königlicher Palast benutzt; heute beherbergen sie das *Civico Museo Correr,* eine vorzügliche Sammlung über Venedigs Kultur und Geschichte sowie von Gemälden alter Meister (u. a. Bellini, Carpaccio), ferner das *Museo Archeologico,* mit antiken Skulpturen (Eingang Piazzetta Nr. 17). An der westlichen Schmalseite des Markusplatzes die *Ala Napoleonica,* ein 1810 eingefügter Verbindungsbau.

An der Südostecke des Markusplatzes erhebt sich der ***Markusturm** *(Campanile di San Marco),* ein 99 m hoher Glockenturm, der 1905-12 neu aufgeführt wurde, nachdem der alte 1902 eingestürzt war (von oben *Aussicht; Fahrstuhl). Der östliche Vorbau des Turmes, die 1540 von Iacopo Sansovino errichtete *Loggetta,* war ursprünglich Ver-

sammlungsraum der Adligen. – Schräg gegenüber, rechts neben den Alten Prokurazien, steht der 1496-99 erbaute Uhrturm, dessen Torbogen den Eingang zur Merceria bildet. – Vor der Markuskirche drei vielfach nachgeahmte *Fahnenstangen* in Bronzesockeln (1505).

Die ****Markuskirche** *(San Marco),* dem Evangelisten Markus geweiht, dessen Gebeine sich im Hochaltar befinden, wurde 830 begonnen, 976 nach dem Stadtbrand erneuert und im 11. Jahrhundert nach byzantinischen Vorbildern mit orientalischer Pracht umgestaltet. Der 76,5 m lange und 51,75 m breite Bau hat die Form eines griechischen Kreuzes, mit fünf Kuppeln. Außen und innen 500 antike, meist orientalische Marmorsäulen; an den oberen Wandflächen sowie an den Gewölben im Innern Mosaiken, die bis ins 11. Jahrhundert zurückgehen; über dem Hauptportal vier 1,6 m hohe *Bronzerosse* aus Konstantinopel (z. Z. in Restaurierung; Ersatz durch Duplikate vorgesehen), das einzige erhaltene Viergespann des Altertums.

Das *INNERE der Markuskirche ist durch die Schönheit seiner architektonischen Formen und den malerischen Wechsel der Durchblicke von großer Wirkung. Auf dem Hochaltar die ***Pala d'Oro,** eine 1105 in Konstantinopel als Altarvorsatz gefertigte Schmelzarbeit mit Juwelen (Schauseite von hinten); im rechten Querschiff die sehenswerte **Schatzkammer,** in der *Cappella Zeno* das schöne Grabmal des Kardinals Giambattista Zeno († 1501). – Von der *Galerie* (Zugang beim Hauptportal links) gelangt man auf den äußeren Umgang und zu den Bronzerossen. Bei der Galerie das *Museo Marciano,* das u. a. Wandteppiche (15. Jh.) und einige Bilder zeigt.

An den Markusplatz schließt südöstlich bis zum Canale di San Marco die ***Piazzetta** an, auf der vorn am *Molo,* dem Standplatz der Gondelführer, seit 1180 zwei *Granitsäulen* aus Syrien oder Konstantinopel stehen, mit dem hl. Theodor, dem alten Schutzpatron Venedigs, und dem geflügelten Löwen des hl. Markus. – An der Westseite des Platzes die ***Alte Bibliothek,** das Hauptwerk des Iacopo Sansovino (1536-53),

Venedig — Rialto-Brücke über den Canal Grande

Auf der Piazzetta di San Marco in Venedig

sowie die 1536 von demselben neu aufgeführte *Münze (Zecca),* die jetzt beide die 1468 gegründete berühmte *Markusbibliothek* beherbergen (Eingang Nr. 13; über 500000 Bände).

Die Ostseite der Piazzetta nimmt der **Dogenpalast** *(Palazzo Ducale)* ein, der angeblich schon um 814 Sitz der Dogen war. Der älteste Teil des heutigen Gebäudes ist der 71 m lange Südflügel (am Molo), von 1309-40; der 75 m lange Westflügel an der Piazzetta wurde 1424-38 hinzugefügt. Den Gesamteindruck der *Fassade* bestimmt der zinnenbekrönte Oberbau, dessen Wandflächen durch ein Rautenmuster in farbigem Marmor belegt sind. Um das Erdgeschoß läuft eine prächtige Bogenhalle mit losen Säulen; darüber die *Loggia,* mit zierlichen Spitzbogen und mit venezianisch-gotischem Vierpaßschmuck. Durch die spätgotische *Porta della Carta* gelangt man in den prächtigen Hof *Cortile dei Senatori,* der durch einen malerischen Wechsel von Stilelementen der Spätgotik und der Frührenaissance überrascht.

Das *INNERE des Dogenpalastes (illustrierter Führer empfehlenswert) erreicht man vom Hof aus über die *Scala dei Giganti* und die *Scala d' Oro,* die zu den Obergeschossen hinaufführen, wo die nach dem Brand von 1574 neu ausgeschmückten *Prachträume,* glänzende Beispiele der venezianischen Spätrenaissance- und Barockkunst, liegen. Hervorzuheben sind die reich geschmückten und vergoldeten Decken sowie die zahlreichen Gemälde (von Tizian, Paolo Veronese, Iacopo Tintoretto u.a.), die den Ruhm Venedigs und seiner Dogen in geschichtlichen Darstellungen und in Allegorien verkünden.

Im zweiten Stock erwähnenswert vor allem die *Sala del Maggior Consiglio* (54 m lang, 25 m breit, 15,50 m hoch), deren Wände Darstellungen aus der Geschichte Venedigs zieren; am Fries 76 Dogenbildnisse, von 804-1559, an der Eingangswand das

von Tintoretto gemalte Paradies, mit 22 m Breite und 7 m Höhe das größte Ölgemälde der Welt; vom Balkon *Aussicht auf die Laguna, die Inseln San Giorgio und Giudecca sowie den Lido. Im Ostflügel des zweiten Stockes die vom Brande verschonte Dogenwohnung *(Appartamento Ducale).*

Im dritten Stock die große *Sala del Senato,* der Sitzungssaal des Senats, mit Bildern u.a. von Iacopo Tintoretto und Palma Giovane, sowie die *Sala d' Armi,* die Rüstkammer der Republik, mit schöner Waffensammlung.

Vom ersten Stock des Dogenpalastes gelangt man zu den **Prigioni,** unheimlichen dunklen Kellerräumen nebst *Folterkammer* und *Hinrichtungsplatz.*

Vom Dogenpalast führt der Molo östlich zum *Ponte della Paglia* ('Strohbrücke'), von dem man links einen schönen Blick auf die um das Jahr 1595 erbaute *Seufzerbrücke *(Ponte dei Sospiri)* hat, deren Name an die Seufzer der zur Hinrichtungsstätte geführten Verbrecher erinnert und die den Dogenpalast mit den 1571-97 errichteten Prigioni verbindet. Weiter geradeaus auf die belebte **Riva degli Schiavoni,** eine 500 m lange aussichtsreiche Promenadenstraße mit mehreren Anlegestellen der Stadt- und Lagunenschiffe (auch nach dem Lido) und Blick auf die im Hafen liegenden Passagierschiffe. Jenseits der zweiten Brücke führt links der Sottoportico San Zaccaria zu der nahen *Kirche San Zaccaria* (15. Jh.); am zweiten Altar links eine *''thronende Madonna''* von Giovanni Bellini (von 1505). – An der Fortsetzung der Riva degli Schiavoni die **Giardini Pubblici** (Haltestelle der Motorschiffe), ein hübscher Stadtpark mit dem Café-Restaurant 'Paradiso' und den Gebäuden der *Internationalen Kunstausstellungen,* die von Juni bis Oktober stattfinden.

Südlich gegenüber der Riva degli Schiavoni (stündlich Motorschiffe) liegt die kleine **Insel San Giorgio Maggiore,** mit der weithin sichtbaren gleichnamigen Klosterkirche, einem 1565 von Palladio begonnenen, 1610 vollendeten Kuppelbau; im Innern schönes barockes Chorgestühl und mehrere Bilder von Tintoretto. Vom 60 m hohen Campanile (Zugang vom Chor; Fahrstuhl) *Aussicht, die schönste in Venedig. In den ehemaligen Klostergebäuden (schönes Treppenhaus von Langhena; zwei Kreuzgänge) seit 1951 die Fondazione Giorgio Cini zur Förderung der Forschung über die Kulturgeschichte der Stadt.

Die in der Nordostecke des Markusplatzes beim Uhrturm beginnenden engen **Mercerie (Marzaria),** die in mehreren Abschnitten unter verschiedenen Namen (Mercería San Zuliàn u.a.) verlaufende wichtigste Ladenstraße der Stadt, bilden die direkte Verbindung mit der Rialtobrücke (500 m). Nahe dem Nordende des Straßenzuges erhebt sich **San Salvatore** *(San Salvador),* die schönste Hochrenaissance-Kirche Venedigs, 1506-34 von Spavento und Tullio Lombardi erbaut, mit Barockfassade von 1663. – Von der Mercería San Zuliàn ge-

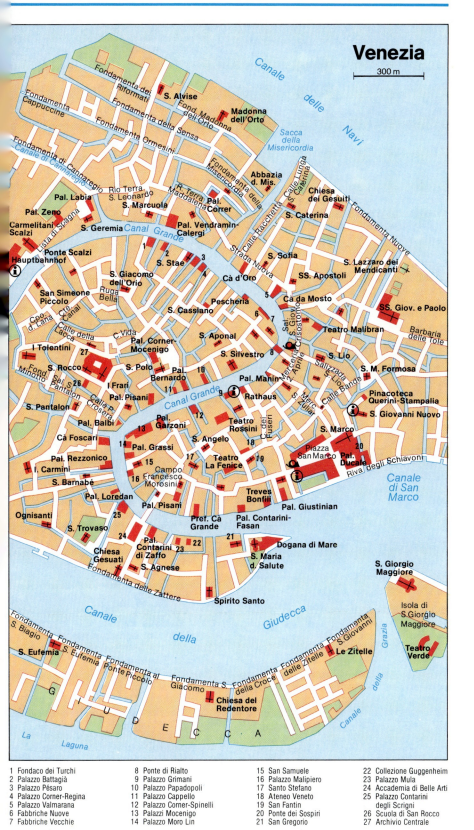

1 Fondaco dei Turchi	8 Ponte di Rialto	15 San Samuele	22 Collezione Guggenheim
2 Palazzo Battagià	9 Palazzo Grimani	16 Palazzo Malipiero	23 Palazzo Mula
3 Palazzo Pésaro	10 Palazzo Papadopoli	17 Santo Stefano	24 Accademia di Belle Arti
4 Palazzo Corner-Regina	11 Palazzo Cappello	18 Ateneo Veneto	25 Palazzo Contarini
5 Palazzo Valmarana	12 Palazzo Corner-Spinelli	19 San Fantin	degli Scrigni
6 Fabbriche Nuove	13 Palazzi Mocenigo	20 Ponte dei Sospiri	26 Scuola di San Rocco
7 Fabbriche Vecchie	14 Palazzo Moro Lin	21 San Gregorio	27 Archivio Centrale

langt man jenseits der *Kirche San Giu-liano (San Zuliàn)* durch die Calle della Guerra und die Calle delle Bande zur **Kirche Santa Maria Formosa;** in der zweiten Kapelle rechts vom Hochaltar eine **'hl. Barbara'* von Palma Vecchio.

Unweit südlich der Kirche der *Palazzo Stampelía,* dessen *Gemäldesammlung* besonders Meister der Venezianer Schulen des 18. Jahrhunderts umfaßt.

Von Santa Maria Formosa durch die Calle Lunga und deren vierte linke Seitengasse (Calle Cicogna) nördlich zum Campo Santi Giovanni e Paolo, mit der gleichnamigen Kirche und dem ****Reiterbild des Bartolomeo Colleoni** (venezianischer Söldnerführer; † 1475), dem großartigsten Reiterdenkmal der italienischen Renaissance, 1481-88 von dem Florentiner Andrea Verrocchio geschaffen und 1495 aufgestellt. Die ehemalige ***Dominikanerkirche Santi Giovanni e Paolo** *(San Zan i Polo),* ein gotischer Backsteinbau von 1333-90, ist die Gruftkirche vieler Dogen und reich an bedeutenden Denkmälern (im Chor links das Grabmal des Dogen Andrea Vendramin, das schönste der Kirche). Links neben der Kirche die *Scuola di San Marco* (jetzt Hospital), mit reich verzierter Frührenaissance-Fassade (1485-1495). Unweit westlich die *Kirche Santa Maria dei Miracoli,* ein zierlicher, außen und innen ganz mit Marmor verkleideter Frührenaissancebau von Pietro Lombardi (1481-89).

Von der Südwestecke des Markusplatzes gelangt man durch die lädenreiche Salizzada San Moisè, mit der gleichnamigen Barockkirche, und durch die Calle Larga 22 Marzo, weiterhin an der *Barockkirche Santa Maria Zobenigo* vorüber auf den großen Campo Francesco Morosini. Östlich das *Teatro La Fenice* (1790-92; 1500 Plätze), das größte Theater Venedigs, südlich der *Palazzo Pisani a Santo Stéfano* (jetzt Konservatorium), das Muster einer reichen Kaufherrenwohnung der Barockzeit.

Südwestlich von hier der *Ponte dell' Accademia* und in den erneuerten Gebäuden der ehemaligen Bruderschaft und des Klosters Santa Maria della Carità die **Accademia di Belle Arti,** mit einer ****Gemäldegalerie** von über 800 Bildern vorwiegend einheimischer Meister, darunter Werke ersten Ranges, die einen vorzüglichen Überblick über die venezianische Malerei ermöglicht.

In der GEMÄLDEGALERIE DER ACCADEMIA DI BELLE ARTI sind hervorzuheben die farbenreichen Schilderungen altvenezianischen Lebens von *Gentile Bellini* (u. a. Saal XX) und *Vittore Carpaccio* (u. a. neun *Darstellungen aus der Legende der hl. Ursula, Saal XXI), schöne *Andachtsbilder von *Giovanni Bellini* (bes. Saal IV und V), hervorragende Werke von *Giorgione* (u. a. *"Der Sturm", das Hauptwerk des Museums, Saal V), von *Tizian* (**"Mariä Tempelgang", Saal XXIV; *"Beweinung Christi", sein letztes Bild, von Palma Giovane beendet, Saal X), von *Paris Bordone* (*"Überbringung des Ringes", Saal VI), von *Iacopo Tintoretto* (bes. die gro-

ßen Gemälde aus der Scuola di San Marco im Saal X, ferner Bilder im Saal VI und XI) und von *Paolo Veronese* (*"Jesus im Hause Levi", 12,3 m breit und 5,7 m hoch, ein Hauptwerk des Meisters, Saal X). Ferner beachtenswert u. a. Gemälde von *Mantegna* (*"Hl. Georg", Saal IV), *Cima da Conegliano, Pietro Longhi, Francesco Guardi, Sebastiano Ricci, Palma Vecchio; Piero della Francesca, Lotto, Tiepolo, Antonio Canaletto, Alvise* und *Bartolomeo* sowie *Antonio Vivarini.*

Von der Station Accademia fährt man mit dem Motorschiff nördlich zur nächsten *Station San Tomà;* von hier nordwestlich zur ehemaligen ***Franziskanerkirche I Frari** oder *Santa Maria Gloriosa dei Frari,* einer gotischen Backsteinbasilika von 1417, mit hohem Glockenturm, nach der Markuskirche die größte und schönste Kirche Venedigs und wie Santi Giovanni e Paolo die Begräbnisstätte berühmter Venezianer. Auf dem Hochaltar Tizians *"Mariä Himmelfahrt", das Hauptwerk der Frühzeit des Meisters (1516-18); im linken Seitenschiff neben dem Grabmal des Bischofs Iacopo Pesaro Tizians *"Madonna aus dem Hause Pesaro" (1519-26); in der Sakristei die "thronende Madonna" von Giovanni Bellini (1488). Im anstoßenden Kloster befindet sich das *Staatsarchiv,* eines der bedeutendsten der Erde. – In der Nähe die 1524-60 erbaute **Scuola di San Rocco,* mit prächtiger Renaissance-Fassade und 56 großen **Wandgemälden* von Tintoretto (Darstellungen aus der hl. Geschichte; 1560-88). – Nördlich gegenüber die *Kirche San Rocco,* mit Fassade von 1771 und guten Bildern von Tintoretto. – Über den Campo San Stin erreicht man die *Scuola di San Giovanni Evangelista,* mit Vorhof in der Art des Pietro Lombardi (1481) und Treppenhaus von Moro Coducci († 1504).

Auf der südlich vom Hauptteil der Stadt jenseits des 300 m breiten *Canale della Giudecca* gelegenen langgestreckten **Insel Giudecca** die weithin sichtbare ehemalige ***Franziskanerkirche Il Redentore,** der vollkommenste Kirchenbau des Palladio (1577-92), mit zwei schlanken Rundtürmen hinter der Vierungskuppel; im harmonischen Innern am Hochaltar Marmorreliefs von Giuseppe Mazza und Bronzestatuen von Girolamo Campagna.

UMGEBUNG von Venedig. – Von der Riva degli Schiavoni mit dem Motorschiff südöstlich in 15 Minuten zum **LIDO,** dem nördlichen Teil der Venedig vorgelagerten Nehrung *Malamocco,* dem berühmtesten Badestrand Italiens, mit vielen Hotels, Pensionen und Sommerhäusern. – Vom Schiffslandeplatz *Santa Maria Elisabetta* führt der Viale Santa Maria Elisabetta quer über die Nehrung in 8 Minuten zum **Stabilimento dei Bagni,** mit Aussichtsterrasse und Café-Restaurant, im Sommer das Zentrum des Badelebens. Von hier südlich durch den Lungomare G. Marconi in 20 Minuten zu einem großen Platz mit dem **Casino Municipale** sowie dem **Palazzo del Cinema** (1937-52) für die Filmschau der Biennale.

Vom Lido Motorbootverbindung (auch Autofähre) zur **Punta Sabbioni;** von hier führt eine 20 km lange Straße zu dem großen Seebad ***Lido di Iésolo** (2 m; 6000 Einw.), das mit seinem schönen und breiten Strand neben Rimini, Riccione und dem Lido von Venedig das meistbesuchte Adriabad ist (viele Deutsche).

Oberitalienischer Adriabadeort Lido di Iésolo

Von der nördlichen Uferstraße Venedigs, den Fondamenta Nuove, fährt man mit einem Motorschiff (Abfahrtstelle bei der Kirche I Gesuiti) in 10 Minuten über die *Friedhofinsel San Michele* nach **Murano,** einem auf der gleichnamigen Insel gelegenen Städtchen von 8000 Einwohnern, das seit Ende des 13. Jahrhunderts Hauptsitz der venezianischen *Glasindustrie ist. 6 Minuten von der Schiffsstation Colonna die Kirche San Pietro Martiri, von 1509; im rechten Seitenschiff eine schöne Madonna von Giovanni Bellini (1488). Weiter, jenseits des Hauptkanals, der Dom Sante Maria e Donata (12. Jh.); im Innern Säulen aus griechischem Marmor, ein Mosaikfußboden und in der Apsis ein byzantinisches Mosaik. Nahe dem Dom das Rathaus, mit Museo dell' Arte Vetraria, einer Sammlung von Erzeugnissen der Glasindustrie, die im 15./16. Jahrhundert ihre Blütezeit hatte. Die Glasfabriken sind nur werktags zugänglich.

Lohnend ist ferner eine Fahrt mit dem Schiff über das malerische Fischerstädtchen **Burano** (7000 Einw.), Zentrum der venezianischen Spitzenindustrie, zu der 8 km nordöstlich von Venedig gelegenen Laguneninsel **Torcello,** mit der gleichnamigen alten Seebundstadt. Beachtenswert die Kathedrale Santa Maria Assunta (7.-11. Jh.), mit Krypta und romanischem Glockenturm (von oben Aussicht) sowie die achteckige Kirche Santa Fosca (9./10. Jh.; Lagunenmuseum).

Noch weiter nordöstlich (Zufahrt durch das Landesinnere über S. Dona di Piave) der belebte Seebadeort **Caorle** (11 000 Einw.) mit einer romanischen Kathedrale im alten Ortskern; im Inneren

Fresken und eine Altarwand aus vergoldetem Silber.

Nahe dem Südende der Lagune von Venedig (45 km S.S. 309 'Strada Romea' von Marghera) liegt die interessante Inselstadt *Chioggia (2 m; 50 000 Einw.), ehemals Sitz der venezianischen Salzproduktion, 1379 durch die Genuesen zerstört und jetzt der größte Fischereihafen Italiens. Die Stadt wird wegen ihrer im Verfall sehr malerischen Gassen, der an Venedig erinnernden Kanäle und des bunten Volkslebens von Künstlern viel besucht. Am Anfang des Corso del Popolo, der Hauptstraße von Chioggia, die von Longhena erneuerte Kathedrale mit einem 60 m hohen Campanile (14. Jh.), ferner die kleine gotische Kirche San Martino (1392). – Eine 800 m lange Brücke führt von der Altstadt von Chioggia zu dem als Seebad viel besuchten Vorort **Sottomarina** (2 m), mit gutem Badestrand.

Rund 20 km südöstlich von Sottomarina erstreckt sich die 528 ha große Laguneninsel **Albarella,** deren touristische Einrichtungen (Hotels, Ferienwohnungen, Tennisplätze, Golfplatz, Bootshafen u.v.a.) weiter ausgebaut werden.

Vesuv s. bei Neapel

Viareggio
s. bei La Spezia

Volos / Bolos *(Wólos)*

Griechenland.
Nomos: Magnesia.
Höhe: 0-30 m ü.d.M. – Einwohnerzahl: 67 500.
Telefonvorwahl: 0421.
ⓘ **E.O.T.,**
Ríga Pheräu;
Telefon: 23500.
Touristenpolizei,
Chatziárgyri 87;
Telefon: 27094.

HOTELS. – *Pallas,* I, 80 B.; *Aegli,* II, 80 B.; *Alexandros,* II, 134 B.; *Argo,* II, 40 B.; *Electra,* II, 71 B.; *Nepheli,* II, 100 B.; *Park,* II, 225 B.; *Xenia,* II, 88 B.; *Admitos,* III, 53 B.; *Avra,* III, 42 B.; *Philoxenia,* III, 34 B.; *Galaxy,* III, 102 B.; *Iolkos,* III, 25 B.; *Kypseli,* III, 100 B.; *Sandi,* III, 67 B.

VERKEHR. – Flug- und Busverbindung mit Athen. Schiffsverbindung mit dem Piräus, den Sporadeninseln und Kými (Euböa). Station der Bahnlinie Lárisa–Vólos–Paläophársalos.

Vólos am reichgegliederten gleichnamigen Golf (griechisch Pagasitikós kólpos), nach dem Erdbeben von 1955 wieder aufgebaut, ist der drittgrößte Hafen Griechenlands und Hauptausfuhrhafen für die landwirtschaftlichen Produkte Thessaliens.

GESCHICHTE. – Die erst im 14. Jahrhundert entstandene Stadt liegt in einem seit der Jungsteinzeit ständig besiedelten Gebiet. Die ältesten Siedlungen fanden sich bei den Dörfern Sésklo (4. Jahrtausend) und Dímini (3. Jahrtausend) westlich der Stadt. Im 2. Jahrtausend v. Chr. entstand im heutigen Stadtgebiet das mykenische Iolkos, Sitz des Königs Pelias und Heimat seines Neffen Iason, der von Iolkos zur Argonautenfahrt aufbrach.

Chioggia am Südende der Lagune von Venedig

SEHENSWERTES. – Von der belebten Neustadt am Hafen zu den östlichen Vororten am Pelionhang aufsteigend, hat man eine weite Aussicht. An der Ausfahrt nach Lárissa im Nordwesten der Stadt sind rechts, zwischen der Bahnlinie und dem Flußbett, Teile der *mykenischen Anlagen* freigelegt; auf einen um 1400 v.Chr. errichteten älteren folgte ein etwas jüngerer Palast, der um 1200 v.Chr. durch Feuer zerstört wurde. Sehenswert ist das *Archäologische Museum im Westteil der Stadt.

Blick auf die griechische Hafenstadt Volos

Die Funde beginnen mit der Jungsteinzeit (Sésklo, Dímini, Pýrasos) und haben ihren Schwerpunkt in der einzigartigen Sammlung von über 200 bemalten *Grabstelen des 3. Jahrhunderts v.Chr. aus Demetrias. Interessant ein *Aphroditetorso* aus Skópelos und ein hellenistischer *Asklepioskopf* aus Tríkka.

UMGEBUNG von Volos. – Südöstlich erstreckt sich die Halbinsel des **Pelion,** die den Golf von Volos nach Nordosten abschließt. Im Altertum war der Pelion berühmt wegen seiner Heilkräuter und als Heimat der Kentauren, von denen der heilkundige, weise Chiron der Lehrer des Asklepios und des Achilleus war. Unter dem Pliassídi-Gipfel (1548 m) gibt es die Chironhöhle und ein Heiligtum des Zeus Akraios. Das Gebiet hat ausgedehnte Laubwälder. Holz- und Wasserreichtum bestimmen das Bild der 24 Dörfer, die hier entstanden sind, es zu großem Wohlstand brachten und sich in der Türkenzeit Autonomierechte bewahren konnten. Einige dieser Dörfer lassen sich bei einer Rundfahrt von Volos aus besuchen, wobei man außer der großartigen Landschaft und den reizvollen Dorfbildern auch die Sandbuchten an der Ostküste kennenlernt.

Von Vólos aus nach Nordosten fahrend, erreicht man **Portariá** (14 km; 600 m), von dem wir links nach **Makrýnitsa** gelangen können (2 km; 600 m; Volkskundemuseum). Von Portariá weiter nach **Chaniá** (12 km; 1100 m) und **Zagorá** (21 km; 500 m), von wo man zum Strand von **Chorefthó** (3 km) hinunterfahren kann. Von Zagorá südwärts folgen dann das am Meer gelegene **Agios Ioánnis** (22 km) und **Tsangaráda** (11 km; 420 m). Über **Neochóri** (15 km), **Kala Nerá** (14 km) und **Agria** (15 km) kehren wir nach Vólos zurück. Von **Áphyssos** aus kann man bis zur Südspitze der **Halbinsel Magnesia** bei **Míllina** und **Platanía** (29 km) fahren.

Xanthos

Türkei.
Provinz: Muğla.
Höhe: 80 m ü.d.M.
ⓘ **Informationsamt Fethiye,**
İskele Meydanı,
TR-Fethiye;
Telefon: (Handvermittlung) 5 27.
Fremdenverkehrsamt Muğla,
Marmaris Caddesi, İdris Gürpınar Apt.,
TR-Muğla;
Telefon: (061 11) 1261.

UNTERKUNFT. – In Fethiye (ca. 60 km nordwestlich): *Otel Dedeoğlu*, IV, 76 B.; *Otel Likya*, IV, 32 B. *Sema Oteli*, IV, 36 B.; *Dostlar Pansiyon*, P I, 24 B.

STRÄNDE und WASSERSPORT. – Inseln und sandige Buchten im Golf von Fethiye; Schwimmen, Tauchen, Wasserski, Motorboote.

Die Ruinenstätte des alten Xanthos, einst Hauptstadt des Lykierreiches, liegt im Tal des gleichnamigen Flusses (heute Koca Çay), der das Hochgebirge (Akdağ 3024 m) von dem zur Küste abfallenden Hügelland trennt. Die Lykier waren ein nichtgriechisches Volk unbekannten Ursprungs mit indogermanischer Sprache, die sie später in griechischen Lettern mit Zusatzbuchstaben schreiben. Ihre bildende Kunst ist dem ionisch-milesischen Kulturkreis zuzurechnen. Berühmt sind die Pfeilergräber, bei denen die Urnenkammern auf hohen Monolithen stehen.

Man erreicht Xanthos über die Straße Nr. 30 von Fethiye über *Kemer* (22 km) und *Kestep* (Eşen; weitere 24 km), 12 km weiter links das Dorf Kınık mit Zufahrt zur Ruinenstätte.

GESCHICHTE. – Lykien soll die 'älteste Republik der Erde', ein Bund von 20 Städten, regiert von einer Volksvertretung und einem Präsidenten, gewesen sein. Im 7. Jahrhundert v. Chr. kam Xanthos unter die Oberherrschaft der Könige von Lydien. 545 v. Chr. zerstörten es die Perser unter Harpagos, und erst Ende des 5. Jahrhunderts konnte sich Lykien wieder von der persischen Oberherrschaft befreien. Im Peloponnesischen Krieg kämpfte Xanthos mit gegen Athen; 333 v. Chr. wurde es von Alexander d. Gr. eingenommen. Im 3. Jahrhundert kam es unter die Herrschaft der Seleukiden. 188 v. Chr. wurde es von Rhodos unterworfen, später unterstützten es die Römer gegen diese neuen Herrscher und verschafften der Stadt, als sie die Herren Kleinasiens wurden, eine neue Blütezeit.

Die bedeutendsten Denkmäler von Xanthos, die lykischen Pfeilergräber, haben weder in der griechischen noch in der orientalischen Kunst ihresgleichen; sie kamen im 6. Jahrhundert v. Chr. auf und verschwanden Mitte des 4. Jahrhunderts wieder aus den Bauformen.

Im Jahre 1838 entdeckte der Engländer Sir Charles Fellows die Ruinenstätt; später brachte er die Reliefs vom sogenannten Harpyienpfeiler und dem fälschlich als Denkmal bezeichneten Nereïdenpfeiler nach London (jetzt im Britischen Museum). 1881-1901 arbeiteten österreichische Archäologen in Xanthos, seit 1951 französische Wissenschaftler, seit 1957 existiert ein Museum an Ort und Stelle.

BESICHTIGUNG DER RUINENSTÄTTE. – Der Weg durchquert das Stadtgebiet von Nord nach Süd. Nach Eintritt in den Mauerkranz

200 m rechts ein *Pfeiler mit Inschriften,* nach neueren Forschungen ein Pfeilergrab (jetzt 5,75 m, ursprünglich 9 m hoch), dessen oberer Teil (Grab) von einem Kriegerfries gesäumt wurde (jetzt im Archäologischen Museum in İstanbul). Die lykische Inschrift ist noch nicht vollständig entziffert, die griechische rühmt auf orientalische Art die Taten des Verstorbenen.

Unmittelbar südlich die *römische Agorá* (50 x 50 m), die einst von Säulen gesäumt wurde, an ihrer Südwestseite zwei hochragende Pfeilergräber. Das nördlichere ist der sogenannte **Harpyienpfeiler** (480 v. Chr.), ein turmartiger Monolith von 5 m Höhe auf rechteckigem Sockel. Die Grabkammer mit Platz für mehrere Urnen befand sich im oberen Teil und war mit Reliefs (heute Gipsabgüsse) geschmückt: zwei sitzende Frauen und drei stehende Männer werden von ihren Verwandten geehrt, ihre Seelen werden von Harpyien emporgetragen. Dieser Glaube an Vogeldämonen, welche die Verstorbenen himmelwärts trugen, ist wohl der Grund für die Pfeilerbegräbnisse. Das südlichere *Pfeilergrab* trägt einen hausförmigen Sarkophag mit Giebeldach, vermutlich 4. Jahrhundert v. Chr.

Südlich von der Agorá liegt das **Theater,** das aus römischer Zeit stammt, aber auch hellenistische Bauteile enthält. Rechts über dem Fußweg der *Theaterpfeiler,* ein 4,30 m hoher Kalksteinmonolith aus der Mitte des 4. Jahrhunderts mit einer lykischen Inschrift, die von den Taten eines Prinzen berichtet.

Südlich des Theaters die *Lykische Akropolis,* mit Bauteilen aus archaischer, klassischer und byzantinischer Zeit. – 260 m weiter links vom Weg das sogenannte *Nereïden-Grabmal,* ein ionischer Tempel mit reichem plastischen Schmuck (heute im Britischen Museum in London). Rechts des Weges das *hellenistische Stadttor.* Die über weite Strecken noch gut sichtbare **Stadtmauer** stammt wohl aus dem 3. Jahrhundert v. Chr., sie wurde unter Einbeziehung der römischen Akropolis erneuert, später nochmals in byzantinischer Zeit.

Nördlich vom Nereïdendenkmal die Ruinen einer byzantinischen Kirche, von da nördlich, östlich vom Nordende des Weges, die *Römische Akropolis;* auf der Kuppe des 148 m hohen Hügels die Ruinen eines großen byzantinischen Klosters. Am nordöstlichen Hang auf einem Felsvorsprung der gut erhaltene **Akropolispfeiler** aus der Mitte des 4. Jahrhunderts v. Chr.; ein Kalksteinmonolith (4,75 m hoch) mit einem dreistufigen Deckel. Das Kopfstück ist von einem 1,13 m hohen Marmorband umschlossen; dahinter die 2,28 m hohe Totenkammer, zur Hälfte in den Monolithen hineingemeißelt. Unterhalb des Grabpfeilers drei *Felsengräber* mit einer fensterartigen, abgestuften Fassadengestaltung. Auch jenseits der Stadtmauer kleine Felsengräber (schöne lykische Sarkophage, die hohen Deckel oft mit Reliefs verziert).

UMGEBUNG von Xanthos. – 60 km nordwestlich liegt **Fethiye** im innersten Winkel des gleichnamigen Golfes. An der Stelle von Fethiye (Makri) lag im Altertum unter einer steilen Bergwand, von der sich ihr Akropolisfelsen ablöst, die lykische Stadt **Tel-**

messos, schon zu Kroisos' Zeit durch ihre Weissager berühmt. Erhalten sind die Reste eines Theaters und andere Bauten, besonders aber *Felsengräber in den charakteristischen lykischen Holzarchitektur- und späteren ionischen Tempelformen; u.a. das Grabmal des Amyntas (4. Jh. v. Chr.) mit einer schönen Tempelfassade. Die in der Stadt und ihrer Umgebung verstreut stehenden lykischen Sarkophage sind z.T. aus dem anstehenden Felsen gehauen. – Das bunte Hafenstädtchen des heutigen Ortes wird von einem Hügel mit den Ruinen einer von den Johannitern von Rhodos errichteten Festung beherrscht. – Schöne Bootsausflüge zu Buchten und den vielen vorgelagerten Inseln.

Zadar

Jugoslawien.
Teilrepublik: Kroatien (Hrvatska).
Höhe: 0-5 m ü.d.M. – Einwohnerzahl: 60 000.
Postleitzahl: YU-57000. – Telefonvorwahl: 057.
ⓘ **Turist biro,**
B. Petranoviča;
Telefon: 3 37 89.
'Sunturist',
Narodni trg 2;
Telefon: 3 36 33 und 3 37 59.

HOTELS. – In Z a d a r : *Kolovare,* II, 465 B.; *Zagreb,* III, 160 B. – In Zadar-B o r i k : *Barbara,* I, 378 B.; *Novi Park,* II, 344 B.; *Zadar,* II, 132 B.; *Slavija,* II, 221 B.; mit Dependance *Donat,* III, 96 B. – In Z a l j a n (Stadt): *Zadranka,* III, 176 B. – In P r e k o : Hotelsiedlung *Zelena Punta,* II, 460 B.; *Preko,* II, 126 B. – Auf P a š m a n : Privatquartiere. – CAMPINGPLÄTZE . – *Borik, Vuka Karadzica; Punta Bajlo.*

VERANSTALTUNGEN. – Sommerfestspiele in Zadar, außerdem Musikabende in *Sv. Donat* (früher Kirche, jetzt archäologisches Museum).

VERKEHRSFLUGHAFEN Zadar. Stadtbüro der JAT: Natka Nedila 7, Tel. 2 23 85. – AUTOFÄHRSCHIFFE: Täglich Zadar–Ancona (Italien), und mehrmals täglich Zadar–Insel Ugljan.

Die jugoslawische Hafenstadt Zadar, die alte Hauptstadt Dalmatiens, seit 1154 Sitz eines Erzbischofs, neuerdings auch einer Universität (nur philosophische Fakultät), liegt auf einer rechteckigen Halbinsel am Kanal von Zadar. Trotz der im Zweiten Weltkrieg erlittenen schweren Zerstörungen besitzt Zadar noch bedeutende Bauten aus venezianischer Zeit, die einen Besuch lohnen.

GESCHICHTE. – Unter dem Namen *Idassa* wird Zadar erstmals in griechischen Quellen Mitte des 4. Jahrhunderts v. Chr. erwähnt, nachdem das Gebiet schon seit der Jungsteinzeit besiedelt war. Das engere Stadtgebiet auf der Halbinsel war von den illyrischen Liburnern im 9. Jahrhundert v. Chr. bewohnt. Römer siedelten im 1. Jahrhundert v. Chr., sie nannten die Stadt *Jadera.* Zwischen dem 11. und 13. Jahrhundert gehörte Zadar abwechselnd zu Byzanz, Venedig oder Ungarn. Von Anfang des 15. Jahrhunderts an begann Zadar seine bis dahin große Bedeutung zu verlieren, denn die nun herrschenden Venezianer schränkten seine weitgehende wirtschaftliche und politische Autonomie erheblich ein. Der Prozeß des wirtschaftlichen Niedergangs wurde durch die Türken beschleunigt, die Anfang des 16. Jahrhunderts das gesamte Hinterland bis zu den Stadtmauern hin eroberten. Zu diesem Zeitpunkt war die Stadt nur noch eine starke, den venezianischen Handel an der Adria sichernde Festung, allerdings auch ein bedeutender Mittelpunkt kroatischen Kulturlebens. Seit dem Niedergang Venedigs (1797) bis 1918 gehörte Zadar zu Österreich, mit Ausnahme der Zeit der französischen Besetzung (1805-13). Im Vertrag von Rapallo wurde das Stadtgebiet Italien zugesprochen, das damit einen Stützpunkt auf dem jugoslawischen Küstenland erhielt. Versuche, die Bevölkerung zu italienisieren, hatten wenig Erfolg. Nach der Kapitulation Italiens besetzten 1943 deutsche Truppen Zadar. Die Partisanen rückten im Oktober 1944 in die Stadt ein.

SEHENSWERTES. – Die Stadtbesichtigung beginnt zu Fuß am **Seetor** *(Porta Marina)* links bei einem kleinen Platz. Eine Inschrift über dem Tor erinnert an die Seeschlacht von Lepanto, bei der am 7. Oktober 1571 eine spanisch-venezianisch-päpstliche Galeerenflotte unter Don Juan d'Austria die türkische Streitmacht des Eulg-Ali vernichtet hat. 1575 war das Tor zum Empfang von Teilnehmern der Schlacht als Triumphbogen, bei dem Bruchstücke eines antiken Baues verwendet wurden, errichtet worden.

Links nach dem Passieren des Seetors die *Kirche des hl. Chrysogonus* (Sv. Krševan), eine dreischiffige romanische Basilika mit schöner Fassade. In der erhöhten Mittelapsis ein barocker Marmoraltar von 1717, dahinter ein Relief der Mutter Gottes mit dem Kinde aus dem 14. Jahrhundert.

Als dritte Querstraße folgt die U l i c a I v e L o l e R i b a r a, die Hauptstraße der Altstadt; rechts in sie einbiegend gelangt man zum *Dom,* der der hl. Anastasia (Sveta Stošija) geweiht ist (hier steiner-

ner Sarkophag in der linken Apsis). Er ist das schönste Beispiel romanischer Architektur in Zadar (bedeutende Fassade von 1324). Im Altarraum romanische Marmorsitze aus dem 12./13. Jahrhundert sowie gotische Chorstühle (1418 bis 1450). Vom 56 m hohen *Glockenturm* lohnende Aussicht.

Südwestlich des Doms breitet sich am **Trg Zeleni** das alte römische *Forum* aus (z. Z. in Ausgrabung). Zu erkennen sind Fundamente von Säulenhallen und Geschäftsläden. Auf dem Forum blieb eine 14 m hohe antike **Säule** mit Flechtornamentik aus vorromanischer Zeit erhalten, die vom Mittelalter bis 1840 als Schandpfahl verwendet wurde. – An der Nordseite des Platzes der *Erzbischöfliche Palast.*

Hinter dem Palast steht die zweigeschossige, 27 m hohe **Rundkirche Sveti Donat,** die vermutlich Anfang des 9. Jahrhunderts von dem später heiliggesprochenen Bischof Donatus auf dem Fundament des römischen Forums errichtet worden ist. Der Bau hat einen kreisförmigen Grundriß und besitzt drei Apsiden.

In die Mauern sind zahlreiche antike Bruchstücke (Inschriften, Säulen) eingefügt. Der Bau diente jahrhundertelang als Magazin und wird jetzt als Museum eingerichtet. In der Kirche, die eine großartige Akustik hat, finden im Sommer Konzerte statt. Der zylindrische Innenraum ähnelt der Palastkapelle Karls des Großen in Aachen: Die Bauidee stammt von dort, denn Bischof Donatus wirkte als Unterhändler zwischen Karl dem Großen und den byzantinischen Kaisern.

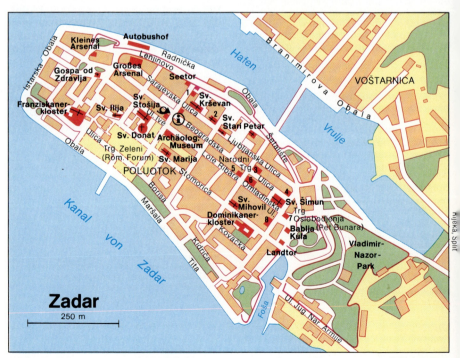

1 Nationalmuseum
2 Sv. Marija Velika
3 Palast Ghiardini
4 Palast Grisogno-Vovò
5 Hauptwache
6 Loggia
7 Römische Reste
8 Kunstgalerie

Nordwestlich vom Forum erreicht man die *__Franziskanerkirche__ *(Sveti Frane).* Die einschiffige gotische Kirche von 1283 birgt bedeutende Gemälde. Hinter dem Hauptaltar ein Schrank, in dem handgeschriebene, illuminierte Choralbücher aus dem 13.-15. Jahrhundert aufbewahrt werden. An den Altarraum anschließend die Sakristei, in der 1358 der Frieden geschlossen wurde, in dem Venedig auf Dalmatien verzichtete. Sehenswert ist die *Schatzkammer* neben der Sakristei, die u. a. ein großes romanisches bemaltes Kruzifix aus dem 12. Jahrhundert enthält. Der *Renaissance-Kreuzgang* mit Grabplatten aus dem 15.-17 Jahrhundert ist 1556 angelegt worden.

Hauptplatz der jugoslawischen Stadt Zadar

Östlich des Forums die aus dem 16. Jahrhundert stammende __Marienkirche__ *(Sveta Marija),* daneben ein romanischer *Glockenturm,* den der ungarisch-kroatische König Koloman zu Beginn des 12. Jahrhunderts errichten ließ. Das dazugehörige Benediktinerkloster hat durch die Luftangriffe schwer gelitten. Im Obergeschoß des Klosters (noch keine öffentlichen Besichtigungen, die Klosterschwestern zeigen jedoch einzelnen Besuchern die Schätze) in drei Räumen eine Sammlung von Goldschmiedearbeiten, Reliquien und anderen Kostbarkeiten.

Das __Archäologische Museum,__ früher an der südlichen Ring- und Seeuferstraße Obala Maršala Tita gelegen, ist in ein neues Gebäude beim Benediktinerinnenkloster umgezogen. Es enthält eine Vielzahl wertvoller Funde aus illyrischer, griechischer, römischer, byzantinischer, kroatischer und venezianischer Zeit. Besonders sehenswert: eine Sammlung römischer Gläser. Dem Museum ist außerdem die Sammlung 'Zlato i srebro Zadra' (Gold und Silber Zadars) angegliedert. Ferner gehört zu dem Museumskomplex eine Ausstellung kirchlicher Kunst in Zadar.

Folgt man der erwähnten Ulica Ive Lole Ribara landeinwärts, stößt man auf den __Narodni trg,__ den Hauptplatz von Zadar, Mittelpunkt des öffentlichen Lebens von der Renaissance bis heute. An der Südostseite des Platzes die *Loggia* von 1562, in der früher das Gericht tagte. Der *Glockenturm* entstand erst Anfang des vorigen Jahrhunderts. Am Platz im Gebäude der ehem. *Hauptwache* das __Ethnographische Museum.__ Anschließend das __Rathaus__ von 1936. Innerhalb dieses Komplexes das *Kirchlein des hl. Laurentius* (Sv. Lovro), das im 11. Jahrhundert auf den Fundamenten einer altchristlichen Kirche erbaut wurde. Vom Hauptplatz führt die Ulica Varoška

zum nördlichen Hafenbecken; rechts von ihr gleich nach der ehem. Hauptwache der kleine *Palast Gherardini Marchi* mit einem reich verzierten gotischen Fenster.

Landeinwärts vom Hauptplatz aus stößt die Fortsetzung der Ulica Ive Lole Ribara auf die __Kirche St. Simeon__ *(Sv. Šimun),* in der sich auf dem Hauptaltar der 250 kg schwere *__Silbersarg__ des hl. Simeon befindet, den zwei bronzene Barockengel tragen. Elisabeth, Gemahlin des ungarisch-kroatischen Königs Ludwig I. und Tochter des bosnischen Banus Stipan Kotromanić, hat ihn 1377-80 von vier Goldschmieden anfertigen und reich mit Reliefs ausstatten lassen. Eine der dargestellten Szenen zeigt den Einzug König Ludwigs I. in Zadar.

Hinter der Kirche, weiter Richtung Festland, der Platz der fünf Brunnen (heute Platz der Befreiung, Trg Oslobodjenja). Dort findet man außerdem eine *Marmorsäule* aus römischer Zeit und die von einem Gitter umgebenen Reste eines römischen Stadttores. Der hier stehende mittelalterliche Turm *Bablja Kula* heißt auch Bovo d'Antona, so nach einem französischen Ritter benannt, der hier gefangengehalten wurde. Der Turm gehörte zur frühmittelalterlichen Stadtbefestigung, die mit dem 1543 erbauten *Landtor* begann. Dies war die einzige Stelle, an der Zadar früher mit dem Festland verbunden war.

UMGEBUNG von Zadar. – Zum 18 km nördlich gelegenen Küstenstädtchen __Nin,__ zur Römerzeit Aenona, mit der aus dem 9. Jahrhundert stammenden sehenswerten kleinen Kirche Sv. Križ und den Überresten eines römischen Forums. In der Pfarrkirche zahlreiche beachtenswerte Reliquienschreine (9.-13. Jh.). Außerdem Amphitheater und Fundamente eines Diana-Tempels.

Gegenüber von Zadar, jenseits der Meerenge *Zadarski Kanal,* liegen die beiden durch eine Brücke miteinander verbundenen langgestreckten Inseln Ugljan und Pašman.

Ugljan (46 qkm1 11 000 Bew.) ist ein geschätztes Ausflugsziel der Bevölkerung von Zadar. Im übrigen ist der Tourismus auf der Insel noch relativ gering. – Auf dem K a p, das von der Nordseite den Hafen der Ortschaft **Ugljan** abschließt, ein Franziskanerkloster von 1430 mit einer einschiffigen gotischen Kirche von 1447. Im Kreuzgang interessante romanische Kapitelle, die wahrscheinlich aus Zadar hierher gebracht wurden. Im Klosterhof das Grabmal des Begründers der glagolitischen Buchdruckerei in Rijeka, des Bischofs Šime Kožičić Benja (gest. 1536; s. auch Krk). Neben der Bucht B a t a l a ž a wurden Überreste einer römischen Landvilla entdeckt. Südöstlich von Ugljan, auf der Anhöhe K u r a n , Überreste einer vorgeschichtlichen Wallburg. Bei *Mulin,* 2 km entfernt, Ruinen eines altchristlichen Baukomplexes aus dem 4.-6. Jahrhundert mit Memoria, Friedhofsbasilika, Mausoleum.

Ansonsten birgt die Insel nur Sehenswürdigkeiten von bescheidener Bedeutung: in dem Bauern- und Fischerdorf *Lukoran* Baureste und Gräber aus römischer Zeit, im Fischerdorf *Kali* (3 km südöstlich Preko) eine Barockkirche aus dem 17. Jahrhundert, in *Kukljica,* dem bedeutendsten Ferienort der Insel, fehlen historische Sehenswürdigkeiten.

Von der Südostspitze von Ugljan führt eine Brücke zur Insel **P a š m a n** (56 qkm; 1900 Bew.; nur Privatquartiere), die von *Biograd na Moru* (s. bei Dalmatien) auch mit einer Autofähre erreicht werden kann. – In der Umgebung von **Pašman,** der kleinen Ortschaft an der Nordostküste, Funde aus der römischen Zeit. Die Pfarrkirche des Ortes entstand im frühen Mittelalter; Anfang des 18. Jahrhunderts ist ein Schiff hinzugefügt worden. Der Glockenturm stammt von 1750. In der Kirche zwei spätgotische Prozessionskreuze und ein Altarbild von C. Medović. – Im Ort **Mali Pašman,** westlich von der Ortschaft Pašman, eine mittelalterliche einschiffige Kirche des hl. Rochus. – Auf dem Berg *Ćokovac,* nordwestlich der Ortschaft Pašman, die Biograd genau gegenüber liegt, eine romanische Benediktinerabtei. Nach der Erneuerung im 14. Jahrhundert wurde sie zu einer geheimen Pflegestätte des Glagolitismus (s. bei Krk). In der Klosterkirche ein glagolitisches Kruzifix sowie eine glagolitische Inschrift im Refektorium. – In **Kraj** auf Pašman ein Franziskanerkloster aus dem 14. Jahrhundert, teilweise barockisiert. – In **Nevidane** ein frühmittelalterliches Kloster der hl. Neviana.

Von Zadar auf der ****Adriatischen Küstenstraße** nach Cavtat s. bei Dalmatien.

Zakynthos *(Sákinthos)*

Griechenland.
Nomos: Zakynthos.
Inselfläche: 402 qkm. – Bewohnerzahl: 30 200.
Telefonvorwahl: 06 95.
ⓘ **Touristenpolizei Stadt Zákynthos,**
Eleftheríu Venizélu;
Telefon: 2 25 50.

HOTELS. – Z á k y n t h o s: *Strada Marina,* II, 91 B.; *Xenia,* II, 78 B.; *Adriana,* III, 18 B.; *Aegli,* III, 16 B.; *Angelika,* III, 32 B.; *Apollon,* III, 18 B.; *Astoria,* III, 15 B.; *Diana,* III, 69 B.; *Phoenix,* III, 70 B.; *Zenith,* III, 14 B. – A l y k á (16 km nordwestlich): *Asteria,* III, 16 B.; *Montreal,* III, 56 B. – A r g á s s i o n (4 km südöstlich): *Mimosa Beach,* II, 60 B.; *Chryssi Akti,* II, 106 B.; *Argassi Beach,* III, 14 B. – L a g a n á s (8 km südwestlich): *Galaxy,* II, 152 B.; *Zante Beach Bungalows,* II, 494 B.; *Alkyonis,* III, 37 B.; *Asteria,* III, 23 B.; *Atlantis,* III, 20 B.; *Eugenia,* III, 20 B.; *Hellinis,* III, 18 B.; *Ilios,* III, 16 B.; *Ionis,* III, 91 B.; *Blue Coast,* III, 20 B.; *Medikas,* III, 20 B.; *Panorama,* III, 28 B.; *Selini,* III, 24 B.; *Zephyros,* III, 22 B. – P l á n o s (4 km nordwestlich): *Anessis,* III, 20 B.; *Cosmopolit,* III, 27 B.; *Orea Eleni,* III, 28 B.; *Tsilivi,* III, 105 B.

VERKEHR. – Flugverbindung mit Athen, Fährverbindung mit Kyllíni, Busverbindung mit Athen.

Auf der Höhe von Kyllíni und Olympia gelegen, ist die griechische Insel Zákynthos die südlichste aus der Hauptgruppe der Ionischen Inseln. Bei den Venezianern, die hier von 1479 bis 1797 saßen, hatte sie ihres milden Klimas wegen den Ehrennamen 'Zante – fior di Levante'. Die Westküste ist steil, die Ostküste hügelig, die Niederung dazwischen wie ein großer Garten.

Der Inselhauptort **Zákynthos** *(Zante;* 10 000 Einw.) liegt an der Ostküste unterhalb einer venezianischen Festung, die die Stelle der antiken Akropolis einnimmt (Rundblick). Die alten Kirchen der Stadt wurden zum großen Teil beim Erdbeben 1953 zerstört. Erhalten bzw. wiederhergestellt sind u. a. Kýra ton ángelon und Ágios Dionýsios, die dem Schutzpatron der Insel geweiht ist und seine Reliquien bewahrt. Am Hafen steht die Nikólaoskirche. Sie begrenzt den weiträumigen Solomós-Platz, in dessen Mitte das Denkmal von Dionýsios Solomós steht. Abgeschlossen wird der Platz vom *Museum, dessen höchst sehenswerte Sammlung von Ikonen, Wandmalereien und Bilderwänden einen Eindruck von der hier unter italienischem Einfluß weiterentwickelten Kunst der Ikonenmalerei im 16. und 18. Jahrhundert vermittelt. Sehenswert sind die volkstümlichen Fresken aus Ágios Andréas in Vólimes sowie Arbeiten von Michael Damaskinos, dem gleichfalls aus Kreta ausgewanderten Angelos und Emmanuel Lombardos. Hinter dem Museum das Mausoleum von Dionýsios Solomós (1798-1857), der neben Ugo Fóscolo und Andréas Kálvos den Beitrag der Insel zur neugriechischen Literatur repräsentiert und als Dichter der griechischen Nationalhymne verehrt wird.

In der Nähe der Stadt liegt der Strand von **Tsilví.** Ein anderer, ausgedehnter Strand liegt an der weitgeschwungenen Bucht der Südküste bei **Laganás** (9 km). Die nach Laganás führende Straße führt weiter zu den seit der Antike bekannten Pechquellen von Kerí (20 km).

Zypern / Kypros / Kıbrıs

Republik Zypern

Kypriaki Dimokratia/ Cumhuriyeti Kıbrıs

Nationalitätskennzeichen: CY.
Staatsfläche: 9251 qkm.
Hauptstadt: Nikosia (Lefkosia) / Lefkoşa (z. Z. geteilt).
Bevölkerungszahl: 630000.
Religion: Im Nordteil vorwiegend Moslems; im Südteil vorwiegend orthodoxe Griechen; katholische und kleine jüdische sowie armenische Minderheiten.
Sprache: Neugriechisch (Südteil); Türkisch (Nordteil); Englisch als Handels- und Verkehrssprache.
Währung: 1 C£ (Zypern-Pfund) = 1000 Mils; im Nordteil 1 TL (Türkisches Pfund) = 100 Kuruş.
Zeit: Osteuropäische Zeit (OEZ = MEZ + 1 St.).
Reisedokumente: Reisepaß.

 **Cyprus Tourism Organization,**
Th. Theodotou Street 18,
Nikosia *(Lefkosia);*
Telefon: (021) 4 33 74.
Fremdenverkehrszentrale Zypern,
Kaiserstraße 13,
D-6000 **Frankfurt** *am Main*;
Tel.: (06 11) 28 47 08.
Botschaft der Republik Zypern,
Ubierstraße 73,
D-5300 **Bonn – Bad Godesberg;**
Telefon: (02 28) 36 33 36.
Consulat Général de la République Chypre,
Rue Schaub 25,
CH-1202 **Genève** *(Genf);*
Telefon: (022) 34 17 39.
Konsulat der Republik Zypern,
c/o Testina AG,
Talstraße 33,
CH-8001 **Zürich;**
Telefon: (01) 211 30 23.
N ö r d l i c h e s Z y p e r n :
Reisebüro Erogul,
Kaiserstraße 69,
D-6000 **Frankfurt** *am Main;*
Telefon: (06 11) 25 15 74.

DIPLOMATISCHE VERTRETUNGEN in N i k o s i a : *Botschaft der Bundesrepublik Deutschland,* Nikitaras Str. 10, Telefon (021) 4 43 62/3; *Konsulat der Republik Österreich,* Chr. Mouskos Str. 4, Telefon (021) 6 21 61; *Konsulat der Schweizerischen Eidgenossenschaft,* Trikoupi Str. 1, Telefon (021) 4 94 00.

HOTELS. – In N i k o s i a : *Cyprus Hilton,* Archbishop Makarios Ave., L, 300 b.; *Ledra,* Grivas Dhigenis Ave., I, 206 B.; *Churchill,* Achaeans Str. 1, I, 108 B.; *Philoxenia,* Eylenja Ave., I, 64 B.; *Kennedy,* Regaena Str.70, II, 176 B.; *Cleopatra,* Florina Str.8, II, 105 B.; *Asty,* Prince Charles Str. 12, II, 105 B.; *Catsellis Hill,* Kasos Str. 11, II, 80 B. – In L i m a s s o l : *Amathus Beach,* L, 488 B.; *Apollonia Beach,* L, 408 B.; *Churchill Limassol,* I, 292 B.; *Poseidonia Beach,* I, 264 B.; *Miramare,* I, 240 B.; *Curium Palace,* I, 112 B.; *Kanika Beach,* II, 133 B.; *Alasia,* II, 130 B.; *Pavemar,* II, 124 B.; *Astir,* II, 108 B.; *Trans,* neu; mehrere Apartmenthäuser. – In L a r n a k a : *Sun Hall,* I, 224 B.; *Lordos Beach,* I, 360 B.; *Karpasiana Beach,* I, 210 B.; *Four Lanterns,* II, 98 B.; *Ioanna, Athene Beach,* neu. – In A g i a N a p a : *Grecian*

Bay, L, 320 B.; *G. Ch. Kaloyirou,* I, 132 B.; *Nissi Brach,* II, 524 B.; *Mirabella* (Apartments), Green Bungalows, neu. – In P a r a l i m n i : *Pernera Beach,* III, 131 B. – In P a p h o s : *Paphos Beach,* I, 360 B.; *Dionysos,* II, 177 B.; *Aloe,* II, 160 B.; *Cynthiana Beach,* II, 118 B. – In P l a t r e s : *Forest Park,* I, 164 B.; *Edelweiss,* III, 42 B. – In K a k o p e t r i a : *Makris,* II, 59 B. – In P e d h o u l a s : *Pinewood Valley,* II, 52 B.

In und bei F a m a g u s t a : *Golden Sands,* I, 896 B.; *Salamis Bay,* I, 720 B.; *Loiziana,* I, 340 B.; *Sandy Beach,* I, 288 B.; *Aspelia,* I, 284 B.; *Asterias,* I, 278 B.; *Salaminia Tower,* I, 211 B. – In und bei K y r e n i a (G i r n e): *Zephyros,* I, 400 B.; *Catsellis Dome,* 305 B.; *Castle Beach,* II, 292 B.; *Mare Monte,* II, 152 B.

JUGENDHERBERGEN. – N i k o s i a , Prince Charles Str. 13; L i m a s s o l , 28th of October Str. 299; P a p h o s , Eleftherios Venizelos Ave.; auf dem T r ó o d o s , Ex-Olympos Hotel (nur im Sommer). – CAMPING: freies Campen nach Genehmigung durch den District Officer.

AUTOVERMIETUNG. – In N i k o s i a : *Rent-a-Car,* Eleftherias Square, Tel.: (021) 7 34 55; *Astra Hire Cars,* im Hotel Hilton und Charalambou Mouskou Str., Tel.: (021) 7 5 80 0/7 40 50; *Avis,* Homer Ave. 2, Tel.: (021) 7 20 62; *Hertz,* Eleftherias Platz, Tel.: 7 77 83, und Griva Dhigeni Ave., Tel.: (021) 6 34 13); u. a. – In L i m a s s o l : *Avis,* an der Straße von Limassol nach Nikosia, Tel.: (51) 6 91 92; *Hertz,* an der Straße von Limassol nach Nikosia, Tel.: (051) 6 87 58; u. a. – In L a r n a k a : *Avis,* Griva Dhigeni Ave., Tel.: (041) 5 71 32, und am Flughafen; *Hertz,* Archbishop Makarios Ave. 33F, Tel.: (041) 5 51 45, und am Flughafen.

SHOPPING. – Besonders Handarbeiten und Lefkaraspitzen, Web- und Häkeldecken; Töpferei- und Kupferschmiedearbeiten.

VERANSTALTUNGEN: Karneval, Blumenfest und Weinfest in Limassol.

FREIZEIT und SPORT: Segeln, Windsurfen, Wasserski, Motorboote, Tretboote, Fischen; Wintersport im Tróodos-Gebirge; Wandern; Tennis.

*Zypern, nach Sardinien und Sizilien die drittgrößte Insel im Mittelmeer, liegt in seiner Nordostecke etwa auf der Höhe von Kreta zwischen 32°16´ und 34°35´ östlicher Länge sowie 34°32´ und 35°42´ nördlicher Breite rund 65 km vor der kleinasiatischen und etwa 110 km vor der syrischen Küste und weist mit einem langen Sporn nordöstlich in den Golf von İskenderun.

Wenngleich geologisch und statistisch zu Asien gerechnet, ist Zypern durch Geschichte und Kultur mit Europa, insbesondere mit Griechenland eng verbunden. Ihren eigentümlichen Reiz verdankt die Insel der geographischen Lage im kulturellen Brennpunkt dreier Kontinente, deren Einfluß seit Jahrtausenden in verschiedenster Weise prägend gewirkt hat. Zudem haben sich dank der langjährigen Besetzung durch die Briten eine Reihe dem Mitteleuropäer vertraut und angenehm erscheinender Gepflogenheiten durchgesetzt. – So bietet Zypern durch landschaftliche Vielfalt, ein angenehmes Klima, die große Zahl kunsthistorischer wie auch

Zypern
Kypros/Kıbrıs

archäologischer Sehenswürdigkeiten, lebhaft bunte folkloristische Tradition, vorzügliche Sandstrände und fortschrittlichen Hotelkomfort in besonderem Maße Gewähr für einen angenehmen Ferienaufenthalt.

> Beim Besuch der Insel Zypern ist zu beachten, daß der türkisch besetzte nördliche Teil nur von der Türkei her besucht werden kann, wobei im Reisepaß kein Sichtvermerk der griechisch-zyprischen Behörden eingetragen sein darf. – Die Grenze zwischen beiden Inselteilen ist nur für Angehörige der UN-Schutztruppen passierbar. – Die Einreise in den südlichen Teil der Insel ist nur über die Häfen Larnaka, Limassol und Paphos sowie den Flughafen Larnaka gestattet. – Auf den Inselstraßen herrscht **Linksverkehr.**

GEOLOGIE. – Zypern stellt geologisch gesehen die Fortsetzung des syrisch-anatolischen Faltungsmassives dar. Entlang der gesamten Nordküste der Insel zieht sich das im Westen schroffe, bis über 1000 m Höhe aufragende sowie nach Osten abflachende und in sanfte Hügel übergehende Kerynis-Gebirge oder Pentadaktylos (= Fünffingergebirge), eine Gebirgskette aus tertiären Kalken und Mergel. Den gesamten Südteil der Insel nimmt das waldreiche Tróodos- oder Olympos-Gebirge ein, ein Massiv vulkanischen Ursprungs aus Diabas und Trachyt, das im Tróodos bzw. Olympos mit 1952 m ü.d.M. die höchste Erhebung Zyperns besitzt. Beide Gebirgsstöcke waren noch im Tertiär getrennte Inseln, die sich später durch Hebung des Meeresbodens vereinten und heute durch die 15-35 km breite, sehr fruchtbare Ebene der Mesoaria verbunden sind. Rege Bebentätigkeit zeigt, daß die Erdkruste an dieser Stelle noch immer nicht zur Ruhe gekommen ist.

KLIMA. – Zypern besitzt ein außerordentlich gesundes, gemäßigt mediterranes Klima. Die Sommermonate sind heiß und trocken, mit Durchschnitts-

temperaturen von gut 28°C in Famagusta und gut 22°C im Hochgebirge. Die Winter sind recht mild und reich an Niederschlägen, die zwischen November und März/April im Tróodos-Gebirge auch als Schnee fallen und hier von Ende Januar bis März für annehmbare Wintersportbedingungen sorgen. Die Niederschläge sind im Gebirge, und dort im Westen am reichlichsten (Tróodos durchschnittl. bis 1000 mm/Jahr) und nehmen nach Osten hin, besonders in der Ebene (um 400 mm/Jahr) ab. Die jährliche Sonnenscheindauer beträgt 340 Tage. – Die überwiegend im Tróodos-Gebirge entspringenden Flußläufe führen nur in den Wintermonaten Wasser.

GESCHICHTE. – Zypern ist seit der Steinzeit besiedelt; Kupfer (von lat. 'aes Cyprium') wurde seit dem Chalkolithikum abgebaut. Die kretisch-mykenische Kultur traf hier mit kleinasiatischen und mesopotamischen Einflüssen zusammen. Nach Ägyptern, Achäern, Phöniziern und Persern gewannen 58 v. Chr. die *Römer* die Herrschaft über die Insel. Nach dem Zerfall des Römischen Reiches verblieb Zypern bei *Byzanz* (Ostrom), wurde 1191 von Richard I. ('Löwenherz') von England erobert und kam 1489 an *Venedig.* 1570/71 bemächtigten sich die *Türken* der Insel, überließen sie aber 1878 den *Briten,* die sie besetzten.

Der Widerstand der griechischen Bevölkerung gegen Großbritannien führte 1931 zum 'Enosis'-Aufstand. Auch nachdem 1950 der Erzbischof *Makarios* (eigentl. Michael Muskos, 1913-77) als 'Ethnarch' die politische Führung übernommen hatte, hielt die Guerillatätigkeit an. 1960 wurde Zypern unabhängige Republik im Rahmen des britischen Commonwealth. – Im Jahre 1974 führte ein Putschversuch von Offizieren der Nationalgarde mit dem Ziel des Anschlusses an Griechenland zur Besetzung der nördlichen Inselhälfte durch türkische Invasionstruppen; die meisten dort ansässigen Griechen flohen in den Südteil. Seit der einseitigen Proklamation eines türkisch-zyprischen Föderativstaates (1975) ist die Grenze zwischen Nord- und Südzypern entlang der 'Attila-Linie', die auch durch die Inselhauptstadt Nikosia verläuft, praktisch undurchlässig.

BEVÖLKERUNG. – Die Bevölkerungsstruktur Zyperns hat sich seit der Teilung der Insel in türkisches und griechisches Gebiet grundlegend geändert. Von den insgesamt 630 000 Einwohnern der Insel sind rund 80 % G r i e c h e n griechisch-orthodoxen Glaubens, die auf nur 60 % der Inselfläche siedeln. Die rund 18 % türkisch-islamischer Bevöl-

Zyprische Küste bei Episkopi

kerung leben auf immerhin 40 % der Fläche. Das durch die Vertreibung der griechischen Bevölkerung aus Nordzypern entstandene Vakuum wird durch Zuwanderung von Siedlern aus Anatolien aufgefüllt, während die Abwanderung unter der im Süden recht gedrängt siedelnden griechischen Bevölkerung in den vergangenen zehn Jahren beträchtlich zugenommen hat. Neben Griechen und Türken leben Armenier, Maroniten und Juden als kleine Minderheiten. – Rund 58 % der Bevölkerung leben in ländlichen Gebieten und etwa 42 % in den städtischen Ballungsräumen.

Die sechs wichtigsten Städte der Insel und zugleich Distrikthauptorte sind **Nikosia** (amtl. *Lefkosia;* türk. *Lefkoşa*), *Limassol* (*Lemesos;* im Süden), **Famagusta** (türk. *Mağusa;* im Osten), *Larnaka* (im Süden), *Paphos* (im Südwesten) und *Kyrenia* (türk. *Girne;* im Norden). Zusammen rund 260 qkm um *Dekelia* an der Südostküste sowie *Akrotiri* an der Südspitze sind britischen Militärstützpunkten vorbehalten.

WIRTSCHAFT. – Zypern lebt zu einem sehr wesentlichen Teil von der Landwirtschaft. Gut die Hälfte der gesamten Inselfläche wird bebaut, insbesondere die sehr fruchtbare Mesaoria-Ebene (Weizen und Gerste im Osten, Zitrusfrüchte, Oliven und Mandeln im Westen) und die nördlichen Küstenrandgebiete mit ihren ausgedehnten Zitruskulturen. Wein, Gemüse- und Obstgärten bedecken die Hänge des Tróodos-Gebirges; sie liefern den Hauptanteil der Ausfuhrgüter der Insel. Das milde Klima erlaubt bei umsichtiger Bewässerungswirtschaft mindestens zwei Ernten jährlich.

Die Viehwirtschaft ist zugunsten der Erweiterung der landwirtschaftlichen Anbaufläche rückläufig. Verbreitet sind noch immer die Schaf- und Geflügelzucht. – Etwa 20 % der Inselfläche sind von Nadelwald bedeckt, der jedoch zum Schutze des Bestandes ungenutzt bleibt. – Die Fischerei ist nur von lokaler Bedeutung.

Zypern ist reich an Bodenschätzen; die klassischen Kupferlagerstätten sind jedoch fast erschöpft. Hauptausfuhrprodukte sind Pyrite (Kupfer- und Eisenkies), Asbest, Chromerz, Gips und Umbra. – Die Industrie ist erst im Aufbau begriffen. Den Großteil des produzierenden Gewerbes bilden mittlere und kleine, meist Familienbetriebe, wobei Aufbereitung und Verarbeitung der Agrarprodukte (Nahrungs- und Genußmittel, Textilien) im Vordergrund stehen. – Die Energieversorgung hängt ausschließlich vom Erdölimport ab. – Relikt aus der langen Zeit britischer Präsenz ist der Linksverkehr auf dem relativ dichten Straßennetz (ca. 5000 km). – Der infolge der politisch angespannten Lage anfänglich fast zum Erliegen gekommene Fremdenverkehr hat sich in jüngster Zeit besonders im griechisch besiedelten Süden sehr positiv entwickelt.

Die zyprische Hauptstadt **Nikosia** (amtl. *Lefkosia;* türk. *Lefkoşa;* 120 000 Einw.), die einzige Großstadt im Inneren der Insel, entstand im 7. Jahrhundert n. Chr. an Stelle des antiken *Ledra* und wurde zum Verwaltungszentrum erwählt, nachdem die Hafenorte infolge fortgesetzer räuberischer Überfälle immer unsicherer geworden waren.

SEHENSWERTES. – In der von einem mächtigen venezianischen Mauerring umschlossenen und von engen Gassen durchzogenen Altstadt erhebt sich die gotische St.-Johannes-Kathedrale, Sitz des griechisch-orthodoxen Erzbischofs auf Zypern; nördlich anschließend das sehenswerte Volkskunstmuseum sowie unmittelbar östlich gegenüber das Erzbischöfliche Palais. Von eigentümlichem Charme ist der Altstadt-Basar mit seinen zahlreichen Kunstgewerbeläden. – Südwestlich außerhalb der Stadtmauern liegt das sehr besuchenswerte Museum von Zypern, das Gebrauchsgegenstände und Kunstobjekte vom Neolithikum bis zur Römerzeit (um 5800 v. Chr. bis 300 n. Chr.) zeigt. Jenseits der Stadtmauern wächst die Neustadt mit ihren modernen Wohnvierteln

Nikosia – Hauptstadt von Zypern

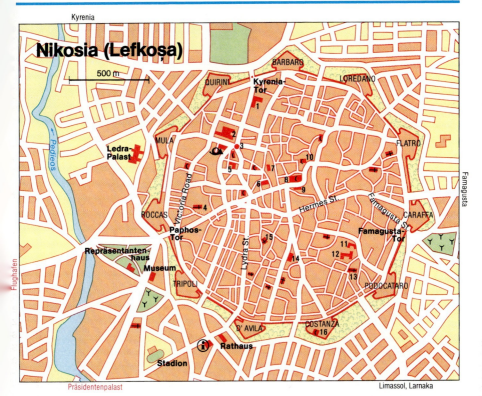

Nikosia (Lefkoşa)

Kyrenia

500 m

Pedieos

Flughafen

BARBARO

QUIRINI

Kyrenia-Tor
1

LOREDANO

MULA

Ledra-Palast

2

3

FLATRO

10

7

5

ROCCAS

Victoria Road

Paphos-Tor

4

6

8

9

Hermes St.

Famagusta St.

CARAFFA

Famagusta-Tor

Repräsentanten-haus

Museum

TRIPOLI

Lydia St.

15

14

11

12

13

PODOCATARO

Präsidentenpalast

D' AVILA

COSTANZA
16

Rathaus

Stadion

Limassol, Larnaka

Famagusta

1 Kloster der Tanzenden
  Derwische
2 Gerichtshof
3 Venezianische Säule
4 Armenische Kirche
5 Evkaf-Verwaltung

6 Büyük Han
7 Han (Herberge)
8 Selimiye-Moschee
  (Hagia Sophia)
9 Bedesten
10 Sultan-Mahmut-Moschee

11 Museum des Befreiungskampfes
12 Erzbischöfliches Palais
13 St. Johannes
14 Theater
15 Phaneromeni-Kirche
16 Baiaktar-Moschee

und Geschäftshäusern in die Ebene hinaus. – Beim Besuch von Nikosia ist zu beachten, daß der türkisch besetzte Teil mit der ehemaligen gotischen St.-Sophia-Kathedrale (jetzt Selimiye Moschee; 13. Jh.), der einstigen Krönungskirche der Könige von Zypern, und anderen mittelalterlichen Bauwerken von den griechischen Stadtgebieten aus nicht besichtigt werden kann.

Von Nikosia empfehlen sich AUSFLÜGE südwestlich in die Pitsilia genannten östlichen Ausläufer des Tróodos-Gebirges sowie in das Tróodos-Gebirge selbst. Lohnend insbesondere die *Gräber von Thamassos* sowie weiter südwestlich das *Kloster Makeras* in windiger, aussichtsreicher Höhe. Besuchenswert ferner die byzantinischen Kirchen von *Peristerona*, *Perachorio* (Fresken), *Lagudera* und *Assinu*, die malerischen mittelalterlichen Dörfer *Kakopetria, Galata, Mutullas, Kalopanagiotis* (Schwefelquellen) und *Pedulas* (Kirschblüte im April), ebenfalls mit byzantinischen Gotteshäusern, sowie das *Mesapotamos-Kloster* und das im Jahre 1100 gegründete **Kykko-Kloster,** mit einer angeblich vom heiligen Lukas gemalten Ikone. Im nahen *Throni* die Grabstätte des ehemaligen Präsidenten Erzbischof Makarios.

Larnaka (*Larnaca, Larnax;* 22 000 Einw.), beschaulicher, in jüngster Zeit aufstrebender Hafenort mit moderner Marina, Flughafen und schönen Stränden an der Südostküste Zyperns, befindet sich an der Stelle des antiken mykenischen *Kition,* das nach der Überlieferung vom Enkel des Noah gegründet wurde und Heimatstadt des griechischen Philosophen Zeno war. In der Altstadt die St.-Lazarus-Kirche, mit der Reliquie des Heiligen. Im Westen der Stadt erstreckt sich der Salzsee, von Dezember bis März Winterquartier vorbeiziehender Flamingos. An seinem Westufer die Hala-Sultan-Tekke, die Grabmoschee der Ziehmutter des Propheten Mohammed. – 2 km weiter südwestlich, in dem Dorf Kiti, die Kirche der Panagia Angeloktistos, mit schönen frühbyzantinischen Mosaiken (6. Jh.?).

Westlich von Larnaka das Dorf **Lefkara,** berühmt für seine Spitzenstickerei. Man berichtet, daß schon Leonardo da Vinci im Jahre 1481 hier Spitzen für ein Altartuch im Mailänder Dom erwarb. – Westlich von Larnaka auf aussichtsreicher Höhe das **Kloster Stavrovuni** ('Berg des Kreuzes'; 680 m), im Jahre 327 n.Chr. von der hl. Helena, der Mutter Konstantins d.Gr., gegründet. – Unweit nordwestlich das Dorf *Kornos,* das bekannt ist für seine archaischen unglasierten Tonwaren. – Etwa 17 km südwestlich von Larnaka liegen die Reste der jungsteinzeitlichen Siedlung von *Kirokitia* (um 5800-5250 v.Chr.), mit Spuren von Mauern, Rundbauten und Gräbern.

Etwa 25 km östlich von Larnaka liegt das Fischerdorf und Seebad **Agia Napa** (*Strand),

umgeben von üppigen Gemüse- und Obst-
pflanzungen, bizarren Felsgebilden und
Windmühlen. Im Ortskern das berühmte
gleichnamige, byzantinisch-venezianische
Kloster, eines der letzten von den Venezianern auf Zypern vollendeten Bauwerke, mit
Grottenkirche. – In der Umgebung zahlreiche
hübsche Ortschaften, Buchten und Sandstrände, darunter besonders *Paralimni* (ga-
stronom. Spezialitäten), *Liopetri, Potamos tis
Xylophagu, Protaras* und die **Feigenbaum-
bucht,* deren Strand zu den besten auf der Insel gehört.

Limassol (*Lemesos;* 80 000 Einw.), die
zweitgrößte Stadt auf Zypern, Industriezentrum, Schwerpunkt des Weinhandels und
bedeutender Ausfuhrhafen, liegt an der Südküste der Insel zwischen den beiden antiken
Städten Curium (im Westen) und Amathus
(im Osten). Limassol war nach 1291 Stützpunkt des Templer- und des Johanniterordens im östlichen Mittelmeer; hier ehelichte
Richard I. (Löwenherz) von England Beren-
garia von Navarra. Sehenswert das Schloß
mit dem Distriktmuseum, der Stadtpark (Mi-
nizoo) sowie die Weinkellereien. – Etwa
10 km westlich steht inmitten üppiger Obstgärten und Haine die massige Festung **Ko-
lossi,** 1210 von den Johannitern erbaut. –
Etwa 20 km westlich von Limassol finden
sich die Reste der antiken Stadt **Kurion,** von
der Badeanlagen (5. Jh. v. Chr.), schöne Fußbodenmosaiken, das Theater (50–175 n. Chr.;

Blick über Paphos auf Ktima

sowie der modernen Stadt *Ktima,* etwa 3 km
landeinwärts. Unweit vom Hafen die hervorragend erhaltenen **Mosaikböden der Villa
des Dionysos,* die zu den bemerkenswertesten im Mittelmeerraum zählen. Über dem
Hafen das beherrschende mittelalterliche
Schloß (von 1592). Besuchenswert sind das
kleine Archäologische Museum sowie das
Byzantinische Museum im Bischofspalast. –
Nicht weit von Paphos stieß man auf gut 100
sogenannte Königsgräber, Felsengräber mit
trefflicher Ausschmückung.

Etwa 15 km südöstlich von Paphos, bei dem
Dorf *Kuklia* (Palea Paphos) befinden sich die
Reste des einst hoch verehrten Aphrodite-
Tempels. – Weiterhin 9 km die *Petra tu Ro-
miu,* wo Aphrodite den Wellen entstiegen
sein soll (Odyssee VIII, 362). – Einen Besuch
verdienen ferner nordöstlich bzw. nördlich
von Paphos die Klöster *Chrysorrogiatissa,
Agios Neophytos* und *Agia Moni,* das *Tal der
Zedern* sowie die *Fontana Amorosa* und die
Bäder der Aphrodite bei *Polis,* in der nord-
westlichen *Krysoku-Bucht.*

Wichtigster Hafen im türkisch besetzten
Norden der Insel ist **Kyrenia** (*Kerinis;* türk.
Girne; 4000 Einw.), das antike *Kerynia,* in pit-
toresker Lage an der Flanke des Pentadakty-
los-Gebirges. Seiner abgeschiedenen Lage
verdankt der Ort seinen eigentümlichen Zauber. Eindrucksvoll ist die mächtige Festungsanlage (9.–16. Jh.), die den Hafen nach Osten
hin sichert.

Grabungsfeld von Kurion auf Zypern

Sommerfestspiele antiker sowie Shakespea-
rescher Dramen) sowie ein Apollotempel
freigelegt sind. – Südwestlich, in *Episkopi,*
ein kleines sehenswertes Archäologisches
Museum. – Von Limassol lohnen ferner der
Besuch der Zitrus- und Weingärten von
Phassuri, der Klöster *Tróoditissa* und *Omo-
dos* (Heiligkreuz) sowie der malerischen Ortschaften *Fini, Kilani, Platres, Prodromos* und
Tróodos im Tróodos-Gebirge.

Paphos (*Pafos;* 10 000 Einw.), in römischer
Zeit Hauptstadt von Zypern und Hafenplatz
für die Pilgerschiffe, die zum Besuch des
Aphrodite-Heiligtums anlegten, besteht aus
dem alten Hafenort *Kato Paphos,* mit Festungsmauern und malerischem, ursprünglich von Alexander d. Gr. angelegtem Hafen

Der nordzyprische Hafen Kyrenia/Girne

Strand von Famagusta/Mağusa

Die heute gleichfalls türkisch besetzte Hafenstadt **Famagusta** (*Ammochostos;* türk. *Mağusa;* 50 000 Einw.) liegt am östlichen Ende der fruchtbaren Mesaoria-Ebene in einer weiten Bucht der zyprischen Ostküste.

Sie entstand etwa 11 km nördlich der antiken Stadt *Salamis,* die einen guten natürlichen Hafen besaß und wichtigster Ausfuhrplatz für das kostbare Kupfer war. Von der im 4. Jahrhundert n. Chr. durch Erdbeben zerstörten alten Stadt sind ein großes Theater, ein Zeustempel, das Gymnasion, ein Aquädukt sowie die Nekropolis freigelegt worden. – Die Altstadt von Famagusta ist von einem mächtigen, 17 m hohen Festungsring umschlossen, den die Lusignans im 13. Jahrhundert anlegen ließen und der später von den Venezianern ausgebaut wurde. Zur Seeseite hin wird er durch eine Zitadelle gesichert, deren sogenannter Othelloturm als Schauplatz von Shakespeares Tragödie angesehen wird. Im Herzen der Altstadt die gotische St.-Nikolaus-Kathedrale (14. Jh.), jetzt Lala-Mustafa-Moschee. Südwestlich davon die Überreste des Palazzo del Proveditore, einst Residenz des venezianischen Gouverneurs. Von der Glanzzeit der Stadt zeugen die frühgotische Kirche St. Peter und Paul (Sinan-Pascha-Moschee; 14. Jh.) sowie die St.-Georg-Kirche (von 1359). Sehenswert das Archäologische Museum. – Famagusta besitzt in seiner Umgebung die wohl schönsten ✶✶ Strände der Insel.

Zypern – Abendstimmung am Aphroditefelsen

Praktische Informationen

Praktische Informationen

Italienische Riviera – Im Jachthafen von San Remo

Tips und Informationen für Ihre Sicherheit am Steuer

Tragen Sie Gurt! Achten Sie darauf, daß sich auch Ihre Mitfahrer bei jeder Fahrt anschnallen.
Denn: Fast 2000 Tote und 50 000 Verletzte weniger wären zu beklagen, wenn alle Autofahrer in der Bundesrepublik Gurte tragen würden.

Lassen Sie spätestens alle zwei Jahre die Bremsflüssigkeit Ihres Fahrzeugs wechseln.
Denn: Auch Bremsflüssigkeit altert. Durch Kondenswasser, Staub und einen Prozeß chemischer Zersetzung verliert diese lebenswichtige Flüssigkeit im Lauf der Zeit ihre Wirksamkeit.

Wechseln Sie Ihre Reifen, wenn die Profiltiefe nur noch zwei Millimeter beträgt.
Denn: Reifenprofile brauchen Tiefe, um griffig zu sein und den Wagen auch bei Nässe auf der Straße zu halten. Bei sportlich breiten Reifen ist wegen der längeren Wasserwege sogar eine Profiltiefe von drei Millimetern zu empfehlen.

Sie sehen besser, und Sie werden besser gesehen, wenn die Beleuchtung Ihres Fahrzeugs in Ordnung ist.
Darum: Prüfen Sie regelmäßig Lampen und Scheinwerfer. Das ist sogar möglich, ohne aus dem Wagen auszusteigen. Rückleuchten und Bremslichter können Sie leicht selbst kontrollieren, wenn Sie an einer Ampel vor einem Bus oder Lieferwagen halten. Die großen Frontflächen reflektieren wie ein Spiegel das Licht. In Ihrer Garage oder beim Parken vor einer Schaufensterscheibe erkennen Sie ebenso, ob Scheinwerfer und vordere Blinkleuchten einwandfrei funktionieren.

Bei Nachtfahrten auf nassen Fahrbahnen sollten Sie etwa alle 50 bis 100 km einen Parkplatz aufsuchen, um Scheinwerfer und Rückleuchten zu reinigen.
Denn: Bereits eine hauchdünne Schmutzschicht auf den Scheinwerfergläsern reduziert die Lichtausbeute um die Hälfte. Bei stärkerer Verschmutzung kann sogar ein Lichtverlust bis zu 90 Prozent auftreten.

Alle Autofahrer, die Kunden der Allianz Autoversicherung sind, können ihr Fahrzeug kostenlos im Allianz Zentrum für Technik in Ismaning bei München überprüfen lassen.
Darum: Wer in München wohnt oder dorthin reist, sollte diese Möglichkeit nutzen. Der Test dauert 1 bis 1½ Stunden. Die Anmeldung ist mindestens vier und in Urlaubszeiten sechs Wochen vor dem geplanten Termin notwendig. Telefon: 0 89/9 60 11. Geprüft werden bei dem Test kostenlos: Bremsen, Bremsflüssigkeit, Unterbodengruppe und Rahmen, Radaufhängung, Stoßdämpfer, Scheinwerfer und Beleuchtung, Achseinstelldaten, Motoreinstellung und Funktion, Leistung, Abgas.

Der beste Platz ist für Nebelleuchten auf der vorderen Stoßstange.
Denn: Dadurch wird eine besonders günstige Reichweite ohne Blendwirkung erreicht. Sind die Nebelscheinwerfer dagegen unterhalb der Stoßstangen montiert, beträgt die Reichweite nur noch fünf bis zehn Meter. Der Vorteil der Nebelleuchten ist besonders groß, wenn sie nur zusammen mit dem Standlicht benutzt werden. Daher ist eine gewisse Mindestreichweite des Lichtes erforderlich, um das Fahrzeug sicher führen zu können.

Rechtzeitiges Abblenden bedeutet selbstverständliche Rücksicht. Doch – nicht nur Fernscheinwerfer, auch Nebelschlußleuchten können blenden.
Darum: Rücksicht ist also auch geboten, wenn ein nachfolgendes Fahrzeug so dicht aufgeschlossen hat, daß Sie die Fahrzeug-Konturen vollständig erkennen können. Selbstverständlich muß die Nebelschlußleuchte immer dann ausgeschaltet werden, wenn die Sicht wieder klar ist.

Eine Kopfstütze am Autositz ist richtig eingestellt, wenn die Oberkante mindestens in Augen- und Ohrenhöhe oder darüber liegt.
Denn: Weil allenfalls das Genick, nicht aber der Kopf abgestützt wird, gefährden zu niedrige Kopfstützen die Fahrzeuginsassen.

Verbandskasten und Warndreieck sind nützliches und vorgeschriebenes Zubehör. Sie können jedoch bei einem Unfall zu gefährlichen Geschossen werden, wenn sie auf der Hutablage hinter den Sitzen liegen.
Darum: Der Verbandskasten gehört im Innenraum in eine feste Halterung oder unter einen Sitz, das Warndreieck griffbereit in den Kofferraum. Wenn dort wirklich kein Platz mehr ist, müssen alle Gegenstände und Gepäckstücke im Innenraum sehr sorgsam verstaut werden.

Übrigens: Sollte zum Beispiel bei sehr viel Gepäck im Urlaub die Sicht aus dem Heckfenster verbaut werden, verlangen die Straßenverkehrszulassungsordnung und vor allem Ihre eigene Sicherheit einen rechten Außenspiegel.
Dieses nützliche Zubehör bietet Ihnen im dichten, mehrspurigen Straßenverkehr immer gute Dienste. Verlangen Sie beim Kauf eine konvexe Ausführung.

Fahrzeugbrände sind selten. Und die Ratlosigkeit vieler Helfer ist groß, wenn es tatsächlich einmal brennt. Dabei haben sie meist genügend Zeit, den Insassen zu helfen und das Gepäck zu bergen.
Denn: Versuche haben gezeigt, daß zwischen einem Brandbeginn am Vergaser und dem Übergreifen des Feuers auf den Innenraum fünf bis zehn Minuten vergehen. Größte Vorsicht ist jedoch geboten, wenn bei einem Unfall der Tank beschädigt wird und eine große Menge Benzin ausläuft. Dann kann ein Brand blitzartig das gesamte Fahrzeug erfassen.

Ein geretteter Urlaubsfilm ist besser als der Kostenersatz für einen neuen Film durch die Reisegepäck-Versicherung. Darum ist ein neuartiger Halonlöscher (zwei Kilogramm) empfehlenswertes Zubehör.
Denn: Dieses Gerät löscht mit einem Gas, das für Menschen gefahrlos ist und keinerlei Spuren an Personen oder am Fahrzeug hinterläßt. Der Löscher soll mindestens zwei Kilogramm Inhalt haben, er hat dann eine Funktionsdauer von etwa 15 Sekunden. Mit diesem Gerät kann bei einem kleinen Brand schnelle Hilfe geleistet werden.

Wer nach dem Schalten seinen linken Fuß auf dem Kupplungspedal stehen läßt, riskiert eine teure Reparatur.
Denn: Das Kupplungsausrücklager verschleißt durch die dauernde Belastung sehr rasch. Das defekte Lager macht sich dann bald durch laute Pfeif- und Knirschgeräusche bemerkbar.

Wenn die Lampen altern, nimmt ihre Leistungsfähigkeit deutlich ab. Ein dunkler Niederschlag im Glaskolben – Wolframablagerungen von der Glühwendel – weist auf hohes Alter hin.
Darum: Mindestens einmal im Jahr sollten alle Glühlampen eines Fahrzeugs überprüft werden. Es empfiehlt sich, die dunkel gewordenen ebenso wie die defekten Glühbirnen paarweise auszutauschen.

Unfälle geschehen häufig, objektive Zeugen sind selten. Eine kleine, billige Kamera mit einem Blitzlicht im Handschuhfach kann sich nach einem Unfall schnell bezahlt machen.
Denn: Nach einem leichteren Unfall ist die Polizei meist mehr daran interessiert, die Straße schnell frei zu machen als alle Spuren zu sichern. Bei den Fotoaufnahmen ist nicht die Dokumentation der Beschädigungen wichtig. Sie können auch nachträglich, zum Beispiel im Schadenschnelldienst, festgestellt werden. Vielmehr sollte die Gesamtsituation an der Unfallstelle dokumentiert werden. Je eine Aufnahme genau in Fahrtrichtung der Unfallbeteiligten aus ausreichendem Abstand sind besonders wichtig.

Wenden Sie sich an den Zentralen Notruf der Autoversicherer, wenn Sie nach einem Unfall Rat und Hilfe brauchen, weil Sie die Anschriften der betroffenen Versicherungen nicht kennen. Ihre Ratlosigkeit könnte sonst von fragwürdigen Helfern mißbraucht werden.
Darum: Sparen Sie sich unnötige Kosten und sichern Sie sich eine schnelle Schadenregulierung. Melden Sie den

Unfall mit allen wichtigen Daten. Vom Zentralen Notruf wird die zuständige Stelle benachrichtigt, die sofort die Regulierung einleiten kann. Sie erfahren außerdem Namen und Rufnummer des Sachbearbeiters der betroffenen Versicherung; und Sie erhalten Auskunft über Schadenschnelldienste, Abschleppunternehmen und Reparaturwerkstätten.

Von 7–19 Uhr ist der Zentrale Notdienst zu erreichen:

Berlin	0 30/3 43 10 43
Hamburg	0 40/33 66 44
München	0 89/33 30 66
Köln	02 21/12 30 91
Frankfurt	06 11/7 25 1 51
Stuttgart	07 11/28 33 99
Dortmund	02 31/5 28 4 84
Nürnberg	0911/54 40 45

Energiebewußte Autofahrer bremsen den Benzindurst ihres Wagens, wenn sie auf der Autobahn mit dem Gaspedal mindestens zwei Zentimeter unter der Vollgasstellung bleiben.
Denn: Je weiter sich ein Fahrzeug seiner Höchstgeschwindigkeit nähert, um so steiler steigt der Benzinverbrauch. Die Sparstellung des Gasfußes reduziert die Reisegeschwindigkeit also kaum, während der Spritverbrauch erheblich gesenkt wird.

Brillenträger erhöhen ihre Fahrsicherheit, wenn sie während einer nächtlichen Autofahrt spezialentspiegelte Brillengläser tragen. Von der Benutzung einer getönten Brille bei Dämmerung oder Dunkelheit muß abgeraten werden.

Denn: Jede Glasscheibe reflektiert einen Teil des hindurchfallenden Lichtes. Selbst durch eine klare Windschutzscheibe erreichen nur etwa 90 Prozent des auf der Straße vorhandenen Lichtes die Augen des Autofahrers. Trägt der Autofahrer eine Brille, entsteht ein zusätzlicher Lichtverlust von zehn Prozent. Bei getönten Scheiben und getönten Brillengläsern erreicht nur noch etwa die Hälfte der auf der Straße vorhandenen Lichtmenge das Auge. Ein sicheres Fahren wäre bei Nacht also nicht mehr möglich.

Eine Verbundglasfrontscheibe als Zusatzausstattung ab Werk oder nach einem Glasbruch ist jedem Autofahrer zu empfehlen. Diese Investition ist sicher mehr wert als eine teure Autostereoanlage.
Denn: Eine Verbundglasscheibe besteht aus zwei unterschiedlich dicken Glasschichten, die in der Mitte durch eine zähe, elastische Kunststoffolie verbunden sind. Bei Steinschlag kann es nur zu einem Bruch unmittelbar an der Aufschlagstelle kommen. Die Glassplitter bleiben an der Folie hängen und verursachen keine Verletzungen. Selbst wenn ein nicht angeschnallter Insasse in die Scheibe fliegt, ist die Verletzungsgefahr geringer.

Jeder Allianz Fachmann hält für seine Kunden kostenlos bereit:
Mit dem Auto ins Ausland
Eine Kundendienstbroschüre mit zahlreichen Tips, Adressen und Ratschlägen für den Schadenfall in 24 europäischen und außereuropäischen Ländern.
Service-Tasche für Ihr Auto
Wichtige Unterlagen und Formulare, die der Kraftfahrer für den Fahrzeugwechsel, für den Kauf oder Verkauf eines gebrauchten Kraftfahrzeugs und für den Schadenfall benötigt.

Sichere Reise!

Bevor Sie auf die Reise gehen, drehen Sie den Gashahn zu und schließen alle Fenster. Die Nachbarin gießt die Blumen, füttert den Kanarienvogel und bewahrt den Briefkasten vor verdächtigem Überquellen während Ihrer Abwesenheit. Haben Sie bei Ihren Reisevorbereitungen auch an Ihren Versicherungsschutz für diese Zeit gedacht? Die Allianz gibt Ihnen dazu einige Hinweise.

Schon durch Ihre üblichen Versicherungen genießen Sie während einer Reise weitgehenden Schutz: Ihre **Lebensversicherung,** Ihre **private Unfallversicherung,** Ihre **Privat-Haftpflicht-Versicherung** gelten in der ganzen Welt, Ihre **Rechtsschutzversicherung** in Europa und den außereuropäischen Mittelmeerstaaten.

Gerade auf Reisen gibt es immer wieder ungewohnte Situationen. In der fremden Umgebung genügt eine Sekunde Unaufmerksamkeit: Sie überqueren die Straße, zwingen einen Wagen zum Ausweichen – und schon kracht es. Da brauchen Sie eine gute Rückendeckung. Ihre **Haftpflicht-Versicherung** zahlt nicht nur bei berechtigten Ansprüchen, sondern wehrt auch unberechtigte Forderungen ab.
Hat aber Ihnen jemand einen Schaden zugefügt, bezahlt die **Rechtsschutzversicherung** Ihren Anwalt. Sie kommt auch für die Verteidigungskosten in einem Strafverfahren auf.

Vor Brand, Blitzschlag, Explosion, Einbruch, ausströmendem Leitungswasser, Sturm und Glasbruch während Ihrer Abwesenheit schützt Sie Ihre **Hausratversicherung** zwar nicht, aber vor den finanziellen Folgen solcher Schäden. Wenn Ihre Wohnung allerdings 60 Tage ununterbrochen nicht benützt wird, müssen Sie das Ihrer Versicherung ankündigen.

Schmuck und Pelze schützen Sie während der Reise am besten mit einer **Valorenversicherung.** Folgen von Verlusten oder Schäden beim Gepäck mildert eine **Reisegepäck-Versicherung.**
Wenn Sie bisher keine **Unfallversicherung** haben, wäre Ihr Urlaub ein guter Anlaß, eine abzuschließen: Sie gilt rund um die Uhr, im Beruf, im Haushalt, auf Reisen und in der Freizeit. Bei einer dynamischen Unfallversicherung passen sich Leistungen und Beitrag entsprechend der gesetzlichen Rentenversicherung der allgemeinen Einkommensentwicklung an.

Für einen Auslandsaufenthalt sollten Sie sich eine **Reisekrankenversicherung** gönnen, mit der Sie für wenig Einsatz die Leistungen Ihrer Krankenkasse ergänzen.

Für den Fall, daß Sie schon vor Reiseantritt krank werden, oder daß andere gewichtige Gründe Sie von Ihrer Unternehmung abhalten, ist eine **Reise-Rücktrittskosten-Versicherung** nützlich. Sie kommt für Schadenersatzforderungen von Reisebüros, Hotels und Fluggesellschaften auf.

Wenn Sie sich mit dem Auto auf den Weg machen, lohnt sich eine rechtzeitige Überprüfung Ihrer **Kraftfahrtversicherungen.** Reicht die **Kraftfahrzeug-Haftpflichtversicherung** aus?

Statt einer etwa schon bestehenden **Teilkaskoversicherung** oder einer kurzfristigen **Vollkasko-Versicherung** für die Reise sollten Sie einen ganzjährigen Vollkaskoschutz erwerben. Er kostet nur einige Mark mehr. Gegen finanzielle Ansprüche Ihrer Mitfahrer nach einem von Ihnen verschuldeten Unfall schützt Sie eine **Insassen-Unfallversicherung.**

Im Ausland gelten für die Schadenregulierung und in den rechtlichen Fragen bei einem Unfall vielfach andere Bräuche – für Deutsche oft höchst ungewohnt, ja sogar unerfreulich. Recht wird nach den Gesetzen des Landes gesprochen, und die Bearbeitung des Schadens dauert meist länger als daheim. Oft wird nicht alles ersetzt.

Wenn Sie auf einer Auslandsreise dringend Hilfe benötigen, können Sie sich an die auf Ihrer **Grünen Versicherungskarte** verzeichneten Versicherungsunternehmen wenden. Als Allianz Kunde halten Sie sich am besten an eine der in der Allianz Broschüre „Mit dem Auto ins Ausland" aufgeführten Anschriften. In diesem jährlich auf den neuesten Stand gebrachten Heft finden Sie auch den „Europäischen Unfallbericht", der die Aufnahme eines Unfalls sehr erleichtert.

Zusätzlichen Schutz auf Autofahrten im In- und Ausland bietet der **Allianz-Autoschutzbrief** mit einem ganzen Paket von Leistungen: Die Allianz ersetzt die Kosten für eine Pannenhilfe, für das Bergen und Abschleppen Ihres Fahrzeugs, für Übernachtungen, Bahnfahrt oder Mietwagen, für Krankenrücktransport und Fahrzeugrückholung, im Ausland für Ersatzteilversand, Fahrzeugrücktransport, Verzollung und Rückreise. Sie brauchen dafür nicht Mitglied eines Automobilclubs zu sein.

Bitte vergessen Sie nicht dafür zu sorgen, daß auch in Ihrer Abwesenheit Beitragsrechnungen pünktlich bezahlt werden. In diesen und allen anderen Fragen berät Sie jeder Allianz Mann gern.

Checklisten

Haben Sie alles beisammen für Ihre Reise? Ist in Ihrer Abwesenheit auch daheim alles geregelt? Checklisten erleichtern die Vorbereitungen: Sie sehen, was schon erledigt ist.

Etwa sechs Wochen vor der Abfahrt:
Personalausweis/Reisepaß gültig?
Visa beantragt?
Internationaler Führerschein und Internationale Zulassung
Benzingutscheine
Grüne Versicherungskarte
Auto-Schutzbrief
Reise-Versicherungen
Auslands-Krankenschein
Fahrkarten und Schiffstickets
Hausarzt/Zahnarzt aufsuchen
Impfungen?
Reiseapotheke/Verbandskasten überprüfen
Impfzeugnis für Tiere
Quartier bestätigen
Auto/Wohnwagen zur Inspektion
Liste der Auslands-Autovertretungen
Straßenkarten
Freunde/Nachbarn informieren

Vor der Autoreise:
Inspektion von Wagen und Anhänger
Wagen waschen
Scheibenwaschanlage nachfüllen
Reifendruck kontrollieren
Scheinwerfer einstellen (im beladenen Zustand)
Reservereifen überprüfen
Autoapotheke nachsehen
Reservekanister füllen
Kopfstützen und Sicherheitsgurte richtig einstellen
Für freie Sicht sorgen
D-Schild beschaffen
Warndreieck
Blinklampe
Taschenlampe
Handfeuerlöscher (greifbar untergebracht)
Kreuzschlüssel
Abschleppseil
Reservelampen/-sicherungen
Alte Handschuhe/Decke/Mantel
Bordwerkzeug/Wagenheber nachsehen
Für Caravan zweiter Außenspiegel
Während der Fahrt Türen nicht von innen verriegeln

Etwa eine Woche vor Fahrtbeginn:
Bezahlung von Rechnungen organisieren (Telefon, Strom, Gas, Wasser, Versicherungsbeiträge, Rundfunk/Fernsehen, Miete,Steuern, Lieferanten)
Post/Zeitung abbestellen, beziehungsweise nachsenden lassen
Wertsachen in den Banksafe
Pflege von Pflanzen/Haustieren organisieren
Brötchen/Milch/Getränke abbestellen
Devisen/Reiseschecks holen
Reiseplan/Anschrift und Zweitschlüssel bei einer Vertrauensperson lassen
Fotokopien aller Papiere machen
Mit Packen beginnen
Verderbliche Lebensmittel aufbrauchen
Kühlschrank leeren, abtauen, abstellen

Vor dem Start:
Bequeme Kleidung anziehen
Nicht zu schwer essen
Wasser abstellen
Gas abdrehen
Stromstecker ziehen (Ausnahme: Tiefkühltruhe)
Radio/Fernseher von der Antenne trennen
Im Sommer Boiler und Heizung ausschalten; im Winter Heizung nur herunterschalten (reicht das Öl?), Boiler und Wasserleitungen vor Einfrieren sichern
Sonnenbrille einstecken
Kinderspielzeug mitnehmen
Persönliche Medikamente einpacken
Abfalleimer ausleeren
Reisedokumente (Papiere, Geld, Schecks, Tickets, Fahrkarten) auf Vollständigkeit prüfen und auf das Handgepäck mehrerer Personen verteilen (Schecks und Scheckkarten trennen)
Zweitgarnitur Autoschlüssel dem Beifahrer aushändigen
Eßwaren/Abfallbeutel/Notpapier/Erfrischungstücher einpacken
Garage abschließen
Kinder im Auto auf dem Rücksitz Platz nehmen lassen
Fenster und Türen kontrollieren
Jalousien/Läden schließen
Alarmanlage einschalten
Volltanken/Ölstand prüfen

Reiseapotheke:

Auf eine Reiseapotheke sollten Sie nicht verzichten. Aber die notwendigen Dinge gegen Verletzungen und Unpäßlichkeiten ersetzen keinen Arzt. Wer laufend bestimmte Medikamente einnehmen muß, sollte sich vor der Reise von seinem Arzt beraten lassen und auf einen ausreichenden Medikamentenvorrat achten. Vielleicht erfordern Klima und landesübliche Speisen am Ziel zusätzliche Mittel. Da Arzneien nicht unbegrenzt haltbar sind und im Lauf der Zeit ihren chemischen Aufbau – und damit ihre Wirkung – ändern können, ist es ratsam, die Reiseapotheke einmal jährlich von einem Apotheker durchsehen und ergänzen zu lassen.

Das sollte die Reiseapotheke enthalten:
Verbandspäckchen, keimfreie Mullkompressen, Verbandwatte, Mullbinden, elastische Binden, Brandbinde, Heftpflaster, Dreiecktuch, Hautdesinfektionslösung (Jodersatztinktur), Streudose Wundpuder, Tube Borsalbe, Tube Zinksalbe, Hautöl/-creme, Riechsalz, Schmerztabletten, Abführtabletten, Kohletabletten, Insektenstift, Schere, Pinzette, Sicherheitsnadeln.

Beachten Sie bitte, daß Medikamente die Reaktionsfähigkeit und damit die Fahrtüchtigkeit beeinträchtigen können. Entsprechende Hinweise finden Sie auf den Beipackzetteln.

Unfall: Was tun?

Sie können am Steuer noch so vorsichtig sein – und es kracht trotzdem einmal. Auch wenn der Ärger groß ist: Bitte bewahren Sie die Ruhe und bleiben Sie höflich. Behalten Sie einen klaren Kopf und treffen Sie folgende Maßnahmen:

1. Sichern Sie die Unfallstelle ab: Schalten Sie die Warnblinkanlage ein, stellen Sie Blinklampe und Warndreieck in ausreichendem Abstand auf.

2. Kümmern Sie sich bitte um Verletzte. Hinweise für Erste Hilfe finden Sie in der Broschüre „Sofortmaßnahmen am Unfallort" in Ihrer Autoapotheke. Sorgen Sie nötigenfalls für einen Krankenwagen.

3. Wenn es Verletzte gegeben hat, bei größeren Blechschäden, oder wenn Sie mit Ihrem Unfallgegner nicht einig werden, verständigen Sie bitte die Polizei. Sie ist in verschiedenen Mittelmeerstaaten, wie etwa auch in Jugoslawien oder Griechenland, bei Unfällen grundsätzlich zu informieren. Wegen eines zur Schadenregulierung erforderlichen Protokolls empfiehlt sich in einzelnen Ländern, zum Beispiel in Marokko, immer die Polizei zu holen, wenn etwas passiert ist.

4. Halten Sie alle erforderlichen Daten der anderen Unfallbeteiligten fest: Namen und Anschriften von Lenkern und Fahrzeughaltern, amtliche Kennzeichen, Autofabrikate sowie Namen und Nummern der Haftpflichtversicherungen.

Wichtig sind auch die Anschrift der aufnehmenden Polizei-Dienststelle sowie Zeit und Ort des Unfalls. Notieren Sie alles sehr sorgfältig: Nicht überall kann die Versicherungsgesellschaft anhand des Kraftfahrzeugkennzeichens festgestellt werden. Im Libanon müssen Sie damit rechnen, daß ein einheimischer unfallverursachender Fahrer nicht versichert ist.

5. Sichern Sie Beweismittel: Notieren Sie Namen und Anschriften von – wenn es geht, unbeteiligten – Zeugen; machen Sie Fotos und/oder Skizzen vom Unfallort.

Bitte verwenden Sie nach Möglichkeit den (bei Ihrem Versicherungsvertreter erhältlichen) Europäischen Unfallbericht und lassen Sie ihn vom Unfallgegner gegenzeichnen.

Unterschreiben Sie kein Schuldanerkenntnis.

6. Melden Sie den Schaden Ihrer eigenen Haftpflichtversicherung. Außerdem können Sie sich an die Versicherungsgesellschaft wenden, die in Ihrer grünen Versicherungskarte für das jeweilige Land angegeben ist.

7. Sind Sie mit deutschen Landsleuten in einen Unfall verwickelt, können Sie sich wegen der Regulierung direkt mit der deutschen Versicherung des Schädigers in Verbindung setzen.

8. Nach einem schweren Verkehrsunfall müssen Urlauber sich in manchen Ländern auf die Beschlagnahme des Fahrzeugs oder der Fahrzeugpapiere und manchmal sogar auf Haft gefaßt machen. Für die Freilassung oder Freigabe werden dann Kautionen verlangt. In solchen Fällen muß sofort die in Ihrer Grünen Karte angegebene Versicherungsgesellschaft eingeschaltet werden, damit für die Zivilkaution – wenn Sie eine Rechtsschutzversicherung haben, auch für die strafrechtliche Kaution – gesorgt wird.

Ihre Rechtsschutzversicherung nennt Ihnen eventuell auch deutsch sprechende einheimische Rechtsanwälte, deren Bezahlung dann von der Gesellschaft geregelt wird.

Allianz Versicherte finden die wichtigsten Adressen in ihrer Broschüre **„Mit dem Auto ins Ausland"**.

9. Machen Sie Ihre eigenen Ersatzansprüche gegen den Schadenstifter und eventuell gegen seine Haftpflichtversicherung selbst geltend: Die Grüne Karte hilft hier nicht!

Es ist dringend zu empfehlen, größere Schäden durch einen Sachverständigen der gegnerischen Versicherung begutachten zu lassen. In der Türkei müssen Sie dabei das Unfallprotokoll vorlegen, in dem bereits die Haftungsquoten bestimmt sind. In anderen Ländern kann es ohne Sachverständigengutachten zu Beanstandungen der Reparaturrechnung kommen.

Meist ist die Instandsetzung des Wagens im Unfallland angebracht, weil die Kosten häufig nach einheimischen Verhältnissen erstattet werden.

10. Wenn Sie zu einer Strafverhandlung geladen werden, informieren Sie unverzüglich Ihre eigene Haftpflichtversicherung. In verschiedenen Staaten wird im Strafverfahren über Schadenersatzansprüche mitentschieden.

Schmerzensgeld, Mietwagenkosten, Nutzungsausfall, Gutachterkosten, Wertminderung, Rechtsanwaltshonorare oder Finanzierungskosten werden nicht in jedem Land bezahlt. Auch bei einer außergerichtlichen Regulierung ist die Handhabung manchmal ganz anders als daheim und eine Erstattung vielleicht nur im Ausnahmefall zu erwarten.

Oft ergeben sich aus den überaus niedrigen Pflichtversicherungssummen des Gastlandes zusätzliche Probleme. Mitunter verbieten devisenrechtliche Bestimmungen die Überweisung von Entschädigungen in die Heimat.

11. Einen Totalschaden müssen Sie der zuständigen Zollbehörde mitteilen. Mit den Beamten können Sie das weitere Vorgehen besprechen.

Mit einem Auslands-Schutzbrief der Allianz Gesellschaften sind Sie gegen hierbei möglicherweise anfallende Kosten versichert. Um den Schutzbrief zu erhalten, müssen Sie nicht Mitglied eines Automobilclubs sein.

Ihre schnelle Schadenmeldung beschleunigt die Regulierung.

Reisezeit

Für die nördlichen Teile der europäischen Mittelmeerküste, also für Frankreich, Ober- und Mittelitalien sowie Jugoslawien, empfiehlt sich die Zeit von Frühsommer bis in den frühen Herbst (Juni bis September). Die Küsten Spaniens, Süditaliens, Griechenlands und der Türkei lohnen vor allem im Frühjahr und Herbst einen Besuch; die Balearen werden von Langzeiturlaubern auch als Winteraufenthalt geschätzt. Die Länder im Osten des Mittelmeerbeckens und Nordafrika bereist man am besten im Spätherbst und Vorfrühling; der Winter ist in den meisten Gegenden verhältnismäßig niederschlagsreich.

Impfbestimmungen

Für Libyen ist eine Schutzimpfung gegen Pocken, Cholera und Gelbfieber vorgeschrieben. In den Ländern des Nahen Ostens und Nordafrikas ist Malariaschutz anzuraten.

Reisedokumente

Es ist zu beachten, daß zahlreiche arabische Staaten die Einreise verweigern wenn sich im Paß ein (auch abgelaufenes) Visum Israels befindet.

Vor Reiseantritt erkundige man sich bei seiner Versicherung, ob der Kfz-Haftpflichtversicherungsschutz für das betreffende Reiseland gewährleistet ist. Die grüne *Internationale Versicherungskarte für Kraftverkehr* muß für das Reiseland gültig geschrieben sein; wo dies nicht möglich ist, muß eine gesonderte Haftpflichtversicherung (meist an der Grenze des Reiselandes erhältlich) abgeschlossen werden. – Generell, insbesondere aber für die Reise in Länder Nordafrikas und des Nahen Ostens, ist eine kurzfristige *Fahrzeugvollversicherung* dringend anzuraten.

Für den Krankheitsfall informiere man sich bei seiner Krankenkasse nach den jeweils gültigen Bestimmungen und schließe gegebenenfalls eine kurzfristige Zusatzversicherung ab.

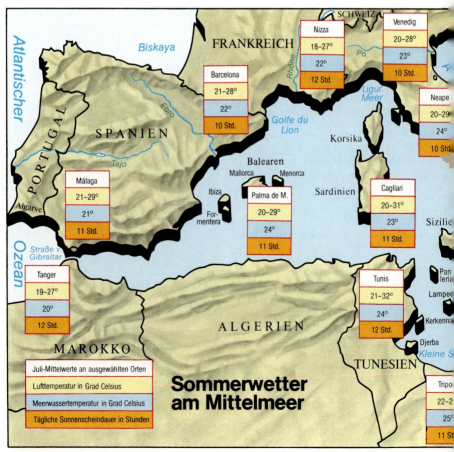

Juli-Mittelwerte an ausgewählten Orten
Lufttemperatur in Grad Celsius
Meerwassertemperatur in Grad Celsius
Tägliche Sonnenscheindauer in Stunden

Sommerwetter am Mittelmeer

Quelle: Deutscher Wetterdienst, Offenbach am Main

● Erforderliche Reisedokumente

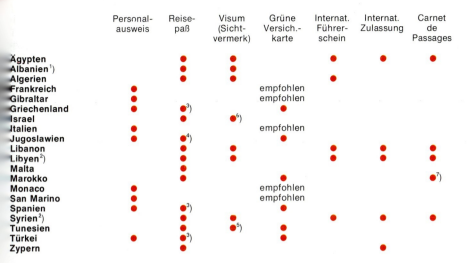

	Personal-ausweis	Reise-paß	Visum (Sicht-vermerk)	Grüne Versich.-karte	Internat. Führer-schein	Internat. Zulassung	Carnet de Passages
Ägypten		●	●		●	●	●
Albanien¹)		●	●				
Algerien		●	●		●		
Frankreich	●			empfohlen			
Gibraltar	●			empfohlen			
Griechenland	●	●³)		●			
Israel	●	●	●⁶)				
Italien	●			empfohlen			
Jugoslawien	●	●⁴)		●			
Libanon		●	●		●		●
Libyen²)		●			●		●
Malta		●					
Marokko		●		●			●⁷)
Monaco	●			empfohlen			
San Marino	●			empfohlen			
Spanien	●	●³)		●			
Syrien²)		●			●		●
Tunesien		●	●⁵)	●			
Türkei	●	●³)		●		●	
Zypern		●				●	

¹) Derzeit nur organisierte Gruppenreisen möglich.
²) Individualreisen praktisch kaum möglich.
³) Bei Aufenthaltsdauer von mehr als drei Monaten.
⁴) Bei Transitreisen und Aufenthaltsdauer von mehr als 30 Tagen.
⁵) Bei Aufenthaltsdauer von mehr als vier Monaten.
⁶) Visumspflicht für vor 1928 geborene Staatsangehörige der Bundesrepublik Deutschland. Jüngere bundesdeutsche Reisende erhalten an der Grenze kostenlos ein Besuchervisum.
⁷) Für Wohnwagen.

Geld und Devisenbestimmungen

Land	Währung	Wechselkurs (schwankend)		Einfuhr bis max. Devisen / Landeswährung	Ausfuhr bis max. Devisen / Landeswährung
Ägypten	Ägypt. Pfund (£E)	1 £E = 2,65 DM 1 DM = 0,38 £E		unbegrenzt / 20 £E	wie deklariert / 20 £E
Albanien	Lek (Plural: Leke)	100 Leke = 26,80 DM 1 DM = 3,73 Leke		unbegrenzt / verboten	wie deklariert / verboten
Algerien	Alger. Dinar (DA)	100 DA = 18,00 DM 1 DM = 5,56 DA		unbegrenzt / 50 DA	wie deklariert / 50 DA
Frankreich	Französ. Franc (F)	1 F = 0,44 DM 1 DM = 2,27 F		unbegrenzt / unbegrenzt	wie deklariert / 5000 F
Gibraltar	Gibraltar-Pfund (Gib£)	1 Gib£ = 4,35 DM 1 DM = 0,23 Gib£		unbegrenzt / unbegrenzt	unbegrenzt / unbegrenzt
Griechenland	Drachme (Dr)	100 Dr = 4,80 DM 1 DM = 20,83 Dr		unbegrenzt / 1500 Dr	wie deklariert / 1500 Dr
Israel	Israel. Shekel (IS)	1 IS = 0,36 DM 1 DM = 2,77 IS		unbegrenzt / unbegrenzt	unbegrenzt / 100 IS
Italien	Italien. Lira (Lit)	1000 Lit = 2,15 DM 1 DM = 465,12 Lit		unbegrenzt / 100 000 Lit	wie deklariert / 100 000 Lit
Jugoslawien	Jugoslaw. Dinar (Din)	100 Din = 6,50 DM 1 DM = 15,38 Din		unbegrenzt / 1500 Din	unbegrenzt / 1000 Din
Libanon	Libanes. Pfund (L£)	1 L£ = 0,60 DM 1 DM = 1,67 L£		unbegrenzt / unbegrenzt	unbegrenzt / unbegrenzt
Libyen	Lib. Dinar (DL)	1 DL = 4,35 DM 1 DM = 0,23 DL		unbegrenzt / 20 DL	unbegrenzt / 20 DL
Malta	Malta-Pfund (£M)	1 £M = 5,20 DM 1 DM = 0,19 £M		unbegrenzt / 50 £M	wie deklariert / 25 £M
Marokko	Dirham (DH)	100 DH = 4,80 DM 1 DM = 20,83 DH		unbegrenzt / verboten	wie deklariert / verboten
Monaco	Französ. Franc (F)	1 F = 0,44 DM 1 DM = 2,27 F		unbegrenzt / unbegrenzt	wie deklariert / 5000 F
San Marino	Lira (Lit)	1000 Lit = 2,15 DM 1 DM = 465,12 Lit		unbegrenzt / 100 000 Lit	wie deklariert / 100 000 Lit
Spanien	Peseta (Pta)	100 Ptas = 2,58 DM 1 DM = 38,76 Ptas		unbegrenzt / 50 000 Ptas	unbegrenzt / 3000 Ptas
Syrien	Syr. Pfund (£S)	1 £S = 0,46 DM 1 DM = 2,17 £S		unbegrenzt / 200 £S	wie deklariert / 200 £S
Tunesien	Tunes. Dinar (DT)	1 DT = 4,15 DM 1 DM = 0,24 DT		unbegrenzt / verboten	unbegrenzt / verboten
Türkei	Türk. Pfund (TL)	100 TL = 2,40 DM 1 DM = 41,67 TL		unbegrenzt / 1000 TL	unbegrenzt / 1000 TL
Vatikan	Vatikan. Lira (= Ital. Lira)	1000 Lit = 2,15 DM 1 DM = 465,12 Lit		unbegrenzt / 100 000 Lit	wie deklariert / 100 000 Lit
Zypern	Zypern-Pfund (C£)	1 C£ = 5,60 DM 1 DM = 0,18 C£		unbegrenzt / 10 C£	500 US-$ / 10 C£

Es ist in jedem Fall ratsam, bei der Einreise sämtliche mitgeführten Zahlungsmittel zu deklarieren (in Libyen Vorschrift). Bei der Reise durch Staaten des Vorderen Orients und Nordafrikas bewahre man für einen späteren Rücktausch die Wechselbelege auf. Detaillierte Auskunft über Devisenvorschriften erteilen die Banken.

Eurocheques werden z.T. nur von Banken eingelöst; in Algerien, Libyen und Syrien werden sie nicht akzeptiert. Auch hierüber erkundige man sich bei seiner Bank.

Sonnenuntergang in der Ägäis

Uhrzeit, Sommerzeit

	Normalzeit	Sommerzeit		Normalzeit	Sommerzeit
Ägypten	OEZ	—	**Libyen**	OEZ	OEZ + 1 St.
Albanien	MEZ	MEZ + 1 St.	**Malta**	MEZ	MEZ + 1 St.
Algerien	WEZ	—	**Marokko**	WEZ	WEZ + 1 St.
Frankreich	MEZ	MEZ + 1 St.	**Monaco**	MEZ	MEZ + 1 St.
Gibraltar	MEZ	MEZ + 1 St.	**San Marino**	MEZ	MEZ + 1 St.
Griechenland	OEZ	OEZ + 1 St.	**Spanien**	MEZ	MEZ + 1 St.
Israel	OEZ	OEZ + 1 St.	**Syrien**	OEZ	—
Italien	MEZ	MEZ + 1 St.	**Tunesien**	MEZ	—
Jugoslawien	MEZ	—	**Türkei**	OEZ	OEZ + 1 St.
Libanon	OEZ	—	**Zypern**	OEZ	OEZ + 1 St.

Autofähren

FÄHRVERBINDUNG	HÄUFIGKEIT	REEDEREI
Gibraltar – Marokko		
Gibraltar – Tanger	1 x wöchentlich	Bland Line
Gibraltar – Tanger	6 x wöchentlich	Transtour
Spanien – Nordafrika		
Algeciras – Tanger	2 x wöchentlich	Cía. Trasmediterránea
Algeciras – Tanger	3 x wöchentlich	Limadet Ferry
Algeciras – Tanger	täglich	Transtour
Algeciras – Ceuta	täglich	Cía. Trasmediterránea
Málaga – Tanger	1 x wöchentlich	Limadet Ferry
Málaga – Melilla	6 x wöchentlich	Cía. Trasmediterránea
Almería – Melilla	täglich	Cía. Trasmediterránea
Alicante – Oran	1 x wöchentlich	Cie. Nat. Algérienne
Palma de Mallorca – Algier	1 x wöchentlich	Cie. Nat. Algérienne
Spanien – Frankreich		
Alicante – Marseille	1 x wöchentlich	Cie. Nat. Algérienne
Palma de Mallorca – Marseille	1 x wöchentlich	Cie. Nat. Algérienne
Spanien – Italien		
Málaga – Genua	1 x wöchentlich	DFDS
Barcelona – Genua	3 x wöchentlich	Canguro Iberia
Ibiza – Genua	1 x wöchentlich	DFDS
Spanien: Festlandküste		
Barcelona – Algeciras (weiter zu den Kanarischen Inseln)	1 x wöchentlich	Cía. Trasmediterránea
Barcelona – Valencia – Alicante – Malaga (weiter zu den Kanarischen Inseln)	1 x wöchentlich	Cía. Trasmediterránea
Spanien: Festland – Balearen		
Alicante – Ibiza	3 x wöchentlich	Cía. Trasmediterránea
Alicante – Palma de Mallorca	3 x wöchentlich	Cía. Trasmediterránea
Valencia – Ibiza	3 x wöchentlich	Cía. Trasmediterránea
Valencia – Palma de Mallorca	6 x wöchentlich	Cía. Trasmediterránea
Barcelona – Ibiza	4 x wöchentlich	Cía. Trasmediterránea
Barcelona – Palma de Mallorca	6 x wöchentlich	Cía. Trasmediterránea
Barcelona – Palma de Mallorca	täglich	Ybarra
Barcelona – Mahón	3 x wöchentlich	Cía. Trasmediterránea
Spanien: Balearen interinsulär		
Ciudadela – Alcudia	4 x wöchentlich	Cía. Trasmediterránea
Palma de Mallorca – Cabrera	1 x wöchentlich	Cía. Trasmediterránea
Palma de Mallorca – Ibiza	3 x wöchentlich	Cía. Trasmediterránea
Palma de Mallorca – Ciudadela	1 x wöchentlich	Cía. Trasmediterránea
Frankreich – Nordafrika		
Sète – Tanger	mehrmals wöchentlich	Comanav
Marseille – Oran	1 x wöchentlich	SNCM
Marseille – Algier	6 x wöchentlich	SNCM
Marseille – Bejaïa (Bougie)	1 x wöchentlich	SNCM
Marseille – Annaba (Bône)	1 x wöchentlich	SNCM
Marseille – Tunis	mehrmals wöchentlich	Cie. Tunisienne
Marseille – Tunis	2 x wöchentlich	SNCM

FÄHRVERBINDUNG	HÄUFIGKEIT	REEDEREI
Frankreich – Spanien		
Marseille – Alicante	1 x wöchentlich	Cie. Nat. Algérienne
Marseille – Palma de Mallorca	1 x wöchentlich	Cie. Nat. Algérienne
Frankreich – Italien		
Festland – Sardinien		
Toulon – Porto Torres	2 x wöchentlich (Saison)	SNCM
Korsika – Sardinien		
Bonifacio – Santa Teresa Gallura	täglich	Tirrenia
Korsika – Festland		
Bastia – Genua	mehrmals wöchentlich	Corsica Line
Bastia – Livorno	mehrmals wöchentlich	Corsica Line
Bastia – Livorno	3 x wöchentlich	TTE
Bastia – Piombino	täglich	Navarma
Bastia – San Remo	mehrmals wöchentlich	Corsica Line
Calvi – San Remo	mehrmals wöchentlich	Corsica Line
Frankreich: Festland – Korsika		
Marseille – Bastia	täglich	SNCM
Toulon – Bastia	mehrmals wöchentlich	SNCM
Nizza (Nice) – Ajaccio	täglich	SNCM
Nizza (Nice) – Bastia	täglich	SNCM
Nizza (Nice) – Calvi	täglich	SNCM
Nizza (Nice) – Ile Rousse	täglich	SNCM
Nizza (Nice) – Propriano	mehrmals wöchentlich	SNCM
Italien – Spanien		
Genua – Barcelona	3 x wöchentlich	Canguro Iberia
Genua – Málaga	1 x wöchentlich	DFDS
Genua – Ibiza	1 x wöchentlich	DFDS
Italien – Frankreich		
Festland – Korsika		
San Remo – Calvi	mehrmals wöchentlich	Corsica Line
San Remo – Bastia	mehrmals wöchentlich	Corsica Line
Genua – Bastia	mehrmals wöchentlich	Corsica Line
Livorno – Bastia	mehrmals wöchentlich	Corsica Line
Livorno – Bastia	3 x wöchentlich	TTE
Piombino – Bastia	täglich	Navarma
Sardinien – Korsika		
Santa Teresa Gallura – Bonifacio	täglich	Tirrenia
Sardinien – Festland		
Porto Torres – Toulon	2 x wöchentlich (Saison)	SNCM
Italien – Tunesien		
Genua – Tunis	1 x wöchentlich	Cie. Tunisienne
Genua – Tunis	1 x wöchentlich	DFDS
Neapel – Tunis	1 x wöchentlich	Tirrenia
Trapani – Tunis	1 x wöchentlich	Tirrenia
Palermo – Tunis	1 x wöchentlich	Tirrenia
Italien – Malta		
Neapel – Valletta	1 x wöchentlich	Tirrenia
Catania – Syrakus – Valletta	3 x wöchentlich	Tirrenia
Italien – Jugoslawien		
Ancona – Split	2 x monatlich	Turkish Maritime
Ancona – Zadar	1 x wöchentlich	Adriatica
Ancona – Zadar	täglich	Jadrolinija
Pescara – Split	täglich	Adriatica
Bari – Dubrovnik	1 x wöchentlich	Adriatica
Bari – Dubrovnik	1 x wöchentlich	Jadrolinija
Italien – Griechenland		
Venedig – Piräus / Rhodos	1 x wöchentlich	Adriatica
Venedig – Piräus / Rhodos	1 x wöchentlich (15. 6.–26. 9.)	Hellenic Med. Lines
Ancona – Korfu / Patras	mehrmals wöchentlich	Karageorgis
Ancona – Katakolon / Piräus / Mykonos	1 x wöchentlich	Med. Sun Lines
Ancona – Igumenitsa / Patras	4 x wöchentlich	Grecia Ferries
Ancona – Patras / Iraklion	1 x wöchentlich	DFDS
Ancona – Piräus	1 x wöchentlich (18. 6.–18. 10.)	Libra Maritime
Ancona – Piräus	1 x wöchentlich	Med. Sun Lines

FÄHRVERBINDUNG	HÄUFIGKEIT	REEDEREI
Bari – Korfu / Igumenitsa / Patras	täglich	Epirus Line
Brindisi – Korfu / Igumenitsa / Patras	täglich	Hellenic Med. Lines
Brindisi – Korfu / Igumenitsa / Patras	5 x wöchentlich	Fragudakis
Brindisi – Korfu / Igumenitsa	täglich	Libra Maritime
Brindisi – Korfu / Ithaka / Kephallenia / Patras	3 x wöchentlich (2. 6.–26. 9.)	Ionian Lines
Otranto – Korfu / Igumenitsa	5 x wöchentlich	R Line

Italien – Türkei

Venedig – İzmir	1 x wöchentlich	Turkish Maritime

Italien: Festland – Sardinien

Genua – Porto Torres	täglich	Tirrenia
Genua – Olbia / Arbatax	mehrmals wöchentlich	Tirrenia
Genua – Porto Torres	3 x wöchentlich	Linee Canguro
Livorno – Olbia	täglich	TTE
Civitavecchia – Golfo Aranci	täglich	Ital. Staatsbahnen
Civitavecchia – Olbia	täglich	Tirrenia
Civitavecchia – Porto Torres	3 x wöchentlich	Tirrenia
Civitavecchia – Cagliari	täglich	Tirrenia
Neapel – Cagliari	2 x wöchentlich	Tirrenia

Italien: Festland – Sizilien

Genua – Palermo	3 x wöchentlich	Grandi Traghetti
Genua – Palermo	1 x wöchentlich	Tirrenia
Livorno – Palermo	3 x wöchentlich	Grandi Traghetti
Neapel – Catania / Syrakus	1 x wöchentlich	Tirrenia
Neapel – Palermo	täglich	Tirrenia
Neapel / Reggio Calabria – Catania / Syrakus	3 x wöchentlich	Tirrenia
Reggio Calabria – Messina	täglich	Ital. Staatsbahnen
Villa San Giovanni – Messina	täglich	Ital. Staatsbahnen

Italien: Sizilien – Sardinien

Palermo – Cagliari	1 x wöchentlich	Tirrenia
Trapani – Cagliari	3 x wöchentlich	Tirrenia

Italien: Sizilien – Pantelleria

Trapani – Pantelleria	mehrmals wöchentlich	

Italien: Festland – Elba

Piombino – Portoferraio	täglich	Navarma
Piombino – Portoferraio	täglich	Torremar

Italien: Festland – Pontinische und Liparische Inseln

Neapel – Capri / Ischia / Ponza	mehrmals täglich	Caremar
Neapel – Liparische Inseln (u.a. Stromboli, Panarea, Lipari)	2 x wöchentlich	Siremar

Lokale Fährverbindungen bestehen außerdem zwischen Porto Santo Stefano / Argentario und der Isola del Giglio, zwischen Terracina und Formia und der Insel Ponza, zwischen Formia und der Insel Ventoténe sowie zwischen Trapani und der Insel Favignana.

Jugoslawien – Italien

Split – Ancona	2 x monatlich	Turkish Maritime
Zadar – Ancona	1 x wöchentlich	Adriatica
Zadar – Ancona	täglich	Jadrolinija
Split – Pescara	täglich	Adriatica
Dubrovnik – Bari	1 x wöchentlich	Adriatica
Dubrovnik – Bari	1 x wöchentlich	Jadrolinija

Jugoslawien – Griechenland

Bar – Korfu / Igumenitsa	1 x wöchentlich	Jadrolinija

Jugoslawien – Türkei

Split – İzmir / İstanbul	2 x monatlich	Turkish Maritime

Jugoslawien – Syrien

Koper – Tartus	mehrmals monatlich	United Middle East Ferries

Jugoslawien: Dalmatinische Küste

Rijeka – Rab – Zadar – Split – Hvar – Korčula – Dubrovnik – Bar	4 x wöchentlich	Jadrolinija
Rijeka – Dubrovnik – Bar	1 x wöchentlich	Jadrolinija

Wegen der zahlreichen der Festlandküste vorgelagerten Inseln gibt es in Jugoslawien etliche k l e i n e r Fährverbindungen, die für den l o k a l e n V e r k e h r von nicht unerheblicher Bedeutung sind. Es han delt sich dabei um die Linien Rijeka – Porozine (Cres), Brestova – Porozine, Crisnjeva – Voz (Krk), Crikven ca – Voz, Senj – Lopar (Rab), Jablanac – Stara Novalja (Pag), Karlobag – Pag, Zadar – Preko (Ugljan), Bio grad – Tkon (Pašman), Split – Rogač (Šolta), Split – Vis (für Ausländer nicht zugänglich), Split – Supeta (Brač), Makarska – Sumartin, Split – Vira (Hvar), Split – Starigrad, Drvenik – Sućuraj, Ploče – Trpanj (Pelje šac), Drvenik – Trpanj, Orebić – Dominče (Korčula), Split – Vela Luka, Split – Lastovo (für Ausländer nich zugänglich) und die Querverbindung Mišnjak (Rab) – Stara Novalja (Pag).

FÄHRVERBINDUNG	HÄUFIGKEIT	REEDEREI
Griechenland – Italien		
Patras / Korfu – Ancona	mehrmals wöchentlich	Karageorgis
Patras / Igumenitsa – Ancona	4 x wöchentlich	Grecia Ferries
Iraklion / Patras – Ancona	1 x wöchentlich	DFDS
Piräus – Ancona	1 x wöch. (18. 6.–18. 10.)	Libra Maritime

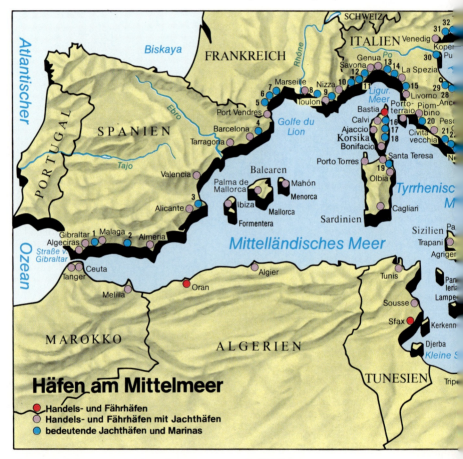

Häfen am Mittelmeer

- 🔴 Handels- und Fährhäfen
- 🟣 Handels- und Fährhäfen mit Jachthäfen
- 🔵 bedeutende Jachthäfen und Marinas

Jachthäfen und Marinas

1 Estepona
  Marbella (Marina José Banus)

2 Puerto de Motril

3 Jávea

4 Palamós

5 Port Leucate
  Port-la-Nouvelle

6 Cap d'Agde

7 La Grande-Motte

8 Sanary-sur-Mer

9 Cogolin
  St-Tropez
  Cannes

10 Beaulieu-sur-Mer
  Menton

11 San Remo

12 Imperia
  Alassio

13 Portofino
  Santa Margherita Ligure
  Rapallo

14 Chiavari
  Lavagna

15 Marina di Carrara
  Viareggio

16 Macinaggio

17 Campoloro

18 Porto Vecchio

19 Porto Cervo

20 Punta Ala
  Port' Ercole

FÄHRVERBINDUNG	HÄUFIGKEIT	REEDEREI
Rhodos / Iraklion / Santorin / Piräus – Ancona	1 x wöchentlich	Med. Sun Lines
Patras / Igumenitsa / Korfu – Bari	täglich	Epirus Line
Patras / Igumenitsa / Korfu – Brindisi	täglich	Adriatica
Patras / Igumenitsa / Korfu – Brindisi	täglich	Hellenic Med. Lines
Patras / Igumenitsa / Korfu – Brindisi	5 x wöchentlich	Fragudakis
Igumenitsa / Korfu – Brindisi	täglich	Libra Maritime
Patras / Kephallenia / Ithaka / Korfu – Brindisi	3 x wöchentlich (2. 6.–26. 9.)	Ionian Lines
Patmos / Iraklion / Korfu – Ancona	1 x wöchentlich	Med. Sun Lines

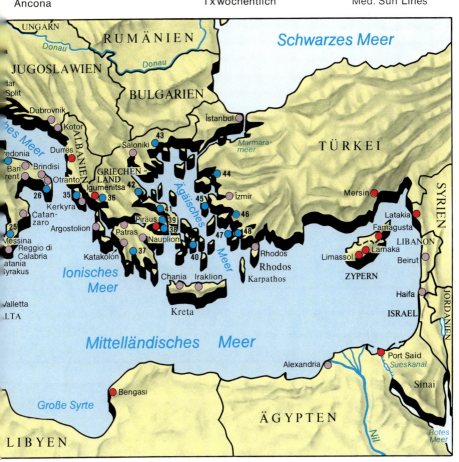

21 Anzio		35 Guvia (Korfu)	
22 Gaeta		36 Preveza	
23 Pozzuoli		37 Kalamata	
24 Amalfi		38 Zea Munychia	
25 Scilla		39 Vuliagmeni	
26 Gallipoli		40 Ermupolis (Syros)	
27 Molfetta		41 Chalkis	
28 Pésaro		42 Volos	
29 Cesenatico		43 Kavala	
30 Chioggia		44 Çesme	
31 Caorle		45 Chios	
32 Monfalcone		46 Kuşadası	
33 Mali Lošinj		47 Lakki (Leros)	
34 Punat (Krk)		48 Bodrum	

FÄHRVERBINDUNG	HÄUFIGKEIT	REEDEREI
Griechenland – Jugoslawien		
Igumenitsa / Korfu – Bar	1 x wöchentlich	Jadrolinija
Griechenland – Türkei		
Piräus – Bodrum	1 x wöchentlich	Med. Sun Lines
Piräus – İstanbul	2 x monatlich	Black Sea Steamships
Piräus / Mykonos – Kuşadası	1 x wöchentlich	Med. Sun Lines
Griechenland – Zypern		
Piräus – Larnaka	2 x monatlich	Black Sea Steamships
Piräus / Rhodos – Limassol	1 x wöchentlich	Sol Maritime Lines
Piräus / Rhodos – Limassol	1 x wöchentlich (15. 6.–26. 9.)	Hellenic Med. Lines
Piräus / Rhodos – Limassol	1 x wöchentlich	Lesvos Maritime Co.
Griechenland – Syrien		
Volos – Tartus	mehrmals monatlich	Crossmed Line
Griechenland – Israel		
Piräus – Haifa	1 x wöchentlich	Adriatica
Piräus – Haifa	1 x wöchentlich (18. 6.–18. 10.)	Libra Maritime
Griechenland – Ägypten		
Iraklion – Alexandria	1 x wöchentlich	DFDS
Piräus – Alexandria	1 x wöchentlich	Adriatica
Griechenland: Festland – Inseln		
Piräus – Chios / Mytilini (Lesbos) / Saloniki	täglich	Lesvos Maritime
Piräus – Iraklion (Kreta)	täglich	Minoan Lines
Piräus – Samos	3 x wöchentlich	Shipping & Tour Co.

Zahlreiche lokale Fährverbindungen bestehen außerdem zwischen dem griechischen Festland und den Inseln sowie von Insel zu Insel, außerdem zur Überquerung von Meerengen. Die wichtigsten dieser Linien werden mehrmals täglich befahren, manche sogar mehrmals stündlich. Von teilweise großer Bedeutung für den lokalen Verkehr, aber auch für den Tourismus, sind die Verbindungen Perama – Salamis, Rion – Antirrion, Ädipsos – Arkitsa, Eretria – Oropos, Glifa – Agiokambos, Patras – Sami, Patras – Sami – Ithaka, Patras – Paxi, Patras – Korfu, Korfu – Paxi, Kyllini – Zakynthos, Kavala – Thasos, Keramoti – Thasos und Alexandrupolis – Samothraki.

> **Achtung Caravan- und Wohnmobilfahrer:** Wegen der maximal zulässigen Fahrzeugabmessungen auf den einzelnen Autofähren erkundige man sich bei der jeweiligen Reederei bzw. dem vermittelnden Reisebüro!

Kaik – typisches Wasserfahrzeug der Ägäis

ÄHRVERBINDUNG	HÄUFIGKEIT	REEDEREI
Türkei – Griechenland		
Istanbul – Piräus	2 x monatlich	Black Sea Steamships
Bodrum – Rhodos / Iraklion /		
Santorin / Piräus	1 x wöchentlich	Med. Sun Lines
Kuşadası – Patmos / Iraklion /		
Korfu	1 x wöchentlich	Med. Sun Lines
Türkei – Italien		
Izmir – Venedig	1 x wöchentlich	Turkish Maritime
Türkei – Jugoslawien		
Istanbul / İzmir – Split	2 x monatlich	Turkish Maritime
Türkei: Festlandküste		
Iskenderun – Mersin –		
Marmaris – Bodrum – Kuşadası –		
Izmir – İstanbul	2 x monatlich	Turkish Maritime
Istanbul – İzmir	1 x wöchentlich	Turkish Maritime

Zwischen Çanakkale und Eceabat besteht eine häufig befahrene Fährlinie über die D a r d a n e l l e n. – Das M a r m a r a m e e r überquert eine Fähre zwischen İstanbul und Bandırma bzw. Mudanya sowie zwischen Istanbul und Çanakkale. Auf einigen Linienschiffen, welche die Städte und Badeorte an der asiatischen Mittelmeerküste anlaufen, besteht außerdem die Möglichkeit zur Autoverladung.

Zypern – Griechenland		
Larnaka – Piräus	2 x monatlich	Black Sea Steamships
Limassol – Rhodos / Piräus	1 x wöchentlich	Sol Maritime Lines
Limassol – Rhodos / Piräus	1 x wöchentlich	Hellenic Med. Lines
	(15. 6.–26. 9.)	
Limassol – Rhodos / Piräus	1 x wöchentlich	Lesvos Maritime Co.
Zypern – Syrien		
Larnaka – Latakia	2 x monatlich	Black Sea Steamships
Limassol – Latakia	1 x wöchentlich	Sol Maritime Lines
Zypern – Israel		
Limassol – Haifa	1 x wöchentlich	Hellenic Med. Lines
	(15. 6.–26. 9.)	
Limassol – Haifa	1 x wöchentlich	Lesvos Maritime Co.
Syrien – Jugoslawien		
Tartus – Koper	mehrmals monatlich	United Middle East Ferries
Syrien – Griechenland		
Tartus – Volos	mehrmals monatlich	Crossmed Line
Syrien – Libanon		
Latakia – Beirut	2 x monatlich	Black Sea Steamships
Syrien – Zypern		
Latakia – Larnaka	2 x monatlich	Black Sea Steamships
Latakia – Limassol	1 x wöchentlich	Sol Maritime Lines
Libanon – Syrien		
Beirut – Latakia	2 x monatlich	Black Sea Steamships
Libanon – Ägypten		
Beirut – Alexandria	2 x monatlich	Black Sea Steamships
Israel – Zypern		
Haifa – Limassol	1 x wöchentlich	Hellenic Med. Lines
	(15. 6.–26. 9.)	
Haifa – Limassol	1 x wöchentlich	Lesvos Maritime Co.
Israel – Griechenland		
Haifa – Piräus	1 x wöchentlich	Adriatica
Haifa – Piräus	1 x wöchentlich	Libra Maritime
	(18. 6.–18. 10.)	
Ägypten – Libanon		
Alexandria – Beirut	2 x monatlich	Black Sea Steamships
Ägypten – Griechenland		
Alexandria – Iraklion	1 x wöchentlich	DFDS
Alexandria – Piräus	1 x wöchentlich	Adriatica
Tunesien – Italien		
Tunis – Genua	1 x wöchentlich	Cie. Tunisienne
Tunis – Genua	1 x wöchentlich	DFDS
Tunis – Neapel	1 x wöchentlich	Tirrenia
Tunis – Trapani	1 x wöchentlich	Tirrenia
Tunis – Palermo	1 x wöchentlich	Tirrenia

FÄHRVERBINDUNG	HÄUFIGKEIT	REEDEREI
Tunesien – Frankreich		
Tunis – Marseille	mehrmals wöchentlich	Cie. Tunisienne
Tunis – Marseille	2 x wöchentlich	SNCM
Algerien – Frankreich		
Annaba (Bône) – Marseille	1 x wöchentlich	SNCM
Bejaïa (Bougie) – Marseille	1 x wöchentlich	SNCM
Algier – Marseille	6 x wöchentlich	SNCM
Oran – Marseille	1 x wöchentlich	SNCM
Marokko – Frankreich		
Tanger – Sète	mehrmals wöchentlich	Comanav
Nordafrika – Spanien		
Algier – Palma de Mallorca	1 x wöchentlich	Cie. Nat. Algérienne
Oran – Alicante	1 x wöchentlich	Cie. Nat. Algérienne
Melilla – Almería	täglich	Cía. Trasmediterráne
Melilla – Málaga	6 x wöchentlich	Cía. Trasmediterráne
Ceuta – Algeciras	täglich	Cía. Trasmediterráne
Tanger – Málaga	1 x wöchentlich	Limadet Ferry
Tanger – Algeciras	täglich	Transtour
Tanger – Algeciras	3 x wöchentlich	Limadet Ferry
Tanger – Algeciras	2 x wöchentlich	Cía. Trasmediterráne
Marokko – Gibraltar		
Tanger – Gibraltar	6 x wöchentlich	Transtour
Tanger – Gibraltar	1 x wöchentlich	Bland Line

Information und Buchungen

**Seepassge-Komitee
Deutschland**
Esplanade 6,
D-2000 **Hamburg** 36;
Telefon: (040) 342150.

Deutsches Reisebüro
Eschersheimer
Landstraße 25-27,
D-6000 **Frankfurt** am Main;
Telefon: (0611) 15661.

Karl Geuther & Co.
Heinrichstraße 9,
D-6000 **Frankfurt** am Main;
Telefon: (0611) 730471.

Seetours International
Weißfrauenstraße 3,
D-6000 **Frankfurt** am Main;
Telefon: (0611) 280911.
Telefon 'Autofährdienste':
(0611) 13331.

Vertretungen

Adriatica
Karl Geuther & Co.
Heinrichstraße 9,
D-6000 **Frankfurt** am Main;
Telefon: (0611) 730471.

Black Sea Shipping Company
(Odessa)
Seetours International GmbH
Weißfrauenstraße 3,
D-6000 **Frankfurt** am Main;
Telefon: (0611) 280911.

**Canguro Iberia /
Canguro Linee**
Deutsches Reisebüro GmbH
Eschersheimer Landstr. 25-27,
D-6000 **Frankfurt** am Main;
Telefon: (0611) 15661.

Comanav
Karl Geuther & Co.
Heinrichstraße 9,
D-6000 **Frankfurt** am Main;
Telefon: (0611) 730471.

Crossmed Line
Transcamion
Schiffahrtsagentur GmbH
Landsberger Straße 439,
D-8000 **München** 60;
Telefon: (089) 835003.

DFDS (Det Forenede
Dampskibsselskab)
Seetours International
Weißfrauenstraße 3,
D-6000 **Frankfurt** am Main;
Telefon: (0611) 295071.

Epirus Line
Attika-Reisen
Sonnenstraße 3,
8000 **München** 2;
Telefon: (089) 555501.

Grandi Traghetti
Deutsches Reisebüro GmbH
Eschersheimer Landstr. 25-27,
D-6000 **Frankfurt** am Main;
Telefon (0611) 15661.

Hellenic Mediterranean Lines
Apostelnstraße 14-18,
D-5000 **Köln** 1;
Telefon: (0221) 234911.

Jadrolinija
Deutsches Reisebüro GmbH
Eschersheimer Landstr. 25-27,
D-6000 **Frankfurt** am Main;
Telefon: (0611) 15661.

Karageorgis
Hellas-Orient-Reisen
Kaiserstraße 11,
D-6000 **Frankfurt** am Main;
Telefon: (0611) 20736.

Lesvos Maritime Co.
Destination Plus
Touristik Services
Bergerstraße 125-129,
D-6000 **Frankfurt** am Main;
Telefon: (0611) 490786.

Libra Maritime
Viamare Reisen GmbH
Apostelnstraße 14-18,
D-5000 **Köln** 1;
Telefon: (0221) 234914.

Mediterranean Sun Lines
Weinstraße 6,
D-8000 **München** 2;
Telefon: (089) 222715.

Minoan Lines
Hellas-Orient-Reisen
Kaiserstraße 11,
D-6000 **Frankfurt** am Main;
Telefon: (0611) 20736.

R Line
Geo Reisen
Rosental 7,
D-8000 **München** 2;
Telefon: (089) 265009.

Sol Maritime Services
Emery Reisen Service
Goethestraße 30,
D-6000 **Frankfurt** am Main;
Telefon: (0611) 281889.

SNCM
(Société Nationale Maritime
Corse-Méditerranée)
Karl Geuther & Co.
Heinrichstraße 9,
D-6000 **Frankfurt** am Main;
Telefon: (0611) 730471.

Tirrenia Navigazione
Karl Geuther & Co.
Heinrichstraße 9,
D-6000 **Frankfurt** am Main;
Telefon: (0611) 730471.

TTE-Trans Tirreno Express
Seetours International
Weißfrauenstraße 3,
D-6000 **Frankfurt** am Main;
Telefon: (0611) 280911.

United Middle East Ferries
Transcamion
Schiffahrtsagentur GmbH
Landsberger Straße 439,
D-8000 **München** 60;
Telefon: (089) 835003.

Ybarra
Deutsches Reisebüro GmbH
Eschersheimer Landstr. 25-27,
D-6000 **Frankfurt** am Main;
Telefon: (0611) 15661.

Sprache

In den Ländern des europäischen Mittelmeerraumes sind zumindest grundlegende Kenntnisse der Landessprache von Nutzen. Das gleiche gilt zwar prinzipiell auch für den Nahen Osten und Nordafrika, doch dürfte das Erlernen etwa der arabischen Sprache (auch wegen der abweichenden Schrift) ungleich beschwerlicher sein. Glücklicherweise ist die Kenntnis der englischen und französischen Sprache in diesen Ländern weit verbreitet, und auf Kreuzfahrten wird man ohnehin immer auf sprachgewandtes Personal treffen.

Englisch als Verkehrs- und Handelssprache ist verbreitet in Ägypten, Israel, Libanon, Libyen, Malta und Zypern.

Französisch wird von Teilen der Bevölkerung verstanden und gesprochen in Ägypten, Algerien, Libanon, Marokko und Tunesien.

Deutsch als Verständigungsmittel ist brauchbar in den Heimatländern der Gastarbeiter in der Bundesrepublik, also in Spanien, Jugoslawien, Griechenland, der Türkei und Teilen Italiens (besonders im Süden).

Unterkunft

In den europäischen Mittelmeerländern haben die Hotels der obersten Kategorien meist internationalen Standard, und auch Häuser der mittleren Klassen bieten in der Regel annehmbaren Komfort. Dagegen muß davon ausgegangen werden, daß in den Ländern des Nahen Ostens und Nordafrikas nur die Hotels der besten Kategorien mitteleuropäischen Ansprüchen gerecht werden können.

Die Kennzeichnung der einzelnen Hotelkategorien und die zugrunde gelegten Qualitätsmaßstäbe differieren von Land zu Land. Man kann also nicht an Häuser einer bestimmten Kategorie überall die gleichen Ansprüche stellen.

Um die Orientierung zu erleichtern, wurden in diesem Band die Hotels der einzelnen Länder einheitlich gekennzeichnet.
Luxushotels sind durch ein L symbolisiert, die weiteren Kategorien durch römische Ziffern (oberste Kategorie = I, unterste Kategorie = IV).

Achtung: In Italien sind Zahlungsbelege für Übernachtung und Bewirtung sorgfältig aufzubewahren und der Steuerfahndung auf Verlangen vorzuweisen.

Israelische Mittelmeerküste – Brandung in Akko

Andere Länder – andere Sitten

In den Mittelmeeranrainerstaaten Marokko, Algerien, Tunesien, Libyen, Ägypten, Libanon, Syrien und Türkei bekennt sich die ganz überwiegende Mehrheit (Teile auch in Jugoslawien und Israel sowie in Albanien, wo jedoch jegliches Religionsbekenntnis offiziell abgeschafft ist) zum **Islam** ('Hingabe an Gott', 'Frieden in Gott'), einer der großen monotheistischen Weltreligionen (insgesamt ca. 530 Mio. Gläubige auf der Erde). – Der Islamgläubige heißt **Moslem** oder *Muslim* (Mehrzahl: Moslems oder Muslime) und will nicht als 'Mohammedaner' bezeichnet werden.

Das Leben der Moslems ist von ihrer Religion tief geprägt. Die Grundforderung der im **Koran**, dem 'Heiligen Buch' der Moslems, festgeschriebenen islamischen Religion ist der unbedingte Gehorsam gegenüber dem Willen des einzigen Gottes *Allah* (= Gott). Die Vorschriften des Korans sind ergänzt durch Gesetze, die aus der Überlieferung der Taten und Aussprüche des Religionsstifters und Propheten *Mohammed* (geb. um das Jahr 570 n. Chr. in Mekka, † 632 in Medina) stammen.

Alle Lebensbereiche der islamischen Gesellschaft sind durch Gesetze, feste Regeln und Sitten geordnet, die zwar von Land zu Land Unterschiede aufweisen (Sunniten, Schiiten; diverse Theologenschulen und Bruderschaften), alle jedoch auf f ü n f fundamentalen G l a u b e n s p f l i c h t e n des Islams fußen:

1. **Gottesbekenntnis** *(Schahāda):* "Ich bezeuge: Es gibt keinen Gott außer Allah, und Mohammed ist sein Prophet (der Gesandte Allahs)."
2. **Gebet** *(Salāt):* Dieses ist – verbunden mit rituellen Waschungen – täglich fünfmal nach genauen Vorschriften und festgelegten Texten möglichst in arabischer Sprache zu verrichten, wobei der Blick nach Mekka gewandt sein muß.
3. **Armensteuer** *(Sakāt):* Jeder Moslem ist verpflichtet, eine regelmäßige Almosenabgabe (zwischen $2\frac{1}{2}$ % und 10 % des Einkommens) für die Armen und Bedürftigen zu leisten.
4. **Fasten** *(Sāum):* Während des Fastenmonats *Ramadan* (Ramasan; 9. Monat des islamischen Mondjahres) dürfen zwischen Morgendämmerung und Sonnenuntergang weder Nahrungsmittel noch Getränke zu sich genommen, weder geraucht noch Wohlgerüche eingeatmet werden.
5. **Wallfahrt nach Mekka** *(Haddsch):* Jeder freie, volljährige Moslem sollte, sofern er es gesundheitlich und finanziell ermöglichen kann, einmal in seinem Leben zum Hauptheiligtum des Islams, der 'Kaaba' in Mekka, pilgern.

Sehr wichtig sind daneben gewisse S p e i s e g e s e t z e : Verbot des Genusses von Schweinefleisch, Blut und alkoholischen Getränken; Gebot, nur rituell geschächtetes Fleisch zu essen. – Eine große Rolle spielen auch die detaillierten Vorschriften für die körperliche Reinigung und die Fülle von Verhaltensregeln für Eheleute (Polygamie), Eltern und Kinder.

In der F a m i l i e nimmt der Mann den absolut ersten Platz ein; nur er ist verantwortlich und rechtsfähig. Die Frau bleibt im Hintergrund; ihre Bereiche sind Haus und Familie. Die Großfamilie ist der selbstverständliche Lebensraum für den Moslem. Denken, Empfinden und Verhalten sind auf die G e m e i n s c h a f t ausgerichtet.

In der islamischen Welt kann man gegenwärtig ein wachsendes Bewußtsein der eigenen Werte und Möglichkeiten feststellen. Die religiöse und kulturelle Tradition wird wieder stärker betont, so daß in einigen Ländern (etwa in Libyen) von einer übersteigerten Re-islamisierung gesprochen werden kann. Demgegenüber sind in anderen Ländern (Marokko, Algerien, Tunesien, Libanon, Syrien, Türkei) – und dort vor allem in den großen Städten – modernere, westlich orientierte Lebensformen anzutreffen. Denn auch im Islam gibt es konservative und fortschrittliche, streng religiöse und bewegliche Kräfte, Gegensätze zwischen Feudalmonarchien und zum Sozialismus tendierende Republiken wie auch Spannungen zwischen nationalen Gruppierungen.

Umgangsregeln in islamischen Ländern

Wer als Tourist in islamischen Ländern das Verhalten der dort lebenden Menschen verstehen und unnötigen Schwierigkeiten im Umgang mit ihnen aus dem Wege gehen möchte, sei auf folgende Punkte hingewiesen:

Moslems denken und leben anders als man es in Mitteleuropa gewohnt ist. Sie haben a n d e r e W e r t v o r s t e l l u n g e n und Gewohnheiten, über die man sich als Fremder nicht hinwegsetzen oder gar erheben sollte.

Da Religion, Rechtsempfinden, Politik und Wirtschaft bei den Moslems eine unzertrennliche Einheit bilden, werden diesbezüglich a b f ä l l i g e B e m e r k u n g e n leicht als Beleidigung des islamischen Glaubens empfunden.

Man vermeide zu leichte oder zu saloppe K l e i d u n g , insbesondere beim Besuch von Moscheen (vorher stets die Schuhe ausziehen!), die während des Gebetes unmöglich ist. – Der Austausch von Z ä r t l i c h k e i t e n zwischen Mann und Frau in der Öffentlichkeit wird als Zügellosigkeit betrachtet.

Äußerste Zurückhaltung ist beim F o t o g r a f i e r e n von Frauen, Kindern, Armen oder Bettlern geboten. Nach Ansicht der Moslems wird dabei die Menschenwürde verletzt; das kann zu heftigen Reaktionen führen.

Anstoß erregt, wer den Ruf des Muezzin oder das Verhalten der Moslems beim G e b e t belächelt. – Während des F a s t e n m o n a t s sollte man tagsüber in der Öffentlichkeit weder essen noch trinken und auch nicht rauchen.

Es gilt als unhöflich, eine E i n l a d u n g nicht anzunehmen; die Ablehnung erfordert eine befriedigende Entschuldigung.

B e k a n n t s c h a f t e n und freundschaftliche Beziehungen haben in der islamischen Gesellschaftsordnung verbindlichen Charakter. Dem Gast stehen Haus und Hof der ganzen Großfamilie offen. Diese Gastfreundschaft wird allerdings auch vom Touristen erwartet, wenn er im Gegenzuge bei sich zu Hause besucht wird.

Der Gast verlange zum Essen kein Schweinefleisch oder alkoholische Getränke. Er kann aber von dem essen und trinken, was ihm vorgesetzt wird. – Der Gastgeber erwartet beim endgültigen Abschied ein angemessenes G a s t g e s c h e n k . Man biete jedoch niemals Geld an!

Wöchentlicher Ruhetag ist der Freitag.

Badestrand 'Suha Punta' auf der jugoslawischen Insel Rab

Badestrände
am Mittelmeer (Auswahl)

Spanien

1 Westliche Costa del Sol
Tarifa
Algeciras
Estepona
San Pedro de Alcántara
Marbella

2 Mittlere Costa del Sol
Fuengirola
Torremolinos
Málaga
Benalmádena Costa
Torre del Mar

3 Östliche Costa del Sol
Nerja
Almuñécar
Salobreña
Motril
Calahonda
Roquetas
Aguadulce

4 Südliche Costa Blanca
Mojácar
Águilas
Puerto de Mazarrón
La Manga del Mar Menor

5 Nördliche Costa Blanca
Santiago de la Ribera
Torrevieja
Guardamar del Segura
Santa Pola
Les Arenales del Sol
Alicante
Villajoyosa
Benidorm
Calpe
Moraira
Jávea
Denia

6 Südliche Costa del Azahar
Oliva
Gandía
Cullera
Valencia
Benicasím

7 Nördliche Costa del Azahar
Oropesa
Alcosebre
Peñíscola
Benicarló
Vinaroz

8 Südliche Costa Dorada
San Carlos de la Rápita
Hospital del Infante
Miami Playa
Cambrils
Salóu
Tarragona
Torredembarra

9 Nördliche Costa Dorada
Comarruga
Calafell
Sitges
Castelldefels
Arenys de Mar
Calella de la Costa

10 Costa Brava
Blanes
Lloret de Mar
Tossa de Mar
San Feliú de Guixols
S'Agaró
Playa de Aro
Palamós / Aigua Blava

Bagur
Estartit
La Escala
San Martín de Ampurias
San Pedro Pescador
Rosas
Cadaqués
Llansá
Port-Bou

11 Ibiza und Formentera
Ibiza-Stadt
San Antonio Abad
Portinatx
Cala San Vicente
Santa Eulalia del Río
Formentera
    Playa d'es Pujols

12 Mallorca
El Arenal
Cala Mayor
Illetas
Palma Nova / Magaluf
Santa Ponsa
Paguera
Camp de Mar
San Telmo
Puerto de Sóller
Cala San Vicente
Puerto de Pollensa
Puerto de Alcudia
Ca'n Picafort
Cala Ratjada
Cala Bona
Porto Cristo
Calas de Mallorca
Porto Colóm
Cala d'Or
Cala Santanyí / Cala Figuera
Colonia de Sant Jordí
Cala Pí

Cala Pí auf Mallorca (Balearen)

13 Menorca
Mahón
Cala'n Porter
Playa de Son Bou
Santo Tomás
Cala de Santa Galdana
Ciudadela
Arenal d'en Castell

Frankreich

14 Côte Vermeille
Banyuls-sur-Mer
Port-Vendres / Cap Béar
Collioure
Argelès-sur-Mer

15 Languedoc-Roussillon
St-Cyprien-Plage
Canet-Plage
Port Barcarès
Port Leucate
Port-la-Nouvelle
Gruissan-Plage
Narbonne-Plage
Valras-Plage
Cap d'Agde
Marseillan-Plage
Sète
Frontignan
Palavas-les-Flots
Carnon-Plage
La Grande Motte
Le Grau-du-Roi / Port-Camargue

16 Rhônedelta, Côte Bleue und Calanques
Stes-Maries-de-la-Mer
Arles-Plage (im Aufbau)
Carro/La Couronne
Carry-le-Rouet
Sausset-les-Pins
Marseille
   Plage du Prado
   La Madrague-de-Montredon
Cassis
La Ciotat-Plage

17 Westliche Côte d'Azur
Les Lecques
Bandol
Ile de Bendor
Sanary-sur-Mer
Six-Fours-Plage
Le Brusc
Toulon
   Les Sablettes
   St-Elme
Hyères-Plage
Iles d'Hyères
Le Lavandou
Bormes-les-Mimosas
St-Clair
Aiguebelle
Cavalière
Pramousquier
Canadel-sur-Mer
Rayol-Plage
Cavalaire-sur-Mer
Ramatuelle
   Plage de Pampelonne
St-Tropez
   Plage de Tahiti
   Plage des Salins
   Plage des Graniers
Cogolin-Plage
Port-Grimaud
Beauvallon
Ste-Maxime
La Nartelle
Val d'Esquières
Les Issambres
St-Aygulf

18 Östliche Côte d'Azur
Fréjus-Plage
St-Raphaël
Boulouris
Agay
Anthéor
Le Trayas
Théoule-sur-Mer
La Napoule
Cannes
Juan-les-Pins
Cap d'Antibes
   Plage de la Garoube
Villeneuve-Loubet
Cros-de-Cagnes
Nice
Villefranche
Beaulieu / St-Jean-Cap-Ferrat
Eze-Bord-de-Mer
Cap d'Ail
Monte-Carlo-Beach

Roquebrune/Cap Martin
   Carnoles Plage
Menton
   Plage des Sablettes

19 Korsika
Bastia-Plage
   Plage de Toga
St-Florent
Moriani-Plage
Solenzara
Porto-Vecchio
   Plage de St-Cyprien
   Plage de Palombaggia
Bonifacio
   Calalonga Plage
   Tonnara Plage
Propriano
Ajaccio
   Plage St-François
Cargèse
   Plage de Pero
   Plage de Chiuni
Porto
Calvi
L'Ile Rousse

Italien

20 Riviera di Ponente
Ventimiglia
Bordighera
Ospedaletti
Sanremo
Arma di Taggia
Imperia
Diano Marina
San Bartolomeo al Mare
Laigueglia
Alassio
Loano
Pietra Ligure, Finale Ligure
Noli
Spotorno
Albisola
Celle Ligure
Varazze
Arenzano

21 Riviera di Levante
Recco / Camogli / San Fruttuoso
Portofino / Paraggi
Santa Margherita Ligure
Rapallo
Zoagli
Chiavari
Lavagna / Cavi di Lavagna
Sestri Levante
Moneglia
Levanto
Cinqueterre
Portovenere / Lerici

22 Versilia / Toskanische Riviera
Marina di Carrara
Marina di Massa
Forte dei Marmi
Marina di Pietrasanta
Camaiore
Viareggio
Marina di Pisa
Tirrenia
Livorno

23 Elba
Portoferraio
Marciana Marina
Marina di Campo
Porto Azzurro

24 Nördliches Tyrrhenisches Meer
Follonica
Castiglione della Pescaia
Marina di Grosseto
Principina a Mare
Monte Argentario
   Port' Ercole
   Porto Santo Stefano

Italien (Fortsetzung)

Marina di Pescia
Montalto Marina
Tarquinia Lido
Santa Marinella
Fregene
Lido di Ostia

25 Circeo und Golf von Gaeta
Anzio
Lido di Latina
San Felice Circeo
Terracina
Sperlonga
Gaeta
Formia
Marina di Minturo
Mondragone
Pineta Mare
Marina di Lago di Patria
Lido di Licola

26 Golf von Neapel mit Inseln
Ischia
    Casamicciola Terme
    Lacco Ameno
    Forio
    Barano
Capri
    Marina Grande
    Marina Piccola
Pozzuoli
Torre del Greco
Castellammare di Stabbia
Sorrento

27 Golf von Salerno
Positano
Amalfi
Minori

Maiori, Vietri
Salerno
Paestum

28 Südliches Tyrrhenisches Meer
Castellabate
Marina di Camerotte
Sapri
Maratea
Praia a Mare

29 Küste Kalabriens
Scalea
Marina di Belvedere
Maida Marina
Tropea
Capo Vaticano
Scilla
Reggio di Calabria
Marina di Gioiosa
Copanello
Soverato

30 Liparische Inseln
Canneto/Lipari
Vulcano
Stromboli

31 Nord- und Ostsizilien
Capo Calava
Cefalù
Lido Mortelle
Taormina
Acireale

32 Süd- und Westsizilien
Città del Mare
Trapani
Marinella Selinunt
Eraclea Minoa
Marina di Ragusa
Portopalo

Badestrände am Mittelmeer

● **Urlaubsorte und Strandgebiete**

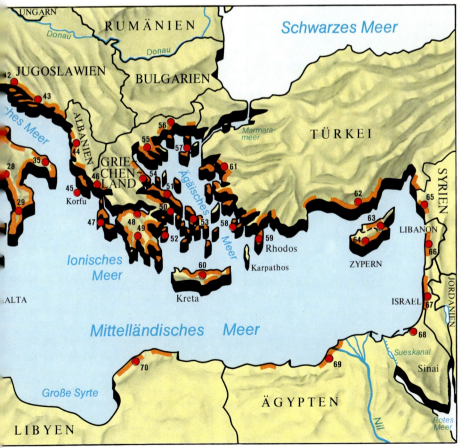

Jugoslawien

40 Istrien
Ankaran
Portorož
Umag
Poreč
Pula
Rabac
Lovran
Opatija

41 Nördliche Dalmatinische Küste
Crikvenica
Insel Cres
Insel Lošinj
Novi Vinodolski
Insel Rab
Insel Pag
Zadar

42 Mittlere Dalmatinische Küste
Biograd na Moru
Crvena Luka
Murter
Vodice
Šibenik
Primošten
Trogir
Insel Brač
Brela / Baška Voda
Tučepi / Podgora
Igrane / Gradac
Insel Hvar
Insel Korčula
Trpanj / Orebić

Petrovac na moru (Süddalmatien)

43 Südliche Dalmatinische Küste
Insel Lopud
Dubrovnik
Budva
Sveti Stefan /
    Miločer
Petrovac na moru
Sutomore
Ulcinj

Albanien

44 Shengjin
Durrës (Durazzo)
Vlorë
Himarë
Sarandë

Griechenland

45 Korfu/Kerkyra
Sidarion
Roda
Akra
Kassiopi
Kulura
Nissaki
Pirgi
Benitses
Moraitika
Messoghi
Lefkimmi
Kavos
Argirades
Sinarades
Pelekas
Paläokastritsa

46 Nordwestküste
Parga
Preveza

47 Ionische Inseln
Lefkas
Kephallenia
    Argostolion
    Vlachata
Zakynthos
    Alyka
    Laganas
    Vassilikon

48 Nördliche Peloponnes
Lutra Kyllinis
Metochi
Patras
Selianitika
Diakopton
Derveni
Xylokastro
Korinthos
Ermioni
Porto Cheli
Tolon
Nafplion

49 Südliche Peloponnes
Epitalion
Kyparissia
Koroni
Petalidion
Buka
Kalamata
Gythion
Monemvasia
Paralia Tiru

**50 Attische Riviera (Apolloküste)
und Golf von Petalji**
Ellinikon
Kalamaki
Glyphada
Vuliagmeni
Lagonissi
Anavissos
Kap Sunion
Porto Raphti
Lutsa
Nea Makri

51 Euböa und Golf von Euböa
Kamena Vurla
Lichas
Lutra Ädipsu
Limni
Amarynthos
Nea Stira
Karystos
Paralia
Agia Anna
Pefki

52 Saronische und Argolische Inseln
Ägina
Moni
Hydra
Spetsä

Kyrenia/Girne auf Zypern

Elunda auf Kreta

Libyen
70 Cyrenaika-Küste
Derna
Tolmeitha
Tokra

71 Tripolitanien
Tagiura
Tripolis

Malta
72 Sliema
St. Julians
St. Paul's Bay
Mellicha
Marfa

Tunesien
73 Südostküste
Zarzis
Djerba/Houmt-Souk
Gabès

Zarzis (Tunesien)

74 Nordostküste
Monastir
Skanes
Sousse
Hammamet
Nabeul
Korbous

75 Nordküste
La Marsa (Tunis)
Gammarth (Tunis)
Karthago (Tunis)
Sidi Ali el-Mekki
Biserta
Cap Serrat-Plage
Plage de St-Mecherig
Tabarka

Algerien
76 Östliche Küste
El Kala
Annaba
Skikda
Djidjelli
Ziama-Mansouriah
Tichy
Bejaia

77 Rund um Algier
Dellys
Boumerdas
Ain-Taya
Cap Djinet
Le Figuier
Alger-Plage
Bologhine
Ain-Benian
El-Djamila
Sidi-Ferruch
Bou-Ismail
Tipasa
Chenoua
Cherchell

78 Westliche Küste
Ténès
Mostaganem
Kristel
Ain el-Türck
Les Andalouses
Beni-Saf
Marsaf-Ben-M'Hidi

Marokko
79 Östliche Mittelmeerküste
Al-Hoceïma
El-Jebha
Melilla (span.)

**80 Westliche Mittelmeerküste
und Straße von Gibraltar**
Oued Laou
Cabo Negro
Ksar es-Seghir
Tanger

Auskunft

Ägypten

Ägyptisches Fremdenverkehrsamt
Kaiserstraße 64a,
D-6000 **Frankfurt** *am Main;*
Telefon: (0611) 252153.

Office du tourisme d'Egypte
Rue Chantepoulet 11,
CH-1200 **Genève** *(Genf);*
Telefon: (022) 329132.

Automobilclub

**Automobile et Touring Club
d'Egypte** *(ATCE)*
Sharia Kasr-el-Nil 10,
Kairo;
Telefon: 977241-43

Diplomatische und konsularische Vertretungen

Botschaft der Arabischen Republik Ägypten
Kronprinzenstraße 2,
D-5300 **Bonn - Bad Godesberg;**
Telefon: (0228) 364008.

Gallmeyergasse 5,
A-1190 **Wien;**
Telefon: (0222) 361134/35.

Elfenauweg 61,
CH-3006 **Bern;**
Telefon: (031) 448012/13.

**Generalkonsulat
der Arabischen Republik Ägypten**
Harvestehuder,Weg 50,
D-2000 **Hamburg** 13;
Telefon: (040) 4101031/32.

Rebbergstraße 2D,
CH-8102 **Oberengstringen** / (ZH);
Telefon: (01) 790939/40.

Route de Florissant 47ter,
CH-1206 **Genève** *(Genf);*
Telefon: (022) 476379.

Botschaft der Bundesrepublik Deutschland
Sharia Boulos Hanna 20,
Kairo-Dokki;
Telefon: 806015-17.

**Botschaft
der Deutschen Demokratischen Republik**
Sharia Hussein Wassef Pacha 13,
Kairo-Dokki.

Botschaft der Republik Österreich
Sharia Sadd El Aaly 21,
Kairo;
Telefon: 805898.

**Botschaft
der Schweizerischen Eidgenossenschaft**
Abdel Khalek Saroit 10,
Kairo;
Telefon: 758133.

Fluggesellschaften

Egyptair
Am Hauptbahnhof 4,
D-6000 **Frankfurt** *am Main;*
Telefon: (0611) 253094.

Adly Street 6,
Kairo;
Telefon: 922444.

Deutsche Lufthansa
Talaat Harb Street 9,
Kairo;
Telefon: 750425 und 750452.

Austrian Airlines
Talaat Harb Street 13,
Kairo;
Telefon: 742755 und 740228.

Swissair
c/o Swiss National Tourist Office,
Sharia Kasr el-Nil 22,
Kairo;
Telefon: 741656 und 741515.

Albanien

Skanderbeg-Reisen
Kerskensweg 17,
D-4100 **Duisburg** 18;
Telefon: (0203) 494828.

Albturist
Skanderbeg-Platz,
Tiranë *(Tirana).*

Diplomatische Vertretungen

**Botschaft
der Deutschen Demokratischen Republik**
Rr. Zef Skiroi 3,
Tiranë *(Tirana).*

Botschaft der Volksrepublik Albanien
Jacquingasse 41,
A-1030 **Wien;**
Telefon: (0222) 735195.

Algerien

Office National Algérien du Tourisme
Rue Khélifa Boukhalfa 25/27,
Alger *(Algier);*
Telefon: 646864.

Automobilclubs

TouringClub d'Algérie
Rue Al-Idrissi 1,
Alger *(Algier);*
Telefon: 640837.

Automobile Club National d'Algérie
Boulevard Salah Boakouir 99,
Alger *(Algier);*
Telefon: 649771.

Diplomatische Vertretungen

**Botschaft
der Demokratischen Volksrepublik Algerien**
Rheinallee 32,
D-5300 **Bonn – Bad Godesberg;**
Telefon: (0228) 356054.

Willadingweg 74,
CH-3006 **Bern;**
Telefon: (031) 446961-64.

Botschaft der Bundesrepublik Deutschland
Chemin Sfindja 165,
Alger *(Algier);*
Telefon: 634827 und 634845/46.

**Botschaft
der Deutschen Demokratischen Republik**
Rue Payen 16,
Alger *(Algier)* – Hydra.

Algerien (Fortsetzung)

Botschaft der Republik Österreich
Rue Shakespeare 7,
Dar El-Kef, Appt. 55,
Alger *(Algier);*
Telefon: 60 76 63 und 60 65 18.

**Botschaft
der Schweizerischen Eidgenossenschaft**
Boulevard Zirout Youcef 27,
Alger *(Algier);*
Telefon: 63 39 02.

Fluggesellschaften

Air Algérie
Münchener Straße 8,
D-6000 **Frankfurt** *am Main;*
Telefon: (06 11) 23 30 36.

Place Maurice Audin 1,
Alger *(Algier).*

Deutsche Lufthansa
Rue Didouche Mourad 49,
Alger *(Algier);*
Telefon: 63 40 69.

Swissair
Rue Didouche Mourad 19,
Alger *(Algier);*
Telefon: 63 33 67-69.

Frankreich

Amtliches
Französisches Verkehrsbüro *(France)*

Kaiserstraße 12,
D-6000 **Frankfurt** *am Main;*
Telefon: (06 11) 75 20 29.

Auskunftsbüro Düsseldorf
Berliner Allee 26,
D-4000 **Düsseldorf;**
Telefon: (02 11) 32 85 64.

*Direktion
für die Schweiz und Österreich*
Bahnhofstraße 16,
CH-8022 **Zürich;**
Telefon: (01) 23 33 20 und 25 21 22.

Auskunftsbüro Wien
Walfischgasse 1,
A-1010 **Wien;**
Telefon: (02 22) 52 44 01.

Bureau de renseignements Genève
Rue du Mont-Blanc 3,
CH-1201 **Genève** *(Genf);*
Telefon: (0 22) 32 86 10.

Secrétariat d'Etat au Tourisme
(Staatssekretariat für Tourismus)
Avenue de l'Opéra 8,
F-75041 **Paris** (Cédex 01);
Telefon: (1) 7 66 51 35.

Innerhalb Frankreichs werden touristische Auskünfte erteilt durch die *Comités régionaux de Tourisme* und die *Comités départementaux de Tourisme* sowie durch die in fast allen Orten bestehenden **Offices de Tourisme** bzw. *Syndicats d'Initiative.*

Automobilclubs

Touring Club Français *(TCF)*
Avenue de la Grande-Armée,
F-75782 **Paris;**
Telefon: (1) 5 02 14 00.

Geschäftsstellen
in den größeren Städten Frankreichs.

Automobile-Club de France *(ACF)*
Place de la Concorde 6/8,
F-75008 **Paris;**
Telefon: (1) 2 65 34 70.

Diplomatische Vertretungen

Französische Botschaft
Kapellenstraße 1 a,
D-5300 **Bonn - Bad Godesberg;**
Telefon: (02 28) 36 20 31-36.

Technikerstraße 2,
A-1040 **Wien;**
Telefon: (02 21) 65 47 47.

Schloßhaldenstraße 46,
CH-3006 **Bern;**
Telefon: (0 31) 43 24 24.

Botschaft der Bundesrepublik Deutschland
Avenue Franklin D. Roosevelt 13/15,
F-75008 **Paris;**
Telefon: (1) 3 59 33 51 und 2 56 17 90.

Rechts- und Konsularabteilung:
Avenue d'Iéna,
F-75116 **Paris;**
Telefon: (1) 3 59 33 51 und 2 56 17 90.

**Botschaft
der Deutschen Demokratischen Republik**
Rue Marbeau 24,
F-75116 **Paris.**

Botschaft der Republik Österreich
Rue Fabert 6,
F-75007 **Paris;**
Telefon: (1) 5 55 95 66.

**Botschaft
der Schweizerischen Eidgenossenschaft**
Rue de Grenelle 142,
F-75007 **Paris;**
Telefon: (1) 5 50 34 46.

Fluggesellschaften

Air France und **Air Inter**
Friedensstraße 11,
D-6000 **Frankfurt** *am Main;*
Telefon: (06 11) 2 56 61.

Air France
Square Max Hymans 1,
F-75741 **Paris;**
Telefon: (1) 2 73 41 41.

Air Inter
Rue de Castilione 12,
F-75001 **Paris;**
Telefon: (1) 2 61 82 84.

Union de Transports Aériens (UTA)
Rue Arago 50,
F-92806 **Puteaux** (Paris);
Telefon: (0 03 31) 7 76 41 33.

UTA-French Airlines
Wolfsgangstraße 30-32,
D-6000 **Frankfurt** *am Main;*
Telefon: (06 11) 59 09 39.

Vertretungen an allen Flughäfen Frankreichs.

Deutsche Lufthansa
Rue Royale 21-23,
F-75008 **Paris;**
Telefon: (1) 2 65 19 19.

Austrian Airlines
Rue Auber 12,
F-75009 **Paris;**
Telefon: (1) 7 42 55 05.

Swissair
Avenue de l'Opéra 38,
F-75002 **Paris;**
Telefon: (1) 5 81 11 40.

Französische Eisenbahnen *(SNCF)*
Generalvertretung:
Rüsterstraße 11,
D-6000 **Frankfurt** *am Main;*
Telefon: (06 11) 72 84 44.

Zweigstellen:
Opernring 1,
A-1010 **Wien;**
Telefon: (02 22) 57 24 06.

Effingerstraße 31,
CH-3001 **Bern;**
Telefon: (031) 25 11 01.

Rue du Mont-Blanc 3,
CH-1211 **Genève** *(Genf);*
Telefon: (022) 31 28 50/1.

Gibraltar

Gibraltar Government Tourist Office
Cathedral Square,
Gibraltar;
Telefon: 46 23.
Auskunftsstellen
The Piazza, Main Street.

Gibraltar Government Tourist Office
Arundel Great Court 4,
The Strand,
London WC 2;
Telefon: (01) 8 36 07 77.

Griechenland

Griechische Zentrale
für Fremdenverkehr *(GZF)*
Neue Mainzer Straße 22,
D-6000 **Frankfurt** *am Main* 1;
Telefon: (06 11) 23 65 62-63.

Pacellistraße 2,
D-8000 **München** 2;
Telefon: (089) 22 20 35-36.

Kärntner Ring 5,
A-1015 **Wien;**
Telefon: (02 22) 52 53 17-18.

Gottfried-Keller-Straße 7,
CH-8001 **Zürich;**
Telefon: (01) 32 84 87.

Ellinikós Organismós Turismú *(E.O.T.)*
Zentrale:
Amerikis 2,
Athen;
Telefon: (01) 3 22 31 11.

Informationsbüros innerhalb Griechenlands
in den größeren Städten. – Touristische Auskünfte erteilt in kleineren Orten auch die
Touristenpolizei *(Astynomia allodapon),* zu
deren Hauptaufgaben die Betreuung ausländischer Reisender gehört.

Automobilclub

Automobil- und Touring-Club von
Griechenland *(ELPA)*
Hauptverwaltung:
Messogion 2,
Athen;
Telefon: (01) 7 79 16 15-19.

Außenstellen in Saloniki, Volos, Patras, Kavala, Ker-
kyra/Korfu, Larissa, Chania (Kreta), Iraklion (Kreta).

Griechischer Touristenklub
Polytechniu 12,
Athen;
Telefon: (01) 5 24 86 01.

Diplomatische Vertretungen

Griechische Botschaft
Rheinallee 76,
D-5300 **Bonn – Bad Godesberg;**
Telefon: (02 28) 35 50 36-37.

Argentinierstraße 14,
A-1014 **Wien;**
Telefon: (02 21) 65 57 91.

Jungfraustraße 3,
CH-3005 **Bern;**
Telefon: (031) 44 00 16 und 44 16 37.

Botschaft der Bundesrepublik Deutschland
Karaoli/Dimitriu 3,
Athen;
Telefon: (01) 72 48 01-05.

Botschaft
der Deutschen Demokratischen Republik
Vassiliu Pavlu 7,
Athen;
Telefon: (01) 6 72 51 60-63.

Botschaft der Republik Österreich
Leoforos Alexandras 26,
Athen;
Telefon: (01) 8 21 10 36 und 8 21 68 00.

Botschaft
der Schweizerischen Eidgenossenschaft
Iassiu 2,
Athen;
Telefon: (01) 7 30 36 4-66.

Fluggesellschaften

Olympic Airways
Friedrich-Ebert-Anlage 2-16,
D-6000 **Frankfurt** *am Main;*
Telefon: (06 11) 74 04 45.

Leoforos Syngru 96,
Athen;
Telefon: (01) 92 92/1.

Vertretungen an allen Verkehrsflugplätzen
Griechenlands.

Deutsche Lufthansa
Karageorgis Servias 4,
Athen;
Telefon: (01) 9 79 92 44.

Austrian Airlines
Philellinon 4 (Platia Syntagma),
Athen;
Telefon: (01) 3 23 08 44-46.

Swissair
Othonos 4,
Athen;
Telefon: (01) 3 23 18 71 und 3 23 58 10.

Israel

Staatliches Israelisches Verkehrsbüro
Westendstraße 4/III,
D-6000 **Frankfurt** *am Main;*
Telefon: (0611) 720157.

Israelisches Verkehrsbüro
Lintheschergasse 12,
CH-8001 **Zürich;**
Telefon: (01) 2112344.

Rehov Ha-Melekh George 24,
Yerushalayim *(Jerusalem);*
Telefon: (02) 241281-82.

Rehov Mendele 7,
Tel Aviv;
Telefon: (03) 223266-67.

Automobilclub

Automobil- und Touringclub Israel
Petach Tikvat 19,
Tel Aviv;
Telefon: (03) 622961.

Diplomatische
und konsularische Vertretungen

Botschaft des Staates Israel
Simrockstraße 2,
D-5300 **Bonn – Bad Godesberg;**
Telefon: (0228) 8231.

Anton-Frank-Gasse 20,
A-1180 **Wien;**
Telefon: (0221) 311506.

Marienstraße 27,
CH-3005 **Bern;**
Telefon: (031) 431042.

Generalkonsulat des Staates Israel
Dufourstraße 101,
CH-8008 **Zürich;**
Telefon: (01) 342700.

Konsulat des Staates Israel
Bebel-Allee 12,
D-2000 **Hamburg** 39;
Telefon: (040) 517978.

Widenmayerstraße 11,
D-8000 **München** 22;
Telefon: (089) 299880.

Botschaft der Bundesrepublik Deutschland
Soutine Street 16,
Tel Aviv;
Telefon: (03) 243111/15.

Botschaft der Republik Österreich
Herman Cohen Street 11,
Tel Aviv;
Telefon: (03) 246186-87.

**Botschaft
der Schweizerischen Eidgenossenschaft**
Hayarkon Street 228,
Tel Aviv;
Telefon: (03) 244121-22.

Fluggesellschaften

El Al Israel Airlines
Kaiserstraße 10,
D-6000 **Frankfurt** *am Main;*
Telefon: (0611) 20441.

Ben Gurion International Airport,
Tel Aviv;
Telefon: (03) 976111.

Deutsche Lufthansa
Hayarkon Street 75,
Park Hotel,
Tel Aviv;
Telefon: (03) 651414.

Austrian Airlines
Trumpeldor Street 12,
Tel Aviv;
Telefon: (03) 653535.

Swissair
Ben Yehuda Street 53,
Tel Aviv;
Telefon: (03) 243350.

Italien

**Staatliches
Italienisches Fremdenverkehrsamt**
Berliner Allee 26,
D-4000 **Düsseldorf;**
Telefon: (0211) 377035.

Kaiserstraße 65,
D-6000 **Frankfurt** *am Main;*
Telefon: (0611) 231213 und 232648.

Goethestraße 20,
D-8000 **München** 2,
Telefon: (089) 530369.

Kärntner Ring 4,
A-1010 **Wien;**
Telefon: (0222) 654374.

Uraniastraße 32,
CH-8001 **Zürich;**
Telefon: (01) 2113633.

Rue du Marché,
CH-1204 **Genève** *(Genf);*
Telefon: (022) 282922.

Ente Nazionale Italiano per il Turismo
(ENIT; Staatliches Italienisches Fremdenverkehrsamt)
Via Marghera 2,
I-00185 **Roma** *(Rom);*
Telefon: (06) 4952751.

Büros der ENIT befinden sich an den wichtigsten Grenzübergängen Italiens sowie an den Häfen von Genua, Livorno und Neapel. Innerhalb Italiens werden touristische Auskünfte erteilt durch die regionalen Fremdenverkehrsverbände *(Assessorati Regionali per il Turismo)* in den Regionshauptstädten sowie durch die Landesfremdenverkehrsverbände *(Ente Provinciali per il Turismo)* und die Kurverwaltungen bzw. Fremdenverkehrsämter *(Aziende Autonome di Cura* bzw. *Soggiorno e Turismo)* der einzelnen Orte.

Automobilclubs

Touring Club Italiano *(TCI)*
Hauptverwaltung:
Corso Italia 10,
I-20100 **Milano;**
Telefon: (02) 808751.

Außenstellen in Bari, Rom und Turin.

Automobile Club d'Italia *(ACI)*
Hauptverwaltung:
Via Marsala 8,
I-00185 **Roma;**
Telefon: (06) 4998.

Außenstellen in sämtlichen Provinzhauptstädten Italiens sowie an touristisch wichtigen Orten und großen Grenzübergangsstellen.

Diplomatische Vertretungen

Italienische Botschaft
Karl-Finkelnburg-Straße 51,
D-5300 **Bonn – Bad Godesberg;**
Telefon: (0228) 364015.

Rennweg 27,
A-1030 **Wien;**
Telefon: (0222) 725121.

Elfenstraße 14,
CH-3006 **Bern;**
Telefon: (031) 444151.

Botschaft der Bundesrepublik Deutschland
Via Po 25c,
I-00198 **Roma** *(Rom);*
Telefon: (06) 860341.

Rechts- und Konsularreferat:
Via Paisiello 24,
Telefon: (06) 856806.

**Botschaft
der Deutschen Demokratischen Republik**
Viale Castro Pretorio 116,
I-00185 **Roma** *(Rom);*
Telefon: (06) 465878.

Botschaft der Republik Österreich
Via Pergolesi 3,
I-00198 **Roma** *(Rom);*
Telefon: (06) 868241.

**Botschaft
der Schweizerischen Eidgenossenschaft**
Via Barnaba Oriani 61,
I-00197 **Roma** *(Rom);*
Telefon: (06) 803641.

Fluggesellschaften

Alitalia
Rubensstraße 2,
D-6000 **Frankfurt** *am Main* 70;
Telefon: (0611) 638021.

Via L. Bissolati 20,
I-00187 **Roma** *(Rom);*
Telefon: (06) 4688.

Vertretungen an
allen italienischen Verkehrsflugplätzen.

Deutsche Lufthansa
Via L. Bissolati 6-10,
I-00187 **Roma** *(Rom);*
Telefon: (06) 462962.

Austrian Airlines
Via Barberini 91-93,
I-00187 **Roma** *(Rom);*
Telefon: (06) 463355.

Swissair
Via L. Bissolati 4,
I-00187 **Roma** *(Rom);*
Telefon: (06) 47331.

Italienische Staatsbahnen
Vertretungen im Ausland:

Goethestraße 17,
D-8000 **München** 2;
Telefon: (089) 591597.

Mariahilferstraße 84,
A-1070 **Wien;**
Telefon: (0222) 935311 und 934784.

Effingerstraße 8,
CH-3011 **Bern;**
Telefon: (031) 254161 und 254162.

Jugoslawien

Jugoslawisches Fremdenverkehrsamt
Goetheplatz 7,
D-6000 **Frankfurt** *am Main* 1;
Telefon: (0611) 285685.

Sonnenstraße 14,
D-8000 **München** 2;
Telefon: (089) 595545/46.

Hüttenstraße 6,
D-4000 **Düsseldorf;**
Telefon: (0211) 370675.

**Jugoslawische
Fremdenverkehrswerbung**
Mahlerstraße 3,
A-1010 **Wien;**
Telefon: (0222) 525481.

Jugoslawisches Verkehrsbüro
Limmatquai 70,
CH-8001 **Zürich;**
Telefon: (01) 341270.

Turistički Savez Jugoslavije
Mose Pijade 8/IV,
YU-11000 **Beograd** *(Belgrad);*
Telefon: (011) 339041.

Allgemeine touristische Auskünfte in Jugoslawien erhält man bei den örtlichen **Touristenbüros,** die teilweise auch Privatzimmer vermitteln.

Touristische Dienstleistungen vermitteln **Reiseagenturen,** die in vielen Orten Zweigstellen unterhalten.

Zentralbüros:

Atlas
Pile 1,
YU-50000 **Dubrovnik;**
Telefon: (050) 27333.

Dalmacijaturist
Titova Obala 5,
YU-58000 **Split;**
Telefon: (058) 44666.

Kvarner-Express
Maršala Tita 186,
YU-51410 **Opatija;**
Telefon: (051) 711111.

Libertas
Put Republike 44,
YU-50000 **Dubrovnik;**
Telefon: (050) 24065.

Montenegroturist
YU-81310 **Budva;**
Telefon: (082) 82008.

Yugotours
Vasina 16-18,
YU-11000 **Beograd** *(Belgrad);*
Telefon: (011) 631122.

Automobilclub

**Jugoslawischer
Automobil- und Motorrad-Verband**
(Auto-Moto Savez Jugoslavije / AMSJ)
Zentrale:
Ruzveltova 16,
YU-11000 **Beograd** *(Belgrad);*
Telefon: (011) 451486.
Zweigstellen siehe nächste Seite

Zweigstellen des AMSJ

Nikole Tesle 5,
YU-50000 **Dubrovnik;**
Telefon: (050) 23368.

Dolac 11,
YU-51000 **Rijeka;**
Telefon: (051) 22807.

Obala Lazareta 3,
YU-58000 **Split;**
Telefon: (058) 41646.

Diplomatische Vertretungen

**Botschaft der Sozialistischen Föderativen
Republik Jugoslawien**
Schloßstraße 1,
D-5300 **Bonn – Bad Godesberg;**
Telefon: (0228) 342071-73.

Rennweg 3,
A-1030 **Wien;**
Telefon: (0222) 732595.

Seminarstraße 5-7,
CH-3000 **Bern;**
Telefon: (031) 446353-55.

Botschaft der Bundesrepublik Deutschland
Ulica Kneza Miloša 74-76,
YU-11001 **Beograd** *(Belgrad);*
Telefon: (011) 645755.

**Botschaft
der Deutschen Demokratischen Republik**
Birčaninova 19a,
YU-11000 **Beograd** *(Belgrad);*
Telefon: (011) 642740.

Botschaft der Republik Österreich
Sime Markovića 2,
YU-11001 **Beograd** *(Belgrad);*
Telefon: (011) 635955.

**Botschaft
der Schweizerischen Eidgenossenschaft**
Birčaninova 27,
YU-11001 **Beograd** *(Belgrad);*
Telefon: (011) 646899.

Fluggesellschaften

Jugoslovenski Aerotransport *(JAT)*
Steinweg 9,
D-6000 **Frankfurt** am Main;
Telefon: (0611) 20956.

Birčaninova 1,
YU-11000 **Beograd** *(Belgrad);*
Telefon: (011) 435441.

Vertretungen an allen Flughäfen Jugoslawiens.

Deutsche Lufthansa
Hotel Balkan,
Prizrenska 5,
YU-11000 **Beograd** *(Belgrad);*
Telefon: (011) 324976-78.

Austrian Airlines
Trg Marks-Engels 8/1,
YU-11000 **Beograd** *(Belgrad);*
Telefon: (011) 337056/7.

Swissair
Prizrenska 7,
YU-11000 **Beograd** *(Belgrad);*
Telefon: (011) 328881-84.

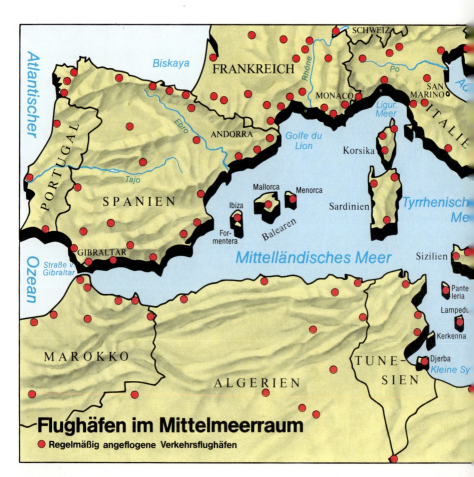

Flughäfen im Mittelmeerraum
● Regelmäßig angeflogene Verkehrsflughäfen

Libanon

Libanesisches Fremdenverkehrsamt
Baseler Straße 46-48,
D-6000 **Frankfurt** *am Main;*
Telefon: (0611) 234644 und 235987.

Conseil National du Tourisme au Liban
Rue de la Banque du Liban,
Boîte postale 5344,
Beyrouth *(Beirut);*
Telefon: 340940 und 343175.

Automobilclub

Automobile et Touring Club du Liban
Rue du Port, Immeuble Fattal,
Beyrouth *(Beirut);*
Telefon: 263925.

Diplomatische und konsularische Vertretungen

Botschaft der Libanesischen Republik
Königstraße 79,
D-5300 **Bonn – Bad Godesberg;**
Telefon: (0228) 217001/02.

Schwedenplatz 2,
A-1010 **Wien;**
Telefon: (0222) 638821/22.

Alpenstraße 24,
CH-3000 **Bern** 6;
Telefon: (031) 444111/12.

Konsulat der Libanesischen Republik
Mühlheimer Straße 163,
D-6050 **Offenbach** *am Main;*
Telefon: (0611) 862981.

Augustenstraße 10,
D-8000 **München** 2;
Telefon: (089) 592579.

Botschaft der Bundesrepublik Deutschland
Rue Mansour Jourdak,
Immeuble Daouk,
Beyrouth *(Beirut);*
Telefon: 341255-57.

**Botschaft
der Deutschen Demokratischen Republik**
Rue de Paris, Corniche Manara,
Beyrouth *(Beirut).*

Botschaft der Republik Österreich
Rue Sadat,
Sadat Tower, Block No 2342,
Beyrouth *(Beirut);*
Telefon: 354330.

**Botschaft
der Schweizerischen Eidgenossenschaft**
Rue John Kennedy,
Immeuble Achou,
Beyrouth *(Beirut);*
Telefon: 366390/91.

Fluggesellschaften

Middle East Airlines
Gutleutstraße 75,
D-6000 **Frankfurt** *am Main;*
Telefon: (0611) 239166.

Boîte postale 206, **Beyrouth** *(Beirut).*

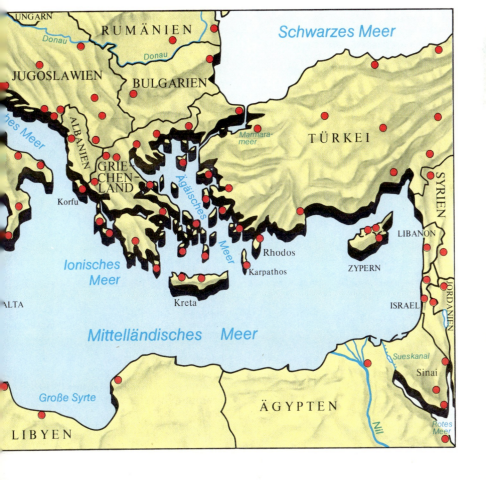

Libanon (Fortsetzung)

Deutsche Lufthansa
Rue Hamra,
Immeuble Sabbagh,
Beyrouth *(Beirut);*
Telefon: 34 90 01-05.

Austrian Airlines
Rue Hamra,
Immeuble Sabbagh,
Beyrouth *(Beirut);*
Telefon: 34 92 71-73.

Swissair
Wienerhaus Hotel,
Rue Lyon,
Beyrouth *(Beirut);*
Telefon: 34 48 47 und 34 77 85.

Libyen

Automobilclub

Automobile and Touring Club of Libya
Al Fath Street,
P.O. Box 3566,
Tripolis *(Tarabulus al-Gharb);*
Telefon: 3 35 15 und 3 30 66.

Diplomatische Vertretungen

**Volksbüro der Sozialistischen
Libysch-Arabischen Volksrepublik**
Beethovenstraße 12 a,
D-5300 **Bonn – Bad Godesberg;**
Telefon: (02 28) 36 20 41.

Gustav-Tschermak-Gasse 27,
A-1190 **Wien;**
Telefon: (02 22) 3 49 72.

Dufourstraße 18,
CH-3005 **Bern;**
Telefon: (031) 43 30 76-78.

Botschaft der Bundesrepublik Deutschland
Sharia Hassan el Mashai,
Tripolis *(Tarabulus al-Gharb);*
Telefon: 3 05 54 und 3 38 27.

**Botschaft
der Deutschen Demokratischen Republik**
Sharia El-Jumhouria 8,
Tripolis *(Tarabulus al-Gharb).*

Botschaft der Republik Österreich
Sharia Khalid Ben Walid,
Tripolis *(Tarabulus al-Gharb);*
Telefon: 4 33 79 und 4 33 93.

**Botschaft
der Schweizerischen Eidgenossenschaft**
Sharia Jeraba,
Tripolis *(Tarabulus al-Gharb);*
Telefon: 3 24 16 und 4 03 49.

Fluggesellschaften

Libyan Arab Airlines
Taunusstraße 20,
D-6000 **Frankfurt** *am Main;*
Telefon: (06 11) 23 42 41.

Haiti Street,
Tripolis *(Tarabulus);*
Telefon: 3 60 21.

Deutsche Lufthansa
Imhammad el-Megarief Street,
P.O. Box 1981,
Tripolis *(Tarabulus);*
Telefon: 3 29 90 und 4 44 88.

Swissair
Sharia El Magharba 17,
P.O. Box 618,
Tripolis *(Tarabulus);*
Telefon: 3 60 46-47.

Malta

Fremdenverkehrsamt Malta
Schillerstraße 30-40,
D-6000 **Frankfurt** *am Main;*
Telefon: (06 11) 28 58 90.

**Amtliches
Maltesisches Informationsbüro**
Münchener Straße 8,
D-6000 **Frankfurt** *am Main;*
Telefon: (06 11) 25 32 07.

Malta Progress Werbung
Am Modenapark 7,
A-1030 **Wien.**

National Tourist Organisation
The Palace,
Palace Square,
Valletta;
Telefon: 2 44 44.

Diplomatische und konsularische Vertretungen

Botschaft der Republik Malta
Viktoriastraße 7,
D-5300 **Bonn – Bad Godesberg;**
Telefon: (02 28) 36 30 17/18.

Konsulat der Republik Malta
Löwenstraße 1,
CH-8001 **Zürich;**
Telefon: (01) 2 21 32 03.

Parc du Château-Banquet 2,
CH-1202 **Genève** *(Genf);*
Telefon: (0 22) 31 05 80.

Botschaft der Bundesrepublik Deutschland
Tower Road,
II Piazzetta Building,
Valletta;
Telefon: 3 65 31 und 3 65 20.

Generalkonsulat der Republik Österreich
Frederik Street 34,
Valletta;
Telefon: 2 64 07 und 2 91 82.

**Konsulat
der Schweizerischen Eidgenossenschaft**
Zachary Street 6,
Valletta;
Telefon: 2 77 50.

Fluggesellschaften

Air Malta
Kaiserstraße 13,
D-6000 **Frankfurt** *am Main;*
Telefon: (06 11) 28 10 53.

Terminal B, Büro 1-218,
Flughafen Zürich,
CH-8058 **Zürich**-*Kloten;*
Telefon: (01) 8 16 30 12.

Europa Centre,
Floriana,
Valletta;
Telefon: 2 32 71.

Marokko

**Staatliches Marokkanisches
Fremdenverkehrsamt**
Graf-Adolf-Straße 59,
D-4000 **Düsseldorf** 1;
Telefon: (02 11) 37 05 51.

Office National Marocain du Tourisme
Rue du Rhône 67,
CH-1207 **Genève** *(Genf);*
Telefon: (0 22) 35 26 12 und 34 49 30.

Avenue d'Alger,
Rabat;
Telefon: 2 12 52-54.

Automobilclubs

Touring Club du Maroc
Avenue de l'Armée Royale 3,
Casablanca;
Telefon: 27 92 88 und 26 52 31.

Royal Automobile Club Marocain
Rue Lemercier Palmier 3,
Casablanca;
Telefon: 25 35 04.

Diplomatische und konsularische Vertretungen

Botschaft des Königreichs Marokko
Mittelstraße 35,
D-5300 **Bonn – Bad Godesberg;**
Telefon: (02 28) 37 40 75.

Helvetiastraße 42,
CH-3005 **Bern;**
Telefon: (031) 43 03 62-63.

Generalkonsulat des Königreichs Marokko
Cäcilienallee 14
D-4000 **Düsseldorf;**
Telefon: (02 11) 43 43 59.

Arndtstraße 1,
D-3000 **Hannover;**
Telefon: (05 11) 1 93 24 26.

Konsulat des Königreichs Marokko
Liebigstraße 6,
D-6000 **Frankfurt** *am Main;*
Telefon: (06 11) 72 39 66.

Prinzregentenstraße 89,
D-8000 **München;**
Telefon: (0 89) 47 60 04.

Botschaft der Bundesrepublik Deutschland
Rue Mohamed El Fatih 7,
Rabat;
Telefon: 3 25 32.

**Botschaft
der Deutschen Demokratischen Republik**
Avenue de Meknès 4,
Rabat.

Botschaft der Republik Österreich
Zankat Tiddas 2,
Rabat;
Telefon: 6 40 03 und 6 16 98.

**Botschaft
der Schweizerischen Eidgenossenschaft**
Square de Berkane,
Rabat;
Telefon: 2 46 95 und 3 10 24.

Fluggesellschaften

Deutsche Lufthansa
Place Mohammed V,
Hotel Casablanca,
Casablanca;
Telefon: 22 30 27 und 22 32 10.

Swissair
Avenue de l'Armée Royale 27,
Casablanca;
Telefon: 27 12 34.

Monaco

**Informationsbüro Monte Carlo
Principauté de Monaco**
Wilhelm-Leuschner-Straße 89,
D-6000 **Frankfurt** am Main 1;
Telefon: (06 11) 23 52 47-49.

Direction du Tourisme et des Congrès
Boulevard des Moulins 2 a,
Monte-Carlo;
Telefon: 50 60 88.

Diplomatische Vertretungen
s. bei Frankreich.

San Marino s. Italien.

Spanien

Spanisches Fremdenverkehrsamt
Bethmannstraße 50-54,
D-6000 **Frankfurt** am Main;
Telefon: (06 11) 28 57 60.

Ferdinandstraße 64-68,
D-2000 **Hamburg** 1;
Telefon: (0 40) 33 07 87.

Oberanger 6,
D-8000 **München** 2;
Telefon: (0 89) 26 75 84.

Graf-Adolf-Straße 81,
D-4000 **Düsseldorf;**
Telefon: (02 11) 37 04 67.

Maysedergasse 4,
A-1010 **Wien** 1;
Telefon: (02 22) 52 13 82.

Seefelderstraße 10,
CH-8008 **Zürich;**
Telefon: (01) 34 79 30-31.

*Office National
Espagnol du Tourisme*
Rue de Berne 1,
CH-1200 **Genève** *(Genf);*
Telefon: (0 22) 31 69 40.

Innerhalb Spaniens werden touristische Auskünfte erteilt durch die *Delegaciones Provinciales de Turismo,* die ihren Sitz in den jeweiligen Provinzhauptstädten haben, sowie durch die *Oficinas de Información de Turismo* in den größeren Städten des Landes.

Automobilclubs

Real Automóvil Club de España *(RACE)*
Z e n t r a l e :
Calle del General Sanjurjo 10,
Madrid;
Telefon: (91) 4 47 32 00.

Geschäftsstellen
in den größeren Städten Spaniens.

Autoclub Turístico Español *(ATE)*
Calle del Marqués de Riscal 11,
Madrid;
Telefon: (91) 2 07 07 02.

Spanien (Fortsetzung)

Diplomatische Vertretungen

Königlich Spanische Botschaft
Schloßstraße 4,
D-5300 **Bonn;**
Telefon: (0228) 217094/95.

Argentinierstraße 34,
A-1040 **Wien;**
Telefon: (0222) 658554.

Brunnadernstraße 43,
CH-3006 **Bern;**
Telefon: (031) 440412/13.

**Botschaft
der Bundesrepublik Deutschland**
Calle Fortuny 8,
Madrid 4;
Telefon: (91) 4199100 und 4199150.

Außenstellen:

Calle General Primo de Rivera 5,
Las Palmas de Gran Canaria;
Telefon: (928) 275700 und 275704.

Avenida de Anaga 43,
Santa Cruz de Tenerife;
Telefon: (922) 284812 und 284816.

**Botschaft
der Deutschen Demokratischen Republik**
Calle del Tambre 15,
Madrid 2.

Botschaft der Republik Österreich
Avenida del Generalísimo 66,
Madrid 16;
Telefon: (91) 2509200 und 2509208/9.

**Botschaft
der Schweizerischen Eidgenossenschaft**
Calle Nuñez de Balboa 35,
Edificio Goya,
Madrid 1;
Telefon: (91) 2254461/2.

Fluggesellschaften

Iberia
Kaiserstraße 61,
D-6000 **Frankfurt** am Main;
Telefon: (0611) 26491.

Calle Velázquez 130,
Madrid;
Telefon: (91) 2619100.

Vertretungen an
allen Flughäfen Spaniens.

Deutsche Lufthansa
Avenida de José Antonio 88,
Madrid;
Telefon: (91) 2473800 und 2473808/9.

Paseo de Gracia 83,
Barcelona;
Telefon: (93) 2150300.

Calle José Tous y Maroto 15,
Palma de Mallorca / Baleares;
Telefon: (971) 222840-42.

Austrian Airlines
Calle Serrano Jover 5,
Madrid;
Telefon: (91) 2471607/8/9/0.

Swissair
Avenida José Antonio 84,
Madrid;
Telefon: (91) 2479207.

Spanische Eisenbahnen (RENFE)
Generalvertretung:
Gereonstraße 25-29,
D-5000 **Köln** 1;
Telefon: (0221) 212807.

Syrien

National Tourist Organization
29 Ayar Street,
Esch-Scham (Damaskus);
Telefon: 445432 und 119907.

Diplomatische und konsularische Vertretungen

Botschaft der Arabischen Republik Syrien
Am Kurpark 2,
D-5300 **Bonn – Bad Godesberg;**
Telefon: (0228) 363091-92.

Generalkonsulat der Arabischen Republik Syrien
Rue de Lausanne 72,
CH-1202 **Genève** (Genf);
Telefon: (022) 326522.

Botschaft der Bundesrepublik Deutschland
Rue Ibrahim Hanano 53,
Esch-Scham (Damaskus);
Telefon: 336670-72.

**Botschaft
der Deutschen Demokratischen Republik**
Avenue Adnan el-Malki 60,
Esch-Scham (Damaskus).

Botschaft der Republik Österreich
Rue Chafik Mou'ayad,
Esch-Scham (Damaskus);
Telefon: 337528.

**Botschaft
der Schweizerischen Eidgenossenschaft**
Rue M. Kurd Ali 31,
Immeuble Hazzam,
Esch-Scham (Damaskus);
Telefon: 715474 und 717115.

Fluggesellschaften

Syrian Arab Airlines
Maximilianplatz 12a,
D-8000 **München** 2;
Telefon: (089) 222067.

P.O. Box 417,
Esch-Scham (Damaskus).

Deutsche Lufthansa
Rue Fardoss 52,
Esch-Scham (Damaskus);
Telefon: 111165 und 119593.

Tunesien

Fremdenverkehrsamt Tunesien
Wiesenhüttenplatz 28,
D-6000 **Frankfurt** am Main;
Telefon: (0611) 231891.

Graf-Adolf-Straße 100,
D-4000 **Düsseldorf;**
Telefon: (0211) 359414.

Schubertring 10-12,
A-1010 **Wien;**
Telefon: (0222) 520208.

Bahnhofstraße 69,
CH-8001 **Zürich;**
Telefon: (01) 2114830/31.

Office National du Tourisme Tunisien
Avenue Mohammed V,
Tunis;
Telefon: 259133.

Automobilclub

National Automobile Club de Tunisie
Avenue Habib Bourguiba 28,
Tunis;
Telefon: 24 39 21.

Diplomatische Vertretungen

Botschaft der Tunesischen Republik
Kölner Straße 103,
D-5300 **Bonn – Bad Godesberg;**
Telefon: (02 28) 37 69 82.

Himmelpfortgasse 20,
A-1010 **Wien;**
Telefon: (02 22) 52 94 65/66.

Kirchenfeldstraße 63,
CH-3005 **Bern;**
Telefon: (03 1) 44 82 26/27.

Botschaft der Bundesrepublik Deutschland
Rue Felicien Challaye 18,
Tunis;
Telefon: 28 12 46 und 28 12 55.

**Botschaft
der Deutschen Demokratischen Republik**
Rue Hooker Doolittle 2,
Tunis.

Botschaft der Republik Österreich
Avenue de France 17,
Tunis;
Telefon: 24 95 20 und 25 98 42.

**Botschaft
der Schweizerischen Eidgenossenschaft**
Rue Ech-Chenkiti 10,
Tunis;
Telefon: 28 19 17 und 28 01 32.

Fluggesellschaften

Tunis Air
Am Hauptbahnhof 16,
D-6000 **Frankfurt** *am Main;*
Telefon: (06 11) 23 10 21.

Avenue de la Liberté 113,
Tunis.

Deutsche Lufthansa
Avenue Habib Bourguiba 45,
Tunis;
Telefon: 24 07 14 und 24 19 05.

Swissair
Avenue Habib Bourguiba 45,
Tunis;
Telefon: 24 21 22.

Türkei

Türkisches Informationsbüro
Baseler Straße 35-37,
D-6000 **Frankfurt** *am Main;*
Telefon: (06 11) 23 30 81.

Karlsplatz 3/I,
D-8000 **München** 2;
Telefon: (0 89) 58 49 02.

**Türkisches Fremdenverkehrs-
und Informationsbüro**
Mahlerstraße 3,
A-1010 **Wien;**
Telefon: (02 22) 52 21 28/29.

Limmatquai 72/IV,
CH-8001 **Zürich;**
Telefon: (01) 47 84 50.

Turizm ve Tanıtma Bakanlığı
(Ministerium für Tourismus)
Gazi Mustafa Kemal Bulvarı 33,
Ankara;
Telefon: 29 29 30.

Automobilclub

Türkiye Turing ve Otomobil Kurumu
Halaskâr Gazi Caddesi 364,
İstanbul;
Telefon: 46 70 90.

Diplomatische und konsularische Vertretungen

Türkische Botschaft
Ute-Straße 47,
D-5300 **Bonn – Bad Godesberg;**
Telefon: (02 28) 34 60 52/54.

Prinz-Eugen-Straße 40,
A-1040 **Wien;**
Telefon: (02 22) 65 25 10 und 65 34 17.

Lombachweg 33,
CH-3006 **Bern;**
Telefon: (031) 43 16 92-93.

Türkisches Generalkonsulat
Kirschenallee 21 a,
D-1000 **Berlin** 19;
Telefon: (0 30) 3 04 45 06.

Am Wall 97,
D-2800 **Bremen;**
Telefon: (04 21) 31 10 26.

Schlosserstraße 25,
D-6000 **Frankfurt** *am Main;*
Telefon: (06 11) 59 00 49.

Augustusstraße 2,
D-2000 **Hamburg** 76;
Telefon: (0 40) 22 27 85.

Engelbosteler Damm 1,
D-3000 **Hannover;**
Telefon: (05 11) 71 35 89.

Sachsenring 14,
D-5000 **Köln;**
Telefon: (02 21) 31 70 51-54.

Menzingerstraße 3,
D-8000 **München** 19;
Telefon: (0 89) 17 60 93.

Kernerstraße 19 B,
D-7000 **Stuttgart;**
Telefon: (07 11) 43 64 41-43.

Rue Ferdinand Hodler 17,
CH-1207 **Genève** *(Genf);*
Telefon: (0 22) 36 14 40.

Mythenquai 28,
CH-8002 **Zürich;**
Telefon: (01) 2 01 37 70/71.

Türkisches Konsulat
Königstorgraben 9,
D-8500 **Nürnberg;**
Telefon: (09 11) 2 03 29 7/98.

Botschaft der Bundesrepublik Deutschland
Atatürk Bulvarı 114,
Ankara,
Telefon: 26 54 65.

**Botschaft
der Deutschen Demokratischen Republik**
Turan Emeksiz Caddesi 1,
Ankara - *Cankaya.*

Botschaft der Republik Österreich
Atatürk Bulvarı 189,
Ankara;
Telefon: 25 47 61 und 17 43 52.

Türkei (Fortsetzung)

**Botschaft
der Schweizerischen Eidgenossenschaft**
Atatürk Bulvarı 247,
Ankara;
Telefon: 27 43 16/17.

Fluggesellschaften

Turkish Airlines
Baseler Straße 35-37,
D-6000 **Frankfurt** am Main
Telefon: (06 11) 25 30 31-33.

Cumhuriyet Caddesi 199-201,
İstanbul;
Telefon: 46 20 50 und 46 20 61.

Deutsche Lufthansa
Cumhuriyet Caddesi 179-185,
İstanbul;
Telefon: 46 51 30-34.

Austrian Airlines
Sheraton Hotel,
İstanbul;
Telefon: 40 22 47-49.

Swissair
Cumhuriyet Caddesi 6,
İstanbul;
Telefon: 46 91 26.

Zypern

Südliches Zypern

Fremdenverkehrszentrale Zypern
Kaiserstraße 13,
D-6000 **Frankfurt** am Main;
Telefon: (06 11) 28 47 08.

Cyprus Tourism Organization
Th. Theodotou Street 18,
Nikosia (Lefkosia);
Telefon: (0 21) 4 33 74.

Nördliches Zypern

Reisebüro Erogul
Kaiserstraße 69,
D-6000 **Frankfurt** am Main;
Telefon: (06 11) 25 15 74.

Diplomatische und konsularische Vertretungen

Botschaft der Republik Zypern
Ubierstraße 73,
D-5300 **Bonn – Bad Godesberg;**
Telefon: (02 28) 36 33 36.

Consulat Général de la République Chypre
Rue Schaub 25,
CH-1202 **Genève** (Genf);
Telefon: (0 22) 34 17 39.

Konsulat der Republik Zypern
c/o Testina AG,
Talstraße 83,
CH-8001 **Zürich;**
Telefon: (01) 2 11 30 23.

Botschaft der Bundesrepublik Deutschland
Nikitaras Street 10,
P.O. Box 1795,
Nikosia (Lefkosia);
Telefon: 4 43 63/64.

**Botschaft
der Deutschen Demokratischen Republik**
Prodromos Street 115,
Nikosia - Strovolos.

Generalkonsulat der Republik Österreich
Chr. Mouscous Street 4,
Nikosia (Lefkosia);
Telefon: 6 21 61.

Fluggesellschaften

Südliches Zypern

Cyprus Airways
Kaiserstraße 13,
D-6000 **Frankfurt** am Main;
Telefon: (06 11) 28 16 45.

Nikosia (Lefkosia);
Telefon: 4 30 54.

Nördliches Zypern

Cyprus Turkish Airlines
Kaiserstraße 69,
D-6000 **Frankfurt** am Main;
Telefon: (06 11) 25 15 74.

Schiffahrtsagenturen siehe Seite 588.

Flughäfen siehe Seiten 604/605.

Notrufe

ADAC-Notrufzentrale München
von 0 bis 24 Uhr besetzt.
Telefon: 0 89/22 22 22
Telefonarzt: von 15. Mai bis 15. September täglich zwischen 8 Uhr und 17 Uhr deutscher Zeit.

DRK-Flugdienst Bonn
Telefon: 02 28/23 32 32

Deutsche Rettungsflugwacht Stuttgart
Telefon: 07 11/70 10 70

Die Ländernetzkennzahl für Gespräche aus dem Ausland ist in den einzelnen Staaten unterschiedlich; z.T. ist nur Handvermittlung möglich. Es ist ratsam, sich bei Eintreffen im Reiseland nach den Einzelheiten zu erkundigen und gegebenenfalls die Vorwahl für das Heimatland zu notieren. Bei der nachfolgenden Ortsnetzkennzahl entfällt in der Regel die Null.

Ihr Urlaub steht unter einem guten Zeichen!

Denn hinter jedem Urlaub von Touropa, Scharnow, TransEuropa, Hummel, Dr. Tigges und twen-tours steht die Touristik Union International, das größte Touristik-Unternehmen Europas.
Das bedeutet für Sie:
hoher Qualitätsstandard des gesamten Urlaubsangebotes, umfassende Fachberatung in über 2000 TUI-Reisebüros, weltweit gute Betreuung durch qualifizierten und erfahrenen Reiseleiter-Service.
Vorteile, die Ihnen das TUI-Zeichen garantiert.

TOUROPA
SCHARNOW
*TRANS*E*UROPA*
HUMMEL
Dr.Tigges
twen-tours

Um die Orientierung zu erleichtern, wurde den einzelnen Namen die jeweilige Länderkurzbezeich-
nung angefügt, die auch dem Nationalitätskennzeichen für Kraftfahrzeuge entspricht. Sofern historische Namen erwähnt sind, wurden sie demjenigen Staat zugeordnet, auf dessen Gebiet sich die Orte
heute befinden.

AL	= Albanien	F	= Frankreich	LAR	= Libyen	RSM	= San Marino
CY	= Zypern	GBZ	= Gibraltar	M	= Malta	SYR	= Syrien
DZ	= Algerien	GR	= Griechenland	MA	= Marokko	TN	= Tunesien
E	= Spanien	I	= Italien	MC	= Monaco	TR	= Türkei
ET	= Ägypten	IL	= Israel	RL	= Libanon	YU	= Jugoslawien

Bildnachweis:

Allianz-Archiv (S. 572, 573, 574, 577).
L. Ander, München (S. 15, 33, 49, 81, 117, 150, 152; 153, 2x; 167, 168, 170, 201, 205, 207, 208, 213; 215, 2x; 217, 220; 229, 2x; 230, 2x; 231; 240/241; 243, 249; 269, 2x; 283, 2x; 284, 2x; 285 unten; 293, 315; 316, 2x; 355, 2x; 356 oben; 357, 375, 410, 412, 422, 423, 469, 470, 485, 497, 510, 522, 559, 563, 564, 589, 591, 596).
Anthony-Verlag, Starnberg (S. 14 oben; 99 unten; 399; 419 unten; 566 rechts unten).
Assimakopouli, Athen (S. 39, 80; 160 unten; 389 rechts oben).
H. Baedeker, Stuttgart (S. 160 oben).
E. Baier, Mainz (S. 165 oben; 209; 295 unten; 296, 586).
Bavaria-Verlag, Gauting (S. 13 unten; 14 unten; 19, 59, 73, 115, 135, 141; 142 rechts; 144 rechts; 186, 200; 291, 3x; 292, 323, 327, 329; 389 links; 417; 419 oben; 451, 480, 541, 547; 567 oben; 597 rechts).
R. Braun, Karlsruhe (S. 12/13; 529, 2x; 530, 598).
Delta, Athen (S. 84, 265, 274, 275, 288, 289, 452, 453, 459).
R. Drescher, München (S. 285 oben).
W. Fauser, Stuttgart (S. 121 oben; 147 rechts).
W. Fischer, Esslingen (S. 101).
FOAT, Spanien (S. 67).
Amtliches Französisches Verkehrsbüro France, Frankfurt am Main (S. 21; 114, 2x; 120; 121 unten; 122; 147 links; 148 oben; 149, 278, 279; 336, 2x; 337, 352; 356 unten; 360, 371, 467, 491).
Dr. O. Gärtner, Gießen (S. 88; 89 links; 94).
Gibraltar Government Tourist Office, Gibraltar (S. 31, 192).
D. Grathwohl, Stuttgart (S. 18 unten; 99 oben; 142 links).
Griechische Zentrale für Fremdenverkehr, Athen bzw. Frankfurt am Main (S. 16, 23, 183, 184, 203; 264, 2x; 266, 282; 295 oben; 361; 389 rechts unten; 556).
Hannibal (Tryfides), Athen (S. 165 unten; 209).
M. Hecker, Ostfildern (S. 47, 48, 55, 56, 105; 251, 2x; 252, 492).
Bildarchiv Hans Huber, Garmisch-Partenkirchen (S. 548).

Internationales Bildarchiv Horst von Irmer, München (S. 7, 320).
Staatliches Italienisches Fremdenverkehrsamt ENIT, Rom bzw. Frankfurt am Main (S. 10, 41, 70, 72; 79, 2x; 108, 2x; 116; 119 links; 126, 174, 188, 191; 211 unten; 233, 234, 235, 262, 263, 298, 299, 300, 312, 313, 314, 353, 354, 362, 368, 374, 376, 396, 398, 403, 404, 414, 416, 425, 427, 429, 432, 441, 446, 449; 457, 2x; 461 unten; 463, 2x; 466, 476, 477, 478, 481, 495, 515, 551, 552; 555, 2x; 571).
Jugoslawisches Fremdenverkehrsamt, München (S. 276 unten).
F. J. Klug, Neuhausen (S. 102).
E. Kock, München (S. 171, 172).
Libanesisches Fremdenverkehrsamt, Frankfurt am Main (S. 98, 109, 111; 119 rechts; 305, 306, 307; 308, 3x).
E. Mahr, München (S. 471).
Staatliches Marokkanisches Fremdenverkehrsamt, Düsseldorf (S. 331, 332).
Bildagentur Mauritius, Mittenwald (Titelbild; S. 17 unten; 37, 123, 163, 322; 461 oben; 484, 500; 597 links).
Informationsbüro Monte-Carlo, Frankfurt am Main (S. 350).
P. Nahm, Ostfildern (S. 148 unten; 395, 513).
Nova Lux, Florenz (S. 447).
Olympic (Decopoulos), Athen (S. 20 links; 83, 85, 86; 87, 2x; 89 rechts; 92; 96 oben; 158, 182, 271; 272 unten; 286, 287; 290 links; 358, 359, 383, 397, 420, 458; 489 rechts; 580).
Bildarchiv Karlheinz Schuster, Frankfurt am Main (S. 125, 140).
Spanisches Fremdenverkehrsamt, Madrid bzw. Frankfurt am Main (S. 68, 69, 104, 113, 128, 136, 139; 144 links; 318, 341, 503, 537).
Spyropoulos, Athen (S. 20 rechts; 202; 276 oben; 387, 454; 489 links).
Informationsabteilung des Türkischen Generalkonsulats, Frankfurt am Main (S. 154, 179, 236, 267, 342, 393, 472, 525).
Zentrale Farbbild Agentur GmbH (ZEFA), Düsseldorf (S. 17 oben; 18 oben; 44, 50; 52, 2x; 53, 2x; 96 unten; 138, 210; 211 oben; 272 oben; 280; 290 rechts; 328, 465; 566 rechts oben; 592).
Fremdenverkehrszentrale Zypern, Frankfurt am Main (S. 566 links; 567 unten).

Baedekers Allianz-Reiseführer

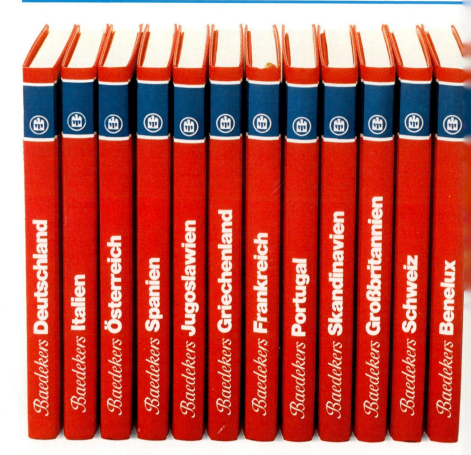

**Benelux · Deutschland · Frankreich
Griechenland · Großbritannien · Italien
Jugoslawien · Österreich · Portugal
Schweiz · Skandinavien · Spanien**

Baedekers Allianz-Reiseführer

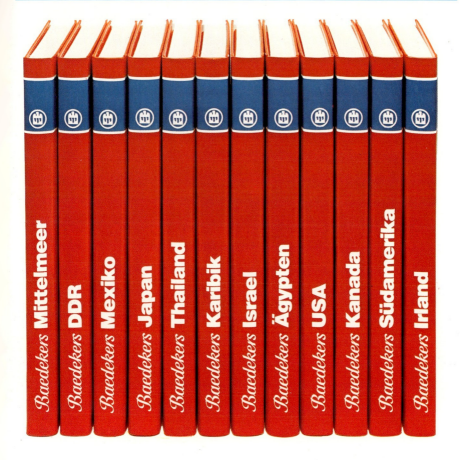

Ägypten · DDR · Irland · Israel
Japan · Kanada · Karibik
Mexiko · Mittelmeer · Südamerika
Thailand · USA

Kompakt-Reiseführer

Bodensee	Athen
Ceylon	Hongkong
Dänemark	London
Französische Riviera	New York
Griechische Inseln	Paris
Griechisches Festland	Prag
Italienische Riviera	Rom
Kärnten	
Mallorca / Balearen	
Schwarzwald	
Südtirol / Dolomiten	
Vogesen / Elsaß	